中国经济特区开发区年鉴

中国经济特区开发区年鉴
编委会

中国经济特区开发区年鉴

中国经济特区开发区
年　鉴

（1995）

主编　胡　平

改　革　出　版　社

图书在版编目（CIP）数据

中国经济特区开发区年鉴/胡平主编. —北京：改革出版社，1995. 12

ISBN 7-80072-747-5

Ⅰ. 中… Ⅱ. 胡… Ⅲ. 经济特区-开发区-地区经济-中国-年鉴 Ⅳ. F127. 9-54

中国版本图书馆 CIP 数据核字（95）第 19626 号

责任编辑　安建军
封面设计　王　晖
彩图设计　于　麟　安建军
责任校对　高金利
监督印制　高金利

改革出版社出版发行
社址：北京市东城区安德里北街 23 号
邮政编码：100011
新华书店经销
北京铁道印刷厂印刷
1995 年 12 月第 1 版　1995 年 12 月第 1 次印刷
787×1092　1/16　文字 35.25 印张　彩图 6 印张　1140 千字
印数：8 000 册

定价：150.00 元

努力把經濟技術
開發區辦得更好

江澤民

一九九四年十二月十八日

李　鹏　总　理
给全国经济技术开发区工作座谈会的
贺　　信

全国经济技术开发区工作座谈会：

根据小平同志倡议和党中央、国务院的决定，我国兴办经济技术开发区已经十年了。值此经济技术开发区兴办十周年之际，我谨代表国务院表示热烈的祝贺，并向开发区的建设者致以亲切的问候。

十年来，开发区的创业者在各方面的积极支持下，认真贯彻执行中央的方针政策，抓住机遇，开拓进取，艰苦创业，在吸引外资、开展对外经济技术合作等方面取得了令人瞩目的成绩。

随着我国社会主义市场经济体制的建立和对外开放的扩大，进一步办好经济技术开发区，主要靠不断完善综合投资环境，优化产业结构，依靠科技进步，提高经营管理水平，充分利用已形成的力量，增强开发区的整体素质。希望你们认真总结经验，在江泽民同志为核心的党中央领导下，继续发扬艰苦创业精神，走出一条具有中国特色的经济技术开发区的成功之路。

李　　鹏

一九九四年十二月二十二日

开发区的实践证明我国兴办开发区的决策是正确的。

开发区建设十周年

荣毅仁

94.12.15.

進一步完善投資环境、在上檔次上水平上下功夫、把經濟技術开發區办得更好，為改革开放作更大貢獻。

紀念我國第一批經濟技術开發區成立十周年

李嵐清

一九九四年十月廿日

江泽民主席视察福州经济技术开发区

李鹏总理视察武汉经济技术开发区

朱镕基副总理视察秦皇岛经济技术开发区

李岚清副总理视察大连经济技术开发区

原　序　言

（1980—1989 年卷）

对外开放是我国长期不变的基本国策。这是党中央、国务院一项重要的战略性决策。实践证明，关起门是难以实现社会主义现代化的。中国要发展、要强盛，就必须坚持对外开放，不仅现在要坚持，到了二十一世纪也要继续对外开放。兴办经济特区、经济技术开发区就是贯彻、实施对外开放的重要部署。

对外开放十年，我国的沿海开放地区发生了世人瞩目的变化。经济特区努力发展以工业为主、工贸结合的外向型经济，工农业生产持续增长，人民生活水平不断提高，已经成为我国地区经济发展最快的地方，初步显示了窗口和基地的作用。沿海开放城市兴办的经济技术开发区也初具规模，建立了较为完善的基础设施，为吸引外商投资，创造了较好的投资环境。

党中央、国务院一贯重视、关心和支持经济特区和沿海开放地区的建设和发展，给予一系列特殊的经济政策。《中共中央关于进一步治理整顿和深化改革的决定》中明确指出："经济特区和沿海开放地区的基本政策措施不变，并在实践中逐步加以完善"，为经济特区和沿海开放地区发展提供了保障，指明了方向。在当前治理整顿时期，我们要求全国经济速度适当放慢一些，但是经济特区从自己的实际情况出发，可以而且应该比全国速度高一些。

我国政府提出了在沿海开放地区进一步发展外向型经济的政策。今后，经济特区、经济技术开发区仍然要把发展外向型经济作为主要任务和目标。经济特区要在治理整顿和深化改革中求稳定、求提高、求发展。要进一步改善投资环境，积极吸收、利用外资和先进技术，更有成效地扩展对外贸易和经济技术交流，把外向型经济提高到一个新水平。要注重经济素质，在优化产业结构和产品结构，提高经济效益、效能方面更上一层楼。经济特区和沿海开放地区不但要为本地区、本省市经济发展起到作用，更要发挥对外开放的窗口作用，为全国经济发展服务。要出信息、出管理技术人才，加强对内联合，服务于全国，坚持对外开放政策必将使经济特区和沿海开放地区在推动我国经济发展和社会主义现代化建设中作出更大贡献。

李鹏

序 言

我国实行对外开放已经15年了。15年成就举世瞩目。现在，我国已经基本形成了沿海、沿边、沿江、内陆相结合、多层次、多渠道、全方位的对外开放新格局，这是邓小平同志对外开放理论的胜利！

经济特区的建立，揭开了我国对外开放的序幕。经济特区的成功经验，促进了我国沿海开放城市及其经济技术开发区的诞生。邓小平同志1992年春视察南方的春风，又催开了沿边、沿江、内陆中心城市开放的灿烂之花。现在我国已有5个经济特区、上海浦东新区、32个国家级经济技术开发区、13个保税区和13个沿边经济合作区。虽然这些特别经济区域建立的时间有先有后，经济基础有强有弱，地理位置有南有北，但有一个共同特点，就是迅速地促进了社会生产力发展，综合经济实力增强，生产技术水平提高，成为我国新的外向型经济增长点，对周边地区的经济发展，发挥着越来越重要的辐射和推动作用。

现在，我国对外开放已经进入了一个新的阶段，国际和国内形势发生了新的变化，对经济特区和开发区也提出了新的更高的要求。各类开发区特别是建立较早的经济特区和沿海经济技术开发区，对外开放的指导思想正面临一个新的转变。推动经济发展，要转向以发挥内力为主；增强吸引外资，将转向以功能型优势为主；进行第二次创业，将转向以高新技术产业为主。大家正在认真总结经验，进行建立社会主义市场经济体制的改革试验，加大开放力度，增创新优势，更上一层楼，走出一条具有中国特色的经济特区和开发区成功之路。

《中国经济特区开发区年鉴》是一部资料性的工具书，是我国经济特区和开发区历史的记载，资料的积累，发展的描绘，经验的总结。当前，我国对外开放的布局正在从东南沿海向中西部地区推进，内地的对外开放步伐进一步加快。《年鉴》的编辑出版，不仅有利于经济特区和开发区积累资料，总结和交流经验，推动本身各项工作向更高层次发展，而且有利于更好地发挥经济特区和开发区的“窗口”和“试验场”作用，为中西部地区提供经验和借鉴，促进这些地区的对外开放工作更加健康地向前发展；同时也有利于为国内外的有关部门、大专院校、科研单位和专家学者研究经济特区和开发区的理论与实践，提供系统、可靠、翔实的资料信息。因此，我认为，编好这部年鉴，是一项很有意义的工作，并衷心感谢各有关部门和单位的积极支持和热情帮助，使《年鉴》得以顺利出版。

胡　平

1995年8月24日

目 录

文 献 篇

综　合　篇

边境经济合作区取得新成效

我国对外开放的决策和实践

专 稿 篇

经济特区篇

浦东新区、开发区篇

保税区篇

边境经济合作区篇

开放地区荟萃篇

统计资料篇

重点企业篇

法 规 篇

附录

文　献　篇

增创新优势，更上一层楼

——江泽民视察广东时关于经济特区的重要讲话

中共中央总书记、国家主席、中央军委主席江泽民1994年6月在广东考察时，就经济特区的发展问题发表了重要意见。他指出，在中国兴办经济特区，是推进改革开放和现代化建设的重大举措，充分体现了邓小平同志和我们党勇于创新、高瞻远瞩的革命胆略和政治智慧。希望经济特区人民遵循邓小平同志指引的方向，在已经取得的成就和经济的基础上，通过深化各项改革、调整经济结构、加强全面管理、提高人员素质、完善投资环境、增进经济效益、健全民主法制、搞好精神文明，使经济社会发展的总体水平再上一个新台阶。总之，要增创新优势，更上一层楼。

6月15日到21日，江泽民同志在中共中央政治局委员、广东省委书记谢非，省长朱森林同志的陪同下，先后考察了广州、佛山、中山、珠海、深圳、梅州等地。一路上，他不顾疲劳，深入工厂、农村了解当前工农业生产和基层党组织的建设情况。所到之处，看到改革和发展的每一个进步，他都十分高兴。江总书记说，在广东省委和省政府的领导下，广东的发展形势很好，经济特区的形势也很好，进步确实喜人。

江泽民同志每到一地，他都要同基层干部、技术人员和群众亲切交谈，探讨问题，听取意见。在中山市三乡镇和梅县扶大镇，他冒着风雨，踏着泥泞，走访农户。他亲切地与农民郑仙贵、郑帝坤、梁波拉家常，察看他们的住房和田园，询问他们的收入、生活情况，希望他们继续勤劳致富。

江总书记先后听取了珠海市委、深圳市委、梅州市委和广东省委的工作汇报。他充分肯定15年来经济特区以及广东全省取得的巨大成绩和作出的贡献。他说，创建经济特区，是遵照邓小平同志的倡导，党中央、国务院作出的一项重大的战略决策。经过15年来的探索与奋斗，深圳、珠海等经济特区的发展，积累了许多可贵的经验，为全国的改革开放和现代化建设作出了重大贡献，确实发挥了“窗口”作用、“试验”作用和“排头兵”作用。实践证明，我们兴办经济特区是完全正确的。特区成就和贡献的取得，是特区广大建设者同心同德进行艰苦创业的结果，也是同全国各地的大力支持分不开的。

江泽民说，我们的改革开放和现代化建设，全国各地的经济和社会发展，是一个紧密联系的统一整体。经济特区与其他地区之间，珠江三角洲与长江三角洲以及渤海湾地区之间，沿海地区与内地的中西部地区之间等等，都要在发挥各自优势的基础上，加强相互合作、相互补充、相互促进，以利于更好地协调发展，而不是相互代替，更不是相互排斥。各地特别是经济特区和沿海比较发达的地区，都要自觉为促进全国统一的社会主义市场经济的发展，不断作出自己的贡献。

江泽民在谈到经济特区的发展经验时指出，总结特区建设的经验，集中到一点，就是要始终不渝地坚持以邓小平同志建设有中国特色社会主义理论和党的基本路线为指导，解放思想，实事求是，胆子要大，步子要稳，理论与实际相结合，借鉴与独创相统一，努力形成和发展经济特区的中国特色、中国风格、中国气派。

在谈到要坚定不移地把经济特区办得更好时，江泽民强调，中央对发展经济特区的决心不变；中央对经济特区的基本政策不变；经济特区在全国改革开放和现代化建设中的地位和作用不变。要把发展经济特区贯穿于社会主义现代化建设的整个过程。那种认为在全国形成全方位对外开放格局的新形势下，经济特区的地位和作用可以削弱甚至可以逐步消失的看法，是不对的。

江泽民认为，经济特区的发展，已进入了一个提高整体素质、增创特区优势的新阶段。那么，在新的形势下，特区如何增创新优势，更上一层楼呢？就此他讲了五点重要意见。

一是经济特区要为加快建立全国的社会主义市场经济体制，继续积极探索和创造更多的经验。江泽民说，经济特区要加快转换国有企业的经营机制，建立现代企业制度；加快培育和发展市场体系，重点是发展各类要素市场和中介组织；加快政府职能的转变，提高工作效率；加快建立以按劳分配为主的效率优先、兼顾公平的收入分配制度和完善社会保障制度；加快参与国际经济合作和同国际经济的必要接轨的步伐。在搞好这些综合配套改革的同时，还必须建立规范社会主义市场经济的法律、法规体系，还必须处理好改革、发展、稳定的关系，使之相互协调，相互促进。

二是经济特区要通过深化改革和扩大开放，保持经济又快又好地向前发展。为此，江泽民强调要着重做好以下几方面的工作。第一，要大力抓好经济结构的调整，更多地发展高新技术产业，这是当前特区的一项紧迫任务。“三来一补”的技术含量低的劳动密集型产业，原则上不应再在经济特区和沿海开放城市兴办，而应逐步向内地梯度转移和发展，这既有利于经济特区和沿海地区加快产业结构的升级换代，又有利于带动内地经济的发展，还有利于减少内地劳动力的盲目流动，有利于逐步缩小地区之间的发展差距。经济特区要继续下大力气发展外向型经济，关键是要提高水平，以质取胜，要狠抓高技术含量、高附加值的产品的生产和出口。第二，要下大力气搞好管理。经济要发展，管理要加强。管理制度要全面，管理工作要严格，管理水平要提高。无论是经济的、法律的、行政的、社会的管理水平都要提高。搞现代化建设，没有现代化的管理是不可想象的。在实现和加强现代化管理方面，经济特区也应走在全国前列。第三，要进一步完善经济特区的投资环境。既包括完善基础设施的“硬”环境，也包括提高办事效率和服务水准，完善法律和制度等“软”环境。第四，要重视和加强经济特区的总体规划。有了科学的总体规划，才能减少建设中的盲目性和损失。

三是经济特区要继续发展外引内联，为带动和促进全国其他地区的共同发展、共同繁荣作出新的贡献。江泽民说，坚持发展经济特区以及沿海经济比较发达地区同内地的横向联合，在发挥各自优势的基础上，做到分工协作，优势互补，这对于促进全国统一的社会主义市场经济的发展，逐步缩小沿海与内地的发展差距，实现共同富裕，极为重要。希望经济特区的领导同志，要经常研究加强特区和内地经济技术联合的措施办法，以支持内地贫困地区的发展。这对特区和全国经济的发展，都是一件非常有利和大有可为的事情。

四是经济特区尤其是深圳、珠海特区要继续为国家对香港、澳门恢复行使主权和保持香港、澳门的长期繁荣，作出更多的贡献。江泽民说，香港、澳门的广大同胞是爱国的，是积极拥护祖国统一，愿意为祖国的现代化事业贡献力量的。深圳、珠海特区的社会主义市场经济、社会主义民主政治、社会主义精神文明发展得越好，对保持香港、澳门的长期繁荣必将产生越来越重要的作用。

五是要大力加强经济特区的社会主义精神文明建设，加强和改善党对特区工作的领导。江泽民说，邓小平同志在视察南方的重要谈话中特别明确地指出，只有把物质文明建设和精神文明建设都搞好了，才是有中国特色的社会主义。对邓小平同志这个重要思想，大家一定要深刻领会，自觉地坚持两手抓。应该看到，这些年来，经济特区和沿海开放城市经济发展很快，物质文明建设的形势很喜人，相对而言，精神文明建设，虽然也取得了不少成绩，但存在的问题还不少。尤其是对危害社会治安，败坏社会风气，损害人民利益的腐败行为和丑恶现象，必须大力加以整治。要坚持标本兼治，真正把两个文明建设都搞好。希望经济特区不仅要在全国的改革开放和经济发展中走在前列，同样也要在全国的社会主义精神文明建设中起带头作用。江泽民还指出，必须明确，增创特区优势，既包括增创经济优势、物质文明优势，也包括增创精神文明优势、思想政治优势、社会全面进步优势。因此，特区的两个文明都要更上一层楼。看一个领导干部的政绩，不仅要看他抓物质文明建设的能力和成果，还要看他抓精神文明建设的能力和效果。在任何时候任何情况下，发展物质文明都不应以削弱甚至牺牲精神文明建设作为代价，而应积极促进精神文明的发展，既满足人民的精神生活需要，又为发展物质文明不断提供动力和智力的支持。

江泽民强调，随着全国改革开放的深入，社会主义市场经济体制的建立和现代化建设的发展，经济特区的特色也要相应地随之发展。原来特区实行的某些优惠政策和措施自然会有所变化。要通过增创和充分发挥特区的新优势来发展特区的新特色。特区还要“特”。江泽民鼓励特区以及广东全省广大干部、群众振奋精神，继续努力把各项工作做得更好。

江总书记对群众的生产、生活和疾苦时刻放在心上。考察期间正遇广东部分地区发生严重洪涝灾害，他多次询问灾情和灾区人民的生活安排及抗灾自救工作，并向灾区群众表示深切问候。在珠海考察期间，正遇一纺织厂发生塌楼事故，他听取了市委的汇报，指示他们要全力做好救治工作，并亲自前往医院看望了受伤的工人。当得知广西、湖南、江西、福建、浙江等省区也相继发生洪涝灾害后，江泽民同志又作了重要指示，要求各级主要领导干部要迅速深入灾区第一线，组织和领导群众进行抗灾救灾。对有可能发生灾情的地区也要预作准备，做到有备无患。他还要求大家一定要发扬社会主义的优越性，发扬“一方有难，八方支援”的优良传统，党政军民，同心协力，夺取抗灾救灾工作的胜利。

江泽民同志在广州考察期间，还到广州军区听取了司令员李希林、政委史玉孝的汇报，勉励军区同志加强学习，做好工作，全面提高部队的素质和战斗力。他还要求部队广大官兵在当前的抗灾救灾中发扬不怕危险、不怕疲劳、连续奋斗的作风，为保障灾区群众的生命财产安全，迅速恢复灾区的生产和建设作出最大的贡献。

（新华社 1994 年 6 月 22 日电）

政府工作报告

——1994年3月10日在八届全国人大二次会议上

李 鹏

各位代表：

现在，我代表国务院向大会作政府工作报告，请予审议，并请全国政协各位委员和其他列席人员提出意见。

一、一九九三年国内工作的回顾和一九九四年工作的基本方针

过去的一年，是全面贯彻中共十四大精神，沿着建设有中国特色社会主义道路胜利前进的一年。改革开放和现代化建设取得重大成就，各方面工作出现了新的局面。在动荡多变和经济不景气的国际环境中，我们伟大的社会主义祖国经济发展，政治稳定，民族团结，社会进步，巍然屹立在世界的东方。

国民经济快速增长。在1992年快速增长的基础上，1993年我国经济继续蓬勃发展。国内生产总值突破3万亿元大关，比上年增长百分之十三点四。农业获得丰收，农林牧副渔稳定发展，农业增加值增长百分之四。除棉花和糖料减产外，主要农产品产量都有显著增加，粮食总产量4564亿公斤，达到历史最高水平。乡镇企业继续迅速发展。全国工业增加值增长百分之二十一点一，一些重要产品产量大幅度增加，钢产量达到8868万吨。企业技术改造和产品结构调整步伐加快，经济效益有所提高。国内市场繁荣，社会消费品零售总额扣除价格因素增长百分之十一点六。投资结构有所改善，重点建设得到加强，能源、交通、通信建设成绩显著。新增发电机组容量1438万千瓦，京九、南昆等铁路干线建设进展顺利，高等级公路和重点港口建设加快，邮电事业发展迅速，全国城乡新增电话586万户。针对经济快速发展中出现的突出矛盾和问题，中共中央和国务院及时采取宏观调控措施，大力整顿金融秩序，稳定经济形势，保持了经济发展的良好势头，为今年经济持续发展和改革顺利推进提供了必要条件，并且积累了在社会主义市场经济条件下进行宏观调控的宝贵经验。

改革开放取得新的进展。按照建立社会主义市场经济体制的要求，继续推进了各方面的改革。以转换经营机制为重点的企业改革继续深化，企业自主权逐步落实，市场主体地位得到加强。在国有经济、集体经济发展的同时，个体、私营和外资经济继续得到发展。价格关系进一步理顺，基本上放开了粮食购销价格。资本、劳动力、土地、技术和信息等生

产要素市场发展步伐加快。在深入调查研究，广泛征求各方意见的基础上，制定了财税体制、金融体制、投资体制和外贸体制等改革方案。这些改革方案现已基本出台，进展比较顺利。这标志着我国向建立社会主义市场经济体制迈出了重要步伐。一年来，对外开放继续扩大。外商投资显著增加，投资领域拓宽，投资结构改善，直接投资达到258亿美元，是改革开放以来最多的一年。对外贸易全面发展，进出口贸易总额达到1958亿美元，比上年增长百分之十八点二。在出口商品中，制成品的比重上升，加工深度提高。对外科技合作与文化交流进一步扩大，国际旅游事业迅速发展，对外承包工程和劳务合作更加活跃。

各项社会事业进一步发展。科技事业在深化改革中取得新的进步。基础性研究、应用技术研究、科技攻关等计划实施顺利，取得重大科技成果3万多项，银河Ⅱ型计算机、曙光一号并行计算机等一批科研成果达到世界先进水平。高新技术产业开发区建设取得新进展，在科技成果商品化和产业化方面发挥了明显作用。教育事业在改革中前进，基础教育、职业教育、成人教育和高等教育继续发展与提高。成功地举办了第七届全国运动会和首届东亚运动会，体育健儿在世界重大比赛中夺得103个世界冠军，群众体育活动继续发展。文学艺术、新闻出版、广播影视、社会科学、卫生医药、计划生育、环境保护、防灾减灾等项事业，都取得了新的成绩。纪念毛泽东主席诞辰一百周年和播映百部爱国主义影片，收到良好的社会效果。社会治安综合治理工作进一步开展。国防事业取得新的成就。社会主义精神文明和民主法制建设得到加强。

城乡人民生活继续改善。扣除物价上涨因素，去年全国城镇居民人均生活费收入比上年增长百分之十点二，农村居民人均纯收入增长百分之三点二。城乡居民储蓄存款大幅度增加，年末存款余额达到14764亿元，增长百分之二十八。全年城镇新建住宅2.7亿平方米，农村新建房屋5.7亿平方米。城乡居民消费水平稳步上升，精神文化生活不断丰富。

各位代表！一年来，在中国共产党领导下，经过全国各族人民团结奋斗，基本上完成了八届全国人大一次会议确定的1993年的各项任务。我代表国务院，向全国各族人民对政府工作的信任和支持，表示衷心的感谢！向台湾同胞、港澳同胞、海外侨胞和一切关心、支持我国现代化建设的国际友人，致以诚挚的谢意！

在肯定成绩的同时，我们清醒地看到，政府工作中还有缺点和不足，前进中还存在一些矛盾和困难。主要是固定资产投资规模过大，物价上涨幅度比较高，经济结构不合理的问题仍然突出，不少国有大中型企业生产经营比较困难；有些地方社会治安状况不好，对社会丑恶现象打击不够有力；少数政府工作人员中存在贪污受贿、徇私舞弊等腐败现象；政府机关中存在形式主义和官僚主义，影响了政府与人民群众的密切联系。党中央和国务院对这些问题十分重视，已经并且正在采取积极措施，切实加以解决。

各位代表！中共中央在全面分析国内外形势的基础上，明确提出了今年全党和全国工作的基本方针，这就是：以邓小平同志建设有中国特色社会主义的理论和党的基本路线为指导，全面贯彻党的十四大和十四届三中全会精神，加快建立社会主义市场经济体制，保持国民经济持续、快速、健康发展，维护政治稳定，促进社会全面进步。中共中央强调指出，抓住机遇，深化改革，扩大开放，促进发展，保持稳定，是全党和全国工作的大局。我们在各项工作中都要服从和服务于这个大局，认真处理好改革、发展、稳定三者之间的关系。经济建设是一切工作的中心，改革开放是推动发展的动力，发展与改革是社会稳定和国家长治久安的基础，而保持社会稳定则是发展经济和顺利进行改革的必不可少的条件。从国内外情况来看，现在我国面临着改革和发展的不可多得的历史机遇。只要我们认真做好各方面的工作，及时发现改革和发展中的新情况，解决新问题，保持改革、发展、稳定的相互协调和相互促进，我们的社会主义现代化事业就一定能够不断从胜利走向新的胜利。

二、保持国民经济持续快速健康发展

1994年是国民经济继续保持良好发展势头的一年，也是推进改革的重要一年。今年的经济工作，要深化改革，扩大开放，加强和改善宏观调控，大力调整经济结构，推动技术进步，积极开拓市场，提高经济效益，控制通货膨胀，保持国民经济持续、快速、健康发展。

根据这个要求，今年计划国内生产总值增长百分之九。在连续两年增长百分之十三的基础上，安排这样的速度是比较合适的。只要我们能够再连续若干年保持百分之八至百分之九的增长率，就是了不起的成绩。江泽民同志指出："发展要有新思路，真正转到以提高经济效益为中心的轨道上来，不能继续走盲目追求产值速度和扩大投资规模的老路。"当前经济增长的一些条件已经偏紧，"瓶颈"制约和通货膨胀的压力加大，改革又需要比较宽松的环境。我们必须正确分析和把握形势，既看到有利条件，又重视不利因素，力求保持积极而又稳妥的发展速度。各地都要从自己的实际情况出发，确定合理的发展速度，不要竞相攀比，盲目追求产值。

加强农业基础地位，全面发展农村经济。农业是关系全局的问题。我国绝大多数人口在农村，任何时候都不能忽视农民利益和农村经济的发展。农产品供应直接关系物价的稳定和城乡人民生活的改善，农民收入的增加直接关系市场的开拓。各级政府要认真贯彻落实去年召开的中央农村工作会议精神，稳定党在农村的各项基本政策，进一步深化农村改革，妥善解决农村经济发展中的突出矛盾和问题，在确保粮食和棉花产量稳定增加的基础上，促进农林牧副渔全面发展，保持乡镇企业持续增长，千方百计增加农民收入。

主要措施有以下几项：适当提高粮食收购价和棉花定购价，支持农用工业发展，加强农业生产资料价格管理；增加中央和地方对农业的投入，鼓励并引导集体和农民增加投入，加强农业基本建设和综合开发；完善国家粮食储备体系，建立粮食风险基金，保持粮食市场的稳定；在稳定粮食棉花种植面积和提高单位面积产量的基础上，调整农业生产结构，发展多种经营，国家准备重点扶持500个商品粮大县、150个优质棉大县，建设一批各具特色的高产优质高效农业示范区；发展乡镇企业是农村奔小康的必由之路，要继续支持乡镇企业尤其是中西部地区乡镇企业的发展；继续实行科教兴农，培养一大批用得上，留得住的农业技术人才，稳定农业科研队伍和技术推广机构，积极防治病虫害，推广优良品种和先进适用技术；继续落实减轻农民负担的措施，并对突出问题进行专项治理。要认真实施扶贫攻坚计划，在从现在起到本世纪末的七年时间里，积极扶持贫困地区特别是老、少、边地区发展经济，帮助他们脱贫致富，基本解决8000万人的温饱问题。这是政府义不容辞的责任。我们相信，这个计划一定能够得到全国人民的热烈支持。要十分爱惜和重视保护耕地，继续加强农村社会化服务体系建设，进一步发育和完善农产品市场，推进供销社体制和小城镇户籍管理制度等方面的改革。农村剩余劳动力向非农产业转移和在地区间的合理流动，是经济发展的客观要求和必然趋势，要积极引导，加强管理，有组织有步骤地进行。

改善经营管理，搞好工交生产。搞好工交生产特别是国有大中型企业的生产和经营，对保持国民经济持续发展具有极为重要的意义。今年出台的改革措施，从总体上说，将对企业生产和经营产生积极作用，但也会给一些企业带来暂时的不利影响。目前有些国有大中型企业处境比较困难，经济效益不好，既有经营机制方面的原因，也有企业社会负担重，历史包袱多，内部管理差等方面的原因，要从多方面积极努力，加以解决。在国家财政比较困难的情况下，国务院决定，从今年起免除国有企业缴纳的能源交通基金和预算调节基金，并且拨出专项资金用于破产企业的调整和职工安置。各地区各部门都要把搞好国有大中型企业摆在重要的议事日程，切实采取措施，为企业生产经营创造良好的外部环境，帮助企业扭亏增盈。国有企业要依靠自身努力扭转困难局面。企业要在积极推进改革的同时，根据国内外市场的需求，主动调整产品结构，努力生产适销对路产品，不断开发新产品，增强市场适应能力和竞争能力。各级政府都要重视商业工作，疏通城乡市场，进一步搞活流通，做到货畅其流。

企业技术改造要紧紧围绕优化产品结构，提高产品质量，减少消耗，降低成本来进行。基础产业要通过技术改造提高生产能力，加工工业要依靠技术改造求发展。要重视和支持老工业基地改造，使其继续发挥在国民经济中的重要作用。

现在有些企业安全状况不好，人身伤亡和重大设备事故时有发生，管理不善是重要原因，必须引起高度重视。要采取有效措施，加强安全生产管理，务必尽快取得明显成效。

保持合理投资规模，优化投资结构。合理的投资规模是保持经济稳定和增强发展后劲的重要条件。目前全国的在建规模已经很大，今年安排的投资规模也不小，不能再继续扩大。即使基础工业和基础设施建设，也要量力而行。为了实现国民经济持续、快速、健康发展，各地区各部门都要从全局出发，分别轻重缓急，做出合理安排，把财力、物力首先用于在建的交通、通信、能源、重要原材料工业，以及大江大河大湖治理等方面的重点建设。鼓励沿海地区到中西部地区投资，发挥当地劳动力优势，共同开发资源。今年不再批准设立各类新的开发区。今后上新的基本建设项目，不能搞无本投资，要有一定比例的资本金；不能挪用流动资金搞投资，银行要加强监督和管理；要打足投产时所需的铺底流动资金。

深化投资体制改革，是保持合理投资规模、优化投资结构和提高投资效益的根本保证。今年的投资体制改革，主要是：组建国家开发银行，为基础性重点建设项目提供稳定的资金来源，同时通过资金平衡来抑制投资膨胀；建立投资约束机制，投资主体和提供贷款的银行都必须承担风险责任；健全对投资规模和投资结构的宏观调控，规范投资决策行为，减少投资的盲目性。

扩大开放，发展对外合作与交流。当前国际环境总的看对我有利，我们要抓住时机，进一步搞好经济特区、上海浦东新区、沿海开放城市开放地带和经济技术开发区，以及沿边、沿江和内陆中心城市的对外开放，进一步提高对外开放的水平。为了保持和发展外商来华投资的良好势头，要进一步改善投资环境，完善涉外经济法规，切实保护外资企业合法权益，用国家产业政策引导外资投向，鼓励外资参与基础工业和基础设施建设。外资企业要遵守中国法律和规定，依法经营。要注意保持适度的外债规模和合理的债务结构。

保持国际收支基本平衡，是实现经济持续健康发展的重要条件。中国经济正在迅速发展，市场前景非常广阔。去年进口增长较多，出口增长相对缓慢，对外贸易出现较大逆差。为了保证进口用汇需要，必须积极扩大出口。要实行以质取胜和市场多元化战略，提高加工深度，增加技术含量，加强售后服务，在巩固和发展现有市场的同时，积极开拓新的市场。要进一步完善出口退税制度，有秩序地放开进出口商品经营，赋予更多具备条件的企业对外经营权。外贸企业要认真转变经营机制、经营思想和经营作风，向实业化、集团化、国际化方向发展。要加强对境外投资的审核管理和对境外企业的监督。努力发展国际旅游业，扩大对外工程承包和劳务合作。

在经济发展的基础上，继续提高人民生活水平。不断提高人民物质和文化生活水平，是发展经济的根本目的，也是政府工作的基本出发点。我们要牢固树立群众观点，时刻关心群众疾苦。近年来农业丰收，但粮棉比较效益下降，农民收入增长相对缓慢。各级政府务必高度重视这个问题，加强对农村经济发展的领导和支持，通过发展农村经济和适当提高粮棉收购价格，增加农民收入。继续积极发展第三产业，扩大城乡就业。国有企业要通过提高经济效益，增加职工收入。对国家公职人员实行新的工资制度，并逐步加以完善。要结合住房制度改革，有计划地加快城镇住房建设，重点建设中低档民用住宅，改善居民住房条件。现在一部分贫困地区和受灾地区的群众，以及效益不好、停产半停产企业的职工等生活比较困难，离退休人员实际收入有所下降，各级政府要特别给予关心，积极采取措施，帮助他们解决困难。要坚持鼓励一部分地区、一部分人通过诚实劳动和合法经营先富起来的政策，提倡先富带动和帮助后富，逐步实现共同富裕。同时，要通过合理的分配政策和税收的调节作用，对收入过分悬殊进行必要的调节。

各位代表！**计划生育和环境保护是我国的基本国策**。计划生育工作已经取得很大成绩，但进展很不平衡，有些成绩还不够巩固，不能有丝毫放松。要进一步完善目标管理责任制，严格执行计划生育的法规和政策，切实加强基层特别是村一级的宣传教育和服务工作。认真解决新形势下出现的新问题，把计划生育工作重点放在农村和流动人口上，同发展经济、普及教育、提高人口素质和脱贫致富很好地结合起来。各级政府要把环境保护纳入经济和社会发展计划，坚持经济建设、城乡建设、环境建设同步规划、同步实施、同步发展，实行城乡环境综合治理，依法加强监督检查。合理开发和保护自然资源，大力植树造林，改善生态环境。

三、加快建立社会主义市场经济体制

党的十四届三中全会制定的建立社会主义市场经济体制的总体蓝图，是进一步深化改革的行动纲领。今年要把重点突破和整体推进结合起来，在经济体制改革方面取得实质性的进展。

认真实施财税改革方案，理顺中央与地方、国家与企业的分配关系。今年财税体制改革的主要内容是：改变现行的地方财政包干制，实行在合理划分中央与地方事权基础上的分税制，按税种划分中央和地方财政收入，建立中央税收和地方税收体系；改革税制，建立以增值税为主体的流转税制度，统一内资企业所得税和个人所得税，同时改革国有企业利润分配制度。改革方案既注意到逐步增加中央财力的需要，也充分照顾了地方利益和企业的经营状况，有利于发挥中央和地方两个积极性，是切实可行的。各级政府要顾全大局，确保改革方案顺利实施。

目前国家财政比较困难。随着经济发展和财税体制改革，财政收入会稳步增长，但缓解财政困难需要有一个过程。今年由于国家内外债还本付息数额较大，以及减轻企业负担、进行价格改革和增加工资等原因，财政减收增支的因素较多，中央财政仍有较大赤字。财税部门要严格税收征管，努力增加财政收入；财政支出要坚持从紧原则，加强预算约束。地方财政预算要量入为出，收支平衡，不列赤字。中央财政收支差额通过发行国债来加以解决，不再向银行透支。国家准备给购买国债以优惠的条件，并改进发行办法，发展和完善国债市场。这是一件利国利民的好事，希望全国人民踊跃购买国债，支持国家建设。

稳步进行金融体制改革，顺利实现汇率并轨。随着社会主义市场经济的发展，金融在国民经济中的作用日益重要。要稳步推进金融体制改革，建立强有力的中央银行宏观调控体系，使人民银行能够有效地调控货币供应量，保持币值稳定。要积极而又稳妥地实行政策性银行和商业性银行职能的分离。除组建国家开发银行外，还要组建支持成套设备进出口的中国进出口银行，以及承担国家粮油储备、农副产品合同收购和农业开发的中国农业发展银行。现在的国有专业银行要逐步转变为国有商业银行。各级政府要支持银行工作，使银行能够独立履行自己的职责。银行要自觉执行国家的宏观调控政策，建立自我约束机制。

我国经济处于快速增长时期，资金紧张问题将长期存在。近两年货币、信贷总量增加很多，但由于经济发展很快，建设规模过大，资金供需矛盾仍很突出。今年要努力保持货币发行和信贷的适度规模，防止投资膨胀，同时要继续优化信贷结构，整顿金融秩序，严格结算纪律，采取积极措施解决企业之间的“三角债”，提高资金使用效益。

实现人民币牌价与外汇调剂市场价并轨，是一项具有重要意义的改革措施，对于沟通国内外市场，扩大对外开放，将发挥重要作用。要严格实施出口全额结汇和进口付汇的管理制度，严格资本项目外汇收支的监管，防止外汇流失。要进一步发展和完善外汇市场。中国人民银行要加强外汇市场管理，为供求双方提供方便，适时调节供求，平抑汇价。

转换国有企业经营机制，探索建立现代企业制度的有效途径。国有大中型企业是国民经济的支柱，国有企业改革是经济体制改革的重点和难点。增强国有大中型企业活力，根本出路在于深化改革，转换经营机制，建立产权清晰、责权明确、政企分开、管理科学的现代企业制度。这是发展社会化大生产和市场经济的必然要求，也是一项艰巨复杂的工作。今年国家将组织一批国有大中型企业，按照《公司法》进行建立现代企业制度的试点，积极总结经验，逐步形成规范化的实施办法，以利推广。继续积极推进社会保障制度改革，减轻企业办社会的负担，为企业平等参与市场竞争创造条件。

面上的企业改革也要抓紧抓好。要继续转换经营机制，把企业的各项权利和责任真正落到实处。继续深化企业劳动人事制度和分配制度改革，完善内部机制，增强企业活力。要切实加强国有资产管理，做好清产核资工作，保证国有资产保值增值。严格禁止将国有资产低价折股，低价出售，甚至无偿分给个人。

进一步理顺价格关系，发展和培育市场体系。十几年来，我们在社会震动较小的情况下，基本放开了商品价格，改革是成功的。今年要适当调整粮棉和能源价格，以调动广大农民的生产积极性，支持能源工业的发展，促进能源的节约。价格改革要充分考虑国家、企业和群众的承受能力，统筹安排，积极稳妥地进行。各级政府和社会有关方面要采取积极有效的措施，努力把全年零售物价上涨幅度控制在百分之十以内。要特别注意控制与广大人民群众生活密切相关的基本消费品价格和服务收费的上涨幅度。继续实行市长负责制，抓好“菜篮子”工程，稳定城乡副食品价格。

进一步深化流通体制改革，促进国内市场的统一和开放。在继续发展和完善商品市场的同时，积极发展各类生产要素市场。要完善市场规则，健全市场秩序，加强市场管理和监督，坚决依法惩处生产和销售假冒伪劣产品的行为，以保护消费者的合法权益。

继续搞好机构改革，切实转变政府职能。一年来，国务院按照八届全国人大一次会议批准的方案，进行了机构改革，各部门定职能、定机构和定编制的工作已经基本结束。今年要基本完成省级政府的机构改革，并在部分市县级政府进行机构改革。各级政府都要在转变职能，提高工作效率上下功夫。要坚持政企分开，把属于企业经营自主权范围的事情交给企业，把应由市场解决的问题交给市场，充分发挥行业协会，商会等市场中介组织的作用。加强统计、行政监察和审计监督工作。政府主要搞好宏观调控、综合协调和社会管理。各级干部特别是领导干部，都要努力学习市场经济知识，掌握好重大改革方案和政策法规，以提高自己的领导水平，增强工作的主动性，减少盲目性。国务院决定成立国家行政学院，加强对高、中级公务人员的培训。

今年在建立社会主义市场经济体制方面迈出了重要的改革步伐。各级政府要把更多的精力放到搞好改革上来，精心组织，综合协调，并做好关于改革的舆论引导和宣传教育，保证改革的顺利推进。

各位代表！**加强勤政廉政建设，同各种腐败现象作斗争，是政权建设的一项基本任务，也是改革和发展顺利推进的重要保证**。去年以来，反腐倡廉工作在干部廉洁自律、查处大案要案、纠正行业不正之风等方面，不同程度地取得了成效。在新的一年里，各级政府决不能稍有松懈，一定要认识到反腐败斗争的紧迫性、艰巨性和复杂性，充分依靠群众，标本兼治，努力取得新的成绩。政府工作人员特别是各级领导干部必须牢记，我们手中的权力是人民给的，以权谋私完全违背人民政府的宗旨，是同我国的社会制度格格不入的。将商品交换原则引入国家机关的政务活动，搞权钱交易，是对社会主义市场经济原则的严重歪曲，也是对改革开放和现代化建设的破坏，是绝对不能允许的。要继续抓紧查处严重以权谋私、贪污贿赂、失职渎职以及走私等重大案件，对那些违法乱纪和腐败分子必须绳之以法，决不姑息养奸。反对铺张浪费、弄虚作假、形式主义、官僚主义和浮夸作风，狠刹行业不正之风。要通过深化改革，健全法制，建立有效的监督机制和制约机制，从制度上防范和消除腐败现象，在各级党委领导下，把关系国家生死存亡的反腐败斗争深入持久地开展下去。各级干部都要廉洁自律，勤勤恳恳，励精图治，和广大人民群众保持血肉般的联系，全心全意为人民服务。

四、发展科技教育文化事业

发展科技教育文化事业，加强社会主义精神文明建设，既是现代化建设的重要内容，也是改革开放和经济建设顺利进行的重要保证。我们在集中精力进行经济建设的同时，要十分重视这些领域的改革和发展。

促进科技和经济的紧密结合。科学技术是第一生产力，经济建设必须依靠科学技术，科学技术工作必须面向经济建设。今年要全面实施科技进步法，加大对科技的投入，办好高新技术产业开发区，促进科技成果向现实生产力的转化。要实行“稳住一头，放开一片”的方针，大力支持基础研究、应用研究和高新技术研究，鼓励科技开发机构同企业联合，积极走向市场，增强自身的发展活力。科技开发和应用，要紧紧围绕用先进技术装备国民经济各行各业，着重解决发展高产优质高效农业、企业技术改造、军工技术向民用领域转移，引进国外先进技术的消化、吸收和创新等迫切问题。要广泛开展群众性的技术革新和合理化建议活动。大力培育技术市场，发展技术中介组织，切实保护知识产权。集中力量办好现有的国家高新技术产业开发区，使之在推动技术进步、改造传统产业和发展新兴产业等方面发挥示范和辐射作用。今年要继续在基础研究和高新技术研究中，选出若干项能够对下世纪科技发展产生深远影响的课题，组织攻关。为了推动我国工程科学技术的发展，国务院决定成立中国工程院，筹备工作正在进行。

抓好教育改革和发展。现代化建设有赖于国民素质的提高和人才的培养。各级政府要有长远眼光和紧迫感，认真落实《中国教育改革和发展纲要》，把教育放在优先发展的战略地位。要加快教育改革步伐，切实增加教育投入，加强教育经费管理，促进教育事业的发展。各级政府宁可在别的方面节省一点，也要千方百计为教育办几件实事。教育改革要把重点放到调整教育结构、提高教学质量和经费使用效益上来。各类学校都要贯彻德智体全面发展的方针，加强和改善德育教育，重视国情教育、形势教育和优良传统教育，培养有理想、有道德、有文化、有纪律的新人。中小学教育是全民教育的基础。基本普及九年义务教育，基本扫除青壮年文盲，是九十年代一项重要任务，必须切实抓紧抓好。要重视做好农村适龄儿童入学的工作，努力降低辍学率。动员社会力量，继续实施“希望工程”。要采取切实措施，减轻学生过重的负担，改变学生学习只是为了应付考试的状况。要充分调动社会各界的积极性，利用广播电视等现代传播手段，大力发展职业教育、成人教育和各种社会教育，逐步做到“先培训再就业”、“先培训后上岗”，培养大量的专业人才和熟练劳动者。在有些地区，义务教育要适当增加职业教育的内容。高等教育要改革办学体制，积极稳妥地改革招生、收费和毕业生就业制度，调整学科结构，加强内部管理，重点建设一批院校和学科。认真执行《教师法》，充分发挥教师的作用，努力改善教师待遇，在全社会形成尊师重教的良好风尚。

积极创造人尽其才、人才辈出的环境和条件。逐步形成人才合理流动的机制，把积极培养人才和合理使用人才结合起来。继续改善知识分子的工作条件和生活条件，重视中青年知识分子的培养和使用。继续实行“支持留学、鼓励回国、来去自由”的政策，鼓励海外人才以多种方式为祖国服务。

繁荣社会主义文化。要坚持为人民服务、为社会主义服务的方向和百花齐放、百家争鸣的方针，大力弘扬民族优秀文化，繁荣有中国特色的社会主义文化。进一步发展文学艺术、新闻出版、广播影视等事业，丰富人们的精神生活，激发人们投身社会主义现代化建设的积极性。要积极推进文化体制改革，增强文化事业发展的活力。完善文化经济政策，正确处理精神产品社会效益与经济效益的关系，把社会效益放在首位。对需要扶持的文化艺术精粹和公益性的文化事业，各级政府都要有重点地给予支持和帮助。要加强文物保护，重视图书馆、文化馆、博物馆、科技馆、档案馆等的建设。推广和普及普通话，促进语言文字规范化和标准化。加强基层文化工作，搞好企业文化、校园文化、社区文化，特别是广大农村的文化建设，活跃城乡人民的文化生活。依法加强文化市场管理，用丰富多采、内容健康的精神产品繁荣文化市场，反对和抵制有害于人民团结、社会进步和青少年身心健康成长的坏作品。发展对外文化合作与交流，在汲取世界各国文明成果的同时，积极向世界介绍中华民族的优秀文化。文化工作者肩负繁荣社会主义文化的光荣使命，要深入群众，深入实际，高扬主旋律，讴歌积极开拓、艰苦创业、无私奉献的先进人物，努力创作内容积极向上、反映社会主义现代化建设和改革开放、无愧于我们伟大时代的优秀作品。

发展卫生体育事业。卫生工作要坚持预防为主。今年要结合社会保障制度的改革，继续抓好城镇医疗保险制度改革的试点。要加强农村卫生工作，采取农民自愿和互助相结合的办法，发展农村合作医疗制度，稳定农村医务人员队伍，建立健全县、乡、村三级医疗预防保健网，逐步实现人人享有初级卫生保健的目标。重视对严重危害人民健康的地方病、职业病和传染病的防治。充分发挥传统医药的优势。加强药品生产和销售的管理。广大医务人员要发扬救死扶伤的崇高医德，实行优质服务。积极探索新时期体育管理体制的改革，广泛开展群众体育活动，增强人民体质。体育健儿要努力拼搏，争取在第12届亚运会和其他国际比赛中取得好成绩。

各位代表！

我在这里要特别强调，**在整个改革开放和现代化建设进程中，必须始终不渝地坚持两手抓、两手都要硬的方针，加强社会主义精神文明建设**。社会主义精神文明建设包括教育科学文化建设和思想道德建设，体现在经济、政治、文化、社会生活各个方面。加强精神文明建设是各条战线和各个部门的共同任务。思想建设的重点，是用邓小平同志建设有中国特色社会主义的理论武装全国人民。《邓小平文选》第三卷的出版，是我国政治生活中的大事，我们要认真学习，并结合实际贯彻其精神。要按照江泽民同志提出的要求，以科学的理论武装人，以正确的舆论引导人，以高尚的精神塑造人，以优秀的作品鼓舞人。要加强以马克思列宁主义、毛泽东思想为指导的哲学社会科学研究工作，重视哲学社会科学的作用。坚持不懈地开展爱国主义、集体主义和社会主义教育。榜样的力量是无穷的，要大力表彰各条战线上的英雄模范人物，学习徐洪刚见义勇为、不畏强暴的高尚思想和英雄行为，弘扬新时期的雷锋精神。要发挥思想政治工作的优势，引导人民群众特别是青少年树立正确的理想和人生观、价值观，加强职业道德和社会公德教育，提倡勤俭节约和艰苦奋斗精神，反对拜金主义、极端个人主义和腐朽的生活方式，形成良好的社会风尚。

五、加强社会主义民主和法制建设

发展社会主义民主，健全社会主义法制，是建设有中国特色社会主义的重要组成部分。今年要取得新的进展，保证改革和发展顺利进行，促进社会全面进步。

继续加强社会主义民主建设。改革开放和现代化建设是亿万人民群众的事业，必须全心全意依靠工人阶级和广大人民群众，充分发扬民主，把群众的积极性发挥好、保护好、引导好。各级政府都要建立健全民主的科学的决策制度，虚心听取各方面的意见，集思广益，不断提高决策水平。要自觉接受同级人民代表大会及其常委会的监督，接受广大人民群众的监督。要进一步发挥人民政协以及各民主党派、无党派人士在政治协商与民主监督中的作用。重视工会、共青团、妇联等群众团体的桥梁和纽带作用，发挥舆论监督作用。重视群众来信来访，开辟和疏通多种渠道，体察民情。继续加强基层政权建设，健全企业民主管理制度、城镇居民自治和村民自治制度，完善民主监督制度，保障公民的合法权益不受侵犯。

高度重视社会主义法制建设。社会主义市场经济体制的建立和完善，要依靠完备的法制来保障。改革开放以来，全国人大及其常委会加快了立法步伐，大批重要法律相继颁布实施，为各方面的工作提供了法律依据。各级政府必须学会用法律手段管理经济和社会，全体政府工作人员都要依法行政，坚决纠正有法不依、执法不严、违法不究的现象，以维护法律的尊严。今年要抓紧制定一批行政法规。加强执法队伍建设，提高执法水平。加强和改善司法、执法监督工作。建立和发展法律服务机构，培养大批合格的法律人才，以适应法制建设的需要。继续在全体公民特别是各级干部中深入开展法制教育，普及法律知识，增强全社会的法制观念。

认真搞好社会治安综合治理。这是人民群众的强烈愿望，也是各级政府的重要职责。稳定治安形势是今年政法工作的突出任务。要着重抓好四个方面的工作：一是依法打击危害人民生命财产安全和破坏现代化建设的各种刑事犯罪活动；二是严肃查处大案要案，依法惩处经济犯罪分子，继续开展反走私斗争；三是深入开展禁止卖淫嫖娼、拐卖妇女儿童、吸毒贩毒等“除六害”和“扫黄”斗争；四是以法治警，加强队伍建设，充实治安力量。各级政府要把社会治安综合治理作为一项重要的经常性工作，严格执行领导责任制，对群众反映强烈的犯罪活动和社会丑恶现象，开展集中打击和专项斗争。正确处理人民内部矛盾，及时调解民事纠纷，防患于未然。坚持专门机关和群众工作相结合，齐抓共管，把社会治安综合治理的措施落实到基层，为经济建设和人民安居乐业创造良好的社会环境。

各位代表！

我国是统一的多民族国家，加强民族团结是全国各族人民的根本利益和共同愿望。毛泽东主席说过：“国家的统一，人民的团结，国内各民族的团结，这是我们的事业必定要胜利的基本保证。”改革开放和现代化建设，为巩固和发展平等、团结、互助的社会主义民族关系，促进共同繁荣，开创了前所未有的局面。目前部分民族地区经济比较落后，主要是历史、地理及社会等方面的原因形成的，根本改变这种状况需要有一个过程。促进民族地区经济发展和社会进步，是政府的重要责任，也是全国各族人民的共同任务。民族地区在国家支持和经济发达地区帮助下，通过改革开放，一定能够发挥自身优势，增强经济发展活力，逐步缩小与经济发达地区的差距，实现共同富裕。要认真贯彻《民族区域自治法》，全面执行民族政策，完善民族区域自治制度，保障自治地方的自治权利和民族平等权利，维护民族团结和祖国统一，反对民族分裂。全面正确地贯彻宗教政策，依法加强对宗教事务的管理，积极引导宗教与社会主义社会相适应，引导不信教群众与信教群众、各教派群众相互尊重，和睦相处，为我们伟大祖国的现代化建设大业团结奋斗。

为了保卫国家安全，必须加强国防现代化建设。我国实行积极防御的战略。中国人民解放军要在毛泽东军事思想和邓小平新时期军队建设思想的指引下，按照江泽民同志提出的“政治合格、军事过硬、作风优良、纪律严明、保障有力”的总要求，努力搞好军队的各项建设和改革，走有中国特色的精兵之路。大力发扬人民军队的优良传统，加强思想政治工作，狠抓军事训练，增强现代条件下的作战和防卫能力，积极支持改革开放和地方经济建设。各级政府要关心国防建设，支持军队完成各项任务。坚持不懈地进行国防教育，增强全民国防意识。深入开展拥政爱民、拥军优属活动，维护军人的合法权益，巩固和发展军政团结和军民团结。认真做好民兵预备役工作，加强国防后备力量建设。切实加强人民武装警察部队和公安、安全部门建设，维护国家安全和社会稳定。

六、积极促进祖国和平统一

在新的一年，我们要继续坚定不移地执行“和平统一、一国两制”的方针，积极推进祖国统一大业。

我国恢复对香港和澳门行使主权的时间日益临近。中国政府将一如既往，坚持以香港特别行政区基本法、澳门特别行政区基本法和全国人大及其常委会的有关决议为依据，抓紧各项准备工作，确保香港和澳门政权的顺利交接和平稳过渡。现在，中葡两国在澳门问题上的合作进展顺利。中英两国政府代表关于香港1994/1995年选举安排谈判终止，责任完全在于英方。根据基本法和全国人大常委会的决定，香港特别行政区筹委会预备工作委员会已经开始工作，任务艰巨，责任重大。希望预委会最广泛地团结香港同胞，为筹建香港特别行政区及其第一届政府和立法机关做好各项准备工作，以不辜负全国人民的期望和重托。英国在香港的殖民统治行将结束，这是任何力量也不能阻挡的。无论发生什么波折，中国政府和中国人民都有决心、有能力，按期恢复对香港行使主权，并且保持香港的长期稳定繁荣。希望香港同胞和全国人民一道，共同努力，为此作出自己的贡献。

经过海峡两岸人民的共同努力，去年两岸经贸合作持续发展，人员往来和文化、科技、体育等领域的交流进一步增加，事务性商谈达成初步谅解。我们坚持在一个中国的原则下，通过增加接触与协商，解决海峡两岸之间存在的分歧。实现祖国和平统一，是全体中国人民的共同愿望，任何分裂祖国的图谋和行为，不论花样如何翻新，违背了中华民族根本利益，都是徒劳的。我们寄希望于台湾当局，更寄希望于台湾人民，希望台湾方面以民族大义为重，与我们一道，为发展两岸关系、推进祖国和平统一而共同努力。

七、关于外交工作

当前国际形势仍处于复杂而深刻的变动之中。世界格局多极化的趋势明显增强。国际形势总体上走向缓和，发展问题更为突出，经济优先正在成为影响国际关系发展的主导因素。谋求缓和、合作、发展与进步是世界各国人民的普遍愿望。但世界并不安宁，一些地区局势动荡，甚至战乱连绵，霸权主义和强权政治依然存在。维护世界和平与促进经济发展，仍然是国际社会面临的主要任务。

在复杂多变的国际形势下，我国坚定不移地奉行独立自主的和平外交政策，外交工作取得新的成就。我国同世界各国的友好合作关系不断扩大，国际地位日益提高，在维护世界和平与促进经济发展方面发挥了重要作用。我们的朋友遍天下。

我国同周边各国的睦邻友好关系进一步加强。中朝友谊继续发展。我国同日本、俄罗斯、韩国的互利合作关系不断扩大。我国同东南亚、南亚和中亚国家的关系继续取得进展。与此同时，我国同亚洲其他国家、非洲、拉丁美洲和南太平洋地区的广大发展中国家，友好合作关系也有进一步发展。

中国同西欧国家和欧共体的关系有了新的改善。中德关系进入新的发展阶段。中法关系翻开了新的一页。中国同西欧国家经贸合作有着广阔前景，只要双方共同努力，相互关系就能进一步巩固和加强。

中美两国保持正常稳定的关系，不仅符合两国人民的根本利益，也有利于亚太地区乃至世界的稳定与发展。处理中美关系应着眼于全球，着眼于二十一世纪。我们主张在相互尊重的基础上，通过对话解决分歧。只要严格遵循中美三个联合公报确立的各项原则，增加信任，减少麻烦，发展合作，不搞对抗，中美关系就会继续得到改善和发展。

中国作为联合国安理会常任理事国，积极参与国际事务，在和平解决国际争端、保护环境、促进社会发展等问题上，发挥了积极作用。第四届世界妇女大会1995年将在北京召开，中国政府和人民正在积极准备。中国主张积极扩大国与国之间的经贸关系，发展南南合作和南北对话。中国主张全面禁止和彻底销毁包括核武器在内的各类大规模杀伤性武器，建议有核国家缔结承诺不首先使用核武器条约，支持通过谈判签订全面禁止核试验条约。中国不搞军备竞赛，不参加军事集团，不谋求势力范围。中国支持就亚太地区的安全与合作问题进行对话，并对此作出了应有的贡献。

无论国际风云如何变幻，中国坚持和平共处五项原则的立场不会改变，同世界各国发展友好合作关系的政策不会改变，同广大发展中国家加强团结合作的方针不会改变。当今世界是多样化的，必须承认各国在社会制度、意识形态、文化传统、民族特点和宗教信仰等方面的差别，相互尊重，互利合作，把国与国之间的关系建立在公认的国际关系准则的基础之上。中国重视人权，愿意在相互平等的基础上参加国际社会就人权问题进行的讨论，但绝不允许任何人以任何借口干涉中国的内政。中国政府支持联合国人权委员会最近通过的谴责某些国家向发展中国家施加压力的决议。我向各位代表报告一个刚刚收到的消息：联合国人权委员会在昨天进行的表决中，某些国家提出的利用人权问题反华的决议案，又一次遭到失败。这充分说明反华是不得人心的。在这里，我代表中国政府和人民，向所有主持正义的国家表示衷心的感谢。中国反对任何形式的霸权主义，中国现在不称霸，将来经济发展起来了，也永远不称霸。中国不会对世界任何国家和地区构成威胁，而始终是一支维护地区和世界和平的可靠力量。中国人民将继续同世界各国人民一道，为建立公正合理的国际政治经济新秩序，为维护世界和平和促进共同发展而努力。

各位代表！

实现祖国强盛和人民富裕，是全国各族人民的共同愿望。现在形势很好，机遇难得。在新的一年里，我们要在邓小平同志建设有中国特色社会主义理论的指引下，在以江泽民同志为核心的党中央领导下，坚定不移地贯彻执行党的基本路线，加强全国各族人民的大团结，同心同德，锐意创新，自力更生，艰苦创业，夺取改革开放和现代化建设的新胜利！

（新华社讯，1994 年 3 月 24 日《人民日报》）

李岚清副总理在经济技术开发区外商投资研讨会上的讲话

（1994年10月21日于大连）

沿海地区经济技术开发区已经创办十周年了。这十年来，开发区建设有了良好进展，在吸收外资，带动所在城市的产业结构调整，加快老企业改造，发展外向型经济等方面都取得很大成绩。继经济特区之后，开发区成为我国对外开放的又一个窗口。大家都要求搞些纪念活动。我向国务院特区办的同志们提议，举办一次开发区外商投资研讨会，就外商投资者关心的一些问题进行研讨，以推动中外投资合作事业更好地发展。我想，以研讨问题推进工作为主题来庆祝开发区创办十周年，是很有意义的。我很高兴借此机会，向大家介绍一下我国宏观经济形势和今年以来一些重大改革措施的实施情况，讲一讲今后我们吸收外资的一些设想。

一

我国实行改革开放已经进入16个年头。改革开放给社会主义现代化建设注入了旺盛的活力。16年来，国内政治稳定，国民经济以年平均9.3%的增幅持续发展，人民生活水平明显提高，社会不断进步，整个中国的面貌发生了重大而深刻的变化。特别是1992年邓小平同志视察南方的重要谈话和党的十四大，开创了我国改革开放和现代化建设新的阶段。1993年我国外贸进出口总额达1957亿美元，名列世界第11位。截止到今年6月底，累计批准外商投资项目近20万个，实际利用外资766亿美元。按1993年世界银行年报统计，已占世界发展中国家吸收外资总额的40%。另据1994年世界银行投资报告，去年中国吸收的外资居世界第二位，仅次于美国。我国对外开放格局已经由沿海地区扩展到包括沿长江、内陆边境和省会城市等在内的广阔地区。总之，现在中国经济不但在国际经济贸易合作中成为不可缺少的一部分，而且是世界经济发展中富有活力的积极因素。

按照党的十四大确定的建立社会主义市场经济体制的目标，今年，我们在十几年来不断深化改革的基础上，根据整体推进、重点突破的改革思路，在财政、税收、金融、投资、价格、外汇、外贸和企业管理体制等方面，采取了一系列力度很大的改革措施。这些重大的改革措施，我们是经过了周密的设计和论证，精心组织实施的。我在这里可以告诉各位，从前三个季度的实施情况来看，进展是比较顺利的，实际运作比原来预想的要好，效果也比预计的更为明显。国民经济继续保持较快的增长速度，上半年增幅达11.6%，预计全年可达11%。国家的财政收入明显增加。人民币汇率消除了前一段波动状态，一直保持稳定，平稳地实现了汇率的并轨，促进了外贸大幅度增长。截止到9月底，进出口总额已达到了1575亿美元，比去年同期增长22.1%，其中出口794亿美元，进口781亿美元，国家外汇储备有了较多的增加。

这些情况表明：我国总的经济形势是好的，我们为建立社会主义市场经济新体制已经迈出了决定性的步伐。一般来说，在新旧体制转换过程中，常常会或多或少给经济生活带来一些振动。但是，由于我们按照以改革为动力、以发展为目标、以稳定为前提的方针，正确地处理改革、发展和稳定三者的关系，采取积极而又慎重的操作措施，不但没有使国民经济发展在建立新体制中受到影响，而且使得其在新体制基础上更加具有活力。这是当前观察分析中国经济形势需要把握的一个鲜明的特点。它向我们提供了一个重要信号，就是中国正在顺利推进社会主义市场经济新体制，中国的经济发展将越来越依靠新体制的保障作用，这样就会减少经济波动，更好地保持持续、快速、健康发展的态势。

我认为，中国建立社会主义市场经济新体制，是促进外商来华投资最重要的基础条件，也是改善投资环境的根本性措施。我们在具体采取这些重大改革步骤时，非常注意在总体上保持吸收外商来华投资政策的连续性和稳定性，在统一税制、实现汇率并轨以及外汇调剂等方面采取了一些过渡性措施，以保护投资者的利益，使其逐步适应新体制。当然，新体制才运行近十个月的时间，还会存在一些具体问题。我们在这次研讨会上也将认真听取大家的意见和建议，积极做好完善配套工作，以促进外商来华投资事业更加健康地发展。

二

这两年，我国经济发展的速度很快，连续两年达到13%的增幅，是令人瞩目的。充分说明我国深化改革、扩大开放是促进国民经济发展的强大动力。同时，我们也清醒地注意到经济高速增长中产生的一些新的矛盾和问题。对此，国际舆论和外国友好人士也很关心，担心中国存在的通货膨胀会影响经济的发展和全局的稳定。根据国民经济运行状况，我们从去年下半年开始，及时加强宏观调控，目的是把连续几年高速运行的经济“列车”，调控到合理、适度的“车速”上来，把经济发展速度与通货膨胀率调控到比较适当的程度，以保持国民经济持续、快速、健康发展。我们加强宏观调控不是倒退，不是恢复计划经济体制下的那一套管理办法，不是采取全面紧缩和“急刹车”的做法，而是运用符合市场经济发展要求的经济手段、法律手段和必要的行政手段，防止经济发展大起大落，达到预定的调控目标，实现“软着陆”。主要做法就是把好货币投放和信贷规模两大闸门，控制固定资产投资规模过度增长，着力改善投资结构，进一步提高经济效益，保持经济总量平衡。这些是世界上市场经济国家普遍采用的调控经济手段，是保障市场经济正常运行所必不可少的措施。

应该说，经过一年多的宏观调控，我国的经济环境有了很大的好转，预计今年经济增长速度可回落1个百分点，为11%，力争明年控制在10%以内。金融秩序走上正常轨道，货币投放和信贷规模基本控制在预期范围内。固定资产投资增幅明显回落，投资结构有新的改善，生产资料价格有所下降。交通、能源、原材料等“瓶颈”制约有所缓解，经济生活中的各种供求关系也比较协调，市场保持稳定兴旺。这就为进一步深化改革、扩大开放创造了比较宽松的宏观环境，为外商投资企业的生产经营活动提供了良好的外部条件。

当前，朋友们对我国经济形势比较关注的是关于通货膨胀率过高的问题。从今年1—

8 月的情况看，全国物价指数比去年同期上升 20%，大城市还要高一些。主要是一些农副产品和与农副产品有关的生活消费品，大大超过了预期指标。原因是多方面的，有为了扶持农业的发展，我们主动对粮食、棉花、油料、食糖等主要农产品提高了收购价格；同时因为有一部分地区遭受自然灾害，虽然救灾工作搞得好，预计对今年农业收成影响不大，但人们仍有农产品减量的心里预期；也有消费基金仍然存在增长过快，基建规模仍然过大的因素；还有哄抬物价等流通秩序的因素等等。但是，总的说来，市场一直保持繁荣，居民储蓄持续大幅度的增长，说明广大群众的普遍预期心理是稳定的，也表明我们的改革是深得广大人民群众充分理解和支持的。

国务院高度重视治理通货膨胀问题，把它作为当前宏观调控的中心工作，正在采取坚决措施，下决心把过高的通货膨胀率压下来，控制在社会和人民群众的承受范围之内，以保持经济社会生活的稳定，目前已经基本遏制了物价上涨的势头。请各位朋友放心，中国在经济发展过程中，将始终把控制通货膨胀作为宏观调控的重要目标，积极保护好外商投资环境，使外商能够在社会稳定、成本低廉、经济发展的环境中从事投资事业，获取良好的收益。

三

在我国全面推进社会主义现代化建设的过程中，坚持对外开放是一项坚定不移的国策。而吸收外商投资是实行开放的重要内容。举办外商投资企业可以带来资金、技术、管理、市场等我国经济建设需要的生产要素，同时可以对我国创建符合国际惯例的投资环境，建立市场经济新体制和现代企业制度发挥积极的借鉴作用。我们把它作为促进我国经济与国际经济互接互补，实现现代化的一条重要途径。

16 年来，我国吸收外商投资工作从无到有、从小到大、从低层次到高层次、从沿海到内地蓬蓬勃勃发展起来。特别是近几年来出现了迅猛发展的热潮，投资项目和金额持续大幅度增长，项目档次和质量有比较明显的提高，整个形势是很好的。今年以来外商来华投资总的势头也是好的，虽然上半年与去年同期相比，批准的新项目数量有所减少（近两个月已见回升），但项目质量有新的提高，投资结构有新的改善。前不久我接受国内记者采访时，对今年以来外商来华投资形势作了如下评价：1. 我国在前两年吸收外资数量大幅度增长的基础上，将更注重投资结构的改善和技术水平的提高；2. 一部分外商对我国今年出台的一系列改革措施，需要有一个熟悉了解的过程，我们也正在实施中不断加以完善，为外商创造更加规范、稳定的投资环境；3. 今年以来外资的资金到位率明显提高，说明我国投资环境在继续改善，我们的宏观管理水平也有提高，外商对于到中国投资是充满信心的；4. 外商投资结构有新的改善，资金密集型和技术密集型项目明显增多，说明我国的优势越来越被外商所重视。外商逐渐转向中长期和战略性的产业与项目投资，这也更加符合我国产业政策。

当前外商来华投资正面临着新的发展机遇。其一，我国与世界各国的经济合作正在广泛深入地开展，与发达国家之间的关系有了新的改善，中国在世界经济发展中的地位和作用也日益提高，国际资本来华投资的信心更趋增强，来势也比较踊跃。其二，我国政治稳定、经济发展，特别是确立社会主义市场经济体制的目标后，改革不断深化，市场体系加快建立健全，正在为外商创建更加规范、完善的投资环境。

在新的形势下，我们总的方针就是更加积极有效地利用外资，改善结构，提高水平。“积极”就意味着不是“收”，而是仍要“放”，还要继续更多更好地吸收利用外资，这一点是不可逆转的。“有效”就是依靠产业政策引导好外资的投向，多举办技术含量高的项目，使外资与国民经济发展规划有机结合，收到互惠互利的效果。为此，我想着重谈以下四点意见：

第一，外商来华投资要从短期合作向长期与战略性合作转变。

我国经济发展的良好前景和巨大的市场潜力吸引着越来越多的外商前来投资合作。但是，任何一个国家的市场开发总是与该国经济发展水平紧密相联系的。当前我国现代化建设正在突飞猛进地发展，产业结构调整和技术水平提高的步伐明显加快。不少跨国公司和外国大公司在华投资成功，都是由于它们立足长远，着眼于战略性合作，结合中国的现代化进程，作了前瞻性的投资部署而获得的。同时，还要看到中国的市场已不是一个封闭的、孤立的市场，它本身就是国际市场的一部分。如果外商前来投资一味地只以占领中国市场为目标，不搞外向型，不去参与国际竞争，就会逐步丧失优势，最终也必将失去在中国市场的份额。因此，今后我们中外双方的合作要着重从战略性合作的高度来考虑。所谓战略性合作，一是长期的而不是权宜之计；二是必须充分发挥各自的优势，是优势的结合；三是合作要建立在最新技术和最高效率的管理的基础之上；四是既要有利于对方市场的竞争，更要能够迎接21世纪国际市场的挑战和机遇。当前，我们正在加强产业政策对外资投向的引导作用，严格贯彻以市场换技术的方针，希望外商及时调整投资战略，把我们的合作事业不断提高到新的水平。

第二，外商来华投资要注重把握产业结构正在调整和转移的趋势。

我国实行对外开放，吸收外资是从经济特区、经济技术开发区和沿海开放城市及地区开始的。目前这些地区和城市吸收外商投资约占全国总量的85%，是我国利用外资的重点地区，也是我国经济最为发达的地区。据对沿海地区16个开发区的统计，累计引进外资项目6200多个，实际利用外资达47亿美元，吸收外资的比重是相当高的。近几年，随着土地价格和劳动力成本的提高，沿海地区正在进行产业结构的调整和升级，着重发展高新技术产业，发展高附加值、高效益、高水平的产业，发展参与国际竞争与交换的外向型经济。一般的加工工业和劳动密集产业正在逐渐向内地转移。这种转移势头在上海、天津、大连、广州等大城市及开发区和深圳、珠海、汕头、厦门经济特区已比较明显。沿海地区的一些大开发区已经引进了一批跨国公司和境外大公司的高新技术项目，新兴的支柱产业正在逐渐形成。希望外商能及时把握沿海地区产业结构调整的机会，积极利用沿海地区的地位条件和科技力量雄厚、技术劳务成本便宜的优势，投资高新技术产业，取得更大的比较效益。

第三，鼓励外商积极参与中西部地区的投资开发。

今后我国在重点发展沿海地区的同时，要加快中西部地区吸收外资的步伐，以促进这些地区的经济发展，逐步缩小与沿海地区的发展差距。中西部地区是我国下世纪重点开发地区，改革开放以来这些地区经济已有了较大发展，建设了一批重要的交通、能源、原材料项目，投资环境有了一定的改善。这些地区资源丰富、劳动力成本低、国有大中型企业和军工企业技术装备强、市场潜力大，对外商投资的吸引力也越来越大。这两年外资增长幅度已超过沿海地区，显示了良好的发展前景。我们已经在内陆省会城市举办了一批开发区，作为吸收外资的重点区域。我们还将进一步研究采取扶持措施，如外商投资企业产品内销比例可适当放宽；对投资开发当地资源、建设基础设施的项目，采取更加优惠灵活的政策；允许参与中西部投资的外国公司在中国办“伞型公司”；鼓励沿海地区的“三资”企业到中西部去再投资合作，与当地企业合作举办新的合资企业，等等。我们希望能有更多的外商来参与中西部地区的开发，在那个大有可为的领域一展身手。

第四，要加强外商投资企业的人才培训工作。

我国在推进社会主义现代化建设的宏伟事业中，正在把加强教育工作，提高全民族的科学文化水平放到非常重要的战略地位上。同样，要搞好中外双方的投资合作，办好外商投资企业，抓好人才培训特别是经营管理人员的培养工作是个关键。在中国办企业如果长期从外国聘用管理层人员总不是长久之计，而且还会大大增加企业成本。目前我国外商投资企业一般来说员工都比较年轻，文化程度也相对高一些。只要加强培训工作，进一步提高员工素质，就会涌现出更多合格的管理人员和专业技术人员，从而提高整个企业经营管理水平。关于培养高层次的经营管理人才，我建议除可以选派一部分到香港和国外学习外，还应当鼓励支持外商在我国高等院校设立奖学金和与我高等院校合作办班来培养人才。不少在华进行长期战略投资的公司就非常重视这个问题，我们希望所有的外商投资企业都来重视并抓好这项工作。

四

我国政府为了做好吸收外商投资工作，制定了一系列法规，向外商提供了比较优惠的政策，建立了5个经济特区和一批经济技术开发区，集中进行基础设施建设，率先按国际通行做法创建投资环境，使其成为集中举办外商投资企业的示范区域。应该说这些探索和做法都是很有成效的，外商来华投资蓬勃发展的事实也充分说明了这一点。今后，我们将继续按照建立社会主义市场经济体制的总目标，继续改善投资环境，特别是要从不断调整产业结构，着重吸收高新技术产业项目，接纳跨国公司及大公司投资的需要出发，切实把投资环境尤其是软环境的建设提高到国际先进水准，进一步增强吸引国际投资的竞争力。我们要求经济特区和开发区在改善投资环境特别是软环境，吸收外商投资，积极举办高新技术项目方面，继续发挥先导和示范作用，为全国提供新鲜经验和样板。我们还要按照乌拉圭回合的要求，创造条件，逐步落实对外商投资企业的国民待遇，不断完善改革过程中对外商投资企业的政策衔接配套工作，以促进外商投资工作的健康发展。

目前，我国已批准的外商投资项目近20万个，其中投产开业的近10万家，总的经营情况是好的。它们对弥补我国经济建设资金不足，引进先进技术、设备和管理经验，加快产品升级换代，拓宽国内外市场，促进外贸进出口以及创造就业机会等方面都起到了重要的促进作用。但是也应该说，确也存在一些需要解决的问题，比较突出的有两个：一是有的企业用转移利润的手段来逃避税收，损害了企业的信誉。二是有的企业对劳动保护不够重视，存在着忽视职工合法权益的现象。这些都是违反我国法律规定的，希望这些企业认真加以改进。我们今后将一如既往地向外商来华投资提供优质服务，保护投资者的合法权益，同时也将依法加强必要的管理，维护好双方的权益，这也是国际惯例。只有按照互惠互利的原则，才能推动我们之间长期投资合作事业的发展。我相信，外商朋友们都会同意这个意见，依法经营好你们的企业。

各位朋友们：你们都是开发区的投资者和建设者。我们举办开发区是以吸收外资为主，以工业为主，以发展外向型经济为主。沿海16个经济技术开发区经过10年建设，已经形成了相当的经济规模，预计今年工业产值可望突破700亿元，出口额将超过30亿美元，增长速度是相当快的，可以说，开发区已经和正在成为沿海开放城市新的经济增长点。在这成功的实践里，有你们一份功劳。希望你们在新的形势下，进一步办好企业，不断改善产品结构和提高技术档次，创造更好的效益，为全国的外商投资企业树立榜样。进一步办好开发区，发挥其在招商引资方面的先行作用，是我们实行改革开放的一项重要措施。希望你们继续倾注关心和积极参与开发区的建设，经常向我们提出意见和建议，以利于开发区继续改善投资环境，并通过你们成功的实证来宣传开发区的投资环境，以期吸引更多的外商来华投资合作，进一步创造开发区更加光辉的业绩。

最后，祝外商朋友们在开发区的投资事业兴旺发达！祝这次研讨会取得圆满成功！

李岚清副总理在庆祝经济技术开发区十周年座谈会上的讲话

（1994年12月24日于天津）

1984年2月，邓小平同志在视察了深圳、珠海、厦门三个经济特区后指出：“除现在特区之外，可以考虑再开放几个点，增加几个港口城市。”根据邓小平同志的建议，党中央、国务院于当年4月决定开放沿海的大连、天津、上海等14个港口工业城市，参照经济特区的某些作法，举办经济技术开发区，迄今已有10年了。10年来，在党中央、国务院的正确领导和各方面的积极支持下，依靠地方政府的积极性和开发区建设者的艰苦创业，经济技术开发区逐步滚动发展壮大，取得了令人瞩目的成绩，在改革开放和社会主义现代化建设事业中发挥着日益显著的作用，展现出大有希望的前景。

今年是我国第一批经济技术开发区成立10周年，很值得纪念。本来有些地方打算分别举行各种庆祝活动，后来经过研究，还是召开这次座谈会，总结交流开发区建设的经验，研究和探讨在新形势下如何进一步办好开发区，以推进工作的实际行动，来庆祝开发区创办10周年，这样更有意义。

我听了上午的发言。虽然会议时间很短，但开得很有成效，大家对在社会主义市场经济条件下如何把开发区办得更好取得了一些共识，对开发区今后的发展方向和工作重点也提出了许多好的建议。下面，我结合当前的经济形势讲几个问题。

一

党的十一届三中全会以来，我国在稳步推进改革的同时，坚定不移地实行了对外开放的政策。16年来，在邓小平同志建设有中国特色社会主义理论和党的基本路线指导下，坚持解放思想、实事求是，在实践中勇于探索，积极开拓，有效地利用了这一时期对我发展有利的国际机遇，迅速开创了发展对外经济技术交流与合作的新局面。进入90年代以来，特别是邓小平同志重要谈话的发表和十四大的召开，标志着我国的改革和现代化建设进入了一个新阶段，也标志着我国的对外开放进入了一个新阶段，对外开放的范围和领域不断扩大：

一是对外贸易持续快速增长，参与国际分工与交换的规模逐步扩大。1979—1993年，我国对外贸易的年均增长速度达14.5%，大大超过同期国内生产总值和世界贸易的平均增长速度，在世界贸易中的位次从第32位升至第11位。预计今年我国进出口总额超过2200

亿美元。我国出口商品的结构也有了很大变化，改革开放以前我国出口的主要是初级产品，而现在出口的制成品占80%以上，而且向发达国家出口的比重不断增加。外贸对国民经济发展的促进作用明显增强，进出口总值占国内生产总值的比重从1980年的13%提高到1993年的37%左右。当然，就比重而言这个数字是比较高的，但是由于发达国家国民生产总值中第三产业的比重比我们大得多，如扣除这一部分，我们的比重并不比他们大。为了适应建立社会主义市场经济体制的要求以及对外经济工作的新形势，我们在对外经济体制方面进行了一系列重要改革，建立了大体符合国际惯例的运作机制。

二是利用外资取得突破性进展。截止1993年底，我国实际使用各类中长期贷款800多亿美元；到今年9月底，累计批准外商投资企业已超过20万家，实际利用外资885亿美元。在来华的外商投资企业中，著名的跨国公司和大财团逐年增多，项目规模和水平不断提高，产业投向按照国家政策导向逐步趋于合理。去年，我国实际利用外资金额已占全社会固定资产投资的13%，外商投资企业工业产值占全国工业产值的11%，出口额已接近全国的30%，利用外资对于促进国民经济持续、快速、健康发展发挥了重要作用。

三是初步形成了全方位、多层次、多形式、有重点的对外开放格局。经过16年的实践，我国的对外开放逐步由南向北、由东向西推进，已形成经济特区、上海浦东新区、沿海开放城市、开放地区和经济技术开发区，以及沿边、沿江和内陆省会城市为重点的对外开放格局。对外开放的水平不断提高，对外开放的领域也不断扩大。

以上这些历史性的进展和变化，标志着我国国民经济已从封闭和半封闭状态转向开放型经济，我国经济与世界经济的联系越来越广泛，越来越紧密。

今年以来，我国改革开放和经济发展总的看仍然保持着较好的势头，各方面的工作都取得了新的进展。上半年，我们对财税、金融、外汇、外贸、投资、价格和流通体制等方面进行了一系列重大改革，向着建立社会主义市场经济体制迈出了新的步伐。总的说来，目前进展情况还比较顺利，效果也是好的。国民经济在前两年快速增长的基础上，今年预计增长11%左右，经济增长速度在平稳回落中继续保持了较高的水平。货币发行、信贷规模和固定资产投资增长过快的趋势初步得到控制，汇率保持基本稳定，人民币币值稳中有升，国家外汇储备显著增加。这些都说明，去年以来我们采取的宏观调控和深化改革的措施是有成效的。当然，在改革和发展过程中，我们也面临一些困难和问题，其中最为突出的是物价涨幅过高，已成为国内外关注的焦点。还有，今年旱涝灾害比较严重，进一步暴露出农业是当前国民经济中最薄弱的环节。部分国有企业生产经营困难，经营机制有待进一步改革。在刚刚结束的中央经济工作会议上集中研究了这些问题。会议科学地、全面地、实事求是地分析了当前的经济形势，统一了认识，明确了明年经济工作的指导思想和主要任务。明年经济工作总的指导思想是：坚持邓小平同志建设有中国特色社会主义的理论和党的基本路线，全面贯彻党的十四大和十四届三中、四中全会精神，继续把握“抓住机遇、深化改革、扩大开放、促进发展、保持稳定”的全党全国工作大局，进一步处理好改革、发展、稳定的关系，加快建立社会主义市场经济体制，实现国民经济持续、快速、健康发展和社会全面进步。明年经济工作的主要任务是：继续加强和改善宏观调控，抑制通货膨胀，保持国民经济发展的好势头；以深化国有企业改革为重点，推进各项配套改革，完善宏观调控管理体制；增加农业投入，确保农副产品供应，全面发展和繁荣农村经济；加大结构调整力度，强化管理和推动技术进步，提高经济的整体素质和效益。总之，从全局看，明年改革、发展和稳定的任务都相当繁重。关键是要正确处理经济增长与控制物价总水平两者之间的关系。明年要把抑制通货膨胀作为宏观调控的首要任务，准备采取一系列切实有效的措施，使物价上涨过猛的势头得到有效抑制，为深化改革和现代化建设创造较好的宏观环境。从改革方面看，要把改革的重点转到企业改革上来，按照建立现代企业制度的要求，首先做好100家现代企业制度改革的试点工作，将企业的改制、改组和改造组合起来，力求在政企分开、搞好企业内部经营管理和建立社会保障体系三个关键环节上有新的进展，使我国社会主义市场经济体制的基础更加稳固。我们从事开发区工作的同志要认清这个大局，自觉地服从和服务于这个大局，在工作中注意处理好发展、改革开放和稳定三者之间的关系，确保国家宏观调控和改革措施的顺利实施，促进国民经济持续、快速、健康地发展。

二

经济技术开发区是我国对外开放整体战略的重要组成部分。举办经济技术开发区的目的，就是要在一定的区域内集中力量建设完善的基础设施，创造对外商有较强吸引力的“小环境”，较快地形成外商投资企业群体，引进技术和经营管理，推动科技进步，扩大出口创汇，使之逐步成为所在城市和地区发展对外经贸的重要窗口。10年来，开发区在全国改革的大潮中勇于开拓进取，艰苦创业，逐步发展壮大，大多数已经走上了“企业结构以外商投资为主、产业结构以现代工业为主、产品结构以出口为主，致力于发展高新技术”的发展道路，并在不长的时间里开始进入收获期。目前，国务院批准的经济技术开发区已经由初期的14个增加到32个，布局也逐步由沿海向中西部经济中心城市延伸，在推进改革开放和现代化建设中，发挥着日益显著的积极作用。

（一）创建了比较好的投资环境，成为吸收投资，发展外向型经济的重要“窗口”。第一批经济技术开发区基本位于港口城市，经济和交通比较发达，对外商有较强的吸引力。开发区经过10年的开发建设，能源、交通、通讯等基础设施和其他配套产业都有较快的发展，也培养造就了一批人才，建立和健全了法律、法规体系，投资的硬环境和软环境方面都有了很大改善，开发区已日益为国外投资者所瞩目，成为我国吸纳国外生产要素比较活跃和密集的地区之一。据不完全统计，到今年9月底，仅沿海16个经济技术开发区已累计批准外商投资项目6651个，实际利用外资49亿美元。其中投资额在1000万美元以上的项目有350多个，单个项目平均投资规模高于全国平均水平一倍以上，约有100多家世界著名的跨国公司、大财团进入开发区投资办厂。大量外商投资的进入，使开发区的外贸出口呈现出旺盛的活力。1993年出口额超过1亿美元的开发区就有10个，大连开发区达到6.4亿美元。开发区外向型经济的发展，不仅增强了所在城市参与国际经济技术合作和竞争的能力，同时也为促进广大内陆地区参与国际分工与交换，发挥了“桥梁”和“窗口”作用。

（二）逐步成为新的经济增长点。目前，沿海地区的经济技术开发区大都形成了一定的经济规模，开始进入产出阶段，近几年工业产值每年都以成倍的速度增长。1986年沿海14个经济技术开发区工业产值只有3亿元，1988年达到42亿元，1991年发展到140亿元，今年工业产值可望突破700亿元，出口超过30亿美元，税收达到40亿元，发展势头是可喜的。现在开发区已成为所在城市经济快速增长的重要生力军，天津、大连等几个较大工业城市的新增工业产值中几乎一半是由开发区创造的。

（三）成为所在城市产业结构调整与老企业改造的基地，经济的辐射和带动作用逐步增强。我们一直强调，开发区不仅要扩大自身的经济规模，而且要与所在城市老企业的改造和产业结构的调整结合起来，推动旧城改造和经济振兴。这些年开发区注意加强了这方面的工作，通过发挥“外引内联”、“产品扩散”、“加工合作”及“示范媒介”等作用，使国外的先进技术、管理经验、资金和设备等直接为我所用，传播了技术，带动了一批工厂，为所在城市的经济发展增添了后劲。

（四）在培养人才，研究并完善我国利用外资政策法规等方面也发挥了借鉴和推动作用。

10 年来，开发区的创业者们解放思想，艰苦探索，勇于实践，积累了丰富的经验，这是我们今后进一步做好对外开放和开发建设工作的宝贵财富。总结开发区建设的经验，最基本的一条，就是要始终不渝地坚持以邓小平同志建设有中国特色社会主义理论和党的基本路线为指导，解放思想，实事求是，既要有勇于开拓的精神，又要保持科学的态度和扎实稳妥的工作作风，理论与实际相结合，借鉴与独创相统一，努力走出一条有中国特色的开发区建设成功之路。总起来看，开发区 10 年发展的实践充分证明，党中央、国务院关于举办经济技术开发区的决策是完全正确的。我国改革开放的总设计师邓小平同志 1986 年 8 月视察天津开发区后，欣然命笔题辞：“开发区大有希望”，这是对开发区在我国改革开放和现代化建设中的重要作用与广阔前景的科学、英明论断，也是对开发区建设者的殷切希望和要求。今天，这一论断和希望，正在不断地变为现实。

三

回顾经济技术开发区 10 年的发展历程，虽然取得了历史性的进展，但也要清醒地认识到，从建立社会主义市场经济体制和进一步扩大对外开放的要求看，开发区的工作亟需进一步提高。主要表现在：由于各开发区的条件和起步时间不同，发展还不平衡；投资环境特别是在软环境方面与国际标准仍有较大差距；项目的整体规模、水平、档次还不够，优化产业结构的任务还很重；经济增长主要依靠外延，集约开发和内涵发展的潜力很大；对所在城市和其他地区的辐射带动作用与协调发展水平也有待进一步增强。

从现在到下世纪初，国际经济大环境和我国经济的稳步增长，为开发区的发展提供了良好的历史机遇和诸多有利条件。开发区基础设施的完善和一批大型骨干工程的陆续建成投产，以及开发区 10 年开发建设和资金、技术、管理投入的能量积聚，都为开发区实现跨世纪持续、快速增长增加了后劲。与此同时，也要看到国际形势中存在着某些不稳定或对我不利的因素，在争夺 21 世纪综合国力优势的激烈竞争中，我国面临着严峻的挑战。从国内来看，随着我国全方位开放格局的形成和社会主义市场经济体制的建立，沿海、沿江、沿边以及内地的政策差异将逐步缩小，开发区的发展将不再主要依靠优惠政策，而是主要靠科技进步、集约化、现代化经营管理，工作难度也将增大。从总体上可以说，开发区的发展已经进入了一个增强整体素质、再创新优势、努力提高开放型经济水平的新阶段。在新的形势下，进一步办好开发区，需要从国家改革开放和现代化建设的总体部署出发，在肯定已取得的成绩的基础上，认真总结经验，找出差距，促进经济技术开发区的健康发展。

第一，优化产业结构，不断提高开放型经济水平。

改革开放以来，我国的对外贸易得到了长足的发展，从总体上看，结构、效益有了提高。但是为了迎接当今世界贸易保护主义抬头和国际市场激烈竞争的挑战，必须不断促进产业结构的转型与升级，努力增强我国产品的国际竞争力。经济特区与开发区作为我国发展开放型经济的窗口和基地，在这方面应该发挥先导和辐射作用。因此，开发区要在国家产业政策指导下，发挥本地区的优势，不断调整和优化产业结构，坚持以拓展国际市场为目标，从当地实际出发，有选择地强化资金密集与技术密集型产业的发展，特别是国内外市场需要并有发展前途的高新技术项目，使之成为发展开放型经济的主导产业。要认真按照国家的产业政策研究和制订长远发展战略，对项目要严格筛选，引导劳动密集型产业向成本有比较优势的内地转移，下大力气吸引有实力的跨国公司到开发区投资，并促使其将短期合作向长期与战略性的合作转变，通过中外优势互补来不断增强开发区产品的国际竞争力，迎接21世纪的挑战和机遇。

第二，坚定不移地走以内涵为主的发展道路。

我国这些年经济规模和总量增长很快，这是应该肯定的。但分析起来，主要是靠外延发展取得的，基本走的是数量扩张的路子，人均劳动生产率水平不高，经营管理上还比较粗放。目前，不少沿海地区随着开发开放的进展，土地和劳务价格上升很快，原有的优势丧失了不少，再走外延发展的路子已经行不通了。因此开发区要发展，不能再从扩大土地面积，特别是挤占耕地面积上找出路。为了保持必要的农田面积，也决不应走这条路。必须更新观念，走以效益为中心、内涵为主的发展道路，促进开发区整体素质有一个质的飞跃。这可以说是开发区的第二次创业。实现这个转变，一是要将土地外延式开发转向集约式开发，使土地的开发效益提高到新水平。二是要由经济开发转向技术开发，努力增加开发区产品的技术含量和附加价值。三是要区域开发与功能开发并重，按照社会主义市场经济体制的要求，探索改革和发展的新路子，提高服务功能。总之，各开发区都要根据自己的潜在优势，认真在深度开发上下一番硬功夫。四是开发区的建设要同老城区的产业结构调整、技术改造及老城区改造相衔接，通盘考虑，协调发展。不要在开发区用外商投资方式建设了一大批新企业，而对老城区的改造和老企业的技术改造置之不管。五是要注意开发区的环境保护和精神文明建设。

第三，充分发挥开发区的示范和辐射作用，带动区外特别是中西部地区的发展。

加快中西部地区对外开放的步伐，推动这一地区经济较快发展，逐步缩小与东部沿海地区的发展差距，是国民经济发展中必须研究和解决的重大课题。这里关键是如何在加大农业投入、加速发展农业的基础上，把广大农民从土地上解放出来，离土不离乡，解决好就业出路问题。办乡镇企业是发展和活跃农村经济，加快中西部发展的主要途径，但发展乡镇企业不能过于分散，不顾主客观条件，村村点火，处处冒烟。到处搞加工业不行，耕地占用了很多，污染也难以治理。因此，办乡镇企业要尽可能利用那些不适宜耕种的丘陵荒地，适当集中，搞好开发和管理，并与小城镇的建设结合起来。在这方面，开发区应起到示范和样板的作用。为了支持中西部地区更好地发展，沿海地区的开发区要积极引导劳动密集型产业向内地转移。内陆省会城市的开发区一方面要尽快完善投资环境，认真培养人才，积极吸引更多的外商投资企业参与中西部的开发；另一方面要注意与军转民项目、老企业的改造和资源开发项目紧密结合，促进当地产业结构的升级与老企业的改造。考虑到中西部地区的开放工作刚刚起步，国家也将进一步研究有关政策措施，给予必要的支持。

第四，建立和完善社会主义市场经济新体制。

随着我国改革开放和现代化建设步伐的加快，按照市场经济公平竞争原则和“国民待遇”等国际惯例的要求，国家将主要运用产业政策支持特定区域的发展。各开发区的同志都要认真领会和贯彻江泽民同志今年视察特区时提出的“增创新优势，更上一层楼”的指示精神，从全国改革开放的大局出发，努力适应变化了的新形势。开发区在创办初期，国家对开发区没有投资，主要是在政策上给予支持。各开发区为了创造良好的投资软环境，在改革方面做了许多有益的探索，取得了不少好的经验，但总的看“政策驱动”的作用是主要的。今后，随着改革开放的全面深入，开发区同志的观念也要转变，要按照江总书记在特区的讲话精神，在深化改革上狠下功夫，把工作重点转到促进建立和完善社会主义市场经济新体制，继续完善综合投资环境，形成符合国际惯例的运行机制上来，以运行机制的转换赢得开发区发展的新优势。总之，开发区要从依靠政策优惠，转为依靠已经形成和进一步完善的投资环境，特别是社会主义市场机制、人才培训、服务和效率等因素构成的良好投资环境吸引外商，把开发区办得更好，迎接国内外市场激烈竞争的挑战。

第五，加强宏观指导和规范化管理。

近几年，有些地方不顾条件纷纷举办各类开发区，出现了一股“开发区热”。这不仅影响了我国本来就比较脆弱的农业的稳定和发展，而且大大超出了实际需要和宏观经济的承受能力，也给控制固定资产投资规模的工作造成很大压力。因此，加强对开发区建设的宏观调控，强化开发区的规范化管理，已成为当前一项十分紧迫的任务。做好这项工作，一要坚持统筹规划，科学论证，合理布局，坚决制止乱占耕地，不顾主客观条件盲目办开发区的行为。要进一步强调，并不是任何地方都需要和可以办开发区。二要按照国家宏观调控的要求，严格依据举办开发区的标准，坚持国家和省（区、市）两级严格审批制度。已批准的开发区要有“惜土如金”的观念，要以项目带开发，防止炒土地、炒房地产等投机活动。三要继续抓紧抓实清理整顿开发区的工作，未经批准擅自举办或不具备条件的要果断下马。凡属撤销的开发区，要摘牌子、撤班子、尽快退耕还田。四要维护国家法律、法规和政策的严肃性，各级开发区都不得自定减免税等优惠政策。各地区要认真做好规范化管理工作，保证开发区沿着正确的轨道健康发展。

同志们，我国的经济技术开发区已经走过了10年的历程，广大开发区创业者付出了辛勤的努力和艰苦的劳动，在这里我向你们，并通过你们转达我对工作在开发区建设第一线全体同志的亲切问候。我们决不辜负小平同志的殷切希望，按照李鹏总理给座谈会贺信中提出的：“希望你们认真总结经验，在以江泽民同志为核心的党中央领导下，继续发扬艰苦创业的精神，走出一条具有中国特色的经济技术开发区成功之路”的指示精神，奋力开拓，扎实工作，更上一层楼，为建设第一流的开发区继续努力，为我国国民经济的持续、快速、健康发展及改革开放事业作出更大贡献。开发区的未来充满希望。

全国人民代表大会关于授权厦门市人民代表大会及其常务委员会和厦门市人民政府分别制定法规和规章在厦门经济特区实施的决定

（1994年3月22日第八届全国人民代表大会第二次会议通过）

第八届全国人民代表大会第二次会议审议了福建省袁启彤等36名全国人大代表在八届全国人大一次会议上提出的关于授权厦门市人大及其常委会和厦门市政府分别制定法规和规章的议案，决定授权厦门市人民代表大会及其常务委员会根据经济特区的具体情况和实际需要，遵循宪法的规定以及法律和行政法规的基本原则，制定法规，在厦门经济特区实施，并报全国人民代表大会常务委员会、国务院和福建省人民代表大会常务委员会备案；授权厦门市人民政府制定规章并在厦门经济特区组织实施。

国务院关于进一步严格控制可用于生产化学武器的化工原料进出口的通知

（国发〔1994〕5号 1994年1月10日）

各省、自治区、直辖市人民政府，国务院各部委、各直属机构：

为全面禁止和彻底销毁一切化学武器，我国已于1993年1月签署了《关于禁止发展、生产、储存和使用化学武器及销毁此种武器的公约》。为了进一步加强对可用于制造化学武器的化工原料生产、销售、进出口方面的管理，特作如下通知：

一、可用于生产化学武器的化工原料及其生产技术、专用设备的进出口业务由化工部统一归口管理。

二、严格控制附表一所列的各种化学品及其生产技术、专用设备的出口，有关单位在对外洽谈出口附表一所列化工产品及其专用设备、技术以前须报化工部审批。

三、凡附表（指附表一、二，下同）所列各种化学品及其生产技术、专用设备的出口合同需经化工部审批后方可生效。

四、化工部商外经贸部后所指定的企业（以下简称指定的企业）才能从事附表所列化学品及其生产技术、专用设备的进出口业务，其他单位一律不得从事上述进出口业务。

五、指定的企业在办理出口审批手续时，需向化工部提交进口国政府或政府委托机构出具的所进口的化工原料不用于生产化学武器和不转口第三国的保证书，并凭化工部批文向外经贸部申领“出口许可证”，海关凭“出口许可证”放行。其他手续仍按照有关规定办理。

六、国内化工生产、科研需进口附表所列化学品，必须由指定的企业向所在省、自治区、直辖市化工厅（局）或有关部、委提出申请并提交产品最终用途的说明和证明，经审核同意后报化工部审批。外经贸部凭化工部批文发给“进口许可证”，海关凭“进口许可证”放行。

化工部、外经贸部依据本通知规定，制定具体的管理办法。并将附表所列化学品及其生产技术、专用设备的进出口审批情况及时通报有关部门。

国务院及有关部门以前的有关规定，凡与本通知不一致的，均按本通知执行。

国务院关于组建国家开发银行的通知

（国发〔1994〕22号 1994年3月17日）

各省、自治区、直辖市人民政府，国务院各部委、各直属机构：

根据党的十四届三中全会精神，为了更有效地集中资金保证国家重点建设，缓解经济发展的“瓶颈”制约，增强国家对固定资产投资的宏观调控能力，进一步深化投融资体制改革，国务院决定组建国家开发银行。

国家开发银行是直属国务院领导的政策性金融机构，对由其安排投资的国家重点建设项目，在资金总量和资金结构配置上负有宏观调控职责。国家开发银行的主要任务是：建立长期稳定的资金来源，筹集和引导社会资金用于国家重点建设，投资项目不留资金缺口，从资金来源上对固定资产投资总量及结构进行控制和调节，按照社会主义市场经济的原则，逐步建立投资约束和风险责任机制，提高投资效益，促进国民经济持续、快速、健康发展。

《国家开发银行组建和运行方案》及《国家开发银行章程》业经国务院批准，各有关方面要认真贯彻执行。上述方案及章程的具体组织实施工作，由国家开发银行负责。

附件一

国家开发银行组建和运行方案（略）

附件二

国家开发银行章程

第一章 总 则

第一条 国家开发银行是直属国务院领导的政策性金融机构。

第二条 国家开发银行的主要任务是按照国家的法律、法规和方针、政策，筹集和引导社会资金，支持国家基础设施、基础产业和支柱产业大中型基本建设和技术改造等政策性项目及其配套工程的建设，从资金来源上对固定资产投资总量进行控制和调节，优化投资结构，提高投资效益，促进国民经济持续、快速、健康地发展。

第三条 国家开发银行办理政策性金融业务，实行独立核算，自主、保本经营，责权利相统一，建立投资约束和风险责任机制。

第四条 国家开发银行实行行长负责制。

第五条 国家开发银行在金融业务上接受中国人民银行的指导和监督。

第六条 国家开发银行总部设在北京。随着业务的发展，经批准可在国内外设置必要的办事机构。国家开发银行对国家政策性贷款的拨付业务，优先委托中国人民建设银行办理，并对其委托的有关业务进行监管。

第二章 注册资本

第七条 国家开发银行注册资本为500亿元人民币，由财政部核拨。

第三章 业 务

第八条 国家开发银行经营和办理下列业务：

（一）管理和运用国家核拨的预算内经营性建设基金和贴息资金；

（二）向国内金融机构发行金融债券和向社会发行财政担保建设债券；

（三）办理有关的外国政府和国际金融组织贷款的转贷，经国家批准在国外发行债券，根据国家利用外资计划筹借国际商业贷款等；

（四）向国家基础设施、基础产业和支柱产业的大中型基本建设和技术改造等政策性项目及其配套工程发放政策性贷款；

（五）办理建设项目贷款条件评审、咨询和担保等业务。为重点建设项目物色国内外合资伙伴，提供投资机会和投资信息；

（六）经批准的其他业务。

第四章 组 织

第九条 国家开发银行设行长1人，副行长若干人，均由国务院任命。其他人事任免，按有关规定和程序办理。

第十条 国家开发银行行长负责全行工作，副行长协助行长工作。

第十一条 国家开发银行行长负责主持行长会议，研究决定以下重大事项：

（一）审定本行的业务方针、计划和重要规章；

（二）审查行长的工作报告；

（三）审定筹资方案，确定政策性贷款计划；

（四）审查通过本行年度财务决算报告；

（五）审定其他重大事项。

第十二条 国家开发银行总部根据精干、高效的原则，设置若干职能部门，在行长领导下进行工作。

第五章 监 事 会

第十三条 设立国家开发银行监事会，由国家计划委员会、国家经济贸易委员会、财政部、中国人民银行、审计署、对外贸易经济合作部等部门各出1位负责人以及国务院指定的其他人员组成，报国务院批准。

第十四条 监事会主席由监事会成员单位定期轮换担任，任期为3年。

第十五条 监事会的主要职责是：监督国家开发银行执行国家方针政策的情况；监督国家开发银行资金使用方向和资产经营状况；提出国家开发银行行长的任免建议。监事会不干预国家开发银行的具体业务。

第六章 财务会计

第十六条 国家开发银行按照《中华人民共和国会计法》、《企业会计准则》、《企业财务通则》和财政部有关金融、保险企业财务、会计制度执行。

第十七条 国家开发银行以公历自然年度为会计年度。

第十八条 国家开发银行每年向财政部报送年度财务决算。

第十九条 国家开发银行基本财务报表为资产负债表和损益表，每年定期公布，并由中华人民共和国的注册会计师和审计事务所出具审计报告。

第七章 附 则

第二十条 本章程由国家开发银行负责解释。

第二十一条 本章程经国务院批准后施行。

国务院关于严格控制减免进口税收问题的通知

（国发〔1994〕24号　1994年4月19日）

各省、自治区、直辖市人民政府，国务院各部委、各直属机构：

党中央、国务院关于加强宏观调控的意见要求，税务部门要依法治税，强化税收征管，堵塞减免税漏洞，加强和完善宏观调控，确保国家财政收入。据此，国务院及其有关部门也已停止审批临时性减免关税和进口环节增值税、消费税（以下简称进口环节税），并对减免关税和进口环节税政策规定进行了清理。但是，今年以来，仍有不少地方和单位向国务院及有关部门提出减免关税和进口环节税要求。为了进一步严格控制减免关税和进口环节税，加强税收征管，发挥税收调节经济的作用，保证财税体制改革的顺利进行，现就有关问题通知如下：

一、关税和进口环节税是中央税，是调节宏观经济的重要手段，也是中央财政收入的重要来源，任何部门、地方、单位和个人都无权决定减免。

二、各地区、各部门不要再向国务院及有关部门申请减免关税和进口环节税。对各地区、各部门申请减免关税和进口环节税的请示、报告，国务院及其有关部门不再受理和审批。各地区、各部门有困难主要应依靠本地区、本部门的力量克服。对贫困地区和因严重自然灾害造成的特殊困难，原则上应采用生产自救和各级财政补贴的办法解决。

三、国务院关税税则委员会和财政部、税务总局要继续对现行的减免关税和进口环节税的政策规定进行清理，逐项列出具体清单并提出处理意见报国务院。对符合国际惯例和建立社会主义市场经济体制要求的减免税政策规定，经修订、调整，予以保留并对外公布；对少数因产业政策以及其他特殊需要，目前保留的减免税政策，按执行期限或使用额度，到期或额度用完，即予废止，一律不再延长时间或增加额度；除上述以外的所有减免税政策规定，要在1995年底以前分批予以清理废止。

四、关税和进口环节税是调节宏观经济的重要经济手段，必须实行统一、规范、公平、公开的政策。根据产业发展情况和宏观经济调控、扩大对外经济交往的需要，国家将适时调整关税和进口环节税税率。各地区、各部门对税率结构和税率水平有调整建议，可向国务院关税税则委员会（办公室设在国家经贸委）和财政部、税务总局提出，由国务院关税税则委员会和财政部、税务总局统一研究，并报国务院决定。

五、海关和税务部门要切实加强税收征管，严格执行各项税收政策规定。各地区、各部门都要从国家整体利益出发，维护税法的严肃性，支持税收工作。对违反规定，擅自扩大政策性减免税范围的，要严肃查处。

国务院关于组建中国农业发展银行的通知

（国发〔1994〕25号　1994年4月19日）

各省、自治区、直辖市人民政府，国务院各部委、各直属机构：

根据党的十四届三中全会精神，为了完善农村金融服务体系，更好地贯彻落实国家产业政策和区域发展政策，促进农业和农村经济的健康发展，国务院决定组建中国农业发展银行。

中国农业发展银行是直属国务院领导的政策性金融机构。其主要任务是：按照国家的法律、法规和方针、政策，以国家信用为基础，筹集农业政策性信贷资金，承担国家规定的农业政策性金融业务，代理财政性支农资金的拨付，为农业和农村经济发展服务。

《中国农业发展银行组建方案》和《中国农业发展银行章程》业经国务院批准，各有关方面要认真贯彻执行。上述方案及章程的具体组织实施工作，在中国人民银行的领导和监督下，由中国农业发展银行负责。

附件一

中国农业发展银行组建方案（略）

附件二

中国农业发展银行章程

第一章　总　　则

第一条　中国农业发展银行是直属国务院领导的政策性金融机构。

第二条 中国农业发展银行为独立法人，实行独立核算，自主、保本经营，企业化管理。

第三条 中国农业发展银行的主要任务是：按照国家的法律、法规和方针、政策，以国家信用为基础，筹集农业政策性信贷资金，承担国家规定的农业政策性金融业务，代理财政性支农资金的拨付，为农业和农村经济发展服务。

第四条 中国农业发展银行实行行长负责制，对其分支机构实行垂直领导的管理体制。

第五条 中国农业发展银行在业务上接受中国人民银行的指导和监督。

第二章 注册资本

第六条 中国农业发展银行的注册资本为200亿元人民币。

第三章 业务范围

第七条 中国农业发展银行经营和办理下列业务：

（一）办理由国务院确定、中国人民银行安排资金并由财政部予以贴息的粮食、棉花、油料、猪肉、食糖等主要农副产品的国家专项储备贷款；

（二）办理粮、棉、油、肉等农副产品的收购贷款及粮油调销、批发贷款；办理承担国家粮、油等产品政策性加工任务企业的贷款和棉麻系统棉花初加工企业的贷款；

（三）办理国务院确定的扶贫贴息贷款、老少边穷地区发展经济贷款、贫困县县办工业贷款、农业综合开发贷款以及其他财政贴息的农业方面的贷款；

（四）办理国家确定的小型农、林、牧、水利基本建设和技术改造贷款；

（五）办理中央和省级政府的财政支农资金的代理拨付，为各级政府设立的粮食风险基金开立专户并代理拨付；

（六）发行金融债券；

（七）办理业务范围内开户企事业单位的存款；

（八）办理开户企事业单位的结算；

（九）境外筹资；

（十）办理经国务院和中国人民银行批准的其他业务。

第四章 组织机构

第八条 中国农业发展银行在机构设置上实行总行、分行、支行制。中国农业发展银行总行设在北京；分支机构的设置，须经中国人民银行批准。

第九条 中国农业发展银行设行长1人，副行长若干人，由国务院任命。

第十条 中国农业发展银行实行行长负责制。行长为法定代表人，负责全行工作，副行长协助行长工作。

第十一条 中国农业发展银行行长主持行长会议，研究决定以下重大事项：

（一）本行的业务方针、计划和重要规章制度；

（二）行长的工作报告；

（三）国家重点农业政策性贷款项目；

（四）本行年度决算报告；

（五）有关本行的其他重大事项。

第十二条 中国农业发展银行分行正、副行长由总行任命；支行正、副行长由所在省、自治区、直辖市分行任命。

第五章 监 事 会

第十三条 设立中国农业发展银行监事会。监事会由中国人民银行、国家计划委员会、国家经济贸易委员会、财政部、农业部、国内贸易部等有关部门选派人员组成，报国务院批准。

第十四条 监事会设主席1人，由国务院任命。

第十五条 监事会的主要职责是：

（一）监督中国农业发展银行执行国家方针政策的情况；

（二）检查中国农业发展银行的业务经营和财务状况；

（三）查阅、审核中国农业发展银行的财务会计报告和其他财务会计资料；

（四）监督、评价中国农业发展银行行长的工作，提出任免、奖惩建议；

监事会不干预中国农业发展银行的具体业务。

第十六条 监事会每年举行2次会议，由监事会主席召集并主持。必要时可召开临时会议。监事会会议应有全部成员的三分之二以上出席（包括委托代表出席）方可召开。决议事项须经全体监事会成员半数以上通过。

第六章 经营管理

第十七条 中国农业发展银行实行统一计划、指标管理、统筹统还、专款专用的资金计划管理办法。

第十八条 中国农业发展银行的财务会计制度，按照《中华人民共和国会计法》、《企业会计准则》、《企业财务通则》和财政部有关金融、保险企业财务、会计制度执行。

第十九条 中国农业发展银行以公历自然年度为会计年度；每年向财政部报送年度财务决算。

第二十条 中国农业发展银行基本财务报表为资产负债表和损益表，每年定期公布，并由中华人民共和国的注册会计师和审计事务所出具审计报告。

第二十一条 中国农业发展银行负责农业政策性贷款的审批、发放、管理、监督和检查。中国农业发展银行可采取委托代理方式办理业务。

第二十二条 中国农业发展银行对接受其他部门委托发放的低息贷款，按委托协议办理。

第二十三条 中国农业发展银行职员实行行员制。

第七章　附　　则

第二十四条　本章程由中国农业发展银行负责解释。

第二十五条　本章程经国务院批准后施行。

关于加强金融机构监管工作的意见

（国务院以国发〔1994〕54号转发
中国人民银行 1994年8月26日）

为了认真贯彻落实《国务院关于金融体制改革的决定》（国发〔1993〕91号），切实转换中国人民银行的职能，进一步加强对金融机构的监管，保持金融秩序的稳定，现就加强金融机构监管工作提出如下意见：

一、中国人民银行是国务院授权的金融主管部门，依法履行对各类金融机构的设立、变更和终止的审批职责。设立金融机构和开办金融业务必须经中国人民银行批准，未经批准擅自经营金融业务的，一律为非法经营，要依法予以处理。中国人民银行依法对金融机构进行管理、监督和查处，任何单位和个人都不得进行干预。

对未经中国人民银行审批并颁发经营金融业务许可证，由各地区、各部门自行批准经营金融业务的，要依法自查、自纠。确需设立的，要重新向中国人民银行申请报批。

二、中国人民银行分、支行是中国人民银行总行的派出机构，要严格按照中国人民银行总行的授权批准设立金融机构，并按照中国人民银行《关于对中国人民银行各级分行越权批准设立的金融机构进行清理的通知》（银传〔1994〕27号）规定，认真做好违规和越权批准设立金融机构的清理工作。凡是银传〔1994〕27号文件明确要求撤销或合并的越权批准设立的金融机构，要坚决撤销或合并，并配合有关部门做好债权、债务的清理工作。对于银传〔1994〕27号文件尚未明确清理意见的，由中国人民银行总行区别不同情况，分别制定具体的清理意见，并在近期下发中国人民银行各分、支行执行。

三、财政部门办的证券机构必须尽快与财政部门脱钩。其中符合条件、确实办得好的省、自治区、直辖市及计划单列市的财政证券机构，要按照统一标准，经当地中国人民银行审核后报中国人民银行总行批准，办成规范的证券公司，并接受中国人民银行的监管；地（市）一级的国债交易机构，符合条件的，可并入省级证券公司，成为其分公司，不符合条件的，一律撤销；县及县以下财政证券机构和国债服务部经清理后，由当地中国人民银行批准，可作为财政证券机构的代办点。对财政证券机构的清理工作由中国人民银行会同财政部负责。

四、根据《储蓄管理条例》（国务院令第107号）的规定，邮政网点办理居民储蓄业务必须符合储蓄机构的设置条件，并领取经营金融业务许可证。目前尚未取得许可证已开办储蓄业务的邮政储蓄网点，由各省、自治区、直辖市邮电管理局汇总后向当地中国人民银行申报，中国人民银行批准并核发许可证后可办理居民储蓄业务。

五、农村合作基金会是社区内为农业、农民服务的资金互助组织，不是金融机构。农业部负责制定有关的政策法规，指导农村合作基金会的管理和发展。地方农业行政部门为农村合作基金会的主管部门。中国人民银行依法对农村合作基金会的业务活动进行监督，并会同农业行政部门对违反规定办理存贷款业务的行为进行处理。

六、中国人民银行作为典当业的主管部门，负责典当机构设立的审批和业务管理，要按照国家有关规定，对现有典当机构进行清理和规范，对超业务范围办理银行业务的，要限期予以纠正。

七、按照《企业债券管理条例》(国务院令第121号）和中共中央办公厅、国务院办公厅关于严格彩票市场管理禁止擅自批准发行彩票的要求，中国人民银行会同同级计划部门要加强对企业债券和彩票的管理，在国家下达的企业债券发行计划内，负责发行债券的审批。除国务院另有规定外，未经中国人民银行批准，一律不得向社会集资和擅自发行彩票。对违反发行债券和彩票有关规定者，由中国人民银行会同有关部门进行查处。

八、向金融机构投资入股，要严格执行中国人民银行《印发〈关于向金融机构投资入股的暂行规定〉的通知》(银发〔1994〕186号)。除国家授权机关批准外，任何党政机关、部队、团体以及其他国家预算内事业单位、国家政策性金融机构，都不得向金融机构投资入股。地方财政部门、工商企业和法人金融机构向金融机构投资入股，要符合中国人民银行规定的条件和投资比例。所有金融机构都必须依法纳税，依法经营，严格执行中国人民银行的有关规定。

关于停止执行企业以留利再投资退40%所得税规定的通知

（国函〔1994〕46号 1994年6月1日）

〔（94）财税字第044号〕

各省、自治区、直辖市、计划单列市财政厅（局）、国家税务局、体改委、经贸委，国务院有关部门：

鉴于1993年7月1日实施的《企业财务通则》、《企业会计准则》作出了包括提高折旧率、加速折旧，固定资产投资贷款利息进成本，技术开发费据实列入成本等政策性的规定；1994年改革国家与国有企业利润分配制度，统一内资企业所得税，又取消了对国有企业征收的“能源交通重点建设基金”和“预算调节基金”，规定了多数国有全资老企业所得税后利润近期可不上交等政策。这些政策对支持企业发展发挥了重要的作用，可以替代《全民所有制工业企业转换经营机制条例》第十三条第六款的规定。为了使1994年1月1日出台的财税体制改革方案与《全民所有制工业企业转换经营机制条例》更好地衔接、协调，经报国务院批准，决定停止执行《全民所有制工业企业转换经营机制条例》第十三条第六款：“企业遵照国家产业政策，以留利安排生产性建设项目或者补充流动资金的，经企业申请，税务部门批准，可以退还企业再投资部分已缴纳所得税40%税款”的规定。特此通知，请遵照执行。凡在此通知下达之前未办理的退税事项，一律不再办理。

财政部
国家体改委
国家经贸委
国家税务总局
国务院法制局
1994年8月27日

关于加快科技成果转化、优化出口商品结构的若干意见

（国函〔1994〕48号）

进入九十年代，科技竞争成为世界经济贸易竞争的重要因素，更新观念、转变机制，推动高新技术成果商品化、科技商品产业化、科技产业国际化，优化我国出口商品结构，依靠科技进步提高我国出口商品的技术含量和技术附加值，是当前急需解决的问题。保证我国对外贸易持续发展的根本出路在于将现有的外贸企业、生产企业和科研机构三方面的优势结合成一个整体优势。为扶持、鼓励技术、成套设备和高新技术产品出口，大力推动贸工技结合，加快科技成果转化，优化出口商品结构，特提出以下意见：

一、鼓励外贸企业、生产企业与科研机构结合

在授予有条件的生产企业和科研院所外经贸权的同时，鼓励科研院所、生产企业同外贸企业组织联营公司。外贸企业可依靠科研机构、生产企业并在科研、生产领域积极投资联营。科研机构可以科技成果或专业技术折资作为股份或投资，积极参与生产或外贸经营活动。外贸企业、生产企业和科研机构对研究与发展（R&D）应予以重视并投入一定资金，通过人员交流、相互派人任职、相互投资、合办企业等多种方式加强贸工技结合。

二、拓宽实施贸工技结合、加快科技成果转化的资金渠道

（一）国家鼓励部门、地方有选择地对市场前景较好的科技成果投资。

（二）为促进科技成果商品化、产业化和扩大出口所需人民币贷款，由国家银行予以重点支持。

（三）国家实行有利于技术和成套设备出口发展的信贷政策，每年继续安排一定数额的人民币贷款和外汇贷款，专项用于技术和成套设备出口的卖方信贷和买方信贷。

（四）积极支持外贸企业、生产企业和科研机构利用外资，促进科技成果商品化、产业化。

（五）鼓励科研机构、生产企业、外贸企业按国家有关规定，经批准后，筹集资金用于科技成果商品化、产业化。

（六）外贸企业、有进出口经营权的大中型生产企业和科研机构可根据《全民所有制工业企业转换经营机制条例》的有关规定，留用一定比例的资金作为技术开发资金。外贸企业可将此资金用于科技成果商品化投资，也可用于增加出口商品生产的技术改造。

三、在外汇、税收等方面给予支持

（一）对出口技术、成套设备和高新技术产品所需外汇优先予以支持。

（二）外贸企业、有进出口经营权的生产企业和科研院所、高等院校开展进料加工业务，为出口技术、成套设备和高新技术产品而进口的原材料、零部件，按进料加工的有关规定办理。

（三）自营出口技术、成套设备和高新技术产品的生产企业和科研院所享受与外贸企业同等的出口退税待遇。

（四）鼓励贸工技结合企业出口技术、成套设备和高新技术产品。对出口技术、成套设备和高新技术产品，出口单位可在工资总额中提取一定比例的奖金，用于奖励从事出口的科技、外贸和其他有关业务人员。

四、简化审批管理程序

（一）有进出口经营权的各类企业、科研机构，为执行合同或推销技术、成套设备、高新技术产品及从事售后服务和开拓市场等业务需经常出入境的商务、技术人员，其出国手续可实行一次审批、一年内多次有效，其办法可参照国发〔1993〕37号文件和国办发〔1993〕2号文件的规定执行。

（二）各地方人民政府在外贸企业开展实业化活动中，在土地使用、招聘科技人员和工人、注册登记等方面简化审批手续，并提供其它便利条件。

五、建立加快科技成果转化和国际贸易信息传递、交流的中介机构

（一）为促进贸工技结合，加快科技成果商品化，优化出口商品结构，对现有出口生产企业进行技术改造，提高技术含量和技术附加值，有必要建立科技成果转化的中介机构，在外贸企业、生产企业和科研机构之间建立科技成果信息和国际经贸信息的传递与交流机构。

（二）中介机构应具有搜集出口前景好的科技成果信息和搜集出口商品的技术更新信息的能力，并把这些信息迅速介绍给外贸企业或愿意承担研制开发任务的生产企业、科研机构。

（三）中介机构实行有偿服务，经有关部门批准后合理收费。

本意见所指的技术、成套设备出口，按国家技术出口管理的有关规定的范围界定。高新技术产品出口目录由国家科委会同国家经贸委、财政部、外经贸部制定。

国务院办公厅转发国务院证券委员会关于坚决制止期货市场盲目发展若干意见请示的通知

（国办发〔1994〕69号　1994年5月16日）

各省、自治区、直辖市人民政府，国务院各部委、各直属机构：

经国务院批准，现将国务院证券委员会《关于坚决制止期货市场盲目发展若干意见的请示》转发给你们，请各有关方面密切配合，认真贯彻落实。

关于坚决制止期货市场盲目发展若干意见的请示

国务院：

《国务院关于坚决制止期货市场盲目发展的通知》（国发〔1993〕77号，以下简称《通知》）下发后，有关地方和部门加强了对期货市场的监管，并相应采取了一些措施，取得了一定成效。但是，盲目兴办期货市场的问题仍未完全解决。目前，我国期货市场存在的主要问题，一是期货交易所和经纪公司过多、过乱，运作很不规范；二是从事境外期货交易的大部分属投机性质，有些给国家造成很大的损失；三是一些中外合资或变相合资的期货经纪公司采用各种手段，欺诈国内客户，造成大量外汇流失；四是地下非法期货交易仍然猖獗。我国期货市场还处在试点阶段，要本着“规范起步，加强立法，一切经过试验和严格控制”的原则稳步发展。目前要重点清理、整顿现有的交易所和期货经纪公司，加强对交易所和经纪公司的管理，特别是要严格控制境外期货和金融期货交易，坚决打击各类非法期货交易活动。根据《通知》要求，经与有关部门协商，现提出以下具体意见：

一、对已经成立的期货交易所进行审核

各部门和各级地方政府要立即停止审批新的期货交易所。对已有的期货交易所要重新进行审核和规范。在《通知》下达前，经有关部门或省、自治区、直辖市、计划单列市人民政府批准，并于1993年12月底前已开业的交易所，要分两类进行清理。一是大部分交易所将按批发市场进行管理，不再冠以交易所的名称，不得进行期货合约买卖。二是对符合下述条件的少数交易所，由中国证券监督管理委员会（简称证监会，下同）组织专家进行论证，经证监会从严审核并报请国务院批准后，可进行标准化期货合约交易试点。经批准进行试点的交易所，要到国家工商行政管理局重新登记注册，由证监会会同有关部门负责对其进行监管。

审核交易所暂按以下条件掌握：

1. 标准化期货合约交易额占该交易所总交易额90%以上；

2. 标准化期货合约的实物交割率月平均5%以下；

3. 今年1—4月份期货合约日平均交易额1亿元以上；

4. 至少具有50个会员；

5. 各项规章制度健全，通讯设施完善，标准化期货合约符合国际惯例，上市品种符合国家经济发展需要，形成的商品价格对国内已产生较大影响；

6. 地处交通、通讯方便和金融业发达的中心城市；

7. 从业人员素质较高，至少有10名从事期货交易1年以上的管理人员。

二、严格限定期货交易的范围

各交易所要以商品期货交易为主。根据中国人民银行《关于严格控制开办金融期货业务的紧急通知》（银发〔1993〕321号），对开办金融期货业务要严格控制；一律不得开展国内股票指数和其他各类指数的期货业务；从事人民币对外币的汇率期货业务的管理办法，由国家外汇管理局商证监会另行规定，规定下发前，任何机构不得开办该项业务。经证监会商财政部批准后，少数交易所可开展国债期货交易试点。

各期货经纪公司均不得从事境外期货业务。已开展此项业务的不得接收新客户和新订单，已持仓者要在交割日前平仓或在交割日进行实物交割，平仓后即把汇出境外的保证金调回。各级人民政府指定的期货市场主管部门、工商行政管理部门、外汇管理部门要紧密配合，采取有效措施，切实做好善后工作。

《通知》下发前已设有期货经营机构的全国性公司，经证监会重新审核批准，可为本系统在境外期货市场进行套期保值业务，但必须在证监会指定的境外期货交易所进行交易，交易品种须经证监会认可。委托境外期货经纪公司代理交易，受托方必须是证监会认定的交易所的结算会员。证监会将同上述交易所所在国家和地区的期货监管机构取得联系，进行监管合作。发生实物交割时，要按外经贸部进出口管理办法办理。

外汇指定银行和国家外汇管理局批准经营外汇业务的非银行金融机构，经国家外汇管理局和证监会审核批准，可利用境外外汇期货业务进行套期保值，但要接受国家外汇管理局和证监会的监督管理。

从事境外期货业务必须取得证监会颁发的境外期货业务许可证。

三、严格审批各类期货经纪公司

暂停审批新的期货经纪公司。各地上报国家工商行政管理局要求重新登记注册的期货经纪公司，已有144家在国家工商行政管理局重新登记注册，其中原注册可从事境外期货业务的110家公司，必须在本文件下发之日起90天内，到国家工商行政管理局办理注销境外期货业务的变更登记手续。除上述144家经纪公司之外，对已上报国家工商行政管理局要求重新登记注册的经纪公司，由证监会按规定进行严格审核，在审核期间这些经纪公司一律不得接受新客户。经证监会审核后符合条件的期货经纪公司，须到国家工商行政管理局登记注册后方可开展期货业务；经审核不符合条件的不得继续营业。期货经纪公司设立分公司视同设立新的期货经纪公司，必须报证监会审核。

对于外资、中外合资期货经纪公司，原则上不予重新登记注册。这些公司可按法律程序办理注销手续，或转为全资中资公司，重新申请登记注册，在未批准重新登记注册前不得接受新客户。

党政机关开办的各类期货经纪公司，要严格按《中共中央办公厅、国务院办公厅关于转发国家经贸委〈关于党政机关与所办经济实体脱钩的规定〉的通知》（中办发〔1993〕17号）规定办理。军队系统的期货经纪机构建议由中央军委或其授权部门进行清理和登记注册。

四、从严控制国有企业、事业单位参与期货交易

对国有企业、事业单位参与期货交易要进行严格控制，因业务需要参与期货交易的要以套期保值为主，并只能从事与本单位生产经营有关的期货品种。亏损单位不得从事期货买卖。盈利单位参与期货交易须经其主管部门批准或由公司董事会做出决定。主管部门和公司董事会要在财务上对用于期货交易的资金总额、资金来源、资金运用、帐务处理等方面做出明确规定。各交易所和经纪公司要定期向证监会提供客户的名单和交易情况。

五、坚决查处各种非法期货经纪活动

凡未在国家工商行政管理局登记注册而擅自开展期货交易的均属非法交易，要坚决予以取缔，没收其非法所得和各类设备，对其主要负责人进行必要的处罚，构成犯罪的，要由司法部门依法追究其刑事责任，并登报公布。各类期货咨询机构、投资服务企事业单位，一律不得从事期货代理业务，违者视其情节轻重，单处或并处罚款、没收非法所得，直至吊销营业执照。对已上报国家工商行政管理局要求重新登记注册的期货经纪公司，证监会、国家工商行政管理局要在本通知下发之日起90天内，提出处理意见。

各级人民政府要采取有效措施，坚决取缔非法期货交易。在证监会和国家工商行政管理局统一部署下，各级工商行政管理部门要切实抓好这项工作。外汇管理部门要认真查处期货交易中的非法套汇活动。

六、加强期货市场的监管工作

为了加强对期货市场监管工作的领导，经国务院同意，建立由国务院证券委牵头，有关部门参加的期货监管联席办公会议制度，负责研究期货市场的有关政策，搞好各部门的协调。

各级地方人民政府要配合证监会加强对期货市场的监管，指定一个部门协助证监会进行期货市场的日常监管和案件查处等具体工作。已有证券（或期货）管理委员会或办公室的地方，建议可由其负责这方面的工作。各地方应在1994年6月底以前将指定的部门函告国务院证券委。

尽快筹建全国期货协会，协助证监会搞好期货行业的自律性管理，对行业内发生的各类纠纷进行调解，根据证监会授权负责对期货从业人员的培训和资格认定工作。

证监会要与各新闻单位密切配合，加强对期货风险知识的宣传，提高人们的风险和法律意识，引导期货从业人员和客户依法从事期货交易。

以上意见如无不妥，请批转各地区、各部门贯彻执行。

国务院证券委员会

1994年3月30日

国务院关于开发建设苏州工业园区有关问题的批复

（国函〔1994〕9号 1994年2月11日）

江苏省人民政府：

你省《关于报送苏州工业园区项目建议书的请示》（苏政发〔1993〕156号）和《关于苏州工业园区项目建议书中软件方面若干问题的补充报告》（苏政发〔1994〕2号）收悉。现批复如下：

一、同意你省苏州市同新加坡有关方面合作开发建设苏州工业园区。苏州工业园区的开发建设要充分发挥苏州市的有利条件和优势，量力而行，实事求是，讲求实效。要按照建立社会主义市场经济体制的要求，将苏州工业园区建设成为与国际经济发展相适应的高水准的工业园区。经过积极探索和努力，既出物质文明成果，又出精神文明成果，进一步推动中新经济合作和两国友好关系的发展。

二、同意将苏州工业园区设在苏州市城东金鸡湖地区。按照统一规划、分期开发的精神，首期开发建设8平方公里，具体范围由国务院特区办会同有关部门核定。规划发展面积可按70平方公里考虑，根据开发建设情况另行报批。

为适应工业园区开发建设和发展的需要，要实行严格的规划控制，规划好今后发展用地，并合理安排好“菜篮子”工程。苏州工业园区的开发建设涉及修订苏州市城市总体规划，要按有关规定报批。

在建设工业园区的同时，要引导周边地区乡镇企业调整结构，适当集中，发展现代化农村小城镇，促进社会经济的共同繁荣。

三、原则同意对苏州工业园区实行沿海开放城市经济技术开发区的各项政策。今后视情况发展，如确需赋予其他政策，另行报批。

在执行全国统一的“分税制”财政体制前提下，苏州工业园区新增财政收入5年内（1994年—1998年）免除上缴。具体实施办法由财政部下达。

四、要根据全国统一的产业政策和生产力布局要求，认真做好苏州工业园区开发建设的总体规划。苏州工业园区应致力于发展以高新技术为先导，现代工业为主体，第三产业和社会公益事业相配套的现代化经济。

苏州工业园区必须重视环境保护工作，搞好生态平衡，禁止举办污染环境和危害国家及社会公共利益的项目，为园区的生产和生活创造一个健康、优美的环境。

五、同意苏州市的开发公司与新加坡开发财团组建合资公司，从事苏州工业园区内的土地开发经营。合资公司受我国法律的管辖和保护，其一切活动必须遵守我国的法律法规。合资公司的可行性报告、合同和章程、土地成片出让合同等，要按规定程序报批。

苏州工业园区必须加强建设用地管理。要根据工业园区的开发进展情况和经济发展水平，合理和动态地确定土地价格，并按规定收取有关费用。

六、在苏州工业园区内举办的项目必须符合国家产业政策和吸收外商投资的导向。鼓励外商投资工业园区的基础设施建设。在批准的工业园区开发建设的总体规划内，不需要国家综合平衡的能源、交通和基础设施项目，可由工业园区自行审批，其中限额以上项目报国家主管部门备案。外商投资的生产性项目，除国家吸收外商投资导向政策中限制类项目和国家规定需要统一规划布点的以外，凡是建设和生产条件不需要国家综合平衡、出口不涉及配额许可证、外汇能自行平衡的，可由工业园区自行审批，其中限额以上项目报国家主管部门备案。对外商投资的非生产性项目，除国家规定属于试行外商投资和另有规定的以外，不需要国家综合平衡的，可由工业园区自行审批，其中限额以上项目报国家主管部门备案。

根据苏州工业园区开发建设的实际需要，原则同意今后逐步在工业园区内设立外资、中外合资的金融机构和中外合资、合作商业零售企业，但应按规定逐项报国家主管部门审批。

七、原则同意你省在苏州工业园区内，在坚持和维护我国国家主权的前提下，自主地、有选择地借鉴吸收新加坡发展经济和公共管理方面对我适用的经验。这项工作要有计划、有步骤地进行，既要积极探索、又要扎实稳妥。苏州工业园区要执行全国统一的法律、法规和宏观经济政策，工业园区的立法、司法和行政管理权由我方独立行使。在苏州工业园区设立海关，依法对工业园区的进出口货物实施监管。

根据项目计划安排，确需进行的人员交流和培训等事宜，可按国家关于一般国际交流合作项目的规定办理。

八、苏州市可依照现行法律确定的较大的市的权限和程序制定地方性法规、规章，在苏州工业园区实施。随着工业园区的发展，如需要进一步解决有关法律问题，再研究如何按法定程序办理。

九、根据社会主义市场经济体制的要求，建立苏州工业园区新的管理体制和运行机制。要按照“精简、统一、效能”的原则，设立精干的工业园区管理机构，不要求区内机构同上级机构对口设置。苏州工业园区管理委员会作为苏州市人民政府派出机构，自主行使园区的行政管理职能，确保苏州工业园区的开发建设健康有序地进行。

国务院关于设立北京经济技术开发区的批复

（国函〔1994〕89 号 1994 年 8 月 25 日）

北京市人民政府：

你市《关于请将北京经济技术开发区定为国家级经济技术开发区的请示》（京政文字〔1993〕32 号）收悉。现批复如下：

一、同意设立北京经济技术开发区，实行沿海开放城市经济技术开发区的政策。北京经济技术开发区位于市区东南郊，东至京津塘高速公路，西至西环路，南至凉水河，北至北环路。规划面积为 10 平方公里，起步面积为 1 平方公里。

二、北京经济技术开发区要充分发挥首都优势，积极引进外资，兴办高起点的工业项目和科技型项目，以促进北京市国有大中型企业的技术改造和产业结构的调整，扩大出口贸易，发挥外向型经济的窗口作用。

三、要加强对北京经济技术开发区的领导，搞好全面规划，分期组织实施。坚持小块起步，滚动发展。做到开发一片、建设一片、收效一片，促进开发区各项工作的发展。

国务院关于设立
乌鲁木齐经济技术开发区的批复

（国函〔1994〕90号 1994年8月25日）

新疆维吾尔自治区人民政府：

你区《关于设立乌鲁木齐经济技术开发区的请示》（新政发〔1992〕111号）收悉。现批复如下：

一、同意设立乌鲁木齐经济技术开发区，实行沿海开放城市经济技术开发区的政策。乌鲁木齐经济技术开发区位于新市区的地窝堡地区，东至太原路，西至乌昌公路，南至河南路，北至迎宾路。规划面积为4．3平方公里，首期开发面积为1平方公里。

二、乌鲁木齐经济技术开发区要充分发挥当地资源丰富的优势，大力引进外资兴办工业和科技型项目，积极扩大出口，促进全市工业结构的调整，发挥外向型经济的窗口作用。

三、要加强对乌鲁木齐经济技术开发区的领导，搞好全面规划，分期组织实施。坚持小块起步，滚动发展。做到开发一片、建设一片、收效一片，促进开发区各项工作的顺利进行。

国务院关于三峡工程库区进一步对外开放问题的批复

（国函〔1994〕92号 1994年8月25日）

湖北、四川省人民政府：

湖北省人民政府《关于将宜昌市辟为经济特区的请示》（鄂政发〔1993〕23号）和四川省人民政府《关于三峡工程四川库区列为对外经济开放区的请示》（川府发〔1993〕91号）收悉。现批复如下：

一、同意将湖北、四川两省所辖长江三峡工程库区下列各市县列为长江三峡经济开放区，实行沿海经济开放区的政策：

湖北省宜昌市所辖的宜昌、秭归、兴山县；恩施土家族苗族自治州所辖的巴东县。

四川省万县市所辖的巫山、巫溪、奉节、云阳县和开县、忠县；黔江地区所辖的石柱县；涪陵地区所辖的丰都、武隆县；重庆市所辖的长寿、江北县和巴县、江津市。

二、宜昌市、万县市、涪陵市列为沿江开放城市，实行沿海开放城市的政策。

关于改进深圳陆运口岸管理工作的意见

（国务院办公厅以国办发〔1994〕34号转发
国家经贸委1994年2月17日）

为了加强深圳陆运口岸的管理，减少检查检验环节，简化手续，提高工作效率，确保口岸安全、畅通，根据国务院领导同志指示，国家经贸委、国家口岸办会同公安部、人事部、交通部、农业部、外经贸部、卫生部、海关总署、国务院港澳办、新华社香港分社、国家商检局、广东省人民政府和深圳市人民政府，在对深圳陆运口岸现场考察、研究的基础上，就改进深圳陆运口岸管理工作提出以下意见：

一、深圳各陆运口岸的检查检验工作，从1994年3月1日开始，试行集中报关、报验，一次抽样，联合检查，流水作业，一条龙服务的检查检验办法，以简化手续，使进出口岸的人员、货物和交通工具更加方便、快捷。

二、为减少深圳各陆运口岸货运检查检验环节，从3月1日开始，将现行4次停车报验改为3次停车报验，即将卫检与动植检并为1个环节，进而将海关、卫检和动植检3个环节并为1个环节，将3次停车报验改为2次停车报验。

三、从3月1日开始，在深圳各陆运口岸，实行由口岸办代理统一收费，然后按标准划拨给各单位。

四、广（州）——深（圳）高速公路全线贯通后，在皇岗口岸开辟两条通道，试行24小时检查检验工作制度。

五、在边防检查实施职业化之前，深圳各陆运口岸的货运通道的边检工作由边防干部上岗执勤，以提高一线边检管理人员素质和办事效率。

六、为减少检查检验单位重复抽样、重复检查问题，突出查验工作重点，使之分工合理，由深圳市口岸办按广东省人民政府《关于深圳陆路运输口岸集中查验统一收费的批复》（粤府函〔1993〕444号）的有关要求，并根据口岸实际情况，制定卫检、动植检、商检对进出口货物分工检查检验的具体办法。

七、口岸各检查检验单位要支持口岸办的工作，凡国务院和地方政府授权口岸办组织协调所决定的事项，各单位都要执行。深圳各口岸如遇有紧急情况和重大涉外事件，由口岸办负责协调处置工作。

八、各口岸检查检验单位的工作人员，要增强服务意识，礼貌待人，认真做好查验工作。口岸各单位都要加强廉政建设，制定规章制度，堵塞漏洞，防止腐败现象的滋生，对违反规章制度的人员要从严查处。

九、为了有利于我对外贸易的发展，各检查检验主管部门及口岸办要抓紧对现行进出口检查检验的收费情况进行一次审核，对不合理的收费项目和标准要会同物价部门进行必要的清理和调整。

十、各口岸检查检验单位要积极采用先进技术装备，使检查检验工作更加科学、准确、快捷。

十一、为了使我国口岸管理与国际惯例接轨，请中央编委、国家体改委、国家口岸办会同有关部门对边检、卫检、动植检、商检等单位的机构体制改革和口岸管理改革问题进行专题研究，尽快提出方案，报国务院批准后实施。

综　合　篇

经济特区发展综述

【国民经济取得长足发展】 1994年，对我国经济特区，可以说是不平凡的一年，是充满挑战和考验的一年。

年初，中央根据建立社会主义市场经济体制的改革要求，推出了财税、金融、外汇、外贸、投资、价格和流通体制等方面的重大改革措施。为了建立全国统一的、平等竞争的市场环境，要求各经济特区从大局出发，贯彻执行以上几个方面的改革措施。这使特区与其它地区的政策差异在某些方面相对缩小了。特别是财税和外汇管理体制，特区已经与全国其它地区相同。一时“特区不特”的呼声多了，外商和从事特区工作的同志也心存疑虑和困惑。

正在特区广大干部感到迷惘之际，江泽民总书记于6月间亲赴深圳和珠海特区考察，代表党中央重申，中央对发展经济特区的决心不变，中央对经济特区的基本政策不变，经济特区在全国开放和现代化建设的地位和作用不变，并对特区提出了五点增创新优势，更上一层楼的重要指示。江总书记的重要讲话，使特区广大干部群众欢欣鼓舞，疑困顿失，干劲倍增，真是一语安邦。

按照总书记的指示，各特区通过进一步深化改革，扩大开放，调整结构，加强管理，使1994年特区的国民经济和社会发展继续保持了持续、稳定、健康、高速增长的势头。

国内生产总值（GDP）：五个经济特区（含所辖区、县，以下同）国内生产总值达1472.09亿元，比上年增长22.4%，高于全国平均增幅近一倍。占全国的3.36%，比上年提高0.84个百分点。在增加值中，以二次产业为主，占总值的一半以上。特区的第三产业较为发达，三次产业占42.2%左右，大大高于全国32.6%的平均水平。其中海南特区三次产业所占的比例最高，达到46.5%。

工业：由于出口带动，增速迅猛。全年乡以上工业产值达1383.61亿元，增长28.6%。深圳、珠海、厦门三个特区增长均超过30%。海南仅为14.7%，低于全国平均水平。按企业性质区分，国有企业的增长幅度最小，汕头和海南的国有企业则出现负增长。深圳、珠海、厦门三个特区的三资企业比重较大，技术档次也比较高，增幅大于集体企业。汕头和海南则是集体企业增长高于三资企业。

产品结构调整取得可喜成果。在工业产品中，机电产品和原材料产品增多。深圳生产的家电、手表、自行车等17种机电产品的数量已经跃居全国第一。出口产值基本保持同步增长的幅度。高新技术企业有进一步的发展，产值增多。深圳已达139亿元，占乡以上工业产值的21%，比上年提高近4个百分点。珠海达35亿元，占15%。

农业：受干旱和种植面积减少的影响，上半年特区主要农作物产量有所下降。下半年由于增加投入，扶植“三高”农业的发展和“菜篮子”工程的建设，全年农业总产值较上半年仍有较大增长。总计超过164亿元，增长9%。特别是海南特区，充分发挥当地自然条件的优势，挖掘热带农作物的潜力，粮食和蔬菜均较上年增长，农业总产值增幅为12.4%，农业的产品结构调整也取得较大进展。

商业贸易：国内市场繁荣，购销活跃，各特区全社会消费品零售总额均较上年增长30%左右，总计达到544.17亿元，增幅为35.1%。

国际贸易增势强劲。受汇率并轨的驱动和结汇制度的影响，出口增幅迅猛，进口则趋于减缓。按海关统计，今年五个特区进出口总额突破500亿美元，达到528.9亿美元，较去年增长25.5%，高于全国增幅4.6百分点，占全国进出口总额的22.3%，较上年提高了1个百分点。其中，出口总值270.07亿美元，增长29.3%，进口总值258.83亿美元，增长13.1%。分别占全国总额的22.3%和22.4%。出口增幅较进口增幅高出一倍多。对外贸易由去年逆差16.2亿美元转为顺差11.2亿美元。

除海南外，其它四个特区的外贸出口增幅均高于进口。其中汕头特区由于乡镇企业大发展（较上年增长92.7%），为出口提供了充足的货源，因此出口猛增43.8%，居各特区之首。进口则下降20.8%。深圳再次夺魁，创下出口183.56亿美元，进口168.37亿美元的新纪录，居全国大中城市第一。

按特区所辖范围统计，五个特区进出口总额为334亿美元，占全国总额的14.2%。其中出口近169.6亿美元，增长29.3%；进口164.4亿美元，增长7.6%。在特区内突出的是进料加工贸易方式所占比重较大，达到42.5%。这种贸易方式一是利用国际资源，二是利用国际市场，是典型的“二头在外”，属于鼓励之列。但受交通运输条件的制约较大，必须能使原材料便利地“进得来”，产品也要便利的“出得去”。为此，临近国际市场的地缘优势就显得非常重要。深圳、珠海因得天独厚，临近港澳，进出便利，加之已经形成一定的加工生产力基础，故进料加工业更为发达，占总额的比例分别达53.4%和50%。近年来，特区产业结构开始进入“提升”阶段，劳动密集型的项目已经难以发展。故“三来一补”贸易额则较上年减少，下降3%。

年初实行的汇率并轨，极大地推动了一般贸易的出口，使之较上年增长49.9%，也使地方外贸公司和国有企业的出口状况，摆脱了前几年徘徊不前的局面，与三资企业并驾齐驱，大步向前。

固定资产投资：1994年，中央加强对固定资产投资的宏观调控。各特区按照中央的要求，调整压缩了投资规模，严格控制固定资产贷款的总量和投向，确保重点工程的建设。全年五个特区全社会固定资产投资完成725.19亿元，较上年增长25.9%，低于全国27.8%的增幅，增幅较上年回落38个百分点。曾一度过热的房地产开发项目受到了压缩。海南基本与上年持平，没有增加。深圳在这方面的投资增长则从上年的85.7%回落到16.3%。但各特区对交通、能源、通讯等基础设施项目和大型骨干项目的投资力度却大幅增加。如深圳用于重点工程项目的建设投资达到64亿元，较上年增长115%。海南24项重点工程完成的投资额为46亿元，增长80%。珠海、汕头、厦门特区也是如此，保证了各重点工程按进度进行建设。

外商投资：全年五个经济特区合计引进外商投资项目4925项，占同期全国引进外资项目总数的10.3%；协议外商投资金额86.81亿美元，占全国总数的10.7%；实际利用外资58.06亿美元，占全国总数的16.3%。引进外资的数量和金额分别比上年下降47%和40.5%，实际利用外资数量则上升33.4%，与全国引进外资的总趋势相一致。

下降的原因，一是周边地区开放，加大了招商的难度，竞争剧烈。二是特区提高了对投资项目的要求，加强了筛选。对高档的房地产开发项目和技术含量低的劳动密集型项目，原则上控制举办，至使此类项目大幅减少。

所引进的4千多个项目展示，前来投资的国际上著名的跨国公司较往年增多，大项目也较多。仅深圳特区投资在500万美元以上的项目有150多个，厦门、珠海引进项目的平均投资额均在200万美元以上。技术含量较高的项目也增多。深圳特区与法国合资的大规模集成电路项目，经过几年酝酿磋商，终于正式敲定签约。

1994年外商投资项目的到资率和开工率也比往年有所提高，工作进展更为扎实。厦门特区以上两率分别达到61.4%和62.4%，珠海也达到50%。

截止1994年底，我国经济特区累计共批准外商投资项目39092个，协议外商投资600亿美元，实际利用外资212亿美元，分别占全国总数的17.9%、20%和22.2%。

金融：特区的金融状况，总体运行良好。通过整顿，规范了金融市场的秩序，股票和证券市场平稳，没有出现大起大落。全社会的存款增长高于贷款增长。年末，五个特区银行系统各项存款余额1842亿元，贷款余额1152亿元。各特区均呈现存贷正差，这在汕头和厦门尚属首次。

人民生活：人民生活水平有进一步提高。城镇居民和农村人口的生活费用收入，各特区因发展不同而有所差异，较上年增幅20—30%左右。扣除物价上涨因素，人民的实际收入均比上年增加，增幅在5—15%之间。农村与城镇居民基本上同步增长，差异不大。

【改革稳步向纵深推进】 按照中央制定的财税、金融、外汇、投资、物价管理等五个方面的宏观改革方案的要求，对特区原有的一套管理体制和运作方式进行了改革和转换，较好地解决了由财政包干制向分税制过渡中的各种矛盾。建立起了外汇管理的新机制。中央在这五个方面的改革要求在特区顺利、平稳地展开实施，运行情况良好。

强化金融信贷管理，对各类金融机构根据不同情况，分别试行了不同的资产负债比例管理办法。

全面铺开建立现代企业制度的试点工作。开展国有企业清产核资；选择一批企业改组成为股分公司或有限责任公司。特别是深圳特区，经过一年的大胆探索，在建立企业法人财产制度、企业领导制度、劳动分配制度和监督约束机制等方面都取得一些突破性进展，获得了不少可供借鉴的经验。

深圳率先在全国推出全国实施企业无行政主管部门的改革措施，取消了政府与企业间的行政隶属关系。全市所有企业由政府行政部门管理变为产权主管部门管理。政府从直接管理企业转向全行业的管理和服务，为政府职能转变的改革进行了大胆有益的尝试。

口岸管理制度的改革已经开始启动。按照国务院的要求，深圳作为全国港口和口岸管理体制改革的试点，参照国际惯例对现行口岸查验程序进行改革。在皇岗口岸和盐田港对过往的车辆、船舶简化查验手续。为便利过往，皇岗口岸试行24小时通关。经国务院批准，对由旅行社组团进入深圳经济特区的外国人实行72小时简化签证手续的作法。

【存在的问题和不足】 勿容置疑，1994年特区的发展建设取得了骄人的业绩，但也存在一些不足和困难。

五个特区发展不平衡，晚起步的海南特区发展速度在五个特区中仍是最低，与其它几个特区相差近一倍。引进外资的减幅也最大。现在这种不平衡的现象正在加剧，有必要深入研究，加快海南特区的发展步伐。

资金的使用效益还不够好。由于前年对房地产项目兴办的宏观调控力度不够，致使房地产项目举办较多。但由于房地产热降温，贷款回收缓慢，占压了大量资金。尽管特区现在的资金容量较过去增大很多，各特区存贷款都超过了百亿元，但不少企业仍感资金紧缺、贷款困难。一些好的项目不能及时得到资金支持，错过了发展的时机。使整个资金的运行效益受到影响。

国有企业的亏损状况仍未能从根本上扭转，亏损面仍有30%多，亏损额则比上年有所增加。因此国有老企业较多的厦门、汕头和海南特区，国有企业转机建制，扭亏增盈的任务依然十分繁重。

物价涨幅过高。特区物价的总体水平高于全国，虽然全年平均增幅低于全国平均水平，但也在18—20%左右，如此高的涨幅给企业的生产经营和人民群众的日常生活，都带来很大压力。抑制物价涨幅过猛的势头，仍是各特区政府面前的一个重要任务。

改革的步伐还跟不上形势发展的要求。许多改革由于涉及面广，有些措施要等中央主管部门的总体构想方案确定以后才能起步运作。因而进展不快，超前性不够，试验场的作用未能充分发挥。

【带给我们的几点启迪】 总结回顾特区1994年的经济发展状况，分析所取得的成绩和存在的不足，结合今后的发展形势，笔者认为有以下几点，可谓值得重视。

特区今后发展，必须苦练内功，着力于提高整体素质。特区创建时，中央为了扶植特区发展，对特区的企业制定了一些减税让利的优惠政策，使特区政府和企业的财力得以迅速积累壮大，经济得以高速增长。随着全国对外开放的不断扩大，中央给予特区的减税让利政策也已逐步调整，特区同内地的政策优势位差相对减少。虽然特区的基本政策不会变，但减税让利的优惠少了，企业要想维持原来的效益水平，就要更下功夫。因此必须强调苦练内功，全面提高各项工作的水平，从而在市场经济的竞争大潮中，增创出新的优势。比如对外贸易，过去特区外汇留成较内地优惠，可以吸引内地货物到特区出口。现今实行全国统一的结汇制度，特区外贸企业享有的这一优势就不存在了。为此许多特区外贸企业调整了经营策略，建立自己的生产基地，增加自产货源，使特区的外贸依然保持大幅增长的势头。又比如1994年，国家在财政税收方面调整了特区原有的政策，特区的上缴增多，有的特区就改革税收征管办法，加强了税收征管和企业的内部管理，使特区1994年的财政收入仍然获得大幅增长，不少企业的盈利也大幅增加。加强管理，提高水平，这是一句老话，但现在显得比过去更为重要，更为紧迫。特区只有高标准，高要求，把各项工作提高到一个新水平，才能增创新优势，继续保持发展的势头。才能在全国的改革开放和现代化建设中，继续发挥“窗口”的作用、“试验”的作用和“排头兵”的作用。

继续完善投资环境，特别是软环境。进入90年代，我国周边的一些国家也加大了开放力度，成为我国引进外资的有力竞争对手。1994年，特区引进外资大幅下降，这也是其中一个原因。竞争是永存的，而且将会更加剧烈。因此，特区必须继续创造良好的投资环境，才能在招商引资中具有良好的竞争力。有人认为，只要税收条件优惠就有竞争力，这是不全面的。欧美的一些企业，特别是大的企业，他们所看重的不完全是减免税政策优惠，而是看重综合的投资环境。除了有形的硬环境外，还有诸如法制情况、劳动力素质、政府办事效率、廉政作风等软环境。从艰巨性和长远性来讲，造就一个良好的软投资环境比硬投资环境更为困难。因此，特区在致力于兴建水、电、路、通讯等基础设施的同时，应该花气力抓好软环境的建设。以使特区在强手如林的竞争中，继续保持对外资的吸引力，作到长盛不衰。

加快建立现代企业制度的改革步伐。中央已经指出，国有企业改革的目标是建立现代企业制度。几个特区都有不少国有企业，特别是海南、厦门和汕头特区，老的国有企业较多。只有将它们搞活搞好，才能使特区保持持续稳定发展。从1994年特区国有企业的经营状况看，虽有一批活力强、效益好的，但也有不少处于亏损状态。总体上看，在特区的各种经济成份中，国有企业的发展活力远远不足，成为特区前进中的一个沉重包袱，必须采取有力措施，通过建立现代企业制度，实行科学管理，对原有老设备进行技术改造，使一批老国有企业重新焕发出生机和活力。

继续解放思想，勇于探索，加快改革步伐。特区是我国改革开放的最前沿地区，得改革风气之先。人们的思想观念、经济和心理的承受能力都较强。外向型经济发展的程度最高，按市场经济运作，按国际惯例办事也最为迫切。因此改革的步伐可超前于全国其它地区。这是特区进一步发展的需要，也是特区作为全国改革“试验场”的题中之意。虽然十几年来，特区在许多方面进行了改革，并取得了成功。但经济运行体制和机制还很不完善，与市场经济的要求还有很大差距。现在特区的改革已经进入深层次，涉及面多，协调面广，有些仅靠特区自身还难以开展。这就不仅要求特区要继续解放思想，发扬敢“闯”的精神，也要求上级部门给予大力的支持和帮助。凡是符合建立社会主义市场经济体制目标要求的，就放手让特区搞；只要不牵动全局，不影响全国宏观调控实施的，就允许特区进行试验。试验的效果好，国家和省的有关主管部门可以从中总结经验，用于推动和指导其它地区的改革。试验的效果不好，按照邓小平同志的指示，改过来就是了。也不会对全国造成大的影响，没有什么大不了的事。一些教训还可以作为其它地区的借鉴。这样特区“试验场”的作用就能够充分发挥，不仅对特区，对全国的改革开放都将是具有重要意义的。

“长风破浪会有时，直挂云帆济沧海”。我国五个经济特区经过15年的建设，尽管还有许多不够完善和不尽人意之处，但是已经具备了一个良好的发展基础。中央已经表明，对经济特区的基本政策不变。这些政策经过15年的实践，证明是行之有效的。只要我们扎实地工作，定将使特区的经济社会发展总体水平，再上一层楼，一步登上一个新台阶。

经济技术开发区经济发展成效显著

【经济发展综述】 1994年是党中央、国务院决定在14个沿海港口城市设立经济技术开发区10周年。在这一年里，国务院又批准了北京和乌鲁木齐两个经济技术开发区。截止目前，经国务院批准的经济技术开发区已达32个。

1994年，各经济技术开发区按照党中央提出的“抓住机遇、深化改革、扩大开放、促进发展、保持稳定”的方针，在所在市政府的领导下，坚持以经济建设为中心，围绕建立社会主义市场经济体制和国家实施的财政、税收、金融、外汇等重大改革，积极全面地开展配套改革，进一步强化投资环境，提高基础设施的配套和管理服务水平；克服招商引资的不利因素，进一步加大招商引资工作的力度，并加强对投资企业的服务，开发区的各项工作取得了明显成效。

据不完全统计，1994年32个经济技术开发区实现国内生产总值473亿元，工业总产值900亿元，其中外商投资企业产值650亿元，占全部工业总产值的72%。出口创汇44.6亿美元，其中外商投资企业完成35亿美元，占全部出口创汇的78.5%。实现税收50.2亿元，其中外商投资企业税收21.2亿元，占全部税收的42%。全年新批外商投资企业2186个，合同总投资91.2亿美元，协议外资63.1亿美元，实际利用外资26.1亿美元。

【沿海经济技术开发区继续保持强劲的发展势头】

1994年是沿海经济技术开发区发展的第10个年头，一期开发基本结束，基础设施配套完善。进区的企业逐步开工投产，尤其是一些大型骨干企业的投产、达产，使开发区的经济持续高速增长，并且显现出良好的经济效益。

工业生产和经济效益继续保持同步高速增长，外商投资企业成为开发区经济增长的支柱。据对16个老开发区统计，1994年共完成工业总产值763.5亿元，比上年增长68%，产品销售收入692.7亿元。在工业总产值中，外商投资企业完成562亿元，比上年增长83.7%，占全部工业总产值的73.6%。外商投资企业的销售收入达到526亿元，比上年增长81.4%，产销率达93.6%，占全部销售收入的76%。出口创汇37.9亿美元，比上年增长49%，其中外商投资企业出口创汇29.1亿美元，比上年增长58%，占全部出口总额的76.8%。实现税收43.5亿元，比上年增长63%，其中外商投资企业实现税收20.7亿元，比上年增长88%，占全部税收的47.6%。

随着大中型企业的陆续投产和达产，各开发区去年的工业企业产值大户不断增加。全年产值过亿元的有137家，其中外商投资企业118家，仅天津开发区产值超亿元的企业就有19家，其中摩托罗拉公司实现产值28亿元。出口创汇超过100万美元的有416家，其中外商投资企业352家。各开发区工业企业全员劳动生产率都在12万元以上，最高的达到人均29万元，其中外商投资企业的全员劳动生产率最高人均36万元。

随着经济技术开发区经济实力的不断增大，经济总量在当地的比重也不断加大。大连经济技术开发区是国务院批准的第一个开发区，1994年工业总产值占全市工业总产值的22%，外商投资企业的工业总产值占全市外商投资企业工业总产值的65%，工业增加值占全市的60%，税收占全市的10%。闵行开发区的项目仅占全市引进外资工业项目的1.6%，但实现的产值、利税、创汇分别占全市外商投资企业的10.4%、13.4%和4.5%。

新批外资项目数量下降，但投资规模和档次提高，跨国公司进区投资比重加大。1994年16个沿海经济技术开发区共批准外商投资企业1625个，比上年下降34%，投资总额64.4亿美元，比上年下降5%。协议外资额48.6亿美元，实际利用外资20亿美元。分别比上年增长18.2%和36.5%。在全国利用外资普遍下降的同时，开发区协议利用外资却增长近两成，实际利用外资增长3成多。

不少老开发区，虽然新签外商投资企业项目个数减少，但总投资和协议外资以及实际利用外资都有大幅度增长，表明大的工业项目增多。如天津开发区，1993年批准的外商投资企业个数，总投资和协议外资均相当于前8年的总和。1994年，新批外商投资企业比上年下降46%，但投资总额和协议外资额分别比上年增长22.8%和57.8%。广州开发区新批项目比上年下降16%，总投资额、协议外资额和实际利用外资额分别增长103%、132%、185%；福州开发区新批项目比上年下降11%，但总投资和协议外资分别比上年增长81%和88%；南通开发区，新批项目比上年下降60%，但协议外资比上年增长66%，实际利用外资增长了133%。昆山开发区的总投资、协议外资和实际利用外资分别比上年增长20%、30%和90%。

在利用外资项目上各沿海开发区注意严格筛选，着重引进大中型骨干和技术先进项目，特别是加大对跨国公司项目的引进，同时注重项目的引进与所在城市的老企业改造、产业结构调整结合起来，呈现以下几个特点：

一是投资规模进一步增大。16个开发区项目规模平均达到396.7万美元，比上年提高46%，相当于全国平均规模的2.3倍。其中，闵行开发区平均投资规模达1000万美元；昆山开发区平均规模达850万美元，新批准的3000万美元以上的项目有10个；广州开发区项目规模达到765万美元，60个项目中，1000万美元以上的项目有21个，南通开发区的项目规模达到692万美元；天津开发区1994年新批1000万美元以上的项目25个，其中超亿美元的2个。截止到1994年底，16个沿海开发区引进的项目投资总额在1000万美元以上的工业项目达362个。

二是投资主体中跨国公司投资比重加大。随着开发区投资环境的日臻完善，吸引越来越多的国际知名的跨国公司进区投资。16个开发区总计吸收跨国公司185个，其中相当一部分是1994年引进的。天津经济技术开发区1994年新批的外商投资企业中，跨国公司22家，占新批项目的4.5%，但投资总额和协议外资额分别占全区投资额的60%和48%；闵行开发区新批项目中，跨国公司占80%。美国的杜邦、丹麦的诺和诺得、日本的富士、罗姆、柯尼卡，英国的卜内门，德国的SEW和百灵、凯士比，日本的丰田、东丽、帝人，韩国的大宇，台湾的中华映管以及世界卫生洁具行业的两大巨头——美国的标准和日本的TOTO等国际跨国公司纷纷在开发区落户。投资最大的是丹麦诺和诺得公司在天津开发区投资2亿多美元，生产生物酶制剂。美国强生公司已在开发区兴办了3个企业。这些项目形成了开发区的骨干力量，提高了开发区利用外资的整体水平，对开发区今后的招商起到了很好的示范效应。

三是引进的项目与当地产业优势相结合，初步形成各具特色的产业群体。南通开发区发挥南通市作为全国重要纺织城市的优势，吸引日本纺织业的巨头帝人和东丽公司进区，这两家大公司的落户，又带动了日本一批相关企业进区。这些企业投产、达产后，将形成中国最大的外向型纺织染整基地，对南通市工业结构的调整将起到积极的推动作用。天津开发区已初步形成三大产业群体，以半导体元器件移动通讯设备、电子计算机制造为主的电子产业群；以汽车零部件、精密机床、电气制造为主的机械产业群和以工业用酶制剂、胰岛素和饲料添加剂为主的生物工程产业群。这三大产业群以一批超大规模的基地型项目为主干，吸引了一大批相关项目进区配套、进一步壮大了产业群体。漕河泾开发区多年来引进了一大批高技术的跨国公司项目，形成了微电子、计算机软件、光机电、光纤通信、新材料、仪器仪表等产业群体，在“联锁效应”的作用下，1994年又吸引了英国的杜邦、日本的日精电机等29个公司在这些领域投资。这种大公司和产业群体形成的“联锁效应”，使开发区的投资结构由过去的劳动密集型向资金技术密集型的新兴产业转变，使开发区利用外资的质量不断提高，招商引资进入了一个新的阶段。

四是独资项目明显增加。由于1994年全国进行宏观调控，中方配套资金紧缺，外商兴办独资项目比例加大。仅以天津、闵行和大连开发区为例：天津开发区1994年新批487个外商投资企业，其中313家为独资企业，占总数的64.3%；闵行开发区1994年批准外商独资企业占外资项目的50%；大连开发区独资项目个数和投资额分别比上年增长54%和80%。

五是外商不断增资。由于开发区投资环境逐步完善，投产企业盈利情况良好，促使一批外商企业纷纷扩大生产规模和兴办新企业。如闵行开发区的英国联合利华公司从总投资3000万美元增至到1.2亿美元；上海百事可乐公司，外方增资800万美元后，中外双方又投资2000万美元成立新的合资企业；大连开发区全区共增资4.7亿美元，占历年增资的39%；天津开发区有59家企业增资，增资额达3.14亿美元。

【新批的经济技术开发区开始步入健康发展阶段】

1992年以后批准的经济技术开发区，借鉴老开发区的成功经验，努力建设投资环境。目前大部分新开发区已经省人大批准颁布实施《经济技术开发区条例》。依据《条例》各区制定了土地使用、规划管理和劳动管理等单项法规，使开发区从办区伊始就纳入依法办区的轨道。同时在健全管理服务体系方面下功夫，把协调服务列入优化软环境的重要组成部分。抓紧完善一站式项目审批，一条龙服务，大大方便了外商前来投资，受到普遍好评。经过1年多的开发建设，起步区基础设施逐步完善。累计到1994年底，新批的16个经济技术开发区已开发面积达76.86平方公里，基础设施投入87.86亿元，1994年大部分新开发区已有了产出。共完成工业总产值138亿元，其中外商投资企业实现产值89亿元，大体相当于沿海开发区1991年的水平。出口创汇6.6亿美元，税收6.8亿元。新批外商投资企业961个，合同利用外资26.1亿美元，协议外资额14.7亿美元，实际利用外资6.1亿美元。

在新批的经济技术开发区中，有的已形成一定规模。武汉经济技术开发区已初步形成汽车及汽车零部件为支柱的产业格局。中法合资神龙轿车，总投资103.58亿元，其中60%在开发区内。1994年武汉开发区突出“汽车城”产业特色，强化汽车零部件招商，嫁接改造了汽车玻璃、消声器、灯具、电线束和厢式客货等零部件项目22个。神龙公司武汉工厂开工面积已达26万平方米，五大主体车间施工进展顺利，预计1995年9月出样车。

沈阳经济技术开发区去年已形成11亿元工业产值，税收1.13亿元，出口创汇4550万美元，新批外资投资企业平均规模达450万美元。作为老工业基地的窗口，沈阳开发区大力推动老企业的易地改造，1994年又有8家国有大中型企业入区。

福建融侨经济技术开发区，发挥侨乡优势，积极吸收东南亚华侨回乡投资。截止到1994年底，全区累计批准外商投资企业176家，总投资8.02亿美元，平均项目规模达455万美元，已投产、试产企业94家，1994年工业总产值达47.3亿元，出口创汇41.7亿美元。

从32个经济技术开发区发展情况看，沿海开发区经过10年建设，已经有了一定的经济基础，为第二次创业打下良好基础。新批准的经济技术开发区已进入了健康有序的发展阶段。

（撰稿　连启华）

上海浦东新区开发开放五年成效卓著

【城市基础设施建设】 1994年，是党中央、国务院决定开发开放浦东5周年。浦东新区在前两年发展的基础上，实现了小平同志提出的“一年一个样，三年大变样”的期望，开发开放取得了卓著的成效。

5年来，浦东共投入300多亿元进行基础设施建设，推动着浦东新区开发建设迅速发展。

投资近250亿元的十大基础设施骨干项目已经高质量提前两年完成，建成了两座黄浦江大桥、两条新区主干道、四个万吨级泊位码头、35万门程控电话、以及水厂、电厂、煤气厂、合流污水排放工程等。新一轮重大市政工程如延安东路隧道复线等已开始建设，地铁2号线、浦东国际机场、现代化通信中心等正在积极筹建之中。

重大基础设施骨干工程的胜利进行，推动着整个浦东新区市政建设加速发展。新区政府配合“东西联动工程”，累计投入50亿资金进行中小市政基础设施项目的建设，建成了十几条主要标准道路、三座立交桥和张杨路配线“共同沟”，构筑了联系各小区的道路交通骨架。与此同时，新区的公用事业也得到稳步发展。在1990至1993的4年间，浦东新区更新、改造的供电设备超过了前40年的总和。1994年，新区通信的七个方面在前年的基础上实现翻番，家用煤气的普及率已达85%。

截至1994年底，浦东的商业性土地批租已达80多平方公里，5年累计完成城市化开发面积20平方公里。目前，在522平方公里的浦东土地上，5000多个建筑项目同时施工，30万建筑工人同时作业，每昼夜消耗的建筑材料达10万吨以上。浦东开发呈强劲势头。

【高层次、大规模地吸引内外资金】 5年来，浦东新区已累计批准外商投资企业合同2663项，占上海市外商直接投资项目数的24.8%；总投资103.6亿美元，合同外资58.9亿美元，占全市合同吸收外资总额的25%。仅1994年，新区新签外商投资项目合同1035个，合同外资达26.2亿美元，分别比上年增长12%和53%，这与全国引进外资发展趋势下降形成鲜明对比。

外商投资浦东有四个明显的特点：一是跨国公司多。已有45家世界著名跨国公司在浦东投资了60家企业，投资总额为18.1亿美元，占浦东外商投资企业投资总额的17.5%；其中合同外资占57.9%。二是投资规模大。投资额超过1000万美元的项目有202个，总投资76.3亿美元，合同外资42.6亿美元。其中，投资额在3000万美元以上的项目有73个。三是投资国别和地区广泛。已有世界五大洲的49个国家和地区投资浦东。投资额位居前4位的依次是香港、美国、日本、瑞士，项目数量位居前四位的依次是香港、美国、台湾、日本。四是产业结构比较合理。外商投资第三产业项目已达1370个，占外商投资企业总数的51%；其中国际贸易企业和房产公用企业分别占总数的34.4%和4.39%。在1288个外商投资的第二产业项目中，许多为资金技术密集型行业。同外资合作的对象主要是大中型国有企业，这对加快国有企业的技术改造和机制转换起着重要的作用。

在引进外资的同时，国内资金也大量进入浦东，已兴办内联企业3800多家，投资总额近300亿元。国内企业参与浦东投资，既促进了浦东开发，也推动了各地经济的发展。

【国民经济全面快速发展】 80年代，浦东的国内生产总值的年均增长速度仅为7%。开发开放5年来，经济持续高速增长，年均增幅近30%。1994年，浦东新区国内生产总值达到291.2亿元，比上年增长28.6%，比上海全市平均增幅高14.3个百分点；与开发初期的1990年相比（扣除物价上涨因素）增长了1.57倍；人均国内生产总值已达2万余元，比全市平均水平高出4000元。浦东新区已成为上海经济发展的新增长点。在全市1994年比1990年新增国内生产总值中，浦东新区的比重达到了18.9%。

浦东新区的外贸出口已成为上海外贸发展的重

要基地。1992年，浦东新区外贸出口额只占上海外贸出口总额的1%左右；1993年，新区实现出口10.13亿美元，占全市比重上升到13.72%；1994年出口突破18亿美元，比上年增长80%，占上海外贸出口总额的五分之一。

市场建设已成为浦东新区经济发展的重要组成部分。已有30家中外金融机构进入浦东。中资金融机构1994年年末存贷款金额达837.6亿元，比年初增长59.8%，是开发初期的12.8倍，占当年全市信贷总规模的21.8%。房地产市场已形成规模，1994年交易金额达6512万元。消费品市场发展迅速，全年社会商品零售总额75.8亿元，剔除物价上涨因素，比上年增加54%。生产资料市场、劳务市场等，也获得了迅速发展。

浦东新区实施“三、二、一”的产业发展方向，第三产业年均增幅达40%以上。1994年，第三产业的增加值为90.88亿元，比上年增长42.8%，而第二产业和第一产业的增加值只分别比上年增长21.6%和5.1%。第三产业占国内生产总值的比重从1990年的20%上升到1994年的32%。在第三产业中，以金融、商贸、房地产业为主。

随着国内生产总值与对外贸易出口的快速增长和产业结构的逐步改善，浦东新区的财政收入也大幅度增加。1994年完成财政收入24亿元，其中区级财政收入为13.7亿元，按同口径比较，分别比上年增长73%和86%。浦东新区财政收入、外贸出口的增长速度大大高于国内生产总值的增幅，体现了良好的经济运行质量。

【重点开发小区呈现出全新的形象】 截止到1994年底，陆家嘴金融贸易区、金桥出口加工区、外高桥保税区和张江高科技园区四个重点开发小区累计完成16.7平方公里的土地开发，批准投资项目1720个，总投资达82.5亿美元。其中，外商投资项目1052个，合同外资30多亿美元，分别占浦东新区同期批准外商投资项目总数的39.5%和合同外资总额的一半以上。1994年出口货值6.8亿美元，占浦东新区总额的37.8%。

总面积为28平方公里的陆家嘴金融贸易区，按照与21世纪接轨的金融贸易中心的定位要求，组织国内外一流专家进行规划设计。该区已开发土地面积2.9平方公里，完成固定资产投资43亿元。有80幢高标准大楼正在兴建，总投资134.8亿元人民币和17.26亿美元。目前，在建面积387万平方米，6幢大楼已竣工，20幢大楼结构封顶。1994年与日美客商签约的设计有全套智能化设备的90多层金融大厦项目，投资总额达7.5亿美元，是浦东开发开放以来外商投资最大的项目。

规划面积为18平方公里的金桥出口加工区。累计开发土地6平方公里，其中工业用地3.3平方公里，商住配套用地2.7平方公里。已批准项目259个，总投资33.9亿美元，其中工业项目和非工业项目分别占总投资的57%和43%。外商投资工业项目104个，合同外资达7.51亿美元，主要分布在现代通讯、汽车、新一代家电、医药、计算机软硬件和机电一体化等高新技术领域。到金桥落户的跨国公司有23家，占到浦东投资的跨国公司总数的近三分之二。1994年，金桥出口加工区工业产值为53亿元，其中外商投资企业产值占70%，分别比前年增加十多倍。

作为我国第一个保税区的外高桥保税区，集出口加工、国际贸易和保税仓储三项功能于一身，侧重发展国际贸易。已开发的5.5平方公里通过了海关封关验收。累计开工建设的建筑面积达308万平方米，其中竣工面积为73.1万平方米。截止到1994年底，共批准1380家企业进区落户，其中外商投资企业为909家，占总数的65.9%；投资总额为25.11亿美元，其中外商投资占70.5%。1994年，该区工业产值为12.7亿元，其中产品出口近9000万美元；进出口总额达11.04亿美元，比上年增长2.45倍；国内贸易完成销售额51.32亿元；保税生产资料交易市场成交商品额8.5亿美元；保税区港口的货物吞吐量达140万吨。

张江高科技园区经过2年多的开发建设，目前已累计开发2.3平方公里土地，各项基础设施已基本完备。引进的各类项目共21个，投资总额为32.6亿元人民币和2.77亿美元，其中产业项目的投资强度达到平均每个项目1800万美元。生物医药已成为目前该区项目的最大特点。此外，已批准的项目还涉及机械、电子等领域。

【文化教育等社会事业协调发展】 过去，浦东的社会事业比较落后，大部分学校还处于农村水平，没有一所三级医院，文化体育设施奇缺，社会保障水平低，占新区面积90%的广大农村地区社会事业发展水平不适应浦东开发开放的需要。现在，每年至少有八、九万人迁入浦东，仅中、小学每年就得同时扩建改建几十所才能基本满足发展的需要。为了加速发展浦东新区的社会事业，新区政府每年拨出20%的建设资金用于社会公益事业的发展。1993、1994两年,用于教育和其他社会事业的资金达9亿多元。此外,还开辟多种渠道促进浦东新区社会事业的发展，如鼓励企业投资、设立发展基金、引进外资和接受捐赠等。仅在1994年，浦东新区在建设高档次社会设施如中欧工商管理学院、杉达大学、东方音乐厅、医疗急救中心等的同时,还组织实施了一系列工程:改扩建60所中小学，新扩建20所敬老院和17所医院，开通有线电视23万户，增设便民连锁店100余家。

5年来，浦东新区积极开展创建国家卫生城区活动，环境状况得到了改善，绿地面积已达528.15公顷，城市化地区的绿化覆盖率为11.4%，人均占有绿地面积7.2平方米。

保税区建设的新发展

【基础设施建设迈上新台阶】 1994年,全国保税区贯彻中央“抓住机遇，深化改革，扩大开放，保持稳定,促进发展”的方针和保税区工作座谈会精神，结合国家财税、金融、外汇外贸、投资等重大改革措施的推行，积极探索社会主义市场经济条件下如何搞好保税区的建设和管理的路子，发挥保税区特有的功能优势,狠抓招商引资,加快与功能开发相配套的软硬件建设,使基础开发、项目开发、功能开发同步发展,成为扩大对外开放、发展外向型经济的新增长点。

国务院批准的13个保税区已经过验收,全部启动运营。各保税区内道路、水电、通讯等基础设施基本完备，形成了较好的投资条件。

截止到1994年底，13个保税区共完成基础设施投资49.68亿元人民币，其中1994年为12亿多元。累计开发土地面积近30平方公里。累计开工建筑面积300多万平方米，竣工房屋面积254万多平方米，已建成近80万平方米标准厂房，一批加工企业相继开工。50多万平方米保税仓库已投入使用，上海外高桥保税区和天津港保税区等的一批高标准商贸建筑相继建成，大型商品展示中心和保税生产资料交易市场陆续开业。一些保税区港口已开通到美、欧、日的国际航班,技术先进的集装箱塔吊也建成投入使用。

【招商引资成效显著】 随着基础设施建设的推进，投资环境的改善，保税区已吸引了大量的国内外投资者前来落户。截止到1994底，各保税区已批准内外资项目合同(章程)共8980个,总投资112.06亿美元;其中外商投资企业4819个,总投资80多亿美元，分别占总数的59.6%和70%多。合同利用外资50.9亿美元，超过外商投资企业投资总额的60%。仅在1994年,批准各类外商投资企业合同(章程)近1500个,合同利用外资达10多亿美元,显示出保税区吸引外商投资的优势。

与保税区所具有的功能相适应，已批准进区的外商投资项目呈现出五个显著的特点：一是从事国际贸易的公司居多，占项目总数的80%多，且大多数是外商投资企业,有的还兼营仓储、运输等业务。二是世界知名的跨国公司看好保税区，纷纷到保税区投资，如美国的CF公司、孟山都公司、霍尼维尔公司，日本的三菱、三井、住友、丸红、伊藤忠，德国的奔驰、汉姆,英国的英之杰,韩国的三星，台湾的汤臣,香港的宝利等等。三是大项目较多,投资额在1000万美元以上的项目有150多个，其中，上海外高桥有62个，天津、深圳福田、张家港也分别有30个、26个和22个。四是前来投资的国家和地区广泛，保税区已有来自亚、欧、美的60多个国家和地区的外商投资企业。五是出口加工型项目集中在两头在外、受许可证管理的行业。

在外商投资大量进入的同时，国内企业也纷纷到保税区投资。截止到1994年底,13个保税区共批准国内企业4161家，注册资本达276.87亿元人民币。

【功能开发获得突破】 1994年,保税区的功能开发取得了新的进展。各保税区根据自身的条件和特点，因地制宜，积极探索发展的路子。

保税区生产资料交易市场发展较快，商品展示和展销进一步发展。上海外高桥保税区生产资料交易市场1994年交易额已达8.2亿美元，进场企业845家，并开办了纺织、汽车、通讯器材等专业分市场。天津港保税区的国际展销中心成功地举办了日本包装、食品机械和材料展览会，进行了高品质的商品展示和先进技术交流。国内首家中日合作的汽车展厅也在天津港保税区开业。全国唯一注册在保税区内的宁波石化交易所到1994年底的交易额累计已突破55亿元人民币。

保税区的国际贸易和出口加工功能也开始发展。各保税区以物流为先导，大力发展仓储、运输和委托加工，形成物资分拨中心和货物集散地，通过物流产生人流、资金流、信息流，促进出口贸易和出口加工的发展。1994年，13个保税区进出口货物总值已达24.83亿美元，进口和出口分别为17.53亿美元和7.3亿美元，其中出口加工1亿多美元；转口贸易近2亿美元。进出口商品品种超过12个大类200种，与世界100多个国家和地区进行了贸易往来。天津港保税区企业对俄罗斯铁赛公司飞机的转口贸易获得成功。保税区国际贸易功能的展开，为国内市场和国际市场直接接轨创造了条件。

保税区还注意各项功能的相互配合，协同发挥，出现了工贸结合、储贸结合、储工贸结合等多形式、多样化的经营方式。

随着保税区的功能开发，其经济效益也得到发挥，1994年各保税区完成财政收入总额为5亿多元人民币。

一些保税区还积极探索，努力开拓，立足沿海，辐射内地，带动相关地区开放型经济的发展。张家港保税区积极呼应浦东开发，甘当长江流域经济发展的“二传手”，1994年先后多次到上海、南京、武汉等大中城市进行招商活动，紧紧抓住“长江”这篇大文章，加强同长江流域地区的经济贸易联系，吸引了一大批沿江大中型企业来张家港保税区设窗口、办企业。大连保税区为大连市乃至东北地区的外商投资企业提供了大量的进口生产资料，促进了这些企业的发展。天津港保税区吸引了河北、河南、甘肃、青海和西藏等地的企业前来经营，其辐射范围已贯穿我国东部、中部和西部地区。

【规范和完善管理】 各保税区只设管委会和海关机构，实行精简高效的管理。由所在地人民政府的派出机构即保税区管理委员会对保税区的各项事务行使管理职能，海关对保税区的功能运作实行监管。

制定法规，完善管理规范。大连、青岛等保税区的管理条例已在1994年通过地方立法的形式确定下来。一批涉及规划管理、土地管理、招标投标、企业登记、市场管理等的规章相继制定，使保税区能规范化运作，为保税区创造了一个较为宽松的运行环境，使招商引资和企业经营有了较好的制度保障。

保税区海关借鉴国际通行做法，积极探索和逐步实行现代海关监管制度，简化保税区通关手续，利用先进的技术手段实行科学管理，提高工作效率和管理水平。

精简的机构，加之管理依法和采用国际惯例，为国内外客商营造了良好的经营环境，提供了便宜条件。

（撰稿　连启华）

边境经济合作区取得新成效

【合作区建设概况】 1994年，我国人民按照“抓住机遇、深化改革、扩大开放、促进发展、保持稳定”的方针，团结奋斗，开拓进取，社会主义现代化建设事业取得了重大成就。13个边境经济合作区的广大职工，面对周边国家经济形势的变化和国家加强对宏观经济调控的新情况，克服困难，努力奋进，使各项工作都有新的进展，对所在的边境开放城市的经济发展，起了积极的推动作用。据统计，13个边境经济合作区（不含丹东）共有职工2.4万人，工业产值2.53亿元，约占13个边境开放城市工业产值的

8%，财政收入1.22亿元，约占这些城市财政收入的20%，固定资产投资5.24亿元，占这些城市固定资产投资的19%。

【注重基础工作】 各边境经济合作区自1992年动工建设以来，在各项工作亟待开展的情况下，普遍重视基础工作。一是建立健全组织机构，理顺内部关系。各合作区都建立了管委会，行使行政管理职能，在理顺市政府职能部门与合作区各部门的关系、强化内部管理方面下功夫。有的合作区还取消了一些重叠机构。初期建设工作已逐渐步入正轨。二是编制合作区总体规划时，注意与所在城市的经济发展和城建规划紧密衔接。博乐合作区依托老城，建设新区，按功能和土地状况划分商贸、工业、仓储、生活区，体现了统一规划、分步实施、滚动发展，建设一片，成效一片的原则。凭祥依据合作区与母城相连，距市中心近的特点规划建设，利用母城公用设施，如车站、通信、能源、服务设施等现有条件，降低了起步区的开发成本。畹町市经多方考察论证，确定了市区向西发展的方针，目前，1平方公里的详细规划已进入实施阶段。

【出让土地使用权以地生财】 边境经济合作区的建设，自筹资金不足，"八五"期间，国家给予每年1000万元（个别地方为2000万元）的固定资产贷款，满足不了地方发展的要求，只能以地生财，以土地使用权转让的方式取得资金，滚动发展。各合作区在这方面都有不同程度的进展。黑河合作区现已出让土地99块，146万平方米，其中，1994年出让4块，7200平方米。珲春合作区出让4800亩，已开工建设134项，建筑面积39万平方米。畹町合作区征用土地1200多亩，已出让310亩。瑞丽合作区征用近1100亩，已出让近500亩，收出让金2700万元。伊宁合作区出让近1100亩，收出让金1000多万元。博乐合作区出让290亩，已到位出让金1100多万元。塔城合作区出让100多亩，收取出让金37万元。

【狠抓基础设施建设】 绝大多数边境开放城市为边陲小镇，城市欠帐多，基础设施薄弱，而城市是边境经济合作区赖以生存的基础，没有城市作依托，合作区将无法生存，城市建设在一定程度上，对合作区的发展具有决定性的影响。三年来，这些边境城市的建设与合作区的建设几乎同时起步，都取得了显著的成就，城市面貌大为改观。1994年，边境开放城市的固定资产投资共28亿元。绥芬河铁路站场改造，使货物吞吐能力由120万吨增至600万吨。我国图们江市至俄罗斯的马哈林诺铁路珲春段的架梁铺轨已完成。黑龙江北安至黑河铁路改扩建工程进展顺利。塔城机场已建成通航，黑河至俄罗斯布拉戈维申斯克市的国际航线已通航。大部分边境开放城市都开通了程控电话通讯，通讯能力正在向大容量扩展。东兴口岸的中越北仑河大桥已建成开通，口岸联检大楼已完成建设。一批商贸设施和能接待国外客商的宾馆拔地而起。边贸市场的建设日趋完善。珲春、黑河、东兴、满洲里、绥芬河市的旧城改造大部分完成，一座座新城开始在我国内陆边境地区展现。

各边境经济合作区下大力量，使基础设施状况有较大的改善。黑河边境经济合作区自1992年成立迄今，共筹资近2亿元。1994年完成基础设施8项，完成投资3,000万元。累计投资1.56亿元，用于29项基础设施建设，完成混凝土道路6条，砂石路2条，总共10公里，完成1.3万平方米站前广场、大黑河岛桥及桥头广场等一批工程，通江路两侧1.7平方公里已基本达到"六通一平"（供排水、电力、电信、道路、供热、平整土地）。珲春合作区已投资1.6亿元，使2.28平方公里起步区初步具备生产生活条件。完成了总长7.5公里、40～60米宽的5条主干道砂石路基，10.5公里、20米宽的17条小区砂石路基。有近6公里的主干道和小区道路铺设了水泥路面。铺设排水管道29公里，整治河道1公里。建成日供水5000立方米水源井及2公里输水管线，形成了功能配套的输水管网，架设了长13公里的66千伏输电线路，长5.4公里的合作区与老市区的10千伏联网工程已完工并输电运行，铺设供热管网8公里，平整场地近9万平方米。东兴镇由广西自治区政府在1992年确定的14个基础设施项目，至1994年已有9个全部或部分竣工投入使用，水厂已供水，防城至东兴110千伏输变电工程已供电，防城至东兴二级公路的江平至东兴路段已铺设砂石路面，一批港口码头和进港公路正在建设。目前投入使用的港口年吞吐量已达100万吨。合作区的1.51平方公里起步区"三通一平"工程已完成。凭祥合作区投资9，000万元，完成1.2平方公里五通一平（道路、电信、电力及供排水、平整土地）。在1993年一年多的时间内，搬走11万立方米的石山一座，填挖土方190万立方米，平整土地2，000亩。畹町合作区投资3，800万元用于边境公路建设、输变电工程及通信、土地平整工作，还将投资1，300多万元，用于道路、仓储及输变电项目。瑞丽合作区用于基础设施的投资2，000万元，完成新建、扩建主干道10公里，供水管网3.1公里及沿主干道的10千伏高压线路。伊宁合作区，截至1994年底，对0.66平方公里起步区基础设施工程，已投入资金6100多万元，修建了总长近8公里的主干道4条，铺设自来水管线近4公里，排水管线6公里，2万门程控电话主体工程已经完工，临时供热工程已投入运营，电力可随时满足需求。博乐合作区用于基础设施的投资近4，000万元，完成了0.79平方公里的六通一平。完成了总长6.3公里的6条道路及集中供热工程、小区供排水、供电及5公里的通信线路以及6，000门程控电话工程等。塔城合作区投资1，200多万元用于基础设施和其他建设项目，完成了一批道路、供电、供热、供排水工程。

【作好招商引资工作】 一是加大对外宣传力度。为使外界认识边境经济合作区，各合作区普遍加强了对外宣传。丹东合作区印制了投资指南、投资项目简介，并通过电台、电视、报纸及新闻媒介对合作区作系列报道。东兴在1993、1994年用于宣传的经费即有40多万元，中央及地方报纸、电视台对东兴的开发建设作了广泛报道，印发了宣传资料近70万册，在昆明、南宁、新加坡举办东兴情况介绍会或新闻发布会。伊宁合作区除利用报刊、电台报道外，还抓住乌鲁木齐经贸洽谈会及伊犁地区天马节边贸交易会的时机拍摄了11集介绍合作区及合作区企业的系列专题片在中央及地方电视台播放。塔城合作区在市广播电台开辟了“合作区之声”节目，编印了投资指南等。二是各合作区在起步区内着手进行为招商引资配套的项目建设。黑河合作区投资790万元建成5，000多平方米的标准厂房以吸引中小企业进区。珲春合作区兴建近10万平方米保税仓库、3,500吨级的恒温库房、1.2万平方米标准厂房以及办公大楼、商贸大厦等，共投资约8，000万元。凭祥合作区正在建设1万平方米保税仓库、二幢六层标准厂房以及宾馆、商住等服务设施。

目前，边境经济合作区的建设尚处于初始阶段，招商引资刚刚起步。边境经济合作区的地理位置、经济条件决定了它不能只依靠外资谋求发展而必须采取外引内联的发展方针。招商引资既面向国外，也面向国内，既吸引外资，也吸引内资，既吸引国有经济成分，也吸引非国有经济成分，既走出去，也引进来，既欢迎大型项目，也欢迎中小项目。其产业构成，目前以商贸企业居多，工业项目较少。满洲里合作区1994年接待团组280人次，派出13人次去各地参加项目洽谈会。现在正筹建一批工业项目，有涂料加工、地砖制品等小型企业，有企业技改项目，有从沿海地区迁来、以俄罗斯为市场的新入区外商独资项目，有与区内企业配套的项目，还有利用俄罗斯原材料加工销售的项目。黑河合作区1994年先后派出12个团组，172人次赴泰国、马来西亚等国，以及香港、深圳等地区开展招商活动，在厦门、温州、深圳等地与企业座谈。当年接待中外客商团组192个，859人次，其中，外商团组47个，132人次。辟建了非国有经济工业开发小区和商业街。迄今为止，区内已投产工业项目41个（其中，国营及集体企业2家、外商投资企业2家、私营企业36家），总投资3，500多万元，形成产值600多万元。在建项目7项，总投资2，000多万元。1994年共审批外商投资项目5项，利用外资近300万美元。累计外商投资项目22项，实际利用外资3，400多万美元。绥芬河合作区1993年入区企事业单位100多家，投入资金4.8亿元，1994年又有34家企业入区，引进以区内基础开发和房地产项目为重点的资金7，000万元（合同额）。珲春合作区先后在北京、上海、深圳、香港等地举办九次招商洽谈活动，去日本、泰国、韩国及加拿大考察，已审批项目515项，其中，工业项目106项，经贸公司210家。已有15家工业企业投产或即将投产，投资总额近6，700万元，已形成产值2亿元的生产能力。一批外商投资建设的旅游、商业住宅等经营性项目陆续开工建设，计划投资近13亿元。丹东合作区1994年上半年签订外商投资项目18项，利用外资900万美元，已吸引外资260万美元，资金到位率近30%。其中，工业项目8项。东兴合作区在东兴经济开发区内，招商引资工作也有进展。凭祥合作区已入区外商投资企业28家，协议外资4900多万美元，实际利用外资3，100多万美元。其中，已动工及开业的12家。本自治区及全国各地入区企业有40多家。畹町合作区已批准项目129项，其中，内资118项，投资1.4亿元，外资13项，投资620多万美元。在批准的项目中，工业和边贸加工项目发展状况良好，如水泥厂、制钉厂、制药厂，柚木地板条厂、编织袋厂、竹器制品厂、塑料餐具厂、珠宝玉器加工厂等都在投产后，产生了好的效益。瑞丽合作区商贸项目约占项目总数的60%以上。入区项目39项，投资1亿元，其中工业项目11项，投资4，300多万元，外商投资企业3家，投资1，000多万元，固定资产投资已完成840多万元。伊宁合作区已开工建设项目14项，投资1.43亿元，其中工业项目2个——刨花板厂及面粉加工厂1994年已投产，产值670万元，利税247万元。另有3项——林业化工厂、酒精厂、石材厂可在1995年投产。1995年开工的6项，13.4万平方米，计划投资2.13亿元。博乐合作区三年已接待国内外客商600多家，近2900人次，签协议34项，进区项目49项，投资2.56亿元，已开工70项，建筑总面积16.4万平方米，总投资1.7亿元，已完成投资1.1亿元。在工商局登记注册的企业56户，注册资本1700万元，其中有个体一条街项目22个。塔城合作区1994年接待来访团组75个，组织和参与外出招商活动6次，新增集体、私营企业40户，从业人员1900多人，注册资本2560多万元，另有个体工商户113户进区，注册资本200多万元。至1994年底，累计开工项目6个，建筑面积2.5万多平方米。

（撰稿　林铁夫）

我国对外开放的决策和实践

【开放是当代世界经济的普遍走势】　1978年12月末举行的中国共产党第十一届三中全会，确立了以经济建设为中心，坚持四项基本原则，坚持改革开放的基本路线，开创了我国加速社会主义现代化建设的新时期。从那时以来，中央、国务院把对外开放定为一项基本国策并认真付诸实施，改变了新中国建立后近30年间由于多种历史因素造成的封闭半封闭状态。

实践证明，对外开放使我国对外经济贸易领域中的各项业务都得到空前发展，它推动了我国科技进步，促进了我国综合国力的加强。当然，对外开放在取得卓著成就的同时，还有缺点和不足，甚至有一时的、局部的偏差；这反映了认识上有一定的盲目性、片面性。这说明，我国实行对外开放需要在实践中不断总结经验，深化认识，提高水平。

邓小平指出："现在的世界是开放的世界"，"搞建设关起门不行"。世界范围内生产力的高度发展和由此引起的国际生产和贸易分工，许多国家（地区）由于对外开放而实现经济振兴，是我国实行对外开放的客观背景。马克思列宁主义关于建设社会主义必须吸收资本主义文明成果的论述，是我国实行对外开放的理论依据。

国际经济联系的增强是历史的必然。人类社会的生产实践在其发展长河中，一方面是对自然资源利用程度的不断扩大和加深，另一方面是生产的社会分工和协作即生产社会化程度的不断扩大和加深。二者互为因果，促进社会生产力的不断发展。这种生产社会化的进程，在古代曾经经历了漫长的岁月。18世纪中叶到19世纪中叶，欧洲在资本主义的生产方式下，发生了以蒸汽机的发明和运用为特征的第一次科技革命，推动了生产的社会化。1848年马克思、恩格斯曾经作了这样的揭示：由于资产阶级在它不到100年的统治中，创造了前所未有的生产力，开拓了世界市场，"使一切国家的生产和消费都成为世界性的了。""过去那种地方的和民族的自给自足和闭关自守状态，被各民族的各方面的互相往来和各方面的互相依赖所代替了。"19世纪中叶到20世纪初，资本主义发展到帝国主义阶段，发生了以发电机的发明和应用为标志的第二次科技革命，形成了任何一个国家（地区）都不可能置身其外的世界市场。第二次世界大战后，以原子能、电子、高分子合成和空间技术为标志的第三次科技革命，又大大推动了经济生活国际化的进程。传统的国际经济交往方式——商品贸易大幅度增长，1950年世界贸易总额为579.2亿美元，1980年达到2万亿美元，1992年又增至约3.8万亿美元，年均增长10%。世界贸易额已占世界生产额的1/3。国际资金融通规模扩大。全世界国际直接投资总额1992年超过1.7万亿美元，1983—1989年平均年增29%，超过世界出口贸易额的增长率。特别是生产过程的国际化大为发展。不但存在着原材料生产与制成品生产的垂直分工，也产生了相关行业和同行业内部的水平分工。美国是个飞机制造大国，而波音747客机的零部件则是由全世界1000多家工厂提供的。世界名牌民航客机——“空中客车”可以说是集欧洲资金、科研力量和生产能力为一体的产品。世界上有数万家跨国公司从事着资源的全球配置；两千多万工人在其他国家劳动；近两亿劳动力在外国投资的企业中服务。总之，尽管国际间充满各种矛盾和斗争，但商品交换、资金融通、技术交流、生产协作愈益发展扩大，国家（地区）之间经济联系愈益密切，则是不可阻挡的客观趋势。整个世界是个开放的世界。不同社会制度、不同发展水平的国家（地区），通过世界市场形成既相互矛盾又相互依赖的经济关系。

充分利用国际经济联系是振兴本国经济的成功经验。这是一个普遍适用的经济规律，久已如此。在资本主义世界里，后起的英国依靠它的航海船队，大力拓展对外贸易（其中有血腥的掠夺），发展本国经济，在18世纪超过了世界上最先采取资本主义生产方式的荷兰（尼德兰）。本世纪二三十年代，美国、德国又赶超了英国。更能够说明问题的是二战后的世界经济态势。战败国德、日两国，在战争结束之初，国民经济濒于崩溃，人民生活极其困苦，然而此后经过二十多年的发展，就重新崛起，跃为世界经济大国。其中一个主要原因就是，这两个国家在利用国外资金、引进先进技术、发展对外贸易上下了很大功夫。从50年代初至70年代中期，原联邦德国吸收国外长期投资896.6亿马克，进口技术专利、生产许可证的费用增长近75倍，出口额增长近14倍，人均出口额超过美国3倍多。战后日本的历届政府，坚持“贸易立国”，大量吸收外资投向基础设施和新兴工业，引进先进技术1.3万多项（战后之初至1970年共动用60亿美元），从而在1950—1970年20年中完成工业现代化，消除了与美国的技术差距，创造了国民经济年均增长9.7%的高速度，成为世界经济中的重要一极。

这种成功经验在发展中国家（地区）同样有效。亚洲“四小龙”实行“出口主导”战略，在六七十年代促使经济得到迅猛发展，给人以深刻启示。据有关材料，1989年出口总额占国民生产总值的比重，韩国为44.9%，台湾省为60.7%，新加坡和香港几乎百分之百，高度发展的加工出口业，至今仍在有力地牵动着它们的经济发展。从70年代末期以来，东南亚的泰国、马来西亚、菲律宾、印尼等东盟国家，积极引进外资，大力举办出口加工工业，创造了较高的经济增长速度，使东南亚成为经济发展较快的地区。南亚大国印度的开放实绩也引人注目。1949—1987年共利用外资700亿美元，批准同国外技术合作项目约5000余项，基本建立了包括可以制造人造卫星在内的比较齐全的国民经济体系。在拉美，巴西从60年代末开始推行全国开放和高速增长战略，大举借用国外资金，尽力扩大出口。到1988年，巴西的国民生产总值达到3519亿美元，出口为337.9亿美元，分别比1960年增长4.7倍和25.6倍，经济实力跃居发展中国家前列。另外，墨西哥近年来实行开放战略，建立了墨美边境贸易区，发展出口加工业，取得明显成效。墨的边境特区贸易总额年达67亿美元，对美国加工出口贸易年达23亿多美元。虽然，这两个国家在发展对外经济交往中也有失误和困难，但是，对外开放促进了它们的经济发展，毕竟是无可置疑的客观存在。

实行对外开放是我国加速现代化建设的内在要求。我国到本世纪末要实现年国民生产总值翻两番，人民生活达到小康水平，到下世纪中期要达到中等发达国家水平。实现这一宏伟目标，要靠全党全国人民几十年的奋发努力，要有和平的国际环境、国内安定团结局面的保障，此外，还必须有相应的生产要素，包括资源、资金、技术、市场、信息等等，以为保证。我国是个具有重要国际地位，历史悠久，地大物博，人口众多的国家，当然要把实现现代化放在自己力量的基点上，坚持自力更生。但是，现代化生产（特别是现代化工业生产）的规模庞大，产品门类品种繁多，工艺精细繁杂，质量要求严格，科技水平日新月异。它需要的生产要素，任何一个国家（地区）都不可能全由自身来满足提供。当代还没有哪个国家（地区）拥有现代化生产需要的所有资源，可以独立开发出它所需的一切技术，完全消化掉它生产的全部产品。我国同样如此。从整体上说，尽管我国地大物博，但人均资源相对偏低，若干种资源比较缺乏，比如现代化工业生产的骨干资源——富铁矿就很少；我国人口占世界各国首位，是很可宝贵的劳动资源，但素质偏低，文盲占世界文盲总数的1/4；我国的科学技术是发展中国家（地区）里的上乘，某些科学领域的开发研究还跻身于国际先进行列，但总体来说与发达国家的差距很大，落后20年以上；与其他发展中国家（地区）一样，资金短缺更是现代化建设的重要制约因素。在当代世界经济开放大潮中，我国不但应当通过发展对外贸易互通有无，调剂余缺；而且应当利用国外的资金、技术等优化生产要素组合，加快经济建设速度；还应当进一步参与国际市场的交换（即生产、贸易上的部分分工）和竞争，利用国际经济大循环，为国民经济的持续增长增添更大的活力。

我国是社会主义国家。对外开放是社会主义的一个本质特征，社会主义是个开放的体系。列宁认为建设社会主义必须充分利用资本主义，学习资本主义社会中一切有用的东西，与外国资本开展经济交往。他曾用如下公式来表述："苏维埃政权＋普鲁士铁路秩序＋美国技术和托拉斯组织＋美国的国民教育等等等等＝总和＝社会主义。"列宁还尖锐批评过"不向资产阶级学习也可以建成社会主义"的观点，说："这是中非洲居民的心理。我们不能设想，除了以庞大的资本主义文化所获得的一切经验为基础的社会主义之外，还有什么别的什么社会主义。"关于同外国资本的合作，列宁提出过租让制、合作制、代销制、租借制和合资公司等形式。这是列宁依据国际经济联系日益密切的历史背景，结合当时苏联经济技术落后的国情，在马克思基本原理指导下得出的科学结论。他的这些思想，在二三十年代的苏联付诸了实践，并取得相当的成功。

对外开放是社会主义社会发展的固有规律，符合马克思列宁主义的原理，顺应时代的潮流，切合我国现代化建设的需要。当今发达的资本主义国家在经济上还具有巨大的力量，它们是进出口贸易大国、主要的资本输出国、科技先进国。我国要利用外资、引进技术、发展外贸，就得同它们打交道。曾长期遭受帝国主义侵略、掠夺、奴役的我国人民，对此不能不心有余悸，当然也应当提高警惕。不过终究时代不同了，中国不同了。现在我们是独立自主的社会主义主权国家，不是被帝国主义的炮舰打开国门，把不平等条约强加于人民头上的旧中国。新中国完全有能力在坚持独立自主、自力更生的前提下，按照平等互利原则和国际上通行的作法，发展对外经济关系。

【新中国对外经济关系的新发展】 新中国成立后近30年间，我国的对外经济关系没有得到应有的发展，同世界经济的联系是松散的，基本上处于封闭半封闭状态。这主要是由于帝国主义对我国的封锁禁运。正如邓小平所指出的："毛泽东同志在世的时候，我们也想扩大中外经济技术交流，包括同一些资本主义国家发展经济贸易关系，甚至引进外资、合资经营等等。但是那时候没有条件，人家封锁我们。"从50年代到70年代，我国在极其困难的情况下，仍然为发展对外经济关系作出了巨大努力，并获得了一定的成效。不能认为，新中国对外经济关系在那个时期是"空白"。

第一代领导核心的基本指导思想。1949年3月，在筹划建立新中国大政方针的党的七届二中全会上，毛泽东就明确指出："关于同外国人做生意，那是没有问题的，有生意就得做"，"我们必须尽可能地首先同社会主义国家和人民民主国家做生意，同时也要同资本主义国家做生意。"当年6月，毛泽东在新政治协商会议筹备会上宣告："中国人民愿意同世界各国人民实行友好合作，恢复和发展国际间的通商事业，以利发展生产和繁荣经济。"1956年，毛泽东在《论十大关系》这篇名著中专门论述了"中国与外国的关系"，主要讲要结合中国实际学习苏联建设经验，同时还提出了要向资本主义国家学习的问题。他说："外国资产阶级的一切腐败制度和思想作风，我们要坚决抵制和批判。但是，这并不妨碍我们去学习资本主义国家的先进科学技术和企业管理方法合乎科学的方面。工业发达国家的企业，用人少，效率高，会做生意，这些都应有原则地好好学习过来，以利改进我们的工作。"1956年春，毛泽东在广东听取省委主要领导人汇报时，曾对在广东找片土地，利用香港资金，开辟商品出口基地的建议，表示颇有兴趣。长期担任新中国总理的周恩来，作为经济建设第一线总指挥，更为迫切地感到国内建设联系世界经济的重要性。他说："任何一个国家在建设中，任何一个国家在这个世界上，不可能完全闭关自守，总是要互相需求，首先是贸易的来往，技术的合作。"70年代初，我国台湾省举办出口加工区，周恩来对这一做法表示赞赏，说当时的台湾行政当局"很聪明"。总体上说，我们党中央第一代领导核心对新中国的对外经济关系，是有明确的基本构想的。

为粉碎帝国主义封锁作了积极努力。1950年初，毛泽东亲赴苏联，与斯大林谈判签订中苏友好同盟互助条约，为中苏经济合作打开了道路。其后，由周恩来、李富春等与苏政府具体商谈，先后借用苏联贷款12.74亿新卢布，引进304个大型成套建设项目，其中包括比较有名的"156项"这12.74亿新卢布的贷款，共11笔，当时折合人民币53.68亿元。其中76.1%用于从苏联购买进行抗美援朝和国防建设的物资装备以及补偿苏方移交的旅大军事设施，23.9%用于购买经济建设的物资装备。1964年我国对苏还清了本息，共14.06亿新卢布，当时折合人民币57.42亿元。引进的304个项目，到60年代初苏联背信毁约时，已建成或基本建成149个，由我国继续建成的66个，停止执行的89个。与此同时，积极开展与民族独立国家的贸易往来。1952年9月同锡兰（现斯里兰卡）签订用大米换橡胶的长期贸易协定，也是一个例子。我国还努力同日本等国发展民间贸易，从1952—1955年，先后同日本友好商社签订三个民间贸易协定，为此后中日经济交往打下基础。对于香港这个特殊的国际经济中心城市，我国把它作为联系国际经济的一条通道，在保持它的稳定和繁荣上做了大量工作。60年代初期，苏联大国沙文主义对我施加压力，毛泽东、周恩来适时提出，把外贸的重点和引进的对象转移到西方对我友好国家和地区。1962—1966年，我国从西方一些国家引进大小成套技术装备20多项，包括冶金、化工、电子、精密机械等等。10年浩劫中，林彪、四人帮猖狂肆虐，“卖国主义”、“洋奴哲学”的帽子满天飞，使我国发展对外经济关系的正确方针，受到严重干扰破坏。周恩来力抗逆流，对此进行了尖锐斗争。他报经毛泽东批准，在70年代中期，从日本、联邦德国等国引进了13套大化肥、4套乙烯、1套1.7米轧机等重大成套技术装备，总值43亿美元。在这个期间，毛泽东提出了关于划分三个世界的理论，为我国发展对外关系提供了重要理论指导。1975年，邓小平代替病重的周恩来主持中央日常工作。在他的倡议下，国务院在李先念主持下举行了长达两个月的计划工作务虚会，讨论实现四个现代化的方针和政策。邓小平在审阅务虚会提出的文稿时，明确提出要把扩大进出口贸易、引进先进技术装备作为一项“大政策”。可惜，在着手实施不久，就因当时国内政治气候的剧变而中断了。

“大政策”旧话新提是题中应有之义。1976年10月，党中央执行人民的意志一举粉碎四人帮，结束10年动乱，全面拨乱反正，励精图治。上述“大政策”旧话新提。从中央到各个部门、各级党政机关、许多科研单位、厂矿企业，派出了许多团组去国外考察研究。1978年5月，国务院派出了新中国第一个赴西欧考察的国家级经济代表团，由副总理谷牧带队在法国、西德、比利时、丹麦、瑞士五国考察了一个多月。大量的信息、建议传到中央。当年7月，国务院又一次召开关于经济建设的务虚会，发展对外经济合作的问题。在这个会上得到充分讨论，并就几个重要问题取得了共识。一是，第二次世界大战后，资本主义经济发达国家有相当大的变化，科技发展日新月异，我国落后了，拉开了很大差距，建设速度是个尖锐问题。二是，许多发达国家资金过剩，技术要找市场，产品要找销路。他们把我国看成是世界上的稳定因素，都想和我国拉关系、做生意。只要我们做好工作，可以办很多事。三是，在发展对外经济关系中，许多国际上通行的做法，如卖方信贷、买方信贷、补偿贸易、合作生产、吸收投资等，我们都可以考虑采用，以缓解外汇支付能力不足的困难，可付出必要的代价换取时间争得速度。9月，邓小平在一次会议上指出：“经过几年的努力，有了今天这样的、比过去好得多的国际条件，使我们能够吸收国际先进技术和经营管理经验，吸收他们的资金。”随后，又经过12月份中央工作会议上的讨论，继而在党的十一届三中全会上作出了在自力更生的基础上积极发展同世界各国平等互利的经济合作，努力采用世界先进技术和先进装备的重大决策。国务院先是建立了进出口领导小组，不久又改建成国家进出口管理委员会（外国投资管理委员会，一套机构、两块牌子），归口管理这方面的工作。

从此，对外开放被确立为一项基本国策并付诸实施。从这个意义上来说，它是一项新政策，但是与80年代以来我国实行的其他许多新政策相比，对外开放不是过去在认识上和实践中都未提出过的政策，如建立社会主义市场经济；也不是在实践中一度出现过（或者是萌芽），但囿于认识上的偏差被否定了的，如农村的联产承包责任制，而是党在新中国对外经济关系上一贯指导思想和刻苦实践的新发展。应当说，毛泽东、周恩来等老一辈无产阶级革命领袖，在新中国发展国际经济合作、贸易往来和技术交流方面，同样给后人留下了重要遗产。80年代以来，国内外条件变化了，人们的认识升华了，行动更自觉了，有关方针政策逐步系统配套，实践更加生动丰富，对国民经济的促进作用更加显著。

【锐意开拓的进程】 从党的十一届三中全会迄今，党和国家把对外开放确立为一项基本国策来实施，已经历了15个年头。这是在探索中逐步开拓前进的过程，大体上分为四个阶段：

试点起步（1979—1983年）。这个期间，党中央、国务院采取了四项突破性的重大举措：

（一）摒弃“一无外债、二无内债”的传统观念，打破“不用西方世界资金”的思想禁区，向发达国家举借外债，吸收境外客商（以下简称外商）直接投资，在我国大陆举办企业。

关于向发达国家借款，最早的一笔是1979年年底与日本政府谈定的500亿日元（当时约折合2.3亿美元）海外协力基金长期低息贷款。以此为起点，我国迈开了使用外国政府和国际金融组织贷款的步子。不久又相继谈成了科威特阿拉伯基金会、比利时等国政府、国际货币基金组织、世界银行的多笔贷款。

关于吸收外商投资，早在1978年秋季，中央就作出了决策，国务院即着手起草有关法律。1979年7月，第五届全国人民代表大会第二次会议通过和公布了《中华人民共和国中外合资经营企业法》。这部法律对外商在一个中外合资项目中的投资比例，没有规定最高限额，而作出了不得低于25%的规定；根据这部法律随后制订的有关税法，规定中外合资企业所得税率为30%，另加地方所得税3%，合计33%，低于我国国有、集体企业，略低于东南亚许多国家（地区）。这都体现了我国鼓励外商前来投资的主旨。以后，在吸收外资的实践中，除股权式经营的中外合资企业以外，又相继出现了契约式经营的中外合作企业，以及外商独资经营企业。这三种企业总称外商投资企业（俗称“三资企业”）。此外，还有中外海上石油合作勘探开发和来料加工、来件装配、来样加工、补偿贸易（通称“三来一补”）以及国际融资租赁等形式。到1983年底，累计批准外商投资企业项目1361个，海上石油合作开发项目31个。从今天来看，这点数量很不起眼，但却是极其可贵的第一步。

（二）1979年7月，中央、国务院批准广东、福建两省实行特殊政策和灵活措施。

这些政策和措施，归纳起来主要有以下三个方面。一是扩大两省的经济管理权限，增强其经济发展活力，基本办法是在中央统一领导下实行大包干；二是在拓展外贸、吸收外资、引进技术等对外经贸业务上，允许两省有一定机动余地，在国家的总盘子中单划一块。三是国家在财力上给予照顾支持，5年内（后又延长5年）两省新增的收益，国家不要或少要，留给省安排建设。目的是发挥两省作为重要侨乡和毗邻港澳的人文、地理优势，使之抓紧有利国际机遇，在现代化建设中先行一步，尽快把经济搞上去。这项举措的若干作法，后来也在沿海其他省、区、市实行，开创了促进地方加快改革开放和发展经济的先河。

（三）举办深圳、珠海、汕头、厦门四个经济特区。

举办经济特区，是邓小平倡议，经中央研究于1979年7月作出的重要决策。本来是粤、闽两省实行特殊政策、灵活措施一项内容，后来在实践中逐步单列出来。1980年8月，全国人大常委会完成了有关举办特区的立法程序。随后，国务院批准上述四个特区的地理位置和区域范围。各特区相继投入建设。1983年4月，中央、国务院决定比照经济特区的某些政策实施于海南岛，以对外开放促进这个宝岛的开发。

我国举办经济特区，从国情出发，参照了国外出口加工区、自由贸易区的成功经验。党和国家规定，经济特区是我国完全行使主权管辖的行政区域，在政治上坚持四项基本原则，思想文化上坚持社会主义精神文明建设；但在经济活动中实行特殊政策，在经济管理上实行特殊的管理体制。主要有：

1. 经济所有制是以社会主义公有制为主导的多种经济成分并存的结构，外商投资企业所占经济比重（特别在工业方面）可以大于内地。

2. 经济运行在国家宏观经济指导下主要采取市场调节手段，充分发挥市场机制的作用。

3. 对到特区投资的外商提供较多的优惠待遇，企业的所得税率减按15%征收；对进出特区的境外客商、外籍人员简化手续，给以方便。

4. 对特区政府授予的经济管理权限。属于中央统一管理的外事、边防、公安、海关、金融、外汇、港口、铁路、邮电等方面的业务，由国务院主管部门结合特区实际情况，制订专项管理办法。

5. 国家对特区建设实行政策倾斜，给以支持。如增加银行信贷资金，新增财政收入、外汇收入全部留用，特区进口基本建设所需的物资免征关税等。

社会主义国家举办利用资本主义世界资金、技术的经济特区，不见于马列主义经典，历史上也没有先例。是一项创造性的社会实验。

（四）迈出改革外贸体制的第一步。

新中国成立的30年间，我国仿照苏联经验，进出口贸易基本上由外贸部及其所属各专业进出口公司统一经营。这种高度集中的外贸体制，对于进行私营进出口商行的社会主义改造，抗击帝国主义的经济封锁，发展独立自主的对外贸易，起了重要的历史作用。但是，它不利于产销见面、工贸结合；一家专营，不能调动各方面的积极性；而且由国家统包盈亏，不利于实行经济核算，提高效益。在扩大对外经济交流、加速四化建设的新形势下，这种体制难以对变化频繁的国际市场作出灵敏的反应，难以促进企业在生产适销对路的产品上下功夫。随着经济建设被提到中心位置，中央、国务院作出了有计划有步骤地改革外贸体制的决策。

在1979—1981年三年间,主要进行了:赋予一些地区和部门部分商品的进出口经营权,除外贸部所属各专业进出口公司以外,批准京、津、沪三个直辖市和广东、福建、辽宁三省成立以地方领导为主的外贸进出口公司,授予冶金、机械、兵器、航空、船舶等部门以进出口权,并进行不同形式工贸结合的试点。同时,对列入国家计划的出口收汇,实行高于当时公布汇价的内部结算价格,后来随着国家公布外汇牌价的调整而停止执行。鼓励发展外贸出口。与这些改革措施相适应,把必要的管理工作跟上去。当时的国家进出口管理委员会、外贸部等有关部门制订下达了十多个管理办法。虽然是初步的改革,却显著调动了有关方面的积极性,有力促进了外贸出口的增长。1978年全国外贸出口为97.5亿美元,1981年增长到220亿美元,3年增长1.25倍。

这四项举措在新中国建立后30年间从未实行过,甚至在那时是很难设想的,是突破性的;又是在有条件的局部地区及部分单位实行的,是走一步看一步向前推进的,带有试验性的。它既是积极大胆的,又是审慎稳健的。

重点延伸(1984—1987年)。到1983年底,经过前五年的工作,利用外资迈开了步子,外贸出口翻了一番多,特区建设初具雏型。对外开放由案头的规划变成了可以看得见的实绩。

1984年2月,邓小平视察了深圳、珠海、厦门三个经济特区。他在视察开始时说,经济特区是我倡议举办的,现在要来看看办得怎么样了。他在视察中指出:“深圳的发展和经验证明,我们建立经济特区的政策是正确的。”他回到北京后又指出:“我们建立特区,实行开放政策,有个指导思想要明确,就是不是收,而是放。”“除现在特区之外,可以考虑再开放几个点,增加几个港口城市,”邓小平这些重要讲话,肯定了实行开放,举办特区的成就,对我国进一步改革开放指明了方向。在此后四年中,中央、国务院在总结前5年对外开放经验的基础上又采取了新的重要举措:

(一)1984年4月,决定开放沿海的天津、上海、大连、秦皇岛、烟台、青岛、连云港、南通、宁波、温州、福州、广州、湛江、北海14个港口城市。在政策上给予扶植,主要有:(1)扩大这些城市对外经济活动的自主权,包括利用外资建设项目的审批权。上海、天津投资规模3000万美元以下的项目、大连1000万美元以下的项目、其他城市500万美元以下的项目,凡可自已平衡生产建设条件的授权其自行审批。(2)对外商投资的生产性企业所得税减按24%的税率征收。(3)支持老企业的技术改造,实行税前还贷;为此进口的关键设备5年内(后延长至1993年)免征关税和进口环节的工商统一税;国家还为这些城市先后拨出28.2亿美元的外汇额度,用于技术改造。(4)除北海和温州两市以外,批准了其他12个市创办经济技术开发区,并给以类似经济特区的政策支持,包括对外商投资的生产和科技项目减按15%征收企业所得税;进口建设器材免征关税和工商统一税;区内财政收入5年内不上缴(后延长到1993年);国家给以开发性贷款(累计23亿元)等。

(二)1985年2月,将珠江三角洲、长江三角洲、闽南厦(门)漳(州)泉(州)三角地区的61个市、县,开辟为沿海经济开放区。规定这些市、县的城区和经批准的工业卫星镇可以实行沿海开放城市的优惠政策;在农业上为发展出口引进的优良种苗、生产机具免征进口关税和增值税;可选择一些海岛和江心沙地开辟农业隔离试验区,引进良种、良畜进行试种试养项目,从获利年度起5年内豁免一切税收。

(三)1986年初,国务院进一步提出,特区的发展目标是建立以工业为主、工贸结合的外向型经济,要求特区从搞建设、打基础转向抓生产、上水平、求效益。根据经济特区发展的需要,在此之前已扩大了珠海、汕头特区的面积,把厦门特区扩大到全岛(包括鼓浪屿)。

(四)1986年5月,国务院成立外国投资工作领导小组,由分管对外开放的国务委员谷牧任组长,作为统筹协调外商直接投资事务的机构,并在总结我国前几年吸收外商直接投资工作的基础上,于当年10月公布《国务院关于鼓励外商投资的规定》(共22条,简称“二十二条”)。随后,国务院有关部门又制订下达了22个有关“二十二条”的实施细则。“二十二条”及其实施细则的基本内容是:(1)强调保护和发挥我国税率低、劳务费用低、土地使用费低的优势,要使外商感到在我国投资办厂把产品销到国际市场上也有很强的竞争力;(2)优惠要与引导外资投向相结合,重点优惠外商投资的产品出口企业和先进技术企业,以及把投资获得的利润在我国再投资的外商;(3)在资金周转、外汇收支、进出口管理、原材料和能源等生产要素的提供上,为外商投资企业创造必要的条件;(4)切实保障外商投资企业依法自主经营。这就把我国吸收外资的工作进一步纳入法制化的轨道,推动了投资环境的改善,把吸收外商工作提高到了新水平。

与试点起步阶段相比，这个阶段的对外开放有三个方面明显的进展：

——在地区部署上，从南向北延伸。沿海14个港口城市成为对外开放的主干，长江以南开辟的三片沿海经济开放区是其纵深配置，沿海12个开放城市举办的经济技术开发区，是发展外经外贸力量新的生长点。经济特区——沿海开放城市(及其经济技术开发区)——沿海经济开放区这样一个有重点、多层次的对外开放格局，初步形成。

——在指导思想上，强调立足于当地实际，与国民经济发展紧密结合，对不同地区更加明确地提出了各有侧重的方针和任务。要求特区发展外向型经济。要求沿海开放城市发挥工业基础较好，对外交通较为方便、科教事业较为发达的优势，通过加强国际经济技术的联系，加速改造老企业，提高产品水平和加快科技进步的步伐。对沿海经济开放区，则要求发挥城乡经济比较活跃、商品率较高的优势，贯彻“贸—工—农”方针(即以产品进入国际市场为目标，安排加工业和种养业)，增加出口创汇，在全国先行建成工农结合、城乡渗透、开放式的富庶文明地区。在吸收外商直接投资上，要求加强产业政策导向，鼓励创办产品出口企业和先进技术企业。

——在开放的实绩上，已取得了相当可观的成果。1984—1987年累计批准外商直接投资项目8617个、协议外商投资金额146.8亿美元，外商实际投入56.6亿美元，这四年比前5年分别增长5.3倍、1.3倍和4.6倍。广东、福建两省面貌大变，经济增长速度超过全国。经济特区经过两年的刻苦工作，克服工作重点转变中的困难，于1987年收到成效。这一年，四个特区的工业产值比1983年增长3.79%，达到107.68亿元；外贸出口增长8.89%，达到21.26亿美元，而且作到出口大于进口，外汇平衡有余。14个沿海开放城市，技术改造加快了步伐、轻纺、电子元器件、家用电器等行业缩短了与世界先进水平的差距；技术进步促进出口，1987年这些城市合计出口额比1983年增长78%。在沿海经济开放区，城市工业逐步提高产品水平，乡镇企业开始更新换代，采用先进农艺技术的创汇农业兴起。这些成果增强了人们对实行开放的共识，促使人们考虑如何扩大对外开放的广度和深度。

沿海铺开(1988—1991年)。这个期间，中央、国务院根据我国对外开放的进展实绩，瞄准发展经济的国际机遇，采取了重要举措，再一次开创了对外开放的新局面。

(一)1988年3月，将沿海经济开放区扩展到北方沿海的辽东半岛、山东半岛及沿海其他地区的一些市、县。4月，第七届全国人大第一次会议批准举办海南经济特区。至此，形成了包括经济特区、沿海开放城市在内的，共有293个市、县，2.8亿人口、42.6万平方公里面积的沿海开放地区，基本上所有沿海市、县都跨上了对外开放的骏马。国家要求沿海开放地区实行发展外向型经济的战略，借助国际经济大循环，加速现代化建设。为此，国务院制订下达了《关于沿海地区发展外向型经济的若干补充规定》，对扩大地方对外经贸权限、采用中外合资或合作的方式改造老企业、发展“两头在外”的加工贸易、进一步搞活外汇调剂、建立出口风险基金、加强发展外向型经济的运输保障，组织好科技支持，都作了明确规定。其后，在治理整顿国民经济中，国务院明确提出治理整顿与沿海地区发展外向型经济都要坚定不移。要求沿海地区运用开放条件积极开展对外经济技术合作，缓解国民经济中的暂时困难，并通过治理整顿调整经济结构，促进外向型经济的发展。

(二)国务院决定从1988年起全面推行对外贸易承包经营责任制，深化外贸体制改革。其主要内容是：(1)由各省、自治区、直辖市、计划单列市和各外贸专业公司承包国家出口收汇与上缴外汇计划指标；(2)在轻工、工艺、服务三个行业进行进出口自负盈亏的试点；(3)在外贸系统实行责、权、利统一，将大部分外贸专业总公司和部分工贸总公司所属地方分支公司下放地方领导，由地方政府组织它们实行承包，中央直属的外贸企业对主管部门承包。

(三)1990年4月，中央、国务院决定比照经济特区和经济技术开发区的有关政策，开发和开放上海浦东新区。

(四)1991年，国务院继上年批准上海举办外高桥保税区之后，又批准深圳市设立福田和沙头角保税区，天津市设立天津港保税区。规定保税区作为关境外的外贸基地，对国外的商品进入实行保税，免领许可证，允许外商或中外合资、合作在保税区内发展转口贸易，区内周转外汇可保留现汇，最大限度简化境外人员进出保税区的手续。

这些举措的采取和实施，是我国对外开放进一步深化的标志。

——沿海开放地区发展外向型经济，立足于劳务费用低、劳动素质高、加工技术有基础的优势，逐步把生产经营的两头(即原材料来源和产品销售)放到国际市场上，给内地振兴经济让出部分原材料和市场。这标志着我国对外开放的指导思想，不但从互通有无，调剂余缺升华到利用国外资金、技术、信息、经验等优化生产要素组合，加快发展速度上，而且升华到发挥优势，把握机遇，把国内经济循环更紧密地联系国际经济大循环。这就可以大大缓解人口众多的沿海地区农村劳动力转移遇到的资金困难；使沿海地区经济的发展有效地带动内地；企业的技术改造和结构调整也会从参加国际交换和竞争中增强动力，有利于经济素质提高；经济体制改革，可因经济运行对接国际市场的需要而不断深化。

——外贸体制改革的全面实行及保税区的设立，为沿海地区实行发展外向型经济的战略，既提供了有力的支持和推动，也为约束某些不规范的运作设下樊篱。

——上海浦东新区的开发和开放，显示我国的开放将在长江中下游纵深发展，这一跨世纪的巨大社会经济建设工程，是实现国民经济第三步发展宏图的重要一着棋。

——在开展对外经济合作的方式上，也有新的思路。比如实行土地使用权有偿出让和转让，允许外商投资成片开发经营土地；允许外商对某些国营、集体企业参股、购买其债券或租赁、承包经营；允许上海、深圳设立股票证券交易所，发行B种（外汇）股票；鼓励吸收外商投资对某些国营、集体企业进行嫁接式的技术改造，等等。

全面推进（1993年以来）。1992年春，邓小平视察南方发表重要谈话。他强调指出，要抓紧有利时机，加快改革开放步伐，力争国民经济更好更快地上一个新台阶。随后中央作出《关于加快改革，扩大开放，力争经济更好更快地上一个新台阶的意见》的决定，采取有力措施，全面推进对外开放。

（一）开放长江中下游的芜湖、九江、黄石、武汉、岳阳、重庆6个沿江港口城市，执行沿海开放城市的有关政策。

（二）开放吉林的珲春，黑龙江的绥芬河、黑河，内蒙古的满洲里、二连浩特，新疆的伊宁、塔城、博乐，云南的瑞丽、畹町、河口，广西的凭祥、东兴共13个陆地边境城市。国务院赋予沿边开放城市的主要政策有：(1)扩大边境开放城市发展边境贸易和对外经济合作的权限；(2)鼓励内地企业（包括外商投资企业）到沿边开放城市投资；(3)批准举办14个边境经济合作区（包括丹东），合作区进行基础设施建设所需进口的机器、设备及其他基建物资等免征进口关税和产品税，国家“八五”期间每年专项给每个合作区1000万元固定资产贷款用于建设。

（三）批准合肥、南昌、南宁、长沙、郑州、石家庄、太原、呼和浩特、长春、哈尔滨、西安、兰州、银川、西宁、乌鲁木齐、成都、昆明、贵阳等省会（自治区首府）为开放城市，执行沿海开放城市的政策。

（四）批准大连、广州、青岛、张家港、宁波、福州、厦门、汕头、海口市举办保税区；批准营口、威海、温州、昆山、融侨、东山、哈尔滨、长春、沈阳、武汉、重庆、芜湖、杭州、番禺、南沙、萧山市举办经济技术开发区；批准63家外资（或中外合资）银行（或金融机构）在5个经济特区和上海、天津、大连、广州、宁波、青岛、南京共7个城市开业经营外币业务；扩大外商投资领域，包括零售商业、交通运输、房地产、旅游业等。

（五）进一步改革外贸体制。在总结三年外贸承包经验基础上，国务院决定以实行企业自负盈亏为重点，进一步深化外贸体制改革，取消补贴，适当增加收汇留成，改变地区差别外汇留成办法，实行全国统一的按不同大类商品的外汇留成比例，发挥外贸和工贸专业进出口公司的主渠道和骨干作用。

综上所述，15年来我国实施对外开放是个探索前进、不断拓展、逐步加快步伐的过程。1992年就是大推进的一年。在这个过程中，实践不断丰富，经验不断增多，认识不断深化，方针政策不断完善，成果不断扩大。中央、国务院依据开放工作的规律和我国的国情实际，采取这个路子，实践证明是成功的。但是，这个过程并没有完结，我国的对外开放，现在仍处于由“必然王国”向“自由王国”的过渡之中，还应当认真总结经验，精心探索，力戒骄躁。

【全方位、多层次、有重点、梯度推进的布局】 经过15年的实践，我国已形成了全方位、多层次、有重点、梯度推进的对外开放布局。

我国的对外开放是全方位的。这里有两层含义。其一，世界上所有国家（地区），不论其社会制度、意识形态如何，我国都致力于在平等互利的基础上广泛深入地发展经济贸易，迄今已与200多个国家（地区）建立了各种经贸往来。其二，我国国内的各个地区都是开放的，都可以吸收外资、引进技术、发展外贸、引进多种形式的对外经济合作和技术交流。其中由国家实行政策倾斜给以扶植的开放地区，已遍布沿海、沿江、沿边和内地，共337个市、县，50余万平方公里，3.2亿多人口。

我国的对外开放是多层次的。各开放地区因经济发展水平、地理与人文条件以及开展对外经济活动的侧重国别（地区）不同，在对外开放和国民经济中表现了不同的功能和作用，显示出层次性。

经济特区。深圳、珠海、汕头、厦门、海南五个经济特区，处于我国对外开放的前沿，有着由国家给予的特殊政策和毗邻国际市场的有利条件形成的综合区位优势。随着其不断发展壮大，越来越明显地发挥着以下的功能和作用：

（一）特区经济的高速增长给全国以鼓舞和启示。1980年举办特区时，深圳是个边境小镇，珠海是个海滨渔村，厦门、汕头虽然是有点名气的古老港口城市，但由于多种历史因素，本世纪30年代以后日见式微衰落，成了市政公用设施落后，市容不景气的旧城市。15年过去，这四个地方在特区建设中发生了改天换地的变化，累计开发了120多平方公里的建设用地，建造房屋4000多万平方米，修筑道路673公里，建起20多个工业区和一大批商贸、文教、住宅和旅游设施，新增港口吞吐能力2000多万吨，25万多门程控电话直拨国内外数百个大中城市。过去稀稀落落的街景，一变而为广厦林立，交通发达，通信手段先进，服务设施配套，众商云集的繁荣兴旺景象。工农业持续迅速增长，社会生产力大发展。包括电子、机械、纺织、轻工、医药、建材等十多个行业的工业生产体系形成了；以满足特区市场供应和出口创汇为目标的生产鲜活农副产品的现代化农业建立了；为一、二产业服务的商业、饮食业、旅游业、金融业、信息咨询业等第三产业发展了。1994年，这四个特区工业产值1265.71亿元，社会零售商品总额450.75亿元，分别比1980年增长96倍和53倍。海南从1988年建立特区以来，经济迅猛发展，1992年与1987年相比，国内生产总值增长1.5倍，达到人均2000元，基本上实现了建立特区时提出的争取三五年赶上全国平均发展水平的目标。经济特区这个名称，与经济迅猛增长密切联在一起，引起全国的注目。它增强了人们建设有中国特色的社会主义，实现现代化的信心。它在开展外引内联、优化生产要素组合，以拓展出口为导向牵动经济的提高，追踪市场需求推动科技进步以更新产品，采用现代农艺技术改造传统农业，相应发展第三产业以支持第一、二产业等方面，给人们以重要启示。

（二）在发展外向型经济方面成为排头兵。经济特区已经在发展外向型经济的道路上大步迈进。它是全国吸收利用外资的热点。截至1994年底，5个经济特区共批准外商投资项目2.9万多个，协议外商投资额430亿美元，外商实际投入187亿美元，约占全国外商实际投资的20%。深圳、珠海外商投资企业的工业产值，已占全市工业产值的60%。5个经济特区外贸出口，连年持续增长，1994年达到270亿美元，约占全国出口总值的22%，并涌现出了100多个技术先进、管理科学、市场开拓力较强、拥有“拳头”产品、年出口1000万美元以上的创汇大户，成为全国出口的新基地。出口的不断增长，提高着经济外向度。除海南以外，深圳等4个特区的工业品出口比重，均在50%以上，其中深圳为59%。在积极参加国际市场交换和竞争的同时，特区还在传递国际经济技术信息、转让先进技术、介绍外商投资项目、协助扩大出口、培训人才等方面，发挥着为内地服务的作用，并且与内地发展着优势互补、以进入国际市场为目标的经济技术联合。特区外向型经济的建立与发展，对沿海地区实行外向型经济战略，具有先行探索的作用；对全国外经外贸的主渠道，是不可缺少的补充。

（三）特区的改革是全国的重要借鉴。我国是人口众多，经济底子薄的大国，进行以完善社会主义制度为目标的改革，没有可以参照的现成模式，只能通过试验逐步实施。这种试验，需要在一个企业、一个行业中单项进行，更需要在一个地区综合进行。实行特殊政策和特殊经济管理体制的特区，具有相对独立的经济和社会环境，是在改革方面进行综合性试验的适宜场所。同时，特区的发展也强烈呼唤改革。它在改革方面进行了艰苦探索，取得了许多成果。建筑工程实行招标承包制，劳动用工实行合同制，干部实行聘用制，设立外汇调剂中心，土地使用权有偿出让和转让，建立劳动保险社会保障体系，国有企业实行股份制改革等等，已在内地推广。有些只适宜在特区进行的改革，在思路上也为全国建立社会主义市场经济提供了有益的借鉴。改革中某些不成功之处，其影响也仅限于一个特区范围之内，不致牵动内地。今后，随着特区改革和全国改革的继续深化，这种试验场的作用将会愈益明显。

（四）特区是我国了解世界和世界了解我国的“窗口”。如同新中国建立初期，我们从农村进入城市，需要刻苦学习国内经济建设一样，在改革开放时期，我们从国内走向国际，也必须刻苦观察研究世界经济、国际贸易、国际金融的发展变化规律，学习同有四百多年历史经验的西方资本主义打交道的本领。特区所处的毗邻国际市场的区位和实行特殊经济政策、特殊经济体制造成的社会环境，为这种观察、研究和学习，提供了实践的场所。十多年来，特区的发展对我国如何利用国际交换优化生产要素组合来发展经济，如何借鉴国外组织社会化大生产的经验和方法来完善经济管理，如何在对外交往频繁的情况下坚持正确的政治方向建设社会主义精神文明等重要课题，以正反两个方面的宝贵经验，作出了初步回答，锻炼培养了一批人才。我国通过特区观察外部世界，外部世界也通过特区观察社会主义中国。特区，已成为国际社会观察当代中国的标志，海外各界人士来华参观考察的热点。从1980—1990年，仅去深圳参观访问的外宾，就有120多个国家地区的政府高级官员、专家、学者、工商人士约3500批、3万多人。特区的建立和发展，展示了中国政府和人民集中精力进行社会主义现代化经济建设的巨大成就；展示了中国实行改革开放政策的稳定性和连续性；展示了中国实行独立自主的外交政策，推动建立国际政治、经济新秩序所作的努力，扩大了国际影响。特区经济建设的成就，对于保持香港、澳门的稳定和繁荣，促进大陆与台湾省的交往，逐步实现“一国两制”下的祖国统一大业，产生了积极影响。

沿海开放地区。由沿海开放城市和沿海经济开放区组成的沿海开放地区，是我国对外开放的主力。

继举办深圳等4个经济特区之后，开放的上海、天津、广州、大连、青岛等14个沿海城市，都是我国的重要经济中心城市和外运港口，工业有一定基础，科学文教事业较为发达，有长期对外进行经贸交往的历史传统。国家要求它们在对外开放中，发挥自身的这些优势，增强国际经济技术联系，调整产业结构，推动科技进步，改善企业管理，加快经济发展。为了在这些城市中创造吸引外商投资的“小气候”，国家先后批准12个城市举办经济技术开发区。成立较早的16个开发区，1994年已累计批准外商投资项目近7000个，外商实际投资50多亿美元，当年工业产值763亿元，出口近38亿美元，成为外向型经济新的生长点。为了扩大这些城市的开放度，促进对外贸易的发展，国家已批准举办一批保税区。14个沿海开放城市以及其经济技术开发区、保税区，是我国沿海开放地区从南到北的主干。北起大连湾南迄北部湾广大沿海经济开放区，城乡经济比较活跃，物产丰饶，是上述主干的纵深腹地和直接依托。两者加上5个经济特区，共同构成的以发展外向型经济为战略目标的沿海开放地区。

（一）基础设施建设不断加强，投资环境日趋完善，吸收了巨额外商投资。据国家统计局统计，1985—1990年的6年中，沿海地区的61个市共投产大中型能源项目和单项工程近百个，新增发电机组容量1250多万千瓦。广东沙头角电厂、宁波镇海电厂、海南马村电厂相继建成投产，秦山核电站并网发电，大亚湾核电站即将建成。沿海地区的供电能力大为改善。交通运输综合能力大大加强。1985年以来，已完成46项沿海港口大中型建设项目和单项工程，新增泊位80个，新增港口吞吐能力1.2亿吨。机场建设取得很大成就，1985—1990年共完成13个机场的新建和扩建，初步形成了纵横交错的民航线路网。沿海14个开放城市、经济特区和31个中等城市建立了民航业务，完成大中型公路、铁路建设项目和单项工程30多个；完成13项邮电通信大中型新建扩建工程，新增电话容量160多万门，有20多个市相继开展了长途电话自动、半自动拨号及国际电话自动拨号业务，建立了程控用户电报交换设施和微波通讯系统，可直接与几十个国家和地区及国内100多个城市传递信息。原本较好的经济基础，加上不断完善配套的基础设施建设，增强了对外商投资的吸引力。截至1992年底，沿海11个省、自治区、直辖市，累计批准外商投资项目、协议外商投资金额和外商实际投入金额，各占全国的81%、82%和79%。

（二）对外贸易持续发展，出现新的势头。近几年来，沿海地区对外贸易生机勃发、持续发展。1992年沿海11省、自治区、直辖市出口总额近533.60亿美元，比1980年增长2.3倍，占全国出口总额的70%，全国出口新增部分中有71%是沿海地区实现的。在拓展出口中，有些可喜的势头。一是出口结构不断优化。工业制成品占出口的大头，其中机电产品出口达101亿美元，占全国机电产品出口总额的69%。二是由于沿海地区经济发展战略的实施，“两头在外”的加工贸易迅猛发展。1992年加工贸易出口总值373.43亿美元，比1987年增长3.44倍。沿海地区出口新增值中58%是通过加工贸易实现的。三是乡镇工业成为扩大出口的生力军。珠江三角洲乡镇企业的外贸产品已发展到200多个大类，数千个品种。苏州市境内166个镇，镇镇有出口产品，其中年外贸收购超1000万元的120个。四是传统出口的农副产品也开始更新换代。采用优良种苗、现代化种养技术和产后加工办法，实行集约化管理的创汇农业生产和服务网络，正在沿海各地形成。山东半岛由外贸牵线，以国际、国内市场为导向，以农副产品加工企业为龙头，通过社会化服务和利益吸引，使贸—工—农结成共同体，有22个县的出口商品收购值超亿元。

（三）工业生产逐步外向化，促进全国经济稳定发展。沿海地区通过开展多种形式的国际经济技术合作，吸引外商直接投资，引进技术改造老企业，发展加工贸易，促进工业发展，对全国工业增长起着主导作用。1992年，沿海11省、自治区、直辖市乡以上工业产值17369亿元，当年新增工业产值在全国新增工业总产值中占73%。外向型工业的发展，是沿海地区工业增长较多的主要原因。1992年沿海地区新增工业销售额中约有20%是靠出口实现的，有16.8%是靠外商投资企业实现的。福建、广东、江苏的工业销售额中约有1/4左右是靠出口实现的。总体匡算，1992年外向型工业的新增产值（包括出口工业、外商投资工业企业、来料加工工缴费）占全国工业新增产值的26%。

（四）部分地区通过对外开放先富起来。在对外开放先行一步的广东、福建两省已摆脱原来的落后面貌，经济发展进入全国前列。广东省工农业总产值、国内生产总值、对外贸易额、财政收入等主要国民经济指标持续大幅度增长，名列全国前茅。福建省人均国民生产总值由改革开放前的全国23位上升到11位。深圳、珠海、汕头、厦门特区人均国民收入，已达800美元，“两步并作一步走”，提前10年进“小康”。珠江三角洲、长江三角洲、闽南三角地区、胶东和辽东半岛等广阔地带，通过开展对外经济活动，已初步臻于经济繁荣、人民富裕、文教事业振兴、基础设施逐步完善，城乡差别明显缩小的境地。据国家统计局材料，1992年，全国农村居民人均纯收入超千元的县已有320个，沿海10个省、区、市（除海南）共205个，占63%，天津、上海两市16个县农民年均纯收入基本都超千元，广东省这类超千元的县数及其包括的农村人口，均占全省半数以上，江苏、浙江两省这类千元县也超过40%，福建、辽宁分别为38%和27%。这说明沿海地区走在全国前头，正在快步奔“小康”。

沿（长）江开放港口城市。长江中下游地区自古以来就是中华民族繁衍生息的经济支柱，新中国建立后又是经济建设的重点。这里的农业物产富饶，发展潜力雄厚。冶金、机械、化工、纺织、轻工、建材、电力等工业基础好。长江黄金水道，联接其流域各省，通往世界。三峡大型水利枢纽工程的兴建，将揭开经济发展的新篇章。芜湖、九江、黄石、武汉、岳阳、重庆等长江港口城市和流域内各省省会城市的开放，长江三峡库区特殊扶植政策的即将采取，将形成以上海浦东为龙头的长江中下游经济开放带，成为加速现代化建设的坚实基地。1992年沿江开放港口城市和省会城市，新批准外商投资项目2450家，协议外资额22.1亿美元，分别是前10年总和的3倍和3.4倍。不少是规模较大、技术含量较高和老企业“嫁接”改造项目。武汉市将同外商合作建设长江公路桥和机场。

沿（陆地）边（境）开放城镇。这是我国对外开放的重要一翼。它面向东北亚、独联体、中西亚和东南亚等众多国家，发展与周边国家（地区）的经济贸易和睦邻友好关系，繁荣少数民族地区经济，巩固全国各民族大团结。13个边境城市开放以来，虽然只有一年多，却出现了前所未有的经济发展态势。地方边境贸易取得突破性进展，1992年8个边境省、区边贸进出口总额达40.74亿美元，比上年接近翻一番。其中13个边境开放城市边贸额约达12.8亿美元，占8个边境省区边贸额的1/3。对俄边境贸易占较大比重。积极发展边贸，体现了我国实施外贸多元化战略，以我国的长线产品，换取紧缺的生产原材料，支援了国内经济建设。经济技术合作日见活跃。13个边境开放城市已签订对外经济技术合作项目约150多个，有工程承包、合作建厂、合资办商业服务业及旅游业、来料加工等。黑河、绥芬河、珲春、满洲里市几乎与所有原苏联国家都建立了经贸关系，设立境外办事处20余家，发展稳定的经贸伙伴3000家。对外经济的活跃，带动了内部经济建设的加快。投资环境和城市面貌改观，边境经济合作区建设开始启动，已有上百个项目开始动工。商贸企业应运而生，外向型农业和加工业迅速发展，地方财力因税收的增长而得到增强，边贸的税、费已成为地方财政的主要支柱。一年来边境开放城市集中力量进行了城市基础设施建设，重点改善了口岸和铁路、公路运输的配套设施，开通了程控电话，扩建了机场和码头，新建和改建了一批宾馆和服务设施，投资环境和城市面貌开始改观。边民因提供建筑劳务、参与边贸、从事商品性的种养、加工和服务行业，走上了致富之路。

内地其他省会（自治区首府）开放城市。这是加大内地对外开放力度的强化点，也是对外开放进一步向内地推进的部署。这些城市，将在本省（区）的对外经贸活动中担负着牵头和辐射的功能。今后随着国内外形势的发展，沿陇海、兰新铁路两旁的这些城市，有可能形成沿欧亚大陆桥的经济开放带。

我国对外开放是有重点和梯度推进的。上述五个层次，形成了国家实行政策倾斜加以扶植的开放地区框架，其中以发展外向型经济为战略目标的沿海地区，80年代以来就是我国开放的重点；进入90年代，以上海浦东为龙头的长江中下游开放地区（包括沿12个港口城市和有关省会城市）上升为我国开放又一个重点。这种重点地位，是经济发展规律和有关条件决定的，不是“长官意志”的产物。世界经济发展的经验表明，一个国家（地区）的经济增长，通常是由“发展极”来带动的，后进国家赶超先进国家，一般都采取把各方面的投入集中向重点产业和重点地区倾斜，创建“发展极”，通过“发展极”的示范作用和带动作用，形成若干“增长中心”，以推动整个国家（地区）经济的增长。我国的国情实际、社会主义现代化建设的进程现状和沿海、沿江的自身条件，决定了沿海、沿江要担负起开放重点的历史使命。但是，对外开放的布局和重点，不是不变的，而是梯度推进的。15年来我国的开放，由广东、福建起步推向全国，开放的重点由80年代前期主要是四个经济特区，发展到80年代中后期的沿海地区，进而在90年代增加了沿江地带，就是这种梯度推进的写照。这种梯度推进还在继续。在今后对外开放的实际工作中，既要使工作紧紧跟上情况的发展变化，又不能热衷于做那些脱离实际的“超前”的文章。

【提高开放效益，重在发挥内力】 15年来的实践雄辩地说明，实行对外开放，使我国的对外经济贸易的各个业务领域都得到空前的发展，为社会主义现代化建设增添了新的活力。这里试对我国的开放效益作些综合分析，就如何进一步提高开放效益，强调一个根本性观点。

通过开放取得的重要效益。在拓展进出口贸易中取得了合理配置资源的综合比较效益。1992年我国进出口贸易总额达到1650亿美元，其中进口额806亿美元，出口额850亿美元。与1978年相比，增长幅度分别为7.02倍、6.4倍和7.7倍，年均增长速度超过同期国民生产总值增幅约3个百分点，大致为世界平均增长水平的2倍。在这15年中，我国成为世界上对外贸易增长速度最快的国家（地区）之一，在世界各国（地区）的贸易位次，由原来位居第32位提高到第11位。对外贸易对促进国民经济总量的增长和素质的提高，发挥了重要作用。我国出口的都是生产成本具有绝对或相对优势的产品，换得生产成本处于绝对或相对劣势的产品，从而在国际交换中得到节约社会劳动的比较利益，增加了价值总量。近几年我国外贸一直是顺差，1992年我国外汇储备达到426.65亿美元，其中现汇结存近200亿美元。出口结构也逐步优化，初级产品比重由1980年的53.4%下降到29.7%，工业制成品则由46.6%上升到70.3%，附加价值高的机电产品出口比重已从1985年的6.1%上升到1992年的23%，使我国的国际贸易地位发生积极变化。通过对外贸易，改善了国内建设的资源供应。我国资源丰富但有些品种缺乏，开发率低，经济建设中实物形态平衡方面有许多矛盾，制约着发展。发展进出口贸易，把国内外两种资源有机结合起来，可以大大缓解这一矛盾。生产基础原材料——钢铁所需铁矿石，我国的总储量颇为可观，但目前可以开采使用的基本全是贫矿，建设投资大、周期长，开采成本高。70年代“大打矿山之仗”。未能改变这个薄弱环节。80年代开放以来，每年进口一大批富铁矿，使钢的年产量由3000多万吨登上6000万吨新台阶，再超8000万吨，成为世界上第四个产钢大国。我国每年的进口额中，生产资料约为80%，生活资料约为20%，弥补了国内生产的短缺，促进生产发展、生活改善和社会稳定。对外贸易对国民经济发挥着“乘数”效应，初步测算，全国经济增长中，约有20%是靠出口需求带动的，工业新增产值中有15%是通过扩大出口生产实现的。

引进国外先进技术，取得了推动科技进步的效益。15年来，我国通过技术贸易、吸收外资、对外生产合作、国际租赁等方式，引进了一大批硬件和软件技术。其中由中央和地方支付外汇引进的技术改造项目约有2万多项，涉及冶金、机械、石油、煤炭、化工、电子、汽车、轻纺等20多个行业。这些项目大部分已竣工投产，每年新增8000多亿工业产值、1000多亿元的利税收入，1.56万种产品由此达到或接近国际先进水平。纺织、轻工、食品等传统行业的产品和技术，得到了大面积的升级换代；重大技术装备制造业如造船、汽车、重型机械等也缩短了与国际先进水平的差距；电子等新兴工业勃然兴起。积极引进、消化吸收国外先进技术成果，是攀登世界科技先进水平的捷径，是我国实行开放的重要效益目标。在引进国外先进技术的同时，也向国外输出了我国开发的先进技术。80年代以来，我国以技术许可、技术服务、提供成套技术装备等方式，出口技术达

1300 多项。

吸收利用外资，使国内建设收到了补充效益。1979—1992 年，我国已实际吸收利用境外资金 1000 多亿美元，其中外商直接投资 345 亿美元，其余境外贷款，包括外国政府和国际金融组织贷款，境外银行商业贷款、发行外汇债券等（到 1992 年底，债务余额为 693.2 亿美元）。通过利用外资，大体上获得了四个方面的效益。一是办了一些单靠国内现实财力和技术开发能力难以马上办起来的建设项目，如重要的能源和交通建设项目、较大规模的农业开发项目、海上石油勘探开发项目等。二是上了一批发展生产和改善人民生活需要，在国家计划安排上难以全面顾及的项目，许多外商投资企业开发和生产新一代的吃、穿、用商品，既丰富国内市场，又带动同类国有、集体企业提高技术水平和产品水平。三是增强了外贸出口能力。外商投资企业的产品出口发展很快，1985 年只有 3.2 亿美元，1992 年达到 173.6 亿美元，在当年全国新增出口额中外商投资企业新增出口额占 40%。四是吸收利用外资的同时，还引进了先进技术、科学管理经验、国际信息和产品外销渠道。这对于更新经营观念、转变企业经营机制，都有很大推动作用。80 年代以来，我国利用外资年均增长 26%。1990 年，投入建设的外资占全社会固定资产投资的 6%。这些对加速我国经济建设无疑是重要的补充。

参与国际交换和竞争，取得了牵动经济素质提高的催发效益。实行对外开放，把我国的工商企业推上了国内外市场激烈竞争的舞台。产品的品种、花色、款式再是“几十年一贯制”不行了，经营管理老框框、老一套不行了。巨大的竞争压力推动着革新设备、革新工艺、讲求集约化管理，努力开拓市场，转变经营机制。先进技术、科学管理经验的引进和运用，又指明了向国外先进水平看齐的途径。这一切都牵动着企业素质的提高。同时，通过筛选采用国外社会化大生产的组织管理经验，也促进了我国以建立社会主义市场经济为目标的经济体制改革。

坚持“苦练内功，发挥内力”的开放效益观。对外开放在经济建设中产生的丰硕成果大大增强了人们对于实行对外开放的共识。如果说，80 年代初期人们对于开放曾经有这样那样的疑虑和异议的话；那么，到 80 年代后期，特别是进入 90 年代以来，对外开放已经深入人心，渗透于社会生活的方方面面，成了经济建设中的热门话题，提上各级各地党政领导机关、企业、事业单位的重要议程。这必将大大推进对外开放各项工作的进程。与此同时，也存在值得注意的思想倾向，即把作为推进现代化建设一种手段的对外开放当成了目的，把对外开放这个复杂的系统工程简单化为“引进拿来”就行。这表现在吸收外资重数量，轻质量，热衷招商签约，忽略后期扶植监管；对国外技术重引进，轻消化吸收；扩大外贸出口重出口量的增长，忽视创汇率的提高；甚至只追求表面“风风火火”，不肯下苦功夫做扎实细致的工作，如此等等，反映了认识上的片面性，工作中的盲目性，都不利于对外开放的健康发展。

一般地说，外因是变化的条件，内因是变化的根据，外因通过内因而起作用，这是客观事物发展的普遍规律。吸收的境外投资和贷款无论数量多么巨大，引进的技术无论水平多么先进，进口的设备无论多么精良，都是我国经济建设的外因。不通过自身的努力，引进的生产要素不会化为经济建设的成果。具体地说，一切国际经济活动，归根结底是以国际货币支付体现的劳动交换。我国引进各种生产要素，都要给对方以相应的补偿。进口物质设备，或是现汇交易，或是以货易货，采用延期付款的方式就得负担价款利息；吸收的外资无论是贷款和投资，都是以未来的支付换取眼前的资金，而且这种未来支付还要加上高于国际平均利润率的利息。这就要求把引进的生产要素投入建设之后，必须得到高增值的产出，才能实现良性循环。而增值这一部分，只能靠自身的创造性劳动。进一步说，国际经济贸易交往，无论是双边或多边的，也无论是政府间或民间的，都是基于各自利益的行为，这其中有激烈的竞争，是和平状态的商战。有关双方或多方能够达成某项协议，是因为共同找到了各自利益的交汇点，形成了可以相互利用的关系。在执行协议中，我们能否实际达到这个交汇点，是一场斗争，需要付出艰辛的努力，特别由于我国与发达国家存在着很大的经济技术差距，就更增加了艰难的程度。如果搞得不好，不论主观如何，很可能到头来“为他人做嫁衣裳”。总之，取得国际上对我有用的生产要素不是轻而易举的，把取得的生产要素变成实实在在的经济效益，要靠苦练内功、发挥内力。这也是 15 年来对外开放工作实践所证明了的。因此，很有必要强调一个传统的命题：要把立足点放在自力更生的基础上。这是千万不要忘记的。根据当前的情况，要把开放效益提高到新水平，具体工作上应当在以下方面下一番苦功夫：

第一，把对外贸易由数量增长型转向质量效益型。80 年代，我国对外贸易的发展主要是数量的增长，虽然获得了国际比较利益，但尚欠理想。90年代，为了适应国内外形势发展，进一步发挥外贸对合理配置国内外资源的作用，必须逐步向质量效益型转变。为保证国民经济持续、稳定、协调发展，出口贸易仍应以适度高于国民经济发展的速度增长。与此同时，要大力调整和优化出口商品结构，努力提高深加工、高增值和技术密集型产品在出口构成中的比重，在出口构成已从农副产品为主转变到工业制成品为主的基础上，实现第二次优化转变。要充分利用世界经济和贸易新旧格局交替的时机，调整出口市场结构，巩固老市场，开拓新市场，实现市场多元化。实行进出结合、技贸结合、劳务承包和商品输出相结合。适应进一步参与国际贸易竞争的需要，应当千方百计全面提高出口商品质量和外销服务水平。外贸专业公司、工贸企业和经营外贸业务的单位，应当在国家统一政策指导下自主经营，自负盈亏，严格考核换汇成本、净创汇率等衡量外贸效益的硬指标。要协调好各方面的利益关系，发挥社会主义制度的政治优势，联合对外，“编队出海”，更有力地应对当代“强龙争雄”、贸易保护主义日盛的国际市场竞争。

第二，高度重视、切实抓好引进技术的消化、吸收和创新。这些年，我国的技术引进工作主要是通过进口技术装备来实现的，硬件多、软件少。引进来投入使用之后，研究开发工作跟得不紧，更未形成与国内科研力量相结合的、追踪世界有关技术动态的、不断推动科技进步的引进、消化、吸收工作网络。往往引进的先进技术（且不谈某些引进项目并不太先进），使用若干年后又落后了，又得重新引进。这种“黑熊掰苞米”式的引进，对提高我国科技开发起点裨益甚小，不适应现代化建设的要求。我国技术引进的正确方针应是：重点引进高于国内科技水平、先进而适用的技术，切实加强消化、吸收和创新，进行必要的合理的国产化，增强自身科技开发能力，形成“引进—消化、吸收—创新—出口—扩大的高一级的引进”这样的良性循环。以科学技术的提高促进生产力的发展和经济结构的调整，使我国经济具有高素质、高水平、高效益。为了加强消化吸收工作，要深化科技体制和企业经营管理的改革，合理使用人才，打破行业、部门、地区界限，开展横向、纵向的协同合作，建立行业引进消化开发技术中心，并强化企业集团的研究开发力量，实现科技、生产、经营的一体化。国家要在资金筹集、产品销售、技术转让、成果奖励等有关方面，制订专门的法规和政策，予以引导和保障。各级政府的科技主管部门应当进一步担负起这项工作总规划、总调度、总督导的责任。

第三，切实加强对吸收外资的引导和管理。出于把经济迅速搞上去的迫切愿望，出现了“投资饥渴症”，各地都在积极招商引资。吸收外商投资确实也取得了显著实绩。但是，效益问题很值得引起重视，对外资的投入需要切实加强引导和管理，改变某种程度上已经发生的自流状态。最紧迫的是认真引导外资投向，优化外资投入的结构。要进一步明确产业政策导向，对吸收外商直接投资的重点产业，应在信贷、税收、利率、关税、原材料供给等方面采取倾斜政策。要落实“以市场换技术”的政策措施，吸引更多的资信、技术实力雄厚的境外大公司前来投资。还要根据不同的开放层次，加强分类指导，实行区域经济合理分工，避免不必要的重复引进、重复建设，防止产业结构和出口商品结构盲目的趋同化。管理权限不宜一味片面强调下放，该集中的要切实加强宏观调控，吸收外商投资的产业政策及相应的长、中、短期计划应由国家抓总，重大项目必须经过科学论证和相应的领导机关审批。对外商投资项目要认真筛选，在保证质量的前提下谋求数量的增长，注重技术水平、对经济的带动作用、到资率、投产率、产品外销率和利税率。积极举办好的外商投资项目，严格杜绝那些旨在利用“利用外资政策”的假外资项目。

【改革开放　振兴经济　重在唯实】 国家重点开放的沿海地区，已经健步迈入经济振兴、社会发展、人民富裕之路，有力的证明了实行开放是社会主义现代化建设的必要条件。需要研究的是：不同地区在利用开放条件振兴当地经济中，各自呈现着哪些不同的特色，又有哪些共同的经验。大致归纳起来，沿海各地有以下五种颇具典型意义的发展样式：

迅猛新建式。深圳和珠海两特区是这种样式的代表。它们原来都是经济实力微不足道的地方，但两地具有毗邻香港、澳门，联接国际市场便捷的地缘优势，历来与港澳、海外交往广泛的人文优势，作为国家最早举办的经济特区，又有改革开放先行一步的政策优势。两地80年代初期就成为国际国内两个市场的连接点，外引内联的热点和国家支持、全国支援的重点，各种生产要素集中汇入。通过大规模建设，现代化经济城市迅速崛起。以深圳来说，1979—1992年，共完成基建投资386亿元，形成300亿元的固定资产规模和年产值400多亿元的工业生产能力。15年来，国民经济主要指标年均递增分别为：国内生产总值46%、工业总产值64%、出口贸易总额61%、财政收入53%。1992年国内生产总值284亿元，工业总产值357亿元，社会商品零售额达116亿元，外贸出口66亿美元，分别比1980年增长几十倍、几百倍。人均国内生产总值、实现利税和出口创汇均居全国大中城市之首。城市开发和建设规模达85平方公里，包括国际机场、深水港码头、现代火车站、高速公路以及10多个工业区、50多个住宅区，建成了总面积达2400万平方米的城市各种设施。同时还通过外引内联办起外商投资企业5700多家，内联企业4000多家，"二来 补"企业9000多家。形成以电子、化工、机械、轻工、纺织等工业为支柱的外向型经济构架。由原先难见于一般地图上的边陲小镇，变为世界瞩目的经济特区，成为我国对外开放和现代化建设的一个标志。

接纳转移式。80年代中期世界兴起新的科技革命，出现了国际性的产业结构调整和转移。由于西方汇率的变化，促使日元、台币、新（加坡）元、港币升值，造成这些国家（地区）劳务费用和地价急剧上升，促使劳动密集型生产向外转移。开放先行一步的广东、福建两省的珠江三角洲和闽南厦漳泉地区，以其优越的地理位置，便利的交通条件，充裕的劳动力，低廉的劳务费用等鲜明的比较优势，成为接纳这种转移的有利场所，使境外客商纷纷看好。以会员公司几乎囊括香港所有工业生产厂家的香港工业联合会为例，它有50%以上会员公司在珠江三角洲投资举办电子、玩具、塑料、电器、五金机械等生产厂家，投资总额达80多亿港元。这个联合会会员公司的产品总量有80%是在珠江三角洲生产的，不少公司已逐步将其全部生产转移到珠江三角洲。适应这种国际经济活动的趋势，珠江三角洲从承接香港的"三来一补"加工贸易入手，进而吸收香港投资举办企业，致力于发展劳动密集型产品的生产和出口，有效地促进了经济的振兴。佛山市及其所属各县，引进的外资有90%来自港澳，引进的700多条生产线和21万台（套）生产设备大部分也是通过港澳，产品外销部分有90%是输往港澳或经港澳转口的。该市1979年的工农业总产值才40亿元，到1991年就达到400多亿元，不但经济面貌焕然一新，而且成为许多畅销国内外商品的重要生产基地，电饭锅产量占全国的30%，拉杆天线占全国的60%，电扇产量占全国的30%（出口部分占全国40%）。福建闽南地区基于地理位置、人文历史的特定条件，随着台湾海峡两岸对峙形势的缓和和经贸关系的发展，1987年以来接纳了大批台商投资举办的劳动密集型生产项目，服装、鞋类、晴雨伞、箱包、日用电子等工业大发展，使当地工业改变了面貌。闽南地区在生产这些劳动密集型产品的过程中，追踪国际市场的消费潮流和先进水平，着力提高技术含量和附加值，成为产品出口国际市场的生产基地。珠江三角洲、闽南地区通过接纳转移的方式，找到了振兴地方经济之路，并在参加国际交换和竞争中不断提高经济素质，改善人民生活。

更新升级式。我国沿海有些地区，原来工业较有基础，乡镇工业起步早，发展快。它们立足于原有基础，利用对外开放的条件，吸收外资、引进技术进行更新换代，实现由内供型为主向外向型为主的转变，有效地带动地区经济的发展和提高。这方面的实绩，以长江三角洲的苏、锡、常地区最为典型。苏州市就采取了如下办法：(1)"老乡找老外"。把国外的资金、技术、设备、管理引入乡镇企业，加快技术改造，实现产品升级换代；又把国际市场的产品信息和销售渠道嫁接于乡镇企业，积极拓展出口，逐步改变原来产品局限于内销的状况，借助国际市场的检验，提高产品水平和经营能力。(2)"老大联老外"。对丝绸、轻纺、机械、电子、精细化工行业中一批有出口潜力的企业，通过引进技术或举办外商投资企业进行技术改造，增强产品外销竞争能力，搞活了一批国有企业。(3)"内联引老外"。与国内有关单位实行经济技术联合，再引进外资兴办生产国内短缺产品的新企业。还积极推进企业结构的优化，以名优产品为龙头、重点企业为骨干，组建了45家产、贸、技结合，面向国内外两个市场的企业集团，以取得规模经营效益。苏州这座文化古城，由此而成为经济新星，综合经济水平在全国大中城市中仅次于京、津、沪，大体与北方工业重镇沈阳市、华南最大港口城市广州市并驾齐驱。

嫁接改造式。辽宁省是我国的重化工业基地，重工业产值和国有大中型企业的数量均占全国首位。它在对外开放中，积极吸收外商直接投资，兴办"嫁接式"企业，加强老企业技术改造，改变企业老化、设备陈旧、工艺落后、效益减退的趋势，焕发老工业基地的青春。这些"嫁接式"企业，大致有以下几个类型：一是配套完善型。即在原引进、改造项目的基础上，用已形成的固定资产作为投资，与外商合资合作，使该项目进一步配套。大连炼铁厂与外商合资兴办大连企荣铸铁管有限公司，利用外方资金引进后加工设备，扩大生产能力，增加产品品种，质量达到了国际标准，进入国际市场。二是技术提高型。通过吸收外资，引进技术，改善技术装备，提高技术开发的起点。沈阳华光灯泡厂用技术改造资金作为投资，与美国厂商合资，引进先进技术装备，解决关键技术课题，提高了产品质量。三是产品开发型。利用闲置的厂房、设备，与外商合资开发新产品。大连耐火材料厂原有工艺落后，产品老化。与英国摩根公司合资后，开发生产不定型耐火材料，跟上了国内工业窑炉提高生产和更新装备的需要。四是出口创汇型。通过与外商合资，按国际市场需求，提高产品质量，增加花色品种，利用外方渠道，“借船出海”，扩大出口创汇。大连海藻公司过去生产的海藻胶由于质量较差，只能出口东南亚一带，售价也低。这个老企业与美商合作成立了中美食品有限公司后，产品质量一新，打开了欧美市场，单位销价提高一倍多。辽宁省至今已在电子、石化、冶金、机械、建材、轻纺等行业办成这样的嫁接企业数百家。

扩展再造式。这就是中央、国务院决定的上海浦东新区的开发和开放。本世纪的二三十年代，上海曾是远东的国际经济中心城市，解放后它对我国国民经济建设作出了重要贡献，迄今仍是全国的重要工业基地、科技中心、最大的海运港口。但是，由于老企业更新改造缓慢，城市建设大量欠帐，发展空间拥挤，经济发展后劲不足，在全国经济发展中，其重要地位有所下降，国际都市的作用更是越来越弱。开发和开放浦东的决策，旨在通过空间和政策的增量，加速建设浦东新区，带动浦西，再创建一个拥有完善的市政设施，现代化的经济结构，与国际市场接轨的新上海，重塑它作为远东国际经贸、金融中心城市的功能，带动长江三角洲地区及整个长江流域的经济开发，以便为实现我国经济发展的第三步宏图发挥重要作用。

根据现代化国际城市的要求和改善上海经济结构、发挥综合优势的需要，开发开放浦东新区的面积为350平方公里，发展目标是逐步建设成为具有合理的产业布局、先进的交通网络、便捷的通讯系统、完善的基础设施以及良好的自然生态环境的现代化新区。具体实施分三步走：第一步，“八五”期间起步，主要进行基础设施建设，创建投资环境，重点开发建设外高桥保税区、金桥出口加工区和陆家嘴金融贸易区。第二步，“九五”期间重点开发，预期形成基础设施比较配套的浦东新区的大格局，为以后发展打下基础。第三步，下世纪初二三十年间，全面建设，把浦东建成适应发展国际经济贸易需要的世界一流水平的新区，重振上海在本世纪二三十年代的雄风，使之成为我国现代化的标志。

自1990年5月，中央和国务院正式作出这项重要决策以来，这项跨世纪的巨大工程已全面启动。一整套政策法规业已制定并正在落实。新的行政管理体制已经建立并投入运行，以十大重点工程为核心的基础设施建设，取得了重大进展。到1992年底，跨江大桥、码头、道路、煤气、供电、污水处理等重要建设项目全面开工，其中南浦大桥、浦东煤气厂二期工程已投入使用，杨高路拓宽工程、外高桥港区第一个万吨泊位已经竣工，其他各项工程都在加快建设，可望提前竣工使用。外高桥保税区、金桥出口加工区、陆家嘴金融贸易区正在全力抓紧建设，招商引资。截止1992年底，浦东新区共批准外商投资项目700多个，其中不少是跨国公司和国外大公司投资的项目。通过开发开放浦东，扩展再造一个新上海的广阔前景，已初露端倪。

15年来，沿海开放地区立足各自的地理环境、经济优势、人文条件，开展对外经济合作、贸易往来和技术交流，大体上形成了以下三个开放经济圈：

——华南开放经济圈，包括四大块：即以珠江三角洲（含深圳、珠海两特区）为主轴，粤西和潮汕地区（含汕头特区）为两翼的广东大部地区；由闽南厦、漳、泉三市牵头的福建沿海地区；广西沿海的北海、防城、钦州地区；海南特区。华南开放经济圈发挥毗邻港澳、接近台湾的地缘优势，运用海外关系广泛的人际条件，以港、澳、台为主要的合作伙伴和进入国际市场的跳板，与之实行优势互补，形成了以电子、食品、轻工、家电、纺织等行业为主要支柱的产业结构，产品以轻型、新颖为特色，以出口为主要目标，经济外向度比较高。

——华东开放经济圈，中心是上海，主体是长江下游的苏、锡、常、宁、镇、扬和南通各市，还包括苏北沿海和浙江的钱塘江下游各市和沿海地区。它充分发挥自身工业基础良好、科技力量比较雄厚的优势，运用与西方世界经济联系长远的历史渊源，积极吸收欧美资本，引进先进的适用技术，并且与自身的企业改造和工业技术升级换代相结合，形成以汽车、造船、机械、微电子、精细化工、高档轻纺产品为支柱的产业结构，在国民经济全局中发挥着骨干作用。经济外向度不断提高，而且后劲较大。

——环渤海开放经济圈，包括山东、辽宁、天津、河北四省、市。重要的支点是天津、大连、沈阳、青岛、烟台、秦皇岛等工业城市，并可辐射北京。这个经济圈依托的腹地比较广阔，拥有的资源比较丰富，重化工业基础强。立足于这些特点，重点发展同日、韩等国经济联系，致力于改造机械、冶金、化工、能源等行业，同时发展具有当地特色的轻纺、日用品工业和相应的第三产业，使老重化工业基地的技术和产品得到更新，产业结构得到优化，开创新局面。

以上列举的五种发展样式(当然还有其它样式，比如沿边开放城镇)和三个开放经济圈(将来还可能有其它开放经济圈出现)，只是就其各自的基本特征所作的分析概括。实际经济生活要复杂得多，往往是一种为主，兼有其他。透过这些不同的情况，可以总结出以下三条带有共同性的经验：

第一，利用对外开放振兴经济，须得坚持实事求是的思想路线，切实立足于当地的地理、经济、人文条件，看清和把握当地实际存在的机遇。从空间和时间、主观和客观等方面进行综合研究，选准自己的位置，开辟自己的发展路子，正确安排产业结构、外资导向、基础设施建设、开展国际经贸活动的主方向，作出可行的通盘规划，扎扎实实付诸实施。兄弟地区的经验应当结合实际加以学习，不能不顾自身条件盲目攀比，脱离自身实际照抄照搬。“开发区热”、“房地产热”、“放宽优惠热”的泛滥，在很大程度上是源于盲目攀比和抄袭。其结果无助于经济发展，徒自造成损失浪费，耽误时间，挫伤干部和群众的积极性。

第二，利用对外开放振兴经济，须得认真培植实实在在的“经济生长基”，注重发展社会生产力。特区致力建立以工业为主、工贸结合的外向型经济，取得高速增长的实绩；珠江三角洲与香港形成“前店后厂”式的经济合作关系，促进地区经济大发展；闽南厦、漳、泉三角地区，通过接纳境外劳动密集型产业的转移，使当地部分工业品的生产接通国际市场从而开拓了新的发展前景；苏、锡、常地区则使当地原来就比较活跃的城乡经济在对外开放中得到更新换代，呈现生机勃勃的态势；辽宁做的是老工业基地改造复兴的文章；上海浦东的开发和开放，旨在创建一个21世纪亚太地区的经济中心。它们工作路数虽然不同，但都是着眼长远，抓紧当前，在根本环节上作锲而不舍地投入，从而收到了实效。如果热衷于搞短期行为，搞“泡沫经济”，甚至要花架子，鼓虚劲、务虚功，追求“宣传效益”性的虚“政绩”，就是搞偏了工作方针。

第三，利用对外开放振兴经济，须得努力提高经济素质，尤其要推动科技进步，增强开发能力，并落实到创造适销对路的好产品上。综观对外开放实绩斐然的地区和单位的经验，一般都在以下四个层次上开展了有效的科技工作。一是认真消化掌握引进的国外先进技术（包括零部件国产化），并且追踪国外有关动态变化，不断提高水平。二是吸收国内外科技新成果，对现有技术装备和工艺操作进行革新。三是大力开展应用技术的新开发，使传统产品升级换代，在新品种、新款式、新花色、新功能上大做“人无我有，人有我多，人多我优，人优我新”的文章。四是外引内联，千方百计发展高新技术产品。不能停留在一般的安排部署上，要扎扎实实进行周密细致的协调，开展有力的思想工作，采取物质鼓励手段，加强引导和推动。应当足够重视这些好经验，并且在这几方面进行学习和赶超。

【利用外资重在消化吸收】 利用外商直接投资（包括：(1)吸收外商投资举办的股权式的中外合资经营企业、契约式的中外合作经营企业和外商独资经营企业；(2)吸收外商投资，以中外合作方式，在我国大陆架海域进行海洋石油勘探开发；(3)外商提供的商品信贷，有来料加工、来样加工、来件装配、补偿贸易、国际租赁等)，是我国实行对外开放，发展中外经济合作的一项重要内容，它对国民经济的发展起了有益的补充作用。以下对此进行概略回顾，就实践中提出的问题试作探讨。

已经开创的可喜局面。1979—1994年底，全国累计批准外商投资项目约22.17万个，协议外商投资金额约3022亿美元，外商实际投入955.7亿美元。发展之快，数量之多，在发展中国家里居于前列。

全国各省、自治区、直辖市均有外商投资举办企业。按协议外商投资额计，最多的是广东，以下进入前十名的省、区、市依次是福建、江苏、上海、山东、辽宁、北京、浙江、海南、河北。

外商投资的产业，按项目计有90%、按协议外商投资额计有63%分布在第一、二产业，其中绝大部分是工业生产项目。

截止到1994年底，进行工商注册登记的外商投资企业总数已有20万多家，投产运营的10万多家。这些企业吸收了1400万人劳动就业，当年工业产值2500亿元，占全国工业总产值的8.5%；进出口总额437.47亿美元，其中出口173.6亿美元（机电产品占60.78亿美元），占全国出口总额的20.46%；涉外税收106.7亿元(其中所得税23.4亿元)，成为新的重要财源。

整体上看，吸收外商投资弥补建设资金的部分不足，引进了许多先进技术，扩大了联通国际市场的渠道，增加了劳动就业和财政收入，并为国内其他企业的改革提供了有价值的借鉴，在我国国民经济发展中起到有益的补充作用。

探索前进的历程。过去15年中，我国吸收外商投资进展过程大体上经历了五个阶段。

（一）1979—1983年初开始起步。1978年年底，党的十一届三中全会前后，中央、国务院在讨论对外开放的决策中，就鉴于资金短缺是经济建设的突出问题，确定采取国际通行的若干方式利用外资，特别认为吸收外商投资在我国兴办企业，共享权益，共担风险，不致造成债务负担，是可取的重要方式。1979年7月，全国人民代表大会通过和公布了《中华人民共和国中外合资经营企业法》，吸收外商直接投资从此肇始。由于当时缺乏实践经验，投资环境尚欠完善，外商对我国的政策不够理解，所以进展缓慢。到1983年底这5年中批准的外商投资企业项目才1361个，协议外商投资金额63.39亿美元，外商实际投入10.15亿美元。平均每年批准272个项目，实际吸收2亿多美元。另外，在这5年中批准中外海洋石油合作勘探开发项目31个，外商实际投入7.88亿美元；外商提供的商品信贷约8.83亿美元。总的说来，规模较小，而且主要分布在广东、福建。尽管如此，毕竟迈出了第一步。这个阶段在实践中还产生了中外合作企业这种契约式经营方式，以及外商独资经营的方式。①

（二）1984—1985年迅速增长。这两年，随着沿海14个港口城市的开放和南方沿海经济开放区的开辟，外资来势呈现突进状态。1984年批准外商投资企业项目1856个，1年超过前5年的总和，1985年又新批准3069个，比上年增加40％。外资投向的地区，除广东、福建以外的沿海其他省、区、市明显增多。来自港澳地区以外的外国投资也有较多增长。

（三）1986—1987年巩固完善。由于我国投资环境的硬件基础薄弱，在软件方面包括审批办事环节、投资服务质量、涉外法规的配套，都不适应1984、1985两年外商投资的迅猛增长。1986年初，外商投资者抱怨投资环境的呼声骤起，外商投资来势锐减。中央、国务院针对这种情况，采取相应措施。先后发出了《国务院关于进一步改善外商投资企业生产经营条件的通知》、《国务院关于鼓励外商投资的规定》及22个实施细则。从健全硬件配套到强化软件功能，着意改善投资环境，引导外资投向，鼓励兴办先进技术型和产品出口型企业，建立国务院外国投资工作领导小组，加强统筹、协调和督促。由于在巩固完善上狠下了一番功夫，1987年扭转了1986年外商投资下降的局面，又呈现上扬趋势。

（四）1988—1990年持续增长。这3年，由于前两年努力改善环境，由于1988年初扩大沿海经济开放区，实行沿海地区发展外向型经济的战略，加上国际上发达国家（地区）产业结构调整，劳动密集型产业大量转移，虽然1989年后西方国家对我国进行所谓“经济制裁”，但外资投入仍呈旺势。3年中平均每年批准新项目6300多个，增加协议外商投资额56.78亿美元，外商实际投入达到31.28亿美元，超过1987年以前9年的平均数。

（五）1991年以来上新台阶。进入90年代，我国深化改革，扩大开放，国民经济经过治理整顿持续稳定发展，在世界经济普遍不景气的情况下，格外引人注目。外商投资者越来越看好我国。1991年新批准项目达到五位数（12968个），协议外商投资额超过100亿美元（118.85亿美元），外商实际投入41亿多美元。1992年，在邓小平南巡谈话的鼓舞指引下，全国改革开放开创了新局面，吸收外商投资上了新台阶。全年新批项目48757个，协议外商投资额574.42亿美元，都超过此前13年的总和；外商实际投入109亿美元，约相当于此前13年总和的46％。外商投资的构成也有较大改观。资金密集和技术密集型项目增多，据广东、江苏等10个重点省、市统计，外资投入规模在1000万美元的大项目就有1250个。内地发展步伐加快，增长幅度高于沿海地区一倍多。外商投资的领域，因我产业政策的引导，进入能源、交通等基础设施和房地产等第三产业的增多。投资方式也由兴办企业，发展到土地成片开发和向国有、集体企业参股等。

上述回顾意在说明：吸收外商投资如何，取决于国内外两方面的条件，而国内的实际工作是其中更重要的一面。我国吸收外资局面的不断开拓，是逐步扩大开放，完善投资环境，加强引导工作的结果。

巨大的投入。为了招商引资，我国作了巨大的投入。且不谈基础设施建设大环境配套和为外商投资提供服务等一系列复杂细致的工作，这里只重点介绍有关经济政策的投入。

① 中外合作经营企业，1979年下半年先在广东出现；外商独资经营企业（外资企业），1982年初在经济特区出现。1986年4月，第六届全国人民代表大会第四次会议通过《中华人民共和国外资企业法》，1988年4月，第七届全国人民代表大会第一次会议通过《中华人民共和国中外合作经营企业法》。

（一）税收优惠。按照全国最高立法机关通过的税法，外商投资企业的所得税，按应纳税额的所得额计算，税率为30%，另加地方所得税3%，合计33%。这一税率低于国有、集体企业，与国际上许多发展中国家（地区）大体相当。根据国家对外开放的布局和产业政策，又实行了分地区、有重点、多层次的税收优惠办法：

——限定地区和产业实行优惠税率。减按15%税率征税的外商投资企业有：设在经济特区的企业，设在经济技术开发区的生产性企业；设在高新技术开发区的被确认的高新技术企业；从事港口码头建设的企业；投入资金（调入营运资金）超过1000万美元、经营期10年以上的外资银行和中外合资银行；经国家主管部门批准的技术密集、知识密集型项目；外商投资在3000万美元、回收投资时间长的项目和能源、交通建设项目。减按24%税率征税的外商投资企业有：设在沿海经济开放区、沿江、沿边开放城市和内陆省会（自治区首府）城市的生产性企业，以及设在国家级旅游渡假区的企业。

——限定行业、项目实行减免征收企业所得税。如经营期在10年以上的外商投资生产性企业，从获利年度起，2年免征，3年减半；从事港口码头建设的中外合资企业，经营期在15年以上的，实行5年免5年减半；外商投资的先进技术企业，可以延长3年减半征收所得税；外商投资的产品出口企业（年出口占产值70%以上），在减免期满后，仍可按规定税率减半征收企业所得税；从事农林牧业和设在不发达的边远地区的外商投资企业，在减免期满后10年内，可以继续减征10—30%，等等。

——再投资退税。外商投资者从所投资的企业取得的利润再投资于原企业或投资兴办其他企业，退还再投资部分已缴纳企业所得税款的40%，投资于产品出口企业和先进技术企业的，全部退还再投资部分已缴纳的税款。

——关税和工商税的减免优惠。如对作为投资进口的货物（设备、仪表等）免征关税和进口工商统一税；外商投资企业出口的产品，除原油、成品油外，均免工商统一税，为生产出口产品进口的原材料，免征关税和工商统一税，等等。

此外还有对个人所得税的减征，提供专有技术取得特许权使用费应纳税的减征，等等。我国对外商投资提供优惠，范围之广，优惠之多，在国际上是少有的。

（二）信贷资金支持。我国运用国家银行信贷的功能，支持外商投资，特别对投资规模较大、技术比较先进的项目，给以重点扶植。国家的外汇银行——中国银行在这方面发挥了主渠道作用。在中国银行开户的外商投资企业已有4.7万家。中行为外商投资企业提供的贷款额累计已达930亿人民币和120亿美元，还为27个大项目筹措国际银团贷款，总承诺额为15.2亿美元。除中国银行以外，中国工商银行、建设银行、农业银行、交通银行等，都为外商投资提供信贷资金的支持。

（三）外汇管理的变通。我国是实行外汇管制的国家。但是，为了扶植外商投资企业的发展，实行了许多灵活变通措施。主要有：对外商投资企业实行现汇管理（即不结汇），允许其自收自支，自行平衡；企业向国内市场销售的若干产品，可以按规定收取外汇；我国银行向外商投资企业发放外汇贷款和外汇抵押人民币贷款；外方投资者依法分得的外汇利润和外方职工的合法外汇收入，可以汇往境外，取得的合法人民币收入只可通过市场调剂为外汇，汇往境外；外商投资企业有权从国外筹借资金，等等。

上述这些经济政策的投入，是创造投资环境所必需的，对于吸收外资，保障它的运营和增值，起了重要作用。经济政策投入的核心是减税让利，实际上是财力的投入。这说明，吸收外商投资不但不是无代价的，而且一开始就要付出代价。

成功之路的共同经验。现已投产运营的外商投资企业，经营运作情况基本上是好的。据有关部门1991年调查，盈利和盈亏持平的占65%，亏损企业占35%，盈亏两者相抵，盈大于亏55亿元。另据有关资料，外商实际投资利润率17%，高于国际上通常预期的水平，比我国计划安排的基建项目投资利润率高出5个百分点。应当说相当多的企业走上了成功之路。近几年来，外商投资者接踵而至，日趋活跃，也可以作为我国吸收外资的成功和外商投资者前来投资成功的有力旁证。

许多企业成功的经验告诉人们，就中方来说，办好外商投资企业要把握以下五点：

（一）认真筛选投资建设项目。一般而言，境外客商到我国投资办企业，旨在进入我国大陆潜在的巨大市场，谋求高额利润。作为吸收外商投资的东道主，则必须遵循国家的产业政策导向，结合全国和地区经济发展需要，考虑生产建设的配套条件，认真筛选项目。成功企业的经验显示，以下九类项目较有生命力。(1)发挥我国劳动力优势和开发我国某些富裕资源的产品出口项目；(2)引进先进适用技术，更新传统产品，提高经济素质的项目；(3) 弥补国内生产短缺，特别是替代国内急需的大量进口产品的项目；(4) 某些老企业嫁接外资，进行技术改造的项目；(5) 加强国民经济薄弱环节，包括能源、交通、基础原材料工业、重大技术装备制造业的项目；(6) 采用现代化农艺，实行集约化经营，以创汇为目标的农业项目；(7) 我国急需发展的高新技术项目；(8) 能在贫困地区扶贫造富的项目；(9) 为第一、二产业服务，在我国尚属薄弱的第三产业项目。要积极争取投资规模较大，技术水平较高的项目，也要重视虽然投资小，但效益好、回收快的项目。但是，那些其他地区重复建设、没有前途的项目，严重污染环境的项目，应力求避免；特别是那些外商投入生产要素极为有限，主要是利用“利用外资政策”的假项目，绝不能要。

（二）审慎物色合作伙伴。从过去的实践看，前来投资的境外客商，大致有四种情况。一是看好我国发展前景，确定要在中国干一番事业的。二是虽然看上了我国的投资环境，但仍心存某些疑虑，“足将行而趑趄”，先投点资金，办个把项目，进行试探观察的。三是有些祖籍我国大陆的境外企业家，带着关心故乡建设的亲情前来投资的。四是主要为了赚一笔钱而来的，他们之中绝大多数是“小门小户”，根基很浅，囊中欠丰，往往缺乏长期打算，短期行为严重，捞上一把或数把之后就撒手不管。因此，作为吸收外商投资的东道主，对于外来投资的合作伙伴，不能“一见钟情”，“轻易相许”，而应审慎地选择，货比数家而后作定。凡是成功的外商投资企业，中方的合作伙伴一般都是有资金、技术、经营实力和管理经验的境外工业企业或贸易企业。外来投资者或为大企业家或为中小业主，但都是有资金、技术实力或在产品销售方面有经验的正道人。有些外来投资者在谈判中可能锱铢必争，条件苛刻，但却有真诚合作的愿望，有实实在在的生产要素投入。实践证明，这样才能实现优势互补，形成合力，走上成功之路。

（三）狠抓技术开发和市场开拓。凡是办得生机勃发的企业，无不在技术开发和市场开拓上下了苦功夫。1992 年全国 10 大高创汇和高营业额外商投资企业之一的深圳康佳电子有限公司，投产 10 多年来，坚持质量要新，技术要高，致力于产品的系列化。先后开发出康佳牌彩电、收录机、音响、传真机、无线电对讲机等 14 个系列 230 多种型号的电子产品，年产百万余台，85%外销，康佳用户，遍布世界各地，已逾 650 多万家。上海中美合资福克斯波罗仪表公司，积极引进、消化、吸收先进技术，由生产单一系统产品转为生产系统产品、现场仪表和单机仪表三大类，大量返销美国，所生产的 SPEC200 组件电子模拟控制装置向全世界供货。不但技术密集的企业是这样，从事传统行业的厂家也是如此。办在我国西陲的新疆天山毛纺织品有限公司，从 1981 年投产以后，就以产品创优为中心，以增加花色品种为目标，引进国外先进装备，采用先进技术，每年都要开发上百种新款式（花色、品种）投放市场，取得了消除“山羊绒肤皮深色点”的技术专利和提高染色牢度等重要科研成果。“天毛”产品博得了做工精、外观美的声誉，并同意大利米兰服装研究中心建立了合作关系。湖北黄石美尔雅服饰有限公司，每年都请合营伙伴日方派人前来进行技术指导，派技工赴日培训，成功地开发十多种新的西服款式，得到世界西服评比重奖——欧洲质量金奖。七年来输往国外 250 万件套，没有发生一起退货索赔事件。日方合营伙伴常川公男不无慨叹说：“皮尔卡丹服装第一，美尔雅第二，我们日本的第三。”福州福辉首饰公司，投产以来由生产单一足金首饰扩大到 K 金、镶嵌、白金、玉石等 7 大类 2000 多种款式，年出口由 500 万美元上升到 9000 万美元。这些在技术开发上取得显著成果企业的基本做法是：(1) 立足技术上高起点，瞄准创一流产品；(2) 视质量为生命，全员投入，以上乘的工作质量保上乘的产品质量；(3) 吸收国内外先进技术成果，发挥职工的创造性，大搞应用技术的深层次开发；(4) 坚持“取法乎上”，采用国际质量标准，争取国际有关产品质量安全检验权威机构的认证，取得扩大外销的“通行证”。我国与发达国家的经济差距，归根结底是科学技术的差距。推动科技进步，实现产品更新换代，是我国吸收外商投资的重要价值取向。在这方面狠下功夫，不但是办好企业的成功之路，也是促进国民经济发展的必需。

（四）以正确处理企业里的人际关系为中心加强科学管理。这是成功企业的又一条共同经验。它们在整个企业的运筹上，加强计划工作，实行事先管理和紧密追踪；在质量上，树立整体意识，实行全程控制，组织全员参与，采用先进科技手段进行监测；在财务上，加强经济核算，严格成本管理；在生产业务上，强调程序化、规范化和标准化；在现场管理上，注重整理、整顿、清扫、清洁、文明。这些企业在作法上虽然各有独到招数，但有一个根本的共同点，就是把科学、严格、精细的企业管理工作，植根于深厚的群众基础，强调“各项管理工作的根本在于人”，“管理首先是思想观念，而不是制度方法”，“管理的本质是提高人的素质，而不单纯管理事物”，“不要试图控制职工，而要造成开拓进取的文化环境”。带普遍性的基本经验：一是弘扬进取向上的精神，比如提出“团结、求实、奋发、拼搏”、“和谐、认真、创新”等作为厂风、厂训，甚至有一家企业以播放《解放军进行曲》作为上班的信号，引导职工以临战姿态进入岗位。二是强化业务培训，有上岗前的培训、定期培训、专题培训、派出境外培训等。三是鼓励积极参与，如建立质量（TQC）小组、合理化建议小组，吸收职工广泛参加，定期召开职工代表会等。四是实行激励机制，工资福利待遇与生产效率、经营效益挂钩，严格考核，奖勤罚懒，奖优罚劣，提出有铁的章法无铁的饭碗，有铁的职责无铁的交椅，有铁的奋斗目标无铁的才能优势。五是增强企业凝聚力，关心和搞职工生活福利等。企业管理是一门行为科学，有欧美模式，日本模式，随着生产经营条件的变化，具体作法也将有变化发展，但核心问题始终是正确处理企业中的人际关系，做好人的工作，调动人的积极性。从这个根本点来讲，毛泽东在60年代揭示的关于企业管理的若干原则仍然具有普遍的现实意义。应当继承我国的好经验，广采国外企业管理之长，建立具有中国特色的科学的企业管理。

（五）中方的高级管理人员必须是“明白人”。1984年初夏，邓小平曾在一次重要会议上指出，实行对外开放要用“明白人”，即要用那些能够正确执行党和国家的方针政策、熟悉业务、富有开拓精神的干练人员。成功的外商投资企业的经验也说明，担任企业高级管理职务的中方人员素质如何是个很重要的关键。有一桩事例足为佐证。有家美商在我国办了4家中外合资陶瓷厂。这家美商，是搞这类工厂建设工艺设计的，并无管理工厂的经验；本身也没有资金，其投资是从国外银行筹措的贷款；执行合同中在设备采购上又作了手脚。这个合作伙伴显然不理想，因此有3家都不成功，唯独上海泰山陶瓷有限公司这一家例外，办成了技术先进、产品优良、效益可观的一流企业。究其原因，关键在于该企业的中方领导人郑礼员是上海耐火材料厂原生产副厂长、该专业的高级工程师，懂技术，会管理，事业心强。她组织职工认真研究了外方提供的工艺流程设计，依托上海的科技力量掌握了引进的设备，同外商的违约行为开展了有理有节的斗争，使合同规定的外方义务得到兑现，维护了国家和企业的利益。其余不成功的3家企业中，某家一度陷入除债务以外一无所有的境地，盖由于中方总经理一味迁就外方，违法乱纪所造成。后来撤换了这个人，另选得力干部，就扭转了局面，渐入佳境。

成功的外商投资企业可资借鉴的经验，还可举出多条，比如中外双方以全面执行合同为准绳，以依法经营共同办好企业为目标，建立和谐的合作共事关系；国家的扶植帮助，等等。这些说明，外商投资，既不是一招即来，更不是一进就灵，重要的问题在于中方做好消化吸收工作。

方兴未艾势头中的严重课题。我国吸收外商投资仍将持续发展，从国内情况看，适应国民经济实现“三步发展宏图”的目标，还需要继续扩大外商直接投资的规模。从世界经济情况看，东南亚是当前的经济活跃地区，国际游资流入的重点，我国又是外商投资者看好的重要对象。1993年上半年，新批的投资项目4.39万个、协议外商投资金额588.96亿美元、外商实际投入93.6亿美元，分别比1992年上半年增长2倍多、3倍多和近2倍，大体相当1992年全年的数额，而且规模较大的项目明显增多，仅据沿海11个省、区、市和北京市统计，投资规模在1000万美元以上的项目就有1548个。投产运营的外商投资企业新增1.7万多家（至此投产运营的外商投资企业已逾5万家）。外商投资企业出口93.2亿美元，比1992年同期增长37%，涉外税收80.8亿元，比1992年同期增长65.9%。发展势头方兴未艾。更多更好地举办外商投资企业是有可能的。问题在于须得做好消化吸收工作，获取良好的效益，特别是国家的效益。

从实践看，我国兴办外商投资企业能够得到的效益，可分为三个层次：

第一个层次是“原发效益”，即企业投产开业和生产经营正常之后，即可得到的效益，主要有国民生产总值的增长，劳动就业的扩大，工商统一税和进口关税等间接税的征收等，也可包括建设企业中劳务费用。

第二个层次是“引发效益”，即我们对外商投资企业加强引导监管才能收得的效益，主要包括先进技术在企业内的消化吸收，新产品的开发，人才的培养，企业出口收汇的解回境内，企业所得税等直接税的征收等。

第三个层次是“开发效益”，即发挥外商投资企业的经济辐射作用，包括所需原材料、元器件、零部件的国产化配套，成功先进技术的转让移植，科学管理经验的推广，销售渠道的借用和营销方法的学习等。

迄今大致情况是："原发效益"已大面积收获，"引发效益"也已经获得一些，如何获得"开发效益"虽不乏成功的典型，但还处于萌芽状态，尚未付诸普遍的实践，甚至在认识上还不那么明确。总的来说，为取得良好效益，还有若干严重课题需要研究。比较突出的是：资金不到位，外方作为投资提供的设备不合格，合同规定的产品返销不达比，出口收汇不解回，税收减免期满后避税逃税。据国家外汇管理局资料，外商应投资金不到位的情况日趋严重，1991年不到35%；不按合同履行产品返销或外销条款的现象所在多有，对辽宁104家合资企业调查，合同规定的产品返（外）销率总计为68.2%，1992年只有26.5%。据商检部门资料，从1991—1993年6月，全国鉴定外商投资货物近1000批，报价4.42亿美元，经核价后实为3.42亿美元，高报23%以上。据税务部门资料，福建涉嫌避税、逃税的外商投资企业占其总数的60%以上。

对吸收外资有种说法："你投资我欢迎，你赚钱我收税，你破产我不管"。上述几桩事例足以说明这种"无为而治"的主张和做法是脱离实际和十分有害的，必须坚决予以摒弃。对于外商投资，即要广泛招引，又要认真筛选，善为接纳；既要提供优质服务，给以扶植帮助，保障其依法经营，依法盈利，又要依法严格监管；既要表彰那些真诚与中方合作开创事业的投资者，又要严肃约束违法行为和制裁严重违法者。吸收外商投资的全过程，应当置于国家的指导和监控之下，把付出相当大的代价吸收的外商投资及其带来的多种生产要素，经过扎扎实实的消化吸收工作，真正为我所用，达到增强综合国力的目的。

【因势利导，解决前进中的问题】 15年来，我国对外开放取得了举世公认的进展和成就；也无庸讳言，还存在着不少缺点和问题。关于后者，大致有以下三类情况。一是因知识经验不足而产生的纰漏；二是因主观努力不够，或指导思想发生重要偏差而产生的工作失误；三是囿于事物发展的过程性而出现的缺陷。对于前两类应当及时总结经验教训，提高认识，兢兢业业做好工作，加以防止和纠正。对于第三类，则需要作历史的分析，按照客观规律因势利导，积极而逐步地加以解决。

应当说，我国的对外开放是在比较困难的情况下进行的。我们的基本国情是，幅员广阔，人口众多，东西南北中自然条件差异较大，经济发展很不平衡。由于多种历史因素的影响，新中国在成立之后近30年间，与世界经济基本上处于隔离半隔离的状态。恰恰在这个时期，世界经济发生了许多重要变化。而我们对这些变化知之甚少。由于经济技术底子薄弱，开展当代国际经贸交往所必需的硬件环境，如交通、通讯等基础设施严重不足。我国处于新旧两种体制交替过渡时期，也不能不对经济活动联接国际市场产生不利影响。对外开放的法规制订、人才培训、项目规划都准备不足，尤其缺乏同国际资产阶级打交道的经验。尽管如此，我国的对外开放还是较快地开创了新局面。回顾走过的里程，成功的经验大致是：

"摸着石头过河"。我国搞对外开放，没有现成的模式，也不可能事先研究好一个系统的规划方案，训练好足够的干部，在一天早上宣布全国"齐步走"。必须采取先试点，后铺开，有条件的先行，梯度推进的办法。中央、国务院首先选择在国民经济全局中所占比重不大，具有开放的地理、人文优势的广东、福建两省起步，举办深圳、珠海、汕头、厦门四个经济特区作为试点，在取得初步经验后又进一步开放14个沿海港口城市和珠江、长江三角洲、闽南三角地区以及山东、辽东半岛，形成沿海经济开放地区，由点到线到面，再逐步向沿江、内地和陆地沿边推进。这个办法有利于不断总结经验，及时纠正偏差，在保持大局稳定的前提下，推动对外开放顺利进展。先开放一步的地区有"早逢春"的"先行效益"，后来开放的地区也可以吸取经验、少走弯路而获得"中天日"的"后发效益"。上海浦东的开发开放，就借鉴了经济特区的经验，注重搞好规划和产业功能配套。昆山、沈阳等地的经济技术开发区，也吸收了沿海某些开发区的选址教训，更加注重与老市区的紧密结合。这种"摸着石头过河"的做法，不仅可以积累工作经验，探索工作路数，而且可以通过不断得到成功的实践，进一步提高认识，统一思想，有利于把对外开放扩展到全国。同时，"摸着石头过河"，"在游泳中学习游泳"，可以不失时机地抓住并利用好国际机遇。80年代前期，我们用短短几年的时间，就部署建立了由南向北的沿海开放格局，为接纳国际性劳动密集型产业的转移及时创造了条件，促进了沿海地区外向型经济的发展。

通过改革推进开放。开放和改革，是我国实现社会主义现代化的两大飞翼。由封闭半封闭的经济转向开放型的经济，强烈要求改革。从一定意义上说，开放本身就是一种改革。我国经济体制改革的一项重要内容，是打破传统的过分集中于中央的计划经济模式，通过简政、放权、让利，调动地方和企业的积极性。我国的开放，也是循着这个改革路子启动和推进的，并且随着改革的深化而不断扩大。国家对重点扶植的开放地区，一般都采取了如下四条政策措施：一是扩大其经济管理权限，特别是开展对外经贸活动的管理权限，从投资项目审批到邀请外商入境等都加以放宽。二是对于新增的经济收益，在一定期限内较多部分留给地方，增强其发展实力。三是对境外客商投资项目，实行程度不同的优惠待遇，增强吸引力。四是要求在发展市场机制、搞活企业、改善宏观调控方面，认真试验，精心探索，总结经验，走在前头。与此同时，国家在对外贸易、金融、外汇、物价等领域进行的体制改革，对开放也提供了有力的支持。所有这些，都大大调动了地方实行对外开放的积极性，“块块”成为贯彻对外开放方针政策很活跃的力量。为了把群体的积极性纳入整体的有序性之中，中央、国务院加强方针政策的指导，根据情况发展适时地提出奋斗目标要求。对经济特区，在创办初期提出建设基础设施、创造投资环境；1986年提出要从搞建设、打基础转到抓生产、上水平、求效益，发展外向型经济；进入90年代，又提出要优化经济结构，发展高新技术，加强第三产业。对沿海经济开放区，开始提出贯彻贸—工—农方针，增加出口创汇，1988年进一步明确了发展外向型经济的战略。在当前国内的经济生活中，“块块”是很重要的一个利益主体，当地的经济建设主要靠它统筹规划安排；当地人民衣食住行、教育、劳动就业的保障和改善，它负有直接的首要的责任。“块块”对于把当地经济搞上去的迫切性最有实感，对有利于实现这个目标的事情最积极。中央关于对外开放决策的实施，以“块块”为重要依托，产生了蓬勃生动的实践，促进了地区经济的发展。

立足我国的比较优势，参与国际交换和竞争。如前所述，对外经贸活动是一种国际交换。从总体上说，我国经济技术落后，在国际交换中处于相对劣势，但与其他国家（地区）比较，也有若干优势。主要是劳动资源充足，劳务费用低；土地广阔，土地费用低；市场容量潜力巨大；此外，有些资源比较富裕，某些工业较有基础，在少数科技领域里也有独到之处。过去15年中，立足于这些比较优势，我们着重吸收外商投资兴办企业，发展劳动密集和劳动、技术双密型的产品的生产和出口。固然外商来华投资办厂，旨在进入我国市场，但是经国家采取有效的政策，使外商看到在我国投资办厂把产品外销同样有利可图。我们还采取了以市场换技术的方针，让出部分市场，鼓励外商兴办先进技术企业。我们大力发展某些机电产品出口，在若干行业里参加国际生产和贸易的水平分工。一方面，我们通过吸收外资、引进国外资金、技术、管理经验、知识信息、销售渠道，与我国的劳力、土地、市场等生产要素，形成了优势互补，弥补国内建设短缺，增添经济发展活力；另一方面，积极拓展外贸出口，增强国际支付能力，基本实现了对外经贸往来的良性循环。在这个不断往复的循环中，推动着科技的进步，经济素质的提高和人批人才的锻炼培养。

运用港、澳、台和发挥海外华侨、华裔的作用。我国的香港、澳门地区和台湾省，由于历史的原因，迄今仍保留着颇为特殊的情况。但是，它们在世界经济中作为国际金融贸易的一个中心、或重要国际城市、或新兴工业发展地区，对我国加强与世界经济的联系客观上有其一定作用。经济特区的建立和发展、广东珠江三角洲和福建沿海地区的经济兴盛，与此关系很大。遍布海外的约5000多万港澳台同胞、华侨、华裔，许多人善理财、会经营、信息灵、关系广，同为华夏苗裔，对祖籍故土怀有关怀之情，保持着千丝万缕的联系，也是我国实行对外开放得以较快打开局面的重要有利条件。新中国建立后，党和国家采取了稳定香港、澳门局势的正确方针。70年代末以来，为实现祖国统一大业，缓和台湾海峡两岸对峙的局面，促进经贸往来，做了大量实际有效的工作；并认真落实了侨务政策。从而大大增强了海外同胞、侨胞、华裔对党和国家现行政策的理解，调动了他们关心和参加祖国和故乡建设的热忱。他们在境外客商到我国大陆投资办企业的热潮中，起着先行的作用；在我国的对外经济合作、技术交流和贸易往来中，起着搭桥的作用；在增进中国了解世界、世界了解中国中，起着传媒的作用。迄今为止，我国大陆上的境外客商投资，港澳仍占60%以上，是第一大户；我国的外贸出口总额中，输往港澳占45%（包括转口），是重要渠道。台湾与大陆的贸易关系、投资合作，近5年来也有迅速发展。不但从这些实务上看，海外同胞、侨胞、华裔发挥了重要作用；如果从学习国际经济运作、积累对外经贸工作经验上看，可以说他们也是我们的“引路人”。

事物总是一分为二的，上述四条是我国对外开放较快打开局面，取得卓著成就的基本经验，同时也因此发生某种程度的局限性。举其大者：

——实行重点支持的倾斜政策，较好地发挥了沿海地区的开放优势，却在若干方面增大了东部与西部经济发展水平上的差距。

——依靠地方积极性推进了对外开放，却难以避免地在一定程度上助长了地区经济观念，国民经济全局观念和国家整体利益意识有所减弱，从而出现了项目建设上不必要的重复引进、产业结构趋同、对外自相竞争“撞车”等影响全局利益的问题。

——吸收港澳台和海外华侨、华裔投资，是我国发展对外经贸业务的重要优势和特色。但是，他们中间毕竟大企业家不多，投资的项目一般来说规模偏小，技术水平不高，而且比较集中在其祖籍的东南沿海一带，对国民经济全局的牵动作用还不够理想。近几年欧、美、日等发达国家的有经济技术实力的大公司、大财团来华投资的逐渐增多，但尚需进一步推动，才能形成较大局面。

——从我国实际出发，发挥劳务、土地价格低廉的优势，实践证明是选准了当前和今后一个时期在国际交换中的位置。但是，引致外商投资项目大多数属劳动密集型，技术档次不高，高新技术项目较少。如何更多地吸引外资举办技术先进的项目，扩大高附加值产品出口，还需要加倍努力。

对于对外开放中因进程局限而产生的问题，需要在今后随着进程的发展切实加以解决。不能放任自流，要认真对待，顺势利导，采取相应举措。当然也要看到解决这些问题，还需有个过程。

关于东部与西部在开放中的差距。1992 年以来，全国的对外开放已经推进到沿（长）江、沿边和内地。这是党和国家根据形势的发展，为了改变东西部因开放政策倾斜度不同对经济建设的影响，而采取的重要举措。这些地区由此加大了开放力度，有利于经济的发展。但是，我国东部与西部经济差距，是多种因素形成的长期存在，不是采取若干政策措施短期内就可解决的。而且，从我们的国情实际出发，东部沿海和长江中下游终究应是当前和今后较长时期的开放重点，东部的对外经贸仍会比西部发展规模大、水平也高。这是客观的“时”和“势”决定的，不依人们的意志为转移。在这种发展趋势下，走在前头的东部地区，要更好地发挥经济辐射作用，带动和支援西部地区；西部地区要注重发挥自己的优势，善于当好对外开放的“二传手”。两者要加强经济联合，携手协作，共同走向世界。

关于更好地发挥地方实行对外开放的积极性。如前所述，“块块”是国家经济生活中很重要的利益主体，今后仍然需要继续发挥“块块”的积极性，贯彻实施对外开放，以便把对外开放的成果落实到当地经济发展和造富于广大人民群众上。重要问题是正确引导其积极性进一步地发挥。要从地区经济利益狭隘观念，引向国家整体效益和全局观念，从企盼地区倾斜政策支持，引向运用已有政策，充分发挥自身力量；从主要搞外延式的经济增量，引向经济内涵式扩大再生产；从粗放型开放经济管理，引向集约化科学化经营。随着国有大中型企业转换经营机制的进展，要发挥这些企业在对外开放中的作用。国家已授予近千个大中型国有企业和 100 个重点科研单位以开展对外经贸活动的权力，这是十分必要的举措。如果我国能有一批产供销一条龙、科工（农）贸相结合的企业（企业集团）进入国际市场，成为像松下、日立、金星、飞利浦那样从事国际化经营、在国际竞争中纵横驰骋的企业（企业集团），对外开放和经济发展将出现更新的面貌。

关于攀登对外开放的新台阶。我国的对外开放至今处于初级和低水平阶段。对此既不应卑薄以为不足道，也不可满足现状。争取资信实力强的投资合作伙伴，优化外商投资结构；进一步改善出口商品构成，开拓远洋出口贸易；提高对外开放各种实务的工作质量，增进开放的综合效益，为国民经济发展更好地服务；如此等等，都应当抓紧、抓实、抓好。

这是有一个很重要的课题，就是改进和加强对外开放的宏观指导和调控。人们在开放的具体实际工作中深感，邓小平关于对外开放的科学论断，提供了明确的理论指导；中央、国务院作出的有关的一系列方针、政策和国家立法机关、行政机关制订的涉外经济法律、法规，为对外开放构筑了整体框架，确立了基本运作规范；各地区、各部门也以很高的积极性投入实践。理论、决策、实践都是强有力的，唯独统一组织对外开放各项实务有机联系、协调实施这个层次的领导，相对显得薄弱。如果说在 80 年代前期，这个问题还不突出的话，到了 80 年代后期，特别进入 90 年代以来，越来越滞后于形势发展。对外开放是综合性的经济工作，是复杂的系统工程，缺乏有力的统筹安排和组织协调，是不可能把对外开放工作做好的。开放经济（或称涉外经济）这一块，特别是各地作为推动国民经济发展重要杠杆的兴办外商投资企业，未能与整个国民经济发展规划更好地有机结合起来。对外开放的两大重头外资与外贸也往往衔接不紧。外汇、工商、税务、海关等有关部门如何形成和谐的整体，为开放经济提供服务，进行监管，都是亟待解决的课题。许多跨行业和部门的事，有关各部门都来管。都持有自己的管法，都难以管起来，这种现象相当普遍，耽误了好多事。对外开放是在改革中发展起来的新事物。中央、国务院作出的有关决策的执行，比较重要的都涉及到“条条”之间、“条条”与“块块”之间原有职权范围、利益关系的调整，落到白纸黑字上经协商同意发出就很不容易，落实到位就更加举步维艰，“二号文件”否定“一号文件”的事，国家的整体决定被部门的实施规定“淡化”、“架空”的事，屡见不鲜。

在对外开放中要强化上述这个层次，根据我国目前的国情，还得首先实行组织落实。国家和重点开放的省、区、市需有一个领导同志牵头的权威的统筹规划和运行的归口部门，要有一套完善的正确处理有关方面权、责、利关系的法规制度，要有相应的动态监控、检查督促的系统。不一定组建新机构，也可调整重组原有机构，但必须职权专一，从上到下形成强有力的工作体系，以改善开放的宏观调控管理，实现发展外向型经济与整个国民经济计划有机结合；加强产业发展政策和地区经济合理布局要求的导向，对不同地区采取因地制宜的调控措施；适应国际市场运作惯例的要求，培育市场体系，做好经济法规的制订工作；发挥社会主义制度的优势，协调各部门、各地方的利益关系，综合各方面的优势联合对外，增强国际竞争能力。如不采取有力的组织措施，所有上述这些已经提出盖有年矣的工作要求，仍将很难全面落实。这些事情比起前15年已经做的事情要复杂得多，但必须办出成效，总结出经验。否则，对外开放就难以前进提高。当然，解决了当前存在的问题之后，前进过程中仍会有新的矛盾出现，要求进一步加以解决。我国的对外开放，就是这样一步一步向前发展。一个台阶一个台阶地不断登上新水平。

【把握有利机遇，更好推进开放】 我国过去15年的对外开放，主要抓住了三次国际机遇。一是80年代初期，西方世界走出70年代能源危机导致的经济低谷；二是80年代中期发达国家调整产业结构，转移劳动密集型生产；三是进入90年代，世界经济更趋多极化，亚太地区特别是东亚地区经济活跃。随着我国参与国际交换的扩大，与国际市场的相关程度大大加深。国际经济环境的未来变化对我国进一步开放和经济发展将产生重要影响。

新变化和新特点。世界两霸争斗的格局结束后，经济问题日益成为国际关系中的焦点。80年代以来，世界经济中出现的许多现象，在新形势下均有不同程度的新发展。

（一）世界经济继续从总量增长型向质量型过渡。70年代两次石油价格暴涨的事实显示，靠刺激需求推动大规模高物质消耗产业的发展来维持经济总量高速增长的局面，因受到资源和资金积累的约束，已难以为继。而70年代以来兴起的新技术革命，又为经济从总量增长型向质量效益转变创造了条件。这种转型在80年代初从几个发达国家起步，很快扩展到其他国家。预计90年代经济转型将成为世界经济发展的主潮。

（二）经济全球化的进程加快。经济全球化的新趋势主要表现在：(1)国际直接投资增长速度超过国内投资。美国对外直接投资占国内投资的比重，已从1980年的3.8%上升为1987年的5.8%；同期德国从2.4%上升至4.1%；英国从8.5%上升至24.3%；日本从0.7%上升到2.7%。世界跨国直接投资的年流量，从1985年的533亿美元增加到1990年的2250亿美元。同期，国际直接投资累计总额从6836亿美元，上升到1.7万亿美元。(2)跨国界的金融交易的增长速度超过国内金融交易。首先，伦敦、纽约和东京三大股票市场的交易额1988年达12万亿美元，比1979年增加316倍，其中外国人参与市场交易的比重从1/16增至1/9。其次，在国际银行间金融往来不断增长的条件下，资金存贷越来越集中于取消金融管制的海外金融中心(如新加坡、香港、巴林、巴拿马等)。(3)跨国公司的海外经济活动不断膨胀。到1990年，全世界已有3.5万家跨国公司，拥有14.7万家子公司，年销售额达4.4万亿美元。巨型跨国公司几乎控制了世界生产，美国电报电话公司等9家跨国公司控制了世界电信设备生产的90%，日本电气公司等10家公司控制了世界半导体芯片生产的65%；IBM一家独占世界电脑生产的50%。据预测，到90年代末，银行、汽车、电子、制药和出版等行业将各由3—5家跨国公司控制。(4)国际上生产要素（主要是资金和技术）流动大为便捷。国际资金划拨靠各大金融市场之间的电脑网络进行，技术信息靠全球卫星通讯网传递等等，从而使各国之间的经济联系更为密切。

（三）世界经济和贸易将缓慢增长，国际经济关系中超国家力量的作用增强。目前尽管对西方经济是否会出现衰退，各方面预测结果不同，但普遍认为，90年代前半期西方经济的增长速度将比80年代后半期减低。由于发达国家对世界贸易增长的贡献率在70%左右，西方经济增长速度放慢必然会影响世界贸易的增长。80年代后半期世界贸易实际年平均增长率为6.5%，估计90年代前半期将下降到5%左右。伴随经济管理和贸易增长速度的放慢，国际贸易保护主义和超国家的经济管理和政策协调体制将进一步发展。(1)区域经济集团化，集团内的各国政府在一定范围内实行共同约定的经济管理规划。(2)同类国家经济政策协调加强，如西方七国和发展中国家的七十七国家集团等。(3)国际经济机构提高了它在世界经济事务中的作用。国际货币基金组织、关贸总协定和世界银行，将通过改革承担更多的国际经济协调任务。

(四)世界经济多极化持续发展，西方经济矛盾加剧。

世界经济的多极化，在50年代后期随着西欧的复兴和日本的崛起而出现。到70年代初，日本、德国的经济迅速发展，资本主义世界经济已由美国一家主宰变为美、日、欧共同体三足鼎立，到80年代，世界经济多极化又进一步发展，亚洲四小龙、东盟国家和中国大陆经济高速成长，对世界经济影响越来越大。预计90年代，东亚地区仍将保持世界最高的经济增长率，成为主要的新的世界经济增长极。美国和原苏联冷战的结束，经济多极化的发展，引致西方国家的经济摩擦日趋表面化。近年来，美、欧、日在贸易领域中的矛盾冲突异常尖锐。但由于世界经济相互依存日益加深，西方国家的经济冲突不致发展为全面贸易战，将继续保持在“既竞争又协调”的总框架内，但协调难度将进一步增大。

机遇和挑战。

(一)上述90年代世界经济和贸易的发展趋势，将继续给我国的对外开放提供较为有利的外部国际环境。

首先，世界经济、贸易的持续增长，国际市场需求的稳步扩大，特别是工业制成品贸易的增长，将有利于我国改造传统产业，加快发展机电产品、化工产品和轻纺产品等工业制成品的出口，推动外向型经济发展和出口产品结构的改善。其次，世界经济结构和产业结构的进一步调整转移，为我国劳动密集型产品、劳动密集与资金技术密集相结合产品，以及标准化技术产品的出口，提供继续拓展的有利时机。再次，亚洲、太平洋地区经济的高速发展和区域性经济合作的加强，也是我国在更深层次上参与国际交换和竞争的较好机遇。此外，西方经济矛盾的加深，独联体和东欧国家政治和经济的不景气，有利于我们利用矛盾和机会，大力拓展多元化和多层次的经济活动。

(二)世界经济贸易的变化也给我国对外开放，特别是对外贸易的发展带来一些不利因素。

第一，世界经济中的区域化集团化和国际贸易的垄断化趋势，贸易保护主义的不断强化，将导致发达国家越来越多地采用配额、反补贴、反倾销、进口数量限制、加强产地证检查等一系列非关税限制措施，成为我国拓展出口的严重障碍。第二，在世界经济增长速度放慢的情况下，我国出口增长维持“七五”时期的较高水平有一定的困难。特别是初级产品市场疲软，价格下滑，使我国一些传统的大宗初级农矿产品的出口受到影响。第三，西方国家采取的紧缩货币政策，使国际资金利率居高不下，不利于我国利用外资。此外，中东地区的重建和原苏联、东欧国家向市场经济模式的转轨，西方国家有可能会将资金和技术更多注入这些国家，在开放市场方面给予它们更多的优惠，从而使我国在吸收外资、技术和参与国际竞争方面，面临更为严峻的挑战。当然还要估计到，国际共运处于低潮，我国作为社会主义政治大国，西方某些国家必然对我施加压力，在经济方面给我制造麻烦。

总体看来，我国对外开放在90年代面临的国际环境，仍然是机遇与挑战并存，希望与困难同在。如何克服不利的因素，使有利的机遇变为现实，是摆在我们面前重要而紧迫的课题。

“复关”和开放。近几年，随着恢复我国关贸总协定缔约国地位谈判的进程加快，我国“复关”后对改革开放和经济发展产生的影响和如何相应采取对策，已成为对外开放中的紧迫问题。

我国实行改革开放以来，经济的对外依存度大大提高，特别是某些产业如纺织业，1991年的出口额已占当年纺织品生产总值的31.4%，这意味着如果失去国际市场，将会对我国的经济带来不利影响。我国经济日益深入参与世界经济运作的进程，要求我们的对外经济贸易按照国际规则办事。关贸总协定就是一整套多边贸易规则。从这个意义上讲，我国“复关”即是广泛参与国际经济、全面按国际规则办事的开始，这就给我国提出了新课题。

(一)“复关”的积极作用。“复关”给我国利用多边贸易体制促进经济发展提供了便利和机会。具体来讲：“复关”，可使我国享受参加总协定其他成员国的最惠国待遇，有利于我国更多的产品进入国际市场；借助总协定的保障条款，抵制和反对贸易保护主义设置的障碍，摆脱我国在国际贸易中受到的不公正待遇；全面参与国际经济事务和制订国际贸易法规，改善我国对外开放的国际环境。由于总协定适用的前提是市场经济，“复关”要求我国经济体制尽快适应与国际市场接轨的要求，这将促进我国经济体制改革进一步深化。由于台湾将与港澳一样作为单独关税区加入关贸总协定，这对发展台湾海峡两岸的经贸关系和祖国统一大业也会产生积极影响。

（二）“复关”后新课题。“复关”后我国经济的外向度必然还要扩大，世界经济的波动将成为影响我国经济稳定的重要因素；由于较大幅度地削减关税，减少非关税保护措施，我国工业部门和企业将直接面临国际竞争的挑战，增加我国产业结构升级的难度；外汇供求关系将出现新的矛盾，外汇平衡难度加大；我国经济体制改革的某些方面，势必需要重新设计方案，许多宏观管理手段须得进行相应的变动。为此，我们应及早制定对策，争取主动。

做好工作，迎接挑战。为了迎接世界经济发展新变化和“复关”的挑战，更好地抓住机遇，用好机遇，进一步搞好对外开放，除上述深化开放需要解决的问题以外，还要做好以下工作：

（一）加快改革步伐，尽快建立符合社会主义市场经济要求的经济体制和运行机制。要使我国的市场与国际市场逐步接轨，就必须加快以建立社会主义市场经济为目标的改革步伐。当前，要在健全国家宏观经济调控手段，完善生产要素市场体系，改造和重组微观经济组织的同时，加快价格改革、财政税收体制改革、金融体制改革、投资体制改革和国有企业产权体制改革，进一步深化外贸体制改革。

（二）在对外贸易和吸收外资的战略上，要实行扩大出口和替代进口相结合的发展战略，沿海地区要更好地实行发展外向型经济的战略。兴办出口型企业要以技术先进、加工程度深、附加值高的项目为主，劳动密集的简易加工装配型项目为辅，逐步实现劳动密集型向技术密集型或劳动双密型的战略转移。合理掌握外资规模和引进速度，逐步实现数量增长型向质量效益型的转移，以求取得最佳的宏观效益。

（三）大力调整和优化加工工业结构。我国的加工工业，一方面要在专业化协作和规模经济上下功夫，依靠科技进步和规模经营效益求发展；另一方面，要将国内外两个市场、两种资源更好地有机结合起来，善于引进国外的资源、资金、先进技术和管理经验，鼓励部分国有、集体企业嫁接外资、外技加快技术改造，在发展外向型生产上做好文章。

（四）尽快把一批有条件的国有大中型企业推向国际市场，从经济政策上鼓励按照国际标准、市场需求、价格水平和营销惯例来组织生产经营，以提高素质，增强竞争能力。

（五）加强经济立法，向国际市场运行规则靠拢。市场经济是法制化的经济，具有标准的运作规范。在这方面我们的认识相当不够，工作相当薄弱，国内市场运作情况还相当无序。涉外经济法规很不完备。至今没有《外贸法》、《反倾销法》、《反补贴法》等必要法律规则。必须引起高度重视，尽快改进。否则，“复关”后将处于捉襟见肘，难以招架的境地。

作为国务院管理对外开放工作办事机构中的一个综合单位，我们把工作中积累的一些资料和经常议论的若干管见，梳理了一下，大体算是篇《工作手记》，表达如下看法：

在我国日见深入人心，取得卓著成果的对外开放工作，亟需深化，使之达到一个新水平。先行地区责无旁贷地应当攀登新台阶，开创新局面。后发地区也应汲取先行者正反两方面的经验，从更高的起点上起步。深化提高的标志是开放效益。既要谋求微观的企业、事业单位的效益和中观的地区效益，更要注重确实能够增强综合国力的宏观全局效益，也就是国家效益。对外开放既是艰苦复杂的实务工作，也是一门高深的综合性学问。我们这个发展中的社会主义大国实行对外开放，实务工作的艰苦复杂程度更高，需要进行理论（包括重要方针政策）研究的课题更多。实务工作需要理论的指导，理论有赖实务工作实践的检验和丰富。无论开放实务工作或开放理论研究，都需要：正确处理利用外部世界对我国有用的生产要素与坚持自力更生原则的关系，善于洋为中用，增强实力，促进发展；正确处理国际经济往来中利用与被利用的关系，力争实现平等互利，避免“为人做嫁”；正确处理全国开放普遍性经验与本地区（本单位）特性的关系，从实际出发，实事求是，开辟自身成功之路；正确处理长远目标与分阶段实施步骤的关系，区别长远可能性与现实可行性、可以探索研究的题目与应当笃行实践的任务，抓紧抓好当前。当然，还必须提到，要正确处理实行开放与抵制外来精神污染的关系，加强社会主义精神文明建设。（因本文着重谈有关开放经济范畴的事，对这个属于社会发展的重要问题，未能涉及，绝非认为它不重要。相反，它十分重要，应当另有大文章专门论述）。提出这些关系问题（包括以这样的命题方式提出问题）很可能属于“老生常谈”。不过，时下工作实际表明，倒是非常需要扎扎实实地把这些“老生常谈”投入实务工作和理论研究。这对我国对外开放工作的深化提高，至为迫切。

（撰稿　国务院特区办综合司）

专　稿　篇

胡平同志在一九九四年经济特区工作座谈会上的讲话

这次座谈会开了两天，是开得很好的。一是时机好。在全党认真学习《邓小平文选》第三卷，进一步贯彻落实十四大精神和十四届三中全会关于建立社会主义市场经济体制的决定的形势下召开，相信对于继续办好经济特区会起到促进作用。二是发言好。各特区的领导同志介绍了这两年的发展情况，总结交流了经验，研究了下一步发展的方向。中央有关部门的同志也谈了很好的意见，对于指导今后的工作很有帮助。三是服务好。珠海特区的同志为我们开好这次会，做了大量的工作，提供了良好的服务，我代表全体与会同志感谢他们付出的辛勤劳动。下面我结合会议情况讲三点意见。

经济特区的发展取得了历史性成就

我国对外开放这两年形势发展很快。1992 年初小平同志南巡考察深圳、珠海特区等地发表重要讲话，非常有力地促进了特区的发展。在党的十四大和小平同志讲话精神的指引下，各经济特区抓住机遇，认真贯彻执行中央关于加强宏观调控的方针，加大改革开放的力度，加快发展步伐，各项工作取得了新的进展，上了一个新台阶。主要表现在：

1. 特区的综合经济实力显著增长，自我发展能力增强。5 个经济特区国内生产总值达到 978 亿元，比 1991 年增长 64%，年递增稳定在 28%左右，比全国平均增长率高出一倍多。工业总产值达到 1150 亿元，比 1991 年增长 77%。企业的经济效益也有所提高，产品销售率和资金利润率都有较大幅度增长。去年 5 个经济特区预算内财政收入达到 144 亿元，比两年前增长 1.3 倍，使特区能有更多的资金投入基础设施及市政建设，加快了向现代化城市迈进的步伐。

随着特区经济实力增强和发展外向型经济的需要，特区加强了与内地的合作，现在特区到内地的投资已经有几百项，投资额达到 50 多亿元。其中深圳特区到内地投资已超过 40 亿元。这是特区联合内地共同走向国际市场的新发展。深圳、珠海每年还安排一部分资金对一些贫困地区给予支援，进一步带动了这些地区的经济发展，特区的辐射功能比过去更为显著。

2. 产业结构调整取得较大进展。两年来，各经济特区都投入大量资金，进行能源、交通、通讯等一大批重点项目的建设。如深圳妈湾电厂、盐田疏港铁路、平湖铁路、珠海港码头、连通西区的快速干道、海南的大广坝电站第一台机组等项目都在这两年建成投产了。还有一些项目如汕头海湾大桥、电厂，厦门的海沧开发区、嵩屿电厂也都在加紧建设。这些基础设施项目的建成将能较好解决特区下步发展所需的能源、交通条件，改善投资环境，为特区的下一步发展增添了后劲。同时，与加工业配套的一些原材料和元器件工业也有较大发展。近两年，特区建成了一批技术比较先进，投资规模较大，附加价值比较高的电子、通讯、生物工程、精细化工、新型材料等工业项目，使特区以劳动密集型加工业为主的工业结构开始发生变化。第三产业也有了较大发展，特区开始迈入了产业结构提升的阶段。

3. 外向型经济取得了新的发展。外贸出口增长很大，1993 年，5 个经济特区外贸出口（海关统计）已超过 200 亿美元，比 1991 年增长一倍，约占全国外贸出口总额的五分之一，特区自产产品出口率有了进一步提高，出口产值已占特区产值一半以上。出口商品结构有所改善，工业制成品和高附加值的产品出口比重逐年增大，国际市场开拓也取得可喜成绩。各特区吸收外商投资工作水平进一步提高，由于加强了对外资投向的引导和项目的优选，使投资项目的质量不断上升，一批具有较高科技水平的外资项目相继投产，国际上知名的财团、跨国公司涉足特区，投资能源、交通、通讯等重要基础设施项目。去年5个特区新签外商直接投资项目9308个，比1991年增长2.6倍，约占全国的1/9；协议外商投资总额176亿美元，实际利用外资47亿美元，分别比1991年增长4倍和3倍，占全国的1/8和1/6。

4. 在深化改革上迈出了新步伐。两年来，各经济特区按照建立社会主义市场经济新体制的要求，积极探索建立现代企业制度，发展和完善各类要素市场。这两年特区的产权交易市场、科技成果市场、人才劳务市场、房地产市场、信息咨询市场都已逐步建立完善起来。在完善社会服务，建立社会保障体系方面，也采取了积极的措施，并取得了实质性的进展。海南还进行了税收征管制度的改革，取消了税务专管员管户制度；在国家有关主管部门支持下，深圳、珠海对口岸联检制度也开始进行改革，改变了以前各检查单位轮流上船检查的办法，提高了口岸的运行效率。这些改革措施都为推进社会主义市场经济体制的建立，提高工作效率起到了积极作用，走在了全国改革的前列。在经济特区先行试点的一些深化改革，扩大开放的措施，如建立保税生产资料市场、保税区等，两年来也取得了积极成果和经验。

5. 在努力发展经济的同时，各特区也注重了社会主义精神文明建设。在加强党的建设、廉政建设和思想政治教育，严厉打击经济犯罪活动等方面，按照中央的统一部署要求，作了大量工作，保证了特区稳定、健康发展。

总的看，经济特区这两年发展的步子很快，成绩显著，令人鼓舞。经济特区经过十几年的努力，对全国经济的促进作用越来越明显，这是大家的一致认识。概括起来说，一是起到了加快经济建设的示范作用。特区仅用十几年的时间，就把原来的边陲小镇建设成为现代化的新型城市，彻底改变了贫穷落后面貌，充分证明了社会主义市场经济体制完全可以促进生产力的快速发展。二是起到了建立社会主义市场经济体制的探索作用。特区从建立一开始就按照市场取向进行一系列改革，并把成功的经验和做法推广到全国。三是起到了全国开放的窗口作用。在利用外资、引进技术，吸取管理方法和现代知识等方面创造了经验。特区较好地把开放、改革、发展结合起来，促进了经济繁荣。四是起到了造就人才的作用。特区是一所学校，培养了一批具有现代观念和国际经济知识并在实践中开拓创业的人才。五是为全国经济作出了贡献。特区经济实力不断壮大，已经在财政、税收、外汇等方面为国家作出了越来越多的贡献。

把经济特区办得更快更好

经济特区是小平同志亲自倡导、设计并始终关注和支持的一项崭新事业，进一步办好经济特区，发挥特区在改革开放中的窗口和排头兵的作用，是中央和国务院一再强调的方针。江泽民总书记去年在海南建省办经济特区五周年庆祝大会上指出："经济特区要办得更活更实更富生机更有成效，继续发挥'四个窗口'的作用，继续走在全国改革开放和经济发展的前列"。这一要求就是我们经济特区的发展方向和方针，特区要继续当好排头兵。

当前，我国改革开放和现代化建设事业进入了一个新的发展阶段。党的十四届三中全会通过的关于建立社会主义市场经济体制若干问题的决定，勾画了社会主义市场经济体制的基本框架，制定了建设社会主义市场经济体制的总体蓝图，使改革开放有了更明确的目标，将对建设有中国特色的社会主义产生深远的影响。最近，中央在安排今年工作重点中提出：抓住机遇，深化改革，扩大开放，促进发展，保持稳定，是全党工作的大局。我们要认清这个大局，服从和服务于这个大局，做好各方面的工作。我看核心是一定要处理好发展、改革开放和稳定三者之间的关系。发展是中心，是硬道理，改革开放是动力，稳定是条件。只有加强宏观调控，稳住大局，保证今年出台的一系列重大改革措施顺利实施，才能推进国民经济的持续、快速、健康的发展。我到特区办工作时间不长，在过去对特区工作了解的基础上，最近到各个特区都走了一走，看了一看，但了解和理解不一定深刻，我想特区在当前的新形势下，根本问题是要发挥自身实力，深化改革，完善功能，创造良好的区域环境、市场环境、社会环境、文化环境，增强发展的活力和后劲。根据大家的发言，针对目前存在的几个比较薄弱的环节，我想对特区今后需要着重抓好的工作提几点建议，供大家参考：

1. 坚定不移走外向型经济之路，把特区经济提高到一个新的水平。

特区经济要发展得更快一些，就要讲质量，讲效益，搞外向型经济。尽管特区发展外向型经济取得了很大成绩，但总体上说特区的外向型经济水平还不高，主要表现一是特区外贸出口商品绝大部分仍通过香港中转，直接远洋贸易出口较少，深圳去年137亿美元的外贸出口中，直接远洋贸易只占15%左右，这就影响到出口效益。据香港有关部门统计，港商转口大陆商品的平均利润率为16%。这是一大块利益。二是特区名牌产品还比较少，目前出口产品基本上是中低档水平，高附加值产品不多，而且主要是外商投资企业出口。深圳出口的工业产品中，有近80%是外商投资企业生产的，中方从出口增长中获利甚少。三是境外生产销售网点少，且大部分设在香港，效益也不太理想，还没有形成一批现代模式的跨国公司。四是特区外商投资的项目总体上仍以港台投资的劳动密集型的加工为主，项目规模小，技术档次低，高科技产品少，深圳、珠海经国家认定的高新科技企业的产值在两市工业总产值中所占比重都不超过10%，其他特区可能更低。五是特区企业经济效益仍不理想，国有企业的外贸出口增速减缓，且呈滑坡之势，效益下降。外商投资企业利用高进低出、转移利润、逃避税收，假亏损的现象大量存在。六是特区的经济运作体制、市场体系、管理体制和法律系统与国际惯例仍有不少差距，在实践中碰撞现象较多。所有以上问题，都直接影响了经济特区在国际市场的竞争能力，是特区外向型经济进一步发展急需解决的问题。

当今国际市场竞争日趋激烈，贸易保护主义正在抬头，使我们面临着严峻挑战，国内逐渐建立和完善社会主义市场经济体制也要求我们特区要靠深化改革推进外向型经济上新台阶。中央提出，要使国民经济持续、快速、健康发展的方针，我认为，特别要重视“健康”发展，“健康”的含意很丰富，比如结构优化、效益提高、质量提高，对特区来说，提高外向型水平也是“健康”的一个重要含意。一是要加快调整产业结构和产品结构，多创造知名企业、名牌产品，继续按照国家的产业政策和宏观调控的要求及国际市场需求的变化，加强对投资项目的引导，多发展一些高新技术产业和高附加值的项目，继续引导外资重点投向基础设施、基础产业和老企业技术改造项目，继续积极兴办出口型企业。严格控制超过市场需求的加工业的发展，特区应适当控制劳动密集型和“三来一补”的项目。对现有劳动密集型企业要着力促其提高档次或向内地转移。大力发展为外向型经济服务的第三产业，提高知识技术水平和服务水准。要大力推动科技进步，积极扶植高新技术产业，采取外引内联的办法，建立以企业和科研机构相结合的科研开发体系。特区政府要逐步增加对科技的投入，建立科研开发风险基金，支持新产品开发，支持科技成果转化为生产力。二是要采取多种措施，开辟各种渠道扩大对外贸易，进一步开拓国际市场，增强参与国际竞争和交换的能力。扩大出口创汇始终是对外开放的关键。各特区要认真贯彻落实国家今年出台的关于外贸体制改革的措施，努力增加附加值高的机电产品、成套设备、轻纺产品和高技术产品的出口，提高净创汇率。巩固传统市场，积极开辟多元化市场和直接远洋贸易，特区要率先建立适应国际通行规则的外贸运行机制，发展一批国际化、实业化、集团化的综合贸易公司。三是要进一步加强对外商投资企业的管理。既要保护投资者的合法利益，不断改善投资环境，依法保障他们的经营自主权，又要加强管理，保护国家应有的权益，特别是税收利益。希望特区能创造出有效的监管办法。新的税制改革措施的出台，为依法加强管理提供了有利条件，要大力发展会计师事务所、审计师事务所、行业协会、商会以及各种咨询服务等社会中介机构，充分发挥中介组织的作用，加强对外商投资企业的协调、服务和监督，促进外商投资企业依法经营。

2. 切实抓好国有企业的改革，转换经营机制，率先建立现代企业制度。

这个问题是特区深入改革的重点、难点和焦点。特区有着比内地更为有利的条件，应该在这方面做得更好一些。我最近调查了一下，深圳、珠海两特区都有一些搞得好的国有企业集团，积累了一些好经验，实践证明，在特区环境内完全有条件把国有企业搞上去，各经济特区在搞好国有企业，建立现代企业制度方面，做了大量工作，取得了很多成绩。在落实国有企业的各项自主权，推进企业股份制改造，使企业真正成为市场经济主体方面进展的步伐比内地更快一些。这两年，深圳取消了国有企业的行政级别，建立企业分类定级体系，取消了国有企业中干部工人界限，实行全员劳动合同制；海南省对一批国有工业企业取消了政府主管部门管理制，实行董事会领导下的经理（厂长）负责制，对省属商贸国有企业取消了政府主管部门对经理的行政委任，引入竞争机制，实行公开聘任；其他特区也采取了一些促使企业转换经营机制的有效措施。但总体上看，特区国有企业仍然存在着管理混乱，经济效益低下等弊端。据统计5个特区的国有企业亏损面普遍在20%左右，有的特区甚至在30%以上，一些企业长期亏损，资不抵债，却仍在维持，成了老大难。造成这种状况的主要原因大概有这么几个方面：一是这些国有企业经营机制没有得到根本转换，被条条框框所束缚，产品单调，经营范围狭窄，对市场需求反映滞缓，缺乏适销对路的拳头产品；二是企业负担过重，影响了自我发展能力；三是政府干预过多，使企业缺乏活力；四是企业缺乏自我约束机制，负盈不负亏，盈了归自己，亏了算国家的；有的企业用经营房地产的收入冲抵了企业的亏损，掩盖了企业的真实经营状况。在同等的外部条件下，特区内国有企业的竞争力普遍低于外商投资企业，而且有些经济效益指标还低于外部条件不如特区的内地一些国有企业。这就值得我们深思了。

我们要充分重视这个问题。搞好特区国有企业的改革，提高经济效益，应该成为今后特区经济工作的一个重点。国有企业改革的方向是建立现代企业制度，经济特区应该而且有条件在这方面率先作出成绩。特区的国有企业要按照十四届三中全会的决定率先成为产权明晰、责任明确、政企分开、科学管理的现代企业。这里要特别强调的是要加强对国有资产的管理。各经济特区要根据各自不同的情况和条件，积极探索国有资产管理和经营的形式和途径。深圳已确立了由市国有资产管理委员会——市投资管理公司——企业三个层次有机构成的国有资产管理新体制，其他特区可以根据自己的条件加以借鉴。但无论采取什么形式和途径，都要确保国有资产保值增值，保证国有资产及其权益不受侵犯，防止国有资产因管理不善而流失。

3. 坚持“两手抓，两手都要硬”的方针，创造良好的特区环境。

稳定，主要是要有稳定的政治环境和良好的社会秩序。坚持“两手抓”，加强社会主义精神文明建设的问题，历次特区工作会议上都强调过。小平同志重要谈话以来这两年，特区各级政府和党组织克服一手硬一手软，也抓得比较紧，做了大量的工作。但由于特区处于对外开放的前沿，面对的情况比内地更为复杂，随着经济的快速发展，流动人口大量增加，内地的犯罪分子和境外的黑社会势力乘机潜入，造成这几年经济特区社会治安问题日益突出，不安定因素增多。刑事案件逐年上升，特别是恶性案件有所抬头，卖淫嫖娼等社会阴暗面也屡禁不止。去年有的特区还发生了重大事故，集中暴露出安全生产和城市管理的重大隐患。另外，罢工、游行、请愿等社会不安定问题也时有发生。所有这些都应该引起特区各级领导的高度重视，采取坚决措施加以解决。

造成特区社会治安问题增多的原因是多方面的，从客观上讲，社会环境发生了很大变化，客观上存在着较多的犯罪活动所需的条件。特区经济发展，带来城市人口的膨胀，暂住人口、流动人口大量增加，外来人员犯罪成为影响社会治安的主要因素；随着市场经济中竞争的加剧，各种不正当的经营手段频频出现，扰乱市场秩序的案件增多；人们的价值观念和道德观念发生变化，拜金主义思想蔓延，享乐主义泛滥，致使盲目消费和野蛮消费现象滋长，由吃、喝、嫖、赌、吸毒引发的犯罪现象随之增加。从主观上讲，我们的社会管理水平跟不上特区建设发展的需要，治安管理空隙大，防范、控制机制相对弱化。特区城市基层政权组织建设也跟不上城市的发展，力量不足、素质不高，使不少地区处于失控状态；部分单位领导对社会治安综合治理的重要性认识不足，只顾抓经济发展，忽视社会综合治理。

搞好特区的社会治安和城市管理，是保证特区稳定、健康发展的大事，也是直接影响特区形象的重大问题。小平同志在南巡讲话中曾指出“广东二十年赶上亚洲‘四小龙’，不仅经济要上去，社会秩序、社会风气也要搞好，两个文明建设都要超过他们，这才是有中国特色的社会主义”。我们必须按照小平同志的思想，坚定不移地贯彻两手抓的方针，作到两手都要硬，这是保护群众利益，改善投资环境的大事，不能有丝毫含糊和松懈。要花大力气，争取在较短的时期内，使特区的社会秩序、社会风气有一个明显的进步，取得显著的成效。为此，除了要深入持久地对广大干部群众进行爱国主义、社会主义和革命传统教育外，主要靠法制，加快立法，使特区的方方面面都有法可依，有了法，还要严格依法办事，要建立一支秉公执法，公正严明的执法队伍，执法要严，违法要究，决不允许因人而异有法不依。只要下力气坚持抓下去，而不是时紧时松，特区的社会主义精神文明建设、社会秩序和社会风气就一定能搞好。

4. 按照建立社会主义市场经济体制的要求，转变政府职能。

改革政府机构，转变政府职能，是建立社会主义市场经济体制的迫切要求。经济特区是我国最早试行市场经济运行体制的，为适应市场经济运行而相应进行政府机构的改革，一直是特区政府十分重视的一件工作。深圳特区就对政府机构进行了四次改革，海南从建省开始，就按照“小政府、大社会”的原则建立了政府机构，目的就是要建立一个精简、高效的政府机构，来适应特区建设和发展外向型经济的需要。但至今这方面的改革仍不适应要求，由于诸种原因使特区政府依然存在机构臃肿、人浮于事、职能交叉、效率低下的问题。由于特区政府机构、人员的膨胀，办事环节增多，办事程序又开始延用一些老办法，一些人利用手中一点权，向企业“吃、拿、卡、要”，不给好处不办事，给了好处又乱办事。许多企业反映，近年来特区政府机构办事效率下降，腐败风气也有所抬头，直接影响了特区的投资环境。

政府机构臃肿，效率低下，也严重阻碍了企业经营机制的转换和新体制建立的进程。经济特区要按照党中央、国务院的要求，在率先建立和完善社会主义市场经济体制和运行机制的同时，按照精简、统一、高效的原则，建立符合社会主义市场经济运行要求的政府机构和政府职能。各经济特区要切实采取有力措施，提高特区政府的工作效率，适应特区经济的进一步发展。政府机构的精简、职能的转变、工作效率的提高，也有利于防止政府工作人员滋生腐败作风。中央早在特区初创时就提出，经济特区的干部应该具有“特别高的觉悟，特别好的作风，特别严的纪律和特别高的工作效率”，我们一定要按照这个要求去努力，才有可能完成党和国家赋予我们的光荣而艰巨的使命。

研究经济特区支持经济特区

最后，我想根据当前的新情况、新形势，结合会上大家反映的问题，对进一步办好经济特区的指导思想和工作方针再简要谈三点意见：

1．进一步提高对举办经济特区重要性的认识。

举办经济特区是邓小平同志亲自创导，并始终给予极大关注和支持的新生事物。它的深远意义是要对全国的改革开放作好试验和探索，这一点大家在学习《邓小平文选》第三卷中都可深刻地体会到。因此，完全可以这么说，举办经济特区，发挥其对全国的窗口和试验作用，是具体推进我国现代化建设的重大战略决策，是构成中国特色社会主义理论的组成部分，特区的实践已经充分证明了这一点。因此，这条指导思想是非常明确的，不存在特区还要不要办下去的问题。而恰恰相反，按照小平同志的思路，我们特区的历史任务还相当艰巨繁重，还有许多文章要做，我们特区的同志应该根据中央的决策，坚定不移、扎扎实实地把特区的事情办好，为全国作出更大的贡献，以不辜负小平同志的厚望。

2．积极研究特区下一步发展的方向。

现在特区议论的一个热点问题是“特区不特”了。我想对这个现象应该作些历史的、辩证的分析。首先，特区原先采取的特殊体制和优惠政策，随着我国改革开放的不断扩大和深入，已经普遍化了，使得原来的差别缩小了或基本拉平了。这本来就是我们举办特区，先行试验，逐步推广的宗旨。特区的同志们应该为自己试验取得成功，被全国采用而感到高兴。其次，由于宏观调控的需要，国家视特区自身发展的实际状况，对某些优惠政策作了调整。我们特区要积极服从大局，事实上，这几年特区在这方面是做得好的，同时，应该看到把特区经济发展的动力逐步从单纯依赖优惠政策转到依靠自身的机制和素质上来，对于更好地适应市场经济和国际竞争是大有好处的。这几年，特区的优惠政策有不少调整，但外向型经济不但没有受到影响，相反得到很大发展和提高的事实就充分说明了这个道理。再次，就是要在新形势下继续发挥特区的优势。会上各特区都形成一个共识，就是不能要求国家再给什么减税让利的政策。而是利用自身的地缘、人文、机制、功能、外向度高、市场发育好的综合条件来形成新的优势。我认为，特区要继续在两个“率先”上做好文章，即率先建立并完善市场经济体制；率先实行既有中国特色，又符合国际惯例的一系列作法，特区就“特”起来了。

3．认真落实好国家今年出台的一系列改革措施。

今年以来，国家已经在财税、金融、投资、外贸等方面出台了一系列改革措施，改革力度是相当大的。这些改革措施都是从建立社会主义市场经济体制这一根本目标出发的，是保持国民经济持续、快速、健康发展的需要，也是我国长治久安的需要。特区是改革开放的排头兵，一定要坚决拥护中央的改革决定，认真地落实好。涉及到特区利益的调整，各特区都表现出服从大局，为国家多作贡献的姿态，这是很好的。应该说，国家和省里在制定具体方案时，已经考虑到特区发展的实际状况，我们应该多体谅国家和省里的困难，积极帮助分担。至于大家反映在具体操作中特区的一些实际问题和要求，譬如外汇结汇、港币流通、进口机电产品审批、企业进出口权审批以及有关税收等，会上有些部门也谈了意见。我们特区办将负责把大家的意见带回北京，与有关部门协商。我相信本着在保证宏观调控顺利实施的前提下，充分考虑特区实际需要的原则，一些具体问题会找到妥善解决的办法，经济特区也必将在新形势下取得更大的发展。

国务院特区办公室胡平主任在庆祝经济技术开发区10周年座谈会上的总结讲话

（1994年12月23日于天津）

我们这次庆祝经济技术开发区10周年座谈会，总共有28位同志发言，讲得很精采。大家回顾了10年来开发区的建设和成就，做出了恰如其分的评价。李鹏总理给座谈会发了一封贺信，信上说开发区“取得了令人瞩目的成绩”，这是国务院对开发区的充分肯定。明天岚清副总理将要听取大家的汇报，还要做重要指示。

这次座谈会是在党中央、国务院批准开发区成立10周年之际召开的。用这种形式把老开发区、新开发区的同志召集在一起，总结过去的经验，探讨今后一个时期的工作，这是很有意义的。大家用很多实例对开发区10年来取得的成就和成功的经验从不同角度进行了论述。经济技术开发区是一个新生的事物，经过10年的探索和实践已经成长起来了。根据初步不完全的统计，32个国家级开发区，累计开发面积200多平方公里，累计批准外商投资项目8760个，实际利用外资73亿美元，已经有4745个企业投产，1994年预计实际工业产值860多亿元，出口创汇40多亿美元。如果加上内陆省会城市的开发区，以及各省批准的省级其它开发区等，把它们都加起来，实际利用外资数将占到全国相当不小的比例。各省批的开发区也有的搞的相当不错。这说明李鹏总理的评价是有依据的。

在开发区建立10周年的时候，我们每一个建设工作者都不会忘记党和国家领导对开发区的关怀和支持；也不会忘记开发区所在地的省市领导和国务院各个部门对开发区工作的积极支持；也不会忘记开发区创办时那些老一辈创业者所做出的贡献，我们应向他们表示敬意和感谢。

一

在这两天的座谈中，大家讲了许多很好的意见，综合起来，对10年来开发区的建设有10条共识。

（一）开发区是邓小平同志建设有中国特色社会主义理论指导下的产物。小平同志提出改革开放，倡导建立社会主义市场经济，建设有中国特色的社会主义，特别是为开发区题词“开发区大有希望”。正是在这个时代背景下，开发区的同志抓住机遇，把开发区搞起来了。应该说，开发区的这一套理论和实践也是我们建设有中国特色社会主义的一个组成部分。我们农村里有乡镇企业，城市里面就是开发区。农村里乡镇企业是一枝花，那么城市里开发区就是一枝花。开发区就是要在一个小环境里创造良好条件，吸引外商投资，举办现代工业，发展外向型经济，这是建设中国特色社会主义的需要，也是我们中华民族的一种愿望，因此是有很强生命力的。通过10年的实践，初步起到了一种创新的效应、示范的效应和扩散的效应。扩散效应会愈来愈明显，我们认为它不仅仅是向老城区渗透、向周边渗透，而且也可以搞大跨度和大范围的扩散。开发区的成果不是表现在产值、利用外资的数量上，特别是它在实践小平同志社会主义市场经济的思想上，提供了一个“试验田”。在这个“试验田”里面，我们不断深化对中国特色社会主义理论的认识。同时，它还带动了城乡经济、社会的进步。因此小平同志思想的指引应该说是根本的。

（二）开发区的建设坚持以发展生产力为中心。国务院提出“三个为主”，刚才我们提的几个数字都表明开发区形成了城市新的支柱、新的生产力的生长点。除了产值、出口创汇指标外，今年预计实现财政收入约47亿（指32个国家级开发区）。促进了母城的产业优化，促进了老企业的改造和军转民项目的发展。应该说开发区在发展生产力方面的作用是非常显著的。同时还为我们整个国家产业的提升、发展科技含量高的产品创造了一个比较好的条件。

（三）开发区的建设也是一门科学。它既牵涉到工程学科、经济学科，也有社会学科，是一个很大的系统工程。它受制于宏观环境，也跟微观环境有密切关系。首先要有一个好的总体规划。现在国家还没有一个全国性的开发区整体规划，但各个省、市都有城市的总体规划。开发区要服从于城市的总体规划，因此要正确地选址，进行科学地规划，合理地规定它的规模，工程方面要很好地设计。这就需要各个方面的支持及协作，这样开发区才能搞好。前两年曾经出现了开发区热，通过国家宏观调控、清理之后，慢慢走上了健康发展的轨道，但还要防止新的开发区热。开发区要“优生优育”，因为它面临国际市场的严峻挑战，我们不能掉以轻心。朱副总理说“开发区要实事求是，量力而行”，是很有道理的。

（四）开发区的建设要致力于建立一种开放型经济，或叫外向型经济。我们创造条件、招商引资，立足于本地的实际情况起步，然后由小到大，以外引外，逐步吸引国际跨国公司、大企业进来。据我们截止到1994年9月份的不完全统计，开发区内国际跨国公司、大企业投资项目现在有250个，其中属于国际500强的有近百个。这个侧面也说明我们初步实现了外向型经济的目标。我们引进外资要根据平等互利的精神，根据我们的产业政策进行选择，同时又要鼓励我们国内的大企业、大学、科研机构进入开发区，这样更有实力。同时若有条件，还可走出国门、搞跨国经营。

（五）开发区应提倡集约化开发或经营。我们的土地资源是非常宝贵的，刚才上海赵启正副市长讲要“惜土如金”，我认为是很对的。我们的开发区不是嫁不出去的姑娘，个个都很漂亮、都有人爱。不要全部都转让完了，要为后人留下一些宝地。我们的资金也是有限的，而且是多渠道的，同志们说自费开发，本来就是这样，哪里有国家给钱的，最多就是拿了些低息贷款。所以要横下一条心，要用好各种渠道的资金。不管是土地开发还是企业经营，都不应该是粗放型的。开发区作为新的生产力的增长点，如果再重复粗放型的旧的模式，没有多大意思。也不符合小平同志“开发区大有希望”的精神。因此一定要重视质量和效益，要很好地引入一种竞争机制，搞好集约化开发，实现良性循环，提高开发的水平。

（六）开发区要重视经济、社会、文化的协调发展。开发区是以工业为主的新的社区，在这个社区里有许多经济、社会问题，而且带进很多异国文化，在开发区这块土地上生根，同中国优秀文化嫁接以后，产生一种社会主义的新型文化出来。因此，我们从建设一个现代化新城区的角度出发，开发区本身有一个形象开发问题，这是一个看得见的软环境。城乡的协调也是一个人问题，要注意把开发区内的农民安置好，使他们能够充分就业，促进二、三产业的发展，逐步缩小城乡差别。无论是工业、第三产业，还是农业，都有一个稳定、改革、发展的问题，稳定还是第一位的。

（七）开发区作为一种新的尝试，从政府管理的角度看，要建立一种现代化政府的管理模式。李鹏同志讲“小政府，大社会”，在开发区要得到体现，政府的管理应该是高效的、优质的。因此要有一种新的体制，要提供一种优良服务，“一条龙”、“一站式”，或者“项目服务质量责任制”，都是为了提供“高效率”的服务。在这个社区里，要有各种法律保障体制、市场体系、社会保障体系。中介组织要发挥作用，而且很多作法要按市场经济原则来办，比如竞争、招标。苏州工业园借鉴新加坡经济发展和公共管理的经验，就是在这方面的一种尝试。现代企业制度应首先在开发区建立起来，为现代企业服务不能搬用老的一套。当然，开发区面临的问题较多，大家有很多苦衷，这我们知道，但方向一定要明确。开发区管理委员会不是一级政府，它只是政府的派出机构，但从政府的管理来看，它应该向现代政府这一方向去努力。

（八）开发区要致力于培养一支优秀的人才队伍。老的开拓者在开发区创业时做出了很大贡献，现在有很多新人不断涌现出来。开发区实际上也是一个培养现代人才的学校，因此要加强人才的培训工作。外国的大公司、大企业也主张人才的本土化，因为他们若派一个高级经理来中国，成本太高，他们愿意聘用中国人去经营。因此我们要有不同层次的人才，人才越多越好。上海有的开发区已经重视招收博士后，那将有更高的素质。人才可以聘请，可以交流。要有交流，这样才有活力。在开发区里面，要先培养一批职业企业家队伍，这些职业企业家可以为国有企业聘用，也可为三资企业聘用。这种职业企业家现在还不多。吴邦国同志已经讲过了，报纸也公开讲了。过去把企业家跟中产阶级混在一块，这是模糊观念，是不对的。

（九）开发区正面临一个新的阶段。除了国际环境有很多机遇和挑战以外，我们自身还有很多问题。我们老开发区应提倡产业升级。有的开发区提出“二次创业”，这个值得研究。有的开发区刚刚成立，要抓住时机，高标准起步。有些符合条件的开发区希望早日进入“国家队”，这种心情是可以理解的，我们将根据国家改革开放的总体部署，积极稳妥地加以推进。开发区面临新的阶段，还有很多课题，保税区、边境经济合作区是另外一种类型。要根据不同的情况，有的要求高一点，包括硬件、软件方面，招商引资、技术含量等都要有更高的要求。总的来说，我们不能仅仅停留在现在的水平上。

（十）开发区精神文明建设要摆在重要位置。大有希望的开发区要有一个大有希望的党的组织来领导。李鹏总理要我们探索“具有中国特色的经济技术开发区成功之路”，这10年来我们一直在向这个方向不断探索。中国特色的开发区要根据中国的国情，有中国的传统文化，包含多种经济成分，最重要的特色还是有党的领导。我们党的工作一定要重视，要加强工委（有的叫党委）的领导，同时还要加强基层组织的建设。使我们党的工作尽可能覆盖到大部分企业中去，包括工会和团的工作。还要搞好廉政勤政建设，培养好的作风。同时，各个开发区都应树立自己的形象，形成各自的区风，要从实践当中把它总结提炼出来，如艰苦创业，求实创新等，要形成自己的特色。开发区还要重视两论的问题，即舆论和理论问题。通过舆论把开发区的整体形象公诸于世，不断向世界展示自己的活力、魅力，让世界了解开发区，也让开发区了解世界。理论问题还是一个比较空白的问题。建议各个开发区在埋头开发、招商、转让土地的同时，要考虑考虑一些大的问题，如自己的发展目标，等等。我们党的工作在开发区新的环境里，不同于原有的城市，也不同于老的大国营企业，在这种新的市场经济体制的环境里，面临多种经济成分并存，特别是三资企业占优势的情况下，应很好地用改革的精神、继承和发扬党的优良优统，不断探索新路子。

二

到本世纪末只有5年时间了，下一步应该怎么办，各个开发区都进行了构想和展望，包括明年的和到本世纪末的，这很好。我简单说以下几点：

（一）坚持三为主，牢牢把握开发区发展的方向。国务院批准一定面积的开发区，不是建设一般意义上的城市新区，而是应建设成有特殊功能的新区。特殊功能体现在什么地方，值得好好研究。我们不仅要考虑区域开发、土地开发、项目开发，还要考虑功能的开发。功能有大有小，二、三产业要配套。我们希望对“三为主”的内涵要正确的理解，当然也可不断赋予新的内涵。大家在注重吸引跨国公司投资，拓宽投资领域的同时，注意增加先进技术、高科技项目的比重，这样开发区就可上升到新水平。

（二）进一步完善投资环境，再创新的优势。开发区新的优势表现在什么方面？首先要建立社会主义市场经济新体制。按照内外相通、规范有序、公平竞争的原则，实行资金、商品、技术、人才、信息等生产要素高效的组合。第二，要按照国际标准建立起社会化的服务体系和市场中介组织，进行区域的规范化管理，完善法制体系。第三，要综合体制、机制、市场服务、效益等因素，构成一个整体优化的环境，这样才有新的优势。

（三）要以经济效益为中心，搞好开发区第二个10年的创业。第二个10年，开发区究竟走什么样的路子？这里说以经济效益为中心，可能还不完整，还有一个外向型的问题、提高对外开放度的问题。刚才我们说要重视珍惜土地资源、搞好集约化经营。我们建议土地成片的转让要谨慎。现在有的开发区几个平方公里转让出去了，地价比较低，二次转让的好处又没有明确，全部给了外商，这很不利。有的还想扩大空间，恐怕难度比较大，只有少数地方我们可考虑适当调整。没有大项目，想扩大面积是比较难的。因此，应致力于在现有面积基础上，把它充分利用好。除了搞好引资外，现代企业制度应该在开发区首先建立起来，开发区在这方面应先行一步。深圳从1987年就开始搞，搞的不错，可以称作一种特区模式的现代企业制度。国有企业改革以后，搞集团化经营、多元化经营、资金成倍增值，展示了良好的发展前景。这说明在开发区、特区的土地上，国有企业建立现代企业制度后，同样有勃勃的生机。在开发区里大力抓第三产业这很必要，但我听到建很多大楼、中心什么的，有些担忧。经济工作会议上已经说了，明年高标准的宾馆、购物中心一律都不批，这一点希望大家明白，不要找麻烦。从规划里看，高楼大厦非常壮观。有的地方该搞，如陆家嘴，有的可能比较困难，大家要注意一下。至于说如何规划好，老开发区有面临下一个10年的问题，新开发区有的还在等“金字招牌”。进度不同，发展很不平衡，可以发挥各自的特色。如果都是一个样子，产业雷同，口号也差不多，比如有的搞综合楼，目标不明确，稀里糊涂搞起来，实际上是低水平的，让外国人笑话。我建议要根据自身特点，认真搞好自身下一步的规划。

（四）进一步发挥开发区的示范带动作用。我们希望开发区能够促进本市产业结构的调整和改造。促进国有大中型企业产品的更新换代，促进三线企业军转民。东部沿海发达开发区可以同中西部联手合作。赵启正副市长提出要建立一个经济信息网络，我看很有必要。特区办已酝酿过，准备建立一个计算机联网经济信息中心，国家级开发区都应该进来，省级开发区逐步引导他们进来。信息是流动的，是双向交流，既要向上级领导反映，又要进行横向交流。输入电脑，大家共享，希望大家支持这件事。总体上这个网络花不了多少钱，如果不建这个网络，总体的发展情况弄不清楚，我们下决心把它搞起来。

（五）重视开发区的精神文明建设，力争上一个新水平。

总之，开发区10年来已取得了很大成就，未来10年任务还很重，要尽可能都办成一流的开发区，特别是国家级的开发区要尤其努力。一流里也可以分等，希望大家都进入前列，为小平同志所说的“开发区大有希望”建功立业。大家所关心的一些政策问题，国务院有关部门的同志都听了，大家都表示要研究、协商，表示理解，总体上都表示支持。总的来说，现在有利条件还是很多的，首先政治环境比较好，不再扣“卖国主义”等帽子了，大家积极去闯，实现小平同志“开发区大有希望”的愿望，完成李鹏总理交待的“走出一条具有中国特色的经济技术开发区成功之路”这篇大文章。

蓬勃发展的经济技术开发区*

（1994年12月24日于天津）

赵云栋

开发区的进展与成效

目前，全国经国务院正式批准的经济技术开发区共32个。其中，1984—1988年批准的有14个，集中在沿海的12个城市。1992年以来批准的有18个，包括温州、昆山、武汉、芜湖、重庆等开放城市，和哈尔滨、长春、沈阳等一些省会城市，以及北京和乌鲁木齐。10年来，开发区在党中央、国务院的亲切关怀和正确指导下，在国家有关部门和地方政府的大力支持下，经过开发区建设者的艰苦创业，逐步发展壮大，其中先行的开发区已经走上了经济结构以外商投资企业为主、产业结构以现代工业为主、产品销售以出口为主，致力于引进和开发先进技术的道路，速度、效益、后劲同步增长，取得了令人瞩目的成绩，发展势头越来越好。

（一）创造了比较完善的投资环境，成为吸收外商投资，发展外向型经济的重要“窗口”。

经过10年的建设与发展，开发区的投资环境日益完善，对国外投资者的吸引力越来越大，已成为我国吸引外商投资比较集中的热点地区之一。到1994年9月底，仅对沿海16个开发区统计，累计批准外商投资项目6651个，合同总投资206亿美元，其中协议外商投资129亿美元，实际利用外资近50亿美元，现已有2500家外资企业投产开业。近几年，开发区在吸引外商投资方面突出的几个特点是：

1. 外商投资项目的规模越来越大。1993年，上述16个开发区批准的外商投资项目平均投资总额为272万美元，高出全国平均水平一倍以上（全国平均为133万美元）。今年开发区单项投资额平均达到351.3万美元，比上年提高30%，外资所占的比重也稳步提高，天津、闵行、南通等开发区协议外资占总投资都在74%以上。目前16个开发区中，1000万美元以上的投资项目有350多个，其中大连开发区有110个，天津开发区有74个，上海闵行开发区有40个。

2. 项目的质量和技术水平稳步提高。现在每个开发区都把吸收高新技术项目当做利用外资的重点，引进的项目注重在微电子、计算机、光纤通信、新材料、生物工程等高新技术领域。如上海漕河泾开发区的贝尔电话、贝岭集成电路项目，光纤和数字通信设备生产项目，智能型工业自动化控制设备项目等等。天津开发区的移动通信、电脑、录像机及视屏产品，大连开发区中美合资的太平洋线路板、辉瑞制药等，都是技术先进的项目。其他开发区也都有一批技术水平高的好项目。

3. 跨国公司和有实力的大企业投资项目逐年增多。据初步统计，跨国公司在开发区投资举办的企业已超过100家，其中大连开发区已有17家世界排名500强以内的跨国公司进区建厂，如日本的东芝、佳能、三洋，美国的辉瑞，韩国的大宇，法国的道达尔等。天津开发区吸引了以美国摩托罗拉为首的52家跨国公司进区投资，投资项目达78个。上海漕河泾、浦东金桥出口加工区，进区办厂的跨国公司也比较多。

4. 外商投资的势头继续看好。1994年以来，在全国外商投资合同数量和协议金额有所减少的情况下，开发区继续保持了较好的发展势头。沿海16个开发区到9月底，协议外资金额达到35.4亿美元，比上年增长了17.8%，外商实际投资达到13亿美元，比上年增长约60%。由于开发区具有比较优越的投资环境，外商投资企业经营效益比较好，外商追加投资增多。据沿海16个开发区反映，已投产的外商投资企业在区内增加投资的达20—40%，有的企业增资额已超过原来的投资额。

随着外商投资规模的扩大，开发区的出口也呈高速增长的趋势。1994年沿海16个开发区的出口额将突破30亿美元。其中大连、天津、广州、上海、闵行等开发区的增长幅度较大。开发区外向型经济的发展，不仅增强了母城参与国际合作和竞争的能力，同时也为促进广大内陆地区积极进入国际市场，发挥了"桥梁"和"窗口"作用。

（二）逐步成为新的经济增长点。

这些年沿海城市的开发区已陆续进入了旺盛的产出阶段，工业产值每年都以成倍的速度增长，经济规模和总量不断扩大。预计1994年沿海16个开发区工业产值可以突破700亿元。目前，开发区在母城工业总产值中的比重一般都上升到10%到20%，有的还要高一些。天津、大连等几个较大的工业城市的新增工业产值中，几乎一半是由开发区创造的。值得注意的是，由于开发区这些年吸引的大项目、好项目比较多，后劲比较足，今后的增长势头将更好。例如上海浦东金桥出口加工区1994年工业产值将达到53亿元，1995年将超过100亿元，到2000年将达到500亿元产值，预计天津开发区到2000年产值将达到1000—1200亿元，相当于1993年天津全市工业产值，等于再造一个新天津。1992年以后新批的沈阳、武汉、杭州等开发区虽然起步较晚，但投资力度大，开发建设的步子扎实，进展较快，招商引资的势头相当好，发展的潜力很大。长春开发区破土动工才10个多月，已批准外商投资项目68家，协议外资额4.8亿美元，其中上千万美元的项目有10多家。全区仅已有的项目就可以形成每年60亿元的工业产值。

（三）成为推动科技进步的基地。

致力于发展高新技术，加快母城技术进步的步伐，是开发区攀登新水平的重要目标，目前已取得可喜进展。近几年，开发区内大规模集成电路、光纤通信、计算机、精细化工、新型材料等新的产业群体正在形成。主攻高技术的上海漕河泾开发区，已经引进开发了0.65微米集成电路和生产1.2—3微米大规模集成电路的技术、智能化工业自动控制系统的制造技术、光纤和数字通信设备的生产工艺技术、卫星高速通信联网技术等。福州开发区内设立了科技园区，投产企业已有38家，着重发展高新技术产品，其中5项产品达到国际先进水平，8项产品填补了国家空白。烟台开发区承担国家和省级火炬计划项目27项，已开发出三元电镀强度轴瓦等新技术产品63个。青岛开发区内9家企业被科技主管部门认定为高新技术企业，掌握了某项尖端电子技术。这些项目对母城以至全国的技术进步和产品水平的提高，无疑发挥了重要作用。

（四）推动了所在城市和地区产业结构的调整与改造，辐射作用不断增强。

这些年开发区在这方面的工作，已经有了比较明显的成效。例如天津开发区的雅玛哈电子琴厂，带动了市内十几家电子元件厂的改造和产品升级换代，扩大了产品的出口。昆山开发区的台资吉安特自行车厂，发展了40多家乡镇企业为它配套，产品绝大部分出口。沈阳开发区结合沈阳老工业基地的特点，以老企业易地改造为突破口，几年来共吸引市内14个大中型企业进区举办了17个大型项目，总投资18亿元，投产后可年创产值25亿元。这些企业过去在老市区内，设备严重老化，无力改造，通过转让市区内土地获得的资金到开发区建新厂，引进新设备、新技术，使企业得到新生，其中有不少产品已经进入了国际市场。

大连开发区充分发挥腹地的资源和大企业的优势，引进国外的先进技术和销售渠道，在区内生产出口产品。如吉林江北机械厂与外商合资在区内举办的工业管件厂，引进美国和德国的先进技术、设备，使产品迅速更新换代，达到国际水平，年产5000吨工业管件全部出口，年创汇5000万美元。哈尔滨轴承厂与外商在区内兴建了轴承分厂，仍用自己的技术和设备生产小型轴承，年产1520万套小型轴承全部进入国际市场。中日合资的日清制油有限公司，利用东北的大豆进行深加工，取得了较好的经济效益，产品的50%销往国外。这类利用东北地区资源进行深加工的出口企业，大连开发区有40多家。

开发区通过为市内提供项目和信息，牵线搭桥，推动了母城经济的发展，如沈阳开发区实行项目双向引进，信息双向交流，内外沟通，已向市内机电、汽车、医药、化工和电子等重点支柱行业推荐项目20多个。又如昆山开发区从1992年以来，先后与全市20个镇成立了经济开发联合公司，仅1993年一年为邻近乡镇引进项目40个，投资总额

1.7 亿美元，合同外资额 1.65 亿美元。

（五）发挥了经济体制改革试验田的作用。

经济技术开发区是在我国经济体制转型期间举办的，又是以进入国际市场为目标的。这就决定了建区伊始就得走改革之路，并逐步向国际惯例靠拢。10 年来，起步较早的沿海开发区对原有的投资体制、土地使用制度、劳动用工制度、流通体制等领域进行了大胆改革。区内管理实行“小政府、大社会”，以服务为宗旨、法律为准绳，主要采取经济手段，辅之以必要的行政措施进行调控，努力培育各种要素市场，初步形成了既适应国际市场要求，又符合国情的经济运行机制和管理模式。开发区在改革方面的探索，不仅有利地推动了开发区的建设和外向型经济的发展，也为母城经济体制改革的深化提供了有益的经验。

以上这些进展和成效充分证明，党中央、国务院关于举办经济技术开发区的决策是完全正确的。

开发区建设的基本经验

举办经济技术开发区，是将国际上办出口加工区的成功作法与我国国情紧密结合的有益尝试。10 年来开发区创业者们解放思想，刻苦探索，积累了丰富的经验，这是我们在新形势下进一步办好开发区的宝贵财富。认真总结开发区建设的基本经验，对于继续做好扩大开放和吸收利用外资工作具有重要意义。开发区的经验主要有以下几个方面：

1. 坚持以工业为主、吸收外资为主、拓展出口为主，致力发展高新技术的办区方针。实践证明，坚持了“三为主”方针，开发区就发展和兴旺，反之就会走弯路。天津、大连和上海的开发区所以能够有比较快的发展速度，比较高的经济效益，形成比较强的自我发展能力，关键就是始终坚持了正确的办区方向。上海闵行开发区内全部是清一色的外商投资工业项目，虽然开发区面积不大，但他们的效益指标属全国开发区前列。

2. 正确选址、科学规划、量力而行、滚动发展。正确地选择区址，科学地制订发展规划，是开发区健康起步的关键。开发区的建设基本上坚持了“开发一片、建成一片、收效一片”的原则，即从发展远景上确定规划控制面积，实际开发则立足于可能的条件，坚持小块起步，保证了集中财力、物力、人力进行高速度的开发建设。

3. 合理利用土地，善于以地生财，走集约、高效的开发之路。土地既是开发区建设的载体，也是筹集资金的主要财源。因此各开发区在开发建设中都把土地的合理使用摆到十分重要的位置来抓，力求以最小的投入，获得最大的产出。如天津开发区前几年就实现了单位土地面积每投入 1 元人民币，就能引进 2 美元外资，取得 3 美元工业产值的效益。闵行等开发区在这方面也取得了突出的成绩。

4. 精心营造完善的投资环境。投资环境的优劣是开发区成败的关键。因此各开发区都把投资环境的建设摆在首位。第一是实现“硬、软件”兼备，包括较为完备的基础设施，健全的法制环境，高效的办事效率，优质的公共服务等。第二是以“软”补“硬”，以“软”取胜。成功的做法是实行“一支笔”审批，“一条龙”服务，“一站式”管理等。第三是不断强化“人人都是投资环境”的意识，努力提高开发区工作人员的思想作风、业务素质和服务水平。

5. 依托母城，服务母城。这是开发区取得成功的一个很重要的经验。一方面开发区的健康发展，没有地方政府的重视和领导，以及各部门的大力支持是不可能实现的。母城的基础设施、工业配套条件、人才资源等是开发区赖以生存的基础，依托母城，可以收到事半功倍的效果。另一方面开发区又以自身的集约化、外向化、现代工业技术和承担的特殊功能为母城和周围地区的对外开放服务，发挥着窗口和桥梁作用。

6. 坚持两个文明一起抓。开发区处于中外两种意识形态、两种文化体系交汇的结合部，因此开发区在加快物质文明建设的同时，也十分重视社会主义精神文明建设，特别是狠抓了干部和人才的锻炼与培养。这是开发区立大志、走正路、创伟业的可靠政治保证和力量源泉。

开发区的经验还有很多，但主要是这几个方面。我们认为，这里面最核心的一条是坚持“三为主”的方针。在建设起步的时候，要坚定不移、扎扎实实地办好工业项目，为开发区的发展打下坚实的基础，然后再考虑第三产业配套和协调发展的问题。再一个就是依托母城、服务母城的问题，这是开发区不断发展壮大的关键。

开发区今后的发展方向

开发区的发展虽然取得了令人瞩目的成绩，但只是刚刚走过了初创阶段，开发区的发展还很不平衡，投资环境特别是在软环境方面仍有待进一步完善，项目的整体水平和效益还要大力提高，功能与辐射作用也需要进一步增强。总之，开发区离党中央、国务院的要求和适应扩大开放的需要还有不小的差距。展望今后的发展，虽然国内外大环境为开发区的持续快速发展提供了许多有利的条件，开发区本身也有了一定的基础。但要看到随着我国全方位开放格局的形成和社会主义市场经济体制的逐步建立，地区间的政策差异将逐步缩小，开发区的某些政策也将要调整，这些都将给开发区的工作带来新的课题和新的考验。这表明，开发区的发展将要进入一个新的阶段。

1994 年 6 月江总书记视察广东时，明确指出中央对发展经济特区的决心不变；对经济特区的基本政策不变；经济特区在全国改革开放和现代化建设的地位和作用不变。要求特区增创新优势，更上一层楼。我们理解，这一指示的精神同样是开发区今后一个时期的指导方针。要做到增创新优势，更上一层楼，必须要进一步解放思想，更新观念，把开发区的发展转到全面提高素质和以效益为中心的轨道上来，努力把开发区的外向型经济提高到一个新的水平。为此，一是从整体讲，还要继续坚持以工业为主，以吸收外资为主，以拓展出口为主，致力于发展高新技术的“三为主”方针；二是要继续改善投资环境，着力吸收跨国公司和国外大公司投资，提升产业结构，努力发展高新技术项目，不断增强产品的国际竞争力；三是坚持与母城老企业的改造相结合，与旧城改造相结合，不断增强开发区的辐射和带动作用；四是坚持“开发一片，建成一片，收效一片”的原则，在努力提高开发效益的基础上，搞好开发区的深度开发或叫二次开发；五是继续深化改革，改进管理和服务，率先形成符合社会主义市场经济体制和国际惯例要求的运行机制；六是进一步加强开发区的规范化管理工作。

＊这是国务院特区办公室副主任赵云栋同志在庆祝经济技术开发区 10 周年座谈会上的讲话。

大有希望的事业
——经济技术开发区创办10年总结

国务院特区办公室沿海和沿江开放地区司

经济技术开发区崛起于我国经济生活中，迄今已历10年。在中央、国务院方针、政策的正确指导和有关方面的积极支持下，依靠各有关地方党政领导机构的运筹和督导，先行举办的一批经济技术开发区取得了超常规、高速度的经济建设实绩，在改革开放和社会主义现代化建设事业中发挥着日益显著的作用，展现出大有希望的前景。本文从历史审视的角度，概略回顾其进程，阐述其在我国国民经济发展中的功能，总结办区的主要经验，并对今后发展进行思考和展望。

诞生与发展

经济技术开发区（以下也简称“开发区”）的创办，始于我国改革开放迈出重大前进步伐的1984年。

当年春季，改革开放总设计师邓小平同志，视察深圳、珠海、厦门特区等地之后，明确指出：“深圳的发展和经验证明，我们建立经济特区的政策是正确的。”“我们建立经济特区，实行开放政策，有个指导思想要明确，就是不是收，而是放。”“除现在的特区之外，可以考虑再开放几个港口城市，如大连、青岛。”（《邓小平文选》第三卷，第51—52页，人民出版社）。根据邓小平同志的建议，中央、国务院于5月初正式决定开放天津、上海、大连、秦皇岛、烟台、青岛、连云港、南通、宁波、温州、福州、广州、湛江、北海等14个沿海港口工业城市。这标志着我国的对外开放，经历了1979年至1983年这5年的试点启动之后，走向重点延伸，在沿海从南到北形成了主干。当年秋季，党的十二届三中全会，按照邓小平同志关于建设有中国特色社会主义的理论，作出《关于经济体制改革的决定》，要求在农村经济体制改革取得重大成就的基础上，坚决地系统地推进以城市为重点的整个经济体制改革。正是在这一重要历史背景下，开发区应运诞生。

举办开发区是开放沿海14个港口工业城市整体部署中的重要组成部分。这些城市，工业基础较好，交通运输较为方便，技术水平和管理水平较高，科学文教事业比较发达，既有开展对外经济贸易的历史经验，又有与内地进行经济技术协作的网络，有条件在对外开放中先行一步，通过增强国际经济技术联系，加速当地经济发展，支援和带动内地。同时，这些城市长期欠帐的基础设施，还难以完全适应当代发展国际经贸业务的要求；刚刚着手改革的经济体制，也不利于更好地吸收利用外商投资。考虑到这种实际情况，中央、国务院在开放这些港口工业城市的决定中，规定有条件的市可以划定一个有明确地域界限的区域，兴办新的经济技术开发区。基本宗旨是：在一定区域内，集中力量建设完善的基础设施，建立精干、高效的管理机构，创造对外资有较强吸引力的“小环境”，以便积极举办外商投资企业，发展中外合作的生产和研究设计，引进先进工业项目，开发新技术，推动科技进步，优化所在城市（以下简称母城）的产业结构，增加出口创汇，逐步成为母城扩展对外经贸的重要“窗口”。

国家对开发区这项新生事物，给予了精心扶持。从1984年9月，国务院首先批准东北开放重镇大连市举办开发区。从这时起到翌年1月，在逐个审批沿海开放城市的实施方案中，又陆续批准秦皇岛、烟台、青岛、宁波、湛江、天津、连云港、南通、广州、福州等10个市举办开发区。为了扶持开发区的建设，国家比照经济特区，实行政策倾斜：1. 扩大利用外资项目的审批权限；2. 对外商投资的生产性企业与经济特区一样，所得税减按15%征收；3. 开发区在国家统一政策指导下自主经营区内的进出口贸易；4. 在一定期限内，区内进口建筑器材、自用的交通工具和办公用品减免关税；5. 在一定期限内，开发区的财政收入全部留作开发资金；6. 举办初期几年内，国家银行每年安排若干开发性贷款指标，用于建设启动。同时，国务院也责成有关业务主管部门对开发区制订和执行了必要的监管措施，以引导其健康成长，

在改革开放中诞生的开发区，是在全国不断深化改革、扩大开放的大潮中艰苦创业，逐步发展壮大的。回顾10年历程，大致可划为三个阶段：

一、1984到1987年，是创始建基阶段。建立工作机构、制订有关法规和建设基础设施，抓紧营造投资环境，是这个阶段的中心任务。母城党政领导机关对举办开发区十分重视，从各方面抽调得力干部组成了开发区管理委员会，作为市政府的派出机构，同时组建了从事开发经营实务的经济技术开发总公司。机构比较精干，干部“四化”的特点比较显著，当时几乎所有开发区都由副市长或副市级干部担任第一把手。考虑到由国家统一为开发区立法的条件还不成熟，大多数开发区所在省（直辖市）的立法机关，都为当地开发区制订了一批单行法规，所在市人民政府也公布了一批管理规章。其内容涉及土地管理、建设项目审批、工商登记、技术引进、劳动工资等，保证建区伊始即依法办区。花费力气最大、最多的当属建设基础设施。从筹措资金到招标承包，从进行设计到施工管理，广大开发建设者克服了重重困难，付出了艰苦劳动。与此同时，各开发区积极招商引资，先上一批“短平快”项目。

1986年8月21日，邓小平同志到天津开发区视察。他看到在草木难生的盐滩上，道路和水电干线有序铺开，工业厂房拔地而起，施工现场一片兴旺，得悉这个开工上马才20个月的开发区，已有35家外商投资企业，欣然命笔题词：“开发区大有希望。”这个题词，对经济技术开发区在我国改革开放和现代化建设中的重要作用及其广阔发展前景，作出了明确的肯定论断，给此前一段时间里关于举办开发区的非议，划了个大句号，同时也给开发区建设者提出了殷切期望和严格要求。

在邓小平同志题词的激励下，开发区的建设进度进一步加快。到1987年底，上述11个开发区和1986年8月批准举办的上海闵行开发区、虹桥开发区（商贸服务业为主）共13个开发区，在15平方公里的土地上完成了“七通一平”建成标准厂房和各类设施200多万平方米；累计批准近300个外商投资项目200多个内联项目，协议外资近6亿美元，实际利用外资近2亿美元，280多家企业投入生产运营。1987年当年，完成工业总产值10亿多元，出口创汇1.1亿美元，实现财政收入2亿元。其中广州开发区发展最快，多项指标均列首位。决策不到4年、开工只有3年的开发区，有了产出，初具雏型。

二、1988到1991年，是成长见效阶段。这4年，我国的对外开放又进入了一个新的发展时期。1988年初，中央、国务院决定把1985年初确定在珠海、长江三角洲和闽南厦（门）、漳（州）、泉（州）三角地区开辟的沿海经济开放区，扩大到几乎整个沿海市、县，并提出了沿海地区实行发展外向型经济的战略。这年的6月，国务院又批准上海市举办以发展高新技术为主的漕河泾开发区（至此全国的开发区达到14个）。位于实施外向型经济发展战略目标前列的经济技术开发区，在继续建设基础设施，完善投资环境的同时，以建设生产性项目为“生命线”，大力招商引资，拓展出口贸易，抓管理，上水平，努力提高规模经济效益，发展规模不断扩大，经济实力逐步增强。

到1991年底，14个开发区累计开发面积达30平方公里，建成500多万平方米的工业厂房和相应配套的生活服务设施，形成了水、电供应有保障、运输便捷、电信畅通的投资环境。累计批准外商投资项目1501个，协议吸收外资27.2亿美元，实际利用外资14亿美元，投产运营的企业达到821家。1991年当年，完成工业总产值148.3亿元(其中外商投资企业88亿元)，出口创汇12亿美元。除去新批的上海漕河泾开发区，其它13个开发区的当年经济发展实绩与1987年比较，工业总产值增长11倍(外商投资企业工业产值增长14倍)，出口创汇增长9.3倍，财政收入增长2.4倍。就整体来说，开发区走上了以发展现代工业为主、吸收利用外资为主、拓展外贸出口为主（以下简称“三为主”）的轨道。

三、从1992年起进入发展提高的新阶段。在全国深化改革、扩大开放、经济快速增长的新形势下，各开发区认真贯彻1992年初邓小平同志南巡重要谈话和党的十四大精神，充分运用已经创建的基础，抓住机遇，加大工作力度，登上新台阶。

——外商投资迅速增长。1992年，14个开发区批准的外商投资项目、协议吸收外资金额、实际利用

外资金额，均比上年增长2倍左右。1993年，又分别比上年增长87%、59%和94%。尤为可喜的是，1993年单项平均外商投资272万美元，高出全国平均水平一倍以上。许多开发区，都有了几个、十几个甚至数十个投资规模在1000万美元以上的重要项目。约有100多家世界著名、实力雄厚的国际大公司、大财团进入开发区投资办厂。截至1994年9月底，开发区累计批准外商投资项目6651个，协议外商投资金额129亿美元，外商实际投入近50亿美元。

——引进的先进技术项目增多。美国电报电话公司与上海合资，在漕河泾开发区投资4500万美元，开发生产国际第一流的光纤通信产品。韩国三星株式会社，在天津开发区投资5600万美元，生产视屏产品。日本牧田株式会社，在昆山开发区投资3000万美元，建立了生产世界名牌（MAKITA）电动、气动系列工具的企业。在烟台开发区，山东医药部门与美商合作，建厂生产医用导管，这项产品具有90年代国际先进水平，亚洲只日本有一家企业生产。上海闵行开发区的电脑磁盘、激光元器件、非金属晶体制品，福州开发区的人工肾透析器、高效生物制剂、船舶交通仿真控制系统，湛江开发区的无水柠檬酸、桉树综合开发利用项目等，都是技术档次高，能填补国内短缺空白，经济效益看好的先进项目。这标志着开发区正在实施经济开发与技术开发并重的方针，努力攀登高科技。

——工业生产、外贸出口和经济效益同时俱进。沿海14个开发区，1993年完成工业产值419.6亿元（其中外商投资企业工业产值占70%），比1991年增长1.83倍。当年外贸出口23.8亿美元（其中外商投资企业出口占73.6%），比1991年增长约1倍。而且出口大于进口，外汇收支总体平衡有余。实现税收26亿元，比1991年增长2.2倍。

——后者勇进。有的开发区，主要由于大环境配套等客观条件制约，前几年发展慢一些。1992年以来，抓紧机遇，奋起直追，大见起色。南通开发区，就连打翻身仗。1992年工业产值在上年2.1亿元的基础上增长到5.6亿元，1993年又增长到19亿元，在开发区中排列位次大大提前。连云港开发区，大体也是这样的趋势。

按照全国扩大对外开放的需要，1992年，国务院先后批准举办温州开发区、昆山开发区、营口开发区、威海开发区、福清融侨开发区。1993年，国务院又批准东山开发区、哈尔滨开发区、长春开发区、沈阳开发区、杭州开发区、芜湖开发区、武汉开发区、重庆开发区、萧山开发区、大亚湾开发区、广州南沙开发区。1994年8月，国务院又批准北京、乌鲁木齐两个开发区。至此，国家批准的经济技术开发区达到32个。

国家新批的这18个开发区，多数以贯彻“三为主”方针，增强母城开展对外经贸活动和技术交流的功能为宗旨，少数另有特定目标。福建东山开发区，主要是利用当地的自然条件，发展对台经济合作，建立现代化创汇农业。福建福清市融侨开发区的举办，旨在适应祖居当地的海外侨胞和华人投资振兴侨乡经济的要求。惠州大亚湾开发区、广州南沙开发区，则是为了发挥建港条件的优势，进行地区经济综合开发。在这些开发区中，沈阳、昆山、温州、融侨等开发区，在正式批准前已着手开发建设多年，具有一定规模的产出。其它的新办开发区，立足当地实际，认真吸取先行开发区的成功经验，以后继猛追的精神，坚持科学性、规范化、高起点，扎实起步，正在努力创造良好开端。

功能与作用

经济技术开发区的发展势头，方兴未艾，十分可喜。预计1994年，国家在1988年以前批准的14个开发区，加上1992年以后批准的沈阳、昆山、温州、融侨4个已进入收获期的开发区，这18个开发区将实现工业总产值720亿元，外贸出口35亿美元，税收42亿元，成为国民经济的新增长点。同时，在实施改革开放和推进现代化建设中，也逐步发挥着日益显著的重要功能和作用。

一、振兴母城经济的新支柱。开发区是母城主办的，依托母城建设和发展的，也是以服务于母城经济振兴为首要宗旨的。这方面的功能和作用，已经大见端倪。总起来说是：发展了现代化的工业生产力，优化了产品结构，推动了科技进步，提高了经济外向度，扩大了城市功能。

由于开发区工业生产连年大幅度增长，在母城工业总产值中逐步占到相当比重。1993年，大连开发区工业产值占全市工业总产值的14.5%，青岛开发区占11%，湛江占20%。即使在天津这样的大工业城市中，1994年上半年开发区工业产值，已占全市工业总产值的12.64%，而在全市新增的工业总产值中，开发区占46.8%。这不只是个数量增长概念，而且富有质的内涵。一般来说，开发区的工业生产项目，技术含量较高，工艺较为先进，产品适应国外市场需求，竞争力强，不但是母城经济实力的新增长点，而且促进着母城产业结构的调整。烟台开发区，建立了氨纶、锦纶、圆锥轴承、车用空调器、彩管导电涂料、特效止血药等生产国内短缺产品的工厂，使全市工业改变了旧面貌。南通开发区，经过10年努力，为全市工业增加了出口家具（年产23万件）、胶合板（年产12万立方米）、硅导电橡胶元件（年产6000万片）电脑软磁盘（年产20亿片）和外销成套西服5个新的支柱行业，对母城原来“重工业不重，轻工业太轻”状况的改善起了重要作用。这些以吸收外商投资为主、采用比较先进的技术装备和生产工艺、面向国际市场的工业新区的建立与发展，不但有力促进着各自母城的经济发展，扩大和增强着城市功能，而且推动着我国现代化城市化的进程。同时，开发区的建设，无论是规划和计划的制订实施，设计方案的筛选确定，建筑施工的组织管理，都创造和积累了许多新经验，为进一步搞好城市建设开辟了新思路，起着探索示范作用。

在坚持“三为主”的基础上致力于发展高新技术，也获得了可喜成果。大规模集成电路、光纤通信、计算机、精细化工、新材料等新的产业群体正在形成。主攻高新技术的上海漕河泾开发区，已经引进、开发了设计0.65微米集成电路和生产1.2—3微米大规模集成电路的技术，纯度为6个9的液态氢、氮的生产技术，智能化工业自动控制系统的制造技术，装备四次群光纤通信数字传输设备的生产工艺技术，卫星高速通信联网技术，生物工程中的基因工程和酶工程技术等。福州开发区内设立了科技园区，投产企业已有38家，面向市场需求，着重发展实用型高新技术产品，5项产品达到国际先进水平，8项产品填补了国家空白，24项产品分别获得国家级和省部级奖励。烟台开发区承担国家和省级火炬计划项目27项，已开发三元电镀强度轴瓦、MFSS锅炉安全装置等新技术产品63个。青岛开发区内，9家企业被科技主管部门认定为高新企业，其中一家掌握了某项重要电子高技术。这些项目对母城以至全国科技的进步和产品水平的提高，无疑有重要作用。

开发区是母城吸收利用外资的热点，聚集了大批外商投资企业。大连、天津、烟台、青岛、宁波、福州、湛江等开发区，累计吸收的外商投资，大体都占全市的20—30%。天津开发区外商投资企业的工业产值，1994年上半年已占全市同类企业工业产值的54.4%。青岛开发区内，投资规模在1000万美元以上项目占全市的33%。开发区又是拓展外贸出口的新基地。1993年出口额突破1亿美元的开发区就有10个，大连开发区居首，达到6.4亿美元，以后依次为天津、广州、上海闵行等开发区，都在2—3亿美元之间。开发区的出口，外商投资企业产品占的比重大，非配额、许可证管理产品比重大，深加工产品比重大，如天津开发区1994年首季出口总值中，机电产品比例达到65.5%，纺织品和服装仅占10.2%。这对母城以至全国的外贸主渠道，起着重要的补充作用。

二、实施对外开放的重要方式。举办开发区10年的实践说明，这项推进我国对外开放的重要举措，可以实现发挥母城优势和吸纳国外生产要素的密切结合。对开发区来说，以母城为后盾，依托和运用它的经济基础、交通运输能力、科技力量、文教事业，乃至在国内外的知名度，可以迅速创造比较完善的投资环境，有效地吸收外资和引进先进技术，加快建设速度。沿海开放城市办的14个开发区，1986年工业产值只有3亿元，1988年达到42亿元，1991年140亿元，1994年将突破700亿元。其第一个10年工业生产力发展的实绩，超过了5个经济特区第一个10年的成果，究其由来，依托母城是一个重要的有利条件。对母城来说，这项举措可以把全市对外开放的全面实施和开发区的先行突破有机结合起来，有效地不断提高经济外向度，增强参与国际合作和竞争的能力。

在若干经济中心城市举办开发区，能够调动和发挥中央和地方两个积极性。回顾开发区快速发展的历程，国家规定了正确的指导方针，给予了若干具有含金量政策的支持，当然是根本的保证。而有关地方党政领导机关对开发区选配得力干部，进行总体规划运筹，帮助筹集资金，加强日常工作的督导和协调，也是决定性的因素。

按照中央、国务院的指导方针，经济技术开发区既有促进外商投资的功能，进行加工出口的功能，也有开发高新技术的功能，还可采取保税措施，发展国际保税业务。这种综合性的功能，既可推进开发区的发展，又可适应母城发展外向型经济的需要。每个开发区虽然面积不大，从全国来看经济总量有限，但是这种新生的生产力与母城经济基础相结合，就可以产生强大的辐射效应。上海漕河泾开发区引进和开发光纤通信技术、程控电话制造技术、CATV传输技术，推动着上海第二支柱产业通信业进入90年代初的国际水平。天津开发区吸收日商投资，生产雅玛哈电子琴，不仅已畅销于国内外，而且把元器件生产和供应扩散到全市50多个厂家，使国产化率由初期的18%提高到70%以上，传播了技术，带动了一批工厂。昆山开发区与全市20个乡镇工业小区发展横向经济联合，输送信息、转让技术，介绍项目，委托加工元器件、零部件，仅1994年，就建立生产协作加工点25个，介绍外商投资项目50个。区内台商投资的吉安特自行车厂，在区外组织零部件生产配套，组装成车外销，使40多家乡镇企业发达起来。大连开发区，与母城相结合，一方面接纳东北三省有技术潜力的大中型企业进区拓展出口生产，进入国际市场；另一方面利用腹地某些富裕的资源，进行深加工增值出口。从事这两种业务的企业，已办成80多家。前者如哈尔滨轴承厂在区内办的分厂，年产1520万套轴承，全部外销。后者如中日合资日清制油公司，进行大豆综合加工利用，产品由4种扩大到11种，50%外销。连云港开发区，运用母城地处欧亚大陆桥东端滨海的港口优势，联合河南、陕西、宁夏、甘肃、青海的若干机械、电子、建材企业，招商引资，举办企业拓展出口，既加强了本区建设，又给中西部地区的企业进入国际市场，提供了有利条件。

三、经济体制改革的试验田。经济技术开发区是在我国经济体制转型期间举办的，又是以进入国际市场为目标的。这就决定了建区伊始就得走向改革之路，主要在原有经济体制外和国家计划外求发展。开发区内旧体制的痕迹较少，受国际市场运行机制的牵动较大，也有利于改革的进行。开发区建立、成长、发展的过程，在很大程度上是不断深化改革的过程。如果说，开放是开发区的助产士，改革就是它的催育剂。

综观较早举办的一批开发区，大体上都抓了以下几方面的改革：

——投资体制改革。从筹建开始，就要自筹资金，负债经营，滚动发展。国家总计支持了23亿元的开发贷款主要用于工程建设的启动，建设资金的更多部分须得自筹。几个重要来源是：作好利用土地的文章，以地生财；鼓励区内农村以土地投资，参与开发；发行债券，吸收社会闲散资金；与国内外大公司合作，进行融资开发；区内财政投入；争取地方国家银行分行的短期贷款，等等。

——企业产、供、销全部面向市场，而且以国际市场为主，外汇余缺也通过外汇调剂中心解决，充分发挥市场经济机制的作用，在国内外市场激烈竞争中求生存和发展。

——劳动用工实行合同制，干部逐步实行聘用制，工资福利与生产经营成果、企业经济效益挂钩。绝大多数职工没有铁饭碗，干部难坐铁交椅。广州、天津开发区都实行了干部定期述职和民主评议制度。

——土地使用制度改革。建区开始，即实行场地有偿使用，在此基础上，从1987年起按照国家规定，与经济特区一道，在全国较早实行土地使用权有偿出让和转让制度。上海虹桥开发区和天津开发区，最先与外商达成了几块土地（使用权）的出让协议。随后大连、青岛、福州相继与外商签订了包片开发的合约。

——区内管理实行“小政府、大社会”，以服务为宗旨（强调寓管理于服务之中），法制为准绳（各开发区现有由有关省、市制订的单项法规300多个），主要采取经济手段、法律手段，辅之以行政措施进行调控。机构设置贯彻综合性、多职能、少环节、高效率。大连开发区，专门设立“马上办”办公室，昼夜办公，处理急难事项，区内企业称便。上海闵行、虹桥、漕河泾三个开发区，实行市政府不派出管理机关，由发展总公司统一进行企业化经营，市属业务主管部门主动提供服务的管理模式，创造了独特的经验。

——积极推行区内全员社会劳动福利保障体系。天津开发区走在前面，企业用工和医疗、工伤、养老、待业等项保险，已初步实现社会化，减轻了企业的社会负担，由社会保障企业的生产经营。

——探索实行现代企业制度。天津、大连、广州等开发区，正在着手进行。广州开发区的恒通热电股份有限公司，作为全市首批上市的5家公司之一，已经获得成功。

开发区的这些改革，大多是在母城率先实行的，在其探索中取得的正反两方面经验又给母城提供了有益的借鉴。同经济特区一样，经济技术开发区也是我国由传统经济体制走向社会主义市场经济体制的“试验田”和“排头兵”，并且从不断深化改革中得到驱动力，在国内外大市场的风风雨雨里不断发展。

经验与认识

10年来，经济技术开发区刻苦探索，奋力开拓，不断总结实践，研究和解决前进中的新课题，积累了宝贵的经验。

一、正确选择区址，科学制订规划。开发区既是母城的有机组成部分，又具有相对独立的功能，既是工业建设新区，又要着重吸收利用外资，发展外向型经济，如何准确适当的选择区址至为关键。1984年沿海开放城市筹办开发区时，选址都经过多个方案的比较论证，当时国务院主管开放的领导同志，几乎逐个都进行过实地踏勘。后来，上海闵行、虹桥、漕河泾3个开发区的选址，曾组织了100多位专家进行讨论筛选。这些开发区的选址，一般遵循如下原则：1. 同母城经济发展和城建规划紧密衔接，设在工业建设的规划地带上；2. 为了依托母城的基础设施条件进行开发建设，区址尽可能靠近城区（如秦皇岛、湛江等），或者靠近港口等交通枢纽（如天津、大连、宁波等）；3. 注重水、电、运输、通信等生产建设保障条件；4. 有必要的发展空间，但要节约土地，尤其要少占耕地，动迁量要小；5. 自然地形便于监管。以上5条难以全备时，则综合比较取其最佳者。

科学制订全面发展规划的经验是：1. 应依照母城经济建设规划，从促进外向型经济方面确立总体发展目标；2. 工业建设的内涵（即区内工业行业结构），重在弥补母城工业生产力门类的短缺，提高加工深度和产品技术水平；3. 区内建设布局，应利于充分发挥开发区的多种功能，合理利用区内土地面积，提高容积率；4. 保护生态环境的良性循环，防治污染，搞好区内绿化和美化；5. 主要基础设施建设体现时代特色，标准先进，容量充足，为以后的发展留有余地，积蓄后劲；6. 有切实可行的分期分批实施步骤，长远建设设想可以放开些，起步建设和首期工程的各项措施必须具体落实，决不打无准备之仗。

二、从大到小，扎实起步，滚动开发。开发区的建设安排，要坚持量力而行，尽力而为。国务院领导同志曾经多次强调“开发一片，建成一片，收益一片”。许多开发区采取了“大规划、小开发”的作法，即着眼于远景发展的需要来确定规划控制面积，同时立足实际可能的条件，从小范围入手，启动实际开发工程。1985年前后开工的11个开发区，规划面积为114.62平方公里，首期工程面积21平方公里，仅占1/5，又在这21平方公里内划定15平方公里为起步区。实践证明，这种看似小手小脚的作法，却保证了有限财力、物力和人才的集中有效使用，顺利施工，在第二年（1986）就基本上完成了15平方公里的开发工程，初步创造了招商引资条件，接纳了第一批外商投资项目进区。到第三年（1987）就拿到10亿元工业产值、1亿多美元外贸出口、2亿元财政收入的产出。随后即用收取的场地使用费、管网配套费和税收等，投入新区开发，形成良性循环。随着实力的积累增多，滚动开发规模也不断增大。天津开发区，从1985年开始具备自我滚动开发的能力，1991年达到年开发1平方公里的规模。1994年起又上升到2平方公里，大体上每投入1元人民币基础设施建设资金，可吸收2美元外资，年实现3美元工业产值。大连开发区从3平方公里起步，现已建成10平方公里，还铺开了新区10平方公里的开发工程。

资金是开发建设的血液。在国内建设资金紧张的情况下，区内有限的不可再生的土地，是主要财源之一。做好以地生财的文章，是最现实可靠的筹资之道。成功的经验是：1. 坚持规划“一张图”，审批“一支笔”，以项目类别定地点，以项目规模定面积，开工竣工时间和建设进度以合同敲定，占而不用不行，多占少用也不行，炒地皮更不允许；2. 四通（路、水、电、电信）到位，熟地出让（土地使用权），按地块位置、项目类别和规模、投资进区先后、出资方式等不同情况，实行浮动价格，还要巧留某些地段，坐收土地增值之利；3. 对出让的地块，按不同用途严格规定建造密度、建筑物层数、容积率、绿化率等指标，并监督其实现。凡是这样做的，效果显著。大连开发区，自1990年到1993年，从经营土地中实际收益7亿元。中日合资包片开发的工业团地，每平方米出让价22美元，对开发后的熟地，开发区持有20%的股份。1992年新办的杭州开发区，已出让的地块平均每平方米吸收投资365美元。

三、积极营造、不断完善、精心维护投资环境，增强吸引外商进区投资的能力。举办开发区的首要目的，就是吸引外商投资，外资的流向则主要取决于投资环境。如何在开发区营造完善的投资环境，综合10年的实践，在指导思想上应当处理好四个关系。一是母城大环境与开发区小环境的关系。善于充分依托母城的大环境，着意营造更好一些、更高一筹的开发区小环境。二是“硬环境”与“软环境”的关系。“硬”、“软”必须兼备，包括完备的基础设施、健全的涉外法规、高效的办事运作、优质的公共服务以及适应外商基本需要的生活条件等等，都不可偏废。但是，重在搞好“软环境”。尽管各开发区都下了很大力量建造基础设施，甚至建设了自备电站，情况比母城要好些，但与发达国家和亚洲“四小龙”相比，差距依然存在。因此要以“软”补“硬”，以“软”取胜。成功的作法是：“一支笔”审批项目，“一座楼”办毕各种投资手续，“一条龙”跟踪服务，“一站式”

管理到位，组建干练的外商投资服务中心，会计师、律师事务所、公证处等中介咨询机构，为外商提供各种业务服务。三是一般投资环境与实证投资环境的关系。上述投资环境的各项内容，都还是一般意义上的；已经投入生产运营的外商投资企业情况如何，则是投资环境优劣的实证。最根本的是外商投资者能否依法自主经营、依法获利，也就是说他们投入的资本能否生存和增值。这就要求通过认真切实地帮助办好这些外商投资企业，来检验、完善、宣传投资环境。尽管最初进区的外商投资项目，大多规模小、技术含量不高，也要认真对待，加强工作，使之成功，扩大影响。不少开发区由于抓住了这一条，产生了小项目引来大项目，小公司引来大公司，进区的外商又增加投资的效果。大连开发区近两年外商增资就达8亿美元，其中日商佳能公司连续三次增资。四是人与“物”、“事”的关系。投资环境中的物要靠人去创造，事要靠人去办理。开发区全体工作人员的精神状态、工作水平、道德风尚是投资环境的根本。许多开发区提出“人人都是投资环境，事事关系信誉形象”，在干部中强调“法必依，言必信，行必果，干必成”，把创造完善的投资环境，落实到每个人的行动上，贯彻于各项工作之中。五是稳定与变化的关系。投资环境中每项设施建成、每个机构设立、每种制度制订之后，都是静态与动态的统一。稳定是相对的，变化是绝对的。设施需要养护维修，机构的工作需要指导督促，制度的实行更需检查落实。做好了工作，差可以转优；相反，优也可能转差。必须把投资环境（无论是硬环境和软环境）看作是过程，实行加强经常督导协调与定期进行群众性的系统检查、总结、整改相结合，为不断优化投资环境而努力。

四、坚持以建立现代工业为主、吸收利用外资为主、拓展外贸出口为主，致力于发展高新技术的办区宗旨，建成外向型、高水平、高效益的经济技术开发区。搞好基础设施，营造投资环境，只是经济技术开发区的“破题”，引进和建设技术先进、效益好的项目才算进入“正文”。上述“三为主”、“一致力”是办区的基本宗旨，也是不断升档次、上水平的内在要求。只有这样，开发区才能实现自我价值，发挥服务于母城，向周边地区辐射的功能，成为中央、国务院要求的对外开放“窗口”和基地。否则，就会混同于一般工业建设新区，有负党和国家的期望。在任何情况下，对这一办区宗旨都应当把住不放。举办初期，上些内联项目，办些“短平快”的项目，是为了增强对外资的吸引、接纳、消化能力，积蓄自我滚动发展实力，而重点必须放在技术含量高、加工程度深、产品外销竞争能力强的项目上。项目是开发区的“生命线”，上述这类好项目更是开发区旺盛“生命力”的所在。按照国内市场的需求，开发区的产品可以有部分内销，但主次关系不能含糊，销售目标主要应瞄准国际市场。因为，非如此就难以在国内外市场的激烈竞争中扎牢根基，发展外向型经济就成了空话。在大力举办出口创汇项目的同时，应时刻注重增加先进技术企业和高科技项目的比例，这是不断攀登新水平、开创新局面的必由之路。现在，天津、大连、广州等开发区，外商投资企业的工业产值都已占全区工业产值90%以上。上海闵行开发区，只有两平方公里大，进区一百多家企业全是外商投资企业，搞工业生产的占97%，出口创汇的占85%，1993年全区实现职工人均创汇1.46万美元。大连开发区工业产品出口部分占产值70%以上，举办10年累计创汇25亿美元，居各开发区之冠。实践证明，哪家在“三为主”、“一致力”方面用力大、功夫深、成果突出，哪家就蓬勃兴旺，高屋建瓴，势如破竹。

开发区以发展现代工业为主，并不排除、相反需要相应发展主要为区内服务的第三产业，尤其是有利于完善投资环境、促进经济外向的信息、金融、咨询服务业。有些开发区，具备条件、客源可靠，可以办些旅游服务项目，这也有利于扩大招商，生财聚财。但是，不应以副业为主业，更应力戒背反办区宗旨，盲目步入大量举办餐饮、商贸、房地产、游乐项目的误区。

五、紧密结合母城，依托母城，服务母城。结合母城，是经济技术开发区建设发展中的一个特点，也是一种优势。依托母城搞开发，搞好开发为母城，是办区的一条成功经验。

各开发区的母城，大多是经济中心城市，交通运输重镇，科教事业比较发达的人文荟萃之地。这里的物质技术基础、长期积累的经济建设经验，大批的干部和高级技工，都为开发区的建设提供了有利条件。如何紧紧依托、充分运用，沈阳、昆山开发区取得的经验具有普遍意义。一是依托母城的市政公用工程，建设开发区的基础设施，沈阳开发区明确规定：能从市内接引的绝不搞重复建设，自成体系，结果只投入2000多万元就接通了铁路货运线和双回路供电系统，节省了投资，加快了进度。二是依托母城的知名度和经济联系网络，加强招商引资工作。沈阳开发区对全市实行信息公开、项目公开、客商公开，与市各工业局、大企业联手，发展招商联络员，形成了全市有关单位积极协助开发区招商的好局面。三是依托母城经济实力，增加建设投入。沈阳开发区将区内一批建设项目，在全市招商，实行谁投资、谁建设、谁经营、谁受益的办法，鼓励国有、集体、民营、个体一起上。商业服务一条街、仓储服务中心、20栋外商公寓、外商酒楼等一批配套项目，投资规模共8000多万元，全由市内有关企业进行建设。开发区管委会只抓规划控制、政策支持和依法监管。四是依托母城领导机关和有关部门，树立办好开发区的共识，形成合力，昆山市党政领导机关，年年召开全市性的会议，讨论开发区的建设，动员各方面关心支持开发区。强调领导树立共识，把办好开发区作为发展昆山经济的重点，指挥协调得力；乡镇树立共识，给以支持，后援有力；部门树立共识，把为开发区服务当作本职工作，办事协力；各企业树立共识，各尽其力，为开发区建设提供条件。全市上下形成了急开发区之所急、想开发区之所想的浓重氛围，许多难题迎刃而解。一家生产小汽车高级铝合金轮箍的外商投资企业，在投产临近时，输电线路尚未接通，市委书记亲自过问，供电局长上工地组织赶工，只用一个星期就畅通供电。外商反映：从昆山人的行动看到了中国的希望。

依托母城建立的开发区，俯首甘为母城“开荒牛”，积极为母城经济建设服务。除了在整体上对母城经济建设作出贡献：比如增加国民生产总值、扩大出口额、提高经济外向度等，并为母城改革进行试验探索以外，具体来说，还有以下几个方面：一是做母城“外引”的桥梁，推荐客商，介绍项目、通报信息。沈阳开发区已向市内机电、化工、纺织、医药等重点行业介绍了20多个外商投资重点项目。二是做母城高新技术产业化的基地。沈阳开发区已同中科院沈阳金属研究所、机械部沈阳铸造研究院、军工部门沈阳虹峰技术开发公司等重点科研生产单位合作，分别进行高性能磁性材料、热敏陶瓷技术、可控硅中频电源、自动化办公设备等科研成果的商品化，共有16个品种，52个规格，有的已形成批量生产能力。三是做母城一批老企业嫁接外商投资，易地改造或扩建的场所。沈阳开发区已为东北制药厂、沈阳冶炼厂、沈阳重型机械厂、沈阳化工厂等14家国有大中型企业提供了更新改造、产品升级换代的新发展空间，预计这些企业在开发区易地履行部分全部投产后，年产值可达25亿元，目前已有部分产品进入美洲、澳洲等远洋国际市场。

实践还证明，为了加快经济技术开发区的建设，发挥它的功能和作用，要求母城党政领导机关加强领导、精心扶持。综合成功的经验，在指导思想上有以下几条：1. 把开发区作为多功能、外向型的以工业为主的经济新区和全市经济发展后劲重要所在来看待，不等同于一般的市属行政区；2. 把开发区的管委会真正放到市政府派出机构的位置上，赋予应有的权力和责任，不等同于一般的市属业务职能部门；3. 把开发区的建设，列为全市经济建设的一个重点，与全市经济发展统盘考虑，密切联接，精心安排协调，及时帮助解决难题；4. 对开发区支持有力，要求严格，检查督促及时；5. 特别注重加强开发区领导班子的配备和建设。

六、社会主义精神文明建设与物质文明建设同时抓紧，加强外商投资企业中的党建工作。考虑到开发区处于中外两种意识形态、两种文化体系交汇的情况下，各开发区从创办伊始，就注意加强社会主义精神文明建设。结合思想实际和工作实际，有针对性进行社会主义教育、爱国主义教育、法制教育、社会公德和职业道德教育，提高区内广大职工的思想素质。在此基础上，将优秀的传统思想文化与积极的外来思想文化结合起来，在职工中树立坚定正确的政治方向、勇于开拓的精神状态、科学文明的行为方式，以形成奋发进取的区风。许多开发区提出了“团结”、“开拓”、“奉献”、“务实”、“创新”、“开明”、“高效”、“廉洁”、“公正”等作为自己的“区训”，通过“公约”、“守则”的形式，采取群众性定期检查、评议总结的办法，以领导率先示范为牵动力，组织贯彻落实。

加强社会主义精神文明建设的根本，是搞好党的建设，在开发区来说，特别要加强外商投资企业中的党建工作。各开发区的党组织为此进行了不懈的努力，创出了路子。天津、大连、昆山等开发区，经验较多。这三个开发区的外商投资企业，基本都建立了党的以及共青团、工会的基层组织，亮明旗帜开展党的活动和政治思想工作。他们的作法是：1. 审批外商投资企业项目与建立企业党组织同步提出，筹建企业行政领导班子与选配党组织负责人同步考虑，招收职工与调配党员骨干同步进行，企业生产经营与党的工作同步抓紧；2. 企业党组织干部实行兼职，党的一些群众工作活动，主要通过工会出面进行；3. 党务活动（如“三会一课”）坚持业余、小型、分散为主；4. 企业党组织通过高级管理人员中的党员干部对生产经营实行监督；5. 以“依法办好企业，维护中外双方合法权益”为主题，处理好中外双方的合作共事关系；6. 动员和教育党员，遵照党的路线方针政策和国家法律、法规，在企业中发挥先锋作用，自觉拒腐防变，以身作则带动广大职工。党组织多方面的工作和党员的模范行动，增进了外商投资者和外方职工对我党团工会活动和政治工作的理解。许多外商投资企业主动提供党、团、工会活动的条件，有些企业规定招工时党、团员优先录用。开发区党建工作经验证明，党在外商投资企业中建立组织，开展党的活动，是我国《宪法》和中国共产党执政地位所规定的，是贯彻党的基本路线，团结中方员工，培养“四有”新人，与外方共同办好企业的需要。在外商投资企业的中方职工中，党的基层组织要发挥政治核心的作用。对此应当理直气壮，抓紧抓好。只要做好工作，完全可以得到外商投资者的理解和接受。开发区的人员，相当一大部分（甚至大多数）是在外商投资企业劳动和工作的。党组织抓好了这一大块，建立起巩固的思想政治工作阵地，整个开发区的社会主义精神文明建设，就有了可靠的群众基础。

七、弘扬求实奋发的精神，坚持从实际出发，立大志、走正路，创伟业。10 年来，开发区的建设和发展，靠中央、国务院给予了明确的方针指导和政策倾斜的支持；靠有关地方党政机关加强领导、督促、协调；靠所在母城的物质技术基础和人才、经验条件；靠全国改革开放大潮的推动。而将这些有利因素变成实实在在的建设成果，则是靠开发区广大建设者和管理者求实奋发的创业精神和刻苦努力创业实践。以下只举几例：

——天津开发区，鉴于母城市政建设长期欠帐，老工业企业技术改造步履维艰的实际，决心营造吸引外商投资小环境，举办外商投资企业，作为母市经济发展的重要补充。截至 1994 年 6 月，批准外商投资企业 1988 家，协议外商投资额 22.76 亿美元，有 51 家跨国公司和世界著名大公司进区投资，举办了 73 家投资规模大于 1000 万美元的企业，由美国摩托罗拉、澳大利亚邓禄普等公司投资的电子产业，由美国可口可乐、瑞士雀巢等公司投资的食品产业，由台中精机、斯波泰克等投资的机械产业，成为开发区的主导产业，并且带动全市 100 多家工厂为之协作配套，促进了母城企业国际化，1994 年工业产值可达一百多亿元，对全市工业经济起到支柱作用。

——大连开发区，发挥母城大港口的优势，着意营造符合国际惯例的投资环境，以日商为主要引资对象，以发挥腹地资源的深加工为重要发展方向，办成了一批水平较高，规模较大的项目，创造了外贸出口位列各开发区首位、连续 10 年外汇平衡有余的实绩，以旺盛的后劲走上外向型、国际化的发展之路。

——上海闵行开发区，在上海这个大工业城市中，独辟蹊径，重点发展精、小、轻、新的名牌工业产品，运用上海经济工作经验丰富的优势，在集约化经营管理上狠下功夫，实现产值、出口、效益三丰收。

——上海漕河泾开发区，专攻高新技术的引进和开发应用。经过 7 年的努力，以微电子、光纤通信、信息技术为代表的高新技术产业群初具规模，技术开发与研究的创业环境初步形成，推动国有企业嫁接改造初见成效，一批追踪国际先进科技的人才正在成长，显示出强盛的生命力。

——广州开发区，在创建基础之后，注重深化改革，优化软环境，引进较大的骨干项目，进行第二次创业，开创新局面。

如此等等，不胜列举。可以说众仙出海，各显神通。透过他们的不同特色，可以概括出三条带有共同性的经验：第一，坚持实事求是的思想路线，综合研究本身面对的空间和时间、具备的主客观条件，善于寻找机遇、抓住机遇，从中选准自己的位置，开辟自己的发展路子，不盲目攀比，人云亦云。第二，认真地切实地培植经济生长点，注重发展社会生产力，不搞短期行为、“泡沫经济”。第三，对提高经济素质，推动科技进步下苦功夫，并具体落实到创造国内外适销对路、竞争力强的产品上，不搞花架子、做表面文章。这些都充分体现了求实奋发的创业精神，在实践中努力弘扬这种精神，大有希望的开发区，一定会进一步变成丰收硕果累累的实际。

人是弘扬高尚精神，进行刻苦实践的主体。招纳和培养人才是开发区的根本大计。各开发区都在吸引、招聘、培训、使用人才方面花了大力气。烟台开发区从国外引进洋人才，在国内招聘高科技人才，从大专院校接纳“后生可畏”的新人才。几年来上述人员已进区 1.2 万人。还分期分批派出职工到国内有关单位培训深造，与哈尔滨工业大学合作在区内举办在职干部技术经济硕士培训班。上海漕河泾开发区，按照开发高新技术的需要，集中了大批高级科技人员，全区专业技术人员占职工总数 35%；计算机软件产业中，有大专学历的占其全部职工的 95%，博士、硕士有 20%。昆山开发区以领导礼贤下士、工作上合理安排、大胆使用、待遇从优、解决本人特殊困难等办法，从全国各地招纳一批人才。一家公司由于招纳了专业对口的技术人员，创造出 23 项专利产品。1993年批准举办的威海开发区，已通过各种渠道，初步集中起一支富有活力的干部队伍，大专以上文化占90%，35岁以下的占83%。许多开发区从工作实践中认识到，“人才就是资本，招才即是聚财”，要“诚心吸引人才，暖心留住人才，关心培育人才”，“以人才带动事业发展，从发展事业中锻炼培养人才”，“建立人才与事业共生共长良性循环机制，实现大有希望的未来。”

思考与展望

回顾经济技术开发区10年的发展历程，已有的成绩显著，未来的前景大有希望。预计到本世纪末，现有32个国家批准的经济技术开发区，将实现年国民生产总值1200亿元，年出口创汇超百亿美元，年财政收入超百亿元，区内人均国民生产总值、有外贸经营权的企业人均创汇额、工商企业人均利税额、工业企业全员劳动生产率，都创全国第一流水平。

同时，也要清醒地看到，从全国深化改革开放和加快现代化建设的要求看，与国外(主要指发达国家和新兴工业化国家)类似的开发区相比，开发区的认识和工作亟需进一步提高。主要表现在：由于各开发区的条件和起步时间不同，发展不平衡；投资环境特别是在软环境方面与国际标准仍有较大差距；项目的整体规模、水平、档次还不高；经济增长主要仍靠外延，集约开发和经营的潜力很大；对母城和周边地区的辐射带动作用有待进一步增强。

从现在到下世纪初，国际经济大环境和我国经济蓬勃发展，为开发区提供了良好的历史机遇和诸多有利条件。首先，随着国际政治经济关系的调整和多极化格局的出现，世界经济增长重心正向亚太地区转移，国际游资日益看好拥有巨大市场潜力的中国，预计今后一个较长时期内，美、日、韩和某些西欧国家在我国沿海等开放区域的投资仍将呈增长趋势。其次，自改革开放以来，沿海地区对外开放城市进行了大规模的能源、交通、通讯、金融、贸易以及各种城市基础设施的建设，一批大型骨干工程项目将陆续建成投产，为实现经济持续快速增长准备了后劲。再次，经济技术开发区10年创业积累的丰富经验，改革、开放、开发的乘数效应，以及高强度资金、技术、管理投入的能量积聚，为开发区新的飞跃提供了强大动力。同时，随着我国全方位开放格局的形成和社会主义市场经济体制的建立，沿海、沿江、沿边以及内地的政策差异的缩小，开发区面对激烈竞争，今后主要得靠科技进步、集约化经营管理上新台阶，工作难度也将增大。

在新的形势下，经济技术开发区按照自己在我国经济发展中的地位和肩负的历史任务，需要立足于前10年的发展基础，从新的起点上，深入思考未来，抓好发展中的一些重大问题：

一、一般的发展方向与各具特色的发展模式。历经10个年头的第一批举办的开发区今后发展的目标、模式是什么？新建的开发区如何从高起点上起步，搞得更好更快些?这都是需要深入研究和统一认识的紧迫课题。

近年来，不少先行的开发区不满足于外向型工业区的功能，有的提出了综合型、国际化城市的发展目标，认为应当加大商贸比重。这种探索在一定程度上反映了某些城市发展的客观要求，但并非所有开发区的共同课题。我国是发展中国家，大力推进居于主导地位的工业生产力的发展，仍然是现阶段国民经济的重要任务。开放城市及其所办的开发区，肩负着发挥先导作用的历史重任。绝大多数开发区现阶段的发展方向，仍然必须从我国的国情和经济发展的战略任务出发，坚持国家为开发区确定的“三为主，一致力”的办区方针，充分发挥对外开放的窗口和经济技术的辐射作用。

当然，并不意味着开发区只有一种发展模式。我国幅员辽阔，各地区经济发展的基础和条件千差万别，因此要提倡解放思想，大胆开拓，因地制宜，扬长避短，在坚持“三为主”的前提下，努力办出自己的特色。根据现在的情况看，有些开发区将发挥毗邻大港口，发展空间较大，腹地广阔的优势，发展成为外向型、现代化、国际性、工贸技结合的新城区。有些开发区将主攻高技术，通过外引内联，成为科技开发的基地。有些开发区将依托母城，联合周边地区，以发展深、精加工出口为中心，瞄准国际市场，成为集约化、高效益、不断拓展外贸出口的重要基地。有些开发区则按照国家规定的目标或进行现代化创汇农业的开发；或以振兴当地城乡经济为己任，个别开发区则重点进行商贸服务，不断作出自己的贡献。内地有些新办的开发区，可从内联入手打基础，积极外引上水平，还可有计划地引接沿海转移出去的劳动密集型产品的生产和出口，加快外向型经济的发展。重要的是，各开发区要立足自身实际，科学合理定位，正确处理好主体功能与其它功能的关系。

二、科学地制订长远规划与优化外向型经济结构。科学地制订长远发展规划，是开发区实现跨世纪发展目标的重要问题。首先，要树立世界意识和世纪意识，赶超国际先进水平，努力在国际经济的大舞台上争得应有的席位。其次，要从当地和开发区的实际出发，充分考虑自身的特色和潜在优势，密切结合母城及周围地区的资源、交通、市场等条件和发展的需要。第三，高度重视开发区基础设施的建设，进一步按国际标准完善投资环境，使各项基础设施的供应能力适应发展的要求。特别要珍惜开发区有限的土地，量入为出，合理安排区内空间布局，发挥土地的最大效益。

如何调整与优化开发区产业结构，是制订长远规划的重要课题。应在国家产业政策指导下，与发展外向型经济紧密结合，以国际市场为导向，着力强化资金密集型与技术密集型产业，重点引进微电子、现代通讯、新型材料、生物工程等高新技术项目，并进一步培植为发展外向型经济的主导产业，努力提高开发区产品在国际市场的竞争力。为此，要认真研究和制订长远的招商战略，调整相关的鼓励措施，对项目进行严格的筛选，下大力气吸引国际上知名的跨国公司和大财团到开发区投资，不断拓宽外商投资的领域和方式，扩大项目规模，提高技术水平和产品档次。

三、内涵与外延。开发区前10年取得的可喜进展，总的说主要是靠高投入和外延拓展，基本上走的是粗放经营和数量扩张的路子。现在有的开发区土地即将开发完毕，项目基本上也摆满了，如果不扩大开发区的面积，开发区就没有发展空间了。但是我国土地资源有限，决定了开发区不能无限制扩大面积。从总体上讲，开发区要发展，必须以新观念进行第二次创业，走以效益为中心、内涵为主的发展道路，促进开发区整体素质和水平有一个质的飞跃。实现上述转变，一是要将土地外延扩大式开发转向集约式开发，优化生产要素的配置和空间布局，使土地的开发效益提高到新水平。二是要由经济开发转向技术开发，着意提高技术知识密集产业的比重，努力增加开发区产品的技术含量和附加值。三是区域开发与功能开发并重，根据各自的情况发挥潜在优势，开发更多的功能。四是“硬开发”与“软开发”并重，大力加强管理和服务功能的开发。一方面加快开发区现代企业制度建设，通过参股和控股。直接参与企业的经营；另一方面通过强化区内的现代化管理和服务，努力取得更好的经营效益。五是在“内开发”的基础上逐步转向“外开发”，有条件的开发区可以向区外延伸经济活力，通过组织控股公司、企业集团对周边的开发区域进行控股开发或异地开发，在更大的空间范围内参与母城的产业重组与改造。

四、政策调整与再创新优势。开发区的发展须得有国家政策的支持，过去10年中减税让利起了重要作用。随着我国改革开放和“复关”步伐的加快，按照市场经济公平竞争原则和“国民待遇”等国际惯例的要求，国家将主要运用产业政策支持特定区域的发展，有关减免税收的地区差别政策将随之调整。开发区要服从改革开放的全局要求，努力适应变化的新形势，立足于自己，在苦炼内功发挥内力上狠下功夫，再创新优势，以增强开发区的活力和吸引力。重要的关键在于开发区的综合投资环境。这包括：率先建立起社会主义市场经济新体制，按照内外相通、规范有序、公平竞争的原则，实现资金、商品、技术、人才、信息等生产要素的高效流动；按照国际标准建立起现代化的社会服务体系和市场中介组织，保证开发区经济活动的高效运行；实现区域的规范化管理，完善符合国际惯例的法规体系，以法治区，厉行勤政廉政。总之，开发区要从主要依靠政策优惠，转向依靠体制、机制、市场、服务、效率等因素构成的整体环境，重新获得新的动力和优势，迎接国内外市场激烈竞争的挑战。

为了继续发挥开发区对外窗口和经济辐射的作用，还需要国家研究赋予开发区若干新政策，继续给予支持。关于这个问题，开发区的同志和一些专家学者已经提出了如下若干题目：调整开发区政策应对新开发区有一个适当的过渡期；保留符合国际惯例（发展中国家权力）的某些地区差别政策；设立开发区基础设施建设专项贷款，适量发行用于开发区建设的专项地方债券；对开发区进行技术开发的风险投资给予贴息；进一步放宽开发区外商投资经营的业务领域，允许外资银行在开发区开展业务，在不涉及进出口配额的前提下，逐步放宽开发区企业外贸经营权，从有利于经营国际化出发，进一步改进开发区人员出国审批制度等。对此应当从必要性与可行性的结合上进一步探讨研究、提出意见，报请国家决策。

五、充分发挥开发区作用与加强规范化管理。在今后发展中，开发区一方面要转换开发模式，努力上水平、上效益，使开发区的建设上新台阶，另一方面开发区要更注重发挥辐射和带动作用。一是要进一步加强与母城的联系。开发区的规划要与城市发展战略和总体规划相衔接，积极参与母城产业结构的调整和改造，促进国营大中型企业的技术进步和产品的升级换代，为母城的经济体制改革提供更多的新鲜经验，加快母城的国际化进程。二是充分发挥开放窗口和经济增长点的辐射作用，带动周边欠发达地区外向型经济的发展，逐步将开发区内的劳动密集型产业向周边乃至广大内陆地区转移和扩散，为全国的现代化建设做出更大的贡献。三是有条件的开发区，要积极组织和推动有实力的企业集团开展跨国经营，在我国经济的国际化进程中更好地发挥桥梁作用。

近几年，在开发区成功实践的示范作用下，出现了“开发区热”。各地纷纷举办各类开发区，数量大大超过了实际需要和宏观经济的承受能力。因此，加强对开发区建设的宏观调控，强化开发区的规范化管理，成为当前一项十分紧迫的任务。做好这项工作，一要坚持举办开发区的条件，不是什么地方都可以办开发区。二要坚持国家和省（自治区、直辖市）两级审批制度。三要抓紧抓实清理整顿工作，未经批准擅自举办或不具备条件的要果断下马。凡属撤销的，要摘牌子、撤班子、退耕还田。乡镇企业联片开发的工业小区，不宜以开发区命名。四要坚持合理布局，节约用地，切实保护耕地。五要坚持国家法律、法规和政策的严肃性，各级开发区都不得自定减免税等优惠政策。要认真做好规范化管理工作，保证经济技术开发区沿着正确的轨道健康发展，在我国的社会主义现代化建设中发挥更大的作用。

（附　记）

本文是我司为了以提高认识、推动工作的实际行动，纪念经济技术开发区创办10周年组织撰写的，在讨论研究、分头执笔起草的基础上，经过总纂修而成，是集体劳动的作品。执笔撰写初稿的有：大连开发区张德华、沈阳开发区王杰、天津开发区迟长贵、青岛开发区凌嵩、漕河泾开发区周振邦、昆山开发区黄承圮、广州开发区江洲。负责总纂的是：国务院特区办公室张戈、徐亚平、刘培强、孙志杰。在此谨向上列各位同志和为撰写本文提供工作条件的青岛开发区致以感谢。

社会主义市场经济必须坚持依法行政

阮崇武

一

依法行政是指各种行政行为都要有法律依据，都要遵照法律的规定。也就是说，政府的行政行为要规范，要有约束性，不得恣意妄为。这是依法行政的基本概念。依法行政是一种重要的政治思想和法律原则，同时也是一种政治道德和社会价值标准。

在我国古代奴隶社会、封建社会就有行政法律，如《周礼》、《秦律》、《唐六典》等，这是世界上最早最详细的行政法。基于当时落后的生产力和生产关系，它只体现了代表统治阶级利益的君主及官吏们的个人意志，而不可能反映和体现广大人民群众的利益和意志，还谈不上依法行政。

依法行政思想的产生和发展有着深刻的社会历史背景，它起源于欧洲资产阶级大革命时期，并发展沿续至今。在300多年前的英国，随着生产力的迅猛发展，商品经济的日益繁荣，英国新兴资产阶级的力量逐步强大起来，从其私有制的本质愿望出发，要求保护其私有财产权，维护其自身利益。因此，资产阶级在与国王的斗争中要求限制王权，特别是国王主掌的行政权，而国王和贵族当然要保护它们的既得利益，所以行政权成为双方争夺的焦点。英国资产阶级大革命推翻了封建贵族的统治，为了防止君主专制卷土重来，确立了议会的立法权、征税权，议会还可以弹劾、审判大臣，从而剥夺了国王的行政权，建立了君主立宪政体，使国王成为无权的虚君。新兴的资产阶级宪政体制特别强调，政府的一切公共行政行为都必须依照法律的规定执行。200年前的法国资产阶级在大革命胜利之后又发展了这一思想，通过当时的有关法律文件和《宪法》进一步提出：凡行政机关限制人民的权利或使人民承担义务时，必须要有法律依据；通过对不法行为的监督和纠正，以保障公民的权益。法国资产阶级特别强调保护“人民”的利益，其实质是要更多地限制贵族的权力，以保障资产阶级的经济和政治利益。随着自由资本主义向垄断资本主义发展，面对行政权不断扩展的趋势，资产阶级有关法律规定：行政机关在不违反法律的前提下可以做出自由裁量，这种行政裁量也必须符合公益的目的并合乎常理。依法行政的思想逐步地发展成熟起来。

总之，依法行政是随着社会生产力和社会交往的发展，经济活动在政治和法律上的反映。它源于经济的发展，适应市场经济的需要，克服一些市场经济自身带来的局限性和消极因素，对市场经济的建立和发展起到了一定的积极约束和引导作用，巩固了资产阶级的利益和政治地位。

社会主义依法行政与资本主义依法行政的区别在于，我党的宗旨是全心全意为人民服务，我国的政体是人民代表大会制度，与资本主义国家政治制度根本不同。我国《宪法》明确规定：“中华人民共和国的一切权力属于人民，一切国家机关和国家工作人员必须依靠人民的支持，经常保持同人民的密切联系，倾听人民的意见和建议，接受人民的监督，努力为人民服务。”这是《宪法》的基本原则，政府与人民群众之间不仅仅是命令与服从的关系，也不是简单的平等契约关系。政府是人民的公仆，人民才是国家的主人。人民通过人民代表大会授权政府行使行政权，其根本目的是为人民服务。政府有责任保证人民有参与的权力，保护人民不受违法行政的侵害。所以社会主义依法行政的着眼点，就是使政府更好地为人民服务。

社会主义市场经济又赋予依法行政思想以新的内容。党的十四届三中全会提出要在我国逐步建立社会主义市场经济体系。这是建设“具有中国特色的社会主义”迈出的新的一步。从传统的统一计划经济体制向市场经济体制的转变，要相应地转变政府职能，调整和改变公共行政权力关系，使政企分开，政府不再干预企业的经营活动；另一方面，政府通过大量的行政法规强化政府职能，主动地协调解决社会问题，缓和社会矛盾，有效地管理现代社会，使政府的权力得以合理的分配，职能得以合理的划分，人员得以合理的配置，成为权、责、职相统一的政府，依法行政是重要的前提和基础。

市场经济是以法制为基础的规则经济。随着社会主义市场经济的建立和发展，经济运行越来越脱离单一的行政管理手段，企业成为独立自主经营的市场主体。公平竞争、等价交换成为市场的基本行为准则。在这种情况下，利益集团日趋多元化，各种矛盾冲突日趋复杂，这就需要按照全社会公认的“比赛规则”，用不断完善的法规和程序协调各方利益，解决各种问题。这就要求建立和不断完善适应市场经济需要的法规体系，使政府能够发挥宏观调控的作用，有效地管理国家事务，维护社会主义市场经济的正常秩序，营造和培植良好的社会环境。依法行政强调的是行政行为的规范化、合理化、合法化。随着社会的发展，政府要进一步强调行政的效率和科学的管理，这就要求用法律和法规进行规范和约束。依法行政是双重的约束和保证，既是管理者进行管理的规范性依据，又是管理者自身的约束性依据。一方面保障公民的合法权益；一方面保障行政机关有效地行使权力。因此，依法行政已经成为建立社会主义市场经济体系的迫切需要。

依法行政是我国政治体制和经济体制改革的重要内容之一。政府实施行政管理要靠一系列规章制度来正常运作。改革就是要革去不利于经济和社会发展的管理制度和管理办法，建立健全适应改革总体目标需要的法规体系。同时，改革的总体方案也要依靠新的规定和办法来不断丰富和发展。近年来，我省行政机关的改革都是从制定和实施新的法规开始的。先立规矩后行动，才可以保证国家工作人员和人民群众都明白改革的原则、方向和步骤，使政府具备有效推进改革的手段。从而保证改革能够克服障碍，有序进行，避免各行其是的混乱现象。在改革过程中新的思想和新的办法要从立法上加以确立，改革的成果最终要依靠不断地建立健全法规来稳定和巩固。随着社会的不断发展变化，政策和法规都需要及时地调整、补充和完善，但法律关系一经形成，就具有相对的稳定性、规范性和约束性。我们的改革经验必须上升为法规，才能巩固改革成果，使社会主义市场经济建设持续健康稳定快速地发展。因此，依法行政是促进改革最有效的方法。

在建立和不断完善社会主义市场经济体系的过程中，坚持依法行政有着突出的意义和作用。

二

在社会主义市场经济条件下坚持依法行政的思想是在建立社会主义市场经济体系和与其相适应的社会主义政治体制的背景下突出起来的。在统一计划经济时期，利益分配和价值取向都比较单纯，依法行政的问题还未引起足够的重视。在市场经济条件下，利益多元化必然导致价值标准和价值取向的多元化。不同的时期，不同的人，在不同的角度，对不同的问题，有不同的利益。要协调复杂多变的利益关系，实行合理的社会再分配，就必须依法进行调整。法从根源上讲就是调整利益关系。只有依法行政，才能保证政府协调的权威性、合理性和稳定性。依法调整社会利益关系是政府的重要职责。

1988年七届全国人大一次会议《关于建立海南经济特区的决议》中，给予了海南较大的地方立法权，“授权海南省人民代表大会及其常务委员会，根据海南经济特区的具体情况和实际需要，遵循国家有关法律、全国人民代表大会及其常务委员会有关决定和国务院有关行政法规的原则制定法规，在海南经济特区实施”。充分运用我省的地方立法权，完善特区的社会主义市场经济的机制，对改善投资环境和发展经济，具有特别重要的意义。这两年，海南充分利用这一条件，发挥特区政策优势，在改进行政权力运作上下功夫，使特区环境有了较大的改善。

坚持依法行政首先要有法可依。建省6年来，海南省在立法工作方面取得了很大的成绩，特别是近两年的立法工作抓得比较紧。两年来省人大共审议通过立法30项，预计1995年还将审议20余项法规；省政府还出台了大量的行政法规，70%的省政府常务会议是以研究立法工作为主的。有了依据，有了尺度，有了标准，依法行政就有了基础。

在重大决策出台前和制定法规时，要充分进行调查研究和立法预研工作，广泛听取各方面的意见和建议，仔细推敲，集思广益，充分发扬民主，力求顾及大多数人民的利益。对研拟的法规要求民主科学合理，又可以操作。在有关立法草案提出后，经过必要的民主程序，做出立法决议。在实施过程中，还要注意按法定程序办事，提高行政效率，以保障行政活动的顺利进行。例如，海南省公路交通的养路费、过路费、过桥费、运管费实行“四费合一”，统一征收燃油附加费，这一改革是经过了详细的论证，征求了方方面面的意见，坚持先立法后实施，严格执行，取得了超出预期的好效果，在全国率先取消了公路上的收费站卡，受到一致的好评。

政府的权力来自于人民的授权，人民群众的支持是政府权威的基础。如果政府事事按规矩办，老百姓就会感到政府是有原则的，是可以预期的，是靠得住的，老百姓就会放心，就拥护政府。我们常说的“不批条子，不认条子，一切按规矩办”就是坚持依法行政的意思。如果哪个政府部门不讲规矩，凭关系，凭长官意志，甚至向人家要“好处”，老百姓就会认为这个机关政策多变，不可捉摸，搞“暗箱”操作，是个腐败的“衙门”，从而丧失了对政府的信心，败坏社会风气，损害群众利益，阻碍经济发展的这样不成熟的环境，对投资者来说是最大的风险，谁还敢来投资？因此，依法行政是保护人民合法权益，促进社会经济发展的可靠保证。

为了方便企业和群众，在体制改革的过程中，我们通过建章立制，尽可能减少审批环节，控制行政权力的膨胀。审批环节越多，行政权力越大，越容易造成矛盾和腐败现象。哪个单位审批权大，逢年过节门口就会人多、车多、送礼多。减化审批程序，会给企业和群众带来实际利益。然而政府向自己的权力开刀很不容易，世界各国公众都有这种要求，但实行起来都非常困难。海南省坚决精减审批环节，在企业登记制度的改革中，一下子砍掉100多个审批章，只保留了24项许可证，不但方便了企业和群众，还为反腐倡廉起到了“标本兼治”的效果。海南省积极倡导办事程序公开，办事过程公开，接受群众监督，在不少办事环节中实行一个大厅办公，一个窗口进出，有效地杜绝了“暗箱”操作，“红包”难以收授。海南省率先取消了税收专管员管户制度，建立税务服务中心，企业在一个大厅里自动报税，办理全部征税手续，堵塞了税收方面的漏洞，受到了企业和群众的拥护和好评。

这两年海南省对规划工作抓得比较紧，包括国土规划、城市规划等。规划工作往往涉及到方方面面的利益关系，既有整体的利益，也有局部的利益；既有长远的利益，也有短期的利益；还有与之相关的各种利益集团的利益等等。政府应当本着对子孙后代负责的精神，从整体的、长远的利益出发，协调各方面的利益关系，对各种方案进行比较，征求专家以及各有关方面的意见，经过认真的测算，提出最佳方案，科学合理地制定规划。规划制定出来之后，通过人大立法，予以确立，使规划体现出权威性和约束性。规划一经立法，谁也不能随意更改，想改就必须再通过人大讨论，从而保证了规划的严肃性，这也是依法行政的一个重要方面。

三

有了规矩就要按规矩办。有法不依不仅等于没有法，而且还会破坏法律的严肃性，损害政府的威信。为了确保已经出台的法规的实施，首先要做到职责分明、责任到人、各司其职、各负其责，使行政权力与一定的行政责任相适应。这是依法行政的一个重要原则。横向的部门与部门之间、纵向的上下级之间的职责要分清。一个部门能做的事，不要几个部门都插手。地方能管的上级就少管一些，尽量减少交叉。需要的是增强配合与合作，减少扯皮，减少工作的随意性。总之，优质、高效、服务、办实事的政府才是好政府。

依法行政，关键靠人。所以要提高国家工作人员的思想和业务素质，增强法制意识和依法行政的自觉性，使每一个政府工作人员都认识到，有了法就要依法办事。所有的政府工作人员都要学法，特别是要熟悉自己职责范围内的有关法规，决不能“以其昏昏，使人昭昭”。《国家赔偿法》已于1994年1月1日开始实行，违法行政给人民造成损害，国家应依法给予赔偿。《行政复议条例》、《行政诉讼法》和《国家赔偿法》都是为了保障人民群众的合法权益不受伤害，对不当行政行为可以状告政府的重要法规。各级政府都应当抓紧做好有关法规的学习和宣传工作，办一些短期培训班，使广大干部进一步认清自己的职权和义务，特别是执法部门，更要时刻注意依法行政，按规矩办事。这样才能做到有法必依，执法必严，违法必究。

社会的发展，社会事务的增多，必然造成行政权力日益宽泛化。行政权力越大，越需要进行有效的监督和制约。老百姓信奉如来佛“法力无边”，因为佛是“理想的化身、正义的化身”。在现实生活中，政府官员不可能“不食人间烟火”，在重利诱惑下，行为道德往往容易沦丧，必须有机制上的约束。行政监督的原则是法律面前人人平等，任何人违法都要追究，不能徇私枉法。任何人都依法享有权利，同时也要承担一定的义务，不允许有只享受权利不履行义务的特权人物。

行政权力的监督，首先是政府的自身监督。它包括政府内部上下级之间，各部门之间，前后程序之间，同事之间的互相监督。审计监督和行政监察也属于政府的内部监督。还包括行政复议和国家赔偿等对政府可能出现的不当行为的补救措施。

仅有行政监督还不够，还要监督行政。监督行政的工作要靠全社会来做。首先是人民代表大会的监督，比如审议批准政府提出的法规，对行政执法进行检查，受理公民的申诉，组织人大代表、政协委员进行调查和视察；其次是司法监督，还包括群众监督和社会监督。群众监督是广大人民群众直接参与国家事务、社会事务，行使当家作主的权利，实现人民民主的具体体现。群众监督包括对政府及其工作人员提出建议、批评、检举、申诉和控告。除了公民个人之外，还可以通过各党派和各人民团体来行使，社会监督主要通过报刊、广播、电视等舆论实施监督。除此之外，党组织还通过对各级行政机关内的共产党员进行党的纪律监督和组织监督，实际上对行政行为起到了监督作用。有的政府工作人员认为，我们工作这样辛苦，还要受这么多“婆婆”管，觉得很委屈。其实，这绝不是对哪个人不信任，或故意找麻烦，完全是因为政府工作的性质所决定的。权力越大，越要加强监督。只有通过建立监督机制，健全规章制度来反对官僚主义，反腐倡廉，才是最有效的。

依法行政是历史的必然，在社会主义市场经济条件下尤其要坚持依法行政。

经济特区要在转向中增创新优势

林其辉

今天有机会参加中国经济特区未来与发展的国际研讨会，感到很高兴，这是一次向国内外专家学习的一个极好机会。

我国经济特区已经经历了15个春秋，取得了举世瞩目的成就。1994年我国深圳、珠海、汕头、厦门、海南5个经济特区的全年国内生产总值达到1483亿多元，比上年增长27.4%，比全国平均水平高出16个百分点；工业总产值达到1515亿多元，比上年增长31.3%。根据海关统计，5个经济特区外贸进出口总额达到528亿多美元，以上年增长26%以上。其中出口达269多亿美元，增长29.3%，占全国出口总额的22.3%；进口达258亿多美元，增长13.1%，占全国进口总额的22.4%。进出口顺差11亿多美元。5个特区新批外商投资项目4925个，协议外资金额86亿多美元，实际利用外资58亿美元。虽然项目数和协议金额有些下降，但实际利用外资比上年增加了33.4%，而且项目质量有了提高。大项目增多，新技术项目增多，跨国公司的项目增多。经过15年的建设，我国经济特区已经从过去的边陲小镇和落后渔村变成了高楼林立、经济发达、工业兴旺、商业繁荣、科技进步、人民乐业的现代化城市。实践证明，我国经济特区的政策是正确的，经济特区的试验是成功的。

当然，经济特区还要发展，还要向更高的目标前进，如何在现有的基础上增创新优势，更上一层楼，如何进一步发挥经济特区的功能和作用，特区还要不要"特"，特区在今后的发展中应注意哪些问题，都还有许多问题需要研究和探索。但关键是两个问题，一是特区还要不要存在，还要不要"特"下去，二是特区如何进一步发展，要注意什么问题，增创什么新优势？下面就讲讲我个人的一些看法。

我认为，经济特区的"特"，是进一步发展的必要条件，特区的"特"不能取消，而且要继续"特"下去。江总书记1994年在广东和经济特区视察时指出：中央对发展经济特区的决心不变；中央对经济特区的基本政策不变；经济特区在全国改革开放和现代建设中的地位和作用不变。要把发展经济特区贯穿于社会主义现代化建设的整个过程。表明了经济特区的"特"是国家长期不变的方针。

为什么经济特区还要"特"呢？一是适应国际经济发展潮流。在当今世界上，无论是发达国家，还是发展中国家，都纷纷建立自由贸易区、出口加工区和自由港等各种型式的经济性特区，给予特殊的优惠政策，以吸引外商投资、扩大对外贸易和增加就业机会，作为加速本国和本地区经济发展的一个重要途径。据不完全统计，现在世界上已有80多个国家和地区办了800多个各种类型的经济性特区。二是为了加速我国现代化建设。根据我国国情建立的经济特区其目的从一开始就非常明确，全国支持特区，特区服务全国。建立经济特区不仅是加速本地区的经济发展，更重要的是要发挥技术、知识、管理和对外政策的"四个窗口"和向内向外"两个扇面"的辐射作用，促进全国的经济发展和技术进步。如深圳特区到1994年止已兴办内资企业3196家，这些企业不仅成为内地获得国际经济信息和先进技术的窗口，而且深圳特区还吸纳了200多万人的剩余劳动力，每年汇回内地的收入就达60亿元，深圳各银行还向内地拆出资金77亿多元，到内地50多个地区兴办了合作项目1390个。通过特区，把先进设备、先进技术和管理经验以及资金带到内地，促进内地的资源开发，发展外向型经济。三是完成祖国统一大业的需要。我们还应看到，特区是政策的窗口，它们对实行"一国两制"，保持香港、澳门回归后的繁荣、稳定和发展，促进台湾回归祖国，完成统一大业，有着十分重要的作用。实践证明，特区的这种作用已很明显，随着特区的发展将会进一步发展和加强。

经济特区与内地比较，已经形成了不少优势，但这种优势有的正在弱化，有的正在消失。我认为，特区现在已经进入“更上一层楼”的新阶段，今后进一步发展，必须开拓新道路，增创新优势，而且要在转向中增创新优势，这就难度更大，工作更艰巨。这就要求特区工作者和特区人民继续发扬“开荒牛”。精神，艰苦奋斗，积极开拓，把经济特区推向更高层次向前发展。

第一、要从期望得到新优惠政策转向充分利用现有政策为主，增创改革开放试验新优势。过去经济特区处于创建阶段，国家给予了特殊政策和灵活措施，以及各种优惠政策这是必要的。但现在各经济特区已经积累了一定资金，有了一定的经济实力，具备了自我发展能力。加之，为了加速我国中西部地区的对外开放，区域性倾斜主要转向中西部地区，并将逐步淡化，代之以产业性倾斜。因此，今后经济特区的发展，不能再期望国家进一步给予更多的新优惠政策，而更主要的是要充分利用好现有的政策，苦练内功，发挥内力，推动经济特区的不断发展。经济特区是我国改革开放的试验区，这是长期存在的最大的优惠政策。经济特区应充分用好用足这个政策，进一步进行改革开放的试验探索，这样不仅可以为全国提供有效的经验，而且可以推动经济特区各项工作的发展。如何进一步用好这个政策优势，潜力很大，大有文章可做。如经济特区可以在基本政策的基础上，在国家宏观调控的指导下，在改革开放中大胆地试，大胆地闯，采取新的举措，进一步发展社会生产力和增强综合经济实力。又如，现在除了珠海特区的保税区待批外，其他特区都已经建立了保税区，可以充分利用保税区的优惠政策，发挥其保税仓储、转口贸易、出口加工等方面的功能。再如，全国人大常委会都给予了深圳、厦门和海南的立法权，各特区可以充分利用这种权，根据各经济特区发展的需要建立地方法规，使特区的法制建设更加完善。

第二、要从优惠型转向功能型为主，增创投资环境新优势。过去我国经济特区较少，土地使用费和劳动力比较便宜，国家又在企业所得税等方面给予优惠，对外商有较大的吸引力，外商比较多地到经济特区投资办厂。但随着我国对外开放的不断扩大和深化，现在已经形成了沿海、沿江、沿边相结合的全方位的对外开放新格局。1994 年我国又进一步批准了北京经济技术开发区和新疆乌鲁木齐经济技术开发区，以及苏州工业园区；为了适应三峡工程建设的需要，又批准了范围较大的三峡经济开放区。现在我国对外开放地区扩大到 354 个县市、55 万平方公里面积和 3.3 亿人口。这些地区也享受类似的优惠政策，而且土地使用费和劳动力价格相对较低，经济特区的优惠政策优势大大削弱。所以，经济特区为了增强对外商投资的吸引力，必须充分发挥地缘区位、投资环境、基础设施、服务体系、人才素质、科技水平、办事效益、经营管理、产业特色等方面的功能型优势，才能提高投资效益，把经营规模大、技术水平高的世界著名跨国公司吸引过来。因此，特区要充分利用靠近国际市场的地缘优势，进一步搞好外引内联工作；要充分发挥特区的海、陆、空立体交通网络的优势，加强与国际市场的运作；要不断改善能源、通讯、供水、供电、供气等条件，以满足经济发展的需要；要进一步制订涉外法规，搞好法制建设；要提高办事效率，提高服务质量，提高管理水平。

第三、要从一般产业转向以高新技术产业为主，增创产业结构新优势。国际市场竞争，是商品竞争力的较量，实际上是科学技术水平的较量。经济特区进一步发展，关键是要开拓新技术、发展新产品，加速高新技术产业的发展，形成以高新技术产业为主体的产业结构。一方面要把一般性产业，特别是劳动密集型产业向内地转移，以带动中西部地区的经济发展；另一方面，要进一步引进先进的科学技术，加强与科研单位的合作，提高发展高新技术和开发新产品的能力，重点开发技术含量高，附加值高、在国内外市场上畅销的新技术产品，使产业结构不断向更高层次发展。同时，要研究一、二、三产业的适当比例关系，协调发展，要十分重视出口创汇农业和“菜篮子”工程；要提高第二产业的档次；要加速金融、保险、证券、商贸、信息、服务等第三产业为发展。

第四、要从外延式转向以内涵式为主，增创城市功能新优势。过去，经济特区从无到有，需要进行“五通一平”和大量的基础设施建设，形成一个比较好的投资环境和市政面貌，因此以外延式发展是必要的。现在经过 15 年的建设，各经济特区基础设施已经基本配套，市政建设进一步完善，土地面积已经具有一定规模，因此，今后经济特区的建设，必须充分发挥内力，充分利用现有条件，走内涵式为主的发展道路。要充分利用现有的土地面积，十分珍惜土地资源，千方百计提高土地利用率；要十分重视土地开发的投入产出比，提高经济效益；要充分利用现在的工业厂房和各项基础设施，提高利用率；要进一步明确发展战略，完善城市规划，加强城市功能配套，强化城市管理，美化环境。要十分重视提高人民的整体素质，搞好文化教育，抓好社会主义精神文明建设。

第五、要从办好特区企业为主转向到海外投资办厂，增创外向型经济新优势。经济特区首先要搞好招商引资，集中力量把区内的企业办好，上规模，上档次，上水平，上效益。要努力开拓国际市场，开发在国际市场有竞争能力的新产品，扩大技术产品和机电产品出口，不断扩大出口创汇能力。但特区的面积是有限的，总有摆满的时候。所以除到内地去办实业，从技术、资金、管理人才等方面支援内地的发展外，要注意到海外去投资办厂，加强与国际经济接轨。当然，到海外投资办厂，既要有经济实力，又要有技术水平，更要有雄厚的资金，难度是比较大的。但我国的经济特区经过15年的建设，是完全有这个能力的。也可以几个经济特区和内地联合起来，形成经济实力雄厚的企业集团，如果我们的特区能在国外投资办厂，逐步建立在国际市场上有影响力的中国跨国公司，就能更直接地获得世界的经济技术信息，更有效地把产品销往国际市场，推动外向型经济向更高层次发展。

第六、要从政府部门的微观管理转向宏观管理为主，增创建立社会主义市场经济体制新优势。经济特区过去一直是以社会主义市场经济为主，市场体系比较完整，完全可以率先建立社会主义市场经济体制。关键是要加速政府职能的转变，从微观管理转向宏观管理，建立宏观调控体系，充分发挥各类企业的经营自主权，使企业真正成为市场的主体。当前要进一步搞好现代企业制度的试验，转换企业经营机制，把大中型国有企业搞好，提高经济效益。要进一步完善市场体系，建立和培育生产资料市场、资金市场、技术市场、证券市场、人才市场等各类市场，加强市场管理，要深化财税、外贸、投资、金融、社会保障制度等方面的改革。要逐步形成适应社会主义市场经济体制和具有特区特色的经济运行机制。

（本文系作者1995年6月在厦门举行的经济特区未来与发展国际研讨会上的发言）

利用外资工作的回顾与思考

苏景文　李惠嘉

截止1994年底，秦皇岛经济技术开发区已累计批准各类项目796个，其中利用外资项目191个，总投资7.29亿美元，合同利用外资4.85亿美元，实际进入外资1.69亿美元，来开发区投资置业的外商涉及20个国家和地区。全区利用外资项目个数、总投资、合同利用外资及实际进入外资等指标在秦皇岛市所占比重约为40—66%。

目前，秦皇岛开发区初步形成了以冶金、机械、电子、轻纺、精细化工、建材六大门类为主的工业体系，同时，在重点发展工业项目的基础上，向地产、房产，保税等第三产业拓展。项目类型也由建区之初的数量型向规模型、质量型发展，三资项目平均投资额达382万美元，其中总投资超1000万美元的有14家，属省认定的高新技术企业13家，1993年实现利税超百万的企业14家。由日商投资兴建的NPB轴承有限公司和阪口线材工业有限公司，投资总额分别为2442万美元和2138万美元，均为区内投资规模较大的外商独资企业；与香港合资兴建的“福胜化学制革有限公司”，投资总额为428万美元，1994年产值突破1亿元，利税为1076万元；中澳合资的华燕邦迪制管有限公司，投资总额1160万美元，投产以来已累计实现利润6000余万元。该公司产品邦迪管属替代进口产品，每年为国家节省外汇800万美元，镀铜钢带也被列为国家“火矩”计划产品；中美合资兴建的“中兴电子有限公司”，投资总额500万美元，年产3.5英寸计算机磁盘及其零部件5400万套，产品全部外销；由开发区科技开发总公司与香港中健公司发展公司合资兴建的飞天汽车门制造有限公司，总投资600万美元，其产品铝合金轿车门为长春一汽奥迪轿车的配套部件，已替代原从德国进口的同类产品。目前，开发区内企业生产的产品已达140余种，其中一批产品如邦迪管、无胎冷旋压机、奥迪轿车门、工业CT等不仅填补了国家、省、市的空白，而且技术水平较为先进。

招商引资在数量和质量上的提高带动了区内各项经济效益指标的增长，特别是1992年以来一批骨干型项目已陆续进入投产收益阶段，使开发区的经济实力进一步增强。近三年来，秦皇岛开发区经济呈现出强劲的增长势头，工业产值、财政收入和出口创汇等主要经济指标一直保持了每年翻一番的增长速度。1994年，完成工业产值19.34亿元，工业利税2.03亿元，财政收入6300万元，出口外汇5034万美元，其中，工业总产值已占全市工业总产值的15%以上。开发区已逐步成为秦皇岛市新的经济增长点。

秦皇岛开发区几年来招商引资工作的实践与体会有以下几个方面：

——从实际出发，走适合自身特点的道路。秦皇岛开发区所依托的母城区城市规模较小，工业基础薄弱，又处于周围大城市的夹缝的包围中。开发区起步阶段自身的财力有限，不可能铺开摊子大规模投入，只能从实际出发，走一条符合自身特点的道路。在吸引外资工作中，着重选择那些资金、技术密集、投资回收较快，具有自我滚动发展能力的项目。华燕邦迪制管有限公司首期投资只有415万美元，1987年5月公司第一条生产线正式投产，到1988年底公司首期投资实现全部回收。1989年公司再投资增设了第二条生产线。1991年公司在引进澳方镀铜技术的基础上增建了镀铜钢带生产线，使邦迪管的生产原料基本实现了国产化。1993年又兴建了单层镀铜卷焊管生产线。公司自投产以来在短短6年时间里连续实现了三个飞跃，经过三次增资，其投资总额和注册资本现已分别达到投产初期的2.5倍以上。公司曾在1991年度全国冶金压延行业名列人均效益第二，其产品在国内市场的覆盖率达80%以上，成为同行业的佼佼者。与香港合资兴建的飞天汽车门制造有限公司目前的生产规模可为长春一汽供应全部的奥迪轿车配套车门，而该公司的最初创业却是从6年前一家注册资本只有40万元的内资企业开始的。不盲目攀比，走自己道路的发展策略，使秦皇岛开发区在0.93平方公里有限的起步区内取得了较好的经济效益。按1994年完成的各项指标计算，每平方米土地实际吸引外资已达182美元，每平方米实现工业产值2079万元，利税218元，财政收入68元。

——苦练内功，在改善“软”环境上下功夫。针对秦皇岛开发区所依托母城基础设施条件短时间内难以改变的现实，开发区人努力在转变政府职能，提高办事效率，优化对企业的服务上下功夫，改善“软”环境，以弥补“硬”环境的不足。为强化管委会各职能部门对企业的服务意识，提出了“人人都是投资环境，事事关系招商引资”、“服务就是招商”等口号，以指导机关转变工作作风。不仅在项目的引进审批环节简化手续，提高效率，而且还将这种思想延伸到对企业建设乃至生产经营过程中。项目引进来，开发区要“扶上马，送一程”，随时随地热心为企业排忧解难。在实践中，总结出“办好一个三资企业就是一部最好的投资指南”的道理，全力办好现有企业，促成其早日投产获利，并以这些现有项目的成功来增强开发区对投资者的吸引力。

——招商引资渠道多元化，产业多样化。首先，在坚持扩大对外联络，多渠道开辟信息网络，发动自身力量招商的同时，还充分利用区内现有外商的力量，调动他们的积极性，为开发区介绍境外投资者。随着区内投资环境的改善，对外资企业服务质量不断提高，已来区投资的一些外商也热心地介绍自己本国的朋友和业务伙伴来本地考察，形成了“以凤引凤”的效应。阪口线材有限公司的董事长阪口忠男先生先后介绍了NPB公司等数家日资企业来秦皇岛开发区洽谈投资；其次，走“中中—中中外”的道路，即通过先兴办内资企业，进而带动外资企业的引进。如飞天汽车门有限公司、富连京电子有限公司、金星昌宁有限公司等都是通过这种方式引进的；第三，引进工业型项目与引进“三产”项目并重，“筑巢引凤”与“引凤筑巢”并举，通过利用外资兴办“三产”项目和基础设施开发项目，进一步完善开发区的投资环境。

10年来，秦皇岛开发区相对于母城区的基础和现状而言，有了一定的发展，在全市的经济行列中居重要地位，但与先进的沿海开发区相比较明显落后，而且差距还在进一步拉大。究其原因，思想观念解放得不够是一个重要的主观因素，对于“项目是开发区的生命线”理解得还不够透彻，招商工作做为一门管理学科和“软”技术还没有得到充分的认识，招商队伍的建设工作还远远不能适应形势的需要，对外主动出击的力度还不足。一些短期内难以改变的客观因素也制约着开发区利用外资工作的发展。例如，秦皇岛市在国内外的知名度明显偏低，甚至不如其下辖的两个城区北戴河和山海关。老市区的工业基础较差，一些合资性项目难以在当地找到内资合作伙伴。对外交通条件也不尽人意，秦皇岛港名为国内第二大港，但主要以煤炭输出为主，集装箱和杂货运输能力很差。民航班线很少，至今尚无一条国际航线。公路运输条件也明显滞后，与其做为华北与东北两大经济区咽喉要道的位置很不相称。在管理体制上，秦皇岛开发区是各沿海开发区中行政权限最小的开发区之一，许多职能关系尚未理顺，与市区有关部门之间的协调合作不可避免地受到影响，客观上制约了投资“软”环境的建设。

今后10年，开发区的利用外资工作将伴随我国对外开放形势的发展而步入一个新的历史阶段。为迎接“第二次创业”的历史性挑战，秦皇岛开发区将以新的思路谋划今后的招商引资工作，为此，确定如下对策：

——引进项目上规模、上水平。今后的招商重点要转向国内外知名的大型企业，特别是跨国公司。对外招商要在保证数量的基础上，进行重点突破，集中力量上一些规模大的“重量级”项目。

——针对我国对外开放政策的进一步放宽和“复关”即将到来的新形势，要拓宽吸收外资的领域。在坚持“以工业为主”的前提下，增加房地产、商贸流通、旅游、信息咨询等第三产业的招商比重。

——丰富利用外资的形式。除了以兴办“三资”企业的传统形式吸引国际产业资本以外，今后将探索多样化吸引国际金融资本的路子，加强与国际上金融性企业和大财团的交往合作。

——针对当前基础设施建设资金紧张的状况，为适应大批量项目引进的需要，除了自筹资金加快基础设施建设以外，还将实行“筑巢引凤”和“引凤筑巢”并举的策略，采用BOT等灵活多样的形式，更多地引进一些包括工业团地在内的基础设施开发项目。

——针对秦皇岛市产业门类单一，工业基础薄弱的现状，在坚持“以利用外资为主”的前提下，今后还要继续加大吸引内资的比重，走“中中外”的路子，以内资的引进带动外资的导入。

——借改革推动开放的步伐。首先要抓住当前国内企业进行现代企业制度改造，对外投资机制更为灵活，开发新型产业动机增强的良好机会，吸引他们来开发区投资，进而与外资嫁接改造；其次是对区内现有的效益良好，急需扩大生产规模的内、外资企业尝试以组建股份有限公司的形式，更多地吸引国内外闲散资金；第三是采取有效的改革措施加快开发区政府职能和管理体制的转变，健全和完善市场体系，进一步改善投资“软”环境，尽快与国际惯例接轨。

——加强招商队伍的建设，进一步充实人才力量。招商队伍的人才状况是决定性的因素，同时对外商而言也是一种投资“软”环境。在充实队伍力量的基础上，要加强招商工作的组织管理，学习和掌握现代商务专业知识、技术和技巧，提高队伍的素质和能力，以适应秦皇岛开发区今后10年对外开放形势发展的需要。

发挥自身优势　提高开放质量
在高层次上实施第二次创业

——南通开发区建设的实践与思考

张小平

南通经济技术开发区作为我国第一批经国务院批准设立的经济技术开发区之一，至今已走过了10年的历程。10年开发建设，靠优惠政策起步，走过了初创阶段，形成了初步的投资环境，兴办了一批外商投资项目，并在港口、机制、实力、人才等方面形成了一定的优势，为下一步发展打下了基础。

10年建设，南通开发区坚持以基本建设为先导，着力营造良好的投资环境，累计投入基本建设资金10亿元，道路、供电、上、下水、液化气、蒸汽、通讯等七大网络初步形成，生产、贸易和生活、文卫、娱乐设施逐步配套；利用地处我国黄金海岸与黄金水道交汇处的区位优势和建港条件，借助区外力量积极推进前沿码头泊位建设，1992年以来，在开发区及两翼24公里沿江岸线上，规划的20多座千吨级到2.5万吨级码头，建成6座，在建6座。码头后沿已建成了40万立方米容量的成品油、液化气和其它液体化工产品的贮油罐区。以项目建设为生命，不断扩大招商引资，吸引了包括美国、日本、新加坡和台湾、香港等21个国家和地区的外商投资，建成了183家外商投资企业，总投资规模达6.42亿美元，合同利用外资4.6亿美元，实际利用外资1.43亿美元，投资领域涉及纺织服装、电子、化工、木材加工等行业，其中100家企业已开业投产。建成三德兴电子、南通合板、富豪家具、斯塔维电脑软盘等一批在国内同行业中规模较大的企业。在建和顺利洽谈的纺织染整、化纤、食品加工、丁苯橡胶等项目，投资额都在千万美元以上。10多个国际跨国公司纷纷落户，开始形成了“以大引大”效应。以市场为导向，构建市场经济新体制；建立并不断完善区域法规体系，优化了政策、法律环境；建立了高效、精干的管理机构，比较好地处理了政府与企业的关系，改变建区初期政企合一的管理体制。在党的建设和社会主义精神文明建设方面也进行了有益探索，坚持对外开放的正确方向，保持了开发区的社会主义精神风貌。

10年开发建设，南通开发区已成为南通市经济重要增长点和最具活力的区域，经济总量大大扩充。特别是1992年以来，主要经济指标连年翻番。对全市开放型经济发展产生了一定的辐射带动作用。

开发区是我国改革开放的超前试验区。10年改革开放的实践，南通开发区也摸索出一些较有特色的做法和体会：

坚持“三为主”，优化投资结构。“以吸收外资为主，以工业为主，以发展外向型经济为主”是开发区的建区方向，经济的大发展需要一批工业项目的支撑，全力以赴招商引资始终是开发区的一项中心任务，下大力气引进技术水平高、规模大、效益好、能对地区产业结构调整有积极推动作用的项目是开发区发展的关键。为此，南通开发区充分利用开发开放的优势条件，努力扩大招商引资。在招商区域上，重点拓展环太平洋、环黄海经济区域的发达国家和地区，并找准突破口，积极向欧、美拓展；在招商项目规模、档次上，注重高大外，突出吸引基础设施、原材料和高新技术项目；在招商主体上，瞄准国际跨国公司、大企业，主动出击，定向招商。同时，着力优化投资结构，根据南通是一个以轻纺工业为主的工业结构和加工型工业城市的实际，利用外资兴办轻纺工业深度加工和高附加值的项目，努力提高全市现有工业的水平；并依托区内的深水岸线和丰富的淡水资源，积极发展大运输吞吐量的原材料工业，为全市产业结构的调整发挥辐射作用。目前，一个以港口码头为前沿，仓储、加工、深加工相配套的工业布局正在形成。一批石油化工、煤炭储运、水泥碾磨、拆船轧钢、化工农药原材料等大中型项目正在筹建、洽谈之中。南通开发区正在成为重要的外向型化纤纺织服装基地、精细化工基地、拆船轧钢基地和长江中下游较大规模的以生产资料为主体的大宗物资仓储、加工中转基地。

以软补硬，以诚招商。论硬环境，南通比不上一些大城市的开发区，且硬环境改善相对缓慢，所需资金投入量大。如何增强对外吸引力？关键是搞好服务、以诚招商。几年来南通开发区坚持"为投资者服务，让投资者盈利"的招商宗旨，树立"每个服务环节都是投资环境"，"每个岗位都是投资环境"的工作精神，努力创造一个仿真的国际投资环境，把热情周到、环环紧扣的高效服务贯穿于招商全过程，增强了对外吸引力。帝人项目先后谈了两年，终于落户南通区，东丽项目的"安家"，无一不是靠细致、周到的服务，外商提出几百个问题，及时、满意地予以答复。对已谈成的项目，坚持落实责任，跟踪服务，形成了一整套项目服务责任制，做到从洽谈到领照、从建设到投产、从生产到生活，各项服务内容清晰，服务单位和责任人、职责义务都明确。

走放开式开发道路，共建共用开发区。南通开发区提出"开发区搭台，大家来唱戏"，调动各方面积极性共同参与开发区建设。在开发战略上，改变主要以自筹资金搞开发的做法，更多地充当项目中介人，吸引区外各种生产要素进区配置，形成新生产力，加速规模经济乘数效应的发挥；在开发部署上，由港口的集疏运向港工贸基地转变，以码头建设作为大中型原材料工业项目的支撑点，实行项目业主责任制，利用区外资金加快港区建设，在此基础上，大力发展基础原材料工业和国内外贸易；在开发资金筹措上，由借贷向盘活土地存量资产转变，充分利用土地的增值效应，实行土地成片批租，以地生财、以地聚财，活跃土地和房产市场，缓解基础设施建设资金不足的矛盾。调动区内的镇、村及周边县（市）的积极性共同参与开发建设，接受辐射，形成配套发展效应。

开发区经过10年的建设，目前已进入第二次创业的发展新阶段，这个阶段出现了许多新情况、新特点。政策优势相对淡化，区内外政策"落差"缩小，建设目标上正在由单一工业区向综合性新城区转变，一批重大外商投资项目和基础设施项目正在建设，港口、人才、实力、体制等优势逐步凸现出来。这个阶段不是前10年的简单重复，而是在更高起点，更高层次上的升华。从现在到本世纪末是发展的关键时期。南通开发区要有新作为，在新一轮对外开放中发挥更大的作用，必须把握以下几点：

1. 保持较快的发展速度。作为较早对外开放的区域，在下一步对外开放中要力争上游，能快则快，能上则上。这是自身生存和发展的需要。开发区不仅要考虑到自身的发展，还要考虑到对周边的辐射、带动。

2. 构建开发开放的新优势。开发区吃"独食"即享受优惠政策的时代终将过去，外商投资企业终将享受国民待遇。必须把工作的着力点由依靠优惠政策转向新体制，以机制的转换赢得新优势，形成机制、环境、实力、人才、服务、效率等因素构成的综合优势，进一步增强对外吸引力。

3. 提高整体素质。经过前10年打基础，特别最近3年拉大建设格局、经济快速发展之后，在继续增加总量、扩大规模的同时，走以内涵为主的发展道路，全面提高发展质量，从量的增加转到质的提高，从粗放型向集约型转化，是一项迫切任务。重点要在六个方面有所提高，即提高土地利用率、提高资金利用率、提高企业经济效益、提高进区项目的技术含量、提高投资环境国际化水准、提高全区工作组织程度。

4. 抓好招商引资这个关键。项目仍是开发区的生命，必须积极、合理、有效地利用外资。坚持以利用外资为主，以工业为主，以发展外向型经济为主的发展方向。进一步提高招商档次、优化产业结构、扩大利用外资的规模，是抓住机遇，在新一轮对外开放中必须牢牢把握的一项重中之重的工作。

在具体工作措施上，要重点抓好以下几个方面：

1. 扩大利用外资，营造开放型支柱产业。进一步拓展招商广度和深度，采取大、中、小项目并举，全方位、分层次推进的战略战术，利用外资建设基础设施，试办合资商业企业，进行成片开发，争取外资银行等金融机构进区设立分支机构。把重点放在招境外大客商、兴办大项目上，努力形成以纺织原辅材料、印染、后整理直至成衣的一条龙纺织服装产业，以石油化工为龙头的合成材料、新型材料产业，以机械、电子、仪器仪表为中心的高新技术产业，以港口为依托的港口工业，使开发区与老城区相映成辉、相互促进。

在招商举措上要进一步解放思想，以有利于开放型经济发展作为衡量工作的标准，坚持原则性与灵活性相统一，采取切合实际的措施，不断增强竞争力；进一步扩大对外宣传，特别要发挥已办成企业的对外宣传作用，注重以商招商；继续采取小分队灵活出击的方式，针对不同国家和地区客商的特点，加大招商力度，积极推进大项目进区，加快筹建项目进展；走出国门，建好“窗口”，创造条件，在美国、日本、西欧、香港等国家和地区设立窗口，为建设全球经贸网络打下基础。此外，还要把开发区招商与全市招商结合起来，积极为全市招商服务，为市属企业嫁接改造服务，努力发挥辐射、带动作用。

2. 改善投资环境，增强对外吸引力。在硬环境建设方面，要面向新世纪，按照区域城市化，环境国际化的要求，调整、完善整体规划，搞好与老市区、配套功能区、周边市（县）的规划衔接。积极利用区外资金特别是要利用外资加速推进前沿港口建设，把江海港区建成集装箱、石油化工、重金属、建材、干杂货等泊位功能齐全的新港区，促进潜在的区位优势向现实的经济优势转化；大跨度推进基础设施建设，重点要组织实施好日供水40万吨水厂、1座22万伏和2座11万伏输变电站、5万千瓦热电厂、邮电扩容、污水处理厂污泥处理等重大工程，提高区内干道标准，完成开发区与旅游风景区、江海港区的公路联网骨架，打通多条外出通道；加快发展“三产”，完善社区功能，推进城乡一体化，培育市场机制，构筑开发区市场体系，分区域建设教育、卫生和文化、体育设施，造就城市生活气息，新建一所中学、一所小学和幼儿园及开发区中心医院。区容、区貌也是一种投资环境，是物质文明和精神文明的综合反映，是吸引外商投资的一个重要方面，要把区域环境建设作为一项重要工作来抓，改善区容、区貌，绿化、美化、净化环境。

在软环境建设方面，要按国际惯例进行区域管理和服务，首先要完善法规体系，做到有章可循；其次是要进一步规范管理行为，加强内部监督，健全设计、招投标、人事、监理等制度，做到监理配套，建立健全审计制度；第三要进一步改进工作作风，提高服务效率，落实好项目分段服务责任制。

3. 加强队伍建设，引进和培养各类人才。人才的培养是事关全局的战略性重点。确定跨世纪人才战略计划，开放人才市场，优化育人机制，坚持外引与内育并举，形成人才服务体系。努力造就一支通晓开放型经济，富有开拓、进取、实干精神，抢挑重担，作风正派，廉洁奉公的干部队伍；一支熟悉国内外市场、善经营懂管理，具有一流水准的企业家队伍；一支技术过硬、勤奋敬业、勇于吃苦的职工队伍；一支懂得国际惯例、了解国家法规政策、作风扎实、掌握语言、善于交际的招商队伍。特别要培养一批精通三外工作的复合型人才，以满足开发区建设快速推进的需要。

4. 深化各项改革，增强发展活力。开发区要在建立社会主义市场经济新体制中先行一步。进一步放开搞活，适应和落实国家宏观体制改革措施，大胆探索微观搞活的新办法。继续深化管理体制改革，建立和完善市场体系、社会保障体系，办好股份制企业，做好规范化工作。加速企业现代企业制度建设和转换经营机制的步伐，推进外贸企业股份制改造。建立和完善企业内部承包、核算和分配激励机制。组建企业集团、实施规模经营，增强国际竞争力。

此外还要进一步探索在开发区这个外商投资企业集中地加强党建工作的新路子。加强社会主义精神文明建设，坚持“两手抓、两手都要硬”方针，加强社区文化建设，把开发区建成为文明、整洁、健康的新型城区。

大连开发区建设经验综述分析

总结大连开发区10年发展的基本经验，集中到一点，就是始终不渝地坚持以邓小平同志建设有中国特色社会主义理论和党的基本路线为指导，解放思想、实事求是、胆子要大、步子要稳、工作要实，坚持以理论与实际相结合、借鉴与独创相统一，努力形成开发区建设的中国模式。

必须坚持规划建设上的高起点、大投入，夯实发展基础。坚持城区规划的科学性和高起点，为现代化大生产发展留足空间。大连开发区创立之初，在认真分析国际政治、经济发展趋势的基础上，针对大连在逐步形成的东北亚经济圈中的地位和背靠广大腹地的优势，确定了把大连开发区建成对外开放“窗口”的思路。在邀请国内外专家充分论证的基础上，编制了立足3平方公里，开发10平方公里，规划20平方公里的总体规划。在工业区和生活区的摆布上，大胆地突破了老市区的建设模式，按照国际上现代港口城市建设成功的做法，在滨海平坦之地兴建生活区，把工业区放在背山坡地，以形成现代海滨新兴城区风貌；本着立足当前，着眼长远，统一规划，分期实施的发展建设思想，一开始就突破了3平方公里的起步区的框框，按20平方公里进行布局选位，净水厂按日净水10万吨能力、污水处理厂按日处理6万吨污水量、邮电设施按2万门程控装机容量的规模规划设计，按城区发展要求，根据总体设计实行分步实施，为后期项目发展提供了保证，也避免了为扩大规模重建和扩建的资金浪费，建区初期规划设计的基础设施基本满足了开发区今天发展的规模。

坚持高强度、大投入，超前建设基础设施。建区头两年开发区投入资金近4亿元，进行了基础设施建设，但进区项目不多，滞后的项目建设及投入产出的失衡，使人们对基础设施建设上的大投入产生动摇，是视项目建设进展小步前进，还是超前投入、创造引资的环境。开发区在认真研究项目发展趋势的基础上，认为项目的大发展是以基础设施的大投入为前提的，没有适宜项目发展的硬环境，开发区不可能得到投资者的青睐，必须咬定青山不放松，坚持硬环境要硬。因此，开发区在原有建设的基础上，近几年又集中财力80%以上，并充分利用国内外资金，坚持超前进行开发建设，以大规模的投入推进“七通一平”建设速度，使项目迅速在20平方公里的范围内摆满。实践证明，“筑巢引凤”是启动和推进开发区项目建设的基础，近几年项目建设所以能够呈现大发展的势头，除了加大招商引资力度之外，先期完成的基础设施建设发挥了越来越明显的作用。

坚持以“借风行船”和自我积累相结合，大力推进基础设施产业化，广开渠道筹集建设资金。实现基础设施建设上的大投入，需要较大的资金实力。大连开发区以“借风行船”和自我积累相结合，广开渠道筹集资金，保持了基础设施建设上的大投入。建区第一年开发区的财政收入仅为2.6亿元，其中还包括债务收入2.4亿元，与起步建设的大投入要求是杯水车薪，即使是在1993年财政收入达到10.8亿元的规模也不能满足当年建设资金的需求总量。开发区一方面通过加速“七通一平”建设投入，使土地大幅度增值，积累建设资金；另一方面，通过扶持企业发展，蓄养财源，增加财政收入，到目前大连开发区累计实现土地收益7.04亿元，从建区初期43万元，发展到1993年的3.08亿元，10年累计实现税收收入14.3亿元，从1985年的221万元，发展到1993年的4.2亿元。针对开发区财力管理分散，不利于集中使用资金的情况，实行了新型的财政预算管理体制，把分散的财力集中起来，增强了财政综合运筹资金的能力。为加快大连日本工业团地配套基础设施建设，在一个月的时间就筹资9000万元，集中财力办大事，保证了重点工程的建设。为保持建设上的大投入，维系经济建设持续、快速发展，大连开发区进行了基础设施产业化的探索，进一步拓展了利用国内外资金建设的领域，先后以有偿出让土地的方式，引资进区兴建了日本和台湾包片开发项目，促成了挪威和荷兰政府低息贷款建设污水处理厂和净水厂的项目。集东北50多家大型企业的资金，建立了我国第一家股份制信托投资公司；动员东北电力建设总公司和大连热电集团出资建设了开发区热电厂；利用优惠政策，联合19个省市的投资者，兴建了集商贸、旅游为一体的“五彩城”，实现了“引凤筑巢”。

必须确立项目中心地位，全力以赴招商引资。以内联促外引，启动项目建设。利用外资、发展外向型经济是开发区建设之本。开发区兴建之初，针对自身形象尚未确立，还不具备直接吸引国外投资的能力的实际，确定在项目建设上，既内联又外引，以内联促外引，先有选择、有计划地发展一批能够出口创汇、技术较先进、有合资前途的内联项目，加速城区建设，逐步完善城区功能，增强对外资的吸引力。在“母城”和腹地的大力支持下，开发区利用优惠政策吸引了一批内联企业进区发展，通过这些内资项目的兴建和运营，推进了开发区功能的不断完善，创造了吸引外资的“小环境”，有力地支撑了开发区外向型经济的起步。正是这些“梧桐树”，很快引来了“金凤凰”，国外实业界纷纷进区投资兴业。

发挥地缘优势，抓住重点，全面推进招商引资工作。在利用外资发挥地缘优势上以日本为重点，是兴办大连开发区、发展外向型经济的出发点。但是在建区前四年仅有两家日资企业进区，而同时南方一些特区的港、澳、台资项目发展较快，要不要转移项目建设的主攻方向，大连开发区进行了认真分析研究，认为大连与日本具有优越的地缘经济联系，特殊的历史关系，日本投资者先后有近百个团组来区考察，之所以实施投资的不多，这与日本人严谨的投资心理有关，很多投资者在考察分析后就会实施投资，必须把日本作为开发区发展外资项目的突破口。按照这一项目建设战略对策，开发区全力开展了对日资项目的工作，使日资项目出现了大发展的形势，到现在已有253余家日资项目进区。在项目建设初步形成规模的基础上，根据国际政治经济形势的发展动态，开发区在继续巩固日本这个重点项目源的基础上，把握时机，着力于发展港、台和韩国以及东南亚地区的项目，并努力打开通往欧美招商引资之路，实施全方位招商的策略，使香港地区投资项目和总投资实现了快速发展，成为继日本之后的第二大投资地区。法国、美国、台湾、韩国分别以总投资8亿美元、4.8亿美元、1.7亿美元和0.9亿美元排在前6位，加拿大、澳大利亚、意大利、德国的投资者也先后进区兴业，使大连开发区项目建设步入高潮。

以外引外，拓展招商引资渠道。为了扩大招商引资规模，加快项目建设，开发区在组团出国招商的同时，积极探索拓宽招商引资渠道，注意密切与国外客商的联系，确定了以外引外的项目建设策略，利用外国金融界和大商社招商引资。金融界与企业有密不可分的由借贷所形成的利益关系，这种利益关系促使它们一定能保证项目的可行性；大商社与企业有较深的产销关联，共享所得利益，支持关联企业发展也是必然的。所以，我们紧紧抓住金融界和大商社，以它们为桥梁，进行招商引资，先后促成40余家日资或中日合资项目进区建设与发展。为了吸引高科技的中小项目进区，拓宽引资领域，采取以优惠政策吸引国外实业界投资包片开发，以合资兴办团地包片开发的形式，利用外商进行招商，集约化引进，创造适应中小企业生存发展的小环境。注意加强进区项目的管理与服务，培养引路典型。以进区项目建设和营运的成功，增强吸引力，如1989年投产的原田公司，现年产值达3000万美元，通过该公司牵线搭桥又先后引进了8家企业；办好一个太平洋线路板公司，企业中的外方又投资兴办了两家公司。

注意关联密切项目引进，提高项目建设的规模效益。企业配套产品地产化以及实现投资地整机化生产，无疑可以降低投资企业的生产成本、增加效益，提高竞争力。一个地区是否能为投资企业提供较好的配套能力，也是有效吸引外资的一个重要方面。但在国内企业技术等方面与外资企业配套产品生产要求相距较大的时期，不可能硬性强调国内企业进行产品配套生产，因此，大连开发区一方面依靠母城及腹地雄厚的工业基础，注意扶持生产技术上符合配套产品生产要求的内资企业为外资企业进行产品配套，帮助它们借船出海；另一方面在大规模引进外资项目的同时，注意引进那些生产配套产品的项目。如在引进佳能的同时，引进了五大电子公司，引进东芝的同时，引进了TDK，五大电子公司、TDK公司等配套产品生产企业的引进，使佳能、东芝从进口零部件配套，转变为进口原材料经投资地企业加工后配套，不仅使企业降低了成本，而且使开发区利用外资的规模也得到扩大。

坚持发展提高的方针，自觉地调整项目建设导向。一个地区的发展，尤其是新兴工业区的腾飞，需要一批大型项目作为其经济上的支撑。在外商投资企业形成一定规模的基础上，大连开发区适时进行项目的筛选，把高、大、新做为招商引资的工作方针，实现了规模上的由小到大，技术上的由适用到高级以及不断提高新产品比重的转变。在项目建设上不怕花大气力，努力去做大文章。注意政策的扶持和水、电、气、通讯等基础设施匹配与保证，提供较高质量的服务，如佳能、东芝、西太平洋等超亿美元投资项目，进行了跟踪工作近6年，终于促其在大连开发区投资。现在，大连开发区在全部外资项目中，总投资超过1000万美元的106家，总投资超过2000万美元的45家，项目平均水平达465万美元，排名世界500强的生产性企业已有17个在大连开发区投资兴业，使大连开发区的项目建设在全国开发区中突出了资金投入量大、技术水平高、国际影响大的特点。建区10年，开发区工业企业产品外销率一直保持在70%以上，力求区内外汇平衡有余，为后期发展积蓄了后劲，特别是随着我国加入关贸总协定和国内市场的逐步开放，大连开发区所具有的外汇自我平衡能力，必将具有更大的吸引力。

按照市场化、国际化的要求，坚持不懈地改善管理机制。正确处理市场经济发展中的政企关系，不断探索政府职能的转变。开发区的高效率与政府职能的转变是分不开的，在外商投资企业集中的区域套用传统的计划经济模式是根本行不通的，必须实现政府职能的根本转变。大连开发区管委会对这块已完全进入市场经济的区域所实行的管理一直着眼于管理的简化和服务的优化，着力创造一个按市场规律运作，与国际市场接轨的社会小环境。实行政企分开，不搞“越俎代庖”，做到“企业无事不插手，企业有事不撒手”，坚持“政府的事政府干，政府的职责政府担；企业的事企业干，企业的职责企业担”的原则，政府不介入企业的生产活动，不干预企业的经济行为，放手让企业按经济规律依法自主经营。如在项目的引进工作中政府只承担两项职责：一是按照国家产业政策及有关环境、劳动保护、能源消耗等方面的规定进行把关，决定取舍；二是协调有关部门对项目建设与发展所需要的水、电、气等外部条件给予保证。其他程序都按经济原则和法律原则办事，通行国际惯例。如，按谁投资谁论证的经济原则，政府不参与企业可行性研究报告的论证；按法律行为由法律部门办的原则，政府不介入企业章程、合同的审查。这些措施得到了国外投资者的赞誉和欢迎。推行这一做法以来，开发区审批的900多个外资项目，没有在项目可行性上出现一例与政府的经济责任纠纷案，也没有在章程、合同上出现一例法律纠纷案。大连开发区这种从服务出发，以服务为主，以管利于投资者是发展开发区外向型经济的手段，最大的受益者是我们自己，基于这样一种认识，开发区加大了招商引资的力度，外资企业项目逐年增加，并建立了大连日本工业团地和振鹏工业城，实现了项目建设的集约化，基础设施建设的产业化，开辟了利用外资成片开发的渠道，推进了开发区利用外资发展建设的步伐。

随着开发区项目建设的快速发展，建设资金短缺的矛盾越发突出，如果仍按计划经济的老路子，有多少钱办多少事，大发展的契机将会丧失。开发区人冲破传统的思维定式，进行了大胆的实践，集东北50多家大型企业的资金，建立了我国第一家股份制信托投资公司；动员东北电力建设总公司和大连热电集团出资建设了开发区热电厂；利用优惠政策，联合19个省市的投资者，兴建了集商贸、旅游为一体的“五彩城”。广纳天下之财，利用国内、国外两个资金市场，开发区的聚财之路越走越宽。

不断强化法规建设，使管理有法可依。市场经济就是法制经济，开发区根据市场经济运行的要求，从保障投资者长期投资的信心出发，坚持把法律、规章和行政管理规定的研究、制定与组织实施贯穿于开发区建设过程的始终，并根据内部和外部环境及条件的变化，随时作相应的调整、补充或重新制定，使这些法律、规章和行政管理规定在规范经济活动、约束经营行为方面具有权威性、严肃性和适用性，使那些进区投资者有法可依。目前，按照国家法律、法规和对外开放政策，根据开发区的开发建设和管理工作的实际，参照国际上有关经济法规和管理惯例，制定了一百多个区域性行政管理规定和有关管理办法，保障了投资者能够依法自主决定自己的管理行为和经营行为。

不断强化服务观念，使管理更有效。如何使开发区“小政府、大社会”的管理模式发挥最大的效能，真正在开发区确立起市场经济运行机制，老市区的工厂办社会，政府办企业的模式，在开发区显然是行不通的，也违反市场经济发展的客观要求。大连开发区在学习和借鉴发达资本主义国家成功管理模式的基础上，结合开发区发展不同阶段的客观要求，在生产、生活服务社会化、社会服务企业化上进行了不断地探索实践。根据企业发展要求，在强化土地、税收、工商登记、审计监督等宏观管理的同时，逐步实现以社会化的中介机构完善对企业的服务，培育和完善了平等竞争的市场环境。经过几年的发展建设，开发区的物资、金融、劳务、技术、信息、房地产等要素市场已初步形成规模。以人民银行为领导，中国银行、建设银行、工商银行、农业银行、交通银行等专业银行以及参股形式的信托投资公司和城市信用社构成了相互融通，既竞争又合作的金融网络；以提供科技信息和市场信息的咨询服务业有30余家在区内立户，并不断发展；具有职业介绍、人才劳务资源储存、招工招聘、待业人员管理、劳动合同鉴证以及办理养老、失业、工伤保险等多项功能的人才劳务市场日趋活跃。外商投资企业可以自主地录用所需要的员工，也可以依法清退、解雇不需要的员工；与交通部门联营成立了客运公司，使企业从自备通勤车的负担中解脱出来；组建了开发区保安公司，以企业化的管理，采取有偿服务的方式，为企业提供所需的保安力量，减轻了企业增加雇员的负担；通过成立律师事务所、会计师事务所等中介机构，不但为企业提供了法律咨询和纳税申报的完善服务，也在企业与政府之间建立了相互沟通的纽带。实践表明，大连开发区所进行社会化服务的尝试和不断完善，使开发区的投资环境更接近于市场化、国际化的要求。

紧紧依靠母城及腹地优势，大力发展外向型经济。发挥“基地”作用，为母城和腹地企业实现与国际资本、先进技术嫁接创造条件。开发区根据母城与腹地工业基础雄厚、技术力量较强的优势，充分发挥开发区这个“基地”作用，努力促成已进区建设发展的内联企业实现与外国企业嫁接，还积极牵线搭桥，以优惠的政策，为母城和腹地企业实现中外嫁接创造条件，先后促成了大连西太平洋石化、辉瑞制药等近百家大中型中外合资企业进区兴业，促进了腹地老企业的技术进步，增强了企业产品在国际市场上的竞争力。

利用母城和腹地资源优势，提高项目建设水平，积极开拓国际市场。根据母城和腹地科技力量雄厚、科技人才资源丰富的特点，努力开发和利用智力资源，吸引高科技项目进区，如万宝至马达、佳能办公设备、东芝电子等都选择了能够提供大量高素质科技人员及技术工人的大连开发区，进行了较大规模的投资。开发区在发展电子、化工等先进工业的同时，着力于引进开发腹地资源，增加产品附加值，扩大出口创汇的外资项目，如日清制油、吉日铭木、发日海产等中外合资企业的兴办，使腹地资源得到充分利用，从初级产品出口转变为深加工产品出口，不但填补了我国一些产品品种的空白，开拓了国际市场，还使腹地经济加速了外向型的进程。

坚持党的领导，大力加强精神文明建设。大连开发区的各级党组织从解决思想认识入手，引导广大党员和企业中方领导，从党组织在“三资”企业里对企业执行党和国家的法律、法规、政策起监督作用，对贯彻对外开放政策和促进企业稳定发展起保证作用，对包括中方员工在内的广大员工起教育作用，对企业工会等群众组织起领导作用，在处理企业内外各类复杂矛盾中起协调作用来看政治核心地位，使党员干部提高了对党组织在“三资”企业政治核心地位的认识。开发区坚持依法在“三资”企业建立党的基层组织，实现“三同时”的工作方法，即同时立项、同时建立党组织、同时开展工作。到目前，开发区已建党组织占具备建立党组织条件的企业达到100%。在探索“三资”企业党建工作实践中，创造并不断完善了“党群工作一体化”的工作方式，在组织形式上，实行书记、委员兼任群众组织的负责人；在工作内容上，坚持党的工作与群众工作紧密结合；在活动方式上，由党统一领导，工会、共青团、妇联组织各自履行职能，党的意图通过群团组织来实现。实行这种方式，使党的工作有了“出口”，党的群众工作有了“载体”，为党员所欢迎、外商所理解、企业所需要。

坚持高标准建设开发区的精神文明，保证开发区健康发展。大连开发区建区以来，坚持深入持久地开展社会主义精神文明建设，为开发区社会主义市场经济的孕育和发展提供了巨大的精神力量。从建区初期开发区建设者身上的“拓荒牛”精神，以至后来开展的“塑造开发区新形象”活动，都在解放思想、振奋精神，动员和团结全区干部职工投身建设与改革的大潮中发挥了重要作用，“知情、理解、支持、参与”已成为开发区改革和建设的极其宝贵的精神力量。

天津开发区10年建设总结

目前，天津开发区33平方公里规划面积的征地工作已全部完成。截止1994年底，天津开发区用于土地开发和基础设施建设的投资累计已超过20亿元，共开发土地16.8平方公里，其中工业区12.3平方公里，生活区4.5平方公里；累计建成各类建筑物300多万平方米；形成道路44公里，116.4万平方米；铁路专用线4.57公里；程控电话1万门；日供水能力3万吨；每小时能供蒸汽231吨；每日能供瓶装燃气1000立方米，管网燃气4.72万立方米；自备电厂1.96万千瓦，变电站容量6.3万千伏安。已开发土地完全具备“九通一平”。大量工业厂房以及一批为完善区域功能或配套服务的居住、商业、办公、旅游、餐饮、娱乐、学校等设施逐步建成，现代化新城区已见雏型。

10年来，天津开发区的外资项目和协议投资额已超过50%的年平均增长率向前发展。截止到1994年底，天津开发区已累计批准三资企业2196家，协议投资总额4057亿美元。累计批准内资企业4008家，投资总额达109.5亿元。今天的投资就是明天的产出、后天的效益，项目资金的源源注入，为天津开发区加速发展、跃上新台阶奠定了坚实的基础。

目前已有近50个国家和地区的外商在天津开发区投资设厂，天津开发区已逐步形成了以电子、机械、食品、生物医药等几大产业门类为主体的工业体系。目前，天津开发区除继续注重吸引外资发展工业项目外，投资领域已逐步拓展到地产、房产、咨询服务、交通运输、能源、商业饮食等各类行业。

10年来，天津开发区始终致力于吸引技术含量高、附加值高的项目，以促进产业升级和技术进步，已集中了一大批属于新兴产业和拥有高新技术的企业，其中已认定的高新技术企业已近30家，一批代表当今世界先进生产技术水平的企业，成为开发区高新技术企业的骨干。项目投资规模的扩大及众多跨国公司的投资也能从侧面反映开发区项目档次的提高。世界跨国公司和有实力的财团到天津开发区投资，既增加了开发区经济实力，又加速了开发区经济参与国际经济大循环。

天津开发区从建区到1994年底，累计完成工业总产值288.4亿元，实现利润45.33亿元，出口12.8亿美元，经济效益全面发展，各项指标增长速度始终保持在50%以上。尤其是1990年以来，天津开发区各项经济指标增长速度进一步加快，以工业总产值为例，1990年比1989年增长了67.8%，1991年比1990年增长140%，1992年比1991年增长71.5%，1993年比1992年增长119%。

截止目前，天津开发区已有近1014家企业开工投产。1994年前三个季度，全区共创造工业总产值98.9亿元，较1993年同期增长131.2%，相当于上年全年的1.41倍；实现利税总额18.5亿元，比上年同期增长92.55%；实现外贸出口3.4亿美元，比上年同期增长98.5%。随着开发区经济持续、快速发展，开发区在全市发展中的地位和作用也日趋重要。1994年1—9月，开发区工业总产值占全市工业总产值的比重已由1993年的5.6%提高到13.92%，新增工业总产值56.12亿元，占全市新增工业总产值（97.98亿元）的57.3%。这充分表明开发区在全市经济增长中的重要作用，并且已实实在在地成为全市最大的经济增长点。

10年来，开发区积极按照社会主义精神文明建设的要求，把精神文明建设与开发区经济发展的每一个具体阶段结合起来，教育广大职工在改革开放大潮中艰苦创业、奋勇拼搏、开拓进取，形成了开发区较好的精神风貌。10年中，开发区先后评出多名“建功立业”先进个人，一大批优秀企业家、优秀经理得到表彰。

天津开发区建区10年来的主要经验和体会是：

（一）不占用国家一分良田，不要国家一分钱的财政拨款，完全凭借自身新体制的优势和活力，解放思想，艰苦奋斗，适时调整土地开发模式，不断探索土地开发的新路子，加速开发进度，实现了从借贷开发到滚动开发再到融资开发的转变，走出了一条投入少、产出高、效益好、有后劲的集约开发、良性循环的新途径。1. 不要国家财政拨款，靠借贷开发实现了开发区的良好起步。从 1985 年至 1988 年，天津开发区主要依靠 3.7 亿元开发性贷款，初步完成了 3 平方公里起步工业区和 1.2 平方公里生活区的土地开发和基础设施建设，并按照"项目是生命线"的原则，摆上了第一批项目。这一开发模式的实施，保证了开发区的良好起步，并为后来的进一步发展打下了基础。2. 开发一片，建成一片，回收一片，用滚动开发向前发展。从 1989 年至 1992 年，随着建区以来项目的进入和企业开工投产，开发区有了自己的土地费收入和财政收入。为了扩大开发规模，提高基础设施保障能力，开发区把这两部分资金捆起来使用，优先用于基础设施的再开发和完善，逐步实现了边投入、边回收、边开发的良性循环。4 年全区累计使用资金 6.3 亿元，开发了 4.4 平方公里土地。其中工业区 2.4 平方公里，生活区 2 平方公里。这一开发模式保证了我区在国家治理整顿、资金严重短缺情况下的土地开发速度，为大规模利用外资创造了良好的条件。3. 走融资划片开发之路，使土地开发与招商引资紧密结合起来，既加快了土地开发速度，更加快了招商引资进度。1992 年，小平同志南巡谈话之后，外资涌入迅猛增长，仅当年的外商投资企业总投资额即超过了前七年的总和。一大批生产型项目等候用地，迅速起步的房地产业和第三产业等候用地。项目等土地的状况一下子成了主要矛盾。如果仍然沿用靠自身积累开发土地的老模式，势必造成基础设施的严重滞后，影响利用外资工作。为此，天津开发区适时转变开发策略，在继续坚持自身开发为主的基础上，提出了"大胆利用外资，以抓大项目、大财团为重点，全方位融资开发"的新思路，"借别人的钱办自己的事，借明天的钱办今天的事"，相继成立了韩国工业团地、泰丰工业园、海晶工业区、金泰开发小区等划片开发小区，总面积达 9.235 平方公里。这一开发模式一方面保证了开发区得以加速基础设施的建设，使开发区拥有了每年开发 2 平方公里的能力，适应了开发区迅速发展的需要；另一方面，由于划片小区的开发者要么是政府机构，要么是世界上知名的大财团、大企业，要么是国内有实力的大企业集团，他们都以自己的实力与感召力吸引来外商投资。如韩国工业团地已吸引韩资项目近 30 家，总投资额约 2 亿美元；美国 KOLL 公司联合美国有实力的公司投资开发欧美工业园，已成功地组织美国柯达等 11 家大跨国公司考察天津开发区，这必然对外商投资天津开发区起到良好的促进与推动作用。

（二）始终坚持项目是生命线的思想，把吸引外资和项目建设作为开发区的首要工作，不让一个好项目跑掉。10 年来，天津开发区先后建起了驻深圳办事处、日本办事处、美国办事处及新加坡联络处，招商引资的国际化网络已初步形成。在招商工作与项目建设过程中，天津开发区强化投资者是帝王、为投资者提供方便、让投资者赢得利润的意识，全区上下都以高度的责任感与事业心，全力招商引资。连续攻下了美国摩托罗拉、德国 SEW、瑞士雀巢、丹麦诺和诺德等大项目，使开发区项目档次不断上新水平。

（三）锲而不舍，不断优化软、硬投资环境，以"一条龙"、"一站式"服务赢得投资者的心。建区以来，天津开发区已掀起两次基础设施建设高潮，投资硬环境逐步完善。但开发区仅有完备的投资硬环境还远远不够，关键是建立起能为投资者提供高效、优质服务的软环境。10 年来，开发区致力树立"开明、高效、廉洁、进取"的社会形象，倡导"人人是投资环境、事事联信誉形象"，并广泛开展争创"文明岗"活动，以"一条龙"、"一站式"服务赢得投资者的心。

（四）珍惜土地资源，重视土地开发的投入和产出比，千方百计提高土地利用率。在天津开发区已经开发的土地上，每投入 1 元人民币，可以吸引 2 美元的项目投资，创造 3 美元的工业产值。天津开发区每平方米土地的投资密度达到 300 美元以上，处于较高水平。

（五）坚持依法治区，不断优化开发区的法制环境。开发区建立之初，就相继设立了海关、税务、法庭、公安等执法机构。并根据国家的法律、法规和天津市人大通过的有关地方性法规，制定和颁布实施了 40 多项区域性行政管理规定，广泛地覆盖了工商税务、环境保护、劳动人事、房地产管理等诸方面，基本做到了成龙配套。近年来，天津开发区又进一步完善了劳动保险、医疗保险、待业保险和养老保险等社会保险法规，逐步建立和完善了开发区的法规体系，初步实现了事事有章可循、有法可依。

（六）本着“小政府、大社会”的思路，确定开发区政府的职能，把服务放到第一位，建立新型的政企关系。天津开发区从建区开始就实行政企分开，绝不允许干预企业的合法经营活动。开发区管委会奉行这样一条原则：企业不违法不管，出现问题依法来管；企业不找不管，找到快管。目前，全区企业已基本实现“无主管单位”制度，通过寓服务于管理，使企业享有充分的生产和经营自主权。无论生产资料、生活资料、还是产品市场，甚至包括企业用工，都由企业利用市场价值规律在市场挑选，较好地培育和塑造了天津开发区全新的微观经济运行机制，完善了开发区的市场经济体系。

（七）在干部使用和人才选拔上，引进竞争机制，通过培育干部队伍的危机意识，树立国际标准、服务意识和现代观念。通过群众民主评议，对干部实行聘任制，使管理机构精干、高效、透明。通过政府与企业之间管理人员交流，锻炼了一批国际经济技术人才，培养出“懂管理、识惯例、出效益”的高级管理者，成为开放型人才的培养基地。

（八）不断摸索国营企业试行三资企业管理模式的途径，一批内资、内联企业借鉴了三资企业管理经验后，管理水平有了明显提高。一些三资企业实行中方承包管理，经济效益明显好转，有的甚至发展成为企业集团，为开发区向集团化、国际化经营积累了经验。

（九）充分利用改革的先行优势，积极发挥开发区作为对外开放窗口和基地的辐射功能，把开放政策延伸到天津市区及其他省区。截止到1994年7月份，天津市的区县局在开发区自筹资金建厂、办店、办公司2000多家，较好地消化了剩余劳动力，提高了生产能力和新产品、新技术、新材料开发能力及市场竞争能力。除西藏、广西等自治区外，其他省、直辖市和自治区都有企业在开发区投资，投资总额近10亿元，对这些地区的经济发展起了一定的推动作用，成为这些地区走向国际市场的重要通道。

（十）充分利用对产品进行加工、增值的优势，与区外企业建立广泛的协作关系，发挥“龙头龙尾”的作用。天津开发区绝大多数企业都有其经济协作单位，开发区企业的发展为这些协作单位注入了新的活力。以天津开发区中日合资企业雅马哈电子乐器有限公司为例，外协单位多达50家，其中分布在天津20家，分布在北京、河北、江苏、辽宁、山东、广东等地30家，这些厂家负责电子琴300种零部件中的150种零部件的生产，经日本雅马哈总公司严格确认后收购配套，不仅提高了这些厂家的经济收益，而且提高了这些厂家的加工能力和产品质量。

（十一）导入CI系统，扎扎实实做好对外宣传工作，不断“推销”自己，达到发展的目的。近年来，天津开发区充分利用各种渠道和宣传媒介，广泛介绍天津开发区的优势，不断提高天津开发区在国内外的知名度。并积极在全区导入CI系统，全体TEDA成员团结一致，树立起较好的区域形象和社会形象，增强天津开发区在国际各投资区域之间的竞争力。

（十二）提出“一点三为”党建工作新思路，坚持“一个中心，两个基本点”，坚持“两手抓，两手硬”。10年来，天津开发区工委针对开发区的特点，在如何做好外向型地区党建、政治思想工作方面不断进行总结和探索，提出了“一点三为”的党建工作新思路，即“以提高企业的效益，促进企业发展为党务工作与外资企业的结合点，为企业所需要，为党员群众所欢迎，为外商所理解”。在抓紧利用外资、土地开发及项目建设等物质文明建设的同时，十分重视精神文明建设和党的建设，坚持两手抓、两手硬。充分发挥纪检，监察机关的职能作用及群众的监督作用，严肃廉政纪律，对不正之风和腐败行为坚决处理，毫不手软，树立了天津开发区政府及服务机构“开明、高效、廉洁、进取”的良好社会形象。

天津开发区前10年建设，虽然取得了一些成就，然而，与中国改革开放的历史长河相比，10年只是一瞬，开发区还要面临下一个10年，甚至更长的时期。由于种种主客观原因，天津开发区在发展中也还存在着许多不足和局限，如思想还不够解放、市场体系还不够健全、行政手续受审批权限及多部门管理等各方面影响仍比较繁琐等等，需要继续改革和完善。天津开发区今后几年经济发展的思路和目标是：

（一）在总结前10年发展成就和经验教训的基础上，充分考虑各种因素，科学地确立各产业发展的先后顺序与比例关系，分清主导产业与配套产业，优先、重点发展的产业和一般产业，制定一个合理、明确、有效的产业政策。并依据产业政策对现行产业结构进行调整和优化，指导招商引资和对项目的选择及引进。

（二）加强基础设施建设，进一步完善投资硬环境。经过10年发展，开发区现存的基础设施的供应能力和容量已不能适应经济快速增长的需要，一个基础设施投资的高峰期已经到来。加强基础设施建设、完善投资硬环境是一项长期重要任务，要在适度超前的情况下，科学计算单位产出的各项消耗指标，使各项投入满足总体发展的需要，并达到合理的经济规模。

（三）继续深化改革，率先建立社会主义市场经济的新体制，使管理与服务不断上档次、上水平，努力创造一个市场体系完备、平等竞争、管理透明、科学、规范、高效、法制健全的良好投资环境。

（四）继续以招商和项目建设为“龙头”，以抓大项目为招商重点，大力吸引大财团、大跨国公司、大项目的投资，进一步拓宽利用外资的领域，努力提高项目的技术水平与产品档次，注重项目的空间摆放、合理布局，推动开发区的经济发展上规模、上档次。

（五）进一步加强开发区与“母城”及经济腹地的联系，充分发挥开发区对“母城”及经济腹地的辐射功能，推动母城产业结构的调整和产品的升级换代。今后，天津将重点发展以天津开发区为主面积达350平方公里的滨海新区，实施产业转移。开发区作为滨海新区的发展骨干应充分发挥主导作用，积极为天津市及周围地区发展做出更大的贡献。

汕头特区同其它特区的发展比较与战略抉择

刘锦庭　李必豪

汕头特区同其它特区经济发展水平差距的主客观原因

“知己知彼，方能百战百胜。”应该说，改革开放以来，汕头自己同自己比，变化是很大的。我们从一组统计数字，可以看出汕头前进的脚步。1993年全市国内生产总值达到124亿元，比1978年增长8.2倍；预算内财政收入达到13.8亿元，比1978年增长11倍；外贸出口总值达到16.88亿美元，比1978年增长9.8倍；实际利用外资6.86亿美元；市区居民人均年生活费收入3589.3元，比1978年增长11.7倍；农村人均年纯收入1983.6元，比1978年增长11.2倍。1994年国民经济继续呈现快速、高效增长的良好态势。然而，只要同其它特区作一横向的比较，重新审视自己，就发现了在第一轮改革开放大潮中与其它经济特区，特别是深圳和珠海特区经济发展水平的差距。这些差距显然受客观因素的制约，但主观努力不够也是一个重要原因。汕头特区在同深圳、珠海、厦门三个特区的横向比较中，显示出几点不同的差异：

一是区位条件不同。深圳毗邻香港，珠海靠近澳门，而汕头没有深港、珠澳那样得天独厚的独特地理区位。汕头偏于粤东一隅，地处“省尾国角”，显然，地理区位优势不如深、珠。

二是体制、政策不同。全国沿海4个特区中，汕头起步晚了1年。13年前，他们正式挂牌运作时，汕头特区只被批准搞一个1.6平方公里的出口加工区。以后经过两次扩大，才使234平方公里的市区成为特区，而这一过程跨越10年，一直至1991年才实现。小特区与大城市长期并存的体制，无疑给汕头建设带来诸多难题。而深圳一开始就确定为外向型、综合性、多功能经济特区的发展模式，一步到位。珠海也先于汕头于1988年扩大了特区范围，理顺了特区与非特区的关系。厦门早在1984年就被允许朝有限度自由港模式发展。虽然所有特区都享受有国家制订的特区政策，但在各个特区之间，客观上存在着政策的差异。经过十多年改革开放，深圳和厦门已成为计划单列市，享有省一级政府经济管理权限，并具有地方立法权，享受了国家给予更优惠的金融信贷、财税等政策待遇，但汕头仍然是地级市建制，至今并没有地方立法权，这些政策差异，一定程度上制约着汕头特区经济的发展。

三是城市历史不同。深圳原是一个边陲小镇，珠海原是一个小渔村，现在同样发展成为新兴的城市。新兴的城市就像一张白纸，没有包袱，没有负担，好画最新最美的图画。他们之所以发展这么快，在一定程度上借助于港澳经济的辐射和内地的支援。由于深圳和珠海是现代产业社会的真空地带，外部资金、劳力、人才等生产要素的流入，成为这两个城市迅速崛起的基本前提。而汕头与厦门这两个城市都已有一段历史，是依托着老市区建起特区的，改造老城区、老企业的包袱沉重。汕头还有别于厦门，带有一大片农村。在全市388万人口中，就有290.7万人口在农村，占全市总人口的74.9%，农村城市化、工业化的任务十分艰巨。

四是人文特征不同。潮汕文化是传统文化，潮州方言、潮剧、潮州音乐、潮菜、潮汕工夫茶自成体系，源远流长。但传统文化也有其局限性，包容性较差。而深圳、珠海都是世界上最年轻的移民城市，来自四面八方的中青年人构成了城市行为者的主体。这群新型的特区人创造了不同于其它城市的社会文化氛围。这种文化氛围具有强大的包容力，它以“海纳百川”的气概吸收天下之长为我所用。这就为深圳、珠海的经济超常规发展提供了重要的文化基础。这种新兴城市的移民文化，造就了一代敢闯敢冒敢试的新型人才结构，这种人才结构又孕育出人才竞争机制，使生产力中最活跃的要素——人，激发出无穷的活力，这是任何“近亲繁殖”的传统文化所无法比拟的。

五是思想观念不同。第一轮改革开放中，汕头特区比人家慢了半拍，客观条件固然有些不如，但其更重要的主观原因，那就是思想观念问题，尤其是没有紧紧地把握住特区最大的“特”——先走一步的试验权。解放思想尽管喊在嘴里，但遇到实际问题常常有人不敢越雷池一步。由于思想不够解放，所以汕头人的改革步伐不快，改革的胆子不大，改革的办法不多，使经济运行中长期积累下来的问题和深层次的矛盾没有及时解决，至今国有工业企业亏损面还相当大，没有形成汕头特色的产业结构，缺乏支柱产业，缺乏名牌产品。汕头人很会做生意，小商贩遍布全国各地，但却始终办不好几家上规模的大企业。这种“小商贩、小作坊、小市场”的陈旧观念与现代经济的“大生产、大市场、大流通”的新观念相去甚远，这就难怪有的人形容汕头人的市场是“满天星斗，没有一轮明月”了。再加之汕头长期以来地处“国防前线”，国家投入“先天不足”，工业基础和基础设施十分薄弱，因此，毋庸讳言，汕头在第一轮竞赛中，确是落后了。

跳出汕头看汕头，汕头特区必须在发现差距中重新认识自己，在展望未来中重新确立历史的新方位。我们认为，关键是根据自身的条件，扬长避短，选定正确的发展路向，并相应地实施整体推进的发展战略。

汕头特区新的战略抉择

汕头特区在深入调查研究的基础上，根据当今世界经济出现的综合大型化、贸易自由化和产业科技化三大趋势，认真总结十多年来改革开放和现代化建设的经验教训，在客观、冷静的思考中，重新确立了加快发展的新座标。这就是汕头市第六次党代会制订的20年基本实现现代化的经济社会发展新战略。这个战略的思路归纳为：发挥沿海、特区、侨乡、对台、商贸五大优势，实施海洋活市、工贸富市、科教兴市、法制治市四项战略方针，建设好保税区、高新技术产业开发区和南澳海岛开发试验区三个重点区域，推进汕头特区和潮阳市、澄海市东西两翼两个经济层次的共同发展，经过20年的努力，把汕头建成现代化国际港口城市。

提出这一发展路向的依据是：

第一，基于对汕头特区特殊区位优势的再认识。所谓区位优势，是指依托时间——空间的区域（城市）经济、地理、历史、文化等形成的有利于经济社会发展的宏观结构性条件。汕头显然没有深圳、珠海那样毗邻香港、澳门“近水楼台先得月”的地理区位优势，也没有那种移民城市“孔雀东南飞”的效应区位优势，汕头之所以被确定为经济特区，主要是考虑到汕头“因为东南亚国家潮州人多”。（见《邓选》第三卷366页）华侨众多是利用外资发展经济的最大优势。所以，如果说汕头有别于深圳、珠海的区位优势的话，那么，汕头这种区位优势则是地处著名侨乡这种独特的地缘优势带来了华侨众多这种独特的人缘优势，这正是汕头改革开放以来经济飞速发展的重要原因。据不完全统计，整个潮汕地区的华侨、华裔达650万人，港澳台同胞有240万人。潮汕华侨遍布40多个国家和地区，尤以泰国为最。海外潮人在国际市场上拥有通畅的商贸渠道和广泛的商贸网络，涌现了许多业有大成的富商巨贾、社会名流。实践证明，无“侨”不快，打好了“侨牌”，经济就能不断上台阶。

汕头的区位优势还在于它濒临南海，具有相对内陆地区的临海区位优势。这里素称“华南之要冲，岭东之门户”，海岸线长达289.1公里（其中岛岸线112.2公里），大小岛屿40个。有丰富的海港资源，仅南澳岛，可供开发的深水港址就有七处。虽然各个特区均靠沿海，但汕头的海洋优势又有其自己的特点。汕头开埠已有130多年，汕头港的历史较长，其港口的年吞吐量曾在本世纪30年代一度居全国第三位。由于港口的繁荣带来了商业的繁荣，因此商业之盛曾居全国第七位。当时曾有美、英、法、德、日、俄、荷、比八国在汕头设立过领事馆，是蜚声海内外的国际商埠。

汕头的区位优势也体现在对台方面。随着1997年、1999年香港和澳门的回归，台湾的问题更为突出。在广东，汕头是离台湾最近的城市，辖下的南澳岛是一个台胞祖居地，历史上与台湾关系源远流长，现在台的南澳籍同胞（包括后裔）10万多人，超过本县现有人口。两岛习俗相同、语言相通，关系密切。两岸渔民同在一个渔场生产，民间往来从不间断。随着两岸交往的增多，每年都有占全省1/3以上的台船到南澳避风、贸易和补充给养。近年来，台湾同胞回南澳探亲、经商、观光的也越来越多 。早在1984年，谢非书记视察南澳时就提出把南澳建设成为“广东对台窗口”。所以说，打好“台球”汕头有很好的条件和机遇，充分发挥汕头对台比较优势大有可为。

汕头的区位优势还表现在特殊的生存环境造就勇于开拓、善于经商的人文传统。汕头向来人多地少，全市人口密度为1879人/平方公里，人均耕地0.22亩，是全国人口最稠密、人均耕地最少的地区之一。这种特有的人多地少的生存环境，培养了汕头人不得不敢于冒险、敢于竞争、勇于开拓、擅长经营的浓厚商品经济意识。由于生存空间的狭迫，地理又具有通向海外的交通条件，故很早潮人便有向外拓展的传统习惯。潮汕自唐代开始就有对外贸易，一直延至今天。据《潮州志》记载：“潮人善经商，屡空之子，只身出洋，皮枕毡衾以外无长物。受雇数年，稍稍谋独立之业，再越数年，几无一不作海外巨商矣。”生动地记叙了潮人的开拓精神。改革开放以来，潮汕人向外拓展，生意几乎做到了全国各地，又是一个很好的证明。这是被人称为“东方犹太人”的潮汕人特有的人文传统，这种特有的人文传统正是汕头具有商贸优势的内在动力。

再从腹地蕴藏的潜力看汕头的区位优势。历史上，汕头港曾是粤东、赣东南和闽西南地区的交通枢纽、进出口岸和商品集散地。解放战争时期，这里曾成立了闽粤赣边纵队，是我党一条重要的地下交通线。这一区域总面积达9.87万平方公里，总人口达3072.3万人。拥有丰富的水力、矿产、森林、土地和人力资源。粤东、赣东南、闽西南这一大片地区现处于珠江三角洲和长江三角洲两大经济隆起带之间相对的低洼地带，是一处尚待开发崛起的处女地，蕴藏着极大的发展潜力，给予汕头特区未来大发展提供广阔空间和时代契机。随着1995年京九（江）九（龙）铁路在龙川与广梅汕铁路接轨，贯通我国南北的又一条大动脉将连结汕头，从而使汕头成为华南地区的又一重要出海口。汕头完全可以以粤东、赣东南、闽西南这个腹地作为依托，这个腹地也可以借助汕头特区这个“窗口”和汕头中心港口的“通道”，实现优势互补，形成粤东、赣南、闽西南经济区，促进共同发展，共同繁荣。

因此，可以说汕头具有侨乡区位优势、临海区位优势、对台区位优势、人文区位优势和腹地区位优势。这些正是汕头制订新的发展战略的前提条件。

第二，基于汕头在广东现代化建设中重要地位的再认识。首先，汕头是广东三个特区之一。广东已确定用20年时间实现现代化，用5年时间建立社会主义市场经济体制基本框架，这一艰巨而光荣的历史任务，要求深圳、珠海、汕头三个经济特区要率先实现现代化，率先建立市场经济体制的基本框架，为全省的改革开放和现代化建设探路，当好排头兵，在提高整体素质，增创发展优势方面走在全省的前头。

其次，汕头又是广东的东翼。“东西两翼齐飞，即沿海东西两翼地区同时起飞，争取5年有大的发展，尽快缩小与珠江三角洲经济发展的差距”，这是广东现代化建设战略部署中对两翼的要求。汕头如果不能在新一轮改革开放和现代化建设中尽快跟上珠江三角洲地区发展步伐，这不仅仅是汕头的局部问题，而且是广东整个现代化的全局问题。汕头决不能落后，不能去拖全省现代化建设的后腿。

汕头无论是以特区的身份，还是以两翼的面目出现，都成为全省战略部署的重要组成部分，因此，肩负着“双重”任务的汕头，加快发展便成为一种义不容辞的历史责任。

第三，基于汕头在未来亚太地区经济乃至国际经济合作与分工中功能作用的再认识。当今经济发展呈现国际化、市场化趋势。新技术革命使得全球性经济结构发生重大变化，产业出现了国际分工和梯度转移，国际资本正在寻找新的投资场所。亚太地区政局相对稳定，经济持续高速发展，正在成为世界上最有活力、最有希望的地区。中国作为亚太地区的一个大国，十多年来改革开放取得的成就，使之成为外商投资的热点。汕头作为全国5大特区之一，是我国改革开放的前沿阵地，又处于太平洋西岸新月型“繁荣弧线”经济增长带的中间地区。顺应世界经济一体化潮流，充分利用产业分工机会和巨大的国际资本输出，汕头正面临着千载难逢的历史机遇。实现汕头与亚太地区乃至整个世界的市场接轨、机制接轨和产业接轨，使汕头经济融入亚太经济发展的洪流，此乃其时也。

从以上三方面的分析，清楚地看出汕头特区在现代化建设中独特的战略地位，这种战略地位为它制订新的发展战略提供了可靠的科学依据，因此，汕头新的战略抉择是一个面向21世纪、面向世界、面向现代化的历史性抉择。

进一步增创汕头经济特色的若干思路

如上所述，汕头特区在与其它特区的横向比较中，显示出自己独特的区位优势，这就是侨乡优势，因而必须突出侨乡经济特色；有临海优势，就必须突出海洋经济特色；有对台优势，就必须突出对台经济特色；有商贸优势，就必须突出商贸经济特色；有腹地优势，就必须突出区域经济特色。这五方面的特色，最终都必须转化为汕头的产业结构特色，也就是说，通过大力发展侨乡经济、海洋经济、对台经济、商贸经济、区域经济，尽快形成具有汕头特色的产业结构。要实现上述工作的新突破，关键是以大开放的眼光去认识区位的特殊优势，做好大开放这篇大文章。开放，包括对外开放和对内开放两个方面，汕头要大力发展的侨乡经济、海洋经济、对台经济、商贸经济，实际上是指走向海洋，走向海外，走向世界，做好对外开放的文章；汕头要发展的区域经济，实际上是指背靠粤东、赣东南、闽西南这个广阔腹地，加强区域经济协作和合作，做好对内开放的文章。

这篇文章如何做？汕头市委、市政府总的思路是：建设大港口、开辟大通道、发展大市场、搞好大服务，以东南亚、港澳台为桥梁，以粤东、赣东南、闽西南经济区为腹地，实现与亚太地区乃至世界的市场接轨、产业接轨、机制接轨，服务全国，面向世界，把汕头办成科技型经济特区，向现代化国际港口城市迈进。

围绕着这条总思路，我们认为，汕头必须抓住自己固有的特点，在发展侨乡经济、海洋经济、对台经济、商贸经济和区域经济上实行战略转移，增创新优势，才能再造新特色。

一是发展侨乡经济，要从过去主要靠华侨“捐赠型”投资转移到引导华侨向“产业型”投资上来。潮汕华侨向来有爱国爱乡的光荣传统，改革开放以来为家乡的两个文明建设作出了积极贡献。全市各地共接受侨胞兴办公益事业折人民币15亿元，其中，李嘉诚先生捐资兴办汕头大学达9亿港元。近年来，侨胞捐资办公益事业又有了新的发展，逐渐从捐资建校、建医院发展到捐资置业养校、养院；从资助乡村建桥修路发展到资助中心城镇办大型公益事业。同时，不少侨胞也已开始从“捐资型”的投资向“产业型”的投资发展。迄今为止，在全市批准的3468家三资企业、协议外商投资总额36.89亿美元、实际利用外资14.29亿美元中，有90%以上的资金来自潮籍华侨、华人和港澳台同胞。香港著名实业家李嘉诚先生更是斥巨资约40亿元直接参与建设深汕高速公路、汕头海湾大桥、汕头广澳集装箱码头、煤电厂和“安居工程”等大型基础设施项目。这些对加快汕头经济发展和社会进步都发挥了重大作用。但是，必须看到，一方面，汕头在引进侨资的数量、规模、档次、领域上还远远不够；另一方面，如何通过华侨这条纽带，“以侨引台”、“以侨引外”，引进更多的国际大财团、大资本更是一个薄弱环节。因此，要大力发展侨乡经济，就必须在继续鼓励侨胞捐赠社会公益事业的同时，下大力气引导海外赤子更多地向产业投资，支持建设重大基础设施项目和高新技术产业，并通过他们把引资对象、引资领域逐步扩大到韩国、日本、欧美等国际大财团，不仅引进资金、技术，同时也引进发达国家先进的管理经验。如果能在这些方面有所突破，那么，汕头的侨乡经济就能再上一个新的台阶。

二是发展海洋经济，要从过去主要靠发展近海水产养殖、捕捞转移到大力发展海洋产业，使汕头成为发展海洋经济的强市上来。靠海是汕头的最大优势，汕头提出“海洋活市”的战略方针，正是为了做活“海”字文章，大兴海洋经济，把海洋资源的优势转化为现实的经济优势。大力发展海洋经济，不仅有利于调整汕头产业结构，增大全市经济总量，而且可以大大拓宽经济发展的空间，缓和汕头陆地自然资源不足的矛盾。改革开放以来，汕头在发展水产养殖业、港口运输业等方面已取得长足的进步，但是，对海洋优势还发挥得很不够。因此，必须大力加快海洋资源的开发和利用，发展海洋交通运输业、港口仓储服务业、海洋转口商贸业、海洋水产业、滨海旅游业、海盐业、滩涂种养业、海洋加工业、海洋风能发电、海洋生物工程等，以形成新兴的海洋产业。这是一件大有潜力、大有可为的事情。跳出陆地看海洋，特区的空间不断拓展。我们要再造一个“海上汕头”，建设“海洋强市”。发展海洋产业的目标是：以汕头市海域为中心，以海岸带为依托，建成南澳海岛综合开发试验区和潮阳、澄海东西两翼沿岸各具特色的海洋开发区，形成由岸到岛、由近海到远洋的多层复式立体开发新格局。近期，要抓住海洋交通运输业、港口仓储服务业、新兴海洋工业、海洋生物技术产业和滨海旅游业作为重点，滚动前进，逐步形成海洋产业群。要加快改造汕头港，兴建广澳港、南澳烟墩湾港等深水港，并抓紧新老港口的后续和配套，把港口的优势和吞吐能力充分发挥出来。积极组建远洋商船队，发展集装箱运输，开拓南中国经济圈和东南亚、东欧、环太平洋经济圈以至其它远洋运输。继续发展海洋捕捞和淡水养殖，走贸工农一体化、深加工、高附加值的路。努力发展新兴的海洋工业，包括船舶修造和各种旅游船、专用船舶的制造，海洋化工、海洋水产的深度加工等。逐步实施海洋生物工程，重点开发海洋生物活性物提取技术、海洋生物营养品、保健品等。要规划、建设好一批具有潮汕文化特色、滨海特色和时代特色的现代化旅游景点和旅游设施，以增强汕头的吸引力，留得住人。通过不断努力，使汕头成为发展海洋经济的强市。

三是发展对台经济，要从过去以对台小额贸易和办劳动密集型中小台资企业为主转移到对台全面经贸、技术、文化合作和兴办资金技术密集型大企业上来。自1987年台湾当局开放岛禁以来，汕头大力发展对台贸易，做好吸引台资和接待台胞工作。迄今为止，全市对台贸易额约1亿美元；对台小额贸易约1200万美元；来汕投资的台商企业达294家，合同投资总额4.22亿美元，其中台资金额3.4亿美元。台资在汕头利用外资位置中仅次于港资，成为汕头发展外向型经济一支重要力量。但是，对台贸易仅停留在小额贸易为主的初级阶段，台商投资规模也以中小企业为主、劳动密集型为主，这与台商大举进军大陆腹地这一态势相比差距很大。因此，汕头发展对台经济应以争取台资大财团为突破口，使台资企业从原来的劳动密集型向资金、技术密集型转化，从小型企业向大中型企业转化，并制订产业政策，引导台商投资基础设施、农业、海洋养殖、海洋捕捞以及金融、信息、旅游、高新技术等产业上。鉴于南澳岛作为广东对台窗口的独特作用，我们已申请在南澳岛设立对台保税区，重点发展以海来海去为特点的仓储补给、转口贸易、出口加工和旅游商贸，成为发展对台经济的先行区和示范区，并争取汕头、南澳成为第一批对台“三通”口岸，努力实现对台经济的新突破。

四是发展商贸经济，要从过去“满天星斗”的小商品经济转移到造“一轮明月”的大商品经济上来。汕头是“百载商埠”，汕头人以擅长经商扬名天下。据不完全统计，汕头拥有28万供销员，足迹遍布全国各地。但从总体上看，汕头的商业贸易、转口贸易规模不大，领域不宽，真正在国内外市场有竞争力的大型商贸集团、跨国集团寥寥无几。要再造汕头商贸新优势，就必须按照“大商业、大市场、大流通”的思路，组建大型商贸集团和大型出口贸易集团，促进贸易多元化，形成规模优势，大胆开拓国内外市场，主动参与国际竞争。

五是发展区域经济，要从过去闽粤赣边地区民间的、分散的、小型的传统经济协作关系转移到建立闽粤赣边大经济区，增创区域经济的整体优势上来。闽粤赣边经济区包括粤东、赣东南、闽西南，横跨3省9市80县（市）。历史上形成一条传统的经济流向，汕头向来以这个区域作为腹地依托。广梅汕铁路与京九铁路在龙川接轨后，从龙川东走直下汕头，从汕头西去龙川直通九龙，实际上又形成京汕（北京至汕头）、汕港（从汕头至香港九龙）两条铁路，加上汕头原有的八大基础工程和正在规划建设的十大工程，尤其是深水港、海湾大桥、高速公路、国际机场等重大基础设施完成后，汕头和粤东、赣东南、闽西南经济区将成为除长江三角洲、珠江三角洲以外的另一个经济增长极，扮演汕港台“经济成长三角区”的重要角色。当今，区域经济联合和流域经济开发正形成一种新的发展趋势。长江流域的开发，珠江三角洲经济区的联合发展，给我们很大的启示。汕头作为粤东唯一的经济特区，必须进入区域经济的开发行列，与闽粤赣边地区加强紧密合作，建立闽粤赣边大经济区，发挥特区对内地的带动和辐射功能，更加积极主动地联合邻近地区，加快建设跨行政区域的大交通、大通讯、大口岸，率先建成现代化交通网络和信息高速公路网络，推进这一区域的金融、贸易、旅游、航运、信息等功能联为一体，造成闽粤赣边腹地“共同市场”。只要坚持不懈地努力，汕头完全可以成为连接国内外市场的桥梁，成为区域性的转口贸易基地，成为引进先进技术与管理经验的中转站，建成具有吸引力的“购物天堂”、旅游热点。

综上所述，汕头只有突出侨乡经济、海洋经济、对台经济、商贸经济和区域经济这五方面的特色，方能扬长避短，走出一条具有自己特色的发展道路。但是，这五方面都仅仅是局部的经济优势，更重要的是把这些局部的经济特色组合起来，转化为整体的产业特色，方能形成具有较强的市场竞争力的产业优势。因为，富有特色的产业，是一个地方各种优势的载体，也是建立和发展经济优势的核心环节。汕头未来的产业优势定位，必须树立起超前意识和竞争意识，也就是说，汕头的产业调整起步慢了，但起点要高，要力争以世界最新的科技成果为起点，超越发达国家发展过程中的某些阶段，实现跳跃式跨越。面对全球性的高新技术革命和产业升级浪潮，汕头提出“创办科技型经济特区”和

“优先发展第三产业，大力加强第二产业，稳定提高第一产业”的战略决策，便是实现跳跃式跨越的重大举措。这里有两个跨越，一个是“再造一个高起点的新特区”，即大力发展高新技术产业；一个是大胆把“一、二、三”产业发展格局调整为“三、二、一”发展格局，即优先发展第三产业。这两个跨越，成为汕头在新一轮竞争中自我审视、重新定位的新座标。因为汕头人多地少，自然资源和能源供应较紧缺，发展耗能大的重化工等产业将面临较大的困难和成本价格上升的劣势。而发展高新技术产业和第三产业则可以做到扬长避短，实现利用高新技术对现有优势的传统产业，如化学工业、超声电子、医药、纺织服装、机械制造等五大行业进行改造，促其产业升级换代；把具有潜在优势和未来优势的新兴产业，如食品工业、印刷工业、海洋工业和信息产业、微电子产业、生物工程产业发展成为高新技术产业，使其成为主导产业。第三产业是衡量现代经济社会发达程度的重要标志，也是加快汕头经济发展的潜力和优势所在。汕头要加快现代化建设步伐，就必须把发展重点转到高科技含量的第三产业上来，以金融业、证券业、信息业为龙头，转口贸易、商业贸易、仓储、服务、交通运输、通讯为主干，相应发展房地产、度假旅游、劳务输出等行业，争取在不太长的时间内使第三产业的主要门类发展成为具有国际竞争力和出口导向的重要部门，不断提高第三产业在国内生产总值中的比重。优先发展第三产业并不是不要发展一、二产业，相反，第一产业要稳定提高，第二产业要大力加强。如果一个现代化国际港口城市没有几个大的现代化工业企业，那么这个城市就患了“软骨症”，支撑不起来。一、二产业均应以高新技术为先导，工业要以企业改革、建立现代企业制度为重点，以组建大型企业集团为导向，加快形成具有汕头特色的现代化工业产业结构。农业要以“三高”为发展方向，走集约化经营，规模化发展的道路，形成有汕头特色的现代化农业产业结构。这样，通过增创富有特色的汕头产业新优势，使高新技术产业、“三高”农业、现代化工业和具有特色的第三产业成为汕头的主要支柱产业。

要实现这个目标，体制因素和人才因素将起决定性作用。我们要加快体制改革的步伐，率先建立起社会主义市场经济体制的基本框架和与国际经济接轨的运作机制；加快教育事业发展，根据产业结构调整的迫切需要，培养更多的高素质人才，并大胆引进国内外高新科技领域的尖端人才，以形成汕头经济发展的技术依托和人才依托。

可以预见，随着汕头保税区、高新技术产业开发区和南澳海岛开发试验区和新南区几个重点区域的加速推进，随着交通、能源、通讯等大型基础设施的日臻完善，随着科技“樊登计划”、教育“曙光计划”的逐步实施，汕头大发展的时期就将到来。

关于加快边境地区经济发展问题的研究

曹 虹 霍庆先 苑芳仲

党的十一届三中全会实行改革开放方针以来，我国的经济建设取得了举世瞩目的成就，但改革开放的15年中，沿海、内地和边境地区之间、东西部地区之间的经济发展又形成了一定差距，本文试就如何缩小地区之间的差距，加快边境地区的经济发展问题作些研究探讨。

边境地区的经济特点

我国有两万多公里的边境线，与我国毗邻的国家很多，从东北到西南9个省区分别与朝鲜、俄罗斯、乌兹别克斯坦、蒙古、巴基斯坦、印度、缅甸、越南等15个国家接壤。在这条边境线上，开放口岸城市一百多个，其中国家级口岸30多个。这些口岸所对应的国家虽然不同，但作为边境地区经济发展来讲，有其共同的特点。其特点主要表现于存在的经济发展的劣势和优势上。就其劣势讲，共同特点是经济开发时间晚、对外开放的时间晚。从历史上看，边境地区地理环境闭塞，人类涉足时间晚，在边境地区生存的大多是生产条件落后的少数民族。边境地区交通不便，信息不灵，经济落后。外国资本大量涌入中国时的半殖民地半封建社会，边境地区经济没有很好地发展。就是新中国成立之后，由于我国与周边国家政治关系的影响，与原苏联接壤的地区，在较长时间里，立足于“打后再建”；与朝鲜、印度、越南等国接壤的地区，直接受到了战争的创伤。由于种种历史原因，边境地区经济一直没有得到开发，并且与内地和沿海地区的差距越拉越大。边境地区基本都与“老少边穷”几个字沾边。

从1980年国家批准建立深圳经济特区开始，沿海地区实行对外开放政策，而边境地区是从1992年国务院批准进一步开放黑河等边境城市开始的。实行对外开放政策的时间相差12年。就其优势讲，一是资源富集。我国是世界资源比较丰富的国家之一，多种重要矿藏位居世界第一或排名前列。并且多数储藏于边境省区，如黑龙江、内蒙古、新疆、西藏、云南等。由于经济开发时间晚的劣势，使得边境省区的资源优势显得更加突出。二是地理条件好。与我国毗邻国家的边境地区和我国的边境地区，在经济发展上有许多共同点，他们的边境地区大多也是资源丰富而经济不够发达，并且在历史上与我国边境地区有着较为久远的经济往来，国与国的边境地区之间，经济发展上客观存在很大的互补性。特别是我国实行对外开放的方针以来，毗邻国家和我国的关系不断改善，经济往来越来越多，在全方位的对外开放格局中，边境地区的地缘优势显得越来越突出。客观存在的优势和劣势条件，是边境地区共同的经济特点。

全方位开放政策促进了边境地区经济快速发展

1992年以来，国务院先后批准了14个边境城市为进一步对外开放城市，并赋予这些城市一系列开放开发的优惠政策，对边境地区的经济发展起到了很大的推动作用。

一是与周边国家的边境经贸合作取得了可喜成果。仅黑河口岸，1992年至1994年以来，累计实现贸易进出口总额76198.9万美元，比辟建开放城市前5年总和增长了709.4%；黑河口岸1987年（包括1987年）以前，共为国家上缴海关税和海关增值税8.25万元，1988年至1993年共上缴5.48亿元，近6年时间，比建国后口岸开通以来增长了6642倍。黑河已把国内29个省市区的3000多家企业同独联体10个国家、36个州区的2000多家企业联系在一起，形成了国际性的经济合作网络。经济技术合作取得了一定进展，审批境内外三资企业共169家，总投资1.5亿美元，合同外资额7255万美元，目前已有62个企业投产运营。这些数字对比充分说明了边境开放城市与周边国家边境经贸合作取得的成果。

二是边境开放城市投资环境得到改善。辟建边境开放城市后，各地都实行了内引外联的方针，吸引了一批国内国外投资，大大改善了边境城市的投资环境，增强了口岸功能。黑河市1992年以来，共开工建筑工程497项，建筑面积145万平方米，完成投资15.6亿元；城市综合服务功能不断完善，兴建了一批包括三星级宾馆在内的综合配套服务设施，口岸查验部门，外运、金融机构相继健全。市内万门程控交换机，长途自动交换机、微波通信工程和市内移动通讯、无线寻呼系统投入使用，电讯直通国际、国内各地。铁路、公路、客运、水运相结合的交通网络初步形成。口岸城市的投资环境得到很大改善。

三是合作区开发建设初具规模，边境口岸城市进一步开放后，按照国务院文件精神，每个开放城市各辟建一个边境经济合作区，并赋予比边境开放城市更加优惠的政策。先后批准辟建的14个边境经济合作区，充分利用国家给予的优惠政策，边规划、边建设、边招商，经过3年多的时间，各合作区的起步区都已基本完成“六通一平”基础设施建设，一批内资、外资项目相继开工投产，宾馆饭店等服务设施投入使用，与毗邻国家和地区的经济技术合作和贸易取得一定成果，各合作区都已形成一定规模。黑河经济合作区基本建设项目开工86项，面积43万平方米，完成投资4.6亿人民币，其中审批外商投资项目26项，总投资4835.42万美元，到位资金1304.27万美元。

加快边境地区经济发展的几点对策

边境地区经过短短几年的开放，地区经济得到迅猛发展，开发建设取得了可喜成绩。但由于沿海先期开放地区经济发展基础好，对外开放时间早，政策优惠度高，经济发展速度越来越快，已经成为我国首先富裕的地区；而边境地区由于经济发展基础差，对外开放时间晚，政策优惠度低，加上历史的因素，边境地区与沿海地区经济发展的差距在逐步拉大。邓小平同志在1992年初视察南方谈话中指出：“社会主义的本质，是解放生产力，发展生产力，消灭剥削，消除两极分化，最终达到共同富裕”。因此，加速边境地区经济发展，不断缩小边境地区与发达地区的差距是实现全国经济平衡发展的重要问题，也是摆在边境地区面前的紧迫任务。

如何加速边境经济发展，扩大沿边对外开放，不断缩小南北差距，探索具有沿边经济发展特色的新路子，我们认为应采取以下对策：

一是以贸易为先导走贸工旅结合的外向型经济发展路子。我国沿海地区面对的都是经济发展水平较高的国家和地区，因此，沿海地区的外向型经济基本上是一种吸收模式，即单向地吸引外来的资金、技术、管理经验、乃至人才，然后将产品销往国外。从这个角度讲，沿海走的是产业结构以现代工业为主，企业所有制结构以外商投资企业为主，产品销售以出口为主，致力于开发先进技术的外向型经济的路子。而边境地区工业基础薄弱，没有原始积累，缺少雄厚的资金和先进的技术，周边也是经济发展水平较低、资金匮乏的国家和地区，起始搞生产性企业十分困难。因此，边境地区应该发挥地缘、资源两大优势。在资源方面，我国的旅游事业正处在蓬勃发展时期，要注重旅游资源的开发。必须走“以贸易为先导，以贸带工、以贸促工、构筑贸、工、旅结合”的外向型经济结构的路子。即把发展边境贸易作为振兴边疆经济，扩大对外开放的杠杆和启动点。以黑河情况来看，边贸企业进口了大批工业生产原料，并以低于国内市场价格销售给企业，缓解了工业原料紧张问题。目前，黑河市有出口产品的生产企业达到40多家，啤酒、服装、红砖、木制品等多种商品打入俄罗斯市场。地方产品出口额累计已达4.5亿多元，推动了外向型工业的发展。根据俄罗斯及独联体市场的需求，新上了一批出口加工型企业，加快了产品和产品结构调整步伐。1994年全市工业总产值实现了19.1亿元，比改革前的1978年增长9.6倍。

二是不断扩大与周边国家的经济技术合作。我国与周边国家显然同为发展中国家，但是由于改革以来我国经济突飞猛进地发展，已使国民经济体系不断健全，所以在生产力水平上略高于周边国家，而独联体国家、越南、老挝、蒙古等国家目前既急需国外技术、资金，但却难于吸纳和消化西方发达国家的技术，对我国成熟的技术有较大的需求，所以在与周边国家经济技术互补关系上，我国的轻工、机电及日用工业品在一些国家有广阔的合作前景，经济合作的潜力很大。所以边境地区的经济发展要在开展贸易的前提下，不断向经济技术合作方面扩展。在具体形式上，不仅要采取沿海“三来一补”的经济技术合作形式，同时更要结合边境地区的特点搞好“三去一补”。

三是以“南联”为基础，促进“北开”。沿边地区的开放，不仅是对周边国家开放，更要注意对内“开放”，积极地与内地和沿海地区发展多层次的横向经济联合。因为，沿海、内地经济比较发达，有许多剩余资金和先进技术设备，在产业升级过程中，有些闲置下来或更新下来的设备也可以转移到边境地区，生产适合周边国家需要的产品。沿海地区的资金、技术和人才优势，可以和沿边地区的资源优势结合。

沿边地区要立足发挥自身资源和口岸两大优势，把吸引内联作为发展地方经济的基础，即把引进资金技术的重点放在资源开发型项目上，从粗加工入手，逐步上一些精深加工项目，相应发展高新技术产业，创造出自己的“拳头”地产品；吸引内地企业投资和毗邻国家的投资，多办一些“中中外”的项目，把产品销往国内、国外两个市场。

四是进一步改善投资环境。边境地区对外开放以来，在交通、邮电通讯、能源等基础产业及城市口岸基础建设方面都有了明显改善。但由于资金匮乏，原始基础条件差，目前边境地区在投资环境方面还很不完善，难以适应当前沿边扩大开放和经贸迅速发展的需要。因此，边境地区要注重硬环境的建设，为沿边开放招商引资创造良好的投资环境。

五是加速边境经济合作区重点建设，带动边境地区经济快速发展。从1992年开始，国家先后批准了14个边境经济合作区。3年多来，合作区依靠国家赋予的政策，零点起步，自费开发，起步区建设都已初具规模，成为沿边开发的热点区，投资的重点区，对外开放试范区，在边境经济和社会发展中起到了带动作用。下一步要更加重视合作区的建设，把其放在整个沿边开放格局的中心环节上，全方位支持进行重点建设，利用合作区在贸易、合作、经营、开发等方面进行大胆探索和试验，探索新的发展路子，进一步发挥合作区在沿边开放链条中的联结作用和带动作用，促进沿边经济快速发展。

六是积极探索国际经济合作自由区、贸易区的新模式。进入90年代以来，世界政治经济形势急剧变化，世界经济一体化和区域化趋势十分明显。面对世界经济格局发生的巨大变化，东北亚地区各国正在积极调整各自的经济发展战略，加强与相邻国家间和地区间的经济合作，以地缘上的接近性与经济上的互补性为基础的区域经济合作，成为当代东北亚经济发展的特点。特别是我国开放了14个边境城市，批准建立了14个边境经济合作区，对周边国家产生极大影响，使其纷纷效仿实行经济战略转移，向边境地域发展并建立相应的贸易区、自由区等特殊经济区域。在这种客观条件下，有条件的边境地区，可以积极探索，建立一批功能不同，规模不等的国际合作试验区、边境自由贸易区。

从1992年以来，黑河市政府和阿穆尔州政府就建立对接式国际经济合作开发区做了大量工作。两国地方政府在取得共识的基础上，达成了协议，分别成立了筹备组织，开展研讨、论证和各自争取国家批准工作。从1994年中俄边贸滑坡，使我们更加清楚认识到，搞合作开发是将低层次边贸合作推向高层次合作的最好途径，从而加快了我们探索建立对接式国际经济合作区的步伐。我们已确定把大黑河岛作为对接式国际经济合作发展启步区，利用大黑河岛独特的地理位置，较完善的服务功能，尽快把大黑河岛建成按国际惯例运作的特殊经济区域。

七是加大对边境地区政策的扶持力度。为适应全方位开放，繁荣边境地区经济，国家赋予了边境开放城市及经济合作区一定的优惠政策。这些政策对发展边境经济，促进边境地区经济起到了重要的作用。但从总体上说国家给予沿海地区的优惠政策执行了12年，而边境地区仅享受到了3年多时间的优惠政策。而且在优惠程度上也低于沿海地区。“八五”期间国家赋予边境地区的优惠政策即将到期，在新的一轮政策出台前，国家一方面应该考虑到边境地区的经济特点；一方面应该考虑财税金融体制改革后出现的新情况，关税汇率并轨后，报关进口商品价格汇率由1瑞士法郎约合人民币3～4元升至6元以上，使进口商品关税增加80—100%。大多数进口商品实行全税，增加了进口商品的成本。由于实行新税制，外贸企业需要缴纳占进出口总额17%的增值税，其额度远远超过了以往只占进销差价10%或占销售总额3%的营业税。在新税制下，减半征收关税的政策优惠实际上已经没有了。国家应该在新的财税金融体制下，在九五期间对边境贸易进口的商品给予减免海关税的优惠，对企业所得税，贷款额度及利率等方面给予进一步优惠。

把大榭岛建成世界一流港口的经济贸易区

黄金国　顾兆康

1992年11月7日，为贯彻小平同志南巡谈话精神，配合我国经济重心由南向北的战略转移以及浦东、长江三角洲的进一步开发开放，当时的中国国际信托投资公司董事长、现国家副主席荣毅仁同志亲自决策由中信公司投巨资成片开发建设宁波大榭岛，作为长江流域乃至全国的一个重要出海口，并要求“把大榭岛建成世界一流港口的经济贸易区”。这一重大举措得到了国家、省市的高度重视，国务院于1993年3月5日正式批复同意中信成片开发建设大榭岛，还赋予大榭开发区5年内新增财政收入全部留用，用于基础设施建设的优惠政策。宁波在市党代会上提出了以“两区一岛”（开发区、保税区、大榭岛）的开发建设为龙头，把宁波市建设成为社会主义现代化国际港口城市的战略目标。目前，国内外投资者纷纷上岛考察，大榭岛开发展现出十分美好的前景。

首先，大榭岛重要的地理位置、自然条件、外部基础设施以及易实行封闭式的隔离管理等，非常适宜大规模的港口和出口加工区建设，使大榭岛具有了建成世界一流港口的经济贸易区的有利条件。

宁波是历史文化名城，著名的商埠，是被国家确定的长江三角洲及沿江地区的对外经贸口岸，也是浙江省经济发展的龙头。近年来宁波经济和社会事业取得了迅速的发展，已经成为我国重要的能源、重化工基地和重点发展的四大国际深水中转枢纽之一。

大榭岛位于宁波市东郊，长江三角洲东南角的杭州湾畔，处于我国海岸线的中间，是我国黄金海岸和黄金水道的交汇枢纽，紧靠太平洋国际航线。经长江口可通行长江沿江地区。海上距神户2664公里、釜山1860公里、新加坡3720公里、基隆1104公里、香港2280公里，位置适中，是我国东部沿海建立国际集装箱和大宗货物中转基地的最佳选择之一。

大榭岛四面环水，非常适宜于封闭式管理，周围海域有陆地和舟山群岛作天然屏障，岛的周围水域宽阔，不冻不淤风浪小。航道条件好，能适应大型船舶进出港的需要。20—30米水深线靠近岸边，共计10余公里深水岸线可供开发建设，且近岸水深可满足停靠世界大型乃至超大型船舶的需要，建设成本较低，比较适宜于国际上通行的大吨位、远距离、高效率、集约化、低成本的远洋运输格局。利用大榭岛的深水条件，用第三、四代集装箱船直达欧、美，与从现有港口用第一、二代集装箱船经香港、神户中转，每吨可节约运费300—500美元，运输周期还可缩短3天，经济效益相当明显。

大榭本岛面积30.84平方公里，岛上地势平坦，现有平原面积占全岛面积约53.7%，经适度开发可用土地面积约占全岛的63%，可用于建造大片与港口配套的仓储、货物和出口工业区。大榭岛紧靠北仑港、宁波经济技术开发区、保税区，距大陆最近处仅有600米，即将兴建的公铁两用跨海大桥把大榭岛与宁波大陆连成一体，开发建设大榭岛以宁波为依托，可充分利用已建成及正在建的基础设施和其他方面的有利条件。

大榭岛主要以整个长江三角洲及长江流域为发展腹地，这个地区的土地面积仅占全国总面积的25%，人口仅占全国总人口的20%，创造的财富是全国的40%，是我国最大、最发达和最有发展潜力的经济区域。如果说80年代珠江三角洲以两头在外兴办三资企业为特征，长江三角洲以乡镇企业的崛起，以国内原料加工出口产品为特征的话，那么90年代长江三角洲将是大批三资企业崛起、两头在外的外向型经济快速发展时期。据专家预测，货源的增长特别是集装箱生成量的增长要远远快于经济增长，从而为大榭岛建设世界一流港口的经济贸易区提供了丰富的资源、市场及良好的发展机遇。

再过2—3年，随着投资5亿多元的跨海公铁两用大桥建成，大榭岛将与宁波大陆连成一体，成为宁波综合运输体系的组成部分，使大榭岛成为一个拥有海、陆、空立体交通，四通八达的经济区，便捷的交通运输使大榭岛可直接通往全国各地主要城市，进一步加快了与国际上的交往。公路四通八达，呈辐射状伸向各地，随着沪—杭—甬高速公路的建成，大大缩短通往上海、杭州的时间。目前，正在规划论证中的杭州湾跨海大桥如果能够付诸实施的话，将使沪甬的陆上交通更为便捷，促进北仑港、大榭岛为上海港分流。大榭岛将成为肖甬铁路复线的终点，通过肖甬铁路与沪杭、浙赣铁路相衔接，同全国铁路网连成一片，年运量可达3000万吨。宁波栎社机场目前为国际二级机场，已与香港、北京、上海、广州等全国各大城市通航，2000年将建成国际一级机场的规模。

其次，目前全球经济正在发生结构性重大变化，世界经济中心正向亚太地区转移，21世纪将是亚太经济的时代，中国也将在21世纪成为世界经济大国。根据历史经验，每一次世界经济增长重心的转移必将有一批城市相应崛起。随着长江三角洲和长江流域经济的快速发展，势必要寻找一个可停泊洲间运输船舶的大型出海基地，以北仑港（包括大榭岛）为中心的宁波港域现在处于比较有利的位置，该区域水深条件建造第四代、五代甚至更大的集装箱泊位都不成问题。宁波港目前第三、四代集装箱泊位已经投入正常运营，1996年第五代集装箱泊位也可投入使用。因此，选择当前时间开发大榭岛，国家政策、大榭周围投资环境已经比较理想，天时、地利、人和，有利于吸引国际大型跨国企业共同开发大榭岛，缩短建设周期，提高投入产出效益。

另外，整个大榭岛开发及社会事务管理全部由中信公司负责，同时还承担了岛上2万多居民的就地安置任务，完全不同于国内其他开发区由当地政府或由外商独资负责开发的格局，是我国进一步对外开放的新尝试，也是我国进一步向海洋进军，大规模开发海岛资源的前哨战。如果开发顺利的话，将对我国的经济发展和对外开放起到积极的推动作用，在国际上的影响也是相当深远的。

众所周知，中信公司是我国改革开放的产物，也是我国对外开放的一个重要窗口。经过15年的发展，现已成为一个集生产、技术、金融、贸易、服务等外向型、综合型的大型集团公司。在国际上享有很高的信誉，具有较强的融资能力。由中信公司开发建设大榭岛，有利于吸引外资。中信开发大榭岛的消息在全球广泛传播后，引起了强烈的反响。美、英、日、法等17个国家和地区的工商企业团体已派出130多个团组上大榭岛考察。1994年7月，中信公司和美国柏克德集团签约组建信德联合开发有限公司，计划向国际投资者提供包括40个2万吨级以上码头泊位在内的开发合作项目，在大榭岛建设一个国际超级大港。不少国外公司对在大榭岛搞集装箱泊位、原油、矿石中转、电炉炼钢、船舶修造以及房地产开发等行业表示有很大的兴趣。日本、加拿大、澳大利亚、荷兰、意大利、新加坡等国家和地区的一些客商纷纷与中信大榭开发公司签署协议或意向书，共同投资开发大榭岛。

综上所述，大榭岛具有建成世界一流港口的经济贸易区的天时、地利、人和等诸多方面的有利条件，但由于大榭岛开发是一项具有重大意义的跨世纪工程，规模大，开发周期长，要求高，同时现有基础设施又比较差，陆域面积有限，面临激烈的港口和招商引资等方面的竞争，政策依赖度大。还受到世界经济特别是亚太经济一体化，中国加入世界贸易组织（WTO），国内保税区以及各地争取兴办自由港等方面的影响。任务十分艰巨，风险和历史机遇十分明显。需要开发区上下进一步树立危机感，理清发展的思路，抓住机遇，脚踏实地，艰苦创业，自找压力，在国家和省、市政府的关心支持下，相信荣副主席的战略构想是一定能够实现的。

首先，要加快基础设施建设。大榭岛有潜力很大的开发、投资价值，寸土寸金。根据国内外建港经验和总体规划要求，为港口配套服务的仓储等设施需占陆域面积近10平方公里，加上兴办商贸、金融、旅游、娱乐、科教文卫、居住、出口加工工业等设立自由港所必不可少的行业，显然，在岛上兴办占地过大或有环境污染的项目是不合时宜的。但要吸引国内外投资者和生产性项目，目前投资软硬环境还不理想。根据先进开发区的实践也证明了这一点，没有大量的基础设施投资，招商引资是有一定难度的。因此，迅速改善岛上的投资环境，对大榭岛能否顺利招商引资具有决定性影响。

要按照把大榭岛建成世界一流港口的经济贸易区的总体发展规划，倒排建设进度表，安排和筹措建设资金。已经确定的项目（建设一座跨海公铁两用大桥，建设一个多功能码头，建设三平方公里的启动小区），要落实责任部门、责任人，定出时间表，抓紧组织实施。

同时，要看到大榭岛的优势在港口，开发大榭岛的一项重要任务是建设港口码头。要吸取香港和新加坡不同建港策略的经验教训。即由于香港采取了货源饱和时再建新泊位的建港策略，导致集装箱泊位超负荷运作，装卸作业收费过高，疏港公路严重拥挤，后勤支援用地不足，对船公司的吸引力受损。而新加坡采取了与香港绝然不同的发展集装箱码头的战略，不是待原有码头达到饱和后才策划新的码头上马，而是实行超前建设，以充足的设施、较低的收费和良好的服务。吸引更多的船舶挂靠，维持和扩大了其临近地区的转口货源。大榭岛的港口建设我们认为应采取类似新加坡的超前建港策略。当前在组织实施多功能码头前期工作的同时，还要抓紧策划1—2个第三、四代集装箱泊位，以期尽快上马。要抓住上海长江口航道疏浚短期内难以完成、舟山等深水良港近期陆岛贯通困难的时间差，吸引更多的货源，尽快使大榭岛形成一定的货物吞吐能力。

其次，要加快招商引资。要发挥现有的政策优势，利用社会力量建设大榭岛。要搞好服务，吸引更多的国内企业来岛兴办商贸企业，大力发展乡镇企业，为基础设施建设筹措部分资金，带动房地产、金融、流通等产业的发展，改善群众生活水平。同时，要制定优惠政策，鼓励管委会及公司干部职工、社会团体、个人为开发大榭岛牵线搭桥，招商引资，对有功人员予以重奖。

要采取中信自身招商和国外大公司联合招商的方式。充分发挥中信总部有关同志及海外子公司的招商引资积极性，利用现成的客户渠道，开展招商活动，这样可收到事半功倍的效果。此外，中信大榭开发公司和美国柏克德公司合资设立的信德公司要尽快运转，利用柏克德公司在国际上的广泛影响力，大力开展招商活动，吸引更多的国内外投资者来岛共同开发。

采取灵活多样的招商策略和投资方式，在起步阶段，要让投资者明显感到有利可图，在地价、政策、外部环境配套、服务等方面给以优惠，从而引起带动和轰动效应，在投资者心目中树立良好的声誉。根据建设世界一流港口的经济贸易区的目标和陆域面积有限的实际情况，岛上不宜安排对环境有污染和占地大的项目，其他生产性项目可自行发展，以保持良好的空气、生活环境和鸟语花香的生态环境。对占地大、有发展前途的生产性项目，应该区别对待，灵活运用招商策略，采取“前店后厂”方式，根据“利益均沾，共兴共荣”的原则，可以在邻近大榭岛的穿山半岛向北仑再批租一块地皮，或者请宁波市规划预留一块场地，作为大榭开发的重化工基地和发展腹地，同时企业可在大榭岛注册和建码头。在合作方式、资金投向上，生产性企业鼓励以外商独资为宜，同时要建造一部分标准厂房以出租、出让给中、小企业使用，尽量不参股或少参股；对于投入大、建设周期长并且对大榭岛的投资环境有明显改善的基础设施项目，要鼓励外商独资、合资、参股、BOT等多种形式进行投资建设。

第三，要积极争取中央和国家有关部门的支持。要把大榭岛建成世界一流港口的经济贸易区，首先要建设深水泊位，而深水泊位的建设和运作需要投入巨额资金，还需要同国际惯例接轨。因此，单纯靠中信一家公司自身开发建设和招商引资吸引国内外投资者共同投资开发是远远不够的，还涉及国家、省、市政府和部队、港口、铁路、海关、商检、边检等有关行业和口岸部门，是一个巨大的系统工程，需要得到方方面面的关心、支持与配合。同时，在大榭岛建设世界一流港口的经济贸易区，从某种意义上说，今后的大榭岛应该是一个具有高度开放度和自由度的区域，也就是说，在大榭岛是建设一个国际上通行的比保税区更为开放的自由贸易区（港）。目前，国家有关部门和部分沿海开放地区根据小平同志关于“在内地再造几个香港”的战略构想，已经做了大量的基础研究和理论准备工作。大榭开发区也要根据自身的特点，从宁波市和大榭开发区的实际出发，制定出行之有效的发展战略和总体规划。涉及有关问题要积极向国家有关部门、省、市政府汇报和沟通，取得支持和谅解，力争在国家统一规划，选择自由贸易区（港）区址时把大榭岛列为首选地区之一，从而得到国家功能性开发政策的支持，改善大榭开发区的外部软环境，加快把大榭岛建成世界一流港口的经济贸易区的进程。

更新思路、强化措施
加快现代化新城区的建设步伐

曾崇明 刘建华

1995年是开发区走过10年的发展历程，实施“第二次创业”的第一年，也是全面完成“八五”计划的最后一年。在这一年里，开发区将紧紧把握全区工作的大局，加快实施外向带动战略，解放思想，抓住机遇，以项目建设为主线，以深化改革为动力，以提高经济素质为目标，以维护社会稳定为前提，充分发挥优势，加快外引内联，努力造就“四区”快速启动、“五街”各显其能的新局面，促进国民经济持续、快速、健康发展和各项社会事业全面进步。全年工作的主要目标是：国内生产总值增长24%，达到20亿元；工农业总产值达到60亿元，增长47%。其中工业总产值增长31.8%，达到2.5亿美元；地方财政收入增长20%，达到2.16亿元；社会消费品零售总额增长25%，达到3.37亿元；实际利用外资突破1亿美元；固定资产投资达到9亿元。为实现上述目标，开发区1995年经济工作的重点是：

强化服务，不断改善投资软环境

加强“人人是投资环境，事事是投资形象”的思想教育。上半年，在政府职能部门和具有涉外职能的事业单位中，集中开展一次整顿思想、作风、纪律、秩序的教育活动。制定机关工作人员的行为规范，并把这种行为规范的推行同实行廉政制度、辞退制度结合起来，同机关干部队伍的能进能出、能上能下结合起来，推动机关干部队伍整体素质和服务质量的不断提高；按照“重视引进、强化服务、加强管理”三位一体的模式，基本上形成一套纵向职责严格、分工明确，横向相互关联、相互衔接，全局协调配套、步调一致的管理服务体系；加强服务体系建设，逐步制定和完善适应开发区特点的行政管理规定和办法，形成公平公正的市场秩序和竞争环境，切实保障投资者、经营者、职工和消费者的合法权益；引导广大农民正确处理全局和局部、长远与眼前、以及国家、集体、个人三者的利益关系，增强开放意识、全局意识、法制意识和文明意识，为开放和开发奠定良好的思想基础。

狠抓项目，培育新的经济增长点

一是瞄准先进国家，跟踪世界技术革命的步伐，重点吸引经济实力强、市场占有率高、技术水平先进的国际大商社、大财团兴办大项目。在地域上，重点加强对日本、韩国、东南亚及欧美地区招商。尤其是充分利用对日直航的有利条件，争取在吸引日本大商社、大财团进区投资上有实质性进展。二是加大对内招商力度，紧紧抓住老市区产业结构和布局调整的机遇，把老市区各个行业适宜开发区转移和扩散的项目拉进来；积极加强同省内外各级，直至国务院所属的对口行业和主管部门的联系，努力争取兴办一大批各类“中中”联合和“中中外”嫁接项目。三是注重发挥各自优势，使之在项目引进和建设上，各自侧重、互为补充、互相促进，努力形成“四区”快速启动，竞争发展的新局面。四是抓好项目引进和建设的形象进度，实行项目从洽谈、引进到跟踪投产的责任制，一般项目要有专人负责，重大项目有专门班子负责、壳牌和乐意码头、大舜油脂、嘉里植物油、菱东纺织、轻骑摩托等一大批大项目要确保按合同完成进度，亚洲工业园成片开发取得实质性进展，并积极争取日本工业团地和三井物产的绿色食品工业城能有实质性启动。

理顺关系，提高全区经济的宏观管理水平

一是理顺财税关系。充分利用开发区最后一年财政返还政策，更好的帮助困难企业，甩掉包袱、焕发生机；扶持好企业扩大规模、增强后劲、培植涵养财源。同时，注重把握好返还范围、总量与稳定财政基数的关系，使之既能促进区内繁荣，又能保持财政的近期稳定和长远增长。坚决执行市委、市政府关于开发区财政“一要吃饭，二要还债，剩下钱来搞建设”的指示精神，按照“存量财力保吃饭、增量财力保还债、土地出让保基建”的思路，合理安排财力，争取用3年的时间，力争使财政收入总额与债务总额大体相等，逐渐步入良性循环。二是理顺土地出让关系。在土地出让工作中，认真贯彻“按项目给土地，按效益给优惠”的原则，充分发挥地价较低的优势，吸引更多的外商前来投资。同时，及时足额地收回土地出让费，用于基础设施配套，形成土地开发的良性循环。下决心对严重违犯土地出让合同，长期欠缴的土地款进行认真清理、清缴，对问题突出的该罚款的罚款，该收地的收地。认真坚持“开发一片、建设一片、见效一片、滚动发展”的原则，切实防止和纠正遍地开花、摊子过大的现象，不断提高土地开发的经济和社会效益。三是理顺现有企业管理关系。注重搞好企业管理和服务，从组织领导、机构设置、力量分配等方面切实强化起来，健全机制，明确责任，把现有企业，尤其是骨干企业的调整、改组、改造、嫁接以及各改革和服务统一管起来，逐步理顺企业管理的关系，努力使现有企业在更好的环境中获得更大的发展和更高的效益。四是理顺经济管理工作关系。最大限度的发挥两区合一优势，以及市委、市政府确定的新区的新任务为主导，找准两区体制合一的最佳结合点，科学地展开工作布局，正确的处理好经济工作中的各种关系，努力形成引进与服务、建设与管理、工业与农业、经济与社会两者之间相辅相成、相互促进、协调发展，不断提高全区宏观经济管理水平。

健全机制，增强经济活力

坚持改革为开放服务，为开放开路的思想，把对外开放和发展经济的难点作为改革的重点。在深化政府管理体制改革方面，进一步研究机关精兵简政的意见，特别是在机关干部能上能下、能出能进，并合理安排疏导方面寻求新办法，探索新路子。在管理体制上，坚持政企分开，政府既不包揽一切，又不能让企业放任自流，政府对企业着重管好两头：前头配好领导班子，后头管好资产保质增值。在深化改革方面，以理顺产权关系为突破口，坚持改组、改制、改造多管齐下，实现企业制度创新、资产重组，推动企业组织结构、产业结构的调整和技术进步。对直属国有企业将普遍实行国有资产委托经营或保值增值承包经营。对亏损企业普遍实行严格的扭亏责任制，对扭亏无望的企业该拍卖的拍卖，该破产的破产。在深化流通体制改革方面，围绕保证“面袋子”、丰富“菜篮子”，抓紧搞好粮油购销体制改革，把体制改革同基金制度结合起来，提高改革的效益和效应。

改善形象，加快建设现代化新城区

坚持“规划是龙头、道路是骨架，开发建设是中心、综合配套要先行”的方针，指导和加强城区建设。在规划方面，逐步制定每个区域的详细规划，不仅使总体布局合理，而且使总体内的各个区域同样布局合理。坚持道路建设先行，加快道路建设，尽快形成全区的道路网络。道路建设着眼于100年不落后，主要道路宽度按70米左右规划，一般道路按50米左右规划。在开发建设方面，坚持规划为建设服务，建设必须服从规划的原则。在开发区建设方面，坚持规划为建设服务，建设必须服从规划的原则，提高建设水平，主要设施建设必须体现时代特色，标准先进，容量充足，为以后的发展留有余地。提高建设速度，贯彻“集中力量打歼灭战”的原则，保证重点，打足资金，使设计、建设、交付使用一气呵成。在综合配套方面，突出抓好为项目配套的水、电、路、热、通讯等基础设施的建设。重视城市绿化、美化工作。加快与人民生活相关的商贸、宾馆等社会配套设施建设，努力完善城市的功能。

加快发展，扩大经济总量提高经济素质

工业经济重点实施四个战略。一是实施主导产业战略，调整和优化产业结构。着力培育石油、化工、建材、机械、电子、橡胶等主导产业，并制定相应的产业政策。二是实施名牌产品战略，调整和优化产品结构。帮助扩大和提高澳柯玛电器、汽车活塞、橡胶制品等产品在国内外的知名度和市场占有率；同时，扶持研制推出新的名牌产品，形成名牌效应。三是实

施企业规模战略，调整和优化生产组织结构。有步骤、有计划地调整、改组、改造老企业，让这些有发展前途的优势企业通过兼并、收购、参股、持股等经济行为，不断扩大企业经营规模，创造条件，建立一批经营管理现代化的企业集团。四是实施高新技术产业战略，调整和优化企业的技术结构。注重发挥高新技术产业开发试验区的高新技术辐射、扩散和孵化功能，加快科研成果转化为现实生产力。

农村经济努力向产业化、区域化、城市化方向发展，力争经过三、五年的努力，使全区的农村经济总量在现有的基础上再增长两倍，使五个街道办事处要逐步发展成为支撑整个新区经济的五支重要支柱。加大农村经济产业化的力度，积极发展以外向型经济为主的街村企业，并通过兴办"龙头"企业和强化农村社会服务功能，把千家万户组织进来，走公司加农户的路子，逐步把农村经济转移到集约化、产业化的轨道上来。大力发展企业集团，把五个街道办事处逐步发展成势力雄厚的集团公司。突出农村经济区域化特色，发挥"五个区街"各自优势，合理配置资源，发展各具特色的区域经济。加快农村城市化进程，农村生产、生活的规划布局，必须符合构筑现代化新城区的总体要求，逐步形成规模合理、人口集中、生活服务配套、实施物业管理的城市生活小区，实现农村向城市的顺利过渡。

烟台经济技术开发区第二次创业的基本框架

阎原田

1994年是国务院批准成立烟台经济技术开发区10周年。经过10年来的艰苦创业，顽强拼搏，在一片荒沙滩上，初步建设起一个基础设施不断完善，产业结构趋向合理，投入产出能力进一步增强，初具发展规模的现代化工业城区，各项经济和社会事业蓬勃发展，取得重大的成绩。目前，全区建成区面积已达8平方公里，在建区面积达16平方公里。累计签订外引内联项目1277个，合同总金额20.3亿美元。其中，累计签订三资内联项目589个，合同外资额6.1亿美元，实际利用外资2.15亿美元；累计投试产企业309家，实现工业总产值61亿元，创利税7.9亿元，实现财政收入3.1亿元，实现进出口总额7.8亿美元，其中出口创汇4.6亿美元；累计完成固定资产投资52亿元，其中基础设施投资8.8亿元。烟台开发区第一次创业的艰巨任务已圆满完成，并为下一步的大发展打下了良好的基础。

从1995年开始，烟台开发区进入第二次创业的新时期。其下一步建设与发展的基本框架是：

进一步统一建区指导思想，制定近期及中长期奋斗目标

在第二次创业的新时期，烟台开发区建区指导思想是：继续解放思想，以工业为龙头，以科技为先导，以效益为重点，大力引进外资，构筑“大、高、外”的经济格局，配套发展第三产业，把开发区建成国际性、现代化、外向型工业城区。这一指导思想突出了三方面重点：一是突出了建设国际性、现代化、外向型工业城区的总目标。总目标的确立，既是国务院设立经济技术开发区宗旨的要求，又是烟台市建设现代化国际性港口城市规划所规定的，也是开发区建设与发展的战略需要。只有把工业城区的建设，瞄准国际性、现代化、外向型的方向发展，才能促进开发区上水平、上档次，真正起到全市对外开放的“窗口”作用；二是突出了目标实现的关键环节和主要矛盾。即通过突出工业的龙头作用，促进开发区支柱产业、龙头企业和名牌产品的形成，不断提高工业在全区经济发展中的比重。通过突出科技的先导地位，促进产业结构、产品结构、技术结构和资源配置的进一步优化，不断提高经济运行质量和科技进步对经济发展的贡献。通过突出提高效益这一重点，引导企业最大限度地追求和实现经济效益和企业利润，提高开发区自我滚动发展的能力。通过突出大力引进外资的重点，促进开发区招商引资工作由以量的膨胀为主向以质的提高为主的转变，迅速提高开发区经济运行质量，推动开发区建设实现一个大的跨越。三是突出配套发展第三产业，对开发区第三产业的发展，主要突出了配套发展的特点，围绕“大、高、外”经济格局的形成，强化各类市场尤其是信息、金融、技术、劳动力、产权等生产要素市场的建设，促进开发区的快速发展。

按照建区指导思想的要求，烟台开发区近期和中长期奋斗目标确定为：近期发展目标。1995年，签订项目合同总金额5亿美元，其中合同外资额2亿美元，实际利用外资1.5亿美元；实现国内生产总值23亿元，工业总产值40亿元，工业增加值14亿元；实现进出口总额2亿美元，其中出口创汇1.4亿美元，完成固定资产投资10亿元，其中基础设施投资1.5亿元。中期发展目标。到2000年，基本构筑起“大、高、外”的经济格局。届时，初步完成36平方公里的开发建设任务；预计建成工业性企业500家，其中三资企业350家，投资1000万美元以上和产值过亿元以上的大型项目60个，高新技术项目150个，累计实际利用外资14亿美元；实现工业总产值300亿元，年递增49.6%，实现国内生产总值160亿元，年递增48.2%，企业利税达到20亿元，年递增46.1%，实现财政收入12亿元，年递增45.3%。长

期发展目标。到2010年，全面完成建设国际性、现代化、外向型工业城区的任务，开发区建设进入到快速发展的时期。累计建成工业性企业1000家，其中三资企业900家，实际利用外资总规模累计达到26亿美元；国内生产总值达到400亿元，对外贸易出口总值达到30亿美元以上，企业实现利税50亿元，实现财政收入30亿元。

确定正确的发展思路，全力构筑大高外经济格局

建设国际性、现代化、外向型工业城区，是一个跨世纪的宏伟工程。为此，烟台开发区在确立全区发展思路时，着眼于在经济规划、质量和效益上实现大突破、大飞跃和大发展，突出抓好并形成“七个大”，最终在烟台开发区构筑起“大、高、外”的经济格局。

第一，形成四大支柱产业。按照国家的产业政策、烟台开发区的现有产业基础和发展趋势，确定以下四大支柱产业：(一)机械汽车工业。烟台开发区目前已拥有机械项目及汽车工业相关项目100多家，并有20多个企业投入生产，已形成一定的发展基础。随着大宇汽车、大宇重工等项目的陆续开工建设和投产，开发区的机械、汽车工业的实力将大大增强。为此，烟台开发区确定把机械、汽车工业作为经济发展的第一大支柱产业。具体发展目标是，以汽车发动机、挖掘机等为龙头产品，长远争取轿车整车生产，带动汽车零部件产品及一大批高效益、高质量的名优机械产品。到2000年，机械、汽车工业预计实现工业总产值100亿元，占全区工业总产值的33%；实现工业增加值40亿元，占国内生产总值的25%。(二)电子工业。电子工业是正在崛起的一大批新兴工业部门中技术最成熟、应用领域最广泛的一个部门。烟台开发区将重点抓好以电子网目板、导电玻璃、液晶显示器及电子计算机元器件等产品为中心的电子工业，抓住时机，引进和建成一批高起点、高技术、高附加值的电子工业项目，使电子工业迅速崛起并成为开发区的第二大支柱产业。到2000年，预计电子工业年实现工业总产值45亿元，占全区总数的15%；实现工业增加值22.4亿元，占国内生产总值的14%。(三)食品制造加工业。烟台拥有丰富的农副产品和水产品资源，为开发区发展食品制造加工业提供了得天独厚的条件。目前，烟台开发区食品制造加工业已有了较好的基础，随着日冷食品、鲁星食品等龙头企业的发展，食品行业必将会有一个光明的前景。到2000年，食品工业产值可达36亿元，占全区总数12%，增加值可达16亿元，占国内生产总值的10%。(四)化纤纺织业。化纤纺织业是烟台开发区目前的优势产业，产值已占到全区工业总产值的13%，居第二位，并在由化纤纺织业的原料加工向制成品深加工发展。随着丙纶细旦丝项目及其它纺织、服装加工项目的建设，将在烟台开发区形成以氨纶、锦纶、丙纶等为龙头的化纤纺织企业群。到2000年，化纤纺织业产值可达30亿元，占全区总额的10%，增加值12亿元，占全区国内生产总值的8%，成为第四大支柱产业。

第二，形成十大龙头企业。包括：首钢烟台东星集团公司、大宇重工业烟台有限公司、多纳勒（烟台）电子有限公司、烟台鲁信电子网目板有限公司、山东日冷食品有限公司、烟台鲁星食品有限公司、烟台华润锦纶有限公司、烟台氨纶厂、烟台嘉和瑞医用品有限公司、烟台黄海钢铁有限公司。围绕着培育龙头企业，烟台开发区工委、管委准备从三方面入手开展工作：一是立足于上新创新扩规模、搞嫁接，形成企业集团化经营，把原有企业变大；二是立足于开拓市场，强化营销，提高企业的产品和技术档次，把现有企业搞大；三是立足于高技术、高起点、大项目、大市场，把今后的企业抓大。经过二、三年的努力，使龙头企业的产值都达到亿元以上，利税达到3000万元以上。首钢、大宇重工等企业的产值要突破10亿元。黄海钢铁、医用导管、电子网目板等企业的产值要突破5亿元。首钢、大宇重工、黄海钢铁、医用导管、电子网目板等企业的利税要过亿元，实现新的飞跃。

第三，形成八大名牌产品。包括：家用立式中档钢琴、PTCA医用导管、汽车空调器、工程挖掘机、大宇汽车、导电玻璃、电子网目板、氨纶丝。围绕着抓名牌、创名牌、推名牌，一方面，从项目引进抓起，抓一批在国际国内市场上适销对路的产品，为形成名牌产品打好基础。同时，不断加强科研攻关，迅速提高产品的技术含量和水平，占领本行业的技术和产品制高点。另一方面，强化名牌意识，扩大产品宣传和推销。对规划的各名牌产品，引导企业积极培育和宣传，下大气力开拓市场。经过二、三年的努力，真正使这些产品都能在市场上叫得响，创出真正的名牌，并带动其他产品打名牌、创名牌。

第四，形成十大出口创汇企业。包括：进出口公司、银和股份有限公司、省外贸开发区分公司、中机烟台分公司、山东日冷食品有限公司、大宇重工业烟台有限公司、烟台鲁星食品有限公司、烟台嘉和瑞医

用品有限公司、西蒙西轴承有限公司和多纳勒（烟台）电子有限公司。出口创汇是开发区经济外向度和经济发展水平的重要标志。进行开发区建设，一方面要引进来，另一方面要打出去。必须坚持先引后出、以引带出的原则，全力开拓国际市场，重点抓好出口创汇。针对烟台开发区出口创汇整体能力差，缺少出口创汇特别是三资企业出口创汇大户的现状，下一步全区工作的着力点主要围绕抓好出口创汇大户来展开。一是高度重视三资企业的出口问题，从项目引进抓起，在产品开发上找出路，生产和销售符合国际市场要求的产品。二是高度重视开拓国际市场。下一步，在巩固传统市场的基础上，食品、水产品重点抓好日本、美国和韩国市场的开发；机电产品重点抓好东南亚地区和美国市场的开发；纺织服装重点抓好日本、韩国、东南亚和欧美市场的开发。三是大力扶持自营出口生产企业，全方位扩大出口。在强化管理的基础上更大范围地推行代理制，“一顶帽子大家戴”，形成对外贸易的强大“联合舰队”。真正通过几年的努力，使规划的十大出口创汇企业，1995年出口创汇额均要分别超过500万美元，1997年出口创汇额分别突破1000万美元，并出现几个出口创汇超5000万美元以上的真正大户，以促进全区出口创汇能力的提高。

第五，形成十大高科技产品。包括：厌氧密封胶、三元电镀高强度轴瓦、300MW微机锅炉保护器、彩色显像管石墨乳导电涂料、CPS船舶动态监测及卫星定位系统、计算机同步时钟、“PTCA”医用导管、导电玻璃、电子网目板和PU汽车内饰件。“大、高、外”三者是相互渗透，相互促进的，培育高科技产品与培育支柱产业、龙头企业、名牌产品和出口创汇企业是相辅相承的。为此，必须坚持“高”字突破，促进“大、高、外”经济格局的形成。抓高科技产品，将首先抓高科技项目，实现开发区项目引进由短平快的中小项目为主向高技术含量的大中高新技术项目为主的转变；其次，抓高科技产品的开发。大量引进高科技人才，强化科研机构的建设，迅速增强开发、研制和生产高科技产品的能力。突破口就是全力抓好以上十大高科技产品，作为烟台开发区首批推向市场的拳头产品，以带动全区高科技产品的开发和生产。

第六，抓好三大重点基础设施工程。包括：第二水厂、11万伏变电站和第二热电站。随着开发区建设规模的日益扩大和投产企业的大量增加，水、电、热力三大重点基础设施供应的“瓶颈”制约越来越突出。下一段，全区基础设施建设将对解决这一突出问题为重点，在加快11万伏变电站建设进度的同时，突出抓好第二水厂和第二热电站的对外招商，及早动工建设；工委、管委将广筹建设资金，将大部分土地费收入用于三大重点基础设施建设，并采取银行贷一点，外商投一点，社会筹一点的方式，增加建设资金的投入；并通过强化对三大重点基础设施建设的组织协调，及时解决建设中出现的各种问题，确保三大重点基础设施建设的圆满完成。

第七，抓好十大在建项目。包括：电子网目板、导电玻璃、日冷食品、氨纶二期、锦纶二期、黄海钢铁二期、PU汽车内饰件、鲁星食品二期、大宇重工、电装车用空调器。抓好十大在建项目，一是强化调度，及时协调解决项目建设中的各种问题。工委、管委将每月召开一次十大在建项目主任调度会议，汇总情况，解决问题，加快推进。二是提高服务水平，在项目用地规划、基础设施供应和帮助筹措资金等工作中，超前服务，超前工作，为大项目建设排忧解难；三是进一步落实责任制，强化监督检查，并将抓大项目情况列入部门负责人政绩考核，促进大项目建设新局面的形成。

工委、管委认为，进行第二次创业，构筑大高外经济格局，首先要从抓“七个大”所确定的这些企业、产品和项目入手，这将作为近几年烟台开发区工作的重点和突破点。以后每年全区都将根据开发建设的实际，重点围绕四大支柱产业的形成，陆续为“七个大”增加一批新的企业、新的产品和新的项目。具体讲，要突出抓好“四个十”工程，即：今后全区每年要增加十个投产大项目，开工建设十个大项目，新谈成签约十个大项目和储备十个大项目，全力促进全区大高外经济格局的形成。

进行第二次创业的战略措施

（一）进一步扩大开放，全方位强化招商引资力度。其重点和突破点就是想方设法吸引大商社、大财团、大企业，引进大高外项目。具体讲，在引进方向上，瞄准三个区域，即：瞄准欧美地区，瞄准日本和韩国等东亚地区，瞄准东南亚及港澳台地区，特别要突出对欧美地区的招商，以此实现全区招商引资方向上的转移。在项目筛选上，突出三个重点，即：突出对大工业项目的引进，尽快形成开发区的支柱产业；突出对技术密集型的高科技项目的引进，进一步提高开发区项目引进的质量；突出对外向型项目的引进，不断优化开发区的产业结构。

围绕着三个招商区域和三个引进重点，在项目工作上，实行四线出击：一条线是走出去。由管委领导带队，每年有计划地组团出访，举办招商洽谈会，或走访国外大商社，有重点地开展招商活动。各企业同时也有针对性地组成小型经贸团组出国开展经贸活动。通过走出去，广交朋友，扩大影响，尽快拉进一批大高外项目。第二条线是请进来。在经常性邀请外商前来考察参观，进行各种经贸活动的同时，有计划地组织一些集中性的招商活动，进一步强化招商力度，扩大影响，扩大成果。同时，眼睛向内，积极邀请国家各部委、大专院校和科研机构前来洽谈合作，并敦促加快现有项目的开发，以扩大国家各大部委在我区投资的成果。加强与各县市区的联系，增进了解与合作，搞好项目和经济的互补。第三条线是敲门招商。敲门招商的对象是外国大商社、大财团、大企业在北京、上海、广州、大连等大城市的驻华机构，这是首批敲门招商的重点区域，以后将逐步扩大到天津、哈尔滨、青岛、厦门、深圳、海口、福州、珠海等城市。计划每个工委、管委领导负责8—10个大商社、大财团，组成11个小组分区域进行全面招商。特别要对世界500家大企业及曾经与烟台开发区接触过的大商社、大财团的驻华机构进行重点拜访、重点突破。在敲门招商中，将采取经常性拜访与集中拜访相结合的方式进行，并逐步将敲门招商与出国考察、接待来访和项目洽谈一致起来，以利于与大商社、大财团联系的一致性、连续性，提高大项目引进的成功率。这种方式将在今后几年坚持不懈地做下去。第四条线是全面拉开对外宣传攻势。进一步强化对欧美的宣传力度，加强与欧美国家电视台、报纸等新闻机构的联系，进行集中地宣传报道，以扩大烟台开发区的影响。对东南亚的宣传要求在扩大覆盖面上做文章。在继续加强与香港《大公报》、《商报》和韩国《中韩产业》等报刊联系与合作的基础上，将采取邀请海外电视台、报纸等新闻媒介前来采访、发专版、登专题等形式，在更广泛的范围强化对外宣传。同时，充分利用好国内的外宣渠道，加大外宣力度。重点围绕大高外项目的引进和建设，进行系列报道、集中报道和专题报道，以发挥好外宣工作对开发建设的促进作用。

（二）全面深化改革。在企业改革方面，重点作好四篇文章：一是抓全面推进。经过一、二年的努力，有计划地完成对全部直属企业的股份制改造，将其迅速推向市场。并在进一步解放思想，确保国有资产不流失的前提下，对一些经营不善、效益不好的国有小型企业，通过租、售并举，以售为主，改变资产的经济营方式，提高资产的运行效益；二是抓规范。主要是按照现代企业制度的要求，进一步规范股份制企业内部运行机制、管理模式和运作形式，进一步强化股东对企业的有效监控和管理，强化对企业审计监察制度的建立，完善董事会制度，发挥董事会的作用；三是抓配套。进一步研究建立国有资产监管体系，避免国有资产的流失并确保升值；研究建立社会保障体系，充分考虑国家、集体、个人三方面的承受能力，兼顾长远利益和眼前利益，把医疗、住房、待业和保险等问题串到一起，统筹规划，解决好新旧体制交替过程中的新问题，保证平稳过渡，尽量减少社会震动；四是抓典型。在继续抓好股份制企业的试点和出售国有小型企业的试点，总结经验、加速推进的同时，在全区选择5家效益好、管理水平高、符合产业政策的直属企业进行现代企业制度试点，在企业财产组织形式、国有资产管理、领导体系和组织管理制度等方面探索建立现代企业制度的有效途径。

在进一步转变政府职能，建立健全宏观经济调控体系方面，重点搞好七个理顺：①理顺项目审批体制。进一步增强对项目引进、签约、建设和投产全过程的调控和管理，以适应大高外项目引进的需要；②理顺土地审批体制。按照《土地法》的要求，进一步增强对土地资源的集中控制、审批和管理，提高土地利用率，避免失控；③理顺财政管理体制。进一步强化财政部门的职能作用，加强对财政资金的宏观调控和运作；④理顺农村管理体制。适应农村向城市过渡的新形势，实施党组织对农村工作的集中统一领导；⑤理顺出国审批程序。进一步完善审批手续和审批程序，分工负责，强化管理；⑥理顺干部管理体制。强化组织部门对机关行政部门副科级以上，直属企业（未进行股份制改造前）副经理以上干部的直接考察、任免或诫勉；⑦理顺行政机构及职能。在总结机构升格调整后工作开展情况的基础上，按照有利于工作，有利于经济发展的原则进行适应调整，并进一步明确职责范围。通过七个理顺，促进政府管理体制的健全和作用的进一步发挥。

（三）切实加强全区社会和企业的各项管理工作。一是加强制度建设，用规章制度来强化管理。重点围绕规范化、程序化、制度化的要求进行，在干部管理、人事管理、财政管理、土地管理、城区管理、市场管理和企业管理等各个环节，建立和完善相应的制度，明确办事程序，靠制度强化管理，提高工作水平。二是要建立相关服务机构来抓好管理。针对开发区外商投资企业多、间接管理部门多的特点，建立健全律师事务所、审计事务所、企业管理中心和三资企业协会等服务组织，制定章程、制度和办法，完善服务职能，提高服务水平。靠健全的组织，积极创造性的工作和良好的服务，促进和推动管理工作的开展。三是加强监督管理。在不断完善对企业或部门的审计监督，搞好年度审计和领导干部离任审计的同时，对经营管理混乱，群众反映大的企业或部门进行有计划地重点审计，以确保其健康发展。同时，进一步加强税收征管工作，监督企业依法纳税，对企业避税、逃税、偷税、漏税等问题，及时解决和处理。四是切实加强企业内部管理。借鉴和学习国内外先进的管理经验和方式方法，全方位抓好企业的生产经营管理。重点是强化设备管理、产品质量管理、成本管理和资金管理，促进企业经济效益的提高；进一步强化依法经营的意识，在企业的生产和经营中，坚持经常性的查漏补漏，拒腐防骗，降低成本，节约开支。不断建立健全各种行之有效的管理制度，并自下而上层层订立承包合同，明确责任，强化监督检查。真正通过各项管理措施的落实，促进企业管理水平再上一个新台阶。

（四）坚持“两手抓，两手都要硬”，奠定第二次创业的坚实思想基础。围绕各级领导班子建设和党员干部队伍建设的重点，要在全区着力解决存在的八个方面突出问题，树立起五种精神，发扬三个好风气。一是解决骄傲自满的问题，树立起只争朝夕，争创一流的精神；二是解决畏难发愁的问题，树立起艰苦奋斗，知难而进的精神；三是解决因循守旧的问题，树立积极探索，大胆创新的精神；四是解决工作漂浮的问题，树立实事求是，务实求实的精神；五是解决服务不好的问题，树立起为党为民，无私奉献的精神；六是解决各自为政、政令不通的问题，在全区进一步发扬令行禁止的好风气；七是进行第二次创业，必须解决不廉不勤的问题，发扬廉洁勤政，励精图治的好风气；八是解决任人唯亲的问题，发扬唯才是举，招贤纳士的好风气。

萧山经济技术开发区
开发建设综合效益初探

魏正方

经济技术开发区是我国改革开放的产物，处在梯度开放格局中的前列。1993年5月12日国务院批准设立了萧山经济技术开发区，至今历时两载。虽然现在对萧山经济技术开发区的开发建设情况作出比较客观的、综合的评价为时尚早，但是对其进行粗线条的效益分析不仅是可能的，而且是有益的。本文试图从基本过程、相关因素和具体表现三个侧面，以历史的眼光审视萧山经济技术开发区，粗略分析几年来开发建设工作所取得的综合效益，为人们通过这个窗口窥其全貌提供一些方便。

开发建设的基本过程

萧山经济技术开发区的前身是杭州钱江外商台商投资区江南区块中的市北区。早在1988年9月召开的萧山市委八届三次全会上，与会领导分析了当时的国内外形势，结合本市实际，提出在钱塘江南岸建立钱江出口加工区的大胆设想。会后，立即组织力量对之江、市北和赭山化工三个小区进行规划论证。1989年下半年，浙江省政府决定把钱江出口加工区演变成外商台商投资区，作为全省发展外向型经济的一个大动作。1990年8月，省政府正式批准设立了杭州钱江外商台商投资区，下设江南、江北（余杭下沙）两个管委会。江南投资区位于钱塘江南岸第一大桥与第二大桥之间的沿江地带，敞开布局，规划控制范围为108平方公里，先期开发之江、市北、桥南三个小区，计29.3平方公里。后来，以安排工业项目为主，面积9.2平方公里的市北区块由省级投资区升格为国家级开发区，出现了两区并存局面。投资区、开发区管委会内设“三部一室”（即商务部、规划工程部、综合管理部和办公室），实行“两块牌子，一套班子”式的领导体制。

两年来，萧山经济技术开发区以“市北领先，三区联动”为工作指导方针，按照“总体规划、统筹安排、分期实施、滚动开发”的建设要求，依靠国家的改革开放政策和省、市领导的指导帮助，发扬艰苦创业精神，不断完善基础设施建设，优化投资环境，招商引资取得了可喜的成绩。截止1994年末，累计批准“三资”企业84家，总投资5.5亿美元，协议利用外资3.39亿美元，实际利用外资1.86亿美元。开工的“三资”企业达30家，1994年实现工业总产值6.4亿元，上缴税收1838万元。

纵观开发建设基本过程，萧山经济技术开发区具有两个显著的特点：一个是主动辟建。从钱江出口加工区——省级投资区——国家级经济技术开发区的整个过程中，萧山市委、市政府始终站在战略高度，把兴办投资区、开发区作为贯彻党的基本路线，加快改革开放步伐，发展萧山经济尤其是外向型经济的一件大事来抓，不仅选派了年轻的得力干部到区工作，而且积极与省、市领导和有关部门联系，争取支持。更重要的是实干在先，一步一个脚印，规划论证、征地拆迁、“四通一平”等等工作陆续在区内展开，并在较短时间内，使区容区貌有了较大改观。然后，凭借自己的区位、交通、气候、管理机制、办事效率等优势，吸引了一批又一批投资者。另一个是自费开发。除萧山市政府给予68万元开办费，浙江省财政厅贷款2000万元（年息4.2%）外，迄今用于区内基础设施建设的近5亿元资金，全部由开发区自筹解决。以地生财，土地使用权出让金是开发区资金来源的主渠道。截止1994年末，萧山经济技术开发区收取土地使用权出让金5.2亿元。这些资金大部分用于支付土地开发成本，一部分由萧山市政府调拨安排，一部分继续投入，用于滚动开发。萧山经济技术开发区地处城郊结合部，虽有依托老城，减缓公用设施投入，交通便捷的有利条件，但属农民聚居地，经济发达，农民生活富裕，旧房拆迁量大，补偿额度高，人口稠密，劳力安置费用惊人，土地开发成本每亩已逾13万元，而且工业项目的出让价不可能太高，资金运筹困难，这就在一定程度上束缚了开发建设的手脚。

与开发建设效益相关的三个主要因素

开发建设是某个主体在一定时期、一定范围内进行的开创性经济活动。因此，开发建设的成效与时间、主体、空间等因素紧密相关。

时间因素。任何事物都有一个产生、发展和消亡的过程，具有历史暂时性，经济技术开发区也不例外。韩国、泰国、德国、巴西、台湾等一些国家和地区举办贸易区、出口加工区的经验表明，这类贸易区、加工区的寿命周期一般为50—60年，其间经过投入、产出、衰退三个时期。各个时期具有不同的特点，综合效益也大不一样。萧山经济技术开发区建区仅2年，连同江南投资区在内也不过4年，处于投入期，需要付出大量人力、物力、财力，致力于搞好基础设施建设，优化投资环境，强化招商引资，加快土地使用权出让，目前少有产出，所以，确切地说，难以对处于这个时期的萧山经济技术开发区的综合效益作出恰入其分的分析和评价。

主体因素。建区之初，开发区管委会是开发建设的主体，规划控制、征地拆迁、综合协调、商务洽谈、企业管理等各项工作由管委会各职能部门分担。然而，在划定的区域范围内，随着时间的推移，工作重心的变化，可以预料，开发建设的主体必将转换给进区企业。经济活动的质量、效益在一定程度上取决于这些进区企业的规模、技术档次和经营管理水平。这是因为那些上规模、上水平，产品附加值高，技术先进企业远比劳动密集型企业能取得较好的经济和社会效益。仅管各开发区都对进区项目提出自己的要求，作出选择，但事实上，先行进区的大多为规模较小，产品科技含量不太高的项目，只有这类企业积聚到一定数量，形成气候以后，国际上知名的跨国公司、大财团和技术先进企业才会光顾。萧山经济技术开发区目前约有80%为机械、服装、建材等劳动密集型企业，资金密集型、技术密集型企业为数不多。1994年下半年，日本电石公司的反光膜，意大利密劳律奥的纺织项目在区内落脚。它预示着进区项目在规模、档次上将产生质的飞跃。

空间因素。如果说进区企业的档次和数量是衡量开发建设深度的重要指标的话，那么，建成区范围就是衡量开发建设广度的重要指标。由于受多方面的限制，开发建设往往是从启动区块开始，然后由点及面，向周边推开，逐步扩大范围。所以，对基础设施建设的投入虽然是不间断进行的，但是呈现出明显的阶段性。到1994年上半年，萧山经济技术开发区首期开发3平方公里范围内基本上摆满了项目，迫于形势，有几个新项目用地只好通过对已出让地块的相应调整予以解决。针对“有项目无地块”状况，开发区管委会作出了向西北推进2平方公里的决策，共征地3318亩，拆迁农房549幢，工厂8家，学校1所，总建筑面积17.25万平方米，征地拆迁、青苗补偿、民居点配套等费用高达6600万元。征迁工作完成以后，还要继续投入，搞好大、小配套。在开发区尚处于较少产出阶段，这样大量的投入，不能不对综合效益产生举足轻重的影响。

在直接影响开发建设效益的上述三因素中，由于开发区经历投入、产出、衰退三个时期，时间跨度较大，且产出期为黄金时期，效益最佳，投入、衰退期相对较差，形成中间高、两头低的山峰形状，不仅如此，时间因素还会对主体因素和空间因素起或大或小的作用，因此，我认为就某个特定的开发区而言，时间因素是影响开发建设综合效益的关键因素。

开发建设效益的具体表现

开发建设是一项系统工程，离不开方方面面的支持。萧山经济技术开发区在各级领导和有关部门的大力支持下，已经取得了多方面的成果。具体表现为：

改善了交通条件。开发区现有道路13条，平均宽度20米，总长10.6公里。就区内说，今日宽阔平坦的水泥路、柏油路代替了昔日的机耕路、田间小路，为村民出入和发展村级经济创造了良好的交通条件。就外围说，开发区的4条主干道——通惠路、市心北路、建设一路和建设二路，通过钱塘江第一、第二大桥，把杭州市、开发区和萧山市紧密连接起来，缩短了著名风景旅游城市——杭州市与萧山市、宁波市的空间距离。

发展了外向型经济。1994年，区内“三资”企业销售额4.1亿元，出口创汇3976万美元，产品外销率达81.9%，全年新批“三资”企业数、总投资额和协议利用外资数分别占萧山市的30%、61%和77%，已经成为发展外向型经济的基地和龙头。

增加了财政收入。1994年，开发区内“三资”企业上缴税收1838万元，管委会直属（联营）公司上缴税收482万元，两项合计2320万元。

支援了地方建设。两年来，开发区所有出让的项目地块，除上缴国家规定税收外，还从土地使用权出让金中拨出8477万元，用于支援地方建设。

此外，管委会几家规模较大的直属（联营）公司直接参与了萧山电厂、杭（州）金（华）公路、萧山热电厂、沪杭甬高速公路、金马饭店等等重点工程建设，投入资金达4.5亿元之多。

扩大了城区范围。开发区离萧山市中心仅3公里，联系十分方便。随着开发区建成区范围的扩大，新辟出来的一块作为城市新区基本上与老城区对接起来，使萧山市在较短时间内向北拓展，为实现现代化的中等城市迈出了坚实的一步。

提高了知名度。萧山是个县级市，原来知名度并不高。萧山经济技术开发区设立后，通过对外宣传、商务洽谈、外出考察、来萧参观等一系列活动，沟通信息，广交朋友，大大提高了萧山市在国内外的知名度。仅以1994年为例，开发区管委会就组团到日本东京、大阪、静冈和深圳等城市举办了两次大型招商活动，还应邀到意大利、法国参观访问，并在境内外报刊上发表了反映萧山市以及开发区面貌的40余篇文章。

创造了就业机会。开发区现有投产企业30家，以每家平均招收员工400名计，已经吸纳了约1200名劳动力。目前尚有近20家企业正在基建施工，不久也可招工投产。

锻炼了干部队伍。杭州钱江投资区建立4年来，萧山市委先后从市级机关调入，向社会招聘，在实践中选拔了一批干部，这批干部分布在各个部室、企业、岗位，他们负重拼搏，开拓奋进，经受了锻炼和考验，逐渐成为一支掌握外经外贸知识，熟悉国际惯例，廉洁奉公，精明强干的干部队伍，为开发区的进一步繁荣，为萧山市外向型经济的发展奠定了人才基础。

科研成果产业化的若干条件

马荣林

我国每年有大量的科研成果产生，其中不乏有很好市场前景的项目。近几年来，各地都在“火炬计划”的指引下，努力探索科研成果的商品化、产业化和国际化。这是一个既有理论意义，又有实践意义的课题，世界上各发展中国家和发达国家也都根据本国的实际情况，在促使科技和经济的不断结合上，去寻求发展的道路，虽然大家的做法各不相同，但基本上是围绕着从实验室研究、开发的项目开始到产品的批量上市所经历的各个阶段来展开工作的。那么，一个研究、开发的项目到产品的批量上市，要经历哪些阶段，每一个阶段要具备哪些条件，才能顺利地完成产业化过程呢？

一般来说，科研成果的产业化过程可分为三个阶段：一、研究、开发阶段：在此阶段，或者是从以市场为目的研究、开发的项目确立开始、或者是将成熟的科研成果如何开发成市场的产品开始。这一阶段，从成功的可能性来看，是风险最大的阶段，只有到初步的产品雏型出来，才是基本上完成这一阶段的任务。二、中试阶段：在此阶段是从产品的雏型到完成产品批量生产的可行为止，或者说完成生产工艺的可行性论证。这一阶段是科研成果产业化的关键阶段，若能顺利地迈过这一阶段，产业化、规模生产的前景已经在望。三、规模生产阶段：即最终完成科研成果的产业化阶段，此阶段主要是不断地开拓市场、不断地扩大生产，同时还要为产品的更新换代做做准备，以防产品在很短的时期内就完成了其生命周期。

从科研成果产业化的这三个阶段来考察，其关键条件是三个，即“人才”、“市场”、“资金”。

一、“人才”是产业化过程的第一要素。由于中国长期来轻商思想和建国后计划经济的影响，我们目前很缺乏市场经济所需的各类人才，我们不乏在实验室中去摘取歌德巴哈猜想皇冠的人才，却难有在市场经济中去获取聚宝盆的人才。所以，在科研实验室中，我们是人才济济，成果也是累累的。但能敏锐地发现哪些成果具有市场前景，或怎样把这些成果化成产品，推向市场的人才就显得匮乏了。要使实验室的科学家成为有经营头脑的企业家，或使经营企业家掌握一定的科学技术的门道，这是一个大难题，由于长期来科技和经济的脱节，使得人才很难跨越科技和经济之间的这道门槛。因此，我们现在很需要培养科技和经济的复合型人才，使实验室的科技人才具备企业管理和市场营销的知识和才能；使企业家能洞察各类科研成果的经济价值以及为科技产品打开市场的能力，既懂技术，又懂经济的复合型人才群，需要在长期的科研成果产业化的过程中不断地培养，除了有计划有目的地组织培训外，赶科技人员“下海”，在市场“海洋”的拼搏中，也能锻炼、培养人才。台湾有些科研院所的做法值得我们借鉴：他们在转移项目同时，让该项目的科研人员，随项目进入中试，进入一定批量的生产，让科研人员在中试和生产的实践中，在与经营管理人员的结合中，一边看自己的成果如何接受批量生产的考验，接受市场需求的考验；一面按生产工艺的需要，按市场的需要改进和完善自己研究、开发的产品。这是促使科研人员和经营管理人员互相结合、互相取长补短，从而达到培养人的一个好方法。他们还让这些随项目下去的科研人员，待研究、开发的产品批量生产了，在市场上站稳脚了，再回到院所进行新的项目的研究、开发，通过这样几次循环，科研人才面对生产、面对市场的能力越来越强。

我们鼓励科技人员走出院校和研究所，带着项目领办科技企业，同时鼓励科技企业“自愿组合、自筹资金、自主经营、自负盈亏”，也是一个锻炼培养人才的好方法。相信随着大量科研新产品涌向市场，我们也将培养出千千万万既懂科技，又懂经营的复合型人才，这样的“人才”，也是我们称之为的“科技企业家”。

二、市场是驱动科研成果产业化的根本机制。以往，我们许多科研成果鉴定后就束之高阁，或只成为科研人员职称评定的材料，随着改革的深入，市场经济的活跃，势所必然地要求将这些成果解放出来，造福于社会。除了基础研究之外，应用性研究成果有没有价值，市场是一个很好、也是很严格的鉴定场所。没有市场的成果，就谈不上什么产业化，研究、开发的科技产品能提高劳动生产率、能改进人们的生活质量、能丰富人们物质、文化的需求，而且作用越大，其市场前景也就越好，同时也能给科技企业、给科技人员和经营管理人员带来丰厚的回报。因此，要设立一个科技先导型的企业，第一要紧的是要充分论证企业研究、开发的项目是否有市场。

新型的科技产品在大多数情况下不是一个现在的市场，而是一个潜在的市场，要求科技企业的经营者有一个新的营销观念，不像一般产品的那种简单的买与卖，而是要对客户有一个宣传、培训、咨询和售后服务的全过程，以此不断地培育市场，刺激市场对新的科技产品有使用和消费的欲望。

产品大都有一个市场的生命周期，要保持科技产品的长盛不衰，关键是要根据市场的反馈信息，不断改进和完善产品的质量、功能等，也可将旧产品和新开发的技术复合起来，产生新一代的产品。总之，是市场的驱动，才促使有商业价值的成果不断地产业化，也是市场的驱动，促使科技企业采用最灵活的机制，不断地开发、改进、扩大科技产品的生产，市场是决定企业存亡的最终条件。

三、“资金”是科研成果产业化的必要条件。科研成果产业化的每一个过程都有一定的资金投入量，科技体制改革的推行，使研究院所和科技企业不能再坐吃“皇粮”，而要为筹集资金，寻找投资开动脑筋。在市场经济体制中，除了政府行为外，企业不再可能无偿地占有资金使用权，资金的投入就马上会涉及到资金如何回收问题。对投资行为主体的粗略分析，基本上可分为政府、企业和个人，政府的投资着眼在社会总体税收的增加或综合国力的提高，企业和个人的投资则要求被投资对象有直接的回报。从投资的风险性来分析，实验室阶段，或者说是在研究、开发阶段的风险最大，谁也不敢在此阶段冒然投入，因此，在此阶段也最难筹集到资金。如果在研究、开发阶段就缺少资金，科研成果的产业化就起步艰难了，所以世界上一些发达国家由于财力充沛，对科技项目开发和科技先导型企业的投资采取政府资助形式，不求回报，但有一个严格的审查过程。也有企业财团的资助，但要求对成果的占有权。一些资本主义市场经济发达的国家，则有众多的风险投资公司，所以那些准备走向市场的开发项目，有各种渠道可获得资金。我国是一个发展中国家，要实现科研成果的产业化，更要走多渠道筹资的方式，这些方式可有：

1. 尽快在我国形成对科技的风险投资机制，初期可以各种优惠的税收政策，鼓励创办科技的风险投资公司。

2. 设立政策性的科技银行，给予科技企业以优惠的低率贷款。

3. 鼓励科技企业以股份合作形式组建科技信用社。

4. 政府、企业共同筹建科技创业基金。

以上只是粗浅地分析了科研成果产业化所需的若干主要条件，其它还有诸如政策、场地、信息等条件。虽然我们对科研成果产业化有关条件已有初步认识，但要创造这些条件还有许多工作要做。开辟科技工业园区、创办科技企业孵化器，就是要为科研成果产业化创造各软、硬条件，使科研成果在科技工业园中，在科技企业的孵化器中顺利地走向商品化、产业化和国际化。

灵蛇吐珠　巨龙出海

——纪念招商局蛇口工业区开发建设15周年

彭宇文　肖　鹏

走过不平凡的历程，创造出世人公认的阶段性成就，今天的蛇口，已经从15年前的萧索渔村迅速成长为投资环境优越、经济繁荣发达、初具现代化色彩的海港工商城区。一个响亮的名称——招商局蛇口工业区，已经走遍万水千山，大江南北。

位于深圳市南头半岛的招商局蛇口工业区，是1979年初经国务院正式批准成立的中国第一个对外开放的工业区。它由驻港中资企业招商局自筹资金成片开发，并享有独立经营与社区管理的自主权。这种独特的开发方式被概括为“蛇口模式”。

蛇口工业区起步于中国改革开放之初，从一开始便致力于制度创新。蛇口工业区所进行的一系列大胆探索，使它成功地扮演了“改革试管”的历史角色。1984年2月，邓小平同志亲临蛇口工业区视察。看到这里一片兴旺发达的景象时，这位改革开放的总设计师激动地说：“深圳的建设速度相当快”，“深圳的蛇口工业区更快，原因是给了他们一点权力”。“他们的口号是‘时间就是金钱，效率就是生命’”。小平同志的充分肯定与热情扶持，极大的鼓舞了数万蛇口人的创造精神，成为蛇口工业区飞速前进的原动力。

蛇口工业区是中国大陆最早引进外资的地区之一。15年来，在10平方公里的土地上，实际引进资金达69.21亿港元；其中外资41.41亿港元。资金密度为每平方公里6.9亿港元。累计引进各类项目452个，其中实际开业357个。

蛇口工业区为海内外投资者营造了一流的投资环境。15年来，累计投入近40亿元人民币，兴建了国内高标准的港口、铁路、供电、供水、通讯、厂房、道路等“硬件”体系。其中，码头泊位36个，日供电、供水能力分别达到204万度和8万吨，电话普及率为73%。同时还建设了一流的学校、医院、商场、剧院、图书馆、体育场、有线电视、公园、别墅区等生活、文化娱乐设施。

提倡公平竞争与民主监督，逐步形成了适应社会进步和符合国际惯例的行为规范。

蛇口工业区优良的投资环境，为纷至沓来的投资者提供了丰厚的回报。15年来，区内数百家“三资”企业在这片零工业的土地上累计创造工业产值达281.88亿元人民币，形成社会总产值累计达370亿元人民币。

蛇口工业区的开发建设，为国家和地方政府培育了良好、稳定的税源，至1994年，蛇口工业区共形成海关关税、代征税及地方税累计达40多亿元人民币，为国家经济建设作出了应有的贡献。同时，蛇口工业区的优良环境亦为区内居民及周边地区创造了有利的生活及发展条件。1994年，区内社会总产值达84.2亿元人民币，工业全员劳动生产率达22.2万元人民币，社会商品零售额6.58亿元人民币，住宿旅游者33.4万人次，医院门诊45万人次。

招商局蛇口工业区有限公司肩负开发、管理蛇口工业区的重任，自身亦是多元化发展的经济实体。开发初期，招商局集团投入6000万元外汇人民币作为启动资金，其后则依靠蛇口工业区自身的滚动发展，壮大实力。到1994年底，蛇口工业区有限公司总资产已达75亿元人民币，净资产达28亿元人民币，成为目前深圳市最具实力的综合性企业集团之一。

蛇口工业区有限公司现有全资法人企业近70家，主要从事与投资环境相关的业务；在境内外多门类的120多家公司中拥有股份。

经过15年来的开发建设，蛇口工业区已形成具有相当规模的港航运输、加工制造、房地产、商业贸易、金融保险、旅游酒店、南海油田服务等七大产业门类。

招商局蛇口工业区走过了15年的成功之路，目前正向未来新的发展目标迈进：进一步深化改革，扩大开放，努力壮大和提高蛇口工业区的资产规模和经济效益，实现产权结构更加多元化。同时，把招商引资导入新的层次，大力吸引境外投资者，重点引进高技术高附加值项目。积极发展第三产业，大力加强基础设施建设，规划在蛇口海湾兴建人工岛和另辟出海航道，促进珠江出海口与深港之间交通基础工程的大规模衔接，进一步繁荣蛇口社区经济。

招商局蛇口工业区15年来的实践，响亮地回答了邓小平同志关于开发建设特区的大胆设想和英明决策；回答了国有企业完全有可能靠自己进行区域性经济开发，同时也向世人证明了在市场经济的条件下，国营大中型企业仍然具有强大的生命力。

展望未来，随着香港九七回归的临近，随着深港之间大规模的衔接，随着珠江口宏大的交通基础建设的逐步展开，位于深圳特区金边银角的蛇口工业区，必将以更具诱惑力的全新面貌跨入21世纪。

沿海开放城市——宁波市

北仑港集装箱码头

宁波北仑港

浙江北仑发电厂

宁波商街一角

浙江省宁波市 浙江省宁波市 浙江省宁波市 浙江省宁波市 浙江省宁波市 浙江省宁波市 浙江省宁

浙江省、宁波市领导陪同李光耀参观北仑港

宁波市副市长谢建邦（左一）会见外商

宁波市区三江口甬江大桥

宁波最显著的特点就是拥有一个得天独厚的深水良港。宁波港由北仑港区、镇海港区、宁波港区组成，是一座海峡港、河口港、内河港并存，大、中、小泊位配套的多功能、多层次的综合性港口。已建成500吨至20万吨级泊位52座，与世界65个国家和地区239个港口开通了航线。1994年货物吞吐量为5850万吨。北仑港是李鹏总理题词的“东方大港”，是中国四大国际深水中转港之一。港阔水深，不冻不淤，前方有舟山群岛作天然屏障，背靠大陆，陆域开阔平坦，主航道大部分水深在50米以上，15万吨级船舶可自由出入，20万吨级船舶可候潮进出，现建有5000吨至20万吨级泊位14座，其中有20万吨级现代化矿砂专用泊位，5万吨级国际第三代、第四代集装箱专用泊位和15万吨级原油码头。

联合开发区域全貌

下左：1994 年 11 月 18 日，由日本兴洋染织、丸红、旭化成工业株式会社和宁波浙东集团合资兴建的兴洋浙东（宁波）毛毯有限公司奠基。该项目总投资 3800 万美元，建成后年产拉舍尔晴纶毛毯 150 万条。

下右：1994 年 12 月 9 日，由泰国正大集团投资 2998 万美元兴建的宁波正大粮油实业有限公司举行奠基典礼

上左：1994 年 8 月 6—8 日，由新加坡厂商公会组织的新加坡贸易投资考察团访问开发区，并与开发区管委会领导合影留念

上右：1994 年 11 月 19 日，开发区规模最大的集生活、娱乐、休闲于一体的活动中心——新光休闲中心破土动土

宁波经济技术开发区

浙江省宁波市　浙江省宁波市　浙江省宁波市　浙江省宁波市　浙江省宁波市　浙江省宁波市　浙江省宁

②① ③ ④⑤⑥

①1994年11月18—20日，宁波开发区、北仑区举行建区10周年庆祝活动。 ②总投资2700万美元的热电厂项目签约。在1994年5月28—31日举行的’94宁波国际招商节上，开发区组团参加，共达成签约项目7个，总投资10068万美元，协议利用外资7526.8万美元。 ③1994年11月18日，我国最大的外商独资企业——协和石油化工集团（中国）有限公司首期工程动工建设，国务院特区办常务副主任葛洪升、浙江省委书记李泽民、浙江省省长万学远、宁波市委书记许运鸿（自右五至右二）等出席了开工典礼。 ④开发区大型综合性娱乐设施——宁波威家山俱乐部。 ⑤已投产的重点三资企业——利华（宁波）羊毛工业股份有限公司。 ⑥施工中的开发区管委会新办公大楼——长江大厦，占地2.9万平方米，总建筑面积2.9万平方米。

宁波保税区

左图：宁波保税区发展大厦
右上图：保税区规划模型
右下图：建设中的东区和新落成的生产资料市场

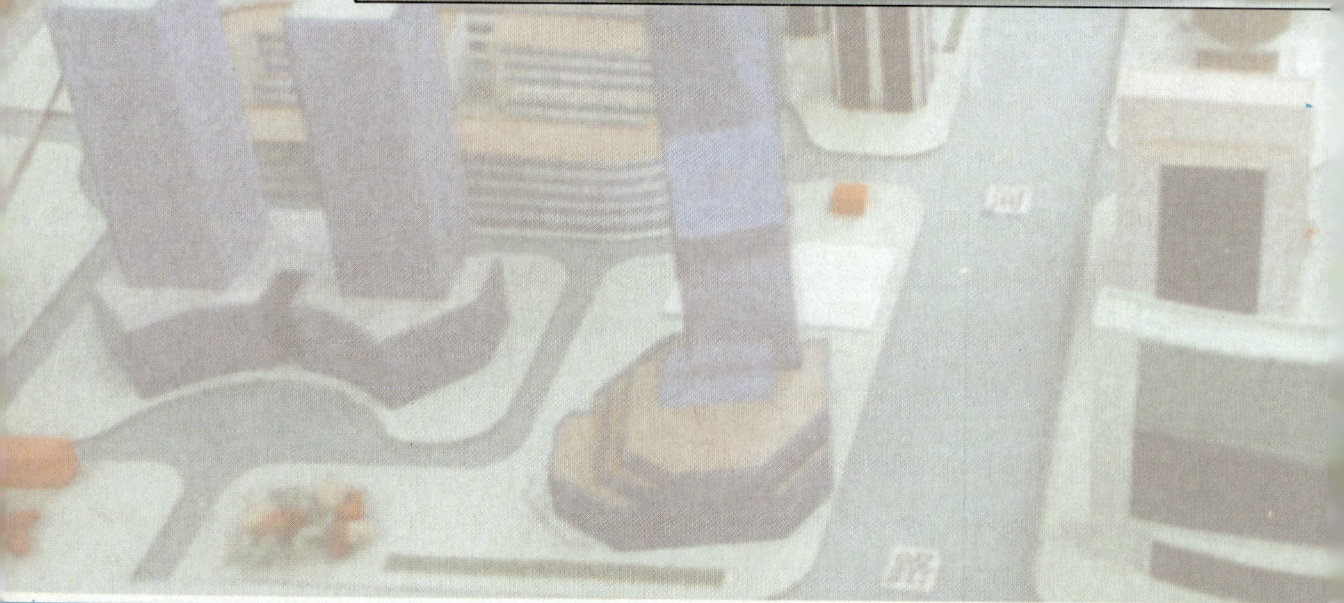

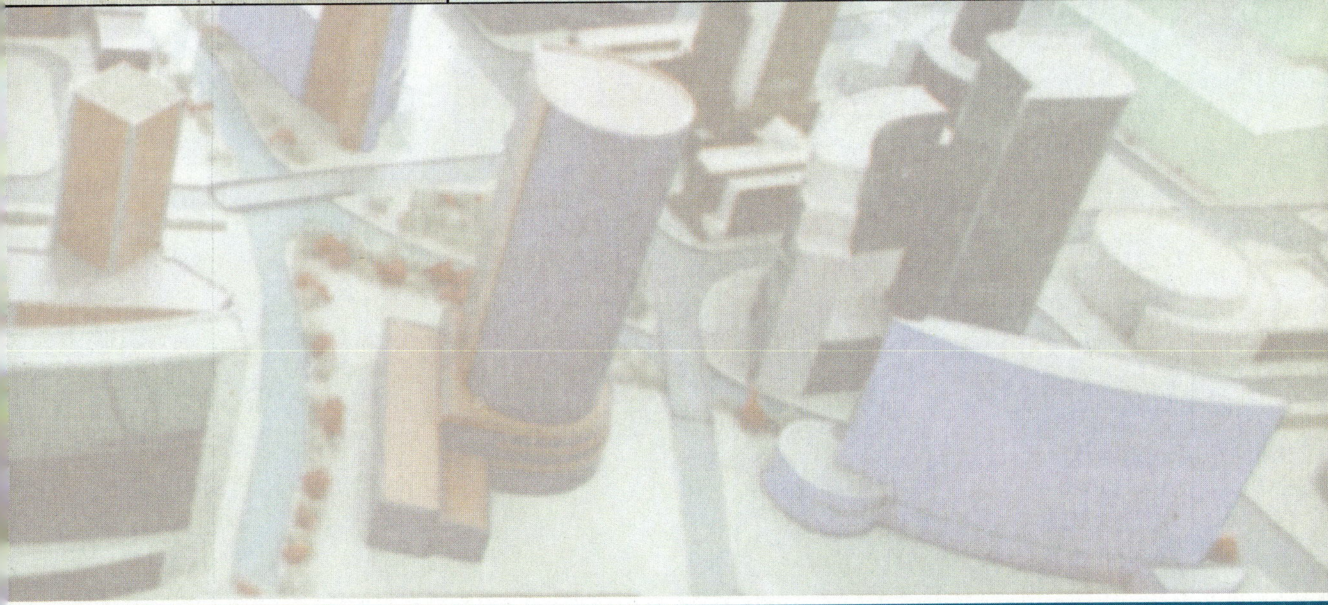

大榭岛位置及开发总体规划图

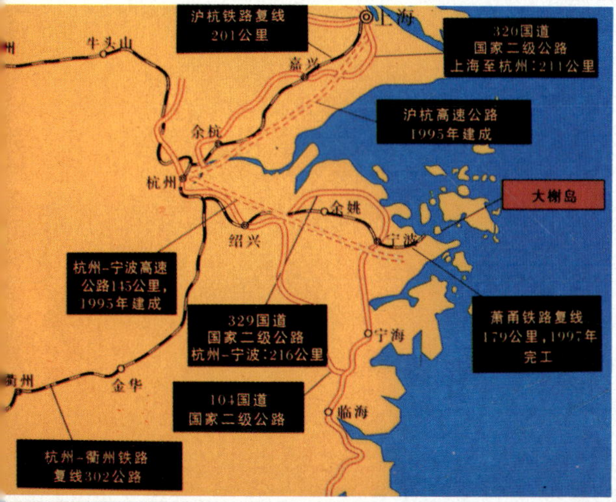

大榭岛位于宁波东郊杭州湾畔，是我国黄金海岸和黄金水道的交汇枢纽，建立国际集装箱和大宗货物中转基地最佳选择之一。20—30米水深线靠近岸边，可供开发建设的深水岸线计10余公里。中信公司于1992年11月决定投巨资成片开发该岛，并于次年3月获国务院批复同意。

荣毅仁副主席参加签字仪式

连接陆地的大榭跨海浮桥

跨海公路铁路两用大桥场平工地

1994年5月10日，国务院特区办主任胡平在开发区视察

无锡国家高新技术产业开发区

上：开发区一角

右：由开发区发展总公司与新加坡科技工业有限公司合作开发的10平方公里的新加坡工业园，于1993年12月8日奠基

右下：无锡环宇包装材料有限公司生产现场

管委会地址：江苏省无锡市旺庄锡南一路5号

邮政编码：214028

电话：5219390

传真 5211327

碧波苑俱乐部是一流的健身、理疗、康复中心

月亮湾森林木屋野趣飘逸

省无锡市　江苏省无锡市　江苏省无锡市　江苏省无锡市　江苏省无锡市　江苏省无锡市　江苏省无锡

宜兴国家环保科技工业园

1994 年 2 月，国务委员、国家科委主任宋健在园区视察

副市长熊志安（左）、管委会主任蒋南清（中）会见印尼客商

签订项目合作合同

地址：江苏省宜兴市分归路
88 号
邮政编码：214200
电话：（05218） 791449 792111
791911
传真：（05218） 791315

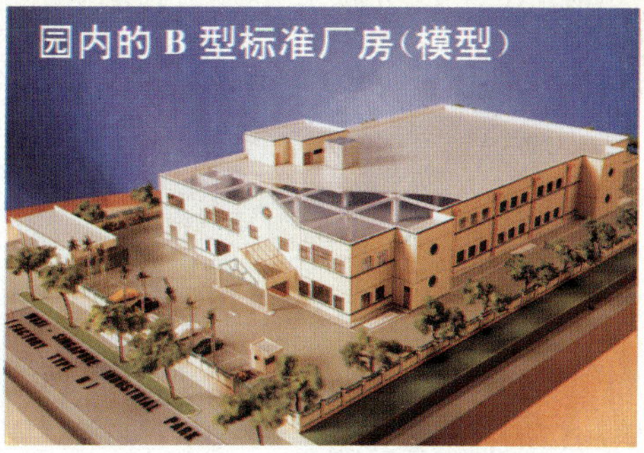

园内的 B 型标准厂房(模型)

无锡新加坡工业园

地址:江苏省无锡市旺庄锡南一路 5 号
邮政编码:214028
电话:5210734　5219264
传真:5218276

新加坡贸工部长姚照东(中)为工业园第　座标准厂房奠基

工业园内,世界著名大公司纷至沓来

工地交换仪式

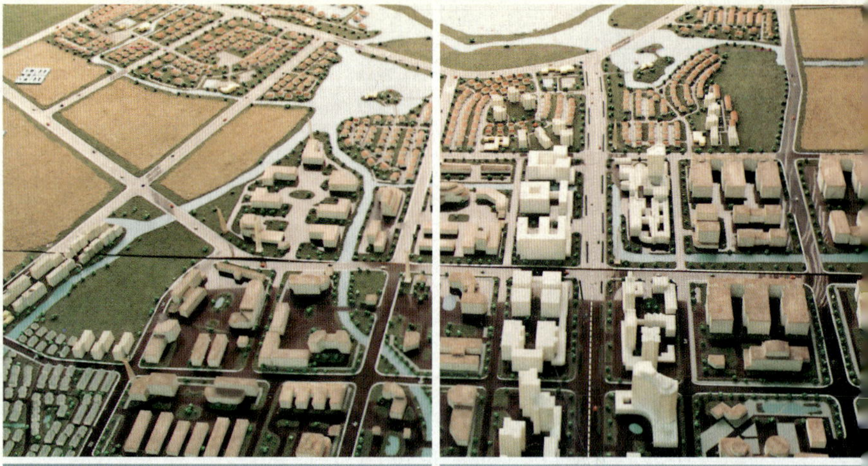

江苏省无锡蠡园经济开发区

地址：江苏省无锡市金匮西路
邮政编码：214072
电话：5101872
传真：5102785

上：开发区位置图及规划模型

中上：规模宏大的厂房及写字楼群

中下：蓝宝苑别墅已住满中外投资者

下：发展总公司总经理曹新华（中）与外商签订总投资 2400 万美元的热电厂合资合同

江苏省无锡县经济开发区

一个个建设项目的开工和落成，正不断更新无锡县的面容。与马来西亚合作，投资 2151 万美元的无锡能达热电有限公司，目前已进入紧张施工阶段（上）。已建成的东方欢乐城，集会务、娱乐、餐饮、购物为一体，具有 35 种功能（下左）。与新加坡江山财团合资的省高新技术企业兴达泡塑材料厂，成为全国最大的 EPS 原料生产基地（下右）。

地址：江苏省无锡县东亭镇学士路 1 号　邮政编码：214101　电话：8701921　传真：8701709

省无锡市　江苏省无锡市　江苏省无锡市　江苏省无锡市　江苏省无锡市　江苏省无锡市　江苏省无锡市

江苏省江阴经济开发区

地址:江苏省江阴市滨江路　邮政编码:214429
电话:(05217)804152　传真:(05217)805410

◀开发区鸟瞰

▼中外合资华新钢缆有限公司高强度预应力钢绞线生产车间

开发区管委会办公大楼

江苏中邮国浩光电缆有限公司生产线

江苏省宜兴经济开发区

▶投资1.1亿元的中马合资滨江热电有限公司

▼开发区港口夜景

…合资宜兴国浩瓷砖有限公司生产线

国际标准厂房

地址:江苏省宜兴市通蜀路
邮政编码:214222
电话:(05218)491491
传真:(05218)491027

杭州五一二铜业有限公司

在市场经济中崛起的一颗新星

李岚清副总理到公司视察
（右为公司总裁何亦良）

王光英副委员长到公司视察（左为富阳市长朱寅传，右为公司总裁何亦良）

公司集工贸于一体，占地 51200 平方米，现有资产 7000 万元。

工业主要生产各种规格及型号黄铜棒、管、板、线材及各种异型产品和铜制工艺品，年产量万吨以上。质量达到国内外同类产品先进水平。其中“仿古铜镜”产品被外交部指定为馈赠国宾的礼品。

贸易主要以进口废紫铜、废黄铜为主，及其他有色金属再生资源。年贸易额 2.5 亿元以上，在国内建立了牢固的贸易市场，与东南亚、西欧、中东、美国和香港等世界许多国家、地区的贸易伙伴形成稳定的贸易网络。

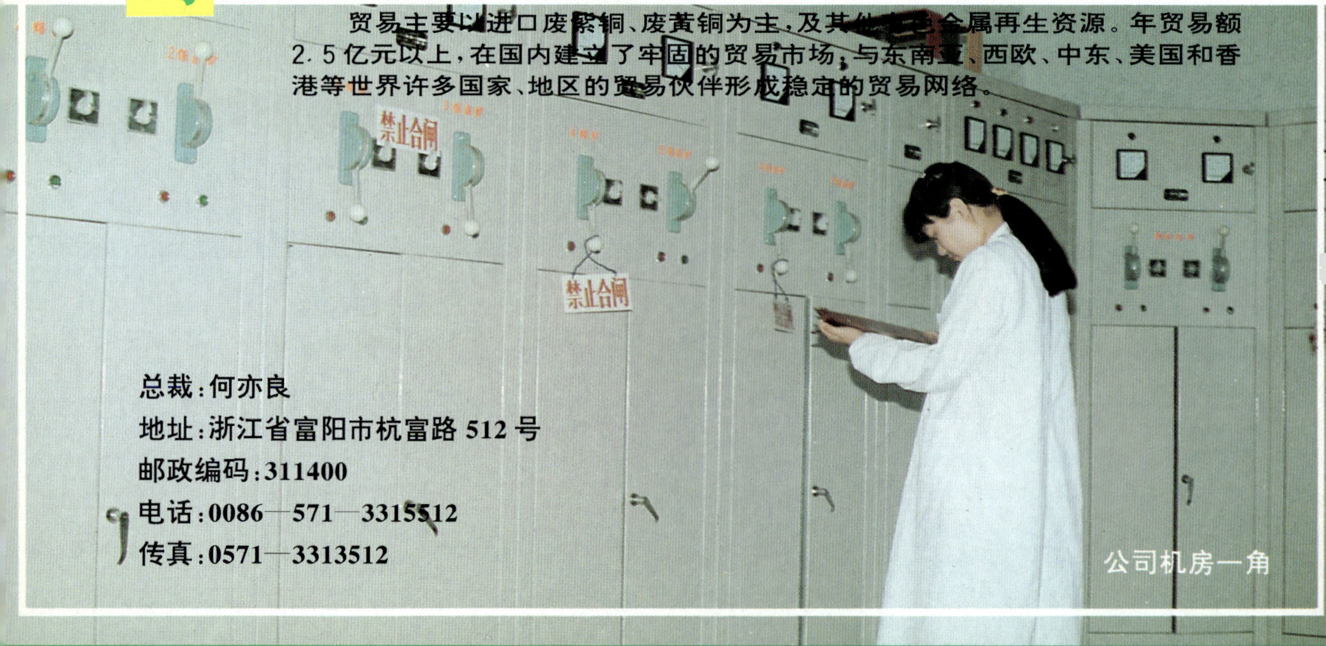

总裁：何亦良
地址：浙江省富阳市杭富路 512 号
邮政编码：311400
电话：0086—571—3315512
传真：0571—3313512

公司机房一角

浙江贝尔通信集团

名誉总裁：雪木　董事长：方建平
地址：浙江省富阳市迎宾北路　邮政编码：311400
电话：0571—3323601　电报：6755　传真：3326882

浙江贝尔通信集团公司是省重点工业企业，创建于 1984 年 9 月。1992 年公司研制开发的电缆交接箱，获国家专利、省精品奖、国家金奖，产品畅销全国各地，公司被邮电部列入首批进网单位。1993 年兴建年产 2 万吨的钢绞线厂、年产 2000 吨的交联电缆材料厂，现已进入批量生产。1995 年产值可超亿元，税利超 2000 万元。正在筹建的 1000 吨高纯氧化钼厂，年产值可达 1.5 亿元。集团公司还联合科研单位、大专院校组建了杭州贝尔高技术研究所，在北京、武汉、杭州等地研制开发国际一流新项目。目标赶超世界先进，准备在香港、美国建立跨国公司。

公司现有固定资产 7000 万元，占地 100 多亩，建筑面积 3.8 万平方米，职工 586 人，其中博士 5 名，硕士 12 名，高、中级科技人员 130 余名，技术力量雄厚，设备先进，已具有一定规模，成为能生产 30 余种邮电通信器材的制造企业集团，先后被评为全国百佳民营企业、浙江省重合同守信用先进单位、工商银行信用优等企业、省十家最佳企业和省百佳私营企业、杭州市和富阳市文明单位。在中国大陆 100 家最大的制造业私营企业中，排名第十六位。

公司总裁方雪木当选为全国政协八届委员、全国工商联执委、中国民间商会执委、浙江省工商联常委、富阳市政协常委、富阳市工商联和民间商会常委，获中国优秀民营企业家称号。

方雪木总裁同全国政协副主席叶选平在一起

公司总裁方雪木（左二）、董事长方建平（右二）同前来考察的日本杉村公男先生等合影

前进中的建行温州开发区支行

行长瞿韶贵

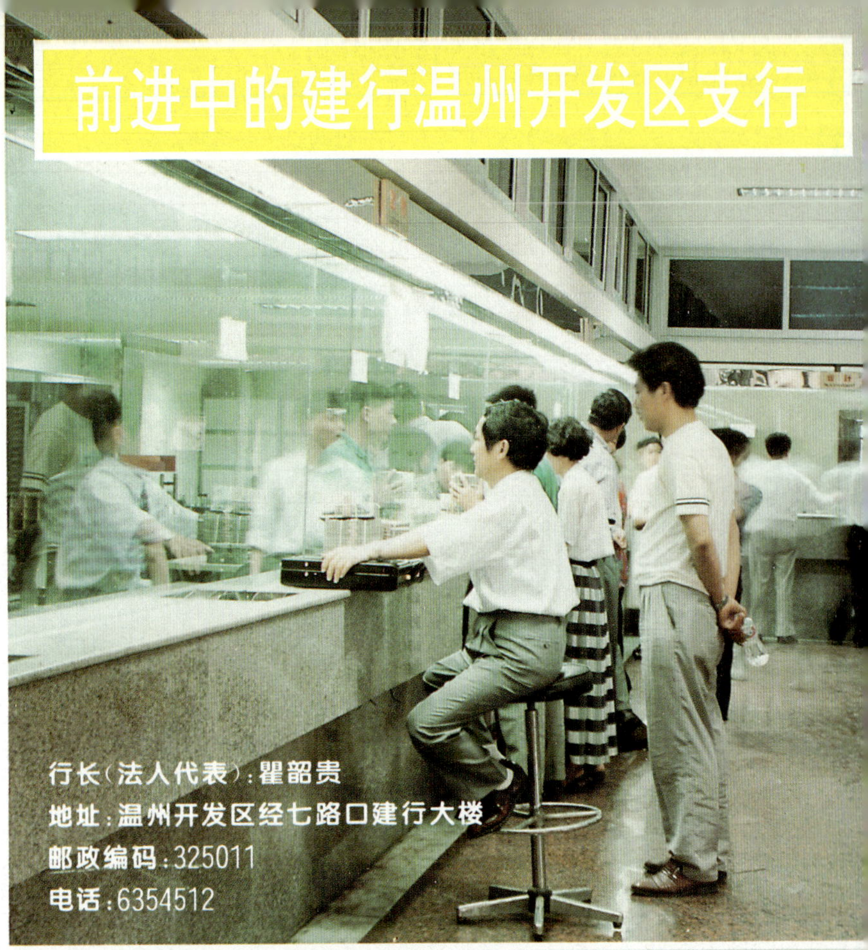

行长(法人代表):瞿韶贵
地址:温州开发区经七路口建行大楼
邮政编码:325011
电话:6354512

中国人民建设银行温州经济技术开发区支行注册资金 200 万元，于 1993 年 3 月正式挂牌营业后，注重发挥综合性多功能商业银行的特点与优势，办理人民币及外币存款、放贷、汇款和投资，以及保险、公证、咨询等业务。目前已发展成为基本客户稳定、业务范围广泛、服务功能齐全、经营方式灵活和融资功能较强的外向型综合性商业银行，并与 200 多家银行建立了联行关系，获得了较高的信誉。至 1995 年 2 月底，累计向区内外发放人民币贷款 3.8 亿元、外汇贷款 100 多万美元、一般性存款近 1 亿元。

筹建中的 16 层金融大楼，将使建行温州开发区支行以更新的面貌呈现在客户面前

总经理：胡益仁

公司有能力满足
客户的各种需求
愿同各界人士携手合作
发展温州包装业

丰源包装公司为浙江省出口商品包装生产定点企业，出口商品包装质量许可单位。公司技术设备精良，人员素质良好，生产场地宽敞，生产突飞猛进，客户覆盖温州地区。

产品以出口商品包装纸箱为主（上），装备有温州首条五层瓦楞纸生产线、纸箱成型机等先进设备（下）

温州丰源包装公司

地址：温州经济技术开发区经三路　邮政编码：325011
电话：6354032　6354033　6354034　传真：6352375

浙江 保羅斯集团

PAOLO'S

地址：浙江温州经济技术开发区 11 号小区
电话：(0577)6354002
传真：(0577)6354002
吴桥路分部地址：温州市吴桥路 112 号
电话：(0577)8223859　8243913
传真：(0577)8223859

总经理：王锡龙

公司注册资金 5100 万元，现有生产、办公用房 1．4 万平方米，已经形成一支由高知识层次和高技术水平组成的员工队伍，装配英国 BU 生产线等先进生产设施，新型的企业管理机制逐步与国际惯例接轨。

保罗斯系列计 140 余种男女皮鞋及全新设计的旅游鞋投放市场，备受欢迎。保罗斯品牌皮鞋目前在北京、上海、武汉、沈阳等大城市 100 余大型商场专柜销售。

规划从 1996 年起，同时开发第三产业和房地产，准备用 5—7 年时间，选址 400 亩面积，建造保罗斯生产基地。

公司诚望与国内外客户洽谈业务，开展广泛的经济合作。

温州经济技术开发区 建筑设计所

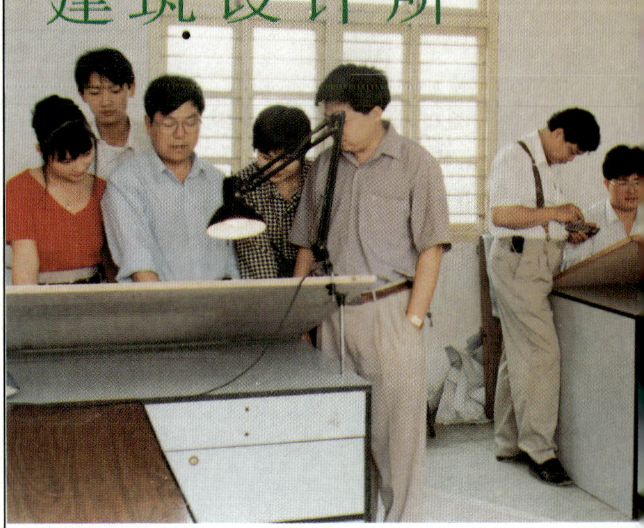

建筑设计所是开发区直属的设计单位，持有建筑设计丙级证书，可承担开发区内和区外的建筑设计、咨询等业务。

设计所设计力量雄厚，拥有高级职称设计人员 2 名，工程师 5 名，助工 8 名。一年来承担开发区内的建筑设计约 12 万平方米，区外约 2

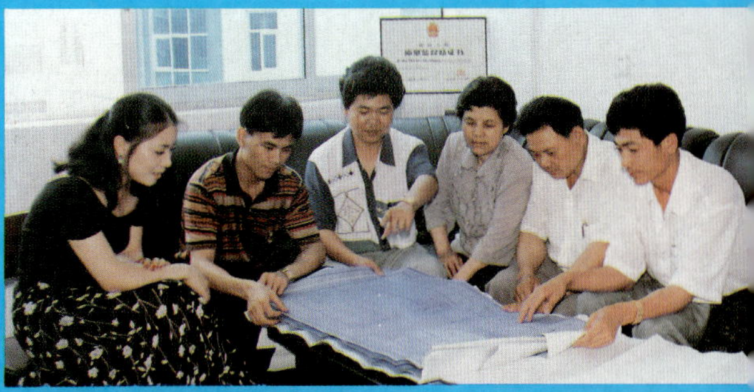

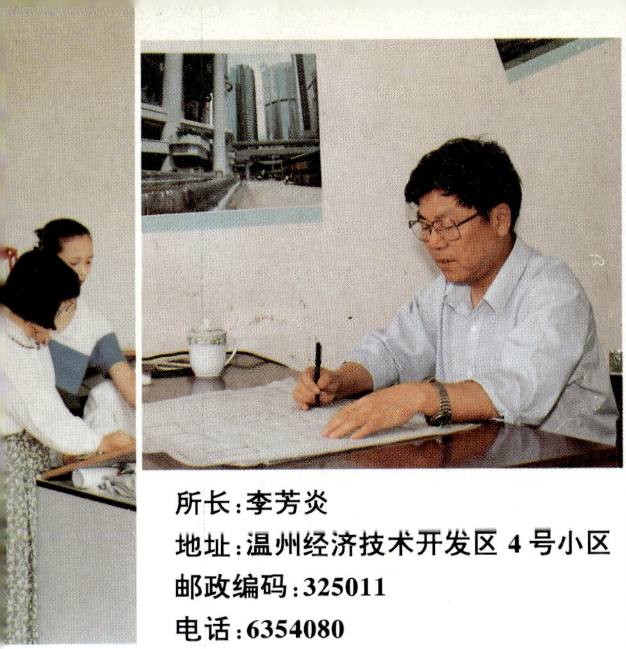

所长：李芳炎
地址：温州经济技术开发区 4 号小区
邮政编码：325011
电话：6354080

万平方米。

设计所坚持“质量第一，信誉第一，优良服务”的宗旨和“质量、水平、效益同步发展”的方针，在所内推行全面质量管理和多级审批制度。

建筑设计所真诚地愿与同行增进技术交流和合作，竭诚为客户提供优良服务。

温州经济技术开发区
建设工程质量监督站

监督站于一九九二年六月十二日成立。持有浙江省城乡建设厅颁发的建设工程质量监督证书，承担开发区建设工程质量监督工作。站内配有土建、水电、市政、建材、构件等专职技术质监员，拥有先进的桩基动测设备，并设立开发区城建档案室。建站三年来，经过全体员工的共同努力，开发区建设工程质量越来越好，一九九四年工程优良率已达25%。全站员工决心加强质监力度，促使开发区工程质量跃上新台阶，为温州二次创业做出新贡献。

站长：陈琴香

展示温州鞋业新形象
打响温州皮鞋名牌子

吉尔达公司 '95 夏季凉鞋部份款式

崛起于开发区的重点企业

吉尔达
鞋业有限公司

董事长：余阿寿
总经理：余进华
地址：温州经济技术开发区 10 号小区
邮政编码：325011
电话：(0577)6354063　6354065　6354078
传真：(0577)6354078

长春市政府副秘书长
开发区管委会主任 于德满

崛起的长春经济技术开发区

长春经济技术开发区位于市区东南部，总面积30平方公里，先期开发规划面积为10平方公里。开发区地理位置优越，交通便利，能源、邮电、通讯等基础设施条件良好，是理想的投资场所。

经过两年的开发建设，开发区首期开发的1平方公里的“七通一平”已全部完成；5—10平方公里内的道路和管网主干线基本完成；水、电、气、通讯等源头配套工程全面展开并大部完成，初步形成了一个现代化新区框架。

开发区实行区域性行政管理体制，享受沿海开放城市经济技术开发区所有的优惠政策。

撰稿：金英子　摄影：马　森

地址：长春市自由大路118号
邮政编码：130031
电话：(0431)4944077
传真：(0431)4944215

上：国务院副总理吴邦国视察长春油漆厂　右：国务院特区办主任胡平（左二）与开发区同志一起研究规划

与美国欧文斯·科宁管道有限公司签定项目建设合同

广州美特容器有限公司

广州美特容器有限公司是国家轻工业重点骨干企业，国家二级企业。公司引进国外先进技术，由中外合资生产经营铝易开盖两片罐、马口铁三片罐、塑料瓶等综合包装容器和金属片涂料、印刷，投资总额 5500 万美元，自营进出口业务。年产易开盖 12 亿个、两片罐 5 亿个，生产规模和产销量居国内同行领先地位。产品质量达到国际先进水平，获美国可口可乐公司、百事可乐公司质量认可，并获中国包装十年成果金奖、包装工业部优产品、中国名牌产品称号。企业也荣获全国十大最佳合资企业、中国 500 家最大工业企业和 500 家最佳经济效益企业、中国十佳包装制品企业、中国明星企业称号。

厂址：广州黄埔新港广州经济技术开发区
电报：9572
电传：44903 GMCP CN
法人代表：黎德矩
邮政编码：510730
电话：2212998（总机） 2212368 2212968
传真：2212458

广州日华化学有限公司

法人代表：谢裕民　地址：广州经济技术开发区明珠路
邮政编码：510730　电话：(86)20　2211314　传真：(86)20　2215094

NICCA

公司由广州经济技术开发区建设开发总公司，广州经济技术开发区国际贸易总公司、香港大联日华化工有限公司、香港日华化学有限公司、江守商事株式会社、三井物产株式会社、丸红株式会社共同投资建成。占地 6000 平方米，建筑面积 4200 平方米。员工 57 人。有日籍高级管理人员常驻，以确保产品和服务质量。产品为纺织染整用表面活性剂及药剂，年产量 5000 吨，价值约 6500 万人民币。其中出口量不低于 90%。公司设有污水处理系统及电脑计算系统、化验室。

卜内门太古漆油(中国)有限公司

位于开发区北围的厂房

SunSing

广州三盛电子实业有限公司

地址:广州经济技术开发区转口贸易区B3栋
法人代表:张恒久
邮政编码:510730
电话:2216476 2215209
传真:2214529 2212235

广州三盛电子实业有限公司成立于1993年3月20日,是由广州经济技术开发区新技术开发总公司、广州广新实业发展有限公司和爱华特电子实业(英属维尔京群岛)有限公司共同组成的中外合资企业。三方合资672万美元,全套引进以德国Leybold ZV－350系统为主体的具有90年代初世界先进水平的真空镀膜设备和技术,用于生产液晶显示器(LCD)制造业的高档ITO透明导电玻璃,年设计生产能力为8万平方米。

卜内门太古漆油（中国）有限公司是由ICI、太古集团及开发区工业发展总公司三方共同筹建的大型合资企业。前期投资1.9亿港元。厂房占地10万平方米。第二期投资亦正在积极筹备当中。

卜内门太古漆油（中国）有限公司是ICI漆油世界集团的一部分。ICI漆油世界集团乃全球最大涂料供应商，在60多个国家均设有生产厂房，年营业额达150亿英镑。ICI涂料除了使用于建筑业外，亦被广泛运用于家庭用品，食物罐及饮料罐，汽车制造厂及车辆维修，重喷工业等。卜内门太古漆油（中国）有限公司的成立，正是要在中国市场致力推广集团属下的国际性品牌—DULUX多乐士及AUTOCOLOR。

作为ICI漆油世界集团的一部分，卜内门太古漆油（中国）有限公司能自由地接触到现有技术及革新项目，对ICI在全球范围内的漆油和工艺技术享有完全不受限制的使用权，在技术上受到马来西亚吉隆坡—卜内门漆油公司亚洲装饰漆技术中心和新加坡—卜内门漆油公司包装涂料技术中心的援助。

公司位于广州经济技术开发区的工厂，拥有一套由卜内门开发的工艺控制系统，用以达到"一次出成品"的生产目标。生产工艺和原料的加料由电脑控制，产品质量检查、财务和生产数据，也运用电脑程序管理。

在安全、健康和环保方面，厂内拥有卜内门认可的最高标准。1995年4月，经政府有关部门所做劳动卫生监测表明：ICI有毒有害气体和粉尘浓度远远低于国家规定的允许量。

公司以强大的集团支持，高科技、高品质的产品，严格的环保标准，高素质的人员……作为进一步开拓中国市场，并为广大消费者提供一流产品与服务的基石与有利条件。

法人代表：马灿彬　地址：广州经济技术开发区北围工业区
邮政编码：510730　电话：(86)20 2217755　传真：(86)20 2217745

SunSing

总经理陈伟强　经济师　工程师
工学硕士　广州市十届人大代表

经过全体员工的努力，公司用了不到一年的时间，完成了包括设备引进、人员培训、制度建立、市场开拓等工作在内的一系列筹建工作，提前在1994年3月18日试产成功，并因此得到管委会的通报表扬和嘉奖。由于设备和技术先进，公司于1993年7月9日被管委会认证为"先进技术企业"，并因工作成绩卓著而被中国外商协会评定为1993年度"外商投资先进企业"。产品比计划提前半年进入市场，且由于质量优越而迅速得到了广大客户的认可，使三盛牌子在不到半年时间内深入海内外客户心中，国内外销路迅速拓开，1994年的外销率达到95%以上。

作为一家具有90年代初世界先进水平的企业，三盛重视技术经营队伍的建立和培养。为此吸引了一批高素质的工程技术、生产管理和国际贸易等多学科的专业人才。公司于1994年6月，经广州市科学技术委员会认证为"广州市高新技术企业"。同年12月，公司的"磁控溅射法生产氧化铟锡（ITO）透明镀膜导电玻璃"通过广州市科学技术委员会重大科技成果鉴定，并作为一个重大科技成果公布。1995年2月，公司又利用管委会科技基金，自行开发研制了与新规格产品配套使用的ITO镀膜设备磁控阴极屏蔽罩及基片架改造新产品，也迅速在市场上打开了销路，并创造了可观的经济效益。

质量是三盛的生命，满足用户的全面需要是三盛的承诺，提供国际一流的导电玻璃和服务是三盛的目标，不断改进质量是三盛人的责任。

三盛公司正以全力投入ISO9002质量体系认证工作中，力争在1995年内通过国际权威机构的认证。

（蔡和波撰稿）

澄海市澄城镇

中共澄海市委常委、澄城镇镇委书记：陈细弟　　澄城镇镇长：陈　翔

地址：澄海市澄城文祠东路　　邮政编码：515800　　电话：(0754)5722451

▲原中共中央政治局常委宋平视察澄城镇

下左：岭亭保温瓶总厂第二分厂崇泰保温瓶有限公司

下右：连结全国18个省市的毛织服装专业市场——仁美商场

澄城镇位于粤东潮汕平原韩江三角洲下游，是汕头经济特区的卫星城市，澄海市的政治、经济、文化中心，中国外砂海关设于镇境内。国道324线纵贯全境，靠近莱芜码头、汕头机场，交通便利。面积20.75平方公里，人口12万，旅外侨胞15万，是著名侨乡。19944年全镇总产值14.38亿元，其中工业产值11.09亿元，财政收入4648万元，分别比上年增长34.6%、35.54%和53%，居汕头市各镇首位。

近年来，澄城镇以工业城市为目标，致力基础设施建设，加快乡镇企业发展。目前，全镇公路面积15万平方米，开通程控电话和移动电话4万门，供电供水充足，投资环境日臻完善。全镇工业企业2000多家，涌现出信宁、岭亭、西门、埔美等“亿元村”和岭亭保温瓶总厂等一批年产值超亿元的骨干企业，形成了以塑料化工、工艺玩具、毛织服装、五金电器、食品加工五大行业为主体的经济格局。拥有澄城中心市场、仁美商场等一批面向全国，连结各地的综合性、专业性市场。

福胜化学制革有限公司

——秦皇岛经济技术开发区的一颗明星

总经理:郑宝兴

河北省委书记程维高、常务副省长陈立友在公司视察公司科研所开发新产品

福胜公司产品——蓝鲸 PU 合成革伴您奔小康

秦皇岛开发区银康工业园发展商

秦皇岛经济技术开发区工程承包公司

银康工业园——投资置业的理想选择

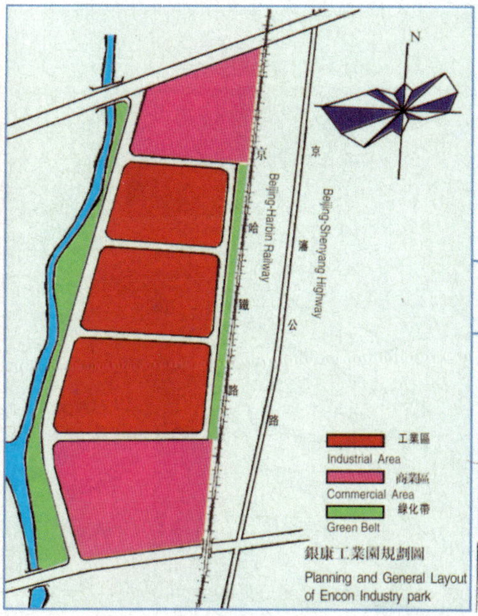

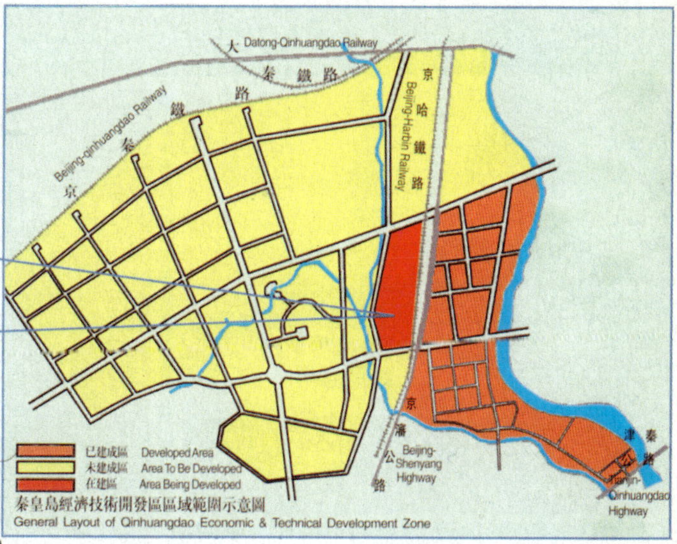

开发区区域范围示意图及银康工业园规划图

总经理：窦燕群

公司办公大楼

公司承建的东方娱乐城

营口经济技术开发区

管委主任王立光

1. 建筑面积 1.4 万平方米的邮电大厦 2. 外资企业——化妆用品有限公司生产线一角 3. 碧霞工业小区鸟瞰 4. 外轮代理公司雄姿 5. 昆仑大街夜景 6. 中澳合资环球公司正门

摄影:李自臣

珠海机场位于珠江三角洲西部地区、两江出海口、三灶南端海滨。距市区 31 公里。

机场按照国际标准进行总体规划设计和施工。本期跑道长 4000 米，可供波音 747—400 等大型飞机起降。客机坪面积 36 万平方米，拥有 40 多个机位。本期建设：侯机楼面积 9 万平方米，近机位 17 个，远机位 4 个；停车场可停车 5000 辆，远期规划 7000—10000 辆。航管楼面积 4500 平方米。机场控制用地 520 万平方米。

机场导航和地面服务主要设备，为进口世界先进产品：导航工程用一次和二次双通雷达系统、气象雷达设备、自动观测系统、气象卫星接收系统，候机楼服务的计算机控制，大屏幕航班显示及引导系统，行李自动分检系统，停机坪无特种车辆服务系统和全透明玻璃登机桥系统等。

珠海机场将以机场为中心，建设一个集客货运输业、商贸、金融、高新产业开发、旅游以及飞机维修的现代化航空港枢纽中心。

航管楼

综合厅

观景厅

珠海港

荣毅平题

2 万吨级码头泊位(叶良生摄)

珠海港10万吨煤码头、25万吨油码头

珠海港示意图

珠海港 位于珠海市的西南部，珠江口西岸出海口虎跳门、崖门与鸡啼门之间，毗邻港澳，距国际航线大西水道1海里，陆域面积156平方公里，水域面积300平方公里。珠海港于1992年4月18日奠基，1994年6月经国务院批准为一类开放口岸。

珠海港由南水、高栏、荷包、大芒、三角山等岛屿环抱而成，港池面积88平方公里，自然水深负5—10米，内连西江，面向南海，是建设10—25万吨级深水港口和发展江海联运的理想之地。

珠海港规划分码头作业区、临港工业区、仓储保税区和综合服务区4个功能区。到2010年，港口吞吐能力可达1．7亿吨，最终建成一个年吞吐量2—3亿吨的多功能、综合性和区域性的枢纽港。

目前，南水作业区的2个2万吨级件杂货和集装箱码头已建成投产，3个3．5万吨级和5个5万吨级集装箱泊位，以及8万吨级散粮码头，正在筹建。南泾湾作业区的防波堤、25万吨级油码头、10万吨级煤码头和5万吨级矿石码头，正在建设。大平湾、大浪湾正在进行大规模的填海造地工程。

珠海伶仃洋大桥

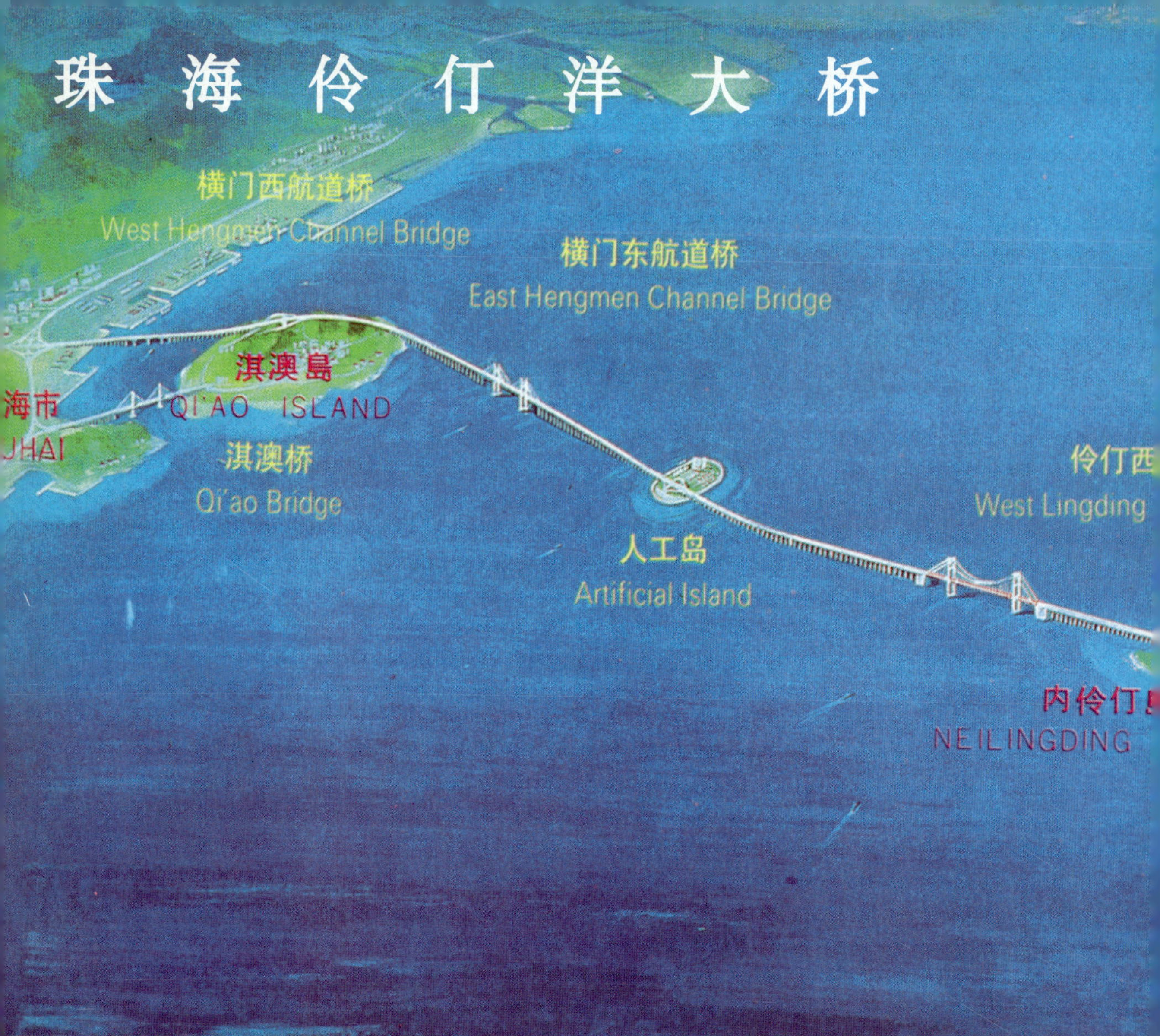

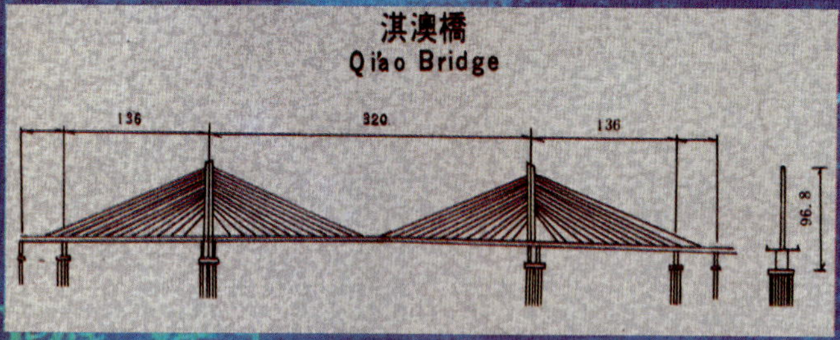

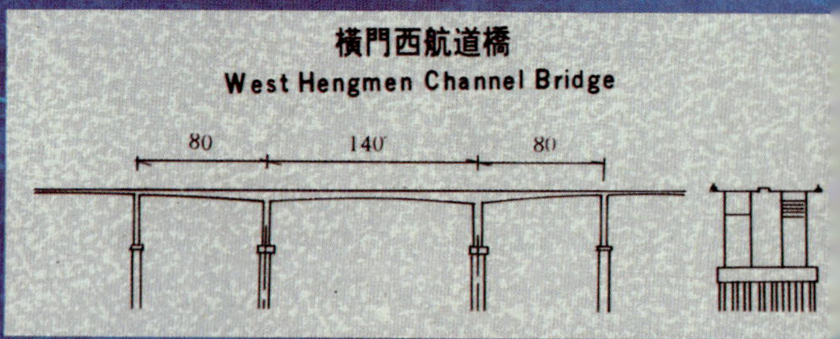

珠海伶仃洋大桥是一项连接珠海与香港两地的跨海工程，也是中国目前最大的跨海工程。1993年3月，大桥的预可行性研究报告经全国著名专家、学者评审通过。

伶仃洋大桥西起珠海市金鼎镇境内的金凤路口，向东跨越金星水道、淇澳岛、龙穴水道、伶仃水道、内伶仃岛、矾石水道，在香港九龙半岛的烂角咀登陆，直至屯门，跨海长度约28公里。大桥西端与广珠高速公路和广东西部沿海高速公路相连接。视今后的发展，还可以与深圳境内的广深高速公路和深汕高速公路相连接。

伶仃洋大桥工程按高速公路标准设计。路基宽度为34米，桥面宽为33米，6车道，每车道宽3.75米，另加2条应急车道，每条宽3.25米，行车速度100公里／小时，桥梁载重标准采用汽超—20，挂—120；通航净空标准，初步提出60—65米(矾石水

道)；通航跨径，伶仃水道为 900 米，矾石水道为 1400 米。主桥的桥型为悬索桥，非常雄伟壮观。

伶仃洋大桥建设采取统一规划，分期实施的办法进行，第一期建设淇澳岛至内伶仃岛的 13. 1 公里；第二期建设内伶仃岛至香港烂角咀的 9. 9 公里。利用淇澳大桥和淇澳岛上的道路先解决珠海通香港的问题。第三期，根据车流量情况，再建金鼎到淇澳岛的 5 公里。

根据交通量发展预测，2000 年通过伶仃洋大桥的交通量（折小车算，下同）为 41400 辆／日，2010 年为 73100 辆／日，年平均增长率为 5. 9%。2020 年为 135300 辆／日，年平均增长率 6. 4%。大桥建好后，实行收费偿还，通车初期每辆车收 150 元人民币，中期每辆车收 200 元人民币，按此估计，每年平均收入 10 亿元人民币，12 年便可收回全部投资。

珠海国際賽車場

位于珠海市金鼎镇的珠海国际赛车场，占地面积 4 平方公里。场内兴建的项目有：1 条约 4 公里长的国际标准赛车道，1 个 36 洞的高尔夫球场，1 所赛车驾驶训练中心，5 幢共可容纳 20 万人的观众看台，1 所新闻发报中心，1 所先进的微型电脑卫星转播站，9 个在赛道旁不同位置的拍摄台，1 个 120 英尺全天候荧光幕，50 所快餐店，20 间供保养维修汽车的车房，1 所赛车油料供应站，2 间高级酒店，1 个设计新颖的公园，1 个救护中心，1 座商业中心，以及一批会员所需的完善的配套设施。

这个项目的建成，带来的经济效益、综合效益将是十分显著的。它将主要承办国际性、地区性大小赛车及高尔夫球赛事，出租场地，兼营附属设施的旅游服务与商业等，对于迅速推动珠海第三产业的发展，极大地提高珠海的知名度，扩大和增进珠海市与世界各地的经济、文化、体育交往，加速珠海国际化和特区经济发展进程，有着重大的作用。

珠海市免税企业集团有限公司

总经理:何汝莲
副总经理:蔡明发　梁淑仪
公司地址:珠海市拱北友谊路免税大楼
邮政编码:519020
电话:8885243　8886809
传真:8883350　8876076

总经理:何汝莲

珠海免税商场外景

宽敞的中厅

华丽的服装商场

珠海市免税企业集团有限公司是在原珠海免税公司基础上创建的集团化全民所有制企业。辖下免税品店是设在开放口岸，提供免税商品服务的外向型企业。公司改制后重新确定了在经营进口商品的基础上，兼营国产名优产品，开办连锁店、专卖店，创办实业，走科、工、贸相结合的发展战略。

下属企业:

珠海市关外免税店分公司
地址:珠海市拱北海关关前
电话:8885244

湾仔免税商店
地址:珠海市湾仔海关关前
电话:8821353

九洲港免税品店
地址:珠海市九洲海关关前
电话:3351310　3351320

珠海经济特区国营外币免税商场
地址:珠海市吉大景山路
电话:3334491　3334492

珠海经济特区大鹏贸易公司
地址:拱北市拱北友谊路免税大楼
电话:8885274

恒超发展有限公司
地址:香港干诺道中200号
信德中心2110室
电话:8588918　传真:5593068

珠海市利杰清洁维修综合有限公司
地址:珠海市吉大景乐路

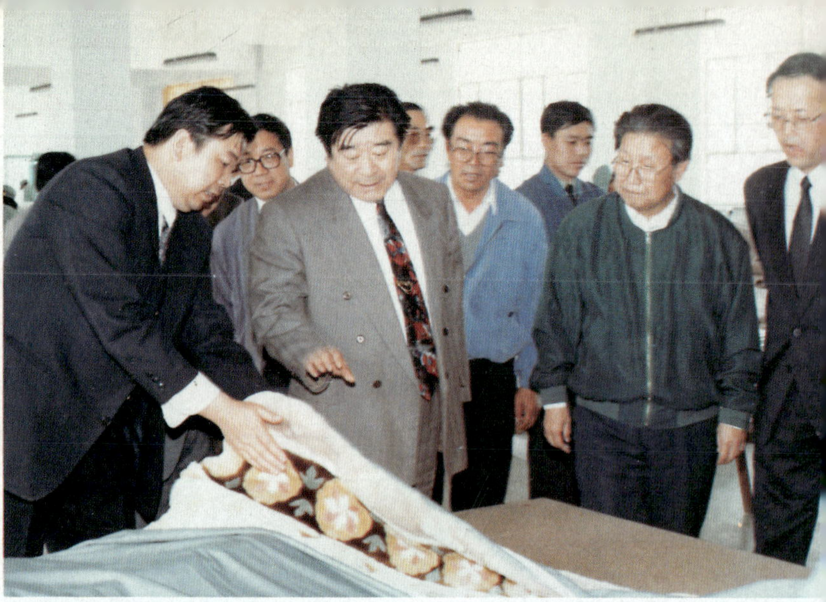

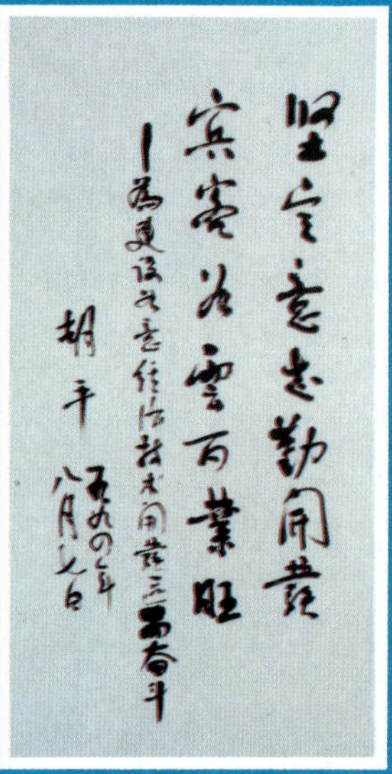

呼和浩特如意经济技术开发区与市区东部紧密连接，东距飞机场6公里，西北离火车站5公里，北临京包铁路和110国道，西南紧靠大专院校群和科研机构。区内地势平坦，地域开阔，交通、通讯十分便利。

开发区规划面积3.68平方公里，规划为工业区，生活区，行政、商业、金融、文化综合服务区。区内基础设施配套完善。现已进区的各类企业220家，有微电子、计算机、通讯材料、医药、机械、新型建材、矿产加工等10多个行业。开发区以发展外向型工业为主，大力发展电子信息技术、新能源、新材料、精细化工、电子自动化、生物工程、环境保护等高新技术产业项目。

呼和浩特地上地下资源丰富，能源充足，交通运输便利，开发前景广阔，是国内外客商投资开发兴业的理想场地。

图片说明　左上：1994年8月7日，国务院特区办主任胡平莅临视察并题词　　右上：自治区党委书记刘明祖、自治区政府主席乌力吉视察合资企业维信羊剪绒有限公司　　下：正在建设中的工业区一角

呼和浩特如意经济技术开发区

和浩特如意经济技术开发区　呼和浩特如意经济技术开发区　呼和浩特如意经济技术开发区　呼和浩特如意

▲集团公司法定代表人、总裁陈义保，全国优秀经营管理者称号和“五一”劳动奖章获得者

▶国家副主席荣毅仁在汕头市委书记许德立（右二）陪同下参观’94 北京汕头经济特区展示会，听取公司总裁陈义保（左一）介绍公司展品情况

广东省汕头经济特区对外商业（集团）公司

地址：广东省汕头经济特区迎宾路万商楼　　邮政编码：515041
电话：(0754)8260846 8260490　　电报：1205　　传真：(0754)8261454

公司系汕头市政府直属的一家多层次、多元化、外向型工贸企业集团，拥有 32 家直属公司，42 家合资合作公司、境外公司，以及 50 多家工厂、商场、酒店、保税仓、房产、旅游、中介服务等经营实体。（集团）公司享有全国进出口贸易经营权，坚持“内外贸结合，进出口并举，工贸同发展”的经营方针，致力拓展国内外市场，年营业额达 40 亿元以上，已连续 4 年跃居全国进出口额最大 500 企业之列，1994 年列第 135 位，多年被评为广东省、汕头市“优秀创汇企业”、“纳税光荣户”，连续 9 年被授予“重合同、守信用单位”称号。公司先后被中国纺织品进出口商会等六大行业商会和中国国际贸易促进会吸收为会员。

▲中共汕头保税区委员会书记、汕
保税区管委会主任林加茂

◀1994年9月20日，国务院特区办
任胡平视察保税区，听取林加茂汇报

汕头保税区

汕头保税区于1993年12月22日正式开关运转。

保税区位于汕头市南区东南部，区域总面积2.34平方公里，陆路距汕头机场19公里，距深圳至汕头高速公路达濠出入口10公里，与连接京九铁路（1995年10月通车）的广梅汕铁路汕头南站相邻，南面紧靠的广澳深水港，规划建设24个2—10万吨级泊位，第一个2.5万吨级泊位可于1995年年底交付使用。海运至香港179海里，至高雄180海里。

汕头保税区目前累计投入基本建设资金人民币4亿元，全面完成了区内“五通一平”，修筑了通往324国道的8车道高等级公路，建成6.2万平方米写字楼、厂房、仓库、商品展厅、海关货检楼和货物堆场，开通了800门程控电话交换系统和保税区至香港的直通海上货运航线，配套制订颁布了有关政策法规和经营管理的实施办法，基本形成大规模接纳海内外客商投资经营的软硬件环境。至1995年月底止，累计批准“三资”企业150家，投资总额2.31亿美元；内资企业469家，投资总额18.6亿元人民币。

汕头保税区的功能主要是发展出口加工国际贸易、仓储运输和金融信息等业务，近期目标是力争在3—4年内，建设成为一个多功能、现代化、国际性的经济对外开放新区。

管委会办公大楼设计图

头保税区　汕头保税区　汕头保税区　汕头保税区　汕头保税区　汕头保税区　汕头保税区　汕头保税区

武汉金湖
房地产发展有限公司

1992年8月由武汉经济技术开发区建设开发总公司与香港银溪国际集团有限公司合资创办，是开发区进行生活区开发的房地产企业，1994年荣登湖北省房地产业“百强企业”之列。

高雅、舒适、富丽、温馨的居室，让您倍感生活之乐趣！

公司首期开发的高品味住宅小区“金湖花园”于1994年1月动工，总占地面积251186平方米，由美国著名的NADEL（纳德尔）建筑设计公司总体规划设计，共12个组团49栋楼宇组成，整个工程分7期兴建，总建筑面积513710平方米。小区内建有中学、购物中心、写字楼、俱乐部、停车场、幼儿园。楼宇融欧式社区与中式庭院之风格，四周规划为绿化区域，与大自然相映成趣。

住宅单位面积由37至248平方米，房间装饰布置高雅齐全，现代生活设施齐备。小区内公建配套齐全，生活交通便利，并由金湖的姐妹公司——武汉泰格物业管理有限公司精心管理，提供全方位优质服务。

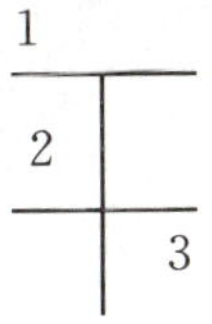

1. 金湖花园首期工程金鼎大厦和金城公寓
2. 金湖花园中心广场
3. 金湖花园鸟瞰

经济技术开发区　武汉经济技术开发区　武汉经济技术开发区　武汉经济技术开发区　武汉经济技术开发

萧山经济技术开发区

▶为中外投资者提供“一条龙”服务。图为新建的管委会办公大楼。

▼交通便捷，厂房林立，开发区内一派繁华景象

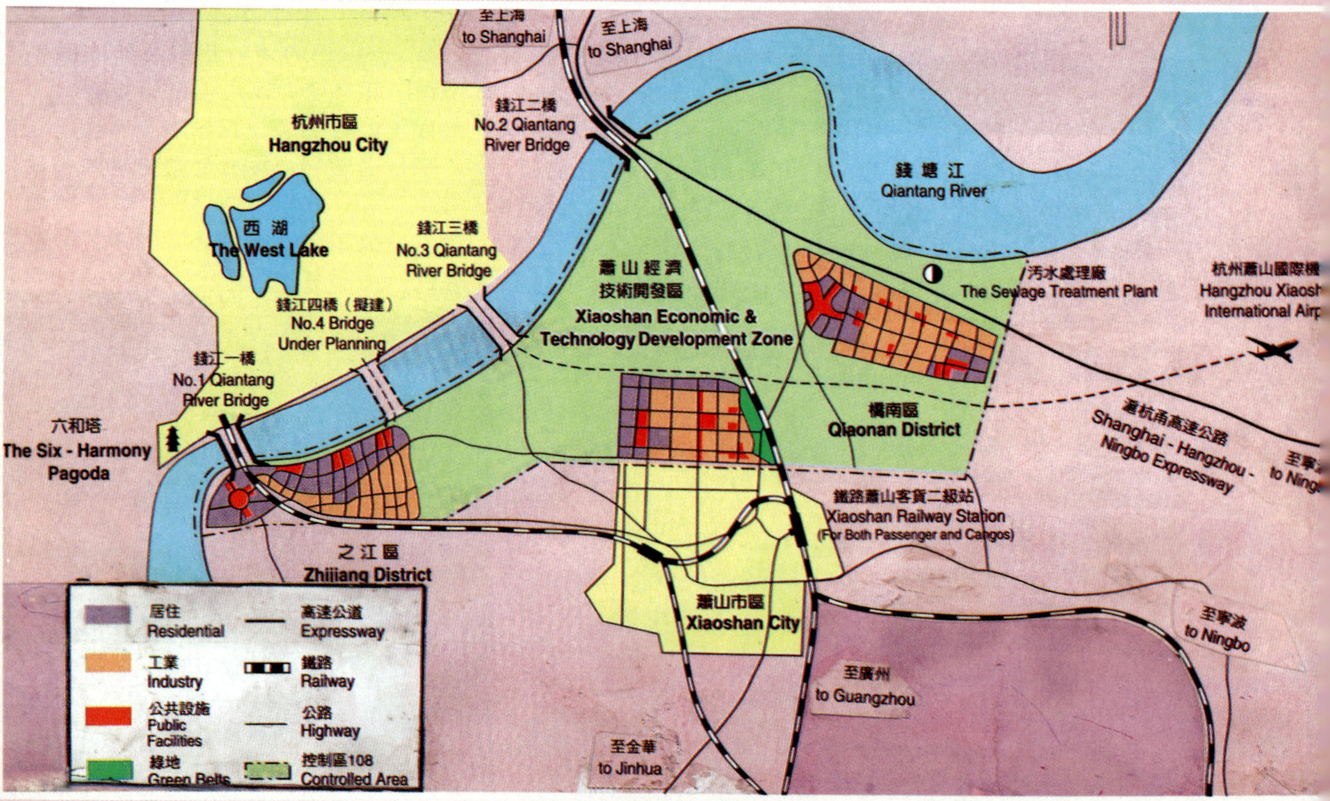

经济特区篇

深圳经济特区

【综合经济发展】 1994年,深圳市按照江总书记视察广东时提出的“提高整体素质,增创特区新优势”的要求,进一步解放思想,积极推进财税、金融、外汇、外贸、流通和社会保障制度的改革,国民经济持续、快速、健康发展,人民生活进一步提高,各项社会事业进一步发展。全市国内生产总值560亿元,比上年增长27.9%。其中第一产业增加值13.78亿元,下降2.6%;第二产业增加值310.20亿元,增长31.3%;第三产业增加值236.02亿元,增长24.5%。人年均国内生产总值1.78万元,比上年增长12.8%。经济运行中的主要问题是:物价上涨幅度较大,企业亏损增加,资金的结构性矛盾比较突出。

【重点建设项目进展顺利】 1994年,深圳市30项市重点建设项目资金到位良好,工程进展顺利,完成投资63.97亿元,为年计划的114.9%。其中东深三期工程提前供水,梅林水厂一期工程提前完成,妈湾电厂一期二号机组30万千瓦已并网发电,盐田港一期工程全部投产,年内广深准高速铁路、广深高速公路全线贯通投入营运,龙岗区“二线三段一桥”工程全面竣工,快速干道北环线主车道交付使用,深圳机场二期工程的重点航空货运站、机场立交桥和新停机坪工程竣工。市政府为民办的供水工程,通讯工程,中小学教育,住宅工程以及菜篮子工程等10件实事基本完成。

【固定资产投资速度增长】 1994年,深圳市固定资产投资在保持适当的投资规模和发展速度的同时,重点建设得到加强,更新改造步伐加快,房地产开发投资规模得到一定的控制。全年全社会固定资产投资230.97亿元,比上年增长18.4%。其中国有及外商单位投资207.4亿元,增长19%;城乡集体投资17.6亿元,增长15.9%;城乡私人投资5.97亿元,增长8%。在国有及外商投资中,基本建设投资140.63亿元,增长15.1%;更新改造投资6.62亿元,增长2.2倍;房地产开发投资60.15亿元,增长20.2%,增幅比上年下降25.8个百分点。在基本建设投资中,交通邮电行业投资39.29亿元,增长72.7%,占第三产业项目投资的比重由上年的27.3%上升到38.3%。

全年基本建设新增固定资产103.8亿元,增长64%;固定资产交付使用率73.8%,提高22个百分点。基本建设新增加的主要生产能力及效益有:火力发电机组装机容量30万千瓦,输电线路长度109.24公里,变电设备能力200万千伏安,新(扩)建港口码头泊位4个,新建公路40.8公里,改建公路83公里,市内电话自动交换机21万门,城市自来水管道长度122公里,城市永久性桥梁12座,中小学校学生席位3845个。

【基础设施建设进一步加强】 1994年,深圳市大力加强重大基础设施建设,供电、供排水、邮电通讯、城市道路、口岸等城市基础设施进一步改善,城市功能日臻完善。全市用电量87.91亿千瓦小时,增长17.7%。其中特区内用电量46.85亿千瓦小时,增长15.3%。全市自来水日供应能力243.7万吨,供水总量52308万吨,增长28%。其中特区内自来水日供应能力153.2万吨,供水总量32604万吨,增长19%。特区内年末实有道路长度335公里,下水道排水管长度841公里,污水日处理能力17万吨。全市已开通一类口岸12个。公共交通有所改善,全市年末实有出租车7400辆,中小巴车3700辆。特区内年末实有公共汽车1016辆。

环境保护和绿化工作有新发展。大气、饮用水质均符合国家规定的标准,工业固体废物综合治理率达100%,特区内建成区绿化覆盖面积3688公顷,绿化覆盖率43.9%,城市噪声达73.6分贝,城市环境更趋优美。

【工业】 1994年,深圳市工业部门以建立现代企业制度为突破口,不断深化改革,以市场为导向积极调整产业结构,克服了资金比较紧张,流通渠道不尽顺畅等诸多不利因素的影响,在持续快速发展中实现了经济质量的提高。全市工业增加值238.57亿元，比上年增长31.8%。其中国有工业企业增加值51.78亿元，增长15.8%；集体工业企业增加值23.35亿元，增长18.3%；其他经济类型工业增加值163.44亿元，增长40.2%，其中外商投资工业增加值125.85亿元，增长43.9%。在全市工业中，轻工业增加值154.53亿元，重工业增加值84.04亿元，分别增长24.9%和46.4%；大中型企业增加值90.18亿元，增长59.1%。

产业结构有所改善，产品出口创汇能力增强，高新技术生产发展势头强劲。全市工业出口产品总产值437.85亿元，增长32.1%，占工业总产值的比重由上年的46.8%上升到54.1%。至年底止，全市共认定高新技术企业59家，高新技术项目35项，已开发出8大类300余种高新技术产品，产值139.27亿元，占全市工业总产值的17.2%，比上年提高3.8个百分点。

【农业】 1994年，深圳市农业及“菜篮子”建设得到加强。种植业、畜牧业、水产业及乡镇企业等都有所发展。全年农业增加值13.78亿元，比上年下降2.6%；鲜活产品出口创汇1.20亿美元，增长10.1%；农村三级经济总收入68.93亿元，增长14%。全年粮食播种面积1.61万亩，粮食产量0.52万吨，分别减少24.8%和24.6%。蔬菜播种面积13.33万亩，产量14.19万吨，分别减少7.8%和6.3%。粮食每亩单产320公斤，与上年基本持平；蔬菜每亩单产1065公斤，增产17公斤；水果中柑桔、香蕉、菠萝减产，荔枝、龙眼、芒果等优质水果的面积、总产均有所增加。

水产业由于养殖面积减少和自然灾害的影响，生产下降。水产品总产量2.82万吨，比上年减少9.3%；其中淡水产品1.75万吨，减少10.4%；海产品1.07万吨，减少7.5%。

造林绿化成绩显著。完成人工造林面积1.1万亩，义务植树29万株，育幼林6.22万亩，营造防护林168万株，四旁植树54万株。

“菜篮子”工程建设取得进展。万亩蔬菜基地已成为深圳市蔬菜的重点供应基地。在河源、梅州、韶关、肇庆等地的“菜篮子”工程也已见成效。

乡镇企业保持旺盛的发展势头，农村股份经济有所发展。全年乡镇集体企业总产值83.23亿元，增长49.1%。

【对外贸易】 1994年，深圳市进出口贸易总额349.83亿美元，比上年增长24%。其中出口总额183.09亿美元，增长28.8%；进口总额166.74亿美元，增长19.2%。在各种贸易方式出口额中，一般贸易出口额23.72亿美元，增长49%，其中远洋贸易额8亿美元，增长25%；“三来一补”贸易额72.62亿美元，增长9.5%；进料加工贸易额86.36亿美元，增长45%。

外商实际投资上升，质量提高。1994年，深圳市与29个国家和地区的外商新签利用外资合同2223项，比上年下降31.7%；合同外资金额29.86亿美元，下降40%；实际利用外资17.3亿美元，增长20.8%。外商协议直接投资金额在500万美元以上的大项目151项，占全部项目数的6.8%，占全市协议利用外资金额的54.3%。重点项目的对外融资进展顺利，外方资金到位率提高。外商来华洽谈投资基础产业、基础设施和高新技术产业的增多，国际大财团继续看好深圳。

对外经济合作取得新进展。1994年，全市对外承包工程和劳务合作合同127项，比上年减少23项；新签合同金额3938.21万美元，增长1.05倍；营业额2630.03万美元，增长77.9%。

蛇口工业区

【概况】 招商局蛇口工业区位于深圳市西部，西距广州150公里，东至深圳市区20多公里，海上至香港新界流浮山约6海里。规划用地10.19平方公里（不包括赤湾和蛇口镇），其中填海2.94平方公里。目前工业区已完成开发土地6.27平方公里，已填海造地2.08平方公里。1994年蛇口工业区总人口为5.35万人，其中职工4.06万人。职工中干部7300余人，工人3.33万余人，大专以上职工占职工总数的18%。全区现有企业400余家。大多是技术与资金较密集的企业，主要分布于通讯、石化、电子、纺织、服装、建筑、旅游、咨询、金融、保险、建材等行业。1994年区内社会总产值为84.2亿元人民币，社会商品零售额为6.58亿元人民币。蛇口工业区有限公司自身总资产已达75亿元人民币，净资产达28亿元人民币。

【投资环境】 蛇口工业区为海内外投资者营造了一流的投资环境，兴建了国内高标准的港口、铁路、供电、供水、通讯、厂房、道路等硬件系统设施。工业区拥有2个110千伏变电站，总装机容量为195兆伏安，日供电能力达204万度，供电可靠率达99.9%。拥有良好水源三个，水厂一座，日供水能力为8万吨，区内水质综合合格率高于国家饮用水标准。通讯公司总装机容量为4万门，电话普及率在常住人口中达到73%。私人住宅电话普及率，接近香港等发达地区水平。1994年底，已建成职工住宅65万平方米，人均住房面积约为16.3平方米。已经实现住房成本化并逐渐向商品化过渡。此外，通往香港、珠江三角洲和广州、深圳市区的水陆客货运输网络四通八达，非常便利。

【工业】 1994年蛇口工业区工业经济取得了令人瞩目的发展。全年工业总产值按不变价计算为60.2亿元人民币，较上年增长24.6%，工业全员劳动生产率达22.2万元人民币，也比去年有大幅度提高。目前，工业区已形成颇具规模的五大制造业：一是以计算机部件与配制系统为代表的电子产品加工业，二是在国际市场已占有一席之地的丝绸印染服装业，三是以平板玻璃及深加工为代表的建材加工业，四是以技术先进和吞吐量大为特色的临港粮油食品加工业，五是拥有承造大型装置和设备能力的金属加工业。此外，如电器、电材、自行车、钟表、鞋类、药品、饲料、化工制品等也占有一定比重。生物制品、精细化工、微细化工、微电路、计算机软件等逐渐成为工业区工业的发展方向。到1994年底，工业区有限公司累计投资29.56亿元人民币。共引进协议项目452个，其中外资企业356个，占全部协议项目的78.7%。1994年工业区有限公司净收益和总回收分别较上年同期增长15.63%和59.37%。

【交通运输】 蛇口工业区有限公司先后投资15亿元人民币的蛇口港目前已成为深圳经济特区的海上门户，华南地区重要的水运枢纽。蛇口港拥有杂货、散货、集装箱、油气和客运码头泊位36个（包括货主码头）。其中7.5万吨级泊位1个，5万吨级泊位2个，3.5万吨级泊位4个，2.5万吨级泊位1个，1.5万吨级泊位3个，万吨级以下泊位25个。岸线总长4621米（包括赤湾岸线2000米）。拥有仓库面积11万平方米，堆场面积52万平方米（包括其他单位）。年吞吐能力已达1500万吨，集装箱50万标箱。1994年港口实际吞吐量达到1092.6万吨，水陆客运量达1593万人次。现代化的五万吨级全集装箱码头可停靠第四代集装箱船，目前已开通多条远洋直通航线。1994年6月，由蛇口工业区有限公司控股的我国第一条由企业为主筹资兴建的疏港铁路平南铁路正式通车并入全国铁路网。平南铁路东起广深线平湖站，西至蛇口、赤湾、妈湾三大港口，全长50.2公里，总投资为9亿元人民币。平南铁路货运、客运的开通，对促进蛇口工业区、深圳市乃至全国的经济外贸发展具有一定的战略意义。铜鼓航道与深圳西部深港水陆通道工程也在积极规划筹建之中。

【文教卫生】 蛇口工业区重视文化教育卫生事业的发展，到1994年底，业已建成和拥有1所高级船员培训中心，1所职工培训中心，2所中学，2所小学，4所幼儿园，1所青少年活动中心，1所老年活动中心，1所医院，1所大剧院，1家有线电视台，2家报社，1所图书馆，两处公园、一个体育中心。医院建筑面积达19000平方米，病床350张。中小学幼儿园教师453人。在校中小学生3746人。幼儿园学童1355人。1994年，育才中学通过广东省一级学校评估，工业区干部培训中心通过深圳市一级成人培训中心评估。两所小学也全部通过深圳市双优学校的复评。

（撰稿　肖　鹏）

珠海经济特区

【综合经济发展】　1994年，珠海经济特区认真贯彻执行党中央、国务院“二十字”方针，坚决实行国家宏观调控和一系列新出台的改革措施。按照江总书记视察特区时提出的“提高整体素质，增创特区优势”的要求，苦练内功，继续发展外向型工业，大力抓好“三高”农业，积极推进各项改革，并且千方百计筹集资金，合理调整基建投资结构，促进了经济发展，保持了社会稳定。全市完成国内生产总值168.29亿元，工农业总产值269.43亿元（不变价，下同），分别比上年增长22.1%和33.7%。人均国内生产总值16978元，增长8.7%。完成或超额完成市四届人大一次会议通过的1994年国民经济和社会发展计划的主要指标，且提前一年完成修改后的“八五”规划目标。

【发展外向型工业】　1994年珠海特区工业在生产资金严重不足的困难中，苦练内功，搞好产品开发，进一步打开国内市场，拓展海外市场，扭转工业生产一度低速增长的局面，全年完成工业总产值260.31亿元，工业销售产值243亿元，工业出口产值134.5亿元，分别比上年增长34.7%、33.3%和38.5%。完成工业增加值68.05亿元，比上年增长23.5%。其中乡及乡以上工业总产值230.12亿元，比上年增长34.4%。轻工业产值189.07亿元，重工业产值41.05亿元，比上年分别增长42.9%和5.4%。

发展高新技术产业，调整特区工业结构。一是市政府继续实施扶持政策，抓好高新技术产业基础设施建设，并继续重奖有突出贡献的科技人员。二是以企业为阵地发展高新技术产业。利用多种渠道，吸引国内外的高新技术在珠海落户，组建企业进行开发和应用，加速技术成果产业化和商品化。有18个项目列入火炬计划，占全省当年计划的20.2%，其中国家级8项，省级10项，主要分布在电子信息、生物工程和新型材料等领域。列入星火计划项目60个，其中国家级3项，省级8项。共有27个项目列入国家级重点新产品试制鉴定计划，占全国总计划的1%。共新办高新技术企业8家，使高新技术企业增至90多家，开发产品100多种。三是吸引外资，开拓国际市场。一批高新技术企业在资金困难的条件下，充分利用自身的技术优势，积极吸引外资，稳定生产经营，进一步搞好产品开发，并利用外商的销售渠道，使产品直接进入国际市场。如珠海征达特种高新材料开发公司与美国美西公司合资生产HDM—5防火涂料，成为中国企业在该类产品中首次获得美国UL认证A级证书，产品销向国际市场。高新技术企业约实现年产值35亿元，占全市工业产值的13.5%，科技进步在经济增长中的贡献率增加到40.5%。

办好“三资”企业。珠海特区现有投产的工业“三资”企业1348家。为了促进“三资”企业的稳步发展，进一步落实了有关“三资”企业的投资政策，维护“三资”企业的权益，如实行新税制后，有关部门认真做好宣传解释工作，稳定外商投资信心；劳动部门积极协助“三资”企业解决劳动用工；金融部门积极为“三资”企业解决生产流动资金，全年为“三资”企业提供流动资金约5.98亿元。工业“三资”企业共实现工业总产值约110亿元，比上年同期增长20.5%，占全市工业总产值的51.3%，成为珠海工业生产的主要支柱。

发挥大中型企业的骨干作用。一批大中型企业进一步深化改革，进行了建立现代企业制度的探索，转换经营机制，增强企业活力。如格力集团公司在生产经营中，注重跟踪国际市场信息，从自身的条件出发，高起点引进国外先进生产设备，不断开发新产品，搞好产品销售，占领国内外市场。全集团公司完成工业产值26亿元，占全市工业总产值的12%。此外，威望、东大、江海、华丰、中富等集团公司和白蕉糖厂也继续取得良好的效益。超亿元产值的35家工业企业共实现年工业产值158.6亿元，占全市工业总产值的61%，成为特区工业的骨干。

【繁荣农村经济】　1994年珠海特区进一步加强对农业和农村工作的领导，稳定粮蔗生产，推行股份合作制，发展乡镇企业，加快农村经济的发展。全年农业总产值9.12亿元（90年不变价），比去年增长11.5%。农村居民人均年收入达到2254元，分别比上年增长3.9%和544元。全年水利建设总投资4550万元完成年度水利建设任务。

稳定粮蔗生产，积极引导和鼓励农民继续耕种已预征未用的土地，维持粮蔗面积，推广优质高产品种。上半年，农作物受大暴雨侵袭，影响生产和收成；下半年，各地采取有效措施，调动农民生产积极性，争取时间播种，抢插晚造水稻，搞好甘蔗田间管理，夺取农业新丰收。全年粮食总产达7.85万吨，糖蔗112.95万吨，分别比上年增长6.1%和4.8%。

搞好“菜篮子”工程建设，稳定物价，保障农产品供应，增加农民收入。一是搞好基地建设。根据农田保护区规划，在斗门县建立蔬菜基地2.68万亩，水产基地2.14万亩，两个万头猪场和一个20万只蛋鸡场，确保农产品的供应量。现有5000亩基地已向市场提供各类蔬菜6100吨，还有2000亩亦即将投资。二是搞好服务。市农业部门成立农业服务公司，引进外商兴办农产品加工厂，为农民提供产前、产中、产后一条龙服务。积极开辟农产品批发市场，开放市区农贸市场，搞活流通，打击欺行霸市行为，保护农民的合理收入。全年蔬菜收成10.17万吨，水产品总产量6.27万吨，分别比上年增长3.4%和5.9%。

推行股份合作制，办好乡镇企业。目前，全市已有14个镇、64个行政村、4个街道办实行了股份合作制，拥有67094个股东、94664万股，股本总金额达14.21亿元。通过推行农村股份合作制，进一步增添集体经济活力，发展农村生产力，提高乡镇企业经营效益和市场竞争力。乡镇企业已逐步向区域化、规模化方向发展。三灶镇奔腾摩托车厂、南屏镇打印消耗材料厂、湾仔镇中富瓶厂、上横镇水泥厂等企业，均为带动当地经济发展起着龙头作用。全年乡镇企业完成工业产值80.7亿元，实现利润5.44亿元，分别比上年增长39%和24%。

【积极发展第三产业】 搞好对外运输，发展城市公共交通事业。交通运输部门积极适应珠海经济持续发展的形势，不断改善运输条件，提高交通运输在国民经济发展中的服务能力。在对外运输方面，重点抓好九洲港的对外营运，集装箱码头购置了一批装卸、查验设备，建造新的查验场，实现了箱体管理电脑化，增强了吞吐能力，全年处理26.8万个标准集装箱，比上年增长30%。为了适应珠港两地经济交往日益频繁的形势，又开通到香港中环港澳码头的航线，使每天来往珠港的航班从10班增加到16班。同时大力发展城市公共交通事业。全年公共汽车公司共投入资金3038万元，购置客运汽车103辆，增开城市公共汽车线路10条。目前，该公司已有公共汽车339辆，线路27条，其中自动售票线路8条。公共汽车还直开珠海港、平沙、三灶、斗门等县区，为珠海西区群众提供极大的方便。全年完成社会客运量1.17亿人次，社会货运量2878万吨，分别比上年增长14.5%和12.7%。

大力拓展邮电通信事业。一是大力改善邮电营业服务网点。加大了邮电基建收入，重新规划新建营业网点。1994年共落成8座邮电综合大楼，全市邮电营业点布局合理。目前，全市通邮率达到95%，人均函件占有量为28件。二是继续做好电话扩容工作。市内电话建设完成了3.62万门扩容工程及其管线配套工程；开通横琴岛市话5000门；珠海机场通信工程2550门程控集装箱交换机。共完成市话扩容4.32万门。目前，全市电话交换机总容量达到23万门，电话用户达到11.4万户。移动通信建设基本完成了第11期扩容工程，新建基站11个，总数达到24个，新增无线信道596个，总数达到917个，可容纳3万用户，现已有1.9万多户。还成功地实现了珠海市电话号码升7位，使全市的电话号码资源扩大了10倍。全年邮电业务总量完成5.7亿元，比上年增长36%；业务收入4.2亿元，比上年增长37%。

发展商业贸易，活跃城乡经济。商品供应充足，市场繁荣。全年社会商品零售总额达71.02亿元，比上年增长37.4%。其中国有商业零售额26.45亿元。集体商业零售额11.07亿元，个体商业零售额18.01亿元。分别增长1.9%、1.3倍和81.4%。继续放宽对非公有经济成分的限制，支持发展外资、集体、个体、私营商贸企业。年内共批办商贸企业2900多家，发挥了大中型商业企业的龙头作用，搞活批发和零售。市百货集团公司和特区免税公司积极改善购物环境，精心做好商品的购进和销售，开展多种形式的促销活动，取得了较好的实绩。其中市百货集团公司全年销售收入达13亿元，利润2000多万元，分别比去年增长18.2%和13%。新建、扩建集贸市场9个，建筑面积4万平方米。整理流通秩序，减少流通环节，加强监督市场物价，严厉打击欺行霸市、假冒伪劣、哄抬物价和乱收费等不法行为，保证市场健康发展。全年城乡集市贸易额达20.77亿元，比上年增长37.2%。

抓紧旅游景点建设。1994年珠海口岸出入境人数达2348万人次，比上年增长2.3%。全年接待过夜国际游客41.89万人，比上年下降3.9%，宾馆酒店开房率60.9%，比上年下降8.8个百分点。旅游外汇收入1.17亿美元，比上年增长20.1%。正在抓紧建设的旅游景点有圆明新园、灵鸽乐园、东澳岛等，九洲岛海洋世界、野狸山和飞沙国际度假城的准备工作已展开。珠海国际赛车场建设进展顺利。1994年还成功地举办了国际城市道路汽车赛，其规格之高、规模及影响之大，在国内尚属首例，大大地提高了珠海知名度。

【深化改革开放】 1994年初国家陆续推出财税、外贸、金融和建立现代企业制度等一系列重大改革措施，珠海特区结合自己的实际狠抓落实，为加快建立社会主义市场经济进行了积极的探索。

认真实施新税制。通过采取多种形式进行教育和培训，使各级领导和有关专业人员及人民群众，掌握了新税制的基本常识，增强了执行新税制的自觉性，保证了由旧税制向新税制的平稳过渡。全市预算内财政收入13.2亿元，比上年增长18.9%。预算内财政支出13.9亿元，比上年减少9.2%。党政机关和企事业单位缴交个人所得税工作全面铺开。市县的国家税务局和地方税务局建制基本完成。

加快外贸体制改革，增加出口创汇。积极推行结、售汇制和汇率并轨，并千方百计保证20%的出口退税，还率先取消外汇额度，实行现汇分成，扩大企业外汇留成比例，方便企业用汇，从而增强了外贸出口企业创汇的积极性，使外贸出口得到快速增长。1994年全市外贸出口达14.9亿美元，进口11亿美元，分别比上年增长42.2%和46.6%，其中农产品及加工品出口8592万美元，增长7.4%。

积极开展金融改革。进行了城市合作银行、市外汇交易中心、珠光财务公司、光大银行深圳分行珠海办事处等7家金融机构的筹建和报批工作。同时，通过加强对企业外汇帐户的管理、简化企业核算手续、实行企业资产负债比例管理等措施，加快了资金周转速度。存贷款适度增长，银行支付能力增强，贷款投向结构基本合理。1994年全市各金融机构的存款余额177.7亿元，比上年底增长22%；贷款余额153.6亿元，增长15%。

加快建立现代企业制度的步伐。对全市64家大中型国有企业进行了清产核资，基本掌握了其资产分布和管理现状，为保证国有资产的保值增值和展开现代企业制度试点打下了基础。制订了《珠海市现代企业制度试点方案》，选择了24家企业作为建立现代企业制度试点。对国有企业进行了产权重组、变更经营方式的尝试。企业内部劳动、人事、工资制度的改革有新的进展，企业全员劳动合同制全面推行；与建立现代企业制度相配套的社会劳动保险、失业保险、养老保险等已全面实施，初步建立起住房积金制度。

【促进国民经济持续、稳定发展】 一是积极开展外引内联，通过参加省举办的’94香港高新技术产业投资洽谈会，市先后多次赴香港招商，市经协办则组织内联企业到西欧、东南亚举办展销会，广开引资门路。全年共批准利用外资合同528项，实际利用外资7.63亿美元，比上年增长35.6%；新办内联企业260家，实际利用资金10.5亿元。二是利用境外企业雉资金。珠光集团公司利用10年多来积累的实力、广交的客户和建立起来的信誉，共在海外筹集资金4亿多元，并承担了淇澳大桥投资2亿多元。三是及时调整土地有偿使用价格和城市增容费标准，进一步开放、搞活房地产市场。全年回收土地配套费21亿元，有力地支持了大型基础设施的建设。还积极探索与外商合作引资开发的新路子，如珠光集团公司与李嘉诚合作开发唐家湾花园；市政基础工程配套土地开发管理中心与新加坡财团合作，直接引进外资1.2亿美元。四是积极争取金融部门的支持，重点支持工业、农业和商贸。头11个月，全市流动资金贷款共98.4亿元，其中工业30.56亿元，农业7.23亿元，商贸32.07亿元。农村信用社和城市合作社也积极支持当地的生产和建设，头11个月共贷款33.8亿元，其中流动资金贷款19.15亿元。

市属各县区筹集资金工作取得显著成效。如平沙区转让华丰食品工业集团公司51%的股权给印尼财团，吸引外资2991万美元；珠海港区将已建成的两个2万吨级泊位的50%股权转让给香港和记黄浦公司，直接回收资金3500万美元；斗门县积极争取金融机构支持，共解决工农业生产流动资金6600万元；香洲区将珠海通讯技术开发公司52%的股权转让给外商，回收资金1.3亿美元，同时还实现无形资产价值6000万元；红旗区大力抓好引资工作，仅香港南顺制罐厂就投资4400万美元；万山区实际利用外资1678美元。调整固定资产投资结构，重点基础设施建设取得重大进展。

【确保重点建设顺利进行】 明确重点，压缩投资项目。1993年以来，国家实施宏观调控，珠海特区根据资金投放能力，主动压缩了109个项目，把珠海机场、珠海港、广珠铁路、伶仃洋大桥、黄茅海大桥、横琴桥、淇澳桥、洪湾电厂、"菜篮子"工程、香洲湾整治、特区二线等项目列为市的重点工程项目，有效地控制了固定资产投资的增长和投资方向。年中市政府报请市人大常委会审议通过后，将市级财政和土地配套回收费投资计划由年初1.5亿元和44.5亿元，调减为1亿元和21亿元。全社会固定资产投资完成98.58亿元，比上年增长24.6%，增幅比上年回落了26个百分点。

成立了市重点交通项目建设指挥部，进一步做好市重点交通工程项目的协调和管理，并组建了珠海机场、珠海港、广珠铁路、伶仃洋大桥、黄茅海大桥等五大集团公司，专职专责地进行工程建设和项目前期准备工作。重点工程项目进展良好。珠海机场建设基本完成，已进入验收阶段。"珠海航空城"已开始招商引资；珠海港两个2万吨级泊位及其配套设施基本完成即将投入生产；两个3.5万吨级危险品码头完成了规划和围堰工程；10万吨级矿石码头完成工程可行性研究报告并通过专家评审；8万吨级粮食专用码头完成初步设计并已申报立项；10万吨级煤码头已经国家批准立项；九洲港货运码头第三期工程和香洲港码头主体工程均已完成。广珠铁路前期工程全面铺开，全线勘察和设计已初步完成，其工程可行性研究报告已获国家批准并即将动工。淇澳大桥建设进展顺利。伶仃洋大桥已正式纳入"中英关于香港和内地跨境大型基建协调委员会"的协调项目，并组织了专家实地考察。黄茅海大桥初步可行性研究报告通过了专家评审。372万千瓦大电厂和180万吨大型供水系统正在建设。完成电网基建投资2.7亿元，新建和扩建了一批变电站。

【社会事业】 《中国教育改革和发展纲要》开始在全市实施并取得初步成效。各项教育改革取得新进展，教育教学质量得到提高。全市小学学龄儿童入学率达99.9%，小学毕业生升学率98.4%，初中毕业生升学率69.6%，高中毕业生升学率49.9%；中专、中技、职中在校生与普通高中在校生之比达63：37。

文化工作切实加强。积极打击盗版、侵权行为，进一步净化了音像市场。成功地主办了首届"海峡两岸暨香港电影节"。文艺创作、新闻出版和广播电视等事业不断发展，质量有新的提高。群众性文化活动丰富多彩。

体育工作取得新成绩。市体育代表团参加第九届省运会获得奖牌29枚并被评为"精神文明代表团"；全年有5个体育项目8次参加国际性和全国比赛，夺得奖牌39枚，其中金牌15枚。群众性体育活动蓬勃发展。

卫生医疗事业进步明显。预防疾病工作大大加强。被评为"全国爱婴先进市"。斗门县和香洲区农村初缘保健达标并通过省的验收。医疗质量进一步提高。国家卫生城市的成果得到巩固。计划生育工作连续第6年完成省下达的人口计划控制指标，全年人口出生率为16.3‰。

行政事业单位全面实行了工资改革，相应提高了离退休人员生活待遇。特区职工最低月工资标准提高到380元。安置城镇待业人员3.14万人就业，安置率达83.5%。城镇居民人均生活费收入9208.8元，比上年实际增长9.4%。新建一批干部住房和外来工宿舍。城管、公安、环卫、市政等工作进一步加强，人民生活环境进一步优化。

【精神文明建设】 全市人民认真学习邓小平同志建设有中国特色社会主义理论，大力开展爱国主义、集体主义和社会主义教育，进行"爱特区、思改革、勇创新、比奉献"的特区精神教育，开展评选"十大杰出青年"、"十佳服务员"、"十佳外来工"等活动，加强了思想建设，弘扬了正气，增强了凝聚力，调动了人们的积极性。深入开展创建文明单位和军警民共建，拥军优属、拥政爱民等活动，进一步密切了军政、军民关系，驻珠军警部队和全市民兵在抢险救灾，维护社会治安等方面屡立新功，珠海再次荣获全国"双拥模范城"称号。

社会治安综合治理和民主法制建设得到加强。坚决打击严重刑事犯罪、盗抢机动车辆犯罪和扫除"黄赌毒"，为珠海特区的改革开放与经济建设提供了良好的治安环境。查处了一批重大经济违法犯罪案件，清理了一批乱收费项目，加强了经济审计、行政监察及行政复议等工作，政府机关工作作风进一步改善。

（撰稿　梁士嘉）

汕头经济特区

【综合经济发展】 汕头经济特区积极推进各项改革，妥善处理改革、发展、稳定关系，对外开放进一步向广度和深度拓展，国民经济继续保持快速增长。初步统计，汕头市国内生产总值195.6亿元，比上年增长22.2%，其中第三产业增加值85.5亿元，增长17.3%，居三次产业之首。预算内财政总收入创历史最好水平，达到21.4亿元。其中，地方收入18.99亿元，增收5.2亿元，增长37.9%。

农业生产获得大丰收，农村经济有新的提高。全市财政拨出支农资金17786万元，扶持老区建设资金2416万元，扶贫基金200万元。各地农村还通过各种形式增加对农业的投入。全年农业总产值30.79亿元，增长8.6%。粮食种植面积135.15万亩，粮食总产69.06万吨，以上两项均超额完成省下达的工作责任制考评指标，继续保持“吨谷市”称号。粮食储备和征购均完成了任务。“三高”农业有新的发展。全市投入资金5000万元，建立和续建了一批“三高”农业生产基地，涌现一批专业户、专业村。“三高”农业的发展，充实了“米袋子”和“菜篮子”，增加了市场有效供给。种植业、渔业、家庭副业全面发展。水利建设投资1.8亿元，建设高标准堤围47.4公里，抢修加固了一批水利工程。

工业生产持续高速发展。工业总产值283.2亿元，增长40.8%，净增82.1亿元。工业增长快，主要靠乡镇企业的拉动。全市乡镇企业工业总产值136.5亿元，增长88.46%，净增64.1亿元，占全市工业净增值的78%。全市工业产品销售率92.4%，出口值占总产值42.7%。

市场繁荣，供应充足。社会消费品零售总额91.05亿元，增长37.5%，扣除物价上涨因素，增长18.4%。各级加强对市场物价的管理，特别是对与人民生活关系密切的26项生活必需品价格实行监审，加强管理力度，抑制物价过快上涨的势头。全社会零售物价总指数上升16.1%，实现了低于去年18.7%的控制目标。人民生活水平继续提高，市区居民人均生活费收入4902元，增长36.5%；农村人均纯收入2575元，增长29.8%。扣除物价上涨因素，实际分别增长12.6%和11.8%。

【投资环境改善】 全年全社会固定资产投资完成95.8亿元，增长30.3%，增幅比上年减少55个百分点。在资金偏紧的情况下，停缓建一批项目，尽最大努力筹集31亿元资金投入基础设施建设，保证深水港、华能电厂、深汕高速公路、海湾大桥、广梅汕铁路、206国道大学路段改造等一批在建的重点项目按计划推进。新筹划的重点项目广澳深水港区起步工程二万吨级泊位、珠池集装箱码头已动工建设，尝石大桥已立项奠基。新改建公路166.5公里，新改建桥梁10座/391.8延米。市政建设投入资金1.45亿元，市区建成区面积扩大5平方公里，先后建成了迎宾广场等19条路段，新建道路面积33万平方米。东区“五路五桥”建设已有4座立交桥和4条路开工。重点项目新津水厂二期工程建成，市区日供水能力达72万吨。市话、农话扩容19万门。全市电话交换机总容量达53.92万门，并全部实现传输数字化和交换程控化。民航新开通8条航线，国内国际航线已达35条。

【有效利用外资】 1994年汕头市利用外资工作在调整中前进，在困难中发展。全年新批利用外资项目626项，比上年下降56.4%，合同投资总额176590万美元，比降17%，合同利用外资133235万美元，比降5.1%，实际利用外资77390万美元，比增12.9%。

1994年，汕头市把扩大招商引资作为利用外资工作的重点，注意克服过去重审批、轻招商、等客上门的做法。既注意做好来汕考察、访问的客商工作，密切与在汕投资办厂客商联系，又积极参与和组织到境外开展招商活动。市委、市政府主要领导身先士卒，各级党政、有关部门把招商引资工作摆上议事日程，走出去、请进来，多渠道、多形式开展招商活动。二月底，汕头市独立组织赴港举行春茗联谊暨招商活动；五月份，组团参加香港“94中国贸易投资洽谈会”；六月份组团参加“94广东高新技术项目暨经贸洽谈会”；十二月份，又组团参加省在美国洛杉矶举办的“94中国经贸技术贸易洽谈会”。四次洽谈会共签订利用外资项目257个，项目投资总额19.31亿美元，项目利用外资13.45亿美元。其中，合同89项，总投资额3.86亿美元，合同外资2.06亿美元。

认真贯彻利用外资要“上规模、上档次，调结构、求效益”的方针，外商直接投资项目规模明显增大，平均每个外商投资项目合同外资240万美元，比上年增加130万美元，增幅54.10%。大项目也相对增多，投资总额在500万美元以上的项目有82项，比上年增加12项，增幅14.6%。其中，超1000万美元大项目33项，增加8项，合同外资额占全市新批三资企业合同总额54.46%。

努力改善投资环境，注意做好世界华人、华侨中的大财团、跨国公司来汕投资。尤其是香港李嘉诚先生继1993年投资能源、电力项目后，1993年又投资集装箱货运码头、“安居”工程、高标号水泥厂三大项目，还签订三个发电厂各增加20%股本的合同，以上6个项目，李嘉诚先生共投资31337万美元。另外，德国汉高集团、台湾海霸王集团、新加坡郭兄弟有限公司等跨国公司也到汕头投资办厂。如台湾海霸王集团投资1740万美元，收购汕头罐头厂，独资兴办罐头食品项目，使罐头厂这个负债3800万美元的老企业实现了资产转让—易地迁建—资产重建的“三级跳”。

1994年，汕头利用外国政府贷款迈出新步伐。海洋聚酯切片扩建特种切片项目利用科威特政府贷款2980万美元和南澳县风能项目利用丹麦政府贷款340万美元的贷款合同均已正式签字。此外，还有拟利用外国政府贷款4937万美元的7个项目已呈报省（部）审批。

根据国家产业政策和利用外资方针，注意引导外资投向基础设施和生产性项目上，努力改善外商投资结构，使汕头市利用外资开始步入优化结构时期。1994年虽然新批项目、投资总额下降幅度较大，但产业结构趋于合理，交通、能源、基础设施和原材料项目增多。外商直接投资的547个项目中，58%属于生产性项目，其中，第一产业16项，第二产业317项，第三产业214项。娱乐性和房地产项目得到有效控制，比1993年减少107项，减幅78.6%。

【发展对外贸易】 1994年是实施外贸新体制的头一年，新情况新问题多，困难大。在市委、市政府领导下，各级外经贸部门及出口企业紧紧抓住外贸、外汇体制改革带来的机遇，积极努力，对外贸易取得重大突破，全市进出口总额首次超过50亿美元大关，达到51.73亿美元，比1993年47.02亿美元增长10.02%。其中，进口29.71亿美元，比上年增长6.4%；出口22.02亿美元，完成年计划125.6%，比上年增长15.3%，占全省出口总额4.6%。

在外贸出口中，一般贸易出口129761.96万美元，完成年计划192.6%，比上年增长39.3%，占全省一般贸易出口8.5%，在全省各市中居第三位；三资企业出口71439万美元，完成年计划83.6%，比上年增长2%；“三来一补”出口19043万美元，完成年计划84.6%，比上年下降35.3%。

在一般贸易出口中，农副产品及其加工品出口1.53亿美元，占11.8%，比上年下降2.3个百分点。工矿产品出口11.45亿美元，占88.2%，比上年增加2.4个百分点。另外，汕头市传统出口商品抽纱、陶瓷、渔网、工艺品、竹制品等，在国内价格上涨、国际市场不很景气的情况下，出口仍保持增长势头。全年传统商品出口57235万美元，比上年增长5.2%，占全市一般贸易出口44.1%。

在一般贸易出口中，出口额超千万美元的商品18种，比上年增加5种，大宗商品出口金额11.28亿美元，占贸易出口总额86.9%。其中，服装出口67232万美元，抽纱9505万美元，陶瓷6032万美元，水产4751万美元，电视机及音响设备3707万美元，其他轻工业品3364万美元，塑料原料2586万美元，渔网1819万美元，有色金属1697万美元，其他制品1686万美元，塑料制品1571万美元，电子设备1490万美元，棉布1309万美元，其它工艺品1317万美元，蔬菜1265万美元，家用电器1262万美元，神纸1153万美元，其他日用工艺品1022万美元。

出口商品销往110个国家和地区。在一般贸易出口中，对港澳地区出口109443万美元，占84.3%，比上年增加5.2个百分点。其中，香港109388万美元，占84.29%。对近远洋国家出口20319万美元，占15.7%，比上年下降5.1个百分点。其中，对日本出口4244万美元，占3.3%，美国4108万美元，占3.2%，新加坡2408万美元，占1.9%，马来西亚1000万美元，占0.8%，英国653万美元，占0.5%，德国470万美元，占0.4%，泰国553万美元，占0.4%，德国427万美元，占0.3%。

全市年出口超千万美元的进出口企业达38家，比上年增加18家。其中，年出口一亿美元以上的企业是：汕特对外商业集团公司15945万美元；汕头抽纱进出口公司10438万美元。由国家外经贸部和《国际商报》评选的1994年全国进出口额最大五百家企业中，汕头市有汕头经济特区对外商业（集团）公司、中国广澳开发总公司、中国抽纱汕头进出口公司等10家进出口企业榜上有名。

【深化改革开放】 以深化企业改革，建立现代企业制度为重点的各项改革全面展开。列为省、市两级现代企业制度试点单位的22家国有企业以及各市、区、县和市直经济口的41家试点企业，在完成清产核资工作后正按试点方案和试点内容进行改革探索。市直国有企业已有90%完成清产核资工作。其中，市直预算内工交企业已于上半年基本完成清产核资和资产评估工作。全市新批准组建股份有限公司4家，组建企业集团9家，实行兼并和合并企业8对17家，承接经营3对7家。部分集团公司进一步深化了内部改革，有效地推动企业经营机制的转换和生产要素的优化组合。与此同时，出台了五个与企业制度改革相配套的政策规定。职工养老、工伤、待业保险等五项保险制度已经推行。国家机关、事业单位工资制度改革顺利完成。医疗制度改革初见成效。

1994年，汕头市在扩大对外对内开放，积极招商引资方面采取了一些新的动作。先后参加国家经贸部、广东省在美国、香港和西安等地举办的招商会、展销会，还首次在北京举办产品展示会暨经贸洽谈会，在香港举办春茗联谊活动等，整个对外对内开放的态势比以往更加活跃。通过这些活动，不仅宣传了汕头，还招揽了一大批利用外资内资建设项目，并在项目的技术含量上，在引进大财团、跨国公司上有新的突破，取得了较好的成果。

汕头经济特区在对外开放中进一步发挥龙头作用。重点区域的南区和保税区、高新技术开发区、南澳海岛开发试验区的开发建设又有大的进展。南区总体规划编制工作已完成。位于南区内的保税区基本实现“五通一平”，招商引资开始展开。全区批准“三资”企业128家，投资总额2.22亿美元；批准内资企业388家，投资总额14.8亿元。市高新技术开发区新批入区企业32家，项目45个，协议投资总额17.8亿元。其中，外资10.5亿元，占61%。区外联动生产项目增至29个，年工业产值增至5亿元。南澳环岛公路已贯通，11万伏过海电缆和输变电站、港口码头、旧城改造等正展开建设。

【开发建设南区】 1994年底，市委六届二次全会郑重提出：“南区要作为汕头市新城区建设的一个跨世纪工程”。市委六届二次全会后，南区开发建设提上日程，各项工作紧锣密鼓、有条不紊地进行。

一是确立指导思想。新南区的建设不能是原有特区的简单重复，而是要借鉴已经取得的特区建设的经验以及外地、国外的先进经验，一开始就确立现代化城市观念，高起点规划，高速度开发，高标准建设，把南区建成一个规划科学，功能配套的现代化新城区。通过建设新南区，使汕头形成投资开发建设热潮，成为海内外投资者的投资热点，带动西区、带动全市经济的发展。二是完成区划调整。把潮阳市河浦镇划入市区并设置为县级区是解决南区的规划涉及的行政区划调整的关键问题。经过多方努力和争取上级的支持，2月7日正式向省政府提出请示，得到省政府同意并上报国务院，4月25日，国务院批复：同意将潮阳市的河浦镇划归汕头市，设立河浦区（县级），以原河浦镇的行政区域为河浦区的行政区域。三是编制总体规划。根据汕头市经济社会发展战略目标和汕头城市总体规划“一市两城”的总体布局，结合原潮阳市河浦镇划入市辖区的实际情况，南区总体规划的指导思想是体现高起点、高标准要求，二十年规划以中等先进国家水平为目标，远景规划以先进国家水平为目标，科学合理地规划好南区，以促进南区大型港口、大型高科技工业商贸和旅游等高产值产业的发展，并强化对生态环境的保育，达到符合建设现代化港口城市的要求，确保五十年不落后。汕头市委托香港三家规划顾问公司组成的规划团负责编制，于4月28日与港方签订协议书。香港规划团从5月份开始至8月底经过四个月时间，完成了委托的规划任务。规划成果有说明书一份、彩色规划图20张和电脑软件一套。规划内容主要编制了总体布局、用地功能分区和道路交通三个部分，其中对城区发展规模、城市功能、环境容量、工业、商贸、旅游、居住、交通、绿化、岸线、公共建筑、公用市政基础设施等项目都做了整体安排。市九届人大常务委员会第16次会议于12月通过了关于批准《汕头市南区总体规划》的决议。四是组建河浦区党政班子。从市纪委、组织部、妇联等三个单位，从潮阳市、达濠区及原河浦镇等单位选调干部组成八人党政班子，并于6月13日正式宣布成立。

目前，南区正加快基础设施建设和招商引资的步伐，争取早日形成开发建设热潮。

（撰稿　林遍青）

厦门经济特区

【综合经济发展】 1994年是我国改革开放总设计师邓小平同志视察厦门，并作出把厦门经济特区办得更快些更好些的重要题词10周年，也是厦门解放45周年，厦门建城600周年。这一年，厦门市有十年重要新事：江泽民总书记再次来厦门视察；全国人大二次会议作出了《关于授权厦门市人民代表大会及其常务委员会和厦门市人民政府分别制定法规和规章在厦门经济特区实施的决定》；中央机构编制委员会公布厦门市的行政级别定为副省级；厦门全面实行计划单列，省委、省政府把厦门作为全省改革开放的龙头；国务院海沧原预留的20平方公里土地由厦门市统筹规划，开发建设，对外招商；建成特区管理线联检大楼，国家批准厦门为台胞落地办证的口岸；厦门市与省政府及农业部、交通部联办集美大学，与国家教委共建厦门大学和厦门大学工学院；厦门市再次获得国家双拥模范城光荣称号；基础设施和旧城改造有了重大突破，是旧城改造、先行工程和电力建设年；菲律宾共和国在厦门市设立总领事馆。

这一年，厦门市委、市政府以邓小平同志建设有中国特色社会主义理论为指导，认真贯彻党中央提出的"抓住机遇、深化改革、扩大开放、促进发展、保持稳定"的工作方针和江泽民总书记在厦门视察时的重要讲话精神，以率先建立社会主义市场经济体制、实现国民经济发展"三级跳"为目标，以增创特区优势、提高整体素质为重点，正确处理改革、发展和稳定的关系，在贯彻执行国家宏观调控政策的同时，努力加快改革、开放和发展步伐，使国民经济保持稳定、快速、健康的发展，经济实力进一步增强，人民生活水平稳步提高，科技、教育、文化、广播电视、卫生、体育、环境保护等各项社会事业都有新的进步。根据国家统计局关于统一按全国第三产业普查口径调整和推算1993、1994年国内生产总值的规定，初步测算，1994年全市实现的国内生产总值，按现行价格计算为189.1亿元，按可比价格计算，比上年增长28.1%，其中第一、二、三产业增加值分别比上年增长3.2%、37.2%和21.9%，第一、二、三产业增加值占国内生产总值的比重分别由上年的6.77%、46.87%和46.36%转变为5.72%、48.26%和46.02%。

1994年，全市继续在农村深化改革，调整农业和农村经济和产业结构，发展两高一优农业，加强菜篮子工程建设，大力推进科技兴农，使农业和农村经济继续健康发展。全年农业总产值（按1990年不变价计）达12.92亿元，比上年增长3.36%。其中，种植业产值、林业产值、牧业产值和渔业产值分别比上年增长6.49%、32.14%、2.38%和0.62%。

1994年，全市工业继续推进以现代企业制度为重点的体制改革，国有工业通过改制、改组、改造和改善，增强了活力。工业企业以提高经济效益为重点，积极把握机遇，坚持面向市场，调整产品结构，朝着建立市场经济体系和与国际市场接轨的方向努力，整个工业生产持续快速增长。全年全市完成工业总产值（按1990年不变价计算）246亿元，比上年增长32.5%。其中乡及乡以上工业实现产值222.15亿元，比上年增长31.78%。在乡及乡以上工业产值中，轻工业产值164.93亿元，增长32.45%；重工业产值57.22亿元，增长29.90%；国有工业产值40.29亿元，与上年持平；集体工业产值15.54亿元，增长10.32%；三资工业产值154.98亿元，增长49.42%。

外向型工业继续快速发展。三资工业产值占全市乡及乡以上工业产值的比重由上年的61.53%提高到69.77%；在全年新增的乡以上工业产值中，三资工业新增的产值占95.68%。全年乡以上工业产品出口交货产值占现价工业销售产值的比重达45.16%，比上年提高13.84个百分点。

为适应市场的不断变化，工业企业继续加强产品质量管理和新产品开发工作，工业生产的市场导向作用明显增强。全年共开发新产品103项。全年创新产品产值15.5亿元，比上年增长21%；实现利税1.8亿元，增长33%。全年乡及乡以上工业产品产销率达96.51%，比上年提高1.77个百分点。

1994年，全市城乡消费品市场继续保持活跃繁荣。全年社会消费品零售总额67.49亿元，比上年增长 31.04%；扣除物价上涨因素实际增长 8.62%。其中，批发零售贸易业的零售额 49.99 亿元，比上年增长 34.76%；餐饮业零售额 5.15 亿元，比上年增长 32.81%；制造业零售额 2.12 亿元，比上年增长 7.41%；其他行业零售额 4.31 亿元，比上年增长 7.20%。

市场价格涨幅过高。受成本与需求的双重推动，宏观决策与不合理涨价，以及全国性物价高幅度上涨的影响，全年全市市场物价在高价位上继续上涨，全年商品零售价格总水平比上年上涨 20.6%，成为改革开放以来，继 1988 年和 1989 年之后的第三个高峰期。

1994 年，国家的财税、金融、外汇改革措施在厦门得到平稳衔接和落实到位。完成了国税、地税分设，市与县、区分税制财政体制基本确立，新旧外汇体制平稳接轨。全市财政收入大幅度增加。1994 年，全市预算内财政总收入达 26.27 亿元，其中地方级收入 15.85 亿元，比上年增长 46.69%。全年预算内财政支出 18.98 亿元，比上年增长 39.65%。

金融运行状况良好，全年各项存贷款均有较大的增长。1994 年末，全市各金融机构信贷存款余额 216.34 亿元，比上年末增长 44.61%，其中城乡居民储蓄存款余额 75.02 亿元，增长 55.39%；各金融机构信贷贷款余额 212.48 亿元，比上年末增长 31.05%。全年全市各金融机构现金总收入和现金总支出分别为 296.84 亿元和 294.13 亿元，分别比上年增长 30.9%和 37.8%。

计划生育基本国策继续得到贯彻和落实。1994 年，全市计划生育率为 85.86%。全年全市人口自然增长率为 8.45‰，比上年下降 2.09 个千分点。全市年末总人口已达 119.42 万人，比上年末增加 1.93 万人；人口密度为每平方公里 787.67 人。

人民生活稳步提高。1994 年，全市城镇居民人均可用于生活费用的收入为 5114.28 元，比上年增长 26.78%，扣除物价上涨因素的影响，仍比上年增长 3.92%；农民人均年纯收入 2058 元，也比上年增长 21.78%。城乡居民储蓄存款年末余额为 75.02 亿元，比上年末增长 55.39%。

居民的生活条件进一步得到改善。1994 年，全市解困统建房竣工 5000 套；新开辟三条公交线路；新增、更新公交车辆 45 辆；新增 1000 客位的渡轮一艘；新安装路灯 1000 盏；改造与新增旧市区街巷 8 片；进一步完善松柏小区 KJ 区的配套建设等等，有效地改善了群众的生活条件。为使居民的生活有保障，市政府还颁布了《厦门经济特区企业最低工资规定》和《厦门市城市居民最低生活保障暂行办法》。

【投资环境】 1994 年，全市的固定资产投资继续调整投资结构，并继续向基础设施和重点工程倾斜。全年全社会固定资产投资完成 95.25 亿元，比上年增长 47.77%。其中基本建设和更新改造完成投资 54.53 亿元，比上年增长 38.65%。其中，第一产业完成投资 0.13 亿元，比上年下降 22.2%；第二产业投资 18.38 亿元，比上年增长 62.07%；第三产业投资 36.02 亿元，比上年增长 36.64%。房地产开发投资 26.66 亿元，比上年增长 90.76%；农村集体固定资产投资 1.82 亿元，比上年增长 14.48%；私人投资 5.08 亿元，比上年增长 31.31%；其他固定资产投资 7.16 亿元，比上年增长 25.73%。

城市基础设施建设进一步加强。1994 年，全市基本建设投资 43.44 亿元，比上年增长 34.3%。全市用于重点工程的投资占基本建设投资的 49.59%。全年基本建设投资建成项目 111 个，项目建成率由上年的 34.3%提高到 40.51%。其中，交通运输邮电通讯业投资 9.21 亿元，比上年增长 26.33%；一批基础设施和重点工程项目建设得到加强。324 国道厦门段拓宽、厦禾路拓宽、石鼓山立交桥、市府大道北段等道路工程已建成通车。同集路、集灌路和金尚路等道路的拓宽改造进展顺利。嵩屿电厂一期已完成土建工程，进入设备安装。厦门永昌柴油机发电厂建成投产。完成了华荣等 4 个变电站及一批网络改造项目，提高输变电能力。全市供电量比上年增长 17.9%，最高负荷比上年提高 21.6%；厦门国际机场二期扩建工程进展顺利，厦门国际机场已升级为国家二类国际机场；东渡码头二期工程 4 个万吨级泊位，已竣工投入运转。高崎联检大楼顺利完成。1994 年厦门港货物吞吐量 1140 万吨，外贸进出口货物量、船舶出入境数量、港口吞吐量及企业实现利润均取得重大突破，跻身全国效益最佳港口行列；邮电通讯事业加快发展，1994 年全市邮电业务总量 6.24 亿元，比上年增长 37.7%。城市电话普及率达 30.72%，比上年末提高 2.8 个百分点。全市移动电话用户已发展到 15413 户，无线寻呼用户 145959 户，分别比上年末增长 1.05 倍和 79.03%。

城市管理进一步加强。实行市容环境卫生考评制度，开展城市主干道达标活动，推行封闭施工、净车上路，拆除违章搭盖，整顿和规范出租车营运。公交方面，增开线路、增设站点、改建候车廊、增加车辆和班次，改善服务，方便群众乘车。多次组织对土沙石和海岸带资源保护情况的检查，制定了管理办法。禁止销售、燃放烟花爆竹从岛内延伸到县郊，扩大了“两禁”成果。加强土地管理和环保工作，动工建设杏林污水厂等环保设施，保证了我市环境质量的稳定，城市面貌焕然一新。

【利用外资】 全年共批准境外客商和台商投资企业合同692项，合同客商投资18.65亿美元，利用外资率达76.35%，新开业企业452家，开业率62.4%，实际到资12.41亿美元，比上年增长19.67%，到资率61.4%；在批准项目中，批准台商投资企业184家，合同台商投资2.64亿美元。至1994年末，全市累计批准境外客商和台商投资项目合同2982项，合同总投资107.21亿美元，其中境外客商和台商投资金额86.62亿美元，客商累计实际到资36.94亿美元，累计开业三资企业1876家，客商直接投资累计的开工率和到资率分别为62.91%和42.64%。

1994年厦门市引进境外资金和台商资金的主要特点：一是客商实际到资数和到资率创历史最好水平。二是大项目、高新技术项目的引进仍呈强劲趋势。引进千万美元以上的项目70个，其中最大的林德叉车项目达2.45亿美元。高新技术项目55项。三是欧美日等西方国家投资厦门行情看涨。全年美国在厦门投资新增的企业有17家，日本22家，英、法、德共13家。四是客商投资房地产项目下降。五是三资企业开工率和到资率大幅度提高，分别比上年增加11个百分点和19个百分点。六是三资企业普遍经营效益良好，增资扩产的企业增加。全年增资扩产企业61家，增资额达1.77亿美元，较上年增长36.1%，创历史最好水平。七是三资企业产值在全市经济总量中的比重增加，三资企业工业产值占全市乡以上工业总产值的69.8%，达155亿元，新增产值占95.7%。

【发展对外贸易】 1994年全市对外贸易进出口总值56.51亿美元，比上年增长37.98%。其中，进口总值22.60亿美元，比上年增长29.88%；出口总值33.91亿美元，比上年增长43.96%。在对外贸易出口总值中，市属地方外贸公司实现出口额15亿美元，比上年增长46.85%，占外贸出口总值的44.22%；三资企业实现出口额13.17亿美元，比上年增长30%，占外贸出口总值的38.83%。

1994年厦门市对外贸易虽然取得较快的增长，但也遇到一些问题，主要是：(1)资金严重不足。今年由于出口退税计划指标的制约，国家下达的出口退税计划远远不能满足厦门市出口退税额的需要，尚有7亿元人民币税款要拖至下年退税。(2)物价上涨导致费用水平上升。因国内物价涨幅较大，部分供货商乘机哄抬价格，外贸采购成本上升，加之成本测算透明度高、外商压价，致使换汇成本不断上升，影响了出口效益。(3)进口业务难于开展。由于汇率并轨，进口商品成本上升，而进口商品的国内价格较低，进口价格与售价倒挂，一些外贸企业采取减少进口策略。

1994年，全市新签订对外承包工程和劳务合作合同123个，合同总金额1.36亿美元，比上年增长76.51%；营业额0.5亿美元，比上年增长1.03倍。

1994年，全市共接待来厦旅游、参观、访问以及从事各项交流活动的外国人、华侨、港、澳、台同胞23.04万人次，比上年下降16.62%。其中，接待外国人10.47万人次，华侨0.47万人次，港澳同胞4.69万人次，台湾同胞7.42万人次。

1994年，全市新批准成立内联企业515家，注册资金17.40亿元，比上年增长74.0%；其中引进内地资金10.87亿元，比上年增长10.92%。至1994年末，全市累计批准成立内联企业2589家，注册资金42.77亿元，其中引进内地资金34.05亿元；全国各地在厦设立的办事处、联络处达358家，比上年末增加59家。厦门与四川万县和省内龙岩、三明地区的对口支援和山海协作，共签订协作项目141项。厦门援藏项目林芝东玖水电站已开工建设。

【经济体制改革】 按照中央的统一部署，进行了财税、金融、外汇外贸、价格和流通体制等方面的重要改革。财税体制改革，市县区分税制财政体制基本确立，实现新老税制的平稳过渡，组建了国家和地方两套税务机构。在人民银行转换职能，专业银行转换机制，实行政策性金融与商业性金融分离，培育和发展金融市场，完善金融体系等方面，都取得了积极的进展。外汇改革，实行以市场供求为基础单一有管理的人民币浮动汇率制，新旧外汇体制平稳接轨，人民币对美元汇率基本稳定。外贸体制改革，取消上缴外汇，实行统一税赋，促进了出口增长。价格和流通体制改革继续推进，调整了粮食、成品油等重要商品价格，进一步理顺了比价关系。

综合改革试验取得较大进展。以经委系统为重点的企业改革逐步推进，出台了转换国有企业经营机制，建立现代企业制度的试行方案，完成了44家企业的清产核资和产权界定，已有7家企业委托国有资产营运公司运作，初步形成国有资产营运与管理体系。结合厦禾路旧城改造，把所涉及52家工厂规划调整为28个项目进入枋湖工业区，其中有5个项目已开始动工。全年兼并企业11家，组建9家工科贸一体的实业公司，新批准设立8家股份有限公司。国有小型企业实行嫁接外资等改革逐步深化。企业法人投资责任制在一些重点项目上实施。社会保障体系改革取得新进展，出台了职工养老、工伤、失业保险的暂行规定，建立了最低工资保障制度、困难企业职工基本生活保障制度和农村社会养老保险制度。农村改革进一步深化，双层经营体制继续完善，完成股份合作制规范改革试点，农村合作基金会有新的发展。

充分运用全国人大授予厦门立法权，加强立法、执法监督和行政复议工作。《厦门市环境保护条例》、《厦门象屿保税区条例》、《厦门市台湾同胞投资保障条例》等3个法规已颁布施行。市政府颁布了《厦门市暂住人口登记管理规定》、《厦门市制止价格欺诈和牟取暴利规定》、《厦门市消防管理规定》等9个规章和42个规范性文件。还有一批法规、规章已完成草拟，正在审议过程中。全年还开展了几次法制学习、宣传、研讨和执法大检查活动。进一步完善特区投资的法制环境，促使社会主义市场经济有秩序地运行。

【精神文明建设】 科技事业发展顺利。1994年末，全市已拥有各类科研、技术贸易机构420家，比上年末增加140家。设立了厦门常设技术市场，推动了全市的技术交易，全年经认定登记的技术合作总金额达0.5亿元，比上年增长21.10%。全市专利申请量由上年的215件上升为325件，其中有155件被授予专利权，比上年增长6.90%。台湾同胞、外商的专利申请量明显增多，知识产权和专利申请工作进一步加强。

1994年，全市组织实施火炬计划项目18项，总投资0.44亿元，其中国家级项目5个；组织实施星火计划项目19项，总投资0.84亿元，其中国家级7项。全年有5个国家级火炬计划项目和2个国家级攻关项目分别通过验收和鉴定。全年全市的科技投入达2.43亿元，比上年增长4.3%。

高新技术产业发展迅速。火炬高技术产业开发区经过三年多的开发建设，已逐步形成了高新技术及其产业框架，区内陆续投产开发的企业已达43家，这些企业总投资折合人民币15.59亿元，注册资金7140.7万元，资金到位率达72.6%。1994年创工业产值8亿元，创汇5000万美元，实现利税6000万元。国际科技商城前期工作进展顺利。

教育事业在进一步落实国家教育改革和教育发展纲要，实施“教育之城”的规划中有新的发展。市政府与省政府、农业部、交通部联办的集美大学现已挂牌成立，与国家教委共建的厦门大学工学院正在加紧筹建。全年新建、扩建10所中小学，创办了科技中学；全市城乡全面实施九年义务教育，有5个区经国家教委认定“两基”验收合格。1994年全市学龄儿童的小学入学率已达99.92%，比上年提高0.06个百分点。至1994年末，全市各类学校在校学生26.49万人，比上年末增长2.74%；中等专业学校在校学生0.75万人，比上年末增长17.52%；普通中学在校学生5.50万人，比上年末增长11.79%，增长幅度创历史最好水平；全日制小学在校学生13.50万人，比上年末增长0.37%。至1994年末全市各类幼儿园362个，在园幼儿达3.77万人，比上年末增长2.62%。

文化广播电视事业繁荣活跃。1994年，全市拥有的2座广播电台和1座电视台继续强化宣传功能，节目推陈出新，继1993年开办有线电视台、夏视第二套节目和推出“厦广音乐网”调频广播节目之后，1994年又新开办有线电视电影台和厦广经济台，获得良好的社会效益。1994年，扩版后的《厦门日报》、《厦门广播电视报》和当年正式创刊的《厦门晚报》全年发行量大幅增长。全市已拥有3个博物馆、92个电影放映单位及各类专业艺术表演团体、群众文艺馆（站）、青少年宫等。1994年，全市的文艺创作繁荣，涌现了一批好的作品。对外文化交流活跃，厦门小白鹭歌舞团出访新加坡、菲律宾、日本及香港演出，金莲升高甲戏剧团赴台湾、金门演出，都载誉而归。

卫生及社会福利事业继续健康发展。1994年末，全市拥有各类医疗卫生机构398个，医疗床位数0.45万张，其中有医院33家，医院病床数0.38万张。“厦门国际眼科中心”及海沧投资区配套工程——海沧医院已在加紧建设中。各医院在引进大型医疗设备，提高医疗仪器装备水平的同时，医疗技术和服务质量也不断提高。继中山医院和第二医院之后，1994年全市又有7家医院通过国家级评估，成为“爱婴医院”；市中医院亦通过验收，步入三级乙等医院的行列。至1994年末，全市卫生工作人员总数为0.79万人，其中专业技术人员0.64万人，比上年末增长4.99%。医生及护师（护士）人数分别为0.29万人和0.20万人。

体育事业继续发展。1994年，全市先后举行市一级以上的体育竞赛32次，参赛运动员达1.07万人次。一年中，厦门运动员在国际性、全国性的比赛中，获得奖牌18枚；在省内各项赛事中，有91人次获得第一名。各级学校继续抓好学校体育工作，全年全市中小学生达《国家体育锻炼标准》及格以上标准的有14.34万人，比上学年增加2.45万人，达标率为90.9%，比上学年提高1.78个百分点。

1994年，厦门特区经济和社会各项事业发展较快，但面临新问题和困难也较多，成绩来之不易。回顾过去一年，有以下几点体会：(1)坚持用邓小平同志建设有中国特色的社会主义理论来统一干部、群众思想，用建立社会主义市场经济体制的新观念认识和处理问题。(2)坚持“发展才是硬道理，把握机遇，对有效益、有质量的速度，能搞多快就搞多快。决不能因为面临一些困难而踌躇不前，丧失机遇。(3)坚持对外对内开放。以开放促改革，用深化改革的办法克服困难、解决问题。(4)坚持改革必须有利于生产力的发展和社会的稳定，在稳定的环境中推进改革和发展，以改革和发展来促进社会稳定。(5)坚持下放权限，充分调动和保护县区、基层干部、群众的积极性。(6)坚持真抓实干，层层建立责任制。(7)五套班子齐心协力，团结奋斗，促进了各项工作的顺利开展。

过去的一年，虽然取得了新的成绩，但也存在一些问题和不足之处，主要是：(1)物价升幅偏大，全市零售物价指数上涨20.6%，超过原定14%的控制目标，这里有客观原因，也有工作上的问题。主要表现在：人口增多和生活水平的提高，对生活消费品需求大幅度增加；副食品基地少、规模小，生产经营粗放，受自然灾害影响大；国有副食品、蔬菜店在市场的摊位和经营的数量少，部分商品物价管理失控。尽管采取了物价补贴，适当提高民政和非民政对象的补助，提高离退休人员、学生的补贴等措施，但仍有部分困难企业职工和离退休人员生活水平下降。(2)经济体制改革遇到困难较多，现代企业制度、住房制度、劳动保险制度等项改革步伐不大。(3)部分国有、集体企业和建安企业经营比较困难，有些企业历史债务沉重的问题没有根本解决。(4)社会治安不尽人意，赌博、贩毒吸毒、色情活动、村霸地痞等虽然已采取措施进行打击，但问题还比较突出。(5)政府职能转变跟不上市场经济发展的需要，对政府机关工作作风和办事效率的批评还甚多，少数公务人员存在以权谋私的腐败现象，我们将正视这些问题，在今后工作中采取有效措施认真加以解决。

海南经济特区

【综合经济发展】 1994年全省国内生产总值完成330.9亿元，比上年增长11.9%，其中第一产业增长12.9%，第二产业增长17.2%，第三产业增长8.1%。

农村经济全面发展，结构调整步伐加快。农业总产值完成170亿元，比上年增长14%。自1992年以来，农业生产连续3年保持两位数的增长速度。全年粮食总产量205万吨，达到历史最好水平。农村产业结构进一步调整，优质、高产、高效农业继续发展，蔬菜、水果、橡胶干胶、水产品及畜禽出栏量均比上年有较大增长。林业生产超额完成任务。乡镇企业总产值完成85亿元，比上年增长71.8%。农垦生产跨上新台阶，经济效益明显好转，创建省以来的最好水平。

工业、交通生产迅速发展。工业总产值完成164.8亿元，比上年增长13.7%；工业增加值34.6亿元，增长3.1%。交通运输完成任务较好，港口吞吐量达1511.9万吨，比上年增长11.5%，货运量与上年持平，客运量比上年增长1.8%，海口机场客流量创下230万人次的新纪录，比上年增长27.5%，位居全国10大航空港口之列。

固定资产投资结构继续优化，重点工程进一步加强。全省固定资产投资完成207.2亿元（含洋浦经济开发区），比上年增长22.7%。投资结构明显改善，三次产业投资都有增长。基本建设投资中，能源、交通、通信等基础设施建设增幅较大。房地产市场进入稳步规范化发展阶段。全省24项重点工程完成投资46亿元，比上年增长80%。重点工程的投资强度、建设进度、工程质量、竣工投产率都创造了历史最好水平。

财政收入继续增长，金融形势趋于稳定。全省财政收入完成43.3亿元，财政支出40.7亿元。其中，地方财政收入完成27.5亿元，按同口径计算，比上年增长19.6%；财政支出40亿元，增长3.9%。财政收入增长高于支出增长，收支状况较好。1994年末，全国国家银行各项存款余额369亿元，比年初增长8.8%；贷款余额362亿元，增长20.6%。

城乡市场活跃，物价涨幅逐渐回落，人民生活有所改善。全省社会消费品零售总额达93.5亿元，比上年增长28.5%。城乡市场繁荣，市场建设有较大发展，商业零售商场建设有较大突破，商品充裕，居民消费心理比较平稳。全省社会商品零售价格指数比上年上涨21.6%，居民消费价格总指数上涨26.7%。城镇居民人均生活费收入3556元，扣除物价因素比上年增长1.2%；农民人均纯收入1274元，扣除物价因素增长5.6%。

科教文卫等各项社会事业全面发展。全省有35个科技项目被国家批准立项，有66个项目获得省级以上科技成果奖。新产品开发、技术市场培育、技术人才培训均有新的进展，科技成果商品化、产业化的步伐加快。基础教育得到巩固和发展，适龄儿童入学率、巩固率均有提高；高等教育、成人教育、职业技术教育进一步发展。文化艺术事业继续繁荣，影视、新闻、出版、文艺创作均有成效。医疗卫生条件逐步改善，防病治病水平不断提高。环境保护工作得到加强。计划生育目标责任制完成较好，1994年末常住人口总数为711.4万人，人口自然增长为14.5‰。外事、侨务、民政、民族宗教、拥军优属、民兵预备役师建设和社会治安综合治理、廉政建设等工作取得了新的成绩。

【利用外资】 1994年度，海南省实际利用外商直接投资89871万美元（不含洋浦），比上年增长22.4%。海南省外商投资呈现以下几个主要特点：一是外商投资由数量型转向质量型。外商直接投资资金到位率由上年的29.6%，提高到35.3%；平均每个项目的投资额由上年的189万美元提高到204万美元；平均每个项目的合同外资额由上年的129万美元提高到156万美元。二是外商投资由政策取向型转向市场取向型。国家实施宏观经济调控以来，“小企业看政策，大企业看市场”的趋势在海南表现得十分明显，一些中小型投资者处于观望状态，而大型投资者却从占领市场的战略出发，大批来海南考察和投资。如美国的MGM、汉默尔顿、普罗莫斯，德国的AGE、西门子，日本的三菱、丸红、三洋、日立、住友，韩国的三星、大宇、鲜京，马来西亚的云顶集团，香港、台湾的财界、商界等一些国家和地区的大财团、大企业、大公司及著名人士纷纷来海南洽谈考察投资办厂。三是外商投资由高度集中于海口转向全岛。各市县利用本地资源举办的工业、农业、旅游业项目吸引了大量的海内外投资者。四是基础设施和基础产业建设，成为外商投资的新热点。1994年，海南省出台了《海南经济特区基础设施投资综合补偿条例》，从土地、税收、项目审批、经营管理等方面对投资者给予综合补偿，极大地调动了外商投资基础设施和基础产业的热情，已开工建设的主要项目有：年加工原油600万吨的海南和邦炼油厂、年产50万吨水泥的海南玉环水泥磨粉厂、年产10万吨的海南鹏达冷轧薄板厂、海南泰洋农业旅游综合开发项目、洋浦经济开发区的基础设施建设项目、海南太阳湾旅游城等。

【投资环境】 1994年，海南省继续增加投入，加快基础设施建设步伐，投资硬环境进一步改观。南山电厂1号、2号机组，大广坝水电厂2号、3号机组相继并网发电。1994年度全省发电总量已达29亿千瓦/小时，再次跨入用电富裕省的行列。三亚凤凰国际机场于7月1日胜利通航，有效地缓解了海南空运紧张状况，提高了海南的综合运力，为中外客商和游客的往来，提供了更加便利的条件。港口条件进一步改善，吞吐能力明显增加。1994年港口吞吐量达1511.9万吨，比上年增长11.5%。环岛东线高速公路基本建成（仅三亚大茅洞隧道一段，因施工条件复杂未能开通），汽车从海口到三亚所需的时间，由原来的5—6个小时，缩短到现在的3—4个小时。邮电通信事业继续保持迅猛的发展势头。全省电话普及率达3.95%，市话普及率达15.6%，超过全国平均水平，省会海口市电话普及率达36%，继续位居全国省会城市之首。1994年，全省邮电业务总量完成9.7亿元，比上年增长79.6%，超过全国平均增长水平。1994年，海南省完成了海口至三亚、三亚至乐东、海口至白沙、海口至文昌4条3360路数字微波长途通信干线工程、东线光缆海口至陵水、西线光缆海口至儋县的敷设工程、全省分组交换工程、800兆集群电话工程、海口2万路端长途交换工程、琼海、万宁、文昌等13个市县共65000门市话程控电话工程以及全省移动通信和无线寻呼的扩容工程。至此，海南省长途通信传输实现全省联网。另外，完成了52个乡镇的程控电话安装工程，基本完成全省邮政金融计算机网络系统（绿卡）工程。邮政通信现代化建设方面，东线邮运车辆定位跟踪监测系统已投入试运行。省内报刊发行要数实现全省计算机联网，加快了报刊的要数、发行速度。上述各种通信工程按期完成，使通信能力迅速增长，长途电路新增5000路，达到10000路，市话交换机新增110000门，达到了310000门、农话交换机新增35000门，达到61000门。长途电话难打、难通、市话难装、难移的问题得到根本解决。此外，海口、三亚、通什、儋州、文昌等市县的市政设施进一步改善，城市功能进一步健全。全省城镇绿化、市容市貌、环境卫生等明显改观，城乡医疗保健水平有所提高，城乡文化娱乐生活更加丰富多彩。乐普生百货商场、生生百货商场、望海商城等一批大中型综合性商店相继开业，群众普遍反映在海口购物难的问题基本上得到解决。

海南省在改善投资软环境方面，在继续抓好机关办事效率，简化办事程序，优化办事手段，纠正行业不正之风，强化社会治安、健全各项社会保障体系的同时，重点加强和完善法制建设。海南省通过各项地方性法规和行政规章的颁布和实施，来规范政府及各行各业的行为，使政府对社会的政治、经济、文化等各项事业的管理纳入法制化轨道，做到有法可依、依法办事，从法律上、制度上制约和克服官僚主义、形式主义，从根本上铲除滋生腐败现象的土壤。1994年，海南省人大和省政府共颁布实施地方性法规和行政规章24项。其中省人大审议通过了地方性法规5项：《海南经济特区基础设施投资综合补偿条例》、《海南经济特区土地管理条例》、《海南省产品质量监督管理条例》、《海南省实施〈民族区域自治法〉若干规定》和《海南经济特区城市规划条例》。省政府审议通过的行政规章有：《海南经济特区土地监察规定》、《海南经济特区产权交易市场管理办法》、《海南省国有企业经理（厂长）聘任制实施办法》、《海南经济特区机动车辆燃油附加费征收管理办法的补充规定》、《海南省流动人口计划生育管理实施细则》、《洋浦经济开发区企业法人登记管理若干规定》、《海南经济特区企业法人登记管理条例实施细则》、《海南经济特区基础设施建设征用使用土地补偿标准的规定》、《海南省典当业管理办法》、《海南税收征管办法》等19项。

【发展对外贸易】 1994年，海南省外贸进出口总值26.97亿美元，比1993年增长5%。其中，进口总值17.10亿美元，比1993年增长2.6%；出口总值9.87亿美元，比1993年增长9.5%。1994年是我国外贸体制改革力度最大的一年，汇率并轨虽给外贸出口带来机遇，但物价上涨拉动收购成本上升，几乎抵消了汇率并轨带来的好处，加上财税体制改革和物价因素影响，使出口退税需求额大幅度激增。国家安排给海南省的退税指标远不能满足实际出口退税需求，既影响了外贸企业效益，也限制了出口收购资金，一定程度地制约了海南外贸出口的增长。海南省在这种比较困难的条件下，能够保持外贸出口的稳步增长，主要是结合海南实际采取了如下一些有利措施：一是转变政府职能，建立进出口商会，将出口的配额招标、对外展销促销、对外贸易协调等一些原来属行业管理范畴的职能移交给商会进行管理。在出口配额招标中引进竞争机制，充分体现“公平、公开、公正”原则，提高了出口配额的利用率。由进出口商会组织了4次大规模的出口展销促销活动，使1994年与海南省发生贸易往来的国家和地区达到101个。为支持海南地方产品出口，海南省商业贸易厅除对属省级发证的商品出口尽量予以满足外，为解决海南地产产品出口困难，进出口商会通过与有关部门的协调，共为35家企业的112宗地产产品出口提供了报关报检协调服务，出口金额达1980亿美元。同时还为30余家企业进口货值约1500多万美元的生产物资提供了报关服务。二是加大改革力度，全方位放开进出口业务。凡在岛内注册的工商企业均可经营进出口业务，实行登记备案制度，海南省外贸主管部门不再具体审批，对经海南省审批报经贸部备案的292家享有岛外出口报关权的进出口企业不搞终身制，实行动态调整。三是坚持企业改革方向，加快经营机制转换。在去年对部分外贸企业实行经理聘任制改革的基础上，今年全面铺开。受聘经理签订包括“出口创汇”、“出口收汇”和纯收入在内的三项经营指标承包合同书，并以此指标作为任期年终考核标准。

【深化改革开放】 1994年，海南省积极推进各项改革，为建立适应社会主义市场经济的宏观管理体制奠定基础。海南省按照国家的统一部署，进行了财税、金融、投资、外贸外汇等方面的改革，取得了比较好的效果。同时，结合海南实际，出台了几项重大改革举措：一是对基础设施建设实行政策倾斜，颁布了《海南经济特区基础设施投资综合补偿条例》，从土地、税收、项目审批、经营范围等方面给基础设施建设项目投资者以优惠补偿，吸收社会各方面资金加强基础设施建设。二是改革公路规费征收制度，对机动车辆征收燃油附加费，减少公路规费费种，简化征收环节，取消公路上所有的收费站卡，同时设立省交通规费征稽局，加强对燃油的销售和燃油附加费的征收管理。三是进一步完善社会保障体系，出台海南经济特区养老、失业、工伤保险等条例及实施细则，扩大了社会保障的覆盖面。四是继续推进价格改革，对地产化肥、橡胶等一批商品的价格由直接管理改为动态管理，适时调整琼州海峡客（货）运收费、电话初装费、省电网电价等商品和服务的价格，制止乱涨价、乱收费行为。五是深化企业人事制度改革，对国有企业经理（厂长）实行聘任制，促进人才资源的优化配置和企业家队伍的成长。此外，产权交易、住房制度改革也有新的进展。这些重大改革的顺利推行，为建立适应社会主义市场经济的宏观管理体制奠定了基础。

对外开放不断扩大，发展势头良好。1994年，前来海南洽谈投资上大项目的大企业明显增加，资金到位率提高。截止1994年底，全省外商投资企业已达8200家。其中1994年新注册外资企业809家。全省实际利用外资12.9亿美元，其中，外商直接投资8.98亿美元，利用国外贷款3.9亿美元。外商投资合同项目平均规模近200万美元，比上年扩大60%。外商投资方向，除房地产和旅游服务业外，商业、工业、农业和建筑业也有较快增长。外资来源除港、台地区外，美、日等国所占比重明显增长。洋浦开发进展顺利，基础设施投资累计达36.6亿元，已完成15平方公里土地平整、31.5万千瓦发电厂等项目。海南省成功地在日本发行了145亿日元武士债券。这些资金主要用于基础设施建设和开发性农业。全省进出口总值27亿美元，比上年增长5%。其中出口总值9.9亿美元，增长9.5%；口岸进口总值17.1亿美元，增长2.6%。全省涉外宾馆接待旅游者289.6万人次；涉外旅游收入5878万美元，比上年增长40.9%。

为了确保外引内联重大项目的落实，海南省将项目工作层层分解，落实到人，并及时通报情况，形成了全省上下齐抓项目落实的局面。1994年海南省先后成功地举办了“第五届海南经济贸易洽谈会”、“第三届国际椰子节”、“韩国项目洽谈会”、“海南省代表团赴美投资促进与经济合作活动”、“德国经济合作洽谈会”、“第四届日本兵库县海南省经济交流委员会会议”、香港“海南产权交易”新闻发布会、“新加坡项目洽谈会”等招商引资活动，取得了良好的社会效果和经济效果。来海南省参观考察、洽谈投资的代表团次增长，跨国大公司明显增多。去年接待了来自韩国、美国、日本、澳大利亚、台湾等20多个国家和地区的投资考察团以及国内经贸、企业家代表团。在招商引资中，海南省大胆试行新的投资方式，开拓新的领域。现已开工的海南清澜燃气轮机组项目属海南省首例“BOT”投资形式。按照国际惯例开展经济技术合作，使招商工作上档次、上水平。去年利用外资举办商业零售企业也取得突破。

浦东新区、开发区篇

浦东新区

【综合经济发展】 1994年是浦东新区按照“开发浦东、振兴上海、服务全国、面向世界”的方针，保持快速、持续、健康发展的一年。在这一年中，浦东积极面向世界，加快开发步伐，扩大开放领域，突出体制创新，重点搞好基础开发、功能开发和城市形态开发，基本形成投资滚动运用、经济外向开拓、管理国际接轨、市政超前配套的良性发展格局，顺利完成了党中央国务院提出的浦东开发“一年一个样，三年大变样”的目标，浦东新区开始“出形象、出功能、出效益”。八十年代浦东的国内生产总值年均增长速度为7%左右，浦东开发开放后，新区经济进入高速发展行列。国内生产总值，从1990年的60亿元跃升到1994年的291.2亿元，四年翻了3番。近年来上海连续保持15%的经济增长速度，其增量的近1/3来自浦东。目前浦东的综合经济实力已可以与国内许多大中城市相媲美，成为上海经济中最富有生机的新增长点。

1994年，浦东新区国内生产总值比上年增长23.6%；高出全国平均水平1.5倍，占全市的比重也从1993年的10.9%上升到14.8%，人均国内生产总值达20000元，比上年增长约8000元，比开发初期增长近3倍；工业总产值达到776亿元，比上年增长20.1%，占全市的比重由过去的10%上升到18.5%；完成固定资产投资256.5亿元，比上年增长55.9%，其中城市基础建设投资完成87.8亿元，增长43.8%；出口商品总额18亿美元，为1990年的3.4倍；社会商品零售总额75.8亿元，为1990年的5.3倍；财政收入达到24.04亿元，为1990年的4.24倍。

浦东新区的经济结构进一步得到优化。第三产业继续保持强劲的发展势头，1994年全年完成90.88亿元，比上年增长42.8%，占国内生产总值的31.2%；第二产业在结构调整中得到提升，高新产业的比重进一步提高，目前国家鼓励发展的11个高新技术领域已有9个在浦东得到发展，并初步形成了通讯制造业、生物医药等五大高新技术主导产业；农村经济与新区开发实现同步发展，1994年完成乡镇工业产值175.85亿元，继续在上海郊区各区县中保持领先地位。

【小区建设功能开发】 按照把浦东建成具有世界一流水平的外向型、多功能、现代化新区的目标要求，浦东开发确定了具有金融、贸易、商业等第三产业功能的陆家嘴金融贸易区，具有资本和技术密集型出口加工功能的金桥出口加工区，具有综合性自由贸易区功能的外高桥保税区，具有高新技术产业开发功能的张江高科技园区等4个重点小区。到1994年底，先期启动的4个重点小区已累计完成基础设施投资60多亿元，开发总面积达15平方公里，开始展示现代小区形象和功能。

陆家嘴金融贸易区内现有导航中心、服饰中心、众城、银都、汤臣、海关等20多幢大楼竣工使用或已结构封顶。区内按金融区、贸易区、商业中心等功能组合而成的小区已初具雏形。在建的近百幢大楼中，银行、保险、证券等20多幢大楼落户在金融区，其中中国人民银行上海分行办公楼、证券大厦、海关大楼都将在1995年启用开业。日本森大厦和美国兆华斯坦联合投资兴建的96层“日美金融中心”吸引了包括日本第一劝业银行、富士银行等全国性银行在内的32家金融机构；金属、石油、煤炭、化工、汽车、信息中心等30多幢由全国专业公司和单位联合国内外投资者建设的大楼已在贸易区建设；第一八佰伴、华润、服饰、食品等18幢现代商业楼群已在张扬路商业中心陆续矗立，部分已经试营业。

金桥出口加工区初步形成了中国现代工业基地之一。到1994年底，已累计引进项目259个，吸收投资达近34亿美元，平均每个项目达1300万美元，投资强度居国内同类开发区之首。区内3000万美元以上的大项目超过30个。一批国际跨国公司和国内著名企业集团集聚区内，形成了以高新技术产业为主的产业格局。区内高新技术企业已占到企业总数的68%，高新技术产业的投资占到企业投资总额的78%，并初步形成了计算机软硬件、新型高档家用电器等一批高新技术产业。目前有81个项目建成投产，1994年共完成工业总产值53亿元，成为浦东经济的主要新增长点。

外高桥保税区隔离运行面积已达5.5平方公里。保税区的国际贸易、仓储、出口加工三大功能以及保税生产资料交易市场已经启动并取得成效。1994年保税区社会总产值达64.58亿元；国内生产总值14.19亿元；进出口贸易总额达11.04亿美元，其中出口3.16亿美元；企业实现利润6.64亿元，完成税收2.07亿元，比上年增长6.14倍。建区以来，保税区从未发生过一起走私或违法案件。

张江高科技园区进一步扩大引进高科技项目，已有21个项目落户区内，总投资额为32.6亿元和2.77亿美元。"东上海科技"项目已开工建设，计算机软件园项目正在加快启动。

【招商引资】　1994年面对欧、美、日等西方国家经济复苏国内对资本需求趋旺，发展中国家纷纷推出吸引外资的优惠政策分流国际资本，国内各省引进外资普遍减缓的新形势，浦东凭着自身强劲的对外吸引力，加大招商引资力度，引进外资工作继续取得很大成绩。1994年新区共新增外商投资企业1035家，总投资额38.1亿美元，协议外资26.2亿美元，分别比上年增长22%和53%。

1994年浦东的招商引资有以下几个特点：一是外商普遍看好浦东。党中央、国务院开发开放浦东的决策和浦东的快速发展，吸引了外商投资的大量涌入，截止到1994年底，共有49个国家和地区的外商前来投资，引进的项目数、投资总额、协议外资均有大幅度增加。二是外商投资的产业结构更趋合理。利用外资也同步体现了三、二、一的产业发展格局。第三产业继续超前发展，其项目数占51.4%，协议外资占69.3%；生产性项目数占43.4%，协议外资占30.6%，促进了浦东新区产业结构调整。三是投资项目规模增大。一批大项目纷纷涌入浦东，截止1994年底，投资规模超过1000万美元的项目有202个，占总数的7.6%，协议外资42.6亿美元，占协议外资总数的72.3%。由于大项目多，使浦东新区的投资规模远高于国内其它地区，平均每个项目的投资额达到389万美元。四是一批著名跨国公司纷纷投资浦东兴办合资独资项目，如美国杜邦公司的精细化工、罗斯蒙特的自动化仪表、福特汽车、IBM公司、比利时贝尔公司的程控交换机、日本的IVC电子产品等共有45家国际知名跨国公司在浦东新区投资了60个项目。五是外资来源趋向多元化。浦东在直接利用外资保持快速增长的同时，间接利用外资又有新突破。截止到1994年底，浦东企业通过海外银团、海外基金和国际商业银行贷款等形式筹措资金2.29亿美元，开辟了引进外资的新渠道。六是经国务院批准试点的引资项目进展顺利。浦东现有外资银行和金融机构30家，上海已成为外资金融机构落户最多的城市；外资商业零售企业正在张扬路两侧建设中，其中第一八佰伴大楼结构封顶，1996年竣工开业后，将在浦东矗起最现代化的商业设施，形成一流的购物环境。

【城市形态建设】　1994年，浦东城市基础设施建设和形态建设又迈出新步伐，一大批重点市政工程竣工，市政建设崭露新景观，有效地改善了投资硬环境。浦东开发开放既是一个城市化过程，又表现为国际化和现代化的过程，因此在浦东城市形态建设中显露以下的特点：一是高起点的城市规划和建设目标。浦东通过国际招标、国际咨询和国际设计顾问等方式对主要功能小区、标志性建设项目进行现代化的专业规划，使浦东的城市形态结构、产业布局、市政设施、以及城市的生态环境和容量，都能较好地体现"现代化"和"国际化"这两个基本面。目前在建的近百幢大楼和一批重大市政项目正在按这批现代化的城市规划进行建设。二是抓紧一批标志性项目建设。1994年有30多幢高楼开工，30多幢高楼已结构封顶，一批大楼竣工启用。扬浦大桥、金桥立交、东方明珠电视塔等一大批标志性项目相继落成，崭露了浦东现代化的城市形态风姿。三是重点进行城市基础设施建设。1994年新区投资24亿元，进行"五路一桥"重点工程建设。张扬路工程实施的11.4公里的配线型"共同沟"，将煤气、电力、通信、自来水四大管线铺设在同一管道内，开创了我国地下管线施工的一次革命。新区电力建设在前3年新建供电设备超过以往40年总和的基础上又实现了发电机装机容量等"六个翻一番"；实现了电话交换机容量等"七个翻一番"，通信能力成倍增长，正在顺利实现新区电信通信"一年一个样，三年超浦西、五年超香港"的发展目标。新区的煤气气化率达85%，高于全市平均水平。四是生态环境建设又上新台阶。1994年新区加快了绿化建设步伐，先后开工了中央公园、德州公园等一批重点园林绿化项目，组织实施主要干道两侧绿化带和大型市政建设配套绿化等，使新区绿化总面积新增200万平方米，城市化地区人均占有绿地面积翻了一番。环境综合治理进一步加强，烟尘控制、噪声治理、水源保护、市容整治等一系列工作取得明显成效，大大改善了新区的环境面貌，城市化地区基本达到国家卫生城区的要求。

【市场体系建设】 为了实现浦东功能开发的目标，新区大力培育和发展生产要素及生产资料市场体系，在率先建立社会主义市场经济体制方面进行大胆探索。1994年新区的各类市场建设获得新进展，在继续发展生产资料保税市场、物资流通市场、资金融通市场和人才劳动力市场的同时，着力加快金融保险业市场的发育。到1994年底，新区的各类金融分支机构已达360余家，是1990年的2.8倍。各银行存贷款规模已达838亿元。约占全市的30%。存贷款规模分别是1990年的11.94倍和13.8倍。世界各国银行争相来浦东设立机构。保险市场也拉开了竞争态势，太保、天安等保险公司相继注册浦东，平安、友邦等保险公司也将触角伸向浦东，打破了保险业独家经营的格局。1994年浦东新区各保险公司完成各种险种承保额超过4400亿元，保险业务收入达7.36亿元。浦东新区已成为吸纳异地证券机构的大市场，现有29家证券交易网点落户浦东，全年证券交易额达2520亿元。随着上海证券交易所即将东迁浦东，新区的证券市场将会出现新的发展机遇。在开发开放中，浦东的市场体系建设既优化了市场结构和市场布局，又提高和强化了浦东和上海的贸易中心、金融中心的地位，进一步加强了与周边地区的各种经济联系，增强了浦东的对外辐射力。

【社会各项事业】 浦东开发开放始终注重两手抓，两手硬，坚持一流开发需要一流的党建的指导思想。1994年新区党工委、管委会继续在各级党员干部中开展勤政廉政的“养成教育”，明确提出“廉政也是重要的投资环境”，并规定了干部个人不准谈地价，不准参与工程发包，不准为亲属子女的工作和安置打招呼等三条“高压线”。形成了严格遵守党纪、政纪、法纪和各项财税纪律的良好环境。完成了九十年代浦东新区社会事业发展战略及规划研究，并制订出分年度实施计划，以保证社会经济的协调发展。新区对教育的投入每年保持30%以上的增幅。全区有60多所中小学和30多所乡办学校完成改扩建。社会办学已达120家。一批加强精神文明建设的硬件设施竣工启用，高水准的东方音乐厅建设进入启动阶段。新区还相继推出“我爱浦东”征文、大型钢琴交响音乐会、中华艺术博览等一系列体现时代风貌、浦东特色的群众喜闻乐见的活动，陶冶人们情操，使精神文明建设更加深入人心。浦东的社区服务体系也不断得到巩固和完善，全区有社区服务中心14个，分中心217个，服务网点620个，志愿服务人员5.6万人，开发了8类50多项的便民利民服务。全区农村的医疗制度巩固率达100%，享受集资医疗的农村人口占95%以上。1994年浦东“119”多功能报警系统的投入使用，标志着浦东社会安全保障体系提 前向国际化接轨。

（撰稿 郑志斌）

大连经济技术开发区

【综合经济发展】 1994年，是大连开发区完成第一个10年建设的最后一年，也是全区克服资金短缺等重重困难，促进各项经济建设继续保持快速发展的一年。全区完成的社会总产值、出口创汇额、税收收入及协议外金额等项指标均比上年有较大幅度的增长，经济运行质量明显提高。

基础设施投入大，进展快。全年共完成固定资产投资80.3亿元，比上年增长2%；实现基础设施投资12.5亿元，比上年增长4.3%。年初确定的基础设施十大工程进展顺利，基本达到预定目标：5号路提前竣工；东郊热力实现部分启动；建成东山锅炉房；大连工业团地和振鹏工业城工业区基础设施相继竣工；利用外国政府贷款建设的湾里污水厂、净水厂项目取得实质性进展；3号路垫基建设正式开工；第一个10平方公里的配套完善工程基本完成，第二个10平方公里的“七通一平”工程已完成过半；第三个10平方公里和小孤山5平方公里的“三通”规划设计工作基本完成，区内路网建设的前期工作已经就绪；由美国、加拿大、日本及大连开发区规划设计单位参加的小窑湾中心区规划设计国际咨询报告和规划模型已全部完成。

招商引资力度大，见成效。在国内外竞争日趋激烈，招商工作难度不断加大的情况下，全年共批准兴办“三资”项目305个，总投资额14亿美元，实际利用外资3.14亿美元，协议外资额7.8亿美元，比上年增长43.9%。1994年招商引资工作呈现出以下几个特点：一是投资国别和地区进一步扩大，进区投资的国家和地区已从上年的28个增至31个。西萨摩亚、西班牙、德国均首次来区投资。二是增资频繁，全年增资32户次，增资总额达1.1亿美元，占累计增资额的13%。三是项目水平较高，富士电机、东陶机器、罗姆电子、杨尼卡等一批国际著名企业先后进区投资办厂。

在大力引进外资的同时，对内招商也有发展。全年共批准注册内资企业1625家、注册资金30.2亿元，其中工业企业62家，注册资金5519万元。

经济效益大幅度提高。大连开发区全年实现社会总产值126.3亿元，比上年增长36.8%；增加值27.6亿元，比上年增长64%；实现工业产值93亿元，比上年增长65.8%；其中“三资”工业企业完成84亿元，比上年增长75%；建筑企业实现产值26亿元，保持了上年的总水平；出口创汇7.8亿美元，比上年增长34.5%。1994年，大连开发区工业总产值占大连市工业总产值（乡以上）的22%，“三资”工业企业产值占全大连市“三资”工业企业产值的65%，新增工业产值（乡以上）占大连市新增工业产值的60%。

第三产业发展迅速，1994年实现增加值18亿元，比1990年激增9倍，年均递增73.6%，其所占比重由“七五”时期的31.6%上升到32.0%。

区街经济不断发展壮大。1994年，街道、乡镇共完成社会总产值29.45亿元，比上年增长53.3%，其中企业总产值27亿元，比上年增长47.7%。

财政预算情况良好，金融运转平稳，社会保险体系初步形成。1994年，全区实现财政收入10.3亿元，比上年下降9%；完成财政总支出10.7亿元，比上年下降8%，税收收入完成6.2亿元，比上年增长49%。截至1994年末，大连开发区各类银行存款余额达42.6亿元，比年初增加11.7亿元，增长53.9%；各类贷款余额为39.5亿元，比年初增长35.4%；现金收入23.4亿元，现金支出34.0亿元，收支相抵净投放现金10.6亿元，比上年增长65.9%。全区各类保险业务收入9678万元，比上年增加5031万元，增长108%；保险业务支出7098万元，比上年增加4446万元，增长167.6%。

交通、邮电业取得稳步发展。1994年，完成客运量273万人次，客运周转量11661人万公里，分别比上年增长24%和19%；完成货运量1400万吨，货运周转量25200万吨公里，分别比上年增加12%和13.4%；水运行业完成货运量60.6万吨，货运周转量113592.6万吨公里，客运量16万人次，周转量1700万人公里；实现运输总收入2亿元。邮电通讯业发展较快。实现邮电业务收入8300万元，比上年增长84%，邮电通讯业务总量7900万元，比上年增长65%。电话装机容量20500门，实际放号13280户，新增5662户。

【投资环境】 截至1994年，大连开发区已走过了十年的辉煌历程，经过十年的建设与发展，一座现代化、国际性、综合性新城区轮廓已基本形成。

建区以来，累计开发面积24平方公里，其中第一个10平方公里的主要基础设施完善工程已基本完成，区内主要道路和重点小区绿化、美化、净化已见成效，各小区配套工程已进入收尾阶段。第二个10平方公里的“七通一平”工程已处于尾声，二次管网部分形成。第三个10平方公里中长达10.5公里的5号路已经竣工，3号路垫资建设正式开始，标志着大连新市区框架雏形的形成。建区以来，累计完成基础设施投入额39.3亿元，平均每平方公里的基础设施投入资金2.4亿元人民币；全区新建主干道86公里，总面积187万平方米，投入资金1.22亿元；房屋竣工面积435万平方米，其中住宅面积156万平方米；城区绿化面积达502.3万平方米，道路绿化12万延长米，城市绿化率、绿化覆盖率分别为33.9%和35.4%，均已超出国家规定的25%和35.4%的指标，实现了绿化面积高比例、引进树种高档次、绿化设计高标准等几项指标；自来水供应能力10万吨/日，污水处理能力3万吨/日；排水管网长度104公里，供水管网长74公里；发电能力24兆瓦，变电容量712兆伏安；电话装机容量20500门，可与世界任何国家和地区直接通话；液化气供应能力5200吨/年；供热能力（锅炉容量）550吨/小时。

大连开发区进行了社会化服务的尝试，区内的物资、金融、劳动、技术、信息、房地产等要素市场已初步形成。以人民银行、工商银行、农业银行、交通银行等专业银行及参股形式的信托投资公司和城市信用社构成了相互融通，既竞争又合作的金融网络；以提供科技信息和市场信息的咨询服务业有30余家；具有职业介绍、人才劳务资源储存，招工、招聘、待业人员管理，劳动合同签证，失业、保险等多功能的人才劳务市场日趋活跃，外商投资企业可自由录用所需员工，也可依法清退、解雇不需要的员工。

建成了一大批具有相当规模的工业区、住宅区、商业网点、旅游区、高星级宾馆及商厦和文化娱乐场所。开发区的规划设计依照国际上现代港口城市建设成功的做法，在滨海平坦之地兴建生活区，把工业区放在背山坡地、已形成了海滨新兴城区的风貌。开发区利用优惠政策，联合19个省市的投资者，兴建了集商贸、旅游、娱乐为一体的“五彩城”。继银帆宾馆之后，又兴建了金元大酒店、东方大酒店等星级宾馆和高级商厦中银大厦。全区各种文化娱乐设施如妇女儿童活动中心，老干部活动中心，影视城、西游记宫等60多处。区内现有各种学校57所，其中大学1所，在建1所，开发区一中已确定为省、市重点中学，红梅小学已成为实验小学，正在筹建一所国际中学。医疗卫生事业得到较大发展，截至1994年底，全区共有卫生医疗机构106个，开发区医院门诊大楼已经竣工并即将交付使用。

大连开发区的社会秩序良好，法制环境已初步形成。为了进一步完善大连开发区的投资环境，在大力投入硬环境建设的同时，更加注重软环境的优化，利用1994年开发区建区十周年的契机，在全区开展了“塑造新形象，迎接十周年”的活动并取得较大的成效，使全区软环境建设跃上新台阶。

【对外贸易】 1994年，大连开发区对外贸易得到稳步发展，出口创汇增幅较大。面对国际市场多元化竞争新形势、外贸部门积极拓宽国际市场新领域，从而扩大了出口贸易发展。当年全区完成出口商品总值达8.5亿美元、出口创汇7091万美元，分别比上年增长30.7%和14%。“三资”企业创汇比上年大幅度增长，创汇超过100万美元的企业个数比上年增长31%。出口商品结构稳定，渠道通畅，电子、机械、服装、水产品出口大多实现以制成品为主，占出口总额的73%。

1994年，全区对外贸易呈现以下特点：一是深入贯彻并认真实施“以质取胜”的发展战略，大连开发区是典型的出口加工区，产品70%以上外销，因此必须强化质量、把好质量关，才能使开发区的产品在国际市场有较强的竞争力。在产品的收购、加工、检验、包装、仓储、运输等各个环节加强监督、检查，确保出口商品的质量。二是积极拓展国际市场，认真实施多元化的战略，在巩固、发展传统市场的同时，积极开拓新市场，经过不断努力，已由上年的19个扩大到31个。对日出口仍占较大比例，为89%。三是坚持走外贸体制改革之路，加速外贸企业经营机制转换。由于受国家汇率体制改革，汇率并轨的影响，出口创汇成本较高，费用大；加之出口招标不是无偿配额，生产企业，出口供货方面与外商接货两面受影响，影响了企业的对外贸易发展。因此企业打破传统的经营模式，全面加强企业管理，加速经营机制转换，走外贸与内贸，外贸与外经综合经营，一业为主，多种经营之路，使全区的对外贸易得到稳步发展。

【经营与管理】 1994年，大连开发区企业生产与经营态势良好，工业企业增势不减，出口创汇情况较为理想。工业总产值超5000万元的企业达41家，比上年增长70.8%，超亿元的企业16家，比上年增长2.2倍；排名工业总产值前20名的企业产值占全区工业总产值的65%，大、中型企业地位突出。

工业企业门类齐全，全区“三资”企业1142个中已有272家正式投产，建区以来全区已发展成10大门类25个行业，产品品种204项，具有技术含量高、社会效益好的特点。在生产经营中，以市场为导向，产销两旺，产销率达90%，产品外销率平均达70%，高于其它沿海开发区20个百分点，形成了以出口加工为主体的外向型经济，仅1994年，外商投资企业产品出口额达7.8亿美元，而进口总额7.1亿美元。使开发区的产品呈现大进大出，出口创汇能力强的特点。随着外资企业的逐步达产，这种创汇能力将会日益增长。到1994年末，全区累计实现出口创汇达27亿美元，预计整个“八五”期间，工业出口贸易额为30.3亿美元，比“七五”期间的1.85亿美元增长15.4倍，年均递增74.9%。

在土地的开发和使用上，大连开发区于1994年制定了有关规定严格执法监察，实行建设项目开工审批及发放施工许可证制度，为土地的合理有效利用提供了保障，防止了乱占地和盲目占地现象。依据国家有关政策，从开发区实际出发，研究制定了财政税收政策38条，对土地费征收等政策进行了适度的调整，修订出台了土地费征收办法，工业用地年租金上调30%，通过提高土地收费来增加建设资金，扩大再生产。

第三产业在第二产业高速发展的拉动下迅速崛起。1994年，实现新增加值18亿元。其中实现运输总收入2亿元；邮电业务收入8300万元，邮电通讯业务总量7900万元，分别比上年增长84%和65%；各类银行存款余额达42.6亿元，比年初增加11.7亿元，增长53.9%，现金收入23.4亿元，现金支出34.0亿元，收支相抵净投放现金10.6亿元，比上年增长65.9%；各项保险业务收入9678万元，比上年增加5031万元，增长108%；技工贸总收入突破了亿元大关。从三产发展各项指标来看，经济运行态势良好，效益可观，但发展中也存在着薄弱环节，例如房地产开发处于低谷，发展趋于缓慢，主要受国家压缩基建投资规模和固定资产投资等因素影响，许多在建项目受资金困扰而只得搁浅；另有大批建成的住宅区因受区内人口数量少等因素的影响而出现销售困难，一方面可通过加大招商引资力度来刺激房地产业的发展，另一方面应进一步调整进区人口政策，繁荣房地产业发展。

【利用外资】 由于大连开发区采取“全方位”、“多渠道”、“主动出击”的招商引资策略，不断解放思想，抢抓机遇，使引资工作出现了新的局面，引进了一批技术水平高、投资规模大、效益好、出口创汇型的外资项目。截至1994年底全区累计批准“三资”企业1142家，累计合同金额达50亿美元，实际利用外资额达14.3亿美元，协议外资金额28亿美元。累计项目总投资额和协议外资金额仍居全国开发区之首。

全区利用外资情况具有如下几个特点：一是投资规模较大，进区外资企业投资超过1000万美元的有113个，2000万美元以上的有50个，超亿元的企业有4家，其中：中法合资大连西太平洋石油化工有限公司总投资额多达8亿美元，浮法玻璃、佳能大连公司分别为1.3亿美元和1.93亿美元。占地面积为1.6平方公里的保税区，项目已基本摆满，累计引进“三资”企业项目335个，项目总投资4.3亿美元。占地2.17平方公里的中日合作包片开发项目大连工业团地，已引进企业29家；与台湾合作占地1.9平方公里的振鹏工业城已引进企业10家；相继又签定了与马来西亚合作的小窑湾旅游渡假区、与美国合作的辅城工业团地、硅谷高科技城、这些都是开发区迄今为止的成片开发项目，具有较强的吸引力和广泛的世界影响。外资企业平均投资规模达467万美元，高于全国开发区的平均水平。二是投资国别和地区较广。到1994年底，已有31个国家和地区进区投资；香港、日本、美国、法国分别占居在区总投资的前四名，合计总投资额42.9亿美元，占投资总额的86%，项目总数达880个，占项目总数的77%。三是技术水平高。目前，在开发区投资兴业的生产企业已有18家列入世界500强之列，如日本的东芝、佳能、三洋、富士电机，法国的道达尔，美国的辉瑞、PDG，韩国的大宇等国际知名企业先后进区立项投资；全区工业企业有30%以上产品居于世界领先地位或达到90年代国际水平。四是经济效益较好，目前已有272家企业投产，“八五”时期实现利税额为7.3亿元、比“七五”时期增长6.2倍，外资企业普遍得到回报，激发了投资热情，增资频繁，仅1994年就有32家外资企业增资，其增资额1.1亿元，占累计资金额的13%。五是出口创汇能力强。开发区外商投资企业的产品外销率平均高达70%，高于其它沿海开发区20个百分点。

秦皇岛经济技术开发区

【综合经济发展】 1994年，秦皇岛经济技术开发区工、管委带领全区干部职工团结一致，紧紧围绕党中央确定的“抓住机遇，深化改革，扩大开放，促进发展，保持稳定”的工作大局，坚持以经济建设为中心，坚持“以利用外资为主，以工业为主，以出口创汇为主”的工作方针，以扩区建设为契机，以招商为重点，采取了一系列扩大开放的措施和步骤，努力上规模、上水平、上效益，在全国利用外资形势趋紧的情况下，招商工作仍呈良好势头。全区经济快速增长，社会事业进一步发展。初步统计，全年国内生产总值4.1亿元，比上年增长1.2倍；其中第二产业增加值3亿元，增长1.5倍；第三产业0.9亿元，增长1.1倍。

1994年秦皇岛开发区工业生产跃上一个新台

阶，创建区以来历史最高水平。全年完成工业增加值3亿元，比上年增长1.5倍；其中外商投资企业增长1.6倍，内资企业增长1.4倍。工业总产值完成19.3亿元，比上年增长2.2倍，超过了建区前9年的总和。其中外商投资企业完成16.8亿元，比上年增长3.4倍，且各月增速比较稳定。工业总产值达到1000万元以上的外商投资企业有20家，比上年增长1倍，其产值占全部外商投资企业的97.6%。在工业总产值实现利税前10名排行榜中，外商投资企业占70%，其中产值超亿元的外商投资企业有3家。目前，我区外商投资企业完成工业总产值和实现利税分别占全区全部工业总产值和利税的87%和91.9%，已成为全区工业增长的主要力量。

工业经济效益大幅度提高，且实现利税的增长大大高于产值的增长。1994年全区工业实现利税20287万元，比上年增长3.1倍，其中实现利税超过100万元的企业有14家。工业经济效益综合指数由上年的105.34提高到126.59。其中工业产品销售率由上年的91.9%提高到98.5%；按增加值计算的劳动生产率提高38.38%；工业资金利税率由上年的7.6%提高到12.5%；流动资产周转次数由上年的1.55次增加到1.86次；亏损企业的亏损率由上年的36.2%下降到16.6%，亏损企业中投产不足一年的占34.5%。

1994年又有10家外商投资企业投产，产值达9.8亿元，利税达1.4亿元，分别占全部外商投资企业产值的50.7%和68.9%。至1994年底，投产的外商投资工业企业增至54家，共涉及22个行业。其中黑色金属冶炼及压延加工业6家，实现产值104691万元；服装及皮革、皮毛制品业9家，实现产值27611万元；纺织业2家，实现产值13960万元；食品加工业3家，实现产值13855万元；塑料制品业4家，实现产值11463万元。这5个行业共完成产值171580万元，占全区全部工业总产值的比重为88.7%，成为我区工业的支柱产业。

1994年全区固定资产投资成绩喜人。全年共完成固定资产投资39026万元，其中基本建设投资23254万元，技术改造投资15722万元。技术改造投资部分均为外商投资企业完成，占全区固定资产投资额的40.41%，表明外商投资企业普遍重视提高技术水平，以不断增强产品的市场竞争力。

全区固定资产施工面积16.3万平方米，竣工面积12.2万平方米，分别比上年增长93.45%和3.9倍。

区内基础设施进一步完善，城市载体功能进一步增强。全年完成基础设施投资6690万元，共修建道路8公里，各类管道25.8公里，锅炉房扩建以及第二中心配电室，已基本建成。

1994年，全区商业实现销售收入2.7亿元，利润1154万元，分别为上年的94%和1.2倍。分行业看，粮食、电子产品及医药产品销售势头看好。全年完成商业增加值5278万元，比上年增长1.5倍。

交通运输业平稳发展。全年完成货运量364万吨，货运代理收入额478万元，分别为上年的98%和1.5倍，全年完成运输业增加值391万元。

邮电通讯业坚持把通讯建设和市话发展放在首位，全年邮电业务总收入2302万元，比上年增长54.5%。具有国内国际直拨功能的4400门程控电话顺利开通，改善了全区通讯功能，增强了与外界的交流和联系。无线寻呼、移动电话增幅在4倍以上。

【金融和保险】 金融形势平稳健康发展。到1994年末，银行各项存款余额32729万元，比上年末增长28.1%；银行各项贷款余额36568万元，比上年末增长13.3%；银行现金收入59240万元，比上年增长16.8%；银行现金支出55461万元，比上年增长7.3%；收支相抵净回笼货币3779万元。

保险事业发展较快。1994年国内业务承保金额达136亿元，比上年增长2.5倍。全年处理国内财产险赔案287件，支付赔款1362万元，分别比上年增长1.4%和84.5%。

科技事业有了进一步的发展。1994年，全区共批准科技型企业15家。截至1994年底，共批准科技型企业77家，高新技术企业16家，其中省级高新技术企业13家，省级高新技术企业占全市高新技术企业的比重为68.4%，居全市首位。

全区各类专业技术人员1967人，其中高级职称130人，中级598人，初级1239人。

基础教育稳定发展。1994年初中在校生622人，小学在校生824人。

1994年末，开发区医院实有医疗床位30张，卫生技术人员55人，其中高级医务人员3人，中级16人，初级36人。

【招商引资】 1994年，秦皇岛开发区从实际出发，走适合自身特点的招商引资道路，实行“内外结合，主动出击”的策略，走“中中——中中外”的道路，“筑巢引凤”与“引凤筑巢”并举，全年批准中外合资经营企业、中外合作经营企业、外商独资企业（以下简称外商投资企业）61家，比上年增加14家，增加30%，占全市批准外商投资企业的47%；合同外资5802.87万美元，比上年增长4.08%，占全市的40%；实际引进外资5044.98万美元，比上年增长17.46%，占全市的66%。

1994年秦皇岛开发区招商引资有以下特点：1. 投资规模大，技术含量高。在新批准的61家外商投资企业中，投资总额超过500万美元的有7家，属于电子、微电子、光电通讯、机电一体化、精细化工等新兴产业和高新技术的企业有11家，占新批企业总数的18%，高新技术的引入必然带动全区工业技术档次的提高和市场竞争力的增强。2. 投资领域进一步拓宽。在坚持以引进工业项目为主的前提下，秦皇岛开发区今年投资领域向养殖、基础设施开发、交通运输、技术研究、咨询服务等行业拓展。目前形成了以冶金、机械、电子、建材、精细化工等工业行业为主，第三产业加速发展的多行业格局，形成了秦皇岛开发区特有的产业特色。3. 投资国别及地区又有增加，但仍相对集中。全年新增加了玻利维亚、哈萨克斯坦、俄罗斯等国家的投资。截至1994年底，来区投资兴业的国家与地区已达20个，其中，香港、日本、美国3个国家及地区的投资，占全部项目总投资的80.08%。4. 增资势头不减。建区以来，共有11家外商投资企业增加投资，增资总额2266万美元，其中1994年增资企业6家，增资额为1326万美元，平均每个项目增资221万美元，超过1994年当年批准项目的平均投资规模。其中增资额在800万美元以上的2家。

截至1994年底，秦皇岛开发区累计批准外商投资企业191家，合同外资48477.63万美元，实际进入外资16912.24万美元，外资实际到位率为34.9%。

【对外经济贸易】 随着全区经济的发展，对外贸易再创佳绩。1994年全区外贸进出口总额8535.5万美元，比上年增长91.9%。其中出口总额5034.5万美元，比上年增长68%，在出口总额中，外商投资企业出口4734.5万美元，比上年增长1.3倍，且占全区出口总额比重由上年的67%上升到94%。全区进口总额为3501万美元，比上年增长1.4倍。进出口商品结构进一步改善。工业制成品出口总额4873万美元，增长1.7倍，占出口总额的比重由上年的96.2%提高到96.8%；进口原材料、零配件总额达3081万美元，比上年增长15%，占进口总额的比重由上年的75%提高到88%。扣除不收付外汇的进出口货物，出口大于进口1533.5万美元。

1994年出口企业不断增加。由上年的16家增至20家，出口产品涉及到服装、食品、纺织、娱乐体育用品、电子等轻工产品。其中服装业位居第一，出口额为3290万美元，占全部出口额的69%；在出口服装的企业中，韩国独资企业——相林皮革制品有限公司的服装出口额占全部服装出口额的89%，其产品远销到德国、法国、美国、瑞士等国家。中美合资的中兴电子有限公司也创出了当年投产当年创汇345万美元的可喜成绩。

对外贸易伙伴进一步增加。全区出口产品行销日本、美国、韩国、爱尔兰、瑞士、香港等12个国家和地区。其中日本居首位，占出口总额的比重为38.8%，其次，美国为14.2%、韩国和德国为10.1%。

【经营管理】 秦皇岛经济技术开发区在建立社会主义市场经济体制条件下，积极探索，勇于实践，加大企业改革力度，深化产权制度改革，着力发展股份制，试行资产承包经营责任制，确保国有资产保值和经营资产增值，取得突破性进展。

秦皇岛开发区针对国有资产管理工作起步晚，基础工作薄弱的实际情况，狠抓基础管理工作。由于客观原由，开发区各直属（国有）企业所占用的财产绝大部分挂在开发区总公司帐面上，而被直属企业无偿占用，国有资产得不到维护和保值。为此，秦皇岛开发区于1993年年初大胆地借鉴西方（日本）国家“从调查起步，建立分户台帐制度”等方面国有资产管理工作的成功经验。首先，组织开发区总公司、各直属企业对其所占用的国有资产有步骤地进行资产清查，帐物核实，逐个登记，摸清底数。其次，据总公司帐面财产的性质和占用情况，确认属权，提出授权方案，逐步分解下划，优化资产配置，理顺产权关系。共下划国有资产7 089.8万元。其三，为保卫下划资产，要求各企业抓基础，促管理。按《固定资产分类与代码》逐户建立固定资产台帐，为国有资产管理工作奠定坚实基础。目前，已有20个单位建立了固定资产台帐制度。其四，在产权登记过程中，试行并坚持“三结合”制度。即，一是国有资产年检与财政联审决算相结合；二是开办、变动、注销、年检登记与工商登记相结合；三是建帐与建制相结合。其五，为有效地遏制各国有资产占用单位与同级国有资产管理部门之间，占用单位与内部责任人员之间存在的被动附属关系，建立了国有资产管理监事会制度。监事会由企业厂长（经理）、企业党组织、职工代表和同级国有资产管理部门负责人组成，专司监管国有资产工作，并明确责任、权利和义务，形成一个职责明确，互负连带责任的有机监督管理体系。

秦皇岛开发区积极地投入股份制企业试点的实践中，鼓励和扶持股份制企业发展。从以下八个方面积极地为股份制企业发展创造条件，稳妥地推进股份制进程。

——继续做好贯彻《全民所有制工业企业法》和《全民所有制企业转换经营机制条例》工作，把企业的各项自主权和相应的责任不折不扣地落到实处。

——加快转换企业经营机制和企业组织结构调整的步伐，实行企业兼并制度，深化企业内部“三项”制度（劳动、人事、分配）改革。

——转变政府职能，增强宏观驾驭经济的能力，推出直属企业定级、内部分配、促销、招商、市场发育等一系列配套措施，逐步实现两权分离。

——把财税、金融、投资和计划、外贸、国有资产体制改革与深化企业改革有机地衔接起来，减轻企业办社会负担。

——做好《国有企业财产监督管理条例》的学习、贯彻工作，实施国有资产监事会办法。

——对于不具备条件的企业，诸如小型企业，积极探索试行租赁、拍卖、国有民营等其他组织形式。

——有效地组织参股企业进行资产立项、评估、确认、经营权划转以及帮助法人单位委派股权代表。

——试行资产承包经营责任制，深化企业改革。

到1994年底，开发区共组建了8个股份制企业，筹集资金达7 622万元。8个股份制企业累计完成工业总产值2 199万元，实现产品销售收入16 855万元（含商业经营收入），实现利税1 030.8万元。

秦皇岛经济技术开发区于1993年年初开始对12个直属企业原承包合同进行修改，完善承包国有资产保值和增值指标体系和相应的报告制度。具体原则是将考核上交利润，改为考核企业净资产的增值。企业的经营结果，职工工资收入都由企业净资产实际增值情况来决定。研究并提出了全员资产经营风险抵押办法，使试行资产承包的企业内部形成利益共同体，提高资产承包的整体意识。此外，积极引导企业兼顾国家、企业和个人三者的利益关系，将职工工资总额与企业净资产挂钩，严格执行“两低于”原则，即职工平均工资增长不能高于企业劳动生产率的增长幅度，职工工资总额的增长不能高于上交税利的增长幅度。从1993、1994年两年度实行资产承包企业的总体情况来看，国家、企业和职工均受益。1993年国有资产增值额达到838.9万元（不包括三资企业分来利润），比核定的增值指标625.9万元，增加213万元，增长34.93%；实现税利772.6万元，增长68%；上交税利196.3万元，增长118.4%；职工平均工资增长23.8%。1994年上述四项指标分别增长14.1%、9.65%、35.66%和96%。

在这种形势下，为了维护国家的利益，强化国有资产经营者的责任感和效益感，他们在国营、集体、内联、股份制、企事业单位凡涉及产权变动时，诸如：资产的转让、股份经营、联营、出售、拍卖、企业清算，以及兴办中外合资、合作企业等等，都要求企业按照《国有资产评估管理办法》的有关规定和程序进行资产的评估和确认工作，使此项工作达到规范化和标准化。如某公司予与韩国SEOUL株式会社合资，中方准备以老企业厂房机器设备投资，但不十分清楚如何办理资产入股事宜。开发区有关部门得知情况后，立即向该公司讲明国家政策，并提出聘请具备评估资格的市会计师事务所进行资产评估的建议，得到了该公司领导的采纳与支持，并帮助该公司办理评估立项工作。评估报告业经国资局确认后，资产增值311.5万元，增值率达100.4%。不仅保卫了国有资产，而且，维护了中方的利益并促成了项目。

（撰稿　陈爱民　刘明知　王怀强）

天津经济技术开发区

【综合经济发展】 1994年，天津经济技术开发区以邓小平同志建设有中国特色社会主义理论和党的基本路线为指导，振奋精神、开拓进取，全面贯彻落实开发区1994年工作要点，社会经济健康、高速发展，取得了重大成果。工业发展速度连续四年实现倍增，工业规模达到一个新的数量级；招商引资连续七年保持强劲的增长势头，今年再创历史水平；外贸出口稳步增长；融资开发土地进展顺利；基础设施投资力度为建区十年之最；金融贸易生活区城市化进程加快，第三产业和各项社会事业协调发展，全区综合实力大为提高。

1994年全区国内生产总值（GDP）为48.8亿元，按可比价格计算比上年增长75.3%，其中第三产业增加值9.7亿元，增长6.6%，占国内生产总值的比重为19.8%，全区人均国内生产总值达5.79万元；全区实现税收8.01亿元，比上年增长85.3%，企业利润总额21.9亿元，比上年增长82.8%。

1994年天津开发区的工业持续高速增长。全年工业增加值38.9亿元，按可比价格计算，比上年增长103.1%；工业产品销售收入137.8亿元，比上年增长119.1%，其中外商投资企业实现销售收入134.9亿元，比上年增长127.0%。工业总产值按当年价格计算为149.1亿元，其中外商投资企业实现工业产值146.9亿元。按1990年不变价格计算，全区工业产值为116.5亿元，比上年增长94.0%，其中，外商投资企业实现工业总产值114.8亿元，比上年增长98.9%；全区工业产销率92.4%。

全区工业产值排行榜前20名均由外商投资企业包揽，共实现工业总产值104.9亿元，占全区总量的70.4%，且入围起点由1993年的6 687万元提高到11 357万元，提高69.8%，其中新入围企业9家，更新率为45%。老的骨干企业达产势头强劲，摩托罗拉（中国）电子有限公司实现产值28.17亿元，比上年增长245.6%，顶益国际食品有限公司实现产值16.32亿元，比上年增长200.2%，以通广三星电子有限公司、可口可乐饮料有限公司、正大饲料科技有限公司、美特包装有限公司为代表的新的大型企业迅速崛起，使得天津开发区工业增长点多元化，发展后劲十足。

从全区工业企业销售收入排序看，有3家企业可进入由国家统计局排定的1993年中国最大的500家工业企业的行列。

1994年全区工业运行结果表明，电子、电气、化工、机械、金属制品、服装、食品、新型建材八大行业构成全区的支柱产业，其销售收入实现123.0亿元，占全区工业销售收入的89.3%。天津开发区已经形成了相对稳定的工业产业结构。

1994年有469家外商投资企业开工开业，全区开工开业的外商投资企业已达1014家，其中786家为工业企业。

1994年全区工业实现利润18.2亿元，比上年增长113.4%，占全区利润的82.3%；提供税收5.3亿元，比上年增长82.4%，占全区税收的65.9%；外商投资企业（工业）人均创利税3.84万元，最高水平可达111.38万元，比上年增长138.4%。

全区报亏损的工业企业222家，亏损面占企业总数的28.3%，其中，投产不足一年的企业占亏损企业总数的56.2%。

【利用外资】 1994年，天津开发区继续遵循“为投资者提供方便，让投资者赢得利润”的对外招商准则，“一贯制”服务使得大批外商在反复比较后，选择天津开发区投资置业。全年批准外商投资企业487家，其中中外合资企业167家，中外合作企业7家，外商独资企业313家；协议投资总额15.23亿美元，比上年增长了22.8%；合同外资金额11.99亿美元，比上年增长57.8%，继续保持两位数的增长率，显示了天津开发区在海外知名度的提高和投资环境的吸引力。

1994年利用外资工作整体出现了方向性、趋势性变化。1. 投资国别（地区）结构优化。全年投资额居前十位的国家和地区是：丹麦26 000万美元，占17.1%；香港22 021万美元，占14.5%；美国16

044 万美元，占 10.5%；韩国 11 118 万美元，占 7.3%；德国 7 896 万美元，占 5.2%；英国 6 332 万美元，占 4.2%；日本 5 877 万美元，占 3.9%；瑞士 4 418 万美元，占 2.9%；新加坡 4 348 万美元，占 2.8%，台湾 1 953 万美元，占 1.3%。上述位居前十名的国家和地区投资总额 106 007 万美元，占全年利用外资的 69.6%。其中丹麦、英国、德国、瑞士等欧洲国家的投资额较往年有突破性增长。天津开发区利用外资有向欧洲倾斜的趋势。2. 投资主体中，跨国公司占有比例日趋加重。1994 年，以丹麦的诺和诺德、美国的标准洁具、瑞士的雀巢、德国的 SEW 为代表的世界著名大型企业、跨国公司入区投资，总数达 22 家；投资额 7.3 亿美元，占全年外商投资企业协议投资额的 48.0%。3. 天津开发区项目平均规模明显加大。全区平均投资规模为 312.7 万美元，比上年增加了 176.8 万美元。全年新批准的 487 家外商投资企业中，投资额在 300 万美元以上的有 48 家；投资额在 1 000 万美元以上的有 25 家；投资额在亿美元以上的 2 家。4. 一批超大规模的基地型项目的入区经营，使引进外资的质量不断提高，资金投向由劳动密集型向资金技术密集型的新兴产业转变。从投资结构上看，已经形成三大产业群：以半导体元器件、移动通讯设备、电子计算机制造为主的电子产业群；以汽车零部件、精密机床、电气制造为主的机械产业群和以工业用酶制剂、胰岛素和饲料添加剂为主的生物工程产业群。这三大产业群的协议投资总额达 11.6 亿美元，占全区总投资额的 28.9%。5. 外商独资企业比重加大，并不断增资。1994 年新批准的外商独资企业 313 家，占批准总数的 64.3%，比上年高出 8 个百分点。年内共有 59 家企业办理了增加投资手续，增资总额达 3.14 亿美元，注册资本增加 1.39 亿美元，增资额占全年协议投资总额的比重为 20.6%。通过增资使企业投资额超过 1 000 万美元以上的企业 6 家。

截止到 1994 年底，共有 59 个国家和地区的客商在天津开发区投资，累计批准外商投资企业2 196 家，协议投资总额 40.57 亿美元，注册资本 26.13 亿美元，合同外资金额 28.47 亿美元。工业区每平方米（按总面积计算）投资密度为 287.8 美元，比上年增长 8.2%。

1994 年，内资企业发展较快，全年办理内资企业登记 1 132 家，注册资本 35.21 亿元。十年累计注册内资企业 4 008 家，注册资本 109.45 亿元。

【发展外贸】 抓住国家外贸体制改革和汇率并轨的机遇，全区对外经济贸易又上新台阶。1994 年全区外贸出口总值 5.4 亿美元，比上年增长 86.2%，其中外商投资企业出口 5.3 亿美元，比上年增长 96.6%，占全区出口总值的 98.6%；1994 年全区进口总值 6.7 亿美元，比上年增长 124.0%，其中原材料和零配件进口总值 4.9 亿美元。

1994 年，全区有产品出口外销的企业共计 184 家，比上年增加 33 家。出口额超过 100 万美元的企业 64 家，出口额超过 1 000 万美元的企业 12 家。当年首次出现出口超过 1 亿美元的企业，摩托罗拉（中国）电子有限公司出口额 11 321 万美元，高居出口企业榜首。在出口企业前 20 名中，出口总值达 4.25 亿美元，占全部出口额的 78.1%。

出口产品行销香港、日本、美国等 46 个国家和地区，出口总额中，香港占 38.9%，日本占 23.3%，美国占 13.8%，韩国占 10.2%。产品出口主要分布在 24 个行业上，其中电子电气行业出口额 20 010 万美元，服装行业出口额 9 071 万美元，食品行业出口额 5 464 万美元，金属制品行业出口额 5 441 万美元，机械设备行业出口额 4 387 万美元，这五大行业的出口额占全区出口总额的 81.5%。

【土地开发与基础设施建设】 1994 年是开发区管委会确定的“投资环境年”，土地开发和基础设施硬环境的建设是“投资环境年”的重心。截止 1994 年底，全区已开发土地 16.8 平方公里，其中工业区 12.3 平方公里，生活区 4.5 平方公里，1993 年全面展开的融资开发土地（总面积达 8.59 平方公里），在年内进展顺利，开发完毕具备摆放项目和已摆上项目的土地达 4.1 平方公里，缓解了项目等土地的被动局面。

1994 年，是建区十年来，基础设施投资力度最大的一年。全年共完成基础设施投资 9.0 亿元，其中计划内投资 7.5 亿元，比上年增长 102.0%。日供水 5 万吨的自来水厂、110KV 变电站增容，热电联产工程、燃气中心建设、输港高架桥等一批骨干项目，有的已经竣工发挥效益，有的正在抓紧跨年度施工。污水处理厂采取政府间贷款形式，由澳大利亚政府贷款 490 万美元的项目已经签约。高密度的投资建设，使全区城市载体功能得以显著加强。截止 1994 年底，全区道路总长度 46 公里，总面积 135 万平方米，其中 1994 年新增 7 公里和 41 万平方米；全区给水管网总长度 81 公里，排水管网 213 公里，其中 1994

年铺设的管网分别为23公里和51公里。全年区内自来水供应863万吨，供热蒸汽48万吨，供电1.79亿度，供燃气51.4万立方米。全区绿地面积达27.8公顷，区内人均绿地6.8平方米，绿化覆盖率达到8.15%，比上年提高0.75个百分点。

【商业、交通运输及邮电业】 1994年天津开发区商业（含饮食服务业、物资供销与仓储）发展迅速，全区商业增加值4.2亿元，实现销售收入30.7亿元。集娱乐、餐饮等功能于一体的泰达会馆、海晶游乐城、金桥商苑、益商大厦等服务网点相继开业，全区的生活设施日趋完善。

1994年天津开发区交通运输生产持续稳定增长。全年完成客运量112万人次，客运周转量13 776万人公里，货运量165万吨，货物周转量15 420万吨公里。运输营业总收入8，029万元，全区共有289个客货运输单位，营运车辆共1 994辆，其中出租汽车公司30个，营运车辆1 134辆，来往于天津市区与开发区之间的公交营运车辆33标台。

1994年天津开发区的邮电业取得较大进展，全年完成邮电业务总量3 757万元，比上年增长73.9%，其中邮政业务量125万元，电讯业务量3 632万元。全区具有国内国际直拨功能的程控电话装机容量已达1万门。1994年建立了开发区商业信函中心，共发出函件51万件，进一步完善了全区的通讯功能。

【金融保险业】 1994年天津开发区金融保险业增加值3.17亿元，全区有银行6家，信托投资公司2家，证券公司1家。

1994年末全区金融系统各项存款余额24.32亿元，比年初增加了5.35亿元骰各项贷款余额24.16亿元，比年初增加3.08亿元。全年银行现金收入17.64亿元，银行现金支出26.46亿元，收支相抵，货币净投放8.82亿元，比上年增加5.76亿元。

人民保险公司、太平洋保险公司、平安保险公司在天津开发区的业务处1994年全年共受理保险7 607件，承保总额306亿元，保费收入9 230万元，已决赔款3 290万元。保险业在全区稳步发展。

【科技、文教、卫生】 天津开发区科技事业取得新的发展。1994年全区有3家企业被认定为“先进技术企业”，5家企业被列入天津市1994年重点采标单位。在各项科研工作中，完成科技成果鉴定4项，审批科研项目1项。技术市场进一步开拓，全年技术合同成交额达200万元。

教育事业在天津开发区得到较快发展。1994年天津开发区培训中心全面利用现有的教学设备和师资力量，共培训各类人员1 700人次。开发区泰达幼儿园、泰达国际学校于1994年正式招生，其中招收外籍学生42人。师资力量配备较强，拥有外籍教师6人，外籍校长1人。为满足企业对高素质员工的需求，开发区两所职业中专继续为全区培养和输送人才，1994年共招生480人，在校生1 600人，分配毕业生220人。

医疗卫生事业稳步发展。开发区医院现拥有专业医务人员43人，其中高级医务人员13人，中级14人，区内平均每千人拥有医务人员1.0人；拥有床位50张，区内平均每千人拥有床位1.2张。全年就诊人数3.71万人次，下企业查体8 140人次。

卫生防疫系统取得可喜成绩，评出市级爱国卫生运动红旗单位3个，先进单位5个。卫生防疫站对全区食品行业、化妆品行业、宾馆饭店从业人员7 923人进行了体格健康检查，对3 427人进行了卫生知识培训，对20个单位进行了环境卫生监测，监测点为156个，取得监测数据1 092个。1994年全区共发放卫生许可证126个。

【从业人员和社会保障体系】 1994年底天津开发区从业人员84 218人，其中外商投资企业61 152人；区内从业人员40 921人，其中外商投资企业36 077人。全区各类专业技术人员12 852人。

天津开发区社会保障体系进一步完善，截至1994年底，有496家外商投资企业为其员工投保，投保人数达26 250人，投保金额4 700万元。

烟台经济技术开发区

【招商引资】 1994年，烟台经济技术开发区共签订外引内联项目190个，合同总金额3.35亿美元。引进项目质量有了显著提高，主要表现在：一是外资项目所占比重大。全年引进外资项目117个，合同外资额1.5亿美元，分别占项目总数和合同总金额的61.6%和43.8%，较上年分别增加了22.4和7.3个百分点；二是引进项目平均投资规模增大。项目平均投资规模达到176.5万美元，增长56.6%。其中外资项目平均规模达到212万美元，增长9.3%，内资项目平均规模达到935万元，增长180%；三是引进工业生产性项目比重增加，商贸、房地产项目比重减少。全年引进工业生产性项目124个，占项目总数的65.3%，较上年增加29.4个百分点；商贸、房地产项目26个，占项目总数的13.7%，较上年减少33.2个百分点；四是引进外商独资项目比重增加。全年引进独资项目44个，占三资项目的37.6%，较上年增加了11.5个百分点；五是实际利用外资大幅度增长。全年实际利用外资额达1.03亿美元，增长69%。同时，项目建设富有成效，工业项目的投资比重进一步加大。生产性项目投资达6.5亿元，增长23.1%，是非生产性项目投资的2.7倍。在招商引资工作中，重点抓了两方面工作：

一是项目引进工作得到进一步强化。全年共派出54个团组185人次到国外招商。先后有237批、2472人次国外客商前来烟台开发区考察参观，促成了一批项目，特别是工业、高新技术项目的签约。6月18日，烟台开发区成功地举办了“’94烟台开发区中国——新加坡国际经贸洽谈会”，共有200多名外商参加了洽谈会，签订经贸合同50个，总金额2.05亿美元，掀起了全区对外招商的新高潮。纵观全年的项目引进工作，有两个显著的特点：第一个特点是，各部门、各单位齐拉共引，形成了全区项目引进工作的强大合力。一年来，烟台开发区各部门、各单位克服困难，在做好本职工作的同时，集中人、财、物力，千方百计拉项目、搞招商，取得了重大突破。第二个特点是，重点大项目的引进力度进一步加大。在大宇重工项目引进中，从外商第一次来区考察开始，就安排了2名工作人员全程陪同做工作，并及时解决了项目选址、征地及场地平整、基础设施供应、配套厂家落实等问题，得到外商的高度评价，使该项目只用了不到6个月的时间便完成了引进任务；在大宇汽车项目引进中，抽调精干力量组成大宇汽车办公室，从规划选址到启动资金筹措等方面全力支持，大大加快了该项目的进展；在总投资2933万美元的电装车用空调压缩机项目引进中，方方面面主动配合，帮助解决有关问题，终于促成该项目于1994年11月24日在北京正式签订合同，并于1995年1月19日举行了项目开工典礼。

二是重点项目建设速度大大加快。围绕着年初确定的重点在建工业、高新技术项目，烟台开发区自上而下层层分解指标，落实责任，将项目建设的推进任务落实到有关职能部门，落实到项目单位和跟踪人员，并将其列入责任制考核。在推进过程中，工委、管委领导先后召开了6次重点项目调度会，现场拍板解决了涉及项目建设中的资金、征地和各项基础设施配套等50多个问题，加快了项目建设步伐。烟台开发区还从供水、热力、供电、邮电等基础设施配套方面，以及金融政策上，向重点项目倾斜，及时解决项目建设中遇到的各种问题，有力促进了重点项目建设。年内，汽车内饰件、西特化工、光生铝、钢格板、医用导管等一批骨干企业已相继投试产；电子网目板、导电玻璃、锦纶扩建、氨纶二期、黄海钢铁二期等10多个大中型骨干项目已按期完成土建工程，进入设备安装调试和投产前期准备阶段。

【投资环境】 1994年，烟台开发区完成固定资产投资11.4亿元，其中基础设施投资1.68亿元。修筑各种道路43公里、46万平方米，铺设水、电、煤气、通讯、热力管网45公里。新增电话装机2500门，新增供热面积35万平方米，新增电力负荷5000万千瓦。全年完成绿化投资936万元，绿化面积45万平方米，全区投资环境有了明显的改观。1994年，按照为工业、高新技术项目提供优质、高效、超前服务的指导思想，烟台开发区致力于投资环境的完善和优化，使其有了根本性的改观。一是重点基础设施投入加大，水、电、通讯、热力、道路等五大重点基础设施建设进展迅速。全年先后新开13条快车道，新铺4条慢车道和7条人行道；总投资2400万元的夹河大桥已建成通车；11万伏变电站工程年内投入资金2000多万元，完成土建工程量的80%；二是进一步完善基础设施配套，优化投资环境。本着保项目，保生活，对急需的快配套，配套不完善的快完善的原则，烟台开发区对8平方公里建成区和16平方公里在建区内的各种基础管网，进行了全面的疏理、检查，进一步提高了基础设施利用率。三是以“中新经贸洽谈会”为契机，狠抓了城区综合整治和绿化美化工作。1994年共完成拆迁面积3.4万平方米，是建区以来最多的一年；突击整治了东、西、南、北、中五大环境。在中心区建起了17万平方米的天地广场和由两组12位名人雕塑组成的名人雕塑园，建起了高38米的开发区区标。投资30万元在长江路等主干道路上建设了10个美观大方，具有现代气息的候车亭。在北部沿海，修建了天街广场和医院门诊楼裙房，进一步美化了海滨的景观；狠抓了建成区内的绿化美化工作。先后平整场地50万平方米，填土40万方，栽植各种苗木20万株，铺植草坪26万平方米，绿化总面积是1987年至1993年前7年总和的2倍。组织50多个单位投资240万元，在区内主干道路两侧的建筑物上安装了各式各样的霓虹灯。对8号等小区的区内配套设施进行了全面整治，新增设了卫生设施和绿地栏杆，加宽了道路，形成了独具特色的小区新貌。

【经营管理】 目标责任制管理，是一条被实践证明行之有效的管理方式和手段。一年来，烟台开发区各部门、各单位及广大干部职工以高度的责任心和使命感，想要点，干要点，较好地完成了各项要点任务。经考核，全区有16个部门和单位进入责任制考核一档行列。在实施目标责任制管理中，主要有三个特点：一是领导重视。对工委、管委下达的每一项要点任务，都由主要领导亲自挂帅，起到了表帅和带头作用。特别是项目引进方面，不但有专人负责，而且单位主要领导亲自抓客户、抓跟踪、抓签约，有的机关单位的主要负责同志全年有三分之一的时间靠在项目工作上。二是任务明确，责任清楚。承担目标任务的部门，把工委、管委下达的任务指标进行了具体分解，然后落实到每一个科室，落实到每一个职工，并对完成情况定期考核通报，促进了要点的落实。三是抓住了重点。特别对引进500万美元、1000万美元大项目的任务指标，对24个在建、18个在谈工业和高新技术项目，以及重点基础设施建设等事关全局的重要要点指标，都作为目标责任的重要内容，重点考核，并在人、财、物和领导精力上实行全方位倾斜。为了确保全年要点任务的圆满完成，从10月份开始，烟台开发区在全区掀起了“大干四季度，全面完成全年任务”的高潮，并开展了“五查五比”活动。本着缺什么补什么，欠多少补多少的原则，将尚未完成的任务一笔一笔地分解到月、到旬、到天，分解到每个领导成员和每个人，并派出了五个督查小组深入到各企事业单位进行督导检查，有力地促进了要点任务的完成。据不完全统计，在大干四季度中，全区派出促销队伍230多支、780多人次，回笼欠款1500多万元，向78家土地费欠交单位发出了限期缴款通知书，依法对7家经营者的土地进行了调整。

【深化改革】 1994年，全区实现国内生产总值16.13亿元，增长16.5%。其中完成第二产业国内生产总值11.23亿元，增长12.6%。完成第三产业国内生产总值4.82亿元，增长27.2%；全年新试产、投产企业84家，其中三资企业57家；实现工业总产值25.03亿元，企业利税2.1亿元，分别增长16.9%和16.7%；完成进出口总额2.27亿美元，其中出口创汇1 23亿美元，分别增长5.8%和35.9%。一年来，烟台开发区在认真贯彻落实中央、省、市一系列改革政策中，联系实际，大胆探索，促进了各项改革和管理工作的不断深化和加强。一是各项改革不断深化。按照市委、市政府“三个三分之一”的要求和工委、管委年初工作部署，烟台开发区加快了直属企业股份制改造步伐。目前已有北洋公司、三鑫公司、银和公司三个企业完成了股份制改造。实业公司、房地产公司等4个直属企业已完成了资产评估；物资公司、半岛集团等8个企业正在进行资产评估。同时，各项综合配套改革不断深化。目前已制定了社会保障体制、投资体制、国有资产管理体制等6个方面的综合配套改革方案，并已着手开展工作。为搞好股份制改革，烟台开发区4月份与国家体改委、国家证券培训中心等单位联合举办了“股份制培训班暨股份制理论研讨会”；5月份承办了“中美推行职工股份制与招商引资洽谈会”，包括三资企业厂长经理在内共有200多人参加了培训，收到了较好效果。目前，烟台开发区共审批股份制企业120家，股本金3.5亿元，吸收外地资金1.1亿元；出售国有小型企业12家，促进了企业机制的转换，激发了企业内在活力。二是各项管理工作得到进一步强化。一方面，在企业管理中，通过深入开展“双增双节”活动，进一步强化了企业生产、销售、财务、用工等各项管理工作，较好地堵塞了管理中的各种漏洞，增收节支成效显著。同时，积极引导企业按照国际标准组织生产和管理，西蒙西轴承有限公司率先通过了ISO9000国际质量标准认证。目前全区20多个企业正在积极进行认证前的各项准备工作，为全面开拓国际市场奠定了基础。良好的企业管理工作，有力地促进了企业经济效益的提高。一年来，烟台开发区涌现了华润锦纶、氨纶厂等4个产值过亿元的较大型企业；涌现出了华润锦纶、东星集团等7个利税过千万元的利税大户；涌现出了进出口公司、银和公司、鲁星食品等5个创汇超500万美元的出口创汇大户。烟台开发区进出口公司完成进出口贸易额达5849万美元，其中出口创汇3175万美元，企业名列全国500家较大外贸企业的第426位。另一方面，依法治区工作得到全国强化。一年来，先后制定出台了18个法规性文件，各项管理工作逐步走上正规化、规范化、法制化轨道。

【精神文明建设】 加强党的建设，坚持“两手抓，两手都要硬”，是对外开放和开发建设事业快速、健康发展的根本保障。一年来，烟台开发区始终把党的建设、精神文明建设和政法工作放在重要位置来抓，强化工作力度，加大工作措施，取得了显著成效。一是党建工作得到进一步加强，党组织的战斗力不断提高。在党的组织建设中，按照德才兼备的原则，为各级领导班子选拔充实了一批优秀人才，并对机关副科级以上、企业副经理、三总师以上干部进行了一次全面考察，为干部的使用和作用的进一步发挥打下了良好的基础。针对农村基层党组织比较薄弱的现状，在深入调查研究的基础上，采取举办农村领导干部培训班、下派包村干部等形式，使农村党组织基本健全起来，并在发展农村经济，保持农村稳定，提高人民生活水平等方面，发挥了积极的作用，加快了农村向城市转变的步伐。同时，对三资企业和股份制企业的党建工作进行了大胆的探索，积累了丰富的经验，中央人民广播电台和省市新闻媒介均做了宣传报道。按照严格标准，提高质量的要求，烟台开发区全年共发展新党员68名，增加了党的新鲜血液。在党的思想、作风建设方面，烟台开发区于年初对全区党员干部队伍进行了全面整顿，把党员干部的思想迅速统一到第二次创业，发展工业、高新技术项目上来；10月份，围绕学习贯彻十四届四中全会精神，分别举办了直属机关、企业党务干部学习班和三资内联企业党组织成员学习班，进一步明确了党在新时期的任务、宗旨和工作重点，统一了思想，统一了行动。烟台开发区始终把反腐败斗争列入重要议事日程，认真抓了中央5条、11个不准、省委10条和市委有关规定的落实。通过召开民主生活会等形式，查问题，找不足，进一步净化了党风，严肃了纪律。二是加强精神文明建设，提高全区整体文明水平。一年来，先后在全区开展了如何做一个合格的开发区人大讨论；开展了发展社区文化、企业文化和以“十星级文明家庭”为内容的家庭文化建设活动；组织开展了“三文明”活动和评选“六佳”活动；组织召开了职工田径运动会和丰富多彩的文化活动。全年共组织发表市级以上新闻稿件840篇，其中在海外发表240篇，中央级156篇，省级85篇，从不同角度、不同层次宣传了开发区的整体形象，扩大了开发区对外知名度，促进了招商引资工作的开展。三是强化政法工作，确保政治和社会稳定。一年来，烟台开发区政法部门从服务于改革开放和开发建设大局出发，团结一致，密切协作，成功地组织了严打集中统一行动、冬季破案会战等几次大的行动，妥善处理了部分群众闹事、上访事件，维护了全区的稳定。全年刑事案件发案率比去年下降36.9%，破案率提高4.4%。

（撰稿　魏东　牟晓）

青岛经济技术开发区

【综合经济发展】 青岛开发区1984年经国务院批准，1985年3月动工兴建。十年来，开发区建设者们在党中央改革开放路线、方针和政策的指导下，在中央、省、市的正确领导和关怀下，按照把开发区建设成改革开放的“窗口”、样板和“试验田”的要求，紧紧抓住每一次大开放、大改革、大发展的机遇，积极开拓、努力实践、艰苦创业、奋力拼搏，终于使昔日一片荒郊田野初步发展成为投资环境良好，以开放型经济为主体的新城区，成为青岛市、山东省乃至中国东部沿海最具活力、最有发展潜力的新经济区之一，展示出令人瞩目的生机和活力。

——形成了良好的对外开放大环境。至1994年底，国家已投入70多亿人民币在开发区及其周围建成了一批大型能源、交通设施，为开发区今后的发展注入了巨大的活力，积蓄了强大的后劲。这些设施是：前湾港工程，其一期工程已建成交付使用，年吞吐能力为2200万吨，二期工程也已着手建设，建成后年吞吐能力可达到4000万吨，前湾港将最终建成亿吨大港；黄岛油港及其附属储油设施工程，已建成并投入使用，年吞吐能力3000万吨，为开发区今后发展大型石化工业奠定了良好的基础；胶黄铁路工程，直达开发区，已建成投入运营，开辟了开发区国内运输的主要通道；环海公路，把开发区与老市区联为一体，将在1995年全线贯通；黄岛电厂，总装机容量67万千瓦，保证了开发区充足的电力供应；同时，青岛流亭机场对外开放，已开通至日本、韩国和香港地区等多条国际航线，为开发区进一步扩大对外开放提供了良好的对外交通条件。所有这些都使得青岛开发区成为投资环境十分优越的开发区之一。

——完成了一批起点较高的基础设施。至1994年底，累计完成固定资产投资30.5亿元。已建成城区面积8平方公里，基本建设框架延伸至52平方公里的范围内；开工房屋面积228万平方米，竣工房屋面积142万平方米。区内先后建成的重要设施有：30—50米宽的主干道路68公里；42公里长的输水管线，形成8万吨/日的供水能力，1995年的日供水能力可新增4万吨；3.5万吨/日的污水处理系统；110千伏双回路专用输电线路和35千伏的变电站；135吨/小时的集中供热系统；具有5万门通过能力的微波站，开通23000门程控电话。此外还建成一批包括通用厂房、影视厅、俱乐部、宾馆、别墅、学校、医院、幼儿园等在内的公共服务设施，基本满足了生产、生活需要，使城区的社会配套功能不断得到加强。

——引进了一批水平较高的外引内联项目。至1994年底，已吸引来自国内20多个省市、国外34个国家和地区的投资者。累计批准外引内联项目2045个，总投资117亿元。其中三资项目511个，合同总投资70亿元，合同利用外资8.1亿美元，实际利用外资2.5亿美元。在全部项目中，工业项目达400余家，已认定的高新技术企业达20多家，逐步形成以电子、机械、轻纺、化工、建材、水产、食品等门类为主体的工业体系，生产了一批技术含量高、附加值高的产品：如录像机磁头、轻触开关、激光防伪商标、液晶显示器等。近年来，随着开发区投资内外环境的不断完善，日本松下、三菱、伊藤忠、三美、英国的壳牌、马来西亚的郭鹤年集团等越来越多的跨国公司和世界著名企业，纷纷前来投资兴办大项目。截止到1994年底，全区投资额在1000万美元以上的大项目达到30个，其投资额占全区项目总投资的60%以上，使全区项目建设呈现出资金投入量大、技术水平高、国际影响大的特点，推动全区利用外资规模和水平的提高。

——创造了一个效益较好的经济增长速度。至1994年底，全区累计完成工业总产值75亿元，其中三资企业完成27亿美元；完成出口创汇4亿美元，其中三资企业完成2.2亿美元；实现财政收入5亿元。全区涌现出一批效益好、管理好、起示范和带头作用的“样板”企业。已有几十家三资企业在取得良好经济效益的前提下，相继追加投资。青岛三美电机有限公司，已连续三次追加投资，投资额已从最初的1400万美元，增加了4600万美元。

——逐步探索出一条依法治区的区域管理新路子。至1994年底，开发区依据市人大、市政府的授权和国家有关法规，参照国际惯例，根据区域管理的需要，制定出近百个区域性行政管理规定和有关管理办法。这些法规和办法广泛涉及到区域土地、项目、人事、劳资、税收、工商、优惠政策及公共事业服务、城市管理等诸多方面，成为调整开发区社会关系、经济关系、涉外关系的重要规范，成为投资者、各类企业及政府管理部门处理事务的行为准则。同时这些法规，如土地使用权有偿出让转让的管理规定、公共事业管理规定等，已成为开发区吸引外资的重要措施和手段，有效地促进了开发区外向型经济的发展。目前，开发区必要的公安司法机构，如法院、公安局、律师事务所、公证处及各种调解、仲裁机构已建立，为依法行政，及时解决和处理各种争端，加强区内的治安管理进行了有效的工作。目前已初步形成了公平公正的法制环境，切实保障了投资者的合法权益。

——建立培养了一支基本适应外向型经济发展

要求的干部职工队伍。开发区始终把人的现代化放在首要地位，重视人才队伍建设，较好地发挥了既是对外开放的“窗口”，又是培养人才的“基地”作用。截止1994年底，开发区从老市区和省内外招聘各类具有中级职称以上的人员近2000名；从全国各高等院校招收研究生、大中专毕业生2000余名；从当地和外地招收农民合同制工人2万余人。人才培训工作迅速展开，区里专门组织成立了党校和培训中心等干部职工培训机构，同时，充分依托区内青岛冶金矿山大学的办学条件，做到“借校办学”。据不完全统计，建区以来，全区已举办了法律、外语、国际贸易、经济管理等多种学科的培训班40余个，培训人数达到4000人次。区里还不断完善了人才的管理机制，积极采取选拔、聘用、考核、辞退等办法，使人才脱颖而出，有力地推动了经济建设的健康迅速发展。

1994年，青岛开发区进入了建设发展的第十个年头，经济和社会发展步伐明显加快，取得了显著的成绩。全年完成国内生产总值15亿元，比去年增长22%；完成工农业总产值40.8亿元，增长55%，其中工业总产值37亿元，增长94%，农业总产值3.8亿元，增长13.4%，农村经济总收入达23.4亿元，增长72%；完成财政收入1.79亿元，增长51%，第三产业增加值达到3.85亿元，增长39%，社会消费品零售额达到2.69亿元，增长36%；职工年均工资4834元，增长56.7%，农民人均纯收入达到2061元，增长33%。全年共计批准外引内联项目751个，项目总投资39.1亿元，其中“三资”项目202个，合同利用外资2.25亿美元，分别增长16.7%和8.9%；实际利用外资突破1亿美元，增长108%，新批1000万美元以上的大项目7个；年实现出口创汇1.9亿美元，比上年增长149%。保税区建设加紧进行，引进“三资”项目125个，合同利用外资4886万美元，出口贸易总额达6000万美元。全区各类基础设施投资达2.26亿元，一批直接关系新区形象的重要工程，如薛家岛旅游区道路硬化、广播电视塔、邮电大厦等竣工，开发区一中教学楼、日元贷款供排水工程、唐岛商城、玫瑰园商厦、广裕商厦等陆续开工；新增绿化面积3.5万平方米，城区绿化覆盖率达到31%。以建立现代企业制度为主的企业改革取得初步进展，全区改为股份合作制的企业有40家，326家企业、12073名职工实行了全员合同制。同时，基本完成了机关工作人员向国家公务员过渡的工作，全面完成了镇改办事处和国税、地税分设工作。全区各项社会事业迅速发展，全区适龄儿童入学率达到100%，普及九年义务教育和扫除青壮年文盲教育通过省级检查验收，成为全省首批达标单位；计划生育工作各项考核指标均达到或超过市级标准，人口自然出生率为13.18‰。

随着开发区建设发展步伐的不断加快，综合经济实力显著增强，开发区在青岛市经济总量中占的比重日趋增大。已实实在在地成为青岛发展外向型经济的重要生长点。

【主要做法和体会】 回顾青岛开发区十年艰苦创业的历程，主要思路和体会是：在建区指导思想上，根据经济发展的实际及今后发展的客观要求，在认真总结开发区建设经验的基础上，明确提出了按照建设新青岛的要求，争取用二、三十年的时间把该区建设成为开放型经济为主、功能齐全、新兴产业发达的综合性、现代化国际城市新城区的指导思想。根据这一指导思想，还进一步制定了未来30年的阶段发展目标和配套措施，使建设新城区的目标进一步具体化。实践证明这一建区指导思想已成为全区广大干部的共识。它的确定，为经济发展不断登上新台阶及各项社会事业的全面发展开辟了更为广阔的天地。

在经济发展上，坚持以经济建设为中心，突出抓好大项目建设、现代化企业制度建立、保税区建设、改善投资环境四个重点，推动全区经济建设的快速发展。在积累建设资金方面，我们坚持走“以地为本、以地生财、以财招商、滚动发展”的路子。实践证明，要开创开发区经济工作新局面，必须根据形势发展的需要不断拓展工作思路。坚持了这一点，经济发展的步子就会迈得更快、更大、更有力。

在深化改革上，按照建立社会主义市场经济体制的目标要求，突出抓了建立现代企业制度为核心的经济体制改革和以公务员制度试点为主要内容的干部人事制度改革。在建立现代企业制度方面，出台了《企业制度改革实施方案》和《全区理顺产权关系建立现代企业制度若干政策问题的试行意见》，保证了公务员制度的推行工作。实践证明，不断深化改革是推动经济发展的根本动力，是开创工作新局面的关键。坚持这一点，经济发展就会充满生机和活力，“窗口、样板、试验田”的作用就能发挥的更好。

在招商引资上，树立以项目促经济的思想，把项目建设特别是大项目建设作为全区经济发展的生命线，着力引进资金力量雄厚、技术水平高、信息渠道广的大财团、大商社和跨国公司进区投资，同时强化整体开放意识，主动招商，跟踪洽谈，分工负责，整体配合，形成全区上下都来重视、支持、参与项目引进工作的气氛。实践证明，强化招商引资是加快开发区经济发展的重要途径，只有坚持这一点，才能从根本上推动开发区经济快速发展，增强综合实力，使开发区真正成为外向型经济的示范区。

在改善投资环境上，坚持一手抓硬件，一手抓软件。在硬环境建设方面，强调基础设施先行，按照较高标准与现有财力相结合、着眼于长远发展和当前实际相结合、注重发展后劲和尽快收到效益相结合的方针，多方筹集资金，确保重要基础设施建设和社会配套设施建设，使一批事关改善全区形象和硬环境的重要建设工程取得较大进展。在软环境建设方面始终以加快工作节奏、提高工作效率为目标，坚持为投资者提供"全方位、全过程"服务宗旨，明确提出硬件不足软件补，实施"以软补硬"的工作策略，突出强化机关服务职能和城区的社会服务功能。实践证明，软环境建设和硬环境建设同是开发区创造仿真国际投资环境的两个重要方面，二者不可偏废。只有坚持"软硬兼施"、同步推进、配套建设、互为补充，才能赢得投资者的"青睐"，才能引来"金凤凰"。

在精神文明建设上，认真坚持两手抓、两手都要硬的方针，牢固树立一流的开发区要有一流的党建、精神文明建设和民主法制建设作保证的指导思想，把党建、精神文明建设和民主与法制建设，纳入经济和社会的总体布局，统筹计划，狠抓落实，使两个建设得以有机结合和协调发展。实践证明，精神文明建设和民主与法制建设是物质文明建设的重要保证。只有坚持两手抓，两手都要硬的方针，才能保持社会稳定，为经济的顺利快速发展创造良好的社会政治环境。

（撰稿　自力、习之）

连云港经济技术开发区

【综合经济发展】　1994年，连云港开发区在国家继续加强宏观调控，建设资金仍然趋紧的形势下，干部职工解放思想，抢抓机遇，使全区改革开放和经济建设继续保持良好的发展势头，各项主要经济指标较上年有大幅度增长，经济持续发展，改革稳步推进，社会事业蓬勃发展，呈现出新区建设繁荣向上的勃勃生机。1994年，全区共完成工业总产值11.49亿元，其中三资企业实现产值5.65亿元，实现销售收入8.6亿元，分别比上年增长71.97%、107.5%和81.8%；实现财政收入5518万元，比上年增长56.23%；全区实现出口创汇3303万美元，其中外贸自营出口1315万美元，分别比上年增长3.9%和11.8%，完成固定资产投资3.54亿元，其中基础设施完成9668万元，分别比上年增长27.34%和61.3%。通过努力，该区各项建设工作均取得了比较好地进展。

【利用外资】　内外结合，主动出击，招商引资工作取得了新的进展。1994年，连云港开发区管委会继续坚持项目是开发区生命线，为进一步加强招商工作，采取了四条主要措施：一是始终把招商工作作为整个经济工作的战略重点，强化全民招商意识，努力形成人人都是投资环境，人人都要关心招商的有利气氛。在机构设置上，为了进一步搞好一条龙服务，提高办事效率，开发区将负责引进项目的招商局与负责项目审批的经济发展局合署办公，成立招商办公室，工商、银行、税务、海关、商检等驻区机构作为招商办公室的成员由管委会副主任兼任办公室主任，统一领导、指挥和协调招商工作，把招商工作放在十分突出的位置上。二是理顺关系，充实加强招商工作力量。把开发区外商服务公司合并进区招商局，实行两块牌子、一套人马，使招商局人数比原来增加两倍，组建了一支19人的知识化、年轻化、专业化的招商队伍，同时配齐了局领导班子。三是实行项目责任制。管委会各部门、直属企业都与管委会签订了项目责任书，明确项目引进的目标和任务。同时在招商局内部划分大项目组和一般项目组共6个组，每个项目组均制定项目任务，大项目组每组完成1000万美元以上的项目1个，500万美元以上的项目1—2个；小项目组每组完成6个三资项目，每组实际利用外资500万美元。各组把任务分解到个人，做到任务到组，责任到人。四是修订颁布了引荐项目和资金的奖励办法，以引荐外资项目及资金的实际到位资金的5‰重奖引荐人员，调动全员招商的积极性。五是内外结合，主动出击，一方面做好进区内外客商的接待工作，另一方面先后派出15个出国团组63人次赴日本、韩国、美国、德国、英国、加拿大、法国、菲律宾、香港、澳门等国家和地区，参加各类招商和经贸活动，签订项目意向书65个，协议总投资3.04亿美元；并组织人员赴深圳、珠海、广州等沿海城市以及陇兰沿线招商，参加国内各种招商会、洽谈会，以及内外客商来连投资活动30多次，利用国外、国内两个扇面做好利用外资工作。通过采取这些措施，使全区的招商工作在困难的形势下取得了较好的成绩。全区新批三资企业52个，合同总投资6045万美元，实际利用外资2154万美元，新开工投产三资企业21个。

【生产经营】 主动协调，全方位服务，工业生产经营取得了新的进展。在抓好工业生产方面，连云港开发区主要做法是：第一，坚持在优化服务，以软补硬上下功夫，注重搞好项目建成后的后道服务工作，从项目审批到基本建设、投产开业实行全过程服务，不仅要把企业引进来，还要通过优质、高效的服务帮助和促进这些企业早日投产。1994年有神图机械厂、京兴海公司等18个企业投产开业，成为开发区新的经济增长点。第二，加强对重点工业企业的服务工作，使这些企业保持产销两旺的势头。全年召开各类型企业生产协调会14次，特别是在今年夏季电力供应紧张的情况下做好协调服务，减少企业的损失，扩大企业的生产能力。促进畅销产品如正大饲料尽快达产上批量，对平销产品如电子音响帮助开拓和占领市场。通过指导服务，连云港开发区重点企业在产品质量、规模和内部管理上都有了新突破。连云港中金医药包装公司建设不足十年，晋升为国家大型企业。1994年中金公司适应市场经济发展，上规模、上水平，抓产品质量和市场营销，产品出口到巴基斯坦、古巴、澳大利亚等国家，实现产值5676万元，销售收入5707万元。该公司二期工程SP工程在1994年9月竣工投产，使公司成为国内最大的药用包装生产企业。连云港开发区钟山氨纶有限公司1994年实现产值6500万元，人均创利近30万元，一举跨入江苏省十强企业行列，生产的奥神牌氨纶丝被评为江苏省名牌产品。如意食品公司走发展创汇农业的路子，建成农副产品生产、收购、加工、出口一条龙体系，1994年实现产值1.58亿元。第三，积极组织推广先进企业的典型经验，帮助亏损企业扭亏增盈。去年该区在进区工业企业中多次推广正大、熊猫等公司在市场营销、质量管理等方面的经验，帮助企业把握机会，选准突破口，尽快走出困境，如去年该区正大饲料公司在1993年实现一年建成投产之后，1994年冲销全部亏损实现扭亏为盈，连续多年亏损的企业连利水表公司去年减亏250多万元。第四，金融财税部门积极为企业缓解资金紧张的困难。1994年开发区金融系统各项贷款达4.9亿元，仅固定资产贷款达2.65亿元，分别比上年增长22%和19%，支持了7个工业项目建设，还为中金公司、物资贸易公司发行了短期债券1000万元。财政部门深入企业，摸清情况，帮助企业安排资金，督促企业不断提高财务管理水平，用好用活有限资金。

【发展外贸】 从增强“三个能力”入手，实现“四个并重”，对外贸易取得长足发展。1994年，连云港开发区在外贸工作上确立了“增强创汇能力、后劲能力、创利能力；实现出口进口并重，外贸外经并重、贸易实体并重、创汇创利并重”的发展战略，适应国家外贸体制改革的形势，扩大外销，争创效益，1994年区对外贸易公司完成出口创汇1315万美元，进口604万美元，实现利润102万元；三资企业出口创汇1988万美元，进口519万美元。开发区外贸公司一方面加强与国内客户的联系，巩固关系，热情服务，扩大出口货源；一方面组团出访推销，开辟新渠道，结识新客户。1994年在实体化建设方面步伐进一步加快，除了已投产企业正常生产外，外贸公司建成了中外合资的绿色食品公司，成为农副产品出口加工基地，成立6个月创汇达100万美元，并与无锡南方集团合资建成天宝不锈钢公司，完成了桐木等主要出口货源的基地建设，收购、生产、外销渠道已趋连贯通畅，为外贸公司的国际化、实体化、集团化方向发展打下坚实的基础。1994年连云港开发区外经工作也有一定收获，完成对外承包、劳务合作营业额40.4万美元，月平均在境外人数36人，仅开发区地基工程公司在澳门承包工程，新签劳务合同18.72万美元。

【在建工程建设】 克服建设资金短缺的困难，开发区在建工程取得了新的进展。1994年，连云港开发区在建工程120个，新开单位工程40个，在建面积达34.9万平方米，新开工面积6.03万平方米，完成建安工程量3.02亿元，比1993年增长69.5%。中金药用包装公司二期工程已建成投产；钟山氨纶有限公司二期工程主体基本完成，已完成工作量1203万元，计划1995年下半年建成投产；亚洲集装箱公司主厂房已经封顶，已完成工作量2577万元；粉末冶金项目已完成投资265万元，计划1995年建成投产；山口机电项目已完成工作量715万元，预计1995年部分车间投入生产；完成了东方磁电公司等企业厂房，物产大厦、农贸市场等全面建成交付使用。1994年一些重点建设工程进展较慢，特别是一些计划1994年投产的项目未能如期建成投产，其主要原因是大部分在建工程如集装箱、山口机电、洛矿均是三线军工企业，其建设资金均由中央银行下达，去年受宏观调控的影响，这些项目的建设资金未能到位，从而影响了形象进度。尽管如此，连云港开发区始终把抓紧在建项目和新开工项目作为加强开发区发展后劲来抓，与项目单位、建设单位一起疏通环节，争取资金，为1995年彻底改变基本建设面貌做好准备。据统计，该区结转到1995年的在建工程共有10个，将形成固定资产3.3亿元，这些项目大部分可望在两年内建成投产。

【投资环境】 加强规划管理和基础设施建设，进一步完善投资硬环境。在规划编制方面，高起点、高标准、超前规划，规划编制工作基本适应了项目引进和建设的需要，完成了开发区45平方公里发展规划并已上报省政府，完成了栖云工业区、中云生活小区等区域性、控制性详细规划，并与市规划局共同完成东部城区副中心控制性详细规划，其次，加快基础设施建设进度，特别是建成开发区东西入口道路、中云公路和经二路、经七路混凝土路面，形成了覆盖4.2平方公里的主干道网络，也为开发区南部大面积开发工作打下基础。1994年开发区开发面积达5.4平方公里，完成基础设施1.01亿元，比上年增长174%。在软环境方面，一是抓好改革工作，理顺内部关系，完善服务职能。管委会机关机构改革仍然坚持“精简、效能”的原则，适应机关工作需要，将党委办公室、管委会办公室合并，同时成立组织部、宣传部。企业股份制改革和公有民营改革在更大范围内得到推广。二是全面推进教育、文化、卫生、计划生育等各项社会事业。1994年开发区教育工作重点是加强教育管理，提高教师素质，改善办学条件。在日常管理的基础上广泛开展教学研讨活动，提高课堂教学质量和水平。为了提高教师素质，1994年开发区面向全国引进了40名教学经验丰富、年富力强的教师充实进全区中、小学。为了改善连云港开发区医疗条件和卫生状况，1994年完成了医院门诊楼和主体工程，成立了卫生防疫站和爱国卫生委员会等机构，区内卫生环境大改观，社会治安综合治理得到加强，有力地维护了开发区的政治稳定和社会发展。海关、商检、供电、邮电、工商、税务、自来水等进区机构配合开发区经济发展，有力地支持了开发区的各项工作。

【党建和精神文明建设】 党的建设和精神文明建设得到进一步加强，为开发区经济发展提供组织保证。开发区各级党组织认真组织党员、职工学习党的十四届四中全会精神和《邓小平文选》第三卷，认真贯彻中共连云港市委八次党代会精神，切实加强党的基层组织建设，提高党员队伍素质，增强了党组织的凝聚力和战斗力。1994年举办了多次党员培训班，进行市场经济知识的理论培训，培训党员100多人，同时有40多人次中层干部参加区外组织的培训班，提高了领导干部的政治、文化素质。党的基层组织建设进一步加强，1994年全区新建党支部6个，发展党员30名，在三资企业中新建立5个党支部，发展5名党员。为了进一步加强党建工作，1994年该区还成立了组织部和宣传部，目前已开始开展工作，为今后开发区的发展提供政治保障。宣传工作取得新的成绩，1994年《大陆桥导报》改为周二刊，进一步加大宣传力度，振奋精神，鼓舞士气，发挥了积极的舆论导向作用，有力地促进了“两个”文明的建设。

南通经济技术开发区

【综合经济发展】 1994年是南通开发区设立10周年。一年来，开发区以加快改革、加快发展为主旋律，主动适应我国五大体制改革出现的新情况、新形势，深化管理体制改革，理顺管委会、总公司、集团公司关系，适时提出“双三”目标，即提前三年（到1997年）完成工业总产值100亿元的任务，2000年实现产值300亿元；狠抓“四个十”工程，即10个企业的达产、10个重点项目的筹建、10个企业的扭亏、10个大项目的前期工作，经济和各项社会事业快速健康发展。

1994年经济总量大幅度增长：全区实现工业总产值30.05亿元（不变价），比上年增长58%，其中三资企业完成工业产值25.46亿元，比上年增长60%。这样，南通开发区自1992年实施大开放、大开发战略以来，经济总量3年翻了4番。1994年公布的全国销售规模最大的500家外商投资企业中，南通合板、斯塔维等企业榜上有名。经济效益稳步上升：实现利税34412万元，比上年增长22.9%；财政收入10344万元，比上年增长48.26%，三德兴电子、西尔电子等企业创利分别超2000万元。对外贸易进一步发展：全区出口创汇1.81亿美元，比上年增长50.35%，其中三资企业产品出口首次突破1亿美元，达12409万美元，比上年增长57.37%。

【投资环境】 1994年全年完成基本建设投资37034万元，比上年增长92.8%，累计完成101224万元。其中完成基础设施投资2.45亿元，超过前9年的总和，比上年增长268%，投资环境进一步改善，容纳项目的能力增强。

大跨度推进基础设施建设。进一步完善区内道路，完成道路10.8公里，累计21.4公里；简易路面3592米，累计26612米。完成疏港公路半幅沥青路面。中区四条道路的建设全面拉开。继续推进狼山水厂至开发区日供水10万吨引水管线的建设，日供水40万吨的洪港水厂前期工作完成，并已奠基。完成上水管线5429米，累计16283米；完成下水管线5429米，累计26516米。中区11万伏输变电站增建一台3.15千伏安主变，22万伏输变电站奠基，积极做好东、西区两座11万伏输变电站5万千瓦热电厂前期工作。积极联系外商合作。完成10千伏供电管线4.5公里、0.4千伏供电管线3公里。建成400立方米煤气储配站。实施南通华洋液化气工程，兴建5只直径15.6米的巨型球罐和1座2.5万吨级码头，长度达1180米的输气引桥，该工程竣工后南通开发区将成为长江流域最大的液化气供应中心。集中力量为东丽、帝人、华洋等重大三资项目做好基础设施配套服务工作，保证了重大项目的顺利建设。

全年建筑开工面积16.2万平方米，其中拆迁房9.3万平方米，厂房2.58万平方米，其它房屋4.3万平方米；全年房屋竣工面积26.62万平方米，其中拆迁房11.7万平方米，厂房2.33万平方米，其它房屋12.59万平方米，累计竣工69.49万平方米。累计开工81.98万平方米。全年土地出让面积1.4平方公里，出让金2.53亿元，实际到帐1.3亿元，完成征地210.46亩。

推进社区设施建设。文卫小区调整和完善了规划。投资640万元按一流标准兴建实验小学，精心配置各种设施，及时调配了较高素质的师资队伍，已于秋季开学。开发区实验中学动工建设。

在加快完善投资环境中，全区规划管理、房地产管理、征地拆迁和土地管理、环保管理、区容区貌管理均有所加强。

【利用外资】 南通开发区坚持积极、合理、有效地利用外资，充分利用自身的区位优势和较完备的基础设施，实施高效便捷的服务，紧紧围绕高、大、新方向，积极推进大项目进区，在增加总量的同时，努力提高质量，利用外资取得重大突破。1994年新办三资项目32个，合同总投资22158万美元，注册资本14476.5万美元，协议利用外资20957.31万美元，实际利用外资7876万美元，一批千万美元以上的大项目纷纷落户，新开工投产企业41个。截止1994年底，累计兴办三资项目183个，总投资6.42亿美元，协议利用外资4.6亿美元，实际利用外资

1.43亿美元。投资领域涉及服装、电子、化工、印染、木材加工、家具制造、纺织、仓储、房地产等行业，投资分别来自美国、日本、新加坡、韩国、香港、台湾等21个国家和地区。

1994年利用外资呈现这样几个特点：一是项目规模明显增大，平均投资额达692.4万美元，其中500万美元以上项目有10个。化纤织造、染整等一批投资千万美元以上的大项目办成并动工建设。二是投资结构有所改善，项目档次不断提高。针对南通市轻纺工业基础较好的实际，积极吸引国际知名企业来区兴办轻纺工业的深度加工和高附加值的项目，努力提高现有工业的水平；针对南通市还是一个工业加工型城市的实际，在项目引进中，依托区内的深水岸线和丰富的淡水资源，积极发展大运输吞吐量的原材料工业，为全市产业结构的调整发挥辐射作用。一个以港口码头为前沿，仓储、加工、深加工相配套的工业布局正在形成。此外，还注重拓展新兴行业投资渠道，对石化、机械加工和电子等项目加大招商力度，初步形成了一些项目意向。三是生产型项目比例增大。新办项目中，生产型项目占81%。四是投资主体呈现大企业、名企业效应。东丽、帝人、伊藤忠、兼松等一批国际跨国公司涉足，有的已开始了大规模、系列化投资，产生了明显的以大引大效应。随着一批大项目、大客商的落户，全区产业结构、技术档次、企业管理水平也有了较大的提高，对全市开放型经济发展产生了一定的带动、辐射作用。

【项目分段服务责任制】 “以软补硬”始终是南通开发区的招商法宝，南通开发区十分重视软环境建设，坚持优化服务，以诚招商，提高效率，提出“为投资者服务，让投资者盈利”的招商宗旨，倡导“人人都是投资环境，每个岗位都是投资环境，每个服务环节都是投资环境”的工作精神。对外商从接触到办成企业投产开业提供全方位优质服务，把热情周到、环环紧扣的高效服务贯穿于招商全过程。1994年还建立健全了进区项目分段服务责任制：由招商局做好项目洽谈，帮助业主搞好项目申报、审批和注册等工作；国土建设环保局超前介入，搞好征地拆迁、转让、土地权属登记工作，负责水电路配套，协助外商搞好环保、设计、建筑安装、建材采购等服务，并协调业主与建设单位的关系；经济发展局帮助企业研究投产所需的各项社会服务，衔接水、电及运输、内销、口岸等服务渠道；劳动人事局建立了人才服务市场，协助企业自主招聘管理人员和员工，依法对企业进行劳动管理。做到从项目的洽谈到领照，从建设到投产，从生产到生活，各项服务内容清晰，服务单位和责任人、职责义务明确。东丽化纤纺工城项目土地签约后，房屋拆迁、路、水、电、邮到位时间紧、要求高，管委会成立了专门工作班子，集中力量突破。由于职责明确，奖罚分明，整体联动，确保了工程进度，提前1个月完成300户房屋的拆迁，赢得了信誉，增强了外商投资信心。

【管委会、总公司、集团公司政企分开】 南通开发区建区初期实行的是政企合一，即管委会与总公司“两块牌子、一套班子”的管理体制，随着建设规模的扩大，发展速度的加快，这种政企合一的管理体制已不能适应发展的需要。1993年8月18日南通市委常委会议，形成《关于调整市经济技术开发区管理体制问题的会议纪要》。为贯彻《会议纪要》精神，适应管理体制改革和企业机制的转变，在管委会与总公司职能分开框架基本形成、新组建集团公司的基础上，进一步理顺了管委会、总公司、集团公司三者关系。管委会行使区域政府管理职能，土地管理等原在总公司但属政府职能转移到管委会；总公司承担融资、进出口贸易等经营活动；集团公司是以资产为纽带，以总公司为核心层，直属全资企业为紧密层和参股关联企业共同组建的集投资开发、资产营运、生产经营、服务协调于一体的外向型、多功能、全民所有制为主体的企业集团，必须担负起对国有资产的保值、增值的职能，在经济上实行独立核算、自负盈亏，具有独立法人地位。

（撰稿　沈树新　李晓斌）

闵行经济技术开发区

【综合经济发展】 上海闵行经济技术开发区是由国务院于1986年8月批准的国家级开发区，开发区内的工业项目全部是外商投资，已成为现代化、外向型的工业园区。在全国第一批批准的14个开发区中，闵行开发区起步虽晚进展快，地域虽小效益高，项目不多规模大，1994年工业产值80亿元，经济效益指标列全国开发区前列。

【投资环境】 上海虽是全国最大的经济中心城市，工业基础较好，技术水平和管理水平较高，但长期欠帐的城市基础设施，难以吸引外商的投资。市政府明确要求在闵行开发区创造一个有利于外商投资的“小气候”，提出“1、2、3构思”，即划地2平方公里，建造外商投资企业100家，招揽职工3万名，成为上海吸纳外资、发展出口加工业的基地和改革开放的前哨阵地，推进上海的经济腾飞。

闵行开发区经过10年开发建设，在昔日的一片农田上，建成了道路通畅、环境优美、基础设施齐全、厂房林立、生机勃发的吸引外资的工业基地。

闵行开发区在建设阶段注重规划的先导作用，实行整体规划，分步实施，规范管理，保证了开发区主要基础设施的较高起点。水、电、煤气、通讯设施容量充足，能满足开发区今后经济发展的需要，排水系统能抵御百年难遇的特大潮汛，规划中还特别注重了开发区经济与环保的协调发展。在总体规划指导下，保证了开发区从南到北开发一片，收益一片、滚动开发模式的顺利实施。经过十年运行证明，开发区基础设施齐全、可靠。“三废”排放低于国家规定标准的1/3，年年被评为市环保先进区。

到1994年底，已开发土地3.5平方公里。建成宽30米及16米的主干道和支路22公里，桥梁5座；雨水及污水泵站5座；110千伏电站1座，35千伏变电站1座，10千伏配电站5座；煤气调压站4座；埋设各种地下管线136公里，环境绿化50万平方米。开发区内已形成了比较完整的道路网和包括污水、上水、煤气、供电、通讯等各种地下管网系统，以及变配电系统。为开发区配套的大市政改造扩容工程也相继建成投入运行，有日供水量40万吨的自来水厂，容量2万门的程控电话分局，日处理5万吨的污水处理厂，为开发区铺设的日供气量8万立方米的煤气管道15公里，从煤气厂直通开发区。开发区企业的水、电、煤气、通讯等供应能得到充分保证。

到1994年底，开发区已建成和正在建设的各类生产、生活服务设施共93万平方米，竣工81.4万平方米，其中由闵行联合发展有限公司负责建设的有45.6万平方米，占56.7%，包括工业厂房、仓库、办公楼、住宅、宾馆、商厦、餐厅、培训中心等。开发区已具备了良好的生产及生活配套服务设施。

开发区的开发和建设，是项全新的事业。鉴于上海市的开发区地域分散，功能各异，面积较小的特点，经市政府研究决定，闵行开发区采用利用外资搞开发，实行自主经营，独立核算，自负盈亏的企业方式管理的模式。这种管理模式在国外是很多的，但在中国现行的体制下，还是一种尝试。上海市政府经过充分调查研究，多次征求意见讨论，最后以市人大通过的《上海市经济技术开发区条例》的地方立法形式，明确开发区的管理体制。条例规定了开发区政府主管部门的职权着重在统一规划，项目审批，以及检查、监督协调工作；开发公司则主要负责基础设施建设、经营管理，以及协助投资者兴办企业和排忧解难；属于市或区人民政府分管范围的市政、区政和公安、交通、消防、文教、卫生、计划生育等，仍由各主管部门及所在行政区负责管理。实践证明，这种管理模式符合上海的特定情况，是可行的，也是成功的。

市政府为落实外商投资企业的各项优惠政策，制定了《上海市关于鼓励外商投资的若干规定》、《上海市关于闵行、虹桥经济技术开发区外商投资的优惠规定》，以法规来明确给予外商投资企业的各项优惠待遇。

在市领导及各主管部门的支持下，闵行开发区在全国开发区中，于1987年率先建立了开发区行政管理服务中心，为外商投资企业提供“一站式”服务。目前，参加“中心”的单位，已从成立时的14家扩展到24家。外商投资企业的日常生产和需办理的进出口业务都能在管理中心内解决，从而提高了办事效率，方便了进区企业，促进了企业发展。上海闵行联合发展有限公司经上海市外资委认定为开发区受理外商投诉的单位。公司与区内外商投资企业之间不存在领导与被领导的关系。公司以"经常沟通信息，处理投诉意见，帮助排忧解难，提供配套服务"的原则，帮助企业解决在生产经营中遇到的实际困难和问题。

闵行开发区为了规范招商引资，学习国外经验，不断改进和充实每年编印的投资指南的内容和质量。《上海闵行经济技术开发区投资指南》，把开发区的招商方向，投资者希望了解的投资顺序、手续、税金和各项服务费用，有关优惠政策和规定等集中汇编，便于外商全面了解投资环境和编制可行性报告。这一做法深受外商欢迎，誉为"在中国看到的内容最完整，透明度最高的开发区介绍资料"。

为了做好开发区的工作，闵联公司要求全体员工以"人人都是投资环境"的要求，不断提高自身素质，主动搞好各方面关系，主动汇报、主动联系不坐等，主动沟通促理解，主动服务树信誉。

综上所述，闵行开发区形成了一个令投资者基本满意的投资环境，许多来访的海外考察团和外商誉为：设施比较完善，办事方便，基本符合国际水准。

【利用外资】 市政府要求闵行开发区更多吸收外资、引进先进技术设备和管理，坚持以工业项目为主，以外商投资企业为主，以产品出口型和先进技术型企业为主，成为上海市对外开放、扩展对外经贸的窗口。

到1994年底，闵行开发区累计引进项目122个，其中迁出和撤消、停办15个，实有项目107个，全部为外商投资企业，合同投资金额8.9亿美元，其中外商直接投资5.26亿美元。项目中属产品出口型62家，占57%。1994年，开发区完成工业产值80亿元，实现利税20亿元，产品出口额2.78亿美元。闵行开发区的外资工业项目占全市的1.6%，利用外资金额占全市5.9%，产值、利润、产品出口额分别占10.4%、13.4%、13.5%。

自1986年批准开发区以来，累计实现工业产值199亿元，利税48亿元（不含关税），外汇收入15亿美元。开发区产值、利税、外汇收入年平均增长率分别为99%、143%、106%。

按一期开发的2.13平方公里面积计算，1994年每平方公里平均的产值为37.56亿元，利税为9.39亿元，创汇为3.05亿美元。1994年开发区劳动生产率为32万元/人，人均创汇2.6万美元、实现利润4.2万元。

闵行开发区在招商引资中，始终着眼于有利"增强经济实力，促进技术进步，注重产出效益"，对项目有所选择和取舍，避免急于求成、单纯追求项目数量，不断拓展招商成果，集中反映在进区项目已形成的"三高"特征。

层次高。国际著名跨国公司投资的项目达28个，占项目总数的25%，而投资额占总投资额的60%。

投资高。开发区平均单项投资额为834万美元。投资总额在1000万美元以上的项目达30家，占项目总数27.5%，占投资总额74%。

技术高。进区企业技术水平普遍较高，生产设备也较先进，大部分产品属国际市场畅销货或传统名牌货，在国际、国内市场上有较强的竞争力。开发区企业结合上海市的科技优势，开发高科技产品，如电脑磁盘、激光器件、血液制品及蛋白素和非金属晶体等，使科技转化为生产力。这些项目不仅填补了我国的空白，而且进入了国际市场，获得良好效益。

开发区许多企业在创利和出口创汇方面业绩优异，有26家在1994年中被评为全国"双优"外商投资企业，占开发区投产企业总数的29%，并占上海市获此荣誉的外商投资企业总数的13%。在1994年评定的全国最大500家外商投资工业企业中上海占74家，其中闵行开发区就有11家，占全市的14%。

据近几年统计，开发区投产企业平均年投资回报率为30%以上。由于投产企业盈利情况良好，投资者纷纷增加投资扩大规模或办新企业。据1994年底统计，这类企业达37家。占开发区投产企业的37%，增资超过1000万美元的有6家。

【认识和体会】 回顾总结闵行开发区十年开拓发展，主要有以下几点认识和体会：

一是依托老城，加快开发进程。闵行开发区选址在上海市50年代建成的闵行卫星城区附近，开发区的市政基础设施建设，可依托原有水、电、污水处理和电话通讯等大市政公用设施的扩容改造，大大减少了开发区基础设施建设投资，加快了建设进度。

二是依靠市领导机关和各有关部门，形成办好开发区的合力。在一系列有关开发区发展的重大问题决策上，得到了过去和现在几任市领导的重视与支持。在开发区开发建设中，分管开发区的市领导多次率领有关委、办、局负责人到开发区现场办公，帮助协调解决问题。在规划部门、公用事业单位的支持下，与开发区配套的供电、煤气、通讯等公用基础设施的建设计划得到落实，加快了开发建设的进程。市计委、建委、外经贸委、外国投资委员会以及规划、环保、土地、公用事业单位等各委办局在推动项目进区，帮助协调解决建设和生产过程中的各种困难时，给予优先安排，简化手续。在征地动迁阶段，得到原上海县、闵行区的大力支持，他们组织力量，安排动迁，安置人员，三个月就办妥征地手续，为市政工程开工创造了条件。全市各级领导和各有关部门认识统一，把闵行开发区看作是市委、市政府改革开放的重大举措，是上海市的开发区，在加快开发区的建设中形成一股合力，保证了开发区高速度、高效益地发展。

三是引进外资搞开发，企业方式搞管理，是上海特色的开发区管理模式。它不仅补充了基础设施建设所急需的资金，更重要是给负责开发区开发建设的主体带来了转换经营机制的机遇。闵行开发区成功的实践，得到了国务院特区办召开的开发区会议的肯定，为探索开发区管理体制提供了借鉴。

四是开发区要实现引进外资，引进先进技术和科学管理知识和经验，大力发展外向型经济的功能，必须不断优化投资环境，创造一个适宜于外商投资的小气候。

五是坚持以工业项目为主、外商投资企业为主及出口型与技术先进型两类企业为主的办区宗旨，是开发区兴旺发达的根本保证。

六是要不断增强开发区的辐射扩散作用。开发区的外商投资企业在经营方式上，以市场为导向，产品新、质量优、服务好，为国有企业转换经营机制提供了示范。开发区引进的技术先进型企业，在实现国产化过程中，推动了国内加工业的技术和质量的更新提高。此外，开发区创利第一大户中美合作申美饮料食品有限公司的市场销售模式，取得显著成效，带动和促进了同类饮料行业销售方式的重大改革。

【发展目标】 （一）按照“投资环境向国际水准看齐，服务管理与国际接轨”的要求，进一步完善投资环境，加强服务和协调功能，提供令外商投资企业满意的生存和发展环境，在招商引资的市场竞争中争创新优势。（二）优化产业结构，不断提高开发区产品的国际竞争能力。在继续吸纳境外中小企业投资的同时，更加注重吸引跨国公司和大集团来区投资。（三）加强人才培训，保证开发区经济高速发展需要。随着上海经济高速发展，外商投资企业迅猛增加，人才需求亢增，人才短缺日趋严重，出现了高薪吸引，到处挖人才的现象。因此，开发区吸纳和培养人才能力，成为开发区发展的一个关键条件。闵行开发区在国务院特区办支持下，已开办了中加两国政府合作的开发区培训中心。今后，将以培训中心为基地，为外商投资企业培训涉外型中高级经营管理人才和短缺专业人才，建立与开发区发展相适应的人才培育机制。（四）继续保持开发区经济效益的持续高速增长。到2005年，预计开发区进区企业约180～200家，预计年工业产值达500亿元左右，其中年产值在10亿元以上的企业有15～20家，年利税达到125亿元，出口创汇在15亿美元左右，全员劳动生产率将比目前实际增长4倍以上。

（根据上海闵行开发区管委会材料摘编）

虹桥经济技术开发区

【经营管理】 上海虹桥经济技术开发区有两个显著特点：一是引进外资进行开发建设，二是完全按社会主义市场经济模式自主经营。首先，虹桥开发区位于市区和郊区结合部，一方面居民比较集中，另一方面又有很多工厂、企事业单位，因而动迁工作量大，开发成本高，而当时能够用于开发建设的资金却极为有限，仅有的只是国家给的3500万元人民币的贷款。在这种情况下，担负着虹桥开发区开发任务的上海市闵行虹桥开发公司在市政府支持下，走中外合资道路，与香港中银集团五家成员银行及中国银行上海分行合资进行基础设施开发建设，从而弥补了开发资金不足和外汇不足的困难，加快了开发速度。

同时，由于银行界的牵线搭桥，很快就引进了一批大项目，如上海太平洋大饭店（总投资8850万美元）、上海国际贸易中心（总投资9800万美元）、上海扬子江大酒店（总投资6700万美元）等。再就是由于银行界的支持，通过直贷、转贷等多种形式为开发区内的项目融资，从而使区内大型项目的建设得以顺利进行。另外，在开发初期，参资银行为支持合资公司依靠自身积累进行滚动开发，曾经连续四年不分盈利，而用于合资公司增资，从而使公司实力增长迅速，注册资本成倍增加。其次，虹桥开发区是由上海虹桥经济技术开发区联合发展有限公司负责统一开发建设和经营管理。公司除了上海市给的3500万元人民币贷款外，完全按照社会主义市场经济运作，自负盈亏、自主管理、自主经营，享有充分的经营自主权。十年来，公司在市场经济的风浪中成长壮大，到目前为止，公司已拥有6.3亿元人民币的资产，并在海内外享有较高的声誉。

1984年，上海市政府批准了虹桥开发区详细规划，根据这个规划，在仅为0.65平方公里的土地上，要建造20多幢高楼大厦，包括具有国际先进水平的展览馆、办公楼、宾馆酒店、高级公寓、娱乐场所以及相应的配套设施。此外，还有10—12块外国驻沪领事馆用地，规划建筑面积130多万平方米。

根据上述规划，公司采取了滚动开发，分步实施的方针。经过几年建设，共投入固定资产建设资金27亿元，目前虹桥开发区建成开业项目15个（16幢楼），建筑面积54.6万平方米。在建项目6个（7幢楼），建筑面积52.7万平方米，建成的办公楼面积为10余万平方米，宾馆客房3000间，公寓860套，展览面积2.3万平方米，购物商场等配套设施约3万平方米。另外，美国、俄罗斯、日本、捷克和澳大利亚等5个国家驻沪领事馆签订了7块土地的借地建馆合同。

1988年在上海市政府的直接领导下，虹桥开发区开展了土地使用权有偿转让试点工作。采用国际招标方式，第一块土地（1.29万平方米）由日本孙氏企业有限公司以2800万美元的最高价中标，折合每平方米土地出让金为2170美元。这个价格在海内外反响强烈。美国纽约时报1988年3月指出，这次改革试点将有“划时代的意义”。香港地产界权威人士指出：上海土地的拍卖乃中国首次采用土地使用权有偿出让方式，让外商参予招标，为整个经济改革铺路，标志着中国政府改革的决心。试点的成功，第一次确定了上海市的土地基价，为后来全市的土地批租高潮打下了基础，对上海的城市建设和经济发展起了一定的作用。同时，试点的成功，使我国土地使用制度改革有了一个良好的开端，为房地产业发展与国际接轨积累了经验。

虹桥开发区自1988年至今，共批租土地8幅，5.4万平方米，吸引了大量的外资，政府得到出让金近1亿美元。在为国家作贡献的同时，也为开发区本身发展开辟了一条较好的途径。

【投资环境】 上海虹桥开发区位于虹桥国际机场与市中心之间，交通方便，环境优美，加上良好的软环境，即良好的“一站式”服务及公司员工始终坚持“讲信誉、讲服务、讲效率、讲效益”等等，所有这些，都深受外商赞赏，因而出现了外商纷至的局面。开发区除原有的两个国营项目（立项早于开发区成立）外，都属于“三资”（合资、合作、独资）项目，外资的比例占总投资的50%以上。到目前为止，开发区经政府批准的项目共有24个，合同投资总额11.87亿美元，其中外商直接投资达8.88亿美元。

目前区内已有416家中外商办公机构和跨国公司；上海万国展览中心自1992年开业至今，共举办各类展览会50个，其中国际展45个，国内展5个，接待中外客商250万人次。虹桥开发区商贸活动日益繁荣，经济形势明显转好，整体社会效益和经济效益显著上升，全区由1991年亏损达1.25亿元，到1994年9月底已累计盈利3.35亿元。虹桥开发区作为上海发展外向型经济的重要基地，外商投资优先选择的场所，它的经济已经走上了良性循环的轨道，并继续呈现着其潜在的能量。

（撰稿　上海虹桥经济技术开发区联合发展有限公司）

漕河泾新兴技术开发区

【综合经济发展】 上海漕河泾新兴技术开发区是1988年6月经国务院正式批准成立的一个以引进外资、引进国外先进技术、发展新兴技术产业为主的经济技术开发区。1991年3月，国务院又将漕河泾开发区确定为高新技术产业开发区。

1994年，是上海漕河泾新兴技术开发区创建以来的第七个年头。过去的七年，开发区在深化改革、对外开放，完善市场经济体制，吸引外资、提高产业效益、开发高新技术方面齐头并进。现在，开发区正越来越多地受到国内外人士的瞩目，它已成为上海高新技术产业的主要基地，成为我国经济技术开发区和高新技术产业开发区在引进、消化、生产、研究、开发世界90年代科技产业中的排头兵。

漕河泾开发区作为一个以发展高新技术产业为主的经济技术开发区和高新技术产业开发区，坚持技术和经济结合，经过七年的建设发展，除显示其社会效益外，并且已显示出良好的经济效益，近3年开发区工业总产值保持着50%逐年递增的好势头，1994年工业总产值和收入在上海各开发区中居首位，并在全国经济技术开发区和高新技术产业开发区中名列前茅。

开发区建区7年，累计工业总产值267亿元；销售收入290亿元；利税31亿元；出口创汇7亿美元，其中三资企业达6亿美元。目前，开发区的建设已见端倪：一个以微电子为先导，计算机、光纤通讯、生物工程、新材料、电子元器件、工业自动化、仪器仪表、航空航天等新兴技术产业为群体的工业园区已经形成，各类企业、研究机构近500家，员工5.8万人，其中各类科技人员占35%。

【特色】 开发区经过七年的探索实践，开发区在项目水平和经济效益上获得了很好的收益，而且逐渐形成了自己的特色：

外商来区投资向长期与战略性目标转变。截止1994年底，开发区已引进来自16个国家和地区的外商投资企业150家，总投资额9亿美元，其中包括列于世界排名前列的企业17家跨国公司，如美国的电话电报（AT&T）、三茂（3M）、英特尔（INTEL）、通用电器（GE）、杜邦（DUPONT）、瑞侃（RAYCHEM），法国的液化空气（AIR LIQUID），荷兰的飞利浦（PHILIPS），英国的帝国化学（ICI），瑞士的山德士（SANDOZ），日本的东芝（TOSHIBA），加拿大的北方电讯（NORTHERN TELECOM）等。其项目都属资金密集型、技术密集型和无污染工业，其产品亦处高附加值和高技术之水平。比如：已投产的贝尔1.2微米大规模集成电路生产线；3M新材料专利技术和产品；AT&T光纤通信数字传输设备和用户交换环路网络系统；1995年将生产的AT&T非零色散单模光纤；英特尔软件技术；杜邦光刻掩膜版；飞利浦和北方电讯合作的现代通信集成电路项目等。

值得指出，1994年以来，随着开发区投资环境的提升，一批集研究、开发、生产、销售于一体的外商企业在区内出现，技术涉及微电子、新材料、计算机等领域，他们的目标不再局限于仅仅占领中国市场，取而代之的是立足于上海，着眼于长期投资和参与国际市场，如3M、INTEL、RA、CHEM、LATICE、ICI、NOTHERN TELECOM、BELLING等，它们建立的技术中心和软件开发研究室所具有的R&D功能，使开发区内逐步形成了科学园区环境。

通过外营外联、嫁接改造，充分利用外国资本和先进技术，加快国有经济改革的步伐。开发区建立伊始，曾有23家国有企业和10个科研机构，其中不乏有国内领先的工业技术和科技成果，但由于企业机制老化、资金缺乏、运行缺乏活力而使其产品难于打入国际市场。开发区建立后，区内的老企业和区外的国有企业，充分利用开发区的投资环境和优惠政策，通过利用国际资本，引进国外先进技术，建立社会主义市场经济的现代企业制度，在开发区内兴办了近百家外商投资企业和股份制企业，其中有3家高新技术公司上市了股票。合同利用外资5亿美元。

他们通过与外商合资、实行现代企业制度改革等强有力的举措，着力对传统技术和产品进行改造，引进了一批世界水平的项目，使这些企业在资金、技术、产品、管理、营销等方面都进行了变革，促进了产品的升级换代，给原来的国有企业注入了新的生机，管理上了档次，产品入了市场，涌现了诸如上海爱梯恩梯通信设备有限公司、上海贝岭微电子制造有限公司、上海邮电通信股份有限公司、上海电视一厂等一批活力强、技术高、效益好，在国内外市场上享有声誉和在全国同行业中独占鳌头的现代企业。

兴办"孵化器"，形成科技成果转化为生产力的综合能力。科技成果转化为生产力，作为发展高新技术产业的一个重要内容，开发区经过多年的探索和实践，一个参照国际惯例、扶持发展科技创业和成果转化的"孵化"环境正在形成。开发区总公司充分发挥其管理、协调功能，通过兴办科技创业村和建立具有"孵化"功能的创业公司，为科技人员创办高新技术企业提供风险投资、场地低价租赁、设备设施、咨询及培训等综合服务，吸引了一大批科技型企业和国内外学有所成的技术人员、留学生，创办了260多家科技创业公司。涌现了象高创公司、高智公司、复华公司、华新生物工程研究所等一批明星企业。

为了探索我国高科技成果产业化、商品化、国际化的道路，1994年6月24日开业的上海新兴技术创业公司，运用开发区总公司投资的1500万元，建立了科技成果产业化的"孵化器"，运用市场经济手段和仿真国际惯例，对项目进行孵化，创业公司成立不到一年引进了有商品化前景的项目12个，注册资金总计达956.5万元。这些企业主要从事微电子、计算机信息技术、医药生物工程、医疗器件、环保、光机电一体化等高新技术产品的开发与试制试销。根据已投入运行的8家企业的初步统计表明，1994年总产值达528万元，销售总额达428万元，技术性收入达10.2万元，利润34.8万元，缴纳税金总额25.21万元，值得注意的是这些企业的R&D总投入达167万元，预示出科技型企业发展的良好前景。

经济发展逐年递增，涌现了一批高效益的高技术企业。1994年开发区的经济发展达到了建区以来的最好水平，全区工业总产值和销售收入达到91亿元，创造利税12亿元，出口创汇近2亿美元，其中工业总产值是1993、1992两年的总和。

值得指出，开发区一批涉及生产大规模集成电路、光纤通信、新材料、电子等产品的高新技术企业经济效益喜人，1994年，产值超过1亿元的这类企业有17家，出口创汇达到100万美元的企业也有17家，其中效益突出的企业有：上海AT&T公司、3M公司、广电股份公司、邮电通信股份公司、瑞侃公司、贝岭微电子公司等。人均销售收入最高的上海AT&T公司达到287万元。

【发展导向】 1995年是上海"新三年"的第一年，也是经济技术开发区第二个十年发展的起步之年，漕河泾开发区将面临建设与发展的新机遇，特别是开发区在内涵拓展和外延扩张上进行新的"造势"，将在以下几个方面进行：

1. 开发区西区全面启动，到1997年将全面完成西区基础设施建设，初步使西区内形成面向21世纪的高新技术产业区、科研创新区、现代居住区、国际经贸区的格局。

2. 在已建设的开发区内，进一步强化投资环境国际化，继续完善开发区技工贸的功能环境，特别是开发区管理中心区和宜山路科贸区的重点建设，将使开发区成为上海西南城区新三年大变样的标志。

3. 拓展引进外资和发展外向型经济的新领域，坚持工业项目的高技术含金量和服务业项目的先进性，以具有战略性投资项目为重点，使漕河泾开发区在上海乃至在全国成为世界高技术跨国公司密集的投资区。

4. 加快社会主义市场经济在开发区的建立，积极营造国有企业现代企业制度的运行环境，积极争取中央和市有关部门在政策扶持、产业导向、火炬计划等方面的支持，努力使开发区走在市场经济改革的前沿。

5. 继续进行科技创业、风险投资机制的建立和完善工作，探索建立具有我国社会主义特色的科技成果商品化"孵化器"的途径和经验，1995年开发区将再引进几十家科技创业型企业，使漕河泾开发区成为上海高科技创业的主要集结地。

（撰稿　周振邦）

宁波经济技术开发区

【综合经济发展】 1994年，宁波经济技术开发区认真贯彻市委、市政府提出的“以‘两区一岛’为重点，三外齐上，多轮驱动，形成全方位对外开放格局”的战略思想，全面实施社会主义市场经济新体制综合配套改革，扎实开展形象年实事建设活动，上下一心，真抓实干，对外开放和开发建设取得了较大进展，综合经济实力稳步增强。

主要经济指标完成良好。1994年宁波开发区实现国内生产总值14亿元，比上年增长55.6%；完成工业总产值30.4亿元，比上年增长58%，其中三资企业完成17.7亿元，比上年增长62%；出口总值2.8亿美元，比上年增长46.6%，占宁波全市的16%，其中三资企业出口1亿美元，比上年增长52.5%；企业实现利润8亿元，比上年增长116%，其中三资企业利润7192万元，比上年下降8.5%；财政收入2.16亿元，比上年增长113%，相当于前9年总和的93%。

利用外资态势趋缓。1994年宁波开发区新批三资企业50家，总投资2.27亿美元，合同利用外资1.44亿美元，实际利用外资1.03亿美元，分别比上年减少42.5%、39.9%、52.4%和35.4%。至1994年底，宁波开发区累计批准三资企业323家，总投资22.68亿美元，合同利用外资18.91亿美元，实际利用外资3.43亿美元，分别占宁波全市的12%、38%、49%和38%。其中总投资千万美元以上的三资企业31家，总投资18.49亿美元，合同利用外资16.19亿美元。

大项目建设和前期工作进展顺利。太平洋化学有限公司、厚生股份有限公司、利华羊毛工业股份有限公司和中利纺织有限公司等4家总投资千万美元以上的生产性三资企业先后建成投产，累计开业投产三资企业162家，占已批三资企业的50%。在建的北仑水泥厂、东亚塑胶、永旺钢铁等项目，工程按计划进展。协和石化、宁波麦芽、日积建材、兴洋毛毯、正大粮油等项目相继动工建设，粘胶长丝、热电厂项目的洽谈进一步深化。

基础设施配套继续改善。1994年宁波开发区共完成基础设施建设投资3.34亿元。长江路、珠江路、黄山路等一批城区主干道相继建成，11万伏小山变投入运行，11万伏长山变土建完工，完成电话扩容3.3万门，日排污6万吨的排污二期工程和日供水10万吨的江南引水工程进入尾声，通途路首期工程破土动工。此外，连接北仑至镇海的宁波大桥、横山至北仑的引水工程等一批后续大型项目，前期工作进展顺利。至1994年底，宁波开发区累计完成基础设施建设投资34.75亿元，建成各类建筑物203万平方米，其中厂房78万平方米，商贸用房45万平方米，住宅80万平方米；形成道路35公里，62万平方米；程控电话5万门；日供水能力17万吨；铺设排污管道31公里，日排污能力10万吨；建有22万伏变电所1座，11万伏变电所4座，3.5万伏变电所3座，供电能力达40万千伏安。

功能小区开发进一步加快。联合开发区域已由投入开发转向产出效益，外向型经济呈“速度、效益、后劲”三同步快速发展。1994年该区域实现工业产值15.6亿元，利润2.7亿元，出口2.4亿美元，均比上年有较大幅度增长。江南出口加工贸易区已有厚生胶料、利华羊毛、兴洋毛毯等近40家企业落户，总投资2.9亿美元，合同利用外资2亿美元，已建成投产企业12家，1994年实现产值6亿元，利润5000万元，出口2000万美元。小山工业小区一、二期0.45平方公里已基本完成道路、给排水、通讯、电力等基础设施配套，1050平方米的管理中心、1050平方米的银行大楼以及2.5万平方米的标准厂房均已建成，开始向外招商。大港工业城首期0.4平方公里水、电、路等基础设施配套全面展开，已投入资金钱1500万元，建成标准厂房1.7万平方米，有11家企业进区落户，总投资5120万美元，合同利用外资3740万美元。其中总投资3500万美元、年产麦芽20万吨的宁波麦芽项目已于年内动工建设。

【投资环境】 1994年是宁波开发区的形象年。宁波开发区按照“大环境、大配套、大服务”的要求，增加新的投入，完善硬环境；增强服务意识，完善软环境，使“筑巢引鸟”和“引鸟筑巢”相结合，加快开发建设。

在硬环境建设上，继续围绕“以项目带基础设施开发和以基础设施配套促项目引进”的指导思想，在坚持以财政支持和以地聚财、滚动开发的同时，开辟新的融资渠道，通过境外借款进行项目投资，从而加大基础投入，加快社区配套，进一步完善投资硬环境。一是力促基础设施大配套再上一个新台阶。除了完成上年已开工项目的续建工程外，又确定11项重点基础设施工程，其中计划竣工项目6个（明州路三期、11万伏小山变、排污二期工程、电话扩容、穿咸线改造、10万吨引水工程），计划开工项目3个（通途路、11万伏长山变、11万伏青峙变），计划完成前期工程2个（11万伏保税变、35万吨引水工程）并通过项目协调会、现场监督检查等方式，狠抓落实。二是完善社区环境。即按照建立一个生活舒适、环境优美、社会稳定的“宁波新区”要求，加快城区“三个一”（一头北大门、一条样板路、一个城区大环线）和“四个中心”（社会管理中心、商贸中心、休闲中心和加工工业中心）建设。三是狠抓出让地块的水、电、路等外围配套，满足项目建设需要。通过上述努力，宁波开发区基础设施和社区配套建设取得了新的成效。全年共完成投资3.34亿元，打通了珠江路、长江路，明州路三期、黄山路一期主体完成，通途路A标段完成施工合同签约，开始征地拆迁工作，排污一期完成，二期完成管道铺设，小山变投入运行，长山变土建结束，青峙变开始施工图设计，新开通程控电话3.8万门，长江大厦、新光休闲中心和东方贸易城建设等均按计划顺利进展。出让土地开工面积达3.5平方公里，占已交付土地总面积的70%以上。截止1994年底，联合开发区域西区已完全具备“七通一平”（即道路、热力、供水、排水、排污、电力、通讯等七通和土地平整），新矸城区基本具备“六通一平”（即道路、供水、排水、排污、电力、通讯等六通和土地平整）。

在软环境建设上，首先是创导全方位改善服务态度，提高办事效率，形成“人人都是投资环境，事事都是投资信誉”的风尚。通过解放思想大讨论，开放开发再发动、再教育，使广大干部群众进一步强化机遇、竞争观念，开拓创新观念和务实高效观念。各有关部门不再教条地按红头文件办事，而是自觉地把“三个有利于”标准作为想问题、办事情的最高原则，开创了特事特办，急事急办的快节奏、高效率的工作局面。在企业注册登记中，工商局坚持该放开的行业和经营范围坚决放开；在企业后期管理中，经发局确定专人，分工联系，及时妥善地协调解决企业生产经营中出现的问题；财税局积极帮助企业熟悉新税制，并灵活运用财政间歇资金，支持企业发展生产和扩大商品流通。其次是加强基础工作，增加服务面。建立了招商中心、外商投资企业协会、外商投诉复议机构等中介组织。调整、完善了开发区的规划，包括高塘区域总体规划的深化、江南区域各项规划完善和近期开发区域局部地段的详细规划及工程管线规划等，为大开放、大开发提供“龙头”服务。借助优惠政策，加快发展第三产业，以求宁波开发区向多功能的新型社区发展。及时做好征地拆迁户过渡房和住宅房的建设工作，保证拆迁户的及时安置，推动出让地块的开发建设，促进社会安定团结。组织力量，深入调研，开展“九五”及“2010”年经济发展规划的编制。此外，结合实际制订和完善了一系列政策规定，如《关于大力鼓励国内投资者兴办内资企业的暂行规定》等，并产生了良好效果。

【利用外资】　1994年，宁波开发区在国家加强宏观调控、国际资本更多地流向亚洲其他国家的严峻形势下，坚持引进与加强服务并重，利用外资取得了新的进展。全年新批三资企业50家，总投资2.27亿美元，合同利用外资1.44亿美元。1994年利用外资工作的主要特点是：

新批三资企业规模趋大。新批三资企业平均投资达453万美元，比上年高出20万美元，其中总投资在1000万美元以上的三资企业有6家，比上年多1家，分别占同期总项目数、总投资的12%和65%。

投资国别、地区又有增加，美国、日本、香港、台湾仍为外资主要来源。1994年不仅有美、英、日、法等发达国家的企业，而且还有阿根廷和威京群岛的客商首次来宁波开发区投资。全年投资企业数、投资额最多的是香港和日本，共32家，总投资1.78亿美元，分别占总数的64%和78.7%。其次是台湾和美国，共9家，总投资2500万美元，分别占总数的18%和10.9%。

投资领域拓宽、结构优化。资金和技术密集型、基础设施、基础产业项目明显增多，利用外资发展房地产、交通运输、印刷、装饰装璜等第三产业又取得较大进展。新批三资企业中，属于资金技术密集型的占36%，在基础设施和基础产业项目方面投资的占12%。

已投产三资企业运行态势良好，追加投资普遍。

1994年，全区正式投产（营业）的三资企业有162家，比上年增加32家。全年完成产值18.34亿元，比上年增长66.4%，实现销售（营业）收入17.26亿元，比上年增长59.2%，利税总额1.19亿元，比上年增长0.4%，出口总值1亿美元，比上年增长52.5%。达金渔具、德华电器、欧太电子、欧亚精密模具等20余家企业纷纷追加投资，总投资增加1亿多美元。其中花港公司连续两次增资，规模已从原来的1000万元人民币扩大到790万美元，外方投入资金净增156万美元。科宁达公司经追加投资，钕铁硼生产能力已从原设计的12吨/年扩大到100吨/年。

三资企业中外商资金到位多。外商资金到位在1993年突破1亿美元大关后又突破1亿美元，达到1.03亿美元，占宁波全市的29%。新投入外资金额在100万美元以上的企业有22家，其中协和土地、正大粮油、日积住宅、厚生胶料等4家企业资金到位均在1000万美元以上。

外商投资信心增强。新批生产性三资企业中，合作年限达50年的有7家，占18%，其中日商投资企业3家，英国、韩国各有1家，体现了宁波开发区作为投资重点区域的优势。

截止1994年底，共有23个国家和地区的客商在宁波开发区投资，累计批准三资企业323家，总投资22.68亿美元，注册资本9.88亿美元，合同利用外资18.91亿美元，实际利用外资3.43亿美元。

【发展外贸】 1994年，宁波开发区抓住国家外贸体制改革和汇率并轨的机遇，坚持外贸企业为主体、三资企业相伴随、内资企业多交货三管齐下，对外经济贸易再创佳绩。全年出口总值2.8亿美元，比上年增长46.6%，其中三资企业出口1亿美元，比上年增长52.5%，占全区出口总值的35.7%，比上年增加1.7个百分点。

1994年，全区拥有产品出口外销企业51家，其中生产性三资企业41家，外贸经营企业10家。开发区进出口公司、经济技术开发总公司、经济技术合作公司、中机宁波贸易公司、五矿宁波贸易公司、市进出口公司、联合集团总公司和申洲织造、国成塑料、和桥化工公司等企业出口均超过1000万美元，出口交货值2.06亿美元，占51家外贸企业出口总值的73.1%；出口在200万美元以上的企业增至19家，出口交货值2.64亿美元，占51家外贸企业出口总值的94%。

出口商品门类齐全，既有机械电子产品，如科宁达的钕铁硼、新立轴承的小型轴承、新乐公司的空调器等，又有化工原料，如和桥化工的发泡级聚苯乙烯等；既有大宗出口的轻纺织品，如丹妮公司的时装，伦天、申洲公司的丝绸、棉织服装，侨泰兴的涤纶线、国成塑料的雨衣，又有巧夺天工的手工艺品，如林梅尔公司的玻璃水球、成发实业的油画等。在41家生产性三资企业中，出口轻纺、工艺品的企业23家，出口交货值4235万美元，占53%；出口机械、电子类产品的企业16家，出口交货值2004万美元，占25%；出口化工类产品的企业2家，出口交货值1727万美元，占22%。出口商品遍及除非洲外的四大洲34个国家和地区。

【综合配套改革】 1994年，宁波开发区借宁波市实施综合配套改革试点城市的强劲东风，根据市委、市政府提出的率先在“两区一岛”进行社会主义市场经济新体制改革试点工作的要求，按照“先打框架、逐步完善、重点突破、整体推进”的总思路，积极推进综合配套改革。设计了“两区”（开发区、保税区）率先建立社会主义市场经济新体制总体试行方案，推出了企业用工、工资制度和职工养老、失业、工伤等社会保障制度以及干部聘任、聘用制改革，并在加快培育市场、深化企业改革、转变管理职能等方面迈出了扎实的步子。一是健全社会保障体系。结合开发区实际，制定了《宁波经济技术开发区（保税区）职工养老保险暂行办法》，在全市率先实施新的养老保险制度，共有400多家企事业单位参加了新的养老保险，保险基金累计已超过2000万元。建立了工伤保险基金社会统筹的新制度，出台了《宁波经济技术开发区（保税区）职工工伤保险暂行办法》。按照政事分开的原则和提高社会化服务程度的要求，建立了新的社会保险管理体制，即设立了社会保险委员会、社会保障局和社会保险基金管理中心。二是加快市场建设。在原人员交流中心、就业管理处的基础上改组成立“两区”劳动力市场管理服务中心，开办职业介绍所2家。创造条件培育金融市场，建立了宁波证券公司开发区营业部，成为开发区与上海金融市场联结的一个纽带。开辟了新的融资渠道，通过境外借款引进通途路建设资金2000万美元。发展了房地产市场，开放区内土地二级市场，建立了土地评估和基准地价体系，并着手筹建房产交易中心。新组建的宁波（开发区）物资交易所，成立才半年就吸收会员单位36家，成交额已超过20亿元，成为我国首家设立在国家级开发区的综合性物资交易所。三是推进企业改革。新办企业均按现代企业制度要求组建，并逐步实行直接登记制度。企业股份制改造取得成效，联合集团总公司改组为股份有限公司后，成为宁波市最大的一家股份制企业，注册股本3亿多元，现有总资产15.6亿元，比上年增加2.9亿元。该公司通过加强内部管理，深化内部改革，已有1家子公司改组为有限责任公司，另有4家全资子公司正在改组为总公司控股的有限责任公司，为加快发展股份制企业积累了经验。发挥了控股公司对国有资产的监督管理职能，通过对管委会控股、参股企业清产核资，确定投资主体，落实企业法人财产权，并建立健全监督管理体制，走出一条国有资产监管的有效路子。四是完善管理职能。根据市政府（1994）13号文件，进一步理顺开发区、保税区、北仑区的行政管理体制，强化了开发区管委会在开发区、保税区和北仑开发区域的领导、协调和管理职能，同时把工作重点转向抓政策调控和基础设施建设，其中发布的《关于大力鼓励国内投资者兴办内资企业的暂行规定》产生了良好效果。五是深化劳动人事制度改革。企业间人员调动，凡不涉及迁移户粮的由企业自主办理。企业工资管理根据“两低于”原则，自主决定。拓宽视野，广招人才，全年通过推荐、自荐、招聘等形式，引进各类人才4000余名，并选调32名政治素质好、熟悉经济工作的同志，充实到有关部门担任领导职务。制订了干部聘任、聘用制方案。

此外，积极发展各种中介组织，建立了开发区招商中心，成立了外商投资企业协会，并着手建立建设工程招、投标中心，税收代理事务所等中介组织。

改革有力地促进了宁波开发区的开发开放和经济发展，为宁波开发区率先建立社会主义市场经济新体制打下了坚实的基础。

温州经济技术开发区

【综合经济发展】 1994年，温州经济技术开发区在开发建设、招商引资的发展道路上又迈出了新的步伐。自1992年3月16日国务院批准温州创办经济技术开发区以来，温州开发区做到了“一年一个样，三年大变样”。招商引资、生产经营、开发建设，各方面齐头并进，各项指标一翻再翻，一年取得的成果超过前两年的总和。东海之滨已出现一片现代化的工业小区，发展规划的蓝图已初步实现。

一年来，开发区管委会紧紧抓住招商引资这个龙头，采取了一系列加强招商引资力度的新举措。首先，管委会决定在管委会机关推行全员招商制，建立招商责任制。“人人都是投资环境，人人都有招商任务”，把招商任务分解落实到每一个工作人员身上。并出台新的招商引资奖励措施，鼓励社会各界人士积极支持和参与招商。在此基础上，管委会进一步简化投资审批程序和手续，优化服务，并抽调精兵强将成立投资咨询服务中心，为投资者提供快捷便利的一条龙服务。一般性项目，只要申报材料齐备，3—7天内即予以办理审批手续。管委会还建立“二公开，一监督”制度，即公开办事程序，公开办事结果，随时接受投资者的监督。一年来，一批大的内联外引项目如东方管道、华润公司及高科技项目复旦生物工程公司，蓝海电子公司等纷纷在开发区落户。

一年来，开发区从负债开发开始向滚动开发发展。全年签订土地出让合同52项，出让地块775.5亩（合51.7万平方米），收回地价款1.33亿元。回收的土地出让金又投入基础设施建设，使开发区的土地不断合理升值，同时也促使建设项目尽快进场施工。项目建设的加快又促使土地开发的速度加快，推动了滚动开发战略的顺利实施。与此同时，管委会加强规划管理工作，委托天津市政工程设计研究院编制开发区中片的小区规划，委托上海同济大学对开发区西片道路管网的规划进行调整，还编制了区内5个村庄的修建性规划，从而使土地出让与开发建设有序地进行。

一年来，开发区积极参照国际惯例办好企业，为企业的生产经营创造良好的外部环境，使企业在开发区这片沃土上迅速发展壮大。随着区内企业逐步建成投产，开发区管委会采取政策倾斜措施，重点支持那些产业结构符合国家鼓励发展的方向，产品质量好，市场销路好，发展潜力大的企业上规模、上档次，促使企业向集团化方向发展。全年共批准20家企业的技术改造项目，技改总投资2.14亿元，实际已投入9115万元。开发区通过银行，财政对企业技改所需资金给予优惠贷款，财政给予部分贴息，有力地支持了企业的发展。

随着开发区的发展，各项管理也进入轨道。根据浙江省人民代表大会常务委员会颁发的地方性法规《温州经济技术开发区条例》，开发区管委会制定各项行政管理规定，在土地、规划、建设、环境保护、房产、企业审批、统计等方面依法实行规范化管理，保护投资者和劳动者的权益。同时，还开展创建"文明小区"活动，在道路绿化、环境卫生、文明施工、交通管理、安全生产、社会治安等方面取得了显著的成果。

为了保障开发区在未来相当长一段时期内也能顺利健康发展，需要对其发展方向、目标、功能及其将来在温州市乃至浙江省的地位，作出科学的论证。1994年开发区编制了《温州经济技术开发区经济发展战略》(1995—2010)、《温州高科技园区经济发展规划》(1995—2005)等。通过发展战略研究报告、规划，理清了进一步发展的思路。规划在开发区内建立一个高科技园区，以集中发展高新技术产业，促使开发区的发展从以经济开发为主转向经济、科技开发并重，提高开发区的科技发展水平，增强辐射能力，带动区域经济发展。经过十多年努力，把开发区建成一个具有出口加工、科技开发、金融贸易、仓储运输、文化教育等多功能的、二、三产业协调发展的现代化、国际性、综合型的新城区。

【投资环境】 1994年，温州开发区的投资环境有了很大的改善。开发区东片已实现全面开发，1.8平方公里范围内的"五通一平"已全部完成，并开始了开发区西片和中片的开发。已征用土地112公顷，完成基础设施投资4800万元，平整地块67公顷。东片23.6公里的道路网已全部铺设完毕，敷设雨、污水管道20.27公里，给水管道6公里；新建一座3.5万伏变电所，拥有8万门程控电话的开发区邮电大楼开工建设，已先期完成邮电临时营业房的土建任务，东片的通讯电缆管网孔道已施工完毕并联片成网，3万吨/日水厂扩建工程也已于10月份竣工并投入运行；房建工程完成基建投资1.5亿元，开工面积30万平方米，竣工面积15万平方米，在建面积近30万平方米。

开发区还十分重视开发建设和环境保护的协调关系，制定了《开发区环境保护管理制定》，并进行区域环境影响评估，有效治理了环境，使开发建设和环境保护两不误。一年来，开发区市政管理工作全面展开。在清理道路、搞好环境卫生的基础上，开始实施绿化工程。在已形成的3.4公里主干道旁，选择既美观，又容易成活，抗风、抗污染的树种进行种植，共植树874棵，绿化面积10310平方米。

在软环境建设方面，开发区注重依法治区，完善开发区的法制建设。全年共制定了15个行政管理规定，建立健全了税务、工商、公安、劳动仲裁、法庭等执法、司法机构，筹建开发区海关，使国家、省、市有关发展经济、规范市场、保护公民和法人权益的法律法规以及政策规定得到落实。同时，管委会注重转换政府职能，实行"小机构、大服务"，由重管理转为重服务，寓管理于服务之中，并建立律师事务所、会计师事务所等多种中介服务机构。为进一步简化投资审批程序，优化服务，开发区管委会经过反复讨论，制定颁发了《关于改善温州经济技术开发区投资环境的若干意见》。该政策规定，在企业审批，登记方面，注册资本在500万美元以下的外商投资项目，无须进行项目建议书与可行性研究报告的审批，可直接到开发区工商行政管理局进行名称预登记，到国土规划建设局联系项目用地、安排环保评估。公开审批制度，建立审批工作日制度，公布申办项目的工作程序，以表格的形式简化材料的申报审批。在改善服务方面，提出若干方便企业的措施。各部门都建立工作责任制和岗位责任制，专人解决企业提出来的问题。为解决企业的人才短缺问题，开发区管委会通过报刊、电台、电视台等新闻媒介，刊登、播发招聘广告，了解人才信息，储备人才资料，建立人才供应库。全年共发布人才信息三次，向企业推荐人才280余人次，推荐成功80多名人才，同时，还为人才流动提供制度上的保证，在一定程度上缓解了企业高级管理，技术人才短缺的状况。

【利用外资】 1994年，温州开发区采取一系列加强招商引资力度的新举措，积极开展和参与在国内外举办的各类招商活动。除了随温州市政府组织的代表团赴美国、香港等地招商外，还派出招商洽谈团参加在上海举办的中韩经济洽谈会，在厦门举办的经贸洽谈会等活动，还通过国内外新闻媒介发布招商信息，对前来洽谈的客商热情接待，详细介绍温州开发区有利的投资环境。经过全体工作人员的努力，全年引进外商投资项目26个，与上年持平，总投资5161万美元，比上年增长51.04%，合同利用外资

2615万美元，比上年增长74.10%。1994年温州开发区利用外资有以下几个特点。一是投资规模有所增大，注重提高项目的规模和档次。在新批的26家三资企业中，投资总额在500万美元以上的有3家，1000万美元以上的2家；平均投资规模从上年的126.5万美元上升到198.5万美元。二是项目科技含量有所提高，产业结构合理。与母城温州的重点传统产业类同的有鞋革类8家，服装类4家，其他轻工产品类4家；技术相对较为密集的有机电仪表类6家，精细化工和医药类3家；还有从事基础设施开发的1家。三是随着开发区投资环境的完善，区内内资企业增多，许多外商看好这些内资企业，区内原有的外商投资企业也积极增资进行技术改造。1994年区内内资企业与外商嫁接成中外合资、中外合作企业的有6家；另有7家三资企业投入3480万元资金，扩大生产规模。

截至1994年底，温州开发区累计共批准三资企业96家，绝大部分为工业项目（占总数的96.88%）。总投资1.19亿美元，注册资本8118万美元，外商投资部分为6521万美元，占注册资本的80.33%；实际利用外资3531万美元，占注册资本的43.50%。一共有16个国家和地区的近百家外商前来温州开发区投资兴办企业。已开业投产的三资企业有46家。

【内联工作】 温州开发区在注重引进外资的同时，同样注重内资的引进工作。本着“内联打基础，外引上水平”的方针，开发区管委会推出优惠政策，吸引大批内资项目前来开发区落户，然后帮助、扶植内资企业上水平、上规模，帮助为其介绍国外客户，嫁接为中外合资、合作企业。一年来，温州市内一些具有雄厚实力的集团公司纷纷前来开发区考察投资环境，东方、特陶、海螺等5家集团公司率先前来投资办厂。一批拥有高新技术产品的企业也被开发区良好的投资环境所吸引，在开发区兴办内联高科技企业。如上海复旦大学遗传学研究所与温州中立工贸公司合作，共同投资，在温州开发区设立温州复旦生物工程有限公司。该公司已开发出一系列市场急需的生物工程高科技产品，其中以抗癌新药——抗肿瘤生物坏死因子引起国内外的注意，成为开发区高科技企业中的佼佼者。截至1994年底，开发区累计批准开办内资企业257家，总投资11.18亿元，而1994年一年新批内资企业就达124家，总投资5.77亿元，企业个数和投资额均占累计总数的一半左右。已开业投产内资企业140家，其中工业企业45家，占全部已开业投产工业企业的49.45%，全年内联工业产值2.41亿元，占全区工业总产值的38.01%

【经营管理】 温州开发区参照国际惯例管理区内各类企业，为企业的建设、生产创造良好条件，力求做到引进一个，见效一个。一些企业产品适销对路，手头又拥有订单，但如果等开发区内的新建厂房落成再搬入生产，就会失去拓展市场的良机。开发区管委会允许其先在区内外租用厂房，一边生产一边建设，有的企业甚至先生产后建设，还有的企业在管委会各部门全力支持下，实现了当年建设当年投产。

为了促使企业上规模、上档次，开发区管委会还在全区范围内开展重点企业、出口创汇先进企业、技术进步企业等评选活动。对重点企业，采取积极扶植的措施，管委会各级领导干部与其建立定期联系制度，经常下企业调查研究，加强协调、服务工作，为企业解决生产经营中遇到的各种自己不能解决的外部困难。通过各方面的努力工作，开发区经济发展态势良好，企业产销两旺。全年实现工业产值6.34亿元，比上年增长71%，其中年产值在1000万元以上的企业有20家。实现利税9597万元。

【第三产业】 开发区不仅是工业生产的集中区域，而且还是二、三产业同步发展的综合性新区。1994年，开发区新批第三产业企业47家，总投资2.65亿元。已开业的三产企业有95家，全年销售收入8.04亿元。市场建设取得新进展。开发区新创办一个紧固件市场，市场依托区内发达的民间紧固件生产基地，把分散的经营户组织起来，形成占地面积7200平方米，拥有186个摊位的规范化市场。1994年3月紧固件市场正式开业，开发区管委会和工商部门积极参与市场管理工作，制订一系列管理制度，帮助经营户开展业务，使市场迅速繁荣，每天成交额达50到60万元。在短短的10个月内，开发区紧固件市场就挤身温州市超亿元市场的行列，1994年市场成交额达1.34亿元，上缴国家税收470万元。

【发展外贸】 1994年温州开发区对外贸易同其他各项工作一样，取得较大的成绩。全区进出口总额6768万美元，比上年增长71.34%，其中出口创汇3542万美元，比上年增长65.36%，占全市出口总额的19.24%。工业企业出口1763万美元，其中三资企业出口1306万美元，占全区出口总额的

36.87%，占全市三资企业出口总额的22.87%。

在已开工投产的91家工业企业中，有25家企业产品出口，其中三资企业21家，占已开业三资工业企业的48%。出口的商品有药品、鞋类、箱包、票夹、工艺品、装潢配件、木制品以及机电工具等。出口额在100万美元以上的企业有6家，其中安德利鞋业有限公司生产的旅游鞋出口值达350万美元，居浙江省旅游鞋行业出口第一位，在全市三资企业出口排行榜上也高居榜首。开发区所属进出口公司出口创汇达1779万美元，比上年增长4.54倍，在全市外贸企业出口排名中由1993年的第11位上升到第2位。企业各方面指标也都创出好成绩，结汇率高达98%，经济效益也走在各公司前面。该公司在1994年积极开拓国际市场，已与49个国家和地区建立了贸易关系，出口商品品种达211种。

（撰稿 朱步炯）

萧山经济技术开发区

【综合经济发展】 1994年，萧山经济技术开发区贯彻以改革为动力，以发展为目标，以稳定为前提的方针，解放思想，开拓创新，艰苦奋斗，扎实工作，取得了较大的成绩。

在改善投资环境方面，《萧山经济技术开发区条例》颁布实施，与之配套的一些行政管理规定相继出台。《萧山经济技术开发区发展战略》的制定明确了今后开发建设的基本方向。开发区财税分局、土管分局建立。连接萧山市区与开发区的公交车已经开通。区内金融、保险、医院、商店、国际俱乐部等服务功能日益健全。

从开发建设的实际出发，调整、深化了开发区总体规划，电力、邮电、路网等专项规划先后编制。总投资4650万元的3条次干道竣工。实施工程管理办法，加强市政工程质量监督。严格执法，查处区内违章建筑。

在招商引资方面，发动全社会招商，采取多种形式拓宽渠道；跨出国门举行投资恳谈活动，推销自己，提高知名度，促成项目进区；对有投资意向的项目进行分类排队，合理分配力量，建立项目责任制，实行动态管理；通过举行进区项目基建集体开工仪式等形式，促使项目尽快开工投产，缩短建设周期；积极为"三资"企业提供优质服务，依法加强对投产企业的管理；组织力量外出催讨土地使用权出让金，提高资金到位率，缓解资金供求矛盾。针对"有项目无地块"状况，在首期3平方公里基础上，果断决定向西北推进2平方公里，扩大开发建设范围，下大力气搞好市北区二期征迁工作。

以改革、稳定、发展为一切工作的着眼点和出发点，妥善处理历史遗留问题为14893人，办理了"农转非"手续，稳定了民心，消除了开发建设的后顾之忧。

【投资环境】 投资软环境进一步改善。《萧山经济技术开发区条例》的颁布实施是实现以法治区的重要标志，4月28日，《萧山经济技术开发区条例》经浙江省第八届人大常委会第十次会议审议通过，并于5月5日颁布实施，从此，结束了萧山市没有地方性法规的历史，使开发建设工作真正步入有法可依、以法治区的新阶段。与《萧山经济技术开发区条例》相配套的档案管理、劳动用工、区块公司职责、涉外房地产、财税等等行政管理规定也已经或即将出台。在国务院特区办、中国社会科学院专家的帮助指导下，制定、完善了萧山经济技术开发区发展战略，明确了今后15年开发建设的基本方向。这对开发区的发展具有普遍的指导意义。宣传工作出现新的起色。为庆祝建区一周年，萧山经济技术开发区管委会集中一段时间，与新闻单位一起，连续搞了16个专题报道，发表了10篇文章，并新录制了一部电视录像片，此外，通过直接或间接方式，在《人民日报》、《开放日报》、《浙江日报》、《中国商报》、《杭州日报》、《香港大公报》等10余家报刊上发表了40余篇文章，宣传建区一周年的开发建设成就，进一步扩大开发区在国内外的影响。开发区财税分局、土管分局相继设立，内部机构进一步健全。萧山市第一人民医院开发区门诊部开张营业，南起东门菜场，北至开发区建行办事处的3路公交车开通，方便了职工上下班和看病就医，加强了开发区和老城区的联系，使服务功能逐步齐全。

基础设施进一步完善。市北区长5.5公里，概算投资5000万元，17万平方米的三期道路及管网工程正在紧张施工，截止年底约完成总工程量的70%。总投资4650万元，长5375米，平均宽度34米的之江西环路、一号路、二号路等一期工程竣工。投资2400余万元，为期一年半的管委会大楼工程竣工，从根本上改善了办公条件和招商环境。在加快基础设施建设的同时，萧山经济技术开发区对重点工程实行规范化管理，制订实施了《管委会直接投资工程的管理办法(之二)》，聘请上海同济大学和有关部门专家首次对投资区的市政工程质量进行大检查，通过检查发现问题，提出整改措施，加强质量意识，促使市政工程质量进一步提高。还从实际出发，调整、完善了总体规划，编制了规划文本初稿，建设Ⅳ路由原路24米调整为58米，以便同市区、钱江三桥、杭州萧山国际机场接轨。在电力建设方面，2个11万伏变电所已经立项，1个22万伏变电所已通过选址论证。在有关部门的配合支持下还完成了：之江区、市北区的环境影响评价；之江区电力、市北区邮电规划；长7公里，百年一遇的之江防洪堤规划设计；之江区至长山污水预处理厂的污水干管规划，并使市北区投产企业的污水管并入总网。全年颁发"一书两证"25份，提供定点兰线和规划要求的企业35家，查处违章建筑6处，违法建房85起，计2900平方米。

【利用外资】 招商引资工作迈出新步伐。招商引资是开发建设的中心工作。围绕这一中心，萧山经济技术开发区始终坚持以生产型、出口创汇型、技术发展型为主的方针，以国家产业政策为导向，发动全社会招商，引进外资，以项目促开发，采取多种形式拓宽渠道：一是成功地组织了深圳、东京两次大型招商活动，提高了开发区在国内外的知名度，联络客户，促进了投资项目的落实；二是加强与涉外部门的联系，经常与国家、省市涉外部门以及市政府驻外办事处联系，捕捉商务信息；三是利用境内外中介机构招商信息多、渠道广，外商比较信任的优点，委托他们协助招商，如台湾机器同业公会等，收到了较好的效果。在内部管理上，对具有投资意向的各个项目，按照投资额和成功概率的大小分类排队，列出重点项目，落实专人，明确分工，实行跟踪，以便根据反馈信息，及时采取必要的措施。今年招商工作由于拓宽渠道，信息丰富，重点突出，措施有力，取得了较好的成绩。全年新批"三资"企业19家，总投资额1.09亿美元，协议利用外资9648万美元，实际利用外资5659万美元。一些大项目如日本电石公司的反光膜，意大利密劳律奥的纺织项目等陆续进区，提高了开发区的档次。至年末，累计批准"三资"企业84家，总投资5.52亿美元，协议利用外资3.39亿美元，实际利用外资1.86亿美元。区内已开工的"三资"企业达30家，全年实现工业产值6.4亿元，上缴税收1838万元。

首次赴日投资恳谈活动取得圆满成功。由萧山市政府和萧山经济技术开发区管委会组成的经贸考察团，于5月30日至6月10日赴日本东京、静冈、大阪等地召开投资恳谈会。这是萧山市首次在境外举办的投资恳谈活动。参加恳谈会的165名代表，大部分是日本财团、公司、商会的主要决策者，他们对来萧投资表现出浓厚的兴趣。在日期间，考察团走访了日商岩井株式会社、索尼公司、发条公司、川崎精工、友成机工等较为知名的企业，与蝶理株式会社、大久保电器株式会社签订了土地使用权出让合同及兴办独资企业的协议。还就合资组建娱乐中心、高尔夫球练习场等项目达成了投资意向。

【市北区二期征迁取得突破性进展】 针对"有项目无地块"，有些项目因民房未拆除而不能按时进场施工，客商反映强烈的实际，为了进一步加快开发建设进度，萧山市委、萧山市政府和萧山经济技术开发区管委会决定在市北区首期3平方公里基础上，继续向西北推进2平方公里，需征地3000余亩，拆迁农房841户，计549幢，搬迁工厂8家，学校1所，总建筑面积为17.25万平方米。面对如此艰巨的任务，萧山市建立了市北区二期征迁领导小组，萧山经济技术开发区管委会组成拆迁工作班子，落实拆迁责任制，萧山市委从各部门抽调了10名干部，萧山市政府制发了有关文件，所在的宁围镇则选派了15名干部，协同、配合搞好二期征迁工作。经过200多个日日夜夜的艰苦努力，克服了许多意想不到的困难，2平方公里范围内土地已全部征用，旧房丈量估价、小区配套、签订拆迁协议、摸号定位、旧房拆除等等工作已经基本完成，部分村民搬入新居欢度春节。该期大规模征迁任务的顺利完成，为萧山经济技术开发区的全面启动奠定了坚实的基础。

【15000人的"农转非"问题基本得到解决】 杭州钱江外商台商投资区江南区块、萧山经济技术开发

区的“农转非”问题是多年积累形成的，如果再任其发展下去，很有可能成为不安定因素，甚至酿成重大的社会问题。为了真正对群众负责，从稳定社会这个大局出发，在萧山市委、萧山市政府的重视和人控办、公安、粮食、劳动等有关部门的大力支持下，经过半年多时间的努力，截至12月已办妥“农转非”手续的有14893人，其中成建制村（组）10083人，劳土比例核定4810人，尚有132人由于各种原因暂缓审批。这项工作的完成，深受老百姓的欢迎，为他们办了一件大实事，大好事，也解除了开发建设工作的一大后顾之忧。

【经营管理】 萧山经济技术开发区从其所属公司实际出发，采取联利计酬、风险抵押承包等方法，落实了1994年度的承包方案。对4家直属企业转换了经营机制，重组投资主体，明确经营责任，使直属公司的经济实力有所增强。到年末，16家直属（联营）公司的下属公司达80家，企业总资产20多亿元，自有净资产超亿元。在自身实力不断增强的基础上，部分直属（联营）公司积极参与地方基础设施建设。浙江省国兴进出口公司萧山联营公司出资拓建杭（州）金（华）公路萧山段就是一例。

该工程总投资1.2亿元，由杭州钱江投资区江南管委会下属的省国兴进出口公司萧山联营公司和省交通厅公路管理局各出资50%，历时1年5个月拓建而成的，是萧山市的第一项“四自工程”。省国兴进出口公司萧山联营公司开了企业参与省级重点交通干线建设的先河。

原杭金线萧山至茨坞段长37.5公里，平均宽度约为7米，改建后道路宽12米，沥青砼路面（部分地段宽18米，水泥路面），被浙江省、杭州市公路管理部门评为优良工程。

10月28日，杭金线萧山——茨坞段拓建工程比原计划提前4个月竣工通车，它的建成，极大地缓解了浙北地区公路交通的“瓶颈”制约，有力地促进了萧山乃至浙江省经济的发展。

福州经济技术开发区

【综合经济发展】 福州经济技术开发区作为集国家级开发区、保税区、高科技园区和台商投资区于一体的特定开放区域。1994年，以江泽民总书记视察福州开发区为契机，贯彻“增创新优势，更上一层楼”的指示精神，坚持以外向型经济建设为中心，“抓一头，带两翼”，即以保税区建设为龙头，带动科技园区和延伸区建设，促进经济总量的超常规增长和国民经济的持续、快速、健康发展。全区实现社会总产值47亿元，比上年增长35%，高于福建省平均增幅；国内生产总值18亿元，比上年增长31%；工业总产值37.7亿元，比上年增长35%；财政收入2.09亿元，比上年增长33.9%；税收收入1.97亿元，比上年增长20.7%；城市居民人均生活费收入5002元，人均出口创汇4660美元，人均财政收入4688元，人均各项指标名列全省前茅。全年批准项目133个，总投资6.02亿美元。其中，批准“三资”项目89个，投资额5.89亿美元，合同利用外资4.76亿美元，分别比上年增长79%和83.7%。新投资开业的“三资”企业88家，比上年增长12.5%，实际利用外资8184万美元，比上年增长100.1%。荣获福州市“1994年度工作目标责任制先进单位”光荣称号。

吸收利用台资取得明显效果。福州台商投资区是全国仅有的两家台商投资区之一。六年来，已批准台商投资项目103家，协议利用台资占开发区利用外资的69.4%。其中，新批准台商投资项目18项，占外资项目总数的20.2%，总投资额6625万美元，协议利用台资5983万美元。在台资项目中，“中华映管”项目已动工兴建，它是福州市自改革开放以来引进投资额最大的工业项目，首期投资3000万美元，终期投资达3.5亿美元，年产值可达70亿元人民币，它的建成将对改变福州开发区、福州市的工业结构产生重大影响，标志着马尾的对外开放和对台经贸合作迈上一个新台阶。

高科技企业技术进步含量不断增大。马尾科技园区属国家级高新技术产业开发区——福州科技园区“一区三园”中重要一园，1994年完成工业总产值8.16亿元，比上年增长54.1%，实现利税7148万元，比上年增长45.7%，出口交货值800万美元，增长近1倍，依靠科技进步推动园区生产力发展的因素达50%以上。涌现出实达集团和新世纪集团两家全国百强新技术企业，它们在龙虎榜中分别列第25位和57位。已初步形成光机电仪一体化、电子信息、生物工程和新型材料为主的四大行业体系。园区新建项目总面积10万平方米，竣工4.5万平方米。重点项目建设进展顺利，日硝人工肾透析器和升兴易拉罐项目已投产，南铝、亚福仿真、“8400”总厂搬迁等项目的基本建设已动工兴建。园区已批准国家级火炬项目8项，省级火炬项目23项，累计开发新产品320项。其中，1994年批准国家级火炬项目1项，省级火炬项目4项，开发新产品40项。

快安延伸区建设步入健康发展的“快车道”。国务院1993年1月批准福州经济技术开发区沿闽江向快安方向延伸，二年来已投入2.4亿元人民币用于基础设施建设。1994年完成吹沙410万立方米，造地700亩，建成区内主干道及地下管网，竣工12万平方米厂房。共批准招商引资项目56项，总投资4亿美元。其中，新批项目12个，投资额8341万美元，区内全年实现工业产值2.85亿元，比上年增长163.8%。

产业结构继续不断优化。第三产业产值7.35亿元，比上年增长39%，第三产业增加值占国内生产总值比率达41%。商业网点和服务设施进一步完善。每千人拥有商业网点达23个，社会商品零售额20.5亿元，比上年增长13.8%。区内以人民银行为领导，工、农、中、建等国家专业银行为主体，包括兴业银行等其他金融机构为补充的融资格局已经形成；交通运输、邮电通讯进一步发展，全年运输营业收入3769万元，比上年增长23.6%；新装电话1922门，话机普及率达20门/百人，房地产商品房开发累计竣工23.8万平方米。

【投资环境】 福州经济技术开发区地处闽江下游榕城福州的马尾港区。东距闽江入海口34公里，至台湾基隆港149海里，至香港492海里；西距福州市中心19公里。1985年1月23日经国务院批准正式设立，首期开发面积4.4平方公里，1993年1月国务院批准开发区沿闽江向快安方向延伸，工业开发面积扩大至10平方公里。

整个开发区位于闽江口“金三角”地带的中部，依山傍水，风景秀丽，气候温和，古迹众多。马尾处于乌龙江、马江和琴江的汇合处，又是著名的侨乡，因而有“内连三江，外通四海”之说，自古以来就是福建省会福州的水上门户。

开发区所在位置交通十分便利。福（州）马（尾）一级公路在开发区北缘横亘而过，与104国道连接，可分别向广东、浙江两省延伸。福州至厦门的高速公路已开工建设。福（州）马（尾）铁路可通往全国各地，筹建中的温（州）福（州）铁路将从马尾向浙江延伸。福州义序机场距马尾30公里，每周有航班201次，开通国内外航线35条。建设中的福州长乐国际机场设计规模为年吞吐量4500万人次。一期工程将于1996年9月底前竣工。机场连接马尾的过江通道将建大型斜拉桥。马尾港历史悠久，于1988年又开始进行了新港区的建设，现有万吨级码头泊位10个（其中集装箱专用码头2个，国际客运码头1个），5000吨级泊位2个，已开辟日本、菲律宾、新加坡、香港等30多个国家和地区的航线。

1994年基础设施投入资金1.3亿元，实施“新、亮、绿”工程，通讯、供电、供水、道路、排污、防涝等主要设施基本配套。现建有万门程控电话母局一座，程控电话可直拨国内、外各主要城市和地区。用户可申办移动电话、无线电传呼等业务。邮政枢纽已开展国内、国际特快邮件传递业务。装机容量为140万千瓦的华能火电厂与开发区隔江相望。装机容量为10万千瓦的中外合资应急电厂已开工建设。区内建有变电站3座，总容量42.6万千伏安。闽江淡水资源丰富，建有日供水10万吨的自来水厂一座，可满足生活和工业用水的需要。此外，为区内生产、生活服务的商业、金融及其他公共设施已具规模。全年新增绿地45亩，人均公共绿地2.5平方米，绿地覆盖率达25%，冠福州市各区第一。

经过十年的开发建设，福州市经济技术开发区已初步形成较为完善的投资软环境。制定并施行包括《福州市经济技术开发区条例》在内的各种法规条例、规章和行政管理规定28项，真正做到“为投资者提供服务，让投资者依法赢利”。建立健全符合国际惯例的一系列投资项目的运作规范和程序，在全区推行《机关政务“红灯”呈报制度》，做到“马尾的事、特事特办、马上就办”。

【利用外资】 福州经济技术开发区将招商引资视作一个系统工程，并以之为开发区的生命线，以“快半拍”的节奏，周到的服务，全方位引进外资。1994年，福州经济技术开发区共批准三资项目89项，总投资6.02亿美元，实际到资8185万美元，比1993年增长102%。全年新投产的生产性三资企业18家，全区三资企业产值28.4亿元。几年来，利用外资成效斐然，至今共审批三资项目397个，总投资15.3亿美元，协议利用外资10.3亿美元，实际利用外资近3亿美元，投入生产企业266家。三资企业中独资企业比重增加，计179家，占53.75%，现生产性三资企业已形成电子电脑仿真、钢材板材石材、纺织鞋帽手套、猪禽水产等。

投资结构实现多元化，项目由“短、平、快”为主，向“高、精、尖”方向转变。投资结构的多元化主要体现在以下几个方面：一是投资国别和地区不断增加。1990年以前，主要是香港、台湾和东南亚国家。现在投资的对象已扩大到欧、美、韩等30多个国家和地区，特别是在利用日资上有新突破。福州开发区针对日本国内经济不景气，日元升值，中小企业纷纷向海外转移的良好时机，有的放矢地做好日资引进工作。全年已批准日资企业7家，比1993年增长54%，并储备了7个在谈项目。其中，年产12～15万吨，总投资1亿美元的马口铁项目，总投资2000千万美元；生产微电机项目，总投资1000万美元生产高级音箱喇叭项目。在规模上、技术资金都上了一个新台阶，日资成为开发区里继台、港之后的第三支外资主力军。二是“三资”项目水平提高并向集团化迈进。过去主要以“短、平、快”小项目为主，虽然建设周期短，经营较为平稳，而且投资回收较快，但是由于项目平均投资规模小，仅331.85万美元，后劲明显不足，辐射力较小。近年来，投资项目已逐步向“高、精、尖”方向转变，即项目起点高、精加工、大型化，项目单项平均投资额478.57万美元，比上个周期增长44.2%。日本东京丸一、爱华、JVC、尼普洛，韩国的二和金刚，泰国的正大，法国的人头马，香港的周生生等大财团、大企业的投资，带来了很大的关联效应，包括提高了产品的档次，促进了产品出口从资源型的原材料粗加工为主向精加工和出口制成品为主转变，提高了产品的附加值。日本JVC公司、台湾中华映管公司到开发区投资后，还带动了一批关联性强的海外企业前来办厂。1994年审批千万美元以上大项目7项，总投资4.79亿美元，利用外资3.89亿美元。其中有福建名流俱乐部有限公司投资2000万美元的全区最大的第三产业项目，明达电力公司投资6300万美元的全区最大的基础设施项目。另外，区内还组建了清禄集团、升兴集团、新世纪集团等，前两个集团仅注册资本就达2200万美元。三是投资的领域不断扩大。过去投资仅限于工业项目，近年来已扩大到商贸、房地产、运输、仓储、旅游以及基础设施项目，开放度明显提高。如大裕公司是福建省首家发展港口码头和运输的外资企业；马兰直销公司是福州市首家由外商直销的百货零售企业等等。

发展规模经济，开始朝集约化经营的方向发展。福州开发区在发展外向型经济中，既追求速度，更追求效益和后劲。几年来一直把发展规模经济放在重要位置上。一方面，积极引进大项目，帮助它们尽快建成投产，形成企业的规模经济效应；另一方面，依托良好的投资环境，把关联度大的企业办在一起，以形成区域的规模经济效应。目前，开发区已形成一批在全省乃至全国都具有影响的外商投资企业，如中华映管有限公司，全国最大的显示管生产企业，总投资3亿美元，年产1000万只显示管，达产后年产值达70亿元；清禄集团，我国最大的高级运动鞋生产企业，总投资5000多万美元，年产1000万双，产值10亿元，创汇上亿美元；端闽铝板带有限公司，总投资3300万美元，福建省最大的铝薄板生产企业，产值10亿元；兴闽石化是福建省最大的石化企业之一，兴建3～5万吨的油码头，拥有17万吨的储油能力；南亚合板工业有限公司，全国最大的胶合板生产厂家之一，年产12万立方米胶合板；福州大福公司，全国最大的饲料加工厂之一，年产30万吨各类饲料；福州尼普洛有限公司，全国最大的人工肾透析器生产厂，年产130万只人工肾透析器，技术水平居世界领先地位；福州金匙摩托车有限公司，福建省最大的摩托车生产厂，总投资2000万美元，年产摩托车5万辆；中国国际钢铁制品有限公司，福建省首家外商投资的冶金企业，总投资4500多万美元，年产值5.2亿元；在福州市“三资”工业企业20强中，跻身产值20强的企业福州开发区占8家，进入利税20强的也占8家，出口创汇20强之列的有3家。这些企业改变了过去那种工业项目布局分散，项目选择导向性弱的现象，经济开始由粗放型开发朝集约化经营方向发展。

【**发展外贸**】 福州市经济技术开发区坚持“外资、外经、外贸”一起抓的方针，努力拓展外经新领域。1994年，开发区进出口总值达3.4亿美元，其中出口总额2.1亿美元，增长160%，十年来累计出口7.4亿美元。

外商投资企业在扩大进出口中占主导地位。全区出口型的生产性三资企业50家，全年出口货物总值1.16亿美元，占全区出口总值的55%，销售市场主要在香港、日本、美国、德国等地区，产品有鞋、海产品、皮制品、纺织品、石材、电话机等。进口方面，三资企业年进口额3500万美元，是区内外贸公司进口额的8.5倍，主要进口国（地区）为香港、日本、美国。主要进口生产资料和机器设备。

外贸公司实力不断增强，出口规模壮大。1994年，开发区四家外贸公司出口总额4504.8万美元，比1993年增长120%，进口总额412万美元，其中直属外贸公司出口2073.7万美元，进口194.5万美元，进口总值217.5万美元。有的公司在海外逐步建立分公司、办事处，并形成网点，促进发展，主要贸易地区开辟至东南亚、欧洲、北美洲和非洲，其中香港、日本市场最为广阔，出口产品有海产品、服装、木制品、机械等。

努力拓展国际间的劳务合作。选定从事对外劳务输出业务两家公司中有一家——马尾中福公司1994年获得对外民间劳务经营权，半年来累计办理民间劳务输出8批共207人。

【对台经贸】 福州经济技术开发区与台湾语言相通，习俗相近，物候相似，血缘相亲，马尾凭此独特地缘优势，在发展外向型经济中，以吸收利用台资为主。1989年5月经国务院批准，在福州经济技术开发区中划出1.8平方公里兴办的台商投资区，是全国仅有的两家台商投资区之一。台商投资区是集中吸收台资的区域，它的设立大大推动了闽台两岸交往和经贸关系向多层次、多方位发展，加快了开发区的经济建设。

政策优惠，发展迅速。台商在台商投资区内投资办企业，除了可以享受福州开发区的各项优惠政策外，还享受国家给予的台资项目配套贷款和基础设施建设配套贷款，以及获得“同等优先，适当放宽”的投资权利。目前，台商投资区已设立生产性企业103家，协议利用台资占整个开发区协议利用外资额的70%，工业产值占60%以上。其中1994年新批台资项目18项，总投资额为6625万美元，协议利用台资5983万美元。特别是总投资3.5亿美元的中华映管公司已开工兴建，标志着马尾的对外开放和对台经贸合作又迈上一个新台阶。随着开发区投资环境的不断优化，台商的投资行为正朝着延长投资年限、提高投资层次、增加投资金额、扩大投资主体等几个方面发展。近5年来，台资项目数比上一个5年增长近8倍，项目平均投资额为565.98万美元，增长75.1%，单项投资在1000万美元以上的有12项。

在吸引利用台资方面，福州开发区主要采取以下做法：一是明确发展目标，扬长避短，发挥优势，在外向型经济建设中突出唱好“对台戏”，力争成为全国吸收利用台资的重点、闽江口台商投资的中心区域和闽台经贸合作的综合试验区，以经贸往来推动两岸的合作关系。二是不断完善投资的软硬环境，以良好的投资环境来吸引台商投资。三是“以台引台”，用早期在开发区投资获得成功的台商的现身说法，带动其他台商前来投资。这种做法的成功率比较高，一年来就有19个台资项目属“以台引台”的方式引进。四是通过多种渠道广交台商朋友，邀请台商到马尾实地考察投资环境，每年都接待台商、台胞近3000人次以上。五是坚持大、中、小项目一起上，突出抓好台湾大财团、大企业、大项目的引进。目前已有台湾中华映管公司、金匙公司、怡华集团、味全食品公司、清禄集团等在开发区内投资办厂。六是注重行业的关联度，增强辐射能力。力争引进一项、带动一片。例如引进了摩托车项目、显像管项目等，不但带进了一大批台资中小企业到福建省落户，为之配套生产零部件，而且也带动了一部分国内企业的生产和发展。七是做好台资企业的产前、产中和产后的各项管理、服务工作，使其依法经营、依法获利，并为台商排忧解难，使他们安心在马尾发展生产。台资企业有八成以上获利，已有48家开始增资，总增资额逾2亿美元。

积极探索“两区对接”，争取两岸直航。在目前海峡两岸不通邮而通信，不通商而通货，不通航而交流的“三通未通”的特殊阶段，福州市经济技术开发区对台湾的出口加工区进行充分的研究，1994年提出“两区对接”的思路，即利用开发区里的福州保税区这一高度开放的海关特殊监管的特定区域，避开政治上的敏感问题，凭其近台往返便捷、政策优惠、港区设备先进等有利条件，通过与台湾的高雄、云林、楠梓、台中等出口加工区进行两区对接，即以福州保税区和台湾这四个出口加工区的工商企业为主体，以民间、企业间“结对子”的形式，开展多渠道、多层次、多形式的经贸合作。实行优势互补，达到两区率先直航，并以此为突破口先运作起来，由小到大，由单向到双向，争取两岸直航取得实质性突破。

【经营管理】 福州经济技术开发区管理委员会作为福州市人民政府的派出机构，代表市政府对开发区实行统一领导和管理。福州经济技术开发区作为超前的综合试验区,不断进行各方面的改革与探索。机构改革方面,福州开发区在国家级开发区中迈出有特色的一步,即管委会与开发区所在行政区政府——马尾区人民政府“两区合一”,联体发展,并以“小政府、大社会”为原则设置精简、高效、统一的机构,将原马尾区、开发区的77个机构精简为26个。同时在项目审批上实行“一幢楼办公,一支笔审批,一个公章对外,一条龙服务,一揽子解决”,从而减少管理层次和办事环节,提高办事效率,两块牌子,一套人马高效运作。

福州经济技术开发区坚持向国际惯例靠拢,建立健全法规,依法治区,依法行政,已制定颁布了《福州市经济技术开发区条例》、《福州保税区条例》等近30个区域性法规,使各项工作有法可依,为投资者提供了比较完善的法律保障体系,形成法制较健全的集中优势。

1994年,福州经济技术开发区在管理体制上不断取得新突破。一是在全区实施《外商投资企业登记管理办法》,引进项目改审批制为登记制,投资者从领取登记表到申请营业执照平均比原来缩短了71天,仅需4.6天。二是试行《机关政务“红灯”呈报制度》,对否定事项逐级呈报,有效制约了政府部门、直属行政事业单位轻率否决行为,对于特殊事项进行个案处理,真正实现“马尾的事,特事特办,马上就办”。三是实行《外商投资企业“接待日”制度》,定期召集涉外机构和有关职能部门听取外商投资企业的意见和建议,帮助解决他们的实际问题,受到外商的欢迎。四是规范投资企业收费管理,对原有480多种企业收费进行清理,目前只剩下29项收费,并指定一个窗口收费,实行收支两条线。五是积极开展海关申报制、税务申报制的试验。

加强有关管理,配套改革全面推进。通过宏观管理,引导全区第三产业朝“科、工、贸、运、旅”全面发展,第三产业在国民经济比重中达40%以上。加强了土地管理,全年收取土地出让金9000多万元。1994年,国家实施了财政、税收、外汇等五大体制改革,福州开发区采取得力措施使改革“软”着陆,并围绕建设社会主义市场经济体制开展了几项配套改革:以产权制度改革为重点,引导企业走集团化、股份化道路;进一步完善直属企业以国有资产投资收益率为中心的国有资产管理体制改革;着手探讨投融资体制的改革;引导‘二轻’企业的改制工作,划清产权关系,提高经营能力。此外,社会保障制度改革、国有土地使用制度改革、公房制度改革等也都取得可喜的进展。

广州经济技术开发区

【综合经济发展】 1994年,广州经济技术开发区坚持以“繁荣开发区”为历史使命,全力以赴,开拓进取,经济建设保持高速发展,主要经济指标创历史最好水平。全区实现工业总产值57.25亿元(90年不变价),比上年增长53.6%,其中三资企业产值55.56亿元,占全区工业总产值的97%,全区新增投(试)产企业的33家,其中投资额超过1000万美元以上的重点企业9家,新增产值6.28亿元;到1994年底,全区累计投(试)产生产性企业达224家,其中工业产值超过亿元的企业有8家。外贸出口总值完成3.2亿美元,比上年增长23.1%。合同引进外资5.1美元,比上年增长1.26倍,实际利用外资2.12亿美元,比上年增长2倍;1994年合同引进外资和实际利用外资额分别是前9年总和的75.05%和88.66%。全年共引进项目60个,其中1000万美元以上的项目21个;项目平均投资额为9716万元,其中外商投资为847万美元。全年实现财政收入6.67亿元,比上年增长53.33%;其中工商税收完成5.85亿元,比上年增长69.07%。区内企业实现利润6.2亿元,比上年增长1.3倍,其中利润上千万元的企业有8家。

全区产业结构调整取得突破性进展。西区成功地完成了17000平方米单层厂房的搬迁改造,腾出4.83万平方米土地,使西区的投资密度由原来的每平方米200美元上升到500美元;全年共调整用地面积约34万平方米,占全年用地的52%,占全年工业用地总量的61%。全区先进技术企业和高新技术企业产值达31.56亿元,占全区工业产值的

55.12%，技术进步对经济发展的贡献率为40.04%；全年认定高新技术企业6家；新取得ISO—9000质量认证企业有普林、凯迪2家；新产品鉴定7个。开发区经济步入内涵与外延同步发展的轨道。

1994年，广州开发区各项改革措施是其整体经济实力上新台阶的根本动力。首先是管委会各部门实行目标责任制，把机关工作的“软任务”化为“硬指标”，工作完成的实绩与各部门人员的晋升和奖金挂钩，初步打破分配上的大锅饭，把竞争机制引入人事管理，大大调动了机关工作人员的工作积极性。第二是深化企业“三项制度”改革，国有直属公司全面实行劳动合同制，在分配制度上，管委会对直属总公司副职以上领导实行“目标责任年薪制”，以工业产值、引进外资额等8项经济指标考核企业经营者。在社会保障工作方面，全区100%的企业和98%的职工参加社会养老保险；75%的企业和职工参加社会工伤保险；89%的企业和75%职工参加失业保险，并在广州市率先对临时工，特别是外地工实施保险，调动了职工的生产积极性。第三，全面铺开国有企业产权制度改革，推行现代企业制度的建立，重点对科总及其属下的18家企业进行了全面的改革，改成有限责任公司3家、国有民营（租赁）3家，实行风险抵押承包5家、股份转让1家，关停了2家。把物总改造成由5家股东持股的金汇物资股份有限公司；筹建了“恒运集团”。1994年，区国有企业转制为有限责任公司的企业有27家、转制为股份有限公司的2家。第四，认真贯彻新税制，加快税收征管体制改革，加强了对企业的宣传辅导和业务学习，做好新税制的转换工作，开展了税收执法检查等工作，区国税局和区税局正式挂牌，全面实行上门申报纳税和电脑计征税，完善征、管、查三分离。

党的建设和精神文明建设的新发展是开发区获得长足进步的有力保证。1994年，开发区举办了两期处以上干部学习社会主义市场经济理论的学习班；加强了流动党员和外商独资企业党员的管理，建立了流动党支部和独资企业联合党支部。对处以上领导干部对照中纪委提出和重申的“新五条”、“旧五条”认真进行自查自纠，对党员领导干部重点检查了“车子”、“房子”问题，建立了“多媒体大屏幕宣传系统”、“信息查询系统”、“文化艺术候车长廊”等一批文明建设硬件设施，增强了干部职工的凝聚力。

【投资环境】　1994年，广州开发区西区和新区建设同步并进，在投资硬环境建设上，提出按照新加坡裕廊工业镇的标准建设西区，同时拓展新区，以缓解项目用地紧张局面。在西区，公共基础设施建设1.6亿元，建成了一批桥梁、道路、泵站、排水管网和绿化工程；修复了夏港大道；建成了污水处理厂；新建了供水管道，使日供水能力达4.6万吨；建成了港前11万伏变电站等一批供、配电设施和部分供热工程；电话容量扩至1.6万门，筹建了穗港航线项目。对区容环境进行综合治理，清除了大的卫生死角，基本消灭了裸露土，按广州市城管目标责任制考核，开发区居全市8区之首。在新区建设方面，东区已累计投资达5亿多元，初步实现了3平方公里的“六通一平”。区内以罗南路、一横路、二横路和三横路为构架的路网体系已形成；共铺设供水干管4180米，排水排污管道13750米，主干道地下管线铺设工程基本完成。开通了首期200门程控电话，2000门电话的前期工程已完成；商住楼和商业街已动工兴建。占地800亩的“东辉广场”获得建设部和科委批准，被列入国家重大科技产业工程——2000年小康型城乡住宅小区工程。其总体规划设计方案经建设部和科委联合召开的评审会审议通过，被评为全国7个最佳设计方案之一。前期建设启动资金已到位，部分地区已吹沙镇土，22万伏变电站已开始施工。

在投资软环境建设方面，广州开发区强调“管理就是服务”的思想，为此，专门成立了企业筹建领导小组并设立办公室，专门为已确定的项目进行筹建服务，在规划、环保、卫生、安全、消防、市政、供水、供电、供汽等方面给投资者提供“一站式”服务，并通过签定合同的办法给提前投（试）产的企业实行奖励、对在企业筹建过程中成绩突出的单位和个人实行奖励，对阻碍和影响企业筹建的单位和个人进行处罚，使投资者在广州开发区投资办厂能以最快的速度建成产出，尽快出效益，切实体现为投资者服务的思想。《广州开发区条例》（修订稿）已获得省人大常委会批准并实施，该条例作为广州开发区的“基本法”明确了管委会的性质和地位，从法律上确定管委会行使“市一级管理权限”，列明开发区管委会的各项职权，充实了多项以前未能到位的管理权限，使投资者在广州开发区投资有法可依、而且十分明确，不会因为领导者的变更而变动。1994年，广州开发区还在前十年创业的基础上，制订了《广州开发区1995—2000年发展规划大纲》。明确了开发区的发展方向、发展规模、发展目标，并为此制订了一系列措施，投资者可据此了解广州开发区的雄心壮志。

《条例》和《规划大纲》分别作为广州开发区的基本法规和纲领文件，将是开发区今后发展的指南。

广州开发区还把勤政廉政和社会治安作为重要的投资环境来管理；广州开发区党、政机关基本做到廉洁自律，主动为投资者、基层、群众服务，倡导艰苦奋斗的精神，树立创新高效的工作作风。广州开发区建立了电脑报警系统和全天侯等命的执勤队等治安综合治理的硬件设施，使外商的人身和财产安全得到有效保障。广州开发区还确立了在1996年前建成全市治安模范区。

区内教育事业也得到有效发展。开发区培训中心对新进区的员工一律采取免费培训后才上岗的办法，此外还举办各类业务培训，1994年就举办各类培训班121期，提高了劳动者素质，使其更好投入生产工作中，发挥更大作用，为企业做更大贡献。社会保障和人才服务的工作进一步得到加强，使开发区尽快适应市场经济和国际惯例的要求。

【利用外资】 1994年，广州开发区全年合同引进外资5.1亿美元，比上年增长1.26倍；实际利用外资2.12美元，比上年增长2倍；全年合同引进外资和实际利用外资额分别为前9年全区总和的75.05%和88.66%。全年引进外资的主要特点有：一是项目多、规模大，全年共引进项目60个，其中1000万美元以上的项目有21个；项目平均投资额为9716万元，其中外资847万元；二是技术水平普遍较高，欧、美、日等的跨国公司投资势头较猛，如美国的华纳派德、欧文斯——科宁、澳大得亚的BHP建筑钢品、日本的三菱电机、住友等投资的项目有10个，到1994年底，世界排名前500家的著名企业已有18家在广州开发区落户。三是资金到位率比较高，普遍项目确定后资金都能较快地到位，保证了“项目”尽快向“企业”转化，四是外资企业增资较多，增资额较大，1994年就有十多个企业增资，其中松下——万宝压缩机增资4750万美元，国际香料增资600万美元。

广州开发区始终坚定不移地贯彻“项目就是开发区的生命线”的指导思想，1994年更是作为各项工作的重中之重来抓，一方面制定了一系列鼓励招商引资的办法，还把全区的招商工作产业化，对招商单位和招商人员实行扶持和奖励措施，使全区干部职工牢牢记住“人人都是招商员”的职责。另一方面采取了卓有成效的工作措施，主动“走出去、请进来”，到美国、日本、香港和国内城市举办招商会，取得明显成绩，还对外商进行广泛宣传，邀请他们到开发区考察、交流，给他们提供各种有益的帮助，让他们感觉到开发区人是干事业的人。此外，在年初就提出“腾出办公室也要办项目”的口号，而且已经在付诸实践，工业发展总公司在引进日本住友项目时就腾出自己的办公室给外商，还提供了交通工具，使该项目很快柏板并投入建设，而且还带来了更大的投资。

优良的投资环境大大增强了对外商的吸引力，广州开发区基础设施健全，而且能根据项目用地需要给予灵活调整，在配套服务方面尽量满足投资者的需要，此外开发区法规齐全，办什么事情都有法可依、有章可循，而且公开办事程序和规定办事时限，大大方便了投资者，良好的治安环境和机关工作人员勤政廉政的作风又为投资者安心在开发区投资提供了有力保障。

【发展外贸】 1994年，广州开发区商品进出口总额为50853.52万美元，比1993年增长12%。其中，出口30257.37万美元，比1993年增长34.41%；进口20596.15万美元，比1993年下降10.43%。

1994年，国家实施新的外汇、外贸、金融和财税体制改革，广州开发区深入学习新政策，顺应新形势，在全市率先建立外贸发展基金，并对外贸企业实行风险抵押承包出口任务，引导企业采取“早成交，早收购，早出口，早结汇”策略，努力克服资金紧缺，退税迟缓，出口成本上升等主要困难，加强管理，消化不利因素，上半年出口比上年同期增长50%以上，实现了在新体制下的平稳过渡，全年出口创建区10年的最高水平。外贸企业出口13863.17万美元，比上年增长50.95%，超额34.40%完成市政府下达的任务；来料加工总值1490.52万美元，比上年下降31.90%；外商投资企业出口14903.67万美元，比上年增长33.80%。此外，替代进口2185万美元。

出口商品与上年一样同为25类，大部分为轻工产品，多数商品的出口值比上年有较大增长，但各类商品在全区出口总值中的比重有较大变化。轻工业品出口10270.97万美元，增长0.93%；比重为33.95%，下降11.26个百分点。纺织品出口6196.40美元，增长30.10%；比重为20.48%，下降0.68个百分点。服装出口6072.38万美元，增长70.76%；比重为20.07%，增长4.27个百分点。化工大类出口1443.23万美元，增长425.42%；比重为4.77%，增长3.55个百分点。工艺品出口790.39万美元，下降4.46%；比重为2.61%，下降1.06个百分点。香调料及香料油出口770.4万美元，增长40.25%，增长1.22个百分点。其它18类商品的出口值均在700万美元以下，有色金属、食品、丝织品、医药、运输工具等类的增长都在100%以上；比重均少于2.1%。

出口市场分布在世界57个国家和地区，其中亚洲18个、非洲5个、欧洲20个、拉丁美洲7个、北美洲2个、大洋洲5个，分布状况与上年相仿。出口值超过1000美元的国家和地区是香港、美国和日本，依次为24010.86万美元、1665.76万元、1596.51万美元，比上年分别增长30.66%、148.66%、129%。在全区出口总值中的比重，香港为79.36%，比上年下降2.27个百分点；美国为5.50%，比上年上升2.52个百分点；日本为5.28%，比上年上升2.18个百分点。出口其它54个国家和地区合计2984.24万美元，占全区出口总值9.86%，比去年上长2.43个百分点；其中出口新加坡327.96万美元，比重为1.08%，高于其它市场。

1994年，广州开发区的进口下降与出口大幅度增长形成鲜明反差，也与增长53%的工业发展显得极不协调。外贸企业进口4634.53万美元，比上年下降1.04%，外商投资企业进口15961.62万美元，比上年下降12.35%，表明不少生产原材料已在国内解决，也说明经营性的外商投资企业进口成品油受到国家整顿石油市场的限制而减少。进口的生产设备、生产原材料超过1000万美元的有化工原料、有色金属、粮食、石油及制品、成套设备及技术引进、仪器等6类，依次为3190.46万美元、2587.9万美元、1245.96万美元、1199.2万美元、1064.66万美元、1003.12万美元，分别占全区进口总值的15.94%、12.56%、6.05%、5.82%、5.17%、4.88%。进口的国家和地区21个，从香港进口8872.28万美元，比上年下降17.01%；从美国进口6033.78万美元，比上年增长1.76%；从澳大利亚进口1423.98万美元，比上年增长3746.5%；从加拿大进口1241.74万美元，比上年增长74.72%；从日本进口1209.32万美元，比上年下降22.21%。

（撰稿　陈俩国　钟求滋）

广州南沙经济技术开发区

【综合经济发展】 1994年，广州南沙经济技术开发区，认真贯彻执行党的十四届三中全会、四中全会精神，坚持把邓小平同志建设有中国特色社会主义理论与南沙开发建设的具体实践紧密结合起来，紧紧抓住开发建设这个中心，紧中求活，奋力开拓，使全区国内生产总值达4.286亿元，工业生产总值达2.274亿元，分别比上年增长33%和42%；管理区办企业总值达1.4亿元，比上年增长30.5%；引进外资项目35个，协议投资总额2.64亿美元，实际利用外资1.63亿美元，分别比上年增长18%和103%；出口创汇达1087万美元；职工年均收入达6380元，农民年均收入4149元。南沙的开发建设和经济发展保持了持续、稳定和快速发展的良好势头。

南沙开发区之所以能够在大气候不够景气的情况下，自我完善、自我发展，形成搞活区内经济发展的小气候，主要突出了"四抓"，即开发建设抓两翼，经济发展抓两头，农村工作抓两建，全面振兴抓两手。

开发建设抓两翼，形成了东西两翼齐飞的开发格局。东部以1993年12月29日五项工程奠基为前奏，拉开了全线开发的帷幕。深水码头建设进展顺利，两个1万吨级、两个2.5万吨级的综合货运码头，其中一个2.5万吨级泊位完成了码头前沿工程；一个万吨级泊位已竣工试用；联合客运码头已完成了测试钻探工作，基础处理完毕；黄山鲁高尔夫球场、国际商贸中心、蒲洲大酒店、有荣船厂、南沙天后宫、蒲洲山国际花园等大项目都在紧张地进行施工建设中。西部以1994年3月28日38项工程庆典活动为序幕，迈开了全面建设的步伐。投资1.2亿美元的美国通用塑料、投资2500万美元的香港利民电器、投资5500万港元的香港胜德电路版、投资900万美元的奥地利PVC塑料管材、投资1000万美元的台湾华南塑胶、投资4000万港元的香港恒美印务等大项目的上马，开创了西部工业区建设的新局面。

企业发展抓两头，促进经济持续稳定发展。一头是抓外向型企业的发展。主要开发对外加工工业和致力于产品的外销。1994年出口创汇1087万美元。一头是抓内向型企业的发展，主要以房地产为龙头，全力发展第三产业、1994年，房地产项目从原来的10个增至43个，房地产开发达1.3亿元，建筑面积53.96万平方米，竣工面积30.56万平方米。第三产业蓬勃发展，商品总购进和总销售分别达到4.8亿元和3.6亿元。

农村工作抓两建，推动农村集体经济的壮大。一是建立农村股份合作制，完善农村各种经济关系。首先对广隆、九王庙、金洲等三个管理区进行了试点工作，因地制宜，采取多形式多途径，将集体利益与农民个人利益紧密联系起来，调动农民发展集体经济的积极性。二是加强农村基层组织建设，为农村集体经济发展提供了强有力的组织保证。如金洲村(管理区）形成了一个团结开拓，为群众谋利益的领导班子，带领全村群众努力发展集体经济，创收突破亿元大关，被国务院有关单位评为“全国名星村”。

全面振兴抓两手，两个文明建设并驾齐驱。在一手抓开发建设和经济发展的同时，区党委、管委非常重视抓好精神文明建设，创造了开发区良好的精神风貌，确保了稳定的社会环境。加强党风廉政建设，提高了办事透明度。制定了用地管理规定、工程招商制度、干部职工“八不准”守则，有效地形成了管理就是服务的思想，形成了用制度规范各种经济行为的风尚。大力抓好社会治安综合治理工作，积极开展各种健康有益的文化、体育活动，努力发展好教育、卫生事业，用良好的精神风貌和社会风尚，促进开发建设的向前发展。

南沙开发区在开发建设中，坚持走“依靠科技进步，以工业为主导，同步发展第三产业，‘两头在外’促开发建设的路子，坚持高起点规划、高标准建设、高效能管理”和“边开发、边招商、边建设、边见效”的方针，围绕交通枢纽、港口贸易、工业加工和旅游服务四大功能加快开发建设步伐，向着“用15年时间把南沙建成一座以深水港口为中心，功能齐全、布局合理、环境优美的现代化中等海滨城市”的目标大步前进！

【投资环境】 南沙开发区占尽了天时、地利与人和。九十年代初，香港知名人士霍英东先生率先与南沙开发区合作开发东部22平方公里土地；广东省、广州市分别把南沙列为广东重点开放区域和重点开发区；1993年5月，国务院批准南沙为国家级经济技术开发区，此谓天时。南沙是穗港澳金三角的中心，扼广州海上交通咽喉，是广深珠高速公路的交汇处，此谓地利。全区上下人人支持开发，个个参与建设，把南沙开发建设成为现代化海滨新城已成为大家的共同目标，全区人民都愿意为投资者提供优质服务，此谓人和。天时、地利与人和，不仅显示着南沙蓬勃发展的今日，更昭示着南沙辉煌灿烂的明天！

引“金凤”需先筑“良巢”。南沙的基础设施建设已具相当规模，至目前止，累计投入基础设施建设资金已达15亿元人民币，投资环境日臻完善。

首先，确保了以路为纲的基础设施建设顺利进行。

——道路畅通。宽50米、长6公里的进港大道重建工程竣工；宽60米、长7公里的港前大道完成了全部基础工程，基本铺好首期16米宽的水泥路面；西部工业区八条区间道于11月18日鸣炮动工，用6个月的时间修通；珠江西路，居民盼望修筑已久的一条街道，也铺筑了水泥路面；南沙大道新港路段正密锣紧鼓开山填土。区内基本形成宽畅通顺的交通网络。

——供、排水畅顺。日供水25万吨的蕉门加压站的首期供水工程，按期按质竣工投入使用，南沙工业、生活用水问题得到解决；完成了金沙路、进港大道、东部新城区等供、排水管道的铺设，区内供水充足，排水畅顺。

——供电充裕。西部工业区11万伏变电站的建设正加紧进行；占地面积30亩、装机容量10万千瓦的西部电厂首期6.3万千瓦已经完成全部基础工程；完成珠江电厂二期工程的征地工作。

——通讯设施齐备。图文传真可拨通世界绝大多数国家和地区；终极6万门程控电话、16层高的金洲电讯大楼已进入内部装修阶段；BP机、移动电话发射塔已投入使用。通讯设备基本齐备，方便快捷。

——码头、港口、联检日臻完善。南沙虎门汽车轮渡码头相当繁忙，全年运载达380万多车次；南沙客运港从原来与香港对开8个航班增至对开12个航班，全年进出境人数达54.5万人次；联检部门携手合作；想方设法加快联检速度，提高办事效率，方便广大客商。

其次，加强国土管理和清理土地工作，净化土地环境。

围绕开发建设，完成核实全区土地全征面积工作；以土地法为准绳，强化宅基地管理的规范，统一管理，明晰产权，加快了国有土地、集体土地使用权的登记，发放《建设用地许可证》568件，《土地使用证》337件；划定基本农田保护区，把好指标、规划、保护这“三关”，切实保护好耕地。同时，加强对海上河沙资源的管理，对区内26个个体沙场进行了登记清理工作。

清理土地，是为了对过去乱征乱用、炒买炒卖的土地全面进行清查，确保土地的合理使用。一年来，共清理土地、补签土地出让合同111个，面积3943亩，追回少缴交的土地款2亿多元。增加了基础设施的投入，净化了投资环境，使土地管理逐步走上规范化、制度化轨道。

第三，加强管理，减少办事环节，提高办理效率。

管委会大楼于3月28日落成启用后，基本实行电脑网络化、办公自动化。从上到下加强了内部管理，建立和健全了机构，切实加强对开发建设的组织与领导。尤其是在下半年，管委会设立了项目管理办公室后，对项目引进、管理实行“一条龙”服务。

【利用外资】 由于注重基础设施建设，着力改善投资环境，健全招商机构，提高管理水平，优化服务质量，吸引了广大外商来南沙投资。1994年，共引进项目35个，投资总额2.64亿美元，其中利用外资1.63亿美元，实际利用外资7673万美元，分别是上年的118%、203%和230%。

1994年的招商引资工作具有四个特点：

第一，招商引资格局多层次。前来投资的既有大公司大企业大财团，也有中小客商；既有管委会引进的，也有公司、管理区招来的。全国政协副主席霍英东先生，是最早来南沙投资的港商。八十年代末，他就与南沙合作，开发东部22平方公里土地。按霍先生的构想，开发南沙的目的，是为了联结香港、建设番禺、支持珠江三角洲及广东经济的发展。为此，他要把东部建成以港口码头为中心，融旅游、商住、金融、贸易为一体的新城区。目前，霍先生累计投资10亿港元，东部开发已全线展开。各管理区的招商引资也十分活跃，都通过各种渠道引资办厂，沙螺湾管理区引进的台湾旭日照明项目，占地面积87.8亩，总投资2000万美元，是目前管理区级企业最大的项目；板头管理区引进的联达制衣，从谈判到投产用了不足三个月，创了南沙引资的快速纪录；大岭管理区通过招商引资，开办手袋厂、服装厂、针织厂、印花厂等9间工厂；东瓜宇管理区利用厂房出租的办法，吸引外资投资饮食服务，玩具生产等行业。

第二，外资来源多元化。外商来自美国、奥地利、日本、韩国、新加坡和台、港、澳等国家和地区。目前，有进一步向跨国公司发展的趋势，尤其是日本、美国等国的跨国公司频频前来考察洽谈。他们资金雄厚，技术先进，这是南沙开发区今后招商引资的重点和目标。

第三，方式灵活多样。既有独资的，也有合资的，还有合作的；可以是先进技术投入，也可以是设施设备投入。

第四，领域日益宽广。不仅鼓励外商投资设厂办企业，开发房地产和发展第三产业，也鼓励外商投资搞交通、能源、两用水厂、污水处理和通讯等基础设施。

南沙能在招商引资的大气候不够景气的情况下，吸引外商纷至沓来，主要因为：一是南沙的投资环境好，基础设施这个硬件“过得硬”。首先有得天独厚的地理位置和优越的自然条件；其次有良好的基础设施，交通、水、电、通讯、港口、码头等素齐全；再次有招商引资的良好小气候；二是有完善的招商机构，有专兼职的招商队伍，通过良好的服务和走出去、请进来相结合的途径，以及开展系列活动，把招商引资工作做到家。三是有真诚合作的态度，实行一幢楼、一条龙服务、一揽子解决问题的办法，外商有什么困难，无须踏破门槛，有时只用一个电话就可以解决。同时，全力以赴支持外商搞好在建项目，使他们成为“活广告”，扩大招商影响，增强外商信心。

在招商引资中，必须进行严格的筛选，注重吸引高科技、高水平、高效益、高附加值的项目，不以劳动密集型的短平快项目求发展。同时，做到“不管日元、美金，有污染的项目绝不引进”，保证南沙开发建设成为现代化海滨城市时，仍是头上白日蓝天，脚下绿水青山。

【发展外贸】 改革开放十六年来，广东经济发展处于全国领先地位。在保持香港经济繁荣、促进珠江三角洲经济发展中，南沙具有重要的地位和作用。发挥南沙的转口功能，发展外贸，是南沙的主要作用之一。

首先，中港运输需求与日俱增。南沙有25.5公里的海岸线，其中水深9～15米的就有7.1公里，可以建1—5万吨级泊位27个。南沙货运码头的建立，是为了连结香港与珠江三角洲的经济活动，同时，也是针对目前香港货运码头陷于饱和的严峻情况来考虑的。根据香港政府的有关资料表明，如果香港九号码头不能及时在1995年建成，香港在1995年—

2006年期间将损失300亿港元的转口货物。香港实质上发挥了作为珠江三角洲中枢港的功能，故此，两地之间的原材料、半制成品及转口货物的运输量需示非常庞大。但香港土地资源极端贫乏，其港口设施及其它支援服务的扩展并未能赶上货运量的增长，码头及道路均不胜负荷，运输成本也日趋高涨。南沙港的开辟可以缓和香港港口运输的紧张情况，能充分利用及辅助香港这个世界第三大良港的社会及货运服务设施。

其次，珠江三角洲呼唤南沙成为货物中转基地。改革开放以来，广东省的年产值增长率一直保持在10—12%以上，成为国内经济发展突飞猛进的地区。其中经济量最活跃的地区又是拥有1600万人口，占地4.4万平方公里的珠江三角洲。在香港、澳门回归的后过渡期，珠江三角洲与港澳经济将逐渐融合，成为互惠互利的实体。珠江三角洲虽然具有庞大的码头群，但由于一般港口受天然地理条件所限，运作效率偏低，加上货源分散，至目前为止未出现一个能与香港相比的港口。1994年，珠江三角洲货物运输量为1000万吨左右。估计到本世纪末将达到5000—6000万吨。要处理如此巨大的吞吐量，除扩建旧港外，还须新建若干条件好的港口，南沙位居珠江三角洲中部，因而是珠江三角洲中部、西部最理想的进出海的货物中转枢纽。

第三，转口功能是南沙海滨新城的重要功能之一。开发南沙，建设海滨新城，南沙成为港澳与珠江三角洲的新的经济结合点。为此，充分利用南沙具有发展天然深水河口港的地理位置和优越条件，将南沙东部建成以深水港口为中心，融旅游、商住、购物、娱乐于一体的新城区，北部为保税区，开展转口贸易、保税仓储，发展外贸，促进南沙开发建设的深入发展。

南沙在发挥转口功能、发展外贸中，要着重抓好三个建设。

一要加快港口码头的建设。在已经建好的一个万吨级泊位和一个2.5万吨级泊位的基础上，近期内要建好2公里长的货运码头，一辟6—8个仓储及货运处理区，力争能处理50万吨货物，至1996年后每年可处理货物150万吨，对东南沙亚及运输整个珠江三角洲所需的肥料、饲料、原材料及其它货物，做到进港后即场处理，加速中转。

二要加快保税区的建设。充分利用南沙港的区域优势、腹地优势、经营机制优势，大胆借鉴和移植国际自由港和自由贸易区的成功经验与管理方式，与国际市场接轨，划出4平方公里建设南沙保税区。将其办成一个以进口贸易、转口贸易、国际期货为龙头，以保税仓储、出口加工、商品展示、信息咨询、运输、金融等行业配套的高度开放的自由贸易区。以南沙保税区和南沙开发区所形成的整体投资服务，形成对珠江三角洲乃至华南地区的辐射作用。

三要加快外贸人才队伍建设。在加快港口、保税区建设的同时，还必须十分重视外贸方面管理人才队伍的建设，一方面要采取各种措施大力引进各级各类人才，另一方面要采取各种途径培训提高现有人才的业务能力，以适应发展外贸的要求。

【经营管理】 经营管理是一门科学。因此，它也是生产力。南沙开发区，能在过去的一年中取得突破性进展，很重要的一点，就是不断加强开发建设的经营管理，经营好每一块土地，管理好每一个项目，向经营要速度，向管理要效益。

首先，坚持精简、高效的原则，设置机构配备人才。要有好的经营管理，首先要有好的机构和管理人才。在管理机构上，管委会只设办公室、建委、外经、国土、项目等职能部门，既克服了人浮于事机构臃肿的现象，又减少办事环节，提高办事效率。在人才配备上，设立了人才交流中心，建立了人才库，扩大了引进人才的渠道。一年来，共引进人才96人，充实了各级各类的业务骨干。同时，强化了现代化的管理手段。管委会机关基本实行电脑网络化，办公自动化。

其次，加强制度建设，用制定规范各项经营管理。建立和健全各项规章制度数十个，主要的有《企业会计制度》、《企业财务制度》、《土地使用权有偿出让和转让暂行办法》、《引进资金项目奖励办法》、《供用水、电管理规定》、《工程招标制度》、《用人制度》等，使我区的经营管理逐步走上科学化、制度化、规范化的轨道。

第三，改善经营管理方法，提高经营管理水平。我们以经济为杠杆，以效益为尺度，切实改进经营管理的方法。在经营策略上，我们采取利用外资为主，以港口建设为中心，以现代化为主体，同步发展第三产业。在具体管理中，积极借鉴国外的先进经验，完善各种管理机制，增强管理就是服务的意识，做到管理上的“全、严、活、细”，让有效的管理，促进开发建设向前发展。

（撰稿　杨琼安）

大亚湾经济技术开发区

【综合经济发展】 1994年，大亚湾开发区全区社会总产值12.12亿元，国民收入3.78亿元，国内生产总值7.58亿元，国民经济各组成部分呈稳定发展的良好态势。

截至1994年底，开发区内共有户籍人口59349人，流动人口7620人。人均国内生产总值9425.4元，与1993年持平；人均工资收入7874元；农村居民人均纯收入2390元；全区城乡储蓄存款余额3.99亿元，比上年增长14.6%。

全年大亚湾开发区农业总产值8100万元，比上年增长35%；农业内部结构进一步调整，种植业和其他四业比例为1∶5.1；全区粮食产量4662吨，粮食耕地平均亩产307.2公斤；乡镇企业总收入3.17亿元，总产值2.98亿元，全年上缴税金988万元。

工业生产规模不断扩大，各工业企业所上项目在资金及技术密集程度方面有较大提高。1994年，全区工业总产值5.5亿元，比上年增长89.7%；其中轻工业产值3.2亿元，重工业总产值2.3亿元，轻、重工业相对比例为1.39∶1；外向型工业发展较快，外商投资经济成分工业企业总产值3551万元，港、澳、台投资经济成分工业总产值1.42亿元，各占上年全区工业总产值相当比重。

交通运输方面，1994年大亚湾开发区共投入公路建设资金1.6亿元，现有通车里程199公里，开发区内公路交通网络得以完善，重点工业项目用地与干线公路之间以及开发区与周边市、县（如深圳市、惠东县等）之间公路建设前期筹备及投入已陆续完成；连通惠州港与京九铁路、广梅汕铁路的陈澳铁路已纳入国家计划，招商引资工作已扎实展开；相当部分外商对该铁路建设项目显示极大兴趣，并希望将该铁路经惠东延伸至汕尾港，时间安排力争与京九铁路同步建设；大亚湾开发区全年投入港口建设资金近2亿元，1994年共完成货物吞吐量75万吨，集装箱800标准箱，实现营业收入3000万元；港口建设二期工程1995年上半年启动。开发区现有民用车辆1319辆，拖拉机260台，摩托车2287辆，货轮2艘，全年完成货物周转量3858万吨公里，客运周转量45624万人公里。

邮电通讯方面，大亚湾开发区现有邮电局（所）8个，新增电话机1325部，总计8387部；移动电话新增1884部，计3800部；现有市话交换机容量1.5万门。1994年开发区实现邮电业务总量3933万元，业务收入3200万元。

商业领域流通体制改革不断深化，流通渠道拓宽，流通规模增大。1994年，开发区内社会商品零售总额6338万元，比1993年略有增长；城乡集市贸易成交额1.8亿元，与1993年持平；全区现有零售商业、饮食服务业机构网点839个，从业人员2121人。

大亚湾开发区拥有丰富的自然旅游资源，但开发区内旅游业起步较晚。1994年开发区旅游外汇收入合人民币21万元。

区内现有自然科学专业技术人员849人，中学3所，在校生1657人；小学37所，在校生7713人；医院3家，床位72个，医生122人，教、科、文、卫各项事业全面展开。

1994年，开发区投入基础设施建设资金7.39亿元，累计投入达20亿元；新增固定资产额2715万元，竣工房屋面积5548平方米。商品房投资明显减少，全年投入仅2.67亿元，为1993年的投资的一半。开发区现有土地面积265平方公里，建成区面积9.8平方公里，其中工业用地面积2.76平方公里。

在宏观调控持续影响下，开发区坚持发展外向型经济，积极向“外”找资金、找市场、找技术，各级干部群众多方筹集资金加强重点工程及配套基础设施建设，改善投资环境，吸引了一批“三资”、合资或外商独资企业落户开发区；1994年合同利用外资总计3665万美元，实际利用外资1068万美元（不含筹备中几大重化工项目）。开发区还坚持多渠道、多层次、多形式发展外贸出口，鼓励区内企业解放思想、深入挖掘开发区政策优势，大胆探索外贸新路；1994年大亚湾开发区实现外贸出口总值1903万元，其中外商投资企业出口总额1502万元，占开发区出口总值的78.9%，已成为开发区发展对外经济贸易的中坚。

【投资环境】 1994年，大亚湾开发区各级领导、群众同心协力。冲破资金障碍，克服重重困难，保障了重点工业项目配套市政基础工程和港口建设的落实。市政基础工程1994年计划建设项目21项，线路总长49.8公里，总造价12.81亿元。全年实际投入建设资金1.58亿元，已建成7项，在建项目6项。

公路交通方面，连通开发区与深汕高速公路的西一大道新投入资金2000多万元，完成了路基总长的71%和部分水泥路面。开发区直通深圳的澳深公路投入资金5700万元，平整土地100万平方米，完成工程总量的19%；西三大道完成工程总量的80%，新澳大道全线贯通；东风车城通往深淡公路的2公里长水泥路也已建成；投资7000万元的霞涌三号路即将通车；作为大亚湾东出口的霞涌——惠东稔山的公路也进入紧张筹备阶段。配合原有的区内及连接周边市、县的公路，一个四通八达的公路交通网已日益完备。

供水工程新铺配水管网2515米，9万吨自来水厂出口管道工程得以进一步加强；改造用户供水管道3000米，公共供水管网340米；南海石化和奇美化工两大重化工项目供水管网已开始兴建，工业和生活用水得到充分保障。

电力建设全年投入资金1110万元，增设主变压容量4万千伏安；完成东风车城线路的架设工程和惠州港10千伏线路安装工程，累计1994年新建、改建10千伏线路20公里；上田11万伏变电站1994年底进入设备安装调试阶段，22万伏变电站通过初步审查并奠基，60万千瓦火力发电厂也正在紧锣密鼓的筹建之中。电力建设作为配套基础设施建设已走在相关工业项目前面。

邮电通讯完成固定资产投产4495万元，现有程控交换机容量1.5万门，话机8000余部，移动电话3800余户，通信十分快捷便利。

惠州港全年新增投入资金近2亿元，年货物吞吐量可达100万吨，港区基建投资、港口吞吐量、营业收入均达到开港以来最好水平；投资1.4亿元的3.3万立方米油气库工程已完成工程总量70%，进入油罐、气罐、管网安装阶段，建成后将为开发区内大型石化项目提供充分的仓储保障和运输便利；港口二期建设工程已经广东省计委审批，即将启动；广石化15万吨级原油码头建设工程先期举行了两次大爆破；“南海石化”及“奇美化工”总吨位23.5万吨的专用码头也提上日程，未来港务运输前景广阔。

一年来，开发区党委及管委会领导紧紧依靠广大干部群众，下大力气狠抓社会治安、廉政建设和机关作风整顿，大大增强了政府机关服务职能，社会治安状况明显好转，增强了开发区对投资者的吸引力。1994年全区侦破刑事案件122件，破案率达56.7%，另破年前积案51件，并协助兄弟市县破案22件，有力地打击了不法犯罪分子的势力和气焰，稳定了开发区社会治安。开发区以“廉洁、高效”为主题在机关开展作风整顿，进一步完善了行政管理机制。顺利完成了与惠阳市有关侨务、对台等各项工作的交接，增设了交通局、招商局、司法局、法院等机构，启用了外经委、经委等牌子，对机构作了相应调整，大大优化了投资软环境。通过适度调整地价，加强物价管理和环境卫生管理、整治乱收费等一系列措施，稳定了已落户开发区的投资商，有效地增强了大亚湾开发区对投资商的吸引力和在国际资本市场上的竞争力。

【利用外资】 1994年，大亚湾开发区进一步明确了“以发展临海大工业（汽车、化工等）为主线、引进外资，多层次、多渠道发展对外贸易出口，全面建设外向型经济”的发展思想，积极扩大对外宣传，先后拍摄了专题宣传片、重新编辑了投资指南，在北京人民大会堂举办了“大亚湾经济发展研讨会”，组织参加了“’94中国广东高新技术项目洽谈会”、“’94中国福建投资贸易洽谈会”等大型招商活动，在引入外资的领域、规模、资金和技术密集程度上都有了突破和提高。1994年，全区陆续接待了美国、日本、瑞士、澳大利亚、泰国和马来西亚等国家以及港、澳、台地区一批有实力和社会影响的企业集团、跨国公司代表近万人次。开发区还解放思想、大胆让利、让市场、让股权，在国际融资方面做了大量的工作，取得了可喜的成绩。

作为开发区发展主要线索的三大项目：东风车城、南海石化、奇美化工进展顺利。其中，“东风车城”与日本本田技研工业株式会社合作的轿车零部件生产项目已进入实质性阶段，并向年产轿车15万辆（套）规模逐步迈进；“奇美化工”前期启动工程首期投资3000万美元已经省政府批准；“南海石化”项目完成了可行性研究评估，已上报国家计委，三大项目全面启动后引入外资规模十分可观，并将带动大批下游相关工业的发展和整个开发区的经济起飞。同时，开发区各级领导立足大亚湾开发区实际，不放松抓自身投入少、见效快的中、小工业项目，加强工业基础，补充财政收入。1994年全区共审批和报批中、小规模工业项目企业“三资”14家，“三来一补”2家，项目总投资6987.7万元，合同利用外资3665.25万美元，实际利用外资1067.5万元。截止1994年底，全区共有三资企业32户，“三来一补”企业23户。

为进一步参与国际融资市场，引入国际金融资本，开发区在港口、铁路等大型基础设施建设中采取让利、让股权等多种灵活形式，大胆探索融资新路，供水部门引入加拿大客商的资金和先进技术，加强9万吨水厂的水处理工艺，完善出水管网，进一步降低经营成本，提高了效益。

在行政管理机制方面，大亚湾开发区着力加强政府服务职能建设，响应广东省政府号召，再创政策新优势以吸引外来投资者。开发区允许外商在外经贸委领取项目申请表后直接向工商管理部门领取营业执照，企业可以一边开展经营生产活动、一边办理有关手续，提高办事效率，方便了投资者。开发区还进一步对外商投资企业做出政策倾斜，降低地价和有关费用，若干规定可分期缓交，并灵活调节地方税收等；在符合国家产业政策和大亚湾开发区总体规划的前提下，允许外商项目自定、厂址自择、基建自招、管理自主，使外商生产经营更具灵活性，进一步激励了外来客商的投资热情。此外，建立重点项目领导干部定人追踪联系制度，外经接待日和回访制度等，加强与投资者沟通，以诚相待；统一收费标准，严禁任何单位或个人向外商“乱伸手”，切实维护外来投资者的利益，凡此种种，大大坚定了外商长期投资大亚湾的信心。

【发展外贸】　1994年，大亚湾开发区外贸出口总额1903万美元，比去年增长5.1%；其中外商投资企业出口总额1502万美元，占全区出口总额的78.9%；内资企业产品出口总额401万美元，占全区出口总额的21.1%。

自创立大亚湾经济技术开发区之初，开发区领导就依据大亚湾经济技术开发区经济实力、自然条件、地理位置及与周边市、县产业协调，广泛听取专家、学者和方方面面的意见，牢固树立了“引进外资，发展外贸，全面拓展外向型经济”的主导思想。开发区建立之初，在资金、人才、技术、市场等各个环节都处于劣势，竞争能力较弱。唯有利用地理优势和灵活的政策优势，结合开发区实际走自己的路，才能更好，更快地发展。开发区不断优化投资软硬环境，吸引外商投资兴办工业企业，在引入资金的同时引入先进的技术、经营管理和市场营销方法，发展受国内资金和市场影响较小、产业关联度高的外向型经济，以求尽快带动开发区经济全面起飞。以港口为中心，以汽车、化工等几大重工业项目为依托，大力发展对外贸易出口，拓宽国际贸易渠道，吸纳具有较高专业素质和丰富工作实践经验的国际贸易相关专业人才，逐步培养自己的“远洋舰队”，一直被大亚湾开发区作为一个工作重点来抓。

立足引进外资，大力发展“三资”、“三来一补”企业和补偿贸易、充分发挥沿海和港口优势、积极规划保税仓储业和商贸批发市场的建设，配合京九铁路、广梅汕铁路以及深水港的开发，利用四通八达的海、陆、空交通网络，真抓实干，使大亚湾开发区在短短一年多的时间内对外贸易从无到有，从全无经验到拥有自己的专业贸易人才、固定的出口产品和贸易伙伴，并为大亚湾开发区认识和了解国际市场、增强国际市场竞争能力，寻求国际融资与合作带来了巨大的综合效益。

针对开发区设立时间短，外贸进出口特别是一般贸易出口基础薄弱的实际情况，开发区一面加强以“三来一补”、“三资”企业为主的外向型企业产品出口，一面狠抓区内现有三家具有进出口业务经营权的公司的一般贸易出口；针对大亚湾开发区内企业报关不便的问题，与海关等有关部门协调成立了大亚湾代理报关公司；为企业全面提供审批后跟踪服务、协调相关企业与省、市有关部门的沟通，加强对企业的宏观引导；为企业引入国际法、国际商法、国际贸易、外语等相关专业人才大开方便之门，一系列的措施积极，有效地促进了开发区对外贸易的快速成长。

【经营管理】　进入宏观调控的第二个年头，面对资金紧张，原有开发区政策优势逐步丧失等一系列困难，开发区党委、管委会积极调动广大干部群众的积极性，坚持“团结、开拓、进取”的工作精神，不消极坐等银根松动或大项目上马，从加强干部、群众的思想建设入手大力发展经济建设，把各项工作落在实处。在发展农业和农村经济、加强基础设施建设、完善投资环境、引进外资、港口建设等方面都取得一定进展，为开发区的长远发展奠定了坚实基础。

开发区原有的工业和经济基础都比较薄弱，受政策面影响、冲击较大。针对实际工作中的一系列困难和不利因素。区党委、管委会从党员、干部的思想建设入手，认真贯彻中共中央十四届四中全会，省委七届三次全会有关精神，大力加强党的组织建设，充分发挥党组织的战斗堡垒作用和党员、干部的模范带头作用。消除部分干、群的悲观情绪，树立信心。同时加强党风建设和廉政建设，配合机构调整整顿机关作风。努力提高办事效率、提高党员、干部自身素质，加强对企业的引导和服务，努力创造优良的投资软环境，再造政策新优势，力争闯出发展新路。

为此，开发区要求全区干部、群众人人努力创造“四个一”，即：一个更为宽松、更有吸引力的政策环境；一个更加高效、廉洁、优质、文明的机关服务环境；一个城市服务功能日渐完善的生活环境；一个能更有效地保护投资者人身和财产安全的治安环境。开发区各委、办、局协调配合，先后针对外驻企业、外资企业做了广泛、深入地调查、研究，调整、核实了 162 项收费标准，参照周边市、县状况调低了地价，并严格禁止向企业乱伸手，乱收费等个别不良现象发生；大力加强社会治安整顿力度，使 1994 年社会治安有大的好转。深化农村改革、大力发展“高效、优质、高产”农业、发展农村经济，加快农村“三转变”的速度，逐步壮大集体经济实力，扩大农民就业领域，努力增加农民收入，稳定了占全区人口总数 63%的农村人口，极大程度上也促进了开发区内的社会稳定。

有了开放、宽松的投资环境，开发区进一步以财产抵押、物业拍卖、让市场、让股权等形式多方筹集资金，保障了开发区基础设施和几大重点项目配套市政工程的落实，使开发区得以走出困境，再现发展生机。

“未来二十一世纪的竞争将是人才的竞争”，开发区各级领导深刻认识到这一点，大力引进开发区发展所需各类专业技术人员，广纳贤才，加强年轻干部队伍、企业家队伍和专业人才的培养，为开发区的中、长期发展培养了一批管理和技术中坚，设下了有力的伏笔。

湛江经济技术开发区

【综合经济发展】 1994 年是湛江经济技术开发区确立新的发展思路、制订实施新的工作指导方针，依靠科技进步，大力发展高新技术，在经济建设、招商引资取得了重大进展的一年，全面地实现了年初确定的工业产值、出口创汇、实际利用外资、企业利润和财政收入等五项主要经济指标都要比上年度增长 40%以上的经济发展目标。

按 1990 年不变价计算，全年工业产值实现 35.1 亿元，为年度计划 35 亿元的 100.28%，比上年度实绩 24.7 亿元净增 10.4 亿元，增幅达 42%。1993 年前，区内工业产值超亿元企业仅有三星、世联、电视机厂、佳信、湛茂羽绒等 5 家，1994 年增加东业首饰、合得利、服务总公司、发展总公司、广城印染、汇江投资等 6 家，共计 11 家。这些企业已成为开发区的支柱企业。

全年出口创汇实现 7548 万美元，为年度计划 7300 万美元的 103.4%，为市下达的 3000 万美元出口计划的 251.6%，比上年度实绩 5158 万美元净增 2390 万美元，增幅达 46%，出口创汇增长较大的企业有广城印染 1383 万美元、服务总公司 1160 多万美元、电视机厂 668 万美元、开发总公司 749 万美元、合得利 500 多万美元，开发区对外贸易总公司组建仅半年，亦出口创汇 100 多万美元，成绩斐然。

全年实际利用外资实现 8058 万美元，为年度计划 101%，比上年度实绩 5292 万美元净增 2766 万美元，增幅达 52%。

全年企业利润实现 3.15 亿元，为年度计划 102%，比上年度实绩 2.25 亿元净增 0.9 亿元，增幅达 40%。完成利润计划较好的企业有佳信、东业、三星、佳能、广湛纺织、东方剑麻、海滨宾馆、开发区对外贸易总公司等 14 家，其中佳信实现利润 5200 多万元，东业首饰 1100 多万元，佳能 700 多万元，东方剑麻 700 万元，成为全区经济效益最佳的企业。

全年财政收入实现 1.21 亿元，为年度计划 1 亿元的 121%，比上年度实绩 7175 万元净增 4625 万元，增幅达 68%。

【回顾与总结】 加强基础设施建设，进一步优化投资环境。1994年新开发土地0.9平方公里，滨海生活区、海景新屯等基本实现“五通一平”或“三通一平”修建平乐工业区道路8条共6.2公里，道路总面积15.6万平方米，全铺装沥青混凝土路面，区内供水、供电、排水、排污管道全部配套并投入使用，通讯管线全部铺架完毕，日产5万吨的平乐水厂主体工程已竣工，现可日供水2万多吨，平乐河渠整治工程已完成50%，现平乐工业新区交通道路纵横交错，配套设施完备，成为海内外客商投资置业的热点；全区地面建筑工程新开工项目33项，合计建筑面积76.8万平方米，总投入8.91亿元，竣工33项，建筑面积达15.3万平方米；市政设施有较大改善，加强了公共设施的维护管理，全年投入309.4万元，基本保证了区内“道路平，路灯明，排放通，绿化好，环境美”；以进一步贯彻实施《湛江经济技术开发区条例》为中心，开发区与市直有关部、委、办、局的关系逐步理顺，办事效率提高，投资“软”环境也有很大改善。

以项目建设为突破口，贯彻实施“高科技，多引进，高速度，高效益”的工作指导方针。1994年是这个指导方针实施的第一年，开发区认真抓了新项目的引进、建设与投产，特别是高新科技项目，更是一抓到底，向高新科技项目要产值要效益。经过努力，全年新建成投产项目14项，预计1995年可增加产值5亿多元，其中高新技术项目4项，增加产值2亿多元。另一方面加强现有企业的管理，认真抓了部分企业的技改与一些经济效益差的企业的转产或转并、租赁，以提高效益。如福尔顺公司归并给外商投资管理服务中心、广城印染厂租赁给港商经营后，企业的面貌都有了改观、效益提高。

采取积极措施，完成出口创汇任务。由于资金严重紧缺和出口退税工作不够落实，使1994年上半年出口创汇任务完成很差，为了保证出口创汇任务的完成，开发区采取了有力措施。一是管委会领导亲自走出去筹措资金，为企业出口创汇解决流动资金困难，大大增强了企业的创汇能力。二是领导亲自出马，加强同有关部门的联系，调节了矛盾，协调好关系，三是财政拿出700多万元，补贴出口退税，鼓励了企业积极在湛江出口产品。四是对有进出口权公司进行了整顿，既给予支持，又给予压力。因此从下半年起，企业产品出口数额激增，圆满完成了全年的出口创汇计划。其中三资企业出口总额3730万美元，占全区出口总额48%，比上年2264万美元净增1466万美元，增长65.75%。全年出口总额中，工业产品出口4880.83万美元，占总额65%，一般贸易出口2667.17万美元，占35%。其中工业产品出口中，区内自产产品4241.02万美元，占总出口额56%。从全年出口的绝对数字看，全区企业自营产品出口的比重稳步上升，贸易性和代理出口比重相对下降，说明了全区的经济发展后劲逐步增强。

拓宽引进空间，积极引进和利用外资。通过湛江市在香港召开的团拜会、招商会、北京的项目介绍会、新加坡湛江投资环境介绍会、厦门全国开发区招商会、广东省在美国洛杉机的经济洽谈会等会议和广告宣传及向社会介绍等形式广泛招商，全年签约并获批准的新项目38项，合同利用外资1.43亿美元，实际利用外资8058万美元，创历史最好水平。其中当年签约当年入资的项目10项，进资1112万美元。同时，对已签约的项目，指定专人负责，跟踪落实，及时反馈进展情况和存在问题、提出解决意见。全年落实24项，其中已投产1项，在建23项。其次，为了促使已签约的项目入资，对前几年批准的项目进行清理，对长期资金不到位或其他原因确不能落实的项目予以撤销，促进了一批项目的落实。

增产挖潜，增收节支，广开财源、税源。管委会领导亲自抓好协调财、税两家和市、区两级财税关系，鼓励了税收部门的积极性，既做到支持企业的发展，又努力去完成税收任务。区税务分局运用多种形式，广泛深入开展税法宣传活动，加强征管，做了大量工作，区财政局多方努力支持企业发展生产，培养财源，贯彻在发展经济的基础上增加财政收入的方针，同时整顿财政纪律，严格控制社会集团购买力增长和行政经费支出，加强企业固定资产稽查审核和信贷监督，使全区财政收入比1993年增长68%，增幅居全市、县、区之首。全年财税收入超过1992和1993两年之和，创历史最高水平，其中税收收入年计划10400万元，实绩为11693万元，为年度计划112.3%，比上年增长62%。

【发展导向】　1995年将是我国国民经济继续保持持续、快速、健康发展的一年。也是实施“八五”计划最后一年。湛江经济技术开发区的各项工作，必须适应这一新的形势，开拓新的思路，量力而行，尽力而为，正确处理好全局与局部的关系，发展与稳定的关系，扩大招商引资与优化产业结构的关系，眼前利益与长远利益的关系，克服困难，增强信心，以提高企业经济效益为中心，努力创造一个比较宽松的经济环境，推动技术进步，深化企业内部改革，转换机制，理顺关系，试行现代企业制度，促进企业产品上档次，生产上规模，管理上水平，进一步发挥“窗口”作用，当好经济建设的“排头兵”，为所在城市和周边地区辐射扩散更多的信息和工艺技术，加工出口更多的配套产品，把经济技术开发区的物质文明与精神文明建设推上一个新台阶。

为适应当前新的形势，突出地解决困扰开发区建设发展的资金问题，土地问题，湛江经济技术开发区1995年的工作指导方针与各项工作安排，经管委会领导班子集体研究讨论，概括为：“保两项生产任务，优三项投资环境，创四项发展后劲，争五项最佳效益”共4句话，并确定8项主要经济指标增减35个百分点的奋斗目标。

保两项生产任务。一是1995年工业产值要求实现47.5亿元；二是出口创汇要求实现1亿美元，分别比去年增幅35%以上。

优三项投资环境。一是5万千瓦发电厂和11万伏变电站要求年内动工；二是总长6.5公里，道路总面积达28万平方米的乐华路，乐金路和龙潮东路，年内动工兴建；三是日产5万吨自来水厂抽水站等配套工程，年内全部交付使用。

创四项发展后劲。一是大力发展乡镇企业。为开发区的发展创造新的后劲。要求6个农村管区9条村庄都要集中力量抓好乡镇企业。除2个渔业管区外，其余4个管区都要搞一个工业小区，并要求年内分别开发“三通一平”可供客商投资办厂的工业用地100亩，4个管区年内至少各办一个年产值达300万元以上的企业。2个渔业管区也要创造条件逐步走贸工渔结合的道路；二是积极筹备开发区举办的和省、市在香港、广州等地举办的招商会，力争今年再签一批科技含量高，经济效益好的引资项目，为今后的发展开创后劲；三是跟踪落实去年新签的一批“三资”项目，要尽快筹建人体因子，晶体震动器件，输送电缆，装饰材料板等6个科技含量高的项目，力争今明两年内能正式投产，为下一年度开创后劲；四是确保今年上半年，一批项目投产，如投资额1020万美元的热敏传真纸，投资额2380万美元的80万对/公里通讯电缆，投资额630万美元的朝代摩托车引擎，投资额2880万美元的现代建筑电动机具，投资额2000万元人民币的帕拉金糖等5个项目一定要建成投产。这5个项目投产后，力争1995年新增工业产值5亿元。同时实现实际利用外资1.1亿美元，比上年增幅35%。

争5项最佳效益。一是税务征收包括中央税和地方税，省级税，实现1.5亿元，比上年增幅35%；二是财政收入实现1.55亿元，比上年增幅35%；三是企业利润实现4.2亿元，比上年增幅35%；四是全员劳动生产率比上年提高35%；五是企业亏损额下降35%。(亏损面降20%)。

上述8项主要经济指标实现后，全区的工业产值、出口创汇、实际利用外资、税务征收财政收入、企业利润和全员劳动生产率等七大指标将在1994年大幅度增长的基础上，再增35个百分点，企业总亏损额下降35个百分点。为了完成1995年光荣而艰巨的任务，开发区将采取以下几项措施：

第一，认清形势，统一认识。坚持以邓小平同志建设有中国特色的社会主义理论武装自己，按照中央、省、市经济工作会议精神，联系开发区的实际适应新形势、研究新情况、解决新问题。振奋精神，提高信心，真抓实干，以高度的责任感和紧迫感，开创1995年工作的新局面。

第二，广开融资渠道，下大力气筹措资金。1995年制约经济发展的主要矛盾仍然是资金问题。要继续抓住这一首要问题去解决，千方百计，融通资金。一是要发挥企业积极性，想方设法筹措资金；二是要积极抓好外引内联，多引进外资，鼓励外商办独资企业，以缓解资金困难，并重视内联，吸收国内资金；三是各级领导亲自出马，上北京、上海、广州等城市融资；四是继续争取今明两年，在区内办起1～2个非银行金融机构，为企业融资提供方便。

第三，加强对外宣传，扩大对外招商。项目是开发区的生命线，多引进是开发区的本质要求，过去在招商引资中已积累了不少成熟的经验，但也还存在引资范围狭小，提供项目不理想等问题，1995年要运用多种形式，广开招商渠道，如登门招商，广告招商，会议招商，社会招商等。为了鼓励社会招商，要清理兑现过去制订的奖励政策，并修订完善引进外资的奖励办法，鼓励社会各界力量积极为开发区招商引资。

第四，加强宏观调控，以转换机制，提高效益为中心，深化企业改革，强化企业管理。新的一年，为适应建立社会主义市场经济体制的要求。要围绕转换机制提高企业经济效益为中心，加强宏观调控，迈开建立现代企业的步伐。全面开展对国有企业的清产核资工作，界定产权，摸清企业债权债务，并对全部企业进行信誉评级，促进企业转换经营机制。重点是国有企业改造为有限责任公司，把符合条件的企业改造为股份有限公司，乡村企业、民营企业改造为股份合作经济或股份公司，提高企业自我约束、自主经营、自我积累、自负盈亏能力，使企业独立承担法人责任。今后还要进一步克服企业管理上一般化的倾向，实行抓重点、抓两头，分类指导，带动中间；要突出抓好国营大型企业、抓好产值超亿元，税利超1000万元，出口创汇超100万美元的大户，同时抓好困难大户，亏损大户，深入这些企业，找出症结所在，尽力为它们排忧解难，促进企业扭亏为盈。

最后，牢固树立以科技建区、科技兴区的思想，依靠科技进步加强发展后劲，促进全区经济持续、快速发展。当今国际市场的竞争，归根到底是科技的竞争，人才的竞争，企业必须拥有先进的技术设备，生产适销对路的产品，才能在激烈的市场竞争中站稳脚跟，求得发展。科技的重要作用，已日益为区内企业所认同，我们要切实采取措施，推动企业走技工贸相结合的道路，尽快把科技成果转化为生产力，促进企业技术改造和产品升级换代。要求区内工业产值超亿元以上的大企业，都要逐步建立和健全自己的科研机构，调配一定数量的优秀技术人员，专门从事新产品的开发与研制，革新工艺，改进生产流程，不断提高产品的质量与档次。对在技改、新产品开发研制等有重大贡献的科技人员，以及在业务上学术研究上有重大改进，重大创新的专业人员，每年推荐评比一次，符合条件者予以重奖。

（撰稿　杨衢青　陈小平）

昆山经济技术开发区

【综合经济发展】 昆山市地处上海与苏州之间，属长江三角洲开放区，是江苏省的东大门。昆山经济技术区创办于1985年初，1990年6月，江苏省委、省政府把昆山开发区列为省重点开发区，并授于相当南通、连云港开发区的权力。1992年8月，国务院正式批准为国家级经济开发区序列。在自费开发阶段，昆山开发区以科学的态度和切合实际的正确方法，跳出了传统模式的框框，办出了昆山开发区的特色。在开发模式上，采取“依托老区，发展新区”。借用老城区的公共设施、管理机构、人才技术、第三产业为开发区所用，省钱省事，事半功倍。在开发方针上，坚持“富规划、穷开发”，既面向现代化，又艰苦创业，花小钱办大事。在开发中本着基础设施建到哪里，土地才征用到哪里，不提前征用，也不围而不用，更不允许乱占滥用。这样既节省了开发费用，又减轻了拆迁负担，同时加快了开发速度，还充分发挥了现有未征土地的增产效能，做到了投资费用少，建设速度快，经济效益好。在开发步骤上，做到“滚动发展，相对集中，突出重点，逐步到位。”使开发区潜在的区位优势转化为现实的生产力优势。在开发项目上，实行“三个为主，四个齐上”。项目以工业为主，产品以出口为主，资金以引进为主，内联企业、中外合资、合作企业、外商独资同时并举。二、三产相配套，使开发区成为昆山改革开放的样板，出口创汇的基础，科技兴市的中心，全市经济新的生长点。以独特的方式走出了一条“昆山之路”。

在这其间昆山开发区发扬敢为人先的精神，勇于探索，敢于实践，创举了五个第一。全国第一家县级自费开发区，全省县级第一家中外合资企业，全省第一家外商独资企业，全省第一块国有土地有偿出让，全国第一家县级股份制企业集团公开上市股票。在没有要国家一分钱，没有一条优惠政策的条件下，1989年昆山开发区的工业产值名列前茅。

“国批”后，昆山开发区紧紧抓住浦东开发开放、沿江重点发展和昆山开发区“国批”三个机遇，与上海浦东的崛起打时间差，利用外资实现了“三个转移”。吸引外资由“以内引外”向“以外引外”转移；开发方式由“筑巢引凤”向“引凤筑巢”转移；项目选择由“来者不拒”向“择优接纳”转移；使昆山开发区外向型经济从量态扩张步入质态提高的新阶段。1994年昆山开发区吸引外资提出新思路，“冲出亚洲，面向欧美”，把招商引资的重点从亚太地区转向欧美发达国家，把招商引资的触角伸向世界上经济和技术最发达地区，促进了开发区产业水平升级，提高了技术含量。引进的欧美16个项目，平均每个投资为1750万美元。其特点是项目层次高，技术含量高，投资规模大，资金密度大，实现了这一战略目标。

据统计到1994年底，累计三资企业总投资15.3亿美元，协议外资13.2亿美元，外方出资比例达85.7%，批准三资企业数259家，平均投资额为591万美元。投资额500万美元以上的三资企业有80家，其中1000万美元以上45家，接近或超过3000万美元的有19家。开工投产三资企业129家，完成工业产值128亿元，实现利税6.88亿元，出口创汇5.95亿美元。

1994年昆山开发区建设又上新台阶，几项指标在国家级经济技术开发区序列中名列前茅。总投资5.97亿美元占第4位，协议外资5.63亿美元占第3位，实际利用外资2.5亿美元占第2位，项目平均投资额1047万美元占第2位，国内生产总值14.3亿元占第4位。

1995年将面临着开发区第二次创业的战略抉择。如何坚持以开放带调整，以开放促改革，以开放求发展，在开放中营造新的竞争优势，获得新的发展，将是一个新课题。昆山开发区又提出了"城市型建设，国际型服务，辐射型发展"的战略思想，以现代化为标准，实施"四三工程"。即三个工业园：汽车零部件工业园、精密机械工业园、高新电子工业园；三个国际：国际会议中心、国际医院、国际学校；三个专业市场：华东建筑材料市场、保昆商苑综合市场、大型儿童用品市场；三条商业街：黄河路商业街、同丰路商业街、青阳港商业街。"四三工程"融开发区项目开发的产业导向，开发区城市化建设，第三产业在国民生产总值中的比重为一体，把昆山开发区建设成为富有经济活力，城市魅力，环境吸引力的一流水平开发区。

【投资环境】 昆山开发区的迅速发展，除了优越的自然环境和地理位置这个客观条件以外，基础设施是开发区发展的载体和依托。良好的投资环境，是吸引外资的先决条件。昆山开发区讲科学，求实效，对投资环境的要求是标准高、设计新、功能全、配套齐、服务好。

开发区内道路纵横交叉，主次干道长度80多公里，均为混凝土路面。与312国道、沪宁高速公路、虹桥国际机场、沪宁铁路相连接。华东电网22万高压输变双回路电网供电于开发区。有11万伏变电站2座，3.5万伏变电站2座，并又一座22万伏变电站在建设中，6万千瓦调峰机组首期3万千瓦已建成使用。日供自来水20万吨，开发区建有全套的道路、场地、工业用水排水系统管道网络。雨水下河套、污水下管道。在目前江苏省内县级市中规模最大的一座投资1500万美元日处理污水6万立方米的污水处理厂正在建设。开发区内开通了万门自动程控电话，在通讯上基本实现电话程控化，传输数字化，电报自动化。日供煤气8万立方米，蒸气300吨，二期工程完成后为日供蒸气量增加到1000吨。

昆山开发区注重对环境质量的要求，认识到现代经济发展不能再以牺牲环境为代价，不进三类工业，"金山银山，有污染的不进昆山"。做到集中供气供热。开发区内没有烟囱，气化率达到78%，全国县（市）级第一名。绿化覆盖面积为30%以上，饮用水达到国家二级水标准。基础设施的"七通一平"，再加上这样一种生态环境应该说是有诱惑力的。已经在昆山开发区注册的世界著名跨国公司有26家。台湾的楠梓电子，巨大集团，统一食品，六和机械，正新橡胶，浮法玻璃，王安集团，日本的丰田汽车，禧玛诺变速器，牧田电动工具，伊藤忠商社，铃木摩托，世界一流的农用化工瑞士的汽巴嘉基、美国的中讯电子、艾利压敏胶，瑞典的利乐包装，法国的阿乐卡特等。

开发区内的配套设施也在不断完善之中，金融系统六大银行，海关商检，三星级、四星级宾馆，外商花园住宅区、友谊公园、儿童公园、少年宫、大戏院、电视塔、体育场、居民住宅小区、市政府大厦、已建成使用。面积37500平方米的城市广场更是体现昆山开发区城市化、现代化的气息。6.18平方公里已经由开发建设阶段进入城区化的管理阶段。

与此同时，开发区大力优化软环境，取得了三个方面的成效：一是团结合力的环境。昆山开发区有一个团结奋进的领导班子，具有强烈的使命感和责任感，重实干求实效。这是开发区各项工作顺利有效地开展，各项事业迅速发展的根本保障。昆山开发区之所以能踏上成功之路的另一条重要经验是：依托老城，建立共识，形成合力，把兴建开发区变为全市各部门、各乡镇共同行动。

在开发区建设过程中，昆山人民急开发区所急，想开发区所想，全市上上下下充满了整体的开发意识和强烈的氛围，形成了全方位支持开发区建设的生动局面。

二是服务优化的环境。适应社会主义市场经济运行机制，与国际接轨，建立健全社会服务体系，又是昆山开发区在发展过程中的一个重要做法。政企分开，在政府与企业之间建立了许多社会中介组织。有从事综合性服务的商务中心，项目咨询服务公司，为外商提供特殊服务的吉时报关公司，项目建设服务公司，土方公司，安装公司，从事职业介绍、用工管理的劳动管理所，对企业实施审计、监督和管理的会计事务所，审计事务所，提供法律咨询的法律事务所，资产评估公司，证券交易所、房地产交易所。这些社会中介组织对企业的经济、社会活动起到了一定的协调、监督和促进作用。既充当了政府与企业、政府与社会之间相互联系的桥梁和纽带，又为政府分担了一部分管理任务和职能；既实现了“小政府、大服务”，减少了财政开支，提供为人才发挥专业特长的机会，又促进了第三产业的发展。做到企业化的社会服务，社会化的生产服务。

昆山开发区还建立健全了三个具有特色的服务系统，不断优化投资软环境。一是项目引进过程的服务体系。二是项目建设“全方位”服务体系。三是企业开工后经常性的服务体系。努力创造一个按国际惯例办事的软环境，使三资企业在开发区顺利发展，外方人员在开发区工作顺心，生活安心，健康放心，成为昆山开发区加快发展的一大优势。

三是人才发挥的环境。昆山开发区经济大发展引发了人才的大需求。加大人才开发力度，坚持“四个突破”。即突破人才单位（部门）所有的人为障碍；突破人才流动“城市对等”，地区封锁的框框；突破专技人员身份的界限；突破用人单位所有制性质的界限。从而使开发区的科技人员队伍在量和质两个方面都有了较大的发展和提高。从原有人才为零到目前拥有各类专业人才三千余名，大多数是正规院校毕业的专业人才和外地引进的高级人才。全国闻名的昆山“好孩子”儿童用品有限公司兴旺发达，得力于人才引进，科技进步。引进人才 48 名，通过技术攻关，新产品开发周期从原来 48 天缩短到 7 天，获产品专利 23 项。外商说：昆山投资环境好，人才环境也好。

诚心吸引人才。“三线”某大厂的一位总工程师利用出差机会来到昆山开发区，看到昆山开发区几年的巨大变化，被开发区热心诚心吸引人才的精神所感动，放弃大城市，决意到昆山。副市长、开发区工委书记郑慧珍当即签字同意，同时又为他的妻子和两个子女落实单位，仅花了二天时间就办妥了昆山接收的全部手续。他说“我跑了南方好多地方，昆山开发区求才若渴的办事效率着实令人钦佩”。

暖心留住人才。昆山开发区不仅有吸引人才的诚心，更有爱才的暖心，留住人才。做到专业对口，大胆使用，排忧解难，提供一个良好的工作生活环境。开发区建筑设计院，全院 37 人，从副院长到工程技术人员 80%是引进的人才，专业层次高，人员结构好，运转一年，创利百万元，引进人才唱了主角。开发区所属企业从引进人才和大学毕业生中提拔一百多名企业领导，成为建设开发区的骨干。

精心培育人才。做到一是以老带新在实践中学。二是举办多种培训班，提高专业水平。三是送国外进修。四是运用激励机制，鼓励奋发向上。

诚心吸引人才，暖心留住人才，精心培育人才，关键是开发区的事业吸引人才。事业留住人才，事业也培育了人才。一种以人才带动经济，发展引进人才，人才与事业共生共长的良性循环机制已在开发区形成。

【利用外资】 依靠高标准的硬件和优化的软件构成的良好投资环境，昆山开发区采取提高外商出资比例，大力兴办外商独资企业；“以外引外，以大引大”；“双向选择，择优接纳”等方法，引进了一大批世界著名跨国公司。提高项目的档次和水平，及时调整产业结构，优化产品结构，并通过借助这些大公司的高新技术、名牌产品、销售渠道和管理优势，以产品配套和项目延伸等方式，逐步形成更多的以国际名牌产品为龙头的产销企业群体。目前已初步形成了十大名牌产品企业群体，全部达产后将实现年销售额超过 300 亿元。它们是：(1) 丰田汽车零配件系列。由日本丰田与台湾六和机械有限公司投资 3000 万美元，年产 60 万只汽车高级铝合金轮箍的六丰机械工业有限公司已经投产，目前产品 100%远销欧美与日本。由日本丰田通商与丰田织机公司投资 3000 万美元生产叉车和发动机铸件的项目正在开工建设，日本高岛屋汽车内装修，丰田汽车轮胎和刹车件等项目即将动工，还有投资 3000 万美元的远轻铝业（中国）有限公司最近又增资 1500 万美元，年产汽车，摩托车铝合金钢圈 40 万个，引擎零件 50 万个，是本田、铃木、雅马哈摩托车的配套产品，加上英隆机械、美国进轮等汽车零配件，总投资 1.3 亿美元，达产后年销售额 50 亿元。(2) 一流品质的精密机械产品。世界著名三大电动工具，名列第二的日本牧田公司和世界上生产精密无噪音微型轴承的两大企业之一的日本精工(NSK)各投资 3000 万美元，生产高品质的微型轴承和电动、气动工具，还有台湾远东等一批精密机械生产企业，达产后年销售额 30 亿元。(3) 以王安电脑为龙头的双面十八层线路板，铜基板，电脑接插件，电子原件及法国阿尔卡特，美国中讯磁卡机，台湾楠梓电子等均投资3000万美元生产高档电子、电脑产品系列，均属高新技术，有的填补了国内空白，总投资1.5亿美元达产后年销售额50亿元。(4)国际名牌自行车捷安特。台湾巨大集团投资3000万美元，年生产自行车150万辆；日本禧玛诺公司投资3000万美元生产国际名牌自行车变速器，年产480万套，还有相关的自行车配套外资企业10家，总投资1.2亿美元，全部达产后，年销售额50亿元。(5)世界品质的橡胶轮胎。台湾橡胶行业中排列第一和第二的正新橡胶公司和建大公司生产子午线汽车轮胎，加上配套企业总投资将超过2亿美元，投产后年销售收入60亿元。(6)采用英国皮尔金顿工艺的浮法玻璃系列产品。台湾玻璃工业公司是台湾投资大陆最大的一家企业，首期投资9000万美元，生产浮法玻璃以及汽车挡风玻璃等制品，最终设想生产高科技的玻璃纤维制品，达产后年销售额30亿元。(7)世界品味的食品与世界一流的包装。台湾最大的食品企业统一集团，世界著名三大咖啡之一的摩卡咖啡，东南亚享有盛名的泰国泰农食品已投入生产，年销售额15亿。还有投资3000万美元，世界上最大的液体食品加工，生产一流包装材料及制品的瑞典利乐包装有限公司将在年内投产。(8)国际名牌樱花热水器和投资3000万美元的瑞典世界一流的农用化工—汽巴嘉基。(9)东南亚有名望的台湾华成织染产品。第一期投资4520万美元，是华东地区最大的织染企业，年织布4500万码，染色7200万码，印花1800万码，大部分销入国际市场。今年销售将达12亿元。还有投资2800万美元的香港丽达纺织有限公司，年销售额6亿元。(10)新加坡高档家俱。由新加坡19个家俱有限公司共同投资4200万美元兴建的“新加坡家俱工业城”，5万平方米的展示厅将是国内最大的家俱展示厅。

【增强辐射功能】 昆山开发区作为全市外向型经济发展的龙头，具有一把扇子两个扇面的功能，对外吸收，对内辐射。在搞好自身开发建设的同时，以带动地区经济发展为己任，发挥自身优势，坚持“辐射型”发展，有力地推动了昆山对外开放和开放型经济发展。

扩散转移，腾笼换凤。随着开放度增强，按照产业结构的导向，将区内原有的劳动密集型企业转移扩散到乡镇工业小区和其他地区。1984年落户开发区第一家外资企业“苏旺你手套厂”将搬迁连云港。区内的一家羊毛衫厂转移到了苏北，腾出地方引进了投资2000万美元的摩卡。一箭双雕，一举两得。

外资“嫁接”，改造企业。为带动市属企业发展，加快市属企业技术改造和结构调整，帮助引进外资，搞“嫁接”型合资企业，不仅调整了产品结构，提高了档次，而且加快了市属企业的发展，增大了出口创汇。如昆山彩虹电子实业公司同日本樱花电子株式会社合资后，生产的显像管精密合金套管，填补国内空白，以产顶进每年可为国家节约外汇500万美元。

建立工业配套小区。截止1994年底，向各配套小区辐射外资项目61个，总投资3.57亿美元，协议外资3.47亿美元，项目平均投资额为585万美元，初步形成了各具特色的专业配套小区。建立工业配套区成功实践在于它具有八个优势。1.区位优势。配套小区都设在开发区周围的乡镇工业区内，交通极为方便，几乎与开发区连为一体，对外商的感觉被辐射的企业似乎就在开发区内。2.规模经济。配套区通过集中兴办三资企业，打破了“村村点火，处处冒烟”的小农经济格局，推动了农副工三产协调发展。使乡镇经济走上规模经济之路、效益经济之路。3.外向优化。作为外向型经济的窗口，通过吸引外资，大力兴办三资企业，配套小区已经成为乡镇经济新的生长点，一批乡镇企业通过嫁接、改造或接受加工业务，引进了国外先进技术、设备和科学管理经验，使企业增添了活力，外向功能明显提高。4.科学规划。配套区一般都规划在交通便利，位置适中，靠近开发区或集镇的结合部，以建成现代化小城镇为目标，充分比照开发区的总体规划，力争做到“一线多用，一路多通，一水多供”。经科学规划的配套区，既符合现代化中等城市发展总体要求，又减少了建设资金的投入，更节省了土地资源。同时一个合理科学的小区规划，有助于增强外商投资的信心与决心。5.招商优势。配套区借助开发区知名度高、信任度强以及政策优势，通过开发区牵线搭桥引进了一批技术层次、产品档次较高的项目。6.专业配套。各配套区根据原有的工业基础和外商投资的实际需要，扬长避短，充分发挥各自优势，主动为开发区配套，努力办成专业特色，以满足投资者不同层次需要。7.高效服务。配套区重视软环境服务配套，进驻开发区合署办公，充分利用简便、高效的一条龙服务，积极与国际经贸接轨。8.人才优势。通过举办外资企业，配套区培养了一批技术、管理人才和训练有素的技术工人，从而整体提高了农村人口素质，为现代化、城市化进程打下良好基础。

由于开发区的辐射，先后形成了三车(汽车、摩托车、自行车）配件、轻纺染整、橡胶化工、玻璃加工、电子器件、高档家俱等专业配套小区。一个以开发区为中心，各具特色的工业小区为外围的众星拱月、联动发展的格局初步形成。

1994年昆山开发区的工业产值占全市的18%，几乎等于1990年全市的工业产值，用4年时间再造了一个昆山。出口创汇占全市的28%，协议外资占52.6%，新批三资项目占20.4%。足以证明：它已成为所在地区对外开放的窗口，出口创汇的基地，经济发展新的生长点。

（撰稿　黄承把）

营口经济技术开发区

【综合经济发展】　1994年，营口经济技术开发区进一步解放思想，把握机遇；深化改革，扩大开放；努力拼搏，开拓进取；使经济工作和社会各项事业取得了较大进展，呈现出良好的发展势头。1994年实现国民生产总值12.8亿元，比上年增长48.9%；实现国民收入11.7亿元，比上年增长112.7%；实现工业总产值19亿元，比上年增长101%；实现工业销售收入15.3亿元，比上年增长111%；实现处村工业产值10亿元，比上年增长205.6%；实现农业总产值1.5亿元，比上年增长7.1%；实现固定资产投资17.2亿元（全口径），比上年增长38.7%；实现社会商品零售总额5.5亿元，比上年增长44.7%；实现财政收入5 232万元，比上年增长60.4%；税收总额17 412万元，比上年增长66.7%；实现出口创汇8，198万美元，比上年增长20.6%；实现农村人均收入1 683元，比上年增长7.4%。营口经济技术开发区一、二、三产业协调发展。农村经济稳步增长，粮食总产量1 732吨，蔬菜总产量2 375吨，水果产量1 609吨，水产品产量41 080吨，实现农村社会总产值14.8亿元。工业生产快速发展，工业总产值比上年翻一番，实现利润8 041万元，比上年同期增长188%。第三产业呈现出良好的发展势头。第三产业增加值4.8亿元，市场总成交额1.5亿元，物资系统实现销售总额1.1亿元，商业销售额实现1.4亿元，旅游业直接实现收入160万元，交通、运输、房地产、仓储、金融、商饮服务等各业均有较快发展。

【利用外资】　1994年，营口开发区改进招商办法，提高项目质量。在引进项目上，以引进外资工业项目和高科技项目为主，以骨干企业为支柱，以高精尖产品为依托，促进了外向型经济的协调发展。充分利用招商会进行招商，四月份在上海举办了招商会；参加了“9·8厦门投资贸易洽谈会”；九月份举办了“双庆”活动，同时召开了经贸联谊会；参加了'94营口国际经贸洽谈会和大连“小交会”，收到了良好效果。在项目的管理和服务上，进一步简化办事程序，提高了工作效率，对项目实行全程服务。实现了引进一批，筹建一批，投产一批，达产一批。全年引进外资项目70个，协议投资额1.19亿美元，其中，工业项目53个，投产率达28%；科技含量较高的外资项目4个，投资额均在200万美元以上，并在当年开工建设，截止1994年末，累计引进外资项目322个，协议投资额7.3亿美元，注册资金4.65亿美元。投资国别扩展到21个国家和地区，投资领域拓宽到10个，涉及32个工业门类。与外资企业并行成长起来的内资企业，为营口开发区注入了旺盛的生机和活力。截止1994年底，全区内资企业总投资达15亿元，已成为营口开发区经济发展中占有相当比重的资金存量，这些内资存量将通过不断地吸引外资，尽快地改造和转化成新的合资企业。

营口开发区在招商引资过程中，注重政策导向，完善、搞活政策。从实际出发，重新制定出引进项目、工业用地、招聘人才、户口管理等一系列优惠政策。对重大项目实行一事一议。在用好用活政策的同时，严格执行政策，开展了清理项目、土地、规划建设和资金的“四清理”工作。营口开发区实施了靠“五老”招商的策略，取得较好的成果，即靠老外（指外商）引老外；靠老大（指大中型企业）联大商社；靠老乡（指私营企业和乡镇企业）带老乡；靠老板（指各类经理）联老板；靠老九（指人才和知识）招人才。营口开发区理顺了招商机制，设立了专门的对外招商机构，从而简化办事程序，提高工作效率，现在从项目论证、办理手续、征用土地、开工建设，全部实行“一站式”服务，使投资者进得来，留得住，发展快，并产生连锁性效益。

【投资环境】 1994 年，营口开发区在建设资金严重短缺的情况下，采取多方集资和施工单位垫付等办法，统一规划，滚动开发，使城市建设得到了顺利进行，进一步完善了基础设施建设，改善了投资环境。全年完成城市基础设施建设投资 8 785 万元。全年在建工程项目 185 个，工程面积 88.5 万平方米，其中，上年结转工程项目 30 个，工程面积 30 万平方米；新开工项目 155 个，面积为 58.5 万平方米。全年竣工面积 32.6 万平方米。新建道路 16.35 公里，面积为 27.7 万平方米；完成给排水及防洪工程 31 公里。架设电力线路 81.3 公里，架设通讯电缆 6 公里。完成了红海河大桥主体工程，为开发区继续向南发展打下了基础；建成了沙河大桥，解决了滨海路向北延伸的问题；完成了运河路工程，又开辟了一条进区通道；完成了 32 平方公里范围内的骨干通讯电缆的铺设工程；完成了长江路街心广场的建设，竖起了渤海明珠塑雕；筹建了新闻中心，竖起了广播电视塔，《营口开发区报》、区广播电台、区电视台开播运行。截止 1994 年末，营口开发区固定资产投资 61.8 亿元，其中，市政基础设施建设投资 6.3 亿元（不含港口投资的 8.9 亿元和电厂投资的 17.4 亿元）。24 平方公里规划区内的主要干道基本形成，6 平方公里内基础设施已经完善。共完成道路工程 30 条，全长 75 公里，总面积为 136.31 万平方米；排水工程 100.6 公里，给水工程 46.95 公里，防洪工程 9.8 公里；桥涵工程 43 座；建成水厂一座，配水管网全长 25.6 公里，形成日供水能力 4.5 万吨；绿化植树 19.5 万株，草坪花卉 13 万平方米；建了 4 座变电所，合计 12 万千伏安，架设 66 千伏送电线路 4 条，计 38.6 公里，架设 10 千伏线路 11 条，计 111.2 公里；已开通 1.5 万门程控电话，埋设通讯电缆 10 条，长度为 9 公里，共 1.2 万条皮线，架设通讯线路 120 皮长公里，并开办了无线传呼、无线移动电话、国际电传电话、特快传递等业务，16 层的现代化邮电大楼已交付使用。在城市建设上，6 年累计完成工程面积 187 万平方米，在建面积 81.5 万平方米。营口新港口现年吞吐能力 850 万吨，二期工程正在紧张建设中，到 1996 年港口年吞吐能力将达到 1 500 万吨。总装机容量为 180 万千瓦的华能营口电厂，一期工程两台 30 万千瓦燃煤机组于 1995 年并网发电。在加强基础设施建设的同时，开展了城市清洁月活动，使城区的环境有了明显的改观。加强了市容市貌整治，清理了马路市场、马路工厂、马路商店、马路仓库、马路停车场等 30 余处；加强了工程质量管理，工程质量和安全生产没有出现大的问题，并有一部分工程项目得到省市有关部门和领导的好评；建立了园林监察队伍，促进了城市绿化建设；加强了环境保护工作，对重大项目进行监测，杜绝了污染性项目落户。

营口开发区在抓硬环境建设的同时，狠抓软环境建设。他们认为，软环境不硬，硬环境必软。为使硬环境更硬，软环境不软，他们开展了“人人是开发区形象，事事是投资环境”的大讨论。教育开发区的每个人，必须以发展开发区这个全局去看问题，去规范自己的行为，把爱护开发区的名誉和形象变成每个人的自觉行动。通过教育活动，提高了广大干部和群众的素质，有效地维护了社会治安，加强了对“三乱”的治理，反腐倡廉形成风气，为开发区创造了一个良好的投资环境。营口开发区在软环境建设中，从转变作风入手，落实责任，为加快经济发展提供优质高效服务。他们强调必须从各级领导做起，转变作风，落实责任，真抓实干，务求高效。转变政府职能，是促进经济发展的重要因素，营口开发区坚持做到：宏观管住，微观放活，加强领导，强化服务。首先是重点抓好统筹规划，掌握政策，组织协调，信息引导，提供服务和检查监督。其次是坚持政企分开、政事分开的原则，将政府以行政为基础的直接微观管理真正转到以市场机制为基础的宏观调控上来，进一步为企业自主经营、自负盈亏、自我完善、自我发展创造条件。再是简化办事程序，增强工作透明度，提高工作效率，坚决杜绝利用职权和工作之便吃、拿、卡、要等行为，真正增强了服务意识，提高了营口开发区的吸引力。

【经营管理】 营口开发区认真贯彻中央关于保持稳定的方针，坚持一手抓维护治安，保持稳定，一手抓政法队伍建设，落实治安目标管理责任制。首先选配懂法律、责任心强的工作人员健全法制办的组织机构，然后建立健全营口开发区的法规体系。对管理者的执法程度、执法内容进行全面监督，提高依法管理的严肃性。同时加强对外资企业的管理和服务，根据外资企业法规，制定了《营口开发区的外资企业管理办法》，使外资企业管理走向规范化、制度化、法制化轨道。

在城市管理上，严格贯彻执行《规划法》，以规划统帅建设，严肃规划的法规性，防止执行规划的随意性。他们充分发挥了管理部门的作用，坚持依法管理，清理了一批违章建设，治理了滥占乱建，使城市面貌有了新的改观。营口开发区对全区1992年以来开工建设的工程项目和征用、出让、转让的土地；对1993年以前批准的项目及土地出让金和城市配套费，进行了认真的清理，对违章、违法、违纪、违规，弄虚作假、使用不当等各种情况，做了慎重的、实事求是的处理。清理掉项目113个，协议投资总额为2.8亿美元；清回资金1 000多万元。营口开发区还开展了“三清一刹”工作，即清理了乱收费，对全区77个收费单位的117个收费项目进行了检查，对“无依据收费、超标准收费、使用作废收据”等问题，进行了严肃处理。政府职能在市场条件下如何发挥作用，营口开发区进行了积极尝试。首先是改革管理体制，本着精简上层，充实基层和“能者上、平者让、庸者下”的原则，对工作职能交叉的部门实行合并或精简，撤消了一些部门，减少了对企业的管理层次；对机关工作人员按照国家公务员标准确定去留，有步骤、分层次地搞好分流工作，对富余人员采取了“充实企业”、“买断工龄”、“预退”、“提前退休”等方式进行分流。其次是转变政府职能，强化指导服务功能，建立了反映开发区宏观经济运行状态的监测、预测、评估体系，对经济运行进行系统分析和预测，在全面深入调查经济运行规律的基础上，制定出中长期发展规划，迅速地培育和完善市场体系，把主要精力转向营造适于企业生存和发展的大环境上来。在管理过程中从以行政手段为主，转到主要运用经济手段和法律手段，辅之以必要的行政手段上来。通过经济政策来引导、扶持企业，促进企业生产要素的合理流动，调动生产者和经营者的积极性，使利益趋动机制发挥作用。再者是大胆转换企业经营机制。按现代企业制度的要求，根据各企业所具备的条件，将有的企业改为有限责任公司，有的改为股份有限公司，有的改变股份合作公司。对扭亏无望的小企业，则实行关、停、并、转、卖、破等方式进行处理。对有的企业则实行技术改造，鼓励企业与高校和科研机构联合，把企业变为高校或科研机构的试验基地，并制定优惠政策给予扶持。同时对用工制度也进行了大胆的改革，配合企业制度改革，建立和完善了社会保障体系，扩大了社会保险覆盖面，全面推行了社会养老保险，职工待业保险、医疗保险等，截止1994年末，投保企业达到222户，投保人数为16 493人，投保率达95%，取得了阶段性的成果。

（撰稿　范国荣）

威海经济技术开发区

【综合经济发展】 1994年，威海经济技术开发区认真学习邓小平同志建设有中国特色的社会主义理论，全面贯彻党的十四届三中、四中全会精神，以“抓住机遇，深化改革，扩大开放，促进发展，保持稳定”为总方针，不断加快改革开放和经济建设的步伐，各项事业都得到了较快的发展。在改革方面。一是以建立现代企业制度为中心，对区内55家企业进行了股份制改革，共吸收股金4.9亿元。二是改革了用人制度。机关、事业单位用人全部实行公开招聘，竞争上岗。年内共招聘各类工作人员296人。三是合理利用资金，进行了住房制度改革。在基础设施和城市建设方面。全年完成固定资产投资9.3亿元，新修道路15条（段），共25公里，平均宽40米，硬化道路15条（段），共30万平方米；36平方公里规划区内10纵12横共22条道路框架工程已全部完成。埋设各种管线77公里，平整土地1.8平方公里。全年新开工基本建设项目67个，工业基建项目39个，开工面积达70万平方米。在招商引资方面。主要抓了大项目、高科技项目、重点项目和工业项目，实行重点项目领导负责制，把招商引资作为考核各部门政绩的主要指标，招商引资的档次、规模明显提高。全年引进项目449个，累计达到1077个；计划总投资14.8亿元，累计达到50.4亿元，其中外商投资企业49个，累计达到133个，计划总投资1.2亿美元，累计达到3.9亿美元；合同利用外资7674万美元，累计达到2亿美元；实际利用外资1279万美元，累计达到2904万美元。共引进工业项目88个，有7个项目投资超过1000万美元。有8个三产项目投资超过1亿元人民币，建筑面积达到50万平方米。在工业生产及第三产业发展方面。一是工业生产快速增长。全区完成工业总产值12.9亿元，比上年增长58.4%，完成销售收入9.1亿元，增长112.5%，实现利税1.8亿元，增长245.6%，利润1.1亿元，增长202.6%。二是第三产业蓬勃发展。全年共批准第三产业项目303个，总投资5.4亿元。建起专业批发市场3个，新建粮店、菜店、副食品店22个。三是个体经济突飞猛进。全区个体工商业户达875户，从业人员2000多人。在农村工作方面。按照“工农结合，城乡一体，优势互补，联动发展”的思路，首先，改革旧的管理体制，先后将起步区17个村改组为集团公司或总公司，实行企业化管理，推动农村向城市化、实业化、国际化迈进。其次，实行直属局、室、公司包村制度，一帮一，一带一，帮助农村发展二、三产业。现在全区农村新上二、三产业项目87个，总投资6亿元。全年农村社会总产值达16.3亿元，实现经济总收入11.4亿元，粮食总产量达到332.8万公斤。水产品总产量达到2500万公斤，实现渔业总收入1.25亿元。在党的建设和精神文明建设方面。一是强化了党的组织建设。在全区的所有单位中设立了党组织。全区37个村基层支部普遍进行了调整充实，8个后进班子被调整，22个懂经营、会管理的同志被充实加强到领导班子，提高了基层党组织的战斗力。二是强化了党风廉政建设。在经济生活中强化了经济制约、竞争、管理、民主监督、教育等5个机制；在土地征用和转让、财务收支、人事任免聘用、住房分配、工程承建等重大而敏感的问题上实行了一定范围的公开；特别是领导干部家庭重大开支、住房装修等问题，都填写报告单，接受干部群众的监督。三是科技、文教、卫生、宣传、计划生育、群工等社会事业有了新发展。全区新建了一所小学和一所幼儿园，并通过市级考核，被定为市实验小学和幼儿园，扩建、改造了两所中学。区街道办事处和木工机械集团分别被省科委授予科技示范乡镇和科技示范骨干企业称号。全年在省级以上新闻单位发稿158篇，扩大了开发区在海内外的知名度。计划生育四率均达到或超过上级要求标准，人口自然增长率控制在5.07‰以内。区内工、青、妇、民兵组织网络基本健全。

1995年威海经济技术开发区将进一步加快改革、开放、开发和建立社会主义市场经济体制的步伐，实现基础设施建设、招商引资、经济和社会事业发展全面进步。具体奋斗目标是：完成国内生产总值10.9亿元，比上年增长41.7%；工业总产值20.1亿元，增长56.2%；实现利税2.46亿元，增长38.7%；合同外资额1亿美元，实际利用外资3500万美元；基础设施投入1.3亿元；基建开工面积100万平方米，竣工70万平方米。

【投资环境】 威海经济技术开发区始终把建设一流的投资环境作为扩大招商引资的重要工作来抓。在硬环境方面，把“栽好梧桐树，招得八方凤凰来”当作自己的本份，把基础设施投入当成开发区最大、汇报率最高、受益期最长的投入，靠完善的基础设施带动全面开发。在实际操作中，开发区合理利用资金，采取先搭骨架后填肉的办法，大配套一步到位，小配套围绕项目集中进行。在开发区成立的第一年就完成了5.72平方公里起步区内水、电、路、场地的“三通一平”大配套，1994年又以“一区（11.88平方公里区域）、三线（工业、金融贸易、旅游三条街）、七点（七个居民生活小区）”为重点，进行小配套，并把大配套延伸到整个36平方公里规划区，使开发建设由“筑巢引凤”向“引凤筑巢”转变。1994年新修道路15条（段），共25公里，平均宽40米，硬化道路15条（段），共30万平方米，36平方公里规划区内10纵12横共22条道路框架工程已全部完成。埋设各种管线77公里，平整土地1.8平方公里。新开工基本建设项目67个，工业基建项目39个，开工面积达70万平方米。在软环境建设方面，开发区在用足用好国家政策的同时，以提高办事效率为中心改善投资软环境，提出“客户就是上帝”，“服务就是招商”，“人人都是投资环境，人人都是招商窗口”的口号，实行“一个窗口对外，一站式审批，一条龙服务，一个公章管到底”的办事程序和“搬上一把椅子，迎上一张笑脸，端上一杯茶水，给一个满意的答复”的服务行为，对来办事的国内外客商做到48小时内必有答复。对远道而来手续不完备的投资者，采取先立项批准，后补齐手续的办法，使客商感到方便、舒适，来了不愿走，走了还想来。在此基础上，开发区还成立了律师事务所、会计师事务所、审计师事务所、人才交流中心、外商投资服务中心、项目推进中心等一系列中介服务机构，为国内外客商提供全方位服务。

【利用外资】 1994年，威海经济技术开发区进一步扩大对外开放，努力改善投资环境，积极开展对外招商工作，按照“三为主”的方针，广泛吸引“大、高、外”项目进区，全区已形成了以工业为主、工贸结合、各业综合发展的外向型经济格局。全年批准利用外资项目49个，总投资1.2亿美元，合同利用外资7674万美元，实际利用外资1279万美元。外商投资项目在数量迅速增长的同时，档次不断提高，呈现出几个特点：一是大项目多，总投资超亿的有5个，其中，韩国庆尚南道在区内搞了1.65平方公里的土地成片开发项目，现韩国黑豹世运汽车已成为第一个入驻工团的项目，该项目总投资2950万美元，年产农用车30万辆，现已动工建设，1996年1月份投产，投产后年可实现产值28亿元，利税4.5亿元，并将带动20多家韩国配套企业入驻工团。二是高科技项目多。全年批准的科技含量较高的项目占项目总数的50%以上。三是工业项目多，年内共上工业项目26个，已开工的8个。四是外商的投资项目来源多国化，产业多元化。目前已有香港、日本、韩国、美国、新加坡、台湾等10多个国家和地区在区内投资。投资领域除工业项目外，还包括房地产、旅游、商贸等三产项目。在抓招商引资中，主要落实了“三制”：一是部门招商责任制。坚持“效益为中心，项目是生命线，招商引资并建立相应的群体形象工程是考核各部门各单位政绩的主要标准”的宗旨。二是首长负责制。将部门一把手年内抓的项目列出单子，把任务落实到单位，落实到人头，做到头头抓，抓重点。三是部门工业项目一票否决制。没有工业项目的单位，年终不得参加先进单位评比。

福清融侨经济技术开发区

【综合经济发展】 改革开放以来，福清市累计投资18亿元，全面强化交通、通讯、电力、供水等基础设施建设，其中直接投入融侨开发区，用于“三通一平”及基础、服务设施建设的达2.94亿元，从而建成一批具有相当规模的标准厂房、职工住宅区及水、电、路、通讯等基础设施、文化娱乐设施和生活服务设施，为国内外客商创造了一个良好的投资环境，为开发区的进一步发展奠定了坚实的基础。

——交通运输：国道福厦路及省道大真线（50米宽）、清荣大道（45米宽）穿区而过，北距福州机场46公里，南距融侨码头（3千吨）22公里，东距元洪码头（3万吨）28公里。

邮电通讯：市话装机容量超6万门，融侨区内已建成并开通容量为8000门的程控电话局。

——电力供应：已有10千伏6回路、输电容量为2.5万千伏安的电力供应网络，已建11万伏变电站一座，另一座11万伏变电站即将动工。

——供水：建成一座日供水5万吨自来水厂，终期规模日供水达10万吨。

至1994年底，开发区内已有来自美国、日本、德国、韩国、印尼、新加坡、澳大利亚、香港、澳门、台湾等国家及地区厂商投资兴办的三资企业176家，总投资8.03亿美元，实际利用外资达5.46亿美元。初步形成了以电子、纺织、制鞋、塑胶、钢铁、铝制品、汽车配件、食品、服装、建材、家俱等为主体、门类较齐全的外向型工业体系和出口产品系列，同时也带动了相关第三产业的蓬勃发展。

到1994年底，开发区累计有94家企业先后投入生产或试生产，当年实现工业产值43.4亿元，出口创汇4.17亿元，上缴税金5487万元，分别比上年增长了58.5%、46.0%、101.4%。并有11家企业产值超亿元，4家企业进入全国最大500家外商投资企业之列。与此同时，在开发区落户的176家企业中，有3家企业位居全国同行业之冠。它们分别是：全国最大的化纤纺织生产厂“冠旺化纤”，全国最大的显示器生产厂“冠捷电子”，全国最大的铝箔、铝型材生产厂“南方铝业”。

福清与台湾一衣带水，地缘相近，血缘相亲，且台胞众多。这些优势有力地推动了福清市对台经贸的发展，再加上海外乡亲从中穿针引线，推波助澜，对台合作与交流的经贸活动更趋活跃。最早涌入福清的台商投资企业是一些属于中下游的劳动密集型产业，其行业范围主要包括成衣、制鞋、玩具、包袋、食品加工等。90年代初开始，原来被廉价劳动力成本所吸引的台商，经过一段时间对大陆经济资源与环境摸索了解后，已有不少人将注意力转移到资源丰富的脑力，两岸科技交流开始从学术领域跨向经贸领域，涵盖技术层面的产业如电子、电脑周边设备、塑胶、化纤等开始尝试性地移向大陆。恰逢其时，中央、省、市相继出台了一系列鼓励台商投资的优惠政策，更激发了台商的投资热情，福清又掀起了一场台商投资热。至1994年底止，福清全市拥有含台资企业111家，总投资3.89亿美元，其中在融侨开发区落户的台资企业有59家，总投资2.85亿美元。特别值得 提的是，在此其间，融侨开发区成功塑造了一个台商集中投资典范——洪宽工业村。这个被外界喻为“台湾村”的工业村，已发展企业39家，总投资1.88亿美元，其中台资占97%，行业涉及塑胶、电子、五金、化工、钢铁、皮革、建材、制鞋等；1994年投产的19家企业，创产值4.33亿元，创汇4067万美元。成为福清市吸引台资一种值得借鉴的模式与“窗口”。

随着两岸关系日趋缓和，福清市对台经贸前景将广阔而良好。而已经拥有发展基础与实力的融侨开发区，无疑是台商钟情的一块宝地。

融侨开发区始终不渝地按照国家兴办经济技术开发区的宗旨，积极推行改革开放的实践，发挥“窗口、桥梁、示范、带动”作用。

“窗口”作用——为开放的福清提供了认识世界的“窗口”，成为福清引进国外资金、技术和管理经验的“试验田”。

“桥梁”作用——是福清走向世界、参与国际竞争，与国际惯例接轨的重要桥梁。

“示范”作用——创造了基础设施投入1元，引进外资1.8美元，实现产值31.7元的投入产出比，走出了一条投入少、引进多、效益高、后劲足的集约化开发的良性循环之路。

“带动”作用——带动了福清市整个经济的腾飞。继融侨开发区之后，福清又先后创办了洪宽工业村、元载工业村、康辉工业村、友精工业村和元洪投资区，以及镜洋、渔溪、阳下、高山等10个乡镇工业小区，一个以融侨为龙头，以福厦线、大真线、元华路为走廊的全方位开放格局已初步形成。至1994年底止，福清全市累计批准三资企业415家，总投资16.49亿美元，实现工业产值63.06亿元，成为福清市经济发展的主要增长点。

【利用外资】 融侨开发区至1994年底止共吸纳各类侨台外资8.03亿美元，发展企业176家。8年来累计实现工业产值92.2亿元，创汇9.46亿美元，上交税金超亿元，其中1994年发展企业44家，总投资1.034亿美元，实现产值43.4亿元，创汇4.17亿美元，上交税金5487万元。预计1995年可实现产值60亿，创汇5.4亿美元，且发展势头方兴未艾，估计至1998年，开发区的各项经济指标每年递增幅度在30%以上，如此强劲的发展势头，其坚实基础是：

——引进项目规模大、效益高、后劲足。开发区176家企业平均投资额近500万美元，其中投资额达1000万美元以上有15家，达3000万美元以上有6家。1994年产值超亿元的企业有11家，其中仅“冠捷公司”一家就实现产值15.89亿元。

——新技术含量高、创汇能力强。融侨开发区内企业90%以上是“两头在外”的出口创汇型企业，产品绝大部分出口。1994年区内企业出口创汇超1000万美元的有6家，并涌现出一批具有国际同行业先进水平、新技术含量高的企业。如冠捷公司是全国同行业中首家通过ISO－9002认证，产品技术达到九十年代国际先进水平；福耀公司生产的汽车安全玻璃在国际国内都享有很高的声誉，并取得美国DOT、欧共体ECER43、澳大利亚SAA、中国GB9656等标准证书。

——产业结构合理、优化，市场竞争力强。融侨开发区内产业结构已由原来轻型、低耗、少污染的劳动密集型，向资金、技术密集型方向发展，并逐步形成了以电子、化纤纺织、汽配、铝制品、塑胶、制鞋等行业为龙头，带动了相应周边配套项目的发展，形成企业集团，走集约化经营之路，增强企业的生命力，提高了企业在市场中的竞争力。

——外商成片开发经营已进入收获期。为了加快融侨开发区的建设步伐，1990年以后，先后批准洪宽工业村、康辉工业村、福耀工业村做为外商成片开发利用土地的试点。1990年批准设立的洪宽工业村已进入“金秋”收获期。1992年5月批准的福耀工业村也已初具规模，建成达产后年可实现产值15亿元。

——国际大厂商、大财团竞相介入投资，为开发区的进一步发展提供了坚强后盾。目前，在开发区内投资置业的投资者中，有许多是在国际上享有很高声望，经济实力雄厚的大厂商、大财团，他们在海外具有很强的号召力，经济合作伙伴遍布世界各地，招商、销售渠道极为广阔，其中以林氏集团为首在开发区内投资的项目有33家，总投资36134.14万美元，占投资总额45%。

【回顾与总结】 融侨开发区是在基础条件并不具备的情况下发展起来的，她的成功创办，是得益于改革开放的好政策，借助于海外乡侨的热心帮助及社会各界的大力支持，取决于福清全市上下团结一致、艰苦创业、大胆探索、勇于实践。八年的奋斗历程，留给我们的启示是：

抓住机遇、发挥优势，是外向型经济发展的前提。福清本是一个以农业为主的县份，原有工业基础相当薄弱，发展外向型经济似乎是一个神话，但它却拥有其它地区无法比拟的地缘、人缘优势：一是地处闽江口金三角经济圈、福厦工业走廊辐射地带，濒海近台、台胞众多。二是福清是全国著名侨乡，旅外侨胞达50多万，且财力雄厚、爱乡恋祖，热心家乡建设事业。富于开拓的福清领导紧抓优势不放手，促成发展外向型经济这一神话变成现实。首先，制定了"以侨引台，以侨引外、以外引外、侨台港外结合"、"大中小项目一起上，侨台港外都欢迎"的招商思路。其次，采取"走出去、请进来"的招商方法："走出去"，到东南亚、日本、韩国、香港等国家及地区开拓招商空间；"请进来"，利用各种节庆活动、返乡省亲考察等场合，请外商来洽谈项目。并组团参加一年一度的新加坡"世联会"、香港洽谈会、厦门"9.8"洽谈会等，以拓展招商途径。三是认真落实华侨政策，取信于侨胞、侨眷，在做好老一代华侨工作的同时，努力做好二、三代华侨的工作。

与此同时，海外乡亲对开发区的建设做出了很大的贡献，首先他们投入资金对开发区进行必要的基础设施建设，示范性办起几家企业，然后又利用自己在海外雄厚的财力及广泛影响力，奔波于世界各地，引线搭桥，充当"义务招商员"，并成立世界福清同乡联谊会，共商支援家乡、建设家乡事宜。

转变观念、强化措施，是促进外向型经济发展的动力。"不敢解放思想、不敢放开手脚，结果是丧失时机，犹如逆水行舟，不进则退"。促进外向型经济发展的关键是要增强改革开放意识，促进思想观念更新。改革开放的广度与深度取决于思想的解放程度，在思想上要实现"五破五立"：破小步渐进思想，立几年上一个新台阶思想；破"左"的思想影响，不争论姓资姓社，立"三个有利"观念；破按部就班、因循守旧、怕担风险思想，立敢闯、敢冒、创造性开展工作观念；破只求眼前直接利益、小利即满的狭隘思想，立注重潜在长远利益、敢干一番大事业的恢弘气魄；破官僚主义、敷衍拖拉作风，立时效意识、马上就办精神。并相应制定出发展外向型经济工作的总思路：适度超前规划开发，加强基础设施建设，拓宽招商引资渠道，调整产业结构，加强投向指导，简化办事手续，强化服务观念。

改善环境、营造优势，是促使外向型经济上新台阶的基础。一个地区的投资环境好坏，在很大程度上取决于该地区软环境是否优越。融侨开发区在加大基础设施建设力度的同时，着力构造优越的软环境，让外商进得来、留得住、干得顺、能发展。

——坚持稳定、持续、开明、守信政策，不朝令夕改，让投资者无后顾之忧。

——在用活、用足中央、省、市赋予优惠政策同时，创造性实行"五带七自"等优惠措施，让投资者有更多的选择空间。

——坚持"先予后取、先上后理"，"让利兴业"的指导思想，淡化眼前直接利益，注重长远潜在效益，让投资者有利可图。

——强化服务、适度管理，寓管理于服务之中，放手让投资者依法自主经营。

——简化手续，规范收费，实行"一个窗口"对外、"一站式"服务，以方便外商。

——成立外商投资企业管理服务中心，坚持定期联合办公审批项目和每月一次"外商接待日"及回访制度，及时为企业排忧解难。

——建立项目跟踪责任制，狠抓已签约项目的"升级转化"、"落地起立"，促使项目早落地、早动工、早投产、出效益。

——按照国际惯例，采取切实有效措施对企业进行安全生产、税收、统计、社会保障等管理。

——设立外商投资企业劳动服务中心、报案中心，为企业培训、输送人才，协调劳资关系，加强治安综合治理，创造一个安定稳定的投资环境，让投资者称心，放心。

加强产业引导，提高经济效益，是促进外向型经济向更高层次发展的关键。融侨开发区在项目引进上已走过"饥荒"期，并逐步变"来者不拒"为"择优接纳"，实现了引进项目"从无到有、从有到优"的根本性转变。在项目规模上，既坚持"大中小并举"，又引办一批经营规模大、产业效益高的项目。在项目选择上，突出一个"高"字，力争多引进新技术含量、资金密集型、少污染项目。在产业上，突出一个"新"字，努力引进一批能够调整产业结构的高新技术项目，以推动外向型经济向更高层次、更深领域拓展。

深入开展党建、工会及精神文明建设，是促进外

向型经济健康发展的保障。开发区既是发展外向型经济的天地，又是培养一代社会主义“四有”新人的摇篮。开发区的党建、工会及精神文明建设至关重要，必须象抓经济一样，抓好这项工作。对开展开发区党建、工会及精神文明建设，我们的体会是：在方法上，要调查研究，广泛宣传，与企业达成相互理解、支持。在措施上，应明确目标，落实责任，做到党委一把手亲自抓，分管领导具体抓。在形式与内容上，要力求小型、分散、灵活，既丰富多彩，又讲求实效。对企业党组织要求：一是履行保证监督职能，促进企业健康发展；二是加强员工思想政治工作，主动协调劳资矛盾；三是加强对本企业党员教育，充分发挥党员在企业中的先锋模范作用。与此同时，工会组织在团结教育职工，稳定职工队伍，协调劳资矛盾中也起了积极的作用。

【发展导向】 八年来，融侨开发区的发展得益于开放的环境，要实现新的跨越，必须继续发挥人文、区位和政策优势，扩大对外开放成果。

——加大基础建设力度，把以路、电为重点的基础设施建设摆在突出的位置。通过综合补偿、引进外资、土地聚财、资金有偿使用等形式，多渠道筹措资金，集中力量，保证重点，使交通、能源、供水等基础设施得到进一步改善。

——继续坚持“大中小项目一起上、侨台港外都欢迎”的方针，实施“立足港澳台、巩固东南亚、开拓日欧美”的招商引资战略，更加积极有效利用外资，做到合理引导、稳定增量、扩大存量、提高质量，在办好现有企业的基础上，加强招商引资前期工作，促进招商项目升级转化。

——改善投资软环境，再造吸引外资新优质。继续坚持项目跟踪责任制，巩固提高利用外资的履约率、到资率、开工率和成功率。继续遵守“开放、开明、灵活、优惠、守信”原则，进一步简化手续、规范收费、清理各种税外费，切实有效开展三资企业社会治安专项治理，进一步落实外商投诉条例，做好外商投诉处理工作。

——进一步做好侨务工作。华侨众多是福清的一大优势。要多形式、多渠道地开展海外联谊工作，加强与华侨工商企业界、有影响的海外社团和知名人士商贸方面的联系，充分发挥侨胞在招商引资中的积极作用，促进以侨引台、以侨引外，要掌握侨情、理解侨心、听取华侨和海外华人的意见和建议。认真贯彻归侨侨眷权益保护法，维护华侨、归侨和侨眷的合法权益。

——把握有利时机，把对台合作和交流推向新阶段。对台是福清的又一大优势，要认真贯彻江泽民总书记关于台湾问题的重要讲话精神，立足近台的区域与人文优势，凝聚各方力量，创造性地开展对台的合作与交流。进一步贯彻实施《台湾同胞投资保护法》及中央提出的“同等优先、适当放宽”的对台原则，注重相关行业成龙配套引进，强化对台资企业管理服务工作，加快重点台资大项目的实施，实现对台经贸交流新突破。

——积极合理有效地利用外资，调整优化产业结构。完善利用外资产业导向，鼓励外商投向基础设施、高新技术产业、高附加值的出口产业。继续扩大第三产业利用外资规模，大力吸引外资兴办商贸、信息、咨询、法律等第三产业项目。

——大力发展第三产业，完善市场经济体系。加速发展第三产业，逐步优化第三产业内部结构。坚持产业化、社会化方向，鼓励外商、国内各种经济成份、经济组织和个人投资兴办与经济生活关系密切的行业，着重发展一批现代化、高档次、大规模的新兴三产项目，争取在金融、商业、信息、咨询、劳务、生产资料及综合性技术服务等方面获得较大突破。

东山经济技术开发区

【自然条件】 东山经济技术开发区是1993年1月经国务院批准设立的国家级经济技术开发区，面积10平方公里。开发区以开发食品、建材、旅游用品加工业和电子工业，港口加工制造业为主体，同时发展实用的高新科技产业并建立相应的科技市场，逐步建成一个多功能、现代化、国际化的经济技术开发区。

东山经济技术开发区位于福建东山岛的中部，

东至樟塘新溪，西至石埔新溪，南至西铜公路，北至向东支渠到下湖溪。岛上3条主干公路纵横贯穿开发区，八尺门海堤及正在兴建中的跨海大桥沟通海岛与大陆的联系。毗邻的东山港为国家级一类口岸，对外籍船舶开放，现在5000吨级泊位码头2个，3000吨级泊位码头1个。水路可直航台湾、港澳，也可直航日本、新加坡等国家，东山港距高雄164海里，至澎湖仅98海里。海陆交通十分便捷。

【综合经济发展】 1994年是东山经济技术开发区开始启动的一年。在国务院特区办和各级党委、政府的正确领导下，以邓小平同志建设有中国特色社会主义理论为指导，在基础设施、招商引资、对外宣传、服务质量等各个方面都取得一定的成效。

狠抓基础设施建设，改善投资环境。基础设施的完善，是吸引外资的关键，是高速发展的前提。因此，开发区创办伊始即超前组织实施“集中人力、物力、财力，大动作改善开发区基础设施”的发展战略。

在全县投入大量资金建设东山岛第二通道（大产跨海大桥）、拓宽岛内公路主干道、筹建2.5万吨深水码头、扩建10万吨自来水厂和万门程控电话等基础设施的基础上，开发区多渠道筹集资金1250万元用于启动区基础设施建设，进一步完善供水、供电、通讯、道路等管网设施。投建宽50米的区内主干道三段长3.2公里，其中坑北至县城1.8公里路段已建成通车；首期各规划小区区间道路建设已陆续动工；已投建区间排水、排污等管道4000米；铺设供水管道1公里；安装供电线路1200米；平整土地600亩，完成土石方70万立方米，迁移坟墓800多丘。初步改善首期启动区投资环境。

【招商引资】 东山经济技术开发虽属国家级开发区，但由于起步较晚，启动资金不足等因素，目前面临项目引进竞争十分激烈的困难态势。开发区上下形成共识，把项目的引进作为开发区开发建设的生命。多渠道、全方位地开展招商活动，主动争取项目进区安家落户。主要做了两方面的工作：一是参加大型招商活动。1994年先后参加了新加坡、厦门三次大型招商洽谈会，广泛联络客户，交流感情，洽谈项目。许多客商对来东山开发区投资表示了浓厚的兴趣，有的当即与他们签订了土地出让合同，有的签定了合作意向书、协议书，有的客商组团到区实地考察，取得良好的招商效果。三次招商活动共签订外资合同、协议、意向项目9个，总投资额3200万美元。二是通过管委会的挂牌庆典活动，不失时机地举办招商洽谈会和项目奠基活动，认识新朋友，引进新项目。这次活动共邀请100多位客户，签订100个项目，合同外资额5000万美元，促成26个项目（外资10个、内资16个、总征地978.5亩，投资额2100万美元和1.5亿人民币）奠基开工投建，有力地推动东山经济技术开发区启动开发，增加了开发区的对外知名度。三是对有投资意向的“高、大、新”项目专人负责，跟踪落实，及时反馈双方信息。开发区在出境招高和客商到区洽谈时，对外商和国内有意向的项目，作出分类排队入档，凡属“高、大、新”的项目，作为重点，盯住落实，在县领导支持下，由区主要领导亲自抓。已在区内投资设厂的义芳食品有限公司，其集团在台湾以新竹工业园为基地，在大陆的厦门等地设有连锁企业，1994年年初计划在东山经济技术开发区扩大投资规模。区主要领导即多次上门洽谈，消除投资者的疑虑，增强其信心，促成该公司在区内扩大投资规模，申请用地60亩，计划1995年动工兴建新生产线。

加强对外宣传，主动走向世界。东山县的人均收入等指标在福建省名列前茅，但在世界上就不一定能显山露水。又属岛县，自然地理位置较为偏僻。招商引资，首先要使外商知道东山在世界上的位置，对东山经济技术开发区的投资环境、优惠政策、基础设施乃至风土人情有足够了解。开发区采取多种形式开展对外宣传。一是印制开发区投资指南。二是邀请国内外记者到区采访。1994年5月，开发区管委会挂牌、部分项目奠基暨招商洽谈会期间，邀请了香港、深圳及北京等地的一批记者到区，让他们听介绍、阅材料、看现场。使他们充分了解开发区。回去后。这些电视台、电台和报刊以大量篇幅对开发区进行了宣传报导。中央电视台在新闻节目中给予重点报道，《香港文汇报》、《香港大公报》等报刊先后刊登了专稿，并配发了大量照片。此外，许多国内较有影响力的报刊也集中报道。三是积极通过外事部门进行对外宣传。开发区和省特区办等部门保持着经常的联系，一方面通过他们宣传开发区的情况。另一方面，通过他们约请国内外记者来区采访。有效地提高东山经济技术开发区的知名度，加深了外部世界对开发区的认识和了解，对招商引资起到积极的促进作用。

提高办事效率，加速项目定位。经济技术开发区做为我国改革开放和发展经济的“试验区”，它必须与国际惯例接轨。这就要求开发区要破除常规、简化程序、减少环节，提高效率，以适应国外的办事节奏，使项目上马快，见效快。1994年，东山开发区把提高效率，做为一项重要工作来抓。第一，精简机构，去虚求实。东山经济技术开发区设管理委员会，代表东山县人民政府对开发区的开发建设实行统一管理和领导，管委会下设一室三局，并实行一间办公室联合办公制，项目审批、工商登记、土地征用、工程建设、配套设施等实行“一条龙”服务。除投资额超过审批权限的项目外，一般项目在一间办公室内可办完全部手续，便利了投资者。第二，特事特办，急事急办。开发区在处理涉及开发建设的事项中，遇到特殊问题，坚持以高效率促开发为办事宗旨，打破常规，充分体现原则性与灵活性相结合的处事方法。第三，协调理顺关系，争取业务部门的配合与支持。开发区作为新生的事物，在短期内不易为人理解接受，为此，开发区把理顺关系，争取业务部门的支持做为提高办事效率的一个重要手段。一方面积极向他们宣传开发建设的重大意义，使大家产生“开发区是东山经济的新增长点，是东山人民共同的事业”的共识，开发区机构设置尚未健全的请规划、环保、消防、工商、税务、财政等部门派联络员到开发区协助办事。另一方面，多次召开部门协调会，理顺开发区在实际工作中存在的问题，促进工作的顺利开展，提高办事效率。

速度和效益同步，国民经济全面发展。全年实现工业总产值2.45亿元，财政收入1560万元，出口总额1300万美元，比1993年分别增长51.2%、43.7%和30%。经济效益进一步提高。

1995年是东山经济技术开发区开始启动的第二年，开发区决心“确立高标准，再上新台阶”。将在不遗余力继续抓基础设施建设的同时，把招商工作做为1995年的重头戏，一切工作的核心和“重中之重”，并围绕这两个环节，提高工作效率，加强对外宣传。主要抓两个方面的工作：一要多渠道、全方位强化招商力度，迅速提高项目引进质量。二要软硬并重，配套建设，继续优化投资环境。争取早日建成首期启动区。

（撰稿　朱文挺）

沈阳经济技术开发区

【综合经济建设】 沈阳经济技术开发区创建于1988年6月22日，1993年4月4日经国务院正式批准为国家级的经济技术开发区。沈阳经济技术开发区位于沈阳市区西南部，地貌属辽河冲积平原，地势相当平坦，项目建设无须进行场地平整，且地质构造简单，地表承重能力强，一般都在每平方米18～20吨，十分宜于开发建设。基础设施，公用设施建设可直接与母城沈阳配套联网，不仅保证了生产配套条件的质量，而且还大大缩短了项目的建设周期，是理想的工业用地。六年多来，经过全体开发建设者的艰苦创业，沈阳开发区已形成了一定规模，树立了良好形象，见到了初步效益，已从昔日的一片荒芜、一块被工业废水严重污染的废弃地，变成了一片生机勃勃的投资热土。

一期基础设施建设基本搞完，二期开发已全面展开。

一期范围内已形成了雨污分流的排水系统，分质供水系统，煤气供给系统，双回路供电系统，采用了集中联片供热，建成了万门程控电讯中心，公路总长度达16公里，铁路专用线已引进区内，集装箱仓储联运中心的年储运能力达到170万吨。外商综合服务楼、外商综合服务商场、公安、邮政、电讯、消防、环保、人寿保险等一批公用设施已建成并投入使用。另外，还建成了20栋外商公寓，20余栋商业用楼和近20栋工业标准厂房。整个一期地块已充分具备了接纳项目进区建设和投产经营的条件，项目已基本摆满。

从1992年9月开始，沈阳开发区不失时机地向二期推进，二期建设全面展开，截止到1994年底，已完成基础设施建设投资2.14亿元，铺设排水管线49公里，给水管线28公里；建成主干线道路12条，总面积45万平方米，二期已完成了给水、排水、道路、供热、供电、通讯和土地平整等“六通一平”，基本具备了项目开工建设和生产经营的条件。按照高标准、高起点和几十年不过时的要求，沈阳开发区在二期严格按功能分区批租土地，已有3平方公里的地块摆上了项目，并有14个项目已开工建设。

三期总体规划也已作出，详细控制规划正在编制。

招商引资工作成效显著，一批大公司、大企业在开发区投资建厂。

近年来，国内外客商来区投资十分踊跃，特别是一些实力强大，有较大影响的国际著名的跨国公司，已开始关注开发区、看好开发区，有的已经来区直接投资并开工建设。美国的可口可乐公司、汉莫尔顿太平洋控股公司，日本的尼桑公司、三菱公司、松下公司、山之内株式会社，韩国的东方纺织集团、光电子集团，法国的里昂水务——杜迈斯集团等，都已在开发区投资建厂。

近年来，外商在开发区的投资出现了一系列新的趋势：客商不请自至的越来越多，组团来访的越来越多，大公司、大项目越来越多，实业界与金融界联手来区考察洽谈项目的越来越多，政府机构、政府官员亲自来访直接干预和推动本国企业来开发区投资的越来越多，到开发区投资的国家和地区也越来越多，现已达到23个。

【投资环境】 沈阳开发区管理服务体系初步形成，投资环境日臻完善。开发区管委会作为市政府的派出机构，对开发区的经济和社会事务实行统一管理，并享有市级经济管理权限和项目审批权限，可以独立高效地办理进区项目的一切手续；开发区党委作为市委派出机构，强化党对开发区的领导，强化开发区党的建设和政治思想建设；开发区集团公司，作为独立的经济法人，下设11个直属公司，主要是提高开发区生产和生活服务的社会化水平。开发区党委、管委会和集团公司，实行一套人马、三块牌子、三个机构、三种职能、三位一体的领导体制。权力集中，决策灵活，指挥有力，运作顺畅。

按照高效率、快节奏、小政府、大服务和寓管理于服务之中的原则，确定了开发区与企业“唇亡齿寒、荣辱与共”的利益关系和“依法管理、照章征税、按需服务”的管理服务关系。采取联合办公、分别盖章、同步操作、一次完成和特殊项目允许反程序操作等办法，为外商投资提供一条龙、全过程服务，现已做到了项目审批不出楼，致使项目审办的效率比较高，在资料齐备的情况下，审办一个项目的全部手续只需5—7天，最快1—2天。开发区的管理服务体系逐步形成，服务质量不断提高，投资环境日臻完善。市金融、保险、海关、商检、交通运输、公证、律师和会计师事务所等部门相继在开发区设立了分支机构；保税库区的规划已着手编制；经国家外经贸部和海关总署批准成立的沈阳经济技术开发区进出口公司，获得了进出口的自营权。

沈阳开发区的经济技术发展拟分为连续跳跃发展的三个阶段：八五时期为起步阶段，各项经济指标将按逐年翻番的速度增长；九五时期为大发展阶段，开发区总体经济指标将以每年50%的速度增长；下个世纪前十年为完善达标即发达阶段，到2010年开发区的年工业产值可达400亿元，利税总额可达80亿元，出口创汇可达23亿美元。这样，就工业经济规模而言，等于再造一个今日的沈阳，一个外向型、多功能、国际化、现代化的新沈阳。开发区将成为母城沈阳新的最大的社会生产力的增长点，将成为我市最早进入现代化的市区之一。

1994年沈阳经济技术开发区经济增长实现了连续性、跳跃式、高速度发展，七项主要经济指标比上年翻一番，九项指标比上年增长一半以上。软硬环境进一步完善，各方面工作都迈出了新的步伐。

实现翻番的指标是：工业总产值完成11亿元，比上年增长137%；实际利用外资额5258万美元，比上年增长104.5%；建设项目投资额6.5亿元，比上年增长104.4%，房屋建筑开工面积37万平方米，比上年增长108.4%；房屋建筑竣工面积18.7万平方米，比上年增长140%；新引进2000万美元以上的大项目15个，比上年增长150%；新投产企业年平均生产能力3184万元，比上年增长118.1%。

实现增半的指标是：社会总产值完成33亿元，比上年增长89%；出口创汇4550万美元，比上年增长63.7%；协议投资总额55.5亿元，比上年增长50.4%；协议利用外资额2.4亿美元，比上年增长58%；固定资产投资完成额7.5亿元，比上年增长50%；新开工企业95家，比上年增长73%；新投产企业68家，比上年增长55%；当年引进、当年开工建设的项目55个，比上年增长53%；税费收入1.28亿元，比上年增长70%。

另外：新引进项目143个，比上年增长10%；实现利税2.8亿元，比上年增长7.3%；基础设施及公用设施投资完成额为9600万元，为上年的58.6%。

截止到1994年底，开发区已累计完成固定资产投资21.5亿元，其中基础设施及公用设施投资5.5亿元，项目建设投资16亿元。房屋建筑开工面积116万平方米，竣工面积53万平方米。累计批准进区项目402个，协议投资总额142亿元。其中外资项目308个，协议投资总额12.4亿美元，协议利用外资额6亿美元，实际调入外资额1.2亿美元；内资项目94个，协议投资总额36.7亿元。已投产企业151家，在建企业78家。投产企业和开工企业数之和超过了引进项目的半数以上。项目平均投资规模达3600万元。已批准进区的项目全部投产达标后，可年实现产值198亿元，利税45亿元，出口创汇5.4亿美元。

1994年沈阳经济技术开发区在招商引资上取得重大突破。第一，以大项目为重点的外资项目的引进取得了重大突破。全年引进项目协议投资额和协议利用外资额都大幅度增长，分别达到55.5亿元和2.4亿美元，均比上年增长一半以上；项目的平均投资规模也大幅度增长，达到3881万元，比上年增长36.6%。全年共引进2000万美元以上的大项目15个，比上年增加9个。至1994年底，开发区累计批准进区的投资1000万美元以上的大项目已有28个，5000万元以上的内资项目已有16个，其中属于跨国公司投资的已有15家，属于世界百强企业投资的已有7家。在韩、港、台、东南亚投资稳步增长的同时，出现了西欧、日本、美国等发达国家高科技、高创汇、大项目踊跃进区的新局面，出现了小项目减少，大项目增多；劳动密集型项目减少，资金和技术密集型项目增多；到开发区看一看就走的客商减少，来了就签约、说干就干的客商增多；办完手续后迟迟不开工的项目减少，当年进区、当年开工、当年投产的项目增多等情况，表明开发区外资的引进工作登上了一个新的台阶，达到了新的水平。第二，大中型企业的易地搬迁改造和内资项目的引进取得了新的突破。市政府已确定沈阳开发区为全市大中型企业易地搬迁改造的首选地。沈阳汽车车桥厂、沈阳玻璃计器厂等八家企业又获准进入开发区进行易地改造。这些企业建成后，每年可净增产值21.2亿元，利税4.8亿元，扩大出口创汇2900万美元。企业划入工作也进行了积极尝试，年内划入企业11户，增加产值1亿元，利润1000万元。第三，第三产业项目的进区继续保持了良好的发展势头。全年共批准进区的三产企业700家，其中每年可纳税100万元以上的就有13家。第四，狠抓“五率”的工作初见成效。一是外资调入、房屋开工面积和竣工面积均比1993年翻了一番。二是外向型经济增长占全市的份额提高，其中直接利用外资的实际调入额由1993年占全市的6.7%，上升为1994年的10.4%；三资企业出口创汇由1993年占全市的25.6%，上升为1994年的40.6%，全市独资企业创汇的前三名均是在开发区。开发区被评为沈阳市外向型经济发展二档第一名。三是普利司通、维用、诺和诺德、日产等一批技术含量高、规模大、效益好的大项目相继投产。四是先后有13户企业追加投资2334万美元，对吸引外商投资产生了良好的示范作用。

经省人大批准正式颁布实施的《沈阳经济技术开发区条例》以法条的形式将开发区的地位、作用、建设、发展、管理、投资经营原则和优惠政策等确定下来，为增强投资者的信心，推向外向型经济的发展，提供了法制条件，标志着开发区依法治区的工作登上了一个新的台阶。开发区长远发展规划的编制工作也取得了很大进展。经国家商检局批准，开发区商检组升格为沈阳开发区商检局。沈阳国际保税中心已在开发区正式注册，开展业务。开发区外汇管理局、检察院、审计事务所、交通大队已正式成立和开始办公。管理服务体系进一步完善。

1994年沈阳经济技术开发区在资金极度短缺的情况下，开发区的基础设施建设工程仍完成投资7000万元，公用设施工程完成2600万元。一期的基础设施得到进一步完善，二期已实现了“六通一平”，其中奉达工业园的4栋标准厂房已基本竣工，福跃昌工业园已经开工，临时锅炉房已经启用，区外排水工程、污水泵站、陕西变电所已经开工，新建的四条道路按时竣工，从而保证了在建设投资大幅度下降的情况下，基础设施的配套能力和水平仍能基本满足项目进区和生产经营的需要。二期已有14个项目开工建设，日产纺织机械正式投产。三期的规划工作也已基本完成。

【出口创汇】 1994年沈阳经济技术开发区出口创汇达到4550万美元，比上年增长63.7%。三资企业出口创汇由1993年占全市的25.6%，上升为1994年的40.6%。在沈阳市县、区、局外向型经济建设升档达标暨振兴沈阳走向世界出口创汇双杯赛中，沈阳开发区被评为沈阳市外向型经济发展二档第一名，开发区管委会领导班子被记集体一等功。在三资企业创汇中，开发区内的沈阳东方纺织有限公司、沈阳同进缝制有限公司、沈阳中光电子有限公司名列全市前三名，其中东方纺织有限公司的出口创汇额达1000万美元以上。

哈尔滨经济技术开发区

【综合经济发展】 在国务院特区办、黑龙江省委、省政府和哈尔滨市委、市政府的关怀、支持和领导下，哈尔滨经济技术开发区的建设者们，遵循“三为主”的办区方针，贯彻省市政府经济发展战略决策，大胆探索，开拓实践，突出投资环境建设，全力招商引资，充分发挥开发区的功能、政策和区位优势，各方面建设正以良好的势头向前发展，显示了蓬勃的生机和活力，展现出广阔的发展前景，正在成为哈尔滨市，乃至黑龙江省深化改革的基地、对外开放的窗口和经济发展的新生长点。

1994年是哈尔滨经济技术开发区建设与发展的关键一年。按照哈尔滨市委、市政府确定的工作目标，结合开发区的实际，制定了以尽快形成开发区规模形象为中心，以完善基础设施建设为重点，实现四个突破的总体思路。国务院特区办主任胡平、省委书记岳岐峰等领导同志先后深入开发区检查工作，对哈尔滨经济技术开发区的建设速度和发展方向给予了充分肯定和好评。开发区被市政府评为1994年指标完成单位。开发区各项工作取得了实质性进展，进入了速度与效益同步发展阶段。

多方筹资，加大投入，基础设施进一步得到完善。在国家收缩信贷规模，省、市拨改贷投资减少，财政收入不到位的情况下，广开渠道，多方运作，通过财政借款、收取土地出让金和配套费、发行债券、银行贷款及区财政收入，筹措建设资金1.06亿元，保证了基础设施建设项目的顺利进行。针对扩大招商引资和企业进区生产经营的实际需要，突出了电源、热源建设。完成征地46.5万平方米，前期开工的道路管网、给排水、消防工程及铁路专用线等方面的配套设施也按年初计划顺利完成。到1994年末，开发区在基础设施投入的建设资金累计为4.4亿元，开发区管理服务区和综合工业区的2.4平方公里起步区已实现了“八通一平”，满足了进区企业的生产经营需要。

依托优势，全面运作，招商引资取得新进展。1994年先后组团赴美国、日本、泰国、新加坡、波兰、法国以及港澳地区开展招商活动，并通过在国际金融中心城市筹建开发区驻外办事处、聘任开发区商务代表等方式，宣传开发区软硬投资环境，注重全方位、多渠道、多层次招商。依托黑龙江省和哈尔滨市的地域优势和资源优势，精心编制了切实可行的项目库。在项目选择上围绕汽车制造、粮油加工、新兴建材、精细化工、纺织服装等行业，积极向大型生产项目、高新技术项目及推动老工业企业改造项目以及利用地方资源深加工的项目上倾斜，取得了较好的招商效果。全年共批准三资企业62家，投资总额3.38亿美元，注册资本2.61亿美元，协议外资额1.23亿美元，外方实际到位额4841万美元；共批准内资企业285家，投资总额6.84亿元人民币；审批高新技术项目20项，扶持企业开发新产品10项。截止1994年底，开发区累计批准三资企业和内资企业606家，其中三资企业257家，总投资额7.65亿美元，注册资本5.76亿美元，协议外资额3.24亿美元，外方实际到位额9124万美元；批准内资企业349户，投资总额14.03亿元人民币。

克服困难，积极运作，推动老工业企业进区改造。老工业企业易地进入开发区改造，是哈尔滨经济技术开发区的基本任务之一。1994年开发区主动同省市有关部门共同拟定了推动老工业企业进区实施方案，明确了作法和政策，积极走访企业，提供进区咨询，进行项目论证。通过努力，老工业企业进区工作有了较大进展。全年共有8家大、中型企业进区实施嫁接改造，取得了非常好的效果。

围绕把哈尔滨市建成东北亚重要国际经贸城市的战略目标，推动大型房地产建设迈开步伐。在国家控制基本建设信贷规模，中方合资主体缺少配套资金，房地产业低迷的情况下，对存有投资疑虑的外商，主动走访，宣传政策，坚定其投资信心，在房屋融资、销售等方面想方设法予以支持，使昆仑商城、永久大厦、管理大厦、辰龙娱乐中心、志成大厦、亚太大厦等大型房地产项目在管理服务区开工建设。全年开工面积50万平方米，竣工面积9万平方米。建区以来，开发区累计开工建设面积已达98.5万平方米，竣工总面积22万平方米。

完善“一章到底”式管理体制，健全服务体系，软环境建设得到加强。为加快开发区的建设步伐，在市委、市政府《关于加快经济技术开发区建设的意见》基础上，1994年市政府又下发了《关于在两个开发区实行一章到底式管理的办法》，进一步组织、协调开发区财政、工商、税务、土地规划、电业等分局和市建行、工商行、中国银行、交通银行、保险公司等金融分支机构，努力按国际惯例办事，提高工作效率，在真正形成“特区”体制、“特区”气候上迈出步伐，为了扩大对企业的服务范围，针对开发区企业数量不断增加的特点，面向企业成立了开发区人才交流中心、企业协会等服务性机构，通过开展人才交流、信息发布、产品展销、法律咨询、职工培训等一系列活动，为企业提供了联系方便。

加强管理，促进发展，开发区经济实力有所壮大。按照建立现代企业制度的要求，除帮助企业开展经营活动外，还加强了对入区企业的管理，一大批企业已成为骨干企业，代表着开发区的发展方向。在对企业进行全面调查、考核的基础上，在1994年里除名了18家不符合基本要求的企业，使开发区的入区企业更具有代表性和市场经济的特色。1994年，开发区完成工业总产值12亿元，实现税收4800万元，出口创汇200万美元，分别比上年增长769%，193%和39.8%。

坚持“二手抓”的方针，精神文明建设取得了丰硕成果。在学《邓选》、创建“规划化党支部”和反腐败斗争中，开发区各级党组织发挥了核心作用和先锋模范作用，有三个党支部10名党员和3名党务干部，分别被国家机关工委和开发区管委会工委评为先进支部、优秀党员和模范党务工作者。通过开展理想、道德、法制和时事政治等一系列教育活动，联系开发区建设中的热点和难点，深入学习，反复讨论，较好地解决了职工的一些思想认识和实际困难，调动了积极性，增强了敬业精神和主人翁责任感。

【投资环境】 经过四年的努力，为吸引更多投资和满足开发区建设者的需要，哈尔滨经济技术开发区的内部投资环境日益完善，各项基础设施及配套工程包括道路、供水、供电、通讯和公共事业设施已基本完成，初步形成了一定的设施规模和配套能力。

目前，开发区内已开通道路20公里，并与国道连接，铁路专用线1.6公里；日供自来水2万吨；日供管道煤气2万立方米；日供电6.3万千伏安；已开通10万门程控电话；区内已竣工房屋工程22万平方米，可提供高档豪华写字楼和住宅。按照精简、高效的原则，开发区实行“一站式”管理体制，在项目批准、土地出让等各方面，实行一个窗口对外，一条龙服务，简化手续，减少环节，提高效率。

（撰稿　王景文）

长春经济技术开发区

【投资环境】 长春经济技术开发区是1993年4月经国务院批准设立的国家级经济技术开发区。享受沿海开放城市经济技术开发区的优惠政策。开发区位于长春市区的东南部，伊通河以东、自由大路——东环城公路——吉长公路南线以南，正在建设的京哈高速公路以北的区域。控制面积约30平方公里，先期规划开发建设的面积为10平方公里，首期开发面积为1平方公里。长春经济技术开发区交通便利，距长春市中心的人民广场5.4公里，距长春口岸机场14.8公里，距长春火车站7.9公里，在建的京哈高速公路从开发区内通过。高速公路的建成，将把东北三个省会城市与出海口大连衔接一起。开发区北侧距长图铁路不足6公里。

长春经济技术开发区的母城——长春1979年被列为全国15个经济中心城市之一，1989年被国务院批准为计划单列市，1992年被定为沿边开放的中心城市。1992年末，经中国城市社会发展评价中心综合评估，在中国城市综合实力50强中，长春市居第16位。同时，还是中国城市投资环境40个优秀城市之一。1994年全市国民生产总值完成320.5亿元，按可比价格比上年增长21.3%；工业产值达到375.8亿元，比上年增长24.7%；乡镇企业产值达到156.8亿元，比上年增长53.9%；社会商品零售总额101.4亿元，比上年增长22%；城市人均生活费收入2580元，农民人均年纯收入1416元，分别比上年提高27.1%和47%。长春工业有显明的特色，交通运输制造业在国内占举足轻重的位置。长春第一汽车制造厂年产奥迪、捷达、高尔夫轿车、面包车、载重货车等各种汽车占国内总产量的1/5，到2000年，汽车的年产量将达60万辆。铁路客车、拖拉机等相关工业在全国也占有一定位置。粮食和经济作物的自然优势也十分突出，素有北方“粮仓”的美誉。粮食年平均产量保持在50亿公斤的阶段性水平，1994年，全市粮食总产量达到67.75亿公斤，全市粮食总产量、商品量、商品率、人均占有粮食和玉米调出、出口量均居我国大城市的首位。油料、蔬菜种植和林、牧、副、渔等多种经营也都具有良好的基础。全市农副产品加工年产值已达40多亿元。长春市内拥有国内外闻名的全日制高等院校32所，市以上独立科研机构107个，其中，光机所、应化所等均为国内著名的研究中心。在光学、精密仪器、激光技术、高分子材料、生物工程和汽车等方面的研究居国内领先地位。长春铁路贯通东西南北，公路四通八达，长春口岸机场可起降各种大型客机。各类邮电局、所的密度高出全国城市平均水平6倍多；市内电话装机容量为10万门，与国内、世界大多数地区开通了通讯直拨业务。长春市区绿化覆盖率达37.7%，位于全国的前列，夏季绿树成荫、气候凉爽，是理想的避暑胜地。毗邻长春经济技术开发区的净月潭是国家级森林旅游区，总面积150平方公里，为亚洲最大的人工森林之一。

长春经济技术开发区的基础设施建设早在建区之前市政府就投资19.3亿元，修建了装机容量40万千瓦的长春热电二厂，日产44万立方米煤气的长春东郊煤气厂和日供水30万立方米的中日友好水厂。长春市一次变电所和中日联谊医院均座落在开发区内，可为开发区提供充足的能源、生产和生活保障。长春经济技术开发区创建后，经过两年半多的开发建设，开发区投资环境已有了很大改善。一是在软环境建设方面，1994年1月18日吉林省人大常委会通过了《长春经济技术开发区管理条例》，明确了管委会为长春市人民政府的派出机构，对开发区的经济和行政事务实行统一管理。它标志着长春经济技术开发区开始实行区域性行政管理的体制。进而使开发区真正走上了政令统一、协调一致的健康发展轨道。二是在硬环境建设方面，两年多，共投入资金4.5亿元。修建道路10条，总长20多公里，铺装面积45万平方米，铺设了给水、排水、供暖、供电、煤气、通讯等各种管道、管线，总长96公里。兴建了二次变电所等水、电、热源头系统配套工程。修建了9栋农民动迁楼，1座25层具备综合功能的开发大厦，修建了办公楼、宾馆、酒店、医院、学校等生产、生活和社会服务设施。为中外客商前来长春经济技术开发区投资兴业创造了一个良好的投资环境。截止到1994年年末，在长春经济技术开发区注册的内外资企业累计达730余家，总注册资本25亿元。其中外商投资企业75家，总投资4.8亿美元，合同利用外资2.5亿美元，企业项目在1平方公里内基本摆满。

【利用外资】　长春经济技术开发区建区两年多来，在不断改善投资环境的同时，大力招商引资，工作中，不断强化组织领导，扩大联络渠道，狠抓基础工作，提高招商效果，较好地坚持以发展工业、吸引外资、集中举办出口型、技术先进型企业为主的方针。及时抓住国家、省、市经贸会、洽谈会、节庆活动等有利时机，充分利用“四委”（计委、科委、经委、外经委）、“三协”（政协、科协、经协）、“三办”（台办、侨办、外办）等省、市有关部门和群团组织的优势条件，及时走出去请进来，先后与10几个国家和地区建立联系，促成经贸合作关系。积极牵线搭桥，促成市内老企业与外商、外资的合作、嫁接，拓宽了招商引资与“双改”结合的路子。招商引资和企业建设的形势越来越好。目前，在长春经济技术开发区注册的外资企业投资额超1000万美元和年产值1亿元人民币以上的工业项目已有15个，商贸项目5个。如：长春汽油机股份有限公司与马来西亚金狮集团合资兴建的长春摩托车有限公司，投资额为71000万元人民币，该厂于1994年9月开工，预计1996年10月建成投产。年生产各种型号摩托车50万辆，摩托车发动机22万台，年产值400000万元人民币。年利润74398万元人民币，实现税金77799万元人民币。美国独资企业长春欧文斯·科宁管道有限公司，投资总额为1007.7万美元，以平均口径计算年产约46公里的管道，投产5年后增至年产90公里的管道，年总产值11100万元人民币，年创利润1100万元人民币。

这些大项目中，目前已建成投产的有：中英合资的长春皮尔金顿安全玻璃有限公司，投资总额为1325万美元，设计生产能力为年产各种安全玻璃85万平方米，1995年总产值可达11787万元人民币，可创利润5170.2万元人民币。与台商合资的长春盖普药业有限公司、与泰国TOA公司合资生产高级油漆的长春油漆厂、与美国太平洋集团公司合资的双阳水泥厂等企业。正在建设中，即将在1995年年初建成投产的有：中德合资的长春爱尔铃密封件有限公司、美国独资的长春欧文斯·科宁管道有限公司、中美合资的长春哥哈拉有限公司。1995年下半年建成投产的有：与台商合资的长春桦巍电子科技有限公司、香港独资的大雄制药（长春）有限公司、与台商合资生产皮尔卡丹服装的长春施奈克国际制衣有限公司、长春汽油机股份有限公司与马来西亚金狮集团合资的长春摩托车有限公司、中美合资长春百事可乐有限公司等。

【综合经济发展】 1994年，是长春经济技术开发区按照“三年打基础”的工作奋斗目标，抓住时机，突出重点，整体运作，快速推进的一年；是全区上下、团结协作，苦战奋斗，排除万难，拼搏进取的一年；是改革和开放互相促进，开发区各项事业全面开展、工作成果显著、经济效益突出的一年。全年共批准外商投资企业49户，总投资额14452.2万美元，外商投资额8794万美元，比上年增长467.42%，外贸出口额514万美元，实际利用外资2050万美元。全年共批准内资企业290户，注册资金26856万元。1994年，全区实现社会总产值20.9亿元，其中工业产值实现3.8亿元。财政收入实现3650万元，分别比1993年增长了3倍和4.5倍。

1994年，长春经济技术开发区继续加强了硬环境建设，重点突破一些源头设施工程。全年新建、续建道路9条，总长8.4公里。至此1平方公里首期开发区的路网全部贯通；5至10平方公里内的路网主干线基本完成。水、电、气、通讯等源头配套工程全部开工并大部完成；新建的二次变电所基本竣工，3个开闭所达到投入运行标准；由热电二厂引进开发区的热力干管和二网管道铺设任务已经完工，4个换热站投入使用；终局6万门程控电话大楼完成了主体框架，1995年可开通电话1万门。到目前为止，长春经济技术开发区累计修筑道路总长20公里，铺设“七通”管道、管线总长96公里。1994年管委会基本建设项目总投入8000万元，完成居民动迁楼7栋，32000平方米。25层开发大厦主体投入使用，全区累计开工建设项目面积达60万平方米。初步形成了一个现代化经济新区的雏型框架。

在软环境建设上，为了使开发区尽快走上政令统一、协调运作、以法治区的健康发展轨道，按照国际惯例办事，尽快实现把长春经济技术开发区建设成与国际经济接轨、功能齐全、结构合理、综合优势明显的现代化、开放型经济区的奋斗目标。长春经济技术开发区创建之初就加快了立法的步伐，先后出台了《中共长春市委、长春市人民政府关于加快长春经济技术开发区建设的决定》、《长春经济技术开发区建设和管理的暂行规定》、《长春经济技术开发区有关税费优惠政策的补充规定》、尤其是《长春经济技术开发区管理条例》的颁布实施，进一步完善了长春经济技术开发区的投资环境，提高了开发区的知名度，大大增强了客商投资的信任感和吸引力。目前，与《条例》相互配套的《企业管理规定》、《劳动管理规定》省人大已讨论通过，《土地管理规定》也已提交省人大常委会审议。另外，围绕《条例》精神的落实，已与南关、二道河子两区基本完成了9个村一级的交接工作。为使《条例》赋予开发区的各项职权和工作落到实处，长春市委、市政府按照精干、高效、统一的原则进一步健全开发区的职能机构，1994年批准建立了开发区党工委，为提高开发区的办事效率提供了有力的组织保证。目前，开发区为充分发挥内部职能部门的服务管理作用，根据实际需要，下设了城管、环卫、房产、绿化、大厦管理、测绘、拆迁、证券、新闻办公室、人才劳动服务中心等事业单位。市有关部门在开发区新设了公安分局、国税局、地税局等派出分支机构。会计师事务所、律师事务所等中介组织也日趋完善。随着开发区服务体系的逐步完善，推进了区域性行政管理机构的建立、健全和完善，为规范管理行为，理顺各方面关系，保证开发区运行机构的统一灵活、高效运作，创造了新的有利条件。

1994年，长春经济技术开发区上自管委会领导，下到负责各基础设施工程项目的企业经理，都投入较大精力，解决建设资金不足的难题。充分利用政策优势，鼓励外商带项目开发，积极主动争取各有关部门和单位的支持帮助，筹集社会资金，开拓新的融资渠道。1994年筹措到位资金1.65亿元，用于开发建设。一是通过出让土地，收取基础设施配套费4943万元；二是发行建设债券4000万元；三是争取贷款6040万元；四是退税留用资金到位1550万元。

1994年，长春经济技术开发区招商引资和项目建设呈现了喜人的好局面。1994年开发区先后5次派人组团到加拿大、南韩、西班牙、马来西亚进行招商。同时精心组团参加厦门、大连、北京、哈尔滨招商洽谈会，在长春参加了房地产、1994年中国长春电影节等三次大型招商洽谈会，共签定15个合同，协议资金3亿多美元。全年接待考察的客商3000多人次，仅外商就达400人次。开发区的直属企业和公司在1994年也得到了较快的发展，物资总公司筹资7100多万元，建起了1.4万平方米的天一大酒店和2.7万平方米的标准厂房。目前，天一大酒店已投入试营业。宏达公司筹资4035万元，建起了7800平方米的东北亚健康温泉。外贸进出口公司1994年创汇514万美元，实现了长春经济技术开发区创汇零的突破。1994年全区外商投资额占长春市的41.8%，外商投资企业中，投资额超1000万美元和产值超1亿元人民币的大型工业项目已有15个。现已建成投产的3个；正在安装设备，即将在1995年年初投产的3个；其余的将在1995年年底前全部建成投产。这些企业全部建成投产并达到生产能力后，年产值可达60多亿元，创利税可达12亿元。其中仅长春摩托车有限公司一家年产值可达到40亿元，创税收7.8亿元。

1994年，长春经济技术开发区的城乡工作和各项事业蓬勃发展。开发区从实际出发制定了"服从开发、服务开发、协调发展、兴区富民"的农村工作方案，积极引导，大力扶持村办企业上档次、上水平。1994年各村新上投资额超1000万元的工业企业5户。到目前，开发区村办企业累计达915户，1994年全区（集体）工农业总产值达到11778万元，其中工业总产值达到9298万元，企业利税达到864万元。

全区文化、教育、卫生、计生、民政、司法等各项社会事业均得到了较好的发展。小学普教完成了达标工作，新城区的管理工作全面纳入日程。开发区人才劳动服务中心自1994年8月成立以来，接待了区内310家用人单位，登记各类求职人员2684人次，建立了人才资源信息库，介绍就业人员1950人，为区内48个"三资"企业选聘了各类专业人员100多人，组织就业培训196人，受到外商投资企业的好评和欢迎。

长春经济技术开发区，在起步较晚实际开发建设不足两年的有效时间里形成一个小气候，除中央、省委、省政府、市委、市政府的正确领导外，开发区全体干部、职工的主观努力，全新的管理体制和运行机制也是一个重要的因素。长春经济技术开发区管委会机关干部现有80多人，承担着相当政府部门的全部管理职能，许多人身兼数职，超负荷工作。他们在人少事多，任务艰巨的情况下，充分发挥了埋头苦干、艰苦创业的主人翁精神，更新观念，大胆开拓，抓住机遇、大干快上，锻炼了一支吃苦耐劳、本领过硬的干部队伍。管委会领导班子坚强团结，与大家同甘共苦，齐心拼搏奋斗，形成了开发区事业的强大凝聚力、向心力和战斗力。可以肯定，在不久的将来，长春经济技术开发区将以现代化新城区的崭新面貌崛起在长春的东南。

（撰稿　金英子）

杭州经济技术开发区

【投资环境】 杭州经济技术开发区位于浙江省杭州市东部、钱塘江下游北岸，距杭州市区6.6公里，距闻名于世的西湖19公里，地理位置优越，水、陆、空交通便利。东部沿江七格外海码头，可直接通航1500吨级的出海船只至国内沿海港口和日本、台湾、香港等地，也可向70公里外的乍浦港及周边上海港、宁波港集散，开发区距杭州笕桥国际机场10公里，距杭州火车站10公里。开发区通往市区的二级公路与320国道、104国道、杭徽公路等干线衔接，区内2号公路直通沪杭甬高速公路，并与沪杭二级公路连接。

杭州经济技术开发区规划开发面积27平方公里。是母城杭州市东部一个工业卫星城。杭州以其西湖风景闻名于世，她不仅是国内外著名的风景旅游城市和历史文化名城，更有丰富的科技资源和较强的综合经济实力。拥有19所高等院校和59个自然科研机构，综合经济实力在全国占有重要地位，是开发区建设和发展的强大后盾。

杭州经济技术开发区的开发建设遵照国务院批复中"开发一片、建成一片、收效一片"的要求，确立了"总体规划、统筹安排、分期实施、滚动开发"的总体开发思路，坚持实施高起点规划和高标准基础设施配置的综合开发。注重总体规划的超前性、科学性，按照杭州市工业卫星城市的要求，对区内工业、居住、公建、市政、仓储、绿化等不同用地，以及道路、交通、给排水、通讯、供热、环境保护等不同功能的设施，分别作出了具体区划杭州市产业结构和经济结构的调整具有积极的作用，在生产技术和管理方式上发挥了带动效应或连锁效应。1994年，杭州经济技术开发区先后引进日本松下电器产业株式会社和旭化成株式会社、英国联合饼干公司、美国玫琳凯公司和眼力健公司、台湾华新丽华电线电缆公司和顶新国际集团等世界著名企业和跨国公司。杭州市政府与日本松下电器产业株式会社在杭州经济技术开发区内建立了“杭州·松下经济合作推进共同委员会”，1994年共引进“松下”协力企业8家。这些大企业都具有投资规模大，资金到位迅速，建设工期短，投产时间早，有较大规模效益等特点。

总计1994年新批外商投资项目总额3.25亿美元，协议外资2.56亿美元。平均每个外资项目的投资额为1203.7万美元，其中2000万美元以上的项目8个，均位居全省共58个省级以上的开发区（保税区）第一名。累计到1994年底，开发区已引进内外资项目100个，总投资7.09亿美元和15.64亿人民币。

【利用外资】 杭州，是闻名国内外的风景旅游城市，她不仅以秀丽的西湖和丰富的人文景观而著名，且综合经济实力在全国占有重要地位。作为一个全国重点风景旅游城市，杭州市除市区中心地域外，还拥有70余平方公里的西湖风景名胜区和度假区。然而在发展工业的空间上却受到制约。由于地理位置的特殊性，杭州市的工业布局必然会东移至杭州经济技术开发区。因此，杭州经济技术开发区建区伊始，就立足于“工业卫星城市”的规划和建设，在利用外资上，确立了三大原则：

以引进工业项目为主。结合杭州市工业布局东移，在外资的引进上，把工业项目的引进放在主导地位，以工业项目的发展来带动其它相关产业的发展。1994年，共引进外资企业27家，工业类项目占92.8%。由于工业项目的大量进区，使标准厂房、住宅楼等房地产业形势稳定，商业和娱乐业得到促进和发展。

以引进高新技术产业为主，形成特有的产业结构。21世纪是全球高新技术产业激烈竞争的世纪，开发区作为跨世纪的宏伟工程，在利用外资上立足引进有较高的技术含量，较大的经济规模、较强的发展后劲的高新技术项目。特别是具有国内外先进水平而杭州缺少的科技项目，如台湾110千伏安交联电力电缆项目，是浙江省电力电缆生产的新起点，弥补了大陆高压电力、电缆项目的不足，在引进项目时，注重产业结构的合理组合，以杭州市基础工业为依托，着力引进低污染的轻纺、医药、食品项目，初步形成了机械电子、医药、食品、纺织化纤四大支柱产业。其中每一个产业的总投资额均超过1亿美元。

以引进国外知名大企业为主。国际知名企业的入区，对整个安排。由于科学的规划先导，使先期5平方公里启动区的开发一开始就呈现出较高档次和较大规模。自1992年5月动工建设以来，共投入基础设施建设资金达6亿元人民币。建成了市区至开发区的专线公路和12条45至70米宽的区内主、次干道，以及各小区的道路，5平方公里道路已全部环通，几条主干道已向南部延伸拓建，将形成第二个5平方公里的招商区块。电力、电信、供水、排污、热力、供气等地下管网随着道路建设一次敷设到位。程控通信网开通，11万伏一期变电站、自来水引水、加压工程，污水泵站已正式投入运行，开发区热电厂、总变电站、第二条供水管、管道液化气工程、高速公路接线工程等大型基础设施的规划设计、建设正逐步实施。高起点的规划和完善的基础设施使开发区具备了极富吸引力的投资硬环境。在较短的时间里，吸引了大量的投资客商，使5平方公里启动区块项目布点全部完成。

为了使投资环境进一步完善，5平方公里尽早形成城区规模，给区内开工、投产企业提供良好的配套服务，杭州经济技术开发区在硬件环境建设的同时，同步进行学校、医院、消防站、商业网点、国际卫星接收站、体育中心、钓鱼村、商住区、别墅区等城市综合配套设施建设。一个布局合理、功能明确、配套良好、交通便捷、服务完善的大区域投资环境已经形成。

（撰稿　张佳佳）

武汉经济技术开发区

【地理位置】 武汉市是中国内地的特大中心城市之一。地理位置优越，处于华中腹地，北至北京，东抵上海，南达广州，西去西安，相距均约1200公里。南北大动脉京广铁路和“黄金水道”长江，使武汉成为水陆交通枢纽。

武汉经济技术开发区是国家30万辆轿车项目定点武汉后，由市委市政府决策兴建，1993年4月经国务院批准为国家级经济技术开发区。开发区位于武汉市市区西南、长江北岸蔡甸区境内的沌口、郭徐岭一带。中心位于东径114°9′，北纬30°29′。规划面积31平方公里，远期控制发展范围为90.7平方公里，前期开发面积10平方公里。开发区交通便捷，濒临长江，上海至拉萨的318国道贯穿开发区，连接京广线的开发区铁路专线已建成。距市中心及火车站、客运港、货运码头等均在15公里内，距武汉机场约30公里。

【自然条件】 1. 气象条件：年平均气温16.8℃，一月平均最低气温的最低值为－3.2℃，七月平均最高气温的最高值为35.7℃；年平均降水量1093.3毫米，一小时和24小时最大降水量分别为98.6毫米、332.6毫米；年平均风速2.5米/秒，最大风速15.7米/秒，全年主导风向为东北风；年平均相对湿度为78%，24小时最大积雪深度为15厘米；晴天日数为208.9日，阴天日数为30.9日，雾日数为33.1日；年平均雷暴日数37.8天。2. 地质条件：开发区位于长江Ⅲ级阶地上，由于后期地表水流侵蚀作用，台面被切割破坏，发育有较开阔坳沟，相对深度3～6米，地貌景观呈垅岗地形，台面一般高程为30米，高岗地带达41米，近湖、河岸边为18米左右。区内地层为第四纪上更新统冲、洪积，亚粘土、粘土组成。颜色黄褐～棕红，硬～坚硬状，具有灰白色网纹特征，土层致密坚实，不透水；厚达10～30米左右，单位承荷30—50吨/平方米，开发区工程地质条件较好。3. 防洪和排渍：沌口防洪区域东为长江大堤，北为汉江干堤，全长约40公里，均已达到防洪标准。本地区的排渍工程设施已经建成运行，可不受渍涝危害。

【综合经济发展】 武汉经济技术开发区是以中法合资的30万辆轿车项目为依托，以发展汽车零部件和高新技术产业为主体，实行优惠政策和新型管理体制的对外开放经济区域。分为工业、高新科技、商贸、仓储、港埠、管理、生活、外国专家公寓、高科技农业等功能小区。

开发区于1991年5月破土动工兴建，经过四年的开发建设，已初具规模。一是神龙汽车公司总投资为103.58亿元，第一期年产15万辆小轿车，其工厂建设进展顺利。厂区总开工面积29.1万平米。其中总装、焊装、维修三个车间土建工程已经完工，目前正在安装设备；冲压车间和油漆车间正在抓紧施工。定于1995年9月以CKD方式进行装车，年内计划装车2000台，1996年下半年将正式投产。二是招商引资势态良好，入区项目建设顺利。到1994年底，共引进项目299个，登记注册企业242家，投资亿元以上的大项目13个，总投资额达145.7亿元人民币。其中中外合资企业30家，共计投资125.1亿元人民币，占总投资的85.87%；协议利用外资5.86亿美元，实际利用外资1.66亿美元。

到1994年底，已开工工业企业35家，总建筑面积91.85万平方米，1995年内，将有神龙公司、万通公司、可口可乐、生物工程、华新通讯电缆等15家企业陆续投产。开发区正在实现由建设投入，转向边投入边产出的新阶段。

到2000年，开发区将建成人口约8万，工业产值250亿，实现利税20亿，技术先进、结构合理、商贸繁荣、交通便捷、环境优美、服务功能齐全的现代化“汽车城”。

【投资环境】 4年来，基础设施的建设累计投入7.5亿元人民币，在已开发的9平方公里土地上基本实现了“六通一平”。

已征用土地10平方公里；完成场平约9平方公里，累计完成土方量1200万立方米。已建成一座11

万千伏、3×4 万千伏安变电站，另一座 22 万伏、36 万千伏安的枢纽变电站正在建设。已建成 4 万门程控电话的电信大楼，并开通 2000 门程控电话；邮政业务已经开通。连接市区的 318 国道改造工程完成。修建了开发区内的主、支干道 25.8 公里，形成了区内道路网络。从市区琴断口水厂通往开发区的供水管网工程已经完工，日供水达 3 万吨，企业施工、生产、生活用水已有了保证。1995 年将再建一座日供水 5 万吨的水厂及供水管网，形成双水源供水。开发区按雨污分流原则，敷设了雨水、污水排放管道 96.2 公里。连接京广线、通往开发区的专用铁路已经建成。引进法国技术、设备和资金，建设日产 24 万立方米的煤气厂，将于 1995 年 10 月局部供气。开发区供热中心工程已经开工。经交通部批准，1995 年将开工兴建一座汽车滚装码头。4.6 万平方米标准厂房已建成。16 栋 43 套外专公寓和第一期职工住宅已投入使用，一批办公楼、写字楼以及医院、学校、保税仓库、海关大楼已建成或开工。

武汉市人民政府在开发区设立了武汉经济技术开发区管理委员会。管委会代表市人民政府对开发区实行统一管理，在项目审批、土地征用、规划管理、劳动用工、工商管理、建设开发等方面享有市级管理权限。管委会按照“小政府、大社会、全功能”的新体制，设立了经济发展局、社会事业局、建设管理局、规划土地局、劳动人事局、工商局、财政局、办公室、法规室、综合计划处、重点设施协调办公室等 11 个部门，同时又建立了税务、公安、检察院、法庭、金融保险等派驻机构，海关、商检正在筹建之中。各部门、各派驻机构注意简化办事手续，提高办事效率，为投资者提供优质、快速、“一条龙”的服务。管委会还建立了建设开发总公司、工业发展公司、商贸公司、进出口公司，分别承担开发区建设开发、工业、第三产业及进出口业务，以加速开发区的建设。

为保障投资者的合法权益，开发区管委会注重加快法制建设，以推动开放开发进程。1994 年 2 月，《武汉经济技术开发区条例》经湖北省人大常委会批准颁布实施。根据《条例》，开发区又制定了一批行政规章，使各项管理工作有法可依，使开发区的各项管理工作步入法制化的轨道。

武汉经济技术开发区作为国家级的经济技术开发区，为投资者提供一流的投资环境。在开发区投资，投资者可享受中国沿海开放城市经济技术开发区同样的优惠政策。

【利用外资】 武汉经济技术开发区自成立以来，以开放为先导，加大招商引资力度，推进利用外资水平不断地向高层次、宽领域、纵深化发展，使开发区利用外资工作保持了良好的发展势头。

截止 1994 年底，开发区共批准“三资”企业 30 家，总投资为 13.16 亿美元，协议利用外资 5.86 亿美元，外商实际进资 1.4 亿美元。开发区利用外资，主要呈现以下特点：

汽车及汽车零部件产业特色突出。在开发区 30 家“三资”企业中，汽车及汽车零部件产业 10 家，占 33.3%，合同总投资额为 12.02 亿美元，占 91.36%。另有 10 余个汽车零部件项目已批准立项，即将在开发区动工兴建。

项目投资规模大，技术含量高。开发区成立伊始，就以大规模、高水平引进外资为目标，对那些技术含量低，严重污染环境的项目拒之门外。开发区“三资”企业的平均投资额为 4300 余万美元，除去神龙汽车有限公司，每个企业的平均投资额为 843 万美元，投资 500 万美元以上的大项目 14 个，占 47%。这些项目大多技术水平含量高，特别是一些汽车零部件项目，均具国际 90 年代初的先进水平。

一批国际性跨国公司或大财团纷纷来区。法国雪铁龙公司、韩国现代汽车公司、美国联合汽车零部件集团、美国可口可乐公司、英国皮尔金顿公司、法国兴业银行等一批国际知名公司和金融部门纷纷来开发区举办合资或独资企业，开发区日渐成为海内外客商投资的热点。

武汉经济技术开发区作为武汉市改革开放的窗口，正成为吸引外商投资的基地。一批汽车及汽车零部件项目在开发区加紧建设，“汽车城”特色明显。目前，开发区正逐步发展成一个以汽车产业为主导，机械、轻工、生物工程等行业也有一定规模的综合性国家级开发区。

【发展外贸】 武汉经济技术开发区成立伊始，就把发展外向型经济作为开发区一件大事来抓，千方百计扩大利用外资和出汇创汇。把外经、外贸工作同改革开放紧密结合起来，加快开发区经济与国际经济接轨的步伐，形成以外经、外贸为导向的全方位对外开放格局，努力提高经济的外向度，实现武汉市把开发区作为新的经济增长点和支撑点的战略目标。

武汉经济技术开发区起步较晚，加之项目投资大，建设周期长，投产企业不多。在这种情况下，1994 年，开发区通过专业外贸公司实现出口创汇 200 万美元，企业自行出口50万美元，实现了开发区产品出口零的突破。

目前，开发区遵照武汉市人民政府发展“大外经贸”的战略方针，结合开发区实际，狠抓“三资”企业出口创汇，扩大“三资”企业出口比重工作，逐步形成外贸专业公司、“三资”企业齐头并进的开发区出口创汇格局。

开发区在项目选择上，比较注重吸引出口创汇型企业来区投资，对在建的出口创汇型企业，在多方面提供优质服务，促成企业早日投产；对已建成的出口创汇型企业，在生产经营条件方面给予更多的扶持，让他们尽可能地扩大出口创汇。对专业外贸公司，加强外向型人才的引进工作，并促成他们加强出口创汇工作，努力开拓国际市场，千方百计扩大出口创汇，使开发区出口创汇工作在尽量短的时间内跃上一个新的台阶。

随着开发区入区企业的不断增多，开发区在建企业的不断投产，开发区外贸工作将逐步发展壮大。开发区在千方百计引进外资的同时，将进一步高度重视和发展外贸和外经工作，促进外资、外贸、外经得到同步发展，齐头并进，使开发区成为武汉市对外开放的窗口，出口创汇的基地。

【产业特色】 武汉经济技术开发区在市委、市政府的正确决策下，充分利用国家重点发展汽车工业的产业政策和国外汽车制造商角逐中国汽车市场的形势，凭借30万辆轿车项目定点开发区的优势，依凤引凰，先后引进了中法合资的神龙汽车有限公司、中韩台合资的武汉万通汽车有限公司和汉港合资的武汉富诚汽车有限公司等3家汽车整车厂，其车型、生产纲领分别是：小轿车30万辆，小型面包车12万辆，中型旅行车6万辆。三家汽车厂的生产纲领累计为48万辆。开发区引进的汽车零部件企业计23家，包括轮胎、玻璃、蓄电池、电器、电线、工程塑料、消声器、座椅、灯具、饰件、油漆等。汽车和汽车零部件企业在开发区的协议投资额为116.6亿元，这些企业大多系中外合资、中外合作企业。目前，各汽车和汽车零部件企业建设进展比较顺利。万通公司已于1995年1月在开发区组装出车。长光蓄电池、恒通电线束也已分别投产。神龙公司定于1995年9月8日在开发区组装“富康”轿车。年内还将有几家汽车零部件企业可以建成投产。

众多的汽车和汽车零部件企业在开发区安家落户，使开发区形成了巨大的汽车产业投资强度和汽车生产规模，使开发区具有鲜明的汽车产业特色，它不仅可以在未来几年中推动汽车产业成为武汉市的第一支柱产业，而且必将对我国发展汽车工业做出贡献。

在重点发展汽车产业的同时，开发区还十分注重引进高新技术项目和产品技术含量高的项目。已引进的高新项目有生物工程、数控机床、浮法玻璃、通讯电缆等，产品技术含量高的项目有可口可乐饮品等。这些企业的投资额均在亿元以上，均可在今、明年投产并实现规模经济效益。

与此同时，国内外客商在开发区投资机械电子工业、建筑材料业、轻工业和第三产业也十分踊跃。据统计，开发区的200多家企业分属在40个国民经济行业中。开发区正呈现出“一业为主，百业兴旺”的景象。

重庆经济技术开发区

【利用外资】 1994年是重庆经济技术开发区发展过程中十分重要的一年，开发区管委会紧紧抓住招商引资和基础设施建设两条主线，努力克服前进道路上的重重困难，使开发区的硬软环境得到进一步的改善，各项工作取得了令人瞩目的成绩。1994年，重庆经济技术开发区克服了资金短缺等困难，坚持以招商引资为龙头，推动基础设施建设等各项工作的全面开展，并取得了令人瞩目的成绩。全年新引进外商投资企业31个，投资总额5426万美元，协议利用外资4901万美元；新增内资企业25家，注册资金23174万元。到1994年底，区内累计批准成立外商投资企业186个，投资总额3.79亿美元，协议利用外资1.8亿美元；内资企业372个，注册资金9.97亿元人民币。开发区内经济发展势头良好，1994年全区完成社会总产值29.24亿元，国内生产总值6.17亿元，分别比1993年增长17.81%和6.38%；实现工业产值（现价）8.1亿元，工业企业销售收入6.37亿元，其中外资企业1.2亿元，分别比去年增加66.23%、53.03%和51.9%；全区完成进出口总额8671.14万美元，比1993年增长35.62%，其中开发区进出口公司、重庆四方制衣有限公司等四家企业的出口创汇额均超过100万美元。

在1994年的工作中，开发区始终把招商引资作为开发区全部工作的“生命线”，并把改善投资环境作为工作的首要目标，取得了可喜的成效，并呈现出以下几个特点：

一是选择符合客观实际的招商策略。1994年以来，开发区确立了立足重庆雄厚的工业基础优势，推动项目进展的招商策略，主动加强同市各主管局和大中型企业的联系，宣传开发区的优惠政策和投资环境，把各主管局和大中型企业准备新上的合资、技术改造项目作为工作重点，欢迎这些项目进入开发区。全年主动上门拜访了30多家大中型企业，邀请参加座谈会近10次，不仅使他们进一步认识了开发区，而且也取得了初步成效。已有三峡油漆厂与日本关西涂料合资700万美元的汽车漆项目定点开发区，另有一些合资项目也有意进入开发区。

二是开发区主导产业正在逐渐形成。开发区紧紧扣住了重庆市把汽车、摩托车产业作为第一支柱的发展脉膊，正在逐渐形成我市汽车、摩托车及零部件生产的重要基地。继投资3570万美元的嘉陵—本田发动机有限公司投产后，一批汽车、摩托车零部件项目已有意向进入开发区，除已定点的汽车漆项目外，还有汽车齿轮箱、火花塞、制动器、垫片、油泵油嘴、灯具生产项目，这些项目总投资在1亿美元以上，如能全部建成将在丹桂工业区内形成一个汽车、摩托车及零部件产业为主的工业区。

三是集中全力抓大项目的引进工作。1994年，先后有法国罗纳·普朗克公司投资的二醋酸纤维丝束、新加坡国际工业城和台湾顶新集团食品加工三个较大项目的外方投资者前来开发区进行频繁周密的考察洽谈。为做到万无一失，开发区每一位工作人员，都以高度的责任感和强烈的紧迫感，全力以赴，不仅在短时间内完成了大量的资料准备和翻译工作，并成功地进行了多次接待和洽谈。经过上下一致的努力，台湾顶新集团投资1.2亿美元的食品综合加工项目已正式签订土地合同，新加坡工业城也顺利奠基，丝束项目虽因故未能最终成功，但开发区所作的大量工作，得到了法国客商的高度评价。

【投资环境】 基础设施建设迈出大步。1994年是重庆经济技术开发区土地开发和基础设施建设取得重大进展的一年。全年完成土地开发和基础设施建设投资1.2亿元，比1993年增加50%。全年新征土地855.5亩，完成1170人的“农转非”和拆迁、补偿、安置工作。延伸区内道路10条，共5892米，其中完工2502米，完成基础路基1700米，新开工“农转非”住宅62000平方米，竣工14000平方米，新建校舍5000平方米，已完成90%的工程量。铺设水、电、气、通讯管网计7510米，竣工电力开闭所和箱式变电站各一座。平整土地近600亩，完成土石方约50万立方米，修建排洪排污管道1500米，完成绿化11110平方米。开发区水、电、气、通讯四项重点工程有一定的进展，其中110千伏安的丹桂变电站和回龙电信分局已完成平基开始施工，黄桷渡水厂改造和科普至丹桂天然气管道建设方案已正式确定，白杨滩水厂和走马羊至开发区供气干管的建设也作了大量的前期工作。

截止1994年底，开发区基本建设投资已累计完成3.58亿元。其中开发区自己投入2.23亿元，共修筑道路10.87公里，已通路5.75公里。修建排雨水管道5750米，排污水管道7760米，铺设水、电、气、通讯管网25029米。修建标准厂房55009平方米。“农转非”住宅开工110568平方米，完工55530平方米，此外，还修建了一批商住楼，开发区的投资硬环境已有了明显的改善。

【经营管理】 开发区1994年的开发建设工作，主要突出了以下几个重点，一是多渠道筹措建设资金，确保建设进度。由于开发区的财税体制未理顺，基本上是只有投入没有回收，加上启动资金少，土地出让金回收又有一定困难，开发建设资金只能靠贷款。为了把土地前期开发和基础设施建设突上去，尽快改善投资环境，开发区大胆地采用负债开发的发展道路，保证了投资项目及时进入开发区。二是加大农房建设力度，确保征地拆迁安置的需要。由于资金不足，前两年农房建设不够超前，致使一部分已征土地无法腾空，影响土地整治和项目进入。因此，1994年开发区加大了农房建设力度，开工的4.8万平方米农房可满足已征土地和近期需要征用的两个合作社的居民安置需要。三是组织大规模施工，改变丹桂工业区形象。由于丹桂工业区道路尚未通至各个地块，多数地块的农转非人员还未彻底搬迁，已征土地无法使用。从8月中旬起，开发区在当地政府的大力支持下，组织了近百台施工机构的大规模强行施工，突破了阻挡施工长达半年之久的障碍，在长达千余米的白鹤路以南摆开了大开发战场。到年底为止，完成土石方近40万方，将南城大道向南延伸了600米，白鹤路向东延伸200米，建排洪排污管沟240米，基本上完成丹桂300亩土地的平场和金子山300亩土地的初步整治。四是努力推进管委会年初确定的新建水厂、变电站、天然气主干管、电信分局四项基础设施工程建设，落实资金，完善手续，为从根本上解决水、电、气、通讯保障奠定基础。五是继续抓好市政工程建设，搞好环卫管理。

通过以上工作，开发区的形象已比1993年大为改观，成为重庆市投资硬环境最完善的地区之一。根据目前的项目进展情况，重庆经济技术开发区目前开发的1.5平方公里的丹桂工业区将在五年内全部建成，届时将形成年产值150亿—200亿元的现代化工业区。高度重视法规建设。兄弟开发区近10年的成功经验和我们几年实践证明，开发区的发展快慢，除资金和优惠政策外，及时出台有关招商引资、开发建设的一系列法规尤为重要。1994年初，我们明确把贯彻《重庆经济技术开发区管理条例》和法规建设作为1994年全年工作的三大任务之一提了出来。在市政府的高度重视和市有关部门的支持下，已取得了一定成效。1994年初，开发区及时起草并呈送了与“管理条例”配套的11个管理办法，经省人大批准的“管理条例”正式施行后，立即组织了法规起草工作班子，以较短的时间完成了开发区关于规划、外资企业登记、劳动用工、建设、审计等11个管理办法，其中规划、外资企业登记、劳动用工等四个管理办法已于三月由市政府正式发布实施。为开发区依法治区、依法管理提供了部分保障。理顺自办企业关系，帮助和促进尽快走上自主经营、自负盈亏、自我约束、自我发展的道路。几年来的实践说明，开发区的自办企业办得如何，与开发区的发展密切相关，1994年，开发区对自办企业作了调整和整顿，按照建立现代企业制度的要求规范企业行为，帮助和促进其尽快走上自我约束、自我发展的道路。目前，除劳务开发公司因安置农民需要而实行全额拨款外，其余公司均实行自主经营、自负盈亏。一年来，已逐步做到管委会与公司的产权关系明晰，企业自主经营、自负盈亏，管委会不直接干预公司经营活动，已收到好的效果。1994年，进出口公司全年完成进出口总额8000万美元，出口创汇880万美元，实现利润大大超过下达的任务指标，实业开发公司全年完成销售总额614万元，实现利润23万元；建设开发总公司在完成办公室指令性工程的基础上，实现利润720万元。

加强基础管理，促进各项工作健康发展。开发区建立以来，尽管作了很多基础性工作，但还未规范化和制度化。因此，在抓好招商引资和开发建设的同时，管委会各机构加强了基础管理工作。

首先，努力做好对区内企业的管理和协调服务工作。一是进行了企业的调查和清理工作，基本摸清了区内企业的分布情况和资金到位、生产经营情况。二是建立和实施了区内企业统计年报、月报制度。三是积极协助区内企业解决在水、电、气、通讯等方面存在的困难，努力做好服务工作，并及时为区内企业办理各种法定手续300余次。其次，加强了行政、财务和审计管理工作。在减少开支的基础上，做好了后勤保障工作。财务管理进一步规范，较好地控制了费用支出。

1994年重庆经济技术开发区按照国务院特区办和重庆市委、市政府的要求，在招商引资和基础设施建设方面都迈出了可喜的步伐，并在管理水平和精神文明建设方面上了一个新台阶，各项工作正在逐步进入规范化、法制化的轨道。

芜湖经济技术开发区

【综合经济发展】 芜湖经济技术开发区在国务院特区办、省委、省政府和市委、市政府的重视和关怀下，在社会各界的大力支持下，深化改革、扩大开放、强化管理、改善服务，克服宏观调控资金紧缺的困难，大力促进项目开工建设和开业投产，抓紧为生产、生活配套服务的设施建设，各项工作跃上了新的台阶。

以大项目为龙头,加快项目进区和实施步伐,经济发展格局初步形成。1994年,开发区以项目开工建设和开业投产为重点,全力以赴在资金、人力、物力上保证轻型车底盘等项目的建设,想方设法将PVC管材、型材、石膏墙板等项目引进区内,并开工建设,形成了一个以轻型汽车底盘为龙头的汽车制造、以笔记本电脑为骨干的电子、以“PVC”管材、型材为代表的新型建材,三大产业为主的经济发展格局。这些新型产业符合国家九十年代产业政策,具有强大的生命力和广阔的发展前景,同时作为支柱产业和龙头行业,它必将加速开发区的发展,带动本地区传统工业的技术改造和产业结构的调整,促进经济外向度的提高。

扩大对外宣传和交流,招商引资工作取得新突破。1994年开发区先后在人民日报海外版、中央电视台、海峡之声、台声杂志、香港商报等国内外报刊杂志、电视台、广播电台发表新闻稿件200余篇,分发各宣传材料1万余份,接待外商92批次,接待国家部委、省市领导和有关人士122批次。通过宣传、接待加强了交往,提高了知名度,增强了开发区的吸引力,推动了招商引资工作。全年,派遣有企业负责人参加的五批十八人次赴欧、美、东南亚开展有目的的招商、宣传活动,不仅引进了一批质量高、规模大的项目,而且广交了朋友,开发了欧、美、东南亚投资市场,为今后更大范围、更大规模的招商引资工作作了前期准备。另外充分利用国家新批开发区的政策优势,积极吸引汕头、上海、深圳等沿海开放城市和南京、宣州等内陆城市来区投资,同时注意与高等院校、科研院所的联系,取得了积极的成果。全年共引进项目46个,占几年来引进项目总数的37%;协议投资额16.5亿元,占累计协议投资额37%;协议利用外资0.94亿美元,占累计协议引进外资的55%。在引进的项目中,部分项目规模大、技术含量高,具有良好的发展前景,如总投资2250万美元的PVC管材项目;总投资9100万美元的热电厂项目;总投资2900万美元的PVC型材、石膏墙板项目等。

【投资环境】 围绕重点项目狠抓配套设施建设,进一步完善投资环境。为保证重点项目建设顺利进行和基础设施配套建设所需,通过贷款、拆借资金、回收土地款等,全年共筹集资金2.14亿元,新征土地400亩,平整回填土方35万立方米,先后建成了4米×2口径的压力箱涵两座,兴建临湖路,建成了一条区支道路,敷设了供水干管、排水管道、供电缆线,建成了邮电分局程控机房,开通启用了3000门程控电话,铺装草皮,沿路栽树,新增绿地1.2万平方米,加强了环卫管理,绿化、美化和完善了投资环境。另外,编制了开发区42.5平方公里总体规划,编制了开发区供电规划大纲,完成了开发区热电厂选址、可行性研究和初步设计。还完成了与市区相连的主干道延安路、桥设计方案以及别墅区、商贸区规划方案和工程设计。不仅保证工程项目开工建设和投产开业顺利进行,而且为今后开发区的全面建设和扩展提供了依据,打好了基础。

加强管理,提供优质服务,使重点建设取得突破性进展。1994年开发区采取确定专人负责重点项目,组建工程监理处,跟踪服务,加强工程管理,保证建设项目顺利进行。如轻型车底盘厂项目4月3日正式动工建设,适逢夏季持续高温酷暑,但建设者们坚持24小时交叉作业,仅用8个月时间,使11万平方米厂房于年底基本竣工,受到机械工业部长何光远同志的肯定和赞扬;扬子柯布克中心厂房4.3万平方米,8月份才开始打桩,年底6300根桩基工程已经完成,交转入预制和吊装梁柱阶段;PVC管材厂项目在连续阴雨的困难情况下,仅用45天时间就完成了151亩的征地拆迁和11万立方米土方搬运,受到台商赞扬和市领导的好评;港商独资的电子元器件项目,从第一次接触到引进国外8条生产线安装生产出产品仅用一个多月的时间等等。一年来,开发区开工建设项目20项,面积20.5万平方米,已经竣工项目32项,面积20.1万平方米,投产开业27项,实现工业产值5亿元。

第三产业全面启动,社会经济协调发展。为改善投资环境,增强开发区的吸引力,使外商进得来,留得住,1994年积极争取上急需为生产、生活服务的配套项目。充分做好了设立开发区海关的前期准备工作;工行、建行、中行、保险公司已经批准进区设立分支机构;开发区华商城市信用社批准开业;开发区进出口公司于九月份经国家外经贸委批准设立,并于当年自营出口创汇54万美元;开发区生活区5幢住宅楼已经竣工;技工贸一条街和长江路商业街近2万平方米的商业用房、写字楼和生活娱乐设施全面竣工陆续启用;别墅区13幢别墅已动工建设;外商投资的“新加坡城”以及酒楼前期准备工作正在抓紧进行。通过一年的努力,开发区一个全新的为生产、生活服务的商贸区、生活区已启动建设并逐步形成新形象。

加强法规建设,使管理工作逐步走上法制轨道。

为落实《芜湖经济技术开发区条例》，努力做到开发区的事在开发区办，组织专门力量随省市人大外出考察和调研，搜集资料。进行与《芜湖经济技术开发区条例》相配套的《外商投资企业劳动管理办法》、《项目审批和企业管理登记办法》、《建设规划和土地使用管理办法》和《国有土地使用权出让和转让办法》等四个单项法规的报批工作，经过近半年的艰苦工作，这四个配套法规已分别经省人大八届十次常委会和八届十一次常委会通过颁布实施。这些法规在海内外引起强烈反响，不仅使投资者看到他们的利益有可靠的法律保障，增强了外商投资的信心和决心，而且也使芜湖开发区率先走上以法治区、依法行政的轨道，大大提高了开发区的知名度和信任度。为切实贯彻实施“一例四法”，市委、市政府于12月在全市范围内组织了声势较大的宣传活动，召开了新闻发布会，市委、市政府、市人大以及开发区主要负责同志亲自到会发表电视讲话，动员全市认真学习、深入贯彻“一例四法”，并要求社会各方面支持开发区的工作。与此同时，开发区管委会还抓住机遇，趁势而上，举办了“一例四法”街头咨询和电视知识有奖竞赛，在城市主要街道悬挂横幅，散发和送发宣传资料，务使“一例四法”精神家喻户晓，人人皆知，通过学习、宣传以及主动协调工作，得到了市计委、劳动、建委、土地、规划、房管、外经贸委、工商等有关部门对开发区工作的理解和支持，为下一步按“一例四法”精神理顺各方关系，做到开发区的事在开发区办、特事特办奠定了思想基础。

【经营管理】 深化改革，建章设制，努力提高办事效率。为适应外向型经济的需要，开发区按“小政府、大社会、全功能”的原则，重新组建党的工作委员会和管委会领导班子，设置了精干、高效的“五局二室”职能机构。根据需要，依据“一例四法”拟定了有关管理规章20多项，规范了有关工作的操作程序，理顺了内部关系。同时改革干部人事制度，建立新的用人机制，实行干部公开招聘制；开设开发区人才劳务市场，实行用工合同制；工作实行量化考核和目标责任制。从而激发了广大干部工作积极性，提高了办事效率，增强了开发区的向心力和凝聚力，为使开发区逐步走上按国际惯例办事做了思想和组织上的准备。

加强党的领导，坚持两手抓，努力形成“科学、拼搏、高效、求实”的区风。开发区工委一成立，就重视狠抓党的基层组织建设，建立了开发区直属机关党总支和三个党支部；深入企业调查研究，协调行业关系，建立了三个合资企业党支部和二个联合党支部。同时积极开展对党员的教育，通过组织收看录像和学习文件资料等形式，广泛开展对党员的党的基础知识教育，爱国主义教育和廉政勤政教育等，从而增强了党的观念，提高了党员素质。另外，国庆、元旦期间在全区职工中还广泛开展了歌咏、象棋、篮球等友好邀请赛，活跃了职工文化生活，增强了集体主义观念，振奋了精神，鼓舞了士气，一个“科学、拼搏、高效、求实”的社区风气正在逐步形成。

北京经济技术开发区

【自然环境】 北京经济技术开发区是国务院批准的国家级开发区，位于北京市东南郊京津塘高速公路北京起点处和北京市大兴县、通县和朝阳区交界处，在北京市总体规划中是市区最近的卫星城，距天安门16.5公里，到市区南三环路仅7公里。

北京开发区地理位置优越，背靠首都面向渤海。经国务院批准的北京市总体规划，东南郊是北京市经济发展中心，以京津塘高速路为中轴线向两侧发展，北京开发区就规划在高速公路的两侧，处于经济发展中心地带。在开发区东南，将建设国际博览中心，国际贸易中心和娱乐中心，在开发区二期规划的东侧是市内国营大中型企业搬迁和技术改造用地。北侧和南侧将设立仓储、运输、海关、商检等设施和机构。北京开发区处在城市大团绿化隔离带之外，但又紧靠城区不远，可以直接利用国家、市内能源、交通等现有条件。北京开发区的水、电、天然气、路都是从城市南郊直接引入，交通便捷。北京开发区西侧8公里有南苑机场，东北30公里有首都机场，东、北两侧在10公里之内有百子湾铁路货运站、北京火车站，自开发区到城区有三条公路干线和高速公路可行，在15分钟内即可达到，并有公共交通直达市区，在北京市总体规划中还有两条地铁和轻轨线由市区直达开发区内。向东南沿京津塘高速路1小时即到天津，一个半小时可达塘沽港。

北京开发区地处首都，具有得天独厚的优势。中央和国家机关、国家直属公司、大企业、近3000家外国商社、企业办事处集中在北京，是信息资源发源地，也是银行金融聚汇之地，更是科研院所、大专院校、科技成果和人才云集的地方，全市有67所高等院校，有各类中等专业技术学校471所，大专以上人员占全市总人口11%以上，占城市人口20%以上。北京科技机构众多，是科技研究中心。全市有科技人员99万人，其中自然科技人员52万人，有国家级、市级科研机构358个，还有一批国防科技机构。北京也是国际交往的中心，为招商引资提供十分便利条件。

北京开发区位于北京市城区的下风向，开发区上空，受城区飘尘影响，但不严重，全区是一片平原，地势北高南低，主导风向是西北风，年平均降雨量550毫米，冬季寒冷干燥、夏季炎热多雨，本区一月平均气温－6摄氏度，7月平均气温25至26摄氏度，四季分明。开发区地下是整体基岩板块，无断裂带，在地质构造上，位于大兴隆起北段。基底为前寒武系灰岩，基岩上覆盖第四系松散堆积物为冲洪积而成。工程地质属二、三类工程地质区，适合一般工业和民用建筑。

【综合经济发展概况】 1994年北京开发区完成总产值1.6亿元，出口创汇240万美元。当年投产企业有4家，即四通松下电工、和路雪、达美纺织品和长新房地产有限公司。连同1993年投产的资生堂丽源化妆品有限公司，投产企业已有5家，其中4家工业企业亏损，只有长新房地产有限公司稍有盈利。主要产品有高档开关电器、灯具、血压计、纺织品、冰激淋和化妆品。出口创汇产品主要是高档开关电器、化妆品等。

北京开发区全年对外签订土地转让合同16个，转让土地28万平方米，合同总金额1.8亿元，累计签订土地转让合同29个，转让土地67万平方米，合同金额4.08亿元。

入区企业开工建设初具规模。一批入区企业经过工程建设前期准备，在1994年内开工建设的有13家，投资总额为9.65亿元，开工总面积14万平方米，竣工面积3.17万平方米，累计开工建设企业18家，总投资16.15亿元，开工总面积25.37万平方米，竣工面积5.24万平方米。

【利用外资】 1994年招商引资工作坚持了边建设、边招商的原则，通过多种渠道和多样的方式，大力开展招商活动。全年新批准入区企业43个，为上年同期的1.8倍，投资总额3.1亿美元，为上年同期的3.3倍。其中三资企业28个，为上年同期的1.9倍，投资总额2.65亿美元，为上年同期的1.8倍。截止到1994年底，累计已批准入区企业达到83家，投资总额6.63亿美元。其中三资企业58家，总投资额5.94亿美元，占入区项目投资总额的78%，在入区83个项目中，投资额在1000万美元以上项目有23个，占入区项目27.8%，工业项目占47个。其中1994年入区投资额在1000万美元以上项目有11家，投资总额2.20亿美元，世界工业排名前500家大企业投资的有9家，投资总额2.20亿美元。1994年批准入区的内资企业12家，投资总额1.6亿元，累计入区内资企业25家，累计总投资5.96亿元。1994年协议利用外资1.5亿美元，实际利用外资0.62亿美元，累计协议利用外资2.79亿美元，实际利用外资1.70亿美元。

改革开放，利用外资，招商引资是关键，管委会领导十分重视。

明确招商引资重点。1994年北京开发区提出招商引资对象是经济技术发达的国家和地区。面向西欧、北美和日、韩为主，特别注意吸引名列世界工业前500家的大企业来投资。1994年曾四次参加市里或有关部门组织的团、组到美、日、德、法、意、荷、芬、韩等国家宣传、招商引资；同时也积极争取东南亚地区到北京开发区投资，曾两次到香港、新加坡、马来西亚等地区和国家去组织招商活动。1994年到北京开发区投资建厂在1000万美元以上的11个项目中，有9个是来自西欧、北美、日本等国，而且技术水平高的、规模大的项目也是来自这些国家。如美国AT&T光缆项目，总投资1260万美元；法国的嘉多宝公司高速生产易拉罐项目，总投资3000万美元；德国拜耳制药项目，投资总额为3000万美元；日本SMC公司气动元件项目，投资总额为2000万美元等。

内外结合，招商引资。在走出国门招商引资的同时，在国内也组织力量，通过各种渠道和关系，邀请国内外的客商到北京开发区参观、考察，扩大北京开发区的知名度和影响。他们中主要有德国科隆市长率领的工商访华团、德国柏林市长访华团、日本东京都知事访华团、日本第一劝业银行等四家银行中国投资考察团和20多家外国使馆商务参赞参观团、东南亚网球明星参观团、组等。另外还逐步与外国驻京商社建立密切的日常招商联系。

第一位重点工作是招商引资。1994年北京开发区管委会和总公司首先在思想上明确，把招商引资放在开发区工作的首位，招商引资工作是开发区一切工作的主线，通过各种形式贯彻到每一个员工思想中去，并在各种会议上布置和明确这个要求。在组织上成立招商引资办公室，从事专门招商引资工作，抽调各方面专业人员充实和提高招商引资力量，在设施条件上给予补充保证，对从事招商的人员进行强化训练和专门培训，提出招商引资目标、任务。同时向管委会、总公司全体员工提出人人都是招商者，人人都是投资环境的要求。

【投资环境】 北京开发区投资环境相当优越。首都各项有利条件为北京开发区招商引资提供良好外部环境，北京在1993年和1994年全国投资环境综合评比中均列第一。北京发达的经济力量和雄厚工业基础，工业门类齐全为开发区高水平发展经济提供相应协作配套的条件。在此基础上，北京开发区十分注意建设高水平、高质量的内部投资环境。

高起点的规划。规划先行，是开发建设的原则。北京开发区根据北京城市发展总体规划和吸收兄弟开发区宝贵经验，把开发区和卫星城规划建设相结合，统一布局。在北京城市总体规划中，亦庄是中等卫星城，近期15万人口，远期是40万人口规模。北京开发区就是以亦庄为中心开发建设，使经济建设和城市建设有机结合，互为补充。因此，北京开发区开工建设之前用8个月时间，对开发区用地作了不同层次的规划。首先用470万元资金，以亦庄为中心，做了120平方公里的工程地质和水文地质普查及40平方公里详查，接着对开发区及其周边做了20平方公里环境现状调查、评估、大地测量和测绘1/1000地形图，然后对北京开发区一期规划用地15平方公里进行土地功能分区和城市基础设施总体布局规划，最后对起步区3.25平方公里做用地性质分区规划和修建性详规。在北京开发区内，工业用地在东侧，下风向，住宅区在西北侧，公建区居中间。全区周围绿茵环绕，开发区东侧有300米绿化带同高速公路隔开，北端有1000米宽绿林与城市大团分开，西侧、南侧沿凉水河有100米宽林带，供居民休闲用。区内绿化覆盖率达到总面积30%，有两条40米宽林荫大道将工业区与公建区分开。全区规划有65米、35米、25米宽的交通道路，横竖交叉，干道环形成网与半环放射形道路相结合，在统一中有变化。道路密度基本上是400米×400米。各种公用设施管线埋于路下，路两侧按规划设计为企业就近提供各种能源、通讯等接口。在规划设计中，对单位面积能源、交通运输、通讯、人口等总量的控制，通过对三资企业单位产值耗能、人均劳产率及公用建筑单位耗能用量等进行调研分析和学习兄弟开发区的经验而确定。

建设高质量的基础设施。北京开发区生产生活用水是引自城市自来水，洁净可靠，绿化浇灌、道路、车辆冲洗等用水取自当地水源；生活和少部分生产燃气来自油田高热值天然气；电力由22万伏和11万伏高压电网直供；热源由开发区大型供热厂直供，安全方便；通讯现有临时程控电话站保证使用，10万门电话电信局1995年将投入使用，保证有线、无线通讯的需要。

加速建设一流的投资环境。1994年建设部门克服资金严重短缺的困难，开发区基础建设工程仍然取得新的进展。全年自建基础设施项目23个，完成开发区固定资产投资自建工程投资2.49亿元，安装工程开复工面积7.1万平方米，竣工面积2.43万平方米。固定资产投资累计完成7.75亿元，开工面积12.8万平方米，竣工面积7.08万平方米。到1994年底全开发区累计开工面积达30万平方米，计划总投资是31.1亿元，其中竣工面积12.30万平方米，完成投资额15.06亿元。

全年完成市政道路6万平方米、5.8公里，累计完成38万平方米、28.9公里；综合管线累计完成143公里。

1994年大型基础设施建设，建成或基本建成的有4项；10万门电话电信大楼主体工程完工、能力为175吨/小时大型供热厂建成送气，日供10万立方米天然气工程建成通气和5个月建成5000平方米的亦庄中学教学楼投入使用。这些大工程的建成，使开发区外部形象有很大改观，也为招商引资工作奠定良好基础。

提前启动最大拆迁工程——东四村。东四村位于起步区内，有4个自然村，1500户，4107人，拆迁建筑面积15.7万平方米；还有21个乡镇企业，75家个体工商户，一所小学，4个生产队等，拆迁面积5.6万平方米。在起步区土地出让转让达一半以上时，管委会、总公司决定动迁建区以来的最大拆迁工程，要求从1994年下半年起到1995年全部拆迁安置完毕，在1995年下半年起有一部分土地能开发建设，提供招商引资用地条件。决定一出，组织实施工作立即行动。首先成立工程指导部和具体办事机构，马麟副主任任总指挥，张兴、马利生二位副主任任副总指挥，随即召开开发区和地方政府等有关单位联席会议，商定拆迁方案与计划，会后组织人力摸清拆迁安置工作量，东四村拆迁、安置费用在1.53亿元左右，拆迁户安置到开发区北端新农村，总用地1.01平方公里，21个乡镇企业搬到高速路东侧乡镇工业小区内，用地0.6平方公里。在东四村中还有一条大羊坊沟排洪改造工程，约需投资5000万元。到年底还完成工业小区1公里长8米宽路面，确定了大羊坊沟改造工程征地范围并办完手续。

狠抓超前规划工作。从1994年下半年起，开发区规划部门根据开发区总体规划，又开始提前规划新的开发建设用地四块，共5.19平方公里，其中中部工业区1.86平方公里、西部住宅区1.92平方公里、新农村1.01平方公里共三块地完成控制性详规，并完成中心广场的170万平方米建筑，占地0.4平方公里规划方案审查、规划设计委托和模型制作等工作。另外规划部门还参与全开发区15平方公里规划道路定线、污水干线和污水处理厂规划方案设计、2号供热厂规划方案设计并讨论通过。这些周密而科学的规划，为建设跨世纪的卫星城打下坚实的基础。

加强开发区“软”环境建设，主要抓立法、抓规章制定、抓提高人员素质。在投资环境建设中，普遍、明确的立法和连续、稳定、开放的政策是投资环境的首要问题。1994年北京开发区在国家已有立法和政策基础上，经国务院批准，又享受沿海开放城市经济技术开发区优惠政策；同时加快开发区《条例》地方立法，年底完成《条例》的起草上报工作。在内部管理规章建设方面，开发区对行政事业单位收费及制定法规和规章的程序、要求等做出了规定；为了提高服务质量和办事效率，开发区成立专门接待和综合服务中心机构，并制定一系列保证优质高效服务的规章制度；同时管委会、总公司还采取各种措施，提高全体员工的政治素质和业务素质。在开发区开展“争做开发区合格创业者”大讨论，10月14日和15日召开全体员工大会进行动员，会后集中一个月时间进行深入讨论学习。在此基础上，11月25日又召开全体人员大会，举行“争做开发区合格创业者”演讲，各部门共推选14名代表上台讲演。通过生动感人、联系实际的演讲，使大家进一步认识到在平凡的岗位上处处能体现奉献精神，激发了广大员工争做开发区合格创业者的热情。在进行全员教育的基础上，加强培训，提高员工素质。1994年初和十月两次培训中层以上干部，举办全体党员轮训班，通过学习邓小平有中国特色的社会主义理论和社会主义市场经济理论知识、基本业务知识，使干部实际工作能力和业务水平都比以前有较大提高，大大促进了工作。在干部内部管理方面进行管理机制和分配制度的改革，将干部任免制改为聘任制，干部录用采取公开招聘和选调相结合。加大工资分配“活”的部分。年终对所有干部公开考核评比，把中层干部列为考核重点，公开述职，由领导和员工给中层干部公平打分，并将考核结果作为再聘和下一年调资的主要依据。这些措施对提高干部的敬业精神、调动干部的积极性、加强工作责任感都起到很好的促进作用。

【主要体会】 北京开发区从1991年8月开始建立市级开发区，1994年8月25日被国务院批准为国家级开发区，到1994年底三年多，取得一定成绩，主要体会是：

开发区的建设过程充分体现改革开放的过程。开发区建立时，市政府明确指出北京开发区是北京经济发展后劲所在，要建立以引进三资企业为主、高档次工业为主、有利国营大中型企业搬迁、改造，同时配套发展第三产业的综合卫星城，各部门都要大力支持。在实施过程中，得到国家和市各部门的帮助和理解，使开发区的基础建设和招商引资工作进展顺利。但由于北京市尚未列入开放城市，开发区前三年是市级开发区，很多政策规定不到位，地方立法尚未确立，特别是旧的管理体制尚未全面改革，使开发区经济发展遇到诸多困难和障碍。但为了能够加快开发区建设和招商引资工作，各部门都是打破常规下放权力，改变管理方法、管理体制和登记、发证办法。有时为了抢时间，市和综合委办局领导一起现场办公，当场拍板。市里能够给予优惠的政策，在没有政策、文件规定的条件下尽量给予优惠。北京市主要领导指出解放思想，改革开放还不够，要大胆利用外资。北京开发区起步发展证明，加速改革开放，以外促内，以内促外，互相促进，互相补充是建立新机制，改革旧体制的过程。市政府上下领导和工作人员的认识也是循序渐进，逐步提高。市政府有些人员从不愿意、不放心、试着逐步放权到理解支持给开发区放权，开发区人员则从有意见到理解和认识改革不易的变化过程。在这种转化的过程中，上下领导，尤其是主要领导是关键，决策正确、处理得当，则加快这一转化过程。

市委、市政府领导十分重视北京开发区工作。这是开发区各项工作能够顺利开展的重要保证。一年来市委、市政府领导多次到开发区检查指导布置工作。5月份市委决定成立开发区党工委，任命衣锡群同志为书记；6月份市委、市政府根据实际情况调整开发区领导班子，任命市长助理衣锡群同志为管委会主任，梁月文同志为开发区总公司总经理；市长李其炎刚过新年就带领副市长、秘书长到开发区检查工作，市委主要领导在三区（开发区、试验区、工业小区）工作会上讲话，再次要求大家解放思想换脑筋，大胆利用外资，要进一步扩大改革开放。还有三位副市长曾四次到开发区，有的参加开发区大型招商会议，有的检查工作，有的带领市政府委办局到开发区集体办公，为开发区筹措资金、协调工程建设、下放政府管理权限等问题；与此同时，根据市领导的要求市计委、市政管委、经贸委、外办、土地局及工商、公共交通、园林、绿化、通讯等部门，在主管部门统一组织下到开发区集体办公，现场解决开发区存在的问题。例如市政管委一次就带领13个局、总公司为开发区在13个方面协调解决问题；12月16日市政府第46次常务会议，专门听取开发区全面工作汇报，对开发区开发建设、招商引资工作做出8项决定，对开发区工作思路、目标和措施、划定配套协作区、征地、贷款、新增税收返还和能源动力指标、价格等一系列问题都作出明确规定。会议指明了开发区的性质、地位。会议指出开发区建设一定要从实现首都发展战略高度出发，认真搞好规划、开发、管理工作，使开发区真正成为本市经济发展新的增长点，成为带动全市经济、文化、科技和精神文明建设的示范区。会议强调在坚持开发区总体规划和加强规划控制的前提下，与周围地区开发建设相结合，实现利益共享，协调发展。各有关部门和区县要全力支持开发区建设，给予充分的自主调控权，使其尽快发展。

明确建区指导思想，确定工作方向目标。在北京开发区1994年8月16日的工作会议上，管委会明确工作指导思想是“以邓小平同志建设具有中国特色的社会主义理论和党的基本路线为指针，以招商引资、盘活土地资源为重点，以进入国家级开发区为契机，进一步解放思想，紧抓机遇，积极探索，重点突破，加快开发建设步伐，加大招商引资力度，以全新的姿态，全新的面貌，开创北京开发区的全新局面。”在这一思想指引下，明确招商引资是各项工作的首要重点，加速土地开发转让及时收回开发投入资金是建设开发区第二项重点工作，以这两项为主线开展其他各项事务。在此基础上拟定了北京开发区的发展初步目标。

乌鲁木齐经济技术开发区

【地理位置】 乌鲁木齐经济技术开发区位于乌鲁木齐市新市区地窝堡地区，东起太原路，西至乌昌一级公路（312）国道，南北分别以河南西路和迎宾路为界。位于北纬43°42′，东经87°31′。规划建设用地4.34平方公里。首期开发面积1平方公里，东西平均距离1295米，南北平均距离3331米，形成一个南窄北宽向西开放的扇形区域。

乌鲁木齐经济技术开发区距市中心10公里，距乌鲁木齐国际机场1.5公里，距乌鲁木齐火车北站（货运）2公里，距亚欧大陆桥西北编组站-火车西站3.5公里。距火车南站（客运站）10公里，距铁西变电站（开发区专供线）4公里。开发区西依312国道，东临北京路，四周道路宽扩、平坦，迎宾路、喀什西路和河南西路连接32国道和市区北京路、客货运输十分方便。可乘6、37、51、53路公共汽车和68路专线到达开发区，本区地表有0.4—1.5米厚的耕地层，其下为砂砾石地层，基岩较深，地质条件好，属于亚中温带大陆性半干旱气候。开发区地处乌鲁木齐工业经济带，地势平坦、地段无污染、环境优美、城乡结合部的优越条件连接着市场和原料基地，是兴办工业、商贸、旅游等事业理想的场所。

【投资环境】 开发区本着"全面规划、分期实施、依托城市、滚动发展"的原则进行规划。区内工业用地占规划面积的 49.45%，道路广场用地占 20.32%，市政公用设施用地占 2.25%，公共设施及其它用地占 27.98%。全区绿化覆盖率为 30%。

为吸引投资者，使国内外投资者早投资早获利，开发区注重基础设施的规划建设及服务功能配套齐全，开发区工程设计规划为：

开发区建成供水专用线 25.15 公里，直通开发区，总供水量 3.5 万立方米/日，区内供水管网 13.75 公里，已正常供水。

开发区供电由乌鲁木齐铁西变电站直供，并在每个小区分别设变电所，以满足工业、民用所需电负荷，目前已建成 1# 开闭所，完成供电线路 10 公里，可正常供电。

开发区已建成电话电报大楼，总装机门让数为 10 万门，可保证区内每百人 20 门电话。目前已具备装机条件，部分已安装投入使用。

开发区以中亚大道和巴黎路的交点为辐射中心，道路占规划面积的 20.32%，目前已完成大小道路 16 条，约 22 万平方米。

开发区排水系统纳入乌鲁木齐市城市排水管网系统，总排水量为 2.9 万立方米/日，目前已建成 14.69 公里的排水工程，进入乌鲁木齐市城市排水管网。

配套服务机构有中国银行开发区支行、建设银行开发区支行、工商银行开发区支行、乌鲁木齐开发城市信用社，乌鲁木齐会计师事务所验资部、中国人民保险公司开发区支公司，律师事务所、新市区法院开发区法庭、公证处、开发区车辆管理所及学校、宾馆、公寓、医院等生活服务设施。

开发区按照"廉政、高效、服务、透明"的办事原则，建立了"联合办公厅"，采取"一层楼办公，一条龙服务"的工作方式审批项目，一般性项目三天内办完全部手续，大型项目六天内办完全部手续，为投资者提供了高效、优质服务的软环境，实行下列优惠政策：

1. 根据国务院国函［1994］90 号文件批复，乌鲁木齐经济技术开发区实行沿海开放城市经济技术开发区的政策。

2. 在开发区兴办的外商投资企业除享受法定政策优惠外还可享受国务院制定的鼓励外商向中西部地区投资的优惠政策。

3. 港、澳、台同胞及华侨在开发区兴办投资企业享受国务院制定的有关鼓励台湾、香港、澳门、华侨同胞投资的优惠政策。

4. 沿海地区"三资"企业在开发区独资、合资、合作举办的新的企业，可比照享受"三资"企业的优惠政策。

5. 根据宪法和新疆维吾尔自治区民族区域自治法赋于的权限，经批准可在经济技术开发区实行更为优惠的政策。

【综合经济发展】 国务院 1994 年 8 月 25 日以国函［1994］90 号文正式批准设立乌鲁木齐经济技术开发区，实行沿海开放城市经济技术开发区的政策。

乌鲁木齐经济技术开发区目前是国务院批准设立的西北地区唯一的国家级经济技术开发区。作为"联合走西口"发展外向型经济的窗口，国务院及自治区、市两级党委、政府高度重视开发区的建设与发展。开发区经过两年多的艰苦创业，在 1.5 平方公里起步区的土地上进行了综合开发，基本完成了"七通一平"基础设施建设，修建道路 16 条，计 14.18 公里(合 21.77 万平方米)，绿化覆盖面积 257598 平方米；完成给、排水管网 40.15 公里，供热管网 5.79 公里；完成铺设及架空供电线路 10 公里；辅设通讯电缆 1 公里；地面设施建设竣工 20 项，起步区初具规模，1.5 平方公里的投资小环境业已形成。截止 1994 年底，进区企业已达 234 家，其中外商投资企业 45 家，内联企业 189 家，批准境外投资企业 6 家。投资总额 15.47 亿元人民币，注册资金 10.24 亿万人民币，引进外资 4994 万美元。投资客商分别来自美国、德国、加拿大、法国、菲律宾、澳大利亚、新加坡、哈萨克斯坦、印度等 18 个国家和香港、台湾、澳门等地区，涉及运输、轻工、纺织、化工、电子、机电、通信、建筑材料、农产品开发、畜产品等行业和高科技、高附加值、出口创汇产品。批准进区企业因公赴独联体 68 批，189 人次。开工建设项目（含新开工项目）104 项，其中基础设施建设项目 35 个，工业项目 20 个，新建地面建筑总面积（含建成及新开工）达 34.9 万平方米，建设项目总投资 3.43 亿元。有偿出让及划拨土地面积 93.86 万平方米(不含绿化、道路面积)，11 家工业企业已投入生产。一个崭新的新区面貌已具雏型。据统计，仅两年的时间，乌鲁木齐经济技术开发区累计完成工商税收 2664 万元人民币，实现财政收入 1760 万元人民币，1995 年可实现工业总产值 8000 万元人民币，城乡居民生活水平连年提高，民族团结，社会稳定，乌鲁木齐经济技术开发区已进入集中开发建设的发展时期。

乌鲁木齐经济技术开发区将充分利用新疆地域优势和资源优势，走资源开发，加工增值的路子，发展高新技术产品，努力扩大出口创汇，积极开拓中亚及东欧市场。“九五”期间，计划力争引进建设投资38亿元人民币，2000年工业总产值达9.8亿元人民币，实现出口创汇1.5亿美元，税收总额3.2亿元人民币，财政收入4770万元人民币。为国家经济战略的西部转移和西北五省区“联合走西口”发挥“桥头堡”和外向型经济的“窗口”作用，成为乌鲁木齐市乃至新疆经济的新的增长点。

苏州工业园区

【综合经济发展】 1994年2月，国务院正式批准中新合作开发建设苏州工业园区，首期开发八平方公里，享受沿海经济技术开发区政策。除此之外，经批准可以在园区内设立外资银行和中外合资、合作商业零售企业。并在坚持和维护我国主权前提下，自主地、有选择地借鉴吸收新加坡发展经济和公共管理方面对我国适用的经验。

1994年2月26日，由中国副总理李岚清和新加坡资政李光耀分别代表两国政府在北京签署了《中华人民共和国政府和新加坡共和国政府关于合作开发建设苏州工业园区的协议》。《协议》中确定工业园区的发展目标是在苏州建设一个以高新技术为先导，现代工业为主体，第三产业和社会公益事业相配套的具有一定规模的现代化工业园区。根据协议规定，为协调苏州工业园区开发建设和借鉴运用新加坡管理经验中的重大问题，成立了中新两国政府联合协调理事会，中方由李岚清副总理任主席，新方由李显龙副总理任主席。并于1994年5月在新加坡举行中新联合协调理事会第一次会议。第二次会议将于1995年10月上旬在苏州举行。

一年多来，苏州工业园区得到两国政府和省、市政府的支持，各项工作进展顺利。

国家和省政府赋予园区的各项政策逐步到位。国务院批准了工业园区首期八平方公里的国有土地使用权有偿出让；国家计委将园区水、电、供气、污水处理四项基础设施建设列入国家计划，提供三亿元贷款规模；中国银行向园区提供一亿元动迁安置和基础设施建设专项贷款；海关总署确定在园区内进行建立现代海关制度试点，并颁布了海关监管条例。江苏省政府把苏州工业园区建设作为全省对外开放的重点，赋予园区省辖市的经济管理权限，以及有关特殊政策。

苏州工业园区开发建设高标准、快速度进行。由苏州市政府负责的启动区2平方公里的“六通到边”工程，路、水、电、通讯建设已能确保园区施工建设的需要。已动迁农户1000户，正在动迁企业数十家。1995年9月底可建成9万平方米标准厂房和3万平方米住宅和办公楼。园区开发主体——中新苏州工业园区开发有限公司已正式成立并投入运转，主要负责园区内的土地开发和经营。合资公司总投资1亿美元，注册资本5000万美元，全部资金已于1994年10月全部到位。1995年7月，合资公司将再增资5000万美元，使投资总额达1.5亿美元。目前，首期八平方公里内的三平方公里基础设施已开发完毕，已转让土地一平方公里。

招商引资势头良好。截止到1995年8月，已签约进区的外商投资项目45个，总投资15亿美元，其中70%是技术先进型项目和跨国公司投资项目。如，美国超微半导体、B—D、礼莱公司，韩国三星电子、法国莱雅公司、德国西门子公司、日本东和公司电子株式会社和新加坡AMS精密仪器公司等。投资的国家和地区有美国、德国、荷兰、日本、韩国、新西兰和香港等。

根据中新两国政府协议，苏州工业园区根据中国国情，有选择地借鉴运用新加坡经济和公共行政管理方面的知识和经验。一年多来，这项工作进展顺利，并取得了较明显的成果。根据借鉴经验工作进程，江苏省、市及园区一年多来共选派近70人分几批赴新加坡培训，回国人员编制了《工业园区城市规划建设管理暂行办法》和《工业园区环境保护管理暂行办法》，这两个《办法》已经江苏省政府批准实施。最近又编制完成了《苏州工业园区外商投资管理暂行办法》(草案)和《苏州工业园区劳动管理暂行办法》(草案)。

宁波大榭开发区

【综合经济发展】 1994年是在国务院正式批准中国国际信托投资公司成片开发大榭岛，建立大榭开发区后全面实施开发区社会行政事业管理的第一年，也是按照国家副主席荣毅仁同志提出的“把大榭岛建成世界一流港口的经济贸易区”的指示精神，全面进行开发建设准备工作的一年。大榭开发区在中信公司、中共宁波市委、市政府的领导下，全区同志根据年初确定的改革先行、基础设施先行、招商先行、服务先行的开发建设思路，不失时机地抓住机遇，加快发展，开发区社会政治稳定，开发建设顺利进行。

在总公司领导关怀下，考虑了军队、地方各方面的建议，大榭岛开发建设总体规划在进行审查和征求国家有关部、委及专家的意见后，报国务院审批，这为大榭岛的开发确定了基本蓝图。基本完成了大榭开发区首期启动区详规设计、大榭岛1∶1000地形图测绘、东西畲居住区详规设计、防洪防汛规划、大榭岛地震安全性评价、全岛水文地质勘察、启动区场平方案设计和公铁两用跨海大桥征地范围、拆迁量测算等基础工作。总投资5亿多元，对投资环境有重大影响的公铁两用跨海大桥完成了初步设计及引线引道方案的评审，已经进入施工准备阶段。开发区全年共征用土地366亩，拆迁房屋建筑面积2655平方米。房产开工35262平方米，竣工2000平方米，投入开发资金3000余万元。根据大榭地处海岛，基础设施相对较差的实际情况和国内外客商所提出的一些现实问题，大榭开发区把基础设施建设作为开发建设的重点工作来抓。投资2000万元，采用了1994年度获得军队科技进步一等奖《多用途浮箱》的多项研究成果和国防专利技术的大榭跨海浮桥建设，克服了设计、施工中的许多难题，协调处理了各方面的关系，在半年多时间内完成了桥位选址、设计、主桥工厂制造、架设、负荷及解体试验、管理制度及机构的建立和陆上接坡工程，已通过竣工验收，正式通车，从而彻底改变了陆岛交通的落后状况。同时，开通了大榭至宁波两路公交车，更换了程控交换机，程控交换容量由600门增至2000门，3.5万伏变电所投入运行。全年，开发区在基础设施建设方面投入的资金共5000万元。

在重点抓好基础设施建设的同时，大榭开发区又十分注重改善投资软环境。《宁波大榭开发区条例》经宁波市人大常委会审议通过报浙江省人大常委会批准后已经向国内外正式颁布，开发区管委会还相继出台了《鼓励国内投资者投资大榭开发区暂行办法》、《鼓励国外客商投资大榭开发区的暂行办法》、《促进乡镇企业发展的若干意见》、《鼓励在起步区兴办商贸性企业的暂行办法》和《宁波大榭开发区土地征用暂行规定》、《宁波大榭开发区房屋拆迁管理暂行规定》、《宁波大榭开发区征地劳动力安置暂行规定》等10多个政策、法规。这些政策、法规的相继出台，对改善大榭投资环境，增强投资者的信心，起到了很大的作用。区内已建立了中行、工行、建行、农行等四大专业银行和保险公司，建立了律师事务所，会计师事务所和公证处等中介服务机构，与海关、港监、商检等口岸单位初步建立了业务联系。

【招商引资】 招商工作一开始就得到了中信公司总部领导的重视，为了加快开发进度，扩大大榭开发区的影响，总部领导亲自走访外国公司驻京单位，专题为大榭开发区招商引资，在每次出访和会见外国客人时都宣传中信成片开发建设大榭的规划蓝图和决心。根据大榭开发实际，确定了近期招商工作的基本思路：即全面招商与重点招商相结合，联合招商与独立招商相结合，吸引外资与吸引内资相结合，多渠道、多途径地开展对外招商宣传，扩大大榭在国内外的影响，提高大榭的知名度。采取走出去、请进来的办法，与国内外客商进行了广泛的接触和洽谈，在北京专门召开了大榭开发建设情况介绍会，100多位驻华使馆官员、外国公司、银行代表及新闻记者与会，在国内外产生了广泛的影响。大榭开发区还与美国柏克德公司(Bechtel)在新加坡、香港和美国联合进行了大榭岛开发预招商活动，共走访了24家具有代表性的目标公司，这些公司主要分属船运、制造和金融几个行业，这次预招商取得了很好效果，外商反映积极，普遍认为在中国经济发展潜力最大的中部地区亟需建大型国际中转枢纽港，可以停靠大型船舶，大榭岛的开发建设正好配合了这一需要。全年，大榭开发区共接待国内外团组185次，其中国内团组49次，国外团组136次。有38家中外大公司、大财团对大榭岛的开发表示了浓厚的兴趣。其中有柏克德、埃克森、陶氏化学、三井物产、三菱商事、现代集团。开发区正式与美国柏克德公司合资建立了旨在招商和服务于工程建设的信德联合开发公司，提出了铁路、公铁两用跨海大桥、岛上交通主干道的融资方案；与日本综研化学建立了总投资为940万美元专业生产压敏胶及压敏胶带的合资公司。目前，在大榭注册登记的中外合资企业共12家，外商独资企业共6家。大榭开发区在积极向国外招商的同时，还十分注重发展内资企业，内资企业累计总数已达403家，注册资本达14.16亿元。内资企业的迅速发展，使开发区经济实力有较大增长，1994年开发区财政收入2694万元，完成年度计划的134.71％，比上年实际增长283.23％。

开发区管委会，中信大榭开发公司的自身建设也得到了加强，针对管委会、开发公司机构新、人员新、开发要求高的特点，以改革的思路，按照小政府，大服务的要求，初步明确了管委会、公司的机构设置和岗位职责，建立了开发区党团组织。管委会各局、公司各部门、各子公司都相继制定了内部管理制度、工作程序和岗位责任制，积极、主动地与区外有关工作部门建立工作关系，保证了开发建设各项工作正常运行。干部、职工在开发建设的各个岗位上乐于奉献，勇于开拓，勤奋工作，表现出很强的事业心、工作责任感和工作热情，为大榭开发建设事业作出了贡献。

（撰稿　黄金国）

保 税 区 篇

福田保税区

【综合经济发展】 福田保税区位于深圳经济特区南端、东起我国最大的陆路口岸——深圳皇岗口岸；西至新洲河，和著名的福田红树林自然保护区相邻；南沿深圳河，隔河和香港落马洲相望；北靠福田新市区，广深珠高速公路穿插而过，总面积 1.68 平方公里，围网面积 1.35 平方公里。

福田保税区起步发展与实践，在全国是比较早的。1988 年深圳市政府设想创办福田国际工业村，后调整为福田保税工业区。1991 年 5 月国务院批准正式成立"深圳市福田保税区"。1992 年，随着深圳特区产业政策和城市功能的调整，福田保税区功能定位调整为"以国际贸易和转口贸易为龙头，以仓储物流为基础，大力发展金融、运输、信息和高新技术产业及第三产业"。功能调整后，福田保税区成为了一个具有多元功能的综合性保税区，内含金融商贸区、仓储区、高新技术工业区 3 个功能区。

在经过大量的调查研究和专家论证的基础上，综合各方面的情况，福田保税区制定了 1995 年至 2010 年的发展战略与规划。在此规划中，福田保税区的发展战略目标为："以交通、通讯为先导，以国际贸易（转口贸易）为龙头、仓储物流为基础，相应发展金融、保险、房地产、商品展示、信息及高新技术产业，把福田保税区建设成为深圳进一步改革、开放和发展的'示范区'，国内一流、国际知名的按国际惯例运作的综合性自由贸易区"。这一战略目标定位，既是过去几年实践经验的总结，也是福田保税区未来发展的指导方针。

在深圳市委市政府的具体领导下，经过保税区干部职工的艰苦奋斗和顽强拼搏，福田保税区的开发建设已取得了显著的成绩，基本形成了良好的投资环境。至 1994 年底，福田保税区已完成基本建设投资 9.3 亿元人民币。区内商品展示中心和区内企业临时办公场所已建成运作。已有 18 个国家和地区的 200 家外资企业在保税区注册。1995 年将是福田保税区建设和加快发展的一年，27 家外商投资的工程项目陆续全面开工，并相继竣工投入运作。福田保税区进行开发、经营、管理的硬件和软件环境已基本具备了。

【投资环境】 在硬件建设方面，福田保税区花了大功夫。福田保税区原是一片由深圳河冲积而成的淤泥滩，平均淤泥深 7 米。几年来，在软基处理中累计抛石、填土、筑沙 1500 万立方米，完成了一号通道、二号通道、三号桥各一座，长 7.2 公里的隔离围网和长 3.9 公里的边防巡逻路顺利完工，铺设市政道路 29 公里，6.4 万平方米联检场地、海关楼、边检楼、管委会办公大楼即将启用。50 多层的管理中心大厦已完成地基工程，即将破土而起。软件建设方面，在 1992 年 1 月 20 日深圳市政府授予福田保税区管理局的十项行政管理权限，与 1992 年 6 月 6 日深圳市政府常务会议通过的《深圳福田保税区管理暂行规定》的基础上，配合人大、法制局起草了《深圳经济特区福田保税区管理规定》，并在 1994 年 5 月 30 日以市政府 28 号令颁布执行。这部具有法律效力的政府规章，综合了各方面的建议，囊括了兄弟保税区的长处，集中了深圳特区的优势，是福田保税区开发与发展的纲领性文件。与《管理规定》相配套的 8 个运作规则也起草完毕，待报批通过。

福田保税区具有政策和区位双重优势。在政策优势方面，福田保税区除享受国家赋予的一般保税区享有的减免关税和免领进出口许可证等优惠政策外，同时享受中央和省给予深圳特区的某些优惠政策。这两方面政策集中体现于《深圳经济特区福田保税区管理规定》之第二章中。在区位优势方面，福田保税区拥有国内其他保税区所不具备的地处特区和毗邻香港的优势。福田保税区和香港的新界仅一河之隔，并建日通车 4000 辆的一号专用通道经过深圳河大桥直通香港，挂有保税区专用标志的香港车辆可自由往返保税区和香港之间。保税区和香港葵涌码头的行车时间仅一个小时，保税区至九龙、港岛的行车时间只有半个多小时。福田保税区选址深圳特区内，特区各项较先进的软、硬设施条件皆可为保税区所使用。相比较于国内保税区一般选址在新区福田保税区具有城市环境上的优势。同时，福田保税区处于广深珠高速公路的深圳起点的路南侧，皇岗口岸的西侧，独特的交通地理优势将保税区和珠江三角洲在时空上连成了一体（福田保税区至广州车时1小时左右）。通过现代化的交通网络，福田保税区不仅有经济发达的珠江三角洲作为广阔的市场腹地，而且整个华南地区都是市场腹地。

进入1995年，福田保税区进一步体现再创新优势，高起点规划、高标准建设、高效能管理，将全力抓形象开发进度，一方面抓好13项自建工程，完善基础设施和配套生活设施，另一方面采取积极措施敦促购地外商尽快开工、竣工投入营运。随着福田保税区一号专用通道的全面开通和启用，其他各项设施的完善和配套，福田保税区的投资环境必将更上一层楼。

【利用外资】 随着区内外各项基础设施不断完善，投资环境日益向好，福田保税区这块土地由原先无人问津变得门庭若市，成了风水宝地。几年来，前来谈项目、购土地、办公司的客商络绎不绝，共接待来自美国、日本、加拿大、新加坡、韩国等24个国家和地区的客商3400多批次、9000多人次。在这样好的形势下，福田保税区保持了清醒的头脑，侧重于招“技术程度高、附加值高、市场占有率高”的项目进保税区，让有限的土地资源发挥巨大的社会经济效益，从而避免发生大地小用、优势劣用、早占晚用、让而不用、用而不讲效益的情况。由于严把项目关，并采取“以高新技术穿针、大型财团引线”的举措，福田保税区成了目前国内技术含量、外资含量、土地使用价值居高的保税区。

1994年11月17日至22日，福田保税区主动出击，首次到境外招商，取得了圆满成功。在香港招商会上，共与外商签订了5个投资总额9.75亿港元的项目合同，与3家外商签订了投资总额为10.4亿港元的意向协议，引进了以超大规模集成电路为代表的一批技术含量高的项目落户保税区。1994年全年有11个国际大财团落户保税区，出让土地22.77万平方米，引进外资27.3亿港元，日平均引进外资747万港元，注册企业103家。截止1995年4月底，保税区批准设立公司203家，协议引进资金总额76.7亿港元，签订土地转让合同29个，出让与合作区内外土地47.7万平方米，引进了一批如日本伊藤忠、丸红等国际大型流通企业和以赛意法微电子超大规模集成电路为代表的高科技项目。20多家购地企业都在按规划和投资协议要求紧张地进行建设施工。一些企业已经开始经营、运作，取得了较好的经济效益。

【出口和转口贸易】 福田保税区地处国际贸易中心香港与经济蓬勃发展的珠江三角洲经济区的连接带与关节点上，极有条件发展对外贸易和转口贸易，成为华南地区的一大国际贸易中心和仓储物流中心。目前福田保税区已引进了一批国际著名的流通企业进驻保税区设立贸易及仓储经营机构，有的已开始了实际运作。1994年区内注册企业共完成进出口贸易1亿美元，其中转口贸易9000万美元。

【经营管理】 为了形成“小政府、大社会”的管理体制与精简高效又有制约的机制，福田保税区根据国际通行做法与市政府28号令规定，将保税区管委会改为管理局，进行了内部机构的调整。现在的福田保税区机构单位形成三块：(一)政府部门七个处室：办公室（含党办）、劳动人事处、政策研究室、计划财务处、投资管理处、地政规划处、监管处；(二)事业单位三个：工程管理部、动力部、财务中心；(三)直属企业六个：即保税区发展总公司下辖的第一建设公司、第二建设公司、国际贸易公司、物业公司、物资公司、保安公司。另外还组建了储运公司和涉外物业公司。同时，福田保税区设立了项目评审委员会和工程评审委员会，建立了党团组织，规范了合同条款，加强了工程预结算力量。

在实际工作中，福田保税区的主要领导者不是埋头于具体、琐碎的事务中，而是致力于形成指挥网络，将权力下放给各职能处室，自身则潜心调查研究，始终把握好发展方向。1994年管理局领导带队，分批外出学习取经，先后走访了天津、上海、大连、青岛、张家港、宁波、汕头、厦门、广州、沙头角共十个保税区，取人之长，补己之短。通过调查研究，综合集体的智慧，福田保税区制定了中长期战略规划，为保税区的进一步发展指明了方向。

为推动保税区尽快步入实质运作阶段，福田保税区采取“找准突破口、以我为主、牵动开发”的策略，重点进行了东区建设。这就是在保税区东部划定35000平方米土地，调集了十几个工程队，几千人同时搞10幢楼房的施工，用55天时间，建成面积达35000平方米、共有643个写字间及商展店铺的国际贸易展示中心，作为保税区的先行运作区。在配套生活区内，还建起了建材一条街、小商品一条街、商品集散一条街、汇食街等。保税区内外同时进行的自我开发，产生了巨大的社会效应，消除了外商的顾虑，提高了投资商的积极性，一批外资项目纷纷动工。这些成绩的取得，都是福田保税区按市场经济规律运作的结果。

为适应区内外经济形势的发展要求，1995年3月福田保税区调整了各类用地价格。调整后的价格水平是，工业、仓储用地价格有所上升，商贸用地价格有所下降，但总体上比同期区外同类地价低50%。在地价优惠的同时，福田保税区还将规范区内土地使用管理制度，严格土地管理，保护投资者利益，杜绝非法炒地，促进保税区的健康发展。

（撰稿　曾崇富）

沙头角保税区

【综合经济发展】　深圳市沙头角保税区于1987年12月25日经深圳市政府批准设立，1991年5月28日由国务院正式批准成立，是中国大陆第一家保税区。1992年9月1日海关总署通过了对沙头角保税区封闭隔离设施的验收，于此同时，海关总署，九龙海关和深圳市政府先后颁布了《中华人民共和国九龙海关对进出福田、沙头角保税区货物、运输工具和个人携带物品的监管和征免税实施细则》及《深圳市沙头角保税区管理规定》，这标志着沙头角保税区开始进入实质性运作，并给投资者提供一个较之深圳经济特区“更加灵活，更加优惠，更加方便”的全新投资环境。

沙头角保税区以发展出口加工业为主，同时发展进出口贸易、转口贸易、仓储、运输、房地产及其它相关产业。

迄今为止，沙头角保税区的发展经历了三个阶段：1987年12月～1992年9月为第一阶段，主要是探索创业打基础，借鉴国外自由贸易区的先进经验并结合本国实际，尝试按照国际惯例运作的新路子。1992年9月～1994年12月为第二阶段，海关正式对保税区实行监管，保税区管理规范化，招商引资与基建开发齐头并进，取得成功，保税区出口加工业初具规模。1995年以后三年为第三阶段，保税区根据国家政策调整的新形势确定了“持续发展，稳定提高，完善环境，调整结构，开拓创新”的指导思想。在继续扩大招商的同时，将逐步提高管理水平，提高服务质量，提高人员素质，提高产品的国际国内市场占有量，提高保税区整体效益。

沙头角保税区在过去的七年里，在没有国家投资拨款的条件下，依靠政策，依靠贷款，自谋生存，自我发展，取得了可观的经济效益，截止1994年底，保税区管委会已批准设立企业198家，其中外商独资企业33家，合资合作企业150家，国内企业15家，员工总数14800人，管委会直属企业已达15家，员工350人，形成国有资产5.8亿元。当年实现工业产值16亿元，出口创汇1.2亿美元，分别比上年增长25%和31%，居全国十三家保税区之首，预计1995年工业产值可达25亿元，创汇2.5亿美元。

【投资环境】　沙头角保税区位于深圳经济特区东部，依山傍海，环境宜人。保税区东接亚洲四大国际集装箱码头之一的盐田港（建成后年吞吐量为7600万吨），南有沙头角口岸可通香港，西部通过梧桐山隧道与市中心相接，交通十分便利。

保税区管委会始终以优化投资环境为工作重点“一切为了企业发展”是保税区的宗旨。

1994年保税区管委会为企业办理了356人次短期业务出国赴港手续和45人次业务赴港长证；劳动手续进一步简化，共为企业办理用工10900人；办理养老保险12000人次，投保金额500多万元；工伤保险8448人，投保金额47.9万元，全年供电2900万度，供水200万吨，分别比上一年增长了11.5%和66.7%，提供电梯服务11万台次，安全消防工作成绩显著，建区七年来保持火灾事故零记录，其经验被市有关部门宣传推广。环境卫生和绿化被市主管部门评为先进，为了优化外部环境，保税区管委会大力加强了与海关，税务，银行和政府有关部门的沟通和协调，为企业的健康发展创造有利条件。

【利用外资】　经过七年努力，沙头角保税区已批准设立企业198家，其中三资企业占95%。投资总额3亿美元，其中外资占55%。经营范围涉及电子电器，纺织服装，医药食品，五金建材和包装印刷等十多个行业，产品80%外销。

1994年沙头角保税区管委会以引进资金项目为重点，强化工作力度，广开招商门路。全年共接待国内外客商300余人次，审批设立企业26家。批准立项3个。办理企业变更29件，其中新增注册资本400万美元。投资总额1840万美元，注册资本1517万美元。利用外资897万美元，较之上年高出一个百分点。

1994年沙头角保税区引进的主要项目均属电脑电子等高新技术产业类，且经营企业多为外商独资。这些技术先进，产品高档项目的引入，促进了区内产业结构的调整。

为了扩大招商领域，加强国际合作与交流，探索保税区发展的新路子，沙头角保税区与牙买加金斯敦自由区建立了合作关系。

【基建开发】 沙头角保税区工业占地面积20万平方米，按规划现已基本开发完毕，竣工总面积35万平方米，现有在建面积24.8万平方米，生活用地10万平方米，已建成员工生活楼，宿舍和文化娱乐中心等配套设施15万平方米。

1994年沙头角保税区的开发建设尝试了利用外资的新路子，共利用外资7715万港币。总施工面积达32.15万平方米，房产经营得到长足发展。全年房产销售9.10万平方米，出租5.34万平方米。租售收入共计1.66亿元。由于科学地抓基建工作，保税区现已基本形成了三个功能小区，即西部出口加工区，中部贸易区和东部仓储区，为未来的发展奠定了基础。

【经营管理】 深圳市沙头角保税区作为全国第一家保税区经历了从无到有，从雏形走向成熟的过程。保税区管委会肩负着探索对特殊经济区域进行科学管理的重任，在优化投资环境，按照国际惯例运作，与国际市场接轨等方面形成了一整套科学高效的经营管理体制，在实践中创造了“一站式”工作方法和“一条龙”服务模式。“一站式”工作方法是指保税区管委会把有关投资企业的审批工作集中在区内。此外，还可为投资者代办设立企业的全套行政手续。“一条龙”服务模式是指企业设立之后，保税区管委会负责提供包括写字楼，厂房，宿舍，水电，员工招聘，运输，仓储，代理报关等在内的综合配套服务。

沙头角保税区多年来，与全国各保税区，开发区保持着友好的联系，仅1994年一年保税区管委会就接待了各类考察团620人次，该年6月，在天津全国保税区工作会议上，沙头角保税区介绍了经验，受到了与会者的好评。

沙头角保税区成就的取得，是国务院、省市委和政府正确领导的结果。国家和省市领导人多次亲临保税区视察指导工作，对保税区的发展给予了极大的关怀和鼓励。

今后，深圳市沙头角保税区将本着持续发展，稳定提高的战略指导思想，为成为集出口加工，保税仓储和转口贸易三大功能为一体的多功能综合性经济区域而奋斗。

汕头保税区

【发展概述】 1994年是汕头保税区开关运作的第一年。在这一年里，胡锦涛、田纪云、陈幕华、谢非、宋健等中央领导及国家各有关部委的领导多次莅临保税区视察和指导工作。广东省委、省政府和汕头市委、市政府对汕头保税区的开发建设非常重视，明确要求汕头保税区要朝着高水平规划、高标准建设、高效能管理、高速度运转的方向发展。汕头保税区党委会、管委会认真贯彻执行各级领导关于办好保税区的指示精神和全国保税区工作会议精神，从实际出发，积极采取措施，加快建设发展步伐，于5月全面铺开基础设施建设，至年底累计投入基本建设资金3.2亿元，完成保税区2.34平方公里地域的“五通一平”。全年签订土地出让合同（协议）75项，出让土地941亩；批准“三资”企业137家，投资总额2.24亿美元，协议外商投资额1.52亿美元，实际利用外资6000万美元；内资企业452家，投资总额16.4亿元人民币；进出口贸易额3252.7万美元；财政收入11226万元。

经过一年时间的开发建设，汕头保税区已初步建立了高效能的管理机制，形成了大规模接纳海内外客商投资的硬件环境，奠定了按国际惯例经营运作的基础。1994年5月，汕头市人民政府正式行文授予汕头保税区管委会有关机构设置和干部人事管理，规划、土地、基建、房产管理，投资项目及企业审批，进口物资审批，财税管理，因公出国赴港澳审批和经济体制改革试验，以及环保、消防、特种行业审批等七大权限。根据市政府的授权，管委会按“精简、高效”原则设置了办公室、财政局、经济发展局和公共事业局四个职能部门，建立健全“简便、快捷、优质、高效”的办事制度，在机关内部推行“一站式”管理，为投资者提供“一条龙”服务；各职能部门结合各自的工作特性，制订落实工作岗位责任制，做到有章可循，有职有责，确立了良好的工作秩序，使机关人员都能遇事不推，办事不拖，快节奏、高水准地做好各项工作。在建章立制工作方面，继上年《汕头保税区管理暂行规定》实施之后，1994年又连续制订、颁布了《汕头保税区党委会、管委会工作制度》，以及产业政策、投资导向、企业管理、项目审批、企业注册登记、土地管理、规划建设、干部管理、劳务管理、机关事务管理、人员车辆进出等一系列配套实施办法，使汕头保税区各项工作逐步走上规范化、法制化轨道。

根据6月初全国保税区工作会议精神，结合汕头保税区的实际，汕头保税区除按国务院批示综合发展出口加工、转口贸易、仓储运输等各项功能业务外，选择增加发展金融信息功能业务，规划用三至四年时间，建设成为多功能、现代化、国际性的对外开放新区；同时坚持边建设、边运作、边获益的工作方针，全方位开展政策宣传和招商引资。中央、省、市各级电视台、电台和报刊与港澳报纸多次播放、刊登汕头保税区的建设进展情况和有关政策措施，有效地扩大了对外影响，提高了汕头保税区在海内外的知名度。并先后四次组团赴港、上京招商引资，共引进项目35项，投资总额2.52亿美元，协议利用外资2.1亿美元。于1994年7月开通了汕头保税区至香港的海上货运航线，9月开办了商品展示中心，首家金融机构驻区办事处也于10月开始营业，取得了一定的经济效益和社会效益。

【基础设施建设】 1994年5月，汕头保税区全面铺开基础设施建设。全年累计投入基建资金3.2亿元人民币。完成2.34平方公里区域的土地平整工程，挖填土方量达300万立方米；完成区内三直十四横约20公里长路网路基工程和排水、排污管道的铺设；保税区连接324国道的5公里长、60米宽、8车道水泥路面的广达大道于9月28日全线竣工通车，并延伸至广澳深水港区；建成总建筑面积6.2万平方米的海关货检楼、仓库、商品展示厅和货物堆场；生活服务配套设施接待处、快餐厅等也于6月份陆续建成交付使用。全年签订土地出让合同（协议）75项，出让土地941亩；开工建设项目5个，在建面积约10万平方米；保税区东侧后江湾填海造地工程首期1500亩于12月10日开工建设，预计1995年6月完成交付使用；总建筑面积19500平方米的管委会、海关二幢办公大楼顺利完成设计方案，计划于1995年初开工建设；保税区外围广达大道西侧广达商业街区建设用地也已完成测量、规划、设计等前期准备工作，1995年初即可着手安排进行土地平整与招商建设。

【经营管理】 面对严峻的经济形势，汕头保税区坚持边建设、边运作、边获益的工作方针，切实做好开关第一个年头的经营管理工作。在总结特区十多年建设经验的基础上，制订了一整套切实可行的工作制度，以高效、优质的服务强化“一站式”管理。明确规定对投资者提出的咨询或质询，在24小时内应给予明确答复；对申报的投资项目，只要符合政策规定，资料齐全，三天之内应办妥有关审批、登记、发证（照）等手续。设立外商投资服务中心、信息咨询事务所、物业公司、市政公司等若干经营性服务机构，为企业提供政策咨询、代办申报业务、厂房、仓储、食宿、劳务、保安等综合配套的“一条龙”服务。

此外，于7月正式开通的汕头保税区至香港海上货运航线，由汕头特区船务公司负责承运业务，每周往返2个航班；同时成立一家集装箱公司，负责保税区专用码头的货物运输，为保税区企业的经营运作创造一个较好的外部环境。

结合汕头经济特区的区位优势，汕头保税区管委会提出综合运用特区政策和保税区政策、实行区内外经济连动的战略决策。首先是借助汕头特区一些大公司、大企业的资金、人才和市场优势，组建了12家直属公司，尝试按经理任期目标责任制和承包经营责任制管理，按保税区政策规范开展经营运作。其次是在保税区内开办商品展示业务，首期1800平方米的商品展示厅于9月正式开业，共有33家企业参加商品展示业务。第三是认真学习、借鉴国内兄弟保税区的成功经验，管委会领导先后3次带队到其它12个保税区参观考察，在调查研究的基础上提出了加快汕头保税区发展的若干意见。第四是加强与海关协调工作。汕头海关于1994年11月颁布了《汕头海关对汕头保税区企业进口仓储货物管理办法（试行）》，为保税区企业的经营运作提供了政策依据，促进了企业经营活动的开展。全年全区累计进出口总值3252.7万美元，其中进口3164万美元，出口88.7万美元。

【招商引资】 在1994年，汕头保税区管委会采取"走出去，请进来"的做法，全方位开展招商引资活动，先后4次组团赴香港、上北京开展大型招商活动。2月28日，组团参加汕头市在香港举办的"'94香港春茗联谊会"，引进外商投资项目6个，投资总额3174.8万美元；5月20日，首次独立组团赴港招商，引进外商投资项目18个，投资总额11760万美元；6月28日，组团参加广东省外经贸委在香港举办的招商会，引进外商投资项目6个，投资总额1432万美元；7月1日，参加汕头市人民政府在北京举行的"投资环境介绍会、商品展示会、项目洽谈会"，引进投资项目5个，合同投资总额661万美元。4次招商活动共引进投资项目35个，其中"三资"项目31个，投资总额1.7亿美元，合同外商投资额1.36亿美元；引进内联项目4个，投资总额3200万元人民币。涉及土地成片开发，摩托车装配，传真机、复印机、手提电话机组装，易拉罐生产线，租赁、餐饮等行业，项目投资额在300万美元以上的16个，500万美元以上的10个，1000万美元以上的5个。引进的31个"三资"项目中，除个别涉证和涉及行业归口管理外，已有27个获得批准，项目履约率达87%，其中1家已正式投产，3家已进区开工建设；引进的4个内联项目全部获得批准，项目履约率100%。截至1994年底，汕头保税区共接待来自美国、韩国、日本、泰国、新加坡、香港、台湾等国家和地区的客商185批，3540人次；累计批准"三资"企业137家，投资总额2.24亿美元，合同规定外商投资1.52亿美元，实际利用外资6000万美元。其中外商独资企业93家，中外合资企业39家，中外合作企业5家，投资者来自美国、台湾、香港等8个国家和地区；批准内资企业452家，投资总额16.4亿元人民币，已与6个中央部属、省属集团公司建立了横向经济合作关系。

【香港招商会】 1994年5月20日，借参加国家经贸部在香港举行招商会之机，汕头保税区首次独立组团赴港举办大型项目洽谈会、情况介绍会和招待酒会。全国政协副主席霍英东、新华社香港分社副社长乌兰木仑、中英联合联络小组中方首席代表郭丰民、香港长江实业（集团）董事局主席李嘉诚、中国银行港澳管理处主任羊子林、香港丽新集团董事局主席林百欣、香港恒生银行董事长利国伟、香港南洋商业银行名誉董事长庄世平、澳门永泰置业建筑有限公司董事总经理许世元等和港、澳工商界知名人士400多人应邀到会。汕头市五套班子领导出席招待酒会。新华社香港分社、《人民日报》驻港办事处和香港无线电视台、《大公报》、《商报》、《文汇报》等10家新闻单位40多名记者莅会采访，并作了大量的宣传报道，引起了强烈反响，产生了良好的社会效应，大大提高了汕头保税区在海内外的知名度。

这次招商会共引进投资项目18个，投资总额11760万美元，其中外商投资额10335万美元。项目涉及工业、金融、地产、仓储服务、餐饮、租赁、转口贸易等行业；投资额超过500万美元的项目有5个，超过2000万美元的有3个。投资者有美国、苏丹、香港、台湾等国家和地区的客商。这些项目除个别涉及行业归口管理尚需继续协调外，其余均已办理审批、登记和发证（照）手续并陆续开工建设。如港商独资汕头保税区成德开发有限公司的"成德广场"项目已开工建设。该项目成片开发土地63亩，总建筑面积18万平方米，投资总额3000万美元。首期建设的集工贸、仓储及生产配套齐全的综合性建筑群，建筑面积4.56万平方米，计划于1995年6月竣工交付使用。

厦门象屿保税区

【投资环境】 厦门象屿保税区于1992年10月15日经中华人民共和国国务院批准设立，规划面积为2.36平方公里，其中，首期开发的0.6平方公里于1993年11月28日经中华人民共和国海关总署验收合格，并正式开关运转。

象屿保税区是厦门经济特区加快实施自由港某些政策的试验区，主要发展国际贸易、对台贸易、转口贸易、保税仓储、出口加工，并可开展金融、保险、期货、商品展销、码头经营、运输、信息及其它相关业务。

象屿保税区实行特殊的产业政策。除有污染的行业、国家法律禁止投资的行业及危害国家安全的行业禁止设立外，其余行业均受欢迎。

象屿保税区位于厦门经济特区西北部，毗邻湖里工业区，西连东渡港区，东临港区铁路和疏港公路，北至厦门大桥，南接象屿码头，地理条件优越，交通运输相当便利，距厦门高崎国际机场仅2公里，该机场现已开通海内外航线50余条，每周有近300个航班起降，旅客吞吐量达300万人次；距火车站仅6公里，并与港区铁路相连；距年货物吞吐量1000万吨的东渡港区仅1公里，同时，区内拥有自己的专用码头；陆运通过319、324国道连接全国各地。

象屿保税区是实行隔离管理的“境内关外”特殊区域，政策上享有特殊优势，境外货物进入可免领配额许可证、免征关税，实行“一线放开、二线管住”的货物监管体制；区内货物可自由流转，免征增值税，消费税；区内企业享有进出口经营权，其经营所得外汇可保留现汇，周转使用，用汇自主；保税区生产资料市场经营综合性生产资料，可向非保税区供应；区内可开展保税商品展示；货物在保税区内保税储存期不限；保税区与非保税区之间可以相互委托开展加工业务。

象屿保税区具有良好的运作环境。一是区内机构精简。象屿保税区实行由管委会和海关共同管理的管理体制。管委会及其办公室是厦门市人民政府的派出机构，代表市政府对保税区实行统一管理。保税区海关依法对进出保税区的运输工具、货物及个人携带物品实施监管；二是办事高效。保税区企业的设立实行直接登记制，只要投资者提交的材料齐备，三个工作日内即可领到营业执照。企业没有主管部门。管委会力求为投资者提供最简便快捷的服务。保税区海关机构按国际惯例简化货物通关手续；三是配套服务体系健全。象屿保税区设有各类服务机构，包括银行、保险、邮电、会计师事务所、专业报关行及其预录入点。另外，象屿保税区内还设有商品展示厅，集中展示进口办公设备，供区内企业选购，方便区内企业；四是法制管理环境基本形成。象屿保税区一开始就颁发了一整套管理办法、措施，1994年9月29日厦门市人大常委会审议通过并颁布施行《厦门象屿保税区条例》，使保税区工作正式纳入了法制化轨道。

象屿保税区除水、电供应有保障、通讯畅通外，还拥有良好的加工仓储条件。保税区出口加工小区厂房总面积达32000平方米已于去年下半年投入使用，首批投资者已入区开展出口加工业务。在仓储设施方面，除有大面积的露天堆场及原有的6000平方米的仓储设施外，占地4万平方米、总建筑面积达8.5万平方米的八幢厂房仓库将在今年6、7月间陆续交付使用，同时，今年内还将有数幢厂房仓库开工建设。象屿保税区还拥有4个泊位的专用码头，其中2.5万吨级泊位一个，1万吨级泊位3个。目前该码头工程正在抓紧建设中。在该码头建成投入使用以前，拟将临近的东渡码头二期4个泊位(其中一个集装箱泊位)划入保税区作为保税区临时专用码头。因此，象屿保税区货物进出将相当便利。

象屿保税区正在加紧进行各项建设。由于填海形成的象屿保税区陆域需1.5—2年的固结期，致使投入运转的象屿保税区的基础设施建设只能滞后展开。直到1994年5月8日，占地5300平方米，总建筑面积3.2万平方米的第一幢综合性大楼“象屿大厦”动工，才拉开了象屿保税区基础设施建设的序幕。紧接着，区内道路管网工程、总建筑面积达8.5万平方米的八幢厂房、仓库陆续开工。银盛大厦、海关大楼也先后开工并进入紧张的施工。象屿保税区二期利用外资填海造地工程经市政府批准，即将正式动工实施。与此同时，市政府及时作出决策，将特区保税生产资料市场纳入保税区，加快保税市场大厦的建设速度。据初步统计，到1994年底，保税区一期建设已投入2.3亿元人民币。

【利用外资】 象屿保税区已成为投资者投资的热点和厦门市新的经济增长点。投资者到保税区申办企业保持良好的发展势头。到1994年底，区内注册企业达303家，投资金额超过1.1亿美元。其中，外商投资企业91家，投资金额3500多万美元，贸易型企业占90%以上。其中有一些跨国公司、大商社、大财团进入象屿保税区。台湾福茂集团在象屿保税区设立发货中心，日本三菱重工（厦门）展示中心已经开张，另有一家颇具影响的企业也已在象屿保税区设点成立发货中心。目前，前来咨询、洽谈的中外客商仍络绎不绝。区内企业经营业务逐步走上轨道。据初步统计，已经开展业务的区内企业100多家、30多家企业的进出口贸易额超过了100万美元。1994年全区对外贸易额（含进、来料加工值）近2.5亿美元，今年一季度全区对外贸易额达1.5亿美元。区内企业进、出口的大宗商品主要有：冻水产品、绦纶丝、钨制品、木制品、聚丙烯、苯酐、汽配、腈纶丝、化工原料、汽车、钢材、药品、办公设备、香烟、电视机、录像机等。为进一步推动企业拓展业务，保税区管委会在纪念保税区开关运转一周年之际表彰了58家服务优良和经营突出的单位。

象屿保税区克服重重困难，顺利地渡过了艰苦的打基础的一年。目前，象屿保税区已迈入关键性阶段。在这一时期，象屿保税区将加快一期基础设施建设，加大招商引资的力度。象屿保税区将利用与台湾开展经贸活动的区位优势和自身的政策优势，努力拓展两岸经济合作，促进两岸早日实现“三通”。

海口保税区

【投资环境】 海口保税区于1992年10月21日，经国务院批准设立，1993年4月13日正式开关运行。海口保税区位于海口市中心组团，东与金盘工业开发区相连，西以疏港大道为界，南接货运干道，北临工业大道，交通四通八达，是我国“境内关外”的特殊区域，是理想的工贸区。目前，海口保税区已投入3.8亿人民币进行基础设施建设。已完成土地平整工程量的86.4%；道路工程量的50%；给水工程量的75%；电力电信工程量的30%。

【综合经济发展】 在土地开发方面，合同项目利用土地200亩，占开发用地的14%；在项目开发方面，完成的项目4个。投资额4000万人民币，正在筹建的项目4个，总投资3.2亿人民币，在洽谈项目10个；区内企业运作方面，入区注册的企业151家，其中内资企业116家，外资企业35家。

【利用外资】 1994年合作引进外资项目19个，项目总投资1128.4美元，其中协议外商投资844.9万美元。重点项目有：1、模糊控制器项目，由爱普亚太电子有限公司（美国），海口德赛国际怀星电视设备有限公司与海口保税区开发建设总公司合资组建海南爱普电子实业有限公司负责该项目的开发，列为国家重点扩广项目，省重点项目。计划第一步即1995年引进世界一流生产设施，年产值4亿元。第二步在三年内建成500万套，生产能力实现20亿产值，70%利税。第三步三年内在国内市场占主导地位的同时，将产品推向国际市场，70%的出口。2、怡保大厦。由海口保税区开发建设总公司与海南怡昌国际发展公司合作兴建，占地6.72亩，总建筑面积26000m²，总投资5583.9万元。3、海德豪意家具生产项目由海口保税区开发建设总公司与海德纺织实业股份有限公司、香港豪亿有限公司联合投资65万美元在海口保税区组建精品家具厂，年产值2000万美元。4、海口保税区国际联合投资有限公司。由海口保税区开发建设总公司、台湾中兴银行下属机构、仪征化纤财务公司、新加坡长堤公司联合成立海口保税区国际联合投资有限公司，在三年时间内开发保税区内1800亩土地，建设保税区管理中心，加工出口区，贸易仓储区。

【出口和转口贸易】 目前入区注册的企业已达151家，其中内资企业116家，外资企业35家。注册资本达人民币66642万元，美元2205万元，港币5100万元。开发进出口业务的企业有13家，进口贸易额达人民币4.6亿元，出口和转口贸易4419万美元。

（撰稿 史海峰）

大连保税区

【综合经济发展】 1994年，是大连保税区艰苦创业、励精图治、全面启动，健康发展的一年。保税区紧紧依托开发区，同心同德，奋力拼搏，克服困难，夯实了保税区发展建设的基础，招商引资工作成果显著，基础设施日臻完善，企业运营态势良好，区域管理步入正轨。全年引进中外投资项目382家，协议投资总额28280万美元，基础设施投入2.1亿元人民币、商品销售总收入25亿元人民币、创汇760万美元、税金900万元人民币。累计转让土地70万平方米，收回土地转让金2000万美元，区内开工和竣工的企业27家，其中开工19家，开工面积42万平方米，竣工8家，竣工面积16万平方米。

1994年全年批准外资项目141项，协议外资总额9550万美元。全区累计吸引外资项目351家，协议外资总额4.4亿美元，27家内外资企业率先进区建设厂房、仓库和写字楼，有60%的企业已开始运营，开展国际贸易和转口贸易。项目进展的特点是：(1)以贸易为主体和第三产业项目一马当先，在781家已批准开业和立项的投资企业中有694家，占项目总数的89%。(2)两头在外的加工型企业和为国际贸易服务的商业性加工企业22家，占项目总数的3%。出现了三贸结合、储贸结合、储工贸结合等多种形式、多样化经营方式。

保税区生产资料交易市场全面启动运作，吸引近150家企业进驻，市场交易额已达14亿元人民币，为开发区乃至东北地区的三资企业提供了大量进口生产资料，带动了区内企业运营发展，初步沟通了国内外两个市场。

管委会直属企业经过一年的艰苦创业，克服了开办初期的困难，形成了850万元的固定资产，取得了较好的经济效益。

【投资环境】 1994年是保税区投资环境发展完善较快的一年。保税区水、电、气、道路等基础设施工程已基本完成，各项管网等配套设施也相继竣工。铺设道路12公里；12公里长的雨水、污水管网已全部开通；6条主要道路的电力、供热、自来水一次管网已铺设完毕；1400门通讯线路已开通；3000平方米的南关门、现代化的80吨锅炉房和两个电力开关站已全部建成并投入运营。起步区域已实现“七通一平”。正在建设中的保税区EDI工程，将为企业开展国际贸易提供更加便利的条件。目前，通讯、电力、供水、排水、供热和道路等基础设施已日臻完善，完全可以满足企业进区经营运作的需要。

软环境建设是制约保税区发展的一个极其重要的方面，它与硬环境建设如车之两轮，相辅相成，缺一不可，特别是在硬条件基本具备的情况下，软环境的作用更为突出。为充分发挥保税区的功能，按照国际惯例运作，加强宏观管理，保税区先后制定出台了《大连保税区管理办法》、《大连保税区土地管理办法》、《大连保税区项目审批登记管理办法》、《大连保税区税收征管办法》和《大连保税区生产资料交易市场管理办法》等一系列规章制度，并将《大连保税区管理办法》进一步修改、充实为《大连保税区管理条例》，首次推出了内资和外资企业实行统一政策，实行统一财务，税收管理等方面的制度。这些规章制度为企业运作创造了一个比较宽松的环境，使招商工作和企业的经营有了充分的保障，有力地促进了保税区的发展。同时，又强化了区域的法制建设，做到依法治区。

为了保税区的发展和繁荣，还制定了相应的鼓励企业投资的优惠政策，这些政策的主要内容是：

1. 凡在保税区的金融贸易区内投资兴建国际博览中心、国际贸易大厦的企业，可交20%的土地出让费，办理开工手续，其余的土地费用可在项目有收益后分期支付。

2. 保税区鼓励大型的专业外贸公司、物资经销公司在保税区投资兴建或经营进出口物资分拨中心，保税区管委会将在项目的审批、用地等方面予以优先的支持。

3. 保税区鼓励内外资企业购买和租用保税区内的厂房进行生产加工。并将在项目审批、注册登记等方面优先考虑。

4. 保税区将进一步完善企业审批、登记的一站式服务，对到保税区投资的企业将进一步简化手续，提供标准的文本及格式。

5. 凡在保税区登记注册企业，只要在保税区内购买、租赁房屋，取得法定经营地点的企业，均享受生产资料市场的政策。

6. 鼓励区内企业在区外委托加工。允许区内企业在海关的监管下将生产设备移至区外使用。

7. 凡年底以前租用、购买保税区内房屋的企业可享受优惠价格，并将享受税收等方面的优惠政策。

8. 凡进区经营的企业均享受自用生产设备、办公设备及用品方面免征关税的政策。

9. 保税区管委会将提供廉洁高效的服务。实行现场办公制度，建立领导定期接待日，及时协调解决企业经营中的问题。

在管理机构建设方面，按照大连市委、市政府的指示精神，遵循“精简、统一、效能”的原则和“小政府、大社会”的模式设置管理机构，对保税区的基础设施建设、招商引资、企业注册、企业运作和行政事务实行统一的规范管理。吸引中国银行、建设银行、保险公司等金融单位进驻保税区，为保税区全面运作创造了条件，并适当设立一些事业单位，协助政府完成管理监督职责，同时积极探索政府管理职能社会化，把管委会的一些管理服务职能让中介机构或企业承担。

【利用外资】 1994年全年批准项目380项（含三资项目141项，占37.1%）。协议投资总额24280万美元，协议外资额9550万美元，三资项目平均投资规模为122万美元，来保税区投资的国家和地区已超过20个，数量上占前6位的分别为：香港（152项）、美国（98项）、日本（54项）、韩国（28项）、台湾（22项）和新加坡（14项）。

保税区的项目按行业划分大致有以下几类，仓储业、加工业、工贸和物业经营、贸易业。外商主要集中在仓储业和加工业两个领域。

【出口和转口贸易】 发展国际贸易和转口贸易是保税区的主要功能。但无进出口权使一般的贸易企业很难开展国际贸易；而转口贸易又严格受地理位置和贸易经验所限。素质、经验和资金等三方面的不足，造成贸易企业运营困难，很难走上良性循环的轨道。所以，出口和转口贸易发展滞后。

【经营管理】 保税区“境内关外”的特殊性对投资者来说最具吸引力。企业面向国际市场的经营活动可遵循国际惯例；同时可享受国家赋予的各项优惠政策，得到与区外企业一视同仁的待遇。但实际情况并非如此。所以，大连保税区一方面积极鼓励有条件的企业进区从事国际贸易；另一方面从保税区各企业的实际状况出发，努力创造条件。营造比较宽松的投资环境，方便企业全方位开展进出口贸易活动，提高企业的经营素质，把保税区真正办成转口贸易和出口的窗口，推动区域经济飞跃发展。

（撰稿　杨贵言）

天津港保税区

【综合经济发展】 天津港保税区于1991年5月12日经国务院批准成立，起步区1.2平方公里，1992年9月经国家批准面积扩大到5平方公里。天津港保税区座落在天津港港区内，东南紧靠港口码头，西临天津经济技术开发区，北接港口码头规划区域，与港口形成了优势互补的独特地理位置，具有得天独厚的优势和广阔的发展前景。

天津港保税区一成立，即引起了国内外的广泛关注，迅速成为国际投资的热点，在天津市委、市政府的大力支持下，天津港保税区充分发挥自身独特的优势和良好的投资环境，吸引了众多的中外企业。1991年10月天津港保税区在全国保税区中第一个正式宣布对外招商，同年底起步区首批企业进区并开工建设。1992年4月24日保税区起步区隔离设施通过国家海关总署验收，保税区正式营运，各项政策开始实施，经过近3年的时间，天津港保税区在招商引资、土地开发、基础设施和企业运营等方面均取得了突破性的进展，走出了一条自筹资金、滚动开发、加快发展的道路，在连接国内外两个市场，促进和扩大国际贸易中发挥了特殊的作用，体现了旺盛的生命力，成为天津滨海新区的骨架和经济发展新的重要增长点。并在实践中对保税区的发展方向、管理模式、功能开拓等进行了有益的探索。

【国际贸易】 天津港保税区在发展过程中，坚持以国际贸易为导向，以国际物流为基础的办区方向，发挥国际贸易、保税仓储和出口加工等综合功能，允许企业开展包括国际贸易以及为国际贸易服务的货物中转过境、分配、加工、包装、保险、信息、国际产品展览、展示、展销等各类经营活动。也正是这些业务的发展，使保税区逐步繁荣，成为我国北方的国际贸易和货物分配中心。

国际贸易发展迅速，物流规模日益扩大。通过3年的运作，保税区国际贸易发展迅速，国际物流形成一定规模。进出区的货物总值到1994年底，已达到18亿美元。其中，进出口保税货物达5.4亿美元。天津港保税区企业贸易范围遍及全世界100多个国家和地区。保税区已成为中国北方最大的国际汽车贸易中心、稀土出口基地、高级服装、羊绒集散中心。保税区企业经营的商品已有100多大类。

转口贸易和过境运输已形成一定规模。天津港保税区具有从事转口过境贸易的综合优势，到1994年底，国际转口贸易已达6000多万美元。1994年较1993年转口贸易增长了近一倍。经蒙古的保税过境集装箱运输主要是通过天津港保税区实现的，占天津口岸大陆桥运输量的80%左右，成为蒙古国的主要出海基地。

国际商品展览展示展销市场正在形成。天津港保税区是中国保税区中第一个举办国际展览会的，1994年5月12日，天津港保税区国际商品展销中心正式开业，有50多家进入中心办公、展览、展销。1994年9月成功举办了由60余家日本包装、食品机械商参加的“'94日本包装·食品机械及材料展览会”。来自全国各企业厂家的客商前来参观、洽谈，人数超过了1.5万人次。区内有良好的展览、展示、展销条件，利用保税区的政策，区内常年的商品展览展示展销市场已形成，规模也在不断扩大。

【吸引外资】 自1991年10月对外招商以来，截止1994年底，天津港保税区已累计批准企业2631家，其中，独资企业1608家，合资企业454家，合作5家，内资企业564家。投资总额已超过20亿美元，其中外资达11亿美元。投资来自60个国家和地区及国内的20多个省市及中央部委所属企业。

1994年，天津港保税区在广泛招商的同时，着重提高项目的质量，使项目的单位投资额有了显著的提高，协议投资额由1993年平均每家66万美元提高到75万美元，外商投资企业平均投资规模也由1993年平均每家58万美元提高到1994年的67万美元。在吸引外资同时，重点做好区内注册企业工作，促使其资金到位，使三资企业资金到位率达到了47%，并有10余家外资企业相继增资，增资额达1000多万美元。天津港保税区吸引投资的另一重点工作是注重抓了大项目工作，尤其把抓大项目的落实和启动作为保税区进一步发展的突破口，下力量抓好铁道部华铁置业、邮电部器材总公司、中远集团、环渤海经济发展有限公司、德国奔驰、韩国大宇、日本伊藤忠、香港永安、俄罗斯铁赛、阿根廷新世纪、印尼光安、香港中利等一批大项目的注册落实。

保税区对外招商和迅速发展引起了国际上有实力的大企业、大商社的关注，现在，一批国际上有影响有实力的大企业，如香港新世界、德国奔驰、美国霍尼维尔、日本伊藤忠、三菱、宇德、大荣、印永汉、韩国大宇等大集团和著名商社已在保税区落户，并参与保税区开发建设。

【投资环境】 集中财力保重点建设项目，改善区域形象。1994年，天津港保税区在建设资金缺口很大的情况下，加强了资金宏观调控，采取压一般保重点的措施，集中财力抓了重点项目的建议，国展中心、集中供热、35千伏变电站、管委会办公楼竣工投入使用，高速公路保税区延长线基础全线贯通，使基础设施基本完善。到1994年底，天津保税区在基础设施方面投资已超过8亿元人民币。起步区和扩展区一期土地已均完成“七通一平”和“五通一平”，目前已开发土地面积5平方公里，形成了非常良好的硬环境，为保税区的招商、营运和发展创造了条件。

服务水平不断提高。建区以来，管委会作为区域的政府机关，根据市场经济的特点，建立并不断完善新型管理机制，不断巩固完善“一站式”审批工作模式，成立了基础配套服务中心，充实“一条龙”服务的内容等。同时，天津港保税区坚持把促进企业营运作为重点，进一步加强后续服务。根据工委和管委会的统一部署，各有关部门开展了广泛、深入的调研工作，掌握了大量的一手资料，对解决企业的问题和今后的工作思路提供了依据。并与海关密切配合，在帮助企业用足用好用活政策方面做了大量工作。针对企业提出的实际问题和困难，制定了一系列鼓励企业进区经营、帮助企业营运的优惠措施，同时海关和税务、财政等部门通过多种形式向企业讲解政策，为企业出谋划策，解决了出口中遇到的问题，促进企业扩大了出口业务。

法制建设不断完善。在总结《天津港保税区管理办法》等四项政府规章执行情况的基础上，1993 年 10 月 28 日，市人大常委会率先在我国通过了关于保税区的地方性法规，即《天津港保税区管理条例》等五项法规，使天津港保税区在法制建设方面领先于国内其他保税区。为了认真贯彻落实保税区五项法规，1994 年天津港保税区又制定出台了配套实施办法，为投资者提供了良好的法制保障，促进企业经营活动逐步走法规化。使更多的企业开展经营活动，在一年时间内使营运企业由上年的 800 家增加到 1200 多家。

为强化和发挥保税区功能，形成大的国际货物交易中心和国际物流基地，天津港保税区在发展中坚持以国际贸易为导向，以国际物流为基础，以辐射国内国外两个市场为目标，以更好地为环渤海地区、华北、西北广大地区服务为职责，她必将为加快我国对外开放和经济发展做出更大的贡献。

青岛保税区

【改善投资环境】 青岛保税区位于山东半岛西南端、胶州湾西岸，北临青岛前湾港，南靠青岛经济技术开发区，总体规划面积 2.5 平方公里。1992 年 11 月 19 日经国务院批准设立。1993 年 3 月 29 日，其一期 0.86 平方公里通过国家海关总署验收，正式对外运营。作为一个开放层次最高、政策最优惠、运作最灵活的特殊经济区域，青岛保税区与国际市场全面接轨，按国际惯例办事，在积极进行土地开发和基础设施建设的同时，招商引资和功能开发也获得了显著进展。形势喜人，方兴未艾，这对加快青岛开发区的建设发展，扩大青岛市、山东省乃至沿黄河流域各省市的对外开放，起到积极的推动作用。

青岛保税区周边环境具有独特优势。青岛是以轻纺、橡胶、化工、机械、建材工业和外贸港口、海洋科研、风景旅游为主要特色的海滨城市，又是中国 14 个沿海开放城市、15 个经济中心城市和 6 个计划单列城市之一，享有省一级的经济管理权限。是上海和天津之间最大的经济城市，在中国大中城市中居重要位置。面积 10654 平方公里，人口 675.5 万人。气候冬暖夏凉、四季宜人。经济腹地广阔，物产丰富，工业基础雄厚，门类齐全，文化教育发达，人才荟萃，内外交通便利，四通八达。青岛港为天然良港，是中国重要的通商口岸。青岛国际机场现有通达国内 30 多个大中城市的航线，并已开通了至香港、日本大阪、韩国汉城间的国际航线。青岛铁路是横贯山东省的胶济铁路终端，与全国铁路网相连接。邮电通讯设施完善，可与国内外直接通信联络，沟通信息。特别是“七五”、“八五”期间国家投资建设的前湾港、胶黄铁路、黄岛电厂二期工程及环胶州湾高速公路等重点工程，将为保税区的发展提供了极为优越的条件。青岛经济技术开发区经过 10 年的开发建设，已经建成齐全的文化教育设施，并正在兴建外商购物中心、外商娱乐中心、外商医疗中心和国际学校，为投资者提供良好的生活设施。青岛保税区经过近两年的开发建设，已经完成了一期填土工程 30 万立方米，二期填土 430 万立方米，修筑了 7.5 公里长、12 万平方米的道路和 19.66 公里长的“三水”管网。完成绿化 2.43 万平方米。部分路灯工程已竣工。完成了一期内 1 号、2 号换热站工程及部分外网工程，解决了保税区内供水、供热及通讯问题。二期开发也全面展开，前三路、前四路西段道路回填及强夯工程已经完成，道路、“三水”工程已开工建设。同时，地面建设也取得了突破性进展。厂房、仓库、办公用房已开工 30 多万平方米，竣工 5 万多平方米，中心区管委会大楼、海关大楼、商贸大楼等5栋高层建筑全面开工，有的已完成主体。青岛保税区已经树立了外部形象，投资环境日趋完善，能够满足国内外投资者的需求。

【招商引资】 青岛保税区根据自身的政策优势和所面临的形势，在抓好基础设施、改善投资硬环境的同时，牢固树立“项目是生命线”的观念，自觉增强开放意识，采取灵活多样的方法，加强工作力度，走出去、请进来、全方位、多层次地开展招商引资工作。在具体工作中突出4个重点：一是改善服务，提高办事效率，实行一个窗口洽谈项目，提供“一条龙”服务，目前，在保税区注册公司，一般在三天之内完成所有注册事宜；二是主动出击，提高知名度，利用出国招商以及各种宣传媒介，宣传保税区的投资环境，介绍保税区的优惠政策，扩大影响，激发国内外客商的投资热情；三是明确分工，加强协作，形成合力，建立项目推进程序化，保证在项目审批上实行“一站式”服务；四是打破原来政府独家招商的格局，灵活采取“以商招商”、“以商引商”、“委托招商”等多种形式，初步打开了招商局面。目前，来青岛保税区投资开发的中外客商络绎不绝。截止到1994年底，累计批准各类项目349个，合同总投资3.12亿美元，其中“三资”项目203个，合同利用外资1.13亿美元，区域和地区遍及美国、日本、香港、台湾等23个国家和地区及国内10多个省、市，一批如伊藤忠、住友等世界知名的大商社及国内济南汽车制造总厂和双星集团等有实力的大企业已经或正在入区。

【功能开发初成规模】 青岛保税区具有贸易、仓储、加工三大功能。管委会把围绕功能开发、促进企业的经营运作作为推动保税区走向繁荣的一项重要战略任务来抓，不断加强政策引导，积极为企业经营运作创造条件。一是根据国内外经济形势的发展变化，经常与海关、外汇、税务、金融等部门座谈，深入研究，适时调整和充实现有政策，推动企业能按国际惯例运作；二是多次召开注册企业经理座谈会，讲授、讲解优惠政策，帮助出点子、想办法，真正让企业从优惠政策中得到实惠，收到较好的效果；三是采取得力措施，创造市场环境和商业气氛。在保税区内先后辟建了汽车市场、建筑材料市场以及出口商品展销中心，在青岛大港辟建了4000平方米的保税区仓库，利用青岛开发区贸易总公司的外贸出口权，为入区企业服务，初步解决了保税区“孤岛”形象，有力地推动了本地区外向型经济的发展。两年多来，累计完成进出口贸易额9012.1万美元，其中进口8693.8万美元，创税收686万元。

【依法治区】 制订完善政策规章，确保保税区按规范化、制度化运作。1993年3月29日，《青岛海关对进出青岛保税区货物、物品和运输工具监管实施细则》经海关总署批准实施。1994年1月17日，《青岛保税区管理条例》经省人大通过，正式颁布实施。在充分利用国家所赋予的一系列政策的同时，根据实际情况，解放思想，开拓思路，力争突破，制定了多项与之相配套的政策、法规、办法。现已制定颁布的有《青岛保税区规划管理暂行规定》、《青岛保税区土地管理暂行规定》、《青岛保税区企业登记和审批管理办法》、《青岛保税区税收优惠的规定》、《青岛保税区外汇管理实施细则》、《青岛保税区人员和车辆入出管理办法》等规章，也已与税务、海关、公安、人民银行、外汇管理局等联系，将由主管部门与保税区管理委员会联合颁发。这些政策规章的施行，使保税区从规划到开发，从投资到办厂，从生产到经营，以及其他各个方面，基本做到了有法可依，有章可循，从管理体系上形成了依法治区的环境，从而切实维护和保障了中外客商的正当合法权益。

【经营管理】 青岛保税区管理委员会作为青岛市人民政府的派出机构，全权管理保税区内的行政事务和招商引资。保税区管委会设有精干的管理机构，拥有投资额在3000万美元以下的各类投资项目的审批权，并拥有工商税务登记、土地征用和商品检验等方面的审批权，另设立了会计师事务所、律师事务所、公证处、银行等机构。目前，机构设置尚在健全中。全体工作人员按照“新事新办、特事特办”的原则，从转变工作作风、提高业务素质入手，建立了工作程序和制度，真正做到“一站式”审批、“一条龙”服务，得到了中外客商的好评。

【发展前景】 青岛保税区将充分利用好国家给予的优惠政策，实施全面启动、重点突破的战略，起步阶段要以开展国内外贸易为突破口，带动出口加工、仓储及技术密集型、知识密集型等产业的快速发展。计划分三步走：“一年树形象、三年大变样、五年成规模”。“一年树形象”，即在一期范围内的“三水”、道路完工，地面有建筑开工。“三年大变样”，即一期范围内的基础设施基本完善，地面建设总面积达到40

万平方米左右，入区企业500家。“五年成规模”，即扩大建成区的范围，中心区形成框架，初步走向繁荣。从远景看，就是要把保税区建成四个中心：一是以进出口、转口、过境贸易为主的贸易中心；二是以仓储、运输为主的货物集散中心；三是以新技术产业为主的高新技术中心；四是以国内外信息为主的信息传递中心，进而把青岛前湾港建设成为国际性的自由贸易港口，推动整个青岛市向国际化大都市目标奋进。

（撰稿　冯剑）

张家港保税区

【综合经济发展】　1994年是江苏省张家港保税区继续加快发展、树立崭新形象的一年，也是张家港保税区功能开发全面启动、步入收获期的一年。江苏省张家港保税区继续紧紧围绕创建一流自由贸易区的战略目标，按照年初提出的“三快一高”工作思路，充分发挥保税区“境内关外”的独特优势，坚持以招商引资为中心，基础开发、项目开发、功能开发三个同步的发展方针，整个保税区开发建设继续呈现出良好的发展态势，并日益显示出带动张家港市外向型经济发展的龙头作用，成为沿江经济国际化的新的经济增长极。

——招商引资总量持续稳定增长。1994年，保税区共批准举办各类投资企业99家，投资总额3.45亿美元，合同外资2.58亿美元，到帐资金2.75亿美元。其中投资1000万美元以上的企业有张家港保税区南港发展有限公司、哈德联合石油化工仓储有限公司等14家。出现了国内外不少著名的大财团、大老板开始到张家港保税区投资兴业的新特点。1994年保税区共批租土地180亩，累计批租土地3120亩。

——客商投资项目建设突飞猛进。1994年，保税区内外共兴建各类客商投资项目20个，建设面积38万平方米，投资总额18.06亿元，全年竣工项目8个。逐年累计区内外动工兴建项目30个，建筑面积42.2万平方米，投资总额20.6亿元，竣工项目15个。1994年，保税区内外先后动工兴建的项目有：投资4000万元、楼高18层、建筑面积1.4万平方米、由海南黄金岛经济开发公司等投资单位兴建的锦帆大厦；投资4000万元、楼高16层、建筑面积1.5万平方米的海关大楼；由香港南联集团、保税区开发公司联合投资2175万元、建筑面积1万平方米的美国进口轻钢型结构仓库和投资855万元、建筑面积4400万平方米的南港仓储管理大厦；由长江城市建设综合开发公司投资5500万元兴建的高20层，建筑面积为1.75平方米的长江花园大厦；由保税区长发仓储有限公司投资855万元、建筑面积4400平方米的长发仓储管理中心；由澳门宝盛集团、保税区开发总公司投资4000万元兴建的高6层、建筑面积6000平方米的运输管理中心；由中国银行信托投资公司、香港鹏利公司等联合投资1.5亿元兴建的高31层、建筑面积4.5万平方米的国际金融大厦；由保税区开发总公司投资5500万元兴建的高20层、建筑面积1.75万平方米的长城花园大夏；由香港殷山有限公司等联合投资1.2亿元兴建的高22层、建筑面积3.5万平方米的国际发展中心；总投资1.2亿元、层高25层、建筑面积3.5万平方米的宝盛大厦。其中，当年开工、当年竣工的有1万平方米的南港标准型仓库，建筑面积各为4400平方米的南港仓储管理中心和长发仓储管理中心，建筑面积6000平方米的运输管理中心和建筑面积8000平方米的汇达露天钢材库场。

——进出口贸易蓬勃发展，功能开发快速推进。保税区内各类投资企业充分利用保税区的功能优势和优惠政策，逐步拓展进出口贸易和转口贸易。1994年保税区企业进出口货物总值达9061万美元。保税区的保税功能发挥明显，保税仓储业务激增，保税区仓库今年共进口货物达150多批次，货物品种包括汽车、发电机组、钢坯、羊毛、棉花、人造纤维、聚脂切片、纺织面料、化工原料、皮鞋等等。保税区下属经营贸易企业也主动利用保税区的特殊优势，大力拓展国内外经营贸易，取得较好的经济效益。全年各大公司共完成销售总额4.44亿元，实现利税总额2969万元。

——基础设施进一步配套完善。张家港保税区

1994年全年共投入基础设施建设资金1.2亿元，逐年累计基础设施建设总投资超过5.5亿元。全年共完成基本建设项目16项，新建成的和正在紧张建设的基础设施项目及配套设施项目有：为保税区及其配套区供电、供热、供水的保税区热电厂，作为1994年市政府10件实事之一的连接长江路及沿江公路的十字港大桥工程、思贤港桥工程及中兴桥工程，张家港市港务局化工码头2.5万立方米二期储罐工程，保税区内外总长3800米、建筑面积为5.3万平方米的D号路、仓库路、金港路向北延伸段、中华北路向北延伸段等砼路面工程，安装路灯227只，铺设路灯管线3500米，植树1800株，种植草坪8万平方米。完成沿江公路毛石路面3公里，沿江公路西段全线开通。同时，进一步完善了保税区内的电力设施和供水设施。

【工作回顾】 一年来江苏省张家港保税区的工作，主要有以下几个方面体会和做法：

一是保税区建设要迈出大步子，必须坚持在“宏观调控”中抓机遇，在敢担风险中求发展，在内外拓展中求活力。1994年，是国家宏观调控继续趋紧的一年。保税区的建设和发展在这一年遇到了大量深层次的矛盾和困难，集中表现为加快建设和资金紧缺的矛盾，资金筹措越来越困难，中方股本金难以到位，外商投资举棋不定，基础设施工程相对迟缓，投资建设项目难以如期上马和开工。国家开发建设形势日渐趋“冷”，同各界人士期盼保税区加快建设发展的热情及中外客商期待保税区加快运作的热望之间的矛盾，对招商引资带来了负面效应。在矛盾和困难面前，保税区的决策者们认真分析了形势，从解放思想、转变观念、深化认识入手，趋优避劣，扬长避短，趋利避害，及时调整发展思路，在三个方面坚定保税区建设者们加快发展的信心。一是牢固确立“宏观调控”就是机遇的信念。国家实行“治理整顿”和“宏观调控”正是为了净化国家的投资环境，整治乱开发乱铺摊子乱开放政策口子的“三乱”现象，这样就能使我国对外开放最高形式的保税区政策优势更“优”、功能优势更“特”、开放优势更“强”，中外投资者对保税区的投资欲望将会更加强烈。二是牢固确立“没有大风险就没有大效益”的信念。在国家没给一分钱的情况下开发建设保税区是前无古人的宏伟大业，本身就是一种风险。只有敢于投入、加快投入，只有坚持走自费开发和引资开发并举，项目招商和以商引商并举的路子，才能最大限度地吸纳开发建设资金，化解资金矛盾，加快保税区发展步伐。三是牢固确立在奋力拓展中求活力的观念。坚信大发展有大困难，小发展有小困难，不发展才最困难。与其在困难和矛盾面前束手就困，不如在奋力开拓进取中寻求生机，营造好加快发展的“小气候”。管委会用小平同志的“机遇”论、“风险”论和“发展生产力”论深化全体干部的观念意识，克服消极畏难、悲观等待的不健康思想，做到思想高度统一，思路及时调整，制定了适合保税区加快发展的有效对策。

二是保税区建设要迈出新步子，必须充分发挥其经济龙头作用，立足区内，辐射区外，带动周边地区开放型经济发展。1994年，张家港保税区在立足区内发展的同时，注重对区外的经济辐射，带动周边地区经济的发展，乃至整个长江流域的经济发展，努力使保税区真正成为长江流域经济困难国际化的新启动点。制定了“以港兴区，以区促港，区港联动，共同发展”的开发建设思路，在加快保税区发展的同时，注意发挥保税区的“联动效应”和“辐射功能”，逐步显示出了保税区在全市经济建设中的龙头作用。以保税区为辐射源，利用长江岸线优势，大力构建保税区配套工业区。保税区的设立和发展，不仅发展了保税区自身，而且带动了周边地区的经济发展。保税区的优惠政策，港口码头的优越条件，长江岸线的天然优势，吸引了来保税区的众多国内外投资者。针对这一经济发展的喜人形势，以保税区为辐射源，依托沿江公路，凭借长江岸线和黄金水道优势，大力构筑了保税区配套工业区，组建了为保税区服务的新兴产业生长点。这四个配套工业区分别是冶金工业区、机电产品工业区、食品加工区和化工区。目前已有6个大项目落户到这些工业区。如中美合资永旺钢铁有限公司，投资6000万美元建办的长江流域最大的船坞拆船轧钢项目，建成后年拆船能力将超过30万吨，今年一期船坞工程基本竣工；东海粮油（张家港）工业有限公司，项目总投资1.2亿美元，按照设计全部投产后年销售产值50亿元，是目前全国最大的现代化粮油系列加工项目；香港哈德公司投资2000万美元建设的液化气码头项目等等。同时，在张家港市的大新、德积、中兴、双山，后塍、港区、南沙等工业卫星镇，一大批以保税区为“窗口”和“集散地”的工业项目都正紧张施建。一个依托张家港保税区，凭借长江优势，沿江大开发大开放的热潮正在形成，成为了保税区发展中的新的生长点。呼应上海浦东开发，当好推动长江流域经济发展的“二传手”。1994年，张家港保税区审时度势，提出了张家港保税区不仅是江苏省的保税区，更是长江三角洲乃至整个长江流域的保税区，保税区的优惠政策应该为长江流域沿江开放城市所共享共用，共图扩大开放、发展经济大业的功能拓展战略。保税区先后多次到上海、南京、武汉等大中城市进行招商活动，加强了长江流域地区的经济贸易联系，同时吸引了一大批国内沿江大中型企业及贸易企业来张家港保税区设窗口、办企业。特别是11月份在武汉成功举行了“张家港’94武汉商情介绍会”，宣传保税区政策，扩大保税区影响，在江城引起了轰动，武汉136家企业和单位的领导出席了会议，加强了经贸联系。张家港保税区第一次打出了“长江牌”，并为保税区的功能服务领域进一步向长江中上游地区推进积累了经验，为今后在长江流域发展打下了坚实的基础。

三是保税区建设要迈出快步子，必须借鉴国际自由贸易区的通行做法，深化改革，扩大开放，积极探索保税区独特发展之路。保税区是当前我国改革开放的高级形式，也是改革开放中出现的新事物。如何借鉴和参照国际自由贸易区惯例，探索保税区独特的发展之路，一直是张家港保税区发展的重要命题。1994年，主要在以下几个方面作了大胆的尝试：一、改进招商方式，扩大引资领域。招商引资始终是保税区建设和发展的头等大事。继续全方位、多层次地开展招商引资活动，先后到美国、加拿大、韩国、日本以及国内的深圳、北京、上海、厦门、南京、武汉等地招商，使张家港保税区成为中外客商踊跃投资的新热点，并走出了一条以国内招商与国外招商并举，项目招商与贸易招商并举，自己招商与外商招商并举，商情介绍与项目洽谈并举，大项目与中小项目并举为特色的新路子。特别是11月份，张家港市市长、保税区管委会常务副主任胡剑鹏随李岚清副总理率领的中国贸促会代表团赴美访问招商，进一步扩大了张家港保税区在美的影响，结识了一批大财团老板，与美国国际集团、美国ADM公司、美国雪佛龙公司、美国太平洋公司签订了合作协议。从而使张家港保税区走出亚洲，走向世界，实现了引资领域由东南亚向欧美国家的转移。二、规范企业管理，加快功能开发。10月份张家港保税区首次召开了保税区企业工作会议。这次会议以通报情况、交流经验、学习政策、规范管理为手段，紧紧围绕发挥优势、搞活机制、抢抓机遇、加快发展的目标，共图繁荣保税区大业。128家已在保税区注册登记的企业负责人参加了这次会议。专门请了一批优惠政策用得足、营运操作方法活、国际贸易效益好、功能开发成绩大的企业在会上介绍了经验，请保税区海关的领导对优惠政策的利用和操作作了讲解，保税区管委会的领导逐字逐句宣讲了保税区的优惠政策、功能优势和运作方式，对保税区企业抢先用足政策，抢早用活政策、抢快运用政策，率先建立全新的经营机制，走出一条适合保税区企业发展的具有特色的新路子发挥了重大作用。三、改善服务功能，优化投资环境。随着保税区开发和建设的深入发展，逐步建立了全新的服务功能和管理机制，为保税区企业提供优质的投资环境。首先，全面推行了工程项目招标制，从设计到施工，实行公开招标，公平竞争，综合评估，一次拍板。实现了工程项目设计施工的优、快、好、省。同时，向珠海特区学习，积极尝试了施工承包单位带资施工的办法，一定程度上缓解了建设资金到位难的矛盾。其次，组建了保税区项目开发工程部和建筑工程管理处，将建设用的水、电等基础设施纳入了统一管理，改善了水、电供应质量，确保了工程建设速度。同时，依法对各建筑施工企业的资质审查、工程质量、建筑队伍、建筑市场等实行综合管理，使保税区的工程项目建设逐步实现文明化、规范化、科学化、有序化。第三、组建了一支30人的保税区保安队伍，强化了对保税区的治安安全管理，并于1994年5月份全面实施了对入出保税区人员和车辆的管理，实现了初步封关，对保税区功能开发和项目建设的发展提供了一个良好的环境。

1995年，张家港保税区将继续以邓小平同志建设中国特色社会主义理论为指导，坚持从实际出发，进一步发挥保税区的独特优势和潜在功能，以抢抓机遇、扩大引资、加快发展，树立形象为主线，招商引资抓到帐，项目建设抓速度，投资环境再优化，功能开发迈新步，各项工作争一流，努力把保税区发展成为江苏省外向型经济发展的龙头。

外高桥保税区

【综合经济发展】 上海市外高桥保税区是1990年6月由国务院批准正式成立的国内最大的保税区。1994年是上海"一年变个样、三年大变样"的最后一年。也是外高桥保税区基础建设出形象、功能开发出效益的一年，在这一年中，保税区无论是在招商引资、基础设施建设、出口加工，还是进出口贸易、企业经营效益、财政税收方面，都进一步显示了保税区作为新经济生长点的蓬勃活力。

1994年，外高桥保税区共完成社会总产值达64.58亿元，比1993年增加1.56倍，实现国内生产总值14.19亿元，比1993年增加2.96倍。保税区内的企业销售（经营）收入达100.12亿元，比1993年增加7.6倍，实现利润总额6.64亿元，比1993年增加7.2倍。

在企业经济效益上升的同时，区内各种税收也在持续增长。1994年，外高桥保税区共完成各种税收金额2.37亿元，比1993年增加6.2倍。其中，海关关税收入0.21亿元，占10.1%，海关代征税0.25亿元，占11.9%，其他税收额1.62亿元，占78.6%。

【功能开发】 1994年，外高桥保税区国际贸易、出口加工、保税仓储三大功能开发全面起动。全年各类商品的进出口额达11.04亿美元，比1993年增加2.45倍。其中，商品出口额为3.16亿美元，比1993年增加99.8%；进口商品7.89亿美元，比1993年增加3.86倍。国内贸易方面，1994年，外高桥保税区实现国内商品销售总额51.32亿元，与此同时，保税区生产资料交易市场日渐繁荣，全年商品交易额8.5亿美元。

1994年保税区内已投入正常生产的出口加工企业有13家（另有6家处于试生产期），共完成工业总产值达12.71亿元，比1993年增加12.5倍，实现销售收入13.21亿元，其中：自产品销售收入为6.77亿元，占51.2%。

【招商引资】 1994年，外高桥保税区共批准投资项目615家，占累计批准投资项目1380家的44.6%。其中，外商独资企业274家，中外合资企业101家，内资企业240家，分别占当年累计批准企业的44.6%、16.4%和39%。

1994年，保税区共吸引投资5.12亿美元，占累计吸引投资额的20.4%。其中，协议吸收外资2.89亿美元，占当年投资额的56.4%，占浦东新区当年协议吸引外资额的11%。

在保税区累计投资的1380家企业，总投资额达25.11亿美元。这些项目显示了如下的特点，即一是外资比例大，外商投资企业有909家，投资额达17.66亿美元，项目数和投资额分别占总项目数和总投资额65.9%和70.3%，占整个浦东新区累计外商投资企业数和投资总额的34.10%和17%。二是国际贸易公司居多，在总共1380家企业中，贸易型、出口加工型、仓储型企业分别为1139家、122家、56家，分别占82.5%、8.8%和4.1%。三是大型跨国公司纷纷进区，投资额在500万美元以上的项目有97个，总投资达14.1亿美元。四是投资来源多样化，共有39个国家或地区的企业以及国内23个省、市的企业和部分中央部属企业在保税区投资注册。投资额列前四位的国家或地区分别为：香港、美国、日本和台湾。

【投资环境】 外高桥保税区规划占地面积为10平方公里，分两期开发。首期开发的4平方公里区域，分为4个功能小区，自北向南依次为仓储区、自由贸易和管理中心区、出口加工区和生活区。经过3年的开发建设，保税区的交通条件已日臻完善。保税区的北部有4个万吨级码头泊位，可停靠10万吨以下的各种大轮，设计年吞吐能力达240万吨，已开通8条国际班轮航线。浦东国际机场已进入建设的前期阶段，设计共有4条跑道，到2000年前将首先启用第1条跑道，机场距保税区仅有34公里。宽50米，长24.5公里的浦东新区南北向主干道——杨高路，直抵保税区，与杨浦大桥、南浦大桥、内环线高架构成内环线，将保税区与浦东、浦西连为一体。通过保税区的浦东铁路已于1993年10月开工，建成后将与沪杭复线与京沪复线接通。

保税区内已开通5000门程控电话，并正在建设共8座总容量为35万门的电话局站，可为客户提供卫星通讯、数据通信及邮政快递等服务。设在保税区东面的外高桥电厂总装机容量为540万千瓦，第一期工程4台30万千瓦的发电机组已于1994年底并网发电。保税区内的供水、供气、排水、排污设施已全面具备，为客商在保税区内顺利地开展生产经营提供了良好的条件。

1994年，外高桥保税区共完成固定资产投资40.41亿元，占保税区固定资产累计完成额的57.9%，比1993年增加77.1%，房屋建设面积达307.2万平方米，比1993年增加79.9%。其中：房屋竣工面积完成73.1万平方米，比1993年增加1.57倍。

在贸易与管理中心区已开工兴建的11幢办公大楼中，已有外高桥大厦（高22层、建筑面积3.1万平方米）和汤臣国贸大厦（高25层、建筑面积5万平方米）结构封顶，进入装修施工，预计1995年底之前竣工启用；出口加工区继JVC、斯迈克、霍普洛夫等20家企业产品出口创汇之后，又有高信城、东申实业、高扬烟草、奥吉实业等一批企业的厂房竣工投产，开展仓储、加工和贸易业务。仓储区中已有外红公司、浦东国联等近10家企业开工兴建，已有4万平方米的仓库及堆场建成。

生活区内总投资达3.2亿美元、总建筑面积为44万平方米的高级住宅小区——上海阳明山庄已正式动工兴建。总面积达2.2万平方米的商业一条街投入营业。商场、菜场、饭店、理发、照相、诊所、娱乐城等十几家商业、卫生、服务设施，给居民及广大投资者以极大的便利，大大改善了保税区的生活环境。

保税区内第一座为投资者服务的高级商住楼——外高桥公寓酒店已在生活区中建成开业。这座由三幢主楼和大型商场娱乐餐饮等服务中心构成的三星级多功能商住楼，可为区内投资者提供良好的居住、休闲服务，标志着保税区的投资环境得到了进一步的改善和提高。

宁波保税区

【综合经济发展】　宁波保税区于1992年11月19日经国务院批准设立，至1994年10月18日宁波保税区整个开发区域顺利通过海关总署验收，国家赋予保税区的各项特殊优惠政策全部付诸实施，并正式进入实质性启动运作阶段，这是中国大陆目前开放层次最高、政策最优惠、对外开放度最大的特殊开放区之一，也是中国建设社会主义市场经济的超前试验区。

宁波保税区位于中国大陆沿海的中段，东经121°53′，北纬29°56′，规划面积2.3平方公里。区内按照国际上通行的自由贸易区功能设计，确定了金融贸易、出口加工、保税仓储等既相互独立又相互衔接的功能小区。保税区以国际贸易为主导，积极拓展转口贸易、过境贸易、出口贸易，开展为贸易服务的加工、整理、包装、仓储、运输、商品展示、信息咨询、金融保险等业务，为扩大对外贸易、发展外向型经济服务。

1994年，宁波保税区按照社会主义市场经济构想和国际自由贸易区运作惯例，在建设有中国特色的一流自由贸易区总目标下，注意充分发挥和挖掘保税区的政策优势和功能优势，扎实开展形象年建设活动，狠抓了保税区国际商贸功能的开发，加快与功能开发相配套的软硬件建设，进一步开展全方位、多层次的对外招商活动，大大加快了开发开放步伐，从而初步确立起了宁波保税区的国际贸易形象、开发建设形象、全新的组织管理形象和良好的社会形象。

1994年，宁波保税区累计完成固定资产投资3.86亿元，其中基础设施建设投资1.25亿元，房地产投资2.61亿元；累计引进企业1232家，总投资10.81亿美元，其中外商投资企业207家，总投资2.18亿美元，合同利用外资1.48亿美元，实际利用外资1亿多美元。保税区的功能优势有了较好发挥，保税区进出口货物总值累计达到36850万美元，其中出口8396万美元，进口28454万美元。随着国内外贸易的全面启动，保税区的经济效益日趋好转，

1994年，全区企业实现利润超2亿元。

【投资环境】 宁波保税区依托中国大陆最大的深水泊位群——北仑港，毗邻"黄金水道"长江的入海口和国际远洋运输的主航线，背靠宁波市城区中心和经济发达的长江三角洲经济腹地，并与已进入大规模开发建设阶段的宁波经济技术开发区紧密相连，其经济辐射可达我国最富庶的长江流域，经济联系直接面向整个东亚及环太平洋地区，是发展转口贸易的理想区域。目前，与港口相配套，为保税区开展国际贸易服务的萧甬铁路干线复线、宁波国际机场以及直达港区的在建沪杭甬高速公路、国际程控电话网络等基础设施日臻完善，宁波保税区的投资环境日趋优化。

1994年是宁波保税区的形象年。宁波保税区按照软硬兼顾的原则，在大力增加投入、改善硬环境的同时，切实增强服务意识，改善投资软环境。

以"形象年"为中心，保税区的开发建设迈出了新步。在'94形象年活动中，宁波保税区采取各项措施，引导、鼓励开发企业增加投入，加快建设进度，已基本实现"六通一平"(通路、通电、通水、通讯、通排水、通排污、平整土地)。区内转让土地的15家开发商已全面动工建设，开工面积累计达到40多万平方米，有10来幢标准厂房、保税仓库投入使用，6幢商贸用高层建筑拔地而起。其中16层海关大楼完成主体结构封顶，32层国发大厦至1994年底完成22层。

以改革为突破口，按国际惯例办事的运作机制已初步形成。以深入开展思想解放大讨论活动为契机，进一步转换脑筋，根据宁波市政府提出的率先在"两区一岛"进行社会主义市场经济新体制改革试点的要求，大胆探索，积极推进综合配套改革，按照国际惯例，制订完善了有关政策规章和内部管理制度，进一步简化办事程序，大力发展社会化中介服务组织，在保税区内基本形成了"一站式"管理、"一条龙"服务的功能，大大提高了办事效率。

以现代化管理为先导，覆盖整个保税区的计算机网络工程开始实质性启动。为加快实现保税区与国际、国内两个市场的接轨，确保信息畅通，提高办事效率，宁波保税区开始组织实施覆盖整个保税区的计算机网络工程，以逐步实现报关自动化、纳税申报自动化、投资咨询自动化、市场信息联网和信息资源的共享。

【利用外资和国际贸易】 宁波保税区把招商引资作为关键环节来抓，组建了宁波保税区招商中心，出台了宁波保税区《招商管理暂行办法》和《招商实施细则》，采取"政府集中招商和开发企业分散招商"相结合的办法，开展了全方位、多层次的对外招商活动，先后集中组织企业赴境内外参加大型招商活动8次，接待中外客商1万多人次。通过招商引资，全年引进各类企业347家，投资总额2.02亿美元；其中外商投资55家，投资总额6056万美元，合同利用外资4068万美元，均比上年有大幅度的增加；生产性企业试投产1家(三资企业)；非生产性三资企业开业60家。日本滕田公司、丸红公司、伊藤忠、住友商事、德国汉姆公司、韩国三星等国际知名大公司、大财团开始涉足宁波保税区，洽谈合作事宜。

狠抓了以国际贸易为主导的功能开发，保税区的功能优势有了较好发挥。组建了外贸服务中心，为进区企业开展进出口代理服务；鼓励企业开展委托区外企业加工业务，发展出口贸易；鼓励区内企业面向全国经营综合性生产资料，以石化交易所为主体的保税区国际性期货交易市场和以保税区生产市场为主体的现货交易市场已投入运营，为实现国内市场与国际市场接轨创造条件。据统计，1994年，宁波保税区进出口货物总值达到27390万美元，其中出口5902万美元，进口21488万美元。

【发展思路】 宁波保税区今后发展思路是：按照宁波市八届党代会提出的把宁波建设成为现代化国际港口城市的要求，坚持"先行、示范、带动、辐射"的方针，进一步加大招商力度，以招商带动区域功能的拓展，以招商促进区域形象的树立，并相应改善软硬投资环境，努力做到"三个转变"，即从单纯依靠某一优惠政策寻求发展转向充分利用保税区功能拓宽经营路子，从单纯着眼于国内市场转向以国际市场为导向、国际和国内两个市场一起抓，从单纯着眼贸易转向贸易和实业一起上。

具体来说，要在以下六个方面实现重点突破：一是要在营造港区组合优势上实现新的突破。保税区的长远发展，离不开港口的支持，港口的发展，也需要保税区的依托，两种优势的叠加会产生乘数效应。为此，宁波保税区准备加强港区连动战略的研究，大胆探索，把深水良港北仑港的港口优势和保税区的功能优势有机地结合起来。二是要在腹地(市、区)连动上实现新的突破。一方面，要加强宣传，提高宁波保税区在长江沿岸省市的知名度，吸引更多的企业尤其是正在走向国际市场的企业和开发公司，来共同拓展保税区功能，从而为沟通保税区与腹地的物流创造条件。另一方面，要让保税区直接依托的市域腹地经济，率先利用保税区的特殊优惠政策和功能优势，促进技术进步，加快国际化进程。三是要在国际融资上实现新的突破。在争取外资银行设立分行、综合开发企业B股上市、利用BOT方式吸引外商参与保税区建设、鼓励骨干企业在国外设立分支机构等方面下好功夫。四是要在对外招商上实现新的突破。招商工作要改坐等上门为主动出击，改泛泛招商为有针对性的招商，力戒形式，注重实效。重点要“突出三个大，抓好四个一”。突出三个大，就是要主攻海外大公司、大财团，主攻国家级大公司，主攻保税区腹地大公司这三个重点。抓好四个一，就是要建立一个机制，即建立保税区招商激励机制，实施《宁波保税区招商管理办法》及招商奖励政策；培养一支懂政策、法规、熟悉涉外经济业务的招商队伍；形成一个多层次多渠道的招商网络；建立一个招商情报资料库。五是要在开发建设上实现新的突破。1. 要加快确立保税区实体形象。在抓好现有房地产在建工程进程的基础上，本着抓两头的指导思想，一方面制订扶持措施，进一步调动区内房地产开发商的积极性，继续开发区内的房地产项目，通过努力，把金融贸易区建设成为样板区域。同时，通过对外招商，积极引进外资，加快开发进程。2. 办好保税区房地产交易中心，规范保税区内房地产交易行为，加快保税区规划建设管理与国际惯例接轨的进程。六是要在运行机制上实现新的突破。按照社会主义市场经济体制构想和国际自由贸易区运作惯例，超前进行经济体制和行政管理体制的改革。同时要按照管理现代化的要求，利用现代计算机技术和通信技术，建成管理中心计算机网络系统。

福州保税区

【综合经济发展】 福州保税区于1992年11月19日经国务院批准设立，1993年1月18日经海关总署验收投入营运。截止到1994年末，累计批准设立企业174家，总投资2.1亿美元。其中，已批准三资项目125个，投资额1.31亿美元。1994年实现社会总产值95567万元，比上年增长151.4%；财税收入实现零的突破，达347万元。全年进出区货物总值2.5亿美元，比上年增长134.6%，进出口货物总值1.08亿美元，比上年增长147.9%，其中进口货物总值8591万美元，比上年增长167.6%，出口货物总值2228万美元，比上年增长92.9%。海关税收7326万元，比上年增长174.5%。保税区的功能得到了初步发挥。

基本建设步伐加快。1994年新开工建设面积15万平方米，竣工3.7万平方米。二期范围的隔离网施工任务顺利完成。国际商品展示一条街和保税生产资料交易市场建成投入使用。新出让土地使用权面积40433平方米，10多家企业动工兴建。建区二年多来，完成基建投资2.2亿元，已建成保税仓库、出口加工厂房、综合楼等建筑面积23万平方米。区内范围供水、供电、道路、通讯等主要基础设施基本配套。

招商引资和进出口贸易取得突破性进展。1994年保税区利用周年庆典等活动积极开展招商引资，取得良好成效。全年新批准企业92家，总投资5292万美元，随着大批贸易型企业入区注册营业，进出口业务飞速发展，进出口货物总值比1993年增长近1.5倍。建筑面积达1万多平方米的保税区生产资料市场顺利启动，许多进口保税物资如橡胶、汽车、建材、DOP等重要生产资料进场交易，缓解了福建省部分紧俏生产资料供应的紧张局面，初步实现了保税区物资无形市场向有形市场的转变，作为国际市场与国内市场的“连接点”，已成为福建省保税物资供应的重要渠道。

投资项目审批实现了与国际惯例接轨。在试行的基础上，1994年8月在区内全面推行了《福州保税区外商投资企业登记管理办法》。实行项目登记制改单一的直线程序为复合的同步程序，投资者从领取《外商投资企业项目登记表》核准企业名称，到取得《企业法人营业执照》，平均只要6个工作日。

保税港建设已纳入日程。福州保税区是全国唯一拥有港口的保税区，且具有近台优势和台商投资区的政策优势，有关部门已同意将福州港青洲作业区划入福州保税区。福州港青洲作业区拥有第一代集装箱万吨级码头一座（最大靠船吨位为1.5万吨），万吨级粮食杂货码头1座，码头总长410米，前沿水深10.3米，港区面积18.9万平方米。两个泊位的设计年吞吐能力为88万吨（其中集装箱6万标箱折合46万吨）。后方堆场面积1.32万平方米，道路4.035万平方米，仓库1.32万平方米，生产和生活辅助建筑1 36万平方米。主要设备有从德国进口的集装箱卸桥1台；进口集装箱堆场轮胎式龙门吊6台，国产10吨门式起重机2台，其他各类流动机械96台。

提出“两区对接”的设想。保税区作为一块高度开放的特殊区域，在发展国际贸易、出口加工和保税仓储方面具有很大的灵活性，福州保税区具有近台和港口优势，台轮可像国际轮船一样直接进保税区码头装卸货物，自由出入。利用保税区的优势与台湾的高雄、云林、楠梓、台中等实行特殊政策的出口加工区实行“两区对接”。即在目前海峡两岸不通邮而通信，不通商而通货，不通航而交流的特殊阶段，以两区工商企业的经贸合作为内容，以民间、企业间“结对子”的形式，遵循国际经贸惯例，按照优势互补、平等互利的原则开展多渠道、多层次、多形式的经贸合作，以此为起点，共同探讨“两岸直航”的途径。1994年9月26日，在福州保税区（香港）记者恳谈会上，福州市副市长兼福州保税区管委会主任黄玉立同志提出了“两区对接”的具体设想。这一设想得到了福建省委、省政府和福州市委、市政府的肯定，并呈报中央政策研究室和国务院政策研究室，现已被中国政策科学研究会选定为研究课题，进入了实质性的政策研究之中。

【投资环境】 福州保税区地处闽江下游福州马尾港。马尾属亚热带海洋性气候，气候温和，四季如春。经过二年多的建设，福州保税区已经初步形成了符合国际惯例的投资环境。

交通发达。福州保税区交通四通八达，铁路、公路、海运、空运一应俱全。福马铁路从保税区经过并向浙江温州延伸104国道横贯区内，与福州市区有一级公路相连接；马尾港现有万吨码头10个，年吞吐量千万吨；福州保税区是目前中国大陆唯一有港口的保税区，国务院特区办和海关总署已同意将年吞吐量650万吨的新码头——福州港青洲作业区划入保税区，福州保税区将成为保税港；保税区距福州义序机场30公里，与建设中的长乐国际机场相距仅20公里。

通讯便捷。保税区所在地的开发区，已建成有一万门容量的程控母局，可直拨世界各主要城市，方便迅速，还可提供现代化的邮电服务。

水电丰裕。装机容量140万千瓦的福州华能火电厂与保税区隔江相望，有专门输变线路引入区内。保税区濒临闽江，现有水厂日供水能力10万吨，企业还可直接取用闽江淡水。

人才济济。保税区所依托的福州及马尾城区，有多所大专院校、科研院所和众多的各类中等专业学校、职业学校，每年可向社会提供大量的各类专业技术人才。

基础设施完善。保税区土地平整，区间道路完善，电缆沟和排水、供水管道及通讯管网配套齐全。竣工标准厂房、保税仓库、生产资料市场等建筑面积23万平方米。

政策优惠。福州保税区除享有国家赋予保税区在财税、关税、金融、贸易等各方面特殊优惠政策外，还可享受国家赋予国家级开发区、台商投资区、高科技园区的相关优惠政策。

服务优质高效。建区二年多来，福州保税区建立健全了各类管理、服务体系。海关、商检、边检、金融、工商等涉外机构完备；参照国际惯例先后颁布实施了《福州保税区条例》等一系列法规，让投资者有法可依，有章可循；推行投资项目登记制，试行海关申报登记制、税务代理制和纳税申报制，简化办事程序，缩短工作流程，提高工作效率。福州保税区设有外商投资服务中心、报关行、律师事务所、会计师事务所、保险公司、民航机票代购处等服务机构，为区内企业提供高效、优质的服务。

【利用外资】 1994年，福州保税区作为福州市对外开放的重点，加快了引进和利用外资的步伐。全年新批准进区项目92项，总投资5292万美元，其中三资项目51个，合同利用外资3366万美元。保税区建区二年来累计批准进区项目174个，总投资21004.51万美元，累计三资项目125个，累计合同利用外资13116.5万美元，实际利用外资达9308万美元。

外商投资者国别不断增加。1992年保税区批准的4家外商投资者全部来自香港，1993年外商投资者国别新增日本、美国、台湾、泰国等国家和地区，1994年又新增加拿大、法国、德国、印尼、马来西亚、韩国等国家，在短短的二年时间里，已有10多个国家和地区的企业和个人到福州保税区投资兴业。福州保税区的国际影响和知名度正不断提高。

三资企业已成为福州保税区的投资主体。建区以来批准的三资项目占全区批准进区的项目总数的71.83%，合同利用外资占进区企业总投资额的62.77%。三资企业的产值、进出口货物总值、税收在保税区内所占比重均在70%以上，占据主导地位，出现了生融、大裕、周生生、龙马、福盛、宝盛等一批外资重点企业。福州保税区作为对外开放的“窗口”功能初步得到发挥。

福州保税区内三资企业大多为贸易型企业。从已批准进区的125个三资项目来看，经营范围均为国际贸易、转口贸易、区内贸易、区内进出口贸易及代理，以及为商贸服务的保税仓储、出口加工、商品展示、配套运输、金融保险等业务，区内企业经营范围没有明显的差别，这一特点的形成，一方面是由保税区作为具有中国特色的自由贸易区的性质和功能所决定的，另一方面，与福州保税区有意识地放宽企业经营范围有关。除国家明文限制的项目外，福州保税区对企业经营范围不做严格限制，只作大类上划分，企业取得营业执照后，可以什么赚钱就经营什么。

保税区在福州市经济技术开发区招商引资中的地位和作用日益突出。保税区作为中国大陆最开放、政策最优惠的特殊区域，备受国内外客商的关注。福州市经济技术开发区在招商引资活动中，加大对福州保税区的宣传力度，打好这张“王牌”，取得明显效果。1994年仅占福州开发区总面积0.8%的保税区批准入区项目92个，占福州开发区全区新批准项目数的69.8%，其中批准三资企业项目51个，占福州开发区全区新批准三资项目的57.4%，保税区在福州开发区招商引资中的地位和作用日益突出。

【出口与转口贸易】 1994年，频繁而富有成效的投资贸易洽谈活动为福州保税区拓展出口和转口贸易创造了良机。除积极参加省、市组团赴香港投资贸易洽谈会、厦门“9·8”贸易洽谈会、福州十月国际招商月等大型招商引资和贸易洽谈活动外，福州保税区还通过举办福州保税区投入营运一周年庆典和保税区生产资料贸易市场开业典礼等活动开展招商引资和贸易洽谈活动，为保税区国内外企业创造了拓展出口和转口贸易的良机，福州保税区出口与转口贸易迅速增长。全年出口与转口货物总值达2228万美元，比上年增长92.9%，其中国际转口货物130万美元，比上年增长85.7%；国内产品出口2098万美元，比上年增长93.4%。

国内产品出口货物主要有竹制品、茶叶、烤鳗、木材、石材、皮革、工艺品、电子产品、鞋类、纺织品、机械等，出口货物主要是工业制成品。商品销往日本、香港、菲律宾、新加坡、泰国、加拿大、美国、澳大利亚、法国、英国、罗马尼亚、匈牙利、瑞典、俄罗斯、芬兰、古巴等遍及世界五大洲的数十个国家和地区。汽车是1994年福州保税区国际转口贸易业务经营的主要商品。

新批准进入保税区经营国际贸易的企业大量增加。随着国内外企业对福州保税区便捷的通关手续、优惠的政策及保税区在国际贸易中独特作用的认识不断提高，大批企业纷纷入区注册公司。1994年保税区新成立从事国际贸易的企业达92家之多，比前两年成立的企业总和82家增长12.2%。其中三资企业51家，内资企业41家，总投资额达5292万美元。区内累计经营国际贸易的企业总数达174家，累计总投资2.1亿美元。区内从事国际贸易的企业大量增加和经营实力的增强，特别是国内拥有进出口权的企业在保税区内注册公司，是推动福州保税区出口及转口贸易迅速增长的主要原因。

出口与转口贸易渠道不断拓宽。保税区内有实力的企业纷纷走出国门，在境外设立窗口和办事处，直接参加国际市场竞争，占领国际市场。如三木集团在罗马尼亚、新加坡、香港、毛里求斯、贝劳等地设立分公司和办事处，使该公司国际贸易业务有了突破性进展。随着拥有进出口权的企业在保税区注册营业，工贸、技贸、商贸、贸贸联营的开展，一批出口商品基地的建立，为国内产品出口开拓了货源渠道。

出口贸易潜力进一步增强。随着中华映管、JVC、南亚合板、瑞闽铝业等大型外向型三资企业项目在福州开发区落户，福州保税区出口贸易的潜力进一步增强，前景广阔。

【经营管理】 福州保税区在经营管理上具有五个方面的特点：

管理机构精简高效。福州保税区本着“小机构、大服务”的宗旨设置管理机构，由保税区管委会与海关两家共同管理。保税区管委会与开发区管委会实行“两块牌子，一套人马”，代表福州市人民政府对保税区实行统一领导和管理，行使对规划、项目、土地、基建、房产、环保、公共基础设施等方面的管理职能，区内仅设保税区管委会办公室负责管理日常事务。海关对进出福州保税区的货物、物品和交通运输工具实行监管。政府其他管理机构不进区，在区外执行其业务职能，真正做到机构精简，人员精干，效率高，服务好。

建立健全法规，坚持依法治区。福州保税区参照国际惯例先后制定颁布实施了《福州保税区条例》、《中华人民共和国福州海关对进出保税区货物、运输工具监管实施细则》、《福州保税区商品展览管理办法》等一系列法规条例和规章，使投资者进区投资获利有法可依，有章可循。

简化办事环节，缩短工作流程。第一，推行投资项目登记制，凡国内外企业在福州保税区投资办公司，投资者只要提供“商业登记证”、“公司资信证明”、“公司章程”等文件资料即可向工商局申领营业执照，六个工作日即可办结公司注册登记手续，取得中国企业法人营业执照，开展营业活动。第二，试行海关申报登记制，凡保税区内企业开展进出口业务，其进出口货物只需提交购货发票，装船单等单证，填报进出口货物登记表即可办结海关手续。通关手续简便、快捷。第三，试行税务代理制和纳税申报制。保税区内企业可以委托经税务部门确认的税务代理咨询机构或会计师事务所代为建帐，办理财务会计事宜，代向税务部门申报纳税，由此企业可精减人员，减轻负担。

放宽经营范围，降低投资额度。在福州保税区注册成立公司，除国家明文限制的项目外，对企业经营范围不做严格限制，只做大类上划分，取得营业执照后，可以什么赚钱就经营什么。同时规定，在福州保税区注册成立贸易公司最低投资额外资企业仅为10万美元，内资企业为50万元人民币。

建立中介机构，提供方便服务。福州保税区设有外商投资服务中心，为外商提供投资咨询、编制报批文件、代办工商登记、税务登记、海关注册、银行开户、申领批准证书等手续。同时，在福州保税区内还设有报关行、会计师事务所、保险公司、民航机票代购处等服务机构，为区内企业提供快捷、方便、优质的服务。

广州保税区

【投资环境】 广州保税区位于广州市东缘，公路、铁路、水路交通便利，整体投资服务配套设施完备。这里拥有华南最大的对外通商口岸，黄埔新港和新沙港两大国际港口年吞吐量超过2000万吨。区内自建两个码头，其中设计年运量5万个集装箱的3000吨级广保通码头已投入使用。广深铁路夏园编组站、广深公路、广深珠高速公路、穗港客运码头等，为保税区的客货运输提供了极大的便利条件。区外已建成的装机容量分别为2×9，490千瓦和2×12，000千瓦的两座发电厂，保证了区内企业每周7天连续供电。装机容量为6000门的程控电话系统可拨通世界100多个国家和地区。作为实现无纸报关、无纸贸易重要手段的EDI网络系统，已于1994年开始试用于报关，她将大量同区内企业联网，为保税区企业优化通关环境，加快通关速度，实现无纸办公，提供现代化的技术保障。

广州保税区经过短短的两年多时间建设，投资20多亿元，将昔日一片蕉林滩涂建成了集多种功能于一身的自由贸易区的雏型。区内完成了“六通一平”；商品贸易展示场所、保税仓库、海关货检场、综合写字楼等开工面积达44万平方米。拥有目前广州规模最大、档次最高、服务设施完备的保税仓库群。新落成的商品贸易展示街，建筑面积11万平方米，拥有1880多个商业单位，她与陆续建成交付使用的其它展示场所和仓库群共同构成规模宏大、功能齐全的各类专业性生产资料交易场所，成为国际、国内两大市场的交汇处所，共同构成永不闭幕的进出口商品交易会和世界商品博览会。

广州保税区的所在地广州市，是广东乃至华南地区的交通通讯枢纽和最大的贸易口岸，拥有我国与东南亚、中东、澳州、欧洲、非洲各国海运距离最短的大口岸，港口年吞吐量列全国第三。广州市的经济综合实力和对外贸易额均在全国前列。广州改革开放十六年所形成的物质基础和改革观念、创新意识，广州对广东省乃至华南地区的辐射力和聚合力，成为广州保税区的可靠依托。

【综合经济发展】 1994年，是广州保税区基本建设全面铺开，招商引资工作广泛开展，国际贸易功能初步发挥的一年。

在基础设施和重点工程建设方面。区内已实现“六通一平”；全区开工面积44万平方米，其中：仓库面积37万平方米，办公楼6万平方米，基础设施5850平方米，开工项目38个。几项重点工程建设进展顺利：11万平方米的商品贸易展示街已经建成，并完成大部分的招租和出售工作。区内自建的两个码头：广保通码头第一期工程已于6月份完成，设计年运量5万个标准箱的两个3000吨泊位已投入使用，8月份首航运营以来，每月吞吐1000个标准箱以上；广保码头也在5月份奠基动工。海关货检场已完成货检台及海关现场临时办公室建设，报关大楼已全面动工。上海电气、宏利、康胜等十多家仓储工程已陆续建成交付使用，目前，全区共建成仓库5.5万平方米。过渡性办公楼已经建成，管委会、海关、工商、税务等单位已进驻集中办公。保税区海关自动报关系统——EDI网络工程已通过专家论证，被列为广州市重大技术攻关项目和广州市EDI首批试点项目，并正式投入建设，海关报关软件亦已进行试用。

在招商引资方面。先后赴香港、美国等地进行了四次大型的招商活动外，并接待了来区洽谈投资贸易的国内外客商约2000人次。1994年共批准注册企业673家，投资总额24.68亿元人民币，其中外商投资企业77家，协议利用外资6816万美元。

在经营贸易方面。全年进出区货物总值11289万美元，转口货值415万美元，进口货值2750万美元，复出口货值2321万美元，出口货值499万美元。保税区广保通讯公司同美国WALMARK公司签订了年出口加工5000万美元电话机装配业务项目合同。

在新区建设方面。与东莞市麻涌镇合作开发商住、出口加工、仓储等配套区域的广州保税区工业城，第一期1000亩土地已拿到土地使用证，并开始“七通一平”建设。新沙港保税油库码头正在论证洽谈之中。

在机构和制度建设方面。经中共广州市委批准，成立了广州保税区党委。保税区的人才交流中心、信息中心、房地产管理所、贸促会等事业单位业已成立，为优化区内投资服务环境创造了条件。制定、发布了《广州保税区土地管理办法》、《广州保税区基建程序管理办法》、《广州保税区施工现场管理办法》等12个规章制度，使全区各项工作向制度化、规范化迈进了一大步。

边境经济合作区篇

黑河边境经济合作区

【发展外向型经济】 黑河边境经济合作区，作为首批开发的沿边合作区，按照国际惯例和建立社会主义市场经济的要求，在“依靠优势、市场引导、重点发展对外出口加工业，积极发展高新技术产业、大力发展贸易、旅游等第三产业”的经济发展思路指导下，1994年开发建设得以健康、持续的发展。

对外招商引资取得了可喜的成绩，1994年，黑河经济合作区针对当前招商引资工作出现的新情况，在完善原有接待招商工作的基础上，调整政策和招商引资方法，先后派出12个团组，172人次分赴泰国、马来西来、香港、深圳等国家和地区及国内外重点地区开展招商宣传活动，与60多个单位进行了实质性洽谈或业务咨询。全年共接待中外客商团组192个，859人次，其中外商团组47个，132人次。洽谈了50多项意向性投资项目，签订意向性协议28项，实施5项，总投资2557万元，实际引资1045万元。到目前为止，合作区共接待国内外客商3491个团组，16659人次。

招商引资力度的增强，推动了合作区的工业项目的开发。到目前为止，已投入生产的工业项目有41个，总投资3557万元，产值623万元。在建和启动项目7项，总投资2181万元。1994年共审批外资项目5项，计划投资536.95万美元，利用外资292.9万美元。自合作区成立以来，批准立项的外商投资项目已达22项，总投资4635.65万美元，利用外资3434.7万美元；随着项目开发的推进，土地也得到了开发，共出让土地99块，146万平方米。

【非国有经济发展良好】 在新的形势下，黑河经济合作区调整经济发展思路，大力发展非国有经济、开辟第二战场，实行第二次创业。在1994年9月14日，合作区成功地举行了辟建非国有经济工业开发小区、龙滨路商业街新闻发布会，以促进个体、私营、三资企业的快速健康发展。短时期内，两个小区很快进入了建设和启动阶段，黑河兴达木器综合加工厂已在工业小区内租地2000平方米兴建厂房，龙滨路商业街已有168户营业者动工兴建门市房及其它营业场所，建筑面积7261平方米，私人投资约133万元。非国有经济的发展，对合作区产业结构的调整，对促进合作区综合开发，对培植税源，增加财政收入都起到了重要的推动作用。

【改善投资环境】 1994年，合作区自筹建设项目开工8项，其中1993年结转工程5项，新建工程3项，1994年计划投资1352万元，实际投资2994万元（其中包括俄投资部分），占计划的221.35%。合作区自成立以来，共投资15608万元，进行了29项基础设施的配套建设，现在已完成了混凝土道路6条，8949延长米，砂石路2条1001延长米，同时完成了占地面积13250平方 米的站前广场，大黑河岛桥及桥头广场、大岛水源、污水强排站、大黑河岛过货通道计量站、通江路两侧的供水、雨污排水、电力、通讯、供热等基础设施，实现了“两点一线”的全线贯通。到目前为止，通江路两侧1.7平方公里区域已基本达到水、电、路、热、通讯的“六通一平”，初步形成了良好的投资环境。同时，合作区管委会自筹建设的保税库现已完成货场2.4万平方米，沥青道路1万平方米，全封闭仓库1100平方米等项工程，初步具备了仓储管理条件。其他如工业标准厂房、沥青搅拌站等重点项目都已竣工并已投入运营。

【重点工程建设】 1994年非管委会自筹项目开工18项，其中结转工程12项，新建工程6项，计划投资4766万元，完成投资4488万元，占计划的94.16%，开工面积达13.6万平方米。自合作区成立以来，非区属工程项目已开工54项，总投资50061万元，开工面积40.8万平方米，现已有新世界办公楼、武警大队办公楼、幸福房开、铁岭房开的商品住宅楼、电业调度楼、省公路局培训中心等29项工程竣工交付使用。合作区在全面加强施工管理的同时，有侧重地扶持商贸大厦、边贸大厦、建行大厦等重点项目的实施，现均已达到了冷封闭状态。

【大黑河岛的开发】 为加快大黑河岛的开发建设，

合作区成立了大黑河岛开发建设领导小组，下设大黑河岛开发建设综合协调办公室、政策研究组、规划设计组。现已制定出总体开发方案和大黑河岛开发的十一条优惠政策，完成了地形图测量并已拿出0.87平方公里大黑河岛的现状图。一批重点项目建设正在积极推进中。开辟大黑河岛货运通道、全封闭停车场、联检办公室、地中衡的建设已陆续完工，并交付使用；大黑河岛开发建设总公司与香港有昌有限公司合资的外商俱乐部已经对外营业；大黑河岛开发总公司、俄罗斯国立阿穆尔州大剧院、香港腾达国际投资公司合资组建了黑河——布拉戈维申斯克跨江索道有限公司，进行索道建设的前期准备工作；大黑河岛民贸市场的进一步开放方案已组织实施，黑河、阿州共同开发大黑河岛。1994年大黑河岛民间互市贸易共营业182天，通过大岛过境达68402人次，中方29302人次，俄方39100人次，总过货量2.5亿元，平均日过货量138万元。大黑河岛民贸共接待中方团组150个，俄方团组269个，参贸总人数10093人次，俄方7719人次，中方2374人次。营业收入144万元。大黑河岛民贸市场自1991年3月开通以来，中俄双方已交换团组4700多个，25万人次，交易额达8亿人民币。大黑河岛的开发建设已在国内外产生巨大的影响。在思想解放中起到了推动作用；在宣传黑河中起到了带头作用；在兴边富民中起到了促进作用；在南联北开中起到了凝聚作用；在合作区建设中起到了“龙头”示范作用。它已被国内外誉为北方的“沙头角”，其吸引力和凝聚力已在黑河的开发建设中充分显示出来。

【改善区域环境】 黑河边境经济合作区党委坚持以经济建设为中心，两个文明一起抓，积极营造区域内部环境，树立了合作区新的形象。首先突出了精神文明建设。开展了“学先进、树新风、立足岗位做贡献”为主题的丰富多彩健康向上的文体活动。其次加强了环境管理和社会治安综合治理。合作区对已建成的基础设施进行了保洁和维护，城市维护费投入272万元，人工绿化面积1.3万平方米，组建保洁队伍，清扫混凝土路面17.5万平方米，养护砂石路面1.3万平方米；启动两个供热站，供热面积3.7万平方米，成立自来水公司，日供水能力可达2万吨。在加强环境管理的同时，又强化了社会治安的综合治理工作，为合作区的建设开发创造了一个优美、舒适、安全的投资、工作和生活环境。

绥芬河边境经济合作区

【改善投资环境】 绥芬河边境经济合作区，位于沿边开放城市绥芬河市老市区北侧，天长山和地久山脚下。是国务院1993年1月批准设立的享有特殊经济优惠政策的国家级经济合作区。绥芬河边境经济合作区规划面积5平方公里，根据产业布局分为中俄边境跨国经济合作区、商贸中心区、科技工业园区、公路保税仓储区、铁路保税仓储区、旅游开发区等功能区，重点发展对俄及独联体国家的边境贸易与经济技术合作、出口加工业、仓储运输业、房地产业和旅游业。合作区中心区邻接绥铁北站，东至公路国门口岸仅2公里，滨绥铁路和“301”国道从区内穿过。铁路与公路直通俄罗斯远东自由经济区海参崴和纳霍德卡，经西伯利亚大铁路连接俄罗斯腹地。通过海参崴、纳霍德卡、东方港，海运可达日本新泻、横滨，我国沿海各大港口以及世界30多个国家和地区。地理位置得天独厚，交通运输畅达便捷。

绥芬河边境经济合作区自建立之日起，坚持以改革促开放，以开放促发展的方针，致力于营造高品位的投资环境，合作区建设取得令人瞩目的成就，确立了绥芬河边境经济合作区在沿边开放城市建设中的先导地位。1992年至1993年两年间，绥苏河边境经济合作区已完成首期开发面积1.64平方公里，区内“六通一平”工程全面完成，总投资额4.6亿元。其中，完成给水管道4006米，高位水池一座，蓄水量500吨，总投资263.7万元；排水管道3839米，截洪沟616米，总投资311.2万元；一级供热管道4600米，投资额319.8万元；换热站9座，完成6座，投资额488.7万元；20吨的锅炉房2座，完成厂房面积4300平方米，投资额1407.8万元；区内道路完成52828平方米，投资额1041.5万元；路灯179架，

447 盏，投资额 201.1 万元；电力架空线已完成；电讯地下管道大部分完成。建成各类厂房、写字楼、宾馆、住宅 28 万平方米，公路仓储区 23 万平方米，保税仓库一座。1994 年，合作区基本建设投资 2500 万元，开工建设项目 7 个，开工建设面积 42000 平方米。开工建设项目完成 6 个。目前，绥芬河边境经济合作区规划整齐，设施齐全，功能完备，环境优美，工作生活条件十分便利。有 81 家企事业单位在区内安家落户。

绥芬河边境经济合作区在充分运用国家赋予的各项优惠政策的同时，先后制定出台了关于外商投资、对外贸易、土地开发、金融税收等方面的一系列更加优惠的政策、更加灵活的措施，为投资者创造了良好的条件，吸引了众多的中外客商前来投资兴业。为促进绥芬河边境经济合作区的稳步发展，中共绥芬河市委、绥芬河市人民政府最近又推出了《关于边境经济合作区鼓励客商投资的若干政策规定》、《关于边境经济合作区招商引资奖励办法》。根据新的政策规定，在绥芬河边境经济合作区兴办的生产性投资企业（包括技改项目）和农业开发项目，从获利年度起，4 年内按年返还所得税，自第 5 年至第 8 年减半返还；兴办高新技术项目的企业，8 年内按年返还所得税，自第 9 年至第 16 年减半返还；其它行业投资企业，从获利年度起，5 年内按年减半返还所得税；生产性投资企业（包括技改项目）和高新技术企业，3 年内按季返还增值税的地方分成部分；出口加工型企业和高新技术企业可以加速折旧，可在规定的折旧年限基础上缩短 20%；“九五”期间，生产性和高新技术投资企业的水、电配套费，通过财政补贴的办法减半征收；“九五”期间，土地出让金每平方米收 20 元，并根据企业不同行业，可以分别减收 20—50%，土地使用费分别免征 5—20 年。

边境经济合作区招商引资奖励办法规定，凡是为合作区引进项目或资金牵线搭桥的国内外团体或个人，包括党政机关的在职干部，均可成为中介人，并视其引进项目的规模、产值、税后利润和资金额度的大小，给予优厚的奖励。其中引进外资企业，或高新技术的外向型项目，根据投资额度的多少，中介人可分别得到 10—20‰的奖励；外资企业年产值每达到 10 万，年终中介人还可以得到 2 千元的奖励；引进外商独资项目，当年所缴各种税收（地方所得部分）超过 10 万元，用其中的 30%奖励中介人，并可累计奖励 5 年。引进来料加工、装配生产项目和内联企业，根据每项合同缴费额和投资额，中介人可分别得到 5—15‰的奖励；企业当年所缴各种税收（地方所得部分）超过 10 万元，用其中的 20%奖励中介人，并可累计奖励 2 年。中介人每引进低息贷款 10 万元，奖励其 5 千元；每引进常息贷款 10 万元，奖励其 3 千元。

【发展外向型经济】 绥芬河边境经济合作区利用自己的区位优势和优惠政策，不断优化环境，调整产业结构，加大招商力度，促进了合作区的建设与发展。两年来，共接待来自美国、日本、新加坡、泰国、马来西亚、朝鲜、韩国、香港、台湾等 18 个国家和地区以及省内省外的中外客商 6 万余人。1994 年，绥芬河边境经济合作区吸引国内外投资企业 42 户，投资总额 16000 万元。其中，内联企业协议金额 7000 万元，实际到位资金 3500 万元；外商直接投资协议金额 1100 万美元，实际到位金额 10 万美元。绥芬河边境经济合作区实现工业总产值 1100 万元，其中三资企业产值 700 万元，内联企业产值 400 万元；社会商品零售总额实现 2480 万元；管委会税费收入 1080 万元；边境贸易进出口总额实现 1000 万美元。其中，出口总额 480 万美元，进口总额 520 万美元。

【加强经济管理】 绥芬河边境经济合作区管理委员会代表绥芬河市人民政府对合作区实行统一领导和管理，行使对合作区内规划、土地、项目、基建、房产、环保、公共基础设施等方面的协调管理职能，保证了绥芬河边境经济合作区适应市场经济的要求。管委会下设经济发展局、互市区筹建办、政策研究室、办公室，同时，还建立了财政派出机构。合作区管委会依法对区内企业进行监督管理，要求企业“严”字当头，抓质量管理、现场管理、定额管理及劳动纪律管理等，使企业的基础管理步入了规范化、科学化的轨道。合作区管委会逐步建立起了“精简、统一、高效”的管理机制。

为了更好地建立与完善社会主义市场经济体制，合作区管委会运用经济与法律的手段，为企业创造了一个按市场经济运作的良好的经营环境。1994 年，绥芬河边境经济合作区管理委员会按照企业股份化、私营化的改革思路，采取强推举措，加快外贸企业经营机制的转换；并按照现代企业制度的要求，进一步优化合作区外贸企业组织结构，引导企业通过参股，入股等多种形式，走联合、联营、集团化经营的路子，发展具有一定实力的国际化、实业化的现代企业集团。在完善股份化、集团化改造的基础上，边境经济合作区管理委员会通过调查、走访等方式，先后形成了《关于合作区情况的调查报告》等系列调查报告，确定了深化合作区企业内部改革的新思路，为进一步建立科学的管理体系打下了良好的基础。

绥芬河边境经济合作区管理委员会注重做好对区内企业开拓市场的指导和服务工作。在历年举行的哈尔滨地方经济贸易洽谈会和绥芬河灯节经贸洽谈会上，合作区管委会积极组织区内企业参展，开展经济技术合作项目洽谈，在多边合作中求发展。在赴国内外考察招商期间，合作区管委会注重宣传区内企业，以此做为招商引资的重要依托，带动企业拓展国内外市场。合作区管委会与中国专利技术信息中心等部门建立了网络联系，定期向区内企业通报专利技术、俄罗斯市场动态、经济政策等信息，受到了企业的欢迎。

绥芬河边境经济合作区有着广阔的发展前景。1994 年，由国家海关总署批准设立的绥芬河边境经济合作区基建物资保税仓库已投入使用。中国绥芬河——俄罗斯波格拉尼奇内跨国经济合作区的申办工作正在紧锣密鼓地进行中。目前，中俄双方就“中俄边境跨国经济合作区”问题达成协议，其前期的考察、论证工作已经完成，并已各自上报中央政府。中俄边境跨国经济合作区的辟建已指日可待。

珲春边境经济合作区

【改善投资环境】　1994 年，珲春边境经济合作区艰苦创业，脚踏实地的坚持改革开放，以提高开发效益为中心，继续完善各项基础设施，进一步改善投资环境，强化招商引资，抓好项目落实，进一步扩大内外贸易，努力搞活流通，积极发展为生产生活服务的第三产业，推动了边境经济合作区经济的持续发展。全年实现国民生产总值 4134 万元，工业总产值4658万元，农业总产值 687 万元，基本建设投资 8915 万元，第三产业增加值 1200 万元，社会商品零售总额 2600 万元，边境贸易进出口总额 660 万美元；全年完成社会固定资产投资 9800 万元，实现财政收入 1572 万元，其中本级财政收入 940 万元。

1994 年，珲春边境经济合作区基础设施建设遇到了严重困难，国家给予的建设资金贷款迟迟不到位，资金缺口较大，在这种情况下，珲春边境经济合作区管委会按轻重缓急排定了一批必保的开工和续建项目。为筹措建设资金，一方面积极向上汇报，争取各方面的支持，同时，眼睛向内，活化资金，清理欠款，挖掘潜力，压缩其他支出，保基础设施建设。全年共铺设混凝土路面 15 万平方米，投入资金 1446 万元，道路工程累计投入资金 3100 万元。铺设了雨、污水管道，使起步区内的雨、污水管道全部联网，投入资金 187 万元，累计投资 2100 万元。建设了功能配套的输水管网，供水工程投入资金 85 万元，累计投入资金 895 万元。建成了从发电厂到合作区的 66 千伏架空送电线路，完成了二次变电所和 4 座开闭所，投入资金 81.7 万元，累计投入资金 3796.7 万元。新建 4 座换热站，铺设了一批一次供热管网，投入资金 386 万元，累计投资 3000 万元。开工建设了终局容量为 12 万门的合作区通信枢纽大楼，投入资金 370 万元，通讯工程累计投入资金 1057 万元。平整场地 88847 平方米，投入资金 12.9 万元，累计投资 51.9 万元。土地征用、专项设计等投资 79.4 万元，累计完成投资 2070.4 万元。同时，还着手兴建和续建了一批为生产生活服务的配套设施。保税仓库，扩建了 2.6 万平方米，总面积已达到 8.6 万平方米，原来的两座 3200 平方米半封闭仓库全部改建为封闭式仓库，可同时存放机动车辆 4000 台，钢材 4000 吨，其它货物 20000 立方米。一号标准厂房，完成了电气工程，续建了部分附属设施，已有 3 家企业进入厂房。8.200 平方米的管委会办公楼于 1994 年 3 月正式交付使用。中小学教学楼、农贸市场也均交付使用。医院门诊楼已主体封闭，综合写字楼开始对外出售出租，容量为 3500 吨的恒温库房建成并投入使用。商品住宅开工建设 86 栋，建筑面积 7.4 万平方米，其中已竣工交付使用的有 6 栋，2.4 万平方米；主体封闭的 9 栋，4.3 万平方米；别墅 21 栋，7000 平方米，其中有 8 栋共 4000 平方 米已竣工对外出售；生产资料交易大厦，基础部分已经完工。商业一条街，占地 3.8 万平方米，已有台湾万庄公司、上海大都市总公司及国内8家私营企业入街征地，开工面积2.5万平方米。1994年，珲春边境经济合作区“六通一平”基础设施建设工程共投入资金2668万元，累计完成投资16071万元，服务设施建设投入资金近8000万元。“六通一平”工程的进一步完善以及服务设施的全面建设，使珲春边境经济合作区初步形成了较为配套的投资硬环境。

【发展外向型经济】 为了更快、更好地发展外向型经济，珲春边境经济合作区管委会从改善区内投资软环境和硬环境两方面入手，广泛开展招商引资活动，狠抓项目的落实。为了加大对外宣传力度，提高知名度，珲春边境经济合作区管委会和珲春市委宣传部合办了《图们江时报》，使之成为对外宣传的窗口；修建了具有永久广告性的大门；在哈交会宣传画册上购买通版，大力宣传珲春边境经济合作区投资优势；还出资在北京召开了高等院校科研项目发布会，使珲春边境经济合作区与首都高等院校结缘。在税制改革之后，本着保持政策连续性的原则，修改完善了珲春边境经济合作区的各项优惠政策；广泛开展了整顿机关作风，提高办事效率活动，使机关作风有了较大改进，服务质量有所提高，得到了外来客商的广泛赞许。通过开展这些活动，进一步扩大了珲春边境经济合作区的影响，为大力发展外向型经济打下了坚实的基础。为加强项目引进和落实工作，珲春边境经济合作区开发建设(集团)有限公司成立了项目开发部，对项目进行了专项研究及跟踪引进。1994年，珲春边境经济合作区共储备了72个招商工业项目，其中有20多个项目已经编制了可行性研究报告，为项目落实打下了较好的基础。珲春边境经济合作区面向海内外招商引资。曾先后组团赴北京、大连、长春、上海、香港、韩国、日本、加拿大、泰国等地进行招商、学习和考察，取得了较好效果。韩国现代集团等一批外资企业已确定了投资合作项目。珲春边境经济合作区开发建设(集团)有限公司及所属8个子公司也利用各自的优势，积极开展招商引资活动。物资总公司与国内外50余家企业建立了联系，除与中国宝安企业集团、延边物资局联合建设生产资料交易大厦外，还与东北煤炭检验所、烟台保温材料公司联合建设了恒温库房。万达公司同韩国银河银树株式会社合作建设彩色夹芯保温板生产线，集团总公司还与香港一家公司建设了精美彩色包装印刷厂，已经投入生产。1994年，珲春边境经济合作区共审批项目127项(累计515项)，其中工业项目24项(累计106项)，审批经贸公司78家(累计210家)，国内外设立办事处1家(累计18家)。跨年度续建工程27项，建筑面积63880平方米，总投资4143万元；新开工项目36项，建筑面积166349平方米，总投资9286万元。有15家工业企业投入或即将投入生产，投资总额近6700万元，已形成年2.6亿元产值的生产能力。珲春边境经济合作区特别注重发展外向型经济，目前，一批外向型工业企业已开工建设，已有一部分将陆续投入生产。此外，一批外商投资建设的旅游、服务、商业住宅等经营性项目也陆续开工建设。

【加强经营管理】 为适应社会主义市场经济体制的需要，增强自我发展能力，发挥珲春边境经济合作区直属企业的优势，提高各企业在国内国际市场上的竞争力，经珲春市委、市政府批准，珲春边境经济合作区于1994年3月12日成立了珲春边境经济合作区开发建设(集团)有限公司(简称合发集团)。合发集团是多层次法人资格企业，核心企业即珲春边境经济合作区开发建设有限公司。集团以经营土地开发为主，将原土地开发总公司改为集团的城市综合开发部，同时还设立了总师办、办公室、财务部、劳动人事部、项目开发部等管理机构。合发集团有8家具有独立法人地位的全资子公司和4家直属企业，即外贸总公司、物资总公司、保税公司、实业开发总公司、万达实业物业开发总公司、旅游发展公司、服务公司、农牧实验开发公司和水泥预制件厂、砂石厂、供水公司、供热公司。此外还有5家参股企业，参股金额2500万元。目前，集团资产总额已超过2亿元。为加强集团内部管理，1994年6月份，合发集团董事会制定了《合发集团管理办法》，对各直属企业的投资管理、经营管理、项目管理、人事管理、财务管理等做了明确规定，各子公司也在此基础上制定了各自的规章制度，加强了企业的经营管理，推动了企业健康发展。

满洲里边境经济合作区

【规划简介】 满洲里边境经济合作区是国家为推行沿边开放战略国务院1992年3月首批批准十二家国家级合作区之一，1992年6月20日奠基兴建，1992年9月26日国务院特区办批准规划面积6.4平方公里，首期开发1.56平方公里。1994年12月成为全国64家开发区组成的中国开发区协会成员之一。满洲里边境经济合作区（以下简称合作区）紧靠市东，距市中心2公里，通过301国道与满航公路与扎区和外界联通，是进出满洲里及俄罗斯必经之地，区界边有铁路支线，交通十分便利，由于规划在市区边沿，开发建设时可充分利用母城设施及人物力，依托母城发展母城。

合作区从实际出发制定了总体规划，合作区301国道西北部设生活区、商贸区；南部设文体娱乐区；中部设三产行政管理综合服务区；301国道东北部设高科技园区、轻工业区及辅助生产区；东南部设仓储区；最北部设生活区带；最东部设动力区、重工业区。

合作区远期采用区内集中供热，封闭独立供水排水体系。电讯设分局管理，电力与市网并串原则；目前用大依托小配套原则。

合作区总体目标：再造满市经济增长和经济发展功能，形成内外两面联系、服务和辐射扩散，建成以工业为主科工贸结合三产发达的现代化综合性经济新区，成为国贸城的最重要组成部分。区内帅先探索推行新机制、新机构、新方法，推动满市改革开放和经济发展。

产业目标：适应满市功能特色高于周边地区及原企业水平、技术密集、资金密集外向型联合为重点的各类传统新兴产业。

实施近期方针是完善投资环境，理顺区内外各种关系，形成一批项目，发展一批企业实体，积累资金和经验，推行并尽量完善新经济运行机制，要造就大流通，培育大市场，推动大调整。

合作区采取分段开发、滚动发展的原则，一期1.56平方公里计划5到7年完成；二期到6.4平方公里计划10到12年完成；三期到17.6平方公里计划15到20年完成。

【改善投资环境】 两年来合作区采用同步实施原则：边规划、边建设、边招商，地下地上同步，招商办厂并举。土地已划拨使用65.1万平方米（947亩）。

累计完成固定资产投资总额18104.4万元，其中基本建设15128.9万元，基础设施3758.7万元，机器设备1217万元。基本建设开工项目74个，总面积24.4万平方米，已竣工使用46个，竣工面积11.84万平方米。基础设施建设保证了1.56首期开发面积中的正常使用。完成道路5.17公里，水泥路1.91公里道路面积8.21万平方米，水泥路面2.8万平方米；完成给水管道12110米，打井2口；排水10508米，供热管网7715米，中心锅炉房小区换热站已供热7万平方米运行两年；通讯线路5848米，接通直拨电话200门；建成11.5千伏安变电站一座（占地3万平方米可供全市用电），改造区内电力线路2000米。在1.56起步区面积内，六通一平基础设施已基本形成，保证投资者设施的配套使用。工业厂房开工五项，交工0.5万平方米，1万平方米主体完工，现有通用工业厂房等待进入项目。

按小机关大服务、多实体、重联合原则，开发与创业并举，招商与经商并重，引人入区，培育市场。累计招商199个，已建成内联工业项目15个（分出口轻纺、进口原料加工、建材三类），商贸32个，至1994年末合作区共有事业单位136个，其中工业25个，三产111个，1993年工商税收600万元；1994年工商税收850万元，工委管委内设6局2部1办4站所，基本健全了管理服务体系。

大陆桥边贸集团公司是满六个有对外签约权公司之一，下设8个总公司，下属31个公司，从业人员400人，已有大小车辆27台，货场四处3.5万平方米，办公楼三个0.8万平方米，市内网点四处，固定资产二千余万元。大陆桥边贸集团公司还有64家国内代理部，对俄共签约额1992、1993年6214万瑞郎；1994年4233万美元，履约1992、1993年640万瑞郎，1994年237万美元，虽然起步较晚，但已有十几个地区百余户有实力的俄方长期客户，并在境外设有办事处，联营网点，除易货贸易外，同时着手开展现汇贸易、劳务输出、各类经济技术合作。

【投资方向】 满洲里经济合作区要联合内地兴办，对独联体国家、蒙古、东欧出口的技术先进的加工企业，兴办进口材料加工基地及相应的第三产业。在合作区内可兴办中外合资合作、外资、内资、和国内联合经营企业，可设生产型、贸易型，也可工贸结合型、科贸结合、科工贸一体化型的各类企业，同时发展“三来三去一补”的补偿贸易。

合作区内已有建材生产企业（水泥、白灰、水泥制品、珍珠岩、膨润土、沙、石、马赛克、钢窗）；化工生产企业（元明粉、洗衣粉、水玻璃、涂料）；轻工生产企业（地毯、皮鞋、皮毛、制材、木器）；机械维修企业（大修厂、铸锻厂、小型轧钢厂）；食品企业（白酒、饮料、粮米加工、饲料加工、速冻食品）；二十五家工业企业，但规模不大，技术不先进，效益不理想，急待进行改造扩建，合作区各企业愿以各种方式与国内外有实力的公司企业实行嫁接改造，形成新的合资企业，提高质量、提高产量、提高效益，内引外联带动传统产业的改造。

合作区内设商贸园建设各种批发、集贸市场，供国内外公司、办事处、商店，进行国际贸易、国内批零销售，大陆桥边贸集团公司可提供对外贸易与经济合作代理服务，鼓励客商购租投资办店发展商业。

合作区内建设旅游宾馆、酒店、餐馆、美食街、游乐中心、写字楼、住宅楼，鼓励客商发展旅游服务业与房地产业。

合作区内设高科技园区，鼓励客商兴办科研事业，高科技新技术领域重点发展电子信息产业、微机技术、电子微机技术和通讯技术、生物工程，重点发展新材料、新技术、复合材料、放射材料、光能抗蚀、光导材料、永磁材料，注重光电一体化空间电子技术。

轻工纺织业，引进先进设备技术，发展各类服装、鞋帽及棉毛纺织、皮革、皮毛、塑料制品等独联体需要的轻纺产品。

食品医药业，引进先进设备技术发展水产品、畜产品，肉食品、面食品、酒类、饮料类及果菜加工及动植物药类加工。

建材精细化工，引进先进技术、设备、材料、生产轻型建材、建筑装饰装璜材料，如铝合金制品、壁纸、地板革、高档涂料、纸、中、高档卫生洁具、内外墙地面砖、发展橡塑制品、保温材料、化妆品、精细加工及进口化工产品深加工等。

电子机械产业，引进先进技术和设备生产装配各类家电、电子仪表、电子玩具，利用独联体原料优势发展汽车、农机、发电机、工程机械及各种配件，不锈钢制品，钛、钴、镍、铬、铅、锌、铝、铜、合金制品等，利用独联体废旧原料发展钢、铁、铜、铝、橡胶再加工等。

成片土地开发，合作区办理土地使用权有偿出让和转让业务，鼓励中外投资者进行土地成片开发。

【优惠待遇】 设在合作区国内外投资企业的所得税，减按24%的税率征收；“八五”期间对为发展出口农产品而进口种子、种苗、饲料等相关技术装备，企业为加工出口产品和进行技术改造而进口机器设备和其他物料，免征关税和产品税（或增值税）；允许独联体各国投资商在其投资总额内用生产资料或其他物资、器材等实物作为投资资本，这部分货物可按我边贸易货的有关规定销售，并减半征收进口关税；合作区内产品以出口为主的生产性内联企业，其生产出口规模达到一定额度的，经经贸部批准，给予对独联体国家的进出口经营权，暂时达不到一定出口额度的，由合作区大陆桥边境贸易公司代理出口，并给予征收1%代理费的照顾；内联投资者将企业利润所得解回内地，则由投资方所在地征收百分之九的所得税，“八五”期间免征投资方调节税；合作区内的内联企业和外商投资企业在独联体国家易货所得，允许自行销售，进口时减半征收关税；合作区进行区内基础设施建设所需进口的机器、设备和其他基建物资，免征关税和产品税（增值税）；对国内外投资企业土地使用费的收取，合作区可给予优惠。兴办工业生产项土地使用年限为50年，高科技产品土地使用年限为70年。投资开发经营成片土地按有关管理办法实施；凡是为合作区引进资金项目的单位和个人由合作区受益单位按引进项目和资金的规范比例给予一次性酬金；外地来合作区投资兴办生产经营项目，兴办科研机构，推广新技术、新产品，由有关部门办理人员临时户口。对创造经济效益显著贡献突出者应予重奖。投资达到一定规模兴办生产经营项目的人员按政策给予本人和亲属办理满洲里市常住户口，并安排子女入学就业，购买住房时予以优惠；在合作区内的国内外投资企业，同享有中国法律、法规、规章规定的其他应享受的优惠待遇；华侨、香港、澳门、台湾同胞的公司，企业和其他经济组织或者个人在合作区投资兴办的企业，按外商投资企业的有关规定办理；国家新税法出台后，有关减免的优惠待遇，按国家、自治区和满洲里市今后出台的优惠政策执行。

满洲里经济合作区处在中国北方最大陆路口岸上，国家、内蒙给了最优惠的政策，几十年的口岸建设及近年的重点建设，使这里具备了“服务全国面向世界”的国际贸易换装、储运能力，目前还在建设机场，增开口岸，扩大国际公路通道，建设各类保税库，兴办出口加工基地、进口加工基地，建立大型变电站，增扩水厂，改善城市基础设施，大步进行体制改革，优化一条龙服务体系，进一步改善软硬投资环境。相信不久的将来，一个暂新的飞速发展的满洲里国际贸易城会奇迹般的展现在世人面前，经济合作区这颗最耀眼的明珠将镶嵌在“南有深圳北有满洲里”的大匾上。

丹东边境经济合作区

【改善投资环境】 丹东边境经济合作区地处全国最大的边境城市丹东市的市区内，1991 年 7 月经丹东市委、市政府批准开始兴建，1992 年 3 月经省委、省政府现场办公会议批准为省级开发区。1992 年 7 月 7 日国务院正式批准设立国家级开发区。全区控制面积为 23.57 平方公里，在从鸭绿江大桥沿江而下至鸭绿江汇入黄海入海口的沿江带上分别规划了商贸旅游区、江湾工业区、金泉工业区、大东港保税库区。各功能区域均背依繁华的老城区，与朝鲜新义州隔江相望，各有特色。

商贸旅游区内有建筑风格各异的商贸楼群和标准写字间，有可办零售商业、餐饮、娱乐等项目的临街门市楼宇，有 500 个车位的立体停车场，有三星级酒店，有开展边境贸易的口岸交易区和发展高新技术的科技园区。商贸旅游区重点发展商贸、娱乐、旅游、边境贸易等第三产业。

江湾工业区内有化纤、汽车制造、内燃机配件等大中型企业 12 家，具有较强的工业基础和经济实力，重点注重吸引国内外资金、技术和人才，加速老企业的嫁接改造及兴建新企业。

金泉工业区重点发展轻工、化工、纺织、电子等技术密集型和劳动密集型产业，此工业区将成为一个“高科技、低污染”的工业新区。

大东港保税库区的以大东港万吨级码头为依托，以保税仓储、高新产业为主，将建成具有保税仓储、出口加工；科技信息、转口贸易、运输等多种功能的新经济区。

丹东边境经济合作区创业之初走的是“自筹资金、自费开发、自我积累、滚动发展”的路子，从 1992 年经国务院批准每年有国家专货 1.000 万元（八五期间），但与实现总体开发目标所需资金相比，相差很大。因此，合作区确定了“商贸旅游区起步，积累滚动开发资金”的开发路子，广泛招商引资，筹措建设资金。在三年多的开发建设中，始终把招商引资工作放在第一位，采取了许多行之有效的措施。一是采取多种形式，努力搞好招商宣传工作：二是充分利用优惠政策；三是完善招商服务体系，用“招商办事一座楼、签字盖章一条线、售后服务一条龙”的高效率服务手段，增强合作区的吸引力。在规划建设上，追求高速度、高质量，努力为驻区企业的经营争得时间，提供良好的经营场所，为招商引资奠定了良好的基础。3 年共投入建设资金 8 亿多元。商贸旅游区除口岸交易区未竣工外，其余各功能区域均竣工并交付使用；江湾工业区除建成四栋标准厂房外，达到了“六通一平”；金泉工业区完成了 0.5 平方公里的“一通一平”；东港保税库区 0.2 平方公里“一通一平”；基础设施建设完备，通讯、邮电畅达便捷、铁路、公路、水运、航空等交通网络立体交叉，水源、电力、气源充足。合作区建设规模的迅速形成，较好地政善了投资环境。努力强化各项管理工作，逐步形成了制度化、条理化、程序化的运行机制。主要采取三项措施：一是组建相应的管理机构、完善了相对封闭的管理与服务体系；二是遵循宏观管住、微观管活的原则，规划建设从实际出发，量力而行，注重实效，资金管理严格执行收支两条线，干部管理建立了完整的考核体系：三是开展优质服务，不断提高管理服务水平，寓管理于服务之中，切实转变政府职能。由于管理上了水平，区内企业也取得了良好的经济效益。利税超百万元的大户 1992 年 10 户，1993 年 25 户，1994 年 30 户。全区累计注册企业近千户，实现社会总产值 50 亿元，累计实现各项税收 1 亿多元。

【发展外向型经济】 丹东边境经济合作区在黄海经济圈、环黄渤海经济圈中居一席之地，是辽东半岛与朝鲜半岛的连接点，是连接朝鲜同中国及欧亚大陆的主要陆路通道，是东北亚经济圈中的一块热地，具有得天独厚的地理优势。丹东港距韩国仁川港 245 海里，距朝鲜南浦港 119 海里，是我国与朝鲜半岛距离最近的港口；丹东铁路距朝鲜首都平壤 220 公里，距韩国汉城 420 公里，距釜山 871.5 公里，是我国及欧亚大陆其他国家、地区同朝鲜半岛行车最近的地区。丹东边境经济合作区充分发挥了丹东的地缘、资源、交通及政策优势，采取了外引和内联相结合、挖潜和新建相结合、改造和开发相结合的办法，着力于产业产品开发，吸引大财团、大公司进入合作区实施团地开发，实行土地成片出租、转让，重点引进石化、冶金加工、精细化工、机电行业大型骨干项目，实现了“稳定第三产业发展，积累滚动资金；工业发展形成区域规模；支柱产业基本形成”的经济格局。

丹东边境经济合作区将继续围绕“招商引资、开发建设”这个中心任务，坚持多功能发展与重点突破相结合、自筹资金与引资开发相结合、发展规模形象和提高效益水平相结合的原则，努力实现以“工业发展要有突破，引进外资要有突破，出口创汇和边境贸易要有突破”为主要内容的第二次飞跃，吸引国内外资金、技术和人才，争取到 2000 年，吸纳各类工商企业 1400 户，其中工业企业 200 家；实现社会总产值 100 亿元，其中工业总产值 55 亿元；实现利税 8 亿元，其中工业企业实现 6.5 亿元；产品出口创汇 1 亿美元。

伊宁边境经济合作区

【投资环境】 伊宁市是我国西部重要的边境城市，是伊犁哈萨克自治州首府，伊犁地区政治、经济和文化中心，1992 年 6 月 9 日被国务院批准为沿边开放城市。全市总面积为 575.4 平方公里，建城区面积 25.3 平方公里，总人口 31.4 万，有汉、回、维等 32 个民族。这里社会安定，民族团结和睦，人民生活富裕，社会环境良好。

伊宁市地势平坦，交通以公路交通为主，民航为辅，交通运输网络已经形成。东距乌鲁木齐 697 公里，距第二条欧亚大陆桥精河火车站 267 公里，312 国道直通上海。民航每周有 14 个班次直飞乌鲁木齐。邮电通讯事业发达，程控电话已与全国联网，国际直拨、全疆漫游移动电话和市内无线寻呼业务已经开通，完全可适应经济快速发展的需要。

伊宁市土地肥沃，气候温和，四季分明，日照充足，地下地上资源丰富，素有“塞外江南”之美誉。经过 40 多年的开发建设，尤其是党的十一届三中全会以来，在改革开放方针的指引下，经济建设和各项事业蓬勃发展，已经形成了一个农业基础较好，工业发展较快，城市基础设施配套，社会服务体系完善，科技力量比较集中的中心城市。目前，伊宁市已成为自治区重要的粮油基地、畜牧业基地、能源基地、纺织工业基地、糖料基地、林业基地和有色金属工业基地。

伊宁市具有得天独厚的地缘优势，处于中亚市场和国内市场的结合部，距哈萨克斯坦首都阿拉木图 350 公里，距霍尔果斯口岸 88 公里，距都拉塔口岸 70 公里，距木扎尔特口岸 310 公里。伊宁市独特的地理位置使它成为我国唯一一个具有三个对外开放口岸的边境城市，成为内地省区通往中亚、东欧的重要通道，成为辐射中亚，拓展东欧的前沿阵地。伊宁市所面对的中亚 5 国，资源丰富，市场广阔，苏联解体造成其工业体系不健全，经济结构不合理，重工业比较发达，轻工业相对落后的局面在相当长的时期内难以调整到位，人民生活必须品必须依赖进口。而我国轻工业发达，生活日用品丰富，这种经济上的优势互补为我们发展与中亚各国的贸易和经济技术合作提供了难得的机遇和有利条件。

伊宁市是新疆的主要侨乡之一，历史上就与中亚诸国和欧州各地形成千丝万缕的血缘优势。多民族跨国而居，宗教信仰相同，语言相通，风俗习惯相同，这种历史上的联系，为我们开展对中亚、东欧的经济贸易和技术合作提供了有利条件。

新疆是我国新兴的石油基地，正处在大开发的前期，伊犁油田的开发建设即将拉开帷幕。哈萨克斯坦也发现特大油田，美国、日本、韩国等正在积极参与。随着石油的开发建设，与石油密切相关的石油化工、机械及其它工业以及日用消费品等工业定将有一个较大幅度的发展。伊犁油田和哈萨克斯坦油田的开发建设，必然使伊宁市实现经济上的腾飞。

据此，为适应对外开放的需要，扩大同国内外发达地区的友好合作，并为国内外客商提供良好的投资环境，经国务院批准，在伊宁市为沿边开放城市的基础上，于1992年8月动工兴建了伊宁市边境经济合作区。

伊宁市边境经济合作区位于伊宁市西郊，紧靠市区，东至西环路、南至伊犁河北岸、西与伊犁第二毛纺织厂相邻、北至解放西路。控制面积15平方公里，规划面积6.5平方公里，起步区面积0.61平方公里。

三年来，合作区管委会狠抓了起步区的投资硬环境建设，投入资金达6150.16万元。完成了起步区道路、给水、排水、照明、电力、通讯、供热等“六通一平”基础设施建设，使起步区的基础设施日趋完善和配套，为合作区各企业提供了便利条件，满足了投资者的一切需求。

【发展外向型经济】 三年来，中共伊宁市委、市人民政府和合作区管委会一直把招商引资和项目建设做为合作区的重要工作来抓，充分发挥政策优势，利用一切机会加大宣传力度，广泛开 展招商引资活动，积极作好对工业项目的引进工作。凡来合作区注册的公司及投资开发建设者均可享受国家和自治区赋予合作区的各项优惠政策。到1994年底，管委会已与投资客商签订了27个项目建设协议，协议投资总额为5.16亿元，已与25家客商签订了土地有偿使用合同，出让土地面积达1083.4亩。在合作区内注册登记的企业已有90多家，注册资金达2.3亿多元，许多企业已获得了良好的经济效益。

截止1994年底，已在合作区内建成运营或已开工建设的项目有14个，总建筑面积10.01万平方米，总投资额为1.43亿元，总占地面积203亩。其中工业生产性项目有5个，投资额为5113万元，占总投资额的35.8%。刨花板厂：占地15亩，总建筑面积6000平方米，总投资2070万元。第一期工程于1993年底完工，1994年5月进行试生产，当年生产各种型号刨花板4600方，创产值650万元，创利税240万元。粮油加工厂：建筑面积600平方米，产值20万，实现利税7万元。林业化工厂：占地30亩，总建筑面积7000平方米，总投资563万元。年产云杉针叶粉900吨，云杉针叶浸膏100吨，针叶膏饲料添加剂1000吨，预计年创产值达800万元，实现利税150万元，目前已经开始试生产。食用酒精厂：占地54亩，建筑面积1.5万平方米，总投资1900万元，年产量5000吨。预计年创产值3727万元，利税1503万元，目前已经开始试生产。石材加工厂：占地4.5亩，建筑面积6000平方米，总投资550万元，年产量5万平方米，预计年创产值750万元，年创利税250万元。现土建工程已完，正在进行设备安装调试，1995年中旬可进行试生产。预计上述5个工业项目全部运行后年产值可达6497万元，年创利税2377.5万元。

其它项目中的商业城、国际贸易市场已于1994年投入使用，林则徐纪念馆已于1994年8月伊犁地区第二届“天马节边贸交易会”期间正式对外开放，兰伊综合楼已于1994年底竣工，海关大楼、邮电通讯工程可于1995年下半年投入使用，伊犁大厦、俄罗斯花园小区，华融商品住宅楼等正在积极建设中。

已经开工建设或即将开工建设的项目有7个；计划投资额2.16亿元，计划建筑面积7.2万平方米。磨木浆新闻纸厂：占地270亩，计划总投资1.2亿元，建筑面积2万平方米。由天山西部林业局投资建设，年产新闻纸1.7万吨。此项目目前已动工建设。它的建成，将成为我国西北五省最大的磨木浆新闻纸造纸厂。商住小区：占地150亩，计划建筑面积80000平方米，计划投资7000万元。由伊宁市众惠有限责任公司投资兴建，将合作区4号小区连片开发成拥有30幢商住楼的生活小区，并建一座拥有18个标准教学班的小学。洗毛厂：占地20亩，计划投资500万元，由张家港市毛纺织厂投资兴建，年洗毛8000吨。其它4个即将动工的项目，均为由4家公司投资兴建的综合楼群。上述7个项目的开发建设，标志着伊宁市边境经济合作区已顺利启动。现正在积极筹建的项目为：年产10万吨水泥厂、10万吨玉米深加工厂和2.5万千瓦火电厂等。计划总投资额约为1.8亿元。

为紧紧抓住改革开放形成的历史机遇和有利条件，加快合作区发展的步伐，充分利用伊宁市作为辐射三个对外开放口岸的中心城市和地缘优势、资源优势、人文优势及政策优势，合作区管委会于1992年9月迅速组建成立了经济技术合作总公司，专司边境贸易。并把“充分利用地缘优势，用足、用好、用活各项政策，积极发展边境贸易”，作为促进合作区发展的一条重要战略措施。

两年多来，管委会充分发挥享有边贸进出口权的经济技术合作总公司这一国营外贸公司的主渠道作用，不断完善内部管理机制，坚持灵活的经营方针，多层次、多形式、多渠道地开展边境贸易，初步形成了一个独立的对独联体贸易网络，同时，该公司还积极为50多家国内企业的进出口业务实行代理，鼓励他们从事外贸和经济技术合作，在边贸普遍不太景气的情况下，合作区的对外贸易仍取得了较好的效益。

经济技术合作总公司和代理公司1993年进出口货物总量为16320吨，1994年为22109吨，增长35.4%；1993年进出口销售额为759.8万美元，1994年为1188万美元，增长56.36%；1993年上缴各种税款（增值税，关税）1136万元人民币，1994年为1897万元人民币，增长66.99%；1993年创利696万元人民币，1994年为884万元人民币，增长27%。经济技术合作总公司自身在只有管委会拨给的30万元开办费的基础上，1993年创利102万元，1994年达132万元，增长29.4%。

伊犁地委、行署和伊宁市委、市人民政府对合作区的开发建设工作极为重视，为加快对其工作的领导，在合作区兴建之初，地委就任命了合作区管委会的领导班子，市委、市人民政府还从相关的职能部门抽调了一批业务骨干，组建了管委会行政办公室、经济发展部、规划建设部和计财部等职能部门，以联合办公的形式对外开展有关业务，具体从事合作区的开发建设事业。

为进一步做好招商引资、项目洽谈及引进工作，协调合作区各注册公司关系，经上级有关部门批准，于1993年底成立了合作区总公司。将合作区管委会直属的经济技术合作总公司及开发建设总公司纳入合作区总公司进行统一管理。

为切实加强对合作区各项工作的管理和领导，尤其是加强党对合作区及合作区各注册公司的领导，坚定不移地贯彻党的方针、路线，保证其社会主义的发展方向。1994年底，在原管委会党支部的基础上，经市委报请地委同意，成立了中共伊宁市边境经济合作区工作委员会。

合作区领导班子及相关机构的落实，使合作区管理层次分明，责任分解到位，层层负责，管理线条明晰，为合作区各项工作的顺利展开形成了强有力的保证。1994年，合作区企业计划实现产值1000万元，实际完成670万元，完成计划的67%，计划实现利税350万元，实际完成247万元，完成计划的71%。

合作区企业1995年计划产值6497万元，利税2377.5万元，财政税收1600万元，边贸上计划实现出口300万美元，创纯利500万元。

伊宁市边境经济合作区经过近三年韧性的探索和不懈的努力，各项工作都有了较大的起色。目前，随着今年新项目的陆续开工建设，标志着合作区已顺利启动。为此今年合作区工作的指导思想是：坚持邓小平同志建设有中国特色社会主义理论和党的基本路线，坚持以经济建设为中心，以改革开放为动力，加快建立社会主义市场经济体制。面向面际、国内两大市场，发挥地缘、资源两大优势，抓住伊犁哈萨克自治州作为少数民族改革开放试验区和伊犁地区石油开发及欧亚大陆桥贯通三大机遇，依托老城，发展新区，以工业为重点，边贸为突破，商业、住宅等配套设施为辅助的“三条腿”走路的方针，努力把合作区建设成为一个综合配套比较完善的新型工业区。

伊宁市边境经济合作区发展的近期目标是：以开拓中亚、东欧市场为主，重点发展国际贸易、国际旅游业，开发当地资源，发展加工出口、来料加工及创汇产品，逐步壮大经济实力，带动伊犁地区的开发建设。远期目标是：通过合作区的建设与发展，使伊宁市成为新疆西部地区的经济中心和出口加工基地，进而成为中亚地区的经济贸易中心，并逐步发展成为我国西部的明星城市。

博乐边境经济合作区

【改善投资环境】 1992年7月18日，经市委、市政府批准，正式成立了博乐边境经济合作区，建立了管理机构——合作区管委会，在合作区的范围内按政府授权行使行政管理职权，从而在合作区范围内为客商提供了一条龙服务，大大提高了工作效率，解决了一些具体问题。合作区规划坚持依据博乐市总体规划，依托老城，建设新区，使合作区能依托老城的基础设施，促进老城的旧区改造，加快城市建设的步伐，使博乐市真正成为博州的中心城市。根据合作区性质功能和土地利用，原则上划分为几个主要功能的小区，即商贸、工业、仓储、生活区，并确定0.79平方公里内的16号生活小区及17号商贸小区为合作区的起步区，初步确定了其它几个小区的主要功能，确定了道路绿化、电力电讯、集中供热、供水排水、街坊指标、土地利用，进一步体现了统一规划，分步实施，滚动发展，规划一片，建设一片，成效一片的原则。

合作区的规划是依托老城、改造老城、建设新区，因此存在着大量的征迁安置工作，三年来共征用土地1074.3亩，其中耕地790.01亩，土地补偿费910万元，拆迁房屋449户，支付征迁费1534万元。共出让土地289.73亩，签订土地出让合同19份，土地出让协议4份，已到位土地出让金1150万元，为合作区的开发建设筹集了资金。

三年多来，合作区在资金非常紧张的情况下，投入了3952万元，花大力气狠抓了基础设施建设，基本上完成了起步区的“六通一平”，主要完成的有团结路沥青路铺设2830米，合作区投入100万元，团结北路560米，投资122.4万元（含各种过路管沟）沥青路面13000米，机动非机动车道配套完成，完成了长城路559米的水泥砼铺设，投资88.4万元，完成了广场路的路基510米及和平路613米的路基，打通了光明路的一段，完成了友谊路的沥青路面主车道770米，6条道路，总长6328米，已投入576.8万元，完成了集中供热一期工程，总投资1191.79万元，完成土建1035立方米，安装2台10吨锅炉及其它设施，铺设了主支管网7555米，一次供热面积达到6万平方米，经运行一年效果良好，完成了16号，17号小区，排水3279米，投资90万元，完成了16号、17号小区供水2843平方米，完成投资85.34万元，完成了16、17号及周转房供电2930米（含三台变压器），完成了6000门程控电话主机设备及3350的管沟铺设，5086米通讯线路，投资完成230万元。

【发展外向型经济】 博乐市是国务院批准的进一步开放城市，具有国家和自治区赋予的许多优惠政策，博乐市境内又具有国家一类公路、铁路口岸阿拉山口，第二条亚欧大陆桥从境内通过，改革开放把博乐由边防第一线推到改革开放的前沿，因此必须抓住机遇，利用有利的地缘优势，交通优势，资源优势，政策优势，广泛招商引资。近三年合作区接待了国内外客商602个团体，2886人次，签订协议34个，协议资金4亿元，引进项目49个，项目资金2.56亿元，已开工项目70个（含个体一条街项目22个），总建筑面积16.4万平方米，投资总额1.69亿元（不包含基础设施），已完成投资1.08亿元。其中，1993年完成项目20个，建筑面积33663平方米，总投资额2461.49万元，商贸项目5个。1994年已完成项目35个，建筑面积40092平方米，总投资额3693.11万元。已完成3239万元，商贸项目27个，在建项目15个，建筑面积90926平方米，投资额10817万元，已完成516.2万元，合作区管委会重点抓提高服务质量，积极帮助投资者把在建项目促上去，目前大部分项目都陆续复工建设，一部分项目已投入运营，开始发挥效益，这些在建项目和已交付使用的项目，已形成了合作区小区规模和新区建设的良好形象。

阿拉山口保税区立项报告已经自治区人民政府批准上报国务院，2平方公里土地已划拨，规划已完成，459亩监管仓库已运行。

到目前为止，仅在合作区工商管理局注册登记的企业56家，其中全民企业14个，集体企业9个，个体企业21个，临时12个，注册资金达1773.43万元，外地企业达22家，1993年合作区范围完成工商企业税收360.3万元，其中，营业税等305.95万，增值税 54.4 万元，返还 70 万元，1994 年据不完全统计，国家税务局完成国税 450 万元，地方税务局完成税收 192 万元，合计 642 万元，已返还 55 万元，为国家及博乐市经济发展作出了贡献。

按照市委、市政府的安排并及时总结经验，吸取教训，合作区不断调整产业结构，重点发展生产型科技型企业，走工、科、贸结合的路子，在招商引资方面，落实效益型、短、平、快项目，中科大博乐花岗岩加工厂经扩建和工艺改造，已达到年产板材 2 万平方米的规模，产品达 10 余种，仅 1994 年下半年完成产值 300 万元，创利 30 万元，菜篮子“绿色工程”第一期已完成 4 座温室蔬菜大棚，投资 9.4 万元，1994 年冬季已向市场供应蔬菜，此外陕西省渭南地区军队转业干部实业开发公司利用博乐地产优质水晶创建水晶工艺厂，生产了十余种旅游纪念工艺品，合作区内的市制药厂“618”黄金饮料，荣获首届中国国际保健品饮料类唯一的金奖，市场潜力大，前景很好。

合作区依托口岸优势，充分利用优惠政策，大力发展地边贸易，1994 年 5 月经自治区经贸委批准成立了合作区边贸总公司，在市场竞争激烈，边贸滑坡的情况下，经半年努力，超额完成市政府下达的 150 万美元的进出口贸易任务，代理贸易额达 597.69 万元，为合作区经济发展创出了一条新路，同时，合作区综合开发公司、农业开发公司，新世纪发展公司等 7 大公司不断发展壮大，增强了合作区的“造血”功能，为合作区走实业开发的道路打下了基础，并实现了由过去单纯服务型向生产经营型转变，1994 年合作区各直属企业共完成产值 2526 万元。

【加强经营管理】 三年来，合作区根据国家和自治区赋予的优惠政策，在项目审批立项，土地使用，企业注册登记等方面都赋予了极大的优惠，本着务实，高效的原则尽量简化办事程序，提高办事效率，为客户实行优质服务，目前合作区制定了三十余项政策措施，并不断进行配套完善，1994 年已将三十余件规范性文件装订成册，便于在日常工作中作为执行政策的依据，三年来，合作区管委会先后派出六批招商团组前往内地招商，利用一切出差、会议的机会联络与博乐市结为友好市区的地区和经济协作单位，印发各种宣传资料近万份，投寄招商广告 1300 余份，并在广播、电视、报刊大力宣传，积极参加 1992—1994 年乌鲁木齐经济贸易洽谈会，召开如何加快博乐边境经济合作区建设步伐的研讨会及对引进资金、项目及作出特殊成绩单位的表彰会，参加一系列的开工典礼，对扩大影响，提高合作区的知名度都起到了良好的作用，为了加强与军队的关系，合作区又与 36917 部队共同协商，于 1993 年 3 月签订共建公约，双方开展了各种有益的活动，包括军分区，36917 部队开展动员官兵给家乡写一封信的活动等，并出动官兵、运输车辆为合作区的道路筑基，美化、绿化直接参与了合作区的建设，真正体现了军民携手，共建新区。

凭祥边境经济合作区

【改善投资环境】 凭祥市边境经济合作区是广西近年开发最早、规模最大的一个中越边境经济合作区，它是国务院特区办 1992 年 9 月 26 日正式批准建立的。它的核定面积为 7.2 平方公里，位于凭祥市南面，地处亚太经济圈中越两国结合部，既是亚欧大陆的桥头堡，又是我国特别是大西南通往越南和东南亚各国的通道口，与越南国界最近距离为一公里，距友谊关口岸 12 公里，与浦寨国际商业城紧紧相连。北京至河内的国际铁路、南宁至友谊关的 322 国道贯穿合作区南北。凭祥市东环路和西环路环绕整个合作区，交通运输十分便利。凭祥市旧城南区、国家一级口岸凭祥火车南站和边防（口岸）检查、商检、卫生检疫、动植物检疫等边境联检机构及中国成套设备机械进出口公司凭祥分公司等涉外和外贸部门均设在合作区内，现有人口 2 万人。

合作区与母城区相连，离市中心较近，与其它合作区相比，具有交通便利，可依托母城区的独特优势。该合作区可利用母城区的基础设施和配套服务设施，如车站、通讯、能源供应、工业基地、宾馆服务、旅游、商业、教育等现有条件。这使得合作区的起步区建设成本相对较低。合作区新建的企业可以从相连的母城区就近招工，并且可以很方便地利用母城区的原有条件解决职工的居住、交通问题。基础设施方面，在首期开发的1.2平方公里的范围内，已建成了包括通路、通讯、通电、通水、通排污和平整场地等内容的“五通一平”基础设施。配套条件，在建的有座10000平方米保税仓、二栋六层标准厂房，并配有水、电和提升货物电梯设备。建有加油站二座、一座110千伏的变电站。生活服务设施，区内有南园宾馆、南方大酒店、先锋宾馆等较高档次的宾馆。合作区去年建有陈设齐全、装璜精美的住宅商业综合楼十余栋。建有商场、文化中心等生活配套设施。还有占地41332.9m² 较好的进出口验货场。

凭祥市边境经济合作区自1992年9月26日建立以来，各项工作已取得一定的进展。首先是建立了必要的管理机构。其次是确定了开发建设的分类规划。经济合作区分三期开发，首期开发为1.2平方公里，首期工程是1992年11月1日破土动工。在不到60天时间里就完成挖填土石方130多万立方米，平整土地700多亩。由于后来遇上雨季，给施工带来一定的困难，但经过多方的努力，在一年多时间里，共挖填土方量为189.1万立方米，搬走了一座11万立方米的石山，完成平整土地1066560平方米，完成4.9公里道路，占任务的80%；砌水沟已完成11173平方米，占任务95%；砌档土墙完成5000多立方米，占任务80%；修建了占地8666.6平方米、建筑面积为4000平方米的保税仓库，并在同年使用；建好一座水池，到现在又完成了市南区至合作区供水工程，全长为3.2公里，管径为400毫米，总投资100多万元；合作区验收货场占地41332.9平方米，库场房2000多平方米，投资600多万元，现已竣工投入使用；合作区供电已有1万伏线路通过，兴建了110千伏变电站，总投资2000万元，该工作已完成，并于1995年1月22日正式投入使用。另外，在合作区内的南园小区已开发了173316平方米，已基本建设完毕，投入基础建设费1000多万元，完成建筑面积近40000平方米，总共投入资金近3000多万元，整个合作区累计投入基础设施建设资金9000多万元，已有十余栋高楼建好。总的来看，合作区已基本完成了“五通一平”的任务。

【发展外向型经济】 合作区开发以来，共引进“三资”企业有28家，协议资金4905.42万美元，外资直接到位3119.91万美元，已动工兴建开业12家；全国各省地到合作区来办企业有40多家。如柳州、百色两地分别投资200万元和300多万元，兴建红砖厂，已生产出产品，产生了经济效益。武汉与南宁兴建的汉邕大厦已建成。海南省企业来兴建的大楼已建好。最近还有来合作区购地办厂的单位。

【工作体会】 凭祥市边境经济合作区的建设，已走过两个年头了。两年来市委、市政府将经济合作区的开发工作列入党委、政府的重要议事日程。在资金紧缺、外部环境不尽完善的情况下，仍取得一定的成绩。主要的做法和体会有：

一是明确目标和指导思想，树立正确的建设方向。凭祥市委、市政府一开始就非常明确，要把合作区按现代化涉外区的要求，高标准、高效率进行规划和开发建设。以发展“三资”企业和内联企业为主。结合凭祥市的实际情况，为解决好资金短缺和基础设施超前建设的矛盾，在具体开展建设时，做到富规划、穷开发，本着“统一规划，分期开发，量力而行，小步快走”的原则，尽量做到开发一片，建设一片，投产一片，收益一片，以“滚雪球”的方式向前发展。由于目标明确，指导思想和建设方向正确，所以开发建设还是向好的方向发展。

二是以优惠政策吸引外商。在边境经济合作区，除执行国务院和自治区人民政府给予的特殊政策外，我们还根据国务院（1992）62号函精神，先后出台了“关于发展边境贸易的若干规定”、“关于鼓励国内外客商投资的优惠政策”、“凭祥市边境经济合作区优惠政策”、“关于城市建设用地及经济开发区土地管理试行办法”等更具体、更灵活、更具操作性的政策措施。改善投资软环境，提高吸引外商进区投资办企业的能力。

【今后发展的设想】 边境经济合作区作为边境地区开发的有效模式，有着强大的生命力。根据凭祥市边境经济合作区得天独厚的地理位置、区位优势和实际情况，结合凭祥市“八五”计划、十年规划以及对外开放和开发建设总体规划，对开发和建设凭祥市边境经济合作区总的构想是：以党的十四大精神为指针，以市场为导向，充分发挥合作区的区位优势和政策优势，采用外引内联，广招客商，全力开拓的策略，采取全面规划，重点突破，分步推进的方法，以旧城为依托，把合作区开发建设成为以边贸、转口贸易和商业为主，融进出口加工、高精尖科技、房地产、金融、仓储、保税、外运、旅游、信息、服务等为一体的具有东南亚特色的国际自由经济贸易区。主要内容有以下五个方面：1. 实行统一的管理体制，完善必要的办事机构。借鉴兄弟开发区、合作区成功的经验，合作区应在管理机制上坚持"小政府，大社会、大服务"的原则，完善办事机构，配精干的人员，努力形成按国际惯例办事的良好的管理机制，提高办事效率，从而推动合作区的开发建设速度。2. 扩大对外宣传，提高知名度。要强化宣传意识，加大自我宣传力度，学会推销自己。借助《凭祥边贸时报》和目前正在筹建的凭祥电视台以及区内外的报刊、电视、广播等新闻传导媒介，宣传凭祥改革开放和开发建设情况，扩大影响，提高知名度；也可以通过招商会、联谊会、新闻发布会进行宣传；还可以通过外商、海外亲属和朋友等帮助我们宣传，进一步提高经济合作区的知名度。3. 扩大对外交往与合作。凭祥市与越南毗邻，应坚持"以发展保和平、以繁荣促稳定"的原则，加强与越南在经济、贸易和技术等领域的交流与合作，推动经济合作区的开发建设。4. 实行开放式开发，加快经济发展步伐。用足用好开放政策，实行全方位、多层次开放式开发。在建设力量上，敞开大门，调动各方面的积极性，组织各种生产要素，吸引各种性质的经济成份进入合作区，在资金筹措上，大胆举债，推行股份制，扩大奖金筹措渠道，在基本建设上，实行土地成片开发，重大的基础设施项目实行招商引资开发建设；在政策措施上，依据市场经济的法则办事，逐步与国际经济接轨。5. 鼓励投资搞项目，全方位招商引资。加强对区内现有企业的管理与服务，促进企业提高管理水平和经济效益，扩大示范效应。组织开展学术研讨、考察招商等多种形式吸引国内国外客商，鼓励投资开发资源项目，如稀土的深度综合加工，黄金的加工、建材的生产、八角等农副产品深度综合加工。利用区位优势，创办一批"三来一补"的进料加工、来料加工、补偿贸易企业，形成合作区支柱企业。积极引进高科技产业的项目。拓宽招商广度，加大招商力度，放宽招商政策，采取多形式招商引资，吸引国内外客商到合作区投资办企业。同时鼓励国营、集体、个人进入区内投资兴办企业。6. 精心筹划发展规划，力争开发大见成效。利用三年时间，"精雕细刻"起步区，然后用5年时间全面开发建设，初步形成一个多功能的国际经济贸易区。再用5年左右时间，达到大见成效，把合作区建设成为具有国际水准的产业基地和贸易中心。近期目标是：到1996年，搞好起步区，力争建筑面积达到8万平方米，实现国民生产总值1.2亿元，工业总产值5000万元，进出口成交额8亿元，可容纳人口2.5万人、劳动力5000人。到2000年，建筑总面积达到80万平方米，实现国内生产总值5亿元，工业总产值2亿元，进出口成交额18亿元。届时区内可容纳人口5万人、劳动力2万人，引进资金投资15亿元。

（撰稿　黄桂友）

东兴边境经济合作区

【改善投资环境】 1994年，东兴边境经济合作区投入资金0.86亿元，以"两区"（东兴边境经济合作区、沥尾金滩旅游度假区）"两港"（竹山港、京岛港）建设为重点，抓好水、电、道路、通讯、港口码头等基础设施的建设。东兴边境经济合作区1994年完成新建街道13678米，铺设排水管道3.22公里。完成东兴口岸联检大楼的建设，开通东兴口岸和中越北仑河大桥；建成东兴国际贸易综合市场；完成防城至东兴二级公路东兴至江平段砂石路面铺设，使二级公路完成总工程量的70%以上；完成防城至东兴110千伏输变电工程低压线路布网工作，实现正常供电，新增市话交换机容量2500门。完成合作区管委宿舍楼第一期工程的建设，初步改善了工管委干部办公、住宿条件。沥尾旅游度假区的民族大道沥东、沥西段建成通车；江平镇日供水1万吨自来水厂建成，铺设江平至沥尾管线11公里，初步解决京族三岛村民饮水难问题。京岛港第一个泊位已建成投入使用，竹山港码头及进港二级公路建设已完成工程量的60%，1995年8月可投入使用。全年合作区全社会固定资产投资总额达1.2亿元，整个合作区的投资环境得到了进一步的改善。

【发展乡镇企业】 1994年，东兴边境经济合作区遵循“人才不问何处，资金不分东西，企业不分性质，一、二、三产业齐上”的思路。强化目标管理，多渠道筹措资金，增加企业投入，以商贸、房地产、旅游、建材、海产品养殖及加工为主放手发展乡镇企业。1994年，东兴边境经济合作区乡镇企业达5694家，营业收入6.44亿元，总产值6.43亿元，实现税利5474万元，分别比1993年增长26%、80%、82%、15%。其发展特点是：一、股份制企业快速发展，由1993年的11家发展到425家；二、个体私营企业成为东兴乡镇企业的主力军，1994年，东兴个体私营企业4850家，占总数的85%，实现总收入4.8亿元，占乡镇企业总收入的75%。三、引进外资兴办乡镇企业，1994年共引进外资2000万元，新建工厂8家。

【口岸工作】 1994年4月17日，经外交部、国家口岸办公室批准，东兴口岸正式对外开放，中越北仑河大桥正式通车。

东兴口岸属国家一类口岸，1958年设立。1979年，中越友谊大桥被越方炸断，东兴口岸中断开放。1989年春以来，东兴边贸成交额达15.66亿元。1992年，经中越两国政府协商，在中越友谊大桥原址上重新修建中越北仑河大桥恢复口岸开放。新建成口岸管理区占地面积9500多平方米。有长124米、宽10.5米的中越北仑河大桥和占地3250平方米的货场，以及建筑面积1250平方米的联检大桥。东兴口岸按国家一类口岸管理。口岸的开通，加快了东兴边境经济合作区对外开放的步伐。1994年，东兴外贸进出口贸易总额达98万美元，边境贸易成交额3.10亿元，分别比1993年增长200%和36.7%。据统计，从4月17日中越北仑河大桥通车至年底，东兴口岸共验放进出境旅客（包括商务）175万人次，居全国十四个边境一类口岸首位。

【发展外向型经济】 1994年，合作区以招商引资为突破口，发展外向型经济，效果显著。1994年，合作区先后组织参加了自治区民歌节招商会、新加坡招商会和北海招商会，并在东兴成功地举办了首届中越边贸研讨洽谈展销会，外商投资大幅度增加。全年共新批三资企业14家，其中，中外合资企业8家，外商独资企业6家。合同投资额为3274.70万美元。注册资金为2727.53万美元，外商出资额为2411.87万美元。“三资”企业实际到位资金为1834万美元，其中外商实际到位资金为734万美元，比上年增长63%。新批企业主要分布于娱乐、日用化工、机电等行业。其中，机电行业的投资额为1800万美元，日用化工的投资额为500万美元。年内，合作区采取措施，增强外商在东兴投资的信心，加快三资企业的建设步伐。目前已动工兴建的三资企业有18家，筹备待建的企业23家，其中北部湾大厦、松园娱乐城、新创兴机电有限公司、裕兴纸品有限公司等五家企业已开始正常营业。年内，合作区旅游收入535万元，增长39.3%，到年末，合作区共有工商企业729户，注册资金9.7亿元。

【加强经营管理】 年内，合作区认真开展土地、环保执法大检查活动。土地管理方面通过政府垄断土地出让市场，强化土地计划管理，合理调整地价，加强土地使用权流转管理等宏观调控措施，有效地促进了合作区土地市场的健康发展。全年按照“以项目带开发，以资金带土地”的原则，共审核上级征地文8期，面积100多万平方米，依法审批土地546块，出让土地59块，面积34.2万平方米，收取土地出让金5612万多元，取得了显著的经济效益和社会效益。环境保护工作通过参与城市和建设规划，加强了对建设项目的环境管理，做到科学布局，合理选址，严格执行“三同时”制度，有效地控制改扩建项目的污染。全年合作区共审批10个建设项目，“三同时”执行率达98%，其中环保投资占总额投资的3.8%，使东兴市容市貌有了很大改观。

【全面发展农村经济】 年内，合作区坚定不移地把农业和农村工作放在经济工作的首位，认真贯彻中央关于加强农业和农村工作的一系列指示，切实加强领导，减轻农民负担，调动农民的积极性，并以市场为导向，调整农业结构，大搞农业综合开发，发展“两高一低”农业，全年合作区对农业投入共220万元。在合作区耕地相对减少的情况下，粮食播种面积仍比上年增加了825亩，达到12.1万亩。年内尽管先后遭受“寒、旱、涝、风”等自然灾害的袭击，粮食总产量仍达2.32万吨。林果生产形势喜人。全年合作区共完成造林面积比上年增长273.67%，水果总产量达到2371吨，增长43.3%。全年肉类生产增长38.7%，合作区水产品人均占有量达到135公斤，为防城港市的两倍多。

（撰稿　李华毅）

畹町边境经济合作区

【改善投资环境】 1994年是畹町边境经济合作区克服重重困难艰苦奋斗的一年。在国家宏观调控，地方财政困难，专项贷款不能及时就位的情况下，合作区为实现畹町市委、市政府要将合作区开发建设成为一个具有边疆民族特色，集商贸、娱乐、旅游、边贸加工、高科技产业为一体的现代化边境特区这一宏伟目标，合作区一方面继续狠抓基础设施建设，努力改善投资环境，为合作区5平方公里的全面开发打基础；另一方面抓紧抓好一些在建和新建的工贸等项目建设。

1994年合作区基础设施建设依据规划主要搞的项目有：投资1400万元，于3月动工，年底基本完工建成了长2.13公里，宽50米的与320国道相联的合作区主干道，其中完成投资153万元的桥梁一座；以补偿贸易的方式帮助缅甸修建了一条联接我方合作区的公路，长10.8公里，投资约600万元；共投资1200万元，完成3.5万伏变电站一个，11万伏变电站一个和开关站一个。至1994年底合作区约1平方公里的起步区曼满口岸已完成"五通一平"的基础设施建设工作，合作区已合计投资约5000万元。1995年准备建设的重要项目有：合作区与老城区的联接公路的改造；起步区仓储小区；起步区输变电路安装等。

在合作区内1994年建成的主要工贸等项目有：水泥厂，与四川雅安地区合营，投资2000万元，设计年产水泥8万吨，产值约3000万元，目前90%的产品销往缅甸；制药厂，投资1200万元，主要生产大输液，日产2万瓶，产品全部销往缅甸，准备再投资80万元，生产抗生素片剂，也面向缅甸销售；边贸商业娱乐城，投资600万元；广东商贸旅游城，投资300万元；编织袋厂，投资200万元，年产600万条，原料来源及销售市场都是缅甸；此外还有柚木地板条厂，竹器制品厂、塑料餐具厂、珠宝玉器加工厂等都在1994年投产，产生了较好效益。畹町未设立边境经济合作区前，工业十分薄弱，1992年工业产值仅498万元，设立合作区后，畹町的工业得到了较快发展，1994年建立的工业项目待运营正常后，预计1995年畹町的工业产值可超过5000万元，畹町的工业发展历史翻开了新的一页。

【合作区发展思路】 1. 进一步加大宣传力度，提高知名度，增强吸引力。畹町是沿边开发城市，地理条件优越，区位优势突出，是一个拥有3个重要进出口通道的国家级口岸。边贸发达并具潜力，1994年进出口总值为6亿元。同时边境经济合作区又是国务院特区办批准的全国为数不多的开发区之一，和其他开发区相比，有着独特的优势。所以针对以上优势，进一步加大宣传力度，进一步提高知名度，加深国内外客商对畹町的认识，增进畹町工商企业界与国内外厂商的相互了解，并以区位优势、完善的基础设施、优惠的政策、良好的服务，吸引国内外厂商，使合作区的开发建设出现一个新的高潮。2. 加强和完善合作区的基础设施建设，有计划、有步骤地按规划将基础设施建设搞好，力争再经过一两年的努力，使合作区基础设施建设有一个根本改善，以良好的投资环境吸引国内外厂商，不断提高招商引资的成功率。3. 尽快在合作区起步区内建成保税库和保税加工区，利用优越的资源条件和政策争取在几年内，使合作区的边贸加工业形成一定的规模。4. 边境贸易是畹町的经济支柱，关系边疆稳定，民族团结，1995年底边贸优惠政策取销后，将给畹町的经济和社会带来严重的影响。针对这一问题，畹町的思路是，根据畹町便于实施封闭的条件，以合作区为中心，力争建立"中缅边境经济自由贸易区"以确保畹町经济的持续发展。

【面临的困难、问题和要求】 1. 资金问题。国务院特区办批准畹町边境经济合作区的面积是5平方公里，每年仅有国家给的1000万元的专项贷款，别无其它贷款路子，杯水车薪，远远不能满足开发的需要。又由于起步晚，刚起步就遇到国家宏观调控，地方财力不足，仅够保吃饭，挤不出资金投入合作区，合作区开发建设启动资金严重不足，缺口较大，举步维艰，已开发的项目尚欠征地补偿费400万元，拖欠工程款600万元。因此急需低息或挂帐停息贷款，用于畹町合作区基础设施建设；急需在合作区内设立信用社，并赋予直接融资政策，增加融资渠道，解决启动资金严重不足的问题；把合作区的主要投资项目列入国 家开发银行的投资项目；“九五”期间需国家每年再新增加2000万元专款贷款，用于合作区的基础设施建设。2. 政策问题。国务院国函（1992）62号文件和海关总署署监（1992）86号文件所给的优惠政策，1995年面临到期。由于畹町是边疆少数民族地区，认识跟不上和基础条件太薄弱，这些优惠政策还没有产生它应有的作用就到期，如果国函（1992）62号文件执行到“八五”末就取消，那么合作区的多数项目将成为“半截子”工程，投资回收无望，损失巨大。因此，希望将国函（1992）62号文件赋予3个沿边开放城市的11条优惠政策和海关总署署监（1992）86号文件给中缅边贸162种商品减免关税的优惠政策延长到本世纪末。3. 合作区管理尚无法可依。目前，合作区诸如土地、规划、财税、人事及项目审批管理权限不明确，无章可依，特事不能特办，在实际工作中困难重重，工作效率无法提高，严重影响了开发速度和效益。希望能尽快明确合作区行政、经济管理权限，以利于合作区的开发建设。4. 合作区的主管机构问题。对合作区的管理，除国务院有特区办外，省、州还没有相应的主管部门，合作区碰到的问题，相关的部门家家都管，但家家都没管好，许多问题要由合作区自己去协调，希望解决合作区无“婆婆”的问题。

（撰稿　段晓辉）

二连浩特边境经济合作区

【改善投善环境】　二连浩特边境经济合作区是经国务院特区办批准设立的国家级沿边开放城市的经济合作区。二连浩特边境经济合作区位于二连浩特市区北侧防风林带以北，距市中心1公里，距国境线2.5公里的市区通向国门公路西侧位置。地理坐标东经115°58′，北纬43°39′，总控制面积3平方公里，启动期规划面积1平方公里，起步区东西向长1481米，南北向长808.96米。此地段环境质量较好，地势平坦，坡度仅为1‰，而且交通便利，便于开发建设。

二连浩特边境经济合作区自1993年6月经国务院特区办特办函字（1993）第25号文件批准设立后，开始地基勘探工作。1993年底共投资34万元的地质工程全部结束，总体规划图制作完毕，地质资料整理成套。同时进行了“六通一平”工程的主体设计，确定了主干道、支干道的中心线。完成所有前期工作，为基础设施建设的全面铺开奠定了基础。

1994年，二连浩特边境经济合作区首先开工修建开发大街，大街东西向长1500米，宽8米，大街东端南北两弯道各120米，共投资104.4万元。8月30日开发大街交付使用。5月1日开始给水工程建设，到8月30日完成上水主管道2000米，共投资45万元。8月1日开始建设占地1.2万平方米的劝业场，投资336万，作为减免税货物监管库的前期工程。又投资35万元建成管理用房一处。到1994年底，二连浩特边境经济合作区地质探勘和基础设施工程累计投资554.4万元。

在抓好基础设施建设的同时，合作区还从制定优惠政策、招聘人才、提高办事效率、提高服务质量等方面着手，搞好软件投资环境。1993年二连浩特市人民政府颁布了《鼓励合作区国内外投资的优惠政策》。合作区管委会相继公布《合作区条例》、《二连浩特边境经济合作区土地出让、转让办法》、《二连浩特市边境经济合作区企事业管理办法》《二连海关、合作区企事业管理部关于进口免税货物的申报制度》等有关行政性制度。二连海关也颁布了《二连海关关于合作区进出境货物的管理规定（试行）》。合作区管理委员会下设了六个职能部门，为合作区投资的国内外客商，提供高效、优质的服务。

【发展外向型经济】　经过一年半的建设，二连浩特边境经济合作区的投资环境大大改观，到1994年底二连浩特边境合作区注册的各类企业共9家，注册资金3900万元人民币，50万美金。其中有4家企业开工建设，2家企业开始投入运行。

1995年，为进一步改善环境，二连浩特边境经济合作区拟投资500万元进行供电、通讯、排水等基础设施建设，并续建乌兰路、白音路和环形路。续建给水支干道1000米，力争在当年全部完成。

在招商引资，发展外向型经济中，要加强外引内联，加大合作区的招商引资力度，通过外引内联大力发展符合二连浩特地区的加工业，大力发展外向型经济。

二连浩特边境经济合作区管委会积极参与二连浩特中蒙自由贸易区的筹备工作。使合作区、自由贸易成为二连浩特市的一个开放带。并出台一些更加优惠的政策，进一步完善各项行政性制度，增强国内外投资者的信心。

【加强经营管理】 二连浩特边境经济合作区近期制定了《二连浩特边境经济合作区劝业场经营管理暂行办法》，对已注册企业进行年检。为企业解决实际困难，并提供更优质的服务。对土地的出让、转让加强管理，制定更优惠的办法吸引更多的投资者来二连浩特边境经济合作区投资发展，开拓事业，力争使二连浩特市边境经济合作上一个新台阶。

（撰稿　赵金普）

开放地区荟萃篇

南 京 市

【综合经济发展】 1994年，南京市进一步把发展开放型经济作为对外开放工作的中心，促进了"三外"工作的全面发展，主要特点表现在：

利用外资工作再上新台阶。全年新批三资企业948家，合同利用外资10.77亿美元，实际利用外资3.65亿美元，投产开业530家，外商出资比例上升到63.7%。到年底，全市三资企业已累计批准3456家，投资总额61.35亿美元，合同外资34.56亿美元，实际利用外资9.42亿美元，开业投产1540家。千万美元以上利用外资大项目103个，其中工业项目56个。华飞彩显、新世界服装等7家三资企业进入中国最大500家外商投资工业企业行列；9家三资企业被评为全国外商投资"双优"三资企业；古尔兹等10家企业获全国200家明星三资企业称号。全年涉外税收达4.7亿元，比上年增长142%。

经济开发区建设稳步推进。南京8个省级以上开发区进一步加快基础建设和招商引资步伐，目前已开发的23平方公里，累计投入开发资金10亿元，批准进区企业1080家，已开业投产698家。其中三资企业351家，合同外资8.5亿美元。实际利用外资1.3亿美元，去年开发区实现技工贸总收入36.9亿元，利税5.5亿元，出口创汇3714万美元。

对外贸易大幅度增长。1994年，南京市抓住外贸体制改革的机遇，以规模求效益，三路大军齐创汇，取得了自1988年外贸自营以来年出口净增最多的好成绩。全年外贸商品收购总值达47.92亿元，比上年增长80.9%；外贸出口商品交货值59.9亿元，增长61.6%；实际出口5.52亿美元，增长51.4%，其中三资企业出口1.72亿美元，出口创汇增长与国民生产总值增长之比大大高出全国平均水平。

对外经济技术合作进步明显。新签对外承包工程和劳务合作合同额0.63亿美元，完成营业额0.45亿美元，均增长15%；境外非贸易机构累计已达63家，劳务人员分布到30多个国家和地区，建成37个国际性工程承包和援助项目。对外交往不断扩大。先后与名古屋、佛罗伦萨、莱比锡等8座外国城市结为国际友好城市，还与上海市一同，代表中国参加了环太平洋城市发展技术合作网络；几年来共接待境外旅游者近200万人次，旅游创汇居全省第一、全国第10位。以友城、文体、医疗、新闻、学术、科技、宗教、经济、贸易、乡友、校友等多种对外交流及招商合作体系正在形成或建立。

【发展外向型经济的主要经验】 南京市委、市政府高度重视对外开放工作，特别是邓小平同志视察南方重要谈话发表以来，全市上下实行大开放、大开发，使开放型经济进入了全面、快速增长和提高的新阶段。

坚持不懈改善投资环境。硬环境方面，狠抓了水、电、气、路建设，水日供量已超过280万吨；新建了华能南京电厂、二热电厂；城市民用气化率达87%，居全国省会城市之首；拓宽改造了宁扬、宁杭、宁镇公路，建成了绕城公路，打通了城市数十条卡脖子路、桥；南京港航线已达香港、日本、东南亚和地中海40个港口；电信电话装机容量达60万门，在全国第二个实现了市话全网程控。城区及近郊国有土地成片开发基本形成；省以上开发区和重点乡镇工业功能区建设，提高了郊县乡镇工业集约化管理。软环境方面，荣获了国家卫生城、双拥模范城和社会治安综合治理先进城市等光荣称号。加大了对外宣传力度，先后出台了50多项地方法规、行政规章和实施细则，今年又统一制定了进一步改善投资环境的17项决定，三外工作已列入考核各级班子实绩的重要内容，培训外向型经济干部的工作进一步得到加强。

妥善处理对外开放与改革、发展的关系。对外开放促进了以企业为主的经济体制改革，相继出现了合资、三资企业租赁、兼并、承包中小企业。对外开放也促进了市场机制的建立。对外开放与南京电、气、化、特工业发展战略相结合，兴办了一批几千万到几亿美元的大型三资企业，其中华飞彩管项目年产值超10亿元，并延伸辐射出8个合资项目。1994年南京工业总产值656.13亿元，增幅达23.2%。对外开放与建设国际化大都市相结合，使城市建设和公用业服务功能有了明显增强。目前，地下铁路、第二大桥、西渡电厂等一批特大建设项目，已成为外商争相洽谈的热点。

抓住机遇，发展开放型经济。南京在外向型经济的起步阶段，实行“以利用外资为突破口，抓外资促外贸外经”的方针；在利用外资大面积展开以后，实行“大中小一起上，以大项目为主，高中低档项目一起上，以高新技术为主”的方针，及时引导利用外资走上数量、质量、速度并重的轨道；90年代以来，提出了“三外一起抓，三外一齐上”的方针，进一步拓宽开放型经济的发展领域。充分发挥南京在海外知名度较高，涉外单位较集中，境外渠道密集的特点，调动各方面的积极因素。办好每年一度的金秋恳谈联谊会。1994年恳谈会有31个国家和地区的外商1459人应邀参加，批准立项以上项目678个，投资总额18.7亿美元，合同外资12.8亿美元，其中千万美元以上项目48个。目前，南京市上上下下抓住有利机遇，实行大开放、大开发，使开放型经济进入了全面、快速增长和提高的新阶段。

（撰稿　陈　炜）

【南京新港工业区】　成立于1992年9月18日的南京新港工业区是江苏省省级开发区，位于南京市东北郊，北临长江，南靠紫金山，占地面积9.73平方公里。工业区拥有无与伦比的交通、区位优势，是名符其实的“零公里开发区”（即距港区不足一公里的开发区），中国最大的内河外贸港——南京新生圩港座落于工业区的北部。工业区南部是由绕城高速公路、沪宁高速公路、312国道等组成的四通八达的高等级公路网络，新建的太新公路直抵市区；南京城北铁路环线贯穿工业区，经尧化门编站进入全国铁路运输网；绕城高速公路大大缩短与正在兴建中的南京国际机场的距离。区内完善的海关、边检、商检、银行保险等服务机构为投资者解除后顾之忧。如此优越的投资环境已引起越来越多的海内外投资者的关注，1994年，共有海内外16个国家和地区的200批客商来工业区参观考察，参观者都认为新港工业区具有十分广阔的开发前景，并普遍表示了投资的意向。

1994年新港工业区通过认真分析形势，及时调整工作重点，依靠南京市委、市政府的正确领导和各有关方面的大力支持，以扎实勤奋的工作使工业区在困境中保持了持续发展的势头：全年新批进区企业75家，其中三资企业18家，吸引外资7500万美元；基础设施建设方面，在资金十分紧缺的情况下，仍然努力加强投资硬环境的改善。目前，起步区内纵横道路网络全部形成，供水、供电及电信工程均在顺利实施之中。

通过一年的工作实践和理性思考，工业区的建设者们认识到：

对一个开发区来说，项目是生命，招商是中心，工业区树立了“全方位”的招商观。所谓“全方位”有两层含义：首先是招商渠道的全方位拓宽，动员全体工作人员投入招商活动。除南京市一年一度的金秋恳谈会外，工业区还派专人赴美国、日本、意大利、新加坡等地和国内其它城市进行宣传招商活动。此外，工业区还充分重视省市经济主管部门、大企业和社会团体的牵线搭桥作用，举办各种座谈会，请各方面为工业区的招商引资献计献策。“全方位”的另一层含义是指招商对象的全方位拓展。工业区在国家产业政策允许的范围内，以尽可能提高技术含量、出口含量为指导思想，做到外引与内联并举，抓住大公司、大财团，同时也不错过市场前景看好，业绩优异的中小企业，尤其是那些迫切需要良好交通运输条件的项目。1994年，工业区集中落实了几个规模较大的项目，如台湾华新丽华集团投资2950万美元的铜加工生产项目；江苏省棉麻集团投资4500万元兴建15000平方米的棉花中转储备库；中意合资旨在吸引意中小企业来华投资的新世纪发展公司，通过1994年底中方赴意专题洽谈，意方已决定大幅度增加一期工程的投资额至8500万美元，并直接在新港工业区内兴建意大利工业区园，以便于意方企业进入中国和亚洲市场。

与此同时，工业区配合国营大中型企业改革运营机制、“退二进三”的需求，或帮助他们在工业区内另起炉灶重振雄风，或吸引他们到工业区兴办合资企业扩大生产。这一举措也得到了国家有关主管部门的赞赏和支持。目前，工业区已与南京油嘴油泵厂、三乐电器公司等大型企业签订了进区意向。

总之，抓住了项目，就保证了开发区建设的实质进展，因此工业区上上下下都在招商引资工作上动脑筋、下功夫，并在1994年中取得了一些进展。

二、拓宽融资渠道，继续搞好基础设施建设。1994年，在资金十分紧张的情况下，工业区仍然对工程施工和基础设施建设紧紧抓住不放，努力改善投资硬环境。虽然列入市计划的固定资产贷款未能落实，但工业区一方面积极争取有关部门和金融单位的支持，筹措到一些小额贷款，完成了一些道路施工和填土工程。另一方面把目光放在招商引资上，通过加大招商力度，引进国内外资金投入基础设施建设。如在与台湾华新丽华公司洽谈兴建合资项目的过程中，工业区向客商展示了在区内投资基础设施的良好前景，终于促成了华新公司决心再投资500万美元建设向工业区内企业集中供应燃气的项目。目前，工业区已把水厂、污水处理厂、成片土地开发等一批直接影响到工业区投资环境的重大基础工程列入了对外招商的范围，争取以灵活的方式、优惠的政策促使更多的投资者参与工业区的基础建设，从而使工业区的招商开发与基础建设二者相互促进、融为一体。

三、“以软补硬”，进一步创造优质高效的投资软环境。首先，工业区请税务、工商等部门的同志讲授国家对开发区的有关政策和南京市为新港工业区制定的一些优惠待遇，便于这些政策的明确及在操作过程中的落实。其次大家认识到随着全国开发区的不断增加，其间的竞争也将不断加剧，对客商的吸引将不再停留于优惠政策这种简单手段上，只有为区内企业提供更好的服务才能体现工业区良好的投资环境，因此工业区管委会办公室在保证效果的基础上简化了各种年检、年审会议，从而切实方便了企业，提高了办事效率，受到区内企业的欢迎和好评。除此之外，工业区管办把管理和服务有机地统一起来，在国家法律的授权范围内，通过建立健全各种规章制度严格国家对企业的有关要求，从而保障区内企业在法制的轨道上健康发展。

1995年，工业区将以邓小平同志建设有中国特色的社会主义理论和党的基本路线为指导，开拓思路，深化改革，制定了完善起步区、完成一些基础设施建设和招商引资等六个方面的目标，并按照这一目标，提出了抓改革、抓招商、抓基础、抓党建、抓管理、抓申报国家级开发区等具体措施。新港工业区具备建高起点开发区的“先天条件”，加上工业区全体工作人员的敬业、实干，腾飞之时指日可待。

（撰稿　倪德龙　沈吟龙）

【江宁经济技术开发区】　1992年6月诞生的江宁经济开发区，仅两年多时间，便在江苏省63个省级以上各级各类开发区中崭露头角，成为继昆山开发区之后的又一个成功典型，省内外一些专家学者实地考察后，得出一个共同的结论，就是起步迟，起点高，速度快，气魄大，效益佳，前景好。江宁开发区不仅开发速度快，投资效益好，而且发展势头强劲，呈现出以下三个特点：

已经成为外商竞相投资的一片热土。开发区共引进项目110个，已开工企业75家，开工率近70%，资金到位率80%以上；总投资5.95亿美元，其中外商投资4亿多美元，平均每个项目投资规模500万美元以上，其中1000万美元以上的项目有12个。外资项目占70%，高新技术项目占30%。预计1995年区内技工贸项目总产值达5亿元，出口创汇1000万美元，利税3000万元。已建成项目涉及12个国家或地区，瑞典爱立信公司、美国百事可乐、亚特兰大，日本三井集团、日立公司，台湾旺旺食品公司等国际著名企业和跨国集团纷至沓来，独资或联合建设了一批大项目。爱立信公司在开发区投资达4400万美元；国家1995年批准的4大项目之一，南京汽车制造厂与日产汽车公司合作投资40亿元的轻型汽车项目已在开发区奠基开工。

初步实现了三个转变。一是在项目上，由外商选择开发区转向开发区选择外商。明确规定，高耗能，有污染的项目不准进区，投资额低于100万美元或500万元人民币的项目不准进区。凡进区企业半年内必须开工建设，大项目如全面施工有困难，也必须在半年内局部开工，否则收回土地重新出让或调整地块。1994年下半年以来，已先后有5家企业278亩土地因不能按期开工被开发区收回重新出让。二是在工作重点上，由二产启动转入三产拉动，二三产业并举。在工业项目蜂拥而至的情况下，区管委会把主要精力迅速转向三产开发。仅房地产开发一项，便增加积累资金2800万元，使开发区调控能力大为增强。三是在土地价格上，由让利竞争转为盈利批租。1993年，出让土地平均地价由上年每亩7万元上升到11万元，1994年继续攀升，达14万元，最高的用地每亩价格在30万元以上。

基本进入了良性循环。有三个显著标志：一是安全度过了偿债高峰，后续资金源源不断，资金循环步入正常；二是基础设施基本满足大规模、高速度开工建设的需要；三是经济运行和机构效能正在逐步与国际接轨。

作为后起之秀的江宁开发区，在吸引外资优惠政策和宏观环境有所变化，各开发区招商引资竞争加剧，开发建设难度增大的新情况下，却能创造令人瞩目的成就，走出自主开发、加快开发，办好开发区的新路子，他们的经验是坚持科学规划，选准发展目标。江宁开发区能在较短的时间内获得成功，少走或不走弯路，首先是由于有一个科学合理的总体规划，确定了一个符合市场经济规律，能够最大限度地发挥自身优势，并具有一定超前性的发展思路，制定了一个以“高起点、高速度、高标准、高效率”，建设具有一流水平的开发区的实施目标。着眼于“背靠南京、依托县城、面向禄口国际新机场”等近郊区位优势，搞好功能定位，不仅要建设现代化的工业新区，而且努力建设一个工业为主体，科工贸结合，功能齐全，设施配套的现代化新城区。开发区以百家湖为核心，依次向外分设三个发展圈层：一是核心层，为百家湖风景游览城，内设商贸、别墅、植物、疗养、游乐、国际会议6大中心；二是中间层，为金融、科技、办事机构及住宅区；三是外层，为起点高、无污染的工业加工区。经过两年多时间的加紧开发，现已初步形成了规划中确定的基本框架。江宁开发区管委会在制定和实施规划的过程中，始终坚持系统开发，不搞零打碎敲；坚持积极稳妥推进，防止急于求成；坚持大开发大开放大建设，破除小农经济意识。开发区选址介于县城与南京市区之间和两大机场中间地带的18平方公里处，它不仅区位优势明显，而且发展余地大，开发前景好。从奠基开工到全面动工，中间有三个多月时间，被用来搞详细规划，耗资100多万元，请国内外50多位专家学者参与论证。事实证明，江宁开发区的这些决策，是有长远眼光的。

二是管好用活土地，发挥地产优势。江宁开发区通过综合比较，深刻认识到，开发区的优势在土地，发挥地产优势，不是要搞炒地皮、炒房地产谋取一时的暴利，而是要在坚持“寸土寸金”和合理有效利用土地的原则下，以项目开发带动土地开发，最大限度地发挥土地的增值效应。首先，舍得花投资、下功夫，将生地开发成熟地。具体分三步实施开发，第一年，集中搞好基础设施，按照外成环、内成网的要求，完成2.3平方公里的一期工程“六通一平”和6.8平方公里的二期工程的基础框架。第二年，在招商引资项目开发上求突破。第三年，启动区建成并发挥效益，树立自身形象。现在这三步目标已提前实现。其次，坚决执行国家的土地法规和地价政策，维护国家和集体的利益。坚持不用土地降价作交易，不单靠条件优惠搞竞争，而是以较好的区位优势，完善的基础设施，优质的配套服务来吸引外商投资。近年来，江宁开发区的基准地价不仅未降一分，相反升值了许多，特殊用地升值3倍多，原计划5年后开发的千余亩土地也提前动工。其次，在坚持“大项目好项目不跑掉，地价能卖多高卖多高”的前提下，灵活运用地价这一调控手段，更好地发挥土地在项目开发方面的积极作用。

三是拓宽筹资渠道，实施滚动开发。江宁开发区是在银根紧缩，资金趋紧，外部环境并不宽松的情况下上马的。开发初期，由于没有形成一定的知名度和吸引力，外资一时难以大规模进入。开发区坚持自力更生，实施滚动开发，多渠道筹资引资，缓解资金供需矛盾，先后采取了六个方面的措施：一、引入股份制，从县属企业单位和金融部门中募集法人股980万元；二、由金融部门向社会代为发行房地产金融债券900万元；三、边筹集，边开发，开发一片，出让一片，先后筹集土地出让资金1.3亿元；四、运用灵活的方式，对征用土地应当付给农民的补偿费，经过协商，由一次性拨付改为分期付款，一年一补，对120名五保老人的养老费，以略高于银行利率付息，一定三年，到期退还本金；五、采取公开招标的办法，确定长期施工的几支建筑队伍，对于应付工程款，灵活调度，打好资金的时间差。六、对于几个“区中园”，采取以商招商的办法，自行解决部分配套资金。

四是提倡艰苦创业，宏扬奉献精神。“穷办苦干”是江宁开发区克服困难的一大法宝，是在实践中创造的精神财富。无论是创业阶段，还是大发展时期，江宁人都保持和发扬了艰苦奋斗，无私奉献的精神，攻克了一道又一道难关，取得了一个又一个胜利。开发区招聘人员，不管是报哪一个行当的，也不管是何种身份的，来开发区的目的是什么？是每个应聘者必答的题目，如果只是为追求高收入，好待遇，业务知识考试成绩再好，也绝不录用。开发区初创时，无人才，无资金，无资料，只临时借用了县面粉厂一间办公室，他们向所有20多名干部员工提出要求，既来创业，就要把全部时间和精力“卖”在开发区，先当“三年差”，坚持“三个不”：白天不开会，节假日不休息，中午不回家。奋战三百六十五个昼夜，编织“一千零一夜”的故事，每个工作日都在12—14小时。“打好三个战役，一年干三年的活”。第一战役，从1992年1月开始，奋战50天，5.1公里长的4条干道建成通车，开发区初见端睨。第二战役从9月9日起，千人百日大会战，动员2100人，400多台设备上工地，大搞基础设施建设。第三战役，1993年春节一过，“倒计时100天”，所有道路外成环，内成网，水电设施配套，引进项目60个，开工企业10家，以此纪念开发区建设一周年。

五是合理设置组织，强化服务管理。从江宁开发区的实践来看，开发区管理机构设置要坚持权责统一，精干高效的原则，分步到位，逐步规范，不要一开始就求全求大求正规。头三年虽然也挂了管委会、总公司、建设工程指挥部的三块牌子，但只有一套人马，实际上是一个权力集中、运转自如、灵活高效的大的工程指挥部。管委会既有处事决策权，又有经营自主权，遇事不隔夜，办事不扯皮，全程负责服务一条龙。目前，开发区根据进区企业日益增多，区内管理服务工作量逐步增大的实际，正在考察政企分开，规范管理，进一步完善开发区的功能，加快与国际接轨。

市、县党委、政府"放权、放手、放心"，使江宁开发区有了一个好的外部环境和坚强的组织保证。县委、县政府将开发区作为自己的样板工程和形象工程来抓，赋予了开发区县级人民政府所具有的权限，各职能部门都有负责同志参加管委会的工作，保证一切事宜在开发区内划上句号。南京市委、市政府领导和有关部门把江宁开发区视为市里的开发区，作为南郊的新兴城区来对待，给予了很大的关心和帮助，为开发区向上争取支持提供了一切方便。

【南京市江宁县】 1994年，江宁县坚持狠抓外向带动战略，继续加快推进三外经济，利用外资再登新台阶。当年实际利用外资4068万美元，比上年增长50%，外商投资总额1.2亿美元；全年新批三资企业91家，其中合资63家、合作3家、独资25家；投产开业72家；投资500万美元以上的项目5个。1994年，利用外资呈现出这样几个特点：一是投资规模有所扩大，单位项目总投资平均为132.21万美元，比上年增长6万美元；二是项目质量有所提高，投资方向更趋合理，三是外方出资比例大幅度上升，外方认缴资本占政策资金的70%以上；四是与中方合作的国别地区增加；五是独资企业所占比重增加，占当年三资企业数的27.5%。

对外贸易再创新纪录。1994年江宁县全方位完成出口商品供货值14.9亿元，是上年的两倍，连续第四年实现翻番。乡镇工业完成5.5亿元，县属工业完成3.13亿元，分别占全年实绩的37%、21%。其主要特点有四个方面：一是产品结构比较合理，工业制成品13.25亿元，占总额的88.9%。二是千万元以上的出口骨干产品继续增加，实现供货值7.03亿元，占总额的47%，全县已有17个乡镇出口供货值超千万元，其中江宁等6个乡镇已达2000万元以上。三是三资企业全年出口创汇3678万美元，比上年增长41%，占当年总额的21%。四是初步形成一批外贸生产基地。

对外经济再添新业绩。全年新批境外企业2家，输出劳务44人，实现劳务承包额31.52万美元，全年对外新签合同额88万美元，对外经济的超速发展已经成为江宁县三外经济中新的优势。

开放开发再掀新热潮。第一，基本确立形成了县开发区、县城4号路、禄口机场经济圈、沪宁线、绕城公路的开发格局。许多大的财团纷纷落户江宁县内。第二，开发由过去的零散、小块开发向成片、规模开发进军。

经济效益再上新水平。1994年底，全县174家投产开业的三资企业当年实现产值18.3亿元，比上年增长147%，占全县工业产值的17.4%；销售总额16亿元，占全县工业销售总额的16.7%；实现利税1.14亿元，占全县工业利税总数的15.8%；经过近几年的加快发展，目前全县已累计有三资企业346家，合同利用外资27632万美元，实际利用外资8601万美元，三资企业累计出口创汇已达7189万美元。全县三资企业经济总量的综合份额，已由过去的12%跃升为28%。

江宁县开放型经济可概括为起步迟、发展快、趋势好。特别是在邓小平同志南巡讲话精神的激励下，进一步解放思想，确立外向联动战略。把握机遇，合力造就后发优势，开放型经济呈现出跨越发展态势。

开放开发是实施经济发展战略，形成后发优势的重要举措。江宁县1988年被国务院批准为对外开放县。1993年单独组团参加了南京招商团赴港招商。洽谈项目80个，协议引进外资9085万美元，1994年先后组团赴欧美及东南亚、日、韩等国家进行招商，当年赴外招商非港台项目31个。同时江宁县还大力培植开放型经济生长点，初步形成县城中心区（县开发区、南京民营科技园、江宁商城）、禄口新机场经济圈、机场专用线、沪宁线、绕城路的开发格局。江宁县开放型经济后发优势的形成，关键在领导班子有强烈的开放意识，重要项目洽谈县五套班子全力以赴，各领任务，负责到底。全县上下密切配合，团结一致，高效务实，一路"绿灯"。

开放开发是营造良好的投资环境，塑造江宁对外开放崭新形象的正确选择。硬环境建设，以县城为中心，乡镇为重点，以开发区和工业小区建设为突破口，大兴以水、电、路为主的基础建设，三年累计投资20多亿元，全县现有一、二级标准公路160公里；兴建了秦淮河东山、禄口两个码头；江宁县境内的南京机场建设，邮电通讯电话程控化，无线寻呼和移动电话的开通，与市区通信并网；新建自来水厂2个，供水能力达5万吨；自建2个发电量850千万以上的发电厂；在建1万立方米管道煤气后，1994年又新上3万立方米的管道煤气二期工程。软环境建设，首先抓好基础工作。设专职领导，成立相应机构，配备专职人员，服务一步到位。二是县提高外资到位率，加快项目建设进程。

开放开发是充分发挥优势，实现全县经济跨越发展的必由之路。一是充分利用近郊区位优势，选址河定桥，建设经济技术开发区。首期2.3平方公里的启动区开发全部完成。外商纷至沓来，并被列入省级开发区。二是充分发挥工业基础优势，不断壮大主导产业。依托城市，引导和发展城、乡、外三联企业，利用外资，优势互补，成功率高、效益好、发展快。三是充分利用资源优势，初步形成资源——资本——资金的良性循环。首先利用丰富的矿产资源，兴办和嫁接，开发延伸加工产品。其次开发旅游资源，利用外资开发南京东郊汤山风景区。再次利用外资建设设施一流的国际垂钓中心。第四，合理开发土地资源，利用外资成片开发建设。四是充分利用本县海外江宁籍工商人士众多的优势，发函问候、邀请回乡观光、参加金秋恳谈会，与海外驻华机构高层人士加强联络和交往，在海外聘请经济顾问。加强与涉外部门的联系，实行以外引外取得良好效果。

【溧水县】 1994年，溧水县紧紧抓住机遇，坚定不移地贯彻实施外向带动战略，全县“三外”工作、开发区建设以及与开放型经济相配套的社会化服务体系建设得到了蓬勃发展。

对外贸易保持高速增长。全年完成出口商品供货值11.5亿元，比上年增长105%，首次突破10亿元大关，连续四年实现翻番。外贸收购值在南京市五个郊县中连续三年名列第一。地方产品出口保持同步增长，全年达到3.15亿元，增长98%；企业出口创汇规模成倍扩大，全年完成出口创汇实绩1170万美元，较上年增加2.3倍；外贸出口实施“市场多元化”和“以质取胜”战略取得新进展，全年新开辟县外出口口岸16处，独联体、西欧等新的国际市场被开拓；出口商品结构得到进一步改善，初级产品出口比重有所下降，工业制成品和机电产品的出口数量比往年有大幅度上升；出口产品开发和货源基地建设得到巩固和加强，出口商品已发展到机械、电子、化工、轻工、纺织、建材、食品、土产、畜产品等九大门类计343种产品。碳酸锶、活塞环、长毛绒玩具、磁性材料、服装等均已形成稳固的、相当规模的出口基地。县内已有20多家企业与省、市、县外贸公司实行工贸联营，出口骨干企业数量不断增多，规模不断扩大。

利用外资工作取得较大突破。1994年，溧水县首次成功举办了’94南京溧水迎秋恳谈会，接待海内外客商和各界经贸人士200多人，签订各类项目37个，合同利用外资4029万美元，全部项目的投资总额达到7093万美元，全年新增三资企业14家。全县累计三资企业数达到62家，项目总投资8567万美元，注册资本6212万美元，有44家投产开业。利用外资工作质量和水平也有显著提高；投资者的国别和地区逐步趋向多元化。一批大企业、大财团纷纷前来投资办企业，外商投资的领域逐渐增大。一、二、三产业项目得到均衡发展；投资项目的结构有所优化。大中小项目一应俱全，形成了以大项目为主，中、小项目一齐上的新格局。

外经合作渠道继续拓展。全年完成对外劳务营业额21万美元，劳务输出15人。在巩固和加强以科威特等主要国外劳务市场为主的基础上，不断加强与中江、中南等外经口岸的联系与合作，向更多的国际市场开拓，1994年已签订2个境外办企业的合作意向项目，进一步形成了以建筑业为龙头，多层次、多渠道对外合作的新局面。

开发区启动建设加快发展。溧水县经济开发区1992年被批准为省级经济开发区，1994年完成开发面积1330亩，已投入建设资金2900万元，累计引进项目25个，总投资1.9亿元。其中合资企业4家，15个进区项目已竣工投产，当年引进的投资规模较大的合强公司和金蛙科技园正在加快建设之中。1994年，该开发区共完成工业产值4680万元，营业额3424万元，实现利税234万元，目前已开始进入快速启动、健康发展的良性循环。

与扩大开放相配套的基础设施建设进一步完善。建成了一批以交通、通讯和公用设施为主的重点工程，城乡面貌焕然一新。年内重点完成了“一路二化三区四门”和十项重点形象工程建设，其中常溧路溧水段12.2公里特二级水泥路经省交通厅验收，被评为全优工程。全县七位程控市话已全部开通，总容量突破8000门，乡镇程控电话也一并开通，并增设了数字通信、电子信箱等业务；率先完成宁杭光缆溧水段铺设任务。供电进入全国农村电气化县行列，全年供电量达到2.84亿千瓦时，县城自来水日供水能力达6万吨。以开发区和工业园区为延伸带，拓展新城区和新集镇区的规划布局已初步形成，商贸、住宅等一些文化和生活设施及场所在这些新区域内先后落成。

开放型经济的运行机制逐渐形成。外贸体制改革步伐加快，县外贸公司被国家外经贸部批准获进出口经营权；全县改建股份制和股份合作制企业118家，组建了全市第二个省级乡镇集团，地方企业在国际市场的竞争能力得到增强。同时，制订、完善了一些支持发展开放型经济的地方性法规和各项优惠政策。对县经济开发区的整个运行启动过程实行了特事特办制度，赋予开发区县级经济管理权限和省级开发区的优惠待遇，下放了包括内部机构设置、干部管理、规划建设、项目审批、土地管理、财务管理及规费减免等十项管理权限。对开发区实行财政计划单列和区管村体制，核减粮食上交任务，把开发区劳力安置纳入全县统筹范围，为开发区正常启动、快速发展创造了良好的外部环境。政府各部门还普遍增强为开放型经济服务的意识，采取了一些切实措施，为利用外资工作简化办事程序，提高办事效率，基本形成了“一个窗口对外，一体化管理，一站化服务”的工作运行机制。县涉外部门积极探索与国际惯例接轨的新路子，不断完善涉外业务内容，建立涉外政策法规体系，开辟多种渠道，掌握灵活方法，加强对外交流，利用各方面关系，逐步建立国外经贸网络。

对外开放的不断扩大，进一步促进了全县经济建设的持续快速健康发展。1994年，全县实现国内生产总值17.7亿元，比上年增长44.3%。农业在特大旱灾之年仍获得较好收成，完成农业总产值4.53亿元，增长6.6%，粮食总产有较大增长，种植业、林、牧、渔、副业都有较大发展，改造中低产田、农业资源综合开发进展顺利；工业经济在持续快速发展中，又迈上新台阶，实现工业总产值51.01亿元，比上年净增17.2亿元，增长51%。工业销售收入34.1亿元，增长43.7%，实现利税1.68亿元。规模经济进一步发展，南京农用车厂实现产值14亿元，位居全国最大工业企业第310位，南京活塞环厂、南京电真空器件厂也分别进入全国机械、电子行业最大工业企业500家行列，全年共有11个乡镇、4家工业企业工业产值超亿元；建筑业和第三产业加快发展，全年完成施工产值5.3亿元，比上年增长95.1%，首次超过了全县农业总产值。第三产业实现增加值3.5亿元，增长21.2%。从业人员达到3.5万人，实现社会商品零售总额5.9亿元，增长26.5%。

（撰稿　李翔荣）

成　都　市

【综合经济发展】　成都是四川省省会，西南地区重要的中心城市，地处中西结合部，国民经济综合能力的主要指标占全国的1.23%，西南地区的10%，四川的17%。国务院在国发[1993]56号文件中指出：“要充分发挥成都市作为西南重要的科技中心、商贸中心、金融中心和交通通讯枢纽的作用”。四川省委、省政府也确定了依托成渝两市、带动全川发展的战略。1992年，国务院批准成都市为内陆开放城市，实行沿海开放城市政策。成都市现辖7区4市8县，总人口950万，其中城市人口280万。成都气候温和，冬无严寒，夏无酷暑，四季常青。都江堰水利工程使成都平原旱涝保收。岷江、沱江等40余条河流纵贯全境，水资源总量为264亿立方米。

1994年成都市的对外开放取得了较大进展。

——对外贸易持续高速增长。全市出口商品收购总值15.45亿元，比上年增长36.5%；对外贸易进出口总额达到4.9亿美元，比上年增长33.2%，连续4年保持平均增幅在25%以上。进出口总额中，进口额2.22亿美元，比上年增长32.6%，出口额2.68亿美元，增长33.4%。

——利用外资步入稳步发展阶段。1994年，全年新批外商投资企业406家，协议外资4.64亿美元。利用外资虽比上年有所下降，但项目质量有所提高。截止到1994年底，全市已兴办外商投资企业1841家，实际投入外资11.95亿美元，实际利用外资较多的国家（地区）有新加坡、美国、日本、香港、台湾等。

——对外经济技术合作与交流逐步扩大。全年劳务合作非贸易创汇（不包括旅游）147万美元，比上年增长36%。

——对外宣传成效明显，投资环境日趋完善。已与世界上81个国家和地区建立了经济贸易关系，与法国的蒙特利埃市等7个城市结为友好城市。

【对外开放工作】　1994年，市委、市政府把扩大开放工作摆在了突出位置，采取了一系列措施加大对外开放力度。首次召开全市对外开放工作会议，总结布署全市对外开放工作。为了开好这次会议，1994年初市委组织市上四大班子分别参加了省委、省政府赴沿海经济特区考察对外开放工作情况，并先后召开了市级领导干部、各区（市）县负责同志和市级各部门负责同志参加的对外开放务虚会。主要领导同志亲自参加由市委政研室、市外经贸委等部门组织的6次对外开放专题调查研究，召开了市级民主党派、工商联、无党派人士民主协商会，市政协常委会，市对外开放工作领导小组会，市委常委会等一系列会议专题研究扩大成都对外开放问题。全市对外开放工作会议于1994年4月召开，全市各级各部门领导共300余人参加了会议。会议确定了今后一个时期进一步扩大对外开放的指导思想、奋斗目标、主要任务和政策措施，使全市人民增强了信心，鼓舞了士气。

加强对外开放工作的组织领导。为了加快对外开放步伐，市委、市政府决定成立成都市对外开放工作领导小组和成都市对外开放办公室，以加强对全市对外开放工作的统一领导。市对外开放办公室是市委、市政府负责统一协调全市对外开放工作的综合办事机构，同时承担市对外开放工作领导小组办公室工作，在领导小组直接领导下，负责草拟成都市有关对外开放的政策、法规，加强对全市经济开发区的政策协调，定期向国务院特区办和有关部委汇报成都对外开放工作，争取政策支持等工作。与此同时，各区（市）县也相应建立了对外开放工作领导小组及其办公室（招商局），进一步加强对扩大开放的协调领导。

首次制定《中共成都市委、成都市人民政府关于进一步扩大对外开放若干问题的决定》和《1994年成都市对外开放工作目标》。《决定》提出，成都市今后五年扩大对外开放的目标是，到1998年，力争引进利用外资累计达到8—10亿美元，创办外资企业达到3000—4000家，出口创汇达到8—10亿美元。《决定》还结合成都实际制定了搞好招商引资，加快发展对外贸易、扩大对外宣传，切实改善投资软、硬环境等25条扩大开放的政策措施。《目标》对全市的外贸、外资、法规体系、基础设施建设、开发区发展等7个方面的目标进行了逐项量化分解，在107个量化分解指标中，确定了目标值、项目牵头、承办、协办单位及责任人，并作为全市各级各部门的重点一级目标进行管理考核。全年考核结果，对外开放目标107项，完成104项，完成率为97.2%。

各区（市）县纷纷出台扩大对外开放的政策措施，加大对外开放力度。青羊区为了鼓励兴办民间招商机构，在财政收支、人才、发展个体私营经济等方面制定了60条扩大开放的政策措施。成华区在招商引资上采取让市场、让股权、让利益，得技术、得资金、得效益的“三让三得”政策，鼓励国内外客商来区投资开发建设。温江、金牛、锦江、都江堰等区（市）县也围绕扩大对外开放采取了一系列新的、灵活的政策措施。1994年，各区（市）县共签订引进市外资金合同61.42亿元，到位37.56亿元；签订引进外资合同2.67亿美元，到位1.44亿美元，出口创汇1.11亿美元。

【发展外向型经济】　主动出击，大力开展招商引资。1994年以来，成都市相继组织了深圳房地产招商洽谈会，香港招商洽谈会，成都代表团赴日本、美国、法国、泰国、新加坡、澳大利亚、香港考察访问及招商引资等几个大型招商引资活动，加强了与国际上一些大财团、大公司的合作。

参加四川省对外开放国际研讨暨经贸洽谈会成效明显。在这次会上，成都市推出了引资项目198个，其中有17个项目列入全省重点招商引资项目册。共签约项目62个，总投资7.86亿美元，协议外资4.27亿美元。

搞好开发区建设，以开放促开发。在抓好成都高新技术产业开发区、成都经济技术开发区、成都台商投资区、双流航空港经济开发区、新都卫星城工业开发区、新加坡工业园区等市级以上重点开发区的同时，市对外开放办公室对全市各区（市）县的各类开发区进行了摸底调查和工作协调，还就成都经济技术开发区和台商投资区申报为国家级开发区问题到北京进行专题汇报。为了更好地发挥各类开发区作为改革开放试验区和经济新增长点的作用，出台了《成都市人民政府关于对全市各类开发区加强管理的意见》。各开发区的开发建设和招商引资也取得积极进展，仅前5个开发区据统计，截止1994年底投入各类基础设施建设的资金就达22.3亿元，引进项目累计1089个，其中内资项目842个，投资总额96.8亿元，外商投资项目247个，投资总额9.74亿美元。

实施大外贸战略，全面发展对外贸易。外经贸委等部门积极深化外贸体制改革，实施大外贸战略，充分发挥专业外贸公司的主导作用，努力调动自营出口企业和外商投资企业出口创汇的积极性，大力培植创汇拳头产品，通过抓订单、抓资金、抓货源、抓运输、抓收汇、抓退税，从而保证了全年对外贸易任务的完成。

金融对外开放取得新进展。经中国人民银行总行批准，新加坡华联银行、英国标准渣打银行、泰国盘谷银行和加拿大宏利人寿保险公司在成都设立了代表处，这是目前首批进入西南地区的外资金融机构。

【投资环境】 为了进一步扩大成都对外开放，为外商投资提供良好的法律法规保障，制定《成都市外商投资企业工会条例》，并颁布施行。

《成都市引荐外资奖励办法》已经正式出台。该《办法》对扩大招商引资，加快对外开放步伐，促进经济建设，调动全体市民共同参与的积极性起到了有力的推动作用。

投资"软"环境的好坏直接关系到外商投资者的切身利益。随着外商投资企业的不断增多，一些外商对招商引资工作中存在的收费多、手续繁、效率低的问题反映强烈。市委、市政府对此非常重视，专门召开会议进行讨论，并责成有关部门下决心解决这一问题。市对外开放工作领导小组第二次全体会议讨论通过了《关于初步清理对外商投资企业的收费情况和建立成都市外商投诉中心的建议》，决定由市对外开放办、市信访办和市外商投资服务中心联合组建市外商投诉中心，公布投诉电话，建立处理网络，使外商投资者投诉有门；同时拟组织专门调查小组对有关部门办事程序、收费标准等情况深入调查，并向市委、市政府提出可供操作的对策建议。

为了让世界了解成都，使成都走向世界，加快招商引资步伐，成都市委、市政府组织市委政研室等部门于4月中旬编辑了第一本《成都投资指南》。市外宣办的《成都概况》小画册也出版发行。1994年的对外宣传突出了成都是1亿人口大省四川省的省会、中国著名的历史文化名城、中国大熊猫的故乡、中国西部的中心城市等特色，几次邀请境外记者采访也搞得富有成效，有力地促进了成都对外开放和招商引资的开展。

扩大对外开放是一项长期的战略任务，也是一项艰巨复杂的系统工程。虽然成都市在扩大对外开放方面采取了一系列措施，做了大量工作，取得一定成效，但是，从总的来看，我市的对外开放工作与沿海城市相比，还有很大差距，思想不够解放，建设资金短缺，基础设施建设严重滞后，引进项目规模较小，出口创汇水平较低，办事程序繁琐，效率不高等仍然是当前存在的主要问题。

在国家实行从紧政策的宏观环境下，成都要靠自身的财力支撑11%的增长速度，从资金平衡上看，困难是较大的，除了争取国家、省的支持和挖掘潜力外，一条重要的出路就是靠扩大开放。1995年，成都要坚持大开放才能大发展的指导思想，充分利用开放城市政策，巩固和发展全方位的对外开放格局，把重点放到提高实效上来。要进一步加大招商引资力度，扩大外商投资领域；以国际市场为导向，开发和培育出口拳头产品，狠抓出口商品基地建设，加快更新换代，提高出口创汇能力；以规范化管理为重点，加快5个开发区建设；优化投资环境，提高服务质量；发挥"三中心、两枢纽"作用，搞好横向经济联合，推动全市对外开放取得更大的实效。

（撰稿 周孟富）

呼和浩特市

【综合经济发展】 1994年，呼和浩特市的国内生产总值完成78.1亿元，比上年增长17.5%；工农业总产值完成101.8亿元，比上年增长33.2%，其中实现工业总产值（1990年不变价）92.9亿元，比上年增长35.4%。农村经济全面发展，粮食总产量达到48.5万吨，比上年增长13.4%。"菜篮子"工程建设取得可喜成绩，全市牲畜总头数首次突破百万大关，比上年增长14.3%。肉类总产量比上年增长38.1%。商品菜、鲜蛋、鲜奶、水产品产量分别比上年增长6%、21.4%、32.7%、7.7%。乡镇企业现价总产值完成56.46亿元，比上年增长52.6%。

财税体制改革平稳过渡，市场建设积极推进。全年完成财政收入8.2亿元，比上年增长18.7%；完成“两税”9.49亿元。年内兴建和扩建了14个集贸、批发市场。劳动力市场、房地产市场迅速发展，并正在逐步规范化。全年社会消费品零售总额33.3亿元，比上年增长25.8%。金融保险事业稳步发展。

人民生活得到改善。城市居民年人均生活费收入达到2735元，扣除物价上涨因素，比上年增长10.9%；农民年人均纯收入1167元，比上年纯增174元，增长17.5%；全市城乡居民储蓄存款年末余额47.4亿元，增长38.2%。

经济体制改革向纵深发展，对外开放步伐继续加快。全市完成转制企业202户，占考核企业总数的50.1%。清产核资工作全部完成，54.8%的企业完成了资产评估工作。企业组织结构得到进一步调整。财税、金融、外贸、粮油购销体制等重大改革实现了平稳过渡。社会保障体系逐步建立，全市国有企业基本实行养老保险统筹，集体企业统筹面达50%。参加失业保险的国有企业达95%以上。农村养老保险工作正在铺开。政府各部门进一步下放权力，弱化了直接干预企业生产经营活动的职能。

外贸进出口总额完成2799万美元，外贸收购总值4.7亿元，分别比上年增长23.3%和32.4%。全年共签订各类利用外资项目116项，其中“三资”项目97项，合同总投资9.3亿元人民币。如意、金川开发区年内累计批准入区项目267项，完成工业总产值7亿元。全年共签订横联、协作项目761项。

城市基础设施建设有新进展，投资环境逐步改善。全市年内新增煤气用户4000户，新增集中供热、联合供暖面积75万平方米。2169户商业网点改烧清洁能源，新增使用清洁燃料1.5万户。基本完成了金川水厂2万吨/日供水工程，疏通雨水、污水管道200余公里。完成了民主路立交桥的通车和鄂尔多斯路的改造。城市总体规划和分区规划修编工作进展顺利。呼包高速公路呼市段92公里已完成路基63公里，呼集公路呼市段30公里已完成柏油路18公里。邮电业务总量比上年增长38.3%，市内电话已达到10.9万门，新建邮电电子支局3个。供电工作圆满完成了各项经济技术指标。交通客货运输量继续增长。

科教兴市成效显著，各项社会事业取得新的进展。1994年，呼和浩特市被国家科委确定为科技兴市试点城市。科技对经济增长的贡献率达到41.5%，科技成果推广应用率达到45%。“一区两校”（回民区、呼市实验中学、苏虎街实验小学）首次被全国教育整体改革专业委员会挂牌为实验基地。城区教育已通过国家“双基”（基本普及九年制义务教育、基本扫除青壮年文盲）达标验收。职业教育和成人教育长足发展。民族教育在“四为主”（以公办为主、助学金为主、寄宿为主、集中办学为主）政策的指导下继续优先重点发展。呼和浩特市成功地举办了第五届“昭君杯”戏剧、歌舞大奖赛，创作新剧目26个，演出近千场。新建群众文化网点，信息点8个。广播、电视事业又有新的发展，群众性的文化体育活动开展的丰富多彩。城市预防保健工作成绩显著，卫生部授予呼和浩特市为全国乙肝疫苗接种先进城市。农村卫生“三项建设”（房屋、设施、人才）的步伐加快。农村改水工作有了新的进展。全市人口自然增长率为7.53%，控制在计划之内。呼和浩特市承办了自治区第八届运动会，并获得了团体总分和金牌总数第一。在国际、国家、自治区级大型比赛中，全市运动员共获金牌67枚、银牌48枚、铜牌41枚。还成功地承办了全国第十一届“贝贝杯”小足球赛。

精神文明和民主法制建设得到加强。1994年，呼和浩特市再次被国家命名为“双拥模范城”。“二五”普法教育收到一定成效。民族宗教工作得到进一步加强。继续认真贯彻执行《民族区域自治法》，大力培养少数民族干部和各类专业人才，促进了民族团结和经济发展。全市统计、审计、档案、技术监督和土地管理等工作，已逐步纳入了法制轨道。社会治安明显好转，在繁华街道设置岗亭、交通卡，公安、武警实行24小时昼夜巡逻，严厉打击了各种犯罪活动，群众的安全感普遍增强。深入开展爱国主义、集体主义、社会主义思想教育，积极开展国防教育。扎实开展为民办实事活动，开通市长专递和市长热线电话，听取群众的反映意见和呼声，为市民办实事396件，组织了三次“国事、民事、家事大家谈”活动，加快政府职能的转变，强化服务意识，精神文明和物质文明建设有较大发展。

（撰稿 张 寰）

宁 波 市

【综合经济发展】 宁波市位于中国海岸线中部，长江三角洲南翼，面积9365平方公里，人口520万。1984年以来，相继被列为进一步对外开放的沿海港口城市、计划单列城市、较大的市和综合配套改革试点城市。宁波的发展，最具潜力的是拥有得天独厚的深水良港。宁波港已建成500吨至20万吨级泊位52座，与世界65个国家和地区239个港口开通了航线。1994年货物吞吐量为5850万吨，居全国港口第5位。北仑港区是李鹏总理题词的“东方大港”，是中国四大国际深水中转港之一，港域水深20米以上，主航道水深在50米以上，且不冻不淤，15万吨级船舶可自由出入，20万吨级船舶可候潮进出，建有15万吨级原油码头，5万吨级国际第三、第四代集装箱码头，去年又建成了20万吨级矿砂专用泊位。

经过多年努力，宁波的发展已具备了良好的条件。以港口为中心的集疏运网络初步形成。栎社国际机场已开通包括香港在内的18条国内外航线；连接港口的铁路通过萧甬线与全国铁路联网，萧甬铁路复线正在建设；宁波至上海金山的车客渡已通航；杭甬高速公路可望1996年建成通车；还开通了联结上海港和长江游域的水中转、江海直达通道。依托港口的大型能源、原材料工业初具规模。已建成年炼油能力700万吨的镇海石化总厂，105万千瓦的镇海电厂，300万千瓦北仑电厂的120万千瓦一期工程，以及环氧丙烷、烧碱、白板纸等一批大中型重化项目。开工建设和即将建设的还有60万吨催化裂解、30万吨乙烯、100万吨白板纸和电力、水泥、化纤、钢铁、修造船等大批重点项目。为港口和港口工业配套的供水、供电、通讯、道路等基础设施和城市功能进一步完善。新建造3座蓄水亿立方米以上的工业水库，建成42万门程控电话。国家和省还赋予了宁波一系列的优惠政策和省级经济管理权限。国务院批准的宁波经济技术开发区、宁波大榭岛经济技术开发区、宁波保税区，与北仑港相连，港区（岛）联动，以其优惠的政策和优越的区位，吸引着越来越多的国内外客商前来投资开发。

1994年，宁波市外向型经济形成了良好的发展势头：对外贸易继续保持较大幅度增长。全市累计完成进出口额25.2亿美元，比上年增长49%，其中进口7.64亿美元，比上年增长31.8%，出口17.5亿美元，比上年增长58%，特别是作为国家外汇主要收入来源的一般贸易出口达14.3亿美元，增长62.3%。出口额占浙江省出口总额的比例，从上年的25%提高到28%。在列入全国考核的45个省市中，出口额从第22位提高到第20位。出口增长速度远远高于国民生产增长速度，外贸出口已占全市国内生产总值的32%。积极拓展出口市场，出口国家和地区新增13个，达到132个。对日、港、美等传统市场出口稳步发展，其中对日本出口增长103%，占全市出口额的22%，第一次超过香港居首位。对欧共体和东欧国家出口增长1倍以上。出口质量稳定提高，商检批次合格率达到99.14%，创1988年以来最好水平。出口结构也有所改善，工业制成品比重达74.36%。

利用外资项目质量逐步提高。宁波市1994年新批外商投资企业680家，总投资12.9亿美元，合同利用外资7.7亿美元，实际利用外资3.58亿美元。至今，全市累计批准外商投资企业2767家，总投资59.07亿美元，实际利用外资8.96亿美元。投资项目增大，投资结构趋向合理，投资效益提高，是1994年利用外资的特点。新批千万美元以上的32个项目，投资6.18亿美元，占全年总投资的48%，其中生产性项目22个。全市已合计批准千万美元以上大项目100个，投资33.66亿美元，合同利用外资24.75亿美元，分别占全市总额的56.8%和64.3%。在这100个项目中，投试产的23个，在建的27个，工业生产性的60个，能源、原材料的24个，基础设施的6个，36个项目落户在北仑港口沿岸。全市新投试产外商投资项目306个，累计投试产969个。全年实现产值131亿元，税利10.8亿元，出口收汇4.52亿美元，分别比上年增长94%、275%、10%。资金到位率、项目开工率和出口创汇率，也分别比上年增长41.7%、38%和40.7%。去年，许多外商还追加了投资，仅宁波经济技术开发区20家外商增资1亿多美元。

对外经济技术合作稳步发展。对外劳务承包营业额达3300万美元，比上年增长1倍，期末在外劳务输出突破4000人，比上年增长62%。其中服装劳务输出在国内独树一帜，向新加坡派遣工程技术人员形成一定规模。批准外商驻宁波办事处累计达186家。目前，宁波市外派劳务人数居全国各省市第20位，劳务工程和境外企业总规模已超过全省50%。

宁波经济技术开发区、宁波保税区、宁波大榭岛开发区"两区一岛"开发建设态势良好。宁波经济技术开发区大规模开发建设的基础框架已经形成，区内6个功能小区开发相互呼应，共创各类企业3200家，总投资39亿美元，全区已进入从基础开发到功能开发、从投入到见效的新阶段。宁波保税区2.3平方公里已通过海关总署验收并投入运作，国际贸易、对外招商、开发管理、市场建设等方面都有较大的进展。1994年通过保税区海关的进出口贸易1.8亿美元，其中出口6500万美元。至1994年底，共批准设立企业1301家，总投资11.6亿美元。大榭岛开发区已进入起步开发阶段，总体规划方案已报国务院审批，投资17亿元人民币的3平方公里起步区域建设已全面铺开，沟通陆地的公路、铁路两用大桥已破土动工建设。

【发展外向型经济新经验】 1994年外向型经济取得这些进展，全市着重抓了以下四方面工作：

——解放思想，进行开放开发再发动、再教育。为了进一步认清目标、拓宽思路、大胆创新，夏秋之季，在全市涉外系统层层开展了以"解放思想立大志，奋力开拓创大业"为主题的解放思想大讨论。下半年，又以宁波对外开放10周年为契机，涉外各单位认真总结对外开放和对外经贸工作的经验，理清今后工作的思路。全市还成功地举行了宁波国际招商节、应昌期四项工程竣工庆典、对外开放10周年庆典、'94香港对外招商洽谈会和'94日本经贸洽谈会等大型活动。以上这些工作有力地推动了全市对外开放朝着宽领域、高层次、纵深化的方向不断发展和对外经贸的快速健康发展。

——开展"形象年"活动，继续加强基础设施和基础产业建设。为推动基础设施和基础产业上新台阶，在全市开展了树立改革开放、开发建设新形象的"形象年"活动，对开发小区的形象、项目进展的形象、投资软硬环境的形象分别提出具体目标和要求。按照"以项目带基础设施开发和以基础设施配套促项目引进"的思路，加大基础投入，加快社区配套，进一步完善投资硬环境。1994年新铺设开发区10万吨供水管道；新开通宁波至上海车客渡；大榭岛跨海浮桥通车；329国道宁波段扩建；宁波城区和开发区一批主干道相继建成通车；杭甬高速公路、甬江隧道、宁波大桥加紧建设。已投入近百亿元人民币，还吸收5亿多美元外资投向基础设施，交通、通讯、供水、供电、环保等条件明显改善，基本能适应近期开发需要。多年来，宁波致力于钢铁、电力、石化等基础产业的发展，1994年，太平洋化学、利华羊毛、现代建材、厚生塑胶等一批能源原材料重点工程投试产，累计投试产的千万美元以上能源原材料项目达到11个，总投入10多亿美元的一批基础工业项目正在抓紧建设，以北仑深水良港为依托的重化工业基地框架初步形成。能源原材料工业的发展，大大增强了加工工业和出口工业的发展后劲。

——组织实施"龙头计划"、"亿元工程"和"620"目标。1994年，为实现宁波外向型经济有一个较大发展，市政府制定并组织实施了"龙头计划"、"亿元工程"和"620"目标。"龙头计划"就是把外贸出口增长作为外向型经济的重中之重，来带动全市经济的快速发展。"亿元工程"就是培植进出口额上亿美元的骨干外贸企业，带领各路创汇大军出口创汇；举办总投资1千万美元（1亿元人民币）以上重点外资项目。"620"目标就是全市实现：(1)外贸进出口20亿美元；(2)进出口额超过4000万美元的企业达到20家；(3)引进外商投资项目总投资20亿美元；(4)新批1千万美元以上外商投资项目20个；(5)20家投资1千万美元以上外商投资企业投产；(6)新批准较规范的境外企业20家。按照上述全市目标，年初把计划层层分解，制定相应措施，经各地区、各部门共同努力，全年除批准外商投资项目总投资一项没有完成外，其他各项目标均得到了实现。

——深化改革，以改革促开发、开放。一是率先在"两区一岛"进行市场经济体制改革试点，按照经济开放化和与国际惯例接轨的要求，制定了改革总体方案和14项单项改革实施方案。把开发区联合集团总公司改组为全市最大的一家股份制企业。组建了石化交易市场、电子电气市场、物资交易所、证券公司营业部等7个生产要素市场，成立了3个社会中介服务组织，引进各类人才4000余名。二是深化外贸体制改革，焕发外贸企业活力。组建集团公司2

个，改造股份制公司8个，新批准12家企业赋予外贸进出口权，改进和完善外贸企业“工效挂钩”和经营考核办法。全市16家企业进出口额增长一倍以上，7家企业进出口额超过1亿美元。三是强化口岸系统的服务形象。在镇海港实行报关、报检、报验“一条龙”服务基础上，在北仑港区等口岸全面推行这一做法，已创造一个顺畅、高效、规范的口岸服务软环境。四是做好项目前期准备工作和后期管理工作。建立市招商中心，完成了全市招商项目资料库的建设，并在有关单位实行电子计算机联网；建立市外商投诉协调中心，调解外商投诉案件46起；建立市重点项目督查办公室，加快千万美元以上大项目的洽谈和建设进度。

宁波外向型经济快速发展，带动了全市经济的健康发展。1994年，全市工农业总产值达到1131亿元，实现国内生产总值466亿元，财政收入42亿元。为配合以上海浦东为龙头的长江三角洲和长江沿岸的开发建设，1994年，宁波市提出了新的发展战略目标——把宁波建设成为社会主义现代化国际港口城市。宁波展现了更加美好的前景。

（撰稿　魏仁灿）

无　锡　市

【综合经济发展】　无锡，位于中国经济发达的长江三角洲中部，东邻上海（128公里），西望南京（180多公里），北依“黄金水道”——长江，南接浙、皖，中抱我国第三大淡水湖——太湖。全境面积4650平方公里。全市人口428万，其中无锡市区人口96万，还有流动人口近70万。无锡是一座具有三千多年历史的江南古城，是长江下游的民族文化区，是我国古代八个原始文化区之一。公元前11世纪末，周太王长子泰伯定居无锡梅里（今无锡县梅村镇），故无锡人奉泰伯为江南开化之祖。公元前202年正式设立无锡县。无锡于1949年4月23日解放，为江苏省省辖市，下辖无锡县、江阴市和宜兴市。市区行政区划为崇安、北塘、南长、郊区、马山和新区六个区。无锡是全国10个重点旅游城市、13个较大城市和沿海经济开放地区之一。

无锡交通十分便捷。京沪铁路和建设中的沪宁高速公路横贯全境，拟建中的沪宁高速铁路、新长铁路在此交汇，京杭大运河穿城而过。离市区40公里的黄田港和张家港是我国黄金水道——长江的重要港口之一，货物可通过上述港口及上海港运往世界各地。汽车从上海虹桥机场直驶无锡仅两小时路程，离市区20公里的无锡机场可起降大型客机。通讯比较发达。无锡城市已全面实现电话交换程控化、传输数字化，电话可直拨世界156个国家和地区，并与美、日、法、英数十个国家和地区开展了特快专递业务。电力发展较快。全市供电量近80亿千瓦时，无锡已成为我国沿海、沿江电力较充裕的地区之一。

无锡是中国民族工商业的摇篮之一，工商业起步较早。解放后，经过几十年的发展，无锡已形成以机械、电子、轻纺、冶金、化工、医药为主，门类较多、水平较高、规模较大、实力较强的工业体系。目前，全市约有14700多家企业，工业门类达33个，主要工业产品有6000多种，精密机械、微电子、合金钢、特种钢材、石油化工、生物医药、纺织印染以及制成品、家用电器等产品和其生产企业在国内已有一定知名度，在国际上也有一定影响。无锡，作为全国15个经济中心城市之一，也是沟通苏、浙、皖三省的交通枢纽中心，是中国东南沿海地区人流、物流、资金流、信息流的重要集散地。无锡市场的辐射面十分广阔，远可以通过水、陆、空联结世界市场，近可以覆盖邻近地区。无锡对商品有很强的内部吸纳力和对外推销力，全国闻名的“布码头”和“米市”就在无锡。无锡市场十分兴旺，社会商品零售额每年以30%左右的速度递增。无锡经济的快速发展，使无锡跻身于全国大中城市综合实力50强之列，所辖的无锡县、江阴市和宜兴市在全国综合实力百强县评比中，分别列第1、第2和14位。

无锡境内山青水秀、气候宜人、物产丰富，自然景观和人文景观众多。无锡每年接待国内游客1100万人次，境外游客15万人次左右。无锡太湖国家旅游度假区和无锡太湖影视城旅游区正在成为国内外有影响的旅游度假胜地，浦东开发、开放的“后花园”。

无锡市现有无锡国家高新技术产业开发区、无锡太湖国家旅游度假区、中国宜兴环保科技工业园、江苏省江阴经济开发区、江苏省无锡县经济开发区、江苏省宜兴经济开发区、江苏省无锡蠡园经济开发区、无锡新加坡工业园等8个省级以上开发区。各个开发区以只争朝夕的精神，真抓实干，顽强拼搏，普遍做到了“四个加大”，即加大开发开放力度，加大招商引资力度，加大资金投入力度，加大区内建设特别是基础设施建设力度。至1994年全市各类开发区已完成基础设施配套的开发面积33.5平方公里，1994年投入基础设施建设资金3.5亿元；各类厂房开工面积160万平方米；竣工面积75万平方米。新批进区项目260个，总投资93亿元，其中外资项目100个，合同外资7.3亿美元；新开业投资企业170个；已开业投资企业年内完成产值60亿元，实现利税2.3亿元，实现利润11亿元。可以相信，到本世纪末，一个具有国际标准的以高新技术产业为主体、技工商贸协调发展、多功能、现代化的综合性大城市，将在长江三角洲内崛起。

【无锡国家高新技术产业开发区】 无锡国家高新技术产业开发区规划于1990年底，于1992年经国务院批准（国函［1992］169号）设立，规划面积5.45平方公里。凭借其良好的区位优势、基础设施优势和市区工业基础优势、人才优势，开发区建设启动阶段发展较快，并日益成为中外客商投资的热点。

到目前为止，开发区3平方公里区域范围内基础设施基本完成（“七通一平”），累计竣工建筑面积27.6万平方米，建成道路24.8公里，累计敷设自来水、煤气、污水管道达47.8公里，敷设供电、管线39.4公里，投用了11万伏变电所1所和1万伏开闭所9座。1万门程控电话局已于1994年开通。1994年还开工建设了总投资额1.9亿元的热电中心，总投资为2540万美元的顶峰电厂项目已批准进区。建筑面积为2.6万平方米的金融小区全部建成并投入使用，各金融机构和保险公司运行正常。开发区进出口公司和保税仓库相继成立。占地2.2万平方米的高新技术孵化区已开工建设，科技市场投入运行，积极开展技术贸易，技术推广和人才培训工作。1993年，市人大常委会制定并经江苏省人大常委会批准的《无锡国家高新技术产业开发区条例》颁布以来，开发区制定完善了一系列政策规定，涉及管理体制、办事程序和优惠待遇等，开发区法律体系已基本形成框架。截止1994年12月底，注册登记的进区工业企业累计108家，总投资额50多亿元人民币，其中外资企业57家，总投资4.48亿美元，内资企业51家，总投资6.79亿元人民币。累计合同利用外资4.2亿美元，外资实际到位累计达8000万美元，开工企业累计已达41个，开业投产企业45家。1994年全年技工贸总收入达20亿元，实现利税9172万元（其中税收2008万元），自营出口创汇837万美元。与1993年相比，技工贸总收入增长率101%，自营出口创汇增长率319%。

【无锡太湖国家旅游度假区】 无锡太湖国家旅游度假区是1992年12月国务院首批批准的国家旅游度假区，位于江苏省无锡市西南端三面环湖的马迹山半岛，风光秀丽的太湖之畔。它立足国内，面向世界，是融旅游、度假、疗养、健身、娱乐和会议为一体的综合性旅游度假区。区内自然生态环境十分优越，年平均气温15.5C，降水量1076毫米，无霜期长达226天，日照2075.8小时，四季分明，空气纯净，水质清澈。度假区除以得天独厚的自然风光取胜外，还以其丰富的历史文化内涵卓立于世，名胜古迹不胜枚举。度假区将把13.5平方公里的土地规划建设成为整体环境美、文化含量高、综合功能强、经济社会生态效益好的太湖山水城、浦东后花园、东方神仙岛。

为加快无锡太湖国家旅游度假区的建设，无锡市人民政府成立了度假区管理委员会，并赋予市一级经济管理权限和统一管理职能。制定了20条地方优惠政策。截至1994年底，度假区共批租土地2700余亩，其中客商投资的银海度假中心，海德堡别墅苑等项目已进入实质性建设阶段。两年来，度假区着重在基础设施建设和特色旅游项目开发方面实施两大突破。目前，连通市区的国家二级公路已建成通车，区内拥有电话交换机容量10000门，并已开通了5000门程控电话，11万伏输变电所已投入运行；区内有日供水五万吨的自来水厂，并正在兴建日供水十万吨的新水厂和日处理五万吨的污水处理厂。目前区内特色旅游有月亮湾度假中心，由月亮湾假日俱乐部、啤酒花园、碧波康复俱乐部、金鸡岭别墅苑四个片区组成，融休闲、度假、旅游、娱乐为一体。月亮湾度假中心二期正在开发湖滨浴场、水上人家、枪战世界、高尔夫练球场等项目，将形成一个规模宏大、景观丰富、设施齐备的休闲度假中心。为弘扬我国民族文化，度假区正在修复祥符寺和建造灵山大佛。该项目以具有1360多年历史的唐代古刹祥符寺为依托，建造一尊高88米的释迦牟尼佛青铜立像，称为灵山大佛，整个景区占地400余亩，座落于无锡马迹山秦履峰东南麓的小灵山，整个工程将于1996年竣工。可以预计大佛景区的社会效益和经济效益前景辉煌，欢迎海内外有识之士共同投资开发。

无锡太湖国家旅游度假区有意于以下项目的招商：游艇俱乐部、四星级酒店、高尔夫球场、赛车场、国际康复中心、湖滨游泳场及自来水厂。

【江苏省无锡新加坡工业园】 无锡新加坡工业园是无锡国家高新技术产业开发区发展总公司和以新加坡科技工业集团为首的新加坡财团共同开发的合资项目。于1993年12月18日正式奠基成立。工业园地处无锡市东南郊，占地10平方公里，距无锡市中心6公里。工业园第一期开发1平方公里，预计1995年底完工。第二期规划工作已经完成，将于1995年动工，预计1996年完工。工业园将为投资商提供：具有公用设施的平整的工业地块及A、B型标准厂房。A型厂房为四层的标准厂房，面积约为10000平方米；B型厂房为二层的标准厂房，面积约5000平方米。工业园主要吸引高新技术型生产企业。工业园并为投资商提供优良的投资环境及具有竞争力的优惠政策。包括：税收方面可享受所得税五免五减；操作五年以上，利润再投资可享受全额退税；进口生产用的建材、机械等可免关税和增值税；生产出口产品用的原材料可免关税和增值税；出口产品全免关税和增值税等。为满足外商需要，工业园在市中心投资建造一栋商业综合楼。该楼由2层地下室、6层高的裙楼及22层高的塔楼组成，占地7200平方米。设施包括高级酒店、超级市场、商店、购物中心、国际学校、美食中心和配套公寓。经过一年的努力，已有村田、住友等日本大公司和美国希捷(Seagate)、欧洲、东南亚等国家的公司与工业园正式签约进园投资。这些厂家大多从事电子、机械等高科技工业。无锡新加坡工业园拥有印尼的巴淡工业园和民丹工业园的建设与管理经验，采用新加坡管理模式，厂房设计、运行管理部由新方负责，确保工程质量，真正做到把新加坡的高科技、高效率带到无锡，成为无锡工业现代化建设的龙头。

【中国宜兴国家环保科技工业园】 中国宜兴环保科技工业园是我国唯一的以环保产业和高新技术产业为主的高新技术产业开发区。1992年11月由国务院和国家科委正式发文批准，园区界定区域范围4平方公里。1993年5月，国家科委火炬办对园区进行现场审定，颁发了国家高新技术产业开发区标牌。1994年7月，宜兴环保科技工业园的建设管理被列入"中国21世纪议程第一批优先项目计划"。园区实行管委会、总公司、党委"三块牌子一套班子"的管理机制。

建园以来，基础设施累计完成工作量3亿元，浇注水泥路面12公里，14座桥梁建成通车，铺设自来水管道8公里，铺设污水管道10公里，兴建电缆沟4000米，11万伏变电所正式投入运行，1000门程控电话全部开通，首期4平方公里内的基础设施已实现五通一平。到1994年底，园区共批准入园项目70只，投资总额达16.09亿元，其中工业项目46只，环保项目35只，三资项目26只，被列入省和国家计划的项目14只。已有42只项目先后开工建设，开工建设面积39万平方米，21只项目完成主体工程，竣工面积8万平方米，8个项目已竣工投产。新批三资企业11家，总投资4260万美元，合同利用外资3865万美元。累计到位外资2602万美元。印度尼西亚、新加坡等共计8.5平方公里的成片开发已进入实质性启动。"环保科技创业中心"已建成使用，成功地举办了首届全国环保技术交易会，并经国家科委批准，常设环保技术市场。1994年9月8日，"宜兴环保产业发展中心"在园区正式挂牌，"国家环保局宜兴水污染处理仪器质量监督检验中心"已经形成框架，1994年11月，在省科委的直接指导下，成立了由各类高级技术人员组成的"宜兴环保科技工业园专家组"，作为园区发展的高层次智囊团。

【江苏省江阴经济开发区】 江阴市经济开发区位于"长江边、两港间(江阴港、张家港)、大桥旁(江阴长江公路大桥)、铁道口(新长铁路)、城市郊"，一期规划面积6.5平方公里，总体规划25平方公里。近年来，江阴经济开发区根据市委、市政府的统一部署，按照既定开发方针和要求，积极开展各项工作，面对宏观调控的形势，依靠各级各部门的关心支持，通过全体上下的共同努力，使开发区的建设取得了健康稳定的发展，已经成为江苏省的重点开发区。

规划设计完善明确。1992年，开发区制订了总体规划和一期规划，根据形势发展的要求，1993年，开发区管委会会同有关职能部门和有关规划设计专家对一期开发区的布局和小区详细规划进行了深化、细化、具体化。目前，开发区总体规划、一期开发区详细规划以及新老城区衔接规划、区内填平补齐规划和贸易市场、小商品市场、物资交易市场等规划已经完成，为建好开发区，完善配套功能奠定了基础。基础设施日趋完善。两年来，开发区基础设施建设共投入资金3.86亿元，新建水泥道路22公里，铺设下水管道28公里，自来水管道15公里，在一期开发范围内实现了“六通一平”，3.68平方公里中心启动区内，道路绿化工程已全面完成，110千伏肖山变电所于1992年底建成投运，并安装公变23台，架设高低压线8公里，区内主干道已全部安装路灯。区内已开通程控电话2000门，具有十万门程控电话的滨江邮电局分局正在建设之中，中马合资滨江热电厂一号机组于1994年4月发电投运，保证了区内企业用汽所需。40000平方米共18幢居民楼已交付使用，13000平方米的1号标准厂房已全部投入使用，39000平方米的2号、3号标准厂房正在建设，公共型保税仓库、5000吨级浮动码头及两个2.5万吨级石化综合码头已建成投运，区内已完成各类建筑面积30多万平方米。滚动开发初见成效。开发区的建设采取全面规划、相对集中、分片开发的办法，重点抓好中心启动区的开发，集中资金，投入一片，开发一片，建成一片，在加快基础设施建设的同时，突出抓好中心启动区的开发建设工作，积极招外商、引外资、吸引国外大企业进区合作，以项目建设推动土地批租，加快滚动开发。目前，日本三井集团、荷兰飞利浦公司、韩国现代集团、大宇集团等一批国际上有较大影响的代表已来开发区考察，并达成了成片批租土地的意向。项目建设初具规模。到1994年底，各类进区项目已达95个，投资总额35.6亿元，其中合资项目24个，投资总额25.4亿元，合同利用外资1.6亿美元，实际到帐1亿美元，已竣工投产项目50个，1994年实现产值6.08亿元，在建项目26个。投资总额3000万美元的中外合资华新钢缆有限公司、投资1800万美元的龙马工程机械有限公司已相继投产，投资6000万美元中外合资贝卡尔特钢帘线有限公司已进入设备调试阶段，将于1995年5月份投产，总投资2亿美元的中外合资兴澄钢铁有限公司已完成拆迁、定点测量等前期工作，并进入施工阶段。进区项目初步形成了以工业项目为主，外向型合资项目为主、高新技术型项目为主的三为主特色。根据开发区形势发展的需要，市委、市政府修订完善了开发区有关政策，出台了《关于加快江苏省江阴经济开发区建设的若干政策规定》，进一步明确了开发区的工作职能、管理权限及各项优惠政策。在此基础上，开发区认真贯彻落实文件精神，重新修订了《关于开发区内项目建设工程管理的若干意见》、《关于对开发区内村（居）委主要领导定向考核的实施意见》等有关政策规定，进一步明确了开发区建设过程中涉及的具体问题的处理意见，明确了有关职能部门的职责和权限，强化了开发区的管理功能，初步形成了较为合理的运行机制。面对大改革、大开放、大发展的新形势，江阴经济开发区将依照“规划驱动、港口启动、科技推动、外向带动、三产联动、良性滚动”的发展战略，进一步抓住机遇，加大总量投入，加大工作力度，加快建设速度，推动江阴经济开发区向现代化、国际化发展，使江阴经济开发区形成“内陆一港、南北一纽、江南一宝、旅游一景、环境一流、投资一绝”的高新技术密集区、港口码头储运区、综合发展商贸区、文化娱乐旅游区、对外开放新港区。

【江苏省无锡县经济开发区】　江苏省无锡县经济开发区是江苏省人民政府批准的省级开发区。规划面积9.2平方公里。开发区建设与无锡县新县城建设相结合，规划面积29平方公里。开发区位于无锡县东亭镇，在无锡市东部。无锡县第一届县政府就驻东亭。

这里西靠华东大动脉沪宁铁路和京杭大运河，距无锡火车站5公里，南8公里处的无锡机场可升降大中型客机。北依长江，距天然良港江阴黄田港和张家港均为40公里。沪宁高速公路穿境而过，互通式立交出入口设在开发区境内。目前，开发区有9条公路干线，4条空中航线，7条水运干线通往全国各地。一流的基础设施。开发区实施高起点规划、高水平建设，基础设施按30年不落后的要求，实施“八通一平”（即通路、通自来水、通电、通煤气、通蒸汽、通讯、通排水、通排污）。到1994年底，基础设施总投入6.82亿元。一期10平方公里“八通一平”基本建成，修建道路98公里，建起了日供6万吨的自来水厂、日供4万平方米的煤气厂、3.5万伏、11万伏变电所各一座，开通了1.2万门程控电话，实现了国内国际长途直拨和图文传真。交通、通讯、能源等基础设施的不断完善，为大规模的开发建设创造了良好条件。1988年，无锡县被评为“全国教育先进县”，1991年又在全省率先成为九年制义务教育达标县。近年又全面启动教育现代化工程，全县有各类学校6000多所，在校学生15万人，全县开办成人大中专班47个，已培训各类人员5000人次，送到大中专学校培训的干部职工2000多人。发达的教育，为生产第一线输送了大批高素质劳动者。无锡县各种科研机构130家，拥有各类专业技术人员5000多人。无锡地区还有国家和省的科研机构16家，有各类专业人员16万人，有500多家国家、省级科研所和大专院校在县里进行各种科学实验。近年来经济增长中科技项目份额平均每年递增9%。为了加快对开发区发展，县政府制定了加快开发区建设的10条优惠政策，对进区项目在税收、征土、信贷、电力、人事、户口等方面实行优惠。开发区管理委员会，享有县政府授予的同等管理权限。凡投资额在3000万美元以下的项目，均由开发区管委会一个图章审批。开发区坚持“小政府、大服务”和精简、高效、统一的原则，实行一个图章生效、一个窗口对外、一支笔审批、一条龙服务，规范高效。开发区严格按国际惯例办事，依法保障外商企业的经营自主权，支持外商企业按国际惯例管理企业。外商企业可根据生产经营需要，自行确定机构设置和人员编制及工资标准。项目开发全方位开放。开发区招商实施国有、集体、私营个体、合资、独资一起上，二产、三产协调发展，内外向经济并举的方针，既欢迎大公司大财团，也欢迎中小企业进区开发。到1994年底，批准进区项目296个，总投资48.8亿元。开工项目192个，竣工项目94个，投产项目56个。在进区项目中，中外合资项目72个，私营企业38家。三产基地建设取得显著成效。至1994年底，一批上规模、上档次的三产项目相继建成开业。占地80亩、建筑面积8万平方米、招商摊位8000个的888商城一期工程1994年8月28日落成开业，日成交额150万元。东方欢乐城投资1.2亿元人民币，具有35种功能。总长1300多米、建筑面积16万平方米的三条商业街，两条已建成运行。工业项目开发方兴未艾。一批投入超亿元的工业项目1994年大多投入生产。投资5.5亿元的金锡特钢公司，年产不锈钢30万吨，将是华东最大的不锈钢生产基地之一。被省科委评为高新技术企业的兴达包塑材料厂，生产的EPS可发性塑粒供不应求，该厂与新加坡江山财团合资扩建的二期工程，总投资1000万美元，建成后将成为国内最大的EPS原料生产基地。中外合资亚新制管有限公司，一期已投入生产，二期扩建工程投资1.2亿元，建成后，可形成8亿元产值的年生产规模。中马合作无锡能达热电有限公司，总投资2151万美元，是至今为止，无锡县外商投资最大的基础建设项目。

【江苏省宜兴经济开发区】 江苏省宜兴经济开发区位于苏、浙、皖三省交界处，宜兴市宜城、丁蜀两大镇之间，规划面积21平方公里。1993年12月14日江苏省人民政府苏政发(1993)72号文件正式批准、成立“江苏省宜兴经济开发区”。

开发区气候温和、雨量充沛、土地肥沃，所依托的宜兴市在中国农村综合实力百强县中名列第14位。开发区内交通便利，西靠沪宜一级公路，104国道与即将动工的新长铁路、宁通高速公路穿腹而过，蠡河直通长江口岸。开发区距南京、上海、杭州机场均不足200公里。开发区所处的宜兴市又有“教授之乡”的美誉，人们的文化素质较高，教育的发展为经济开发积累了一大批专业人才和较高素质的劳动力资源，开发区得益于老城区的辐射，拥有一大批技术素质较高的城市职工。在1992年基础设施建设基本实现“四通一平”的基础上，1993年又投入5145.3万元，完成了2.7公里路面的铺设，并使路面设施一步到位，2.8公里的供水主管道的铺设，2.75公里的支水管道的铺设和相对应的污水主管道的铺设，并将程控电话扩至6000门。至1993年底，区内基础设施建设实现了“五通一平”。1994年基础设施建设获得了建区以来的最大的突破，完成了总长为10.6公里的水泥路面浇注任务，使3.8平方公里启动区内构成了以宁杭公路、湖光路等四路相沟通的道路大循环和以范蠡路、川埠路四路沟通的区间道路的小循环。供水量达3万吨以上。程控电话贯通全区11万伏变电所于1994年8月份投运，使开发区成为全市供电情况最好的地区。1994年，第一期标准厂房3万平方米和78幢花园别墅已全面竣工并投放市场。按照建设现代化新城市的要求，开发区从启动一开始就致力追求项目的高层次开发，突出高水平、上规模、外向型；行业结构突出合理、优化、协调；管理服务突出高效、主动、规范。开发区采取引进建设项目和自办项目“两条腿”走路的办法，多渠道吸引项目进区。至1994年底，进区落户的外资企业已达35家，合计总投资额14844.39万美元。其中不乏一批有国际影响的大企业、大公司和一批高科技、高附加值的项目。由江苏电缆厂、中邮工业总公司和香港国浩投资（中国）有限公司共同投资的总额达2482

万美元的江苏中邮浩光电缆有限公司于1994年8月正式投产运行；由开发区经济发展总公司与HLI海外有限公司、香港国浩投资（中国）有限公司共同投资的总额为1500万美元的宜兴国浩瓷砖有限公司于1994年底投产运行；由宜兴陶瓷公司与香港李兆丰有限公司共同投资的总额1250万美元的宜兴丰利瓷业有限公司也已在1994年底竣工开始试生产。开发区内各企业按照“科技兴市”的战略，注重技术改造和新产品的开发，大大提高了产品附加值，打出了一系列拳头产品，堆龙缸获得国家博览会金奖，AC连接瓦通过省级鉴定，批准为新产品；节能型自动保护电缆获国家级拳品二等奖；“真空油浸包镁碳砖”通过了国家级新品鉴定，达到国际水平；与冶金工业部洛阳耐火材料研究院联合开发的“真空油浸镁钙砖”通过了省级新品鉴定会，也达到国际水平。

宜兴经济开发区今后的发展战略是：通过充分依靠两边旧城区的辐射功能，利用已有的基础设施，集中市内最大的开发力量，两面夹进，中心拓展，多业并举，配套建设，使开发高新技术与改造传统工业相结合，发展工业与配套发展第三产业相结合，创办工业区与创建新型城市相结合，力争通过10年左右的开发建设，全面连接宜城、丁蜀两镇，从而形成拥有30—50万人口，100—150亿元固定资产，300—400亿工业产值规模，融工业、商业、旅游业、科研教育、行政管理于一体，环境优美的现代化中等城市，成为处于宁、沪、杭长江三角洲中心，苏、浙、皖三省交界处的新兴城市。

【江苏省无锡蠡园经济开发区】 江苏省无锡蠡园经济开发区，位于无锡市西部，紧靠太湖，规划面积6平方公里。北部为高科技工业园，仓储区和热电中心；南部为加工工业区；中部为金融、商贸、宾馆、文化娱乐业；西部为高级别墅群和休闲、疗养园区；东部紧邻万人体育中心和华侨城等建筑群。蠡园经济开发区根据沿湖经济发展战略，大力兴办以旅游、商贸、金融为龙头的第三产业。招商引资鼓励以高新技术为主，以大项目为主，以外资为主和以成片开发为主的方针。

蠡园经济开发区具有优美的自然环境和丰富的旅游资源。江南著名景点鼋头渚、蠡园、梅园、唐城、三国城、东方水族馆和太湖国际度假村等俱在开发区四周2公里范围之内。

蠡园经济开发区周围已建有110千伏和220千伏4个变电站，日供水量达70万吨的两家自来水厂，10万门程控电话的市分局，日处理5万吨的污水处理厂和日供气21万立方米的煤气厂。区内已铺设好混凝土道路6.6公里。10.1万平方米标准厂房暨写字楼，4.3万平方米公寓楼及兰宝别墅小区已交付使用。仓储一期工程初具规模，装机容量24兆瓦的热电中心正在筹建中，将为开发区集中供热（汽）和供电。

至1994年底，已有52家三资、中资企业进区投资兴办实业和三产业。开发区发展总公司建立了较为完善的服务、管理网络。根据总体规划，在21世纪初，蠡园经济开发区将建设成为集生产、科研、开发、金融、商贸、博览、旅游、娱乐、休闲、疗养和别墅区于一体的现代化开放式新城区。

九　江　市

【综合经济发展】 九江市自1992年被国务院首批列为沿江开放城市以来，以大开放促大发展，经济发展进入快车道，继1993年提前实现“翻两番”的目标之后，1994年又提前一年完成“八五”计划。1994年是九江经济近年来发展最快的一年，全市完成国民生产总值96.27亿元，增长18.5%（比上年，下同）；工农业总产值223.33亿元，增长32.7%；财政收入10.88亿元，增长60.7%；农民人均收入净增399元，达到1271元。主要经济指标增幅均高于江西全省平均水平。

主攻工业初见成效，产值效益同步增长。全市实现工业总产值178.9亿元，增长40.7%，其中市及市以下工业产值131.42亿元，增长48%。预算内企业利税增长30.2%，其中利润增长72%。产销率达97.3%，高于江西全省平均水平。技改力度加大，全市完成技改投入超过4亿元，巩固发展了一批重点产业、优势企业和拳头产品，增强了工业发展后劲。

立足农业喜获丰收，农村经济全面发展。粮食生产在面积调减17万亩的情况下，总产仍达1970万担，保持了稳定；棉花生产再上新台阶，皮棉总产达220万担，增长27.9%，单产名列全国前茅，继彭泽之后，九江、都昌两县又进入全国棉花生产百强县；油菜籽总产达210万担，继续保持江西全省第一；水产生产大丰收，总产量达303万担，其中特种水产品翻番，达17万担；出栏生猪212万头，家禽存笼1.05亿羽，水果产量18万担；蚕茧产量6.8万担，都比上年有较大增长；全市实现了基本消灭宜林荒山的目标。

城乡市场繁荣活跃，个体私营和外向型经济发展加快。全市社会商品零销总额达38.12亿元，增长37%；城乡集贸市场成交额超过16亿元，增长18%。市区大中大、新光、九九、新潮、旅游品大楼等一批现代化大型商厦相继竣工开业；建成各类集贸市场15座，建筑面积8万平方米，人才、劳务、技术、资金、证券等要素市场继续发展。全市个体工商户发展到7.4万户，从业人员达15万，分别增长27%和26%；私营企业660户，从业人员1万，均增长1倍以上。个体私营经济营业收入达15亿元，工业产值4.6亿元，上缴税金8000万元，分别增长50%、30%和20%。外贸市场不断拓展，由近海向远洋发展，出口品种大幅度增加。出口商品已达30多类，近2000个品种，外贸出口额增长78%。

改革取得重大突破，建立社会主义市场经济体制迈出可喜的第一步。财税体制改革运转非常顺利，实现了新、旧税制的平稳过渡，圆满完成市县两级税务机构分设、人员分流，国税、地税实现了同步增长。职工医疗改革取得重大突破，九江经国务院批准为职工医疗制度改革试点城市后，进行了大量工作，新的制度将于1995年1月1日起在全市全面实施。企业改革逐步深化，组建了一批股份有限公司和有限责任公司；进行了独资公司试点；对19个国有企业分别实行了兼并和合并，组建了一批企业集团；对少数资不抵债的亏损企业实行了破产；改组、创办股份合作制乡镇企业7460家，城镇集团股份合作制企业174家；国合商业小型零售企业和门点国有民营面提高到82%，实行国有民营的小型国有工业企业63家。劳动制度、社会保险、住房、土地、工资等各项配套改革均取得较大进展，初步构筑了社会主义市场经济体制的基本框架。

【对外开放新进展】 九江市充分利用地处长江与京九铁路交汇处的区位优势，抓住京九铁路即将全线贯通、沿江开放开发向纵深推进带来的好机遇，对外开放不断扩大，1994年在以下几个方面又取得新的进展。

一是举全市之力建设开发区取得成效。九江市委、市政府把九江经济技术开发区作为全市对外开放的龙头，要求市直各有关部门和单位树立整体开放观念和全局观念，全力支持开发区建设。1994年，市委、市政府先后召开了“市直单位招商引资动员大会”和“驻市大中企业招商座谈会”，号召每一个有条件的市直单位和企业都要为开发区招商引资献计出力，要求两年内均引1个项目到开发区里建设。在理顺开发区管理体制，赋予开发区必要的行政管理权限上，市土管、人事、财政、城建等部门顾全大局，相互配合，使省、市赋予开发区的有关管理权限及时到位，有力地促进了开发建设。这样，九江开发区在国家宏观调控力度加大，建设资金紧张的情况下，仍保持了招商引资势头不减，开发建设速度不减，截至1994年底，累计批准入区项目107个，总投资18.61亿元，其中“三资”项目65个，投资额11.17亿元，外资占63%；已有61个项目开工建设，资金到位6.5亿元，其中16个工业项目建成投产；1994年区内企业上缴税收1500多万元，比上年增长60%；近3平方公里的基础设施基本完成。九江开发区已成为九江市乃至江西省对外开放的重要“窗口”。

二是对外交往进一步扩大。在1993年与澳大利亚沃拉戈尔市缔结了第一对国际友好城市的基础上，1994年经对外友协和外交部批准，与斯洛文尼亚共和国科佩尔市缔结了第二对国际友好城市，组织了“四出六进”高层次国际互访，接待了35个国家和地区的来宾227批、3388人次，外事、侨务工作跨入了江西全省先进行列。

三是基础设施建设步伐加快，投资环境日益改善。1994年是九江近年来基础设施等重点工程上得最多、规模最大的一年，全市列入省市重点工程计划的项目27项，总投资额近150亿元。南九汽车专用线增幅、长江大桥连接线、九景汽车专用公路、金三角立交桥、湖口大桥、九江新火车站、九江电厂三期等一批工程相继开工；九瑞公路等工程顺利建成投入使用；民航机场工程即将完工。邮电通讯取得重大突破，全市城乡组成了一个统一的市话网，电话号码由6位升为7位，大大改善了通讯条件，为九江走向世界迈出了重大的一步。随着一个个重点工程的建成，九江的投资环境进一步改善，对外招商的吸引力明显增强。

四是旅游业发展迅速，促进了对外开放。围绕打好“庐山”牌，组织了论证工作，编制了旅游发展规划。庐山毛泽东诗碑林、三叠泉高架缆车等一批新的旅游项目建成开放。九江宾馆等一批档次较高的旅游服务设施相继建成，旅游接待的硬件水平大为提高。1994年共接待中外游客315万人次，旅游收入2.52亿元，旅游创汇182.96万美元，比上年增长144.9%。不少国外、境外的游客通过来九江旅游，加深了对九江的了解，九江的知名度不断提高，对外影响日益扩大。

【“三资”企业起步良好】　九江开发区创建两年多来，充分利用九江市的区位优势、交通优势和沿江开放城市的政策优势，积极发挥对外开放的窗口作用，坚持以吸引外资兴办工业为主，发展外向型经济，“三资”企业的引进和建设已有了良好的起步。到1994年底止，批准“三资”项目65个，涉及建材、电子、纺织、化工、机械、轻工、房地产等行业，合同总投资14.2亿元，分别占入区项目总数的61.3%和入区项目总投资的77.9%；在“三资”项目中，外方注册资金比例占63.3%；已有25个“三资”企业开工建设，资金到位4.5亿元，其中13个工业项目建成投产，形成了4.2亿元的生产能力，5个房地产公司兴建的8.3万平方米的标准厂房和商品住宅竣工投入使用。“三资”企业已在开发区这块沃土里迅速成长、逐步壮大。

——**快速度**。已投产的13个“三资”工业企业，从立项、征地、开工到投产见效，平均只用了6个月时间，多数实现了当年引进、当年开工建设、当年投产见效。如中外合资九江三元塑料包装有限公司1994年8月批准立项到1994年11月投产，前后只用了85天。创造如此快的建设速度，一是这些企业资金到位快；二是充分发挥了“三资”企业自主性强、管理环节少等优势；三是开发区管委会及市直有关部门提供了各种便利的条件和优质的服务。区内基础设施建设做到了超前于项目建设，开发区管委会成立了“项目建设领导小组”，在土地征用、水、电、讯供应等方面采取了一系列优惠措施，并及时帮助协调解决项目建设中的各种困难和问题。

——**新机制**。企业员工和大部分管理人员均面向社会招聘，通过培训上岗，工作中优胜劣汰。企业无婆婆约束，享有充分的自主经营权，在遵循国家法律、政策的前提下，企业可根据市场需求，自行决定产品的开发、生产和销售。企业内部管理精简高效，如永久纤维制品有限公司是一个总投资1580万元港币，1994年年产值达1700万元人民币的中外合资企业，实行董事会下的总经理负责制，机构仅有采购、生产、销售、财务四部，包括工人在内，全司人员不足60人，管理引入竞争机制，赏罚分明，员工报酬与员工的劳动付出和企业效益挂钩，从而获得了较高的劳动生产率。

——**外向型**。区内“三资”企业，在产品面向国内市场的同时，积极开拓国际市场，它们不仅注意发挥自身优势，充分利用合资外方原有的销售渠道，更注重依靠产品的竞争力来赢得国外和境外的客户。目前，已投产的13家工业企业，其中有8家的部分产品出口创汇，据不完全统计，1994年这些企业总产值1.26亿元，产品出口供货达5040万元。如中外合资九江通达竹制品有限公司，70%的产品远销日本、韩国、马来西亚等国家。

——**高起点**。区内已投产或在建的“三资”企业，尽管目前规模尚不算大，但起点都较高。一是产品的科技含量高，如柯电集团生产的磁卡电表是一种机电一体化的高科技新型智能电表，它的推广和应用将为我国实现用电管理电脑化迈出重要的一步。中外合资九江莱顿公司引进美国专利生产高效节能锅炉。二是设备先进，如中外合资江西常鑫瓷质砖有限公司从意大利引进的生产线、中外合资九江浔润染织有限公司从比利时、美国、瑞士引进的设备，都具有90年代国际先进水平。三是全员劳动生产率高，效益较好，如永久公司1994年全员劳动率达28.3万元，三元公司目前全员劳动生产率可达31万元。

【九江口岸开放15年】　九江港自1980年4月经国务院批准为国家一类对外贸易运输口岸15年来，特别是九江市1992年被国务院列为沿江开放城市之后，九江口岸事业得到蓬勃发展。九江口岸作为江西唯一的沿江通海口岸，对改善江西对外运输条件，优化投资环境，促进九江乃至整个江西经济的发展起了重要的作用。

——**口岸港埠基础得到夯实**。九江港现有对外贸易装卸码头3座，拥有6个5000吨级海轮泊位，并都向外国籍船舶开放。214码头液体化工原料储罐区，一期工程已竣工投入营运，是长江流域较大的、最先进的储运、中转液体化工原料进出口码头。石油专用码头，拥有5000吨级海轮泊位3个，年吞吐量可达500万吨，是江西原料进口，成品油出口的重要通道。口岸港埠基础经过15年的建设、改造，已形成了集装箱、件杂货、散货、化工原料、油品、石材、超大件等综合通过能力，基本能满足江西对外贸易发展的需要。

——**建立了完善的口岸管理机构**。九江市政府设立了九江口岸管理委员会。国家及有关部门分别在九江设立了海关、港务监督局、商检局、卫生检疫局、边防检查站、动植物检疫局、船检局等十几个查验机构和服务单位。逐步完善了查验手段和服务功能，基本适应了口岸开放的需要，能为外贸进出口提供各种服务，保证了口岸的畅通。

——**促进了江西对外贸易运输的发展**。九江口岸开放后，江西的远洋运输业从无到有、从小到大，发展到现在拥有4艘杂货轮，一艘集装箱轮，共计29015吨。开辟了直航日本、新加坡、香港等国家和地区的稳定航线；国际集装箱开通了中转世界各地的江海联运定期班轮。九江港1992年7月被批准对外国籍船舶开放后，先后接待过洪都拉斯、巴拿马、韩国、越南等国远洋货轮。15年来，口岸进出中外远洋船舶422艘次、外贸货物进出口量达120多万吨，使江西九江这个既不沿边，也不靠海的内陆地区，借助口岸开放，利用长江黄金水道，走出了大海，走向了世界，缩小了江西对外交通与沿海开放地区的差距。

——**促进了地方经济发展**。目前，九江与世界上100多个国家和地区建立了经贸往来关系，主要利用九江口岸出口商品达30多类、近2000个品种，年出口供货6亿元人民币。九江口岸开放后，由于开辟了直航远洋运输航线，减少了出口中转环节，降低了运输成本，提高了江西大宗的硅灰石、萤石、石材等低价值资源性产品出口在国际市场上的竞争力。近年来，江西上马的一大批重点工程、技术改造项目都与口岸开放密切相关。贵溪铜基地建设的进口设备、邮电通讯进口程控电话装置、南九高等级公路建设用的沥清、九江大化肥工程合成胺和尿素装置、江铃和昌河技术改造引进汽车关键部件等都是从国外水运直抵九江口岸通关进口。随着江西改革开放的深入和对外贸易的发展，九江口岸将显示出举足轻重的地位和作用。

（撰稿　卢友华）

东　莞　市

【综合经济发展】　1994年东莞市在国家宏观调控、财税、金融、外汇外贸、投资、价格和流通体制等方面的重大改革的形势下，紧紧地抓住机遇、深化改革、扩大开放、促进发展、保持稳定的方针，励精图治，积极推进和发展经济建设，社会经济继续获得较大发展，各项主要经济指标胜利完成。全市国内生产总值148.96亿元，比上年增长27.50%，人均国内生产总值首次超过一万元，达到10628元；社会总产值363.99亿元，比上年增长26.31%；国民收入110.6亿元，比上年增长25.77%；工农业总产值270.70亿元，比上年增长32.18%；财政收入（1993年口径）13.03亿元，比上年增长38.9%；出口创汇19.81亿美元，比上年增长52.25%；精神文明建设和各项社会事业同步发展。

1994年，全市33个镇（区）工农业总产值全部超过1亿元；其中城区、厚街、石龙、虎门、黄江和长安6个镇（区）超10亿元。

以建立现代企业制度和加快宏观体制改革，进一步转变政府职能为重点，配套推进市场体系建设和外贸体制、社会保障制度、财税、金融、科技教育和农村体制等改革，取得较大成效。对37家国有企业进行清产核资，理顺产权关系。设立股份有限公司11家，总股本达13.91亿股，其中宏远工业区股份有限公司的股票成为深交所的龙头股之一。组建企业集团29家。确立机构改革的具体方案，完成市级国家税务局和地方税务局的分设。

1994年，工业生产整体保持稳步增长。完成工业总产值249.49亿元，比上年增长34.95%；其中镇办以上轻工业产值176.69亿元，增长30.39%，重工业产值72.79亿元，增长47.49%。一批重点项目取得进展。广东彩管工程已通过国家验收，圆满成功；东糖2.5万千瓦新热电厂建成投产；10万千瓦东华电厂主要配套工程竣工，六台机组并网发电；120万千瓦电厂可行性研究报告也通过了审查；南方电子基地的电子浆料项目取得实质性进展；"东莞杜邦"即将破土动工；万成制药厂投入试产。

全市新签"三资"项目1157项，来料加工1521项。新签项目的规模与科技含量均明显提高，"三资"企业平均投资额261万美元，比上年提高12.22%。投资额1000万美元以上的大项目中，属于电子电器、通讯器材、机械等生产性项目及交通、能源等基础设施项目所占比例达40%，比上年提高12个百分点。全市实际利用外资10.48亿美元，比上年增长12.22%。中外合资合作工业完成产值91.34亿元，增长70.29%，出口产品产值（含对外加工产值）60.17亿元，增长30.75%。现有外商投资企业总数达4412户，"三来一补"企业9207家。

1994年底止，全市乡镇企业总数30074家，比上年增长6.9%；总产值150.19亿元，比上年增长37.8%，其中工业产值131.99亿元，比上年增长39.7%；营业收入145亿元，增长32%；上缴国家税金4.1亿元，增长32%；纯利润11.9亿元，增长30%；出口创汇14亿美元，增长50%。积极推行股份合作制，跨地区、跨部门、跨行业和个体合股合作办起3000多家股份合作乡镇企业。利用外资重点转向高新技术产业、基础设施和基础产业。实际利用外资8.2亿美元，比上年增长18%；新签利用外资项目2600多宗，项目平均利用外资额达200多万美元，投资1000万美元以上项目中电子电器、通讯器材、机械等生产性项目和交通、能源等基础设施项目占40%。

加强粮食生产，稳定种植面积。1994年，全市粮食总产量20.24万吨，比去年增长0.13%；实现农业总产值21.21亿元，比去年增长7.38%，农业商品率提高到80.23%。

全市已建成农业基地5581个。出现一批亿元农业企业，千万美元农业创汇管理区、饲养量超10万头生猪镇、上市5千头养猪专业大户。引进外资办农业企业有新突破，规模较大，科技含量较高。1994年东莞市被列为全国现代农业示范区、全国生态农业试点市、全省发展"三高"农业样板点。

1994年外贸保持较高的发展速度，创历史最好水平。出口创汇19.2亿美元，比上年增长52.25%，其中外贸出口3.1亿美元，增长34.3%，"三资"企业出口11.5亿美元，增长81.3%，来料加工工缴费收入4.75亿美元（含各作各价6030万美元），增长9.43%。

克服资金困难，继续抓好基础设施的投入，加快了建设速度。完成107国道篁村至长安六车道建设和江南至万江段文明样板路的建设。完成东莞水道由七级航道改造为四级航道的整治工程。新增一级公路190.1公里，二级公路72.85公里。基本完成市主干公路配套设施建设和联网公路建设。公路养护平均好路率达99%，航标正常率和发光率98.5%。完成全市公路网络和珠江三角洲东莞区交通运输规划。

交通专业运输生产实现客运量11234万人，旅客周转量595134万人公里；货运量3646万吨，货物周转量273053万吨公里；港口吞吐量370万吨。全年投入通信建设的资金8.68亿元。成功实现电话号码从六位升为七位。完成邮电通信总量5.52亿元，比上年增长55.93%；邮电业务总量10.17亿元，比上年增长54.77%；供电量达到58.5亿千瓦时，比上年净增14.9亿千瓦时，跃居全省第四位，人均用电跃居全省第二位。

财政收入继续大幅度增长。1994年完成预算内总收入13.03亿元，比历史上增幅最大的1993年多收3.65亿元，增长38.9%。财政支出8.90亿元，增长22.05%。工商税收5.96亿元，比上年增长45.8%。

城乡居民收入增加，生活质量不断提高。1994年全市城镇职工人均收入8270元，比上年增加38.54%；农村人均收入3185元，比上年增加38.48%。年末城乡居民储蓄余额151.54亿元，比上年增长41.40%；人均储蓄余额10718元。耐用消费品拥有量明显增加，1994年末每百户城镇居民拥有空调器60台，摩托车74辆，照相机54架，录像机52台，分别比上年增长142.86%、217.65%、12.5%和136.36%。彩色电视机、洗衣机、电冰箱的家庭拥有率分别达114%、114%和110%。

【发展外向型经济的新特点】 1994年，全市完成出口创汇总额19.2亿美元，比1993年增长52.3%，其中外贸出口309.12万美元，增长34.3%，来料加工应收工缴费47498万美元，增长9.4%。"三资"企业出口114812万美元，增长81.3%。

在利用外资方面，1994年1—12月，全市共批准利用外资项目2669项，其中"三资"1157项，减少188项，来料加工1521项，减少252项，新签项目利用外资金额349703万美元，比上年减少

1.6%，至1994年底，全市共有在投产“三资”企业2195家，1－12月份，仅外贸系统出口增幅达29.8%，出口创汇实绩是历史最好水平，打破多年来外贸出口低速增长的局面。首先，1994年外贸经营呈现如下特点：

出口结构得到改善，正常贸易出口有所增长。随着当前经济发展的新形势，近几年来，根据市场需要和自身的实际情况，兴办了近200家生产基地。据统计，1994年外贸系统生产基地出口收汇占自营出口的17.7%。在确保传统大宗产品出口的基础上，不断开拓新的适销对路产品的出口，打破行业局限，使企业出口产品和经营范围多元化。

全方位拓展出口市场，远洋贸易发展壮大。1－12月份外贸系统直接远洋出口达1442.5万美元，比上年增长42%。

创办新的贸易方式，扩大出口创汇规模。在继续开展好来料加工、各作各价业务的基础上，开展灵活的贸易方式。外贸系统1－12月份供料贸易创汇达1160多万美元，增长1.9倍。

利用外资在发展中不断优化调整。1994年虽然引进的项目数量有所下降，但项目的质量却明显提高。今年所批的“三资”项目中，有64项项目的投资额超1000万美元，比上年提高12个百分点。来料加工实际引进设备2.7亿美元，比1993年大幅上升90%。另一方面，项目的类型优化了，1994年新签项目中，技术含量高的行业项目有较大的上升。新签“三资”项目中，电器电子行业占16.8%，为历年以来最高的比重，比1993年上升近9个百分点；新签来料加工项目中，电子电器行业占12.9%，比1993年上升3个百分点。在项目类型上，投资规模大、高新科技项目明显增多，生产精密电子产品新项目占10多项。

投资主体出现新的变化。港台以外的海外客商前来投资增多，1－12月份有100多项，其中尤以日资企业增加明显。由于日元升值，日本政府采取一些鼓励对华投资的政策，前来投资的日本客商日趋增多。1－12月份全市新签日商投资项目30多宗，日本冈谷电机产业株式会社在东坑镇投资1亿港元，生产荧屏显示器；日本三井财团在虎门镇设立塑胶原料厂；日本住友财团在附城落户。此外，美国AST公司在厚街镇投资生产电脑。大公司、大企业前来投资增多，1－12月，有10多家港台及海外上市公司前来投资。

企业经营情况改善，效益提高。经过整顿，“三资”企业亏损面已减少，不少企业扭亏为盈。

【精神文明建设】 1994年，东莞市贯彻“两手抓”的方针，加强了社会治安的综合治理，坚决扫除“黄赌毒”；认真开展反腐败斗争，抓好纠正行业不正之风工作；大力发展科技教育文化和卫生体育事业，全面提高全市人民的思想道德、科学文化和身体健康水平，为深化改革，发展经济创造了良好的社会环境。

1994年6月，为从根本上扭转社会治安严峻局面，全市落实了五方面工作。一是改进社会治安管理体制，实行属地管理，主要领导对治安负总责。二是加强执法队伍，增加干警224人。严格内务制度、执勤制度、执法制度、考评制度、奖惩制度和廉政制度等，加强对行政性收费和罚没款监督，实行“收支两条线”制度。三是坚持群防群治。在农村、街道、工厂建立严密的治保网络，保安队、治安队达7155支41866人。四是加强对敏感行业、三无人员和出租屋的管理，打击混迹其间的黄、赌、毒。五是对带黑社会性质的团伙，流氓烂仔加大打击力度。由于措施得力，行动坚决，效果显著，共抓获带黑社会团伙及流氓烂仔400多人，查处毒贩32名、吸毒人员606名，卖淫嫖娼人员2001名、赌徒2679名，缴获毒品海洛因869.4克，淫秽录像带4320带，淫秽书刊6539册。

结合整顿社会治安大行动及全省扫除黄赌毒社会丑恶现象统一行动，制订《关于严禁党员、干部参与黄赌毒活动的规定》，严肃党纪政纪。查处一批公职人员贪污、受贿、盗窃、嫖娼、腐化堕落、违反计划生育等案件。对受处分人跟踪教育，帮助其提高认识，改正错误。抓好专项治理工作，在治理乱收费、清理党政机关及其工作人员利用职权无偿占用企业钱物、清理党政机关与所办经济实体脱钩、对行政性收费、罚没收入实行收支“两条线”、清理用公款出国出境旅游等七个方面取得一定成效。

科技教育等各项社会事业蓬勃发展。1994年东莞市被国家科委列为全国“科技兴市”试点市、全国科技干部培训基地，国家星火高效农业示范区、广东赤红壤高效农业实验区。精心组织实施“星火计划”22项，其中国家级7项，省级5项，市级10项；“火炬计划”12项，其中省级5项，市级7项，争取到科技开发贷款1750万元。落实国家、省级新产品试制鉴定计划26项。组织学术交流267次24330人次。

科技队伍不断壮大。1994年末，全市企事业单位科技人员20198人，比上年增加1707人，增长9.23%。其中自然科学技术人员18281人，社会科学技术人员1917人。在现有科技人员中，中级以上技术职称的4616人。1994年，市科委系统受理经国家批准的申请专利100项，签订各类技术承包合同15项，比上年增加13项，签约资金2537.10万元；实现合同金额2423.4万元，均比上年有大幅度的增长。

1994年，全市教育总投入5.3亿元，比上年增加1.8亿元，增长率51.4%。全市小学、初中、高中教师学历达标率分别达到95%、92%和87.9%。

1994年全市投入卫生事业1.7亿元，市镇（区）一批专科医院相继建成开业，新开发卫生技术项目498项。新吸收、引进各类卫生技术人才681人，在职培训技术人员2770人次，各类专业卫生技术人员4930人。儿童计划免疫各种疫苗接种率98%以上，超过国家要求。

文化体育战线不断取得新成绩。市粤剧团、艺术团排练10个长短剧，演出251场。新增电影放映单位33个，放映63939场，乡镇文化设施建设的总投入达2677.8万元。全市业余创作文艺作品12606件，举办各类艺术展览230多个。来东莞演出的国内外艺术表演团体110多个。

成功承办第七届世界蹼泳锦标赛。麻涌镇籍蹼泳运动员吴志前在比赛中两破世界纪录。东莞运动员在世界（国际）赛、亚运会、全国赛及省运动会共获金牌147.5枚、银牌152.25枚、铜牌137.5枚。虎门永安龙舟队摘取1994年香港国际龙舟邀请赛桂冠。全市现有体育馆11座、游泳馆8座、游泳池93个，足球场37个。

计划生育工作逐步走上制度化、规范化的轨道。1994年全市人口出生率为17.88‰，比省下达的指标低了1.32个千分点；计划生育率82.05%，比省下达的指标高了7.05个百分点。

（撰稿　苏培基　肖乃勇）

茂　名　市

【经济发展新进展】　1994年，茂名市在改革开放中开拓进取，不断前进，在抗灾救灾中夺丰收，国民经济保持了持续、快速、健康发展。全市完成国内生产总值180.14亿元（1990年不变价，下同），比上年增长29.4%；国民收入145.5亿元，增长24.5%；工农业总产值296.42亿元，增长28.5%；社会商品零售总额85.86亿元，增长47.6%；外贸出口2.235亿美元，增长37%；精神文明建设和社会各项事业都取得了新进步。

基础设施建设在调控中呈现出新优势。1994年，固定资产投资完成84.57亿元，比上年增长69%；一批大型交通、邮电、市政工程陆续竣工投入营运，水东港25万吨级单点系泊原油接卸系统、万吨级集装箱和2万吨级货运码头已投入使用；两条国道改造和高水一级公路已有部分建成通车；全市6万门程控电话扩容工程已完成；市区一批主干道路得到拓宽，打通了市区的东面出口道路，第二自来水厂的建设进展顺利，城市的交通、通信和综合供给能力大大增强，市容改观，为增创茂名新优势和经济进一步发展提供了良好的外部环境。

对外经贸在开放中实现大幅度增长。全市外贸出口总值2.235亿美元，增长37%，实际利用外资2.69亿美元，比上年增长1.77倍。

工业在困境中继续快速发展。全市工业企业积极适应国家的一系列重大改革措施，强化内部管理，消化增支因素，挖掘企业潜力，主动开拓市场，保持了生产的稳步增长。1994年完成工业总产值219.42亿元，比上年增长42.1%，其中地方工业182.69亿元，增长59.3%；全市完成交通运输货运量4738万吨，增长9.9%；邮电业务总量2.74亿元，增长82.7%。

农业在抗灾救灾中获得较好的收成。1994年茂名接二连三遭受强台风和大暴雨的袭击，损失惨重，但经过全市人民的共同努力，农业仍取得较好成绩。除粮食、糖蔗和花生略有减产外，北运菜、水果、猪、牛、禽肉和水产品产量都比上年有较大增长，完成农业总产值77亿元，增长4.1%。农民人均纯收入1755元，增长31.1%。灾后重建家园工作扎实有效，

40000多全崩户在春节前已搬进新居。

市场繁荣，财政金融形势稳定。全市社会消费品零售总额85.86亿元，增长47.6%，扣除物价因素实际增长21.6%；地方财政收入5.82亿元，增长49.3%，财政支出10.7亿元，增长42%，全市财政收入加上各项税收返还和补助款，减去上解后总收支基本平衡。年末全市银行各项存款余额126.8亿元，比年初增长35%，各项贷款126亿元，增长25%。

【发展外向型经济的新经验】 1994年，是我国实施外贸体制重大改革之年，也是宏观经济环境一直偏紧的一年。茂名市人民以改革为动力，锐意创新，顽强拼搏，紧紧以效益为中心，积极开拓国际市场，大力发展外向型经济，开创了对外经贸的新局面。全市完成外贸出口2.235亿美元，比上年增长37%，新签合同利用外资金额8.6377亿元，实际利用外资2.69亿美元，分别比上年增长80%和177.5%，“三资企业”和“三来一补”都有较大的发展。

——深化外贸体制改革，激发外贸企业出口创汇的积极性。1994年是外贸归地方管理的头一年，茂名市以中央关于外贸体改的决定为指导，结合当地实际，制定了《关于我市外贸体制改革的决定》，对与省脱钩的市直外贸专业公司，采取与市财政挂钩按一定比例上缴，解决企业出口退税问题；对不承担出口任务的公司实行聘任制，增强其活力；对各县（市、区）的外贸企业则交当地政府管理，调动地方积极性。通过改革，外贸企业有了更多的经营自主权，也强化了企业的危机感和紧迫感，调动了企业出口创汇的积极性，全年一般贸易出口完成1.256亿元，比上年增长54.9%。

——精心组织招商活动，花大气力抓好招商引资工作。去年茂名市成功组织举办了市第五届荔枝节暨经贸洽谈会，与会的国内外客商达2000多人，共签订120个项目，合同总投资19.32亿元，其中外商投资13.27亿元。还积极参与了广东省组织的法国巴黎招商会、’94香港高新技术项目洽谈会和美国洛杉矶展销会等系列对外招商活动，签订了一大批投资合同和协议书，收到了预期的效果，达到了宣传茂名、广交朋友、发展经贸、吸引外资的目的。

——多种形式并举，扩大利用外资的新领域。在不断扩大直接引资的同时，茂名市下大功夫狠抓了间接利用外资工作，特别是利用外国政府贷款和国际金融组织贷款以及扩展“三来一补”业务取得了明显的进展，在1994年实际投入的2.64亿美元外资中，外国政府贷款、国际金融组织贷款和出口信贷就达2.138亿美元，占利用外资的80.9%。外资投向也发生了可喜的变化，由前几年的主要投向原材料、初加工的劳动密集型行业，转向目前的以能源、交通、通讯等基础设施和旅游、娱乐、房地产等第三产业为主，出现了一大批高新技术项目和大项目。

——加强跟踪落实，催促外资尽早到位。为使合同按时履约，茂名市制定了一系列项目落实责任制，多次组织到各县（市、区）的项目跟踪检查，加强与外商联系，催促外资的投入进度，对项目在配套资金、进口设备、物资等方面遇到的困难及时给予协助解决，消除外商顾虑，提高了外资合同的履约率。

——多方服务，强化管理，提高外资项目的效益。茂名市注意加强对“三资企业”的管理，主动帮助他们协调好与银行、海关、外管等部门的关系，帮助他们解决实际困难，全年“三资企业”实现生产总值14.09亿元，出口创汇3398万美元，分别比上年增长7%和7.6%，“三来一补”出口6392万元，增长133%，工缴费收入900多万美元。“三资企业”涌现出一批高档次的创汇产品，优化了茂名市的出口产品结构，如钒钛黑瓷砖、高级运动鞋、电饭煲系列、石蜡、油毡纸等产品已成为港澳市场的畅销货，冷冻鱼糜成为日本免检产品，在日本市场供不应求。“三资企业”已成为地方出口的一支重要力量。利用外国政府和国际金融组织贷款项目由于组织实施得好，受到广东省的表扬，并在茂名市召开了现场会。

（撰稿　陈宗文　贾颖伟）

二连浩特市

【综合经济发展】 二连浩特位于内蒙古自治区锡林郭勒盟西部，东北与苏尼特左旗相连，东、南、西三面与苏尼特右旗接壤，西北与蒙古人民共和国毗邻，是国家批准的13个沿边开放城市之一。二连浩特虽然地处边陲，但交通十分便利，国内列车可直达北京、自治区首府呼和浩特、国际列车可达乌兰巴托、莫斯科。公路运输四通八达，可直抵呼和浩特、集宁和锡林浩特等，还与蒙古国边城扎门乌德开通过境货物公路运输。以二连为终点的集二线铁路，是我国通往蒙古、独联体及东西欧各国的捷径，它把京包线、京秦线与蒙古、独联体及东西欧的铁路网连接起来，被誉称为又一座“大陆桥”。

二连浩特地处黄河中游经济区北端，是华北地区对外贸易的窗口，与蒙古国扎乌德隔界相望，成为连接亚欧大陆的枢纽。

1985年6月，国家批准二连浩特市为甲类开放城市，1992年94号文件批准二连浩特为沿边开放城市，享受国函〈1992〉21号文件所赋予的优惠政策。这种沿边开放的态势，给二连浩特带来了改革开放、经济发展的机遇。二连浩特市委、政府提出了本世纪末到下世纪初要把二连浩特建成区域性国际贸易城的宏传战略目标。

1993年6月，国务院特区办批准二连浩特设立边境经济合作区，到1994年底，合作区基础设施项目基本就绪，已有9家企业注册，注册资金3900万元，50万美金。其中4家企业开工建设，2家企业投入运行。

经过几年的努力，二连浩特市委、政府紧紧围绕“抓住机遇，深化改革，扩大开放，促进发展，保持稳定”的工作方针，带领全市各族人民团结奋斗，使全市经济持续稳定增长，人民生活水平不断提高。1994年全市国民经济继续保持较快发展的好势头。以产权制度改革为重点的企业改革也取得了突破性进展，城市建设步伐明显加快，社会各项事业蒸蒸日上。

【投资环境】 二连浩特着眼于国际贸易城的建设，致力于改善投资环境，立足于加快基础设施建设，城市整体功能日趋完善。1993年给水复线工程配套建设完成，日供水能力达到1.4万吨，比原来供水能力提高3倍。全市排水排污工程完成40多处，铺设管道近万米，市区大部分街道和居民区的排水排污工程基本完成。城市道路增建柏油路2条。供电、通讯各项设施进一步完善。

全市已有包括意向性项目在内的“三资”企业42家，其中13家已登记注册，总投资约7658万元人民币，建筑面积7.7万平方米。

二连浩特在改善投资环境中，既加快基础设施建设步伐，又重视招聘人才、制定优惠政策、提高办事效率、加强社会治安的综合治理等软件投资环境的建设。二连浩特市人民政府除认真执行国家和自治区赋予二连浩特市的有关优惠政策外，还制定和颁布了鼓励外商投资和内联企业的优惠政策，并从企业审批、税收、土地使用、供电、供水等方面提供一系列的优惠条件。

二连浩特作为口岸城市，外事机构设备齐全配套，现有外事处、口岸办、海关、边防检查站、动植物检疫局、卫生检疫局、食品检疫所，进出口商品检验局，国际邮件交换站、国际旅行社二连支社、侨办、中国银行、中国对外贸易运输公司二连分公司，对外经济贸易委员会等十几个单位，它们一方面严格执行我国的有关法律，对经由口岸的人员和货物实施联合检查，捍卫国家主权和民族利益，增进我国与友好邻邦的政治、经济、科技和文化交往，另一方面为国内外的客商提供了优质的服务。

【发展前景】 1995年是实施“八五”计划的最后一年，也是为进入“九五”计划期间做好必要准备的一年。二连浩特市委、政府又提出“在边字上做文章，在开放上下功夫，在内联上求发展”的方针，基本思想分三步走，一是转轨建制打基础，二是外引内联求发展，三是脚踏实地上台阶。

转轨建制打基础，是指按照社会主义市场经济体制的要求，以产权制度改革为突破口，建立现代企业制度，转变政府职能。

外引内联求发展，就是以灵活的开放政策和措施，在边字上做文章，在开放上下功夫，在内联上求发展。在开放的问题上，不仅要对外开放，而且要对内开放，围绕市场经济体制的建立，以开放、开发带动以旅游业为重点的第三产业和以加工业为主的第二产业，也就是“一体两翼”的快速发展。要学习深圳、珠海等开放城市初期经济高速发展的经验，充分发挥二连中蒙口岸和欧亚大陆的地缘优势，充分利用蒙古国经济复苏的有利条件和开放政策，在毗邻口岸扎门乌德和乌兰巴托做文章、下功夫，大力发展外向型经济。外引内联离不开制定、出台一些更加优惠的政策，二连浩特将陆续出台一系列更加优惠的政策，增强外商投资的吸引力。目前，二连浩特市人民政府已与蒙古国协商在蒙古国扎门乌德共同建立“国际娱乐城”。已投资16万人民币向扎门乌德购得

2平方公里土地，开始筹建“国际娱乐城”。同时二连浩特正积极争取筹备中蒙自由贸易区使二连浩特边境经济合作区和中蒙自由贸易区成为二连浩特对外开放的一个开放带，与在扎门乌德建立“国际娱乐城”遥相呼应。

充分发挥近几年二连口岸进口大量畜产品的优势，通过外引内联大力发展加工业和畜产品综合市场，以优惠的政策吸引八方客商来二连投资、开拓事业。

脚踏实地上台阶，就是要在1997年财政收入再次实现翻番，以思想大解放，观念大更新、思维方式大变化，促进经济发展，再上新台阶，努力把二连浩特建成区域性国际贸易城。

（撰稿　云才晓）

富春江经济开发区

【综合经济发展】 1994年，浙江省富阳富春江经济开发区在1993年11月被批准为省级开放区的基础上，抓住机遇，借富阳撤县设市东风，坚持改革开放，大力招商引贾，突出工业重点，攻破配套难点的工作方针，按照开发一片，建成一片，收益一片的原则，着重提高项目动工率，完工投产率和资金到位率。经过一年努力，富春江经济开发区在招商引资、项目建设和基础设施配套建设等方面取得了较大进展。到1994年底止，全区协议引进项目144个，其中外资项目60个，工业项目86个，协议总投资额42亿元，累计动工项目75个，其中在建项目35个，竣工项目40个，竣工投产项目22个，总建筑面积31万平方米，1994年创工业产值5.3亿元。基础设施配套方面，到1994年底止，全区共投入配套资金9000余万元。目前开发区内水、电、邮、路等设施配套已初具规模，投资环境日臻完善。经过两年多来的实践，开发成绩显著，发展势头迅猛。概括讲，重点抓了三个环节工作：

牢固确立争创一流开发区的目标。富春江经济开发区建立伊始，即把创建一流开发区作为奋斗目标。首先树立起创一流的坚定信念，认真贯彻落实党的十四大精神，认真学习和领会邓小平同志建设有中国特色社会主义市场经济理论，增强机遇意识和发展意识，增强创一流的信心和决心；二是高起点高标准规划，按一流的高标准规划、高标准设计、高标准施工；三是提倡一流的管理服务，在搞好硬环境建设的同时，注重软环境建设，一个窗口对外，为客商提供优质、高效服务，注重在服务质量和服务水平上下功夫，寓管理于服务之中。

紧紧抓住招商引资工作重点。项目是开发区生命，没有项目就谈不上开发。为此，开发区的一切工作都服从于和服务于招商引资这个中心。在招商中，坚持“三为主”方针，坚持以利用外资为主，坚持以工业为主，坚持以出口创汇为主。走出去，请进来，先后多次在国内、国外举办洽谈会、新闻发布会等招商活动，对意向项目盯住不放，跟踪落实，取得了较好效果。同时．“引鸟筑巢”和“筑巢引鸟”并举，目前，已完成建设近8万平方米标准厂房，其中，部分标准厂房已落实项目即将启动。

抓紧抓好项目的动工建设。采用“项目定人，人盯项目”的办法，排队分析，落实措施，逐个项目落实，加快项目启动速度，特别是抓紧抓好几个龙头项目的启动工作。同时，想尽办法筹措落实资金，千方百计为客商排忧解难，积极为项目动工创造条件，促使其早日动工兴建。

【发展优势】 客观分析，富春江经济开发区发展具有二个优势：一是区位优势，富春江经济开发区地处杭州近郊，位于沪杭甬“金三角”的交汇点，居“二江一湖”国家级黄金旅游线的咽喉要道，区内山水风光称绝，自古以来就有“天下佳山水，古今推富春”之誉。同时，开发区沿320国道两旁和富春江北岸开发，水陆空交通便捷。优越的地理环境，使富春江经济开发区成了中外客商兴办旅游房地产、商贸、工业和其它二、三产业的黄金宝地，被外商誉为“投资者的天堂，实业家的乐园”。

二是投资环境日臻完善，320国道拓宽成超一级公路、22万伏中埠变的投入运行、程控电话的开通、4.5万吨级水厂的交付使用等大型基础配套设施的建设，使富春江经济开发区的设施配套大为改观。区内十大配套工程建设基本竣工或接近尾声，连接320国道和富春湾东大道的高尔夫路和高桥2万吨级水厂已完工并投入使用，放马沙江滨路堤结合工程基本竣工，两个万门程控局已开通使用，两个11万伏变电所建设已接近尾声，富春湾4000吨级水厂已正常供水、银湖2.5万吨级水厂已基本完工，富阳至杭州的第二条黄金通道富春湾东大道半幅已可通车。

在抓好硬环境建设的同时，富春江经济开发区十分注重软环境的建设。开发区内部制订了一系列完整规章制度，加强科学管理，严格依法开发；同时，发挥自身优势，强化服务功能，改善投资软环境，尽可能为开发商提供各种便利条件，强调人人都是投资环境，人人都是招商窗口，客商来访时，搬上一张椅子，迎上一张笑脸，给一个满意的答复，树立开发区良好形象。

富阳市委、市政府明确规定，开发区管委会实行“一元化”领导，“一站式”办事，“一支笔”审批，“一条龙”服务的管理体制，按照精干、高效的原则，建立经济发展局、地政建设局、规划局、社会发展局、财税分局等机构，同时明确在市政府经济管理权限内，开发区内的项目审批、土地征用、出让和规划等工作，均由开发区管委会一个头全权办理，超越市级权限的，由开发区管委会审核后加盖市有关部门印章，上报省市有关部门审批。

以理顺开发区体制为推动力，富春江经济开发区开展第二次开放开发和第二次创业热潮，明确提出1995年工作的重点，在市委、市政府的正确领导下，开发区全体干部职工正以高昂的斗志扎扎实实地工作，决心在第二次开放开发和第二次创业高潮中再创新的辉煌。可以肯定，经过若干年努力，富春江经济开发区必将建设成为一流开发区，成为一个充满活力、显示勃勃生机的现代化新市区，成为长江三角洲一颗耀眼的明珠。

（撰稿　董永财　袁小军）

呼和浩特如意经济技术开发区

【自然条件】　呼和浩特如意经济技术开发区于1992年5月20日辟建。开发区位于市区东郊1.2公里处，近期规划面积3.68平方公里，按照不同功能规划为三个区：南部为工业生产区，北部为生活区，中部为行政、商业、金融、文化综合服务区。开发区与市区紧密连接，东距飞机场6公里，西离火车站5公里，北临京包铁路和110国道公路，西南紧靠大专院校群和自治区的各类科研机构。

开发区优越的地理位置，平坦的地势，便利的交通条件为开发建设创造了广阔的发展前景。如意开发区处于内蒙古自治区资源富集区域的中心地带。这一地区已探明的优质煤储量近1000亿吨，铁矿储量大，稀土储量居世界首位，铌、镍、铜、钛、钍、钡等金属元素矿藏丰富，具有巨大的开发潜力，为加快资源的开发利用、发展高新技术产业奠定了良好基础。

【投资环境】　呼和浩特如意开发区经过三年艰苦创业，已初具规模。在近期规划面积3.68平方公里内，已完成了起步区1平方公里的基础设施配套建设。截止1994年底，开发区累计投入基础设施建设资金2.2亿元人民币，比上年纯增0.4亿元，增长25%。正在建设的4×20吨供暖锅炉房1座，已建成投入运行的2×6吨供热、供蒸汽锅炉房1座，变电室1座，自备水厂1座，供水管线5692延长米，供暖管线5173延长米，雨污排水管线7408米，埋设供电电缆500米，架设电网线路2200米，铺沥青道路65718平方米，道路植树5500株，覆盖草坪3500平方米。现工业区内已形成日供水5600吨，供暖面积6万平方米，供电8250kVA的综合配套能力，可满足工业生产、生活和建设的需要。现地上建筑开工项目77个，为上年开工项目的2.6倍；总建筑面积16.3万平方米，已竣工项目52个，竣工面积8.3万平方米。现工业区已形成了道路纵横交错，厂房林立、设施完备的良好投资、生产环境。

【招商引资】　1994年，如意开发区在招商引资方面取得了较好成绩。到年底，累计批准进区项目

184个，合同引进资金累计达9亿元人民币（其中美元2100万）。在进区的项目中，生产型企业92家，占引进项目的50%（其中“三资”企业49家，占生产型企业总数的53%）；商贸、科技服务型企业86家，房地产开发企业6家，分别占引进项目总数的47%和3%。进区的项目门类多、行业广，有微电子、计算机、通讯、新材料、化工、医药、针织、服装、轻工、食品、机械、矿产加工等十几个行业。这些项目的投资者多数来自美国、日本、加拿大、法国、香港、澳门、台湾等国家和地区及国内的大连、深圳、珠海等城市。年内，批准立项进区的大项目彩虹集团天鹅电视机厂投资5000万元易地迁入开发区扩建，年产100万台大屏幕彩电生产线，建成达产后可实现年产值30亿元；内蒙古贵金属冶炼厂投资3500万元兴建的年加工提炼黄金20吨、白银30吨的综合生产性企业，全部达产后可实现年产值20亿元。这两个大项目的进区，将为开发区新增工业产值50亿元和创造可观的经济效益。

开发区管委会对入区企业实行宽松的政策和优质的服务，采取“先扶持、后帮促，先生产、后规范，先见效、后贡献”的服务管理原则，帮助企业早投产、早见效，使企业尽快走向市场。1994年，开发区累计投产的生产型企业30家，投入运营的商贸、科技服务型企业40家。有的企业的产品已打入了国际市场。1994年，开发区企业实现技工贸总收入7.8亿元，其中实现工业产值6.02亿元，出口创汇135万美元，实现税收518万元，初步实现了开发区初期提出的“一年打基础，三年见成效”的奋斗目标。

【经营管理】 开发区在抓好开发建设、招商引资的过程中，注重抓了自身队伍的建设和整体形象的树立，进一步完善“内循环”、“一站式”服务的办事程序。在软环境建设方面，确立“以人为本”的思想，努力提高开发区全体员工的自身素质，提倡“人人是投资环境，事事是信誉形象”，鼓励“超前想、主动干”，用“团结、开拓、创新、务实、高效”的开发区精神去衡量和要求每一个员工。按照精简、高效的原则，建立和完善了开发区内部的运行机制，培养选拔了一批年青干部。在干部的使用上，引入了竞争激励机制，实行了双向选择，推行招聘、聘任、委任相结合的干部选用制度，推动了开发区各项工作高效有序地运转，大大提高了办事效率和工作质量。

（撰稿　张　寰）

角美工业综合开发区

【综合经济发展】 龙海市角美工业综合开发区为福建省第一个中外合资土地成片开发试点区，总规划面积10平方公里，自1991年7月奠基以来，仅用三年的时间完成原计划8年完成的第一期1.04平方公里的开发任务并摆满项目，第二期1.25平方公里的开发建设也已全面展开。现有14个国家和地区的54个项目在区内落户，外资额2.3亿美元，实际到资达7800万美元，已有24家投产，20家企业在建，1994年创产值4.3亿元，上缴税费2000万元。开发区已具规模，成为福建省土地成片开发的一个典范，1994年初福建省人民政府报请国务院将该区列为国家级经济技术开发区。

角美开发区毗邻厦门经济特区，是承接厦门特区辐射的便捷地带，紧靠324国道、鹰厦铁路，交通便捷，四通八达，邻近的220千伏、110千伏变电站将输给强大的电力，九龙江北溪给其充裕的水源，还可依托角美城镇。角美是全省著名的侨乡和台胞祖居地，知名度高，具备招商引资的优势，具备较好的开发前景。建设初期，开发区走一条“以小起步，项目带开发”、“投资—回收—再投资”滚动发展的路子，不盲目铺摊子。以“东海”、“鸿龙”二个项目开发启动，先平整土地50亩提供使用，并全力协助该企业筹建，使第一个进区驻户的“东海”厂从签订项目协议到投资仅用八个月，成为投建快、收效快的活广告。开发区首期1.04平方公里，根据项目实际情况，确定开发面积247亩、533亩、738亩——分批征地开发建设，形成了“边开发投入—边转让回收—再投入开发”的良性循环。三年多累计投入开发资金

1.5亿元，等于公司注册资本的13倍。

【投资环境】 **狠抓基础设施建设，筑巢引凤**。三年完成土石方工程306万立方米；平整土地2000亩；区内道路已完成12公里，主干道总宽40米，全部为水泥路面；20000吨/日自来水厂和20000吨/日污水处理厂已建成投产；埋设供水管道9811米；雨、污水分流，管道长达27公里。设有配备5000门程控电话模块的邮电局，已建设通讯电缆6公里。安装变压器27座，装机容量14690千伏安，架设高低压电力线路16公里，从11万伏变压站引3条专供线路；建成可收视15套节目的电视闭路网；并建设3万平方米的通用厂房，使投资者能及时投入生产。同时，生活设施也全方位配套：已建有员工宿舍近万平方米，商住楼1.4万平方米，为企业提供员工生活居住条件，利用温泉资源和荔枝山景观建设的荔园别墅首期十六幢工程全面进入内装饰；荔山娱乐中心即将开业，并建有大众式的"东山公园"，形成一个适合各种消费档次需求的生活居住娱乐设施，为客商和员工创造了舒适的休闲娱乐场所。

建立机构，配套服务，优化"软"环境。按"小机构、大服务"的原则，成立"角美工业综合开发区管理委员会"，行使一级政府行政管理职能：建立海关、公安、法律服务所、消防中队、保险、国税、地税、中国银行、建设银行、工商银行、兴业银行等部门，并成立保安中队。区内机构始终把强化各项管理，增加服务功能，提高服务质量作为增强自身吸引力的重要问题来抓。开发区管委会依据有关法规政策和文件精神，借鉴其他开发区的经验和做法，先后制定了开发区投资优惠政策以及外商投资企业审批程序；针对客商在项目洽谈中提出的各种疑问，编写了开发区外商投资问答；使招商活动有据可依。严格实行"三个一"即"一个窗口对外，一站式审批，一条龙服务"的办事程序，从简、从速、从优服务。客商来开发区投资，审批资料到齐后7天可领到企业批准证书。开发公司制订"客商至上"工作准则，"员工行为规范"和各项规章制度，规范员工行为。"服务就是招商"，"人人都是软环境"，要求每位员工热情、主动、优质为客商服务，做到"四要""四不要""四不准"，通过每位员工的言行举止体现开发区"方便、快捷、高效、优质"的服务宗旨；牢固树立"客户就是上帝"的观念，从"一声问好、一杯热茶、一张笑脸"做起，把做好企业的产前、产中、产后的服务为自己的责任，实行员工与企业挂钩制度，跟踪服务，责任到人。重大项目总经理亲自负责，各部门围绕项目通力合作，相互配合，及时解决区内企业基建、生产中出现的难题。海关提供良好的政策咨询服务，实行预约加班速办制度，制定"预报关制"和"先清单发票验收，后报关"制，简化报验手续，并与厦门海关电脑联网，加快了货物进出关速度，方便了企业。金融部门视投资者为上帝，提供优质服务，简化存取手续，及时解决投资者难题。客商一进开发区就感到这里"方便、实惠、安全、仁爱"。

【招商引资】 开发区把招商引资摆上重中之重的位置。一是利用新闻媒介招商引商。通过报刊、新闻、画报、电视等渠道，造成舆论声势，既宣传了开发区，又扩大了对外影响；二是主动出击，会同区内老板以开发区组团赴台湾、香港、日本、新加坡、马来西亚、菲律宾等地招商，踊跃参加省政府组织的招商活动，把招商的触角伸向东南亚和法、德、意、荷等国；三是"以商引商，以外引外"，做好服务，使区内企业早投产、早受益，发在开发区，影响带动一大批新客户，实现"引进一个，带来一串，辐射一片"的"乘数效应"；四是内外并举，大、中、小项目一齐上，以大项目为主，二、三产业一齐上，以二产业为主。

【精神文明建设】 把开发区建成一个秩序优良、环境优美、产品优质的一流经济开发区和对外开放的文明"窗户"。一是充分发挥新闻媒介作用，突出宣传"经济开发区创建文明片区有什么好处""怎样创建文明片区"，引导资方及广大员工逐步形成共识，没有良好的秩序，安定的环境就不能搞好开发区的建设，开发区要发展，必须有精神文明建设为其提供服务和保证，创建文明片区对创造者有利投资环境，提高职工素质，促进生产发展都有着极其重要的作用；二是成立有开发区机关和企业代表参加的创建文明片区理事会，专事精神文明建设工作；三是经常组织评比，互学互帮，促进创建活动纵深发展，通过创建精神文明片区活动，区内企业自动捐款建设公园，共创一个文明、安定、良好的社会环境。

开发区始终采取全新的用人观，从"开发一片土地、造就一批人才"出发，不拘一格，广招人才，严格要求，造就出一支"三化"队伍。革命化：员工坚持政治学习，进行创业奉献精神教育，提高思想觉悟，不断奋发向上，坚决抵制不正之风。在开发区建设中有些工程队采取请客送礼等手段企图占工程便宜，员工们拒腐蚀永不沾，三年共投资1亿多元建设的100多个工程一律公开招标，为公司节省数百万元，先后有3位同志入党。知识化：严格选聘人才，现有35名员工，具有大学文凭占47%，中专以上学历占33%；同时经常组织员工学习建筑美学、城市规划、计算机、工程质量等多门技术课程，组织干部赴各开发区考察，扩大视野，打开思路，提高素质。战斗化：以开发区为家，无私奉献，没有节假日，不分上下班奋战在工地上。锤炼打硬仗、连续作战的本领，使队伍召则能聚、聚则能战、战则能胜，时刻保持旺盛的斗志与雷厉风行的战斗作风。

开发区在改革开放浪潮走过了不平凡的三年，迎来充满生机，跳跃发展的黄金时期，正“夯实基础，再攀高峰”，以晋升国家级经济技术开发区，把开发区建设成为高科技、高效率、高产值、高效益的新型工业城市为目标，以“方便、快捷、高效、优质”为服务宗旨，努力创造“宽松、安全、实惠、仁爱”的投资环境，让开发区走向世界，再创辉煌。

合肥经济技术开发区

【综合经济发展】 1994年是合肥经济技术开发区进行高速建设的第二个年头，也是开发区由基础设施建设为主转入以现代化工业建设为主的阶段。一年来，开发区党委紧抓新型建材、橡胶轮胎、机械制造、饲料加工等大的支柱项目不放，带领全体员工艰苦奋斗、奋力挺进，重大工业项目相继开工建设，基础设施进一步配套联网，第三产业和房地产业开始起步发展。合肥经济技术开发区的建设呈现出勃勃生机。

【投资环境】 1994年，合肥经济技术开发区在资金极其紧缺的条件下，仍在基础设施、机构设置等软硬环境建设上取得实绩。基础设施进一步配套联网。在已有10.8公里的高标准干道的基础上，又在短期内修筑了长2.8公里，宽45米的干道——丹霞路，使“口”字形道路框架变成了“曰”字形，为进区项目建设提供了必需条件。从日供水35万吨的合肥市五水厂敷设了4公里直径为600毫米的供水管网，区内日供水能力达3万吨，满足了近期生产和生活用水需要。建成并开通了2000门程控电话交换局，可联通全国各地和世界上的180多个国家和地区。由合肥经济技术开发区和安庆石油化工总厂合资的年供气3万吨的液化气站，现已建成，解决了投产企业和生活区的用气。从南北两座110千伏、220千伏的变电所已架设了4公里的10千伏输电线路，实现了双回路供电，确保了近期区内用电。合肥经济技术开发区的起步区（4.87平方公里）已实现了“五通一平”。

合肥经济技术开发区根据实际情况，并吸收兄弟开发区成功经验，内设了办公室、计划项目财务处、建设工程管理处和规划土地管理处，负责处理区内事务；又设立了工业发展公司、建设工程公司、公共服务公司和社会化服务公司等经济实体，多渠道融资和开辟财源。为提高人员素质和服务水平，开发区经常开展各种讲座和学习班、培训班，党委一班人也始终将加强思想政治教育、充分发挥党组织的战斗堡垒作用和党员的先锋模范作用放在重要位置，于艰苦创业的同时也带出了一支思想解放、敢闯敢干、懂业务、善管理的队伍。全区目前在编人员70名，却在招商引资、工程建设等工作上成绩斐然，受到了国务院特区办和省、市领导以及客商的一致称赞。

为了进一步给客商提供优质的服务，合肥经济技术开发区在合肥市委、市政府及合肥市各职能部门的指导和帮助下，除设立了合肥市规划局开发区分局及合肥市土地局开发区土地征拨处外，还与人事部门联合组建了开发区人才服务中心，对开发区从外界吸收和利用人才起到了桥梁作用。鉴于开发区建立时间较短，亟需完善市政府职能部门在区内的机构设置，管委会多方协调，又设立了海关、税收等部门，进一步实现了“一个窗口对外、一支笔审批、一条龙服务”。随着开发区建设的迅速推进，各职能机构设置将逐步形成体系。

【引进外资】 作为一个兴建不久的开发区，合肥经济技术开发区贯彻“项目即生命”的指导思想，并扎扎实实地组织实施，取得了很好的实际效果。

以宣传促沟通、以交往促友谊、以诚意促合作，坚持“走出去”与“请进来”相结合的办法，广交朋友，诚招客商。开发区编印了《合肥经济技术开发区简介》、《招商项目汇总》及中英文版《投资指南》和《项目简介》，利用各种机会、各种渠道广泛宣传开发区优惠政策和投资环境。另一方面，开发区主要领导还先后赴美国、香港、新加坡、马来西亚、泰国及深圳、厦门等地进行招商，紧密联系一批老朋友，又新结识了海内外许多新朋友，使老项目有大进展，新项目得以进一步落实。1994 年 11 月份，开发区又单独组团参加了合肥市举办的“94 合肥金秋大闸蟹招商会”，引进了一批新项目。经过多方面努力，招商工作取得了较好的成果。

——坚持“筑巢引凤”与“引凤筑巢”相结合，扩大招商引资范围。开发区以快捷的工作速度、优良的工作质量、热忱的服务态度来“引凤筑巢”，吸引了香港李兆峰先生投资设厂，开发区仅用三个月时间就完成了按部颁标准需一年半完成的四个陶瓷厂房建设，令李兆峰先生信服，也使广大客商对合肥经济技术开发区刮目相看。与此同时，开发区还预先按国际标准设计建造内部可任意分割的多层厂房，实行“筑巢引凤”战略，中外合资合肥可明丽高科技广告材料有限公司率先进内安装生产线，其生产的高科技广告灯箱、字幕墙等产品问世半年来，已销售至全国各地。它的成功，也带动了很多客商来开发区进行“短、平、快”项目的投资。

合肥市的资源、科技、人才、劳动力、交通等诸多优势，特别是开发区的优惠政策和发展前景，吸引了大批客商前来考察或投资。至 1994 年底，开发区总的投资项目已达 68 个，其中，外商投资项目 27 个，合同总投资 5.4 亿美元，协议外商投资 4.13 亿美元，外商投资比例为 76%，目前外商实际到位资金 2.3 亿美元；内资项目 41 个，合同总投资 9.11 亿元人民币。现已有 13 家企业开工建设，3 家企业建成投产。

值得一提的是，开发区自始至终都坚持以建立现代工业为主，吸收利用外资为主、拓展外贸出口为主、致力于发展高新技术的办区宗旨，在招商引资时严格执行高标准，在实际工作中抓大项目不放松。目前，总投资额在 1000 万美元以上的项目已有 11 个，更有五大著名的跨国公司投资开发区，其投资项目已成开发区支柱项目。它们是：新加坡佳通集团与安徽轮胎厂合资的年产 1350 万套轮胎项目，总投资为 3 亿美元；香港兆峰集团与合肥市内企业合资的新型建材项目，总投资为 3.5 亿美元；日本日立建机株式会社、日本三菱商事与合肥矿山机械厂合资的年产 5000 台液压挖掘机项目，总投资为 4 亿元人民币；泰国正大集团与合肥市一轻局合资的年产 18 万吨饲料项目，总投资为 6500 万元人民币；以及可口可乐公司投资 1200 万美元的年产 2.5 万吨饮料的可口可乐罐装线项目。上述大项目中，前四项均已开工建设，其中兆峰陶瓷项目已有 1 个厂建成投产，4 个厂在进行设备安装，1 个厂在建。不仅如此，这些项目不仅外商投资所占比例大（佳安项目外方投资占总投资额的 90%），而且还是各集团在中国的基地或基地之一。

【建设成果】 1994 年，合肥经济技术开发区的建设者们克服重重困难，进行了较大规模的建设。全年共开工建设进区企业厂房、标准厂房及第三产业面积 18.1 万平方米，完成建筑面积 10 万平方米，体现了开发区强劲的发展势头。

工业项目建设始终是开发区的主体，除兆峰陶瓷四个厂 5.6 万平方米建筑外，开发区还完成了标准厂房 5.1 万平方米，并完成了合肥佳安轮胎、合肥正大饲料等项目共 800 多亩土地的土方平整工作，一方面促进了部分项目的尽快投产，另一方面又为后续项目的快速建设提供了前期条件。

第三产业和房地产业建设开始起步。合肥经济技术开发区为贯彻工业项目、第三产业和房地产业滚动发展的总体思路，经过深入调查和充分酝酿，于 1994 年 9 月正式开工建设明珠广场住宅楼、公寓楼和开发区管委会办公楼工程，首期建筑面积 5 万平方米；集建材交易、商网、办公为一体的内资项目华东国际建材城 2.1 万平方米建筑土建工程已完工，招商形势良好，建成运营后，将成为华东的一个大型建材集散基地；建筑面积为 4 万平方米的桃花私营民营区已建成并吸引了大量社会资金来此投资。这些不仅形成了开发区的形象工程，还对开发区人流、物流的形成起了推动作用。

合肥经济技术开发区还着眼于开发区未来，建立人才教育基地，逐步健全城市功能设施。在开发区城市规划发展布局上，开发区吸收了大连、天津等开发区建设的成功经验，先投入大量资金完善基础设施，以工业项目带动人群流动，从而带动物品流通以及第三产业的兴旺发展，继而扩充到公共事业和福利事业的发展。按照上述思路，开发区于 1994 年有重点地引进了一批教育、医疗、文化、体育等项目。年初进区的庐州中华职业学校，经开发区各部门的通力配合，已招收了400名学生，步入了正常的教学轨道。另外，开发区还进行了区内1000亩教育用地的规划设计，其中的大型全托制幼儿园、小学、中学以及由台湾邱永汉集团与中国科技大学合资的私立国际贸易大学均已在规划论证之中，这些项目逐步建成并形成规模后，既可为前来投资置业的中外客商解决子女入托、就读等后顾之忧，又可为开发区培养各类专门人才，加快发展速度，同时，还能促成一个独具特色的新区的建成。

1995年是合肥经济技术开发区实现初见成效的关键一年，也是开发区继续爬坡的一年，全年总体工作思路以突出新型建材、橡胶轮胎、挖掘机、饲料加工、可口可乐五大支柱项目建设为主，以达到水、路、电、气、通讯基础设施配套和明珠广场等第三产业同步发展为目的，扩大招商引资范围，完善服务体制。对已有的项目力争10个投产，10个基本建成，5－10个新开工建设，总建筑面积为50万平方米，力争年工业总产值达10亿元人民币，以实际成果树立起合肥经济技术开发区在“开放、开发、再造新合肥”中的主体地位，并为将合肥建设成为“大、快、美、强”的现代化大城市和具有极强辐射功能的安徽省中心城市添砖加瓦。

西安高新技术产业开发区

【综合经济发展】 国家级西安高新技术产业开发区，自1991年创立以来，在国家、省市各级领导的亲切关怀下和社会各界的大力支持下，经过三年多的建设，各项工作发展迅速。截止1994年底，已有科技企业2119家，其中高新技术企业468家，三资企业212家，高新技术企业集团12家，高校、院所的产业蓬勃兴起。各类企业共开发高新技术产品1200多项，高新区企业已累计实现技工贸收入45亿元，连续几年以翻番的速度递增，由1991年的2.1亿，1992年的4.47亿，1993年的11.9亿发展到1994年的25.17亿元。1994年工业销售产值达14.88亿元，利润总额7997万元，税金总额6273万元，出口创汇806万美元。三年多的建设，高新区新建区已完成2.5平方公里的基础设施和“七通一平”，累计投入基本建设资金12.47亿元，开工厂房和配套设施建设面积已达154.8万平方米，竣工63万平方米。一个环境优美、基础设施完备、注意吸取国外科技园区优点的高新工业园区已初具规模，形成了较好的投资环境，为高新技术商品化、产业化、国际化创造了较好的条件。几年来，在从事转化的3000多个科技项目中，有1200多项产品进入市场，440个项目能够形成规模产业并被批准进入新建区实施。在1200多个产品项目中，有国家级火炬计划项目20项，省市级火炬计划项目160项，占到西安市火炬计划项目的85%以上，已经批准进入新建区实施的440个产业项目，有70%是由西安的科技成果转化或同国内外技术嫁接成功的。科技成果转化的生产力快速增长，高新区企业技工贸收入的连年翻番，使西安高新区已成为西安和陕西经济新的增长点。

西安高新区建立几年一直将产业的集成和规模化发展作为重点，已经在电子信息、光机电一体化、高效节能、生物医药工程以及新材料等五个高技术领域形成了一定规模的新兴产业。如西安交大开元集团开发的国家级火炬计划项目超微型单片摄像机及系列产品，经高新区嫁接引进国外投资650万美元，今年将达到亿元以上产业规模；中美合资西安大唐电讯公司引进国外资金和人才，运用最新技术研制开发容量可达40万台的SP30超级交换机，投产不到一年，已列为陕西省的重点产业项目，今年产值可达2亿元，3至5年，年产值可超过10亿元；民营企业西安天诚生物医药工程有限公司开发的国家级火炬计划项目紫杉醇抗癌系列药品作为90年代最新技术，由高新区注入700万元资金初步形成生产能力，已达年产值2500万元，并且全部出口，每年生产可以翻番的速度增长，已列为陕西省开发秦巴山区资源的重点新产品开发项目；在高新区建立的中国四佳半导体材料公司已成为我国最大的半导体硅材料生产基地。围绕新兴产业的发展，西安高新区已建立12家企业集团，1994年有五家企业集团技工贸收入超亿元，今年将有10家企业技工贸收入超亿元。这些新的支柱产业的形成，已明显改变着西安的产业结构，高新区新兴产业的技工贸收入已由1991年不到全市工业产值的1%，增加到1994年的8%。西安市1994年比1993年新增的25.1亿工业产值中，高新区占26.2%。到本世纪末，高新区产值将达到全市工业产值的20%。

【投资环境】 西安高新区位于西安市区南郊著名的科教城内。它东西延伸，南面拱起，弧围城南，总面积22.35平方公里，其中集中新建区4平方公里。西安高新区有三个较为明显的特点：一是智力和技术高度密集，工业支撑能力较强：区内有大专院校22所，有中央部委、省市级大型科研院所42家，大中型企业20多家，各类专业技术人员4.67万多人，是智力和技术高度密集的地区。二是开发区内已建成初具规模的电子城：从1986年开始，已累计投资超过12亿元，初步建成3.7平方公里的新型电子工业城，13个中央部委设在陕西的“三线”单位已陆续完成搬迁，形成了我国电子工业的重要基地，具备了大规模研究开发高新技术产业的能力，将为开发区的发展发挥极其重要的作用。三是集中新建区紧邻市区，距市中心区只有2公里，能够以现有城市配套设施为依托，产业化环境较好。三年多来，西安高新区以“政策扶持、贷款起步、滚动发展”为指导思想，在集中新建区征用土地3776亩，开工建筑面积155万平方米，其中企业自建和定向建设的占50%。竣工面积63万平方米，在累计完成的12.46亿元基建投资中，有48.6%的资金属回收后再投入资金，土地资源也得到充分利用，没有闲置土地。通过三年多的开发，西安高新区运用总计2.87亿元优惠政策给予的扶持，已给城市建设和政府积累了总计达7亿元的固定资产。对此，中央宏观调查组曾给予了充分的肯定。目前，已开发的1平方公里产业区和部分住宅区已基本完成了绿化以及水、电、气、交通、邮电、通讯、医疗、餐饮、商贸等配套设施建设，学校、幼儿园也已完成基建工程，即将招生。西安高新区良好的投资硬环境已基本形成。高新区的发展建设是一个涉及面广、关系复杂的系统工程，需要大胆探索，建立新的适合社会主义市场经济需要的机制，为高新区迅速发展创造了条件。西安高新区实行“省市共管，市管为主”的管理模式，建立了以西安市市长为组长，省市27个委办局负责人为成员的高新区领导小组作为决策机构，负责重大政策的决定，规划审定，协调组织各方面的关系，支持高新区建设。高新区管委会作为市政府的派出机构，行使市一级经济管理权限，包括项目审批、规划定点、工地征用和房地产发证、入城户口和人事劳资、社会保险、出国审查、职称评定等。这些管理权限的落实使高新区一经运行，就摆脱了传统体制的束缚，以新的管理体制保证高新区建设的快节奏、高效率。在人事制度上，管委会实行全员劳动合同制和干部聘任制，从一开始就打破了铁饭碗，形成了新的机制。按照“小政府、大社会”，“小机构，大服务”的模式，建立并完善了社会化支撑服务体系。为高新区企业服务的工商、税务、公安和国有资产分局、会计、审计、律师事务所和公证机构等支撑服务体系，国内五大专业银行和保险公司、风险投资公司、科技信用社等金融机构，以及直属管委会的创业服务中心、人才交流中心、技术贸易中心、社会保险事业部和管理服务公司等社会化服务和保障体系均已建立，并实现了“一栋楼办公”，方便了企业，提高了办事效率。

高新区是改革的产物，改革是高新区得以不断发展的保证。高新区建立以来，一直把建立内陆科技特区作为目标，全面推行改革。为此西安高新区重点抓了两大改革措施，四个配套条件。所谓两大改革措施，一是企业运行机制和人事、劳动、分配制度改革。始终坚持企业“六自”的原则，明确要求进入高新区的企业一律实行全员劳动合同制，人员尽可能地推行社会化管理。二是较早地抓了企业产权制度改革，从1992年初开始市政府即授权高新区审批有限责任公司，从企业一建立就明确产权，并加快进行原有集体企业的股份制改造，现在的2119家企业中，有限责任公司占了一半。所谓四个配套条件，一是建立了全新的管理体制，市政府充分授权，按市场经济模式进行管理；二是健全了各个支撑服务体系，为企业提供全方位的服务；三是建立健全市场体系，已建立的人才劳动力市场、技术交易市场、房地产市场和信息市场，为企业进入市场创造条件；四是建立了社会保障体系，高新区直接办理企业的社会保险，为企业改革创造了社会保障条件。这些改革措施和配套条件有力地促进和保证了高新区的改革和发展，使西安高新区已初步形成了内陆的科技特区，为科技企业、高新技术企业在西安高新区驻足落户、发展壮大创造了优越的软环境。

【利用外资】 西安高新技术产业开发区利用国家所给予的优惠政策，建立了新的管理模式和运行机制，创造了一个内陆城市的“小特区”，成为西安和陕西引进资金、引进技术、引进人才和对外开放的重要窗口。截止1994年底已成立涉及到19个国家和地区投资的三资企业212家，合同投资总额3.36亿美元，合同外资额1.8亿美元，实际利用外资达7000万美元，三资企业数量占全市生产性三资企业总数的30%。随着西安高新区较好投资环境的形成，前来洽谈投资参观考察者络绎不绝，1993、1994年共接待来自25个国家和地区的境外友人1500多人，考察团组160多个。通过考察，不少投资者认为西安科技实力雄厚，高新区投资环境好，坚定了在西安投资的信心，并将高新区作为首选的投资地。日本兄弟公司、荷兰菲利浦公司、加拿大北方电汽公司、德国博士公司、新加坡科技等世界知名公司纷纷来高新区投资办厂。

（撰稿　赵　璟）

统计资料篇

经济特区、浦东新区主经经济指标统计

项目			单位	深圳	珠海	汕头	厦门	海南	浦东新区
人口	常住		万人	335.51	103.04	101.52	119.4	711.39	146.20
	流动		万人	241.54		20.58	50	20	
国内生产总值	第一产业	实际完成	亿元	13.78	9.09	3.4	10.77	107.56	3.19
		比上年增	%	−2.6	11.8	10.01	3.2	12.9	5.1
	第二产业	实际完成	亿元	310.20	87.68	46.13	91.29	83.65	197.13
		比上年增	%	31.3	20.3	15.48	37.2	17.2	21.6
	第三产业	实际完成	亿元	236.02	71.57	63.68	87.1	139.75	90.88
		比上年增	%	24.5	31.3	24.77	21.9	8.1	42.8
社会总产值		实际完成	亿元			298.62			
		比上年增	%			19.32			
工农业总产值（1990年不变价）		农业总产值	亿元	22.4776	9.12	3.42	246	169.99	4.76
		工业总产值	亿元	951.8175	260.31	150.71	12.92	164.75	690.77
投入总额	国家		亿元						3.43
	自筹	内引	亿元						214.08
		外联	亿元						43.62
交通运输通讯	货物周转量	陆运	万吨公里	316.8		56000		363556	
		水运	万吨公里	111.3		19000	123039.99	1965433	
		空运	万吨公里	6.1		810	2599.98	2996	

续表

项目			单位	深圳	珠海	汕头	厦门	海南	浦东新区
交通运输通讯	旅客周转量	陆运	万人公里	7776.9		92000		635377	
		水运	万人公里	148.7		9300	8216.43	47453	
		空运	万人公里	319.1		43990	210615.58	166474	
	港口货物吞吐量		万吨	3002	1150.52	944	1140.55	1629	16580
	电讯业务总量（1990年不变价）		亿元	25.8	5.7	6.23	6.24	8.67	1.57
国内商业	社会消费品零售总额		亿元	221.14	71.02	53.45	67.49	94.74	82.74
	城乡集市贸易成交额		亿元	105.8	20.77	19.45			6.20
	零售物价总指数		%	16.4	120	116	20.6	121.6	117.5
外商投资企业	累计数		个	11000		2675	2982	8200	2663
	当年新批项目数		个	2223	528	378	692	810	1035
实际利用外资额	累计数		万美元	770000	279688	148959	369400	420000	588945
	当年数		万美元	172959	76300	49889	124100	126400	259267
出口总额			万美元	1830900	148800	177930	339100	98700	232055
进口总额			万美元	1667400	109600	241412	226000	171000	241406
外汇收支	收入		亿美元					14.82	
	支出		亿美元					17.71	
财政金融	预算内财政收入		亿元	743992	13.2	14.01	26.27	43.3	13.68
	预算内财政支出		亿元	746181	13.9	12.77	18.98	40.7	19.93
	银行存款余额		亿元	9333699	177.7	157.16	216.34	369.38	447.22
	银行贷款余额		亿元	6421390	153.6	156.77	212.48	362.12	390.68

经济技术开发区主要经济指标统计

项目		单位	大连	秦皇岛	天津	烟台	青岛	连云港	南通	闵行	虹桥	漕河泾	宁波
实际开发面积	工业用地	平方公里	11.56	4.18	12.3	12	11	4.9	3.55			3.434	7.89
	商住用地	平方公里	1.71	0.18	4.5	8	9	0.5	0.95		0.46		
人口	常住	万人	9.03	0.52	0.038	3.3	12		4.2		1.2		4.4
	流动	万人	3.45	0.29	0.85	3.0	8		0.86		5	5.8	7.0
基础设施	累计投入额	亿元	39.3	1.89	20.45	9.0	80	2.78	4.28		1.3	3.7	34.75
	累计竣工面积	平方公里	187	0.625		2.2	20	5.4	0.69		0.46	41.8	2.03
国内生产总值		亿元	56.2	4.1	48.8	16.1	15	1.29	10.67		23		14.0
其中：第三产业		亿元	18	0.9	9.70	4.8		0.201	4.86		23		5.6
已投产企业累计数		个	3660	73		315	500	99	1233		43	410	178
其中：外商投资企业		个	272	54	1014	175	170	69	100	107	3	108	135
工业总产值		万元	930218	193359	1490806	250342	370000	114914	189994	760463		908310.4	304254
其中：外商投资企业产值		万元	838178	167650	1469665	188403	170000	56480	141390	760463		331340.3	176998
工业销售收入		万元	812338	180542	1378000	237507	359624	86292	151916	874197		966545	255170
其中：外商投资企业销售收入		万元	734415	156396	1349000	176231	148990	48464	138891	874197		395292	172561
税收总额		万元	62000	8981	80053	17890	27006	6020	10594	53541	11271	42248	22110
其中：工业企业		万元	9943	6200	53000	7337	7617	2558	2586	53541		17035	2520
其中：外商投资企业		万元	4937	5080	48000	6662	3050	1307	1810	53541	9821	25213	1890
财政收入		万元	103000	6300	103000	14516	179000	5518	10594	53541			21554
出口总额	外商投资企业产品出口	万美元	78000	4734	53000	4590	13000	1988	12013	27800	173	10594.8	10000
	内资企业产品出口	万美元	7439	300	1000	7680	6000	1310	6092			2627.1	18000
进口总额		万美元	72000	3501	67000	10392		1125	10298	32349	830	24963.7	
其中：外商投资企业进口		万美元	71838	3129		1562		519	10298	32349	830	17823.5	
外商投额企业	新批项目数	个	305	61	487	117	751	52	28	10	10	29	50
	合同总投资	万美元	104771	12347.87	119900	24783	22500	6045	22672	10095	36067	9430	22668
	实际利用外资额	万美元	30580	5044.98		10256	11100	2154	7876		11188	19492	10315
	新开工投资企业数	个	50	10	469	57	38	21	41	11	4	26	35

续表

项目		单位	温州	萧山	福州	广州	南沙	大亚湾	湛江	昆山	营口	威海	融侨
实际开发面积	工业用地	平方公里	1.243	4	10	0.3	0.8	2.76		6.6	3	1.38	
	商住用地	平方公里	0.637	1	2	0.1	0.5			3.4	9	1.16	
人口	常住	万人	0.12	1.5	4.8	4	2.7587	5.83		2.34	8.9	4.5	
	流动	万人	0.82	0.5	2.5	3	1.5	0.78		1.10	3	2.2	
基础设施	累计投入额	亿元	5.622	2.3	3.6269	15.87	15.2	20		7.30	6.3	6	2.94
	累计竣工面积	平方公里	1.3811	7		149.31	0.6				6	3.8	
国内生产总值		亿元	3.5168		18	31.34	4.2864	7.58		14.31	12.8	7.7	
其中：第三产业		亿元	1.55		7.35	6.92	3.1507			3.26	5.3	1.4	
已投产企业累计数		个	174	33	673	224	82	38		179	170	25	94
其中：外商投资企业		个	49	31	154	173	42	7		124	50	15	94
工业总产值		万元	63445	64000	375753	685282	22744	55000	501554	450440	191.230	129000	433340.26
其中：外商投资企业产值		万元	39316	64000	286991	656909	12428	10065	95602	247450	80.670	294	433340.26
工业销售收入		万元	53653	42000	325386.2	616793	19332	49500	478636	278092	171.050	90000	
其中：外商投资企业销售收入		万元	32777	42000	241283.4	598623	11185	9801	79274	147785	72.577	115	
税收总额		万元	3774	1838	20495	56324	3028	4245	11280	9500	17.412	2520	
其中：工业企业		万元	1672	1838		37832	408	1350	5243	6758	6.169		5487
其中：外商投资企业		万元	1227	1838	5768	33081	230	610	2890	2704	750		5487
财政收入		万元	4256		20963	67600	2245	5524	12103	12100	5.232	2520	
出口总额	外商投资企业产品出口	万美元	1306	3976	11610	17089	946	1502	3526	12096	7.782	98	41690.82
	内资企业产品出口	万美元	2236		9918.8	15354	359	401	4003	7934	416	687	
进口总额		万美元	3226		12812	20596	1483	5019	4567	24000	7.232	636	
其中：外商投资企业进口		万美元	107		3539	15962	559	572	1782	24000	7.232	0	
外商投额企业	新批项目数	个	26	19	89	60	35	16	38	57	70	37	44
	合同总投资	万美元	5160	10900	58906	67009	26460	6887.2	22710	59667.67	11.859	12283	10340.3
	实际利用外资额	万美元	992	5659	8185	21198	7637	1067.5	8058	25110.51	925	1279	18143.38
	新开工投资企业数	个	12	30	18	31	19	2	19	33	28	17	

续表

项目		单位	东山	沈阳	哈尔滨	长春	杭州	武汉	重庆	芜湖	北京	乌鲁木齐	苏州工业园
实际开发面积	工业用地	平方公里	0.6	6.6	2.4	0.6	3.5	4.5		2.38	1.401	0.267	
	商住用地	平方公里	0.4	1.2	1.1	0.56	1	2.7		0.77	0.929	0.155	
人口	常住	万人	1			3.7	0.3			1.19		0.43	
	流动	万人	2	0.6			0.9	0.33		0.18		0.60	
基础设施	累计投入额	亿元	0.6	5.47	4.4	2.1	32868	6.97		2.12	4.4	0.50	
	累计竣工面积	平方公里	0.3	2.2	3.5	0.6	5			0.3	0.41	1.50	
国内生产总值		亿元	2.2	9.9	5.1	10.3	0.17			3.07	1.1	0.265	
其中：第三产业		亿元	0.3	6.6	1.5	6.71	0.11			0.45	0.15	0.074	
已投产企业累计数		个	36		369	20	47	17		30	5	7	
其中：外商投资企业		个	20	240	99	13	14	8		16	5	3	
工业总产值		万元	24500	109385	126300	38000	7010.09		84951.9	59676.04	16000	1549	
其中：外商投资企业产值		万元	6300	80893	113670	6000	4516.12		10800	16882.60	16000	734	
工业销售收入		万元	10200	90342	101040	29000	6267.12		63685.27	64447.28	10000	1444	
其中：外商投资企业销售收入		万元	5500	68367	90936	4000	3902.18		12000	18232.40	1000	659	
税收总额		万元	1050	11316	4800	3650	334.99	2830	4574.89	3865.60		1200	
其中：工业企业		万元	540	2903	950	378	104.29	950	2400.35	3761.83			
其中：外商投资企业		万元	120	1728	750	121	105.86	932	150.60	187.63			
财政收入		万元	1560	16704	4800	3650		3993	7560.5	3865.60		710	
出口总额	外商投资企业产品出口	万美元	700	4159	122		68		34.12	98.95	248		
	内资企业产品出口	万美元	600	391	76				2582.94	161.05		18	
进口总额		万美元	510	3207		235	1396.88	65	6070.1	1100			
其中：外商投资企业进口		万美元	70	3207			1012.32		397	1050			
外商投资企业	新批项目数	个	8	105	62	49	26	15	31	18	28	31	
	合同总投资	万美元	4900	51515	33.768	14552	32876	11015	3226	15591	13278	2425	
	实际利用外资额	万美元		5258.4	9.124	2050	3621.75	916	1326.2	2854	5419	1262	
	新开工投资企业数	个		55	44	11	6	8	13	10	4	7	

保税区主要经济指标统计

项　目	单位	福田	沙头角	汕头	厦门	海口	大连	天津	青岛	张家港	外高桥	宁波	福州	广州
社会总产值	万元		191000	16298.39				16942	18568.87	97500	645795.4		95567	
国内生产总值	万元		158000	5151.4		25268.61			7210.81	27000	141923.9		1000	
进口货物总值	万美元	10000	1234	88.7		44.24			1289.86	1820	31569.5	5902	2228	3235
其中：国际转口	万美元	9000		0		39.07		1473	696.76	384	1297.5	24	130	2736
国内产品出口	万美元		450			5.12			593.10	1436	30272	5878	2098	499
进口货物总值	万美元		960	3164		5840.82		13519	10068.20	9061	78865.3	21488	8591	6003
其中：区内自用	万美元		250			480.57			786.82	3800	19533.3	10072	280	
内销	万美元		50			5360.25		13000	9281.32	5261	59332	11416	8311	
期末保税货物总额	万美元									3000	1050	4090		1479
保税区产品内销	万美元		1500							150	275.6			
财政收入	万元		2600	11226.40		794.37	500	13970	686	367.6		6563	347	1232
税收总额	万元		1200	207.28		311.82	900	6454	686	217.6	16172.5	6563	347	2032
海关税收	万元		40	157.27		410.50		19720	2545	7000	4566.7	2591	9995	
外商投资企业（累计数）　项目合同数	个	203	198	31	91	19	141	2067	233	60	909	55	92	25
项目总投资	万美元		29215	22415	3500	1128.4		138606	15561.3	32286	176557	6055	5292	10824
其中：协议外资额	万美元		12886	15167.3		844.7	9550	110805	12317.7	25832.4	117366	4067	3299	6816
外商实际投资	万美元		16087	6000				30429	9865.2	25007.1	36004	4000	2309	4771
国内投资企业（累计数）　批准项目数	个		14	452		61	239	564	175	39	471	292	35	599
注册资本	万元		8264	164000		21334		421515	149632.3	19171.3	74563	105044	1091	152756
基础设施投资	万元	93000	500	32000	23000	17672.1	6000	20736	10500	12000	51946.2	8409	151	9240
已出让土地面积	平方米	477000		627647		28998.2	700000	154722	370000	2080000	2489000		40433	38233.43
已出让土地收入	万元			8726.96		1652.9	2000	7098	6000	14025.3	27606		1018	6182
竣工房屋面积	平方米		7500	41000		91048	130000	142300	50000	405428	731048.5	70000	108414	10000
其中：工业	平方米		7500	0		51418			35000	27122	138145	50000	51184	
仓储	平方米			16200		25724			15000	30066	153913	15000	57230	10000

边境经济合作区主要经济指标统计

项目			单位	黑河	绥芬河	珲春	满洲里	丹东	伊宁	塔城	博乐	凭祥	东兴	瑞丽	畹町	河口
占地面积			平方公里	7.63	5	2.1	6.4	23.57	0.65	0.79	7.83	7.9	4.07		1	0.75
人口	常住		万人	2	0.15	1.4	6	2	0.16		0.2	3	7.36			
	流动		万人	0.6		0.35	0.1	1	0.13		0.05	1	40			
投入总额	国家		亿元	0.4		0.2		0.3	0.2765		0.4	0.005				
	自筹	外引	亿元	0.6		0.466	1.2	8	0.07245			0.138				
		内联	亿元	4.54		0.831	0.6	0	1.4		1.2	0.25			0.9527	
社会生产总值	实际完成		亿元			1.59	1.5	20				1.038				
	比上年增		亿元			4	5	13				28.5				
国内生产总值	实际完成		亿元			0.61	0.8			2.16		0.88	3.54			
	比上年增		%			77	7.2			8.4		24.2	31			
国民收入	实际完成		亿元			0.46						0.753				
	比年年增		%			31						25.3				
财政收入			亿元	0.12	0.045	0.159	0.08	0.42	0.07	0.24	0.07	0.102	0.507			
已形成固定资产总规模			亿元	8			1.8	10	1.7489		1.8	2.2	8.2			0.1645
产值结构	工业		%	35		30	82.5	5	43			30				
	农业		%			4.5	7					20				
	商业		%	50		7.5	10.54	85	37			15				
	交通运输		%			2		5				25				
	建筑		%	15		56		5	20			10				
外商投资企业	累计		万美元	7541		792.6	45	7687	85		70	4971	9423		548.32	52
	当年数额		万美元	554	10	546.1	45	1226			10	1400	2534			
出口总额			万美元	12000	480	339	145.2	500	213		42	1000	145			
进口总额			万美元	4000	520	180	91.7	100	975		63	360				

重点企业篇

摩托罗拉（中国）电子有限公司

五年前，当有人说到大哥大、寻呼机的时候，一些人会感到茫然不知所云；而时至今日，别说成人，就连孩子也知道几分。带来这一变化的主要原因，正是1992年美国摩托罗拉公司在天津经济技术开发区建立了综合性电子生产基地，它成为目前天津市投资最大，投产最快，效益最好的外商独资企业。最初，摩托罗拉1.2亿美元的投资计划用4年分期完成，实际仅用了两年。1994年6月，又宣布增资1.6亿美元；紧接着，公司执行总裁里奇·杨兹先生郑重地向市政府递交了再次投资3.6亿美元的申请，除用于扩大原有生产规模外，再新建一座占地面积27万平方米的现代化工厂，生产半导体芯片和电子元器件。如此宏伟的投资计划和坚定的投资信心，来自卓有成效的经营业绩。1993年摩托罗拉销售额81519万元，创天津开发区之最；1994年销售额25.6亿元，遥遥领先，稳居首位。

短短两年，摩托罗拉的名字已享誉全国，开发区人不仅是抽象地知道美国500家大企业排名第23位的摩托罗拉这一概念，更亲身地感受到一个世界著名跨国公司企业的实力。到开发区来的朋友都渴望亲眼看看这个世界一流的企业，来过摩托罗拉的人，无论国内的还是国外的，无不称赞“好！好！真是好！”这一连串的好字道出了参观者由衷的赞美之情，而这种赞美之情从一踏入摩托罗拉大门开始就已经产生了。同在中国这块土地上，90%以上的员工同是中国人，却产生如此强烈的观感效果，如此深刻的印象，以及如此令人惊叹的经济效益，人们不禁会问：这其中除了先进技术的因素外，是否还有先进的管理，特别是企业文化的因素呢？

——**摩托罗拉企业文化的基本内核**。带着寻找摩托罗拉企业文化精髓的心情，我们深入摩托罗拉用心地去体验和感受。在开发区内的摩托罗拉工厂厂址分为两处，但令人惊奇的是厂房格局完全一样，进入摩托罗拉，首先迎接你的是彬彬有礼的门卫接待员，迎面板子上镶嵌着“服务顾客，尽善尽美”的字样，让人感到亲切。再往里走，长长的走廊围绕着员工们的更衣室，在通向饭厅和车间的走廊上贴满了壁报专栏，活泼别致，情趣盎然。车间一律用透明玻璃隔开，实行开放式作业，技术人员和管理人员面前都摆放着计算机终端，它们与全世界摩托罗拉联网，可随时调取所需信息，在厂房的多个出口处装有安全系统和警报器，餐厅宽敞舒适，配有现代视听音响设施，职工可伴着优美的音乐就餐，解除工作中的疲劳。据介绍，这样的厂房设计不仅在天津相同，设在世界各地的摩托罗拉工厂都是一样的。难怪摩托罗拉人说，不论在哪个国家和地区，到了摩托罗拉就像自己的家，熟悉亲切，一点也不感觉陌生。

原来，摩托罗拉公司已有66年的历史，从它创建之初，就很重视塑造自己企业的文化，多少年来，不管市场如何变化，不管公司领导人屡经变换，但公司的企业文化内核保持不变并贯彻始终。在采访时，公司主管给我介绍一本包装精美的著作，其中收集了曾在摩托罗拉公司担任要职的管理者对于公司企业文化的讲演、论述和名言，长达430页。仔细翻阅后，才发觉经过管理者的实践而丰富和发展了的摩托罗拉企业文化，已达到相当成熟的阶段。天津摩托罗拉公司的企业文化内容对于摩托罗拉公司本身并不是什么新鲜事物，只不过是结合东方文化的特点加以推动，使它真正能够贯彻下去。

摩托罗拉的企业文化时刻围绕公司生产这一中心来进行和塑造，它的最终结果也恰恰达到了提高生产的目的，这也是我们想探寻摩托罗拉企业文化的最大兴趣所在。万变不离其宗。经过反复体察和了解，摩托罗拉企业文化的基本内核正是“其宗”，它包括以下五个方面：

1. 肯定个人尊严，对每个人保持不变的尊重。在竞争日益激烈的商业环境中，最有可能取得竞争优势的是那些最能够吸纳和留住最优秀人才的公司，是那些拥有高素质人才并又愿意为公司效之以全力的公司。因此，这样一个公司必须营造一种能使人感到自由和创造的气氛，这种气氛必然建立在以个人与个人之间、个人与组织之间以及各个部门之间自由而诚恳的沟通的基础上，使公司的每个角落充满信任和开放，从而保证公司的成员，即使是一个庞大的公司中的成员都仍然具有的对工作环境的敏感度和成就感。摩托罗拉公司相信每一个人在自己的岗位上都愿意为公司做一份贡献，公司就是为员工提供可以最大限度地发挥其才干的条件和氛围。

当员工的才智在公司中得到不断展现和发展的时候，当公司业务蒸蒸日上的时候，就会感到一个蓬勃向上的公司群体的力量。只有当公司每个人——无论职位高低，无论在哪个部门，都能得到同等的尊重和肯定，也就是公司的每位员工为公司所付出的一份心力，必然会得到公司相等的报偿，每个员工的价值观都会得到尊重，并且使得每个员工对自己的工作和所在的公司感到自豪，那么，公司的前途就会达到共识和得到保证。

2. 不断创新，做到最佳。现今的商业环境，变化极其快速，当公司力图保持领先地位的同时，也会发现同业中新的竞争对手。对客户来说，随着对公司产品选择余地的增加，对产品和服务的要求也越来越高，客户总会选择那些产品质量、产品服务、企业形象最好的公司的产品，而对大路货的产品却不屑一顾。公司必须对客户变化了的要求及时作出反应，调整或扩大业务范围，不断创新，在人才、市场、技术、产品、服务和财务成果各方面做到最佳。

摩托罗拉公司认为，只有做到最佳，才能不再畏惧竞争，从而获得公司和个人更大的发展空间。公司只有善于学习才能有所发展，公司员工必须通过不断地创新和改善，才能保持活力。公司要求每个员工必须设立更高的目标，并明确达到目标的具体措施，通过不懈地付诸实践的行动来达到预定的目标。在各项工作中公司都会使员工明白同业中最好的水平是怎样的，首先学习别人是怎么做的，这一步不需要再花精力去想，只是学习和达到别人同样的水准；而当自己已经达到同业之首的水平时，则需想办法去创新，以达到更好的水平。公司让每个员工懂得：一旦安于现状，就会有丧失竞争的优势。所谓“人无远虑，必有近忧”，公司必须为发展蓝图精心设计和实施，才能消除一切恐惧和忧虑，从不断的创造中获得新生和活力。

3. 参与管理，发扬团队精神。摩托罗拉公司认为，员工是公司不可缺少的一分子，公司的成就需要每个员工付出的努力来实现，公司的每个决策都应该是公开的，每个员工都有权参与决策，确保统一决策的正确。每个员工之间以及团队班组之间应该发扬协作精神，共同解决面对的问题，而不是发生冲突。好的管理者必须能敏锐地把握那些有可能对工作产生重大影响的事件，而关键取决于降低具体事件中意外因素发生的频率。如果每个员工用他们的眼睛去观察，用他们的耳朵去倾听，用他们的手去做，去完善日常工作中可能出现的缺陷。那么，就等于把公司的意外事故减少到最小，而且，一旦有什么特别事件发生，就会有所准备。如果每个员工能够象对食堂饭菜提出改善意见一样来对公司的环境和管理多提建议，就能帮助管理者增强对工作的敏感度，防微杜渐，使公司朝着预定的目标前进，在竞争中永远处于不败之地。

4. 充分授权，科学管理。摩托罗拉公司不是集权的管理，它力求使责任和权力分散到最小的实体操作组织中，直到一个班组、一条生产线的员工等等。每个部门经理都会得到一本“内部操作程序控制手册”，其中列举了有关具体操作单元管理中应该注意的事项。具体操作单元包括生产、人事、培训、采购、销售、保安、计算机系统等等细致入微的方面，这本手册有400多页，内容具体详细，以陈述方式说明在每个操作的细小环节中应该做些什么，采取哪些措施，相对应列出了可能出现的风险，并警告经理们若不采取措施将有可能出现什么样的风险，相反则会得到对工作的益处。一条一条建议，左右对应，看了一目了然，权衡决策，经理们自然会按照能使得每个步骤成功的方向去做。科学的管理程序，必然能使风险降低到最小，使公司的每个部门都能够对环境的变化快速反应，而不致非得等到整个公司感觉到出了问题的时候才去采取行动。

为了使员工具备公司管理的素质，公司承诺：保证每个员工每年不少于40个小时的培训，培训工作所需的适当课程，整套课程内容丰富，形式灵活，由专门的摩托罗拉大学来设计和提供。培养优秀的部门经理成为摩托罗拉公司的责任，这样的授权管理，使得公司高层决策者能花更多的时间去设计公司的发展前景。

5. 尽职尽责，让顾客完全满意。摩托罗拉公司把顾客的概念扩展到更为广泛的意义。顾客指外部顾客，也指内部顾客，前者是产品的最终用户；而后者所指的范围非常广泛，比如生产线的上下工序之间，生产部门和销售部门之间，各个前后协作的部门和团队之间等等，都有一个让顾客满意的问题。为了达到“完全”满意，公司员工就必须全力以赴，兢兢业业，精益求精，把每项工作做到最好。

——贯彻公司的企业文化所采取的具体方式：

1. 沟通与反馈。拥有2000员工的摩托罗拉公司如果不能做到及时的沟通和反馈，就会成为一盘散沙，哪还谈什么企业的快速反应和目标的实现？因此，沟通和反馈可称作公司运作的纽带。

摩托罗拉公司精于计划和预先安排，日常的会议通知都是通过联网的计算机传递来完成的，这样的信息一般提前3天或一周得知；部门经理的工作汇报一般每周一次，也是通过计算机传递到部门主管和相关部门；部门之间是否需要相互的协作是通过部门经理每天早晨的晨报制度得以保证的，这是各相关部门（指同一职能的部门）的经理们利用15分钟的时间聚会一下，各自通报所需对方协助的事情，以便相互配合。公司生产部门是通过下班前15分钟的质量总结通报来传达日常各种通知的。

公司提倡东方传统文化中的“诚、诺、信”来营造坦诚、信用和信任的气氛，推行IDE（肯定个人尊严）测试问卷，其中包括六个固定问题，让员工（包括管理者）真实地表达他们对具体岗位工作的意义、胜任程度、培训、职业前途的认识、对工作绩效的反馈以及对工作环境的看法。调查结果按具体职能部门层层反馈，再按不同的管理层面，管理者和员工逐一交谈。公司注意考虑员工的个人特长、兴趣和工作需要，尽量使两者达成一致。员工相信诚实地表达自己的意愿，可获得个人发展的机会；公司倾听员工意见，是发现人才和留住人才、调动员工积极性的钥匙。

设立“我建议”箱和“畅所欲言”箱是摩托罗拉公司的又一个重要信息沟通渠道。它可以使每个员工把自己的工作范围内所发现的问题、建议快速地反应上去，是参与决策的一个方面。两箱摆放在员工最常经过的位置，采用员工自愿、抽取方便的固定表格，填写后必须署名，否则视为作废。这主要为避免无中生有，扰乱正常的生产秩序。两箱的钥匙由一专人掌管，及时开箱，在把署名的小条裁下并将内容经抄写后，将收集的意见或建议分发给各相关部门，各部门主管必须及时把改进措施反馈回来或对良好的建议加以肯定，对有些暂时解决不了的意见，也必须说明原因。这些反馈通常在公司壁报专栏中及时刊出，一是达到及时反馈改进工作，对提出意见者给予鼓励的目的，二是使工作得到有效的监督。

2. 标竿管理。在摩托罗拉公司的每个分段车间里，你会清楚地发现，在车间的前面立着一个公告牌，上面注明一串串数字，其实这是美国企业较为流行的一种标竿管理方式。牌子上列着目前世界各地的摩托罗拉公司最好的质量水平，把它作为公司学习的榜样，并切实付诸实施。公司中由普通生产线上的员工组成的TCS小组，不断收集榜样的信息，发现工序中需要改进的问题，寻找解决的方案。通过小组成员集思广议和创造性，来改进工艺技术，达到最好。在质量上力争达到6西格码的标准，即凡是制造产品就会有产生缺陷的机会，那么公司只允许在每100万个产品中出现差错的机会少于3.4个，也就是在每天的工作中做到尽善尽美。TCS小组的活动使公司中洋溢着一种不断求新进取的精神。

3. 壁报专栏。壁报专栏是摩托罗拉公司宣传交流肯定成绩鼓舞士气的绝好方式。它是借鉴中国的大、小字报和西方常用的布告栏结合而成。据说它在中国的传达效果胜过世界各地摩托罗拉公司。它是由各个部门的员工亲手制做，内容涉及环保、安全、质量检查、技术达标、培训信息、健康周、文娱活动照片、意见反馈和新出台的公司制度等等。它们一般采用各种不同颜色的纸张贴的方式，配有版面艺术修饰和生动的人物配图，图文并茂。一则消息很快能够通过壁报传向公司的每个角落。壁报多以表扬员工的成绩为主，但偶尔也会把个别员工的批评处理公开在其上，如某员工重复报销医药费的欺骗行为等，目的是告诫大家公司制度的严明。去年12月，公司向希望工程捐款300万元，就是通过壁报的方式实现的。此外，壁报的另一个作用是树立公司对外的形象，起到良好的宣传效果。

4. 切实实用的培训课程。摩托罗拉公司的培训自成系统，有自己成套的教材。课程内容不仅仅是技术知识，还有管理和行为科学方面的内容。每个课程都是按照不同员工的需要教授，教学采用现代的视听手段，形式灵活，学练结合，切实达到实用的效果。如公司开设一门“沟通管理学”的课程，这是公司非常重视的方面，如果各个部门经理与员工之间能够和谐地沟通，公司就会充满理解和祥和的气氛，可以有更少的误会和冲突。这门课程为各位经理和领班开设，学时为3天，一次6人。课上教师先讲述原理，然后看录像中的练习示范，这是在特定情形下主管和员工就某个问题的表演对话。教师紧接着提出问题情景，由在座的学员两两练习，请下面的学员提出有无改进方法，什么是更好的谈话方式，通过讨论，教师会为他们找到更好的谈话风格和方式。这样的培训当然觉得有所受益，对工作也大有帮助。再比如，“如何把你的时间安排好”也是公司极受欢迎的讲座，这样的话题既实用又有助于安排好公司的各项事情，它常常是利用世界其它地区摩托罗拉公司的管理人员到天津来交流时，请出一两位人士谈谈最新话题，抓住机会，搞个讲座，以活跃员工思想。

5. 难忘的家庭日。1994年6月，摩托罗拉公司举办了由公司员工家属大约7000人组成的大型“家庭日”，借以向支持员工工作的家属们致以真诚的问候和感谢。参观世界先进的公司格局和管理，参加别开生面的游艺活动，这一天成为公司这个大家庭的盛会。原来公司创始人罗伯特·高尔文就是一个极富家庭观念的人，作为公司传统，公司每年都要选择一天来过这个节日。目的是提醒大家，家是最温暖的地方，公司也要成为所有员工的家，每个员工在公司里，要像在家庭那样和谐和充满友爱与关心。

总之，摩托罗拉公司的企业文化是通过方方面面的途径和方式体现的，是渗透在每一天生活中的行为，构成了摩托罗拉公司的办事方式。正如一位公司前辈所说，当你对公司的基本文化深信不移、融汇贯通的时候，你才会在遇到具体事情时处理自如，而无需再考虑公司基本文化的原理。摩托罗拉公司的企业文化正是通过每个人用不同方式实施贯彻和发扬的。

（撰稿　喻道远）

上海外高桥保税区开发股份有限公司

1990 年 9 月经上海市人民政府批准成立上海市外高桥保税区开发公司。公司为具有独立法人资格的全民所有制企业，统一负责外高桥保税区成片开发和综合经营管理，注册资金 1 亿元．1991 年 6 月，注册资金增为 2.7 亿元。

为了加快保税区的建设步伐，筹措资金，进一步为浦东开发创造良好的投资环境，1992 年 2 月 28 日，经国务院批准，上海市外高桥保税区开发公司与中国银行上海信托咨询公司、港澳中银集团下属的中国建设投资（香港）有限公司、招商局集团（香港）有限公司，四方共同组建了中外合资上海外高桥保税区联合发展有限公司（SHANGHAI WAIGAO-QIAO FREE TRADE ZONE UNITED DEVELOP-MENT CO.，LTD.），总投资 2 亿美元，注册资金 8000 万美元。1993 年 7 月对外经济贸易合作部以外经贸综函字第 469 号文，正式批准公司总投资增加到 3 亿美元，注册资金增加到 1 亿美元。公司合营期限 50 年。合营各方的投资比例分别为 55%、20%、15%、10%。

公司经营范围包括：区内基础设施建设；区内房地产建设和经营；区内进出口货物储运集散、集装箱运输、拆装箱业务；国际贸易、区内贸易及代理；经营区内保税仓库及商业性简单加工；区内项目投资、兴办各种企业；工程承包，为国内外企业有关机构提供咨询服务。

1992 年 5 月 28 日，上海市外高桥保税区开发公司获上海市建设委员会批准发起设立上海市外高桥保税区开发股份有限公司，公司以原固有资产折股 2 亿 4 千万元，以原法人资产折股 3 千万元，并向社会个人公开发行 A 股 1 千万元。1992 年 8 月 14 日，公司领取法人营业执照并登记为股份有限公司。1992 年 12 月 5 日，公司举行创立大会，1993 年 6 月，作为国内第一家到境外公开募集人民币特种股票（B 股）的上市公司，在香港成功募集了 8500 万元人民币面值的 B 股。

1994 年 5 月，公司实施 1992、1993 年度利润分配方案，以 10：5 的比例向全体股东送股；1994 年 8—9 月，以 10：3 的比例向全体股东配售新股，国家股和法人股东向社会个人股东以 10：17 的比例协议转让配股权。配股完成后，公司股本总额达到 61，575 万股，其中 B 股达到 16，575 万股，占总股本比例为 26.9%，达到中外合资企业标准。公司于 1994 年 12 月 31 日变更登记为中外合资股份有限公司——上海外高桥保税区开发股份有限公司，注册资本为人民币 61，575 万元。

上海外高桥保税区联合发展有限公司由上海外高桥保税区开发股份有限公司控股，负责外高桥保税区首期 4 平方公里区域的开发。公司设立了“六部二室”的组织机构，包括办公室、政策研究室、人事部、计财部、工程部、经营部、进出口部、投资部，共有人员 143 人。

1994 年 12 月，外高桥保税区扩大封关面积到 5.5 平方公里，由上海外高桥保税区联合发展有限公司负责开发的首期开发区域已全部封关运行。

1994 年，外高桥保税区共批准投资项目 615 家，累计批准投资项目达 1380 家；吸引投资 5.12 亿美元，累计投资总额达 25.11 亿美元。

1994 年，外高桥保税区联合发展有限公司完成了投资 9.63 亿元，相当于 1991—1993 年三年投资额的总和。

1994 年，公司共开工动迁房、各类公建配套建筑、通用厂房、办公及服务用房等建筑面积 43 万平方米。竣工的通用厂房、仓库、堆场、办公、服务等用房的建筑面积为 11.5 万平方米。

在贸易与管理中心区已开工兴建的 11 幢办公大楼中，已有外高桥大厦（高 22 层、建筑面积 3.1 万平方米）和汤臣国贸大厦（高 25 层、建筑面积 5 万平方米）结构封顶，进入装修施工，预计 1995 年底之前竣工启用；出口加工区继 JVC、斯迈克、霍普洛夫等 20 家企业产品出口创汇之后，又有高信城、东申实业、高扬烟草、奥吉实业等一批企业的厂房竣工投产，开展仓储、加工和贸易业务。仓储区中已有外红公司、浦东国联等近 10 家企业开工兴建，已有 4 万平方米的仓库及堆场建成。

生活区内总投资达 3.2 亿美元、总建筑面积为 44 万平方米的高级住宅小区——上海阳明山庄已正式动工兴建。总面积达 2.2 万平方米的商业一条街投入营业。商场、菜场、饭店、理发、照相、诊所、娱乐城等十几家商业、卫生、服务设施，给居民及广大投资者以极大的便利，大大改善了保税区的生活环境。

保税区内第一座为投资者服务的高级商住楼——外高桥公寓酒店在生活区已建成开业。这座由三幢三楼和大型商场娱乐餐饮等服务中心构成的三星级多功能商住楼，可为区内投资者提供良好的居住、休闲服务，标志着保税区的投资环境得到了进一步的改善和提高。

1994 年，公司全力以赴对外招商，提高客商对合同的履约率，公司主办的生产资料第一交易市场的展示厅和办公用房的出租率分别达到 72%和 80%。

1994 年，公司共实现主营业务收入 7.51 亿元，实现利润 3.88 亿元，总计资产达到 34.89 亿元，比 1993 年增长 40.81%。

蛇口招商港务股份有限公司

1994 年全国港航业的经营面临严峻挑战，整体经营形势不如 1993 年。在大气候不利的情况下，招商港务采取了多项应变措施，努力变不利为有利，取得了较好的成绩。主要生产经营指标完成情况是：吞吐量完成 948.8 万吨，较上年增长 15.7%；客流量 390 万人次，较上年降低 13.7%；集装箱操作量 31，615TEU，较上年增长 21.1%；营业收入达到 33，039 万元，利润总额达到 10，868 万元，分别比上年增长 34.5%和 34.9%；资产总额达到 117，267 万元，每股净资产为 2.45 元；每股收益为 0.43 元；股东权益比及净资产收益率分别为 52.6%和 19.1%。

招商港务公司是一家公众上市公司，其主营业务是蛇口港的经营和开发。1994 年，公司根据内外形势的变化，适时调整了投资规模，将新增投资控制在了 2.2 亿元人民币之内，并将有限的资金集中用于发展港口业务，扩大港口设施，同时兼顾与港口相关业务的拓展，在确实具备富裕资金和必要专业人才的前提下来适当发展其他行业的业务。这一方针的有效贯彻，使得港口的硬件环境有了明显改善，港口的集疏运功能明显增强。截止 1994 年底蛇口港的码头及设备情况是：

泊位情况：岸线总长 3100 米，客运、车渡泊位 12 个，货运泊位 16 个（其中万吨级以上泊位 6 个，最大泊位可接卸 8—10 万吨级散货轮）。

库场情况：货仓建筑面积为 6 万平方米，堆场 42 万平方米，总储存能力为 80 万吨。

机械设备情况：拥有各类机械设备 400 余台（套），价值 9，000 余万元。

港口通过能力：散装货为 650 万吨/年，件杂货为 700 万吨/年，旅客 600 万人次/年，集装箱 10 万 TEU/年。

1994 年，招商港务公司注重在企业内部管理上下功夫，努力提高管理水平，其主要措施有：1. 将原先的三级核算体制改为二级核算体制，实现了财会人员统一管理、资金统一调配、会计结算统一口径的财务管理“三统一”，目的是加强企业财务监控，提高资金调度能力。2. 建立以计划为主的考核、管理体系，实现人、财、物的目标管理，为资源的合理使用奠定基础；建立健全包括资金、收入、成本、利润等各项指标在内的月、季、半年、年度计划，并在实践中逐步提高其实用性和准确率。3. 在生产调度和库场管理中，大力推行信息管理电脑化，一方面为加强货物信息的处理和反馈奠定了基础；另一方面也配合海关闸口管理试点工作的开展。4. 成立“装卸工人管理委员会”以便发挥装卸工人参与管理、自我管理的作用，同时也有利于加强公司与装卸工人之间的沟通与理解。5. 探索人事管理制度、收入分配制度的改革。

港口发展“运贸结合”业务，主要目的是为了稳定货源。公司在散杂货、集装箱及货代船代等部门规定了“运贸结合”单项考核指标，要求有关部门必需确定人负责此项业务，财务上对运贸这一块单列。由于这项业务抓得及时，产生了很好的效果，给港口生产经营工作带来了新的气象。1994 年，蛇口港散化到港量达 107 万自然吨，10 万吨级的散矿船顺利接卸并及时疏远，重点高值易卸货种的比例增幅明显，这些成绩的取得无不与“运贸结合”工作的顺利开展有关。

作为香港这一世界航运大港的延伸与补充，蛇口港将依托其独特的地理位置，优良的投资环境、发达的交通网络和广阔的经济腹地，向地区性、国际性的物流中心、客流中心和信息迈进。据预测，到 2000 年，蛇口港将建成各类型泊位 48 个，货物吞吐量达 2500 万吨，客流量 800 万人次，集装箱年处理能力将达 100 万 TEU，成为名副其实的大型国际中转港。招商港务致力为客户提供优质高效的服务，为投资人谋取稳定增长的收益，为员工提供高质量的工作环境与发展机会，为国家和社会提供尽可能多的贡献。

（撰稿　袁献国）

董事长　顾立基
总经理　周为民
电　话　0755　6688828
传　真　0755
地址：深圳蛇口港湾一路
　　招商港务股份有限公司
邮政编码：518067

中国国际海运集装箱股份有限公司

1994 年，中国国际海运集装箱股份有限公司主导产业——集装箱制造业面临着原材料涨价和国内同行削价竞争的双重压力，机场设备及房地产业由于受国家宏观经济调控、银根紧缩政策的影响，市道静淡，举步维艰…。面对严峻的经营形势，公司董事会和管理部适时、果断地作出了积极开拓市场、扩大集装箱生产规模的正确决策，使集装箱制造业成为本集团盈利的支柱产业，从而圆满完成了预定的各项经营目标。同时集团 1994 年各项经济指标在广东省、深圳市的工业企业中名列前茅，进入了“中国 500 家最佳经济效益企业”行列，并荣获“深圳市三超企业综合指标第七名”等多项殊荣，取得了令人欣慰的业绩。

1994 年，集团销售总额达人民币 13.42 亿元，比 1993 年增长 93.1%；除税及少数股东权益后利润为人民币 9，348.7 万元，完成年度计划的 116.9%；每股盈利为人民币 1.05 元，超额完成年度计划。各项经营指标超额完成的主要因素是集装箱产量大幅增长带来的规模效益。

集团通过挖潜改造、强化管理，1994 年在扩大生产规模、控制成本费用、提高产品质量方面取得了显著的成效，为本集团经营目标的完成及股票继续保持“小盘绩优”的良好形象立下了汗马功劳。1994 年集装箱总产量为 70，037TEU，比 1993 年产量增长 1.09 倍，实现了产量翻番；集装箱销售总量为 70，005TEU，市场占有率为全国之冠，居世界前三位。

由公司控股的深圳天达空港设备有限公司由于受宏观经济形势的影响，国内民航投资管理当局限制了其投资发展规模，致使机场设备订单严重不足。经营形势一度十分严峻，下半年天达公司通过调整市场，主攻深圳货库并实现销售，加之机场设备代理业务取得的突破性进展，直到第四季度经营状况才有所改观。1994 年天达公司共实现销售人民币 9，608万元，完成计划的 103.4%；实现利润人民币 1，026万元。值得一提的是，天达公司通过两年的艰苦努力，于 1994 年 12 月份通过了由深圳市质量认证中心审核的 ISO9001 认证，成为深圳市机械行业首家获得通过 ISO9001 认证的企业，也是我国机场设备制造行业中第一家获得认证的企业。此外天达公司 1994 年成功签订了福州机场登机桥、货库及地面支持性配套设备的承包合同，终于使机场设备总承包成为现实，达到了董事会在 1994 年至少拿到一个机场总承包合同的战略要求。

1994年集装箱市场是充满竞争、同时也充满机会的一年。国内二线企业的削价竞争给整体箱价水平带来了极其沉重的压力，但世界集装箱制造业由韩国转移至中国，又使本集团赢得了较多的生意机会，1994年通过提供优质、可靠的售后服务，加之卓有成效的市场开拓工作，集团集装箱业不仅在同行中保持了较高的箱价水平，还在1994年成功地争取到大量的船公司、租箱公司订单，由此引导了本集团集装箱生产得以迅速上规模，扩大了在国际集装箱市场的市场份额，形成了集团在国内集装箱制造地域分布的新格局。

近年来，集团一直在积极寻求和尝试现代企业的有效管理方式，尤其是股份制改组后，鉴于本集团各项业务正处于快速发展期，为保证本集团健康、稳健地向前发展，公司管理部始终把强化管理、苦练内功作为一项重要工作来抓。通过多年的艰苦摸索，目前已建立起一套集团系统内行之有效的管理机制。该机制通过在集团系统内实施目标管理指标考核这一管理手段，在业绩考评中突出了绩效第一、奖优罚劣、多劳多得的管理思想，在集团内部逐步营造了鼓励进取的激励机制和优胜劣汰的竞争环境，使职工产生了与企业荣辱与共、风雨同舟的命运共同体意识，此外由于中集公司管理部日益崇尚“以人为本”的管理哲学，集团内部已基本形成“尊重人才、爱惜人才”的良好风气…，这些因素极大地激发了广大员工的积极性和主观能动性，并成为集团近年来业绩辉煌、不断发展壮大的原动力。此外，为充分运用集团资源、发挥集团综合优势，1994年“集团珠海工作会议”上明确了公司对下属各企业今后将采取集权化的管理模式，这种管理模式集中体现在“六管”，即管目标计划、管资金、管资产、管投资、管经理、管技术进步与发展规划，同时这种管理模式强调集团总部将成为集团系统的“五个中心”，即财务管理中心、投资开发中心、资产经营中心、内部监控和调节中心、服务中心。管理模式的确定基本理顺了集团总部与下属各企业之间的关系，明确了相应的权利、责任、义务，树立了总部的领导权威。通过一段时间的运行，目前集团系统内已基本形成了政令畅通、令行禁止、人心向上的良好局面。“天时、地利、人和”的经营环境，已使中集公司逐步成为具有投资和管理双重功能的控股公司，并逐步走上了高效、规范、科学的股份制企业管理轨道。

1994年集装箱分公司、大连集装箱制造有限公司继续对现有生产线进行了改造，基本达到了年初预定的投资效果，提高了生产线的技术构成，使生产节拍进一步加快，单班产量稳步上升。产量的大幅提高，使单箱利润大大超过了年初计划值，充分显示了规模生产的魅力。

1994年集团总部将成本指标作为集装箱分公司、大连集装箱制造有限公司的核心指标进行考核计奖。为配合集团总部大力控制成本费用的精神，两家公司在挖掘生产潜力、加强基础管理、降低材料消耗、严格费用支出方面进行了大量卓有成效的工作，1994年集装箱分公司、大连集装箱制造有限公司标准箱单箱直接成本分别比1993年下降了6%和7%，取得了较显著的经济效益。

1994年7月中集公司成功收购了南通顺达集装箱有限公司，实现了本集团集装箱产业在华南、华东、华北沿海地区的地域分布，大大提高了本集团的整体造箱能力，加强了区域竞争优势，巩固了本集团在国内集装箱行业的龙头地位。

公司继1993年底完成公众公司改组的各项申请工作后，1994年再接再励，凭借优秀的人员素质和高效、灵活的工作方式，于1994年2月底前完成了A、B股的发行工作，并于3、4月分别将B股、A股推向二级市场挂牌上市。股份制的改组和股票的公开发行，为本集团逐步从传统的产品经营向资本经营转变提供了有利条件，扩大了本集团长期资本的融资渠道。

为了实现公司持续稳定的增长，保障股东的长久利益，公司在抓好现有产业增长，确保股东即期利益的同时，还积极稳健地开发新兴产业和项目投资。在逐项作出严格的可行性研究的基础上，实施了新项目投资，增强了公司发展后劲。

投资重组了金源行控股有限公司。金源行是一家在香港从事钢铁贸易的公司，具有稳定的经营业务和盈利能力。在严密调查研究工作基础上，经董事会批准确定投资。通过本公司的香港子公司于1994年10月完成了对金源行的股权重组工作，设立了金源行控股有限公司并使其于年内进入了新的运作体系。该公司投资的两间公司在香港通过多年的经营运作，具有扎实的钢铁贸易业务基础，中集公司的介入，将使该公司在资金和业务方面得到更为有力的支持。重组该公司是本集团涉足国际业务新领域的大胆尝试，该公司在未来几年中将会保持较高的盈利增长速度，可为集团带来长期、稳定的投资回报。

完成了“柴油内燃发电设备”项目的开发工作，并于年内完成了项目洽谈及新公司筹备工作。内燃发电设备属资本密集、技术密集型产品，加之该产品具有广阔的市场前景，符合董事会的投资原则，本集团拟通过香港分公司注资286.05万美元（占总资本73%）与上海内燃机研究所合作，共同开发该项目。新公司于1995年1月26日取得营业执照，目前已正式投入运作，并正在加紧市场开拓和内部立法工作。

集团到2000年发展的总体思想是：完善集装箱制造业的地区布局，在提高其产品档次的同时，注重与新的产业发展点紧密相关的产业发展，形成新的支柱产业，使集团在本世纪末有三到四个主要利润来源，并结合制造业的发展及来源于资本市场的资金，积极拓展贸易及资本经营业务，使集团在本世纪末成为以制造业为主的资本经营性国际财团。

2000年，集团年销售目标为6.4亿美元，年税后利润目标为7，740万美元。

董事长：周祺芳

总经理：麦伯良

电话：0755 669 1130

传真：0755 669 2707

地址：深圳蛇口工业区金融中心五楼

邮政编码：518067

中国南玻集团股份有限公司

1984年金秋，享誉海内外的香港招商局轮船股份有限公司以及深圳市建筑材料工业集团有限公司、中国北方工业深圳公司、广东省国际信托投资公司，在深圳蛇口工业区合资兴建了中国南方玻璃有限公司，这便是中国南玻集团股份有限公司的前身。

到1994年，整整十年过去了。南玻集团已经完成股份化改造的重大变革，拥有近四十家合资、全资及相关企业，发展成为一个以玻璃工业为主体、专业化、跨国化、现代化的企业集团，是我国南方最大的、在东南亚地区亦屈指可数的玻璃工业基地。

近年来，南玻集团业绩提高迅速。1993年营业收入达到4.6亿元人民币，税后利润（扣除少数股权）达到1.41亿元人民币，超额完成年度计划。全员劳动生产率为76.27万元/人，人均创利为31.50万元/年。

南玻集团充分利用特区优异的投资环境，建立了市场经济下的高效管理模式，使企业获得高速发展。高效的组织机构、集团化管理、版块式企业文化构成了独特的“南玻模式”。集团总部主要进行战略管理，具有利润中心、结算中心、投资中心、销售中心和管理中心等重要功能，各个部门与之紧密对应。集团建立一套严格的成本控制系统并全方位推行以ISO－9000为中心的质量保证体系，以此为企业的生命线。集团下属二级公司具有独立法人资格，根据总部制定的具体利润目标运行，受总部监督管理。“南玻模式”经过几年运作和调整，已充分显示其活力。

优质的产品、优秀的业绩为南玻集团带来了荣誉。1992年和1993年，“南玻”连续荣膺“全国十大最佳合资企业（生产型）”。此外，在“全国外商投资双优企业”、“广东省双优企业”、“深圳市经济效益十佳企业”、“深圳最佳外商投资企业”等金榜上都有“南玻”的名字。

玻璃工业一直是南玻集团的支柱产业。十年来，南玻集团率先在国内生产出具有国际一流质量水平的镀膜玻璃、彩釉钢化玻璃、高级镀银镜、安全玻璃、中空玻璃以及由此衍生出的各种建筑玻璃。1994年，“南玻”又将玻璃深加工的上游产业——浮法玻璃的生产列为重要项目。集团全资兴建深圳南方超薄浮法玻璃有限公司。该厂日熔化量为500吨，最大年产能力为14万吨。该厂引进最先进装备，配之以先进技术，产品质量符合欧洲及美国标准。工厂预计于1996年10月投入商业生产。特别需指出的是，该厂能生产目前在世界上也只有少数厂生产、在国内仍属空白的超薄玻璃，其厚度在1.5毫米以下到0.55毫米之间，是平板型精细玻璃。它除保留了传统玻璃材料的耐热好、高硬度、良好的化学稳定性、不变形、绝缘性等性能之外，经过加工后，可具有特殊的光电性能和其它物理性能。超薄浮法玻璃现已被广泛应用于显示器件（液晶显示器、等离子体显示器、电致发光器等）、光盘、玻璃磁盘以及超薄太阳能电池等高科技领域，需求量与日俱增。

此外，该厂尚可生产12毫米以上到19毫米的透明及本体着色玻璃。

1994年，南玻集团上马的工业项目中还包括汽车挡风玻璃厂的建设。南玻集团斥巨资分别从美国、法国、德国及意大利引进具有90年代国际最先进水平的全套自动化配置汽车玻璃专业生产线，生产世界一流的透明及浅着色挡风玻璃、侧窗玻璃、后窗玻璃，年产能力达到为15万辆汽车配套水平。原料采用优质浮法原片玻璃，全厂质量控制和检测系统引用法国著名检测中心UTAC授证的专业设备，产品100%符合欧洲ECER 43汽车玻璃权威标准。此项目的建立，使南玻集团在国内处于汽车挡风玻璃产品生产的领先地位。

1994年，南玻集团在澳洲合资建立格林玻有限公司，至此，南玻以美国、澳洲、香港为重点的海外销售网络已基本成熟。

随着超薄浮法玻璃、汽车挡风玻璃、ITO导电膜玻璃、大平面夹层玻璃、电子陶瓷、结构陶瓷等高科技项目的确立及投资，南玻集团为自身进一步发展奠定了坚实的基础。南玻的未来，玻璃工业将形成完整体系、高科技项目将更加成熟，一个专业化、多元化、国际化的南玻集团将在国际玻璃工业界迅速崛起。

公司地址：深圳市蛇口工业区工业六路十号
电话：6695970
传真：6692755
邮政编码：518067
总经理：曾　南

广州经济技术开发区商业进出口贸易公司

广州经济技术开发区商业进出口贸易公司成立于1984年，同年经国家对外经济贸易部批准赋予企业商品进出口经营权。现公司为一、二、三部，二部对外又称贸易发展公司，三部对外亦称狮子洋企业公司。公司注册资本为530万元，拥有员工136人。目前公司的经营范围主要包括：小五金、轻纺产品、矿产品、化工原料、机械设备、电子产品、仪器仪表、工艺品、花卉盆景、医疗器械、医药、建材、农副土特产品等，此外还兼营来料加工、来样加工、仓储业等。随着经营范围的不断扩大，公司的出口创汇额也由初创时的几十万美元，发展到1993年出口创汇额达4500万美元。由于公司在这一年里取得了突出的出口创汇业绩，被国家对外经济贸易部评为全国最大500家出口创汇企业之一，排名在338位。1994年公司更上一层楼，出口创汇额高达6183万美元，比1993年增长37.4%。公司在短短十年历程中取得此实显著的出口创汇业绩，其成功的做法主要在于：

——化不利因素为有利因素。商业进出口贸易公司是广州开发区的一家外贸公司，而广州开发区的外贸公司与专业外贸公司和地方外贸公司比较起来有储多不利因素，一是专业外贸公司和地方外贸公司创建的时间比较长，有较为稳定的外销渠道和出口货源来源；而广州开发区的外贸公司建立的时间比较短，要寻找新的外销渠道，建立新的外销客户关系，加之广州开发区的三资企业绝大多数都有自已的商品外销渠道，不需要外贸公司代理出口，这样广州开发区外贸公司的出口货源只能到区外、市外、省外寻找。二是专业外贸公司和地方外贸公司一般都有一定数量的配额商品出口，而广州开发区的外贸公司极少有配额商品出口，绝大多数出口商品都是不需要配额的，这些出口商品往往是出口成本高、竞争激烈、利润小、风险大。三是商业进出口贸易公司由于成立时间短上缴利润任务较重、积累少，因此公司自有资金就少。自有资金少就意味着有些外销机会由于没有资金只能白白流失，如果要做可能就是为银行打工。针对这些不利因素，商业进出口贸易公司采取了积极的进取措施，化不利因素为有利因素，或者将不利因素的影响压到最低限度。首先，公司外销员全力出击，网络外销客户和货源供应客户，主动公关，把公司与客户的关系建立在相互信赖的基础上；与此同时，公司在把握外销渠道的前提下，积极探索工贸结合、技贸结合的路子，建立自身的出口商品生产和加工基地，目前在这方面已取得可喜的成绩。其次，强化公司财务管理，加速资金周转。这几年公司的资金年周转率一般都在4.5—5次，最高时达一年6次，而专业外贸公司的资金周转率一般在2—3次。再次，压库存，降低费用。多年来公司的商品库存量一般都很少，有些时候甚至没有库存。库存商品的减少，也就减少了经营费用，同时也就增强了公司外销商品的竞争力。最后，公司要求员工急客户所急，向客户提供优质服务，这样做的结果也就赢得了客户。

——深化企业分配制度的改革。为了适应社会主义市场经济发展的需要，深化外贸企业改革，调动公司全体员工出口创汇的积极性，提高公司的经济效益，公司根据《中华人民共和国公司法》以及国务院有关建立现代企业制度的精神，经过深入细致的调查研究，制定出公司员工工资与个人所创造的经济效益挂钩的分配方案。该方案结合公司各业务部门的实际情况，确定了各个部门应完成的创汇指标和利润指标，并将各项指标分解落实到个人。公司根据每个员工完成或超额各项经济指标的实际情况，提取员工个人的奖励工资，超额完成指标越高，所提取的奖励工资的比例就越高；如果没有完成定额任务指标，则按同一比例扣罚当月的定额工资。此方案的实施，极大地调动了员工创汇创利的积极性，使公司员工有了用武之地，同时也将保证了公司出口创汇和利润指标的完成。

——保住主营发展兼营。商业进出口贸易公司创立初期，经营的主要出口商品是纺织品，其它商品出口极少涉及。随着我国市场经济的不断发展，外贸经营管理体制改革的不断深入，国家基本上放开了对外贸企业经营范围的限制。借此机会，商业进出口贸易公司在保证纺织出口经营渠道畅通和出口总量不断增加的同时，大力发展其它商品的出口。目前，商业进出口贸易公司一部在其出口商品结构中，小五金所占的比重已超过纺织品、电子产品以及其它轻工产品所占的比重也大大提高；二部所经营的花卉盆量、小五金、机械设备、仪器仪表所占的比重也越来越大，目前这些商品所占的比重也已超过纺织品；三部虽然还是以出口纺织品为主，但是也在积极拓展其它商品的出口。纺织品以外的其它工业品出口的扩大以及比重的增加，优化了商业进出口贸易公司出口商品的结构。

——大力发展远洋贸易。广州的地理位置毗临港澳，有与港澳发展贸易交往的优势。但是以往只着眼于港澳，受到港澳市场狭小的限制，出口商品结构单一化，出口潜力得不到施放，使企业的规模效益体现不出来。鉴于此，商业进出口贸易公司大力发展远洋贸易，在此为企业扩大出口创汇寻找出路。但是远洋贸易与港澳贸易相比有其难度，如远洋贸易的客户联系不方便、出口商品质量要求高、交货时间要求严、资金回收相对慢等。针对这些问题，公司通过认真细致地调查研究，尽力找出解决问题的办法，如想方设法通过各种渠道加强与远洋客户的联系；有条件的情况下派人到国外与客商直接洽商，同时深入调查了解国外市场的变化情况，掌握第一手资料；强化对远洋贸易各个环节的控制，强调远洋贸易的时间观、质量观、风险观和效益观；加强对员工经营素质的培养，更新员工的知识结构，促使员工适应发展远洋贸易的需要等。由于这些工作开展的顺利而扎实，使公司的远洋贸易也迅速发展起来。远洋贸易的展开为公司一跃成为创汇大户打下了坚实的基础。

（撰稿　潘　忠）

广州开发区服务贸易公司

广州开发区服务贸易公司是1991年初成立的。成立前，它原是服务旅游公司的一个科，由于经营管理不善，累计亏损加上财产损失共达80万元，以致经营资金严重不足，加之经营管理人才缺乏，使公司的起步相当艰难。但是，自公司成立之日起，组成了强有力的领导班子，在新的领导班子的领导下，公司强化内部管理，制订了各种内部管理制度；积极引进各种经营管理人才，不断拓展业务渠道；加速公司积累，使公司的经济实力不断壮大。由于公司这些卓有成效的工作，促使公司的经济效益成倍上升。1991年公司就扭亏为盈，营业总额为196万元，利润达20多万元；1992年营业总额达1454万元，利润达69万元，分别比上一年增长了7.4倍和3.5倍；1993年营业总额达到5003（除房地产）万元，利润高达657万元，分别比上一年增长了3.4倍和9倍。1993年人均年利润也创造了历史最好水平，高达11万多元。1994年公司营业总额达5280万元，利润达660万元。由于公司不断取得更好的经济效益，三年来公司曾多次被评为总公司系统、广州开发区以及广州市的先进单位、先进党支部、经济效益显著单位。服务贸易公司能在短短的四年多时间里取得如此显著的成绩，其具体做法主要有以下三点：

——强化内部管理，制订了各种内部管理制度。在公司初创伊始，面临着诸多的问题，但是公司领导班子认为首要的问题是要强化公司的内部管理。因为一个公司要生存、要发展，要取得好的经济效益和社会效益，公司员工们就必须有严明组织纪律，有责任心、有进取心，否则只能是一盘散沙，公司创立以前的状况也充分说明了这一点，一些员工出勤不出力，纪律松散，上班吊儿郎当，工作不图进取，甚至个别屡教不改；财务制度不健全，管理也混乱，给个别不法分子造成可乘之机，给公司造成了几次无法挽回的严重经济损失。为此，公司领导班子先后制订了一整套公司内部管理制度，如《考勤、请休假制度》、《财务管理的若干规定》、《费用报销审批手续与权限》、《财务人员的职责与权限》、《会计档案》、《货币资金管理》、《商品购销制度》、《车辆管理制度》、《财产管理制度》、《合同管理制度》、《办公会议制度》、《廉政建设制度》、《奖罚制度》等。由于这些制度的建立或健全，使公司的内部管理走上了制度化和规范化的轨道，员工的精神面貌焕然一新，同时也调动了员工们的工作积极性，上下一条心努力把企业的经济效益搞上去。

——积极引进各种经营管理人才，不断拓展业务渠道。服务贸易公司成立之时，由于员工少，一部分员工素质较差，人员知识结构也不合理，这也是造成公司管理水平较低，管理较为混乱、经营渠道狭窄的原因之一。针对这种情况，新的公司领导班子始终坚持一条：积极引进公司所需的各种经营管理人才，不仅引进各种不同层次的管理人才，也大力引进各种不同类型的经营人才，同时还使各种人才在工作素质上、知识结构上、经营管理上进行合理搭配和优化组合，使每个员工的能力得到最好的发挥。因此，公司的员工也由原来的十几人逐步增加到目前的近六十人，基本上满足了公司业务不断发展的需要。在公司人员不断充实的情况下，公司的经营渠道也不断拓展，其主要表现在以下两个方面：

第一，大力拓展区内的各种经营服务业务。服务贸易公司成立之初，就立即成立了促进开发区内各种服务业务的筹备小组，认真开展调查研究，深入了解居民的各种需要，先后开展了多项业务渠道，如给居民送煤气业务，EMS 特快专递业务、装饰工程业务、运输业务、文印业务、公用电话业务、名片印制业务，建立和健全区内商业网点等等。这些业务的开展，不仅方便了群众的日常生活，完善了开发区内的服务体系，促进了开发区内的商业发展，同时也给企业带来了非常可观的经济效益。

第二，积极开展更大范围的经营业务。在开发区内为居民搞好商业服务上了一个档次后，服务贸易公司的领导班子就开始筹划更大范围的经营业务，以便使公司的经营业务获得更大的拓展，取得更大的经济效益和社会效益。为此公司与鞍山钢铁公司联系，建立了相互信赖的贸易伙伴关系，形成了开发区的钢材市场；利用开发区的优惠政策，建立了开发区的外汇商场，并使之不断发展壮大；利用开发区的地理位置，建立了开发区家用电器及灯饰贸易市场和水泥贸易市场；此外，还创办了巴蜀酒家、南方物资设备工程公司，开展了房地产业务和机票火车票订购业务等。以上各种经营业务的开展和不断扩大，不仅提高了公司的知名度，同时也为公司年创利达600 万元以上奠定了坚实的基础，这也充分证实了公司所采取的扎根区内，一业为主，多种经营的指导思想是符合实际发展需要的。

——加速公司积累，使公司的经济实力不断壮大。公司成立之时，由于资金短缺，亏损缺口大，许多经营业务无法拓展，公司在市场经济这个大海中，象一叶轻舟随风飘泊，随时都有搁浅的危险，为此，公司的领导班子着重强调要加强财务监督作用，加强廉政建设，加强党的建设和领导核心作用，杜绝贪污和浪费，加速公司积累，使公司的经济实力不断壮大。公司的领导是这样说的，也是这样做的，今日的服务贸易公司的经济实力与 1991 年刚刚创立时的服务贸易公司的经济实力相比实有天壤之别。今日的服务贸易公司的经济实力，经广州市有关资产评估机构的评估，其固定资产的现值加流动资金总计在 1000 万元以上，而公司刚成立时只有 50 多万元的资产，这说明自公司成立之日起，公司的经济实力每年都以几倍的速度在递增，以致达到今日的佳境。

（撰稿　潘　忠）

广州美特容器有限公司

广州美特容器有限公司创办于 1985 年 4 月，是中外合资生产经营易开盖、两片罐、三片罐、塑料瓶、金属片涂料、印刷等综合包装容器的先进技术企业，先后投资 5000 万美元，年产易开盖 12 亿个，易拉罐体5亿个，生产规模和产销量均居国内同行首位。

广州美特容器有限公司在党和国家改革开放政策指引下，努力探索办合资企业的路子，以企业精神——“强者哲学”激励全体员工，以显著的经济效益和社会效益为提高我国饮料包装水平作出了不懈努力。1987年公司全面投产后，易拉罐项目用22个月收回全部实投资本1876万美元，创造了“美特速度”。自开业以来（1987—1994年），生产持续稳步增长，仅500多人的企业实现工业总产值33.03亿元、出口交货值17.42亿元、创税利8.8亿元。其中1994年实现工业总产值6.65亿元、税利1.77亿元，其中利润达6506万元，全员劳动生产率118万元。企业于1994年第五次入选“全国十大最佳合资企业”，多年入选中国500家最大工业企业和最佳效益企业行列，1994年被确认为“中国十佳包装制品企业”。

——敢于与强者合作，立足引进项目高起点，形成优势聚合体。“与强者合作，首先自己要成为强者”是公司筹建以来就认准的原则。同时也是几年来我们在引进、吸收消化大型投资项目中的切身体会，也只有与强者合作，才是引进的目的，才有丰硕的成果。从长远着眼选择香港美特公司、美国波尔公司作为合作伙伴，引进和吸收具有世界先进水平的设备技术和管理经验，与外方签署了《技术转让与商标使用专项合同》，使公司拥有和及时掌握专有技术及其发展趋向的优势。公司管理层注重在“合”字上下功夫，提高办事效率，充分发挥了合作双方的优势，使设备一投产就形成强大的生产力，以优质产品迅速占领市场，办成合资双方都感到满意的企业。由于坚持立项的高起点，使公司以领先的技术、最大的生产规模奠定了企业的竞争实力，形成了引进项目的“后发优势”。

——瞄准国际先进标准，创一流产品，致力实现替代进口。公司坚持实施“以全员的工作质量、服务质量确保产品的高质量”的方针，采用国际先进标准组织生产，短期内形成了从原材料进厂、生产控制到售后服务全过程的质量保证体系。公司MC牌易拉罐产品1987年、1988年先后获得世界公认对饮料包装质量最严格要求的美国可口可乐/百事可乐公司质量认可（国内首家）。近年来企业不断深化危机意识，注重质量改进，如针对我国易拉罐饮料销售环节多、周期长、储运条件限制等特点，有针对性地对罐体内喷涂工艺进行改进，取得了突破性进展，使这个主要的质量指标满足了市场的特殊要求，1992年获“全国包装工业优质产品奖”。公司编制并执行《质量手册》，坚持质量分析制度，注重和客户建立良好的合作关系，增进了客户的信赖。同时加强了对国内外同行产品的剖析以及掌握技术发展趋势信息，及时更新充实先进检测手段。这些努力，不仅给企业带来了显著的经济效益，更重要的是在发展民族工业和实现替代进口中较快地改变了我国易拉罐依赖进口的被动局面，发挥了主力军的作用。企业先后获广东省外资企业“质量、品种、效益年”活动优秀企业、’93质量万里行全国“百家产品质量优秀企业”、1994年度广东省质量效益型先进企业称号。

——向管理要效益，积极参与市场竞争。近年来，公司实施了“抓管理、打基础、上水平、创效益”部署，作为中心工作贯穿于生产经营管理之中。

一是建立和完善企业管理规范。公司实施了董事会领导下的总经理负责制，从实际出发把国内外先进管理经验、特点揉合在一起，形成集中决策、分权管理的优势和雷厉风行、工作满负荷的竞技状态。近年来，切实加强制度管理，如根据公司业务合同多、数额大且涉及国内外的情况，切实把关，严格履约，以良好的经营作风连续六年被评为广州市“重合同、守信用”单位。公司通过实施各项管理制度化及标准化工作，建立起适应合资企业工作快节奏、办事高效率、质量高标准、管理严要求的保证体系。

二是以企业上等级为基础，提高现代化管理水平。公司有计划地抓了统计基础规范化、计量定级、全面质量管理、档案管理、安全文明生产等多项基础工作，均以优良成绩通过评审。1990年晋升为国家二级企业，并获“广东省企业管理优秀企业”称号，同时在节能、降耗、提高设备利用率以及运用全面质量管理、量本利分析、网络技术等现代管理方法和运用微机管理等方面都积累了有益的经验。其中量本利分析和目标管理论文分别获1991年度轻工业部、广东省一轻系统企业管理现代化论文一等奖。1993年以来，公司为适应企业发展，重点抓了“强化管理”、“搞活分配”两件大事，从更高要求来完善约束机制和激励机制，有效地把企业管理水平不断推向新的高度和深度。

三是抓好对员工的业务技术培训。公司在引入人才竞争机制的同时，重视提高员工队伍素质，通过聘请外国专家进行技术指导，开展技术交流、员工送外培训等形式，着眼于培训员工全面的实际工作能力和适应能力，有效的保证了引进设备几年来一直处于良好正常状态，在实践中培养出一支精良的技术队伍。

在发展外向型经济中，公司领导十分强调经营管理观念的更新转变，在主动适应市场经济中去开拓市场。一是公司在原材料供应和产品销售上采用了“借（造）船出海”经营策略，在合资企业独立自主地形成产供销成龙配套，建立了广泛的业务联系。二是努力开拓市场，保持产品在质量、价格、服务上的竞争力，目前已形成一个覆盖全国各地、并远销到中东、东南亚、港台等地的产品销售网络。三是积极利用外资，用活了资金，确保了生产经营的运转畅顺。用汇上达到收支平衡并有盈余，连续三年荣获“全国外商投资双优企业”称号和“全国外商投资先进企业”称号。

——注重技术进步和规模效益，向多元化生产迈进。公司始终围绕提高企业经济效益这个中心，通过技术转让和实践中不断摸索提高，加速了引进技术消化吸收过程。制罐线技改效益尤为显著，使制罐生产能力从原来设计的800个/分增至1200个/分，年生产能力从2.5亿个增至5亿个，年新增过亿元产值。近两年对生产线设备进行了积极稳妥的技术改造共35项，美方专家评价设备生产效率已达到世界同行先进水平。公司管理层居安思危，实施了“产品多元化、品种系列化、结构集团化、管理现代化”的总体目标，立足于自我积累、自我发展。积极参加国际行业技术交流，适应市场需求，大力开发综合包装容器。1992年以来公司为适应市场需求，先后投资过2000万美元巨额资金，引进了具有90年代世界先进水平的设备技术，在国内率先生产206/202/200易开盖，并相继推出马口铁饮料三片罐和喷雾罐等产品，满足了客户对不同产品品种的需求，尝到了技术领先——市场领先的甜头，形成了多元化生产、多品种经营的格局，从而为企业经营规模效益的提高奠定了坚实的基础。目前，公司投资5000万元建设4万平方米综合厂房以适应扩大再生产的需要。

——两个文明一起抓，重视企业文化建设，努力实现以人为中心管理。几年来美特人在合资企业这种特定环境里，在把思想政治工作与经济工作结合起来，寻找两个文明建设的最佳结合点，建立企业内部动力机制上作出了有益的探索和实践。

大力倡导企业精神——“强者哲学”。“美特”的成长壮大，离不开自强精神。公司领导注重自身的观念更新，认为唯有更新观念才能具有与时代合拍的开拓创新精神。公司引入人才竞争机制，提倡“从零开始”，把它作为每个投身“美特”事业者的“见面礼”，着力创造公平竞争、催人奋发的环境，大家都在同一条起跑线上，围绕公司的目标冲刺。注意把个人价值的实现与企业目标的追求结合起来，在不同时期强化灌输“速度、质量、竞争、服务、效益、危机、创新”意识，在企业内逐渐形成一个讲求高效、鼓励拔尖的气氛，形成了大家认同的“美特”价值观。同时积极发挥党工团组织宣传教育、团结群众的作用和党团骨干的模范表率作用，使一批年轻有为的人才脱颖而出，独当一面，培养了一支有创新精神、敢打硬仗、素质较好的员工队伍。这种着眼于以人为中心的管理，使人奋发向上的个体竞争意识，形成群体强大的竞争力，有效地推动了企业向高层次管理的过渡，1991年公司被评为“广东省先进集体”，1994年企业被评为“全国思想政治工作优秀企业”。

公司注重把尊重、相信和依靠员工作为办企业的重要原则，通过提合理化建议、演讲会、劳动竞赛、提供培训和发展机会、表彰先进等活动，激发员工的责任感、荣誉感。在提倡员工爱企业的同时，公司注重企业首先要在“爱”字上下功夫，搞好感情投资，如活跃各类文体、联谊活动，组织好年度体检，短期休养，为员工购买人身、财产等6种保险，购置宿舍改善员工居住条件等，形成利益共同体。

法人代表：黎德矩
企业地址：广州黄埔新港广州经济技术开发区
邮政编码：510730
电话：2212998（总机），2212368（营业部），2212968（采购部）
图文传真：2212458

秦皇岛经济技术开发区工程承包公司

秦皇岛经济技术开发区工程承包公司是开发区管理委员会的直属企业，成立于1991年1月，是具有法人地位、独立核算、自主经营的国有独资公司。公司注册资金200万元，资产总值6610万元。公司现有职工38人，其中各类高级工程技术人员4名，中级技术人员10名，初级技术人员18名，工程技术人员占职工总数的84%，技术力量雄厚，专业门类齐全，具备了较强的房地产开发和基础设施建设的能力。公司成立以来，先后承建了开发区目前设施最齐备，装饰最豪华，规模最大的娱乐设施——天盛金国际俱乐部以及开发区文精里高级住宅小区等工程。1994年又承建了秦皇岛经济技术开发区新增区域的基础设施工程。

公司在从事开发区土地、房产开发建设的同时，积极开拓经营范围，涉足实业投资、金融证券等领域，先后与日本国水谷株式会社，秦皇岛海洋置业有限公司合资兴办了秦皇岛海洋建筑工程有限公司，与满洲里京华科贸公司合资兴办了秦皇岛开发区投资开发公司，该公司与海南和平投资实业股份有限公司联合发起成立了秦皇岛和平投资开发股份有限公司，与秦皇岛信托投资公司合资兴办了秦皇岛海湾发展基金有限公司。

1995年，公司与开发区管理委员会签定了首期规划面积为0.3平方公里的银康工业园的土地开发合同，以有偿受让方式获得了该园区的土地使用权，对土地进行开发，向国内外招商，进行地产转让，并为前来投资建厂的客商提供全方位的服务。

银康工业园位于秦皇岛经济技术开发区内，滨临渤海，与建成区联为整体。南北两端由市政主干道路贯通开发区和母城，西侧由主干道路连接保税区、高科技园、商业区和住宅区，东以京哈铁路为界。

银康工业园距中国首都北京281公里，距中国第二大工业城市天津265公里，距中国北方重要的能源城市唐山140公里，距国内著名的避暑胜地北戴河13公里，距万里长城起点山海关15公里。

工业园毗临中国第二大港秦皇岛港，与集装箱码头相距仅1.5公里，与山海关民航机场相距仅12公里。京哈、京秦铁路在区内交汇，贯通东北、华北地区的京沈、津秦两条国家级公路在本区通过，北京至秦皇岛的高速公路于1995年动工修建，预计1997年竣工通车。秦皇岛开发区居东北亚、环渤海经济区要地，海、陆、空交通十分便利，地理位置得天独厚。

先进的通讯设备可满足与国内各城市及世界各地直拨电话及传真业务的需要。与72个国家及地区建立了特快专递业务，特快邮件（EMS）3日可达美国。

工业园首期规划面积为0.3平方公里，随着项目的引进和土地出让面积的增加，近年将扩大到1平方公里。园内现有基础设施配套齐全，已达到通路、通电、通信、通给水、通排水、通蒸汽和地面平整的要求，是当前开发区新拓展的3平方公里区域先期发展的地块。

工业园可为前来投资兴办工业企业的海内外客商提供良好的场地和城市配套服务。客商可以采取下列任意一种方式如：独资、合资、合作经营、参资入股、租赁、购置地产与房产及开展来料加工、来样装配和补偿贸易等其它国际上通行的方式投资和兴办企业。

工业园优先发展能适应国内外市场需要的，产品技术和附加值含量高的，为能源、交通运输和原材料工业建设所急需的各类产业项目。

来银康工业园投资将享有如下优惠待遇：

低税率：生产性外商投资企业的企业所得税税率为15%，低于区外33%和24%的税率，同时，第1—2年予以免征，3—5年税率为7.5%。

对于经营期在十年以上的企业，十年内免征地方所得税。

企业进口自用的建筑材料、生产用燃料、生产和管理设备及维修零部件，专为生产出口产品所实际耗用的原材料、零配件、元器件、包装物料，利用外资养殖出口产品所需进口的饲料等，免征关税和海关代征增值税。

低廉的土地价格：土地出让金每平方米250—300元，低于国内绝大部分沿海开发区的标准。

低廉的劳动力成本：秦皇岛市普通工人月平均工资约为每月350—500元，与其他沿海城市水准相比较低。

高效便捷的服务和规范透明化的管理：银康工业园所在的秦皇岛经济技术开发区是国务院首期正式批准设立的沿海经济技术开发区之一，区内的各项权力和施行的一切投资优惠待遇均得到国家和地方政府的法律、法规的认可和保证。对于符合国家产业政策，投资总额在3000万美元以下的外商投资项目，开发区具有独立的审批权，从项目立项到企业正式投产只需通过开发区管委会审批即可，审批手续简便，效率高，速度快。

做为工业园的发展商，工程承包公司拥有一批从事投资项目咨询代理服务的国际商务人才，可为客商提供全方位的投资业务代理服务。

未来的3—5年内，秦皇岛开发区工程承包公司将以银康工业园的开发建设为中心，以现代企业制度为基础，以多元化的实业投资经营为动力，向规模化、集约化的现代企业集团方向迈进。

秦皇岛福胜化学制革有限公司

秦皇岛福胜化学制革有限公司是由秦皇岛市房建公司、开发区发展公司、香港福时公司三家合资经营的中外合资企业。始建于1988年，1989年10月投产。占地面积13446平方米，建筑面积8700平方米。总投资额500万美元，注册资本300万美元。现有员工210人，其中工程技术人员和各类专业技术人员79人，占员工总数的37.6%。

公司引进台湾吉钿公司干、湿法生产线各一条，配有三色印刷机、磨皮机、压花机、DMF回收装置及全套现代化检测仪器，年产PU合成革600余万平方米。在采用国际最新生产技术的基础上不断开发创新，逐步形成了独具特色的产品结构和花色品种，产品分为五大类：PU鞋靴用革；PU箱包、家具、车辆用革；PU服装革；PU文体器材用革；PU特殊用革。品种达230余种，广泛用于国民经济多种行业和人民生活各个领域。

公司生产的蓝鲸牌PU合成革，在质感、透气性、柔软度、耐胀破、耐曲折、耐老化、耐硫化、耐低温（-45℃质地不变）、耐高温（150℃质地不变）以及阻燃等诸方面都优于通常使用的其它人造革。蓝鲸牌PU合成革在市场上享有不是真皮，酷似真皮，胜似真皮的盛誉。

公司是我国PU革行业大型生产厂家之一，设备先进，技术力量雄厚，公司建有我国PU革行业第一家研究所。具备小试，中试等比较完备的科研手段和微机控制系统。公司各类产品均有严格的质量检测保证体系，产品采用国家和国际标准。

福胜公司从创建至今已有7年之久。在企业发展的进程中经历了艰苦创业—濒临倒闭，起死回生—发展壮大四个阶段。1989年十月投产后短短两年时间，由于经营管理不善，产品滞销等诸多原因，到1991年底累计亏损1300万元人民币，企业濒临倒闭。郑宝兴同志以一名企业家的胆略和气魄受命于企业危难之时，勇敢地挑起了总经理这副重担。他带领公司全体员工一道奋力拼搏，实现了企业三年上三个台阶的誓言。1992年创产值4700万元，利税360万元，一举扭亏为盈。公司被秦皇岛经济开发区工管委命名为扭亏为盈先进企业。1993年创产值8070万元，利税1050万元，一跃跨进了秦皇岛市利税超千万元大户行列。公司被河北省人民政府命名为河北省外商投资优秀企业。1994年再上新台阶，创产值10009万元，利税1072万元，人均利税5.1万元，创历史最好水平。公司进入河北省重点工业企业行列，在全省轻工行业成为50家最佳经济效益企业之一，在全国PU革行业名列前茅。企业发展如此之快，令中外PU革行业家所瞩目。省委书记程维高，省长叶连松先后来公司考察听汇报后，对郑宝兴同志的业绩及公司的发展给予了高度评价。

福胜公司经济效益三年上了三个台阶，经营管理思路三年唱了三步曲。

1992年公司提出了外抓市场，内抓管理的经营方针。确立了以市场为龙头的经营思路。确定了建立地方销售总代理的营销方式。公司先后开辟并占领了我国的东北市场、华北市场、山东市场、福建市场、江浙上海市场和西南市场，并充分利用公司享有进出口权的优势，让公司的产品冲出国门，远销香港、东南亚等国家和地区。与此同时，狠抓管理，苦练内功。确立了以人为本的管理思路，先后提拔、选聘了大批懂经营善管理的骨干，在公司内部建立了竞争上岗的竞争机制，实现了能者上，庸者下。建立健全了规范化管理制度和经济责任制考评办法，建立了有效的激励机制，实现了经济效益与员工的个人收入紧密挂钩。从而，为公司经营管理上台阶奠定了坚实的基础。

1993年，公司提出了以科技为先导，技术指导生产的经济方针。公司重点抓了新产品开发和技术改造工作。先后开发成功了珠光革系列产品、球革、湿法服装革、磨绒革、大富革等一系列技术含量高、附加值高、适销对路的新产品，实现了新产品开发创产值、利税额分别占全年总产值，利税总额的30%的奋斗目标。公司和产品的知名度显著提高，经济效益大幅度增长。同时，对进口DMF回收设备进行了改造，使原液处理能力和DMF回收产量明显提高，对于提高湿法革的产量起到了至关重要的作用。

1994年，面对市场竞争越来越激烈的形势，公司作出了走质量效益型发展道路的决策，确定了

1994年为公司的质量年，把提高产品质量列为全年各项工作的重中之重。根据市场产品质量信息反馈，适时组织了三次大的质量升级战，使产品的市场占有率不断扩大，产品的市场信誉越来越好，市场竞争力越来越高，经济效益创历史最好水平。

三年唱了三步曲，三年上了三个台阶。福胜公司在市场经济体制建立的过程中逐步形成了公司的经营宗旨，即：以市场为龙头，科技为先导，用一流的产品质量，齐全的花色品种，良好的市场信誉，合理的产品价格，及时的交货期和周到的售后服务，盈得用户，占领市场，进而引导市场。同时，逐步形成了“福胜靠我振兴，我靠福胜生存”的企业精神和以岗位责任制为核心内容的科学的管理方法。

福胜公司在PU革行业虽然处于领先地位，但市场风险与发展机遇同在。在向管理要效益，向科技要效益，向质量要效益的基础上，郑宝兴同志正在抓紧谋划招商引资，扩大生产规模，以期形成规模效益，走集团化经营之路。目前，新项目的前期准备工作正在抓紧进行。

渤海之滨镶嵌着一颗璀璨的明珠——秦皇岛，秦皇岛经济技术开发区腾升了一颗明亮的新星——福胜。福胜人将以崭新的面貌再创辉煌。

公司法人代表：郑宝兴

公司地址：秦皇岛经济技术开发区二号路

电话：8051803　8051580　8051581

电挂：4395

传真：8051577

邮编：066006

（撰稿　胡汉江）

汕头沪美蓄电池厂

汕头沪美蓄电池厂是澄海市一家专业生产汽车、摩托车、船用蓄电池的乡镇企业。建厂8年来，面对激烈的市场竞争，坚持“以市场为导向，以科技为依托，以质量为核心”，锐意开拓，以“猛狮”企业精神，激励全体员工努力拼搏，企业生产规模不断扩大，产品档次不断提高，并取得显著的经济效益和社会效益。1994年实现工业产值2000多万元，创税利100多万元，全员劳动生产率11.2万元，分别被评为中国乡镇企业500佳、中国乡镇企业最佳社会效益500佳、汕头市乡镇企业先进单位，荣获广东省私营企业“金杯奖”，成为汕头市先进企业代表之一。“猛狮”牌电池也被中国质量检测协会认定为国产精品，发给国产精品证书。

汕头市沪美蓄电池厂的前身是一家只有40多人和200多平方米生产厂房的塑料小厂，当时由于产品技术含量低，企业处于小打小闹的局面。1989年厂长陈再喜意识到依靠科技进步的重要性，先后投资100多万元建设化验室、检测室，引进极板生产设备，研制蓄电池生产线。1990年按照国际IEC标准和国家标准研制“猛狮”牌干荷电塑料槽铅酸蓄电池和密封免维护铅蓄电池等系列产品，其中有2项技术成果填补国内空白，产品以起动性能强、容量足、寿命长、免维护、无污染、使用方便等优点，广泛应用于各种类型的汽车起动、照明及VPS应急电源等方面，成为全国同行业的佼佼者。VPS全密封免维护铅蓄电池被国家科委等单位授予“1990国家级新产品”称号，1992年国家农业部经过全面检查验收，授予该厂全面质量管理达标证书。1993年又与香港、广州科技实业发展公司联合开发通力克电脑电源，现已开发了“电力自动化管理系统”等产品，展示了广泛的应用前景。

沪美蓄电池厂坚持把技术创新与市场竞争紧密结合起来，努力实现产品更新换代、产品配套，开辟新的发展空间，不断创新促进了企业的技术积累，把企业技术创新、技术管理和经济效益推向新的水平。产品从过去单一组装蓄电池，发展至今已有2个系列、60多个型号的产品生产门类，技术创新焕发了企业生命力。同时，该厂坚持“质量兴厂，质量立厂”，从长远利益着眼，以市场需求为导向，坚持高技术起点，在发展上“不求最大，但求最优”。围绕上述目标，他们借助大企业、科研单位的技术优势，不断开发创制新产品，推动企业上档次、上水平、增后劲。几年来，他们多方招聘科技人才，目前企业已聘请高级工程师3名，副教授2名，工程师10多名，专业技术人员40多名，还先后选择一批有技术专长的职工到大专院校进修学习，提高他们的专业技术水平，增强企业的技术后续力量。此外，该厂十分注重提高产品质量，制订了一套严密的质量管理制度，明确质量标准，严格质量监控和检测程序，由工程师办公室负责全厂的质量管理和控制工作，并实行各车间和各道工序层层把好质量验收关，有效地杜绝了不合格产品出厂，连年来，该厂产品合格率一直保持在99.8%以上。

沪美蓄电池厂目前正致力加快发展多元化生产和多种经营的步伐，通过各种技术咨询、考察，掌握新技术趋向，加强对国内外市场的分析，制定企业中远期发展规划，围绕实现企业“产品多元化，品种系列化，结构集团化，管理现代化”总体目标，立足自我积累，自我发展，以蓄电池厂为龙头创办塑料厂、格板厂、模具厂等，朝着组建猛狮工业集团方向迈进。

法人代表：陈再喜

地址：中国广东省澄海市埔美工业区

邮政编码：515800

电话：（0754）5733888、5734888、5727327、5713888

图文传真：（0754）5722789

电挂：0823

（撰稿　王云生）

冠豪纸业有限公司

1995年3月29日，春风荡漾、春雨淅沥，在湛江经济技术开发区高新科技园区冠豪纸业有限公司大院内，一阵热烈的鞭炮声宣告了公司试产的成功。参加试产剪彩的四百多名中外嘉宾看着现代化机器高速运转送出的产品——热敏传真纸，赞叹之声不绝于口。知情人都知道，这家成立刚刚一年时间的公司，是依靠高新科技托起奋飞的翅膀的。

让我们把目光转回到一年前，也是在一个春风轻荡的日子，现任董事长、总经理黄阳旭先生站在湛江开发区高新科技园区这块热土上，听着四周轰隆隆的打桩机响声，不禁思绪起伏，他感觉到一种强烈的意识驱使他，要在这一片土地上干一番事业。这位三十多岁的汉子在近年来的商海搏击中，敏锐地捕捉到一条信息：中国的热敏传真纸生产仍是空白，无碳复写纸的生产规模也很小，而这两种现代办公用纸的社会需求量却与日俱增，国家现在每年都要花大量的外汇进口。“能不能搞个厂自己生产这两种纸呢?”经过与有关专家交换意见并作了广泛的市场调查后，一个大胆的设想形成了：引进瑞士、法国、德国等发达国家具有90年代先进水平的技术和设备，用合资的形式，在湛江开发区建一个年生产能力一万吨以上的专门生产热敏传真纸和无碳复写纸等高级涂布纸的专业厂家。这个想法一提出，马上得到开发区管委会以及湛江市有关领导的大力支持。经过论证和研究，湛江市政府将该项目列为1994年十大重点建设项目，湛江市科委向国家科委申报将其列为1995年国家级火炬计划。“湛江冠豪纸业有限公司”的牌子响亮地打了出来。

项目上马后遇到的第一个难题就是技术和人才问题。热敏传真纸和无碳复写纸的生产，属于高新技术产业，因此，在企业的创立、建设和发展历程中，懂专业，熟门路的技术人员的配置就显得极为重要，可以说技术是企业的灵魂，人才是项目成败的关键。冠豪公司的决策者们深深地意识到这一点。立项初期，企业做的第一件事，企业的第一笔投入就是组建技术智囊团。在资金短缺、工作环境简陋等艰苦条件下，公司紧缩其它开支，把有限的资金投入招才纳贤中去，通过人才交流市场，登报招聘等多种渠道招聘人才，由于企业自身的内在魅力和美好前景，再加上公司决策者们的诚意和实力，先后吸引了三十多名专业技术人员从全国各地汇集冠豪，其中有放弃了香港优裕舒适工作生活条件而加盟冠豪公司的从事热敏传真纸研究、生产的高级工程师、教授林德森先生，有放弃省直属大企业的铁饭碗而投身冠豪公司的有丰富的无碳复写纸生产和管理经验的工程师罗日新先生，还有一批来自造纸、化工、自动化控制、电器、机械等行业的工程师和有丰富实践经验的技术工人。目前，公司技术人员占员工总数的40%。为了配合好设备的引进和技术消化，做好投产前的准备工作及投产后的产品开发，公司先后派遣十几批技术骨干到欧洲、香港及国内有关厂家进行参观学习，大大地提高了技术人员的业务水平及应变能力。高素质的技术队伍为企业的发展打下了坚实的基础。在公司设备安装调试期间，这些技术骨干主动牺牲了休息日和节假日，放弃了娱乐机会，整日与数据为侣，与图纸结伴，凭借着自身技术优势，仅用了15

天就完成了主体设备的安装工程，创下同类设备安装时间的最高纪录，外国专家也赞不绝口。

冠豪公司不但有掌握高科技的人才，还从高起点引进了最先进的设备和生产技术，整个项目总投资1020万美元，引进具有90年代世界先进水平的瑞士BMB公司的涂布机，法国的涂料生产设备，德国BASF公司的生产技术以及美国、英国、意大利的分切机，整条生产线采用目前国际上先进的气浮式干燥系统，具有全速自动接换纸，涂布量自动测定、双面涂布一次完成以及一机多用等目前国内独一无二的优点，并且是目前我国生产规模最大，生产工艺最先进的设备。更值得自豪的是，冠豪纸业有限公司凭借着自身的技术优势和实力，成为迄今为止我国唯一获得世界著名化工集团——德国BASF公司“微胶囊生产许可证”的合同公司，掌握着最先进的生产技术和生产主动权，使冠豪公司一开始就站在高科技的起跑线上。

一个企业要发展，除了人员和设备外，最重要的就应数管理了，管理水平的高低，管理方法是否科学，直接决定着企业的生死存亡。冠豪纸业公司的决策者们深深懂得这一点，因此，他们努力吸收国际先进企业科学的管理经验，大胆起用充满活力和朝气，容易接受新生事物，掌握现代科学管理方法的年轻人。目前公司中层以上干部的平均年龄是35岁，绝大部分具有大专以上学历，他们既有丰富的专业知识，又不乏管理经验和指挥能力，早在立项初期与外商谈判时，他们就以高超的谈判技巧及娴熟丰富的专业知识，做到了“花最少钱，买最好的东西”，为国家节约了大量的外汇。

在管理科学化方面，公司采用了现代高新技术，应用了电子计算机网络、信息网络、闭路电视监控系统以及遥控生产管理调度等先进手段，使管理紧紧跟上先进的生产线运作的步伐。另外，为了保持产品含有更高的科技成分和增强竞争力，公司专门成立了用于产品发展研究的中心实验室、产品质量监测中心和情报信息中心，企业刚刚起步，就投入近50万元购置实验、检测设备，配备专职技术人员从事实验研究工作。

掌握现代专业技术的人才，具有世界先进水平的设备和技术，再加上科学的管理，这三方面的有利因素，使冠豪纸业有限公司从技术谈判到建成试产，仅用了一年零一个月时间，面对巨大的国内外市场，其效益已显而易见，他们近期的目标是：年产值两个亿。

雏鹰展翅了，在它的前方，正是无限风光。

（撰稿　周　耿）

汕头经济特区新联利电子实业拓展公司

汕头经济特区新联利电子实业拓展公司是一家专门开发、生产、销售汽车电器系列产品的企业。1993年开始进行汽车电子点火器的开发研制，1994年9月“新联利”牌汽车电子点火器开始投产，投产4个月创值600万元，创税100万元，当年实现全员劳动生产率15万元，人均创税利2.5万元。目前，企业已形成年产20万套，创值6000万元的生产能力，高新技术产品使企业展现出良好的发展前景。

重视高新技术产品的开发。公司创办初期，经营者们就提出了“开拓进取，求实创新”这一经营宗旨，通过大量的市场调查分析，认为我国汽车工业正在迅速发展，汽车市场前景看好，而目前国产汽车仍在普遍使用的有触点点火器存在着能量低、油耗高、污染大等缺点，国家正把汽车电子点火器作为重点开发项目。因此，开发新一代高效、节能、低污染的电子点火器，在环境保护及节能等方面能发挥明显的社会效益，具有广阔的市场前景。基于这一分析，公司选准了这一高技术档次产品作为开发目标，通过购买国外专利，引进消化国外先进厚膜电子技术，聘请高级技术人才进行工艺技术攻关，成功研制出无触点厚膜汽车电子点火器。经中国汽车技术研究中心、汽车质量监督检验中心等单位测定，汽车改装“新联利”牌电子点火器后，一氧化碳、碳化氢等废气排放浓度分别下降79%和61%，动力与燃油经济性明显改善，百公里里程节油5—8%。产品各项电性能技术指标均达到国际同类产品先进水平，取得国家级的MA认证。1994年，“新联利”汽车无触点电子点火器获全国第二届科学技术人才交流会优秀科技产品金奖、省级创新产品奖、汕头市乡镇企业科技成果奖等奖项。目前，该产品以其点火能量高、提速快、节省燃油、维修简单、污染少等显著优点，迅速被有关部门和经营单位认可，国家环保局把该产品作为治理汽车尾气大气污染的环保产品进行推广。

严把质量关。一是应用先进工艺技术。点火器厚膜芯片全部采用电脑筛选，激光技术配合计算机刻蚀电路和调试，计算机编排自动表面安装，因此具有工艺一致性好、精度高、温度范围广、可靠性强、寿命长等优点，芯片质量达到100％；二是严格选料、检测、质检关。外引线端由取得美国UL认证厂家定制，信号线圈采用日本高强度漆包线制造，所有厂外协作加工部件均实行100％检验，对所有半成品、成品分别实行严格的全指标测试。三是配备先进的检测实验手段。设立具有国内先进水平的中心检验室、中心试验室、产品老化室，以先进试验检测手段保证对产品性能和技术质量的控制。由于严格质量管理，投产以来，产品合格率一直保持在99.8％以上，各项性能均达到国际同类产品先进水平。

注重营销策略。由于“新联利”牌汽车电子点火器是一个兼具一般点火性能和节能、环保双重功能的特殊产品，因此，企业经营者积极争取产品得到有关部门认可支持，努力发挥更大经济效益和社会效益。首先，他们把产品送到国家有关权威检测鉴定部门，从技术性能、质量以及能耗、污染等多方面进行检测鉴定，使产品的先进性和节能环保等优点得到科学、客观的认定，成为更有力的产品广告。其次是参加各种形式的技术产品展销活动。在参加1994年由国家科委、中国科协、中科院和国家外国专家局主办的全国第二届科学技术人才交流会上，“新联利”牌汽车电子点火器受到了与会客商的青睐，并被国家科委、中国科协、中科院及国家外国专家局评定为优秀科技产品金奖。通过参加有关展销评比活动，有效地提高企业和产品知名度。再次，在产品先进性得到认定的基础上，配合国家有关部门，开展产品的宣传和使用工作，全国先后有30多家新闻单位报道了该公司及其产品。目前北京、天津、贵阳、岳阳，以及福建等地都把“新联利”牌汽车电子点火器作为“环保利器”，要求对原有汽车有触点点火器进行更换，产品销售前景良好。

“新联利”牌汽车电子点火器在投产不到1年的时间中，产品以其高科技优势已显示出广阔的应用前景，有力地带动了新企业生产经营的迅速发展。目前，企业正朝着创建粤东地区大规模汽车电器系列生产基地的目标继续前进。

法人代表：谢映聪
地址：广东省澄海市新溪金源工业城
邮政编码：515822
电话：(0754) 5760201
图文传真：(0754) 5760365
电挂：7505

(撰稿　林　扬)

广东湛江吉民药业股份有限公司

广东湛江吉民药业股份有限公司的前身是湛江市卫生材料厂，是一家以生产中成药硬膏剂为主的卫生材料定点厂，主要产品有硬膏剂、软膏剂、卫生材料、敷料、一次性医疗用品、医药包装材料及日用化妆品等。1993年6月经广东省人民政府批准成为股份制有限公司，成为粤西地区医药行业的第一家股份制企业。

初始，其只是一家年产值仅10多万元，利润1万元，职工40余人的简陋小厂，而现在已发展到固定资产2100万元，年产值5000多万元，利润近400万元，职工500余人，拥有“三厂一司”的多元化综合性的中型企业，各项经济指标在全国六十多个同类厂家中名列第二。

其成功之处在于：

——转机换制，建立现代企业制度，增强企业活力。该公司在黄茂源总经理的带领下，不满足于已取得的成绩，寻求企业发展的最佳模式，着力搞好企业经营机制的转换，加强企业内在的应变力，按规范化的股份制管理企业，清产核资，明晰产权，建立和完善企业的最高权利机构、决策机构和监督机构——股东代表大会、董事会和监事会，实行董事会领导下的总经理负责制。1994年该公司召开了二次股东代表大会，审议通过了董事会提出的年度工作计划和第一轮分红方案，还就公司的重大改革作出决策，在公司内部形成了集中决策，分权管理的科学管理方式。如公司按生产的品种，经营类型的不同，分设独立的管理机构，使公司由单一的经营方式向多元化方向发展；公司设立中心化验室，设有专职质检员，责任明确，形成一套严整的质检制度，有效地控制和保障产品质量，确保产品质量优良，合格率及优质品率达到98—100%；公司还建立和完善企业管理规范，从制订部门（岗位）职责入手，切实加强制度和标准化管理。如对物资的管理，其制定了一系列仓管制度和购销制度，从计划、采购、保管、发放都实行统一管理，仓存物资基本做到“三清”（品名清、材质清、数量清），“三相符”（帐、物、卡三相符）和日清月结。为降低物资成本，其除把好物资的质量和价格关外，物资采购按储备定额控制进货，为企业节省一笔资金。

——大胆改革，以承包促经营。过去，该公司的产品是不愁嫁的“皇帝女”，一直由商业部门统一包销，“有厂场，就不怕无市场”，但随着我国改革的深入，加上市场疲软，商业部门变包销为经销，一时间，企业陷入了产销严重脱节的被动局面。为确保企业生产的稳步发展，在激烈的市场竞争中出奇制胜，该公司大胆改革，在本市工交系统内率先实行销售承包方案，明确承包人员，承包区域，任务基数，贷款回笼时间等，并制定出相应的奖罚制度。销售员的工资、奖金和各种补贴、旅差业务费与贷款回笼时间直接挂钩，严格考核，奖罚分明，规定凡是超额完成任务的，贷款回笼及时的，按销售收入的1%给予奖励；凡是销售额低于承包定额指标的、资金回笼超过规定时间的，罚欠额部分的1%；此外公司领导积极为销售人员亲属排忧解难，解决其后顾之忧，使其感受到公司大家庭的温暖。这些举措极大地调动了广大销售人员的积极性和工作热情，努力开拓市场，为产品扩展销路，近年来，该公司产品的销售网络已由过去“两广”拓展到全国各省、市、自治区以及香港、新加坡等国家和地区。其中上海12个区的商业部门与该公司建立了长期稳定的产销关系。销售人员增至20人，销量比原来1987年的1430万元增长3.7倍。

——保优创新，增强后劲，该公司1982年研制出的全国首创药物麝香追风膏，是以多种名贵中草药为主要原料，对治疗风湿痛，关节痛、神经痛、扭伤等有显著效果。该产品屡次获得大奖，如获广东省技术开发成果奖；省优质产品称号；被全国第六届冬运会指定为外用药品；被中华医学会评为“信得过药品”；被广东省高新技术交易会评为“广东青年科技成果奖——广慈铜奖”。麝香追风膏以其追风力强，一贴见效，使用方便等优点，深受用户欢迎，销路广阔，一举成为该公司的拳头产品及企业的顶梁支柱。1987年决定扩大生产线，从一条生产线发展到三条，产量也由原468万盒增到1500万盒。

该公司在保持这一优良产品外，积极开发新产品。最近研制开发出的高新名优产品亚王止血海绵，已完成报批工作。临床及药理试验表明，质量上乘，药效优于当前国内外市场上畅销的同类药物。它不仅具有良好的抗菌消炎、止血止痛作用，还因其内含多种氨基酸而具有促进伤口快速愈合的性能，是当前创可贴类最高新科技成果，也是该公司继麝香追风膏之后的又一拳头产品。

在化妆品市场方面：所生产的茶籽洗发香波、洗洁精等，已经省、市技术监督局多次检测，均为优质产品，新开发了MT——护肤系列，适应冬夏及干、油性肌肤使用，是SOD化妆品的换代产品，还有与香港迪信国际贸易公司合作开发生产的免蒸营养焗油膏系列，和天然香港浴露系列新产品。目前这些产品市场状况良好，其中部分产品返销香港，最近该公司又根据市场的需求，开发了亮丝博士护发喷雾剂，该产品营养秀发，留香持久，是深受用户喜爱的新产品。

展望明天，该公司的领导已对今后的发展前景作了详尽的规划：有计划地利用股金，不断扩大生产规模，并向多元化方面发展，加快高新名优产品和新项目的开发；拟在湛江开发区投资兴建一座具有一定规模的“医药工业城”；加强各分厂的建设，使之在日用化妆品、一次性医疗用品、一次性卫生用品、药物包装材料等方面取得突破性进展，把公司建设成国内外著名的药物生产基地。

（撰稿　黄茂源　李在洲）

湛江经济技术开发区服务总公司

主要经营粮油、纺织品等商品的出口业务；经营机械设备、化工类等商品的进口业务；接受委托，代理上述进出口业务；承办中外合资经营，合作生产业务；承办来料加工、来样加工、来件装配业务；开展

外贸补偿业务(进、出口业务按对外贸易企业)兼营：审定证书的进出口商品目录办理

法人代表：袁志云

通讯地址：湛江市人民大道中70号服务总公司
电话：3380180 3380469
邮政编码：524022

霞海市场

霞海市场座落于湛江市海滨大道四路的东侧，附近有四航局、霞海船厂、码头、龙潮、梧阔和霞海村等企业和居民点。交通四通八达，独具经商的地缘优势。市场占地面积6435平方米，建筑面积9958平方米，由中心贸易区，周围固定商店，及一幢八层的贸易大厦构成。该市场是湛江经济技术开发区目前规模最大的综合集贸市场。

霞海市场是由湛江市工商行政管理局经济技术开发区分局投资兴建和管理的。于1992年12月28日破土动工，1994年1月29日竣工投入使用。并被评为市级农贸市场。它的建成，为进一步促进开发区的市场经济发展，发挥积极的作用。

南京纺织品进出口股份有限公司

南京纺织品进出口股份有限公司原为南京市纺织品进出口公司，是于1988年由国家外经贸部批准的专业性外贸企业，主要经营出口纺织、针织、服装、丝绸等四大类品种以及上述品种所需的原辅材料进口业务，同时承办经营范围的来料加工、进料加工、补偿贸易以及有关中外合资（合作）业务。1994年6月，公司改制为股份有限公司，现有职工230人，职能部门5个，进出口业务部门15个，拥有1个服装厂，3个海外企业，并在4个国家和地区设立了驻外代表处。还设立了广东、海南2个分公司，并建立了内贸经营部和购物商场。

公司在自营的最初几年中，由于缺乏外销经验，加上客户少，外贸人才短缺等等主客观因素，致使公司创汇不高、效益低下，后劲不足，1991年，出口总额仅为2000多万美元，在省内外外贸同行中处于落后地位。严峻的经济形势使我们认识到，要使我们这样一个处境艰难的市级外贸公司在激烈的市场竞争中站稳脚跟，唯有在上规模、拓市场方面加大力度、做好文章。

近几年来，公司抓住机遇、解放思想，努力转换经营机制，积极开拓国际市场，紧紧围绕扩大出口创汇这个中心工作，努力走国际化、实业化、多元化的发展道路，使企业呈现蓬勃生机。

1992年完成进出口总额6007万美元，比上年增长110%，其中，出口创汇4406万美元，比上年增长78%，人均创汇29.37万美元，比上年增长34%，1993年，在全国外贸企业出口创汇普遍滑坡的情况下，公司仍取得突破性飞跃，完成进出口总额10045万美元，比上年增长67%，成为南京市首家进出口总额突破1亿美元的企业，实现出口创汇6830.26万美元，比上年增长55%，人均创汇37万美元，比上年增长26%。我们用两年时间实现了出口创汇翻两番。由于我公司连续两年出口大幅度增长，1994年3月被国家外经贸部授予“全国十佳创汇企业”荣誉称号。并连续两年跨入全国500家大型进出口企业行列。1994年，我们面对纺织原料短缺、价格猛涨、出口成本上升、外销业务十分难做的不利局面，视挑战为机遇、变压力为动力，在全体员工同舟共济、奋力拚搏下，我公司终于实现了全年出口创汇突破1亿美元这个振奋人心的奋斗目标，率先成为南京市出口创汇超亿美元的企业。这年，我司完成进出口总额15046万美元，比上年增长49.8%，其中，出口创汇10730万美元，比上年增长57%，人均创汇50.6万美元，比上年增长36.8%。1995年，公司又被国家外经贸部评为“全国对外经贸优秀企业。”

我们的主要做法和体会是：

——转换经营机制，强化内部管理。自1992年以来，我们不失时机地抓住扩大对外开放的大好机遇，在结合自身实际，认真分析出口市场行情的基础

上，确立了“加大幅度上规模、促效益、上档次、上水平”的经营决策。为此，我们主动加大法码、自找压力，在制定1992、1993和1994年的创汇指标中，把增长幅度的“标杆”连续3年都放到50%至60%，逼迫着自己去奋力开拓。为了保证目标的实现，我们以转换内部经营机制为突破口，在强化内部管理上采取了积极措施。

首先以大胆放权来转换内部经营机制。我们变“集权”为“分权”，变“大锅”为“小灶”，先后将原来的4个业务部门切割扩大为15个，并赋予相当的权限，明确相应的责任和利益，这样，不仅使公司的高目标很快分解落实，而且使公司业务部门之间形成互相竞争的势态。第二，压缩、精简职能部门，由原来的8个管理科室精简到5个，使公司经营决策更加灵敏快捷，提高了工作效率；第三，优化人员组合，在企业内部引进竞争机制，公司内部实行层层聘用，并一改过去由公司统一调配给业务部门人员为由业务部经理们挑选录用新进人员，同时部门经理有权终止无工作实绩的业务员岗位合同，增强了公司员工的紧迫感和责任感；第四，实行三级目标分解，任务落实到人，并把出口创汇、完成利润的实绩和职工个人利益紧密联系在一起，奖金上不封顶，下不保底。为鼓励多干，公司对超计划的业务部给予奖励倾斜，并在经济责任制方面坚持稳定的考核办法，以保持政策的一贯性，真正体现拉开档次，多劳多得、奖勤罚懒、奖优罚劣的原则；第五，在建立现代企业制度方面迈出新步伐，1994年上半年，公司通过一系列深入细致的工作，实行了股份制的改组，产权清晰、责任明确、利益共享、风险共担的股份制机制，增强了公司凝聚力，职工们主动关心业务进度和发展前景，并把追求股份收益的愿望转化为全年经济指标的完成。由于我们目标明确、任务落实、分配公开、奖罚分明，从而极大地调动了公司员工的积极性和创造性，为完成高目标的创汇指标打下了扎实的工作基础。

——扩大出口规模，开拓多元化市场。近两年来，我们努力把年度奋斗目标变为具体行动准则，一着不让，一步不拉，加快了出口创汇的步伐。并加大实施多元化战略的力度。公司各业务部门积极寻找海外客商，不断开辟新的销售网点，一方面充分利用现有配额，力争提高出口商品档次和售价，同时带动非配额品种商品的出口，另一方面全力拓展纺织品非设限国家和地区的出口业务。我们在巩固和发展香港市场、欧美市场的基础上，重点开发了日本市场，加强开发中南美、中东和澳大利亚等新市场，并积极开拓对独联体、东欧的贸易。其中1994年重点拓展的日本市场，出口额占到全公司出口创汇的30%以上。

面对国内纺织原料涨价和国际市场行情，公司还及时、灵活地安排换汇成本，及时公布各业务部门控制成本的上限，在外销谈判中，不少业务员们充分发挥主观能动性，耐心细致、有理有节的对外商做好说服工作，在价格上据理力争，争取卖出好价格。在业务员的努力下，1994年公司商品外销价普遍比1993年上调了10%—15%，消化了相当一部分棉纱涨价因素。目前，我司商品出口覆盖面已达到50多个国家和地区，并与700多家国外客户有业务往来。

为提高公司出口信誉，我们坚持“以质取胜”的发展战略，切实推行出口商品质量管理责任制，实行全过程跟踪管理，同时，我们不断开发新商品，注重以优化商品结构来提高出口档次，积极培植国际市场适销货源，如：针棉织品色织印花布、印花双面绒、全棉提花地毯、日用五金等，并从原来单一的腈纶全棉等低档原料产品发展到以羊仔毛、兔毛为原料的细针高档毛衫，提高了出口效益。在抓好传统纺织商品经营的基础上，我们努力寻找新的出口增长点，在非纺织品商品的出口上动脑筋，想办法，1994年公司专门成立了机电部，一些机电产品相继打入国际市场，增强了公司的出口后劲。

——努力发展实业，增强企业后劲。为使公司在激烈的市场竞争中站稳脚跟，近两年来，我们在全力做好进出口业务、保证出口创汇任务完成的同时，努力走实业化、国际化、集团化的发展道路，为组成国外稳定的销售网络，我们已在日本的名古屋、美国的洛杉矶、新加坡建立了3家海外公司，在波兰、俄罗斯、德国及香港的几家公司也正在筹建中，并将在美国的纽约设立驻美公司的分支机构，这些海外窗口在寻找海外客户、掌握商情、了解市场、取得订单、拓宽外销渠道、开展灵活贸易、扩大出口规模等方面发挥了积极作用。另一方面，我们积极开发货源基地，对市区货源优先组织，并协助工业部门调整产品结构，扩大代理进出口业务；对外地货源，选择条件好，有潜力的工厂，采取多下订单，补贴等方式，给予重点扶持，形成稳定的出口供货渠道，我们先后与11家供货工厂开展了贸工联营，兴办了一批效益型、出口型实体，初步形成了以产业为龙头，以工带贸，以贸促工的发展模式，我们还投资650万元人民币与外商合资开办房地产、医疗器械、服装等企业，公司在六合县程桥乡兴办的金斯服装厂通过加快内部基本建设，加强职工培训、提高产品质量，使对外业务有了较快的发展，1994年，共生产出口服装20万件，与该厂有业务往来的公司和外商对其产品质量、交货期、内部设施等等均给予较高的评价。这些举措大大突破了外贸公司单纯经营进出口贸易的框架，提高了公司综合运筹能力，有力地增强了企业发展后劲。

——积极用好人才，加快公司发展。市场竞争说到底是人才竞争，近两年，我们通过选人用人的激励机制，成功地把全体员工的积极性和创造性凝聚到公司发展的事业上。自1992年以来，随着业务部门的增多，在配置新增部门的负责人时，公司领导打破常规，提拔了10多名30岁左右的年轻人。这些有较强外贸专业知识，并掌握一至二门外语的年轻人很快打开了工作局面。公司还积极安排年轻同志出国推销，参加各种规模的交易会，让他们独挡一面，经受摔打和磨炼，年青人的大量使用，使各业务部门增添了活力，呈现出你追我赶的竞争势头。如今，公司年青人占中层干部的比例达三分之二以上，“排排队吃果果”的传统用人方式早已成为过去，“谁有本事就为谁提供舞台”已成为公司员工相互竞争的有效动力。在这里没有谁对谁不服气的，代之而来的是相互在业务上的较劲。我们还积极发挥企业内部潜在人才优势，尽量把人才调到合适的工作岗位上去，从而使他们心情舒畅地干工作，在尊重人才，爱护人才的环境中，职工的积极性空前高涨，企业凝聚力大大增强。

与此同时，公司还广开门路，引进各种人才。我们不但主动到大专院校挑选专业对口的应届毕业生；而且向社会公开招聘人才；在对口工厂中选调懂专业、懂货源的人才。两年来共引进人才80多人。这些同志很快成为骨干力量，为公司扩大出口规模、拓展国际市场发挥了积极作用。

近年来，我公司在上级部门的关心支持下，在公司员工的奋力拚搏下，进出口业务有了较大的发展，并取得了一定的成绩，但我们也清醒地看到，随着社会主义市场经济的深入发展，外贸企业面临的宏观经营环境发生了很大的变化。尤其近两年来，多渠道出口新格局的逐步形成以及随之而来的日趋激烈的外贸人才竞争、生产企业的自营，都对国有外贸企业造成一定的冲击。为此，我们将始终保持清醒的头脑，要继续下大决心、花大气力，在扩大出口规模、提高经济效益上多做工作、做好工作。我们发展的总方向是：努力实施国际化、实业化、多元化、集团化的经营方针，逐步把本公司发展成为内外贸结合、工商结合、科工贸结合于一身的外贸集团公司，以在激烈的市场竞争中站稳脚跟，立于不败之地。

中外资江西常鑫瓷质砖有限公司

江西常鑫瓷质砖有限公司是九江市建筑陶瓷工业总公司与香港意宝建材股份有限公司合资兴办的中外合资企业。一期工程总投资1亿元人民币，1992年7月破土动工，1993年8月竣工投产。

公司从意大利引进了具有90年代国际先进水平的瓷质砖生产线，年产玻化砖200万平方米，抛光砖30万平方米，年工业产值达8000多万元，利税近2000万元，产品行销全国20多个省市，外销至澳大利亚、加拿大、东南亚国家和地区，成为我国长江中下游地区瓷质砖主要生产厂家。

在国家宏观调控力度加大，基本建设规模压缩，建材行业竞争日益激烈的情况下，这家公司主动面向市场，根据市场信息决定生产，强化企业内部管理，以优质的产品赢得用户，因而投产后仅一年多，就已步入了产供销良性循环的发展轨道。

公司现已建立了从生产——销售——信息反馈——生产一环扣一环的经营体系，它们在全国各地有40多个销售和信息网点，各地的市场行情信息能及时反馈到公司业务部，主管生产的公司经理则根据业务部汇总的信息，决定和调节生产的品种和数量，做到了产品适销对路。

为了保证产品质量，增强产品的竞争力，提高企业效益，该公司十分注意加强企业内部管理。一是建立了精简高效的管理体制和机构，公司实行董事会领导的总经理负责制，下设业务部、生产部、财务部和办公室，公司员工350多人，管理人员不足20人。二是严肃劳动纪律，员工上下班实行“打卡制”，无迟到早退现象。三是公司有一套健全的班组管理制度和岗位责任制，加强了班组、工序、车间三级核算，各项考核指标落实到人，与工资收入挂钩，总经理根据员工的工作能力和贡献大小，可随时增减薪水，有效地调动了员工的劳动积极性。特别在产品质量上，从严把关，既有具体的考核指标和赏罚制度，又有专人检查，保证了产品质量稳步提高，该公司生产的意宝牌瓷质砖系列产品，经国家建筑卫生陶瓷质量监督检试中心检测，产品的尺寸、表面质量、吸水率、抗弯曲强度、耐急冷急热性、莫氏硬度、耐磨性等8项指标，均达到或超过国家标准要求。

香港意宝建材股份有限公司对与中方的合作十分满意，对常鑫的前景充满信心，现已决定追加投资再上一条年产100万平方米的瓷质砖生产线。

法人代表：王家梁

企业地址：江西九江经济技术开发区九瑞路155号

邮政编码：332000

电话：（0792）8224416

传真：（0792）8228436

（撰稿　涂祈全）

柯电实业（中国）集团有限公司

柯电实业（中国）集团有限公司是国家工商总局注册登记的外商独资企业，是一跨国高科技产业集团。总部设在江西九江经济技术开发区内，在海南、兰州、开封等地建有分公司，开办了多家生产分厂，总投资已逾2亿元人民币。集团与美国、日本、台湾、香港等国家和地区的先进电子企业建立了技术协作关系。

柯电集团主要生产机电一体化的高科技产品，主导产品现有磁卡电度表和JFB172型轻卡发电机两个系列。其中磁卡电表为取代抄表收费的机械感应式电度表的新型智能电表，获得了国内专利和国际PCT专利，集团总部已形成年产30万台的生产能力。JFB172型轻卡发电机是引进日本专利技术的替代进口产品，公司正在建设年产15万台的生产线。

柯电集团总部1994年8月12日进入开发区，现已兴办了线路板生产、磁卡电表总装两个厂和一个机电开发公司。磁卡电表1995年1月8日正式投产以来，运行情况良好，目前日产值已达100余万元，全年产值可达2个多亿。产品倍受国内外市场青睐，上海、福建、四川、海南等地供电部门纷纷组团前来考察订货；香港客商已与柯电一次性签订了12万只电表、价值600万美元的订货合同。

柯电集团何以短期内如此快速发展？主要取决于他们在人才利用和产品开发上走出了自己的路子。

“爱人才、讲效益、重信誉、求发展”，这是董事长、泰籍华人柯于村先生的信条。为何把人才摆在第一位，他解释说：“现代企业的竞争是科技的竞争，归根到底是人才的竞争。”到目前为止，柯电不惜重金从全国各地聘用了计算机、电子、计量、机电一体化等方面的高中级科技人才和管理人员100多名，普通员工均面向社会择优聘用，通过培训上岗，并建立了正常的员工教育培训制度，有场地、有设备、有教员，使员工能适应生产的需要，不断提高自己的技术素质。在人才使用上，各尽其能，优胜劣汰。在职工生活方面，公司短期内就建起了职工食堂、宿舍和舞厅等娱乐场所，购置了上下班交通用车，使员工有一个较好的工作和生活环境，从而有利于人才的成长发育和进一步吸引人才。

柯电集团注重依靠新产品参与市场竞争，现已投入大量资金，成功地开发和引进的单、三相磁卡电度表、172型轻卡发电机都是高技术高附加值产品，其中磁卡表除继承旧式电表计量准确的优点外，还具有先买电后用电、磁卡刷卡输入、峰谷期分时计度、LED显示、提醒报警、故障报警和电资用完自动断闸等多种先进性能，深受供电管理部门的欢迎，它的推广应用，将为我国实现用电管理电脑化迈出重要的一步。

为了进一步适应市场需要，扩大生产，柯电集团已决定在九江经济技术开发区追加投资3.6亿元，用3年左右的时间，在现有基础上组建一个占地10万平方米的“柯电城”，以磁卡电表和轻卡发电机两大系列产品为龙头，建设磁卡电表总装、磁卡电表控制线路板、磁卡电表基表、汽车发电机及起动机、继电器、变压器、印刷线路板、整流子、定转子、压锵外壳、模具机加工零件、彩印包装等12条生产线。目前，“柯电城”已经有关部门批准立项，规划设计和土地征用已经完成，其余各项筹建工作正在紧锣密鼓进行。它的建成，可使年产值达到15.2亿元，年利税 2.5 亿元，将为繁荣九江地方经济作出新的贡献，对我国的电力管理事业和汽车工业的发展起到积极的作用。

法人代表：柯于村

企业地址：江西九江经济技术开发区西三路

邮政编码：332000

电话：（0792）8228567

传真：（0792）8228563

（撰稿　卢友华）

西安杨森制药有限公司

西安杨森制药有限公司 1985 年 10 月 22 日注册成立，是我国医药工业目前规模最大、品种最多、剂型最全的先进技术型现代化中外合资制药企业。合资中方是陕西省医药工业公司、中国医药对外贸易总公司、中国医药工业公司和陕西省汉江制药厂。合资外方是比利时杨森制药有限公司。总投资额 1.9 亿元，注册资本：1.09 亿元人民币，中外出资比例：比方 52%，中方 48%。合营期限：50 年（1985—2035）。整个厂区占地面积：113，400 平方米（170 亩），总建筑面积：35620 平方米。职工总数：600 人。

主要产品及用途：

吗丁啉（多潘立酮）：胃动力及止吐药。息斯敏（阿司咪唑）：一日一次无嗜睡副作用的抗组胺药。西比灵（盐酸氟桂嗪）：治疗头痛、头昏、偏头痛的钙拮抗剂。达克宁（硝酸咪康唑）：广谱抗真菌药。里索劳（酮康唑）：口服广谱抗真菌药。易蒙停（洛哌丁胺）：速效强力止泻药。安乐士（甲苯咪唑）：首选广谱驱肠虫药。安度利可（癸酸氟哌叮醇）：每月一次的长效抗精神病药。斯皮仁诺（伊曲康唑）：新一代口服广谱抗真菌药。普瑞博思（西沙必利）：新一代全胃肠道促动力药。采乐 2%洗剂（酮康唑）：治疗头皮屑和脂溢性皮炎。立复汀（左卡巴斯汀）：新一代抗过敏药。

西安杨森项目 1987 年 3 月 1 日正式破土动工，1989 年 3 月 4 日部分产品投产，1990 年 4 月全面建成投产。

公司从厂房的设计、建造、到设备的安装、调试、生产的工艺、技术等，均达到世界卫生组织（WHO）的要求以及药品生产管理规范（GMP）标准。生产过程采用比利时杨森公司提供的技术与设备，实行全封闭式生产，自动流水线作业和程控操作，各工位均采取了严密有效的质量保证措施。各主要岗位的操作和管理人员均接受了比利时杨森制药公司的培训。结合中国国情，公司大胆地引进了先进的国际管理，实行以市场营销为笼头的现代经营管理体制，制定了一整套严格的科学管理制度，使各项工作趋于标准化、规范化、系统化，使企业内部运行机制协调高效。公司引进生产的比利时杨森专利产品具有疗效显著、剂量小、剂型多、使用方便和安全可靠等特点，使其在激烈的市场竞争中显示出极大的优势，深受广大的患者、医生、药剂师的欢迎。

公司全面投产的第一年，即 1990 年的销售额就突破了可行性预测，完成了 1.58 亿人民币，一跃跨入全国 50 家最大经营规模医药工业企业行列。1991 年西安杨森实现净销售额 4.56 亿元，实现利税 1.99 亿元。跨入全国最大 500 家工业企业行列，在全国十大最佳合资企业评比中名列第四。1992 年和 1993 年连续两年在全国十大最佳合资企业评比中荣获榜首。

公司自 1989 年 6 月至 1994 年底，共实现净销售额 26.04 亿元，实现净利润 6.87 亿元，相当于再建 4.5 个西安杨森。5 年来，上缴国家各种税金达 3.18 亿元，相当于再建 2 个西安杨森。几年来的成功合作，使中外双方对管理和建设好西安杨森充满了信心。

企业法人（董事长）：郑　鸿

地址：中国陕西省西安市万寿北路 34 号

电话：（029）3234455

传真：（029）3235161

邮政编码：710043

西安翠宝首饰集团公司

西安翠宝首饰集团公司是一个具有珠宝首饰制造、宝石及矿产品开发、珠宝黄金制品经销、旅游度假、酒店服务、花卉栽培、新材料产品开发等多种经营功能，独立自主，自负盈亏的法人实体。集团公司是在原“西安翠宝首饰公司”不断拓展中于1992年7月在西安组建成立的，现拥有18个成员单位，分布于泰国、新加坡、澳大利亚、美国等国家及香港、深圳、珠海、桂林、东兴、北京、乌鲁木齐等地，目前已拥有员工上千名，自有资产1亿多元，控股资产近3亿元。集团公司面向国内外市场，融科研、生产、贸易为一体，是一个科工贸一条龙的跨国外向型公司。

1988年，在国际首饰行业，珠宝首饰走俏，而国内市场随着改革开放的深化，人民群众生活水平不断提高，人们的价值观念和消费观念发生极大的转变，金银珠宝首饰制品市场前景看好的状况下，西安翠宝首饰公司应运而生。企业初建时，设备简陋，资金周转、产品销售方面存在诸多困难。企业领导面对此情，认真研究了企业内、外环境，制定了“以传统民族工艺为本，吸收国外先进技术和多流派艺术特色，独创翠宝风格，使翠宝产品走向世界”的发展战略思想。在这一思想指导下，翠宝首饰公司在市场经济的海洋中奋力拚搏，四年连迈大步，1988年出口创汇12万美元，实现了当年建厂、当年投产，当年见效的目标；1989年创汇57万美元，比1988年增长3.75倍，1990年创汇151万美元，比1988年增长28.25倍。四年出口创汇总额达571万美元，被国家经贸部、农业部授予“出口创汇大户”荣誉称号。1988—1991年开发新产品6个，创市优产品6个。1991年翠宝公司继续保持良好的发展势头，当年完成工业总产值2686万元，完成销售收入2268万元，实现利润287.87万元，均较上年有成倍增长。

1992年是我国改革开放具有重大意义的一年，也是西安翠宝首饰公司发展史上重要的转折时期。邓小平同志南巡讲话和党的十四大，使改革开放进一步深化，我国全面实行市场经济，企业面临市场竞争的激烈挑战，为了在激烈的市场竞争中获得持续发展，翠宝首饰公司在保持天然珠宝项链生产的同时调整产品结构，扩大宝石镶嵌饰品、玉石围棋、黄金饰品的生产和销售，1992年将原单一的项链产品拓展为宝石戒面、玉石围棋、墨玉兵马俑阵、金属镶嵌、玉石雕件等6大系列近千个花色品种，并形成批量生产能力。为了适应市场营销的需要，还在深圳建立了包装生产企业，为公司首饰制品生产配套，使翠宝产品独具特色，在国际市场上更具竞争力。

近年来，翠宝首饰公司始终把产品出口创汇做为重点工作，经常性的有目的派员到国外考察市场，采购原料和设备，学习别国先进的加工工艺和管理方法，积极拓宽销售渠道，增加销售网点，尽可能地并有选择地在国外兴办公司、办事处。翠宝在国外设立的分公司、办事处在市场信息收集反馈、公司和外商的联络及进出口业务的拓展中起了重要作用。同时，公司还不定期邀请外商前来考察谈生意，广泛地交结外国商界朋友，以达到吸引外资，随时寻找合作机会。真正地在全公司形成了一个“外抓市场，内抓现场”的局面。

1992年，翠宝公司在1991年与港商合资创办西安丰汇珠宝有限公司的基础上，又相继筹办了西安海尔森海石材料有限公司，香港华信联合发展有限公司等分公司，为了使其产品在国际市场更具竞争能力，在国内市场立于不败之地，西安翠宝首饰公司于当年7月在西安成立了西安翠宝首饰集团公司，下辖13个海内外成员单位。集团公司通过与国内外客商的广泛交往、洽商，采用合资合股、扩散、兼并、自办等多种形式办实体，并坚持以珠宝首饰生产为主，发展多种经营，多业拓展的指导思想，把集团公司的经营范围拓宽到宝石矿产品开发，珠宝黄金首饰制品生产与经销，高科技产品开发、旅游度假、汽车修理、工艺品包装等行业，使集团公司真正具备承受全面市场经济冲击的能力，具备了在国内外市场竞争的实力。1992年，集团公司实现工业总产值5819.8万元，是1991年的216%，各项主要经济指标基本上实现了翻番的目标，并实现出口创汇额417万美元，增强了集团公司的经济实力，扩大了国内外市场，取得了较好的经济效益。

1993年，集团公司面对日趋激烈的市场竞争，在进一步深化企业内部改革，发展巩固原有生产经营能力的基础上，为了求得更大发展，适时地调整产品结构。根据对市场的研究分析，加速进行了围棋生产线、黄金线和钻石生产线的技改工作，扩大生产经营规模。一季度末三项技改投产达效。为集团公司1993年实现产值上亿，在1992年经济指标的基础上再翻一番的目标打下了良好的基础。同时，西安翠宝首饰集团公司为求得更大发展，适应国内市场经济发展要求，开始着手进行企业的股份制试点工作，于当年11月与另外两家单位共同发起建立了西安达尔曼实业股份有限公司，并以占总股本40%的比例成为第一大股东。以此为契机，西安翠宝首饰集团公司在1994年里，加大对企业产品结构调整的力度，涉及的生产领域进一步扩展到新材料、房地产、花卉栽培、酒店服务等领域。当年实现工业总产值16622万元，出口创汇768万美元，年平均增长率分别达到68.2%和61.35%，被评为“陕西省最佳效益工业企业”、“西安市乡镇企业十强”第一名。至此，西安翠宝首饰集团公司的发展规模已在西北乡镇企业中名列前茅。

法人代表：许宗林

地址：西安市韩森寨爱民路19号

邮政编码：710043

电话：（029）3237504　3237280

传真：（029）3237503

武汉富诚实业有限公司

详细地址：汉阳大道铁桥村洪湖汉办207房

法定代表人：朱伯山

电话号码：4874253

经济性质：有限责任（国内合资）

注册资金：伍仟万元

主营：汽车车身、车架的生产、销售；机电产品、汽车、摩托车、改装车的生产、销售；汽车配件、化工产品（不含危险品）的销售。

武汉经济技术开发区建设开发总公司

地　　址：武汉经济技术开发区

法定代表人：高秀煌

电话号码：2813736

经济性质：全民所有制

注册资金：伍仟零贰万贰仟元

主营：承担开发区内土地批租、征地拆迁、房地产开发、施工建设等业务。兼营：第三产业。

武汉神龙实业开发总公司

地　　址：汉阳郭茨口

法定代表人：李树兴

电话号码：4874408

经济性质：集体所有制

注册资金：伍仟捌佰参拾万元

主营：组装、改装、经营销售各类轿卡车及汽车配件、金属材料、建筑材料、燃料、电器机械及配件、五金交电。兼营：百货、副食、土产品、日用杂品、烟酒零售、照像、彩扩（含分支机构经营范围）。

武汉生物工程股份有限公司

地　　址：武汉经济技术开发区绿岛科技园
法定代表人：戴清赐
电话号码：7843615　446
经济性质：股份制
注册资金：陆仟万元

主营：生物工程新高技术的开发和应用；生物制品、血液制品、单克隆重抗体系列制品等的科研、产品试制、生产和经营；生物制品和药品的原材料、半成品委托加工及其进口业务。生物工程技术的技术咨询，技术服务，技术转让等。

神龙汽车有限公司

神龙汽车有限公司是中国东风汽车公司同法国雪铁龙公司合资的大型轿车生产和经营企业，是目前法国在华投资最多的企业，也是国家“八五”计划的重点建设项目之一和武汉经济技术开发区的主体项目。该公司的建设规模为年产30万辆轿车、40万台发动机。一次规划、两期建设。第一期工程为年产15万辆轿车、20万台发动机。计划于1996年投产。总投资为103.58亿元。股东各方的投资比例为：东风汽车公司70%，雪铁龙汽车公司25%，法国兴业银行4%，法国巴黎国民银行1%。该公司第一期生产的产品为“富康”牌轿车。它是引进的雪铁龙公司90年代最新开发的ZX系列产品。第二期生产雪铁龙AX车型，主要作为家庭用车。

负责人：马跃
地址：武汉市汉阳郭茨口
电话：4874407。

武汉万通汽车有限公司

武汉万通汽车有限公司是1993年元月由香港永升发展有限公司、东风汽车公司、东风武汉轻型汽车公司共同组建的合资企业。1994年9月，韩国现代汽车公司、武汉汽车工业公司加盟该公司。该公司以东风武汉轻型汽车公司WHQ6450系列轻型汽车为基础，引进先进技术和设备，在武汉经济技术开发区异地扩建、生产、销售轻型客车和其他轻型专用汽车。该项目近期目标为年产汽车3万辆，最终目标为年产12万辆。总投资2980万美元。

负责人：张九瑶
地址：武汉经济技术开发区
电话：4874487。

中外合资武汉华新电线电缆有限公司

地　　址：武汉汉阳大道521号特1号
法定代表人：稽德斌
经营范围：通信电缆制造
总 投 资：1500万美元
电　　话：4871122

中外合资武汉耀华皮尔金顿安全玻璃有限公司

地　　址：武汉市汉阳玫瑰园路特1号

负 责 人：李志清

经营范围：汽车玻璃制造

总 投 资：2200万美元

电　　话：4877223

中外合资武汉可口可乐饮料有限公司

地　　址：武汉市汉口宝丰一路99号

负 责 人：吴汉桥

经营范围：饮料制造

总 投 资：2998万美元

电　　话：4891039

佳能大连办公设备有限公司

经营范围：佳能大连办公设备有限公司是佳能株式会社在中国100%出资的日本独资企业。公司成立于1989年9月9日，注册资金85亿日元，总投资额255亿日元，占地面积17万平方米，现有职工总数2，300人。公司生产经营激光打印机等办公设备专用复印暗盒及诸暗盒的其它零部件。

法人代表：森川照夫

邮政编码：116600

通讯地址：大连经济技术开发区大庆路23号

电　　话：7613333

传　　真：7611645

大连万事通电信电缆有限公司

经营范围：主要生产通信电缆、光缆，全部生产设备均由国外引进，主要原材料均由国外进口。年生产能力为通信电缆350万对公里，光缆15万公里，产品质量达到国际先进水平。

万事通公司还从事水产加工及葡萄酒酿造业，其质量和规模亦居于国内前列。

法人代表：张瑞明

邮政编码：116600

通讯地址：大连经济技术开发区伊春路2号大连万事通电信电缆公司

电　　话：7616366

传　　真：7611712

大连桑扶兰丝绸服装有限公司

经营范围：高档女式内衣；羊绒衫；丝绸服装， 高级男式短裤；男式西装系列。产品主要销往日本、香港、欧洲等国家和地区，深受国内外广大客户的喜爱和信赖。

法人代表：泽本良平

邮政编码：116600

通讯地址：大连经济技术开发区东北大街

电　　话：7616095

传　　真：7616613

辉瑞制药有限公司（中国·大连）

经营范围：生产化学药品原料药，制剂药；畜用化学药品原料药，制剂药；农用杀菌剂，植物生长激素，微生物农药原料药及医疗器械。

法人代表：张兴功

邮政编码：116600

通讯地址：大连经济技术开发区大庆路22号

电　　话：（0411）7615400

传　　真：（0411）7615444

大连原田工业有限公司

经营范围：生产销售各种汽车天线、电视机天线、电缆线、微型马达、电动控制器和电动控制器基板等。年产值达3100万美元。产品99%出口，销量占世界市场三分之一强。

法人代表：藤田菊雄

邮政编码：116600

通讯地址：大连开发区长春路11号

电　　话：7612111

传　　真：7612117

大连工业团地开发管理有限公司

经营范围：大连工业团地开发管理有限公司是1992年10月由中日两国政府及日本民间21家著名企业共同出资成立的国内首家土地包片开发企业。主要经营项目有：工业团地包片开发、土地使用权转让、团地经营管理和项目咨询服务。开发总面积2.17平方公里，可转让面积1.84平方公里。1994年已完成基础设施建设，现已投产或建设中的入居企业20多家，将来可引进近70家企业。本团地处东北经济窗口——大连开发区，是工业企业投资的理想场所。

欢迎国内外有识之士前来洽谈。

法人代表：酒井　满

邮政编码：116600

通讯地址：大连经济技术开发区大连工业团地33—14

电　　话：7614464

传　　真：7614463

联 系 人：前田稔夫

万宝至马达大连有限公司

经营范围：生产各种微型直流电机，年产量达2亿多个，销往世界各地。产品主要用于音响汽车、照像机、摄像机、办公用品、家电工具、家电用品、玩具等。是1987年10月成立的中国第一家外资企业，为东北地区第一家外资企业通过ISO9000质量保证体系。

法人代表：西村祥二

邮政编码：116600

通讯地址：大连经济技术开发区哈尔滨路41号
电　　话：7611111
传　　真：7612900

大连三洋制冷有限公司

经营范围：大连三洋制冷有限公司投资总额35亿日元，引进日本三洋电机株式会社处于90年代高科技领先水平的C型双效溴化锂制冷机的生产技术。该产品具有节能、高效、无污染、体积小、重量轻等优点。控制系统采用微电脑自动控制调节。可广泛应用于大型办公楼、旅馆、饭店、百货商场、影剧院、体育馆、工厂、油田等国民经济的各领域。

法人代表：佐野　真
邮政编码：116600
通讯地址：经济技术开发区31#小区
电　　话：7617375
传　　真：7616276

TDK大连电子有限公司

经营范围：主要生产彩电偏转线圈用磁芯及应用于电视、录放录像设备、办公设备、通讯设备等高精密电子零件的组装加工，销售。

法人代表：熊谷喜美男
邮政编码：116600
通讯地址：大连经济技术开发区30号工业小区
电　　话：0411—7614455（总机）
　　　　　7614977
传　　真：0411—7614955

大连成吉思汗皮装有限公司

经营范围：公司主要生产经营中、高档皮装、皮革制品、牛仔装、羽绒服等“成吉思汗”系列产品，在业内人士协助下，迅速形成以大连为基地，辐射长江以北中国地区的300余家商店连锁销售网，产品远销日本、韩国、欧洲、美国。

法人代表：杨锡杰
邮政编码：116600
通讯地址：开发区赤峰街
电　　话：7614481
传　　真：7614481

东芝大连有限公司

经营范围：产业用小型电机的制造，视频产品专用配套件，印刷线路板、偏转线圈、高频调谐器，录放像机磁鼓马达和电子器件延迟线的制造。公司是日本东芝集团在中国大陆投资最大的独资公司，投资总额达109亿日元，注册资金79亿日元，占地面积12.6万米^2，现有员工1，085人。

法人代表：北村守
邮政编码：116600
通讯地址：大连开发区翠竹小区鞍山路
电　　话：7614111（总机）
传　　真：7613259

大连振鹏工业城开发管理有限公司

大连振鹏工业城开发管理有限公司是专业从事土地开发和基础设施建设的合资企业，参照世界发达国家工业区开发的成功模式，在大连经济技术开发区投资建设基础设施完善，规划合理的工业区和服务功能齐全的生活区。总体规划面积1.825平方公里。其中工业区1.19平方公里，生活区0.635平方公里。现在公司已完成道路、供水、供电、供热、蒸气、燃气、通讯、排水、排污及场地平整等基础设施建设，并向投资者转让工业用地和生活用地使用权。大连振鹏工业城开发管理有限公司及开发区公共管理部门对振鹏工业城实施完善、可靠的物业管理。同时，公司将为企业投资办厂提供一流的服务。

法人代表：肖振友

邮政编码：116600

通讯地址：大连开发区长春路科工贸大厦D座

电　　话：7616740　7614092

传　　真：7614091

黑河经济合作区建设开发公司

经营范围：公司下设5个分公司，注册资金1400万元，总资本4000万元，职工人数为120人。主营：沥青砼生产、道路建设、工程运输、经济贸易、旅游、化工制品等。竭诚欢迎国内外企业界朋友与我公司广泛合作，共图未来。

法人代表：陶　然

邮政编码：164300

通讯地址：黑河合作区二环路100号

电　　话：（0456）8263377

传　　真：（0456）8261846

上海安普连接器有限公司

经营范围：生产销售各行业用各类互连系统（包括连接器）和上述产品专用工夹具、设备提供技术服务。

法人代表：邹国经

邮政编码：201103

通讯地址：上海桂平路668号

电　　话：4700602

传　　真：4700728

上海爱梯恩梯光纤有限公司

经营范围：生产、销售光纤的相关产品及提供售后服务。

法人代表：郎锋军

邮政编码：200233

通讯地址：上海钦口路200号

电　　话：4701867

传　　真：4700939

上海大霸电子有限公司

经营范围：生产销售有线无线通信终端设备、传输设备等通信器材、电子计算机软硬件及其周边产品、塑胶制品。

总经理：陈冠俊

邮政编码：200233
通讯地址：上海市桂平路470号14号楼6楼
电　　话：4820198
传　　真：4723400

上海中电打印设备有限公司

经营范围：开发、生产、销售打印机系列产品，提供产品售后服务和打印机技术咨询。

法人代表：沈树建

邮政编码：200233
通讯地址：上海市桂平路481号21号厂房二楼
电　　话：4834244
传　　真：4835579

上海杜邦光掩模有限公司

经营范围：生产销售光掩模。

法人代表：刘元虎

邮政编码：200233
通讯地址：上海市宜山路800号
电　　话：4823636
传　　真：4823737

法 规 篇

中华人民共和国台湾同胞投资保护法

(1994年3月5日第八届全国人民代表大会常务委员会第六次会议通过，1994年3月5日中华人民共和国主席令第二十号公布施行)

第一条 为了保护和鼓励台湾同胞投资，促进海峡两岸的经济发展，制定本法。

第二条 台湾同胞投资适用本法；本法未规定的，国家其他有关法律、行政法规对台湾同胞投资有规定的，依照该规定执行。

本法所称台湾同胞投资是指台湾地区的公司、企业、其他经济组织或者个人作为投资者在其他省、自治区和直辖市投资。

第三条 国家依法保护台湾同胞投资者的投资、投资收益和其他合法权益。

台湾同胞投资必须遵守国家的法律、法规。

第四条 国家对台湾同胞投资者的投资不实行国有化和征收；在特殊情况下，根据社会公共利益的需要，对台湾同胞投资者的投资可以依照法律程序实行征收，并给予相应的补偿。

第五条 台湾同胞投资者投资的财产、工业产权、投资收益和其他合法权益，可以依法转让和继承。

第六条 台湾同胞投资者可以用可自由兑换货币、机器设备或者其他实物、工业产权、非专利技术等作为投资。

台湾同胞投资者可以用投资获得的收益进行再投资。

第七条 台湾同胞投资，可以举办合资经营企业、合作经营企业和全部资本由台湾同胞投资者投资的企业（以下统称台湾同胞投资企业），也可以采用法律、行政法规规定的其他投资形式。

举办台湾同胞投资企业，应当符合国家的产业政策，有利于国民经济的发展。

第八条 设立台湾同胞投资企业，应当向国务院规定的部门或者国务院规定的地方人民政府提出申请，接到申请的审批机关应当自接到全部申请文件之日起四十五日内决定批准或者不批准。

设立台湾同胞投资企业的申请经批准后，申请人应当自接到批准证书之日起三十日内，依法向企业登记机关登记注册，领取营业执照。

第九条 台湾同胞投资企业依照法律、行政法规和经审批机关批准的合同、章程进行经营管理活动，其经营管理的自主权不受干涉。

第十条 在台湾同胞投资企业集中的地区，可以依法成立台湾同胞投资企业协会，其合法权益受法律保护。

第十一条 台湾同胞投资者依法获得的投资收益、其他合法收入和清算后的资金，可以依法汇回台湾或者汇往境外。

第十二条 台湾同胞投资者可以委托亲友作为其投资的代理人。

第十三条 台湾同胞投资企业依照国务院关于鼓励台湾同胞投资的有关规定，享受优惠待遇。

第十四条 台湾同胞投资者与其他省、自治区和直辖市的公司、企业、其他经济组织或者个人之间发生的与投资有关的争议，当事人可以通过协商或者调解解决。

当事人不愿协商、调解的，或者经协商、调解不成的，可以依据合同中的仲裁条款或者事后达成的书面仲裁协议，提交仲裁机构仲裁。

当事人未在合同中订立仲裁条款，事后又未达成书面仲裁协议的，可以向人民法院提起诉讼。

第十五条 本法自公布之日起施行。

中华人民共和国对外贸易法

（1994年5月12日第八届全国人民代表大会常务委员会第七次会议通过，1994年5月12日中华人民共和国主席令第二十二号公布施行）

第一章 总 则

第一条 为了发展对外贸易，维护对外贸易秩序，促进社会主义市场经济的健康发展，制定本法。

第二条 本法所称对外贸易，是指货物进出口、技术进出口和国际服务贸易。

第三条 国务院对外经济贸易主管部门依照本法主管全国对外贸易工作。

第四条 国家实行统一的对外贸易制度，依法维护公平的、自由的对外贸易秩序。

国家鼓励发展对外贸易，发挥地方的积极性，保障对外贸易经营者的经营自主权。

第五条 中华人民共和国根据平等互利的原则，促进和发展同其他国家和地区的贸易关系。

第六条 中华人民共和国在对外贸易方面根据所缔结或者参加的国际条约、协定，给予其他缔约方、参加方或者根据互惠、对等原则给予对方最惠国待遇、国民待遇。

第七条 任何国家或者地区在贸易方面对中华人民共和国采取歧视性的禁止、限制或者其他类似措施的，中华人民共和国可以根据实际情况对该国家或者该地区采取相应的措施。

第二章 对外贸易经营者

第八条 本法所称对外贸易经营者，是指依照本法规定从事对外贸易经营活动的法人和其他组织。

第九条 从事货物进出口与技术进出口的对外贸易经营，必须具备下列条件，经国务院对外经济贸易主管部门许可：

（一）有自己的名称和组织机构；

（二）有明确的对外贸易经营范围；

（三）具有其经营的对外贸易业务所必需的场所、资金和专业人员；

（四）委托他人办理进出口业务达到规定的实绩或者具有必需的进出口货源；

（五）法律、行政法规规定的其他条件。

前款规定的实施办法由国务院规定。

外商投资企业依照有关外商投资企业的法律、行政法规的规定，进口企业自用的非生产物品，进口企业生产所需的设备、原材料和其他物资，出口其生产的产品，免予办理第一款规定的许可。

第十条 国际服务贸易企业和组织的设立及其经营活动，应当遵守本法和其他有关法律、行政法规的规定。

第十一条 对外贸易经营者依法自主经营、自负盈亏。

第十二条 对外贸易经营者从事对外贸易经营活动，应当信守合同，保证商品质量，完善售后服务。

第十三条 没有对外贸易经营许可的组织或者个人，可以在国内委托对外贸易经营者在其经营范围内代为办理其对外贸易业务。

接受委托的对外贸易经营者应当向委托方如实提供市场行情、商品价格、客户情况等有关的经营信息。委托方与被委托方应当签订委托合同，双方的权利义务由合同约定。

第十四条 对外贸易经营者应当按照国务院对外经济贸易主管部门的规定，向有关部门提交与其对外贸易经营活动有关的文件及资料。有关部门应当为提供者保守商业秘密。

第三章 货物进出口与技术进出口

第十五条 国家准许货物与技术的自由进出口。但是，法律、行政法规另有规定的除外。

第十六条 属于下列情形之一的货物、技术，国家可以限制进口或者出口：

（一）为维护国家安全或者社会公共利益，需要限制进口或者出口的；

（二）国内供应短缺或者为有效保护可能用竭的国内资源，需要限制出口的；

（三）输往国家或者地区的市场容量有限，需要限制出口的；

（四）为建立或者加快建立国内特定产业，需要限制进口的；

（五）对任何形式的农业、牧业、渔业产品有必要限制进口的；

（六）为保障国家国际金融地位和国际收支平衡，需要限制进口的；

（七）根据中华人民共和国所缔结或者参加的国际条约、协定的规定，需要限制进口或者出口的。

第十七条 属于下列情形之一的货物、技术，国家禁止进口或者出口：

（一）危害国家安全或者社会公共利益的；

（二）为保护人的生命或者健康，必须禁止进口或者出口的；

（三）破坏生态环境的；

（四）根据中华人民共和国所缔结或者参加的国际条约、协定的规定，需要禁止进口或者出口的。

第十八条 国务院对外经济贸易主管部门应当会同国务院有关部门，依照本法第十六条、第十七条的规定，制定、调整并公布限制或者禁止进出口的货物、技术目录。

国务院对外经济贸易主管部门或者由其会同国务院有关部门，经国务院批准，可以在本法第十六条、第十七条规定的范围内，临时决定限制或者禁止前款规定目录以外的特定货物、技术的进口或者出口。

第十九条 对限制进口或者出口的货物，实行配额或者许可证管理；对限制进口或者出口的技术，实行许可证管理。

实行配额或者许可证管理的货物、技术，必须依照国务院规定经国务院对外经济贸易主管部门或者由其会同国务院有关部门许可，方可进口或者出口。

第二十条 进出口货物配额，由国务院对外经济贸易主管部门或者国务院有关部门在各自的职责范围内，根据申请者的进出口实绩、能力等条件，按照效益、公正、公开和公平竞争的原则进行分配。

配额的分配方式和办法由国务院规定。

第二十一条 对文物、野生动植物及其产品等货物、物品，其他法律、行政法规有禁止进出口或者限制进出口规定的，依照有关法律、行政法规的规定办理。

第四章 国际服务贸易

第二十二条 国家促进国际服务贸易的逐步发展。

第二十三条 中华人民共和国在国际服务贸易方面根据所缔结或者参加的国际条约、协定中所作的承诺，给予其他缔约方、参加方市场准入和国民待遇。

第二十四条 国家基于下列原因之一，可以限制国际服务贸易：

（一）为维护国家安全或者社会公共利益；

（二）为保护生态环境；

（三）为建立或者加快建立国内特定的服务行业；

（四）为保障国家外汇收支平衡；

（五）法律、行政法规规定的其他限制。

第二十五条 属于下列情形之一的国际服务贸易，国家予以禁止：

（一）危害国家安全或者社会公共利益的；

（二）违反中华人民共和国承担的国际义务的；

（三）法律、行政法规规定禁止的。

第二十六条 国务院对外经济贸易主管部门和国务院有关部门，依照本法和其他有关法律、行政法规，对国际服务贸易进行管理。

第五章 对外贸易秩序

第二十七条 对外贸易经营者在对外贸易经营活动中，应当依法经营，公平竞争，不得有下列行为：

（一）伪造、变造或者买卖进出口原产地证明、进出口许可证；

（二）侵害中华人民共和国法律保护的知识产

权；

（三）以不正当竞争手段排挤竞争对手；

（四）骗取国家的出口退税；

（五）违反法律、行政法规规定的其他行为。

第二十八条 对外贸易经营者在对外贸易经营活动中，应当依照国家有关规定结汇、用汇。

第二十九条 因进口产品数量增加，使国内相同产品或者与其直接竞争的产品的生产者受到严重损害或者严重损害的威胁时，国家可以采取必要的保障措施，消除或者减轻这种损害或者损害的威胁。

第三十条 产品以低于正常价值的方式进口，并由此对国内已建立的相关产业造成实质损害或者产生实质损害的威胁，或者对国内建立相关产业造成实质阻碍时，国家可以采取必要措施，消除或者减轻这种损害或者损害的威胁或者阻碍。

第三十一条 进口的产品直接或者间接地接受出口国给予的任何形式的补贴，并由此对国内已建立的相关产业造成实质损害或者产生实质损害的威胁，或者对国内建立相关产业造成实质阻碍时，国家可以采取必要措施，消除或者减轻这种损害或者损害的威胁或者阻碍。

第三十二条 发生第二十九条、第三十条、第三十一条规定的情况时，国务院规定的部门或者机构应当依照法律、行政法规的规定进行调查，作出处理。

第六章 对外贸易促进

第三十三条 国家根据对外贸易发展的需要，建立和完善为对外贸易服务的金融机构，设立对外贸易发展基金、风险基金。

第三十四条 国家采取进出口信贷、出口退税及其他对外贸易促进措施，发展对外贸易。

第三十五条 对外贸易经营者可以依法成立和参加进出口商会。

进出口商会应当遵守法律、行政法规，依照章程对其会员的对外贸易经营活动进行协调指导，提供咨询服务，向政府有关部门反映会员有关对外贸易促进方面的建议，并积极开展对外贸易促进活动。

第三十六条 中国国际贸易促进组织依照章程开展对外联系，举办展览，提供信息、咨询服务和其他对外贸易促进活动。

第三十七条 国家扶持和促进民族自治地方和经济不发达地区发展对外贸易。

第七章 法律责任

第三十八条 走私禁止进出口或者限制进出口的货物，构成犯罪的，依照惩治走私罪的补充规定追究刑事责任；不构成犯罪的，依照海关法的规定处罚。国务院对外经济贸易主管部门并可以撤销其对外贸易经营许可。

第三十九条 伪造、变造进出口原产地证明、进出口许可证，依照刑法第一百六十七条的规定追究刑事责任；买卖进出口原产地证明、进出口许可证或者买卖伪造、变造的进出口原产地证明、进出口许可证，比照刑法第一百六十七条的规定追究刑事责任。

单位犯前款罪的，判处罚金，并对单位直接负责的主管人员和其他直接责任人员依照或者比照刑法第一百六十七条的规定追究刑事责任。国务院对外经济贸易主管部门并可以撤销其对外贸易经营许可。

明知是伪造、变造的进出口许可证而用以进口或者出口货物，依照本法第三十八条的规定处罚。

第四十条 违反本法规定，进口或者出口禁止进出口或者限制进出口的技术，构成犯罪的，比照惩治走私罪的补充规定追究刑事责任。

第四十一条 国家对外贸易工作人员玩忽职守、徇私舞弊或者滥用职权，构成犯罪的，依法追究刑事责任；不构成犯罪的，给予行政处分。

国家对外贸易工作人员利用职务上的便利，索取他人财物，或者非法收受他人财物为他人谋取利益，构成犯罪的，依照惩治贪污罪贿赂罪的补充规定追究刑事责任；不构成犯罪的，给予行政处分。

第八章 附 则

第四十二条 国家对边境城镇与接壤国家边境城镇之间的贸易以及边民互市贸易，采取灵活措施，给予优惠和便利。具体办法由国务院规定。

第四十三条 中华人民共和国的单独关税区不适用本法。

第四十四条 本法自 1994 年 7 月 1 日起施行。

中华人民共和国劳动法

(1994年7月5日第八届全国人民代表大会常务委员会第八次会议通过，1994年7月5日中华人民共和国主席令公布，1995年1月1日起施行)

目 录

第一章 总 则

第一条 为了保护劳动者的合法权益，调整劳动关系，建立和维护适应社会主义市场经济的劳动制度，促进经济发展和社会进步，根据宪法，制定本法。

第二条 在中华人民共和国境内的企业、个体经济组织(以下统称用人单位)和与之形成劳动关系的劳动者，适用本法。

国家机关、事业组织、社会团体和与之建立劳动合同关系的劳动者，依照本法执行。

第三条 劳动者享有平等就业和选择职业的权利、取得劳动报酬的权利、休息休假的权利、获得劳动安全卫生保护的权利、接受职业技能培训的权利、享受社会保险和福利的权利、提请劳动争议处理的权利以及法律规定的其他劳动权利。

劳动者应当完成劳动任务，提高职业技能，执行劳动安全卫生规程，遵守劳动纪律和职业道德。

第四条 用人单位应当依法建立和完善规章制度，保障劳动者享有劳动权利和履行劳动义务。

第五条 国家采取各种措施，促进劳动就业，发展职业教育，制定劳动标准，调节社会收入，完善社会保险，协调劳动关系，逐步提高劳动者的生活水平。

第六条 国家提倡劳动者参加社会义务劳动，开展劳动竞赛和合理化建议活动，鼓励和保护劳动者进行科学研究、技术革新和发明创造，表彰和奖励劳动模范和先进工作者。

第七条 劳动者有权依法参加和组织工会。

工会代表和维护劳动者的合法权益，依法独立自主地开展活动。

第八条 劳动者依照法律规定，通过职工大会、职工代表大会或者其他形式，参与民主管理或者就保护劳动者合法权益与用人单位进行平等协商。

第九条 国务院劳动行政部门主管全国劳动工作。

县级以上地方人民政府劳动行政部门主管本行政区域内的劳动工作。

第二章 促进就业

第十条 国家通过促进经济和社会发展，创造就业条件，扩大就业机会。

国家鼓励企业、事业组织、社会团体在法律、行政法规规定的范围内兴办产业或者拓展经营，增加就业。

国家支持劳动者自愿组织起来就业和从事个体经营实现就业。

第十一条 地方各级人民政府应当采取措施，发展多种类型的职业介绍机构，提供就业服务。

第十二条 劳动者就业，不因民族、种族、性别、宗教信仰不同而受歧视。

第十三条 妇女享有与男子平等的就业权利。在录用职工时，除国家规定的不适合妇女的工种或者岗位外，不得以性别为由拒绝录用妇女或者提高对妇女的录用标准。

第十四条 残疾人、少数民族人员、退出现役的军人的就业，法律、法规有特别规定的，从其规定。

第十五条 禁止用人单位招用未满十六周岁的未成年人。

文艺、体育和特种工艺单位招用未满十六周岁的未成年人，必须依照国家有关规定，履行审批手续，并保障其接受义务教育的权利。

第三章 劳动合同和集体合同

第十六条 劳动合同是劳动者与用人单位确立劳动关系、明确双方权利和义务的协议。

建立劳动关系应当订立劳动合同。

第十七条 订立和变更劳动合同，应当遵循平等自愿、协商一致的原则，不得违反法律、行政法规的规定。

劳动合同依法订立即具有法律约束力，当事人必须履行劳动合同规定的义务。

第十八条 下列劳动合同无效：

（一）违反法律、行政法规的劳动合同；

（二）采取欺诈、威胁等手段订立的劳动合同。

无效的劳动合同，从订立的时候起，就没有法律约束力。确认劳动合同部分无效的，如果不影响其余部分的效力，其余部分仍然有效。

劳动合同的无效，由劳动争议仲裁委员会或者人民法院确认。

第十九条 劳动合同应当以书面形式订立，并具备以下条款：

（一）劳动合同期限；

（二）工作内容；

（三）劳动保护和劳动条件；

（四）劳动报酬；

（五）劳动纪律；

（六）劳动合同终止的条件；

（七）违反劳动合同的责任。

劳动合同除前款规定的必备条款外，当事人可以协商约定其他内容。

第二十条 劳动合同的期限分为有固定期限、无固定期限和以完成一定的工作为期限。

劳动者在同一用人单位连续工作满十年以上，当事人双方同意续延劳动合同的，如果劳动者提出订立无固定期限的劳动合同，应当订立无固定期限的劳动合同。

第二十一条 劳动合同可以约定试用期。试用期最长不得超过六个月。

第二十二条 劳动合同当事人可以在劳动合同中约定保守用人单位商业秘密的有关事项。

第二十三条 劳动合同期满或者当事人约定的劳动合同终止条件出现，劳动合同即行终止。

第二十四条 经劳动合同当事人协商一致，劳动合同可以解除。

第二十五条 劳动者有下列情形之一的，用人单位可以解除劳动合同：

（一）在试用期间被证明不符合录用条件的；

（二）严重违反劳动纪律或者用人单位规章制度的；

（三）严重失职，营私舞弊，对用人单位利益造成重大损害的；

（四）被依法追究刑事责任的。

第二十六条 有下列情形之一的，用人单位可以解除劳动合同，但是应当提前三十日以书面形式通知劳动者本人：

（一）劳动者患病或者非因工负伤，医疗期满后，不能从事原工作也不能从事由用人单位另行安排的工作的；

（二）劳动者不能胜任工作，经过培训或者调整工作岗位，仍不能胜任工作的；

（三）劳动合同订立时所依据的客观情况发生重大变化，致使原劳动合同无法履行，经当事人协商不能就变更劳动合同达成协议的。

第二十七条 用人单位濒临破产进行法定整顿期间或者生产经营状况发生严重困难，确需裁减人员的，应当提前三十日向工会或者全体职工说明情况，听取工会或者职工的意见，经向劳动行政部门报告后，可以裁减人员。

用人单位依据本条规定裁减人员，在六个月内录用人员的，应当优先录用被裁减的人员。

第二十八条 用人单位依据本法第二十四条、第二十六条、第二十七条的规定解除劳动合同的，应当依照国家有关规定给予经济补偿。

第二十九条 劳动者有下列情形之一的，用人单位不得依据本法第二十六条、第二十七条的规定解除劳动合同：

（一）患职业病或者因工负伤并被确认丧失或者部分丧失劳动能力的；

（二）患病或者负伤，在规定的医疗期内的；

（三）女职工在孕期、产期、哺乳期内的；

（四）法律、行政法规规定的其他情形。

第三十条 用人单位解除劳动合同，工会认为不适当的，有权提出意见。如果用人单位违反法律、法规或者劳动合同，工会有权要求重新处理；劳动者申请仲裁或者提起诉讼的，工会应当依法给予支持和帮助。

第三十一条 劳动者解除劳动合同，应当提前三十日以书面形式通知用人单位。

第三十二条 有下列情形之一的，劳动者可以随时通知用人单位解除劳动合同：

（一）在试用期内的；

（二）用人单位以暴力、威胁或者非法限制人身自由的手段强迫劳动的；

（三）用人单位未按照劳动合同约定支付劳动报酬或者提供劳动条件的。

第三十三条 企业职工一方与企业可以就劳动报酬、工作时间、休息休假、劳动安全卫生、保险福利等事项，签订集体合同。集体合同草案应当提交职工代表大会或者全体职工讨论通过。

集体合同由工会代表职工与企业签订；没有建立工会的企业，由职工推举的代表与企业签订。

第三十四条 集体合同签订后应当报送劳动行政部门；劳动行政部门自收到集体合同文本之日起十五日内未提出异议的，集体合同即行生效。

第三十五条 依法签订的集体合同对企业和企业全体职工具有约束力。职工个人与企业订立的劳动合同中劳动条件和劳动报酬等标准不得低于集体合同的规定。

第四章 工作时间和休息休假

第三十六条 国家实行劳动者每日工作时间不超过八小时、平均每周工作时间不超过四十四小时的工时制度。

第三十七条 对实行计件工作的劳动者，用人单位应当根据本法第三十六条规定的工时制度合理确定其劳动定额和计件报酬标准。

第三十八条 用人单位应当保证劳动者每周至少休息一日。

第三十九条 企业因生产特点不能实行本法第三十六条、第三十八条规定的，经劳动行政部门批准，可以实行其他工作和休息办法。

第四十条 用人单位在下列节日期间应当依法安排劳动者休假：

（一）元旦；

（二）春节；

（三）国际劳动节；

（四）国庆节；

（五）法律、法规规定的其他休假节日。

第四十一条 用人单位由于生产经营需要，经与工会和劳动者协商后可以延长工作时间，一般每日不得超过一小时；因特殊原因需要延长工作时间的，在保障劳动者身体健康的条件下延长工作时间每日不得超过三小时，但是每月不得超过三十六小时。

第四十二条 有下列情形之一的，延长工作时间不受本法第四十一条规定的限制：

（一）发生自然灾害、事故或者因其他原因，威胁劳动者生命健康和财产安全，需要紧急处理的；

（二）生产设备、交通运输线路、公共设施发生故障，影响生产和公众利益，必须及时抢修的；

（三）法律、行政法规规定的其他情形。

第四十三条 用人单位不得违反本法规定延长劳动者的工作时间。

第四十四条 有下列情形之一的，用人单位应当按照下列标准支付高于劳动者正常工作时间工资的工资报酬：

（一）安排劳动者延长工作时间的，支付不低于工资的百分之一百五十的工资报酬；

（二）休息日安排劳动者工作又不能安排补休的，支付不低于工资的百分之二百的工资报酬；

（三）法定休假日安排劳动者工作的，支付不低于工资的百分之三百的工资报酬。

第四十五条 国家实行带薪年休假制度。

劳动者连续工作一年以上的，享受带薪年休假。具体办法由国务院规定。

第五章 工　资

第四十六条 工资分配应当遵循按劳分配原则，实行同工同酬。

工资水平在经济发展的基础上逐步提高。国家对工资总量实行宏观调控。

第四十七条 用人单位根据本单位的生产经营特点和经济效益，依法自主确定本单位的工资分配方式和工资水平。

第四十八条 国家实行最低工资保障制度。最低工资的具体标准由省、自治区、直辖市人民政府规定，报国务院备案。

用人单位支付劳动者的工资不得低于当地最低工资标准。

第四十九条 确定和调整最低工资标准应当综合参考下列因素：

(一)劳动者本人及平均赡养人口的最低生活费用；

(二) 社会平均工资水平；

(三) 劳动生产率；

(四) 就业状况；

(五) 地区之间经济发展水平的差异。

第五十条 工资应当以货币形式按月支付给劳动者本人。不得克扣或者无故拖欠劳动者的工资。

第五十一条 劳动者在法定休假日和婚丧假期间以及依法参加社会活动期间，用人单位应当依法支付工资。

第六章 劳动安全卫生

第五十二条 用人单位必须建立、健全劳动安全卫生制度，严格执行国家劳动安全卫生规程和标准，对劳动者进行劳动安全卫生教育，防止劳动过程中的事故，减少职业危害。

第五十三条 劳动安全卫生设施必须符合国家规定的标准。

新建、改建、扩建工程的劳动安全卫生设施必须与主体工程同时设计、同时施工、同时投入生产和使用。

第五十四条 用人单位必须为劳动者提供符合国家规定的劳动安全卫生条件和必要的劳动防护用品，对从事有职业危害作业的劳动者应当定期进行健康检查。

第五十五条 从事特种作业的劳动者必须经过专门培训并取得特种作业资格。

第五十六条 劳动者在劳动过程中必须严格遵守安全操作规程。

劳动者对用人单位管理人员违章指挥、强令冒险作业，有权拒绝执行；对危害生命安全和身体健康的行为，有权提出批评、检举和控告。

第五十七条 国家建立伤亡事故和职业病统计报告和处理制度。县级以上各级人民政府劳动行政部门、有关部门和用人单位应当依法对劳动者在劳动过程中发生的伤亡事故和劳动者的职业病状况，进行统计、报告和处理。

第七章 女职工和未成年工特殊保护

第五十八条 国家对女职工和未成年工实行特殊劳动保护。

未成年工是指年满十六周岁未满十八周岁的劳动者。

第五十九条 禁止安排女职工从事矿山井下、国家规定的第四级体力劳动强度的劳动和其他禁忌从事的劳动。

第六十条 不得安排女职工在经期从事高处、低温、冷水作业和国家规定的第三级体力劳动强度的劳动。

第六十一条 不得安排女职工在怀孕期间从事国家规定的第三级体力劳动强度的劳动和孕期禁忌从事的劳动。对怀孕七个月以上的女职工，不得安排其延长工作时间和夜班劳动。

第六十二条 女职工生育享受不少于九十天的产假。

第六十三条 不得安排女职工在哺乳未满一周岁的婴儿期间从事国家规定的第三级体力劳动强度的劳动和哺乳期禁忌从事的其他劳动，不得安排其延长工作时间和夜班劳动。

第六十四条 不得安排未成年工从事矿山井下、有毒有害、国家规定的第四级体力劳动强度的劳动和其他禁忌从事的劳动。

第六十五条 用人单位应当对未成年工定期进行健康检查。

第八章 职业培训

第六十六条 国家通过各种途径，采取各种措施，发展职业培训事业，开发劳动者的职业技能，提高劳动者素质，增强劳动者的就业能力和工作能力。

第六十七条 各级人民政府应当把发展职业培训纳入社会经济发展的规划，鼓励和支持有条件的企业、事业组织、社会团体和个人进行各种形式的职业培训。

第六十八条 用人单位应当建立职业培训制度，按照国家规定提取和使用职业培训经费，根据本单位实际，有计划地对劳动者进行职业培训。

从事技术工种的劳动者，上岗前必须经过培训。

第六十九条 国家确定职业分类，对规定的职业制定职业技能标准，实行职业资格证书制度，由经过政府批准的考核鉴定机构负责对劳动者实施职业技能考核鉴定。

第九章 社会保险和福利

第七十条 国家发展社会保险事业，建立社会保险制度，设立社会保险基金，使劳动者在年老、患病、工伤、失业、生育等情况下获得帮助和补偿。

第七十一条 社会保险水平应当与社会经济发展水平和社会承受能力相适应。

第七十二条 社会保险基金按照保险类型确定资金来源，逐步实行社会统筹。用人单位和劳动者必须依法参加社会保险，缴纳社会保险费。

第七十三条 劳动者在下列情形下，依法享受社会保险待遇：

（一）退休；

（二）患病、负伤；

（三）因工伤残或者患职业病；

（四）失业；

（五）生育。

劳动者死亡后，其遗属依法享受遗属津贴。

劳动者享受社会保险待遇的条件和标准由法律、法规规定。

劳动者享受的社会保险金必须按时足额支付。

第七十四条 社会保险基金经办机构依照法律规定收支、管理和运营社会保险基金，并负有使社会保险基金保值增值的责任。

社会保险基金监督机构依照法律规定，对社会保险基金的收支、管理和运营实施监督。

社会保险基金经办机构和社会保险基金监督机构的设立和职能由法律规定。

任何组织和个人不得挪用社会保险基金。

第七十五条 国家鼓励用人单位根据本单位实际情况为劳动者建立补充保险。

国家提倡劳动者个人进行储蓄性保险。

第七十六条 国家发展社会福利事业，兴建公共福利设施，为劳动者休息、休养和疗养提供条件。

用人单位应当创造条件，改善集体福利，提高劳动者的福利待遇。

第十章 劳动争议

第七十七条 用人单位与劳动者发生劳动争议，当事人可以依法申请调解、仲裁、提起诉讼，也可以协商解决。

调解原则适用于仲裁和诉讼程序。

第七十八条 解决劳动争议，应当根据合法、公正、及时处理的原则，依法维护劳动争议当事人的合法权益。

第七十九条 劳动争议发生后，当事人可以向本单位劳动争议调解委员会申请调解；调解不成，当事人一方要求仲裁的，可以向劳动争议仲裁委员会申请仲裁。当事人一方也可以直接向劳动争议仲裁委员会申请仲裁。对仲裁裁决不服的，可以向人民法院提起诉讼。

第八十条 在用人单位内，可以设立劳动争议调解委员会。劳动争议调解委员会由职工代表、用人单位代表和工会代表组成。劳动争议调解委员会主任由工会代表担任。

劳动争议经调解达成协议的，当事人应当履行。

第八十一条 劳动争议仲裁委员会由劳动行政部门代表、同级工会代表、用人单位方面的代表组成。劳动争议仲裁委员会主任由劳动行政部门代表担任。

第八十二条 提出仲裁要求的一方应当自劳动争议发生之日起六十日内向劳动争议仲裁委员会提出书面申请。仲裁裁决一般应在收到仲裁申请的六十日内作出。对仲裁裁决无异议的，当事人必须履行。

第八十三条 劳动争议当事人对仲裁裁决不服的，可以自收到仲裁裁决书之日起十五日内向人民法院提起诉讼。一方当事人在法定期限内不起诉又不履行仲裁裁决的，另一方当事人可以申请人民法院强制执行。

第八十四条 因签订集体合同发生争议，当事人协商解决不成的，当地人民政府劳动行政部门可以组织有关各方协调处理。

因履行集体合同发生争议，当事人协商解决不成的，可以向劳动争议仲裁委员会申请仲裁；对仲裁裁决不服的，可以自收到仲裁裁决书之日起十五日内向人民法院提起诉讼。

第十一章　监督检查

第八十五条　县级以上各级人民政府劳动行政部门依法对用人单位遵守劳动法律、法规的情况进行监督检查，对违反劳动法律、法规的行为有权制止，并责令改正。

第八十六条　县级以上各级人民政府劳动行政部门监督检查人员执行公务，有权进入用人单位了解执行劳动法律、法规的情况，查阅必要的资料，并对劳动场所进行检查。

县级以上各级人民政府劳动行政部门监督检查人员执行公务，必须出示证件，秉公执法并遵守有关规定。

第八十七条　县级以上各级人民政府有关部门在各自职责范围内，对用人单位遵守劳动法律、法规的情况进行监督。

第八十八条　各级工会依法维护劳动者的合法权益，对用人单位遵守劳动法律、法规的情况进行监督。

任何组织和个人对于违反劳动法律、法规的行为有权检举和控告。

第十二章　法律责任

第八十九条　用人单位制定的劳动规章制度违反法律、法规规定的，由劳动行政部门给予警告，责令改正；对劳动者造成损害的，应当承担赔偿责任。

第九十条　用人单位违反本法规定，延长劳动者工作时间的，由劳动行政部门给予警告，责令改正，并可以处以罚款。

第九十一条　用人单位有下列侵害劳动者合法权益情形之一的，由劳动行政部门责令支付劳动者的工资报酬、经济补偿，并可以责令支付赔偿金：

（一）克扣或者无故拖欠劳动者工资的；

（二）拒不支付劳动者延长工作时间工资报酬的；

（三）低于当地最低工资标准支付劳动者工资的；

（四）解除劳动合同后，未依照本法规定给予劳动者经济补偿的。

第九十二条　用人单位的劳动安全设施和劳动卫生条件不符合国家规定或者未向劳动者提供必要的劳动防护用品和劳动保护设施的，由劳动行政部门或者有关部门责令改正，可以处以罚款；情节严重的，提请县级以上人民政府决定责令停产整顿；对事故隐患不采取措施，致使发生重大事故，造成劳动者生命和财产损失的，对责任人员比照刑法第一百八十七条的规定追究刑事责任。

第九十三条　用人单位强令劳动者违章冒险作业，发生重大伤亡事故，造成严重后果的，对责任人员依法追究刑事责任。

第九十四条　用人单位非法招用未满十六周岁的未成年人的，由劳动行政部门责令改正，处以罚款；情节严重的，由工商行政管理部门吊销营业执照。

第九十五条　用人单位违反本法对女职工和未成年工的保护规定，侵害其合法权益的，由劳动行政部门责令改正，处以罚款；对女职工或者未成年工造成损害的，应当承担赔偿责任。

第九十六条　用人单位有下列行为之一，由公安机关对责任人员处以十五日以下拘留、罚款或者警告；构成犯罪的，对责任人员依法追究刑事责任：

（一）以暴力、威胁或者非法限制人身自由的手段强迫劳动的；

（二）侮辱、体罚、殴打、非法搜查和拘禁劳动者的。

第九十七条　由于用人单位的原因订立的无效合同，对劳动者造成损害的，应当承担赔偿责任。

第九十八条　用人单位违反本法规定的条件解除劳动合同或者故意拖延不订立劳动合同的，由劳动行政部门责令改正；对劳动者造成损害的，应当承担赔偿责任。

第九十九条　用人单位招用尚未解除劳动合同的劳动者，对原用人单位造成经济损失的，该用人单位应当依法承担连带赔偿责任。

第一百条　用人单位无故不缴纳社会保险费的，由劳动行政部门责令其限期缴纳；逾期不缴的，可以加收滞纳金。

第一百零一条　用人单位无理阻挠劳动行政部门、有关部门及其工作人员行使监督检查权，打击报复举报人员的，由劳动行政部门或者有关部门处以罚款；构成犯罪的，对责任人员依法追究刑事责任。

第一百零二条 劳动者违反本法规定的条件解除劳动合同或者违反劳动合同中约定的保密事项，对用人单位造成经济损失的，应当依法承担赔偿责任。

第一百零三条 劳动行政部门或者有关部门的工作人员滥用职权、玩忽职守、徇私舞弊，构成犯罪的，依法追究刑事责任；不构成犯罪的，给予行政处分。

第一百零四条 国家工作人员和社会保险基金经办机构的工作人员挪用社会保险基金，构成犯罪的，依法追究刑事责任。

第一百零五条 违反本法规定侵害劳动者合法权益，其他法律、行政法规已规定处罚的，依照该法律、行政法规的规定处罚。

第十三章 附 则

第一百零六条 省、自治区、直辖市人民政府根据本法和本地区的实际情况，规定劳动合同制度的实施步骤，报国务院备案。

第一百零七条 本法自 1995 年 1 月 1 日起施行。

中华人民共和国城市房地产管理法

（1994年7月5日第八届全国人民代表大会常务委员会第八次会议通过，1994年7月5日中华人民共和国主席令公布，1995年1月1日起施行）

目　录

第一章　总　　则

第一条　为了加强对城市房地产的管理，维护房地产市场秩序，保障房地产权利人的合法权益，促进房地产业的健康发展，制定本法。

第二条　在中华人民共和国城市规划区国有土地(以下简称国有土地)范围内取得房地产开发用地的土地使用权，从事房地产开发、房地产交易，实施房地产管理，应当遵守本法。

本法所称房屋，是指土地上的房屋等建筑物及构筑物。

本法所称房地产开发，是指在依据本法取得国有土地使用权的土地上进行基础设施、房屋建设的行为。

本法所称房地产交易，包括房地产转让、房地产抵押和房屋租赁。

第三条　国家依法实行国有土地有偿、有限期使用制度。但是，国家在本法规定的范围内划拨国有土地使用权的除外。

第四条　国家根据社会、经济发展水平，扶持发展居民住宅建设，逐步改善居民的居住条件。

第五条　房地产权利人应当遵守法律和行政法规，依法纳税。房地产权利人的合法权益受法律保护，任何单位和个人不得侵犯。

第六条　国务院建设行政主管部门、土地管理部门依照国务院规定的职权划分，各司其职，密切配合，管理全国房地产工作。

县级以上地方人民政府房产管理、土地管理部门的机构设置及其职权由省、自治区、直辖市人民政府确定。

第二章　房地产开发用地

第一节　土地使用权出让

第七条　土地使用权出让，是指国家将国有土地使用权(以下简称土地使用权)在一定年限内出让给土地使用者，由土地使用者向国家支付土地使用权出让金的行为。

第八条　城市规划区内的集体所有的土地，经依法征用转为国有土地后，该幅国有土地的使用权方可有偿出让。

第九条 土地使用权出让，必须符合土地利用总体规划、城市规划和年度建设用地计划。

第十条 县级以上地方人民政府出让土地使用权用于房地产开发的，须根据省级以上人民政府下达的控制指标拟订年度出让土地使用权总面积方案，按照国务院规定，报国务院或者省级人民政府批准。

第十一条 土地使用权出让，由市、县人民政府有计划、有步骤地进行。出让的每幅地块、用途、年限和其他条件，由市、县人民政府土地管理部门会同城市规划、建设、房产管理部门共同拟定方案，按照国务院规定，报经有批准权的人民政府批准后，由市、县人民政府土地管理部门实施。

直辖市的县人民政府及其有关部门行使前款规定的权限，由直辖市人民政府规定。

第十二条 土地使用权出让，可以采取拍卖、招标或者双方协议的方式。

商业、旅游、娱乐和豪华住宅用地，有条件的，必须采取拍卖、招标方式；没有条件，不能采取拍卖、招标方式的，可以采取双方协议的方式。

采取双方协议方式出让土地使用权的出让金不得低于按国家规定所确定的最低价。

第十三条 土地使用权出让最高年限由国务院规定。

第十四条 土地使用权出让，应当签订书面出让合同。

土地使用权出让合同由市、县人民政府土地管理部门与土地使用者签订。

第十五条 土地使用者必须按照出让合同约定，支付土地使用权出让金；未按照出让合同约定支付土地使用权出让金的，土地管理部门有权解除合同，并可以请求违约赔偿。

第十六条 土地使用者按照出让合同约定支付土地使用权出让金的，市、县人民政府土地管理部门必须按照出让合同约定，提供出让的土地；未按照出让合同约定提供出让的土地的，土地使用者有权解除合同，由土地管理部门返还土地使用权出让金，土地使用者并可以请求违约赔偿。

第十七条 土地使用者需要改变土地使用权出让合同约定的土地用途的，必须取得出让方和市、县人民政府城市规划行政主管部门的同意，签订土地使用权出让合同变更协议或者重新签订土地使用权出让合同，相应调整土地使用权出让金。

第十八条 土地使用权出让金应当全部上缴财政，列入预算，用于城市基础设施建设和土地开发。土地使用权出让金上缴和使用的具体办法由国务院规定。

第十九条 国家对土地使用者依法取得的土地使用权，在出让合同约定的使用年限届满前不收回；在特殊情况下，根据社会公共利益的需要，可以依照法律程序提前收回，并根据土地使用者使用土地的实际年限和开发土地的实际情况给予相应的补偿。

第二十条 土地使用权因土地灭失而终止。

第二十一条 土地使用权出让合同约定的使用年限届满，土地使用者需要继续使用土地的，应当至迟于届满前一年申请续期，除根据社会公共利益需要收回该幅土地的，应当予以批准。经批准准予续期的，应当重新签订土地使用权出让合同，依照规定支付土地使用权出让金。

土地使用权出让合同约定的使用年限届满，土地使用者未申请续期或者虽申请续期但依照前款规定未获批准的，土地使用权由国家无偿收回。

第二节 土地使用权划拨

第二十二条 土地使用权划拨，是指县级以上人民政府依法批准，在土地使用者缴纳补偿、安置等费用后将该幅土地交付其使用，或者将土地使用权无偿交付给土地使用者使用的行为。

依照本法规定以划拨方式取得土地使用权的，除法律、行政法规另有规定外，没有使用期限的限制。

第二十三条 下列建设用地的土地使用权，确属必需的，可以由县级以上人民政府依法批准划拨：

（一）国家机关用地和军事用地；

（二）城市基础设施用地和公益事业用地；

（三）国家重点扶持的能源、交通、水利等项目用地；

（四）法律、行政法规规定的其他用地。

第三章 房地产开发

第二十四条 房地产开发必须严格执行城市规划，按照经济效益、社会效益、环境效益相统一的原则，实行全面规划、合理布局、综合开发、配套建设。

第二十五条 以出让方式取得土地使用权进行房地产开发的，必须按照土地使用权出让合同约定的土地用途、动工开发期限开发土地。超过出让合同约定的动工开发日期满一年未动工开发的，可以征收相当于土地使用权出让金百分之二十以下的土地闲置费；满二年未动工开发的，可以无偿收回土地使用权；但是，因不可抗力或者政府、政府有关部门的行为或者动工开发必需的前期工作造成动工开发迟延的除外。

第二十六条　房地产开发项目的设计、施工，必须符合国家的有关标准和规范。

房地产开发项目竣工，经验收合格后，方可交付使用。

第二十七条　依法取得的土地使用权，可以依照本法和有关法律、行政法规的规定，作价入股，合资、合作开发经营房地产。

第二十八条　国家采取税收等方面的优惠措施鼓励和扶持房地产开发企业开发建设居民住宅。

第二十九条　房地产开发企业是以营利为目的，从事房地产开发和经营的企业。设立房地产开发企业，应当具备下列条件：

（一）有自己的名称和组织机构；

（二）有固定的经营场所；

（三）有符合国务院规定的注册资本；

（四）有足够的专业技术人员；

（五）法律、行政法规规定的其他条件。

设立房地产开发企业，应当向工商行政管理部门申请设立登记。工商行政管理部门对符合本法规定条件的，应当予以登记，发给营业执照；对不符合本法规定条件的，不予登记。

设立有限责任公司、股份有限公司，从事房地产开发经营的，还应当执行公司法的有关规定。

房地产开发企业在领取营业执照后的一个月内，应当到登记机关所在地的县级以上地方人民政府规定的部门备案。

第三十条　房地产开发企业的注册资本与投资总额的比例应当符合国家有关规定。

房地产开发企业分期开发房地产的，分期投资额应当与项目规模相适应，并按照土地使用权出让合同的约定，按期投入资金，用于项目建设。

第四章　房地产交易

第一节　一般规定

第三十一条　房地产转让、抵押时，房屋的所有权和该房屋占用范围内的土地使用权同时转让、抵押。

第三十二条　基准地价、标定地价和各类房屋的重置价格应当定期确定并公布。具体办法由国务院规定。

第三十三条　国家实行房地产价格评估制度。

房地产价格评估，应当遵循公正、公平、公开的原则，按照国家规定的技术标准和评估程序，以基准地价、标定地价和各类房屋的重置价格为基础，参照当地的市场价格进行评估。

第三十四条　国家实行房地产成交价格申报制度。

房地产权利人转让房地产，应当向县级以上地方人民政府规定的部门如实申报成交价，不得瞒报或者作不实的申报。

第三十五条　房地产转让、抵押，当事人应当依照本法第五章的规定办理权属登记。

第二节　房地产转让

第三十六条　房地产转让，是指房地产权利人通过买卖、赠与或者其他合法方式将其房地产转移给他人的行为。

第三十七条　下列房地产，不得转让：

（一）以出让方式取得土地使用权的，不符合本法第三十八条规定的条件的；

（二）司法机关和行政机关依法裁定、决定查封或者以其他形式限制房地产权利的；

（三）依法收回土地使用权的；

（四）共有房地产，未经其他共有人书面同意的；

（五）权属有争议的；

（六）未依法登记领取权属证书的；

（七）法律、行政法规规定禁止转让的其他情形。

第三十八条　以出让方式取得土地使用权的，转让房地产时，应当符合下列条件：

（一）按照出让合同约定已经支付全部土地使用权出让金，并取得土地使用权证书；

（二）按照出让合同约定进行投资开发，属于房屋建设工程的，完成开发投资总额的百分之二十五以上，属于成片开发土地的，形成工业用地或者其他建设用地条件。

转让房地产时房屋已经建成的，还应当持有房屋所有权证书。

第三十九条　以划拨方式取得土地使用权的，转让房地产时，应当按照国务院规定，报有批准权的人民政府审批。有批准权的人民政府准予转让的，应当由受让方办理土地使用权出让手续，并依照国家有关规定缴纳土地使用权出让金。

以划拨方式取得土地使用权的，转让房地产报批时，有批准权的人民政府按照国务院规定决定可以不办理土地使用权出让手续的，转让方应当按照国务院规定将转让房地产所获收益中的土地收益上缴国家或者作其他处理。

第四十条 房地产转让，应当签订书面转让合同，合同中应当载明土地使用权取得的方式。

第四十一条 房地产转让时，土地使用权出让合同载明的权利、义务随之转移。

第四十二条 以出让方式取得土地使用权的，转让房地产后，其土地使用权的使用年限为原土地使用权出让合同约定的使用年限减去原土地使用者已经使用年限后的剩余年限。

第四十三条 以出让方式取得土地使用权的，转让房地产后，受让人改变原土地使用权出让合同约定的土地用途的，必须取得原出让方和市、县人民政府城市规划行政主管部门的同意，签订土地使用权出让合同变更协议或者重新签订土地使用权出让合同，相应调整土地使用权出让金。

第四十四条 商品房预售，应当符合下列条件：

(一) 已交付全部土地使用权出让金，取得土地使用权证书；

(二) 持有建设工程规划许可证；

(三) 按提供预售的商品房计算，投入开发建设的资金达到工程建设总投资的百分之二十五以上，并已经确定施工进度和竣工交付日期；

(四)向县级以上人民政府房产管理部门办理预售登记，取得商品房预售许可证明。

商品房预售人应当按照国家有关规定将预售合同报县级以上人民政府房产管理部门和土地管理部门登记备案。

商品房预售所得款项，必须用于有关的工程建设。

第四十五条 商品房预售的，商品房预购人将购买的未竣工的预售商品房再行转让的问题，由国务院规定。

第三节　房地产抵押

第四十六条 房地产抵押，是指抵押人以其合法的房地产以不转移占有的方式向抵押权人提供债务履行担保的行为。债务人不履行债务时，抵押权人有权依法以抵押的房地产拍卖所得的价款优先受偿。

第四十七条 依法取得的房屋所有权连同该房屋占用范围内的土地使用权，可以设定抵押权。

以出让方式取得的土地使用权，可以设定抵押权。

第四十八条 房地产抵押，应当凭土地使用权证书、房屋所有权证书办理。

第四十九条 房地产抵押，抵押人和抵押权人应当签订书面抵押合同。

第五十条 设定房地产抵押权的土地使用权是以划拨方式取得的，依法拍卖该房地产后，应当从拍卖所得的价款中缴纳相当于应缴纳的土地使用权出让金的款额后，抵押权人方可优先受偿。

第五十一条 房地产抵押合同签订后，土地上新增的房屋不属于抵押财产。需要拍卖该抵押的房地产时，可以依法将土地上新增的房屋与抵押财产一同拍卖，但对拍卖新增房屋所得，抵押权人无权优先受偿。

第四节　房屋租赁

第五十二条 房屋租赁，是指房屋所有权人作为出租人将其房屋出租给承租人使用，由承租人向出租人支付租金的行为。

第五十三条 房屋租赁，出租人和承租人应当签订书面租赁合同，约定租赁期限、租赁用途、租赁价格、修缮责任等条款，以及双方的其他权利和义务，并向房产管理部门登记备案。

第五十四条 住宅用房的租赁，应当执行国家和房屋所在城市人民政府规定的租赁政策。租用房屋从事生产、经营活动的，由租赁双方协商议定租金和其他租赁条款。

第五十五条 以营利为目的，房屋所有权人将以划拨方式取得使用权的国有土地上建成的房屋出租的，应当将租金中所含土地收益上缴国家。具体办法由国务院规定。

第五节　中介服务机构

第五十六条 房地产中介服务机构包括房地产咨询机构、房地产价格评估机构、房地产经纪机构等。

第五十七条 房地产中介服务机构应当具备下列条件：

(一) 有自己的名称和组织机构；

(二) 有固定的服务场所；

(三) 有必要的财产和经费；

（四）有足够数量的专业人员；

（五）法律、行政法规规定的其他条件。

设立房地产中介服务机构，应当向工商行政管理部门申请设立登记，领取营业执照后，方可开业。

第五十八条 国家实行房地产价格评估人员资格认证制度。

第五章 房地产权属登记管理

第五十九条 国家实行土地使用权和房屋所有权登记发证制度。

第六十条 以出让或者划拨方式取得土地使用权，应当向县级以上地方人民政府土地管理部门申请登记，经县级以上地方人民政府土地管理部门核实，由同级人民政府颁发土地使用权证书。

在依法取得的房地产开发用地上建成房屋的，应当凭土地使用权证书向县级以上地方人民政府房产管理部门申请登记，由县级以上地方人民政府房产管理部门核实并颁发房屋所有权证书。

房地产转让或者变更时，应当向县级以上地方人民政府房产管理部门申请房产变更登记，并凭变更后的房屋所有权证书向同级人民政府土地管理部门申请土地使用权变更登记，经同级人民政府土地管理部门核实，由同级人民政府更换或者更改土地使用权证书。

法律另有规定的，依照有关法律的规定办理。

第六十一条 房地产抵押时，应当向县级以上地方人民政府规定的部门办理抵押登记。

因处分抵押房地产而取得土地使用权和房屋所有权的，应当依照本章规定办理过户登记。

第六十二条 经省、自治区、直辖市人民政府确定，县级以上地方人民政府由一个部门统一负责房产管理和土地管理工作的，可以制作、颁发统一的房地产权证书，依照本法第六十条的规定，将房屋的所有权和该房屋占用范围内的土地使用权的确认和变更，分别载入房地产权证书。

第六章 法律责任

第六十三条 违反本法第十条、第十一条的规定，擅自批准出让或者擅自出让土地使用权用于房地产开发的，由上级机关或者所在单位给予有关责任人员行政处分。

第六十四条 违反本法第二十九条的规定，未取得营业执照擅自从事房地产开发业务的，由县级以上人民政府工商行政管理部门责令停止房地产开发业务活动，没收违法所得，可以并处罚款。

第六十五条 违反本法第三十八条第一款的规定转让土地使用权的，由县级以上人民政府土地管理部门没收违法所得，可以并处罚款。

第六十六条 违反本法第三十九条第一款的规定转让房地产的，由县级以上人民政府土地管理部门责令缴纳土地使用权出让金，没收违法所得，可以并处罚款。

第六十七条 违反本法第四十四条第一款的规定预售商品房的，由县级以上人民政府房产管理部门责令停止预售活动，没收违法所得，可以并处罚款。

第六十八条 违反本法第五十七条的规定，未取得营业执照擅自从事房地产中介服务业务的，由县级以上人民政府工商行政管理部门责令停止房地产中介服务业务活动，没收违法所得，可以并处罚款。

第六十九条 没有法律、法规的依据，向房地产开发企业收费的，上级机关应当责令退回所收取的钱款；情节严重的，由上级机关或者所在单位给予直接责任人员行政处分。

第七十条 房产管理部门、土地管理部门工作人员玩忽职守、滥用职权，构成犯罪的，依法追究刑事责任；不构成犯罪的，给予行政处分。

房产管理部门、土地管理部门工作人员利用职务上的便利，索取他人财物，或者非法收受他人财物为他人谋取利益，构成犯罪的，依照惩治贪污罪贿赂罪的补充规定追究刑事责任；不构成犯罪的，给予行政处分。

第七章 附 则

第七十一条 在城市规划区外的国有土地范围内取得房地产开发用地的土地使用权，从事房地产开发、交易活动以及实施房地产管理，参照本法执行。

第七十二条 本法自 1995 年 1 月 1 日起施行。

中华人民共和国仲裁法

(1994年8月31日第八届全国人民代表大会常务委员会第九次会议通过,1994年8月31日中华人民共和国主席令公布,1995年9月1日起施行)

第一章 总 则

第一条 为保证公正、及时地仲裁经济纠纷,保护当事人的合法权益,保障社会主义市场经济健康发展,制定本法。

第二条 平等主体的公民、法人和其他组织之间发生的合同纠纷和其他财产权益纠纷,可以仲裁。

第三条 下列纠纷不能仲裁:

(一)婚姻、收养、监护、扶养、继承纠纷;

(二)依法应当由行政机关处理的行政争议。

第四条 当事人采用仲裁方式解决纠纷,应当双方自愿,达成仲裁协议。没有仲裁协议,一方申请仲裁的,仲裁委员会不予受理。

第五条 当事人达成仲裁协议,一方向人民法院起诉的,人民法院不予受理,但仲裁协议无效的除外。

第六条 仲裁委员会应当由当事人协议选定。

仲裁不实行级别管辖和地域管辖。

第七条 仲裁应当根据事实,符合法律规定,公平合理地解决纠纷。

第八条 仲裁依法独立进行,不受行政机关、社会团体和个人的干涉。

第九条 仲裁实行一裁终局的制度。裁决作出后,当事人就同一纠纷再申请仲裁或者向人民法院起诉的,仲裁委员会或者人民法院不予受理。

裁决被人民法院依法裁定撤销或者不予执行的,当事人就该纠纷可以根据双方重新达成的仲裁协议申请仲裁,也可以向人民法院起诉。

第二章 仲裁委员会和仲裁协会

第十条 仲裁委员会可以在直辖市和省、自治区人民政府所在地的市设立,也可以根据需要在其他设区的市设立,不按行政区划层层设立。

仲裁委员会由前款规定的市的人民政府组织有关部门和商会统一组建。

设立仲裁委员会,应当经省、自治区、直辖市的司法行政部门登记。

第十一条 仲裁委员会应当具备下列条件:

(一)有自己的名称、住所和章程;

(二)有必要的财产;

(三)有该委员会的组成人员;

(四)有聘任的仲裁员。

仲裁委员会的章程应当依照本法制定。

第十二条 仲裁委员会由主任一人、副主任二至四人和委员七至十一人组成。

仲裁委员会的主任、副主任和委员由法律、经济贸易专家和有实际工作经验的人员担任。仲裁委员会的组成人员中,法律、经济贸易专家不得少于三分之二。

第十三条 仲裁委员会应当从公道正派的人员中聘任仲裁员。

仲裁员应当符合下列条件之一:

(一)从事仲裁工作满八年的;

(二)从事律师工作满八年的;

(三)曾任审判员满八年的;

(四)从事法律研究、教学工作并具有高级职称的;

（五）具有法律知识、从事经济贸易等专业工作并具有高级职称或者具有同等专业水平的。

仲裁委员会按照不同专业设仲裁员名册。

第十四条 仲裁委员会独立于行政机关，与行政机关没有隶属关系。仲裁委员会之间也没有隶属关系。

第十五条 中国仲裁协会是社会团体法人。仲裁委员会是中国仲裁协会的会员。中国仲裁协会的章程由全国会员大会制定。

中国仲裁协会是仲裁委员会的自律性组织，根据章程对仲裁委员会及其组成人员、仲裁员的违纪行为进行监督。

中国仲裁协会依照本法和民事诉讼法的有关规定制定仲裁规则。

第三章 仲裁协议

第十六条 仲裁协议包括合同中订立的仲裁条款和以其他书面方式在纠纷发生前或者纠纷发生后达成的请求仲裁的协议。

仲裁协议应当具有下列内容：

（一）请求仲裁的意思表示；

（二）仲裁事项；

（三）选定的仲裁委员会。

第十七条 有下列情形之一的，仲裁协议无效：

（一）约定的仲裁事项超出法律规定的仲裁范围的；

（二）无民事行为能力人或者限制民事行为能力人订立的仲裁协议；

（三）一方采取胁迫手段，迫使对方订立仲裁协议的。

第十八条 仲裁协议对仲裁事项或者仲裁委员会没有约定或者约定不明确的，当事人可以补充协议；达不成补充协议的，仲裁协议无效。

第十九条 仲裁协议独立存在，合同的变更、解除、终止或者无效，不影响仲裁协议的效力。

仲裁庭有权确认合同的效力。

第二十条 当事人对仲裁协议的效力有异议的，可以请求仲裁委员会作出决定或者请求人民法院作出裁定。一方请求仲裁委员会作出决定，另一方请求人民法院作出裁定的，由人民法院裁定。

当事人对仲裁协议的效力有异议，应当在仲裁庭首次开庭前提出。

第四章 仲裁程序

第一节 申请和受理

第二十一条 当事人申请仲裁应当符合下列条件：

（一）有仲裁协议；

（二）有具体的仲裁请求和事实、理由；

（三）属于仲裁委员会的受理范围。

第二十二条 当事人申请仲裁，应当向仲裁委员会递交仲裁协议、仲裁申请书及副本。

第二十三条 仲裁申请书应当载明下列事项：

（一）当事人的姓名、性别、年龄、职业、工作单位和住所，法人或者其他组织的名称、住所和法定代表人或者主要负责人的姓名、职务；

（二）仲裁请求和所根据的事实、理由；

（三）证据和证据来源、证人姓名和住所。

第二十四条 仲裁委员会收到仲裁申请书之日起五日内，认为符合受理条件的，应当受理，并通知当事人；认为不符合受理条件的，应当书面通知当事人不予受理，并说明理由。

第二十五条 仲裁委员会受理仲裁申请后，应当在仲裁规则规定的期限内将仲裁规则和仲裁员名册送达申请人，并将仲裁申请书副本和仲裁规则、仲裁员名册送达被申请人。

被申请人收到仲裁申请书副本后，应当在仲裁规则规定的期限内向仲裁委员会提交答辩书。仲裁委员会收到答辩书后，应当在仲裁规则规定的期限内将答辩书副本送达申请人。被申请人未提交答辩书的，不影响仲裁程序的进行。

第二十六条 当事人达成仲裁协议，一方向人民法院起诉未声明有仲裁协议，人民法院受理后，另一方在首次开庭前提交仲裁协议的，人民法院应当驳回起诉，但仲裁协议无效的除外；另一方在首次开庭前未对人民法院受理该案提出异议的，视为放弃仲裁协议，人民法院应当继续审理。

第二十七条 申请人可以放弃或者变更仲裁请求。被申请人可以承认或者反驳仲裁请求，有权提出反请求。

第二十八条 一方当事人因另一方当事人的行为或者其他原因，可能使裁决不能执行或者难以执行的，可以申请财产保全。

当事人申请财产保全的，仲裁委员会应当将当事人的申请依照民事诉讼法的有关规定提交人民法院。

申请有错误的，申请人应当赔偿被申请人因财产保全所遭受的损失。

第二十九条 当事人、法定代理人可以委托律师和其他代理人进行仲裁活动。委托律师和其他代理人进行仲裁活动的，应当向仲裁委员会提交授权委托书。

第二节 仲裁庭的组成

第三十条 仲裁庭可以由三名仲裁员或者一名仲裁员组成。由三名仲裁员组成的，设首席仲裁员。

第三十一条 当事人约定由三名仲裁员组成仲裁庭的，应当各自选定或者各自委托仲裁委员会主任指定一名仲裁员，第三名仲裁员由当事人共同选定或者共同委托仲裁委员会主任指定。第三名仲裁员是首席仲裁员。

当事人约定由一名仲裁员成立仲裁庭的，应当由当事人共同选定或者共同委托仲裁委员会主任指定仲裁员。

第三十二条 当事人没有在仲裁规则规定的期限内约定仲裁庭的组成方式或者选定仲裁员的，由仲裁委员会主任指定。

第三十三条 仲裁庭组成后，仲裁委员会应当将仲裁庭的组成情况书面通知当事人。

第三十四条 仲裁员有下列情形之一的，必须回避，当事人也有权提出回避申请：

（一）是本案当事人或者当事人、代理人的近亲属；

（二）与本案有利害关系；

（三）与本案当事人、代理人有其他关系，可能影响公正仲裁的；

（四）私自会见当事人、代理人，或者接受当事人、代理人的请客送礼的。

第三十五条 当事人提出回避申请，应当说明理由，在首次开庭前提出。回避事由在首次开庭后知道的，可以在最后一次开庭终结前提出。

第三十六条 仲裁员是否回避，由仲裁委员会主任决定；仲裁委员会主任担任仲裁员时，由仲裁委员会集体决定。

第三十七条 仲裁员因回避或者其他原因不能履行职责的，应当依照本法规定重新选定或者指定仲裁员。

因回避而重新选定或者指定仲裁员后，当事人可以请求已进行的仲裁程序重新进行，是否准许，由仲裁庭决定；仲裁庭也可以自行决定已进行的仲裁程序是否重新进行。

第三十八条 仲裁员有本法第三十四条第四项规定的情形，情节严重的，或者有本法第五十八条第六项规定的情形的，应当依法承担法律责任，仲裁委员会应当将其除名。

第三节 开庭和裁决

第三十九条 仲裁应当开庭进行。当事人协议不开庭的，仲裁庭可以根据仲裁申请书、答辩书以及其他材料作出裁决。

第四十条 仲裁不公开进行。当事人协议公开的，可以公开进行，但涉及国家秘密的除外。

第四十一条 仲裁委员会应当在仲裁规则规定的期限内将开庭日期通知双方当事人。当事人有正当理由的，可以在仲裁规则规定的期限内请求延期开庭。是否延期，由仲裁庭决定。

第四十二条 申请人经书面通知，无正当理由不到庭或者未经仲裁庭许可中途退庭的，可以视为撤回仲裁申请。

被申请人经书面通知，无正当理由不到庭或者未经仲裁庭许可中途退庭的，可以缺席裁决。

第四十三条 当事人应当对自己的主张提供证据。

仲裁庭认为有必要收集的证据，可以自行收集。

第四十四条 仲裁庭对专门性问题认为需要鉴定的，可以交由当事人约定的鉴定部门鉴定，也可以由仲裁庭指定的鉴定部门鉴定。

根据当事人的请求或者仲裁庭的要求，鉴定部门应当派鉴定人参加开庭。当事人经仲裁庭许可，可以向鉴定人提问。

第四十五条 证据应当在开庭时出示，当事人可以质证。

第四十六条 在证据可能灭失或者以后难以取得的情况下，当事人可以申请证据保全。当事人申请证据保全的，仲裁委员会应当将当事人的申请提交证据所在地的基层人民法院。

第四十七条 当事人在仲裁过程中有权进行辩论。辩论终结时，首席仲裁员或者独任仲裁员应当征询当事人的最后意见。

第四十八条 仲裁庭应当将开庭情况记入笔录。当事人和其他仲裁参与人认为对自己陈述的记录有遗漏或者差错的，有权申请补正。如果不予补正，应当记录该申请。

笔录由仲裁员、记录人员、当事人和其他仲裁参与人签名或者盖章。

第四十九条 当事人申请仲裁后，可以自行和解。达成和解协议的，可以请求仲裁庭根据和解协议作出裁决书，也可以撤回仲裁申请。

第五十条 当事人达成和解协议，撤回仲裁申请后反悔的，可以根据仲裁协议申请仲裁。

第五十一条 仲裁庭在作出裁决前，可以先行调解。当事人自愿调解的，仲裁庭应当调解。调解不成的，应当及时作出裁决。

调解达成协议的，仲裁庭应当制作调解书或者根据协议的结果制作裁决书。调解书与裁决书具有同等法律效力。

第五十二条 调解书应当写明仲裁请求和当事人协议的结果。调解书由仲裁员签名，加盖仲裁委员会印章，送达双方当事人。

调解书经双方当事人签收后，即发生法律效力。

在调解书签收前当事人反悔的，仲裁庭应当及时作出裁决。

第五十三条 裁决应当按照多数仲裁员的意见作出，少数仲裁员的不同意见可以记入笔录。仲裁庭不能形成多数意见时，裁决应当按照首席仲裁员的意见作出。

第五十四条 裁决书应当写明仲裁请求、争议事实、裁决理由、裁决结果、仲裁费用的负担和裁决日期。当事人协议不愿写明争议事实和裁决理由的，可以不写。裁决书由仲裁员签名，加盖仲裁委员会印章。对裁决持不同意见的仲裁员，可以签名，也可以不签名。

第五十五条 仲裁庭仲裁纠纷时，其中一部分事实已经清楚，可以就该部分先行裁决。

第五十六条 对裁决书中的文字、计算错误或者仲裁庭已经裁决但在裁决书中遗漏的事项，仲裁庭应当补正；当事人自收到裁决书之日起三十日内，可以请求仲裁庭补正。

第五十七条 裁决书自作出之日起发生法律效力。

第五章　申请撤销裁决

第五十八条 当事人提出证据证明裁决有下列情形之一的，可以向仲裁委员会所在地的中级人民法院申请撤销裁决：

（一）没有仲裁协议的；

（二）裁决的事项不属于仲裁协议的范围或者仲裁委员会无权仲裁的；

（三）仲裁庭的组成或者仲裁的程序违反法定程序的；

（四）裁决所根据的证据是伪造的；

（五）对方当事人隐瞒了足以影响公正裁决的证据的；

（六）仲裁员在仲裁该案时有索贿受贿，徇私舞弊，枉法裁决行为的。

人民法院经组成合议庭审查核实裁决有前款规定情形之一的，应当裁定撤销。

人民法院认定该裁决违背社会公共利益的，应当裁定撤销。

第五十九条 当事人申请撤销裁决的，应当自收到裁决书之日起六个月内提出。

第六十条 人民法院应当在受理撤销裁决申请之日起两个月内作出撤销裁决或者驳回申请的裁定。

第六十一条 人民法院受理撤销裁决的申请后，认为可以由仲裁庭重新仲裁的，通知仲裁庭在一定期限内重新仲裁，并裁定中止撤销程序。仲裁庭拒绝重新仲裁的，人民法院应当裁定恢复撤销程序。

第六章　执　　行

第六十二条 当事人应当履行裁决。一方当事人不履行的，另一方当事人可以依照民事诉讼法的有关规定向人民法院申请执行。受申请的人民法院应当执行。

第六十三条 被申请人提出证据证明裁决有民事诉讼法第二百一十七条第二款规定的情形之一的，经人民法院组成合议庭审查核实，裁定不予执行。

第六十四条 一方当事人申请执行裁决，另一方当事人申请撤销裁决的，人民法院应当裁定中止执行。

人民法院裁定撤销裁决的，应当裁定终结执行。撤销裁决的申请被裁定驳回的，人民法院应当裁定恢复执行。

第七章　涉外仲裁的特别规定

第六十五条 涉外经济贸易、运输和海事中发生的纠纷的仲裁，适用本章规定。本章没有规定的，适用本法其他有关规定。

第六十六条 涉外仲裁委员会可以由中国国际商会组织设立。

涉外仲裁委员会由主任一人、副主任若干人和委员若干人组成。

涉外仲裁委员会的主任、副主任和委员可以由中国国际商会聘任。

第六十七条 涉外仲裁委员会可以从具有法律、经济贸易、科学技术等专门知识的外籍人士中聘任仲裁员。

第六十八条 涉外仲裁的当事人申请证据保全的，涉外仲裁委员会应当将当事人的申请提交证据所在地的中级人民法院。

第六十九条 涉外仲裁的仲裁庭可以将开庭情况记入笔录，或者作出笔录要点，笔录要点可以由当事人和其他仲裁参与人签字或者盖章。

第七十条 当事人提出证据证明涉外仲裁裁决有民事诉讼法第二百六十条第一款规定的情形之一的，经人民法院组成合议庭审查核实，裁定撤销。

第七十一条 被申请人提出证据证明涉外仲裁裁决有民事诉讼法第二百六十条第一款规定的情形之一的，经人民法院组成合议庭审查核实，裁定不予执行。

第七十二条 涉外仲裁委员会作出的发生法律效力的仲裁裁决，当事人请求执行的，如果被执行人或者其财产不在中华人民共和国领域内，应当由当事人直接向有管辖权的外国法院申请承认和执行。

第七十三条 涉外仲裁规则可以由中国国际商会依照本法和民事诉讼法的有关规定制定。

第八章 附 则

第七十四条 法律对仲裁时效有规定的，适用该规定。法律对仲裁时效没有规定的，适用诉讼时效的规定。

第七十五条 中国仲裁协会制定仲裁规则前，仲裁委员会依照本法和民事诉讼法的有关规定可以制定仲裁暂行规则。

第七十六条 当事人应当按照规定交纳仲裁费用。

收取仲裁费用的办法，应当报物价管理部门核准。

第七十七条 劳动争议和农业集体经济组织内部的农业承包合同纠纷的仲裁，另行规定。

第七十八条 本法施行前制定的有关仲裁的规定与本法的规定相抵触的，以本法为准。

第七十九条 本法施行前在直辖市、省、自治区人民政府所在地的市和其他设区的市设立的仲裁机构，应当依照本法的有关规定重新组建；未重新组建的，自本法施行之日起届满一年时终止。

本法施行前设立的不符合本法规定的其他仲裁机构，自本法施行之日起终止。

第八十条 本法自 1995 年 9 月 1 日起施行。

附：

民事诉讼法有关条款

第二百一十七条 被申请人提出证据证明仲裁裁决有下列情形之一的，经人民法院组成合议庭审查核实，裁定不予执行：

(一)当事人在合同中没有订有仲裁条款或者事后没有达成书面仲裁协议的；

(二)裁决的事项不属于仲裁协议的范围或者仲裁机构无权仲裁的；

(三)仲裁庭的组成或者仲裁的程序违反法定程序的；

(四) 认定事实的主要证据不足的；

(五) 适用法律确有错误的；

(六) 仲裁员在仲裁该案时有贪污受贿，徇私舞弊，枉法裁决行为的。

第二百六十条 对中华人民共和国涉外仲裁机构作出的裁决，被申请人提出证据证明仲裁裁决有下列情形之一的，经人民法院组成合议庭审查核实，裁定不予执行：

(一)当事人在合同中没有订有仲裁条款或者事后没有达成书面仲裁协议的；

(二)被申请人没有得到指定仲裁员或者进行仲

裁程序的通知，或者由于其他不属于被申请人负责的原因未能陈述意见的；

（三）仲裁庭的组成或者仲裁的程序与仲裁规则不符的；

（四）裁决的事项不属于仲裁协议的范围或者仲裁机构无权仲裁的。

中华人民共和国审计法

（1994年8月31日第八届全国人民代表大会常务委员会第九次会议通过，1994年8月31日中华人民共和国主席令公布，1995年1月1日起施行）

第一章 总 则

第一条 为了加强国家的审计监督，维护国家财政经济秩序，促进廉政建设，保障国民经济健康发展，根据宪法，制定本法。

第二条 国家实行审计监督制度。国务院和县级以上地方人民政府设立审计机关。

国务院各部门和地方各级人民政府及其各部门的财政收支，国有的金融机构和企业事业组织的财务收支，以及其他依照本法规定应当接受审计的财政收支、财务收支，依照本法规定接受审计监督。

审计机关对前款所列财政收支或者财务收支的真实、合法和效益，依法进行审计监督。

第三条 审计机关依照法律规定的职权和程序，进行审计监督。

第四条 国务院和县级以上地方人民政府应当每年向本级人民代表大会常务委员会提出审计机关对预算执行和其他财政收支的审计工作报告。

第五条 审计机关依照法律规定独立行使审计监督权，不受其他行政机关、社会团体和个人的干涉。

第六条 审计机关和审计人员办理审计事项，应当客观公正，实事求是，廉洁奉公，保守秘密。

第二章 审计机关和审计人员

第七条 国务院设立审计署，在国务院总理领导下，主管全国的审计工作。审计长是审计署的行政首长。

第八条 省、自治区、直辖市、设区的市、自治州、县、自治县、不设区的市、市辖区的人民政府的审计机关，分别在省长、自治区主席、市长、州长、县长、区长和上一级审计机关的领导下，负责本行政区域内的审计工作。

第九条 地方各级审计机关对本级人民政府和上一级审计机关负责并报告工作，审计业务以上级审计机关领导为主。

第十条 审计机关根据工作需要，可以在其审计管辖范围内派出审计特派员。

审计特派员根据审计机关的授权，依法进行审计工作。

第十一条 审计机关履行职责所必需的经费，应当列入财政预算，由本级人民政府予以保证。

第十二条 审计人员应当具备与其从事的审计工作相适应的专业知识和业务能力。

第十三条 审计人员办理审计事项，与被审计单位或者审计事项有利害关系的，应当回避。

第十四条 审计人员对其在执行职务中知悉的国家秘密和被审计单位的商业秘密，负有保密的义务。

第十五条 审计人员依法执行职务，受法律保护。

任何组织和个人不得拒绝、阻碍审计人员依法执行职务，不得打击报复审计人员。

审计机关负责人依照法定程序任免。审计机关负责人没有违法失职或者其他不符合任职条件的情况的，不得随意撤换。

第三章 审计机关职责

第十六条 审计机关对本级各部门（含直属单位)和下级政府预算的执行情况和决算,以及预算外资金的管理和使用情况，进行审计监督。

第十七条 审计署在国务院总理领导下，对中央预算执行情况进行审计监督，向国务院总理提出审计结果报告。

地方各级审计机关分别在省长、自治区主席、市长、州长、县长、区长和上一级审计机关的领导下，对本级预算执行情况进行审计监督，向本级人民政府和上一级审计机关提出审计结果报告。

第十八条 审计署对中央银行的财务收支，进行审计监督。

审计机关对国有金融机构的资产、负债、损益，进行审计监督。

第十九条 审计机关对国家的事业组织的财务收支，进行审计监督。

第二十条 审计机关对国有企业的资产、负债、损益，进行审计监督。

第二十一条 审计机关对与国计民生有重大关系的国有企业、接受财政补贴较多或者亏损数额较大的国有企业，以及国务院和本级地方人民政府指定的其他国有企业，应当有计划地定期进行审计。

第二十二条 对国有资产占控股地位或者主导地位的企业的审计监督，由国务院规定。

第二十三条 审计机关对国家建设项目预算的执行情况和决算，进行审计监督。

第二十四条 审计机关对政府部门管理的和社会团体受政府委托管理的社会保障基金、社会捐赠资金以及其他有关基金、资金的财务收支,进行审计监督。

第二十五条 审计机关对国际组织和外国政府援助、贷款项目的财务收支，进行审计监督。

第二十六条 除本法规定的审计事项外，审计机关对其他法律、行政法规规定应当由审计机关进行审计的事项,依照本法和有关法律、行政法规的规定进行审计监督。

第二十七条 审计机关有权对与国家财政收支有关的特定事项,向有关地方、部门、单位进行专项审计调查，并向本级人民政府和上一级审计机关报告审计调查结果。

第二十八条 审计机关根据被审计单位的财政、财务隶属关系或者国有资产监督管理关系,确定审计管辖范围。

审计机关之间对审计管辖范围有争议的，由其共同的上级审计机关确定。

上级审计机关可以将其审计管辖范围内的本法第十八条第二款至第二十五条规定的审计事项，授权下级审计机关进行审计；上级审计机关对下级审计机关审计管辖范围内的重大审计事项，可以直接进行审计，但是应当防止不必要的重复审计。

第二十九条 国务院各部门和地方人民政府各部门、国有的金融机构和企业事业组织,应当按照国家有关规定建立健全内部审计制度。各部门、国有的金融机构和企业事业组织的内部审计，应当接受审计机关的业务指导和监督。

第三十条 对依法独立进行社会审计的机构的指导、监督、管理,依照有关法律和国务院的规定执行。

第四章 审计机关权限

第三十一条 审计机关有权要求被审计单位按照规定报送预算或者财务收支计划、预算执行情况、决算、财务报告,社会审计机构出具的审计报告,以及其他与财政收支或者财务收支有关的资料，被审计单位不得拒绝、拖延、谎报。

第三十二条 审计机关进行审计时，有权检查被审计单位的会计凭证、会计帐簿、会计报表以及其他与财政收支或者财务收支有关的资料和资产，被审计单位不得拒绝。

第三十三条 审计机关进行审计时，有权就审计事项的有关问题向有关单位和个人进行调查，并取得有关证明材料。有关单位和个人应当支持、协助审计机关工作,如实向审计机关反映情况,提供有关证明材料。

第三十四条 审计机关进行审计时，被审计单位不得转移、隐匿、篡改、毁弃会计凭证、会计帐簿、会计报表以及其他与财政收支或者财务收支有关的资料,不得转移、隐匿所持有的违反国家规定取得的资产。

审计机关对被审计单位正在进行的违反国家规定的财政收支、财务收支行为,有权予以制止；制止无效的,经县级以上审计机关负责人批准,通知财政部门和有关主管部门暂停拨付与违反国家规定的财政收支、财务收支行为直接有关的款项，已经拨付的，暂停使用。采取该项措施不得影响被审计单位合法的业务活动和生产经营活动。

第三十五条 审计机关认为被审计单位所执行的上级主管部门有关财政收支、财务收支的规定与法律、行政法规相抵触的，应当建议有关主管部门纠正；有关主管部门不予纠正的，审计机关应当提请有权处理的机关依法处理。

第三十六条 审计机关可以向政府有关部门通报或者向社会公布审计结果。

审计机关通报或者公布审计结果，应当依法保守国家秘密和被审计单位的商业秘密，遵守国务院的有关规定。

第五章 审计程序

第三十七条 审计机关根据审计项目计划确定的审计事项组成审计组，并应当在实施审计三日前，向被审计单位送达审计通知书。

被审计单位应当配合审计机关的工作，并提供必要的工作条件。

第三十八条 审计人员通过审查会计凭证、会计帐簿、会计报表，查阅与审计事项有关的文件、资料，检查现金、实物、有价证券，向有关单位和个人调查等方式进行审计，并取得证明材料。

审计人员向有关单位和个人进行调查时，应当出示审计人员的工作证件和审计通知书副本。

第三十九条 审计组对审计事项实施审计后，应当向审计机关提出审计报告。审计报告报送审计机关前，应当征求被审计单位的意见。被审计单位应当自接到审计报告之日起十日内，将其书面意见送交审计组或者审计机关。

第四十条 审计机关审定审计报告，对审计事项作出评价，出具审计意见书；对违反国家规定的财政收支、财务收支行为，需要依法给予处理、处罚的，在法定职权范围内作出审计决定或者向有关主管机关提出处理、处罚意见。

审计机关应当自收到审计报告之日起三十日内，将审计意见书和审计决定送达被审计单位和有关单位。

审计决定自送达之日起生效。

第六章 法律责任

第四十一条 被审计单位违反本法规定，拒绝或者拖延提供与审计事项有关的资料的，或者拒绝、阻碍检查的，审计机关责令改正，可以通报批评，给予警告；拒不改正的，依法追究责任。

第四十二条 审计机关发现被审计单位违反本法规定，转移、隐匿、篡改、毁弃会计凭证、会计帐簿、会计报表以及其他与财政收支或者财务收支有关的资料的，有权予以制止。

被审计单位有前款所列行为，审计机关认为对负有直接责任的主管人员和其他直接责任人员依法应当给予行政处分的，应当提出给予行政处分的建议，被审计单位或者其上级机关、监察机关应当依法及时作出决定；构成犯罪的，由司法机关依法追究刑事责任。

第四十三条 被审计单位违反本法规定，转移、隐匿违法取得的资产的，审计机关、人民政府或者有关主管部门在法定职权范围内有权予以制止，或者申请法院采取保全措施。

被审计单位有前款所列行为，审计机关认为对负有直接责任的主管人员和其他直接责任人员依法应当给予行政处分的，应当提出给予行政处分的建议，被审计单位或者其上级机关、监察机关应当依法及时作出决定；构成犯罪的，由司法机关依法追究刑事责任。

第四十四条 对本级各部门（含直属单位）和下级政府违反预算的行为或者其他违反国家规定的财政收支行为，审计机关、人民政府或者有关主管部门在法定职权范围内，依照法律、行政法规的规定作出处理。

第四十五条 对被审计单位违反国家规定的财务收支行为，审计机关、人民政府或者有关主管部门在法定职权范围内，依照法律、行政法规的规定，责令限期缴纳应当上缴的收入，限期退还违法所得，限期退还被侵占的国有资产，以及采取其他纠正措施，并可依法给予处罚。

第四十六条 对被审计单位违反国家规定的财政收支、财务收支行为负有直接责任的主管人员和其他直接责任人员，审计机关认为依法应当给予行政处分的，应当提出给予行政处分的建议，被审计单位或者其上级机关、监察机关应当依法及时作出决定。

第四十七条 被审计单位的财政收支、财务收支违反法律、行政法规的规定，构成犯罪的，依法追究刑事责任。

第四十八条 报复陷害审计人员，构成犯罪的，依法追究刑事责任；不构成犯罪的，给予行政处分。

第四十九条 审计人员滥用职权、徇私舞弊、玩忽职守，构成犯罪的，依法追究刑事责任；不构成犯罪的，给予行政处分。

第七章 附　　则

第五十条 中国人民解放军审计工作的规定，由中央军事委员会根据本法制定。

第五十一条 本法自1995年1月1日起施行。1988年11月30日国务院发布的《中华人民共和国审计条例》同时废止。

中华人民共和国广告法

（1994年10月27日第八届全国人民代表大会常务委员会第十次会议通过，1994年10月27日中华人民共和国主席令公布，1995年2月1日起施行）

第一章 总 则

第一条 为了规范广告活动，促进广告业的健康发展，保护消费者的合法权益，维护社会经济秩序，发挥广告在社会主义市场经济中的积极作用，制定本法。

第二条 广告主、广告经营者、广告发布者在中华人民共和国境内从事广告活动，应当遵守本法。

本法所称广告，是指商品经营者或者服务提供者承担费用，通过一定媒介和形式直接或者间接地介绍自己所推销的商品或者所提供的服务的商业广告。

本法所称广告主，是指为推销商品或者提供服务，自行或者委托他人设计、制作、发布广告的法人、其他经济组织或者个人。

本法所称广告经营者，是指受委托提供广告设计、制作、代理服务的法人、其他经济组织或者个人。

本法所称广告发布者，是指为广告主或者广告主委托的广告经营者发布广告的法人或者其他经济组织。

第三条 广告应当真实、合法，符合社会主义精神文明建设的要求。

第四条 广告不得含有虚假的内容，不得欺骗和误导消费者。

第五条 广告主、广告经营者、广告发布者从事广告活动，应当遵守法律、行政法规，遵循公平、诚实信用的原则。

第六条 县级以上人民政府工商行政管理部门是广告监督管理机关。

第二章 广告准则

第七条 广告内容应当有利于人民的身心健康，促进商品和服务质量的提高，保护消费者的合法权益，遵守社会公德和职业道德，维护国家的尊严和利益。

广告不得有下列情形：

（一）使用中华人民共和国国旗、国徽、国歌；

（二）使用国家机关和国家机关工作人员的名义；

（三）使用国家级、最高级、最佳等用语；

（四）妨碍社会安定和危害人身、财产安全，损害社会公共利益；

（五）妨碍社会公共秩序和违背社会良好风尚；

（六）含有淫秽、迷信、恐怖、暴力、丑恶的内容；

（七）含有民族、种族、宗教、性别歧视的内容；

（八）妨碍环境和自然资源保护；

（九）法律、行政法规规定禁止的其他情形。

第八条 广告不得损害未成年人和残疾人的身心健康。

第九条 广告中对商品的性能、产地、用途、质量、价格、生产者、有效期限、允诺或者对服务的内容、形式、质量、价格、允诺有表示的，应当清楚、明白。

广告中表明推销商品、提供服务附带赠送礼品的，应当标明赠送的品种和数量。

第十条 广告使用数据、统计资料、调查结果、文摘、引用语，应当真实、准确，并表明出处。

第十一条 广告中涉及专利产品或者专利方法的，应当标明专利号和专利种类。

未取得专利权的，不得在广告中谎称取得专利权。

禁止使用未授予专利权的专利申请和已经终止、撤销、无效的专利做广告。

第十二条 广告不得贬低其他生产经营者的商品或者服务。

第十三条 广告应当具有可识别性，能够使消费者辨明其为广告。

大众传播媒介不得以新闻报道形式发布广告。通过大众传播媒介发布的广告应当有广告标记，与其他非广告信息相区别，不得使消费者产生误解。

第十四条 药品、医疗器械广告不得有下列内容：

（一）含有不科学的表示功效的断言或者保证的；

（二）说明治愈率或者有效率的；

（三）与其他药品、医疗器械的功效和安全性比较的；

（四）利用医药科研单位、学术机构、医疗机构或者专家、医生、患者的名义和形象作证明的；

（五）法律、行政法规规定禁止的其他内容。

第十五条 药品广告的内容必须以国务院卫生行政部门或者省、自治区、直辖市卫生行政部门批准的说明书为准。

国家规定的应当在医生指导下使用的治疗性药品广告中，必须注明“按医生处方购买和使用”。

第十六条 麻醉药品、精神药品、毒性药品、放射性药品等特殊药品，不得做广告。

第十七条 农药广告不得有下列内容：

（一）使用无毒、无害等表明安全性的绝对化断言的；

（二）含有不科学的表示功效的断言或者保证的；

（三）含有违反农药安全使用规程的文字、语言或者画面的；

（四）法律、行政法规规定禁止的其他内容。

第十八条 禁止利用广播、电影、电视、报纸、期刊发布烟草广告。

禁止在各类等候室、影剧院、会议厅堂、体育比赛场馆等公共场所设置烟草广告。

烟草广告中必须标明“吸烟有害健康”。

第十九条 食品、酒类、化妆品广告的内容必须符合卫生许可的事项，并不得使用医疗用语或者易与药品混淆的用语。

第三章　广告活动

第二十条 广告主、广告经营者、广告发布者之间在广告活动中应当依法订立书面合同，明确各方的权利和义务。

第二十一条 广告主、广告经营者、广告发布者不得在广告活动中进行任何形式的不正当竞争。

第二十二条 广告主自行或者委托他人设计、制作、发布广告，所推销的商品或者所提供的服务应当符合广告主的经营范围。

第二十三条 广告主委托设计、制作、发布广告，应当委托具有合法经营资格的广告经营者、广告发布者。

第二十四条 广告主自行或者委托他人设计、制作、发布广告，应当具有或者提供真实、合法、有效的下列证明文件：

（一）营业执照以及其他生产、经营资格的证明文件；

（二）质量检验机构对广告中有关商品质量内容出具的证明文件；

（三）确认广告内容真实性的其他证明文件。

依照本法第三十四条的规定，发布广告需要经有关行政主管部门审查的，还应当提供有关批准文件。

第二十五条 广告主或者广告经营者在广告中使用他人名义、形象的，应当事先取得他人的书面同意；使用无民事行为能力人、限制民事行为能力人的名义、形象的，应当事先取得其监护人的书面同意。

第二十六条 从事广告经营的，应当具有必要的专业技术人员、制作设备，并依法办理公司或者广告经营登记，方可从事广告活动。

广播电台、电视台、报刊出版单位的广告业务，应当由其专门从事广告业务的机构办理，并依法办理兼营广告的登记。

第二十七条 广告经营者、广告发布者依据法律、行政法规查验有关证明文件，核实广告内容。对内容不实或者证明文件不全的广告，广告经营者不得提供设计、制作、代理服务，广告发布者不得发布。

第二十八条 广告经营者、广告发布者按照国家有关规定，建立、健全广告业务的承接登记、审核、档案管理制度。

第二十九条 广告收费应当合理、公开，收费标准和收费办法应当向物价和工商行政管理部门备案。

广告经营者、广告发布者应当公布其收费标准和收费办法。

第三十条 广告发布者向广告主、广告经营者提供的媒介覆盖率、收视率、发行量等资料应当真实。

第三十一条 法律、行政法规规定禁止生产、销售的商品或者提供的服务，以及禁止发布广告的商品或者服务，不得设计、制作、发布广告。

第三十二条 有下列情形之一的，不得设置户外广告：

(一) 利用交通安全设施、交通标志的；

(二) 影响市政公共设施、交通安全设施、交通标志使用的；

(三)妨碍生产或者人民生活，损害市容市貌的；

(四) 国家机关、文物保护单位和名胜风景点的建筑控制地带；

(五)当地县级以上地方人民政府禁止设置户外广告的区域。

第三十三条 户外广告的设置规划和管理办法，由当地县级以上地方人民政府组织广告监督管理、城市建设、环境保护、公安等有关部门制定。

第四章 广告的审查

第三十四条 利用广播、电影、电视、报纸、期刊以及其他媒介发布药品、医疗器械、农药、兽药等商品的广告和法律、行政法规规定应当进行审查的其他广告，必须在发布前依照有关法律、行政法规由有关行政主管部门(以下简称广告审查机关)对广告内容进行审查；未经审查，不得发布。

第三十五条 广告主申请广告审查，应当依照法律、行政法规向广告审查机关提交有关证明文件。广告审查机关应当依照法律、行政法规作出审查决定。

第三十六条 任何单位和个人不得伪造、变造或者转让广告审查决定文件。

第五章 法律责任

第三十七条 违反本法规定，利用广告对商品或者服务作虚假宣传的，由广告监督管理机关责令广告主停止发布、并以等额广告费用在相应范围内公开更正消除影响，并处广告费用一倍以上五倍以下的罚款；对负有责任的广告经营者、广告发布者没收广告费用，并处广告费用一倍以上五倍以下的罚款；情节严重的，依法停止其广告业务。构成犯罪的，依法追究刑事责任。

第三十八条 违反本法规定，发布虚假广告，欺骗和误导消费者，使购买商品或者接受服务的消费者的合法权益受到损害的，由广告主依法承担民事责任；广告经营者、广告发布者明知或者应知广告虚假仍设计、制作、发布的，应当依法承担连带责任。

广告经营者、广告发布者不能提供广告主的真实名称、地址的，应当承担全部民事责任。

社会团体或者其他组织，在虚假广告中向消费者推荐商品或者服务，使消费者的合法权益受到损害的，应当依法承担连带责任。

第三十九条 发布广告违反本法第七条第二款规定的，由广告监督管理机关责令负有责任的广告主、广告经营者、广告发布者停止发布、公开更正，没收广告费用，并处广告费用一倍以上五倍以下的罚款；情节严重的，依法停止其广告业务。构成犯罪的，依法追究刑事责任。

第四十条 发布广告违反本法第九条至第十二条规定的，由广告监督管理机关责令负有责任的广告主、广告经营者、广告发布者停止发布、公开更正，没收广告费用，可以并处广告费用一倍以上五倍以下的罚款。

发布广告违反本法第十三条规定的，由广告监督管理机关责令广告发布者改正，处以一千元以上一万元以下的罚款。

第四十一条 违反本法第十四条至第十七条、第十九条规定，发布药品、医疗器械、农药、食品、酒类、化妆品广告的，或者违反本法第三十一条规定发布广告的，由广告监督管理机关责令负有责任的广告主、广告经营者、广告发布者改正或者停止发布，没收广告费用，可以并处广告费用一倍以上五倍以下的罚款；情节严重的，依法停止其广告业务。

第四十二条 违反本法第十八条的规定，利用广播、电影、电视、报纸、期刊发布烟草广告，或者在公共场所设置烟草广告的，由广告监督管理机关责令负有责任的广告主、广告经营者、广告发布者停止发布，没收广告费用，可以并处广告费用一倍以上五倍以下的罚款。

第四十三条 违反本法第三十四条的规定，未经广告审查机关审查批准，发布广告的，由广告监督管理机关责令负有责任的广告主、广告经营者、广告发布者停止发布，没收广告费用，并处广告费用一倍以上五倍以下的罚款。

第四十四条 广告主提供虚假证明文件的，由广告监督管理机关处以一万元以上十万元以下的罚款。

伪造、变造或者转让广告审查决定文件的，由广告监督管理机关没收违法所得，并处一万元以上十万元以下的罚款。构成犯罪的，依法追究刑事责任。

第四十五条 广告审查机关对违法的广告内容作出审查批准决定的，对直接负责的主管人员和其他直接责任人员，由其所在单位、上级机关、行政监察部门依法给予行政处分。

第四十六条 广告监督管理机关和广告审查机关的工作人员玩忽职守、滥用职权、徇私舞弊的，给予行政处分。构成犯罪的，依法追究刑事责任。

第四十七条 广告主、广告经营者、广告发布者违反本法规定，有下列侵权行为之一的，依法承担民事责任：

（一）在广告中损害未成年人或者残疾人的身心健康的；

（二）假冒他人专利的；

（三）贬低其他生产经营者的商品或者服务的；

（四）广告中未经同意使用他人名义、形象的；

（五）其他侵犯他人合法民事权益的。

第四十八条 当事人对行政处罚决定不服的，可以在接到处罚通知之日起十五日内向作出处罚决定的机关的上一级机关申请复议；当事人也可以在接到处罚通知之日起十五日内直接向人民法院起诉。

复议机关应当在接到复议申请之日起六十日内作出复议决定。当事人对复议决定不服的，可以在接到复议决定之日起十五日内向人民法院起诉。复议机关逾期不作出复议决定的，当事人可以在复议期满之日起十五日内向人民法院起诉。

当事人逾期不申请复议也不向人民法院起诉，又不履行处罚决定的，作出处罚决定的机关可以申请人民法院强制执行。

第六章　附　　则

第四十九条 本法自 1995 年 2 月 1 日起施行。本法施行前制定的其他有关广告的法律、法规的内容与本法不符的，以本法为准。

中华人民共和国个人所得税法实施条例

（1994年1月28日中华人民共和国国务院令公布）

第一条 根据《中华人民共和国个人所得税法》（以下简称税法）的规定，制定本条例。

第二条 税法第一条第一款所说的在中国境内有住所的个人，是指因户籍、家庭、经济利益关系而在中国境内习惯性居住的个人。

第三条 税法第一条第一款所说的在境内居住满一年，是指在一个纳税年度中在中国境内居住365日。临时离境的，不扣减日数。

前款所说的临时离境，是指在一个纳税年度中一次不超过30日或者多次累计不超过90日的离境。

第四条 税法第一条第一款、第二款所说的从中国境内取得的所得，是指来源于中国境内的所得；所说的从中国境外取得的所得，是指来源于中国境外的所得。

第五条 下列所得，不论支付地点是否在中国境内，均为来源于中国境内的所得：

（一）因任职、受雇、履约等而在中国境内提供劳务取得的所得；

（二）将财产出租给承租人在中国境内使用而取得的所得；

（三）转让中国境内的建筑物、土地使用权等财产或者在中国境内转让其他财产取得的所得；

（四）许可各种特许权在中国境内使用而取得的所得；

（五）从中国境内的公司、企业以及其他经济组织或者个人取得的利息、股息、红利所得。

第六条 在中国境内无住所，但是居住一年以上五年以下的个人，其来源于中国境外的所得，经主管税务机关批准，可以只就由中国境内公司、企业以及其他经济组织或者个人支付的部分缴纳个人所得税；居住超过五年的个人，从第六年起，应当就其来源于中国境外的全部所得缴纳个人所得税。

第七条 在中国境内无住所，但是在一个纳税年度中在中国境内连续或者累计居住不超过90日的个人，其来源于中国境内的所得，由境外雇主支付并且不由该雇主在中国境内的机构、场所负担的部分，免予缴纳个人所得税。

第八条 税法第二条所说的各项个人所得的范围：

（一）工资、薪金所得，是指个人因任职或者受雇而取得的工资、薪金、奖金、年终加薪、劳动分红、津贴、补贴以及与任职或者受雇有关的其他所得。

（二）个体工商户的生产、经营所得，是指：

1. 个体工商户从事工业、手工业、建筑业、交通运输业、商业、饮食业、服务业、修理业以及其他行业生产、经营取得的所得；

2. 个人经政府有关部门批准，取得执照，从事办学、医疗、咨询以及其他有偿服务活动取得的所得；

3. 其他个人从事个体工商业生产、经营取得的所得；

4. 上述个体工商户和个人取得的与生产、经营有关的各项应纳税所得。

（三）对企事业单位的承包经营、承租经营所得，是指个人承包经营、承租经营以及转包、转租取得的所得，包括个人按月或者按次取得的工资、薪金性质的所得。

（四）劳务报酬所得，是指个人从事设计、装璜、安装、制图、化验、测试、医疗、法律、会计、咨询、讲学、新闻、广播、翻译、审稿、书画、雕刻、影视、录音、录像、演出、表演、广告、展览、技术服务、介绍服务、经纪服务、代办服务以及其他劳务取得的所得。

（五）稿酬所得，是指个人因其作品以图书、报刊形式出版、发表而取得的所得。

（六）特许权使用费所得，是指个人提供专利权、商标权、著作权、非专利技术以及其他特许权的使用权取得的所得；提供著作权的使用权取得的所得，不包括稿酬所得。

（七）利息、股息、红利所得，是指个人拥有债权、股权而取得的利息、股息、红利所得。

（八）财产租赁所得，是指个人出租建筑物、土地使用权、机器设备、车船以及其他财产取得的所得。

（九）财产转让所得，是指个人转让有价证券、股权、建筑物、土地使用权、机器设备、车船以及其他财产取得的所得。

（十）偶然所得，是指个人得奖、中奖、中彩以及其他偶然性质的所得。

个人取得的所得，难以界定应纳税所得项目的，由主管税务机关确定。

第九条 对股票转让所得征收个人所得税的办法，由财政部另行制定，报国务院批准施行。

第十条 个人取得的应纳税所得，包括现金、实物和有价证券。所得为实物的，应当按照取得的凭证上所注明的价格计算应纳税所得额；无凭证的实物或者凭证上所注明的价格明显偏低的，由主管税务机关参照当地的市场价格核定应纳税所得额。所得为有价证券的，由主管税务机关根据票面价格和市场价格核定应纳税所得额。

第十一条 税法第三条第四项所说的劳务报酬所得一次收入畸高，是指个人一次取得劳务报酬，其应纳税所得额超过20000元。

对前款应纳税所得额超过20000元至50000元的部分，依照税法规定计算应纳税额后再按照应纳税额加征五成；超过50000元的部分，加征十成。

第十二条 税法第四条第二项所说的国债利息，是指个人持有中华人民共和国财政部发行的债券而取得的利息所得；所说的国家发行的金融债券利息，是指个人持有经国务院批准发行的金融债券而取得的利息所得。

第十三条 税法第四条第三项所说的按照国家统一规定发给的补贴、津贴，是指按照国务院规定发给的政府特殊津贴和国务院规定免纳个人所得税的补贴、津贴。

第十四条 税法第四条第四项所说的福利费，是指根据国家有关规定，从企业、事业单位、国家机关、社会团体提留的福利费或者工会经费中支付给个人的生活补助费；所说的救济金，是指国家民政部门支付给个人的生活困难补助费。

第十五条 税法第四条第八项所说的依照我国法律规定应予免税的各国驻华使馆、领事馆的外交代表、领事官员和其他人员的所得，是指依照《中华人民共和国外交特权与豁免条例》和《中华人民共和国领事特权与豁免条例》规定免税的所得。

第十六条 税法第五条所说的减征个人所得税，其减征的幅度和期限由省、自治区、直辖市人民政府规定。

第十七条 税法第六条第一款第二项所说的成本、费用，是指纳税义务人从事生产、经营所发生的各项直接支出和分配计入成本的间接费用以及销售费用、管理费用、财务费用；所说的损失，是指纳税义务人在生产、经营过程中发生的各项营业外支出。

从事生产、经营的纳税义务人未提供完整、准确的纳税资料，不能正确计算应纳税所得额的，由主管税务机关核定其应纳税所得额。

第十八条 税法第六条第一款第三项所说的每一纳税年度的收入总额，是指纳税义务人按照承包经营、承租经营合同规定分得的经营利润和工资、薪金性质的所得；所说的减除必要费用，是指按月减除800元。

第十九条 税法第六条第一款第五项所说的财产原值，是指：

（一）有价证券，为买入价以及买入时按照规定交纳的有关费用；

（二）建筑物，为建造费或者购进价格以及其他有关费用；

（三）土地使用权，为取得土地使用权所支付的金额、开发土地的费用以及其他有关费用；

（四）机器设备、车船，为购进价格、运输费、安装费以及其他有关费用；

（五）其他财产，参照以上方法确定。

纳税义务人未提供完整、准确的财产原值凭证，不能正确计算财产原值的，由主管税务机关核定其财产原值。

第二十条 税法第六条第一款第五项所说的合理费用，是指卖出财产时按照规定支付的有关费用。

第二十一条 税法第六条第一款第四项、第六项所说的每次收入，是指：

(一) 劳务报酬所得，属于一次性收入的，以取得该项收入为一次；属于同一项目连续性收入的，以一个月内取得的收入为一次。

(二) 稿酬所得，以每次出版、发表取得的收入为一次。

(三) 特许权使用费所得，以一项特许权的一次许可使用所取得的收入为一次。

(四) 财产租赁所得，以一个月内取得的收入为一次。

(五) 利息、股息、红利所得，以支付利息、股息、红利时取得的收入为一次。

(六) 偶然所得，以每次取得该项收入为一次。

第二十二条 财产转让所得，按照一次转让财产的收入额减除财产原值和合理费用后的余额，计算纳税。

第二十三条 二个或者二个以上的个人共同取得同一项目收入的，应当对每个人取得的收入分别按照税法规定减除费用后计算纳税。

第二十四条 税法第六条第二款所说的个人将其所得对教育事业和其他公益事业的捐赠，是指个人将其所得通过中国境内的社会团体、国家机关向教育和其他社会公益事业以及遭受严重自然灾害地区、贫困地区的捐赠。

捐赠额未超过纳税义务人申报的应纳税所得额30%的部分，可以从其应纳税所得额中扣除。

第二十五条 税法第六条第三款所说的在中国境外取得工资、薪金所得，是指在中国境外任职或者受雇而取得的工资、薪金所得。

第二十六条 税法第六条第三款所说的附加减除费用，是指每月在减除800元费用的基础上，再减除本条例第二十八条规定数额的费用。

第二十七条 税法第六条第三款所说的附加减除费用适用的范围，是指：

(一)在中国境内的外商投资企业和外国企业中工作的外籍人员；

(二) 应聘在中国境内的企业、事业单位、社会团体、国家机关中工作的外籍专家；

(三)在中国境内有住所而在中国境外任职或者受雇取得工资、薪金所得的个人；

(四) 财政部确定的其他人员。

第二十八条 税法第六条第三款所说的附加减除费用标准为3200元。

第二十九条 华侨和香港、澳门、台湾同胞，参照本条例第二十六条、第二十七条、第二十八条的规定执行。

第三十条 在中国境内有住所，或者无住所而在境内居住满一年的个人，从中国境内和境外取得的所得，应当分别计算应纳税额。

第三十一条 税法第七条所说的已在境外缴纳的个人所得税税额，是指纳税义务人从中国境外取得的所得，依照该所得来源国家或者地区的法律应当缴纳并且实际已经缴纳的税额。

第三十二条 税法第七条所说的依照税法规定计算的应纳税额，是指纳税义务人从中国境外取得的所得，区别不同国家或者地区和不同应税项目，依照税法规定的费用减除标准和适用税率计算的应纳税额；同一国家或者地区内不同应税项目的应纳税额之和，为该国家或者地区的扣除限额。

纳税义务人在中国境外一个国家或者地区实际已经缴纳的个人所得税税额，低于依照前款规定计算出的该国家或者地区扣除限额的，应当在中国缴纳差额部分的税款；超过该国家或者地区扣除限额的，其超过部分不得在本纳税年度的应纳税额中扣除，但是可以在以后纳税年度的该国家或者地区扣除限额的余额中补扣。补扣期限最长不得超过五年。

第三十三条 纳税义务人依照税法第七条的规定申请扣除已在境外缴纳的个人所得税税额时，应当提供境外税务机关填发的完税凭证原件。

第三十四条 扣缴义务人在向个人支付应税款项时，应当依照税法规定代扣税款，按时缴库，并专项记载备查。

前款所说的支付，包括现金支付、汇拨支付、转帐支付和以有价证券、实物以及其他形式的支付。

第三十五条 自行申报的纳税义务人，应当向取得所得的当地主管税务机关申报纳税。从中国境外取得所得，以及在中国境内二处或者二处以上取得所得的，可以由纳税义务人选择一地申报纳税；纳税义务人变更申报纳税地点的，应当经原主管税务机关批准。

第三十六条 自行申报的纳税义务人，在申报纳税时，其在中国境内已扣缴的税款，准予按照规定从应纳税额中扣除。

第三十七条 纳税义务人兼有税法第二条所列的二项或者二项以上的所得的，按项分别计算纳税。在中国境内二处或者二处以上取得税法第二条第一项、第二项、第三项所得的，同项所得合并计算纳税。

第三十八条 税法第九条第二款所说的特定行业，是指采掘业、远洋运输业、远洋捕捞业以及财政部确定的其他行业。

第三十九条 税法第九条第二款所说的按年计算、分月预缴的计征方式，是指本条例第三十八条所列的特定行业职工的工资、薪金所得应纳的税款，按月预缴，自年度终了之日起30日内，合计其全年工资、薪金所得，再按12个月平均并计算实际应纳的税款，多退少补。

第四十条 税法第九条第四款所说的由纳税义务人在年度终了后30日内将应纳的税款缴入国库，是指在年终一次性取得承包经营、承租经营所得的纳税义务人，自取得收入之日起30日内将应纳的税款缴入国库。

第四十一条 依照税法第十条的规定，所得为外国货币的，应当按照填开完税凭证的上一月最后一日中国人民银行公布的外汇牌价，折合成人民币计算应纳税所得额。依照税法规定，在年度终了后汇算清缴的，对已经按月或者按次预缴税款的外国货币所得，不再重新折算；对应当补缴税款的所得部分，按照上一纳税年度最后一日中国人民银行公布的外汇牌价，折合成人民币计算应纳税所得额。

第四十二条 税务机关按照税法第十一条的规定付给扣缴义务人手续费时，应当按月填开收入退还书发给扣缴义务人。扣缴义务人持收入退还书向指定的银行办理退库手续。

第四十三条 个人所得税纳税申报表、扣缴个人所得税报告表和个人所得税完税凭证式样，由国家税务总局统一制定。

第四十四条 税法和本条例所说的纳税年度，自公历1月1日起至12月31日止。

第四十五条 1994纳税年度起，个人所得税依照税法以及本条例的规定计算征收。

第四十六条 本条例由财政部会同国家税务总局解释。

第四十七条 本条例自发布之日起施行。1987年8月8日国务院发布的《中华人民共和国国务院关于对来华工作的外籍人员工资、薪金所得减征个人所得税的暂行规定》同时废止。

国务院关于对农业特产收入征收农业税的规定

（1994年1月30日中华人民共和国国务院令公布）

第一条 为了合理调节农林牧渔各业生产收入，公平税负，促进农业生产全面发展，根据国家有关法律，制定本规定。

第二条 国家依照本规定对农业特产收入征收农业税。

在中华人民共和国境内生产农业特产品的单位和个人，为农业特产农业税（以下简称农业特产税）的纳税义务人（以下简称纳税人），应当依照本规定缴纳农业特产税。

第三条 对下列农业特产品收入征收农业特产税：

（一）烟叶收入，包括晾晒烟、烤烟收入；

（二）园艺收入，包括水果、干果、毛茶、蚕茧、药材、果用瓜、花卉、经济林苗木等园艺收入；

（三）水产收入，包括水生植物、滩涂养殖、海淡水养殖及捕捞品收入；

（四）林木收入，包括原木、原竹、生漆、天然橡胶、天然树脂、木本油料等林木收入；

（五）牲畜收入，包括牛猪羊皮、羊毛、兔毛、羊绒、驼绒等牲畜收入；

（六）食用菌收入，包括黑木耳、银耳、香菇、蘑菇等食用菌收入；

（七）省、自治区、直辖市人民政府确定的其他农业特产品收入。

第四条 全国统一的农业特产税税目、税率，依照本规定所附的农业特产税税目税率表执行。个别税目、税率的调整，国务院授权财政部决定。

前款规定以外的农业特产税税率，由省、自治区、直辖市人民政府在5—20％的幅度内规定。

第五条 农业特产税的应纳税额，按照农业特产品实际收入和规定的税率计算征收。农业特产品实际收入以人民币计算。

农业特产品实际收入，由当地征收机关按照农业特产品实际产量和国家规定的收购价格或者市场收购价格计算核定。计算公式：

农业特产品实际收入＝实际产量×收购价格

个别农业特产品实际收入的计算方法，由财政部另行规定。

第六条 农业特产税的减税、免税：

（一）农业科研机构和农业院校进行科学试验所取得的农业特产品收入，在试验期间准予免税；

（二）对在新开发的荒山、荒地、滩涂、水面上生产农业特产品的，自有收入时起一至三年内准予免税；

（三）对老革命根据地、少数民族地区、边远地区、贫困地区及其他地区中温饱问题尚未解决的贫困农户，纳税确有困难的，准予免税；

（四）对因自然灾害造成农业特产品欠收的，酌情准予减税、免税。

农业特产税的减税、免税，由纳税人提出申请，经县（市）财政机关审核，报上级财政机关批准后执行。

第七条 农业特产品的纳税义务发生时间为农业特产品收获、出售的当天。

第八条 纳税人应当自纳税义务发生之日起30日内，向当地征收机关申报纳税。具体缴纳税款期限，由征收机关确定。

第九条 农业特产税在农业特产品生产地缴纳。

第十条 纳税人未如实申报农业特产品实际收入的，由当地征收机关核定征税。

第十一条 收购农业特产品的单位和个人应当

按照收购金额和规定的税率，根据财政部的规定缴纳或者代扣代缴税款。

第十二条 农业特产税由地方财政机关征收。

第十三条 农业特产税的征收管理，依照本规定执行；本规定未尽事宜，参照《中华人民共和国税收征收管理法》有关规定执行。

第十四条 1994纳税年度起，农业特产税依照本规定计算征收。

第十五条 省、自治区、直辖市人民政府可以根据本规定制定实施办法，并报财政部备案。

第十六条 本规定由财政部负责解释。

第十七条 本规定自发布之日起施行。1983年11月12日国务院发布的《国务院关于对农林特产收入征收农业税的若干规定》和国务院关于对农林牧水产品征税的有关规定同时废止。

附件：农业特产税税目税率表

附件：

农业特产税税目税率表

税目	税率	税目	税率
一、烟叶产品		原木 原竹	8%
晾晒烟叶	31%	生漆 天然树脂	10%
烤烟叶	31%	天然橡胶	8%
二、园艺产品		五、牲畜产品	
毛茶	16%	牛皮 猪皮 羊皮	10%
柑桔 香蕉 荔枝 苹果 梨	12%	羊毛 兔毛	10%
其他水果 干果	10%	羊绒 驼绒	10%
果用瓜	8%	六、食用菌	
蚕茧	8%	黑木耳 银耳 香菇 蘑菇	8%
三、水产品（海淡水、滩涂养殖和海淡水捕捞及水生植物）	8%	七、贵重食品	
四、林木产品		海参 鲍鱼 干贝 燕窝 鱼唇 鱼翅	25%

中华人民共和国计算机信息系统安全保护条例

（1994年2月18日中华人民共和国国务院令公布）

第一章 总 则

第一条 为了保护计算机信息系统的安全，促进计算机的应用和发展，保障社会主义现代化建设的顺利进行，制定本条例。

第二条 本条例所称的计算机信息系统，是指由计算机及其相关的和配套的设备、设施（含网络）构成的，按照一定的应用目标和规则对信息进行采集、加工、存储、传输、检索等处理的人机系统。

第三条 计算机信息系统的安全保护，应当保障计算机及其相关的和配套的设备、设施（含网络）的安全，运行环境的安全，保障信息的安全，保障计算机功能的正常发挥，以维护计算机信息系统的安全运行。

第四条 计算机信息系统的安全保护工作，重点维护国家事务、经济建设、国防建设、尖端科学技术等重要领域的计算机信息系统的安全。

第五条 中华人民共和国境内的计算机信息系统的安全保护，适用本条例。

未联网的微型计算机的安全保护办法，另行制定。

第六条 公安部主管全国计算机信息系统安全保护工作。

国家安全部、国家保密局和国务院其他有关部门，在国务院规定的职责范围内做好计算机信息系统安全保护的有关工作。

第七条 任何组织或者个人，不得利用计算机信息系统从事危害国家利益、集体利益和公民合法利益的活动，不得危害计算机信息系统的安全。

第二章 安全保护制度

第八条 计算机信息系统的建设和应用，应当遵守法律、行政法规和国家其他有关规定。

第九条 计算机信息系统实行安全等级保护。安全等级的划分标准和安全等级保护的具体办法，由公安部会同有关部门制定。

第十条 计算机机房应当符合国家标准和国家有关规定。

在计算机机房附近施工，不得危害计算机信息系统的安全。

第十一条 进行国际联网的计算机信息系统，由计算机信息系统的使用单位报省级以上人民政府公安机关备案。

第十二条 运输、携带、邮寄计算机信息媒体进出境的，应当如实向海关申报。

第十三条 计算机信息系统的使用单位应当建立健全安全管理制度，负责本单位计算机信息系统的安全保护工作。

第十四条 对计算机信息系统中发生的案件，有关使用单位应当在24小时内向当地县级以上人民政府公安机关报告。

第十五条 对计算机病毒和危害社会公共安全的其他有害数据的防治研究工作，由公安部归口管理。

第十六条 国家对计算机信息系统安全专用产品的销售实行许可证制度。具体办法由公安部会同有关部门制定。

第三章 安全监督

第十七条 公安机关对计算机信息系统安全保护工作行使下列监督职权：

（一）监督、检查、指导计算机信息系统安全保护工作；

（二）查处危害计算机信息系统安全的违法犯罪案件；

（三）履行计算机信息系统安全保护工作的其他监督职责。

第十八条 公安机关发现影响计算机信息系统安全的隐患时，应当及时通知使用单位采取安全保护措施。

第十九条 公安部在紧急情况下，可以就涉及计算机信息系统安全的特定事项发布专项通令。

第四章 法律责任

第二十条 违反本条例的规定，有下列行为之一的，由公安机关处以警告或者停机整顿：

（一）违反计算机信息系统安全等级保护制度，危害计算机信息系统安全的；

（二）违反计算机信息系统国际联网备案制度的；

（三）不按照规定时间报告计算机信息系统中发生的案件的；

（四）接到公安机关要求改进安全状况的通知后，在限期内拒不改进的；

（五）有危害计算机信息系统安全的其他行为的。

第二十一条 计算机机房不符合国家标准和国家其他有关规定的，或者在计算机机房附近施工危害计算机信息系统安全的，由公安机关会同有关单位进行处理。

第二十二条 运输、携带、邮寄计算机信息媒体进出境，不如实向海关申报的，由海关依照《中华人民共和国海关法》和本条例以及其他有关法律、法规的规定处理。

第二十三条 故意输入计算机病毒以及其他有害数据危害计算机信息系统安全的，或者未经许可出售计算机信息系统安全专用产品的，由公安机关处以警告或者对个人处以5000元以下的罚款、对单位处以15000元以下的罚款；有违法所得的，除予以没收外，可以处以违法所得1至3倍的罚款。

第二十四条 违反本条例的规定，构成违反治安管理行为的，依照《中华人民共和国治安管理处罚条例》的有关规定处罚；构成犯罪的，依法追究刑事责任。

第二十五条 任何组织或者个人违反本条例的规定，给国家、集体或者他人财产造成损失的，应当依法承担民事责任。

第二十六条 当事人对公安机关依照本条例所作出的具体行政行为不服的，可以依法申请行政复议或者提起行政诉讼。

第二十七条 执行本条例的国家公务员利用职权，索取、收受贿赂或者有其他违法、失职行为，构成犯罪的，依法追究刑事责任；尚不构成犯罪的，给予行政处分。

第五章 附 则

第二十八条 本条例下列用语的含义：

计算机病毒，是指编制或者在计算机程序中插入的破坏计算机功能或者毁坏数据，影响计算机使用，并能自我复制的一组计算机指令或者程序代码。

计算机信息系统安全专用产品，是指用于保护计算机信息系统安全的专用硬件和软件产品。

第二十九条 军队的计算机信息系统安全保护工作，按照军队的有关法规执行。

第三十条 公安部可以根据本条例制定实施办法。

第三十一条 本条例自发布之日起施行。

中华人民共和国外资金融机构管理条例

（1994年2月25日中华人民共和国国务院令公布，1994年4月1日起施行）

第一章 总 则

第一条 为了适应对外开放和经济发展的需要，加强和完善对外资金融机构的管理，制定本条例。

第二条 本条例所称外资金融机构，是指依照中华人民共和国有关法律、法规的规定，经批准在中国境内设立和营业的下列金融机构：

（一）总行在中国境内的外国资本的银行（以下简称外资银行）；

（二）外国银行在中国境内的分行（以下简称外国银行分行）；

（三）外国的金融机构同中国的金融机构在中国境内合资经营的银行（以下简称合资银行）；

（四）总公司在中国境内的外国资本的财务公司（以下简称外资财务公司）；

（五）外国的金融机构同中国的金融机构在中国境内合资经营的财务公司（以下简称合资财务公司）。

设立外资金融机构的地区，由国务院确定。

第三条 外资金融机构必须遵守中华人民共和国法律、法规，不得损害中华人民共和国的社会公共利益。

外资金融机构的正当经营活动和合法权益受中华人民共和国法律保护。

第四条 中国人民银行是管理和监督外资金融机构的主管机关；外资金融机构所在地区的中国人民银行分支机构对本地区外资金融机构进行日常管理和监督。

第二章 设立与登记

第五条 外资银行、合资银行的最低注册资本为3亿元人民币等值的自由兑换货币；外资财务公司、合资财务公司的最低注册资本为2亿元人民币等值的自由兑换货币；其实收资本不低于其注册资本的50%。

外国银行分行应当由其总行无偿拨给不少于1亿元人民币等值的自由兑换货币的营运资金。

第六条 设立外资银行或者外资财务公司，申请者应当具备下列条件：

（一）申请者为金融机构；

（二）申请者在中国境内已经设立代表机构2年以上；

（三）申请者提出设立申请前1年年末总资产不少于100亿美元；

（四）申请者所在国家或者地区有完善的金融监督管理制度。

第七条 设立外国银行分行，申请者应当具备下列条件：

（一）申请者在中国境内已经设立代表机构2年以上；

（二）申请者提出设立申请前1年年末总资产不少于200亿美元；

（三）申请者所在国家或者地区有完善的金融监督管理制度。

第八条 设立合资银行或者合资财务公司，申请者应当具备下列条件：

（一）合资各方均为金融机构；

（二）外国合资者在中国境内已经设立代表机构；

（三）外国合资者提出设立申请前1年年末总资产不少于100亿美元；

（四）外国合资者所在国家或者地区有完善的金融监督管理制度。

第九条 设立外资银行或者外资财务公司，应当由申请者向中国人民银行提出书面申请，并提交下列资料：

（一）设立外资银行或者外资财务公司的申请书，其内容包括：拟设外资银行或者外资财务公司的名称，注册资本和实收资本额，申请经营的业务种类等；

（二）可行性研究报告；

（三）拟设外资银行或者外资财务公司的章程；

（四）申请者所在国家或者地区有关主管当局核发的营业执照（副本）；

（五）申请者最近3年的年报；

（六）中国人民银行要求提供的其他资料。

第十条 设立外国银行分行，应当由外国银行总行向中国人民银行提出书面申请，并提交下列资料：

（一）法定代表人签署的申请书，其内容包括：拟设外国银行分行的名称，总行无偿拨给的营运资金数额，申请经营的业务种类等；

（二）申请者所在国家或者地区有关主管当局核发的营业执照（副本）；

（三）申请者最近3年的年报；

（四）中国人民银行要求提供的其他资料。

第十一条 设立合资银行或者合资财务公司，应当由合资各方共同向中国人民银行提出书面申请，并提交下列资料：

（一）设立合资银行或者合资财务公司的申请书，其内容包括：拟设合资银行或者合资财务公司的名称，合资各方名称，注册资本和实收资本额，合资各方出资比例，申请经营的业务种类等；

（二）可行性研究报告；

（三）合资经营合同及拟设合资银行或者合资财务公司的章程；

（四）申请者所在国家或者地区有关主管当局核发给合资各方的营业执照（副本）；

（五）合资各方最近3年的年报；

（六）中国人民银行要求提供的其他资料。

第十二条 本条例第九条、第十条、第十一条所列资料，除年报外，凡用外文书写的，应当附有中文译本。

第十三条 中国人民银行对设立外资金融机构的申请初步审查同意后，发给申请者正式申请表。申请者自提出设立申请之日起满90日未接到正式申请表的，其设立申请即为不予受理。

第十四条 申请者应当自接到正式申请表之日起60日内将填写好的申请表连同下列文件报中国人民银行审批：

（一）拟设外资金融机构主要负责人名单及简历；

（二）对拟任该外资金融机构主要负责人的授权书；

（三）设立外国银行分行的，其总行对该分行承担税务、债务的责任担保书；

（四）中国人民银行要求提供的其他文件。

第十五条 外资金融机构自接到中国人民银行批准文件之日起30日内，应当筹足其实收资本或者营运资金，并调入中国境内，经中国注册会计师验证后依法向工商行政管理机关办理登记，并依法自开业之日起30日内向税务机关办理税务登记。

第十六条 外资金融机构自中国人民银行审查批准之日起30日内，应当向国家外汇管理局领取《经营外汇业务许可证》。

第三章　业务范围

第十七条 外资银行、外国银行分行、合资银行按照中国人民银行批准的业务范围，可以部分或者全部经营下列种类的业务：

（一）外汇存款；

（二）外汇放款；

（三）外汇票据贴现；

（四）经批准的外汇投资；

（五）外汇汇款；

（六）外汇担保；

（七）进出口结算；

（八）自营和代客户买卖外汇；

（九）代理外币及外汇票据兑换；

（十）代理外币信用卡付款；

（十一）保管及保管箱业务；

（十二）资信调查和咨询；

（十三）经批准的本币业务和其他外币业务。

第十八条 外资财务公司、合资财务公司按照中国人民银行批准的业务范围，可以部分或者全部经营下列种类的业务：

（一）每笔不少于10万美元，期限不少于3个月的外汇存款；

（二）外汇放款；

（三）外汇票据贴现；

（四）经批准的外汇投资；

（五）外汇担保；

（六）自营和代客户买卖外汇；

（七）资信调查和咨询；

（八）外汇信托；

（九）经批准的本币业务和其他外币业务。

第十九条 本章所称外汇存款，是指以外币表示的下列存款：

（一）中国境内、境外同业存款；

（二）中国境外非同业存款；

（三）中国境内外国人的存款；

（四）华侨和香港、澳门、台湾同胞的存款；

（五）外商投资企业存款；

（六）外资金融机构对非外商投资企业放款的转存款；

（七）经批准的其他外汇存款。

第二十条 本章所称外汇汇款，是指境外汇入汇款和境内外商投资企业、外国人、华侨以及香港、澳门、台湾同胞的汇出汇款。

第二十一条 本章所称进出口结算，是指外资银行、外国银行分行、合资银行办理的外商投资企业的进出口结算和经批准的非外商投资企业的出口结算以及放款项下的进口结算。

第四章 监督管理

第二十二条 外资金融机构的存款、放款利率及各种手续费率，由外资金融机构按照中国人民银行的有关规定确定。

第二十三条 外资金融机构经营存款业务，应当向所在地区的中国人民银行分支机构缴存存款准备金，其比率由中国人民银行制定，并根据需要进行调整。存款准备金不计付利息。

第二十四条 外国银行分行的营运资金的30%应当以中国人民银行指定的生息资产形式存在，包括在中国人民银行指定的银行的存款等。

第二十五条 外资银行、合资银行、外资财务公司、合资财务公司的总资产不得超过其实收资本加储备金之和的20倍。

第二十六条 外资银行、合资银行、外资财务公司、合资财务公司对1个企业及其关联企业的放款，不得超过其实收资本加储备金之和的30%，但是经中国人民银行特许的除外。

第二十七条 外资银行、合资银行、外资财务公司、合资财务公司的投资总额不得超过其实收资本加储备金之和的30%，但是经中国人民银行批准投资于金融机构的除外。

第二十八条 外资银行、合资银行、外资财务公司、合资财务公司的固定资产不得超过其实收资本加储备金之和的40%。

第二十九条 外资金融机构应当确保其资产的流动性。具体办法由中国人民银行另行制定。

第三十条 外资金融机构从中国境内吸收的存款不得超过其总资产的40%。

第三十一条 外资金融机构应当按照规定计提呆帐（坏帐）准备金。

第三十二条 外资银行、合资银行、外资财务公司、合资财务公司的实收资本低于注册资本的，必须每年从其税后利润中提取25%予以补充，直至其实收资本加储备金之和等于其注册资本。

第三十三条 外资金融机构应当聘用至少1名中国公民为高层管理人员。

第三十四条 外资金融机构应当聘用中国注册会计师，并经所在地区的中国人民银行分行认可。

第三十五条 外资金融机构有下列情况之一的，须经中国人民银行批准，并依法向工商行政管理机关办理有关登记：

（一）设立分支机构；

（二）调整、转让注册资本，追加、减少营运资金；

（三）变更机构名称或者营业场所；

（四）更换高层管理人员。

第三十六条 外资金融机构应当按照规定向中国人民银行及其有关分支机构报送财务报表和有关资料。

第三十七条 中国人民银行及其有关分支机构有权检查、稽核外资金融机构的经营管理和财务状况。

第五章 解散与清算

第三十八条 外资金融机构自行终止业务活动，应当在距终止业务活动30日前以书面形式向中国人民银行提出申请，经中国人民银行审查批准后予以解散并进行清算。

第三十九条 外资金融机构无力清偿到期债务的，中国人民银行可以责令其停业，限期清理。在清理期限内，已恢复偿付能力，需要复业的，必须向中国人民银行提出复业申请；超过清理期限，仍未恢复偿付能力的，应当进行清算。

第四十条 外资金融机构因解散、依法被撤销或者宣告破产而终止的，其清算的具体事宜，参照中国有关法律、法规的规定办理。

第四十一条 外资金融机构清算终结，应当在法定期限内向原登记机关办理注销登记。

第六章 罚 则

第四十二条 违反本条例第二章的规定，未经批准擅自设立外资金融机构的，由中国人民银行予以取缔，没收其非法所得，并可以处5万元至10万元人民币等值外汇的罚款。

第四十三条 外资金融机构违反本条例第三章的规定，超越批准的业务范围从事经营的，由中国人民银行或其有关分支机构责令其停止所超越部分的经营活动，没收其超越部分的非法所得，并可以处1万元至5万元人民币等值外汇的罚款。

第四十四条 外资金融机构违反本条例第四章的有关规定从事经营的，中国人民银行或其有关分行有权责令其纠正、调整业务或者补足有关资金，并可以处5000元至3万元人民币等值外汇的罚款。

第四十五条 外资金融机构违反第四章的有关规定，未按期报送财务报表和有关资料的，由中国人民银行或其有关分支机构予以警告、通报，责令限期补报，并可以处3000元至2万元人民币等值外汇的罚款。

第四十六条 外资金融机构违反本条例，除依照本章第四十三条、第四十四条、第四十五条的有关规定予以处罚外，情节严重的，中国人民银行可以责令其停业直至吊销其营业许可证。

第四十七条 外资金融机构违反中华人民共和国其他法律、法规的，由有关主管机关依法处理。

第七章 附 则

第四十八条 香港、澳门和台湾的金融机构在境内设立和营业的金融业务机构，比照适用本条例。

第四十九条 对外国金融机构驻华代表机构的管理办法，由中国人民银行另行制定。

第五十条 本条例由中国人民银行负责解释；实施细则由中国人民银行制定。

第五十一条 本条例自1994年4月1日起施行。1985年4月2日国务院发布的《中华人民共和国经济特区外资银行、中外合资银行管理条例》和1990年9月7日国务院批准、1990年9月8日中国人民银行发布的《上海外资金融机构、中外合资金融机构管理办法》同时废止。

国务院关于外商投资企业和外国企业适用增值税、消费税、营业税等税收暂行条例有关问题的通知

(国发〔1994〕10号 1994年2月22日)

各省、自治区、直辖市人民政府,国务院各部委、各直属机构:

根据第八届全国人民代表大会常务委员会第五次会议审议通过的《全国人民代表大会常务委员会关于外商投资企业和外国企业适用增值税、消费税、营业税等税收暂行条例的决定》(以下简称《决定》),现对外商投资企业和外国企业适用税种等有关问题通知如下:

一、关于外商投资企业和外国企业适用税种问题

根据《决定》的规定,外商投资企业和外国企业除适用《中华人民共和国增值税暂行条例》、《中华人民共和国消费税暂行条例》、《中华人民共和国营业税暂行条例》和《中华人民共和国外商投资企业和外国企业所得税法》外,还应适用以下暂行条例:

(一)国务院1993年12月13日发布的《中华人民共和国土地增值税暂行条例》;

(二)国务院1993年12月25日发布的《中华人民共和国资源税暂行条例》;

(三)国务院1988年8月6日发布的《中华人民共和国印花税暂行条例》;

(四)中央人民政府政务院1950年12月19日发布的《屠宰税暂行条例》;

(五)中央人民政府政务院1951年8月8日发布的《城市房地产税暂行条例》;

(六)中央人民政府政务院1951年9月13日发布的《车船使用牌照税暂行条例》;

(七)中央人民政府政务院1950年4月3日发布的《契税暂行条例》。

在税制改革中,国务院还将陆续修订和制定新的税收暂行条例,外商投资企业和外国企业应相应依照有关条例规定执行。

二、关于外商投资企业改征增值税、消费税、营业税后增加的税负处理问题

(一)1993年12月31日前已批准设立的外商投资企业,由于改征增值税、消费税、营业税增加税负的,由企业提出申请,税务机关审核批准,在已批准的经营期限内,准予退还因税负增加而多缴纳的税款,但最长不得超过5年;没有经营期限的,经企业申请,税务机关批准,在最长不超过5年的期限内,退还上述多缴纳的税款。

(二)外商投资企业既缴纳增值税,又缴纳消费税的,所缴税款超过原税负的部分,按所缴增值税和消费税的比例,分别退还增值税和消费税。

(三)外商投资企业生产的产品直接出口或销售给出口企业出口的,按照《中华人民共和国增值税暂行条例》的规定,凭出口报关单和已纳税凭证,一次办理退税。

(四)外商投资企业因税负增加而申请的退税,原则上在年终后一次办理;对税负增加较多的,可按季申请预退,年度终了后清算。

(五)增值税、消费税的退税事宜由国家税务局系统负责办理,各级国库要认真审核,严格把关。退税数额的计算、退税的申请及批准程序等,由国家税务总局另行制定。

（六）营业税的退税问题，由省、自治区、直辖市人民政府规定。

三、关于中外合作开采石油资源的税收问题

中外合作油（气）田开采的原油、天然气按实物征收增值税，征收率为5%，并按现行规定征收矿区使用费，暂不征收资源税。在计征增值税时，不抵扣进项税额。原油、天然气出口时不予退税。

中国海洋石油总公司海上自营油田比照上述规定执行。

本通知自1994年1月1日起施行。

矿产资源补偿费征收管理规定

（1994年2月27日中华人民共和国国务院令公布，
1994年4月1日起施行）

第一条 为了保障和促进矿产资源的勘查、保护与合理开发，维护国家对矿产资源的财产权益，根据《中华人民共和国矿产资源法》的有关规定，制定本规定。

第二条 在中华人民共和国领域和其他管辖海域开采矿产资源，应当依照本规定缴纳矿产资源补偿费；法律、行政法规另有规定的，从其规定。

第三条 矿产资源补偿费按照矿产品销售收入的一定比例计征。企业缴纳的矿产资源补偿费列入管理费用。

采矿权人对矿产品自行加工的，按照国家规定价格计算销售收入；国家没有规定价格的，按照征收时矿产品的当地市场平均价格计算销售收入。

采矿权人向境外销售矿产品的，按照国际市场销售价格计算销售收入。

本规定所称矿产品，是指矿产资源经过开采或者采选后，脱离自然赋存状态的产品。

第四条 矿产资源补偿费由采矿权人缴纳。

矿产资源补偿费以矿产品销售时使用的货币结算；采矿权人对矿产品自行加工的，以其销售最终产品时使用的货币结算。

第五条 矿产资源补偿费按照下列方式计算：

征收矿产资源补偿费金额＝矿产品销售收入×补偿费费率×开采回采率系数

$$\text{开采回采率系数}=\frac{\text{核定开采回采率}}{\text{实际开采回采率}}$$

核定开采回采率，以按照国家有关规定经批准的矿山设计为准；按照国家有关规定，只要求有开采方案，不要求有矿山设计的矿山企业，其开采回采率由县级以上地方人民政府负责地质矿产管理工作的部门会同同级有关部门核定。

不能按照本条第一款、第二款规定的方式计算矿产资源补偿费的矿种，由国务院地质矿产主管部门会同国务院财政部门另行制定计算方式。

第六条 矿产资源补偿费依照本规定附录所规定的费率征收。

矿产资源补偿费费率的调整，由国务院财政部门、国务院地质矿产主管部门、国务院计划主管部门共同确定，报国务院批准施行。

第七条 矿产资源补偿费由地质矿产主管部门会同财政部门征收。

矿区在县级行政区域内的，矿产资源补偿费由矿区所在地的县级人民政府负责地质矿产管理工作的部门负责征收。

矿区范围跨县级以上行政区域的，矿产资源补偿费由所涉及行政区域的共同上一级人民政府负责地质矿产管理工作的部门负责征收。

矿区范围跨省级行政区域和在中华人民共和国领海与其他管辖海域的，矿产资源补偿费由国务院地质矿产主管部门授权的省级人民政府地质矿产主管部门负责征收。

第八条 采矿权人应当于每年的7月31日前缴纳上半年的矿产资源补偿费；于下一年度1月31日前缴纳上一年度下半年的矿产资源补偿费。

采矿权人在中止或者终止采矿活动时，应当结缴矿产资源补偿费。

第九条 采矿权人在缴纳矿产资源补偿费时，应当同时提交已采出的矿产品的矿种、产量、销售数量、销售价格和实际开采回采率等资料。

第十条 征收的矿产资源补偿费，应当及时全额就地上缴中央金库，年终按照下款规定的中央与省、自治区、直辖市的分成比例，单独结算。

中央与省、直辖市矿产资源补偿费的分成比例为5∶5；中央与自治区矿产资源补偿费的分成比例为4∶6。

第十一条　矿产资源补偿费纳入国家预算，实行专项管理，主要用于矿产资源勘查。

中央所得的矿产资源补偿费的具体使用管理办法，由国务院财政部门、国务院地质矿产主管部门、国务院计划主管部门共同制定。

地方所得的矿产资源补偿费的具体使用管理办法，由省、自治区、直辖市人民政府制定。

第十二条　采矿权人有下列情形之一的，经省级人民政府地质矿产主管部门会同同级财政部门批准，可以免缴矿产资源补偿费：

（一）从废石（矸石）中回收矿产品的；

（二）按照国家有关规定经批准开采已关闭矿山的非保安残留矿体的；

（三）国务院地质矿产主管部门会同国务院财政部门认定免缴的其他情形。

第十三条　采矿权人有下列情况之一的，经省级人民政府地质矿产主管部门会同同级财政部门批准，可以减缴矿产资源补偿费：

（一）从尾矿中回收矿产品的；

（二）开采未达到工业品位或者未计算储量的低品位矿产资源的；

（三）依法开采水体下、建筑物下、交通要道下的矿产资源的；

（四）由于执行国家定价而形成政策性亏损的；

（五）国务院地质矿产主管部门会同国务院财政部门认定减缴的其他情形。

采矿权人减缴的矿产资源补偿费超过应当缴纳的矿产资源补偿费50％的，须经省级人民政府批准。

批准减缴矿产资源补偿费的，应当报国务院地质矿产主管部门和国务院财政部门备案。

第十四条　采矿权人在规定期限内未足额缴纳矿产资源补偿费的，由征收机关责令限期缴纳，并从滞纳之日起按日加收滞纳补偿费2‰的滞纳金。

采矿权人未按照前款规定缴纳矿产资源补偿费和滞纳金的，由征收机关处以应当缴纳的矿产资源补偿费3倍以下的罚款；情节严重的，由采矿许可证颁发机关吊销其采矿许可证。

第十五条　采矿权人采取伪报矿种，隐匿产量、销售数量，或者伪报销售价格、实际开采回采率等手段，不缴或者少缴矿产资源补偿费的，由征收机关追缴应当缴纳的矿产资源补偿费，并处以应当缴纳的矿产资源补偿费5倍以下的罚款；情节严重的，由采矿许可证颁发机关吊销其采矿许可证。

第十六条　采矿权人未按照本规定第九条的规定报送有关资料的，由征收机关责令限期报送；逾期不报送的，处以5,000元以下罚款；仍不报送的，采矿许可证颁发机关可以吊销其采矿许可证。

第十七条　依照本规定对采矿权人处以的罚款、加收的滞纳金应当上缴国库。

第十八条　当事人对行政处罚决定不服的，可以自接到处罚决定通知之日起15日内向作出处罚决定的机关的上一级机关申请复议；当事人也可以自接到处罚决定通知之日起15日内直接向人民法院起诉。

当事人逾期不申请复议也不向人民法院起诉、又不履行处罚决定的，作出处罚决定的机关可以申请人民法院强制执行。

第十九条　本规定发布前的地方性法规和地方人民政府发布的规章及行政性文件的内容，与本规定相抵触的，以本规定为准。

第二十条　省、自治区、直辖市人民政府可以根据本规定制定实施办法。

第二十一条　本规定由地质矿产部负责解释。

第二十二条　本规定自1994年4月1日起施行。

附录

矿产资源补偿费费率表

矿　　种	费率（％）
石油	1
天然气	1
煤炭、煤成气	1
铀、钍	3
石煤、油砂	1
天然沥青	2
地热	3
油页岩	2
铁、锰、铬、钒、钛	2
铜、铅、锌、铝土矿、镍、钴、钨、锡、铋、钼、汞、锑、镁	2

续表

矿　　　种	费率（%）
金、银、铂、钯、钌、锇、铱、铑	4
铌、钽、铍、锂、锆、锶、铷、铯	3
镧、铈、镨、钕、钐、铕、钇、钆、铽、镝、钬、铒、铥、镱、镥	3
离子型稀土	4
钪、锗、镓、铟、铊、铪、铼、镉、硒、碲	3
宝石、玉石、宝石级金刚石	4
石墨、磷、自然硫、硫铁矿、钾盐、硼、水晶（压电水晶、熔炼水晶、光学水晶、工艺水晶）、刚玉、蓝晶石、硅线石、红柱石、硅灰石、钠硝石、滑石、石棉、蓝石棉、云母、长石、石榴子石、叶蜡石、透辉石、透闪石、蛭石、沸石、明矾石、芒硝（含钙芒硝）	2
金刚石、石膏、硬石膏、重晶石、毒重石、天然碱、方解石、冰洲石、菱镁矿、萤石（普通萤石、光学萤石）、黄玉、电气石、玛瑙、颜料矿物（赭石、颜料黄土）、石灰岩（电石用灰岩、制碱用灰岩、化肥用灰岩、熔剂用灰岩、玻璃用灰岩、水泥用灰岩、建筑石料用灰岩、制灰用灰岩、饰面用灰岩）、泥灰岩、白垩、含钾岩石、白云岩（冶金用白云岩、化肥用白云岩、玻璃用白云岩、建筑用白云岩）、石英岩（冶金用石英岩、玻璃用石英岩、化肥用石英岩）、砂岩（冶金用砂岩、玻璃用砂岩、水泥配料用砂岩、砖瓦用砂岩、化肥用砂岩、铸型用砂岩、陶瓷用砂岩）、天然石英砂（玻璃用砂、铸型用砂、建筑用砂、水泥配料用砂、水泥标准砂、砖瓦用砂）、脉石英（冶金用脉石英、玻璃用脉石英）、粉石英、天然油石、含钾砂页岩、硅藻土、页岩（陶粒页岩、砖瓦用页岩、水泥配料	2

续表

矿　　　种	费率（%）
用页岩）、高岭土、陶瓷土、耐火粘土、凹凸棒石粘土、海泡石粘土、伊利石粘土、累托石粘土、膨润土、铁矾土、其他粘土（铸型用粘土、砖瓦用粘土、陶粒用粘土、水泥配料用粘土、水泥配料用红土、水泥配料用黄土、水泥配料用泥岩、保温材料用粘土）、橄榄岩（化肥用橄榄岩、建筑用橄榄岩）、蛇纹岩（化肥用蛇纹岩、熔剂用蛇纹岩、饰面用蛇纹岩）、玄武岩（铸石用玄武岩、岩棉用玄武岩）、辉绿岩（水泥用辉绿岩、铸石用辉绿岩、饰面用辉绿岩、建筑用辉绿岩）、安山岩（饰面用安山岩、建筑用安山岩、水泥混合材用安山玢岩）、闪长岩（水泥混合材用闪长玢岩、建筑用闪长岩）、花岗岩（建筑用花岗岩、饰面用花岗岩）、麦饭石、珍珠岩、黑曜岩、松脂岩、浮石、粗面岩（水泥用粗面岩、铸石用粗面岩）、霞石正长岩、凝灰岩（玻璃用凝灰岩、水泥用凝灰岩、建筑用凝灰岩）、火山灰、火山渣、大理岩（饰面用大理岩、建筑用大理岩、水泥用大理岩、玻璃用大理岩）、板岩（饰面用板岩、水泥配料用板岩）、片麻岩、角闪岩、泥炭、镁盐、碘、溴、砷	2
湖盐、岩盐、天然卤水	0.5
二氧化碳气、硫化氢气、氦气、氡气	3
矿泉水	4
地下水	费率及征收管理办法由国务院另行规定

中华人民共和国矿产资源法实施细则

（1994年3月26日中华人民共和国国务院令公布）

第一章　总　则

第一条　根据《中华人民共和国矿产资源法》，制定本细则。

第二条　矿产资源是指由地质作用形成的，具有利用价值的，呈固态、液态、气态的自然资源。

矿产资源的矿种和分类见本细则所附《矿产资源分类细目》。新发现的矿种由国务院地质矿产主管部门报国务院批准后公布。

第三条　矿产资源属于国家所有，地表或者地下的矿产资源的国家所有权，不因其所依附的土地的所有权或者使用权的不同而改变。

国务院代表国家行使矿产资源的所有权。国务院授权国务院地质矿产主管部门对全国矿产资源分配实施统一管理。

第四条　在中华人民共和国领域及管辖的其他海域勘查、开采矿产资源，必须遵守《中华人民共和国矿产资源法》(以下简称《矿产资源法》)和本细则。

第五条　国家对矿产资源的勘查、开采实行许可证制度。勘查矿产资源，必须依法申请登记，领取勘查许可证，取得探矿权；开采矿产资源，必须依法申请登记，领取采矿许可证，取得采矿权。

矿产资源勘查工作区范围和开采矿区范围，以经纬度划分的区块为基本单位。具体办法由国务院地质矿产主管部门制定。

第六条　《矿产资源法》及本细则中下列用语的含义：

探矿权，是指在依法取得的勘查许可证规定的范围内，勘查矿产资源的权利。取得勘查许可证的单位或者个人称为探矿权人。

采矿权，是指在依法取得的采矿许可证规定的范围内，开采矿产资源和获得所开采的矿产品的权利。取得采矿许可证的单位或者个人称为采矿权人。

国家规定实行保护性开采的特定矿种，是指国务院根据国民经济建设和高科技发展的需要，以及资源稀缺、贵重程度确定的，由国务院有关主管部门按照国家计划批准开采的矿种。

国家规划矿区，是指国家根据建设规划和矿产资源规划，为建设大、中型矿山划定的矿产资源分布区域。

对国民经济具有重要价值的矿区，是指国家根据国民经济发展需要划定的，尚未列入国家建设规划的，储量大、质量好、具有开发前景的矿产资源保护区域。

第七条　国家允许外国的公司、企业和其他经济组织以及个人依照中华人民共和国有关法律、行政法规的规定，在中华人民共和国领域及管辖的其他海域投资勘查、开采矿产资源。

第八条　国务院地质矿产主管部门主管全国矿产资源勘查、开采的监督管理工作。国务院有关主管部门按照国务院规定的职责分工，协助国务院地质矿产主管部门进行矿产资源勘查、开采的监督管理工作。

省、自治区、直辖市人民政府地质矿产主管部门主管本行政区域内矿产资源勘查、开采的监督管理工作。省、自治区、直辖市人民政府有关主管部门，协助同级地质矿产主管部门进行矿产资源勘查、开采的监督管理工作。

设区的市人民政府、自治州人民政府和县级人民政府及其负责管理矿产资源的部门，依法对本级人民政府批准开办的国有矿山企业和本行政区域内的集体所有制矿山企业、私营矿山企业、个体采矿者以及在本行政区域内从事勘查施工的单位和个人进行监督管理，依法保护探矿权人、采矿权人的合法权益。

上级地质矿产主管部门有权对下级地质矿产主管部门违法的或者不适当的矿产资源勘查、开采管理行政行为予以改变或者撤销。

第二章 矿产资源勘查登记和开采审批

第九条 勘查矿产资源，应当按照国务院关于矿产资源勘查登记管理的规定，办理申请、审批和勘查登记。

勘查特定矿种，应当按照国务院有关规定办理申请、审批和勘查登记。

第十条 国有矿山企业开采矿产资源，应当按照国务院关于采矿登记管理的规定，办理申请、审批和采矿登记。开采国家规划矿区、对国民经济具有重要价值矿区的矿产和国家规定实行保护性开采的特定矿种，办理申请、审批和采矿登记时，应当持有国务院有关主管部门批准的文件。

开采特定矿种，应当按照国务院有关规定办理申请、审批和采矿登记。

第十一条 开办国有矿山企业，除应当具备有关法律、法规规定的条件外，并应当具备下列条件：

（一）有供矿山建设使用的矿产勘查报告；

（二）有矿山建设项目的可行性研究报告（含资源利用方案和矿山环境影响报告）；

（三）有确定的矿区范围和开采范围；

（四）有矿山设计；

（五）有相应的生产技术条件。

国务院、国务院有关主管部门和省、自治区、直辖市人民政府，按照国家有关固定资产投资管理的规定，对申请开办的国有矿山企业根据前款所列条件审查合格后，方予批准。

第十二条 申请开办集体所有制矿山企业、私营矿山企业及个体采矿的审查批准、采矿登记，按照省、自治区、直辖市的有关规定办理。

第十三条 申请开办集体所有制矿山企业或者私营矿山企业，除应当具备有关法律、法规规定的条件外，并应当具备下列条件：

（一）有供矿山建设使用的与开采规模相适应的矿产勘查资料；

（二）有经过批准的无争议的开采范围；

（三）有与所建矿山规模相适应的资金、设备和技术人员；

（四）有与所建矿山规模相适应的，符合国家产业政策和技术规范的可行性研究报告、矿山设计或者开采方案；

（五）矿长具有矿山生产、安全管理和环境保护的基本知识。

第十四条 申请个体采矿应当具备下列条件：

（一）有经过批准的无争议的开采范围；

（二）有与采矿规模相适应的资金、设备和技术人员；

（三）有相应的矿产勘查资料和经批准的开采方案；

（四）有必要的安全生产条件和环境保护措施。

第三章 矿产资源的勘查

第十五条 国家对矿产资源勘查实行统一规划。全国矿产资源中、长期勘查规划，在国务院计划行政主管部门指导下，由国务院地质矿产主管部门根据国民经济和社会发展中、长期规划，在国务院有关主管部门勘查规划的基础上组织编制。

全国矿产资源年度勘查计划和省、自治区、直辖市矿产资源年度勘查计划，分别由国务院地质矿产主管部门和省、自治区、直辖市人民政府地质矿产主管部门组织有关主管部门，根据全国矿产资源中、长期勘查规划编制，经同级人民政府计划行政主管部门批准后施行。

法律对勘查规划的审批权另有规定的，依照有关法律的规定执行。

第十六条 探矿权人享有下列权利：

（一）按照勘查许可证规定的区域、期限、工作对象进行勘查；

（二）在勘查作业区及相邻区域架设供电、供水、通讯管线，但是不得影响或者损害原有的供电、供水设施和通讯管线；

（三）在勘查作业区及相邻区域通行；

（四）根据工程需要临时使用土地；

（五）优先取得勘查作业区内新发现矿种的探矿权；

（六）优先取得勘查作业区内矿产资源的采矿权；

（七）自行销售勘查中按照批准的工程设计施工回收的矿产品，但是国务院规定由指定单位统一收购的矿产品除外。

探矿权人行使前款所列权利时，有关法律、法规规定应当经过批准或者履行其他手续的，应当遵守有关法律、法规的规定。

第十七条 探矿权人应当履行下列义务：

（一）在规定的期限内开始施工，并在勘查许可证规定的期限内完成勘查工作；

（二）向勘查登记管理机关报告开工等情况；

（三）按照探矿工程设计施工，不得擅自进行采矿活动；

（四）在查明主要矿种的同时，对共生、伴生矿产资源进行综合勘查、综合评价；

（五）编写矿产资源勘查报告，提交有关部门审批；

（六）按照国务院有关规定汇交矿产资源勘查成果档案资料；

（七）遵守有关法律、法规关于劳动安全、土地复垦和环境保护的规定；

（八）勘查作业完毕，及时封、填探矿作业遗留的井、硐或者采取其他措施，消除安全隐患。

第十八条 探矿权人可以对符合国家边探边采规定要求的复杂类型矿床进行开采；但是，应当向原颁发勘查许可证的机关、矿产储量审批机构和勘查项目主管部门提交论证材料，经审核同意后，按照国务院关于采矿登记管理法规的规定，办理采矿登记。

第十九条 矿产资源勘查报告按照下列规定审批：

（一）供矿山建设使用的重要大型矿床勘查报告和供大型水源地建设使用的地下水勘查报告，由国务院矿产储量审批机构审批；

（二）供矿山建设使用的一般大型、中型、小型矿床勘查报告和供中型、小型水源地建设使用的地下水勘查报告，由省、自治区、直辖市矿产储量审批机构审批；

矿产储量审批机构和勘查单位的主管部门应当自收到矿产资源勘查报告之日起六个月内作出批复。

第二十条 矿产资源勘查报告及其他有价值的勘查资料，按照国务院有关规定实行有偿使用。

第二十一条 探矿权人取得临时使用土地权后，在勘查过程中给他人造成财产损害的，按照下列规定给以补偿：

（一）对耕地造成损害的，根据受损害的耕地面积前三年平均年产量，以补偿时当地市场平均价格计算，逐年给以补偿，并负责恢复耕地的生产条件，及时归还；

（二）对牧区草场造成损害的，按照前项规定逐年给以补偿，并负责恢复草场植被，及时归还；

（三）对耕地上的农作物、经济作物造成损害的，根据受损害的耕地面积前三年平均年产量，以补偿时当地市场平均价格计算，给以补偿；

（四）对竹木造成损害的，根据实际损害株数，以补偿时当地市场平均价格逐株计算，给以补偿。

（五）对土地上的附着物造成损害的，根据实际损害的程度，以补偿时当地市场价格，给以适当补偿。

第二十二条 探矿权人在没有农作物和其他附着物的荒岭、荒坡、荒地、荒漠、沙滩、河滩、湖滩、海滩上进行勘查的，不予补偿；但是，勘查作业不得阻碍或者损害航运、灌溉、防洪等活动或者设施，勘查作业结束后应当采取措施，防止水土流失，保护生态环境。

第二十三条 探矿权人之间对勘查范围发生争议时，由当事人协商解决；协商不成的，由勘查作业区所在地的省、自治区、直辖市人民政府地质矿产主管部门裁决；跨省、自治区、直辖市的勘查范围争议，当事人协商不成的，由有关省、自治区、直辖市人民政府协商解决；协商不成的，由国务院地质矿产主管部门裁决。特定矿种的勘查范围争议，当事人协商不成的，由国务院授权的有关主管部门裁决。

第四章 矿产资源的开采

第二十四条 全国矿产资源的分配和开发利用，应当兼顾当前和长远、中央和地方的利益，实行统一规划、有效保护、合理开采、综合利用。

第二十五条 全国矿产资源规划，在国务院计划行政主管部门指导下，由国务院地质矿产主管部门根据国民经济和社会发展中、长期规划，组织国务院有关主管部门和省、自治区、直辖市人民政府编制，报国务院批准后施行。

全国矿产资源规划应当对全国矿产资源的分配作出统筹安排，合理划定中央与省、自治区、直辖市人民政府审批、开发矿产资源的范围。

第二十六条 矿产资源开发规划是对矿区的开发建设布局进行统筹安排的规划。

矿产资源开发规划分为行业开发规划和地区开发规划。

矿产资源行业开发规划由国务院有关主管部门根据全国矿产资源规划中分配给本部门的矿产资源编制实施。

矿产资源地区开发规划由省、自治区、直辖市人民政府根据全国矿产资源规划中分配给本省、自治区、直辖市的矿产资源编制实施；并作出统筹安排，合理划定省、市、县级人民政府审批、开发矿产资源的范围。

矿产资源行业开发规划和地区开发规划应当报送国务院计划行政主管部门、地质矿产主管部门备案。

国务院计划行政主管部门、地质矿产主管部门，对不符合全国矿产资源规划的行业开发规划和地区开发规划，应当予以纠正。

第二十七条 设立、变更或者撤销国家规划矿区、对国民经济具有重要价值的矿区，由国务院有关主管部门提出，并附具矿产资源详查报告及论证材料，经国务院计划行政主管部门和地质矿产主管部门审定，并联合书面通知有关县级人民政府。县级人民政府应当自收到通知之日起一个月内予以公告，并报国务院计划行政主管部门、地质矿产主管部门备案。

第二十八条 确定或者撤销国家规定实行保护性开采的特定矿种，由国务院有关主管部门提出，并附具论证材料，经国务院计划行政主管部门和地质矿产主管部门审核同意后，报国务院批准。

第二十九条 单位或者个人开采矿产资源前，应当委托持有相应矿山设计证书的单位进行可行性研究和设计。开采零星分散矿产资源和用作建筑材料的砂、石、粘土的，可以不进行可行性研究和设计，但是应当有开采方案和环境保护措施。

矿山设计必须依据设计任务书，采用合理的开采顺序、开采方法和选矿工艺。

矿山设计必须按照国家有关规定审批；未经批准，不得施工。

第三十条 采矿权人享有下列权利：

(一)按照采矿许可证规定的开采范围和期限从事开采活动；

(二)自行销售矿产品，但是国务院规定由指定的单位统一收购的矿产品除外；

(三)在矿区范围内建设采矿所需的生产和生活设施；

(四)根据生产建设的需要依法取得土地使用权；

(五)法律、法规规定的其他权利。

采矿权人行使前款所列权利时，法律、法规规定应当经过批准或者履行其他手续的，依照有关法律、法规的规定办理。

第三十一条 采矿权人应当履行下列义务：

(一)在批准的期限内进行矿山建设或者开采；

(二)有效保护、合理开采、综合利用矿产资源；

(三)依法缴纳资源税和矿产资源补偿费；

(四)遵守国家有关劳动安全、水土保持、土地复垦和环境保护的法律、法规；

(五)接受地质矿产主管部门和有关主管部门的监督管理，按照规定填报矿产储量表和矿产资源开发利用情况统计报告。

第三十二条 采矿权人在采矿许可证有效期满或者在有效期内，停办矿山而矿产资源尚未采完的，必须采取措施将资源保持在能够继续开采的状态，并事先完成下列工作：

(一)编制矿山开采现状报告及实测图件；

(二)按照有关规定报销所消耗的储量；

(三)按照原设计实际完成相应的有关劳动安全、水土保持、土地复垦和环境保护工作，或者缴清土地复垦和环境保护的有关费用。

采矿权人停办矿山的申请，须经原批准开办矿山的主管部门批准、原颁发采矿许可证的机关验收合格后，方可办理有关证、照注销手续。

第三十三条 矿山企业关闭矿山，应当按照下列程序办理审批手续：

(一)开采活动结束的前一年，向原批准开办矿山的主管部门提出关闭矿山申请，并提交闭坑地质报告；

(二)闭坑地质报告经原批准开办矿山的主管部门审核同意后，报地质矿产主管部门会同矿产储量审批机构批准；

(三)闭坑地质报告批准后，采矿权人应当编写关闭矿山报告，报请原批准开办矿山的主管部门会同同级地质矿产主管部门和有关主管部门按照有关行业规定批准。

第三十四条 关闭矿山报告批准后，矿山企业应当完成下列工作：

(一)按照国家有关规定将地质、测量、采矿资料整理归档，并汇交闭坑地质报告、关闭矿山报告及其他有关资料；

(二)按照批准的关闭矿山报告，完成有关劳动安全、水土保持、土地复垦和环境保护工作，或者缴清土地复垦和环境保护的有关费用。

矿山企业凭关闭矿山报告批准文件和有关部门对完成上述工作提供的证明，报请原颁发采矿许可证的机关办理采矿许可证注销手续。

第三十五条 建设单位在建设铁路、公路、工厂、水库、输油管道、输电线路和各种大型建筑物前，必须向所在地的省、自治区、直辖市人民政府地质矿产主管部门了解拟建工程所在地区的矿产资源分布情况，并在建设项目设计任务书报请审批时附具地质矿产主管部门的证明。在上述建设项目与重要矿床的开采发生矛盾时，由国务院有关主管部门或者省、自治区、直辖市人民政府提出方案，经国务院地质矿产主管部门提出意见后，报国务院计划行政主管部门决定。

第三十六条 采矿权人之间对矿区范围发生争议时，由当事人协商解决；协商不成的，由矿产资源所在地的县级以上地方人民政府根据依法核定的矿区范围处理；跨省、自治区、直辖市的矿区范围争议，当事人协商不成的，由有关省、自治区、直辖市人民政府协商解决；协商不成的，由国务院地质矿产主管部门提出处理意见，报国务院决定。

第五章 集体所有制矿山企业、私营矿山企业和个体采矿者

第三十七条 国家依法保护集体所有制矿山企业、私营矿山企业和个体采矿者的合法权益，依法对集体所有制矿山企业、私营矿山企业和个体采矿者进行监督管理。

第三十八条 集体所有制矿山企业可以开采下列矿产资源：

（一）不适于国家建设大、中型矿山的矿床及矿点；

（二）经国有矿山企业同意，并经其上级主管部门批准，在其矿区范围内划出的边缘零星矿产；

（三）矿山闭坑后，经原矿山企业主管部门确认可以安全开采并不会引起严重环境后果的残留矿体；

（四）国家规划可以由集体所有制矿山企业开采的其他矿产资源。

集体所有制矿山企业开采前款第（二）项所列矿产资源时，必须与国有矿山企业签定合理开发利用矿产资源和矿山安全协议，不得浪费和破坏矿产资源，并不得影响国有矿山企业的生产安全。

第三十九条 私营矿山企业开采矿产资源的范围参照本细则第三十八条的规定执行。

第四十条 个体采矿者可以采挖下列矿产资源：

（一）零星分散的小矿体或者矿点；

（二）只能用作普通建筑材料的砂、石、粘土。

第四十一条 国家设立国家规划矿区、对国民经济具有重要价值的矿区时，对应当撤出的原采矿权人，国家按照有关规定给予合理补偿。

第六章 法律责任

第四十二条 依照《矿产资源法》第三十九条、第四十条、第四十二条、第四十三条、第四十四条规定处以罚款的，分别按照下列规定执行：

（一）未取得采矿许可证擅自采矿的，擅自进入国家规划矿区、对国民经济具有重要价值的矿区和他人矿区范围采矿的，擅自开采国家规定实行保护性开采的特定矿种的，处以违法所得50%以下的罚款；

（二）超越批准的矿区范围采矿的，处以违法所得30%以下的罚款；

（三）买卖、出租或者以其他形式转让矿产资源的，买卖、出租采矿权的，对卖方、出租方、出让方处以违法所得一倍以下的罚款；

（四）非法用采矿权作抵押的，处以5000元以下的罚款；

（五）违反规定收购和销售国家规定统一收购的矿产品的，处以违法所得一倍以下的罚款；

（六）采取破坏性的开采方法开采矿产资源，造成矿产资源严重破坏的，处以相当于矿产资源损失价值50%以下的罚款。

第四十三条 违反本细则规定，有下列行为之一的，对主管人员和直接责任人员给予行政处分；构成犯罪的，依法追究刑事责任：

（一）批准不符合办矿条件的单位或者个人开办矿山的；

（二）对未经依法批准的矿山企业或者个人颁发采矿许可证的。

第七章 附　则

第四十四条 地下水资源具有水资源和矿产资源的双重属性。地下水资源的勘查，适用《矿产资源法》和本细则；地下水资源的开发、利用、保护和管理，适用《水法》和有关的行政法规。

第四十五条 本细则由地质矿产部负责解释。

第四十六条 本细则自发布之日起施行。

附件：矿产资源分类细目

附件：

矿产资源分类细目

（一）能源矿产

煤、煤成气、石煤、油页岩、石油、天然气、油砂、天然沥青、铀、钍、地热。

（二）金属矿产

铁、锰、铬、钒、钛；铜、铅、锌、铝土矿、镍、钴、钨、锡、铋、钼、汞、锑、镁；铂、钯、钌、锇、铱、铑；金、银；铌、钽、铍、锂、锆、锶、铷、铯；镧、铈、镨、钕、钐、铕、钇、钆、铽、镝、钬、铒、铥、镱、镥；钪、锗、镓、铟、铊、铪、铼、镉、硒、碲。

（三）非金属矿产

金刚石、石墨、磷、自然硫、硫铁矿、钾盐、硼、水晶（压电水晶、熔炼水晶、光学水晶、工艺水晶）、刚玉、蓝晶石、硅线石、红柱石、硅灰石、钠硝石、滑石、石棉、蓝石棉、云母、长石、石榴子石、叶蜡石、透辉石、透闪石、蛭石、沸石、明矾石、芒硝（含钙芒硝）、石膏（含硬石膏）、重晶石、毒重石、天然碱、方解石、冰洲石、菱镁矿、萤石（普通萤石、光学萤石）、宝石、黄玉、玉石、电气石、玛瑙、颜料矿物（赭石、颜料黄土）、石灰岩（电石用灰岩、制碱用灰岩、化肥用灰岩、熔剂用灰岩、玻璃用灰岩、水泥用灰岩、建筑石料用灰岩、制灰用灰岩、饰面用灰岩）、泥灰岩、白垩、含钾岩石、白云岩（冶金用白云岩、化肥用白云岩、玻璃用白云岩、建筑用白云岩）、石英岩（冶金用石英岩、玻璃用石英岩、化肥用石英岩）、砂岩（冶金用砂岩、玻璃用砂岩、水泥配料用砂岩、砖瓦用砂岩、化肥用砂岩、铸型用砂岩、陶瓷用砂岩）、天然石英砂（玻璃用砂、铸型用砂、建筑用砂、水泥配料用砂、水泥标准砂、砖瓦用砂）、脉石英（冶金用脉石英、玻璃用脉石英）、粉石英、天然油石、含钾砂页岩、硅藻土、页岩（陶粒页岩、砖瓦用页岩、水泥配料用页岩）、高岭土、陶瓷土、耐火粘土、凹凸棒石粘土、海泡石粘土、伊利石粘土、累托石粘土、膨润土、铁矾土、其他粘土（铸型用粘土、砖瓦用粘土、陶粒用粘土、水泥配料用粘土、水泥配料用红土、水泥配料用黄土、水泥配料用泥岩、保温材料用粘土）、橄榄岩（化肥用橄榄岩、建筑用橄榄岩）、蛇纹岩（化肥用蛇纹岩、熔剂用蛇纹岩、饰面用蛇纹岩）、玄武岩（铸石用玄武岩、岩棉用玄武岩）、辉绿岩（水泥用辉绿岩、铸石用辉绿岩、饰面用辉绿岩、建筑用辉绿岩）、安山岩（饰面用安山岩、建筑用安山岩、水泥混合材用安山玢岩）、闪长岩（水泥混合材用闪长玢岩、建筑用闪长岩）、花岗岩（建筑用花岗岩、饰面用花岗岩）、麦饭石、珍珠岩、黑曜岩、松脂岩、浮石、粗面岩（水泥用粗面岩、铸石用粗面岩）、霞石正长岩、凝灰岩（玻璃用凝灰岩、水泥用凝灰岩、建筑用凝灰岩）、火山灰、火山渣、大理岩（饰面用大理岩、建筑用大理岩、水泥用大理岩、玻璃用大理岩）、板岩（饰面用板岩、水泥配料用板岩）、片麻岩、角闪岩、泥炭、矿盐（湖盐、岩盐、天然卤水）、镁盐、碘、溴、砷。

（四）水气矿产

地下水、矿泉水、二氧化碳气、硫化氢气、氦气、氡气。

中华人民共和国船舶登记条例

（1994年6月2日中华人民共和国国务院令公布，
1995年1月1日起施行）

第一章 总 则

第一条 为了加强国家对船舶的监督管理，保障船舶登记有关各方的合法权益，制定本条例。

第二条 下列船舶应当依照本条例规定进行登记：

（一）在中华人民共和国境内有住所或者主要营业所的中国公民的船舶。

（二）依据中华人民共和国法律设立的主要营业所在中华人民共和国境内的企业法人的船舶。但是，在该法人的注册资本中有外商出资的，中方投资人的出资额不得低于50%。

（三）中华人民共和国政府公务船舶和事业法人的船舶。

（四）中华人民共和国港务监督机构认为应当登记的其他船舶。

军事船舶、渔业船舶和体育运动船艇的登记依照有关法规的规定办理。

第三条 船舶经依法登记，取得中华人民共和国国籍，方可悬挂中华人民共和国国旗航行；未经登记的，不得悬挂中华人民共和国国旗航行。

第四条 船舶不得具有双重国籍。凡在外国登记的船舶，未中止或者注销原登记国国籍的，不得取得中华人民共和国国籍。

第五条 船舶所有权的取得、转让和消灭，应当向船舶登记机关登记；未经登记的，不得对抗第三人。

船舶由二个以上的法人或者个人共有的，应当向船舶登记机关登记；未经登记的，不得对抗第三人。

第六条 船舶抵押权、光船租赁权的设定、转移和消灭，应当向船舶登记机关登记；未经登记的，不得对抗第三人。

第七条 中国籍船舶上的船员应当由中国公民担任；确需雇用外国籍船员的，应当报国务院交通主管部门批准。

中国籍船舶上应持适任证书的船员，必须持有相应的中华人民共和国船员适任证书。

第八条 中华人民共和国港务监督机构是船舶登记主管机关。

各港的港务监督机构是具体实施船舶登记的机关（以下简称船舶登记机关），其管辖范围由中华人民共和国港务监督机构确定。

第九条 船舶登记港为船籍港。

船舶登记港由船舶所有人依据其住所或者主要营业所所在地就近选择，但是不得选择二个或者二个以上的船舶登记港。

第十条 一艘船舶只准使用一个名称。

船名由船籍港船舶登记机关核定。船名不得与登记在先的船舶重名或者同音。

第十一条 船舶登记机关应当建立船舶登记簿。

船舶登记机关应当允许利害关系人查阅船舶登记簿。

第十二条 国家所有的船舶由国家授予具有法人资格的全民所有制企业经营管理的，本条例有关船舶所有人的规定适用于该法人。

第二章 船舶所有权登记

第十三条 船舶所有人申请船舶所有权登记，

应当向船籍港船舶登记机关交验足以证明其合法身份的文件，并提供有关船舶技术资料和船舶所有权取得的证明文件的正本、副本。

就购买取得的船舶申请船舶所有权登记的，应当提供下列文件：

（一）购船发票或者船舶的买卖合同和交接文件；

（二）原船籍港船舶登记机关出具的船舶所有权登记注销证明书；

（三）未进行抵押的证明文件或者抵押权人同意被抵押船舶转让他人的文件。

就新造船舶申请船舶所有权登记的，应当提供船舶建造合同和交接文件。但是，就建造中的船舶申请船舶所有权登记的，仅需提供船舶建造合同；就自造自用船舶申请船舶所有权登记的，应当提供足以证明其所有权取得的文件。

就因继承、赠与、依法拍卖以及法院判决取得的船舶申请船舶所有权登记的，应当提供具有相应法律效力的船舶所有权取得的证明文件。

第十四条 船籍港船舶登记机关应当对船舶所有权登记申请进行审查核实；对符合本条例规定的，应当自收到申请之日起 7 日内向船舶所有人颁发船舶所有权登记证书，授予船舶登记号码，并在船舶登记簿中载明下列事项：

（一）船舶名称、船舶呼号；

（二）船籍港和登记号码、登记标志；

（三）船舶所有人的名称、地址及其法定代表人的姓名；

（四）船舶所有权的取得方式和取得日期；

（五）船舶所有权登记日期；

（六）船舶建造商名称、建造日期和建造地点；

（七）船舶价值、船体材料和船舶主要技术数据；

（八）船舶的曾用名、原船籍港以及原船舶登记的注销或者中止的日期；

（九）船舶为数人共有的，还应当载明船舶共有人的共有情况；

（十）船舶所有人不实际使用和控制船舶的，还应当载明光船承租人或者船舶经营人的名称、地址及其法定代表人的姓名；

（十一）船舶已设定抵押权的，还应当载明船舶抵押权的设定情况。

船舶登记机关对不符合本条例规定的，应当自收到申请之日起 7 日内书面通知船舶所有人。

第三章 船舶国籍

第十五条 船舶所有人申请船舶国籍，除应当交验依照本条例取得的船舶所有权登记证书外，还应当按照船舶航区相应交验下列文件：

（一）航行国际航线的船舶，船舶所有人应当根据船舶的种类交验法定的船舶检验机构签发的下列有效船舶技术证书：

1. 国际吨位丈量证书；
2. 国际船舶载重线证书；
3. 货船构造安全证书；
4. 货船设备安全证书；
5. 乘客定额证书；
6. 客船安全证书；
7. 货船无线电报安全证书；
8. 国际防止油污证书；
9. 船舶航行安全证书；
10. 其他有关技术证书。

（二）国内航行的船舶，船舶所有人应当根据船舶的种类交验法定的船舶检验机构签发的船舶检验证书簿和其他有效船舶技术证书。

从境外购买具有外国国籍的船舶，船舶所有人在申请船舶国籍时，还应当提供原船籍港船舶登记机关出具的注销原国籍的证明书或者将于重新登记时立即注销原国籍的证明书。

对经审查符合本条例规定的船舶，船籍港船舶登记机关予以核准并发给船舶国籍证书。

第十六条 依照本条例第十三条规定申请登记的船舶，经核准后，船舶登记机关发给船舶国籍证书。船舶国籍证书的有效期为 5 年。

第十七条 向境外出售新造的船舶，船舶所有人应当持船舶所有权取得的证明文件和有效船舶技术证书，到建造地船舶登记机关申请办理临时船舶国籍证书。

从境外购买新造的船舶，船舶所有人应当持船舶所有权取得的证明文件和有效船舶技术证书，到中华人民共和国驻外大使馆、领事馆申请办理临时船舶国籍证书。

境内异地建造船舶，需要办理临时船舶国籍证书的，船舶所有人应当持船舶建造合同和交接文件以及有效船舶技术证书，到建造地船舶登记机关申请办理临时船舶国籍证书。

在境外建造船舶，船舶所有人应当持船舶建造合同和交接文件以及有效船舶技术证书，到中华人民共和国驻外大使馆、领事馆申请办理临时船舶国籍证书。

以光船条件从境外租进船舶，光船承租人应当持光船租赁合同和原船籍港船舶登记机关出具的中止或者注销原国籍的证明书，或者将于重新登记时立即中止或者注销原国籍的证明书到船舶登记机关申请办理临时船舶国籍证书。

对经审查符合本条例规定的船舶，船舶登记机关或者中华人民共和国驻外大使馆、领事馆予以核准并发给临时船舶国籍证书。

第十八条 临时船舶国籍证书的有效期一般不超过1年。

以光船租赁条件从境外租进的船舶，临时船舶国籍证书的期限可以根据租期确定，但是最长不得超过2年。光船租赁合同期限超过2年的，承租人应当在证书有效期内，到船籍港船舶登记机关申请换发临时船舶国籍证书。

第十九条 临时船舶国籍证书和船舶国籍证书具有同等法律效力。

第四章 船舶抵押权登记

第二十条 对20总吨以上的船舶设定抵押权时，抵押权人和抵押人应当持下列文件到船籍港船舶登记机关申请办理船舶抵押权登记：

（一）双方签字的书面申请书；

（二）船舶所有权登记证书或者船舶建造合同；

（三）船舶抵押合同。

该船舶设定有其他抵押权的，还应当提供有关证明文件。

船舶共有人就共有船舶设定抵押权时，还应当提供三分之二以上份额或者约定份额的共有人的同意证明文件。

第二十一条 对经审查符合本条例规定的，船籍港船舶登记机关应当自收到申请之日起7日内将有关抵押人、抵押权人和船舶抵押情况以及抵押登记日期载入船舶登记簿和船舶所有权登记证书，并向抵押权人核发船舶抵押权登记证书。

第二十二条 船舶抵押权登记，包括下列主要事项：

（一）抵押权人和抵押人的姓名或者名称、地址；

（二）被抵押船舶的名称、国籍，船舶所有权登记证书的颁发机关和号码；

（三）所担保的债权数额、利息率、受偿期限。

船舶登记机关应当允许公众查询船舶抵押权的登记状况。

第二十三条 船舶抵押权转移时，抵押权人和承转人应当持船舶抵押权转移合同到船籍港船舶登记机关申请办理抵押权转移登记。

对经审查符合本条例规定的，船籍港船舶登记机关应当将承转人作为抵押权人载入船舶登记簿和船舶所有权登记证书，并向承转人核发船舶抵押权登记证书，封存原船舶抵押权登记证书。

办理船舶抵押权转移前，抵押权人应当通知抵押人。

第二十四条 同一船舶设定二个以上抵押权的，船舶登记机关应当按照抵押权登记申请日期的先后顺序进行登记，并在船舶登记簿上载明登记日期。

登记申请日期为登记日期；同日申请的，登记日期应当相同。

第五章 光船租赁登记

第二十五条 有下列情形之一的，出租人、承租人应当办理光船租赁登记：

（一）中国籍船舶以光船条件出租给本国企业的；

（二）中国企业以光船条件租进外国籍船舶的；

（三）中国籍船舶以光船条件出租境外的。

第二十六条 船舶在境内出租时，出租人和承租人应当在船舶起租前，持船舶所有权登记证书、船舶国籍证书和光船租赁合同正本、副本，到船籍港船舶登记机关申请办理光船租赁登记。

对经审查符合本条例规定的，船籍港船舶登记机关应当将船舶租赁情况分别载入船舶所有权登记证书和船舶登记簿，并向出租人、承租人核发光船租赁登记证明书各一份。

第二十七条 船舶以光船条件出租境外时，出租人应当持本条例第二十六条规定的文件到船籍港船舶登记机关申请办理光船租赁登记。

对经审查符合本条例规定的，船籍港船舶登记机关应当依照本条例第四十二条规定中止或者注销其船舶国籍，并发给光船租赁登记证明书一式二份。

第二十八条 以光船条件从境外租进船舶，承租人应当比照本条例第九条规定确定船籍港，并在船舶起租前持下列文件，到船舶登记机关申请办理光船租赁登记：

（一）光船租赁合同正本、副本；

（二）法定的船舶检验机构签发的有效船舶技术证书；

（三）原船籍港船舶登记机关出具的中止或者注销船舶国籍证明书，或者将于重新登记时立即中止或者注销船舶国籍的证明书。

对经审查符合本条例规定的，船舶登记机关应当发给光船租赁登记证明书，并应当依照本条例第十七条的规定发给临时船舶国籍证书，在船舶登记簿上载明原登记国。

第二十九条 需要延长光船租赁期限的，出租人、承租人应当在光船租赁合同期满前15日，持光船租赁登记证明书和续租合同正本、副本，到船舶登记机关申请办理续租登记。

第三十条 在光船租赁期间，未经出租人书面同意，承租人不得申请光船转租登记。

第六章 船舶标志和公司旗

第三十一条 船舶应当具有下列标志：

（一）船首两舷和船尾标明船名；

（二）船尾船名下方标明船籍港；

（三）船名、船籍港下方标明汉语拼音；

（四）船首和船尾两舷标明吃水标尺；

（五）船舶中部两舷标明载重线。

受船型或者尺寸限制不能在前款规定的位置标明标志的船舶，应当在船上显著位置标明船名和船籍港。

第三十二条 船舶所有人设置船舶烟囱标志、公司旗，可以向船籍港船舶登记机关申请登记，并按照规定提供标准设计图纸。

第三十三条 同一公司的船舶只准使用一个船舶烟囱标志、公司旗。

船舶烟囱标志、公司旗由船籍港船舶登记机关审核。

船舶烟囱标志、公司旗不得与登记在先的船舶烟囱标志、公司旗相同或者相似。

第三十四条 船籍港船舶登记机关对经核准予以登记的船舶烟囱标志、公司旗应当予以公告。

业经登记的船舶烟囱标志、公司旗属登记申请人专用，其他船舶或者公司不得使用。

第七章 变更登记和注销登记

第三十五条 船舶登记项目发生变更时，船舶所有人应当持船舶登记的有关证明文件和变更证明文件，到船籍港船舶登记机关办理变更登记。

第三十六条 船舶变更船籍港时，船舶所有人应当持船舶国籍证书和变更证明文件，到原船籍港船舶登记机关申请办理船籍港变更登记。对经审查符合本条例规定的，原船籍港船舶登记机关应当在船舶国籍证书签证栏内注明，并将船舶有关登记档案转交新船籍港船舶登记机关，船舶所有人再到新船籍港船舶登记机关办理登记。

第三十七条 船舶共有情况发生变更时，船舶所有人应当持船舶所有权登记证书和有关船舶共有情况变更的证明文件，到船籍港船舶登记机关办理有关变更登记。

第三十八条 船舶抵押合同变更时，抵押权人和抵押人应当持船舶所有权登记证书、船舶抵押权登记证书和船舶抵押合同变更的证明文件，到船籍港船舶登记机关办理变更登记。

对经审查符合本条例规定的，船籍港船舶登记机关应当在船舶所有权登记证书和船舶抵押权登记证书以及船舶登记簿上注明船舶抵押合同的变更事项。

第三十九条 船舶所有权发生转移时，原船舶所有人应当持船舶所有权登记证书、船舶国籍证书和其他有关证明文件到船籍港船舶登记机关办理注销登记。

对经审查符合本条例规定的，船籍港船舶登记机关应当注销该船舶在船舶登记簿上的所有权登记以及与之相关的登记，收回有关登记证书，并向船舶所有人出具相应的船舶登记注销证明书。向境外出售的船舶，船舶登记机关可以根据具体情况出具注销国籍的证明书或者将于重新登记时立即注销国籍的证明书。

第四十条 船舶灭失（含船舶拆解、船舶沉没）和船舶失踪，船舶所有人应当自船舶灭失（含船舶拆解、船舶沉没）或者船舶失踪之日起3个月内持船舶所有权登记证书、船舶国籍证书和有关船舶灭失（含船舶拆解、船舶沉没）、船舶失踪的证明文件，到船籍港船舶登记机关办理注销登记。经审查核实，船籍港船舶登记机关应当注销该船舶在船舶登记簿上的登记，收回有关登记证书，并向船舶所有人出具船舶登记注销证明书。

第四十一条 船舶抵押合同解除，抵押权人和抵押人应当持船舶所有权登记证书、船舶抵押权登记证书和经抵押权人签字的解除抵押合同的文件，到船籍港船舶登记机关办理注销登记。对经审查符合本条例规定的，船籍港船舶登记机关应当注销其在船舶所有权登记证书和船舶登记簿上的抵押登记的记录。

第四十二条 以光船条件出租到境外的船舶，出租人除依照本条例第二十七条规定办理光船租赁登记外，还应当办理船舶国籍的中止或者注销登记。船籍港船舶登记机关应当封存原船舶国籍证书，发给中止或者注销船舶国籍证明书。特殊情况下，船籍港船舶登记机关可以发给将于重新登记时立即中止或者注销船舶国籍的证明书。

第四十三条 光船租赁合同期满或者光船租赁关系终止，出租人应当自光船租赁合同期满或者光船租赁关系终止之日起15日内，持船舶所有权登记证书、光船租赁合同或者终止光船租赁关系的证明文件，到船籍港船舶登记机关办理光船租赁注销登记。

以光船条件出租到境外的船舶，出租人还应当提供承租人所在地船舶登记机关出具的注销船舶国籍证明书或者将于重新登记时立即注销船舶国籍的证明书。

经核准后，船籍港船舶登记机关应当注销其在船舶所有权登记证书和船舶登记簿上的光船租赁登记的记录，并发还原船舶国籍证书。

第四十四条 以光船条件租进的船舶，承租人应当自光船租赁合同期满或者光船租赁关系终止之日起15日内，持光船租赁合同、终止光船租赁关系的证明文件，到船籍港船舶登记机关办理注销登记。

以光船条件从境外租进的船舶，还应当提供临时船舶国籍证书。

经核准后，船籍港船舶登记机关应当注销其在船舶登记簿上的光船租赁登记，收回临时船舶国籍证书，并出具光船租赁登记注销证明书和临时船舶国籍注销证明书。

第八章 船舶所有权登记证书、船舶国籍证书的换发和补发

第四十五条 船舶国籍证书有效期届满前1年内，船舶所有人应当持船舶国籍证书和有效船舶技术证书，到船籍港船舶登记机关办理证书换发手续。

第四十六条 船舶所有权登记证书、船舶国籍证书污损不能使用的，持证人应当向船籍港船舶登记机关申请换发。

第四十七条 船舶所有权登记证书、船舶国籍证书遗失的，持证人应当书面叙明理由，附具有关证明文件，向船籍港船舶登记机关申请补发。

船籍港船舶登记机关应当在当地报纸上公告声明原证书作废。

第四十八条 船舶所有人在境外发现船舶国籍证书遗失或者污损时，应当向中华人民共和国驻外大使馆、领事馆申请办理临时船舶国籍证书，但是必须在抵达本国第一个港口后及时向船籍港船舶登记机关申请换发船舶国籍证书。

第九章 法律责任

第四十九条 假冒中华人民共和国国籍，悬挂中华人民共和国国旗航行的，由船舶登记机关依法没收该船舶。

中国籍船舶假冒外国国籍，悬挂外国国旗航行的，适用前款规定。

第五十条 隐瞒在境内或者境外的登记事实，造成双重国籍的，由船籍港船舶登记机关吊销其船舶国籍证书，并视情节处以下列罚款：

（一）500总吨以下的船舶，处2000元以上、10000元以下的罚款；

（二）501总吨以上、10000总吨以下的船舶，处以10000元以上、50000元以下的罚款；

（三）10001总吨以上的船舶，处以50000元以上、200000元以下的罚款。

第五十一条 违反本条例规定，有下列情形之一的，船籍港船舶登记机关可以视情节给予警告、根据船舶吨位处以本条例第五十条规定的罚款数额的50%直至没收船舶登记证书：

（一）在办理登记手续时隐瞒真实情况、弄虚作假的；

（二）隐瞒登记事实，造成重复登记的；

（三）伪造、涂改船舶登记证书的。

第五十二条 不按照规定办理变更或者注销登记的，或者使用过期的船舶国籍证书或者临时船舶国籍证书的，由船籍港船舶登记机关责令其补办有关登记手续；情节严重的，可以根据船舶吨位处以本条例第五十条规定的罚款数额的10%。

第五十三条 违反本条例规定，擅自雇用外国

籍船员或者使用他人业经登记的船舶烟囱标志、公司旗的，由船籍港船舶登记机关责令其改正；拒不改正的，可以根据船舶吨位处以本条例第五十条规定的罚款数额的10%；情节严重的，并可以吊销其船舶国籍证书或者临时船舶国籍证书。

第五十四条 船舶登记机关的工作人员滥用职权、徇私舞弊、玩忽职守、严重失职的，由所在单位或者上级机关给予行政处分；构成犯罪的，依法追究刑事责任。

第五十五条 当事人对船舶登记机关的具体行政行为不服的，可以依照国家有关法律、行政法规的规定申请复议或者提起行政诉讼。

第十章 附 则

第五十六条 本条例下列用语的含义是：

（一）“船舶”系指各类机动、非机动船舶以及其他水上移动装置，但是船舶上装备的救生艇筏和长度小于5米的艇筏除外。

（二）“渔业船舶”系指从事渔业生产的船舶以及属于水产系统为渔业生产服务的船舶。

（三）“公务船舶”系指用于政府行政管理目的的船舶。

第五十七条 除公务船舶外，船舶登记机关按照规定收取船舶登记费。船舶登记费的收费标准和管理办法，由国务院财政部门、物价行政主管部门会同国务院交通行政主管部门制定。

第五十八条 船舶登记簿、船舶国籍证书、临时船舶国籍证书、船舶所有权登记证书、船舶抵押权登记证书、光船租赁登记证明书、申请书以及其他证明书的格式，由中华人民共和国港务监督机构统一制定。

第五十九条 本条例自1995年1月1日起施行。

中华人民共和国公司登记管理条例

（1994年6月24日中华人民共和国国务院令公布，
1994年7月1日起施行）

第一章　总　　则

第一条　为了确认公司的企业法人资格，规范公司登记行为，依据《中华人民共和国公司法》（以下简称《公司法》），制定本条例。

第二条　有限责任公司和股份有限公司（以下统称公司）设立、变更、终止，应当依照本条例办理公司登记。

第三条　公司经公司登记机关依法核准登记，领取《企业法人营业执照》，方取得企业法人资格。

自本条例施行之日起设立公司，未经公司登记机关核准登记的，不得以公司名义从事经营活动。

第四条　工商行政管理机关是公司登记机关。

下级公司登记机关在上级公司登记机关的领导下开展公司登记工作。

公司登记机关依法履行职责，不受非法干预。

第五条　国家工商行政管理局主管全国的公司登记工作。

第二章　登记管辖

第六条　国家工商行政管理局负责下列公司的登记：

（一）国务院授权部门批准设立的股份有限公司；

（二）国务院授权投资的公司；

（三）国务院授权投资的机构或者部门单独投资或者共同投资设立的有限责任公司；

（四）外商投资的有限责任公司；

（五）依照法律的规定或者按照国务院的规定，应当由国家工商行政管理局登记的其他公司。

第七条　省、自治区、直辖市工商行政管理局负责本辖区内下列公司的登记：

（一）省、自治区、直辖市人民政府批准设立的股份有限公司；

（二）省、自治区、直辖市人民政府授权投资的公司；

（三）国务院授权投资的机构或者部门与其他出资人共同投资设立的有限责任公司；

（四）省、自治区、直辖市人民政府授权投资的机构或者部门单独或者共同投资设立的有限责任公司；

（五）国家工商行政管理局委托登记的公司。

第八条　市、县工商行政管理局负责本辖区内本条例第六条和第七条所列公司以外的其他公司的登记，具体登记管辖由省、自治区、直辖市工商行政管理局规定。

第三章　登记事项

第九条　公司的登记事项包括：名称、住所、法定代表人、注册资本、企业类型、经营范围、营业期限、有限责任公司股东或者股份有限公司发起人的姓名或者名称。

第十条　公司的登记事项应当符合法律、行政法规的规定。不符合法律、行政法规规定的，公司登记机关不予登记。

第十一条　公司名称应当符合国家有关规定。公司只能使用一个名称。经公司登记机关核准登记的公司名称受法律保护。

第十二条　公司的住所是公司主要办事机构所在地。经公司登记机关登记的公司的住所只能有一个。公司的住所应当在其公司登记机关辖区内。

第十三条　公司的注册资本应当以人民币表示，法律、行政法规另有规定的除外。

第四章 设立登记

第十四条 设立公司应当申请名称预先核准。

法律、行政法规规定设立公司必须报经审批或者公司经营范围中有法律、行政法规规定必须报经审批的项目的，应当在报送审批前办理公司名称预先核准，并以公司登记机关核准的公司名称报送审批。

第十五条 设立有限责任公司，应当由全体股东指定的代表或者共同委托的代理人向公司登记机关申请名称预先核准；设立股份有限公司，应当由全体发起人指定的代表或者共同委托的代理人向公司登记机关申请名称预先核准。

申请名称预先核准，应当提交下列文件：

(一)有限责任公司的全体股东或者股份有限公司的全体发起人签署的公司名称预先核准申请书；

(二)股东或者发起人的法人资格证明或者自然人的身份证明；

(三）公司登记机关要求提交的其他文件。

公司登记机关应当自收到前款所列文件之日起10日内作出核准或者驳回的决定。公司登记机关决定核准的，应当发给《企业名称预先核准通知书》。

第十六条 预先核准的公司名称保留期为6个月。预先核准的公司名称在保留期内，不得用于从事经营活动，不得转让。

第十七条 设立有限责任公司，应当由全体股东指定的代表或者共同委托的代理人向公司登记机关申请设立登记。设立国有独资公司，应当由国家授权投资的机构或者国家授权的部门作为申请人，申请设立登记。法律、行政法规规定设立有限责任公司必须报经审批的，应当自批准之日起90日内向公司登记机关申请设立登记；逾期申请设立登记的，申请人应当报审批机关确认原批准文件的效力或者另行报批。

申请设立有限责任公司，应当向公司登记机关提交下列文件：

(一）公司董事长签署的设立登记申请书；

(二)全体股东指定代表或者共同委托代理人的证明；

(三）公司章程；

(四）具有法定资格的验资机构出具的验资证明；

(五）股东的法人资格证明或者自然人身份证明；

(六）载明公司董事、监事、经理的姓名、住所的文件以及有关委派、选举或者聘用的证明；

(七）公司法定代表人任职文件和身份证明；

(八）企业名称预先核准通知书；

(九）公司住所证明。

法律、行政法规规定设立有限责任公司必须报经审批的，还应当提交有关的批准文件。

第十八条 设立股份有限公司，董事会应当于创立大会结束后30日内向公司登记机关申请设立登记。

申请设立股份有限公司，应当向公司登记机关提交下列文件：

(一）公司董事长签署的设立登记申请书；

(二）国务院授权部门或者省、自治区、直辖市人民政府的批准文件，募集设立的股份有限公司还应当提交国务院证券管理部门的批准文件；

(三）创立大会的会议记录；

(四）公司章程；

(五）筹办公司的财务审计报告；

(六）具有法定资格的验资机构出具的验资证明；

(七)发起人的法人资格证明或者自然人身份证明；

(八）载明公司董事、监事、经理姓名、住所的文件以及有关委派、选举或者聘用的证明；

(九）公司法定代表人任职文件和身份证明；

(十）企业名称预先核准通知书；

(十一）公司住所证明。

第十九条 公司申请登记的经营范围中有法律、行政法规规定必须报经审批的项目的，应当在申请登记前报经国家有关部门审批，并向公司登记机关提交批准文件。

第二十条 公司章程有违反法律、行政法规的内容的，公司登记机关有权要求公司作相应修改。

第二十一条 公司住所证明是指能够证明公司对其住所享有使用权的文件。

第二十二条 经公司登记机关核准设立登记并发给《企业法人营业执照》，公司即告成立。公司凭公司登记机关核发的《企业法人营业执照》刻制印章，开立银行帐户，申请纳税登记。

第五章 变更登记

第二十三条 公司变更登记事项，应当向原公司登记机关申请变更登记。

未经核准变更登记，公司不得擅自改变登记事项。

第二十四条 公司申请变更登记，应当向公司登记机关提交下列文件：

（一）公司法定代表人签署的变更登记申请书；

（二）依照《公司法》作出的变更决议或者决定；

（三）公司登记机关要求提交的其他文件。

公司变更登记事项涉及修改公司章程的，应当提交修改后的公司章程或者公司章程修正案。

第二十五条 公司变更名称的，应当自变更决议或者决定作出之日起30日内申请变更登记。

第二十六条 公司变更住所的，应当在迁入新住所前申请变更登记，并提交新住所使用证明。

公司变更住所跨公司登记机关辖区的，应当在迁入新住所前向迁入地公司登记机关申请变更登记；迁入地公司登记机关受理的，由原公司登记机关将公司登记档案移送迁入地公司登记机关。

第二十七条 公司变更法定代表人的，应当自变更决议或者决定作出之日起30日内申请变更登记。

第二十八条 公司变更注册资本的，应当提交具有法定资格的验资机构出具的验资证明。

公司增加注册资本的，应当自股款缴足之日起30日内申请变更登记。股份有限公司增加注册资本的，应当提交国务院授权部门或者省、自治区、直辖市人民政府的批准文件；以募集方式增加注册资本的，还应当提交国务院证券管理部门的批准文件。

公司减少注册资本的，应当自减少注册资本决议或者决定作出之日起90日后申请变更登记，并应当提交公司在报纸上登载公司减少注册资本公告至少三次的有关证明和公司债务清偿或者债务担保情况的说明。

第二十九条 公司变更经营范围的，应当自变更决议或者决定作出之日起30日内申请变更登记；变更经营范围涉及法律、行政法规规定必须报经审批的项目的，应当自国家有关部门批准之日起30日内申请变更登记。

第三十条 公司变更类型的，应当按照拟变更的公司类型的设立条件，在规定的期限内向公司登记机关申请变更登记，并提交有关文件。

第三十一条 有限责任公司变更股东的，应当自股东发生变动之日起30日内申请变更登记，并应当提交新股东的法人资格证明或者自然人的身份证明。

有限责任公司的股东或者股份有限公司的发起人改变姓名或者名称的，应当自改变姓名或者名称之日起30日内申请变更登记。

第三十二条 公司章程修改未涉及登记事项的，公司应当将修改后的公司章程或者公司章程修正案送原公司登记机关备案。

第三十三条 公司董事、监事、经理发生变动的，应当向原公司登记机关备案。

第三十四条 因合并、分立而存续的公司，其登记事项发生变化的，应当申请变更登记；因合并、分立而解散的公司，应当申请注销登记；因合并、分立而新设立的公司，应当申请设立登记。

公司合并、分立的，应当自合并、分立决议或者决定作出之日起90日后申请登记，提交合并协议和合并、分立决议或者决定以及公司在报纸上登载公司合并、分立公告至少三次的证明和债务清偿或者债务担保情况的说明。股份有限公司合并、分立的，还应当提交国务院授权部门或者省、自治区、直辖市人民政府的批准文件。

第三十五条 变更登记事项涉及《企业法人营业执照》载明事项的，公司登记机关应当换发营业执照。

第六章　注销登记

第三十六条 有下列情形之一的，公司清算组织应当自公司清算结束之日起30日内向原公司登记机关申请注销登记：

（一）公司被依法宣告破产；

（二）公司章程规定的营业期限届满或者公司章程规定的其他解散事由出现；

（三）股东会决议解散；

（四）公司因合并、分立解散；

（五）公司被依法责令关闭。

第三十七条 公司申请注销登记，应当提交下列文件：

（一）公司清算组织负责人签署的注销登记申请书；

（二）法院破产裁定、公司依照《公司法》作出的决议或者决定、行政机关责令关闭的文件；

（三）股东会或者有关机关确认的清算报告；

（四）《企业法人营业执照》；

（五）法律、行政法规规定应当提交的其他文件。

第三十八条 经公司登记机关核准注销登记，公司终止。

第七章 分公司的登记

第三十九条 分公司是指公司在其住所以外设立的从事经营活动的机构。分公司不具有企业法人资格。

第四十条 公司设立分公司的，应当向分公司所在地的市、县公司登记机关申请登记；核准登记的，发给《营业执照》。

第四十一条 分公司的登记事项包括：名称、营业场所、负责人、经营范围。

分公司的名称应当符合国家有关规定。

分公司的经营范围不得超出公司的经营范围。

第四十二条 公司设立分公司的，应当自决定作出之日起30日内向公司登记机关申请登记；法律、行政法规规定必须报经有关部门审批的，应当自批准之日起30日内向公司登记机关申请登记。

设立分公司，应当向公司登记机关提交下列文件：

（一）公司法定代表人签署的设立分公司的登记申请书；

（二）公司章程以及由公司的公司登记机关加盖印章的《企业法人营业执照》复印件；

（三）营业场所使用证明；

（四）公司登记机关要求提交的其他文件。

第四十三条 分公司变更登记事项的，应当向公司登记机关申请变更登记。

申请变更登记，应当提交公司法定代表人签署的变更登记申请书。因公司名称变更而变更分公司名称的，应当提交公司的《企业法人营业执照》复印件。变更经营范围涉及法律、行政法规规定必须报经审批的项目的，应当提交有关部门的批准文件。变更营业场所的，应当提交新的营业场所使用证明。

公司登记机关核准变更登记的，换发《营业执照》。

第四十四条 公司撤销分公司的，应当自撤销决定作出之日起30日内向该分公司的公司登记机关申请注销登记。申请注销登记应当提交公司法定代表人签署的注销登记申请书和分公司的《营业执照》。公司登记机关核准注销登记后，应当收缴分公司的《营业执照》。

第八章 登记程序

第四十五条 公司登记机关收到申请人提交的符合本条例规定的全部文件后，发给《公司登记受理通知书》。

公司登记机关自发出《公司登记受理通知书》之日起30日内，作出核准登记或者不予登记的决定。

公司登记机关核准登记的，应当自核准登记之日起15日内通知申请人，发给、换发或者收缴《企业法人营业执照》或者《营业执照》。

公司登记机关不予登记的，应当自作出决定之日起15日内通知申请人，发给《公司登记驳回通知书》。

第四十六条 公司办理设立登记、变更登记，应当按照规定向公司登记机关缴纳登记费。

领取《企业法人营业执照》的，设立登记费按注册资本总额的1‰缴纳；注册资本超过1000万元的，超过部分按0.5‰缴纳；注册资本超过1亿元的，超过部分不再缴纳。

领取《营业执照》的，设立登记费为300元。

变更登记事项的，变更登记费为100元。

第四十七条 公司登记机关应当将核准登记的公司登记事项记载于公司登记簿上，供社会公众查阅、复制。查阅、复制公司登记事项，应当按照规定交纳查阅、复制费。

第四十八条 股份有限公司应当在其设立、变更、注销登记被核准后的30日内发布设立、变更、注销登记公告，并应当自公告发布之日起30日内将发布的公告报送公司登记机关备案。公司发布的设立、变更、注销登记公告的内容应当与公司登记机关核准登记的内容一致；不一致的，公司登记机关有权要求公司更正。

吊销《企业法人营业执照》和《营业执照》的公告由公司登记机关发布。

第九章 年度检验

第四十九条 每年1月1日至4月30日，公司登记机关对公司进行年度检验。

第五十条 公司应当按照公司登记机关的要求，在规定的时间内接受年度检验，并提交年度检验报告书、年度资产负债表和损益表、《企业法人营业执照》副本。

设立分公司的公司在其提交的年度检验材料中，应当明确反映分公司的有关情况，并提交分公司《营业执照》的复印件。

第五十一条 公司登记机关应当根据公司提交的年度检验材料，对与公司登记事项有关的情况进行审查，以确认其继续经营的资格。

第五十二条 公司应当向公司登记机关缴纳年度检验费。年度检验费为50元。

第十章 证照和档案管理

第五十三条 《企业法人营业执照》、《营业执照》分为正本和副本，正本和副本具有同等法律效力。

《企业法人营业执照》正本或者《营业执照》正本应当置于公司住所或者分公司营业场所的醒目位置。

公司可以根据业务需要向公司登记机关申请核发营业执照若干副本。

第五十四条 任何单位和个人不得伪造、涂改、出租、出借、转让营业执照。

营业执照遗失或者毁坏的，公司应当在公司登记机关指定的报刊上声明作废，申请补领。

按照国家有关规定，公司向有关单位提交的营业执照复印件需要公司登记机关加盖印章的，公司登记机关可以在复印件上加盖印章。

第五十五条 公司登记机关对需要认定的营业执照，可以临时扣留，扣留期限不得超过10天。

第五十六条 借阅、抄录、携带、复制公司登记档案资料的，应当按照规定的权限和程序办理。

任何单位和个人不得修改、涂抹、标注、损毁公司登记档案资料。

第五十七条 营业执照正本、副本样式以及公司登记的有关重要文书格式或者表式，由国家工商行政管理局统一制定。

第十一章 法律责任

第五十八条 办理公司登记时虚报注册资本，取得公司登记的，由公司登记机关责令改正，处以虚报注册资本金额5%以上10%以下的罚款；情节严重的，撤销公司登记，吊销营业执照。构成犯罪的，依法追究刑事责任。

第五十九条 办理公司登记时提交虚假证明文件或者采取其他欺诈手段，取得公司登记的，由公司登记机关责令改正，处以1万元以上10万元以下的罚款；情节严重的，撤销公司登记，吊销营业执照。构成犯罪的，依法追究刑事责任。

第六十条 公司的发起人、股东未交付货币、实物或者未转移财产权，虚假出资的，由公司登记机关责令改正，处以虚假出资金额5%以上10%以下的罚款。构成犯罪的，依法追究刑事责任。

第六十一条 公司的发起人、股东在公司成立后，抽逃出资的，由公司登记机关责令改正，处以所抽逃出资金额5%以上10%以下的罚款。构成犯罪的，依法追究刑事责任。

第六十二条 公司成立后无正当理由超过6个月未开业的，或者开业后自行停业连续6个月以上的，由公司登记机关吊销营业执照。

第六十三条 公司变更登记事项，未按照规定办理有关变更登记的，由公司登记机关责令限期办理；逾期未办理的，处以1万元以上10万元以下的罚款。

第六十四条 公司在合并、分立、减少注册资本或者进行清算时，不按照规定通告或者公告债权人的，由公司登记机关责令改正，处以1万元以上10万元以下的罚款。

第六十五条 清算组织不按照规定向公司登记机关报送清算报告，或者报送清算报告隐瞒重要事实或者有重大遗漏的，由公司登记机关责令改正。

第六十六条 公司破产、解散清算结束后，不申请办理注销登记的，由公司登记机关吊销营业执照。

第六十七条 股份有限公司设立、变更、注销登记后，不在规定期限内发布公告或者发布的公告内容与公司登记机关核准登记的内容不一致的，由公司登记机关责令改正；拒不改正的，处以1万元以上10万元以下的罚款；情节严重的，吊销营业执照。

第六十八条 公司不按照规定接受年度检验的，由公司登记机关处以1万元以上10万元以下的罚款，并限期接受年度检验；逾期仍不接受年度检验的，吊销营业执照。年度检验中隐瞒真实情况、弄虚作假的，由公司登记机关处以1万元以上5万元以下的罚款，并限期改正；情节严重的，吊销营业执照。

第六十九条 伪造、涂改、出租、出借、转让营业执照的，由公司登记机关处以1万元以上10万元以下的罚款；情节严重的，吊销营业执照。构成犯罪的，依法追究刑事责任。

第七十条 未将营业执照置于住所或者营业场

所醒目位置的，由公司登记机关责令改正；拒不改正的，处以1000元以上5000元以下的罚款。

第七十一条 公司超出核准登记的经营范围从事经营活动的，由公司登记机关责令改正，并可处以1万元以上10万元以下的罚款；情节严重的，吊销营业执照。

第七十二条 未依法登记为有限责任公司或者股份有限公司，而冒用有限责任公司或者股份有限公司名义的，由公司登记机关责令改正或者予以取缔，并可处以1万元以上10万元以下的罚款。构成犯罪的，依法追究刑事责任。

第七十三条 公司登记机关对不符合规定条件的公司登记申请予以登记，情节严重的，对直接负责的主管人员和其他直接责任人员依法给予行政处分。上级公司登记机关强令下级公司登记机关对不符合规定条件的公司登记申请予以登记，或者对违法登记进行包庇的，对直接负责的主管人员和其他直接责任人员依法给予行政处分。构成犯罪的，依法追究刑事责任。

第十二章 附 则

第七十四条 外国公司在中华人民共和国境内设立的分支机构的登记，按照国务院的有关规定办理。

第七十五条 外商投资的有限责任公司的登记，适用本条例。有关外商投资企业的法律、行政法规对其登记另有规定的，适用其规定。

第七十六条 本条例自1994年7月1日起施行。

国有企业财产监督管理条例

（1994年7月24日中华人民共和国国务院令公布）

第一章　总　　则

第一条　为了加强国有企业（以下简称企业）财产的监督管理，巩固和发展国有经济，促进社会主义市场经济体制的建立，制定本条例。

第二条　国家通过转变政府职能，理顺产权关系，转换企业经营机制，保障国家对企业财产的所有权，落实企业经营权，使企业成为自主经营、自负盈亏、自我发展、自我约束的法人和市场竞争的主体，实现国有资产的保值增值。

第三条　企业财产即企业国有资产，是指国家以各种形式对企业投资和投资收益形成的财产，以及依据法律、行政法规认定的企业其他国有财产。

第四条　建立明晰的产权关系，旨在明确政府有关部门和其他监督机构的职责、企业的权利和责任，理顺企业财产的国家所有、分级管理、分工监督和企业经营的相互关系。

第五条　企业财产属于全民所有，即国家所有。

国务院代表国家统一行使对企业财产的所有权。

第六条　在国务院统一领导下，国有资产实行分级行政管理。

第七条　国务院授权有关部门或者有关机构，对指定的或者其所属的企业财产的经营管理实施监督。

根据国务院的授权，省、自治区、直辖市人民政府可以确定有关部门或者有关机构，对指定的或者其所属的企业财产的经营管理实施监督。

第八条　企业对国家授予其经营管理的财产依法自主经营，享有占有、使用和依法处分的权利。

第九条　企业财产的监督管理应当遵循以下原则：

（一）政企职责分开；

（二）政府的社会经济管理职能和国有资产所有者职能分开；

（三）企业财产的所有权与经营权分离；

（四）投资收益和产权转让收入用于资本的再投入；

（五）资本保全和维护所有者权益；

（六）企业独立支配其法人财产和独立承担民事责任。

第二章　分级管理和分工监督

第十条　国务院国有资产管理行政主管部门履行下列职责：

（一）会同有关部门拟订企业财产管理法规和制定企业财产管理规章、制度；

（二）汇总和整理国有资产的信息，建立企业财产统计报告制度，并纳入国家统计体系；

（三）组织清产核资、产权登记、产权界定、资产评估等基础管理工作，对国有资产保值增值状况进行监督检查，并对违法行为依法给予行政处罚；

（四）制定企业财产保值增值指标体系，从总体上考核国有资产经营状况；

（五）在国务院规定的职权范围内，会同有关部门协调解决国有资产产权纠纷；

（六）国务院规定的其他职责。

第十一条　地方各级人民政府可以根据国务院的规定设立国有资产管理部门，对地方管辖的国有资产依法实施行政管理。

第十二条　国务院授权有关部门或者有关机构（以下统称国务院授权的监督机构），对国务院管辖的企业和国务院指定由其监督的地方管辖的企业实施分工监督。

第十三条 国务院有关部门对国务院指定由其监督的企业和企业集团履行下列监督职责：

（一）对企业财产的保值增值状况实施监督；

（二）依照法定权限和程序，会同有关部门提出厂长（经理）的任免（聘任、解聘）建议，或者决定厂长（经理）的任免（聘任、解聘）和奖惩；

（三）向有关部门提出监事会的人员组成；需报国务院审定的，应当按照有关规定履行报审手续；

（四）向企业派出监事会。

第十四条 国务院授权的全国性总公司对其所属企业履行下列监督职责：

（一）对企业财产的保值增值状况实施监督；

（二）依照法定条件和程序，决定或者批准厂长（经理）的任免（聘任、解聘）和奖惩；

（三）向有关部门提出监事会的人员组成；

（四）向企业派出监事会。

第十五条 除国务院授权的监督机构监督的企业外，省、自治区、直辖市人民政府可以根据本条例规定，确定有关部门或者有关机构（以下统称省级人民政府确定的监督机构），对省级人民政府管辖的企业和省级人民政府指定由其监督的下级地方人民政府管辖的企业实施分工监督。

第十六条 国有资产管理部门和监督机构在履行职责时，不得干预企业的经营权。

第三章 监 事 会

第十七条 监事会是监督机构根据需要派出的对企业财产保值增值状况实施监督的组织。

第十八条 国务院授权的监督机构对所监督的企业派出的监事会，其成员可以从下列人员中委派和聘请：

（一）监督机构委派的代表；

（二）财政部、国家经济贸易委员会和国家国有资产管理局等政府有关部门以及有关银行派出的代表；

（三）监督机构聘请的经济、金融、法律、技术和企业经营管理等方面的专家；

（四）监督机构聘请的被监督企业的领导人和企业职工代表；

（五）监督机构聘请的其他人员。

省级人民政府确定的监督机构派出的监事会，其成员可以参照前款规定委派和聘请。

第十九条 监事会由不少于5人、不超过15人的奇数成员组成。监督机构委派和政府其他部门派出的监事人数不得超过监事会成员总数的三分之二。

监事会主席由政府或者监督机构在监事会成员中指定。

监事会每届任期3年。监事连任不得超过两届。

第二十条 监事应当符合下列条件：

（一）能够维护所有者的权益；

（二）坚持原则，清正廉洁，办事公道；

（三）熟悉有关业务，有10年以上的从业经验。

第二十一条 监事会履行下列职责：

（一）审查经注册会计师验证的或者经厂长（经理）签署的企业财务报告，监督、评价企业经营效益和企业财产保值增值状况；

（二）根据工作需要，查阅企业的财务帐目和有关资料，对厂长（经理）和有关人员提出询问；

（三）对厂长（经理）的经营业绩进行监督、评价和记录，向派出监事会的监督机构提出对厂长（经理）任免（聘任、解聘）及奖惩的建议；

（四）根据厂长（经理）的要求，提供咨询意见。

第二十二条 监事会会议每年召开一至二次。经监事会主席或者三分之一以上的监事提议，或者应厂长（经理）的请求，监事会可以举行临时会议。

监事会会议由监事会主席主持。主席缺席时，可以委托其他监事代其主持会议。

监事会会议应当建立会议记录。

监事会决议应当由监事记名表决，经全体监事的过半数同意方为有效。

第二十三条 监事会对派出的监督机构负责，并定期向其报告工作。

第二十四条 监事必须执行监事会的决议。

监事不得泄露被监督企业的商业秘密。

除被聘请担任监事的企业领导人和职工代表外，监事不得兼任被监督企业的任何职务，不得接受被监督企业的任何报酬。

第二十五条 监事均为兼职。

监事会履行职责所必要的开支，由派出的监督机构支付。

第二十六条 监事会及其监事不得干预企业的经营权。

第四章 企业法人财产权

第二十七条 企业享有法人财产权，依法独立支配国家授予其经营管理的财产。

政府和监督机构不得直接支配企业法人财产。

第二十八条 除法律、行政法规另有规定外，政府和监督机构不得以任何形式抽取注入企业的资本金，不得调取企业财产，不得以任何名义向企业收取任何费用。

第二十九条 国家对企业承担的财产责任以投入企业的资本额为限。

企业以其全部法人财产独立承担民事责任。

第三十条 企业应当建立资产经营责任制，对企业全部法人财产及其净资产承担保值增值的责任。

第三十一条 厂长（经理）作为企业的法定代表人，对企业全部法人财产及其净资产的保值增值状况承担经营责任。

对经营业绩显著的厂长（经理），由政府或者监督机构给予奖励。具体办法另行制定。

第三十二条 已实行承包经营责任制的企业，应当将企业财产的保值增值指标纳入承包指标体系。

第三十三条 实行租赁经营的企业，承租方应当依照有关租赁经营的法律、行政法规的规定，在租赁期间按照合同约定，足额缴纳租金，并保证国有资产的保值增值。

第三十四条 企业改组为股份制的，须经监督机构和有关部门批准。

第三十五条 企业与其他企业或者事业单位之间联营组成新的企业法人的，须经监督机构和有关部门批准。

第三十六条 企业与外商实行合资经营、合作经营或者向境外投资的，须经监督机构和有关部门批准。

第三十七条 向个人、私营企业、境外投资者等转让企业产权的，应当依照国务院规定的权限和程序报经批准。

第三十八条 企业改组为股份制的，或者与外商实行合资经营、合作经营的，或者转让企业产权的，应当遵守有关法律、行政法规和国家有关规定。

第三十九条 企业应当在财务报告中如实反映对其他企业的投资或者对境外的投资及其收益状况，并及时足额收取应当分得的利润。

第四十条 企业应当依照有关法律、行政法规进行清产核资、产权登记和资产评估，并按照规定填报报表。

第五章 法律责任

第四十一条 国有资产管理部门有下列行为之一的，由政府责令改正；造成严重后果的，对主管领导人员和直接责任人员由上级机关或者所在单位给予行政处分：

（一）未按照规定履行监督职责，对企业财产流失的总体情况不掌握、不反映、不提出相应建议的；

（二）在组织开展清产核资、产权登记、产权界定和资产评估中，滥用职权，处罚不当，造成严重后果的；

（三）超越权限干预企业经营权，侵犯企业合法权益的。

第四十二条 监督机构有下列行为之一的，由政府责令改正；造成严重后果的，对主管领导人员和直接责任人员由上级机关或者所在单位给予行政处分：

（一）未按照规定履行监督职责，对被监督企业财产流失的情况不掌握、不反映、不采取相应措施的；

（二）超越权限干预企业经营权，侵犯企业合法权益的。

第四十三条 审批企业产权变动的部门有下列行为之一的，由政府责令改正；造成严重后果的，对主管领导人员和直接责任人员由上级机关或者所在单位给予行政处分：

（一）违反国家有关规定，超越权限，擅自批准企业产权变动的；

（二）审批企业产权变动不当，造成企业财产损失的；

（三）在审批企业产权变动中，滥用职权，谋取私利的。

第四十四条 监事会及其监事有下列行为之一的，由监督机构责令改正；造成严重后果的，按照规定程序，改组监事会，免去或者解聘有关的监事：

（一）未按照规定履行监事会或者监事职责的；

（二）超越监事会或者监事职权，干预企业经营权，侵犯企业合法权益的；

（三）泄露企业商业秘密，利用监事职权谋取私利的；

（四）以任何形式接受企业的报酬或者收受财物的。

第四十五条 企业有下列行为之一的，由监督机构责令改正；造成严重后果的，对厂长（经理）和直接责任人员给予经济处罚，免除（解聘）其职务，或者给予降职、撤职处分：

（一）企业经营管理不善，连续两年亏损，亏损额继续增加的；

（二）在承包、租赁、股份制改组、联营或者与外商合资经营、合作经营以及向境外投资过程中，弄虚作假，以各种名目侵占企业财产的；

（三）向其他企业投资或者向境外投资，未在财务报告中如实反映收益状况或者未及时足额收取应得利润，造成企业财产流失的；

（四）擅自转让企业产权的；

（五）未按照规定进行清产核资、产权登记、资产评估以及不如实填报报表，隐瞒真实情况的。

第六章 附 则

第四十六条 本条例原则适用于国有独资公司和国有金融企业。

第四十七条 地方各级人民政府对企业财产的监督管理办法，由省、自治区、直辖市人民政府根据本条例制定，报国务院备案。

第四十八条 本条例发布前的行政法规、地方性法规、规章和其他行政文件的规定，与本条例相抵触的，以本条例为准。

第四十九条 本条例由国家经济贸易委员会会同国家国有资产管理局组织实施。

第五十条 本条例自发布之日起施行。

国务院关于股份有限公司境外募集股份及上市的特别规定

（1994年8月4日中华人民共和国国务院令公布）

第一条 为适应股份有限公司境外募集股份及境外上市的需要，根据《中华人民共和国公司法》第八十五条、第一百五十五条，制定本规定。

第二条 股份有限公司经国务院证券委员会批准，可以向境外特定的、非特定的投资人募集股份，其股票可以在境外上市。

本规定所称境外上市，是指股份有限公司向境外投资人发行的股票，在境外公开的证券交易场所流通转让。

第三条 股份有限公司向境外投资人募集并在境外上市的股份（以下简称境外上市外资股），采取记名股票形式，以人民币标明面值，以外币认购。

境外上市外资股在境外上市，可以采取境外存股证形式或者股票的其他派生形式。

第四条 国务院证券委员会或者其监督管理执行机构中国证券监督管理委员会，可以与境外证券监督管理机构达成谅解、协议，对股份有限公司向境外投资人募集股份并在境外上市及相关活动进行合作监督管理。

第五条 股份有限公司向境外投资人募集股份并在境外上市，应当按照国务院证券委员会的要求提出书面申请并附有关材料，报经国务院证券委员会批准。

第六条 国有企业或者国有资产占主导地位的企业按照国家有关规定改建为向境外投资人募集股份并在境外上市的股份有限公司，以发起方式设立的，发起人可以少于5人；该股份有限公司一经成立，即可以发行新股。

第七条 向境外投资人募集股份并在境外上市的股份有限公司（以下简称公司）向境内投资人发行的股份（以下简称内资股），采取记名股票形式。

第八条 经国务院证券委员会批准的公司发行境外上市外资股和内资股的计划，公司董事会可以作出分别发行的实施安排。

公司依照前款规定分别发行境外上市外资股和内资股的计划，可以自国务院证券委员会批准之日起15个月内分别实施。

第九条 公司在发行计划确定的股份总数内，分别发行境外上市外资股和内资股的，应当分别一次募足；有特殊情况不能一次募足的，经国务院证券委员会批准，也可以分次发行。

第十条 公司发行计划确定的股份未募足的，不得在该发行计划外发行新股。公司需要调整发行计划的，由股东大会作出决议，经国务院授权的公司审批部门核准后，报国务院证券委员会审批。

公司增资发行境外上市外资股与前一次发行股份的间隔期间，可以少于12个月。

第十一条 公司在发行计划确定的股份总数内发行境外上市外资股，经国务院证券委员会批准，可以与包销商在包销协议中约定，在包销数额之外预留不超过该次拟募集境外上市外资股数额15%的股份。预留股份的发行，视为该次发行的一部分。

第十二条 公司分别发行境外上市外资股和内资股的计划，应当在公司各次募集股份的招股说明材料中全面、详尽披露。对已经批准并披露的发行计划进行调整的，必须重新披露。

第十三条 国务院证券委员会会同国务院授权的公司审批部门，可以对公司章程必备条款作出规定。

公司章程应当载明公司章程必备条款所要求的内容；公司不得擅自修改或者删除公司章程中有关公司章程必备条款的内容。

第十四条　公司应当在公司章程中载明公司的营业期限。公司的营业期限，可以为永久存续。

第十五条　公司章程对公司及其股东、董事、监事、经理和其他高级管理人员具有约束力。

公司及其股东、董事、监事、经理和其他高级管理人员均可以依据公司章程主张权利，提出仲裁或者提起诉讼。

本条第一款、第二款所称其他高级管理人员包括公司财务负责人、董事会秘书和公司章程规定的其他人员。

第十六条　依法持有境外上市外资股、其姓名或者名称登记在公司的股东名册上的境外投资人，为公司的境外上市外资股股东。

境外上市外资股的权益拥有人可以依照境外上市外资股股东名册正本存放地或者境外上市地的法律规定，将其股份登记在股份的名义持有人名下。

境外上市外资股股东名册为证明境外上市外资股股东持有公司股份的充分证据；但是有相反证据的除外。

第十七条　依据本规定第四条所指的谅解、协议，公司可以将境外上市外资股股东名册正本存放在境外，委托境外代理机构管理；公司应当将境外代理机构制作的境外上市外资股股东名册的副本备置于公司的住所。受委托的境外代理机构应当随时保证境外上市外资股股东名册正本、副本的一致性。

第十八条　境外上市外资股股东名册正本的更正需要依据司法裁定作出的，可以由名册正本存放地有管辖权的法院裁定。

第十九条　境外上市外资股股东遗失股票，申请补发的，可以依照境外上市外资股股东名册正本存放地的法律、证券交易场所规则或者其他有关规定处理。

第二十条　公司召开股东大会，应当于会议召开45日前发出书面通知，将会议拟审议的事项以及会议日期和地点告知所有在册股东。

拟出席股东大会的股东应当于会议召开20日前，将出席会议的书面回复送达公司。

书面通知和书面回复的具体形式由公司在公司章程中作出规定。

第二十一条　公司召开股东大会年会，持有公司有表决权的股份5%以上的股东有权以书面形式向公司提出新的提案，公司应当将提案中属于股东大会职责范围内的事项，列入该次会议的议程。

第二十二条　公司根据股东大会召开前20日时收到的书面回复，计算拟出席会议的股东所代表的有表决权的股份数。拟出席会议的股东所代表的有表决权的股份数达到公司有表决权的股份总数二分之一的，公司可以召开股东大会；达不到的，公司应当于5日内将会议拟审议的事项、会议日期和地点以公告形式再次通知股东，经公告通知，公司可以召开股东大会。

第二十三条　公司的董事、监事、经理和其他高级管理人员对公司负有诚信和勤勉的义务。

前款所列人员应当遵守公司章程，忠实履行职务，维护公司利益，不得利用在公司的地位和职权为自己谋取私利。

第二十四条　公司应当聘用符合国家有关规定的、独立的会计师事务所，审计公司的年度报告，并复核公司的其他财务报告。

公司应当向其聘用的会计师事务所提供有关资料和答复询问。

公司聘用会计师事务所的聘期，自公司本次股东年会结束时起至下次股东年会结束时止。

第二十五条　公司解聘或者不再续聘会计师事务所，应当事先通知会计师事务所，会计师事务所有权向股东大会陈述意见。

会计师事务所提出辞聘的，应当向股东大会说明公司有无不当情事。

第二十六条　公司聘用、解聘或者不再续聘会计师事务所由股东大会作出决定，并报中国证券监督管理委员会备案。

第二十七条　公司向境外上市外资股股东支付股利以及其他款项，以人民币计价和宣布，以外币支付。公司所筹集的外币资本金的结汇和公司向股东支付股利以及其他款项所需的外币，按照国家有关外汇管理的规定办理。

公司章程规定由其他机构代为兑换外币并付给股东的，可以依照公司章程的规定办理。

第二十八条　公司所编制的向境内和境外公布的信息披露文件，内容不得相互矛盾。

分别依照境内、境外法律、法规、证券交易场所规则的规定，公司在境内、境外或者境外不同国家和地区披露的信息有差异的，应当将差异在有关的证券交易场所同时披露。

第二十九条　境外上市外资股股东与公司之间，境外上市外资股股东与公司董事、监事和经理之间，境外上市外资股股东与内资股股东之间发生的与公司章程规定的内容以及公司其也事务有关的争议，依照公司章程规定的解决方式处理。

解决前款所述争议,适用中华人民共和国法律。

第三十条 本规定自发布之日起施行。

音像制品管理条例

（1994年8月25日中华人民共和国国务院令公布，
1994年10月1日起施行）

第一章 总 则

第一条 为了加强音像制品的管理，促进音像事业的健康发展和繁荣，丰富人民群众文化生活，推进社会主义物质文明和精神文明建设，制定本条例。

第二条 本条例适用于录有内容的录音带、录像带、唱片、激光唱盘和激光视盘等音像制品的出版、复制、进口、批发、零售、出租和经营性录像放映（以下简称放映）的管理。

第三条 音像制品的经营活动应当遵守宪法和有关法律、法规，坚持为人民服务和为社会主义服务的方向，传播有益于经济发展和社会进步的思想、道德、科学技术和文化知识。

禁止经营有下列内容的音像制品：

（一）危害国家统一、主权和领土完整的；

（二）煽动民族分裂、破坏民族团结的；

（三）泄露国家秘密的；

（四）宣扬淫秽、迷信或者渲染暴力的；

（五）诽谤、侮辱他人的；

（六）国家规定禁止出版、传播的其他内容。

第四条 国家对音像制品实行分部门、分级管理。

国务院新闻出版行政部门主管全国音像制品的出版、复制和进口工作；国务院文化行政部门和广播电影电视行政部门共同组成音像制品内容审核机构（以下简称音像制品内容审核机构）主管全国音像制品内容的审核工作；国务院文化行政部门主管全国音像制品的批发、零售、出租和放映工作。

国务院其他有关行政部门按照国务院规定的职责分工，协助前款所列部门负责有关音像制品的管理工作。

县级以上地方各级人民政府有关部门在音像制品行政管理工作上的分工，由省级人民政府确定。

音像制品经营单位的上级行政主管部门和主办单位应当依照国家有关规定，对所属音像制品经营单位的经营活动进行监督。

第五条 国家对出版、复制、进口、批发、零售、出租和放映音像制品，实行许可证制度。

第六条 音像制品经营单位的上级行政主管部门应当实行政企分开，不得从事音像制品的经营活动，不得参与所属音像制品经营单位的经营活动。

第二章 出 版

第七条 国务院新闻出版行政部门负责制定音像出版事业的发展规划，确定全国音像出版单位的总量、布局和结构。

第八条 设立音像出版单位，应当具备下列条件：

（一）符合音像出版事业的发展规划；

（二）有符合本条例规定的章程；

（三）有确定的业务范围；

（四）有适应业务范围需要的组织机构和符合规定资格条件的音像出版专业人员；

（五）有必需的资金、设备和固定的制作场所。

第九条 申请设立音像出版单位，由申请单位的上级行政主管部门报所在地省、自治区、直辖市人民政府音像制品行政管理部门审核并经省、自治区、直辖市人民政府同意后，由省、自治区、直辖市人民政府音像制品行政管理部门报国务院新闻出版行政部门审批。国务院新闻出版行政部门应当自收到申请书之日起90日内作出批准或者不批准的决定。

申请书应当载明下列内容：

（一）音像出版单位的名称、地址和经济性质；

（二）音像出版单位的上级行政主管部门、主办单位的名称、地址和经济性质；

（三）音像出版单位的主要负责人或者法定代表人的姓名、住址、资格证明文件；

（四）音像出版单位的资金来源及其数额。

第十条 设立音像出版单位的申请经国务院新闻出版行政部门批准并发给《音像制品出版经营许可证》后，申请单位应当在60日内持《音像制品出版经营许可证》到所在地工商行政管理部门登记。

工商行政管理部门根据国务院新闻出版行政部门发给的《音像制品出版经营许可证》和工商行政管理的有关规定，发给营业执照。

第十一条 音像出版单位改变名称、隶属关系、业务范围的，应当依照本条例第九条、第十条的规定重新办理审批登记手续。

音像出版单位改变地址、主要负责人或者法定代表人的，应当到原发证机关办理变更登记手续。

音像出版单位终止出版经营活动的，应当自停止经营活动之日起30日内到原发证机关办理注销登记手续。

第十二条 出版音像制品应当在音像制品及其包装的明显位置，标明出版单位的名称、地址和版号、发行许可证号、出版时间、著作权人姓名等事项。

音像出版单位应当自音像制品出版之日起30日内向国家版本图书馆缴送样品。

第十三条 音像出版单位不得向任何单位或者个人转让、出租、出售本单位的名称或者版号。

第十四条 任何单位和个人不得购买、伪造音像出版单位的名称或者版号，不得从事非法音像制品出版活动。

第十五条 音像出版单位与香港、澳门、台湾地区或者外国的组织、个人合作制作音像制品的具体办法，由国务院新闻出版行政部门会同国务院文化行政部门、广播电影电视行政部门制定。

音像制品合作制作合同中有关著作权事项，须向国务院著作权行政管理部门登记。

第十六条 图书出版单位不得出版非配合本版图书的音像制品。图书出版单位从事配合本版图书出版音像制品业务的，应当依照本条例第九条的规定，办理审批手续。

第十七条 音像出版单位应当根据批准的选题计划出版音像制品。选题计划的管理办法，由国务院新闻出版行政部门制定。

第十八条 音像出版单位出版的音像制品（包括音像出版单位与香港、澳门、台湾地区或者外国的组织、个人合作制作的音像制品）的内容，应当依照音像制品内容审核机构的规定，经审核并取得《音像制品发行许可证》后，方可复制、批发、零售。

《音像制品发行许可证》的管理办法，由国务院新闻出版行政部门会同国务院文化行政部门和广播电影电视行政部门制定。

第三章 复 制

第十九条 国务院新闻出版行政部门，应当按照音像出版事业的发展规划，确定全国音像复制单位的总量、布局和结构。

第二十条 设立音像复制单位应当具备下列条件：

（一）符合音像事业发展规划；

（二）有明确的业务范围；

（三）有适应业务范围需要的组织机构；

（四）有必需的资金、设备和复制场所。

第二十一条 申请设立音像复制单位，由申请单位的上级行政主管部门报所在地省、自治区、直辖市人民政府音像制品行政管理部门审核并经省、自治区、直辖市人民政府同意后，由省、自治区、直辖市人民政府音像制品行政管理部门报国务院新闻出版行政部门审批。国务院新闻出版行政部门应当自收到申请书之日起90日内作出决定。

申请书应当载明下列内容：

（一）音像复制单位的名称、地址和经济性质；

（二）音像复制单位的上级行政主管部门、主办单位的名称、地址和经济性质；

（三）音像复制单位的主要负责人或者法定代表人的姓名、住址、资格证明文件；

（四）音像复制单位的资金来源及其数额。

第二十二条 设立音像复制单位的申请经国务院新闻出版行政部门批准并发给《音像制品复制经营许可证》后，申请单位应当在60日内持《音像制品复制经营许可证》到所在地工商行政管理部门登记。

工商行政管理部门根据国务院新闻出版行政部门发给的《音像制品复制经营许可证》和工商行政管理的有关规定，发给营业执照。

第二十三条 音像复制单位改变名称、隶属关系、业务范围的，应当依照本条例第二十一条、第二十二条的规定重新办理审批登记手续。

音像复制单位改变地址、主要负责人或者法定代表人的，应当到原发证机关办理变更登记手续。

音像复制单位终止复制经营活动的，应当自停止经营活动之日起30日内到原发证机关办理注销登记手续。

第二十四条 音像出版单位可以委托国家批准的音像复制单位复制音像制品；但是，不得委托音像复制单位从事音像制品的编审工作。

第二十五条 音像复制单位凭音像出版单位的委托书复制音像制品。音像复制单位接受委托时，应当要求委托单位提交有关证明文件。

前款所称证明文件包括：委托单位的《音像制品出版经营许可证》和营业执照副本、委托单位主要负责人或者法定代表人签字或者盖章的委托书、《音像制品发行许可证》以及著作权人的授权书。

音像复制单位应当与委托单位签订复制委托合同，并按照合同的约定复制音像制品。

音像复制单位应当保存所复制的音像制品的样本和有关证明文件。

音像复制单位不得接受非音像出版单位和个人的委托，复制经营性的音像制品。音像复制单位不得自行复制、批发、零售音像制品。

第二十六条 音像复制单位接受境外提供母带、模版复制音像制品，应当将母带、模版报送省级音像制品行政管理部门审核其内容，并持著作权人的授权书到著作权行政管理部门登记，复制的音像制品应当全部返销。

第四章 进 口

第二十七条 进口音像制品的内容，由音像制品内容审核机构负责审核；经审核合格的，由国务院文化行政部门和广播电影电视行政部门按照各自的职责分工分别发给《音像制品发行许可证》并报国务院新闻出版行政部门备案，方可复制、批发、零售。

第二十八条 进口用于复制的音像制品，其有关著作权事项须向国务院著作权行政管理部门登记。

进口供研究、教学参考的音像制品，不得进行经营性复制、批发、零售、出租和放映。

第五章 批发、零售、出租和放映

第二十九条 申请从事音像制品总批发业务的单位，应当由所在地省、自治区、直辖市人民政府音像制品行政管理部门审核同意后，报国务院文化行政部门审批；经批准并取得《音像制品批发经营许可证》后，持许可证到所在地省、自治区、直辖市人民政府工商行政管理部门登记，领取营业执照。

申请从事音像制品批发业务的单位，应当报所在地省、自治区、直辖市人民政府音像制品行政管理部门审批；经批准并取得《音像制品批发经营许可证》后，持许可证到所在地工商行政管理部门登记，领取营业执照。

申请从事音像制品零售、出租业务的单位，应当报所在地县级人民政府音像制品行政管理部门审批；经批准并取得《音像制品零售经营许可证》或者《音像制品出租经营许可证》后，持许可证到所在地工商行政管理部门登记，领取营业执照。

申请从事音像制品放映业务的单位，应当报所在地省、自治区、直辖市人民政府音像制品行政管理部门审批；经批准并取得《音像制品放映经营许可证》后，持许可证到所在地工商行政管理部门登记，领取营业执照。

任何单位和个人未取得经营许可证和营业执照的，不得从事音像制品批发、零售、出租和放映等经营活动。

第三十条 音像出版单位可以按照国家有关规定销售本单位出版的音像制品。从事非本单位出版的音像制品销售业务的，应当依照本条例第二十九条的规定办理审批手续。

第三十一条 音像复制单位不得从事音像制品销售业务。

第三十二条 从事音像制品批发、零售、出租和放映经营活动的单位，不得经营未取得《音像制品发行许可证》的音像制品，不得经营侵犯他人著作权的音像制品。

家庭专用的音像制品，不得用于营业性放映。

第三十三条 县级以上地方各级人民政府音像制品行政管理部门，有权监督、检查本行政区域内音像制品的批发、零售、出租和放映活动，查处非法批发、零售、出租和放映音像制品的行为。

第六章 罚 则

第三十四条 违反本条例，有下列行为之一的，由国务院新闻出版行政部门或者县级以上地方人民政府音像制品行政管理部门根据情节轻重，给予警告，责令停止出版、复制、销售音像制品，没收并销毁违法音像制品，没收违法所得，吊销音像制品出版、复制经营许可证，可以并处违法所得5倍以上10倍以下的罚款：

（一）音像出版单位向其他单位或者个人转让、出租、出售本单位的名称或者版号的；

（二）图书出版单位出版非配合本版图书的音像制品和未经批准出版配合本版图书的音像制品的；

（三）非音像出版单位出版音像制品的；

（四）音像出版单位出版未取得音像制品发行许可证的音像制品的；

（五）非音像复制单位复制音像制品的；

（六）音像复制单位未受委托擅自复制音像制品或者复制未取得音像制品发行许可证的音像制品的；

（七）未经批准擅自与香港、澳门、台湾地区或者外国的组织、个人合作制作音像制品的；

（八）未经批准擅自进口音像制品的；

（九）出版、复制有本条例第三条第二款规定禁止的内容的音像制品的。

吊销音像制品出版、复制经营许可证的行政处罚，需经国务院新闻出版行政部门批准。

有本条第一款所列行为，构成犯罪的，依法追究刑事责任。

第三十五条 违反本条例，有下列行为之一的，由国务院文化行政部门或者县级以上地方人民政府音像制品行政管理部门根据情节轻重，给予警告，责令停止批发、零售、出租、放映，没收并销毁违法音像制品，没收违法所得，吊销音像制品批发、零售、出租、放映经营许可证，可以并处违法所得5倍以上10倍以下的罚款：

（一）未取得经营许可证擅自批发、零售、出租和放映音像制品的；

（二）批发、零售、出租和放映未取得音像制品发行许可证的音像制品的；

（三）批发、零售、出租和放映非音像制品出版、复制单位出版、复制的音像制品的；

（四）批发、零售、出租和放映供研究、教学参考的资料性音像制品的；

（五）批发、零售、出租和放映有本条例第三条第二款规定禁止的内容的音像制品的。

吊销批发、零售、出租、放映经营许可证的行政处罚，需经原发证机关批准。

有本条第一款所列行为，构成犯罪的，依法追究刑事责任。

第三十六条 出版、复制、进口、销售、出租和放映音像制品侵犯他人著作权的，由著作权行政管理部门依照《中华人民共和国著作权法》的有关规定给予处罚；构成犯罪的，依法追究刑事责任。

第三十七条 违反国家有关工商行政管理的法律、法规的行为，由工商行政管理部门依照有关法律、法规的规定给予行政处罚。

违反治安管理的行为，由公安机关依照《中华人民共和国治安管理处罚条例》的规定给予行政处罚。

第三十八条 当事人对行政处罚决定不服的，可以依照《行政复议条例》的规定申请复议；对复议决定不服的，可以依照《中华人民共和国行政诉讼法》的规定，向人民法院提起诉讼。当事人逾期不申请复议、不向人民法院提起诉讼又不履行处罚决定的，作出处罚的机关可以申请人民法院强制执行。

第七章 附 则

第三十九条 本条例施行前设立的音像制品出版、复制、批发、零售、出租和放映的单位，应当自本条例施行之日起180日内，依照本条例的有关规定重新办理审核登记手续。

音像制品出版、复制、批发、零售、出租和放映的单位自本条例施行之日起，每2年履行一次审核登记手续。

第四十条 本条例自1994年10月1日起施行。1982年12月23日经国务院批准原广播电视部发布的《录音录像制品管理暂行规定》同时废止。

结汇、售汇及付汇管理暂行规定

（1994 年 3 月 25 日国务院以国函［1994］21 号批准，
1994 年 4 月 1 日起施行）

第一章 总 则

第一条 为规范结汇、售汇及付汇行为，实现经常项目下人民币有条件可兑换，特制定本规定。

第二条 外汇指定银行须按本规定办理结汇、售汇、开立外汇帐户及对外支付业务。

第三条 境内所有企事业单位、机关和社会团体（以下简称“境内机构”）的各类外汇收入必须及时调回境内，按本规定办理结汇、购汇、开立外汇帐户及对外支付。

第二章 结 汇

第四条 除本规定第五条、第六条限定范围外，境内机构取得的下列外汇须全部结售给外汇指定银行：

（一）出口或先支后收转口货物及其他交易行为收入的外汇；

（二）境外贷款项下国际招标中标收入的外汇；

（三）海关监管下境内经营免税商品收入的外汇；

（四）交通运输（包括各种运输方式）及港口（包括海港、空港）、邮电（不包括国际汇兑款）、旅游、广告、咨询、展览、寄售、维修等行业及各类代理业务提供商品或服务收入的外汇；

（五）行政、司法机关收入的各项外汇规费、罚没款等；

（六）土地使用权、著作权、商标权、专利权、非专利技术、商誉等无形资产转让收入的外汇；

（七）向境外出售房地产及其他资产收入的外汇；

（八）境外投资企业汇回的外汇利润、对外经援项下收回的外汇和境外资产的外汇收入；

（九）对外索赔收入的外汇、退回的外汇保证金等；

（十）保险机构受理外汇保险所得外汇收入；

（十一）取得《经营外汇业务许可证》的金融机构经营外汇业务的收入；

（十二）国外捐赠、资助及援助收入的外汇；

（十三）国家外汇管理局规定的其他应结汇的外汇。

第五条 境内机构的下列外汇，可以向国家外汇管理局或其分支局（以下简称“外汇局”）申请，在外汇指定银行开立外汇帐户，按规定办理结汇：

（一）经营境外承包工程、向境外提供劳务、技术合作及其他服务业务的公司，在上述业务项目进行过程中收到的业务往来外汇；

（二）从事代理对外或境外业务的机构代收待付的外汇；

（三）暂收待付或暂收待结项下的外汇，包括境外汇入的投标保证金、履约保证金、先收后支的转口贸易收汇、邮电部门办理国际汇兑业务的外汇汇兑款、一类旅行社收取的国外旅游机构预付的外汇、铁路部门办理境外保价运输业务收取的外汇、海关收取的外汇保证金、抵押金等；

（四）保险机构受理外汇保险、需向外分保以及尚未结算的保费。

上述各项外汇，根据会计制度按期结算实现的收入，应全部结售给外汇指定银行。

第六条 下列范围内的外汇可不结汇，在外汇指定银行开立外汇帐户：

（一）国家批准专项用于偿还境内外外汇债务并经外汇局审核的外汇；

（二）捐赠协议规定用于境外支付的捐赠外汇；

（三）境外借款、发行外币债券、股票取得的外汇；

（四）境外法人或自然人作为投资汇入的外汇；

（五）外国驻华使领馆、国际组织及其他境外法人驻华机构的外汇；

（六）外商投资企业的外汇；

（七）居民个人及来华人员个人的外汇。

第七条 本规定第五条、第六条允许开立外汇帐户的境内机构，需持外汇局核发的开户凭证，在外汇指定银行办理开户。

第三章 售 汇

第八条 境内机构下列贸易及非贸易经营性对外支付用汇，持与支付方式相应的有效商业单据和所列有效凭证到外汇指定银行兑付：

（一）实行进口配额管理或特定产品进口管理的货物进口，持有关部门签发的许可证或进口证明以及相应的进口合同；

（二）实行自动登记制的货物进口，持相应的登记文件和进口合同；

（三）除上述两项以外，其他符合国家进口管理规定的货物进口，持进口合同；

上述（一）至（三）项进口项下的预付款（规定比例以内）、开证保证金、尾款、运输费、保险费及从属费用和出口项下的佣金（规定比例以内）、运输费、保险费及从属费用，持（一）至（三）项规定的有效凭证或有关批准文件；

（四）从保税区、保税库购买商品以及购买国外入境展览展品的用汇，持（一）至（三）项规定的有效凭证；

（五）专利权、著作权、商标、计算机软件等无形资产的进口，持进口合同或协议；

（六）出口项下对外退赔外汇，持结汇水单、索赔协议、理赔证明及退汇证明；

（七）境外承包工程所需的投标保证金持投标文件，履约保证金及垫付工程款项持合同。

第九条 境内机构下列贸易及非贸易经营性对外支付，外汇指定银行凭用户提出的支付清单先兑付，事后核查：

（一）进料加工生产复出口商品的进口，持外经贸部门批准的进料加工合同；

（二）经国务院批准的免税品公司按规定范围经营免税商品的进口支付；

（三）民航、海运、铁道部门（机构）支付境外国际联运费、设备维修费、站场港口使用费、燃料供应费、保险费、非融资性租赁费及其他服务费用；

（四）民航、海运、铁道部门（机构）支付国际营运人员伙食、津贴补助；

（五）邮电部门支付国际邮政、电信业务费用。

第十条 境内机构下列贸易及非贸易经营性对外支付，持外汇局核发的售汇通知单到外汇指定银行兑付：

（一）超过规定比例的预付货款、佣金；

（二）转口贸易项下先支后收发生的对外支付。

第十一条 财政预算内的机关、事业单位和社会团体的非贸易非经营性用汇，按《非贸易非经营性外汇财务管理暂行规定》办理。

第十二条 财政预算外的境内机构下列非经营性用汇，持外汇局核发的售汇通知单到外汇指定银行兑付：

（一）在境外举办展览、招商、培训及拍摄影视片等用汇；

（二）对外宣传费、对外援助费、对外捐赠外汇、国际组织会费、参加国际会议的注册费、报名费；

（三）在境外设立代表处或办事机构的开办费和经费；

（四）国家教委国外考试协调中心支付境外的考试费；

（五）其他非经营性用汇。

第十三条 个人的下列非贸易非经营性用汇，由外汇局授权的外汇指定银行按有关规定兑付：

（一）应聘在境内机构工作的外国专家领取人民币工资、生活费和离职补贴费后需兑换的用汇；

（二）个人因私出境、朝觐用汇；

（三）移居出境的个人，需购汇汇出的离休金、退休金、离职金、退职金、抚恤金；

（四）境内居民个人从境外邮购少量药品、医疗用具等特殊用汇。

第十四条 境内机构资本融资项下的下列用汇，持所列有效凭证到外汇指定银行兑付：

（一）偿还境内金融机构自营外汇贷款本息、费用，持贷款协议和债权机构还本付息通知单；

（二）境内外汇担保履约用汇，持担保合同和债权机构支付通知；

（三）经国家批准以外币支付的股息，持董事会分配利润的决议书及完税证明。

第十五条 境内机构资本融资项下的下列用汇，持所列有效凭证向外汇局申报，凭外汇局的核准件到外汇指定银行兑付：

（一）偿还外债和外汇（转）贷款本息、费用，持《外债登记证》或《外汇（转）贷款登记证》及债权机构还本付息通知单；

（二）境外外汇担保履约用汇，持担保合同、外汇局核发的《外汇担保登记证》及境外机构支付通知；

（三）境外投资资金的汇出，持项目审批部门的批准文件和投资合同；

（四）外商投资企业的中方投资者经批准需以外汇投入的注册资金，持项目审批部门的批准文件和合同。

第十六条 外国驻华使领馆的合法人民币收入（如签证费、认证费等）要求汇出境外时，到外汇局授权的外汇指定银行兑付。

境外法人驻华机构的合法人民币收入（如外航驻华机构代办客货运费等）要求汇出境外时，须持证明材料向外汇局申报，持外汇局售汇通知单到外汇指定银行兑付。

第十七条 临时来华的外国人、华侨、港澳台同胞出境时未用完的人民币，可以凭本人护照、原兑换水单（有效期为六个月）兑回外汇，携出境外。

第四章 付 汇

第十八条 所有对外支付，有外汇帐户的，且支付用途符合外汇帐户规定的使用范围的，首先使用其外汇帐户余额；外汇帐户使用范围以外的付汇及没有外汇帐户或帐户余额不足的，方可购汇。

第十九条 从外汇帐户对外支付的，开户银行应根据规定的外汇帐户收支范围进行审核，并按第三章相应的规定进行审核，办理支付。

第二十条 购汇支付和从外汇帐户支付的，均须在有关结算方式或合同规定的日期办理，不得提前对外付款。

第二十一条 需提前偿还境外债务本息的，经外汇局批准后方可购汇并对外支付。

第五章 附 则

第二十二条 为使有远期支付合同或偿债协议的用汇单位避免汇率风险，外汇指定银行可按有关规定为其办理人民币与外币的远期买卖及其他保值业务。

第二十三条 易货项下进口不得购汇或用外汇帐户支付。

第二十四条 外汇指定银行应按出口企业结汇额的50%为其设立台帐。出口企业为扩大出口所需用汇（包括进料加工、包装物料、出口基地、索理赔、运保费、售后服务及其他贸易从属费等），按本规定第八条、第九条办理兑付，兑付银行从台帐余额中扣减其相应数额。

第二十五条 外汇指定银行应按旬向外汇局报送结汇、售汇及付汇情况报表。

第二十六条 境内机构可在注册地区选择外汇指定银行办理开立外汇帐户、结汇、购汇业务并向当地外汇局备案。

经营外汇业务的金融机构和有结汇、购汇、付汇业务的境内机构应无条件接受外汇局的监督、检查，并出示、提供有关材料。

第二十七条 对违反本规定的，外汇局可对其处以警告、罚款或暂停办理结汇、售（购）汇、付汇业务的处罚。

第二十八条 本规定第三章各条不适用于外商投资企业。

第二十九条 本规定由国家外汇管理局负责解释。

第三十条 本规定自1994年4月1日起施行。以前规定与本规定相抵触的，以本规定为准。

非贸易非经营性外汇财务管理暂行规定

（1994年3月24日国务院以国函［1994］22号批准，1994年4月1日起施行）

第一条 为加强财政预算内非贸易非经营性购汇的财务管理，特制定本规定。

第二条 财政预算内的机关、事业单位和社会团体的非贸易非经营性用汇，实行人民币预算限额控制购汇。

第三条 购汇人民币限额由财政部门统一核定，中国银行（含其分支机构，下同）根据财政部门核定的购汇人民币限额为用汇单位建帐立户并监督执行，年终帐户余额由银行自动注销。

第四条 纳入财政预算的非贸易非经营性用汇项目包括：

（一）公费出国留学、进修人员用汇；

（二）向国际组织交纳的会费、股金与基金用汇；

（三）对外援助、国际救济与捐款用汇；

（四）机关、驻外使领馆、事业单位及社会团体在境外设立代表处或办事机构的开办费和经费用汇；

（五）聘请外国专家用汇；

（六）因公临时出国访问、考察、办展览、学习、培训、出席国际会议等用汇；

（七）境外朝觐用汇；

（八）对外宣传费等用汇；

（九）经批准的其他人民币预算内用汇。

第五条 购汇手续：

（一）各用汇单位凭“非贸易外汇支出申请书”和人民币支票，在核准的限额内，到中国银行按当天外汇牌价购汇；

（二）中国银行根据用汇单位填写的“非贸易外汇支出申请书”，经核对开户印鉴和填写金额无误后售汇，同时销减用汇单位帐户内购汇人民币限额；

（三）用汇单位不得超过限额购汇，中国银行不得超过限额售汇。

第六条 年度购汇人民币限额指标的报批，中央单位向财政部编报；地方单位向当地财政厅（局）编报，由财政厅（局）汇总报财政部。经综合平衡后，中央单位的购汇限额指标由财政部下达并按季拨到其在中国银行总行设立的帐户内；地方的购汇限额指标由财政部下达并按季通过中国银行使用“购汇人民币限额调拨单”调拨给各地财政厅（局）。

第七条 财会部门对因公临时出国团组要严格按财政部、外交部制订的有关临时出国人员费用的标准，审查“出境团组（人员）用汇申请表”。出国团组回国后，应在10日内报帐，对结余的外汇，应填写“非贸易外汇退汇通知书”，到中国银行办理退汇，中国银行按退汇通知书金额相应恢复其人民币限额。

第八条 各用汇单位须在每季度终了后5日内，向同级财政部门报送“非贸易非经营性购汇人民币限额执行情况统计（汇总）表”和“出国购汇人民币限额执行情况统计（汇总）表”，各地财政厅（局）在每季度终了后10日内汇总报财政部。

第九条 本规定所述有关凭证和表格由财政部统一印制。财会部门应建立、健全用汇的申请、审核、报销及核算制度。

第十条 取消“外汇购买机票托运货物证明单”（简称“三联单”）；取消对非贸易单位的创汇奖励制度。财政部发出的《中央单位购买国际航线飞机票有关外汇问题的通知》（〔80〕财外字第51号）、《非贸易外汇奖励试行办法》（〔88〕财外字第223号）、《全国非贸易外汇留成办法》（〔92〕财外字第56号）同时废止。

第十一条 本规定由财政部负责解释。

第十二条 本规定自1994年4月1日起施行。

90 年代国家产业政策纲要

（1994 年 3 月 25 日国务院第 16 次常务会议审议通过）
（1994 年 4 月 12 日国务院以国发〔1994〕33 号公布）

制定产业政策是国家加强和改善宏观调控，有效调整和优化产业结构，提高产业素质，促进国民经济持续、快速、健康发展的重要手段。为贯彻党的十四大精神和十四届三中全会决定，根据我国经济发展的现状和趋势，特制定《90 年代国家产业政策纲要》，作为今后制定各项产业政策的指导和依据。

制定国家产业政策必须遵循以下原则：(1)符合工业化和现代化进程的客观规律，密切结合我国国情和产业结构变化的特点；(2)符合建立社会主义市场经济体制的要求，充分发挥市场在国家宏观调控下对资源配置的基础性作用；(3)突出重点，集中力量解决关系国民经济全局的重大问题；(4)具有可操作性，主要通过经济手段、法律手段和必要的行政手段保证产业政策的实施，支持短线产业和产品的发展，对长线产业与产品采取抑制政策。

90 年代国家产业政策要解决的重要课题是：不断强化农业的基础地位，全面发展农村经济；大力加强基础产业，努力缓解基础设施和基础工业严重滞后的局面；加快发展支柱产业，带动国民经济的全面振兴；合理调整对外经济贸易结构，增强我国产业的国际竞争能力；加快高新技术产业发展的步伐，支持新兴产业的发展和新产品开发；继续大力发展第三产业。同时，要优化产业组织结构，提高产业技术水平，使产业布局更加合理。

一、大力发展农业和农村经济，增加农民收入

大力发展农业和农村经济，增加农民收入，这是90 年代我国经济发展的首要任务。要牢固树立大农业观念，全面发展农林牧副渔业，大力发展高产、优质、高效和创汇农业，使农产品的数量、品种和质量适应全国人民小康生活水平和国际市场的要求。合理调整农村产业结构，积极发展农村第二、第三产业，逐步转移农村剩余劳动力，把农村的综合生产能力和经济效益提高到一个新水平。

发展农业和农村经济，必须认真贯彻党中央、国务院已经确定的一系列政策措施，贯彻落实《90 年代中国农业发展纲要》。要延长耕地承包期，稳定并完善以家庭联产承包为主的责任制和统分结合的双层经营体制；合理调整农业生产组织结构，推行种植、养殖、加工一体化，农业、贸易、工业一条龙等新的生产组织形式；积极培育农村市场，建立健全粮食保护价格和粮食风险基金制度及粮食储备体系；建立并完善农业社会化服务体系，形成国家、集体和民办三级服务网络；切实保护耕地，逐步建立基本农田保护区并制定相应的管理办法；中央和地方政府要逐年增加对农业的投资，扶持农用工业，同时引导农民增加生产投入，鼓励利用外资发展农业；积极使用和推广适用的农业新技术，开展科教兴农；减轻农民负担，保护农民的利益和合法权益。

随着农业劳动生产率的提高，合理转移农村剩余劳动力，是促进农业和农村经济发展，增加农民收入的重要措施。要进一步加快乡镇企业特别是中西部地区乡镇企业的发展。加强规划和政策引导，促进乡镇企业适当集中。充分利用和改造现有小城镇，建设新的小城镇。

认真实施党中央、国务院确定的扶贫攻坚计划，用 7 年时间，基本解决贫困地区 8000 万人口的温饱问题。

二、切实加强基础设施和基础工业

要努力缓解基础设施和基础工业严重滞后的矛

盾，使之逐步与整个经济发展相适应。要本着“统筹规划、合理布局、突出重点、尽力而为、量力而行、注重效益”的方针，加快基础设施建设和基础工业发展。

交通运输业要以增加铁路运输能力为重点，以发展运输大通道为中心，充分发挥公路、水运、空运、管道等多种运输方式的优势，加快综合运输体系的建设。通信业要以高速、高质、大规模为基点，积极采用国际先进技术与装备，尽快提高国产化比例，有重点、分层次地大力推进信息高速网络建设。能源工业要实行开发与节约并重的方针，做到能源、经济与环境协调发展。其中，煤炭工业要加快国有重点煤矿的建设，促进地方矿、乡镇矿的改造和提高；石油工业要稳住东部、开发西部，增加探明储量，合理利用国际资源；电力工业要实行因地制宜、水火电并举、适当发展核电的方针。巩固和改善现有水利设施，有重点地对大江、大河、大湖进行综合治理，防止水土流失，保护和合理配置水资源，提高抗御水旱灾害的能力，逐步解决缺水地区和城市用水问题。根据“统一规划、合理布局、综合开发、配套建设”的方针，加快城市市政公用事业的发展。

为了加快基础设施建设和基础工业的发展，国家将主要采取以下政策：充分发挥中央和地方两个积极性，建立明确的各级政府责任分工制度；制定基础设施和基础工业的专项规划，促进其健康发展；建立和完善政策性长期投融资体系，向国家鼓励发展的建设项目提供政策性金融支持；鼓励和引导社会各方面资金参与基础设施和基础工业建设，股票和债券的发行要优先考虑基础设施和基础工业建设需要；扩大利用外资的规模和领域，鼓励外商直接投资基础设施和基础工业；进一步理顺价格体系，发挥价格机制的重要调节作用，对垄断性行业的产品和服务价格，政府要继续加强管理；对基础设施和基础工业继续实行低价征用土地的办法；政府出让土地资源获得的收入，要用于基础设施建设；经批准，允许交通设施建设的投资主体优先获得沿线和港区、机场附近的房地产开发经营权，以进行综合经济补偿。

三、积极振兴支柱产业

努力加快机械电子、石油化工、汽车制造和建筑业的发展，使它们成为国民经济的支柱产业。

机械工业要以关键的基础机械、基础零部件和重大技术成套设备为重点，促进产品结构优化，提高产业技术水平和竞争力；电子工业要以微电子为基础，以通信、计算机等新兴信息产业为主体，加快现代化的步伐；石化工业要积极促进生产规模的大型化，提高技术水平和加工深度；汽车工业要尽快形成少厂点、大批量的生产体制和有序竞争的市场结构，提高其国内市场占有率和国际竞争力；建筑业要以城乡居民住宅、国家重点工程、城镇建设为重点，积极建立统一、开放、竞争、有序的建筑市场，提高建筑产品质量。

国家将通过以下措施，加快支柱产业的发展：制定和发布统一的产业政策，并以法律、法规等形式保证实施；逐步建立有利于促进支柱产业发展的投融资体系和规范化的企业直接融资机制，国家在年度股票和债券发行规模中对支柱产业优先予以安排；政府将从财力、物力上支持支柱产业中某些重要领域的技术开发，经国务院批准，赋予少数大型企业集团与其资本和收益比例相适应的海外直接融资权和担保权。按照国际惯例和有关协定条款，将支柱产业的部分产品作为幼稚工业品，采取适当的、有时限的保护；同时，为了换取关键技术和设备，允许有条件地开放部分国内市场。

四、积极发展对外经济贸易

继续扩大对外贸易，积极调整贸易结构，发挥比较优势，大力提高出口效益，以促进产业结构的调整和优化，增强国际竞争能力，保持国际收支平衡。

国家鼓励以下产品扩大出口：具有比较优势的农副产品、轻工产品和纺织产品；国内生产技术趋于成熟的家用电器和其他机电产品；具有高附加值和国际竞争力的产品；高新技术产品。国家不鼓励国内紧缺的大宗资源性产品出口，逐步减少初级产品和能源含量高的产品出口，有些将要限制和禁止出口。

国家鼓励进口新技术和相关的关键设备、关键零部件；适当扩大进口国内短缺的某些初级产品；支持幼稚产业加快引进、消化、吸收新技术以及生产新设备和关键零部件。国家不鼓励高档消费品的进口。

在调整对外经济贸易结构方面，国家将采取以下措施：发挥中国进出口银行的重要作用，支持企业增加成套设备和机电产品出口；对少数实行数量限制的进出口商品的管理，按照效益、公正和公开的原则，实行配额招标、拍卖或规则化分配；健全促进深加工、高附加值制成品和成套设备出口的政策；赋予具备条件的各类企业外贸经营权，鼓励大型企业（集团）建立海外直销渠道；按照国家产业政策合理调整关税税率。

五、产业组织、产业技术和产业布局

（一）产业组织政策的目标是：促进企业合理竞争，实现规模经济和专业化协作，形成适合产业技术经济特点和我国经济发展阶段的产业组织结构。对规模经济效益显著的产业，应形成以少数大型企业（集团）为竞争主体的市场结构；对产品由大量零部件组成的产业，应形成大、中、小企业合理分工协作、规模适当的市场结构；对规模经济效益不显著的产业，应鼓励小企业的发展，形成大、中、小企业并存、企业数目较多的竞争性市场结构。

实现上述目标，要采取以下调整措施：对具有区域自然垄断性质的产业，逐步引入市场机制，鼓励合理竞争。对规模经济效益显著的产业和产品，陆续制定最低经济规模标准。同时，要打破地区、部门分割，限制以至禁止不符合经济规模标准的项目建设，促进规模经济的实现。鼓励企业通过平等竞争和合并、兼并、相互持股等方式，自主进行联合改组，或组建跨地区、跨部门、跨所有制乃至跨国经营的企业集团。加快关于市场竞争的法规建设，为企业平等竞争和企业组织结构的调整创造良好的外部环境。

（二）产业技术政策的重点是：促进应用技术开发，鼓励科研与生产相结合，加速科技成果的推广，推动引进和消化国外的先进技术，显著提高我国产品的质量、技术性能，大幅度降低能耗、物耗及生产成本，努力提高我国产业的技术水平。

国家要采取以下措施，促进产业的技术进步：多渠道、多形式地增加对科学技术研究和发展的投入，逐步提高其占国民生产总值的比重；分行业制定并实施对产业发展有重大作用的关键技术研究和开发计划，支持和鼓励对引进先进技术的消化吸收和创新；加强对高新技术产业的规划，搞好国家批准的高新技术开发区的建设；推进标准化、系列化的进程，提倡采用国际标准和国外先进标准以及更为严格的企业内部标准；增强企业自主开发新产品的能力，鼓励企业加强与科研机构和大专院校的联系，加快科技成果商品化的速度；以法规形式定期公布必须淘汰的落后生产工艺和设备。

（三）产业布局政策的主要原则是：在继续发挥经济较发达地区优势并加快其发展的同时，积极扶持欠发达地区的经济发展，逐步缩小经济发达地区与欠发达地区的差距；国家支持发挥自然资源和经济优势，体现地区间专业化分工协作的产业带的发展。

要逐步形成沿海、沿江、沿路、沿边产业的合理分布格局，以交通干线上的大城市为中心，带动大的经济区域发展。东部沿海地区要大力发展外向型经济，重点发展附加值高、创汇高、技术含量高和能源、原材料消耗低的产业及产品，多利用一些国外资金、资源，求得经济的持续快速发展和更好的效益；中西部地区要发挥资源优势和沿边地区对外开放的地理优势，努力发展优势产业和产品。国家将逐步在投资、贷款、项目布局、利用外资等有关经济政策方面，由地区倾斜转为产业倾斜，对中西部地区开发建设中的重大项目给予必要的支持。支持中西部地区大力发展乡镇企业，鼓励经济发达地区与其进行联合开发、技术合作、对口支援和人才交流。

因势利导地引导城市化的健康发展，形成大、中、小城市结构协调和布局合理的城镇建设体系。

六、产业政策的制定程序和实施

产业政策包括产业结构政策、产业组织政策、产业技术政策和产业布局政策，以及其他对产业发展有重大影响的政策和法规。为了保证产业政策的科学性、权威性和产业政策实施的有效性，特对产业政策的制定和实施作如下规定：

（一）国家产业政策由国务院决定。国家计委是具体负责研究制订、协调国家产业政策的综合部门。各项产业政策的制订由国家计委牵头，会同有关部门进行。产业政策的实施以各行业主管部门为主，由国家计委进行综合协调。

（二）建立国家产业政策审议制度。有关部门提出的产业政策草案和对产业发展有重大影响的政策草案，须经国家计委审查和协调，并由国家计委组织国务院有关部门、产业界、学术界和消费者群体进行科学论证和民主审议后，由国家计委会同有关部门报国务院批准后发布执行。

（三）建立国家产业政策的实施保障制度。计划、财政、银行、税务、内外贸易、关税、证券管理、工商行政管理、国有资产管理等经济管理部门，必须认真贯彻执行国家产业政策，在制定涉及产业发展的重大政策措施之前，须与国家计委协调。

（四）建立国家产业政策的监督、检查及评价制度。国家计委会同有关部门负责对产业政策的实施进行监督、检查和分析，定期向国务院报告实施情况和效果，并根据经济形势、产业结构的变化，提出修改建议。

（五）省级地方人民政府根据本纲要的要求，结合本地区实际情况，研究制定具体实施细则，并报国家计委备案。

（六）国家在近期内将根据本纲要提出的要求，制定交通、通信、建筑、电子、机械、石化和外资、外贸、技术及产业组织调整等产业政策草案，制定工作由国家计委负责具体组织协调。

（七）本纲要由国家计委负责解释。

本纲要自发布之日起执行。

附件：关于实施固定资产投资项目经济规模标准（第一批）的若干规定

附件：

关于实施固定资产投资项目经济规模标准（第一批）的若干规定

为有利于产业结构和企业组织结构的调整，充分发挥规模经济的优势，提高建设项目的投入产出效益，增强我国产品的国际竞争能力，现就少数规模效益比较显著、市场供需矛盾比较突出的热点产品实施固定资产投资项目的经济规模标准作如下规定。

一、固定资产投资项目的经济规模标准，是指在90年代新建、改扩建和技术改造项目的合理建设规模。经济规模标准是国家产业政策的重要内容，是审批固定资产投资项目的重要依据。各级人民政府、各有关部门以及各种类型的企业（包括外商投资企业）都应照此执行。

二、符合经济规模标准的建设项目，仍按现行审批程序报批；低于经济规模标准的项目，原则上不予批准。考虑到交通不便、经济落后的偏远地区的特殊情况，在这些地区建设低于经济规模标准的项目，需由筹建单位申述建设理由，报经行业归口部门审查同意后，按照基本建设和技术改造管理工作的分工，将项目建议书、可行性研究报告分别报送国家计委、国家经贸委审批。

三、国家鼓励工业部门、地方政府和企业合作，组建有限责任公司或股份有限公司，实现建设项目的经济规模标准。对符合经济规模标准的建设项目，银行应在贷款和用汇等方面给予优先支持；按国家规定程序，经有关部门批准，可发行债券或股票筹措建设资金。

四、国务院授权国家计委会同有关部门陆续公布规模效益显著产品的经济规模标准，并根据国民经济发展情况，适时进行修订。

附表：固定资产投资项目的经济规模标准（第一批）

附表：

固定资产投资项目的经济规模标准（第一批）

序号	产品名称	建设项目经济规模标准（年生产能力）	说　明
1	乙烯	新建项目：30万吨及以上	除列入国家十年规划的乙烯建设项目外，“八五”期间不再审批新项目；以后也不再审批以油为原料的30万吨以下的新建项目

续表

序号	产品名称	建设项目经济规模标准 （年生产能力）	说　　明
2	炼油	新建项目：500万吨及以上	除已列入国家“八五”计划的基建和技改项目外，“八五”期间原则上不再审批新项目
3	氯乙烯	新建项目： 采用乙烯法，20万吨及以上； 采用天然气乙炔法，6万吨及以上； 采用电石乙炔法，4万吨及以上	以电石为原料的现有企业改为以乙烯为原料时，应为8万吨
4	聚氯乙烯	新建项目：单系列4万吨及以上	
5	聚丙烯	新建项目：7—10万吨	
6	乙二醇	新建项目：10万吨及以上	
7	纯碱	新建项目： 氨碱法纯碱装置的单系列，20万吨及以上； 联碱法纯碱装置的单系列，18万吨及以上	
8	烧碱	新建项目：5万吨及以上	
9	合成氨	新建项目： 为尿素装置配套，以重油、块煤为原料，8万吨及以上； 为磷铵项目配套，以天然气、重油、块煤为原料，6万吨及以上； 以粉煤为原料，20万吨及以上	
10	铜电解	新建项目：5万吨及以上	
11	电解铝	新建项目：10万吨及以上	新建项目应采用预焙阳极电解槽，160千安及以上电流强度
12	氧化铝	新建项目： 烧结法，50万吨及以上 联合法：40万吨及以上 拜耳法，30万吨及以上	
13	纤维用聚酯	新建项目：单系列生产装置6万吨及以上	大型聚酯项目应选择单系列6万吨及以上的生产装置。除已列入国家“八五”计划的基建和技改项目外，“八五”期间原则上不再审批新项目
14	锦纶—6抽丝、锦纶—66抽丝（含聚合）	新建项目：5000吨及以上	

续表

序号	产品名称	建设项目经济规模标准（年生产能力）	说　　明
15	轿车	发动机排气量在1600cc以下的新建、改扩建和技改项目：15万辆及以上	新建、改扩建和技改项目需报经国务院批准
16	轻型载货汽车	新建、改扩建和技改项目：10万辆及以上	新建、改扩建和技改项目需报经国务院批准
17	轻型客车	新建、改扩建和技改项目：5万辆及以上	新建、改扩建和技改项目需报经国务院批准
18	重型货车	新建、改扩建和技改项目：1万辆及以上	
19	车用汽油发动机	排气量在2500cc以下的新建、改扩建和技改项目：15万台及以上	
20	车用柴油发动机	排气量在3500cc以下的新建、改扩建和技改项目：10万台及以上	
21	摩托车	发动机排气量在150cc以下的新建、改扩建和技改项目：20万辆及以上	
22	录像机机芯	新建和改扩建项目：60万台及以上	

中华人民共和国企业所得税暂行条例实施细则

（1994年2月4日财政部以（94）财法字第3号公布）

第一章 总 则

第一条 根据《中华人民共和国企业所得税暂行条例》（以下简称条例）第十九条的规定，制定本细则。

第二条 条例第一条所称生产、经营所得，是指从事物质生产、交通运输、商品流通、劳动服务，以及经国务院财政部门确认的其他营利事业取得的所得。

条例第一条所称其他所得，是指股息、利息、租金、转让各类资产、特许权使用费以及营业外收益等所得。

第三条 条例第二条（一）项至（五）项所称国有企业、集体企业、私营企业、联营企业、股份制企业，是指按国家有关规定注册、登记的上述各类企业。

条例第二条（六）项所称有生产、经营所得和其他所得的其他组织，是指经国家有关部门批准，依法注册、登记的事业单位、社会团体等组织。

第四条 条例第二条所称独立经济核算的企业或者组织，是指纳税人同时具备在银行开设结算帐户；独立建立帐簿，编制财务会计报表；独立计算盈亏等条件的企业或者组织。

第五条 条例第三条所称应纳税额，其计算公式为：

应纳税额＝应纳税所得额×税率

第二章 应纳税所得额的计算

第六条 条例第三条、第四条所称应纳税所得额，其计算公式为：

应纳税所得额＝收入总额－准予扣除项目金额。

第七条 条例第五条（一）项所称生产、经营收入，是指纳税人从事主管业务活动取得的收入。包括商品（产品）销售收入，劳务服务收入，营运收入，工程价款结算收入，工业性作业收入以及其他业务收入。

条例第五条（二）项所称财产转让收入，是指纳税人有偿转让各类财产取得的收入，包括转让固定资产、有价证券、股权以及其他财产而取得的收入。

条例第五条（三）项所称利息收入，是指纳税人购买各种债券等有价证券的利息、外单位欠款付给的利息以及其他利息收入。

条例第五条（四）项所称租赁收入，是指纳税人出租固定资产、包装物以及其他财产而取得的租金收入。

条例第五条（五）项所称特许权使用费收入，是指纳税人提供或者转让专利权、非专利技术、商标权、著作权以及其他特许权的使用权而取得的收入。

条例第五条（六）项所称股息收入，是指纳税人对外投资入股分得的股利、红利收入。

条例第五条（七）项所称其他收入，是指除上述各项收入之外的一切收入，包括固定资产盘盈收入，罚款收入，因债权人缘故确实无法支付的应付款项，物资及现金的溢余收入，教育费附加返还款，包装物押金收入以及其他收入。

第八条 条例第六条所称与纳税人取得收入有关的成本、费用和损失，包括：

（一）成本，即生产、经营成本，是指纳税人为生产、经营商品和提供劳务等所发生的各项直接费用和各项间接费用。

（二）费用，即纳税人为生产、经营商品和提供劳务等所发生的销售（经营）费用、管理费用和财务费用。

（三）税金，即纳税人按规定缴纳的消费税、营业税、城乡维护建设税、资源税、土地增值税。教育费附加，可视同税金。

（四）损失，即纳税人生产、经营过程中的各项营业外支出，已发生的经营亏损和投资损失以及其他损失。

纳税人的财务、会计处理与税收规定不一致的，应依照税收规定予以调整，按税收规定允许扣除的金额，准予扣除。

第九条 条例第六条第二款(一)项所称金融机构，是指各类银行、保险公司以及经中国人民银行批准从事金融业务的非银行金融机构。

第十条 条例第六条第二款(一)项所称利息支出，是指建造、购进的固定资产竣工决算投产后发生的各项贷款利息支出。

条例第六条第二款(一)项所称向金融机构借款利息支出，包括向保险企业和非银行金融机构的借款利息支出。

纳税人除建造、购置固定资产，开发、购置无形资产，以及筹办期间发生的利息支出以外的利息支出，允许扣除。包括纳税人之间相互拆借的利息支出。其利息支出的扣除标准按照条例第六条第二款（一）项的规定执行。

第十一条 条例第六条第二款(二)项所称计税工资，是指计算应纳税所得额时，允许扣除的工资标准。包括企业以各种形式支付给职工的基本工资、浮动工资，各类补贴、津贴、奖金等。

第十二条 条例第六条第二款（四）项所称公益、救济性的捐赠，是指纳税人通过中国境内非营利的社会团体、国家机关向教育、民政等公益事业和遭受自然灾害地区、贫困地区的捐赠。纳税人直接向受赠人的捐赠不允许扣除。

前款所称的社会团体，包括中国青少年发展基金会、希望工程基金会、宋庆龄基金会、减灾委员会、中国红十字会、中国残疾人联合会、全国老年基金会、老区促进会以及经民政部门批准成立的其他非营利的公益性组织。

第十三条 条例第六条第三款所称依照法律、行政法规和国家有关税收规定扣除项目，是指全国人民代表大会及其常务委员会制定的法律、国务院发布的行政法规以及财政部有关税收的规章和国家税务总局关于纳税调整的规定中规定的有关税收扣除项目。

第十四条 纳税人按财政部的规定支出的与生产、经营有关的业务招待费，由纳税人提供确实记录或单据，经核准准予扣除。

第十五条 纳税人按国家有关规定上交的各类保险基金和统筹基金，包括职工养老基金、待业保险基金等，经税务机关审核后，在规定的比例内扣除。

第十六条 纳税人参加财产保险和运输保险，按照规定交纳的保险费用，准予扣除。保险公司给予纳税人的无赔款优待，应计入当年应纳税所得额。

纳税人按国家规定为特殊工种职工支付的法定人身安全保险费，准予在计算应纳税所得额时按实扣除。

第十七条 纳税人根据生产、经营需要租入固定资产所支付租赁费的扣除，分别按下列规定处理：

(一)以经营租赁方式租入固定资产而发生的租赁费，可以据实扣除。

（二）融资租赁发生的租赁费不得直接扣除。承租方支付的手续费，以及安装交付使用后支付的利息等可在支付时直接扣除。

第十八条 纳税人按财政部的规定提取的坏帐准备金和商品削价准备金，准予在计算应纳税所得额时扣除。

第十九条 不建立坏帐准备金的纳税人，发生的坏帐损失，经报主管税务机关核定后，按当期实际发生数额扣除。

第二十条 纳税人已作为支出、亏损或坏帐处理的应收款项，在以后年度全部或部分收回时，应计入收回年度的应纳税所得额。

第二十一条 纳税人购买国债的利息收入，不计入应纳税所得额。

第二十二条 纳税人转让各类固定资产发生的费用，允许扣除。

第二十三条 纳税人当期发生的固定资产和流动资产盘亏、毁损净损失，由其提供清查盘存资料，经主管税务机关审核后，准予扣除。

第二十四条 纳税人在生产、经营期间发生的外国货币存、借和以外国货币结算的往来款项增减变动时，由于汇率变动而与记帐本位币折合发生的汇兑损益，计入当期所得或在当期扣除。

第二十五条 纳税人按规定支付给总机构的与本企业生产、经营有关的管理费，须提供总机构出具的管理费汇集范围、定额、分配依据和方法等证明文件，经主管税务机关审核后，准予扣除。

第二十六条 纳税人固定资产的折旧、无形资产和递延资产摊销的扣除，按本细则第三章有关规定执行。

第二十七条 条例第七条(一)项所称资本性支出，是指纳税人购置、建造固定资产，对外投资的支出。

条例第七条(二)项所称的无形资产受让、开发支出，是指不得直接扣除的纳税人购置或自行开发无形资产发生的费用。无形资产开发支出未形成资产的部分准予扣除。

条例第七条(三)项所称违法经营的罚款、被没收财物的损失，是指纳税人生产、经营违反国家法律、法规和规章，被有关部门处以的罚款以及被没收财物的损失。

条例第七条(四)项所称的各项税收的滞纳金、罚金和罚款，是指纳税人违反税收法规，被处以的滞纳金、罚金，以及除前款所称违法经营罚款之外的各项罚款。

条例第七条(五)项所称自然灾害或者意外事故损失有赔偿的部分，是指纳税人参加财产保险后，因遭受自然灾害或意外事故而由保险公司给予的赔偿。

条例第七条(六)项所称超过国家规定允许扣除的公益、救济性捐赠，以及非公益、救济性的捐赠，是指超出条例第六条第二款(四)项及本细则第十二条规定的标准、范围之外的捐赠。

条例第七条(七)项所称各种赞助支出，是指各种非广告性质的赞助支出。

条例第七条(八)项所称与取得收入无关的其他各项支出，是指除上述各项支出之外的，与本企业取得收入无关的各项支出。

第二十八条 条例第十一条规定的弥补亏损期限，是指纳税人某一纳税年度发生亏损，准予用以后年度的应纳税所得弥补，一年弥补不足的，可以逐年连续弥补，弥补期最长不得超过5年，5年内不论是盈利或亏损，都作为实际弥补年限计算。

第三章 资产的税务处理

第二十九条 纳税人的固定资产，是指使用期限超过一年的房屋、建筑物、机器、机械、运输工具以及其他与生产、经营有关的设备、器具、工具等。不属于生产、经营主要设备的物品，单位价值在2000元以上，并且使用期限超过两年的，也应当作为固定资产。

未作为固定资产管理的工具、器具等，作为低值易耗品，可以一次或分期扣除。

无形资产是指纳税人长期使用但是没有实物形态的资产，包括专利权、商标权，著作权、土地使用权、非专利技术、商誉等。

递延资产是指不能全部计入当年损益，应当在以后年度内分期摊销的各项费用，包括开办费、租入固定资产的改良支出等。

流动资产是指可以在一年内或者超过一年的一个营业周期内变现或者运用的资产，包括现金及各种存款、存货、应收及预付款项等。

第三十条 固定资产的计价，按下列原则处理：

(一) 建设单位交来完工的固定资产，根据建设单位交付使用的财产清册中所确定的价值计价。

(二) 自制、自建的固定资产，在竣工使用时按实际发生的成本计价。

(三) 购入的固定资产，按购入价加上发生的包装费、运杂费、安装费以及缴纳的税金后的价值计价。从国外引进的设备按设备买价加上进口环节的税金、国内运杂费、安装费等后的价值计价。

(四) 以融资租赁方式租入的固定资产，按照租赁协议或者合同确定的价款加上运输费、途中保险费、安装调试费以及投入使用前发生的利息支出和汇兑损益等后的价值计价。

(五) 接受赠与的固定资产，按发票所列金额加上由企业负担的运输费、保险费、安装调试费等确定；无所附发票的，按同类设备的市价确定。

(六) 盘盈的固定资产，按同类固定资产的重置完全价值计价。

(七) 接受投资的固定资产，应当按该资产折旧程度，以合同、协议确定的合理价格或者评估确认的价格确定。

(八) 在原有固定资产基础上进行改扩建的，按照固定资产的原价，加上改扩建发生的支出，减去改扩建过程中发生的固定资产变价收入后的余额确定。

第三十一条 固定资产的折旧，按下列规定处理：

(一) 下列固定资产应当提取折旧：

1. 房屋、建筑物；

2. 在用的机器设备、运输车辆、器具、工具；

3. 季节性停用和大修理停用的机器设备；

4. 以经营租赁方式租出的固定资产；

5. 以融资租赁方式租入的固定资产；

6. 财政部规定的其他应当计提折旧的固定资产。

（二）下列固定资产，不得提取折旧：

1. 土地；

2. 房屋、建筑物以外未使用、不需用以及封存的固定资产；

3. 以经营租赁方式租入的固定资产；

4. 已提足折旧继续使用的固定资产；

5. 按照规定提取维简费的搞定资产；

6. 已在成本中一次性列支而形成的固定资产；

7. 破产、关停企业的固定资产；

8. 财政部规定的其他不得计提折旧的固定资产。

提前报废的固定资产，不得计提折旧。

（三）提取折旧的依据和方法

1. 纳税人的固定资产，应当从投入使用月份的次月起计提折旧；停止使用的固定资产，应当从停止使用月份的次月起，停止计提折旧。

2. 固定资产在计算折旧前，应当估计残值，从固定资产原价中减除，残值比例在原价的5%以内，由企业自行确定；由于情况特殊，需调整残值比例的，应报主管税务机关备案。

3. 固定资产的折旧方法和折旧年限，按照国家有关规定执行。

第三十二条 无形资产按照取得时的实际成本计价，应区别确定：

（一）投资者作为资本金或者合作条件投入的无形资产，按照评估确认或者合同、协议约定的金额计价。

（二）购入的无形资产，按照实际支付的价款计价。

（三）自行开发并且依法申请取得的无形资产，按照开发过程中实际支出计价。

（四）接受捐赠的无形资产，按照发票帐单所列金额或者同类无形资产的市价计价。

第三十三条 无形资产应当采取直线法摊销。

受让或投资的无形资产，法律和合同或者企业申请书分别规定有效期限和受益期限的，按法定有效期限与合同或企业申请书中规定的受益年限孰短原则摊销；法律没有规定使用年限的，按照合同或者企业申请书的受益年限摊销；法律和合同或者企业申请书没有规定使用年限的，或者自行开发的无形资产，摊销期限不得少于10年。

第三十四条 企业在筹建期发生的开办费，应当从开始生产、经营月份的次月起，在不短于5年的期限内分期扣除。

前款所说的筹建期，是指从企业被批准筹建之日起至开始生产、经营（包括试生产、试营业）之日的期间。开办费是指企业在筹建期发生的费用，包括人员工资、办公费、培训费、差旅费、印刷费、注册登记费以及不计入固定资产和无形资产成本的汇兑损益和利息等支出。

第三十五条 纳税人的商品、材料、产成品、半成品等存货的计算，应当以实际成本为准。纳税人各项存货的发生和领用，其实际成本价的计算方法，可以在先进先出法、后进先出法、加权平均法、移动平均法等方法中任选一种。计价方法一经选用，不得随意改变，确实需要改变计价方法的，应当在下一纳税年度开始前报主管税务机关备案。

第四章 税收优惠

第三十六条 条例第八条（一）项所称民族自治地方，是指按照《中华人民共和国民族区域自治法》的规定，实行民族区域自治的自治区、自治州、自治县。

第三十七条 省、自治区人民政府，根据民族自治地方的实际情况，可对民族自治地方的企业加以照顾和鼓励，实行定期减税或者免税。

第三十八条 条例第八条（二）项所称法律、行政法规和国务院有关规定给予减税或者免税的，是指全国人民代表大会及其常务委员会制定的法律、国务院发布的行政法规，以及国务院的有关规定确定的减税或者免税。

第五章 税额扣除

第三十九条 条例第十二条所称已在境外缴纳的所得税税款，是指纳税人来源于中国境外的所得，在境外实际缴纳的所得税税款。不包括减免税或纳税后又得到补偿以及由他人代为承担的税款。但中外双方已签定避免双重征税协定的，按协定的规定执行。

第四十条 条例第十二条所称境外所得依本条例规定计算的应纳税额，是指纳税人的境外所得，依照条例及本细则的有关规定，扣除为取得该项所得摊计的成本、费用以及损失，得出应纳税所得额，据以计算的应纳税额。该应纳税额即为扣除限额，应当分国（地区）不分项计算，其计算公式如下：

$$\text{境外所得税税款扣除限额} = \text{境内、境外所得按税法计算的应纳税总额} \times \frac{\text{来源于某外国的所得额}}{\text{境内、境外所得总额}}$$

第四十一条　纳税人来源于境外所得在境外实际缴纳的税款，低于依照前条规定计算的扣除限额，可以从应纳税额中按实扣除；超过扣除限额的，其超过部分不得在本年度的应纳税额中扣除，也不得列为费用支出，但可用以后年度税额扣除的余额补扣，补扣期限最长不得超过5年。

第四十二条　纳税人从其他企业分回的已经缴纳所得税的利润，其已缴纳的税额可以在计算本企业所得税时予以调整。

第六章　征收管理

第四十三条　条例第十四条所称企业所得税由纳税人向其所在地主管税务机关缴纳，其所在地是指纳税人的实际经营管理所在地。铁路运营、民航运输、邮电通信企业等，由其负责经营管理与控制的机构缴纳。具体办法另行规定。

第四十四条　条例第十三条所称清算所得，是指纳税人清算时的全部资产或者财产扣除各项清算费用、损失、负债、企业未分配利润、公益金和公积金后的余额，超过实缴资本的部分。

第四十五条　企业所得税的分月或者分季预缴，由主管税务机关根据纳税人应纳税额的大小，具体核定。

第四十六条　纳税人预缴所得税时，应当按纳税期限的实际数预缴。按实际数预缴有困难的，可以按上一年度应纳税所得额的1/12或1/4，或者经当地税务机关认可的其他方法分期预缴所得税。预缴方法一经确定，不得随意改变。

对境外投资所得可在年终汇算清缴。

第四十七条　纳税人不能提供完整、准确的收入及成本、费用凭证，不能正确计算应纳税所得额的，税务机关有权核定其应纳税所得额。

第四十八条　纳税人在纳税年度内无论盈利或亏损，应当按照规定的期限，向当地主管税务机关报送所得税申报表和年度会计报表。

第四十九条　纳税人进行清算时，应当在办理工商注销登记之前，向当地主管税务机关办理所得税申报。

第五十条　纳税人在年度中间合并、分立、终止时，应当在停止生产、经营之日起60日内，向当地主管税务机关办理当期所得税汇算清缴。

第五十一条　条例第十条所称关联企业其认定条件及税务机关进行合理调整的顺序和方法，按照《中华人民共和国税收征收管理法》及其实施细则的有关规定执行。

第五十二条　条例第四条所称的纳税年度，是指自公历1月1日起至12月31日止。

纳税人在一个纳税年度的中间开业，或者由于合并、关闭等原因，使该纳税年度的实际经营期不足12个月的，应当以其实际经营期为一个纳税年度。

纳税人清算时，应当以清算期间作为一个纳税年度。

第五十三条　纳税人在年终汇算清缴时，少缴的所得税税额，应在下一年度内缴纳；纳税人在年终汇算清缴时，多预缴的所得税税额，在下一年度内抵缴。

第五十四条　纳税人应纳税所得额的计算，以权责发生制为原则。

纳税人下列经营业务的收入可以分期确定，并据以计算应纳税所得额。

（一）以分期收款方式销售商品的，可以按合同约定的购买人应付价款的日期确定销售收入的实现；

（二）建筑、安装、装配工程和提供劳务，持续时间超过一年的，可以按完工进度或完成的工作量确定收入的实现；

（三）为其他企业加工、制造大型机械设备、船舶等，持续时间超过一年的，可以按完工进度或者完成的工作量确定收入的实现。

第五十五条　纳税人在基本建设、专项工程及职工福利等方面使用本企业的商品、产品的，均应作为收入处理；纳税人对外进行来料加工装配业务节省的材料，如按合同规定留归企业所有的，也应作为收入处理。

第五十六条　纳税人不得漏计或重复计算任何影响应纳税所得额的项目。

第五十七条　纳税人缴纳的所得税款，应以人民币为计算单位。所得为外国货币的，分月或者分季预缴税款时，应当按照月份（年度）最后一日的国家外汇牌价（原则上为中间价，下同）折合成人民币计算应纳税所得额;年度终了后汇算清缴时,对已按月份(季度)预缴税款的外国货币所得,不再重新折合计算,只就全年未纳税的外币所得部分,按照年度最后一日的国家外汇牌价,折合成人民币计算应纳税所得额。

第五十八条 纳税人取得的收入为非货币资产或者权益的,其收入额应当参照当时的市场价格计算或估定。

第七章 附 则

第五十九条 本细则由财政部解释、或者由国家税务总局解释。

第六十条 本细则自《中华人民共和国企业所得税暂行条例》施行之日起施行。财政部于1984年10月18日发布的《中华人民共和国国营企业所得税条例(草案)实施细则》、1985年7月22日发布的《中华人民共和国集体企业所得税暂行条例施行细则》、1988年11月17日发布的《中华人民共和国私营企业所得税暂行条例施行细则》同时废止。

进口商品经营管理暂行办法

（1994年国务院以国函〔1994〕49号批准）

第一章　总　　则

第一条　为适应社会主义市场经济的发展，积极组织国内经济建设所需物资的进口，维护正常的进口经营秩序，特制定本办法。

第二条　各企业、事业、机关、团体等（以下统称进口单位）进口商品，均按本办法办理。

第二章　经营管理原则

第三条　国家对进口商品经营实行目录管理。对少数关系国计民生以及国际市场垄断性强、价格敏感的大宗原材料商品列入目录，实行核定公司经营管理，即由经国家核准有经营能力和优质服务的外贸公司（包括专业外贸公司、综合外贸公司、工贸公司、联合外贸公司和有进出口经营权的商业、物资公司，下同）经营；目录以外商品由有进出口经营权的各类企业按照企业的经营范围自主经营。

第四条　目前国家实行核定公司经营的商品共12种（目录见附件）。根据国内外市场变化及进口商品经营管理情况，对外贸易经济合作部（简称外经贸部，下同）会同有关部门对实行核定公司经营的商品目录提出调整意见，报国务院批准后公布实行。

第五条　除小麦、原油、成品油、烟草外，对国家实行核定公司经营的每种进口商品，各省、自治区、直辖市及计划单列市外经贸委（厅、局）可根据本地区外贸公司的经营能力和服务质量，推荐本地区1至2家外贸公司经营，由外经贸部核定并公布。

第六条　各部门所属外贸公司经营国家实行核定公司经营的进口商品，由外经贸部核定并公布。

第七条　各进口单位进口国家实行核定公司经营的进口商品，可自主委托由外经贸部核定有该商品经营权的外贸公司代理进口。国家统一进口的商品（包括实行核定公司经营的商品），由外经贸部安排外贸公司经营。

第八条　对国家实行核定公司经营的进口商品，鼓励主要进口用货单位与有关外贸公司合股成立联合公司，发挥各自优势，联合搞好经营。

第三章　协调监督

第九条　对国家实行核定公司经营的进口商品，均由有关进出口商会设立专门的商品分会，负责对进口商品的经营秩序和价格进行协调和监督。

第十条　经核准经营国家实行核定公司经营的进口商品的外贸公司，均应参加有关商品分会，服从进出口商会的协调监督，并由有关进出口商会核发专门的商会分会会员证。

第十一条　进出口商会开展协调监督工作，应贯彻“自我管理，自我约束，自我协调”的原则，积极组织价格协调，监督经营秩序，为会员提供服务。

第十二条　当某一商品的进口剧增或进口经营秩序混乱，对国内生产构成重大损害时，外经贸部可采取重新审核核定公司经营资格等临时措施，加强对进口商品经营秩序的宏观管理。

第四章　附　　则

第十三条　外商投资企业的进口经营管理，按现行法律、法规办理。

第十四条　使用国际贷款外汇的进口经营管理，按有关贷款协议办理。

第十五条　易货贸易、进料加工、来料加工的进口经营管理，仍按现行规定办理。

第十六条　经济特区进口单位进口特区自用的

商品，仍按进出口企业的经营范围自行进口。

第十七条 本办法由外经贸部负责解释并组织实施。

第十八条 过去有关规定凡与本办法规定不一致的，以本办法为准。本办法自1994年7月1日起实行。

附件：国家实行核定公司经营的进口商品目录

附件：

国家实行核定公司经营的进口商品目录

（1）小麦；

（2）原油；

（3）成品油，指汽油，柴油，煤油；

（4）化肥，指氮肥，磷肥，钾肥，复合肥；

（5）橡胶，指天然橡胶；

(6)钢材，指板材，线材，型材，管材，马口铁；

（7）木材，指原木；

（8）胶合板，不包括单板，装饰面板，贴面板；

（9）羊毛，指原毛，洗净毛，毛条；

（10）腈纶，指腈纶短纤维，毛条，丝束；

（11）棉花，指原棉；

（12）烟草及制品。

注：1. 目前小麦仅核定由中国粮油食品进出口总公司和中国良丰谷物进出口公司经营；原油、成品油暂核定由中国化工进出口总公司、中国国际石油化工联合公司和中国联合石油公司经营；烟草及制品核定由中国烟草进出口公司经营。

2. 凡经营进口上述12种商品，涉及国家实行进口配额管理的，须按有关规定申领进口许可证；涉及国家实行自动登记管理的，须按有关规定办理登记证明。海关凭许可证或登记证明放行。

一般商品进口配额管理暂行办法实施细则

（1994年4月13日国家计划委员会、对外贸易经济合作部、中国人民银行、海关总署、国家外汇管理局发布）

根据《一般商品进口配额管理暂行办法》，为做好配额商品进口管理工作，理顺和明确进口配额管理程序，规范进口配额办理手续，除碳酸饮料外，对进口属于国家计委负责管理的25种配额商品，实施“一般商品进口配额证明”管理，具体实施细则如下：

一、“一般商品进口配额证明”由国家计委统一监制，是用户进口配额商品申领进口许可证的凭据。

二、“一般商品进口配额证明”由国家计委授权的配额管理机关根据国家计委下达的配额审核签发，并在“一般商品进口配额证明”上加盖由国家计委统一制发的“一般商品进口配额专用章”。未经国家计委授权的国务院其他部门，其所属企业需进口配额商品的，由外经贸部按照国家计委下达的配额，办理“一般商品进口配额证明”。

三、“一般商品进口配额证明”一式五联。第一联（蓝色）作为申领进口许可证的凭证；第二联（紫色）为订货凭证，交有该项商品经营权的外贸公司连同进口许可证对外订货；第三联（红色）留配额证明发放机关；第四联（黑色）交进口地海关；第五联（黄色）由配额证明发放机关存档。

四、进口属于国家配额管理的商品，进口企业须持配额管理机关签发的、盖有专用印章的“一般商品进口配额证明”，在有效期内申领进口许可证，海关一律凭授权签发许可证机关签发的进口许可证验放。对“一般商品进口配额证明”手续不齐全、或已超过有效期以及持其他文件申领进口许可证的，外经贸部授权签发许可证机关不予办理进口许可证手续。

五、捐赠进口配额商品，按照国家有关规定，经主管部门批准后，接受捐赠单位按管理渠道，持批准文件到配额管理机关办理“一般商品进口配额证明”。

六、利用国外政府贷款、国际金融组织贷款项目进口配额商品，按照国家规定，经审批部门批准后，项目承建单位按管理渠道，持批准文件到配额管理机关办理“一般商品进口配额证明”。

七、对来、进料加工复出口和转口贸易进口的实行配额管理的一般商品，由海关按现行规定进行监管。

八、外商投资企业作为投资进口、自用进口及生产内销产品进口的实行配额管理的一般商品，海关按国家现行规定，凭外经贸部授权发证机关签发的进口许可证验放。

九、外经贸部授权签发进口许可证的机关，按照国家计委下达的进口配额数量，对申领进口许可证的企业，严格审核“一般商品进口配额证明”及其所附订货卡片无误后，方可签发进口许可证，并作好配额核销工作。

十、“一般商品进口配额证明”有效期为三个月，在有效期内没有申领进口许可证的，进口配额一律作废。

十一、“一般商品进口配额证明”不得倒卖、涂改、伪造。对违反“一般商品进口配额证明”管理规定的单位和个人，将视情节轻重，给予行政处分，触犯法律的，依法追究刑事责任。

十二、本通知自文到之日起实施。

附件一：“一般商品进口配额证明”格式表（略）

附件二：国家计委授权的配额管理机关（略）

附件三：实行进口配额管理的一般商品（税号）目录及其进口许可证签发机关（略）

特定商品进口自动登记管理暂行办法

（1994年4月13日国家计划委员会、对外贸易经济合作部、中国人民银行、海关总署、国家外汇管理局发布）

第一条 为加强国家对重要商品进口的宏观监测，及时了解和掌握少数大宗原材料和敏感性商品进口情况，并对企业进行信息引导，特制定本办法。

第二条 国家计委负责对全国特定商品进口自动登记工作进行指导、协调和管理。

国家计委授权的国务院有关部门的主管司局和各省、自治区、直辖市、计划单列市计委（计经委）（以下简称“登记机关”），负责办理本部门、本地区的特定商品进口自动登记工作。

未经国家计委授权的国务院其他部门，其所属企业需进口登记商品的，由外经贸部负责办理进口登记手续。

第三条 实行自动登记的特定进口商品根据国家宏观调控的需要，由国家计委商有关部门报国务院确定后公布。

1994年暂定为：1. 钢材；2. 钢坯；3. 废钢；4. 废船；5. 有色金属（铜、铝）；6. 塑料原料（聚乙烯、聚丙烯、聚氯乙烯、除ABS树脂以外的聚苯乙烯）；7. 纸张；8. 水果；9. 化妆品。

第四条 以下贸易方式进口均应按本办法办理进口登记手续：1. 一般贸易进口；2. 利用国外政府和金融机构贷款进口；3. 寄售进口；4. 租赁进口；5. 补偿贸易进口；6. 国际招标进口；7. 劳务补偿进口；8. 捐赠进口。

境外来料和进料加工项下进口的直接用于加工生产返销出口的自动登记商品，由海关实行监管。

外商投资企业作为投资进口、自用进口及生产内销产品进口自动登记商品的管理办法另行制定。

第五条 进口登记需符合以下条件：

（一）进口的商品是本地区、本部门生产、建设自用和市场需要的；

（二）人民币资金已落实的；

（三）代理进口的外贸公司进口货源及国内用户已落实，需要签订进口合同的。

第六条 进口登记商品的企业，在委托有该项商品进口经营权的外贸企业（钢材应委托外经贸部核定的外贸企业经营）签订进口合同前，按管理渠道向登记机关提出登记申请（进口水果和化妆品的企业，向外经贸部提出登记申请）。各登记机关在收到企业申请后，凡符合本办法规定的进口登记条件的，应予办理登记手续；不予办理的，应作出说明。

第七条 实行进口自动登记的特定商品，须办理由国家计委统一印制的《特定商品进口登记证明》。

《特定商品进口登记证明》一式四联。第一联（黑色）交外汇指定银行办理兑付；第二联（红色）交海关作为验放凭证；第三联（蓝色）作为有该项商品经营权的外贸公司订货凭证；第四联（紫色）由发放登记证明机关存档。

第八条 《特定商品进口登记证明》的有效签章为国家计委统一制发的“特定商品进口登记专用章”。

第九条 外汇指定银行凭《特定商品进口登记证明》办理兑付；海关一律凭国家计委授权的登记机关签发的《特定商品进口登记证明》验放。

对不属于售汇范围的国内外贷款、捐赠、援助、补偿贸易、租赁贸易、对销贸易等贸易方式进口的，不发给《特定商品进口登记证明》第一联（交外汇指定银行办理兑付联），由进口登记机关存档。

第十条 《特定商品进口登记证明》的有效期为六个月，超过有效期需继续签订合同的，需到原发证机关重新登记，同时应交回原登记证明。在有效期内，如需更改有关项目（有效期除外），进口单位要向原发证机关申请，在“备注”栏内更改，并加盖“特定商品进口登记专用章”。

第十一条 各登记机关要做好本部门、本地区进口登记管理工作，跟踪本部门、本地区进口登记商品的订、到货情况，并于每月十日前将上一月进口登记情况汇总报送国家计委，以便对登记商品的进口进行宏观监测。

第十二条 企业有下列情况之一的，属违反本办法行为，银行不予办理兑付，海关不予验放，并按有关规定予以处罚：

（一）属于进口登记管理的商品，未按本办法办理《特定商品进口登记证明》而对外签约、到货的；

（二）伪造、涂改、倒卖《特定商品进口登记证明》的。

第十三条 各登记机关工作人员玩忽职守、徇私舞弊、滥用职权的，根据情节轻重，由监察部门给予行政处分，触犯法律的，依法追究刑事责任。

第十四条 本办法自公布之日起实施。

第十五条 本办法由国家计委负责解释

附件一：《特定商品进口登记证明》格式表（略）

附件二：国家计委授权的登记机关（略）

附件三：特定商品（税号）目录（略）

中华人民共和国公民出境入境管理法实施细则

（1986年12月3日国务院批准
1986年12月26日公安部、外交部、交通部发布
1994年7月13日国务院批准修订
1994年7月15日公安部、外交部、交通部发布）

第一章 总 则

第一条 根据《中华人民共和国公民出境入境管理法》第十九条的规定，制定本实施细则。

第二条 本实施细则适用于中国公民因私事出境、入境。所称“私事”，是指：定居、探亲、访友、继承财产、留学、就业、旅游和其他非公务活动。

第二章 出 境

第三条 居住国内的公民因私事出境，须向户口所在地的市、县公安局出入境管理部门提出申请，回答有关的询问并履行下列手续：

（一）交验户口簿或者其他户籍证明；

（二）填写出境申请表；

（三）提交所在工作单位对申请人出境的意见；

（四）提交与出境事由相应的证明。

第四条 本实施细则第三条第四项所称的证明是指：

（一）出境定居，须提交拟定居地亲友同意去定居的证明或者前往国家的定居许可证明；

（二）出境探亲访友，须提交亲友邀请证明；

（三）出境继承财产，须提交有合法继承权的证明；

（四）出境留学，须提交接受学校入学许可证件和必需的经济保证证明；

（五）出境就业，须提交聘请、雇用单位或者雇主的聘用、雇用证明；

（六）出境旅游，须提交旅行所需外汇费用证明。

第五条 市、县公安局对出境申请应当在30天内，地处偏僻、交通不便的应当在60天内，作出批准或者不批准的决定，通知申请人。

申请人在规定时间内没有接到审批结果通知的，有权查询，受理部门应当作出答复；申请人认为不批准出境不符合《中华人民共和国公民出境入境管理法》的，有权向上一级公安机关提出申诉，受理机关应当作出处理和答复。

第六条 居住国内的公民经批准出境的，由公安机关出入境管理部门发给中华人民共和国护照，并附发出境登记卡。

第七条 居住国内的公民办妥前往国家的签证或者入境许可证件后，应当在出境前办理户口手续。出境定居的，须到当地公安派出所或者户籍办公室注销户口。短期出境的，办理临时外出的户口登记，返回后凭护照在原居住地恢复常住户口。

第八条 中国公民回国后再出境，凭有效的中华人民共和国护照或者有效的中华人民共和国旅行证或者其他有效出境入境证件。

第三章 入 境

第九条 在境外的中国公民短期回国，凭有效的中华人民共和国护照或者有效的中华人民共和国

旅行证或者其他有效入境出境证件入境。

第十条 定居国外的中国公民要求回国定居的，应当在入境前向中国驻外国的外交代表机关、领事机关或者外交部授权的其他驻外机关提出申请，也可由本人或者经由国内亲属向拟定居地的市、县公安局提出申请，由省、自治区、直辖市公安厅（局）核发回国定居证明。

第十一条 定居国外的中国公民要求回国工作的，应当向中国劳动、人事部门或者聘请、雇用单位提出申请。

第十二条 定居国外的中国公民回国定居或者回国工作抵达目的地后，应当在30天内凭回国定居证明或者经中国劳动、人事部门核准的聘请、雇用证明到当地公安局办理常住户口登记。

第十三条 定居国外的中国公民短期回国，要按照户口管理规定，办理暂住登记。在宾馆、饭店、旅店、招待所、学校等企业、事业单位或者机关、团体及其他机构内住宿的，应当填写临时住宿登记表；住在亲友家的，由本人或者亲友在24小时内（农村可在72小时内）到住地公安派出所或者户籍办公室办理暂住登记。

第四章　出境入境检查

第十四条 中国公民应当从对外开放的或者指定的口岸出境、入境，向边防检查站出示中华人民共和国护照或者其他出境入境证件，填交出境、入境登记卡，接受查验。

第十五条 有下列情形之一的，边防检查站有权阻止出境、入境：

（一）未持有中华人民共和国护照或者其他出境入境证件的；

（二）持用无效护照或者其他无效出境入境证件的；

（三）持用伪造、涂改的护照、证件或者冒用他人护照、证件的；

（四）拒绝交验证件的。

具有前款第二、三项规定的情形的，并可依照本实施细则第二十三条的规定处理。

第五章　证件管理

第十六条 中国公民出境入境的主要证件——中华人民共和国护照和中华人民共和国旅行证由持证人保存、使用。除公安机关和原发证机关有权依法吊销、收缴证件以及人民检察院、人民法院有权依法扣留证件外，其他任何机关、团体和企业、事业单位或者个人不得扣留证件。

第十七条 中华人民共和国护照有效期5年，可以延期二次，每次不超过5年。申请延期应在护照有效期满前提出。

在国外，护照延期，由中国驻外国的外交代表机关、领事机关或者外交部授权的其他驻外机关办理。在国内，定居国外的中国公民的护照延期，由省、自治区、直辖市公安厅（局）及其授权的公安机关出入境管理部门办理；居住国内的公民在出境前的护照延期，由原发证的或者户口所在地的公安机关出入境管理部门办理。

第十八条 中华人民共和国旅行证分1年一次有效和2年多次有效两种，由中国驻外国的外交代表机关、领事机关或者外交部授权的其他驻外机关颁发。

第十九条 中华人民共和国入出境通行证，是入出中国国（边）境的通行证件，由省、自治区、直辖市公安厅（局）及其授权的公安机关签发。这种证件在有效期内一次或者多次入出境有效。一次有效的，在出境时由边防检查站收缴。

第二十条 中华人民共和国护照和其他出境入境证件的持有人，如因情况变化，护照、证件上的记载事项需要变更或者加注时，应当分别向市、县公安局出入境管理部门或者中国驻外国的外交代表机关、领事机关或者外交部授权的其他驻外机关提出申请，提交变更、加注事项的证明或者说明材料。

第二十一条 中国公民持有的中华人民共和国护照和其他出境入境证件因即将期满或者签证页用完不能再延长有效期限，或者被损坏不能继续使用的，可以申请换发，同时交回原持有的护照、证件；要求保留原护照的，可以与新护照合订使用。护照、出境入境证件遗失的，应当报告中国主管机关，在登报声明或者挂失声明后申请补发。换发和补发护照、出境入境证件，在国外，由中国驻外国的外交代表机关、领事机关或者外交部授权的其他驻外机关办理；在国内，由省、自治区、直辖市公安厅（局）及其授权的公安机关出入境管理部门办理。

第二十二条 中华人民共和国护照和其他出境入境证件的持有人有下列情形之一的，其护照、出境入境证件应予以吊销或者宣布作废：

（一）持证人因非法进入前往国或者非法居留被

送回国内的：

（二）公民持护照、证件招摇撞骗的；

（三）从事危害国家安全、荣誉和利益的活动的。

护照和其他出境入境证件的吊销和宣布作废，由原发证机关或者其上级机关作出。

第六章 处 罚

第二十三条 持用伪造、涂改等无效证件或者冒用他人证件出境、入境的，除收缴证件外，处以警告或者5日以下拘留；情节严重，构成犯罪的，依照《全国人民代表大会常务委员会关于严惩组织、运送他人偷越国（边）境犯罪的补充规定》的有关条款的规定追究刑事责任。

第二十四条 伪造、涂改、转让、买卖出境入境证件的，处10日以下拘留；情节严重，构成犯罪的，依照《中华人民共和国刑法》和《全国人民代表大会常务委员会关于严惩组织、运送他人偷越国（边）境犯罪的补充规定》的有关条款的规定追究刑事责任。

第二十五条 编造情况，提供假证明，或者以行贿等手段，获取出境入境证件，情节较轻的，处以警告或者5日以下拘留；情节严重，构成犯罪的，依照《中华人民共和国刑法》和《全国人民代表大会常务委员会关于严惩组织、运送他人偷越国（边）境犯罪的补充规定》的有关条款的规定追究刑事责任。

第二十六条 公安机关的工作人员在执行《中华人民共和国公民出境入境管理法》和本实施细则时，如有利用职权索取、收受贿赂或者有其他违法失职行为，情节轻微的，由主管部门酌情予以行政处分；情节严重，构成犯罪的，依照《中华人民共和国刑法》和《全国人民代表大会常务委员会关于严惩组织、运送他人偷越国（边）境犯罪的补充规定》的有关条款的规定追究刑事责任。

第七章 附 则

第二十七条 中国公民因公务出境和中国海员因执行任务出境管理办法，另行制订。

第二十八条 本实施细则自发布之日起施行。

中华人民共和国外国人入境出境管理法实施细则

（1986年12月3日国务院批准
1986年12月27日公安部、外交部发布
1994年7月13日国务院批准修订
1994年7月15日公安部、外交部发布）

根据《中华人民共和国外国人入境出境管理法》（以下简称《外国人入境出境管理法》）第三十三条的规定，制定本实施细则。

第一章　入　境

第一条　外国人入境，应当向中国的外交代表机关、领事机关或者外交部授权的其他驻外机关申请办理签证。

外国人持有中国国内被授权单位的函电，并持有与中国有外交关系或者官方贸易往来国家的普通护照，因下列事由确需紧急来华而来不及在上述中国驻外机关申办签证的，也可以向公安部授权的口岸签证机关申请办理签证：

（一）中方临时决定邀请来华参加交易会的；

（二）应邀来华参加投标或者正式签订经贸合同的；

（三）按约来华监装出口、进口商检或者参加合同验收的；

（四）应邀参加设备安装或者工程抢修的；

（五）应中方要求来华解决索赔问题的；

（六）应邀来华提供科技咨询的；

（七）应邀来华团组办妥签证后，经中方同意临时增换的；

（八）看望危急病人或者处理丧事的；

（九）直接过境人员由于不可抗拒的原因不能在24小时内乘原机离境或者需改乘其他交通工具离境的。

（十）其他被邀请确实来不及在上述中国驻外机关申请签证，并持有指定的主管部门同意在口岸申办签证的函电的。

不属上述情况者，口岸签证机关不得受理其签证申请。

第二条　公安部授权的口岸签证机关设立在下列口岸：北京、上海、天津、大连、福州、厦门、西安、桂林、杭州、昆明、广州（白云机场）、深圳（罗湖、蛇口）、珠海（拱北）。

第三条　根据外国人来中国的身份和所持护照的种类，分别发给外交签证、礼遇签证、公务签证、普通签证。

第四条　签发普通签证时，根据外国人申请来中国的事由，在签证上标明相应的汉语拼音字母：

（一）D字签证发给来中国定居的人员；

（二）Z字签证发给来中国任职或者就业的人员及其随行家属；

（三）X字签证发给来中国留学、进修、实习6个月以上的人员；

（四）F字签证发给应邀来中国访问、考察、讲学、经商、进行科技文化交流及短期进修、实习等活动不超过6个月的人员；

（五）L字签证发给来中国旅游、探亲或者因其他私人事务入境的人员，其中9人以上组团来中国旅游的，可以发给团体签证；

（六）G字签证发给经中国过境的人员；

(七) C 字签证发给执行乘务、航空、航运任务的国际列车乘务员、国际航空器机组人员及国际航行船舶的海员及其随行家属；

(八) J—1 字签证发给来中国常驻的外国记者，J—2 字签证发给临时来中国采访的外国记者。

第五条 外国人申请签证须回答被询问的有关情况并履行下列手续：

(一) 提供有效护照或者能够代替护照的证件；

(二) 填写签证申请表，交近期 2 寸半身正面免冠照片；

(三) 交验与申请入境、过境事由有关的证明。

第六条 本实施细则第五条(三)项所说的有关证明是指：

(一) 申请 D 字签证，须持有定居身份确认表。定居身份确认表由申请人或者委托其在中国的亲属向申请定居地的市、县公安局出入境管理部门申请领取；

(二) 申请 Z 字签证，须有中国聘雇单位的聘请或者雇用证明，或者被授权单位的函电；

(三) 申请 X 字签证，须有接受单位或者主管部门的证明；

(四) 申请 F 字签证，须有被授权单位的函电；

(五) 申请 L 字签证，来华旅游的，须有中国旅游部门的接待证明，必要时须提供离开中国后前往国家（地区）的飞机票、车票或者船票；

(六) 申请 G 字签证，须持有前往国家（地区）的有效签证。如果申请人免办前往国家（地区）的签证，须持有联程客票；

(七) 申请 C 字签证，按协议提供有关的证明；

(八) 申请 J—1、J—2 字签证，须有主管部门的证明。

外国人来中国定居或者居留 1 年以上的，在申请入境签证时，还须交验所在国政府指定的卫生医疗部门签发的，或者卫生医疗部门签发的并经过公证机关公证的健康证明书。健康证明书自签发之日起 6 个月有效。

第七条 下列外国人不准入境：

(一) 被中国政府驱逐出境，未满不准入境年限的；

(二) 被认为入境后可能进行恐怖、暴力、颠覆活动的；

(三) 被认为入境后可能进行走私、贩毒、卖淫活动的；

(四) 患有精神病和麻疯病、艾滋病、性病、开放性肺结核病等传染病的；

(五) 不能保障其在中国期间所需费用的；

(六) 被认为入境后可能进行危害我国国家安全和利益的其他活动的。

第八条 外国人持有联程客票并已定妥联程座位搭乘国际航班从中国直接过境，在过境城市停留不超过 24 小时，不出机场的，免办过境签证；要求离开机场的，须向边防检查站申请办理停留许可手续。

第九条 国际航行船舶在中国港口停泊期间，外国船员及其随行家属要求登陆，不出港口城市的，向边防检查站申请登陆证，要求在陆地住宿的，申请住宿证。有正当理由需要前往港口城市以外的地区，或者不能随原船出境的，须向当地公安局申请办理相应的签证。

第二章 入出境证件检查

第十条 外国人抵达口岸，必须向边防检查站缴验有效护照和中国的签证、证件，填写入出境卡，经边防检查站查验核准加盖验讫章后入境。

第十一条 外国航空器或者船舶抵达中国口岸时，其负责人负有下列责任：

(一) 机长、船长或者代理人必须向边防检查站提交机组人员、船员名单和旅客名单；

(二) 如果载有企图偷越国境的人员，发现后应立即向边防检查站报告，听候处理；

(三) 对于不准入境的人员，必须负责用原交通工具带走，对由于不可抗拒的原因不能立即离境的人，必须负责其在中国停留期间的费用和离开时的旅费。

第十二条 对下列外国人，边防检查站有权阻止入境或者出境：

(一) 未持有效护照、证件或者签证的；

(二) 持伪造、涂改或者他人护照、证件的；

(三) 拒绝接受查验证件的；

(四) 公安部或者国家安全部通知不准入境、出境的。

第十三条 外国人出境，须缴验有效护照或者其他有效证件，以及准予在中国停留的签证或者居留证件。

第十四条 被签证机关指定通行口岸的外国人和外国人的交通工具，必须从指定的口岸入、出境。

第十五条 对于本实施细则第十二条所列被阻

止入境的外国人，如不能立即随原交通工具返回，边防检查站可以采取必要的措施限制其活动范围，并令其乘最近一班交通工具离境。

第三章 居　留

第十六条　持标有D、Z、X、J—1字签证的外国人，必须自入境之日起30日内到居住地市、县公安局办理外国人居留证或者外国人临时居留证。上述居留证件的有效期即为准许持证人在中国居留的期限。

外国人居留证，发给在中国居留1年以上的人员。

外国人临时居留证，发给在中国居留不满1年的人员。

持标有F、L、G、C字签证的外国人，可以在签证注明的期限内在中国停留，不需办理居留证件。

第十七条　外国人申请居留证件须回答被询问的有关情况并履行下列手续：

（一）交验护照、签证和与居留事由有关的证明；

（二）填写居留申请表；

（三）申请外国人居留证的，还要交验健康证明书，交近期2寸半身正面免冠照片。

第十八条　外国人居留证有效期可签发1年至5年，由市、县公安局根据外国人居留的事由确定。

对符合《外国人入境出境管理法》第十四条规定的外国人，公安机关可以发给1年至5年长期居留资格的证件；有显著成效的可以发给永久居留资格的证件。

第十九条　根据中国政府同外国政府签定的协议免办签证的外国人，需在中国停留30日以上的，应于入境后按本实施细则第十六、十七条申请居留证件。

但是，《外国人入境出境管理法》第三十四条规定的外国人，不适用前款的规定。

第二十条　外国人在签证或者居留证件有效期满后需继续在中国停留或者居留，须于期满前申请延期。

外国人在中国居留期间，如果发现患有本实施细则第七条第四项规定的疾病，中国卫生主管机关可以提请公安机关令其提前出境。

第二十一条　在外国人居留证上填写的项目内容（姓名、国籍、职业或者身份、工作单位、住址、护照号码、偕行儿童等）如有变更，持证人须于10日内到居住地公安局办理变更登记。

第二十二条　持外国人居留证的人迁出所在市、县，须于迁移前向原居住地的公安局办理迁移登记，到达迁入地后，须于10日内向迁入地公安局办理迁入登记。

定居的外国人申请迁移，须事先向迁入地公安局申请准予迁入的证明，凭该证明按前款规定办理迁移登记。

第二十三条　出于维护国家安全、社会秩序或者其他公共利益的原因，市、县公安局可以限制外国人或者外国机构在某些地区设立住所或者办公处所；已在上述限制地区设立住所或者办公处所的，必须在市、县公安局迁移通知书指定的期限内迁至许可的地区。

第二十四条　在中国定居的外国人必须每年一次在指定的时间到居住地的公安局缴验外国人居留证。

公安局认为必要时，可通知外国人到出入境管理部门缴验外国人居留证，外国人应按通知指定的时间前往缴验。

第二十五条　在中国居留或者停留的年满16周岁以上的外国人必须随身携带居留证件或者护照，以备外事民警查验。

第二十六条　在中国出生的外国婴儿，须于出生后1个月内，由其父母或者代理人持出生证明向当地公安局申报，办理登记手续。

第二十七条　外国人在中国死亡，其家属或者监护人或者代理人须于3日内持死亡证明向当地公安局申报并缴销死者的居留证件或者签证。

外国人非正常死亡，有关人员或者发现者应当立即向公安机关报告。

第二十八条　《外国人入境出境管理法》第十九条所称的中国政府主管机关是指中华人民共和国劳动部。

第四章 住宿登记

第二十九条　外国人在宾馆、饭店、旅店、招待所、学校等企业、事业单位或者机关、团体及其他中国机构内住宿，应当出示有效护照或者居留证件，并填写临时住宿登记表。在非开放地区住宿还要出示旅行证。

第三十条　外国人在中国居民家中住宿，在城镇的，须于抵达后24小时内，由留宿人或者本人持住宿人的护照、证件和留宿人的户口簿到当地公安机关申报，填写临时住宿登记表；在农村的，须于72小时内向当地派出所或者户籍办公室申报。

第三十一条 外国人在中国的外国机构内或者在中国的外国人家中住宿，须于住宿人抵达后24小时内，由留宿机构、留宿人或者本人持住宿人的护照或者居留证件，向当地公安机关申报，并填写临时住宿登记表。

第三十二条 长期在中国居留的外国人离开自己的住所临时在其他地方住宿，应当按本实施细则第二十九、三十、三十一条规定申报住宿登记。

第三十三条 外国人在移动性住宿工具内临时住宿，须于24小时内向当地公安机关申报。为外国人的移动性住宿工具提供场地的机构或者个人，应于24小时前向当地公安机关申报。

第五章 旅 行

第三十四条 外国人前往不对外国人开放的市、县旅行，须事先向所在市、县公安局申请旅行证，获准后方可前往。申请旅行证须履行下列手续：

（一）交验护照或者居留证件；

（二）提供与旅行事由有关的证明；

（三）填写旅行申请表。

第三十五条 外国人旅行证的有效期最长为1年，但不得超过外国人所持签证或者居留证件的有效期限。

第三十六条 外国人领取旅行证后，如要求延长旅行证有效期、增加不对外国人开放的旅行地点、增加偕行人数，必须向公安局申请延期或者变更。

第三十七条 外国人未经允许，不得进入不对外开放的场所。

第六章 出 境

第三十八条 外国人应当在签证准予停留的期限内或者居留证件的有效期内出境。

第三十九条 持有外国人居留证件的人，在其居留证件有效期内出境并需返回中国的，应当在出境前按本实施细则第五、六条有关规定向当地公安机关申请办理返回中国的签证。

持有居留证件的外国人出境后不再返回中国的，出境时应向边防检查站缴销居留证件。

第七章 处 罚

第四十条 对非法入出中国国境的外国人，可以处1000元以上、10000元以下的罚款，或者处3日以上、10日以下的拘留，也可以并处限期出境或者驱逐出境；情节严重，构成犯罪的，依法追究刑事责任。

第四十一条 对违反本实施细则第十一条规定，拒绝承担责任的交通工具负责人或者其代理人，可以处1000元以上、10000元以下的罚款，或者处3日以上、10日以下的 拘留。

第四十二条 对违反本实施细则第十六、十九、二十条规定，非法居留的外国人，可以处警告或者每非法居留一日，处500元罚款，总额不超过5000元，或者处3日以上、10日以下的拘留；情节严重的，并处限期出境。

对违反本实施细则第二十一、二十二条规定的外国人，可以处警告或者500元以下的罚款；情节严重的，并处限期出境。

对违反本实施细则第二十三条规定，不执行公安机关决定的外国人，在强制其执行决定的同时，可以处警告或者1000元以上、10000元以下的罚款；情节严重的，并处限期出境。

第四十三条 对违反本实施细则第二十四、二十五条规定，不按要求缴验居留证，不随身携带护照或者居留证件，或者拒绝民警查验证件的外国人，可以处警告或者500元以下的罚款；情节严重的，并处限期出境。

第四十四条 对未经中华人民共和国劳动部或者其授权的部门批准私自谋职的外国人，在终止其任职或者就业的同时，可以处1000元以下的罚款；情节严重的，并处限期出境。

对私自雇用外国人的单位和个人，在终止其雇用行为的同时，可以处5000元以上、50000元以下的罚款，并责令其承担遣送私自雇用的外国人的全部费用。

第四十五条 对违反本实施细则第四章规定，不办理住宿登记或者不向公安机关申报住宿登记或者留宿未持有效证件外国人的责任者，可以处警告或者50元以上、500元以下的罚款。

第四十六条 对违反本实施细则第三十四、三十六、三十七条规定，未经批准前往不对外国人开放地区旅行的外国人，可以处警告或者500元以下的罚款；情节严重的，并处限期出境。

第四十七条 对伪造、涂改、冒用、转让、买卖签证、证件的外国人，在吊销或者收缴原签证、证件并没收非法所得的同时，可以处1000元以上、10000元以下的罚款，或者处3日以上、10日以下的拘留，也可以并处限期出境；情节严重，构成犯罪的，依法追究刑事责任。

第四十八条 由于不可抗拒的原因而违反《外国人入境出境管理法》及本实施细则的，可免予处罚。

外国人无力缴纳罚款的，可以改处拘留。

第四十九条 本章规定的各项罚款、拘留处罚，也适用于协助外国人非法入境或出境、造成外国人非法居留或者停留、聘雇私自谋职的外国人、为未持有效旅行证件的外国人前往不对外国人开放的地区旅行提供方便的有关责任者。

第五十条 被处罚人对公安机关的罚款、拘留处罚不服的，在接到通知之日起15日内，可以通过原裁决机关或者直接向上一级公安机关申诉，上一级公安机关自接到申诉之日起15日内作出最后裁决。被处罚人也可以直接向当地人民法院提起诉讼。

第五十一条 本章规定的处罚，由公安机关执行。

第八章　其他规定

第五十二条 外国人申请各项签证、证件的延期或者变更，须履行下列手续：

（一）交验护照和签证、证件；

（二）填写延期申请表或者变更申请表；

（三）提供与延期或者变更事由有关的证明。

第五十三条 外国人申请各项签证、证件或者申请签证、证件延期、变更，必须按规定缴纳签证、证件费。

各项签证、证件的收费标准，由公安部和外交部另行制定。

同中国政府订有签证费协议国家的人员，按有关协议执行。

第五十四条 不满16周岁的外国少年儿童，与其父母或者监护人使用同一护照的，随其父母或者监护人来中国时，可以不单独办理入境、过境、居留、旅行手续。

第五十五条 外国人所持中国的签证、证件如有遗失或者损坏，应当立即向当地公安局出入境管理部门报告，申请补领或者换发。遗失外国人居留证的，须在当地政府报纸上声明作废。

第五十六条 本实施细则涉及的各种签证、证件和申请表的式样，由公安部和外交部另行规定。

第五十七条 本实施细则自发布之日起施行。

国有资产收益收缴管理办法

（1994 年 9 月 21 日财政部以（94）财工字第 295 号公布）

第一条 为了加强国有资产收益的收缴管理工作，确保国有资产收益及时足额上缴，根据《中华人民共和国预算法》、《国有企业财产监督管理条例》及《中华人民共和国国家金库条例》的有关规定，制定本办法。

第二条 本办法所称国有资产收益，具体包括：

一、国有企业应上缴国家的利润；

二、股份有限公司中国家股应分得的股利；

三、有限责任公司中国家作为出资者按照出资比例应分取的红利；

四、各级政府授权的投资部门或机构以国有资产投资形成的收益应上缴国家的部分；

五、国有企业产权转让收入；

六、股份有限公司国家股股权转让（包括配股权转让）收入；

七、对有限责任公司国家出资转让的收入；

八、其他非国有企业占用国有资产应上缴的收益；

九、其他按规定应上缴的国有资产收益。

第三条 国有资产的收益的收缴管理工作，由财政部门会同国有资产管理部门负责。

第四条 国有资产收益应按中央、地方产权关系和现行财政体制，分别列入同级政府国有资产经营预算。

第五条 国有资产收益分别下列情况收缴入库。

一、国有企业应上缴国家的利润，由财政部门会同国有资产管理部门根据企业情况核定收缴方案后下达执行。

二、股份有限公司分配现金股利时，应坚持同股同利的原则，国家股的持股单位不得放弃国家股的收益权。国家股股利经国有资产管理部门和财政部门确认后及时上缴。

三、有限责任公司分配红利时，国家按出资比例分取的红利经国有资产管理部门和财政部门确认后及时上缴。

四、国有企业产权转让收入和股份有限公司国家股股权转让收入（包括配股权转让收入）以及有限责任公司国家出资转让收入，由国有资产管理部门会同财政部门确认后上缴。

五、其他非国有企业占用国有资产应上缴的收益，应按国有资产管理部门会同财政部门确定的比例上缴。

六、其他应缴的国有资产收益按财政部门、国有资产管理部门的有关规定上缴。

第六条 中央国有企业国有资产收益的收缴工作，由财政部、国家国有资产管理局授权财政部驻各省、自治区、直辖市、计划单列市财政监察专员办事机构负责，国家国有资产管理局负责监缴。

第七条 地方国有资产收益的收缴办法，由各省、自治区、直辖市人民政府根据本办法并结合本地区具体情况制定。报财政部、国家国有资产管理局备案。

第八条 国有资产收益预算科目使用国家预算收支科目中的“国有资产经营预算收入”类的有关科目。

第九条 上缴国有资产收益，使用“一般缴款书”，缴款书各栏的填写应按《中华人民共和国国家金库条例实施细则》第三十四条的规定办理。缴款书中的“财政机关”栏填写同级收款的同级财政机关名称。缴款书第四联回执联由国库收款盖章后按日退同级国有资产管理部门。缴款书第五联报查联，国库收款盖章后退同级财政部门。

第十条 国有企业上缴国有资产收益采用按月预缴、全年清算的方法，其他国有资产收益（第二条二至九款）在确定后十日内入库。

第十一条 财政监察专员办事机构及各省、自治区、直辖市国有资产收益收缴部门应按月（季、年）编报国有资产收益汇总表，报送财政部、国家国有资产管理局。

第十二条 国有企业及非国有企业应按规定将国有资产收益及时足额入库，凡拖欠、挪用、截留及私分国有资产收益的，按照《关于违反财政法规处罚的暂行规定》及实施细则的有关规定进行处理。

第十三条 列入同级政府预算的国有资产收益，用于国有资产再投资，调整产业结构，补充国有企业资本金，增购有关股份公司的股权及购买配股等。

第十四条 本办法发布前，有关国有资产收益收缴管理办法和规定与本办法不一致的，以本办法为准。

第十五条 本办法由财政部、国家国有资产管理局负责解释。

第十六条 本办法自一九九五年一月一日起施行。

股份有限公司土地使用权管理暂行规定

（1994 年 12 月 3 日国家土地管理局、国家体改委以〔1994〕国土〔法〕字第 153 号公布）

第一条　为深化企业改革，优化配置土地资源，规范股份有限公司（以下简称公司）设立中的土地使用权管理，根据《中华人民共和国公司法》和国家关于土地法律、法规有关规定，制定本规定。

第二条　办理地价评估，必须依法进行土地使用权登记，取得《国有土地使用证》。尚未登记的，应向土地管理部门申请登记，领取土地使用权证书。

第三条　改建或新设公司使用的国有土地使用权必须评估。地价评估结果经县级或市级人民政府土地管理部门初审后，按本规定第六条规定的审批权限报批确认。

第四条　改建或新设为上市公司的，必须选择具有 A 级土地估价资格的评估机构进行地价评估；其他的应选择具有 A 级或 B 级土地估价资格的评估机构进行地价评估。

第五条　接受委托的评估机构，应与土地使用权持有者订立委托评估协议，按国家土地管理局颁布的《城镇土地估价规程》要求进行地价评估，并向土地使用权持有者和相应的土地管理部门提交土地估价报告。

第六条　由国务院授权部门批准设立的公司，其地价评估结果，向国家土地管理局申请确认；由省级人民政府批准设立的公司，其地价评估结果，向省级人民政府土地管理部门申请确认。

第七条　改建或新设公司应由土地使用权持有者拟订土地使用权处置方案。由国务院授权部门批准设立的公司，其土地使用权的处置方案，报国家土地管理局批准；由省级人民政府批准设立的公司，其土地使用权处置方案报省级人民政府土地管理部门批准。

第八条　企业可依法以出让方式取得土地使用权。在签订土地使用权出让合同、缴纳土地使用权出让金后，企业以出让方式取得的土地使用权，可以转让、出租或作价入股。持有土地使用权的公司，在土地使用权出让期限内，须承担土地使用权出让合同和土地登记文件所载明的权利和义务。

土地使用权转让、出租或入股的最高期限为土地使用权出让年期减去原企业以出让方式获取土地使用权后已使用的年期。

第九条　国家以租赁方式将土地使用权租给公司的，定期收取租金。公司以租赁方式使用土地，必须签订租赁合同。以租赁方式使用的土地不得转让、转租、抵押。

第十条　国家根据需要，可以一定年期的国有土地使用权作价入股，经评估作价后，界定为国家股，由土地管理部门委托国有股权持股单位统一持有。土地管理部门应与国有股权持股单位签订委托持股合同。

第十一条　国家以国有土地使用权作价入股的，其土地使用权作价折算的股本额不得低于审核确认的土地使用权作价总额除以股票的溢价倍数；土地使用权作价入股占国有资产总股本的比例也不得低于土地使用权作价总额占进入股份制企业的国有资产总额的比例。

土地使用权折股及土地使用权出让金、租金数额的确定，均应以经审查确认的土地评估结果为基础。

第十二条　改建或新设的公司，凭公司审批机关的批准文件、土地使用权变更登记申请、土地使用权处置方案批准文件、土地使用权出让(租赁)合同、土地使用权出让金缴纳凭证及其他有关文件，按国家有关法律规定和《土地登记规则》的要求，向县级以上人民政府土地管理部门申请变更土地登记。

县级以上人民政府土地管理部门根据以上文件，并对用地情况进行复核后，办理变更土地登记，更换国有土地使用证。

第十三条 已经改建为公司的，没有进行土地使用权价格评估、处置方案审批和土地变更登记的，应当按本规定重新补办。

凡未按上述要求补办手续的公司，土地管理部门不予办理变更土地登记。

第十四条 改建或新设公司使用集体所有土地的，必须持公司审批机关的批准文件，向县级以上人民政府土地管理部门提出申请，按国家规定，经批准征为国有土地后，方可按本规定办理土地使用权评估、处置和变更登记手续。

第十五条 改建或新设有限责任公司的土地使用权管理，参照本规定执行。

第十六条 本规定自发布之日起施行。1992 年 7 月 9 日国家土地管理局、国家体改委联合发布的《股份制试点企业土地资产管理暂行规定》、1993 年 10 月 9 日发布的《关于到境外上市的股份制试点企业土地资产管理若干问题的通知》同时废止。

第十七条 本规定由国家土地管理局负责解释。

附　　录

当前世界各类经济性特区概况

近二三十年来，各类经济性特区在全球范围内发展很快，其总数已由二次世界大战前的75个猛增到900多个。它们在国际经济中的作用越来越显著。据估计，现在各类经济性特区贸易额的总和已占世界贸易总额的20%。其在本国民族经济发展中的积极意义也日益受到广泛重视。目前，设立经济性特区的国家和地区已达100多个。

基本分类

一个国家和地区通过法令划出一定的范围，在对外经济贸易和技术交流活动中，采取较其它地区更加开放、灵活的特殊政策，实行减免关税等一系列优惠措施，建立高效能的管理体制，提供良好、安全、可靠的贸易与投资环境，以吸引外商投资设厂，举办其它经济事业的自由经济区域，一般统称为经济性特区。特区类型不同，名称各异，多达几十种。如自由港、国际航空港、码头地区、过境区、转口区、转口自由区、仓库和转口区、自由贸易区、对外贸易区、自由区、自由带、自由关税区、免税贸易区、自由边境区、保税区、保税仓库、出口自由区、工商自由区、自由工业区、出口加工区、投资促进区、科学工业园区等。按其功能分，大致可划为以下七大类。

（一）自由港又称免税港。它是凭借自身所具有的良好的码头，先进的运输装卸设施，开展货物的储存、拣选、分类、改装等业务的便利，以及豁免进出口货物关税、海关监督的优惠等，发挥其商品集散中心的作用，达到促进本国或自由港邻近地区经济发展的目的。自由港又可分为完全自由港和有限自由港。前者对外国商品一律免征关税。后者仅对少数进口商品征收关税或实施不同程度的贸易管制。现在世界上的自由港绝大多数都是有限自由港。从范围大小上还可分为自由港市和自由港区。前者包括整个港口和所在城市地区。后者仅为港口或所在城市地区的一部分。按其功能则可分为商品型自由港、工业型自由港和混合型自由港。商业型自由港的主要目标是扩大、推动对外贸易。工业型自由港的主要目标是生产工业品进行再输出。混合型自由港则兼有商业型、工业型自由港等功能。

（二）自由贸易区又称免税贸易区、对外贸易区、自由关税区等。自由贸易区是从自由港发展演变而来的。可以设在港区，也可设在内陆。它除了具有自由港的功能之外，还增加了吸引外资、引进技术，开展工业加工、旅游服务、金融保险等多项业务，具有综合性功能。我国的经济特区与之相类似，且更具综合性。

（三）保税仓库又称免税仓库。保税仓库多设在没有开辟自由港或自由贸易区的国家和地区，专门供货物转运、储运和集散。目前也有许多国家虽然开辟了自由港和自由贸易区，但也在其机场、码头或其它地方设立保税仓库，提供自由港的一般便利条件。保税仓库允许外国货物不办理进口手续就可连续长时期储存，储存期限内，进口货物可暂不缴纳关税，如再出口亦可免纳关税。但货物进入海关管制区，则要照章纳税。保税仓库的各项业务，须遵守海关法令。

（四）过境区也叫转口区。相邻的国家为了方便进出口货物，根据双方协定，划定某些港口、码头或国境城市的一个地区，作为过境货物的自由区。过境区对来自或运往邻国的过境货物简化海关手续、免征关税或仅征小额过境税。过境货物一般可在区内作短暂储存、重新包装等，但不得进行再加工。

（五）自由边境区。设在本国边境的一些地带，通过种种优惠待遇，吸引外商投资办厂，目的在于开发、繁荣边区的经济。区内设厂所需的机器、设备、原材料及消费品可免税或减税进口。制成品大多用于区内，少数再出口。但也有一些国家的自由边境区把发展出口加工业放在重要位置。

（六）出口加工区。一般是一个国家或地区在港口或邻近港口的地方划出一块地方，利用经济上的优惠政策和良好的基础设施，吸引外资、引进技术，以改变进出口贸易不合理的结构，扩大出口，提高生产技术水平和经营管理水平，带动和促进国内经济的发展。在出口加工区内，一般对生产所需的原料、机器设备免、减征进口税，对产品出口免、减征出口税，并对区内的外资企业实行所得税税率和利润汇出的优惠。出口加工区与工业型自由贸易区相似，但更侧重于工业加工制造，产品以出口为主。出口加工区可分为单类产品出口加工区、多类产品出口加工区。目前世界上的出口加工区多属后者。

（七）科学工业园区又称科技工业园区、科研工业区、高技术园区、工业科学园、科学城等。它是以大学和科研机构为依托，依靠本国的科技力量，研制开发新产品和创立新兴产业，出口高、精、尖产品，引进国外先进技术及资金，使其在促进设区国的产品更新换代，产业结构的调整与升级中起先导作用。科学工业园区大致可以分为两大类。一类是发达的西方大国所设立的科学工业园区，它们是新技术革命和高科技竞争的产物。另一类是发展中国家和地区设立的科学工业园区，它们大多是从出口加工区的原型脱胎升级而来的，使最新技术与经济建立更密切联系，以提高产品质量。

以上仅是大体划分。随着时代的发展，各类经济性特区在不断完善自身功能的同时，也在进行相互之间的交叉、渗透和影响，故较难作出精确分类。

分布概况

各类经济性特区在世界分布的状况大致为：设立自由港、自由贸易区的多是经济发达或较发达的国家和地区。如西欧各国、美国、香港等。据统计，欧洲设自由港43个，设自由贸易区78个，分别为世界自由港、自由贸易区总数的63%和49%。美国的对外贸易区已近200个。设立出口加工区较多的则是经济水平和现代化水平不甚高，但又有一定工业基础的发展中国家和地区。如新加坡、韩国、台湾、马来西亚、印度尼西亚、泰国、菲律宾、毛里求斯、埃及等。亚洲、非洲设出口加工区的数量分别是97个和112个，占世界出口加工区总数的40%和48%。科学工业园区广泛地分布在技术先进、生产力发展水平高的西方资本主义大国。如美、英、德、日等四国设立科学工业园区117个，占世界科学工业园区总数的84%。对各类经济性特区的数量，只是大约统计。

发展进程

现在一般认为，世界上第一个经济性特区是建于1547年的意大利热那亚的自由港。17世纪以后，欧洲的一些贸易大国为扩大国际贸易，开辟国际市场，先后把一些主要港口城市宣布为自由港，或划出一部分地区建立自由贸易区，实行一些优惠措施，吸引外国商品到此转口，使之发挥商品集散中心作用，促进当地经济发展。19世纪以后，随着航海技术的进步与国际贸易的发展，尤其是殖民帝国主义侵略势力的扩张，从地中海经波斯湾、印度洋到东南亚地区，许多被殖民者侵占的国际贸易通道的重要港口城市，相继被开辟为自由港和自由贸易区。二次大战前，约有26个国家和地区设立了75个自由港和自由贸易区。这个时期的经济性特区，功能比较单一，主要是通过减免进出口关税等手段发展对外贸易。

战后，经济性特区进入了一个蓬勃发展的阶段。这一时期，一种新型的经济性特区即出口加工区颇为盛行。1959年，世界上第一个从事出口加工业的经济性特区，在爱尔兰的香农设立。1966年，台湾设立了高雄出口加工区。此后，出口加工区在亚洲、非洲、拉丁美洲迅速涌现。到70年代末，世界经济性特区的总数已经增加到了328个。

出口加工区的迅速兴起，是由于第三次科技革命推进了生产力的飞速发展，造成世界产业结构的大调整。在发达国家，传统产业逐渐被新、高技术密集型产业取代。被淘汰的劳动密集型产业为寻找出路，向劳动力低廉的国家与地区转移。另一方面，发展中国家为了发展本国经济，亦希望利用自己丰富的劳动力和自然资源吸收引进外资和技术，建立劳动密集型加工区，实行“面向出口”的经济战略，以刺激和带动经济发展。这一时期，是出口加工区的黄金时代，也是世界经济性特区趋于成熟的阶段。

80年代以后，世界经济性特区的发展进入了一个多层次、全方位发展的新时期。70年代末的全球性石油危机和80年代初波及整个资本主义世界的经济危机，打破了经济性特区中出口加工区一枝独秀的局面。自由港、自由贸易区重新显示出新的活力。一些国家和地区的出口加工区开始升级换代，由劳动密集型向技术、资金密集型过渡。科学工业园区在发展中国家也迅速崛起。台湾的新竹科学工业园区、新加坡的肯特岗科学工业园区的设立即为代表。

纵观世界经济性特区的发展，其数量由少到多；设区范围由西欧扩展到全球；功能从单纯贸易型到工贸结合型并逐步向综合性发展；经营内容从商品的交换到商品的生产、商品的研制，并扩展到服务贸易；其生产结构从劳动密集型向资金、技术知识密集型调整。今后仍将不断发展变化，总的是由初级形态趋向高级形态。

（撰稿　张宇）

新加坡裕廊工业区

裕廊工业区始创于1961年10月，面积4600公顷，工厂和工人人数几乎占全国工业区的一半，轻重工业兼备，基础设施完善，是新加坡最大的工业区。为了维持自由港的作用，新加坡于1969年在工业区设4个自由贸易区，以促进贸易的发展，其中一个设在裕廊码头。自由贸易区设有明显的界限，货物入区内不需缴税，但可重新拆包，分类，包装和加工等，类似一般出口加工区。因此，也常被称为出口加工区。60年代初新加坡政府及时作出了工业化决策，在既缺资金又缺技术的条件下，主要依靠吸引跨国公司，发展工业生产。为此，1961年设立了经济发展局，其主要任务就是推行政府的工业化政策，并建立了裕廊管理局，具体负责各工业区的开发建设。至今，裕廊管理局已在国内开发了30多个工业区，面积总共有60多平方公里，还在继续开发。作为最大的工业区，裕廊区近年来取得长足进展。

（供稿　特区办研究室）

韩国大德科学工业园

为提高产品的国际竞争力，使高科技与生产相结合，从60年代起，发达国家即积极兴建科学工业园，如美国的硅谷、日本的筑波等。随后新兴工业国家和地区也加快了建园步伐，如韩国的洪陵、台湾的新竹等。下面对韩国新建的最大的大德科学工业园作一简介。

成立的背景

韩国于1967年成立相当于中央部会的科学技术处，并拟订《科学技术发展二十年规划》。据此规划，首先在洪陵建立了第一个科学工业园。在该园区内设立了韩国科学技术研究所，主要抓两方面的工作：首先，从国外引进最新研究设备；其次，“全力网罗”海外优秀科技人才。当时这批研究人员的待遇“属国内最高的”。该所的活动迅速取得明显成就，被称为韩国科学技术的“摇篮”。为了进一步培养科技人才，在园区内又设置属于高等教育机关的韩国科学技术院，其工作发展亦快，因此，洪陵科学工业园一度“名符其实”地成为韩国“技术之研究与教育中心”。

由于园内主要通过韩国技术研究所引进与介绍国外类端科技的研究活动，对国家的经济发展与科技发展“贡献至大”，因此政府与民间各部门对该所的委托研究“蜂拥而至”，致使社会的要求“超过了研究所能够承担的范围”，故在70年代初，政府认为新建另一个科学工业园“很有必要”。尔后开始选址工作，物色各研究机构所需的土地。最后经过政府“审慎研究”之后，选定位于忠南道的大德郡一带为新的园区，因地命名，一个比洪陵规模更大的第二个科学工业园由之诞生。

园区规模较大

经过学者、专家充分论证，一致认为新的园区“应将各种重要部门的研究机构齐集在一个研究园区”，有的原在洪陵科学工业园的要害单位也要改迁入新区。因此，要求园区范围要大，布局要合理。总面积为840万坪（1坪合3.31平方米），约28平方公里。其中占总面积46%的388万坪，为研究与教育设施，可容纳50所研究机构。居住环境用地为59万坪，可住1.2万户。其它393万坪为绿化地区。这个园区就可以防止第一个园区出现“胃纳饱和”的情况。

科研力量较为雄厚

至1990年上半年，即集中了科研人员9,000余人。其中直接参予研究的人员4,000人，这些人中30%拥有博士学位，其他则为硕士和学士。并将继续实施延揽海外科学家和技术专家的计划，不断增加科研力量。

入园机构多为重要研究部门

进入园区的研究所及高等教育机关包括：韩国标准研究所、化学研究所、原子力研究所、原子力安全技术院、海事技术研究所、动力资源研究所、电子通信研究所、人参烟草研究所、天文宇宙科学研究所、国家科学财团、核原料株式会社、造币公社技术研究所、双龙中央研究所、乐喜中央研究所、汉阳化学中央研究所、科学技术大学、忠南大学及忠南专科大学等。原在洪陵科学园的韩国科学技术院也在园内另建新的楼宇并迁入。加上即将竣工的国立科学馆，共计20多个单位，还将陆续增加。

研究课题多属尖端项目

主要的有：

战略性项目。包括原子力、原子能安全技术、核燃料处理、航天技术、海洋技术、动力资源以及造币技术等。政府打算到本世纪末要把国家的技术实力提高到与发达国家相当的水平，重点技术领域还有：信息技术、生物技术、新材料、精密仪器等。

新的化学领域。这方面的研究主要由领导全国开发新物质的韩国化学研究所承担。据科学技术处于1989年3月发布新闻，该所的一个研究小组开发了一种“比目前销售中的任何抗生剂性能优越、具备抗菌力的新抗生剂”，命名KRI－10064，它比世界上抗生剂“具备一百倍以上的强力抗生菌力”，批量生产并销售后，仅是技术费一项，每年可收入200亿韩园。同时，该所有机化学一部负责农药研究；二部负责医药研制。入园期间已制造10,000余种试验合成物质。其中市场价值较大的是：杀虫剂KH502；除草剂K5450。该所负责人讲他们的研究水准“已与世界先进国家并驾齐驱”，“今后将全力开发，至少每年开发出一种具有世界市场性的新物质”。90年代重点领域将强化精细化工。

电子研究取得突出进展。电子通信研究所领导电脑、半导体、通讯网的研究与发展。例如自1986年着手开发的交换机股TDX－10，1989年进入试验阶段，1990年结束商业试验后，1991年即在全国各大城市安装。这种交换机股可与国际上被评为“最优秀的交换机股”NO. 5ESS（美国的）、S－1240（法国的）、AXE－10（瑞典的）“相媲美”，无论在受容力、处理速度等方面都“毫不逊色”。

园的“主要功能之一”是研究与教育

当局认为，研究比教育更重要，但要培养更多“研究主体的科学家”，教育又具有特殊重要性。为此，目前已进入一批高等教育机关，如韩国科学技术大学，被称为“特殊教育机构”，专门培养高级科技人才。忠南大学为国立综合大学，包括10个学院、5个研究所。另外还有忠南专科大学等。政府计划到2001年，将每千人中的科学家和工程师的比例，由1987年的1.3人提高到3.0人。因此园区的教学力量将不断加强。

研究开发经费有可靠保证

科学园的经费总的实行政府投资和民间投资同时并举。80年代末，韩国政府的研究开发投资费，仅占国民生产总值的1%，至1989年即上升到2.6%，增加一倍多。至2000年拟增至5%。据称，政府增加开支“应归功于科学工业园内的各种研究机关不断倾注努力的结果”。民间投资也在逐渐增长。相当于中央部的科学技术处的前任长官李祥羲强调：“唯有发展科学技术才能克服当前国家面临的经济难局”，“政府对大德科学工业园寄予期待，希望研究所的灯火二十四小时通明”。目前园区正在为迎接1993年的“国际贸易博览会”作“繁忙的”准备。

（启　亚）

台湾的出口加工区

1965年3月，台湾着手在高雄市的前镇区创办第一个出口加工区，1966年12月正式举行开业典礼。不久，高雄出口加工区很快被项目布满了。由于投资商的人数日益增多，故决定在1971年分别在高雄的楠梓和台中的潭子建立了另外二个出口加工区。这三个出口加工区的占地面积总计达192公顷。有233家企业投入运营，这三个区吸引总投资达9.14亿美元。

过去几年，台湾的出口加工区不仅对当地的工业发展作出了重大贡献，而且也加速了台湾的经济增长。以1993年为例，三个加工区的产值达48亿美元以上，出口值达43亿美元，占全岛出口总值（849亿美元）的5.09%。换言之，出口加工区每公顷土地的产值为2500万美元，人均产值在9万美元以上。可见，台湾出口加工所创造的经济利益是相当可观的。

台湾出口加工区的管理经验可归纳为以下13条：

1. 良好的机遇

在70年代，工业化国家寻求产品替代，试图将低水平产品的生产转移到拥有高技术能力和大量熟练工的地区和国家中去。台湾便是实现这一目标的理想场所。

此外，60年代中国大陆的难民潮促使香港的投资转向台湾。台湾对新建的出口加工区颁布了一系列的法规，如鼓励投资法规、外商投资法规、归台华侨投资法规，这些都是吸引香港企业家及其他国际公司将其投资转移到台湾出口加工区的关键因素。

2. 正确的经营方向

除了在初期制订吸引投资，促进外贸，引进技术，创造就业机会的四个目标外，出口加工区还要发展工业，以促进岛内经济的发展。鉴于此，在出口加工区中所建立的工业应局限于制造行业。以便为当地的轻工业打下牢固的基础。此外，出口加工区的行政当局，负责出口加工区的运营与管理，已作出很大的努力，提供各种服务和帮助，有助于进区企业尽可能多地赚取利润，以便使其商业活动永远繁荣下去。

3. 优越的地理位置

从地理上讲，台湾位于西太平洋的中心，交通便利，可达天涯海角。除此之外，出口加工区接近港口、机场、高速公路，区内的交通体系十分便捷。而且，温和的气候，良好的水电设施以及完善的配套设施，如学校，旅馆，娱乐设施等，不仅使商人乐意投资，而且雇员也乐意在区内工作，并促进邻近城镇的繁荣。

4. 一站式服务

台湾的三个出口加工区直属于台湾经济事务部出口加工区管理局的领导，管理局的总部设在楠梓加工区，分别又在高雄和台中加工区内设立二个分部。使出口加工区不同于其他工业区的地方在于出口加工区管理局完全是由主管部门委派的管理机构，专门处理有关出口加工区的投资事宜，即从申请设立工厂开始，直到产品的交货，都在区内完成。这种“一站式”服务使企业摆脱办事繁琐之苦。

此外，为满足企业的需求，一些支持性机构，如银行，海关，税务等，也在出口加工区设立分支机构。集中化的权威，高素质的官员，良好的服务业绩，为企业提供便利的“一站式”服务。

5. 完善的法规体系

台湾的出口加工区是按照《出口加工区设立与管理条例》设立的。除了上述法规外，完善而有效的法规体系以及法律和条例的有效实施，也是出口加工区不断发展的驱动力。这些基本的法律条例包括：台湾“经济事务部”制订的出口加工区管理局组织条例；经营单位管理措施；出口加工区管理局组织总则；出口加工区管理局经营管理条例；出口加工区申请设立出口企业的审核措施；出口加工区出口企业废旧项目处理措施；出口加工区外贸管理措施；出口加工区批租土地分配标准；出口加工区建设管理措施；经营资金收支管理措施等，所有这些法律和条例都及时地得到修正和有效地贯彻实施。

6. 高素质的劳动力与良好的劳资关系

自1945年台湾从日本控制下收复以来，当局主动地推进义务教育和职业训练。普及教育为进区企业提供大量的熟练工。工人的数量最高达94935人。

然而，由于发生巨大的社会变革，大多数制造业的工作乏味，工资又低，逐渐地不受年轻人的欢迎，而且退避三舍，这就使区内外的工厂大量缺乏劳动力。为满足对劳动力的需求，从1992年7月以来，当局允许地方企业雇用外国劳动力。到1994年4月底为止，出口加工区中雇用的外国劳动力达1292人，占出口加工区中总劳力数的2.5％。

对于工会（只要雇用工人达30人，就可建立工会，目前，三个出口加工区共建96个工会），管理局采取既不鼓励，又不干涉的政策。然而，如果组建工会，管理局便出面帮助工会成为雇主与雇员之间的交流通道。一般说来，劳资关系是相当融洽的，而融洽的关系是使商业获利的关键因素。

7. 税收鼓励措施具有魅力

除了区内外企业已享受的一整套鼓励措施外，这些措施包括鼓励投资法规，工业升级法规，外商投资法规，归台华侨投资法规等。根据出口加工区设立与管理法规，区内企业也可享受下面的鼓励措施：

（1）对进口机械设备、原材料、燃料、日用品、半制成品及样品等，免征进口税；

（2）对进出口产品，机械设备、原材料、半制成品及样品等，免征营业税；

（3）对购买新建厂房或从管理局合法获得的厂房，免征契据（Deed）税；

（4）对出口产品或与生产出口产品及进口商品有关的劳务，免征营业税。

8. 土地出租与工厂拍卖政策相当优惠

出口加工区中的土地，企业能以比较便宜的租金租用。租用合同的期限一般定为10年。然而，合同也可以无条件延期。厂房既可以自建，又可向管理局购买。由于实行这样的租地政策，企业不致因为购买土地而造成投资成本过高。此外，由雇主购买标准厂房，也可使工人具有更大的安全感，为之工作的年限更长。因此，在出口加工区中的投资有助于雇主能以最少的资金获得最高的效益。

最近，为了给企业提供更方便的服务，管理局又对法律进行修正，允许租用厂房。

9. 完善的基础设施和公共设施

由于水、电、通讯、标准厂房以及宽畅的马路等基础设施十分完善，而且区内风景如画，使得出口加工区确实成为地道的工业园区。

此外，医疗卫生中心、咖啡馆、雇员住宅区、购物中心、银行及邮局等也为区中工作的雇员提供便利。

为了保持区内的安全，警察和消防队还装有报警设备。

在硬件设备方面，还有雇员娱乐中心、会议大厅、休闲绿地及网球场等。由于上述设备健全，使得出口加工区成为投资者的安全，舒适而有效的乐园。

10. 自我配套的仓储运输体系

在开发的初期，为贯彻“一站式”服务思想，同时，又考虑到运输部门的协调能力，管理局建立自己的仓储和运输服务中心。专门建立的仓储和运输服务中心为企业提供综合的库存与运输功能。便利企业及时抓住商业机会，以达到物资顺利流通的目的。

此外，根据出口加工区设立与管理法规所赋予的权力，仓储和运输服务中心可以搞船边交货服务，使企业雇主能够减少运输成本，增加利润。

11. 取之于区，用之于区

为了保持区内的卫生与安全及建设公共设施的需要，根据出口加工区设立与管理法规，管理局可按照进区企业的年产值征收管理费。

实行“取之于区，用之于区”的自立更生的财政政策，即帮助企业赚取利润，企业支付管理费又用于区内企业本身，这也是台湾出口加工区取得成功的关键因素之一。

12. 卫星工厂和衷共济

区内企业所使用的原材料、日用品、半制成品，既可进口，又可在当地采购。在初期，区内制造的产品全部出口，但是，最近这些产品已对当地市场开放。

通过委托区外工厂加工，区内企业可有效地获得定单，并及时交货，使得企业的经营策略更加机动灵活，富有竞争力。此外，区内外建立的卫星工厂，通过技术交流，有助于岛内工业的发展和提高技术水平。这也间接地弥补了区内劳动力的不足。

13. 商业策略灵活变通

自台湾建立第一个出口加工区以来，已有27年的历史了。由于时间的变迁和实践的需要，管理局及时调整商业策略，修正不合时宜的法律和条例，以便使商业活动保持灵活性。所采取的措施包括：允许区内设立贸易、咨询服务、保税仓储等行业，允许从中国大陆进口半制成品。此外，尽量使行政手续简化，给企业提供必要的帮助。不断地追求新的商业策略已成为出口加工区不断发展的驱动力。

总之，展望将来，出口加工区仍然有着无限的发展空间。为了推进台湾成为亚太地区营运中心

(APROC′)，出口加工区以其优越的地理位置，有效的管理和雄厚的基金，宽松的限制，简化的手续，管理层的协同努力，以及企业走向“四高”(高资本，高技术，高质量和高附加值）等条件，要成为制造、营销和转运中心，仍然有着巨大的潜力。

印尼巴丹自由经济区

据新加坡经济发展局的规划，新加坡经济国际化的第一个步骤就是建立新加坡—巴丹(印尼)—柔佛（马来西亚）三角发展区，而最终目的是建立类似欧共体那样的东南亚共同市场。印尼为吸引新加坡资金开发巴丹岛，提供了非常优惠的条件，包括廉价的土地。这一地区出现了一股“巴丹热”。

巴丹是印尼北部的一个岛屿，与新加坡相距20公里，每天有20次班船往返。该岛面积415平方公里（相当于新加坡面积的2/3)，人口10万。巴丹的开发始于70年代初，经过几年的规划，1978年开始进行基础设施建设。大规模的投资建设则是从1983年后开始的。巴丹岛名为工业区，实际是一个包括广泛功能的自由经济区。其主要发展目标包括：面向出口的轻重工业，进出口与转口贸易，旅游观光业，保税区，航空与航运集散地以及农、渔业。

为了增强巴丹工业区对国内外投资者的吸引力，印尼政府制定了一系列特殊政策：

一是实行保税区政策。境外进入巴丹的货物免征关税，免除一切进口手续；国内其它地区的货物进入巴丹岛亦不作为出口，免征关税；岛内生产的产品内销时，其所含进口的原材料、零部件要补征关税；巴丹岛内企业与印尼国内其它企业之间的贸易以外汇结算。

二是放宽股权限制。外商投资企业，其产品如全部出口，允许持有100%股权，五年后需让印尼参股5%。而在印尼其它地区外商股权最高为80%。

三是简化审批手续，提高办事效率。负责审批外资项目的印尼投资协调局在巴丹岛设立分支机构，简化手续，缩短审批时间。

四是简化入出境手续。负责巴丹开发的巴丹工业发展局有权审批入境申请，并规定某些国家人员入境免办签证。

五是灵活的土地管理政策。巴丹工业发展局有权在一定期限内(一般为30年)，向第三方转让土地管理权，其中包括土地建筑权与使用权。30年转让期满后，可以延续到50年。

巴丹工业区的管理体制与我国经济特区不同，它由中央政府直接管理。这种管理分为三个层次：第一层次是由各部部长和高级官员组成的巴丹工业区督察组，直接向总统负责。其主要职责是：监督政策实施、协调各部门工作和指导巴丹工业发展局工作。第二层次是由印尼科技部长兼任局长的巴丹工业发展局，该局直接负责巴丹的开发建设，总部设在雅加达，有100多职员，另外在巴丹设有一个上千人的分局。该局的主要职责是：负责巴丹工业区的开发与管理；审查投资申请并转报投资协调局批准；基础设施规划与建设；管理工业区内固定资产并收取租金；提供投资场地、劳动力和入境签证等项服务；调解商业与劳资纠纷。第三个层次是巴丹公司。这是一家有一定管理权限的国营公司，主要负责管理进出巴丹货物，并协助海关征收关税等税收；管理岛内仓库等服务设施。

日本筑波科技城

1963年，日本内阁会议通过“国土开发大纲”，决定在距东京60公里的茨城县筑波城建立日本第一个科学城（亦称研究园）。该城占地2.8万公顷，分为研究学园区和周边开发区。学园区占地2700公顷，南北长18公里。官产学理工科研究机构大部分集中于学园区的南侧，筑波大学设在该区北侧，中间是职工住宅。现有人口17万（计划增至22万）。这里气候适宜，交通发达，具备发展科学城的基本条件。

筑波科学城，现已发展为日本最大的科研中心，到21世纪初将成为日本的"硅谷"——一座具有世界先进水平的科学城。

筑波科学城的三大支柱

1. 高水平的研究人员。它是决定科学城前途和命运的核心力量。在这里从事科研的各种研究人员已超过1.2万人（1992年统计），其中在国立研究所的研究人员7200人，在民间研究单位（主要是企业）的研究人员约5000人。在他们当中，有不少是国内外知名的学者、专家。在世界著名科技杂志上发表过论文的研究人员，累计已突破3000人，居全国之首。

2. 一流的研究机构。这是进行科学技术研究的基础。在兴建筑波科学城的前8年，曾先后将东京等全国各大城市的46家最具研究基础、最有发展潜力的高水平研究所迁往筑波科学城，约占全国自然科学研究所总数的30%。与此同时，在筑波新建了综合性筑波大学、图书馆情报大学及高能物理研究所等。日本民间企业也纷纷将研究所迁到筑波，或在筑波新建研究所，特别是在1985年日本举办科学技术博览会前后，民间研究所猛增至150多个。在一个不大的地区集中如此多的研究所，在世界上也属罕见。

3. 现代化的科研设备。它是进行高新科学技术开发的重要工具。筑波科学城现有大型抗震实验装置、人工降雨装置、大型成层风洞和中小型风洞、电子显微镜震动台等先进设备。以大型抗震试验装置为例，其规模之大，技术之先进，均属世界一流。它不仅能做一般的抗震试验，而且能做8层楼高的庞大建设物的抗震试验。筑波7个研究所拥有13台人工降雨装置，可做多种试验，除进行人工降雨试验外，还可进行防止水灾、防止水淹农田、建筑物防水性能和防风性能等多种试验。

筑波科学城的四大特点

1. 信息交流网络化。现在筑波大学、图书馆情报大学、高能物理研究所等，均加入了全国大学计算机网络（SINET）。通产省的研究机构，以筑波工业技术研究院为中心，建立了全国性的计算机网络（AISTNETWORK）。农林水产省的研究所，以筑波的农林研究区为中心，建立了全国性的农林水产研究所计算机网络。筑波科学城实现信息交流网络化虽然较晚，1989年才开始运营，但已同全国24个都道府县联网。并开始和国际计算机网络联接，开展国内外的信息交流活动。

2. 研究信息共有化。研究信息不能做到共有、共用的科学城，就不能算是真正的科学城。但实现信息共有却很不容易。由于各省厅之间的利害关系得不到解决，筑波科学城一直拖到1985年才实现外国杂志目录共有、共用。现在实现了数据库化，通过计算机网络可随时查阅各研究机构的资料，还可复印。查阅筑波大学图书馆的资料很方便，校外许多研究人员，包括民间研究人员都愿意使用图书馆的资料。图书馆实现开架自由阅读，每次借书可达5本，也可复印。

筑波科学城正在建立研究人员数据库和研究成果数据库。计划新建有关地球观测、化学物质对生态环境影响等方面的数据库，以供研究人员共同使用。

3. 研究设备公用化。筑波科学城的研究设备都是现代化的，世界一流的。共同利用这些先进设备，也是各研究单位的普遍需要和要求。但由于制度上有严格规定，现在可以公用的设备只有官方的高能物理研究所的放射光实验设备、国立防灾技术研究中心的抗震实验装置、人工降雨装置等。随着官产学联合开发高新技术项目的增加，公用科研设备的范围也将随之扩大。

筑波科学城的发展目标

1. 加强开发独创性科学技术的能力。早在80年代末期，负责日本科学技术发展和规划的最高决策机构——科学技术会议，通过了"今后10年科学技术发展及展望"的报告，将"发展独创性科学技术"作为主要目标。与此相适应，先后制定了"推进创造性科学技术研究的奖励制度"和"研究下一代产业基础技术计划"。把科学技术发展的重点放在电子技术、能源技术、生命科学、材料技术、交通技术、宇宙开发、海洋开发和防灾科学技术等领域，并提出为下一世纪的技术革新作准备。

现在以筑波科学城为中心，在全国已初步形成以微电子技术为主导的新技术群。其中在机器人、半导体元件、光纤通信方面的技术水平已进入世界先进行列。在电子计算机、生物工程、超级合金、增殖反应堆和精密陶瓷方面的技术居世界第二位。在工程塑料、数据库、航天技术和海洋开发方面的技术居世界第三位。初步扭转了过去那种以引进和改造外国现成的技术成果为主的局面，走上自主开发独创技术的新局面。

2. 注意培养具有独创性的人才。加强独创性和基础性的研究，大力培养具有基础研究能力、富有独创精神的年轻人才。从小学抓起，注意培养学生对科学技术的爱好和兴趣；中学教育注意培养学生独立处理问题的能力；大学教育注意培养学生自己发现各项研究课题的能力。为鼓励年轻人才的迅速成长，特别制定了以年轻研究人员为对象的各种奖励制度。根据文部省制定的“特别研究员制度”，不但可以破格提拔有贡献的年轻研究人员到重要研究岗位上担任副研究员或研究员之类职务，两年后还由政府发给研究奖金（作为生活费）和每年最高可达120万日元的研究费。

除了将大学作为培养科技人才的主要基地之外，还采取各种形式培养人才，如加强大学、企业、政府科研人员的交流，建立顾问制，举办技术进修班和技术讲座等。近年来，对在职技术人员的科技教育，特别重视综合技能教育，以适应基础研究和高新技术开发的需要。

3. 重视对未来的预测和研究。20世纪后半叶，特别是冷战结束后，人类生存的环境和社会结构都发生了巨大变化。科学技术的发展更是日新月异。为了适应变化莫测的复杂形势，解决人类面临的各种难题，预测未来会发生什么变化，未雨绸缪是十分重要的。因此筑波科学城把“探讨未来，设计未来，安排未来”作为重要任务之一。如预测、探讨科学技术将在哪些领域具有突破的可能性，并评估这种突破将给日本社会以至国际社会带来什么影响；探讨日本今后如何解决面临的能源、资源、地球环境、社会老龄化等重大问题；设计、安排日本走向21世纪的总体战略等。这种长期的有计划的科研及预测未来的活动，在筑波科学城的研究活动中，占有极重要的地位。

越南的出口加工区

建设出口加工区，不但是越南吸引外资的一条重要途径，而且也是该国三个重点经济区兴建计划的一个组成部分。越自1991年10月颁布《出口加工区规定》以来，至今已在胡志明市、头顿、芹苴、海防等地建立了5个出口加工区，今后还计划在胡志明市、河内、岘港、广宁、义安等省市继续建立。越的这一举措，对包括中越两国在内的国际经济技术合作以及竞争将产生深远影响。

5个出口加工区近况

越南政府选择“在便利生产出口产品和便利出口的地方”建立出口加工区，该区“有明确的地理界线”、“以围墙同区外隔开，有出入加工区的大门和小门”。在已建的5个加工区之中，胡志明市占两个：该市第8郡的新顺出口加工区，占地300公顷，由越南与台湾中央投资公司合营投资额8900万美元，是该国与外资合营的第一个出口加工区。新顺出口加工区1992年2月6日破土动工，至1993年6月已完成100公顷面积的基建任务。计划在四、五年内建立300家企业，吸引外资3—5亿美元，解决7万名越南工人的就业问题；胡志明市的第二个出口加工区位于新山——机场、新港和火车站附近的林中，占地60公顷，也是与台商合建，投资额1400万美元，已有10多个国家和地区的34家公司登记投资设厂，包括10万平方米的标准厂房等基础设施正在兴建中。第三个出口加工区，位于头顿港口的福胜。该加工区的初期投资为2100万美元。该区的建立有利于巴地——头顿省经济（主要是石油天然气工业及旅游业等）的发展，并可解决2.6万个就业位置。第四个出口加工区，位于芹苴省会芹苴市的榕努工业区，此地处于有全国“粮仓”之称的九龙江平原，又靠近海港与机场，交通便利，物产丰富。榕努出口加工区面积150公顷，第一阶段工程是建设50—70座工厂企业，并解决当地2—3万名劳动者的就业问题。第二阶段工程计划在白坚滩附近再建150公顷的加工区。第五个出口加工区，位于海防市东南人烟稀少的地方，占地300公顷，由海防市与香港维利高国际集团有限公司、南非八八号集团合资营建，第一期工程投资1.5亿美元，其中外资占75%，海防市占25%。海防出口加工区于1993年2月12日破土动工，计划1995年完成第一期工程，目前已有数十家外资企业前往探讨进入的可能性。海防是越南北部最大的港口，经济发展潜力较大。越南政府计划将此加工区在21世纪全部建成，使该区成为一个拥有30—40万人的新兴城市。以上5个加工区，4个在越南南部，因为南部地处暹罗湾与南海之间，海岸线长，良港众多，历来是国际海上交通的枢纽之地，商业发达，市场要素较多，基础设施也比北部要好；又有湄公河三角洲，自然条件优越，是富庶的鱼米之乡。考虑到上述有利条件，越南政府把建立出口加工区计划的起步重点放在南部，然后向中部与北部推移。这一策略，是与兴建北部的河内——海防——广宁三角经济区、中部的岘港——归仁——芽庄沿海经济区、南部的胡志明市——边和——头顿三角经济区等三大重点经济区的计划同步实施的。作为全国第一大城市、经济中心及改革试点的胡志明市，越南还计划在该市建第三个出口加工区。该区已选定在市郊的守德县，计划土地使用面积1000公顷，其中工业用地面积550公顷。当局计划用60公顷建造训练中心，250公顷建造住宅区，50公顷建造劳务和商业中心。该加工区目前还是一片荒芜之地，建造费用估计要4500万美元，当局希望全部由外资开发，希望日后成为南部最大的出口加工区。此外，中部的岘港正在与马来西亚商谈合作投资建立出口加工区事宜。北部的河内，是越南的首都，政府也在大力加强该市的经济实力。目前，河内已建有高新技术开发区，与台湾合资的河内工业区即将破土动工。该工业区先由台湾贷款1000万美元，约40家台湾企业参与投资共同开发，工业区占地40公顷，每年每平方米土地租金为1美元，每5年随地价涨跌幅度调整一次（调幅上限为15%）。

出口加工区的管理

越南政府规定：出口加工区的管理机关是该区的管委会，管委会人员由拥有出口加工区的省市人民委员会推荐，设主任一名，副主任和委员若干名。管委会的辅助机构是办公室。出口加工区的海关、税务、公安部门，由上级对口机关成立，并指导业务。根据要求，出口加工区管委会可组织本区企业代表和专家若干名成立咨询部。越南银行及保险公司可在加工区设立分行及分公司。加工区管委会的任务和职权包括拟定发展规划和活动方案，拟定和实施出口加工区条件，审查投资方案和签发执照，制定管理手续费标准，签发货物来源证明和其它证明，监督和检查营业许可证的实施情况，调解劳资纠纷和经济合同纠纷等。国家合作与投资委员会的权限是：审查、批准出口加工区投资方案和条例，指导和检查管委会的工作，解决不属于管委会和拥有出口加工区地方人委会领导权限范围的有关政策和法律问题。

越南政府规定：出口加工区企业可享受下列优惠——生产企业免交所得税4年，从企业开始有盈利之年计起；服务公司免交所得税2年，从公司开始经营盈利之年计起；投资者把赚取的利润再投资于出口加工区企业或越南内地企业，期限达3年以上的，税务机关应将已交纳的用作投资的利润的所得税退还给企业；进口外国设备、物资、原料、货物均免进口税，出口货物或商品均免出口税；企业在免税期超过后，交纳的所得税税率为：生产企业相当于利润的10%，服务公司相当于利润的15%；对投资于加工区的外国人，可将利润、报酬、借贷本金和利息、投资资金、其它合法收入等款项转到国外，但须交5%的利润转移税等。上述优惠如因今后颁布新规定而影响投资者，政府许诺保持不变。

越南政府还对出口加工区的投资对象、投资保证、投资形式、企业权责、劳资关系、财政制度等作了具体规定。其中，出口加工区企业的权利与义务是投资者关注的一个重要方面。其权利包括可租赁土地、兴建厂房和各项为经营服务的建筑工程，可使用加工区各项基础设施工程和劳务（付费），决定经营计划与组织，进口经营必需的设备、物资和原材料，向外国市场出口商品，确定产品和服务价格，录用职工及人员等。上述加工区企业的权利，都要在越南有关法律及营业许可证的范围内行使，按照经营活动自负责任的原则行使。例如，出口加工区的租地建房问题，规定投资者获得管委会一次出租全部所需的土地面积之后，必须制定在最长3年内使用租赁面积的计划。若因正当理由，企业无法完成预定的建设计划，便要在规定期限结束之前申请延长建设期限。超过规定期限和不批准企业延期建设时，管委会有权收回没有使用的土地，其租金不予退还；再如，规定出口加工区企业必须优先录用越南劳工，在越南人员不能胜任的岗位才录用外国人员。出口加工区企业应承担的义务包括遵守有关法律、财政制度、办理保险、保证安全生产、生态平衡、工业卫生等等。

菲律宾苏比克特区

菲律宾的苏比克湾，原是美国重要的海军基地。1992年底，美海军和舰只从这里撤离，将基地归还菲律宾政府。菲当局迅即作出决定，充分发挥这一湾区的特有优势，将海军基地改建为经济特区，并采取一系列措施予以扩建。两年来，特区获得长足进展，为促进菲全国经济发展起着积极作用。

尽可能发挥自身优势

菲律宾政府在接收苏比克基地后，立即成立“苏比克湾管理局”，统一领导和具体实施特区的各项建设事项。总的原则是充分利用原有的有利条件，尽最大可能降低投资费用，以取得良好经济效益。

（一）利用优良的自然条件。苏比克湾地理位置优越，位于吕宋岛，距首都马尼拉仅130公里，是海运、空运的交通枢纽，与香港、新加坡、深圳的航程，不到两小时。又是一个天然良港，可以停泊包括大型航空母航的巨轮。这里还是一个闻名于世的旅游风景区，有茂盛的原始森林和各种珍奇野生动物，并有辽阔的优质海滩。发挥这些优越条件，以发展工业和旅游业。

（二）尽量使用原有完善的基础设施。过去美海军对基地进行了几十年的建设，建成美在亚洲最大的军事基地。先后建成了军港、机场、军舰和飞机修理厂、弹药库、发电厂、石油厂、自来水厂以及配套的生活设施。改建特区时，先实行“军转民”，军用机场改为民用机场，军港改成商港，弹药库改作仓库。而美军基地大楼、一些军备设施旧址、航空母舰码头等，则予以保存，供游人参观。区内著名景点荷浪牙波市，拥有高级旅馆、餐厅、咖啡厅、高尔夫球场、骑马场、保龄球场及免税商店等，对其加以维修或扩充。这样，一大批现成的厂房、交通设施、办公楼宇、生活设施、旅游设备，迅速投入使用，大大降低了建区的投资成本。

与此同时，对区内基础设施进行必要的扩建。例如修筑通往首都的高速公路，改建主要公路桥梁，建造标准厂房，扩建机场、海港等。并保证区内水、电的充分供应。已向世界银行贷款4，000万美元，以补充扩建资金。

（三）延用旧有技术人员和劳工。原美海军基地一直雇用大量菲籍员工，最多时达10万人，撤离时还有2.5万人。这批技术人员和劳工，大多会讲英语，业务素质较高，菲政府对他们继续雇用，成为建设特区的主力。根据急需，适当招聘人员。

辅之以优惠政策

菲律宾政府在发挥特区自有优势的同时，实施一些优惠政策作为辅助措施。1992年颁布《苏比克湾基地开发条例》，1993年又颁发《苏比克湾经济特区及自由港奖励投资实施细则》，主要内容为：

（一）苏比克湾为“大型自由贸易区”和“单一关税区”。

（二）所有货物、资金一律自由流通。

（三）减免税收。国家只征收5%的营业税，其它税捐一律免除。

（四）产品除出口以外，还可直销特区和菲律宾国内。进口原材料和机器设备均免税免验。

（五）在法定权限内，可向国内及国际金融机构筹募基金，或举债及发行公债、本票及其它债券，或以担保、抵押、信托等方式获得资金。

（六）投资所得利润，可换成外汇全部汇出菲律宾境外。

（七）可以直接、间接或发照方式经营与观光有关的商业活动，如休闲、狩猎等。

（八）提高办事效率，管理局在接到申请书及有关文件后，于30天内即予批复。

此外，为排解外商对匪律宾政局不够稳定的“疑虑”，宣传苏比克湾地区“过去没有罢工纪录”，并正式宣布该地区为“不许罢工区”。

发展速度甚快

苏比克湾经济特区总面积为1，200公顷，其中划出466公顷作为供外商投资开发的工业区。两年来，特区发展极快，世界各地外商前往投资。有3000多家外商参与洽谈投资，在区内设厂的近80家，正式登记要在区内办厂的约有170家。投资总额达到6.57亿美元，美国的投资占55%。引人注目的是大型项目约占50%，例如美国海岸石油公司投资1亿多美元开发石油业；美国安龙电力公司投资1.15亿美元发展电力；马来西亚卡西诺旅游公司投资9，600万美元经营旅游业；加拿大的SR通讯公司投资经营航空、码头货运和先进通讯产品。其它投资办企业的来自日本、澳州、瑞士、新加坡、香港的厂商。拟在区内投资的还有意大利的戴尔公司，英国航空公司，日本的三井、松下、索尼、丰田等大公司。同时，菲律宾本国的企业也纷纷进入区内，投资占全区投资总额的60%。另外，由于区内许多旅游设施“提供24小时服务”和没有“谢绝参观的军事重地”，旅客大增，去年的旅游旺季一天就有5000多车辆、30000多游人进入区内。总的情况是，这里由基地改特区后，各项事业空前发展。

台商有很大投资兴趣

值得注意的是，台湾当局和企业家对在苏比克湾经济特区投资兴趣甚大。近年来，台湾经济在东北面对美国、日本、韩国的激烈竞争，向西对大陆经贸往来又不敢放开发展，因此提出了“南进战略”。李登辉“微服访问”菲律宾时向非政府阐明了台经济“南进政策”；台“经济部长”江丙坤拜会菲总统拉莫斯时“表达了政府的积极态度”，拉也“几度表达关切之意”。台刊称苏比克是台“南向政策的重点”，已动工，由台资兴建了“苏比克工业园”，台方宣称这是继高雄、楠梓、台中的“第四个加工出口区”，为此江丙坤亲往特区为工业园剪彩，宣布该园“正式起飞”。这个工业园租地299公顷，占经济特区总面积近1/3，占外商工业区2/3以上。预计投资1亿美元。“经济部”已贷款2，350万美元给“苏比克湾管理局”作为第一期开发费用。工业园的管理，由“苏比克都会管理局”和台湾的“世华开发公司”合组的“苏比克开发管理公司”负责。台“工商协进会理事长”辜濂松宣传该园“高素质的人力、完善的公共设施”是“台商投资成功的最大保障”，他本人“以身作则”，表现了对在苏比克投资的“强烈意愿”。在建园后的4个月内，即有由台商组成的14个考察团、600多人前往洽商投资，在园内登记的已有100多家，发展的项目含制衣、制鞋、制药、玩具、游艇等轻工业和电子产品等高科技产业。这个“倍受双方政府关切”的园区，还将吸收更多台资。

（启　亚）

德国汉堡自由港

汉堡位于易北河下游，是德国最大的国际贸易城市，城市人口约160万。汉堡港紧靠市区，在易北河南岸，距出海口120公里，建港已有803年历史。整个港区70平方公里，500多个泊位，去年货物吞吐量为6600万吨，为欧洲第三大港，其中件、杂货约2800万吨，集装箱200万箱（列世界第7位）。汉堡港是国际转口贸易大港，国际中转货物约占全部吞吐量的1/3—1/4，在联接北欧与各大洲的远洋运输，沟通欧洲大陆与西南非洲和远东贸易中处于十分重要的地位。我国去年共有120万吨货物在汉堡港装卸（居欧洲各港口第一位），其中四分之一是经汉堡转口到欧洲其他国家。

汉堡港区内有两片用金属网围起来的隔离区域，这就是“境内关外”，由海关特殊监管的汉堡自由港。汉堡自由港是典型的具有法律意义的自由港，始建于1888年，开始面积10平方公里，1916年扩大到16平方公里。自由港的主要功能是为国际转口贸易服务。汉堡港70年代以后发展的集装箱码头、多用途码头以及现代化的装卸、仓储、运输设施主要集中于自由港区内，因此自由港承担了汉堡港大多数集装箱和件杂货的装卸、储运业务，每年转口货物量为600—800万吨。自由港内的加工业务，主要是利用仓储保税的有利条件，对转口及少量出口商品进行分类、整理、包装、改换标签、简单修理与改装等商业服务性加工。按照欧共体的要求，具有法律意义的自由港是不允许有较大型加工工业的，但由于历史的原因，汉堡自由港内被破例允许保留了其传统产业——造船和修船业。自由港内除码头装卸、仓储加工及运输作业区外，还设有与转口运输有关的贸易、金融、信息等公司的分支机构和办事处，区内的公司和办事机构在税收等方面不享受任何优惠。自由港内没有生活居住区，对零售商业、餐饮等生活性消费活动控制很严，管理人员与职工都在内部食堂就餐。

汉堡自由港由市政府的自由港办公室负责管理，海关只负责对货物进出实施监管。货物从海上直接驶入自由港，如果是水转水的国际中转货物，视同境外，无需报海关，可免税在区内装卸、仓储、加工、分拨，这是汉堡自由港最显著的特征。如果是水转陆且日的地是欧共体国家（含德国）的商品，货物进港后只需将仓单、船员名单及配备的生活用品清单输入海关计算机系统，然后即可免税在区内进行各种作业。国内的商品进入自由港视同出口。所有区内货物运往德国或欧共体国家，均要在通道口接受检查，通关缴税后放行。过境中转到欧共体外的货物，既可由这里海关代征关税，也可以保税运到目的地后缴纳。汉堡自由港海关人员全部驻在区外，24 小时守卫出入自由港的陆路卡口，主要设施和管理人员集中在 8 个货物通道口上，水路由缉私艇巡逻。汉堡海关对货物的监管，主要是运用计算机系统对单证的流程进行管理，辅之以抽查、稽查的方式，不再对单件逐一进行物理检查，因此大大简化了海关手续，提高了通关放行的效率，一般一票货只需几分钟到十几分钟即可办完通关手续。海关对当地居民或车辆从区内穿行，一般不予干涉，但对“黑名单”上的厂家和公司，以及比较可疑的人员和物品，则决不轻易放过，检查十分严格。

（徐亚平）

爱尔兰香农自由加工区

香农自由加工区是世界上举办较早的经济特区之一。它位于爱尔兰中西部香农镇，濒临香农河出海处，紧靠香农机场。

香农镇区面积 928 英亩（约 4 平方公里），人口 9700 人，是欧、美空中航线的必经之地，经营大西洋航线的 14 个航空公司的飞机经此。50 年代末，由于喷气机出现，飞机续航能力大大提高，可以中途不停在欧、美之间穿越。香农作为国际航线上的一个加油站和转运中心的作用便逐渐消失（目前苏联越大西洋的飞机还需在此停留），当地的经济也渐呈衰退之象，众多人员面临失业。

为了解决香农面临的问题，爱尔兰政府根据当地有机场，有劳力，有海关设施，有自由资本和当地无搞工业的传统，劳动力素质差，工业管理水平低等特点决定引进外资来办厂。为此，政府在 1958 年在香农镇靠机场附近划出了一块地方举办香农自由加工区。面积约 1.2 平方公里。

加工区内实行有别于其它地区的特殊政策，以吸引外商来投资办厂。这些政策主要有：

1. 实行低税率，区内企业公司税减按 10%交。（区外为 45%）。出口部分免交。

2. 区内企业进口生产资料免征关税，但内销要补纳关税。

3. 外商的资本和利润可自由汇出，免征汇出税。

4. 政府对外商投资企业给予资金支持，最高达原投资的 50%。

5. 低厂租、低工资标准。

6. 政府出资提供良好的基础设施和培训工人。仅用于交通、通讯等方面的开支即达 10 亿爱镑。

加工区采取权事集中、层次简化的管理模式。政府通过法律规定，责成贸工部一位副部长主管。他有权审批决定区内的基础设施投资建设。加工区与政府其它业务管理部门（如税收、海关、进出口等）的业务联系均由该部长协调。各主管部门对加工区的一些规定要求也通过该部长下达，不直接进行干预，以避免政出多门，号令不一。

加工区的具体规划、建设和管理由香农加工区发展公司负责。这个公司归政府全部拥有(即国营)，政府每年资助 3000 万爱镑，受政府控制，具有半官方机构性质。其主要任务是：(1) 为企业创造良好的投资环境，包括基础设施配套工程、标准厂房的建设、组织人才培训，提供咨询服务等 (2) 引进外来投资。“不要等人投资，而是去找人投资”。该公司在纽约、波士顿、克里福兰、台湾、东京各设有一个办事处，负责延揽外商投资。(3) 帮助区内老企业进行技术改造，提供政府的支持资金和介绍先进技术。

（4）给外商介绍立法情况。（5）促进环境保护、噪音控制等，使各外资工厂成为“芳邻”。发展公司并不举办企业，其经费一是来自政府拨款，二是来自加工区内的一些税收和服务收益。

加工区实行封闭式管理，周围均有铁丝网与外界隔离。人员和货物只能从规定的通道进入。区内不搞生活设施，不住居民，生活用品不享受免税优惠。区内的免税商品不能进入国内市场。国家禁止进口的如毒品、武器、黄色书刊等也不能进入。

加工区由于采取了这些特殊政策和作法，加上良好的投资环境，成功地吸引了外来投资者。今天，在1.2平方公里的区域内，已举办了100多家外商投资企业，吸收了6亿多美元的外资，为当地提供了4，500个就业机会，使香农这个不到一万人的小镇成为爱尔兰的一个繁荣地区。在1988年一年内，商业零售额就达5.1亿美元，服务业营业额达3.8亿美元，接待外国客商及游客达125万人次。

实践表明，加工区的举办，促进了镇上商贸、服务业的发展，并不使之成为“孤岛”，带动了爱尔兰中、西部地区几百个配套工业企业的发展，成为爱走向工业化的一个“火车头”。起到了繁荣当地经济、带动本地工业和国内小企业发展，以及促进国家工业品出口的作用，达到了预期的目的。

香农自由加工区在建立初期，主要是依靠廉价劳动力，举办一些劳动密集性工业。如服装，日用品加工等。经历了十多年时光，进入扩展阶段，主要是引进项目技术等级上升，先进制造业逐渐增多。目前已跨入成熟阶段，区内一些劳动密集性厂家已逐步淘汰了，代之而起的是以电子、化工为主的现代工业。

（黄泰和）

美墨边境自由贸易区

美墨边境经贸合作的发展进程

墨西哥边境地区在历史上就与美国有着比较密切的联系，二战期间，美国曾与墨西哥政府签定了战时劳务输出协议，允许数以万计的墨西哥劳工到美国就业，以填补美国由于征兵造成的劳工短缺。这项协议由于适应美墨双方的互补性，所以一直持续到现在。同时，墨西哥政府在30年代就在美墨边境建立了自由贸易区，以解决北部边境地区的商品供应短缺。1961年墨西哥政府制定了边境发展计划(PRONAF)。该计划以发展贸易和旅游、创造就业机会为目标，尽管取得了一定成效，但工业发展毫无建树。1965年，在东亚地区建立的“合作生产”(PRODUCTION—SHARING)模式启发下，墨西哥政府在自由贸易区的基础上创造了自己的合作生产模式——马基拉多拉（MAQUILADORA）。就是利用墨边境地区的区位优势和低劳工成本吸引美国公司投资，发展边境出口加工业。所需生产原材料可以来自国外，也可在墨西哥本地采购，其产品原则上必须全部出口，也可销售给其他马基拉多拉企业或出口商。为鼓励其发展，墨政府不仅允许美国从事马基拉多拉生产的公司占有100%的股权，而且对生产所需的机器、设备和原材料提供保税管理。为支持其发展，美国海关也准许在墨西哥加工组装的产品复进口，并只对其加工增值部分征税。墨西哥的保税措施和低成本的劳动力加上美国海关的特殊关税政策，就形成了墨西哥边境发展出口加工业的优势。这样美墨边境的开放就由贸易、旅游发展到以出口加工生产为主的新阶段。

30年来，墨西哥边境加工工业得到长足发展，不仅吸引了大量美国公司投资设厂，也吸引了亚太地区和欧洲公司前来投资，日本和韩国在墨西哥投资的80%以上集中在边境地区，如佳能、三星等一些大公司都纷纷在此办厂。目前墨西哥约有37%的制造业集中在北部边境地区。主要行业有轻工、电子、汽车零部件、塑胶、木材等。在边境开放作用的示范下，原来仅限于边境地区在马基拉多拉企业延伸到墨西哥内地，并且加工出口产品的技术水平也不断提高。加快了墨西哥这个传统农业国的工业化进程，造就了一支庞大的蓝领工业大军。据1990年统计，全国共有马基拉多拉企业1700多家，直接雇佣劳工45万多人。在美墨边境地区大约有1/6的墨西哥工人直接或间接在为马基拉多拉企业工作。马基拉多拉企业出口创汇已成为墨西哥仅次于石油的第二大外汇来源，并以年均 20%的速度增长。

马基拉多拉企业对美国经济同样产生着积极影响，据有关材料介绍，1986 年马基拉多拉企业就为美国德克萨斯州创造了上万个就业机会。1987 年全美国有 1200 个城市的 20743 家公司的产品被送往墨西哥加工。美国加州圣地亚哥市（美墨边境城市）1987 年有 9 亿美元的进口商品来自马基拉多拉企业，占当年该市进口总额的 37%。除了工业生产领域的合作外，美墨边境的旅游贸易也十分活跃兴旺。双边人员往来十分方便，两国货币可以同时流通。美国边境城市麦卡伦市设有专门商业区经营边境贸易，墨方人员购物踊跃。虽有美国边民可从墨西哥带回 300 美元，墨西哥边民可从美国带回 50 美元商品的规定，但在实际操作中并不严格。据麦卡伦市介绍，该市 1993 年商品零售总额中有 40%是边境小额贸易实现的。

美墨边境经贸合作的主要特点

就我们所考察的美墨边境西部的圣地亚哥市（美）与提华纳市（墨），中部的麦卡伦市（美）与雷诺沙市（墨）两处而言，认为有以下三个特点：

1. 从实际出发，不断调整提高合作方式。60 多年来，美墨边境走过了从二战期间的劳务合作，到 40—60 年代的贸易合作，又进入 60 年代中期以来的工业生产合作这样一个从简单到复杂，从局部到全面合作的过程，并且取得成效，对本国的促进作用特别是对墨西哥改变北部边境地区的落后面貌，改善本国经济结构十分显著。这里的关键是适应两国经济互补性的需要，美国具有资金、技术优势，墨西哥具有劳动力便宜的优势（劳力成本只相当于美国的 10—15%），而且两国的市场都十分巨大。这是两国边境经贸合作之所以持续发展的基础性条件。为此两国政府共同采取扶持措施，促进双边合作发展，如墨西哥把公司所得税降至 34%，保持与美国同一水平；逐步开放国内市场，从 1994 年开始，马基拉多拉企业可以在墨西哥市场销售其上年产量的 45%，以后每年提高 5 个百分点，到 2001 年可达 100%；从 1986 年起大幅度降低关税，最高关税税率降至 20%（平均税率 11%），减少非关税壁垒，进口许可证管理商品由 1.2 万种减至 30 种等等。美国海关则采取对含有 35%以上墨西哥原料成分的产品可免税进入美国市场；对部分进入美国的墨西哥商品只对其增值部分征收关税等鼓励措施。两国政府还发放边境通行证，对从事投资事业的第三国人可获得半年期多次往返签证，方便人员往来。

2. 依靠区位优势，保持适度特殊政策环境。美墨边境开放主要是依靠良好的区位优势，发挥双边的比较效益。西部南加利福尼亚州有着圣地亚哥市的天然良港和洛杉矶大城市的依托，中部麦卡伦市地处美加墨自由贸易区的中轴线，三国大约有 65%的物流要经过该市，这些都是不可替代的优势。同时为了促进开展双边和多边的经贸合作，仍然采取了某些特殊政策。如墨西哥政府自 30 年代以来对南加州自由贸易区一直实行进口关税 0 税率。即使墨西哥于 80 年代中期加入关贸总协定后，也未作改变，直到 1994 年才把 0 税率提高到北美自由贸易协定（NAFTA）规定的 5%。而全国关税税率将在 5 年内由现在的 20%降到 5%。该州官员介绍说，这种政策调整使我们提前实现 NAFTA 规定的目标，但仍使我们保留较大的特殊性。今后全国将逐步向我们靠拢，而不是我们向他们靠拢。此外，还可免两年工资税和允许外商投资企业在边境和沿海“限制区”（沿边境 100 公里和沿海岸 50 公里内）获得房地产直接所有权的优惠待遇（其他地区只能拥有 50 年期限的使用权）。美国作为发达国家，税收政策已实现全国统一。但麦卡伦市的保税加工区内仍采取公司所得税率降低 5 个百分点和免缴地方财产税的优惠条件来支持边境开展经贸合作。

3. 充分发挥保税功能，促进经贸合作。可以说美墨边境经贸合作的蓬勃发展，除了区位优势，两国经济的互补性以及某些优惠政策的条件外，一项实际有效的促进措施就是建立保税区，发挥保税功能。如麦卡伦市的美墨边境保税区，是一个陆路口岸的保税区，面积 80 公亩。分为两部分：一是保税加工厂，对进口加工生产出口产品的原材料、零部件、元器件实行保税。二是保税仓库，对本国生产的出口产品和外国产品实行保税仓储。我们所看到的一个保税仓库，存有大量的日本电器产品，主要是面向墨西哥和美国市场。货物主要是由太平洋东岸的洛杉矶港口上岸，经过数千公里发达的高速公路网络运抵此地。由于麦卡伦保税区处在北美自由贸易区的物流要地，所以保税业务兴旺，目前进出口总量占美国上千个保税区（也称自由贸易区）中第 12 位。保税区管理简便、规范，海关实行委托管理，随时抽查，发现违章，重罚处置。所有货物都由电脑储存，跟踪监管，基本没有走私现象。

（柳孝华）

巴西玛瑙斯自由区

玛瑙斯自由区概况

玛瑙斯是巴西北部亚马逊州的首府，位于亚马逊河平原的中部，距离亚马逊河出海口约一千英里。

玛瑙斯自由区是在1967年2月按照巴西政府法令正式建立的。当时正是巴西经济高速增长的前夜。这时建立玛瑙斯自由区，显然，是为经济起飞开辟一个更为迅速地引进外资和先进技术的通道。巴西人称之为“进口走廊。”

玛瑙斯自由区是由国家立法建立的。自由区在国家的管理监督下有计划有步骤地发展。为领导、管理和协调自由区的活动，于1967年建立了玛瑙斯自由区管理局，作为一个自治机构。该机构享有行政和财政的自主权，有自己的法律机构和自己的资产，直属内政部。

自由区实行与国内其他地区不同的特殊政策。外国商品，凡属在自由区内消费的物资、制造加工用的原料、农牧水产用的物资，为加工再出口商品或开办企业所需用的机器设备，均毋需进口许可证，免税进口。外国商品从自由区再出口不缴纳关税。但如果运入巴西其他地区，则应缴纳关税，并受进口规章约束。巴西国产品运入自由区，免征商品流通税和工业产品税。但如再进入巴西其他地区则应缴纳上述各税。为鼓励工业生产，在自由区制造的商品不论是在区内消费或是运往巴西其他地区，都免征工业产品税，只对运往国内的产品中所含的进口原料和零件征收进口税。对区内金融机构降低金融营业税。还制定特别出口计划和以低于其他地区的价格提供拥有基础设施的工业和农牧业用地，作为附加鼓励。

巴西政府设置玛瑙斯自由区的目的，并不仅仅在于建设一个新兴开放城市，而要带动整个亚马逊河地区的开发。为此，于1968年8月15日，巴西政府又颁布法令，规定将已应用于玛瑙斯自由区的各种优惠政策，扩大用于西亚马逊地区。这个地区包括两个州（亚马逊州和阿克雷州）和两个联邦区（朗多尼亚和罗赖马）。其面积为219万平方公里，差不多相当于秘鲁和委内瑞拉面积的总和，占亚马逊河流域在巴西境内面积的一半，占巴西领土总面积的四分之一。区内拥有世界上最辽阔的水网，可通航河流达2.3万公里。巴西政府为该地区建立了跨州的亚马逊地区开发管理局。各项工业计划得到政府资金资助，免征所得税。州政府还提供信贷，给予减少或免征商品流通税等优惠。

这样，就形成了以玛瑙斯市为中心，西亚马逊地区为腹地的两个开放层次。其开放面积之大，和墨西哥共居发展中国家之冠。

由于采取一系列特殊政策，给予外资巨大的吸引力。一些举世闻名的大公司，纷至沓来，在玛瑙斯自由区设立子公司或销售处。它们不仅带来资金，还带来先进技术。拉丁美洲通讯社报导说，“玛瑙斯自由贸易区的出现，对于巴西发展外来技术来说，提供了一个一本万利的大好时机，并且使巴西在几乎没花本国一分钱的情况下，就在现代化的电子工业、电子手表工业、光学仪器等工业方面迅速崛起了”。

玛瑙斯自由区的特点

玛瑙斯自由区比起某些发展中国家（特别是亚太地区）的自由贸易区和出口加工区来说，颇具特色。

1. 综合型的产业结构。玛瑙斯自由区以发展第三产业开路，创造发展工业所需的良好基础设施和内部资金积累能力。在这基础上，发展加工工业，同时发展农林牧业，形成以某几个加工工业部门为核心的多部门、多领域综合经济结构。这与某些国家的特区，以外贸为主或出口加工为主，或成为金融中心，都有所不同。玛瑙斯实际上包括三个经济活动中心区。玛瑙斯市内为商业中心区。距市中心5公里处为工业中心区，占地664万平方米。在工业区，几个发展最为迅速的工业部门又形成相对集中的部门工业中心。例如，电气电子中心、冶金中心、钟表中心、光学仪器中心、摩托车和自行车中心、首饰玻璃和瓷器中心、纺织品和成衣中心等。在它附近，在BR—174号公路两旁，有一个占地59万公顷的比较现代化的农牧业区，进行着重要的指南性实验。而它的腹地西亚马逊地区则成了巴西的战略性食品生产中心(包括两个州的农业区和一个州的牧业区)。巴西人自己骄傲地认为，玛瑙斯自由区是全世界自由区的楷模，认为世界上没有一个自由区象它这样拥有贸易、工业和农牧业三个都在迅速发展的部门。

2.对外贸易是进口主导型，而不是出口主导型。这是自由区中少见的。玛瑙斯自由区长期来一直是进口额大于出口额。1981年，该自由区出口额约为2亿美元，进口却近4.5亿美元，设在玛瑙斯自由区内的企业所生产的产品，大部分销往国内市场，满足国内需要。以发展最快的电子工业部门为例，彩电的90%以上，其他电子产品的85%以上，都在国内销售。同时，工业生产所需的原料、零部件大量进口。自由区进出口之间的差额及其引进外资的还本付息，很大程度上靠国家给予外汇支持。因此，自由区实际上主要是利用外国资金、技术，生产进口替代的产品，以保证国内需求。这在一定时期曾有助于巴西政府实现进口替代发展战略，对发展巴西民族工业起过好的作用。但是，随着自由区经济活动的不断扩展，国家承担的外汇负担也日益增加。近几年，在巴西外债过重的情况下，进口主导型的自由区已难以维持。1984年夏，玛瑙斯自由区管理局已提出改变自由区的经营方针。从面向国内市场为主，改为同时兼顾出口和供应国内市场。为此，采取措施改善港口的基础设施和装备，制定新的运费政策，组建出口企业，改变现有的出口结构，使出口活动比在国内市场经营享受更多的优待，用各种办法鼓励出口。管理局要求新设企业要从第二年起使出口额达到生产投入物实际总进口额的40%，第三年则不能低于100%，第四年起出口比例应逐年增加。同时，控制进口，今后只允许进口国内不能生产的元件。

3.注重生产过程中所采用的技术和零部件的国产化。

巴西政府在对自由区的工业产品提出生产指标时，同时都提出“国产化”的指标，及实现国产化的期限。所谓国产化指标，主要是指产品包含的零部件、元件来自国内生产的部分所占比例，以及生产产品所采用的工艺技术由巴西技术人员掌握的程度。对每一种产品的国产化指标随产品投产后的时间推移而逐步提高，以避免随自由区的发展而对外依赖愈陷愈深。这项努力已取得成效。现在该区的电子部门，尽管日、美大跨国公司纷纷涌来，但由于引进消化了国外先进技术，已由1975年基本上依靠进口的状态，改变为1981年的国产化达77%，现在则已达80—85%。其中彩电已达100%。电子部门的中间产品除供应国内生产所需外，并已部分出口。手表和摩托车工业的零部件生产也在加速发展。自由区实施特殊政策的期限，按法令的规定应为30年。到期后，外资企业势必移往他处。因此，及早着手发展元件和零部件生产是巩固最终产品生产，降低生产成本，加强竞争能力和自力更生能力的可靠保证。

4. 自由区的设置与开发落后地区经济紧密结合。玛瑙斯自由区在选址上与许多其他发展中国家的自由区不同。它不设在沿海港口，而在内陆腹地的中心。巴西经济比较发达的地区在东部和东南部沿海地区。那里是殖民主义入侵较早，工业基础较好的地区。而玛瑙斯自由区所在的巴西北部、西北部地区(亚马逊地区)则比较落后。那里有浩翰的未经开发的原始森林，丰富的农、矿资源和充裕的廉价劳动力，可资开发利用的资源潜力极大。虽然地处内陆，交通条件却比较好，向东沿河可出海口，向西、向北溯河可与邻国哥伦比亚、委内瑞拉、秘鲁、玻利维亚等国通商交往。边境设有若干免税过境区可资利用。开发这个地区是具备有利条件的。而亚马逊河腹地的开发，又可以改变不合理的生产部局，促进地区经济的均衡发展。

5. 依靠当地集资，发展文教、卫生、社会福利事业。

玛瑙斯自由区除了依靠州、市财政支出，兴办亚马逊大学和州立亚马逊技术大学外，还在工业区建立人才训练中心，培养专业化的当地劳动力。自由区管理局还创建了工业共同基金会。由一些工业企业自愿捐助部分利润，用于当地教育、卫生和儿童福利设施。

危地马拉左立克自由区

危地马拉自由区是该国政府1973年在圣托卡斯、德卡斯第拉地区左立克建立的工商业自由区。该自由区由政府所有并经营，其目的是为发展国家的工业和贸易，并增加当地的就业率。

政　策

税收政策　左立克为一自由贸易区，设在圣托马斯、德卡斯第拉的大西洋港，允许外商从事各种经济活动。在此投资可享有以下优惠：

1. 12年免税，免所得、交易及市自治税；

2. 区内外销品制造、包装或加工所需暂时进口原料免除各种税收。

3. 该区内输入各种货物、原料、供应品、机器、设备及其它经营所需之产品，免除进口关税；其它经营活动在经营的前几年免所得税。而由国外所得不得免税。出口免税，但货物运到国内其它地区仍要付关税与其它费用。

移民政策　允许雇佣外籍劳工，但不论其是否技术人员，都要向劳工福利部申请，若国家劳工福利部无法提供所需的本国劳工，始可雇佣外国劳工。

若是技术工人，可获得一年工作授权，并要求外商相应培训本国同额人员。若证明本国工人无法替代外国技术人员，授权可获延长，若本国人自认有能力胜任外国技工工作，可要求由本国工业技术调查机构的技术人员或其它适合此种测验的机构做工作能力测验。

雇佣外国人，要在他们到达该国之前获准，企业不得雇佣超过该企业总人数10%的外国人。外籍员工薪水，除非特别授权，不得超过企业全部薪水的15%。

基础设施建设和收费标准　左立克位于洪都拉斯湾的大西洋岸，距首都危地马拉城292公里，与美国迈阿密航空距离约两小时。政府还提供国家最大港口巴瑞洛的设备供其使用，航运四通八达。区内建有银行、海关、邮局及水电设备，基础商业设施建筑930平方米，基础工业设施836平方米。

商用地租，有顶建筑物每日每平方米为1.5危元，（按1993年12月官方平均汇率，一美元等于5.8危元）空地0.5危元。工业用地租，有顶建筑物每日每平方米1.5危元，空地0.35危元。

电力，工业用电每千瓦时0.102—0.14危元。水，每月六万升7.5危元，每超过一千升0.2危元。电话，安置费800危元，每月通话400次12危元，超额每次0.04危元。电报，安装费800危元。

劳工成本规定　薪资标准由政府确定，依不同行业制定最低工资标准。每天工作8小时，每周44小时，商业和制造业超时工资为正常工资的1.5倍，其它行业为1.25倍。

国家和地方法定假日照常付薪，员工一般每年有15日的付薪假日，连续为雇主服务一年后，农场工人有10天假日，雇主对全年服务或工作满一年的劳工应付1个月薪的红利。

雇主终止雇佣时，员工可得相当13个月的遣资费，标准以其服务的最后6个月平均薪水计算。薪资负担约占雇主成本的53.27%，还可以通过付月薪时第7日不付薪的方法等使雇主薪资负担减至36.6%。

并无法律要求雇主建立退休制度，要求建立退休制度的雇主，由国家主管部门核准，经总统同意后可抵所得税。员工入股或参与盈利分配等并无法律规定。

劳工冲突由劳工法庭、协调仲裁法庭及劳工社会福利上诉法庭审判。合法的罢工应有生产工厂三分之二以上劳工参加，在罢工前应尽量协调矛盾。协调无效后，应在罢工前1个月通知工人。如就业部门认为将严重影响国家经济，不得罢工。

经验教训

左立克自由区开发约20年，全区面积共13000平方米，占总面积80%的工业用地仅作仓储、运输之用，外商对投资工业兴趣不大，区内仅雇有少数工人。

在地理位置的选择上，该区虽毗邻一主要港口，但距首都和最近的国际机场的距离都超过300公里。由于地理位置偏僻，劳动力供应受限制，当地文盲比例较高，只能提供非技术工人，不熟悉简单的企业操作标准。

区内设施大多于70年代后期兴建，建筑物维护不佳，已开始损坏。基础公用服务事业，尤其是电信及电力方面与其它自由区相比较，价格较贵、品质较差。

其它价格策略运用不当，像区内建筑物租金1年每平方米753元，收入不够支付建筑物的成本，加上人员过多，管理效率低，致使该自由区连续亏损。

生活服务较差，区内提供较少的社会服务，娱乐设施、旅馆、餐厅等不符合外国投资者的要求。

对外宣传方面，该区仅在纽约雇一名兼职办事人员从事招商活动。既无招商战略，也没有这方面的资金投入。

另外，该国政治不稳定也影响该自由区的开发。

（汪俊石）

中国开发区协会章程

（1994年12月22日　第一届理事会通过）

第一章　总　　则

第一条　名称

中文：中国开发区协会（以下简称协会）

英文：（China Association of Development Zones）

（缩写 CADZ）

第二条　性质

1. 协会是国家批准的经济技术开发区、保税区、边境经济合作区和省、自治区、直辖市批准的开发区（以下简称开发区）的民间联合组织。

2. 协会是中国共产党领导下的社会团体。协会在国务院特区办公室指导下开展社团活动。

3. 协会是开发区与政府部门之间联系的纽带和桥梁。

第三条　宗旨

坚持党的改革开放方针，积极办好开发区，增进国内及国际同行间的交流，扩大吸引外资，促进经济技术的发展；适应社会主义市场经济的需要，更好地发挥窗口作用，促进经济、科技协作，推动外向型经济发展，为对外开放事业的发展贡献力量。

第四条　协会的主要任务

1. 增进开发区之间的相互了解和多方面的信息交流，宣传开发区的成就，促进开发区健康发展。

2. 组织经验交流和理论探讨，研究中国开发区在发展和管理中的理论性、政策性问题，并向有关部门提出意见和建议。

3. 推动国际交流与合作，同相关的自由贸易区、出口加工区、工业园区等国际组织建立友好合作关系，积极开展交流活动，以多种形式促进中国开发区与国外园区在经济、贸易、科技、人才、开发等方面的合作。

4. 为会员单位提供服务，包括招商引资、培养人才、信息交流、物资协作、贸易合作等。

5. 办理国家政府部门委托的有关工作。

第二章　会　　员

第五条　协会由会员和特邀会员组成。

第六条　凡承认协会章程的开发区以及关心、支持开发区发展的社会团体、事业单位和企业单位，提出申请并经协会常务理事会同意，即可成为协会会员。

第七条　会员的权利和义务

会员的权利是：

1. 选举权和被选举权；

2. 对协会的工作有建议、批评权；

3. 委派代表出席协会有关会议及活动；

4. 优惠获得协会的出版物及参加有关活动。

会员的义务：

1. 遵守协会章程，维护协会声誉和利益，执行理事会作出的决议；

2. 完成协会委托办理的事项，积极参加协会组织的活动；

3. 按期交纳会费。

第八条　与开发区工作密切有关的政府部门，以及热心于开发区事业的专家、学者和其他人士，根据单位或个人的意愿，经协会理事会或常务理事会同意，可应邀为特邀会员。特邀会员的权利义务与会员相同，但可免缴会费。

第九条　会员及特邀会员可向常务理事会提出书面声明退会。

第十条　会员及特邀会员在工作中有突出贡献者，协会给予表彰和奖励。

第三章　组织机构

第十一条　协会的最高权力机构是理事会，由会员单位委派一名负责人组成。理事会每二年召开一次，必要时可提前或推迟。

理事会的职责是：审议修改协会章程，讨论协会有关事项，审议协会工作报告和财务工作报告；讨论决定协会的工作方针和任务；选举或改选常务理事、会长、副会长。理事会一般性的决议由出席会议的半数以上理事通过即为有效，重大事项需出席会议三分之二以上通过为有效。

第十二条　在理事会闭会期间，常务理事会行使理事会职责，研究决定重大问题。常务理事连选可连任。

常务理事会的职责是：执行理事会决议，制定并组织实施工作计划；发展会员；筹备召开下届理事会，领导协会秘书处的工作。

协会设立秘书处，办理日常工作。秘书长和副秘书长由常务理事会任命，任期二年。

第十三条　根据协会活动发展的需要，理事会或常务理事会可决定组织专业分会。

第四章　经　　费

第十四条　协会经费来源：

1. 会员交纳的会费；

2. 有关方面的资助；

3. 有偿服务收入和其他收入。

第十五条　协会经费主要用于学术研讨、考察调研、信息联络、经验交流、招揽项目、人员培训、出版刊物及其它有关活动。

第十六条　财务管理

协会财务由秘书处负责办理，严格执行国家颁布的财务管理法规，根据理事会批准的财务工作报告和工作实施计划开展工作，并接受理事会的监督。

第五章　附　　则

第十七条　本协会经报请民政部批准登记后正式成立。

第十八条　当协会理事三分之一以上提议，三分之二以上的理事投票表决认为协会已无继续存在的必要时，由理事会报政府主管部门批准，办理注销登记手续，协会停止活动，自行解体。

第十九条　本章程自理事会通过之日起实施。解释权属于理事会。

深圳蛇口工业区

上：胡锦涛同志在蛇口工业区总经理顾立基陪同下考察蛇口安科公司　（唐建摄）

中：杨尚昆同志考察蛇口工业区（张新民摄）

下：邹家华同志考察蛇口集装箱码头（张新民摄）

前进中的
芜湖
经济技术开发区

1994 年全区引进项目 45 个，引进资金 16.5 亿元，利用外资 9400 万美元，开工建设项目 20 个，开工面积 20.5 万平方米，竣工项目 32 项，竣工面积 20.1 万平方米，投产开业 27 个项目，实现工业产值 5 亿元，自营出口创汇 54 万美元。同时，各金融部门相继进入开发区设立分支机构，为开发区的高速发展提供了切实保障。开发区已形成以汽车、电子、新型建材及生物制药为主的新型发展格局，并抓住长江流域对外开放的机遇，以崭新的姿态，争创新优势，实施第二次创业。

地址：安徽省芜湖市　邮政编码：241009
电话：(0553)5841666　5841996
传真：5841876

芜湖经济技术开发区　芜湖经济技术开发区　芜湖经济技术开发区　芜湖经济技术开发区

1. 国务院特区办主任胡平（右一）在开发区指导工作 2. 开发区新貌 3. 中国工商银行等金融部门相继进区 4. 年产5000吨PVC型材的3. 3万平方米厂房外观 5. 一汽集团汽车底盘厂在区投资，建成年产10万辆轻型车底盘的4万平方米总装车间一角 6. 美国格林超微电脑国际集团在区投资生产“486”、“586”笔记本电脑

中国第一汽车集团
扬子汽车底盘组装厂

中国第一汽车集团扬子汽车底盘组装厂是由中国第一汽车集团公司、中国扬子电气公司和芜湖经济技术开发区联合组建的股份制大型企业，1993年3月在芜湖经济技术开发区正式建厂。总投资4.7亿元，占地面积27.4万平方米，建筑面积12万平方米。生产纲领为年产10万辆轻型汽车底盘，分两期进行：一期6万辆，二期4万辆。一期工程产品主要是1吨级和2吨级两个系列11个品种轻型车底盘，适用于改装9—24座面包车、中型客车及皮卡车，能满足国内生产高、中档的中、小型客车的需要。

底盘厂在建设和发展过程中受到国家、省、市各级领导同志的高度关怀和重视，政治局常委、全国政协主席李瑞环为厂房奠基，机械工业部部长何光远赞扬底盘厂建设速度快。底盘厂将充分发挥各种优势，加快生产建设步伐，不断开发新产品，最大限度地满足用户的各种需要。

欢迎您来厂参观指导，欢迎您来厂合作发展！

地址：芜湖经济技术开发区长春路
邮政编码：241000
电话：5842425（总经理）　5842103（总办室）
5841541（经营部）　5841985（行管部）

2.

1. 总经理钱廷魁主持底盘厂总装试生产典礼　2. 中共中央政治局常委、全国政协主席李瑞环为底盘厂奠基　3. 总经理钱廷魁向机械工业部长何光远汇报项目建设发展情况，受到好评　4. 安徽省委书记卢荣景（左）同钱总经理热情握手　5. 安徽省副省长王秀智（中）、一汽副总经理李治国（右）在总装车间参观　6. 省、市领导在底盘厂

3.

4.

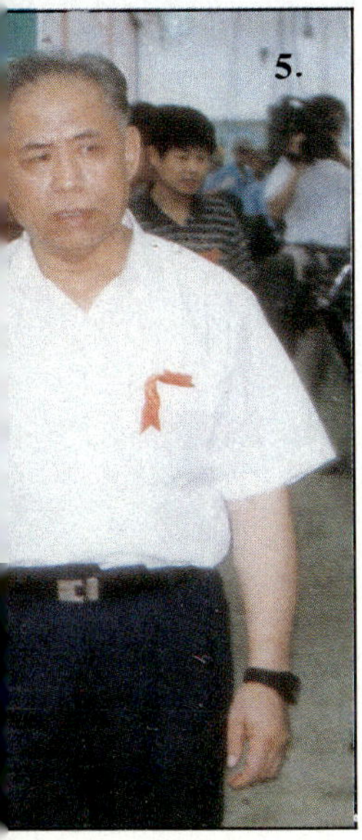
5.

6.

芜湖扬子轴承厂

法人代表：佘荣泰

芜湖扬子轴承厂系国有中型企业，国家二级计量单位，省级先进企业，机械部专业生产“O”类轴承的定点厂家。现有员工 800 余人，其中科技人员占 10%。全厂占地面积 7.5 万平方米，拥有主要生产设备 300 多台，固定资产原值 2136 万元，年生产能力 380 万套，产值 3500 万元，实现利税 200 万元。

底盘厂职工宿舍区一角

◀省长助理、省汽车项目领导小组组长张平(左)参观厂区

地址：芜湖经济技术开发区长春路　邮政编码：241009　电话：（0553）5843034

中国第一汽车集团 扬子汽车底盘组装厂

底盘厂在抓生产同时注重精神文明建设

底盘厂综合办公大楼▶

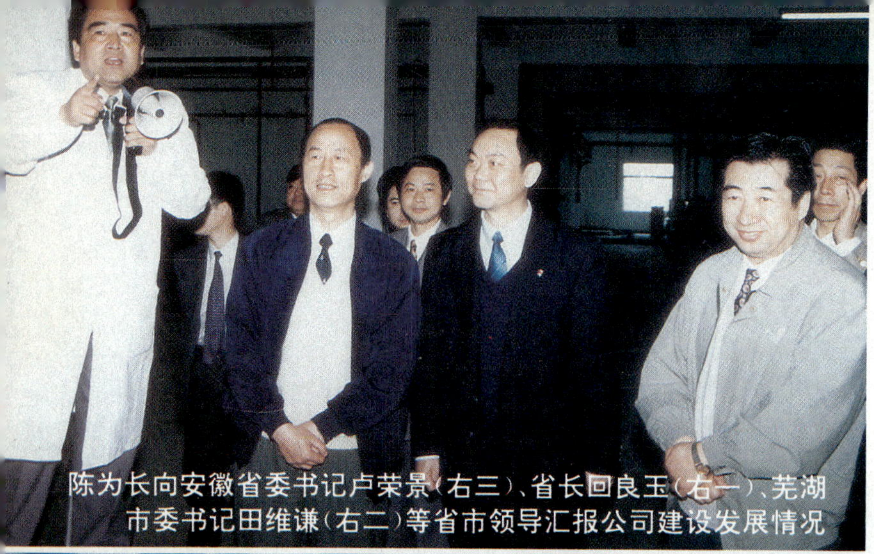

陈为长向安徽省委书记卢荣景（右三）、省长回良玉（右一）、芜湖市委书记田维谦（右二）等省市领导汇报公司建设发展情况

董事长兼总经理陈为长

芜湖东方生物工程实业公司

公司为专门从事蛙类生物技术综合开发的科工贸一体的股份制企业，占地580亩，固定资产总投资近亿元，是目前国内唯一的，国际上规模最大的从事蛙类综合开发的企业。现已形成3000万只（斤）养殖能力。通过对蛙肉、皮、血、油、胆进行深加工，形成针剂、胶囊、口服液、软胶囊、片剂、膏剂等独特的蛙类系列生物保健食品和治疗药品、蛙类生物化妆品。同时开辟了中国蛙皮制革及革制品的先河，目标形成300万张蛙皮40万件蛙革制品的能力。

公司愿同社会各界共图发展大业，热忱欢迎光临公司指导！

地址：芜湖经济技术开发区延安路
邮政编码：241009
电话：(0553) 5841901　5841647
电传：(0553) 5841123

安徽省副省长张润霞（左）在养殖基地察看工厂化养殖青蛙情况

陈为长向前来考察的省委书记展示公司开发的蛙皮工艺服装

利江房地产开发有限公司

地址：九江经济技术开发区西二路　邮政编码：332000
电话：(0792)8365591　传真：(0792)8365592

利江公司由澳门利达地产置业公司独资创立，是一家具有二级资质等级、技术力量雄厚、管理人才齐全、资金充足的房地产开发企业。

公司首期开发的“利江花园”位于九江开发区繁华地段，规划建造13幢楼宇，已有9幢竣工并全部出售交付使用。正在紧张施工中的二期工程“利江市场”，位于开发区黄金地段，紧连市区，三面临街，由大型集贸市场、写字楼、公寓组成，小区布局合理，户户朝南，户型众多。三期工程“利源花园”已在筹备之中。

公司遵循“信誉第一，客户至上，互惠互利”的经营方针，保证施工质量，重视售后服务，因而荣获1994年度九江市“三资企业经济目标管理红旗单位”和“房地产开发先进企业”称号。

1. 已建成的“利江花园”部分楼宇
2. 利江大厦　3. 建设中的利江市场

置业利江房产，是您明智的选择！

2

3

省九江市　江西省九江市　江西省九江市　江西省九江市　江西省九江市　江西省九江市　江西省九江市

原中共中央政治局常委宋平视察柯电集团

国务院特区办主任胡平视察柯电集团

泰商独资柯电实业（中国）集团有限公司是跨国高科技产业集团，总部设在九江开发区内，在海口、兰州、开封等地建有分公司、总投资已逾2亿元人民币。公司技术力量雄厚，拥有中高级技术人才百余名，并与美国、日本、台湾等国家和地区先进电子企业建立了技术合作关系。

公司主导产品为磁卡电度表和JFB172型轻卡发电机两大系列。其中磁卡电度表为取代抄表收费的机械感应式电度表的新型智能电表，获得国家专利和国际PCT专利，集团总部已形成年产30万台的生产能力。JFB172型轻卡发电机是引进日本专利技术的替代进口产品，公司将形成年产15万台的生产能力。

磁卡电表总装车间一角

柯电实业（中国）集团有限公司

省九江市　江西省九江市　江西省九江市　江西省九江市　江西省九江市　江西省九江市　江西省九江市

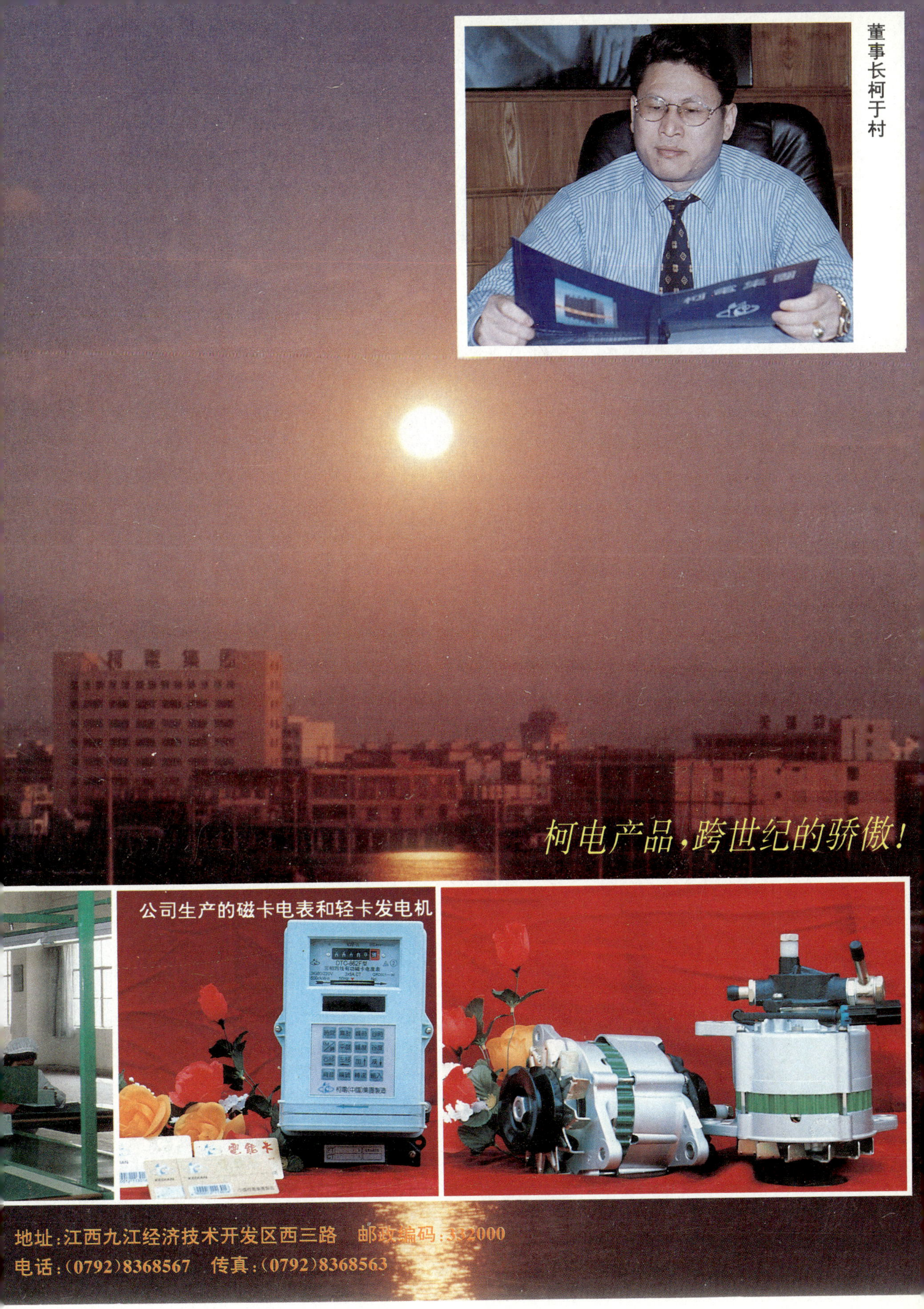

江市　江西省九江市　江西省九江市　江西省九江市　江西省九江市　江西省九江市　江西省九江市　江西

机裥棉车间一角

上：公司大门　　下：喷胶棉生产线一角

公司由九江五棉有限公司与香港永力纤维制品有限公司合资办，是九江经济技术开发区首家中外合资企业，以具有 90 年代国际进水平的成套设备，生产优质喷胶棉、高级梦思被等床上系列用品。

公司技术力量雄厚，专业技术人员占员工的 30%强，质量管理格，坚持不合格产品不入库、不存放、不销售的“三不”原则。

公司遵从“用户至上”的服务宗旨，服务方式多样，营政策灵活，是您选择、联销的忠实伙伴

部分产品样品

江市　江西省九江市　江西省九江市　江西省九江市　江西省九江市　江西省九江市　江西省九江市　江西

江西省委书记吴官正（中）在董事长王家梁（左）和副总经理涂祈金（右）的陪同下考察

董事长王家梁

江西常鑫瓷质砖有限公司

公司信守合同，供货及时，代办运输，热情欢迎国内外客户惠顾，建立长久合作关系

常鑫公司由九江市建筑陶瓷工业总公司与香港意宝建材股份有限公司合资兴办，引进90年代国际先进的自动化生产线，年产瓷质砖200万平方米（含30万平方米高级磨光砖）。意宝牌瓷质砖系列产品质量上乘，行销全国各地，外销至澳大利亚、加拿大、东南亚国家和地区。

公司座落在开发区内，位于避暑胜地庐山南麓、黄金水道长江南岸，紧靠京九铁路、昌九汽车专用公路和九江外贸码头，水陆交通十分便捷。

地址：江西省九江市九瑞路155号　邮政编码：332000
电话：(0792)8224416　传真：(0792)8228436

全自动砖储坯系统

瓷质砖生产线

杭州经济技术开发区

与英国联合饼干公司签订土地受让合同　　又一个日本投资项目进区

日本神林电子有限公司投产车间

州经济技术开发区　杭州经济技术开发区　杭州经济技术开发区　杭州经济技术开发区　杭州经济技术开

1994 年，昆山开发区批准三资企业 57 个，总投资 5.97 亿美元，协议外资 5.63 亿美元，实际利用外资 2.5 亿美元，项目平均投资额 1047 万美元，国内生产总值 14.3 亿元。

进入城市化管理的昆山经济技术开发区

昆山
经济技术开发区

进入量态扩张向质态提高的新阶段

开发区城市广场的音乐喷泉

开发区节日之夜

捷安特(中国)自行车有限公司

要与世界同步·捷安特请您换个步伐前进!

捷安特生产线一角

由台湾巨大机械工业股份有限公司在开发区投资兴办的独资业。投资总额 2950 万美元，年产自行车 150 万辆。公司具有全球行网，产品是世界驰名品牌。

法人代表:刘金标
地址:昆山开发区顺帆路 1 号　邮政编码:215300
电话:(05224)313528　传真:(05224)300489

江苏联鑫铜面基板有限公司

法人代表:梁开山
地址:昆山开发区黄河中路 108 号
邮政编码:215300
电话:(05224)300858
传真:(05224)313820

由香港华鑫贸易公司投资 1200 万美元兴办的
东地区最先进的印刷电路用铜板专业厂，提供最高
准的 FR－4、CLASS Ⅲ 第三级基板材料，各项性能
标均达到国际一流水平。

两幅照片为公司的生产车间和先进设备

禧玛诺（昆山）自行车零件有限公司

禧玛诺生产车间

投资总额3000万美元，生产销售世界著名“SHIMANO”变速器，一流品质，一流工艺，一流技术，一流水准。

法人代表：和田伸司
地址：昆山开发区合兴路
邮政编码：215300
电话：(05224)311540
传真：(05224)311541

昆山六丰机械工业有限公司

台湾六合机械、日本丰田通商、台湾建台丰机械共同投资设立，首期投资2300万美元，主要生产汽车零配件及铝合金轮圈，产品外销率达100%。

法人代表：孙照临　地址：昆山开发区庆丰东路1号　邮政编码：215300
电话：(05224)312278　传真：(05224)312178

上海漕河泾新兴技术开发区

■1988年6月，经国务院批准为中国经济技术开发区，1991年3月又经确定为国家高新技术产业开发区。规划面积近6平方公里。

■开发区以发展高技术、新技术产业为主。区内已具有完备的市政基础设施和较强的工业支撑能力，以及丰富的人力、智力资源和齐全的对外服务机构。国家对进入开发区的国内外高新技术企业实行一系列优惠政策。

■至1994年底，已有150家外资企业在区内落户，其中包括相当一批世界著名的跨国公司企业。投资总额已达9亿美元。区内已有各类企业、研究所450余家，员工总数为6万人，1994年全区工业总产值达到91亿元人民币，人均利润1.4万元人民币，其中外商投资企业人均5.4万元。

1｜2
｜3｜4｜5

1. 已建成开发区略影之一　2. 已建成开发区略影之二　3. 上海永新彩色显像管厂和日本东芝及三井物业公司合资经营公司——上海新芝电子有限公司　4. 跨国公司 AT&T 在开发区投资的合资企业——上海爱梯恩梯通信设备有限公司生产车间　5. 1995 年 5 月竣工的 21 层商务楼——新漕河泾大厦

局长李高养

湛江经济技术开发区教育局

教育局原名人才培训中心，成立于1988年。现下辖开发区第一幼儿园、开发区第一小学、渔业小学、龙潮学校、平乐学校、开发区工贸职业高中等。开发区教育局坚持不懈地贯彻党的教育方针，狠抓教师队伍的建设，努力改善办学条件，经过几年的努力，已结出累累硕果。

地址：广东省湛江市人民大道中路23号之二
邮政编码：524022
电话：(0759)3380136

教育局领导班子与区内各园、校领导一起学习

开发区第一小学的学生上电脑课

开发区工贸职高积极开展电化教育

江经济技术开发区　湛江经济技术开发区　湛江经济技术开发区　湛江经济技术开发区　湛江经济技术开

劳动局培训中心全体教职员工

局长郑兆祥

培训中心为青年职工上岗培训

劳动局机动车驾驶员职业培训部

湛江

经济技术

开发区

劳动局

地址：广东省湛江市人民大道中路 61 号
电话：(0759)3380373

局长李荣阶（右）与副局长梁秀燕

在全体员工努力下，1994年保险事业局被评为开发区先进单位

湛江经济技术开发区 社会保险事业局

湛江经济技术开发区社会保险始于1986年，1994年1月成立社会保险事业局后，社会保险工作掀开新的序幕，管理逐步走向规范化。目前，区内各行各业及其职工基本上都能参加社会保险，社会保险基金的保障能力大大增强，离退休、待业等职工的生活待遇逐步提高，维护了社会稳定和开发区的经济建设。

地址：广东省湛江市人民大道中路61号

电话：(0759)3382068

一九九五年保险局党支部被评为先进党支部

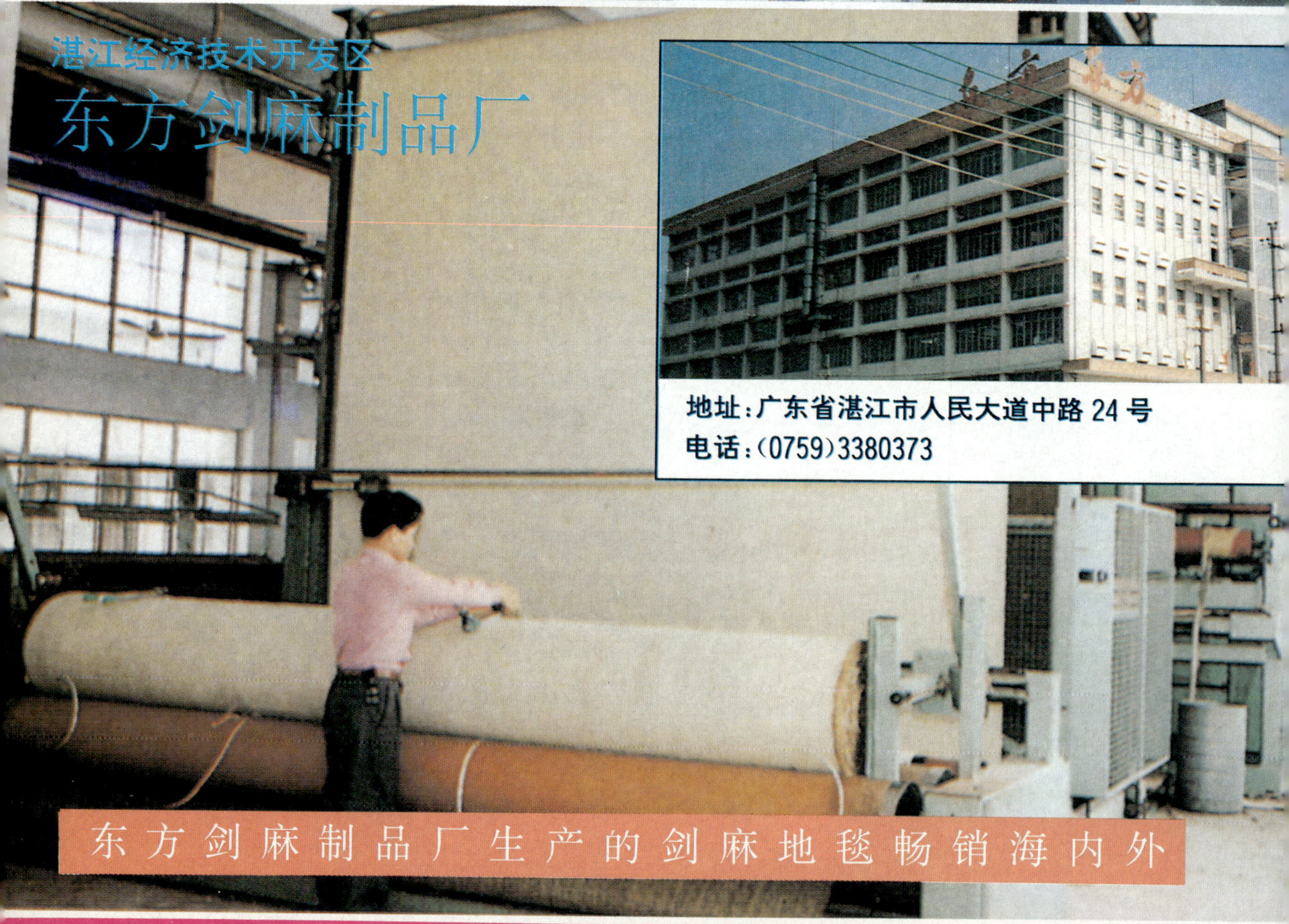

地址：广东省湛江市人民大道中路24号

电话：(0759)3380373

东方剑麻制品厂生产的剑麻地毯畅销海内外

总经理龙镇方

地址：湛江经济技术开发区人民大道中 61 号三帆大厦 4 楼
邮政编码：524022
电话：（0759）2263745　3383389
电报：8672
传真：(0759)3380349

湛江三帆实业股份有限公司

地址：广东省湛江市人民大道中61号
邮政编码：524022　电话：(0759)3381560

董事长、总经理黄衡

湛江三帆实业股份有限公司是1992年进行现代化企业制度试点改革的企业，总资本金4500万元。

公司内设办公室、财务部、房地产部、进出口贸易部、经济发展部、销售部、经营部、物业管理部，成立湛江三帆电子器材公司、湛江三帆物资公司，以及引进外资建湛江锦泽发电厂，合资经营北海华地房地产实业公司、南中国海影视有限公司。

湛江三帆实业股份有限公司以雄厚的经济实力，得惠于湛江开发区的优政策，与社会各界有识之士携手合作，共图发展，在发展社会主义市场经济的大海中扬帆博浪，走向世界！

公司物业——三帆大厦

开发中的三帆海景新邦

湛江嘉业羽绒制品有限公司

总经理陈政超

地址：广东省湛江市人民大道中28号
邮政编码：524022
电话：3383893(总机)　3382768　3382778
传真：(0086—759)　3382768　3382778

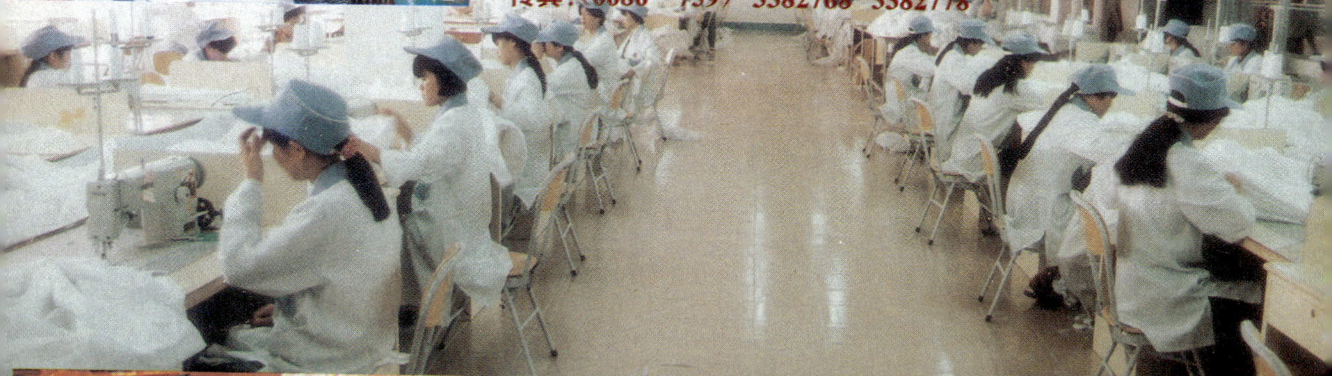

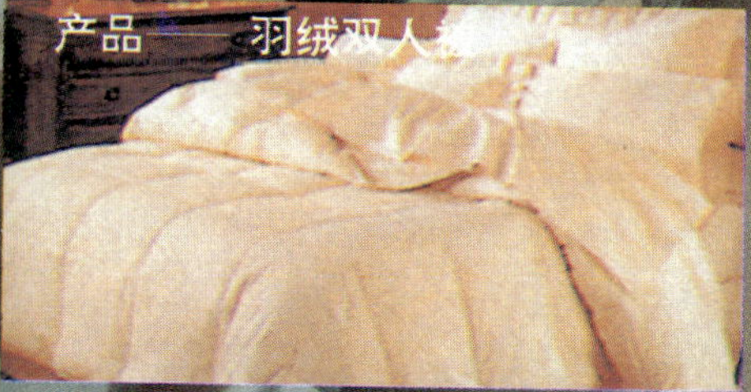

产品——羽绒双人被

公司属外向型企业，拥有进出口经营权，专门生产[illegible]绒和羽绒制品，年产值达1亿多元。下属水洗羽绒厂和羽绒制[illegible]的设备由德国及日本引进，生产技术及质量检测全按日本标准，产品畅销国内外，深受用户信赖。

公司一贯奉行“信誉第一，质量第一，客户至上”的经营宗旨，欢迎中外客商光临指导。

青岛经济技术开发区

青岛油画院——开发区文化的窗口

1.

2.

3.

4.

青岛经济技术开发区位于胶州湾西海岸。10 多年来，已投资 80 多亿元人民币，兴建了港口、铁路、高速公路等一批基础设施项目，形成了优良的投资环境。累计批准外引内联项目 2360 个，其中三资项目 644 个，合同利用外资 10 亿美元，实际利用外资 4．5 亿美元。

图片说明：1. 前湾港一期工程已竣工，年吞吐能力达 2200 万吨，与之配套的胶（州）黄（岛）铁路也已全线通车。2. 全国开发区首家电视台、广播电台在青岛开发区设立（吕振西摄影）。3. 装机容量达 67 万千瓦的黄岛电厂二期工程已竣工。4. 全长 85 公里的环胶湾高速公路即将通车。

经济技术开发区　青岛经济技术开发区　青岛经济技术开发区　青岛经济技术开发区　青岛经济技术开发

局长郭子泉

青岛经济技术开发区邮电局

邮电大厦邮电营业厅

青岛经济技术开发区邮电局共有干部职工 211 人，下设 7 个职能管理部门，6 个生产单位（其中城市支局 2 处、农村支局 3 处、通信线路工程队 1 队）。现全区程控电话交换机总容量 2.8 万门，市话普及率达 22%。邮电通信技术水平较高，传输光缆化，交换数字化，管理微机化，并开办了分组交换、DDN、电子信箱等数据通信业务。

邮电营业厅已实行礼仪服务

西海岸实业总公司

公司要求员工树立『敬业+创造力』的工作作风，对外讲究商业道德，信奉『信誉第一，质量第一，顾客第一』的商业方针。

诚愿与海内外朋友真诚合作，共同发展，互惠互利。

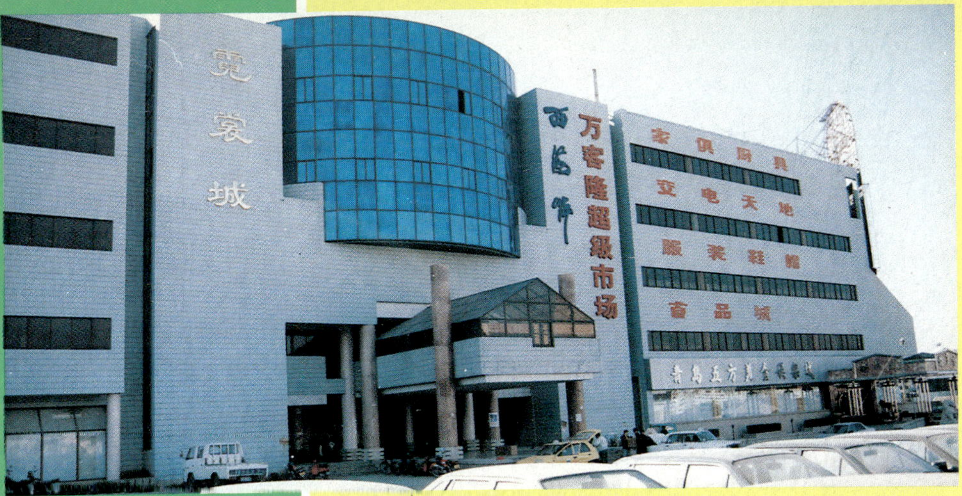

西海岸实业总公司是隶属开发区管委会的全民企业。现有员工400余人，专业技术人员150余人。业务涉及进出口贸易、轻工产品经营、房地产开发、汽车维修、电子工业、旅游业和畜牧养殖业等。下属17个分公司。

公司经过10年的发展，现已形成以国内外市场为导向，以投资联营为手段，引进资金的外向型集约化公司。

图片说明(由上至下)：1. 霓裳城是总公司在青岛建设的最具品位的商业旺铺，西海岸万客隆超级市场是青岛市最早采用仓储式售货的大型商场。2. 超级市场二楼食品部大厅。3. 西海岸珠宝城。4. 总公司兴建的玫瑰园高档住宅区。

总裁曾群生

澳柯玛集团总公司

澳柯玛集团总公司是在开发区崛起的跨行业、跨地区，集工、商、科、贸于一体的国家大型企业集团，山东省重点企业集团之一。

以澳柯玛电器公司为核心的澳柯玛集团总公司，1992 年由轻工业部授予全国轻工业系统先进集体称号，1993 年步入青岛工业企业三十强之一，次年跨人前五强，1995 年上半年跃居前二强。

澳柯玛系列冰柜自 1992 年起连续 3 年蝉联全国最畅销国产商品“金桥奖”（三连冠），1994 年经国家科委列人国家级重点新产品试制鉴定计划。同年通过 GB／TI9001—ISO9001 质量保证体系认证。

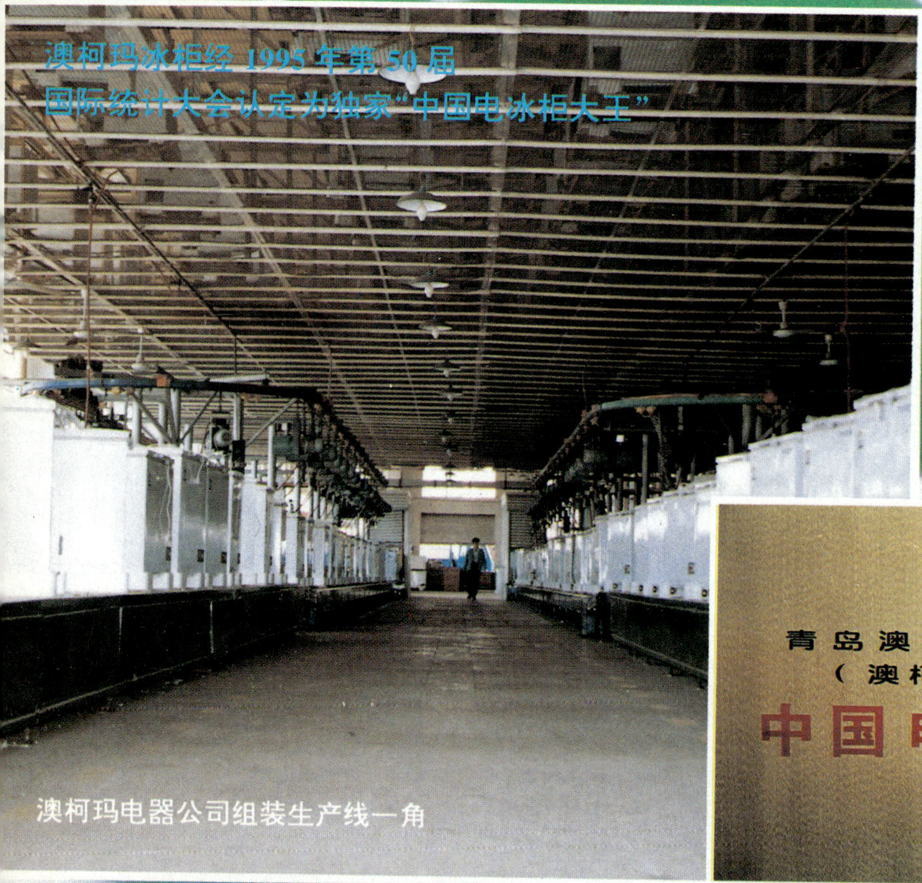

澳柯玛电器公司组装生产线一角

岛经济技术开发区　青岛经济技术开发区　青岛经济技术开发区　青岛经济技术开发区　青岛经济技术开发

凭祥市边境经济合作区

规划面积 7.2 平方公里，其中 4.2 平方公里已完成“五通一平”基础设施，金融保险、程控电话、旅游宾馆、交通运输、进出境业务等均完备。

合作区重点发展进出口加工、转口贸易、高精尖科技、仓储、外运、信息、旅游、服务等多功能综合经济。

欢迎海内外客商前来洽淡投资

上：合作区奠基仪式　中：正在建设的外资厂房　下：新建成的进出口商品验货场

（本版照片均黄桂友摄）

凭祥市委书记兼合作区管委会主任：梁雨祥

管委会地址：广西凭祥市南大路 7

邮政编码：532600

电话：07815—28106　20500

传真 07815—20525

南沙进港大道

开发区内工业区厂房

南沙高尔夫球会俱乐部举行奠基仪式

开发区管委会主任梁柏楠

美的南沙海滩

广州南沙经济技术开发区

北京经济技术投资开发总公司
总经理致辞

总经理梁月文

承蒙各界领导和朋友们的支持与厚爱，北京经济技术开发区创立仅二年多时间便跻身于国家级开发区的行列，并在国务院批准的北京城市总体规划中列为重点发展地区，成为北京经济新的增长点，改革开放的重要窗口。

开发区把投资者事业的成功看作是自己事业的成功。竭诚为投资者提供完备的基础设施，全面优质的配套服务，以全新的姿态，全新的面貌，全新的运行机制进

北 京 经 济

北京经济技术开发区建立于1991年8月15日，是国务院批准的国家级开发区。一期开发面积15平方公里，现已完成开发区3.256平方公里的基础设施建设，实现了"七通一平"。自1992年11月18日开始对外招商至今，美国、日本、德国、英国、法国、意大利、加拿大、荷兰等国的世界著名

京经济技术开发区 北京经济技术开发区 北京经济技术开发区 北京经济技术开发区 北京经济技术开

行开发建设。使投资者感到，来开发区投资是明智的举措，是成功的选择。

“开拓创新，艰苦奋斗，同心同德，务实奉献”是本公司的创业精神；“一流设施，一流服务”是本公司的经营宗旨；培养“多技能、复合型”的跨世纪人才，具有“首都意识、世纪意识、世界意识”是本公司的人才观。我们要为首都的经济腾飞做贡献，为 21 世纪的经济繁荣做贡献。

开发建设北京经济技术开发区是一项跨世纪的宏伟工程，离不开各界朋友的鼎力相助与真诚合作，我们欢迎海内外各界朋友来开发区考察、洽谈、投资，在真诚、友好，平等互利的基础上共创美好未来！

跨国公司及大企业已前往投资建厂。

根据国务院批准的北京城市总体规划，在 21 世纪初叶，北京经济技术开发区将建起一座具有 40—50 万人口，面积为 80—100 平方公里，以发展高新技术产业和外向型经济为重要基地的综合性现代化北京新城。

一批知名大企业在开发区投资建厂

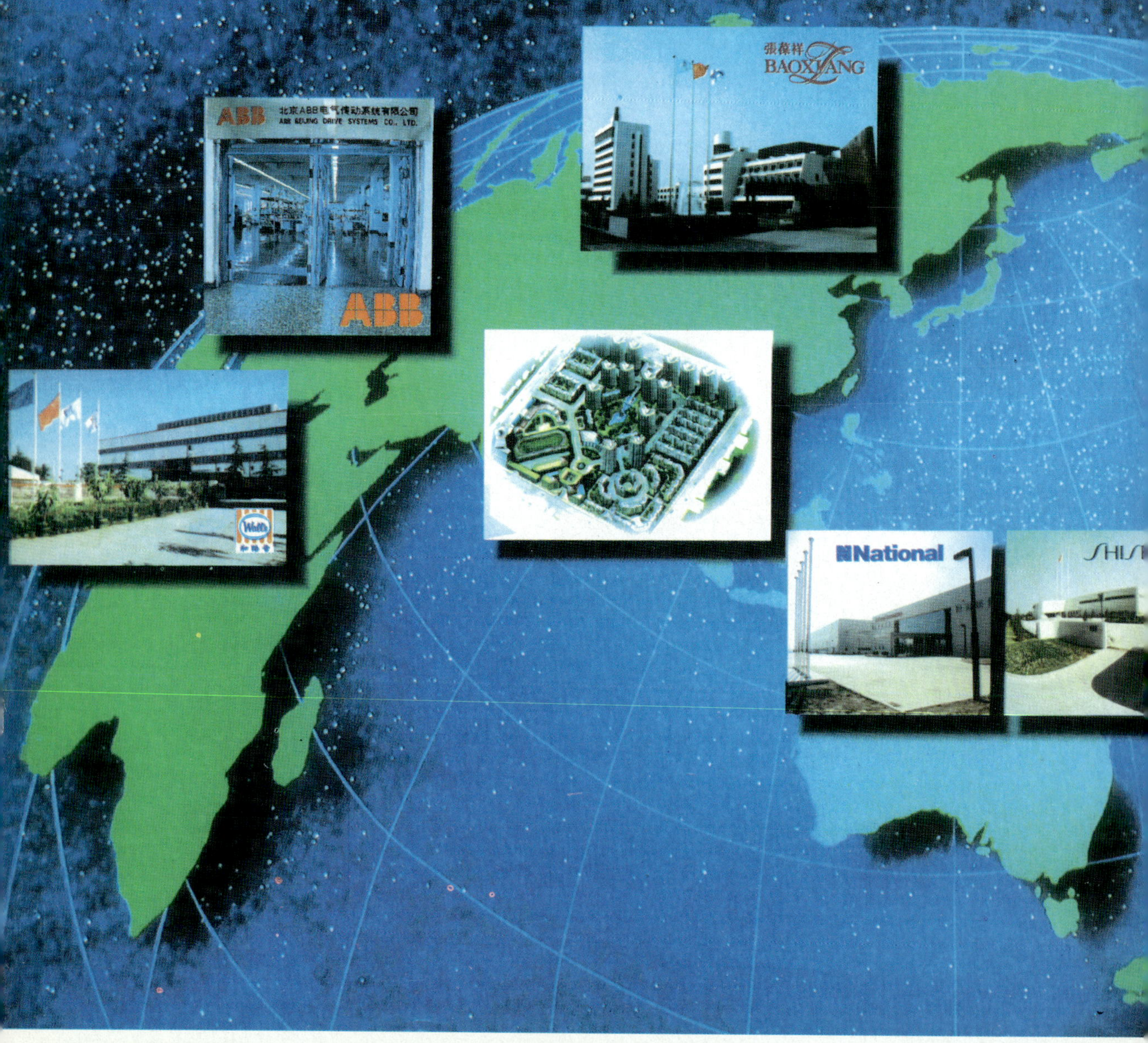

北京经济技术开发区 北京经济技术开发区 北京经济技术开发区 北京经济技术开发区 北京经济技术开发

北京经济技术开发区以其良好的投资环境吸引了众多投资者进区考察、洽谈，并有一批国内外知名的大企业选择开发区投资建厂，其中有：

美国通用电气公司
美国AT&T公司
英国—荷兰联合利华公司
瑞士ABB公司
德国拜耳公司
日本松下电工株式会社
美国金佰利个人卫生用品有限公司
日本资生堂株式会社
法国嘉多宝公司
美国康明斯公司
澳大利亚AMCOR包装集团
日本三井物产株式会社
经贸部葆祥国际服装中心
美国多佛电梯公司
日本SMC株式会社
韩国LOTTE株式会社
加拿大加亚集团
台湾鼎众机电公司
中国航空技术进出口总公司
四通集团公司
北京房地产信托投资有限公司

深圳新姿

左图：高三八三·九五米的地王大厦是目前世界第四、亚洲第一高楼（刘耀摄）

下图：罗湖口岸建筑群（刘耀摄）

圳经济特区 深圳经济特区 深圳经济特区 深圳经济特区 深圳经济特区 深圳经济特区 深圳经济特区